THOMAS STEINFELD

ITALIEN

PORTRÄT EINES
FREMDEN LANDES

Rowohlt · Berlin

3. Auflage Mai 2020
Originalausgabe
Veröffentlicht im Rowohlt · Berlin Verlag, Februar 2020
Copyright © 2020 by Rowohlt · Berlin Verlag GmbH, Berlin
Karten Peter Palm, Berlin
Satz aus der Arno Pro, InDesign
Gesamtherstellung CPI books GmbH, Leck, Germany
ISBN 978-3-7371-0058-8

INHALT

Eine plötzliche Eintrübung des Blicks

Groß war, über die vergangenen drei Jahrhunderte hinweg, die Zahl der Menschen, denen Italien als eine höhere, freundlichere und irgendwie bessere Form des Lebens erschien. Die meisten kamen nur für ein paar Wochen, wie zu einem Besuch. Sie kamen aber immer wieder. Manche von ihnen wollten darüber hinaus in Italien wohnen, möglichst auf Dauer und oft verbunden mit der Vorstellung, überhaupt erst in diesem Land zu ihrem eigentlichen Dasein zu finden. So innig jedenfalls war der Wunsch, dass einige dieser Menschen sogar verlangten, in Italien sterben zu dürfen, so als bewohne man das Land noch mit der Seele, während der Körper dahingegangen ist. Kein anderes Land gibt es, Frankreich vielleicht ausgenommen, dem außerhalb der eigenen Grenzen derart hochgespannte Gefühle gelten: um der Schönheit seiner Landschaften willen, seiner historischen Stätten und seiner Kunstschätze wegen, ob seiner zivilisierten und geselligen Bevölkerung oder des guten Essens. Italiensehnsucht nennt man dieses Gefühl, das vor allem, aber nicht nur, von Deutschen gehegt wird. Erwartungen dieser Art setzen, sollte man meinen, ein hohes Maß an Vertrautheit voraus.

Umso beunruhigender wirken die schlechten Nachrichten, die seit einigen Jahren in dichter Folge aus Italien kommen. Einige von ihnen sind Wiederholungen älterer Meldungen, die aber zu einer Welt jenseits der schönen Erwartungen zu gehören schienen, zu einer Welt, die den Ausländer nicht wirklich etwas anging. Sie galten einem Land, in dem, wie man (irrigerweise) glaubt, wenig funktioniert, einem Land, in dem viele junge Menschen keine Arbeit finden, einem Land, in dem Städte, die von Erdbeben zerstört wurden, nicht wiederaufgebaut werden, in dem das organisierte Verbrechen herrscht und in dem, vor allem im Süden, illegale Müllkippen brennen. Die neuen Meldungen berichten von einem Staat, an dessen Küsten man die Flüchtlinge zu Tausenden ertrinken lässt, in dem fast jeder zweite Erntearbeiter illegal beschäftigt ist, in dem Roma verfolgt werden oder in dem, unter dem Vorwand der Bakterienbekämpfung, Millionen von Olivenbäumen vermutlich den Interessen großer Industrien geopfert werden.

Als wäre das alles nicht genug, kam vor kurzem eine italienische Regierung auf den Gedanken, ihre Nation, immerhin ein Gründungsstaat der Europäischen Gemeinschaft, habe sich mit den radikalen Nationalisten in Polen und Ungarn wider die anderen Gründungsstaaten zu verschwören. Unterdessen beschimpfen führende italienische Politiker ihre Kollegen aus angeblich verbündeten Staaten, Mafiakriege brechen aus, Brücken stürzen ein, und plötzlich eintretende Überschwemmungen werden zu einem häufigen Phänomen. Italien ist, so ein mittlerweile weitverbreiteter Eindruck, vielleicht immer schon ein anderes Land gewesen, als man jeweils glaubte. Gegenwärtig aber scheint das Land immer fremder zu werden, was offenbar sogar für seine größten Liebhaber gilt: «Im Norden ist sehnsüchtig oder tadelnd immer vom Schönheitskult der Italiener die Rede», sagt der Schriftsteller Martin Mosebach. «Sind damit etwa die bläulich weißes Licht ausgießenden Neonröhren gemeint, die hier überall die gebräunten Sommergesichter grau und faltig machen? Ob in Wirtshäusern oder Wohnungen – die eiskalte Lichtdusche von der Zimmerdecke lässt alles darunter totenstarr werden.» Es mag sein, dass diese Fremdheit erst entsteht, wenn man sehr vertraut miteinander war. Doch ist es mittlerweile, als gäbe es dort jenseits aller Sehnsuchtsbilder etwas Unheimliches, etwas, das in jederlei Hinsicht das Vertraute unterminiert.

Nach Italien zog ich im Dezember 2013, nachdem ich etliche Jahre in der Redaktion der «Süddeutschen Zeitung» verbracht hatte. Ich wurde Kulturkorrespondent, Kundschafter und Berichterstatter in einem fremden Land, das mich seit langem angezogen hatte, das ich aber noch nicht näher kannte. Wenn ich darüber nachdenke, was mich an Italien lockte und immer noch lockt, fallen mir selbstverständlich jene Dinge ein, die viele Nordeuropäer oder Nordamerikaner an diesem Land so faszinierend finden, die Wärme, das Licht, die Landschaft, die heroischen Küsten oder die alten Innenstädte. Aber mir scheint, dass es unter oder jenseits dieser bekannten Vorzüge noch etwas anderes gibt, das sich nur unter Schwierigkeiten formulieren lässt: eine sich immer wieder als ungebrochen darstellende historische Kontinuität, die sich, in völlig einzigartiger Weise, über nunmehr fast dreitausend Jahre erstreckt.

Diese Kontinuität ist nichts Abstraktes. Sie lässt sich aus fast jedem alten Gemäuer, aus jedem Gemälde, aus den Speisen herauslesen, sie wohnt den Landschaften inne, die, fast seit ewigen Zeiten bewirtschaftet, selbst ein gleichsam menschliches Antlitz angenommen haben. Wohin man auch blickt: Man sieht, dass es Menschen gab, die sich mit Klugheit und Umsicht, voller Ideen und mit viel Phantasie in ihrer Welt einzurichten suchten, und zwar keineswegs nur in praktischer Hinsicht, sondern stets auch mit einem Überschuss an Schönheit. Unzählige Kriege wurden in Italien geführt, es gab Erdbeben und Überschwemmungen. Und doch blieb das Land von den ganz großen Umbrüchen verschont, so dass manches Alte zwar dahinsank, nie aber ein historisches Ereignis zu einem völligen Umbruch in der Gesellschaft führte. All diese Dinge lassen sich betrachten, und auf diese Weise erfährt man auch, dass der technische Fortschritt nur einer der Aspekte ist, an denen sich die Qualität eines Lebens messen lässt.

Zu jener Zeit, Ende des Jahres 2013 also, war nicht nur deutlich absehbar, dass Italien schon bald ein großer Konfliktfall innerhalb Europas wie innerhalb der Europäischen Union werden würde, sondern auch, dass die nicht zuletzt kulturell inspirierte Liebe der Nordeuropäer und insbesondere der Deutschen zu Italien heftigen Belastungen entgegenging.

Meine Erlebnisse und Erfahrungen in den darauffolgenden Jahren sind in dieses Buch eingegangen. Es ist das Ergebnis zahlloser Unternehmungen und Aufenthalte, nicht etwa einer einzelnen, längeren Reise. Dennoch ergeben die Kapitel in ihrer Folge einen Weg, der im Piemont beginnt, an der Westküste Italiens entlang bis nach Sizilien führt und sich dann an der Ostküste hinaufzieht bis nach Venetien und in die Lombardei. Dabei ging es mir vor allem um gesellschaftliche Verhältnisse, die sich dem Ausländer erst allmählich, nach genauem Beobachten, nur mit Unterstützung italienischer Mittler und durch einiges Nachdenken erschließen. Was eine Piazza ist, wollte ich wissen, wie die Landschaft der Toskana entstand, was es mit der Popularität des Padre Pio auf sich hat oder warum man im Norden Italiens so viele ältere Herren sieht, die am Wochenende auf Rennrädern über Hügel fahren. Ich hatte ein Buch im Sinn, in dem die Erfahrungen, die man auf Reisen macht, Anlass sind, über die Gründe dieser Erfahrungen nachzudenken. Ich wollte die Dinge, die ich sah, die Städte und Landschaften, aber auch die Menschen und manchmal auch die Ereignisse, selbst sprechen lassen.

Selbstverständlich ergeben die Reisen, die diesem Buch zugrunde liegen, kein vollständiges Bild des Landes. Den Aspromonte, das Bergmassiv im Süden Kalabriens, die vermutlich verlorenste Landschaft Italiens, habe ich nur aus der Ferne erblickt. Es fehlt die Maremma, es fehlt Molise und vieles mehr, und auch von Sardinien ist kaum die Rede. Alle Orte aber, die vorkommen, habe ich mehr als *en passant* besucht. Fünf Jahre hatte ich Zeit für meine Ausflüge in ein fremdes Land, und ich kehre heute ebenso gern in das Land zurück, wie ich damals dorthin gezogen bin.

*

Über öffentlichen und halböffentlichen Gebäuden weht in Italien nicht nur die italienische, sondern auch die europäische Flagge. Man mag das für eine bürokratische Routine halten, es könnte aber auch mehr bedeuten. Vielleicht dienen die Fahnen über den oft prächtigen Portalen als Ausweis vergangener, mehr oder minder erloschener Hoffnungen: zuerst auf die Nation, die dem Land Einigkeit, Glanz und allgemeinen Wohlstand bringen sollte; dann auf Europa, das diese Aufgabe übernehmen sollte, als erkennbar wurde, dass die Nation für so hohe Zwecke nicht taugte. Insofern künden die Flaggen in ihrem Nebeneinander mehr vom Auseinanderfallen als vom Zusammentun. Das vereinte Europa, das, seit es diese Vorstellung gibt, nie als Instanz der Gewalt verstanden wurde, wird mittlerweile von vielen Italienern in diesem Sinn empfunden: Sie glauben sich verraten, übervorteilt und im Stich gelassen.

Etwas Älteres setzt sich in diesem Verschwinden und Verfehlen, in der vermeintlichen Abkehr Italiens von sich selbst fort, etwas, das in verschiedenen Graden der Intensität immer schon da gewesen sein muss – zumindest seit es Italien als Nationalstaat gibt, also seit den sechziger Jahren des 19. Jahrhunderts. Denn diese Vereinigung vollzog sich nicht so, wie es in Deutschland geschah, wo der mit Abstand größte Teilstaat zur tragenden Kraft des Nationalstaats wurde, sondern als eine Art von Inbesitznahme des Großen durch das Kleine. Gestützt auf Frankreich und Großbritannien, auf fremde Mächte also, übernahm eine Provinz im Nordwesten das ganze Land und brachte seine Herrschaftsform, einen aufgeklärten, bürokratisch durchgestalteten Absolutismus, gleich mit. Daraufhin wurde die Vereinigung im Süden als eine Art Eroberung wahrgenommen: als erzwungene Eingemeindung einer bäuerlichen Gesellschaft in eine andersartige, nördliche Welt, die schon von einer bürgerlichen Mittelschicht beherrscht wurde.

Ein solches Gefühl der erzwungenen Eingemeindung scheint nun, unter anderen Vorzeichen, wiedergekehrt zu sein (es war nie vollständig verschwunden) und ganz Italien ergriffen zu haben. Der

Journalist Mario Giordano, in Silvio Berlusconis Konzern Mediaset
für die Sendeformate zuständig, hatte mit seinem Buch «Italien ist
nicht mehr italienisch» im Frühjahr 2019 in Italien beachtlichen
Erfolg. Das Werk ist ein Klagelied auf einen Ausverkauf: Es handelt
von den Ansprüchen, die Italien an sich selbst stellen sollte, von ehemals stolzen italienischen Firmen, die Weltgeltung besaßen. Und es
handelt von nationaler Schmach, vom Gefühl, als Italiener degradiert
worden zu sein, von einem Gefühl, das umso absurder erscheint, je
offensichtlicher ist, dass es ja Italiener waren, die den Ausländern
ihre Unternehmen verkauften, sei es freiwillig oder unter Zwang. An-
lässe für die Behauptung, Italien sei nicht mehr italienisch, gibt es in
großer Zahl: Der Reifenhersteller Pirelli gehört einem chinesischen
Konzern, aus Fiat ist ein niederländisches Unternehmen geworden,
die Mailänder Modefirma Versace ist amerikanisches Eigentum. Die
Villen der Toskana befinden sich in den Händen von Amerikanern,
Briten und Deutschen, einige der besten Weingüter in Montalcino,
im Chianti, im Piemont wurden an ausländische Investoren verkauft,
und die Geschäfte der Camorra werden unterdessen von Nigerianern
kontrolliert. Immer mehr Bars, Hotels und Ladengeschäfte im ganzen Land werden von Chinesen betrieben, oft als erster Versuch ihrer
Besitzer, sich eine ökonomisch selbständige Existenz aufzubauen. In
Venedig zum Beispiel haben Einwanderer aus Asien längst auch das
gehobene Gastgewerbe erreicht. Zwei Drittel der Immobilien an der
Piazza del Campo in Siena, die Restaurants und Bars, von denen sich
der «schönste Platz der Welt» betrachten lässt, gehören einem Ge-
schäftsmann aus Kasachstan. Unterdessen sind die Bahnhofsvorplät-
ze, die Orte, an denen sich die Immigranten aus dem Süden und aus
dem Osten treffen, für das soziale Leben der Städte wichtiger geworden als die Piazze in den historischen Zentren. Sie dienen, offensiver
als jene alten Plätze, nicht nur der kollektiven Schaulust (man muss
zu mehreren sein, um in Gesellschaft ungeniert gucken zu können),
sondern auch zur Demonstration öffentlicher Präsenz sowie als Börse
zur Vermittlung von Nachrichten, Kontakten und Gelegenheitsarbei-

ten. Italien scheint unendlich viele und sehr verschiedene Milieus in sich zu bergen.

Und während so immer größere Teile Italiens in ausländische Hände geraten, gibt es in fast jedem Dorf, jeder Kleinstadt eine Piazza Garibaldi, benannt nach dem Helden der italienischen Einheit, eine Statue Viktor Emanuels II., des ersten Königs von Italien, eine Via Mazzini, die nach dem patriotischen Journalisten Giuseppe Mazzini heißt, dem Kopf der italienischen Einheit, und einen Corso Cavour, benannt nach Camillo Benso Graf von Cavour, dem ersten Ministerpräsidenten des Königreichs Italien. Dieser Nomenklatur gehorchen öffentliche Einrichtungen vom äußersten Norden bis in den tiefsten Süden, von Aosta bis Otranto. Zugleich folgt die Namensgebung halböffentlicher Orte völlig anderen Regeln, vor allem im Süden: In Itri findet man nunmehr sogar eine Osteria Murat, benannt nach dem Abenteurer Joachim Murat, dem Schwager Napoleons, der zwischen den Jahren 1808 und 1815 König von Neapel war, bevor er von den Spaniern standrechtlich erschossen wurde. In Gaeta existiert, wie in vielen anderen Städten des Südens, ein Restaurant namens Re Ferdinando II., an den letzten König von Neapel erinnernd, der sich bis zuletzt der italienischen Einheit widersetzt hatte. Und zahllos sind mittlerweile im Süden die Lokale, die Federico von «Svevia» gewidmet sind, also dem Staufer Kaiser Friedrich II., von dem man meint, er habe einst Deutschland und Italien als ein Reich und eine Kultur behandelt.

Das Land ist anders, als es die Leidenschaft für Italien je wahrhaben wollte. Viele Italiener wissen das, was man daran bemerkt, mit welcher Gründlichkeit und Hingabe sie nicht nur ihre Regierung, sondern auch ihre Landsleute verachten. Der gewöhnliche Italiener, behauptete vor einigen Jahren der im eigenen Land hochgeachtete Journalist Ermanno Rea, sei ein Kleinbürger, dem man das Rückgrat gebrochen habe: «ein wenig Muttersöhnchen, ein bisschen Zyniker, ein bisschen Gauner sowie arrogant, eilfertig, prahlerisch, heuchlerisch, übellaunig, verlogen». Vielleicht ist es auch ganz anders, vielleicht lassen sich die alten Klimatheorien umkehren, woraufhin die Sonne mit der Melancholie in einem viel innigeren Verhältnis stünde, als man es sich nördlich der Alpen je vorstellen wollte. Vielleicht sah man bislang zwar die Armut, aber nicht das Traurige und Bittere daran. Und vielleicht geht die gegenwärtige Situation tatsächlich auf etwas Älteres und Beständiges zurück. Das muss nichts Archaisches sein. Es könnte aber bedeuten, dass es in Italien einen Typus von Modernität gibt, der Vormodernes anders integriert hat, als dies etwa in Deutschland oder Frankreich der Fall war. Vielleicht war diese Differenz nur lange Zeit überlagert durch den Faschismus und dessen Überwindung, durch den Gegensatz von Christdemokraten und Kommunisten mit ihren jeweiligen Heilsversprechen – und zuletzt durch einen Aufbruch in ein angeblich vereintes Europa, der sich in vielerlei Beziehung als ruinös erwies.

*

Wie fremd Italien geworden ist, nicht nur für viele Ausländer, sondern auch für viele Italiener, lässt sich ausgerechnet an den Ereignissen ermessen, die mehr als alles andere dem eigentlich Italienischen – und das heißt, wie immer: dem Regionalen – gewidmet sind: an den unzähligen Festen, die während der warmen Jahreszeit, von Mai bis Oktober, in jedem Dorf und in jeder Stadt veranstaltet werden. Diese Feste haben eine lange Tradition. Vorausgegangen sind ihnen nicht nur die Kirchweih und der Markt, sondern vor allem die Feste der «Unità», wie sie im Jahr 1945 begründet wurden, als Gegenveranstaltung zu kirchlichen Feiern und zunächst zur Unterstützung der kommunistischen Parteizeitung, später vor allem zur Finanzierung der Ortsgruppen. Ihre große Zeit hatten diese Feste in den siebziger und achtziger Jahren, als sie sich zu immer umfassenderen Festivals entwickelten, um nach dem Zusammenbruch des italienischen Parteiensystems beinahe vollständig zu verschwinden.

An ihre Stelle hat sich eine lokale Folklore mit neuen oder wiedererfundenen Festivitäten gesetzt. Sie gelten den Kastanien oder dem

Wein, der Polenta oder einem Pferderennen, dem Käse oder den Eseln, den Schnecken, den Eiern oder den Muscheln. Gewiss verbirgt sich in jedem dieser Feste ein Kalkül mit dem Tourismus, auch wenn sich bei etlichen kaum Besucher aus der Ferne einfinden, weil die Dörfer oft zu abgelegen und touristisch zu unbedeutend sind. Vielleicht irren sich die Arrangeure in ihrer Hoffnung auf die Gäste aus dem Norden, vielleicht überschätzen sie, wie es oft geschieht, den Reichtum und das Interesse der Reisenden. Doch selbst wenn das so wäre, läge darin nur die halbe Wahrheit. Denn diese Feste richten sich ja ebenso an die Einheimischen, denen sie sich als Folklorisierung ihrer selbst anbieten. Sie stellen Versuche dar, das Eigene als Fremdes zurückzugewinnen.

So wird eine zumindest halb fiktive Ausbeutung der Vergangenheit betrieben, indem man jahreszyklische Feiern an Orten einrichtet, wo solche Feiern lange nicht oder gar nie stattfanden, zu einem doppelten Zweck: Man sucht eine halbwegs konsistente Geschichte, so wie es sie seit den späten sechziger Jahren, seit dem Ende des großen wirtschaftlichen Aufschwungs nach dem Krieg, nicht mehr gibt. Womöglich hat es eine solche Geschichte niemals gegeben. Nun will man dem eigenen Ort einen Sinn aufprägen, wie er für jede Erneuerung notwendig ist, als erster Schritt einer Befreiung aus der stagnierenden Zeit und in der Tradition einer volkstümlichen Lehre von den kleinsten Unterschieden, etwa gegenüber dem Nachbardorf. Zugleich aber erscheint in diesen Festen, gleichgültig, ob sie nun eine verbürgte oder eine erfundene Geschichte gestalten, eine Erinnerung daran, dass man schon immer gern gelebt, gegessen und getrunken hat, auf schönen Plätzen und vor herrlichen Panoramen, und dies auch in Zukunft zu tun gedenkt, gern in Gesellschaft ausländischer Gäste.

In dieses Italien, das sich im Kleinen feiert, weil es sich (und anderen) im Großen fremd geworden ist, soll dieses Buch führen, in ein Land, das Fremde abweist und anzieht, in ein Land, das in dem Maß, in dem es die Vertrautheiten von einst enttäuscht, neu entdeckt werden muss.

ERSTES KAPITEL

Wege nach Italien

Auf halbem Weg von München nach Venedig, zwischen Bozen und Trient, befindet sich das Dorf Margreid. Es liegt unter hohen Felsen, am westlichen Rand des Etschtals, so dass es nachmittags in den Schatten der Berge gerät, im Winter früher, im Sommer später. Unterhalb des Dorfes erstrecken sich, in Tausende von engen Rebreihen gefasst, bewässert, besprüht und von kleinen Traktoren durchfahren, die Weinberge. Längst sind die hölzernen Gestelle für die Rebstöcke durch Pfähle aus Zement ersetzt. In der Mitte des Dorfes gibt es einen kleinen Platz. Eine Linde rauscht dort, mit einer Bank darunter. Umschlossen ist dieser Platz von den großen Häusern der Winzer, mit Gewölben im Erdgeschoss und weit auskragenden, alpinen Dächern. Dazu gehört ein Gasthaus, hinter dem sich ein mit Kopfsteinen gepflasterter Innenhof öffnet. Ein Brunnen plätschert in dessen Mitte. In großen, tönernen Töpfen, die man offenbar aus der Toskana hierhergebracht hat, wachsen Orangen und Zitronen, und über den weißen Sonnenschirmen scheint ein mediterraner Frieden zu liegen. Auf dem Hof ist es meistens still, abgesehen von den Schwalben, die unter der Traufe nisten. Hier verbinden sich, auf angenehme Weise, etwas Südliches, ein Versprechen dessen, was noch kommen wird, und etwas Nördliches, Frisches und

Aufgeräumtes. Fast jedes Mal, wenn ich nach Italien oder zurück in den Norden fahre, kehre ich in diesem Gasthaus ein. Der Hof markiert einen Übergang, er bezeichnet eine Grenze. Sie ist nicht scharf gezogen, sondern bildet eine Mark, wie einst die Randgebiete des Heiligen Römischen Reichs hießen, einen breiten Streifen der allmählich hervortretenden Unterschiede. Aber sie ist gegenwärtig.

Ein paar hundert Meter südlich von Margreid liegt die Stelle, wo das Tal der Etsch am engsten ist, wo die steilen Berghänge von beiden Seiten heranrücken, als wollten sie dem Fluss, der Bahnstrecke, der Autobahn und den Obstplantagen gar keinen Platz mehr lassen. Diese Stelle nennt man die «Salurner Klause». Sie wird von der Haderburg bewacht, einem festen Gemäuer auf einem steil aufragenden Kalkfelsen. Nirgendwo in diesem deutlich mehr als hundert Kilometer langen Tal ließen sich die Reisenden und ihre Wagen besser kontrollieren. Das Tal der Etsch ist zwar leicht zu durchreisen, weil in seiner Sohle relativ eben (wenngleich früher oft von Hochwassern überspült und zu großen Teilen versumpft), aber doch auch an der weitesten Stelle allenfalls ein paar Kilometer breit. An der Salurner Klause indessen ist der Abstand zwischen den Bergen auf beiden Seiten so gering, dass man in einer halben Stunde hinüberzugehen vermag.

Die Salurner Klause ist noch in anderer Hinsicht von Bedeutung: Hier verläuft die Grenze zwischen Südtirol und dem Trentino und damit die Grenze zwischen einer eher deutschsprachigen und einer eher italienischsprachigen Bevölkerung. Das ist noch so, hundert Jahre nachdem Südtirol Italien zugeschlagen wurde, und die Grenze ist deutlich zu erkennen, auch wenn Südtiroler Zeitungen berichten, dass der Anteil der Italienischsprachigen langsam wächst, der Bulgaren, Rumänen und anderen Osteuropäer wegen, die als Arbeiter in der Landwirtschaft oder im Gastgewerbe kommen und sich an der Sprache der nationalen Institutionen orientieren, zumal die einheimischen Deutschsprachigen immer auch Italienisch sprechen können.

Wer über die Brennerautobahn fährt, nimmt diesen Übergang kaum wahr: Die Straße ist mit sich selbst beschäftigt und an vielen

Stellen von Schallschutzwänden eingefasst. Irgendwo, ein wenig südlich der Salurner Klause, wird auf einem Schild darauf hingewiesen, dass Südtirol – «Alto Adige» – hier endet und das Trentino beginnt. Dahinter, bei Mezzocorona (deutsch: Kronmetz), scheint sich in der Landschaft das Tor zum Süden zu öffnen. Auch das Licht wirkt anders, und am liebsten möchte man glauben, der Himmel werde plötzlich höher und sei nunmehr von einem anderen, gleichsam von innen heraus leuchtenden Blau.

Der Brennerpass ist der am meisten frequentierte aller Wege, die in den Süden führen. Über diese Route fielen, über mehr als tausend Jahre hinweg, die meisten nördlichen Armeen in Italien ein. Etwa fünfzehn Millionen Fahrzeuge sind heute auf dieser Strecke pro Jahr unterwegs, mehr als das Doppelte der Menge, die den Tunnel durch den St. Gotthard befährt. Der Brenner ist zugleich aber auch die langsamste aller großen Routen nach Italien. Der Pass ist nur um wenige Kilometer überschritten, und es beginnt eine Kaskade, die, Stufe für Stufe und sehr gemach, aus der germanischen Welt hinabführt ins Romanische und Mediterrane – wobei man sich bei jeder Abwärtsfahrt gen Süden verführt sieht, neben dem deutschen Ortsnamen auch den italienischen auszusprechen, gleichsam als Ritual einer Verwandlung. «Fortezza» heißt, seit der faschistische Politiker Ettore Tolomei zu Beginn des 20. Jahrhunderts alle geographischen Bezeichnungen in Südtirol italianisierte, die riesige Festung, eine im frühen 19. Jahrhundert von den Österreichern erbaute, aber nie benutzte Burg, die den südlichen Eingang zum Brennerpass bewachen sollte, «Franzensfeste» hatte sie auf Deutsch geheißen. Aus «Sterzing» wurde ein «Vipiteno», aus «Brixen» ein «Bressanone», aus «Bozen» ein «Bolzano», bis sich dann, hinter «Salurn» oder «Salorno», die Geographie in eine rein italienische Angelegenheit verwandelt. Jedes Mal, wenn ich nach Italien fahre, spreche ich still die italienischen Namen nach, in einem Ritus der Einstimmung. Mit «Salorno» höre ich auf.

*

Viele Möglichkeiten gibt es, nach Italien zu reisen. Die Landwege führen, ausgenommen die schmale Passage entlang der Riviera am Ligurischen Meer und einen zweiten derartigen Korridor bei Triest, über
ein Gebirge, das die Halbinsel in einem weiten Bogen nach Norden
abschließt: Wie ein Riegel liegen die Alpen zwischen Italien und allen
anderen Staaten Europas, den reicheren, den nicht so reichen und den
ärmeren. Sie scheinen Italien vom verbliebenen Kontinent zu trennen. Selten stimmen die tatsächlichen Grenzen eines Staates mit den
«natürlichen» so überein wie bei Italien. Fünf Meere scheiden das
Land in allen anderen Himmelsrichtungen vom Rest der Welt: das
Ligurische, das Tyrrhenische und das Ionische Meer, die Adria und
der Golf von Tarent. Was daraus entsteht, gleicht, geographisch wie
historisch betrachtet, eher einer Mole oder einem Landungssteg als
einer Festung mit Wassergraben und Zugbrücke, wobei diese Mole
fest in der europäischen Landmasse verankert ist, aber in Richtung
Afrika weist. Zu den Eigenarten dieser Mole gehört es, dass es einfach
ist, an ihren Rändern zu landen, jedoch schwierig, von einer Seite auf
die andere zu kommen. Dieser Umstand hat die vielen politischen
Teilungen, denen die Halbinsel im Lauf ihrer Geschichte unterworfen war, sehr begünstigt.

Die Alpen sind, im Widerspruch zu ihrem Anblick, zu den schroffen
Felswänden und schneebedeckten Gipfeln, ein relativ leicht zu über-
windendes Gebirge. Die Alpentäler sind seit langer Zeit besiedelt, der
Flüsse und Bäche und mithin der Weidegründe wegen. Selten nur
herrschen Wetterverhältnisse, unter denen sich der Brenner, der Tau-
erntunnel oder der Weg durch den St. Gotthard nicht passieren lässt,
mit dem Auto oder mit der Bahn. Zwischen den großen Pässen besteht
eine Aufgabenteilung. Über die Pässe im Westen, über die St.-Gott-
hard-Strecke, aber auch über die Wege, die am Großen und Kleinen
St. Bernhard entlang verlaufen, reisten und reisen die Engländer, die
Franzosen und auch die Westdeutschen nach Italien. Über sie kamen
Hannibal, Karl der Große und Napoleon mit ihren Armeen. Im Osten
dagegen, nördlich von Udine oder östlich von Gorizia, früher Görz,

herrschte Österreich, über mehr als vierhundert Jahre hinweg, vom Beginn des 15. bis zum frühen 20. Jahrhundert. Dort befand man sich einst an der vordersten Front des technischen Fortschritts, erkennbar etwa an den Piers und Lagerhallen von Triest, die vor dem Untergang des österreichischen Kaiserreichs zu den technisch bestausgerüsteten Hafenanlagen der Welt gehört hatten. Seit vielen Jahren dämmern sie nun in vortrefflicher Lage als Ruinen dahin.

Die italienische Halbinsel beginnt indessen erst viel weiter im Süden, jenseits eines weiten Tals, dort, wo das nächste Gebirge, der Apennin, anfängt. Nach antiker Geographie umfasst Italien gar nur die Halbinsel, ohne Sardinien, Sizilien und die Poebene; die Grenze verlief am Rubikon bei Rimini. Der Apennin ist zwar niedriger als die Alpen, aber er war, historisch betrachtet, schwieriger zu überwinden als die Alpen. Dieser Gebirgszug gewährte bis weit ins 20. Jahrhundert hinein nur an wenigen Stellen Durchlass. Wer mit der Eisenbahn von Florenz nach Urbino reisen will, muss zuerst nach Bologna oder quer durchs Gebirge nach Faenza fahren und dort in einen Zug nach Pesaro umsteigen, bevor er dann den Bus nach Urbino nehmen kann. Manche Strecken, die Schnellstraße zwischen den Städten Fano an der Adria und Gubbio in Umbrien etwa, sind immer noch eher Hindernisse als Verkehrsverbindungen, und der erst im Jahr 1984 eingeweihte Tunnel durch den Gran Sasso droht einzustürzen. Mehr als ein Drittel Italiens besteht aus Gebirge, und ein weiteres gutes Drittel wird von Hügeln gebildet, was nicht zuletzt zur Folge hat, dass das Bauernland nicht mit großen Maschinen zu bewirtschaften ist.

Im Tal der Etsch, bei Bellinzona oder bei Gemona im Friaul beginnt jeweils eine vertikale Teilung des Landes, die zunächst alpin erscheint, sich dann aber auf ähnliche Weise über die ganze Halbinsel fortsetzt und in den Landschaften um den Apennin besonders ausgeprägt ist. Denn die Landschaften Italiens sind, topographisch von unten nach oben betrachtet, dreigeteilt. In den Tälern wird gearbeitet, dort und in den großen Städten (meist eher in der Peripherie als in den Zentren) leben die weniger wohlhabenden Menschen, dort verlaufen die großen Straßen und die Eisenbahnstrecken. Am Hang und in den Hügeln oberhalb dieser Gebiete wohnen die scheinbar Glücklicheren, hier liegen die Villen, die Gärten und Parks. Darüber aber erhebt sich das Bergland, manchmal von Wald, meist nur von Buschwerk bedeckt, und es ist unzugänglich wie eine echte Wildnis. «In den Bergen» versteckten sich die Briganten und der Widerstand in den späten Jahren des Faschismus, und «in die Berge gehen» heißt immer noch, sich der Staatsgewalt entziehen zu wollen.

Die Halbinsel ist schmal: Wenn man ihren Verlauf zugrunde legt und das Land also von Nordwesten nach Südosten misst (von Livorno nach Rimini, von Rom nach Pescara), ist sie an keiner Stelle breiter als zweihundertfünfzig Kilometer. Und sie ist lang: Von den Hügeln hinter Bologna, von Parma, von Alessandria aus gemessen, erstreckt sie sich über mehr als tausend Kilometer, bis sie dann, hinter Reggio Calabria, hinter Tarent oder Lecce, im Mittelmeer versinkt. Das ist viel weiter als von Berlin nach München, von Edinburgh nach London oder sogar von Paris nach Marseille. Es ist ungefähr so weit wie von Moskau nach Rostow am Don, kurz vor dem Schwarzen Meer. Dabei führt der Weg keineswegs nur von Norden nach Süden. Wer von Neapel nach Bari unterwegs ist, also von Kampanien nach Apulien oder, wie man meinen könnte, vom Süden in den äußersten Süden, kommt weiter nördlich an, als er abgefahren ist. Lecce liegt ungefähr auf demselben Längengrad wie Sarajevo. Und in Brindisi, am äußersten Ende der Via Appia, steht seit antiken Zeiten eine Säule an der Ufermauer, als Zeichen, dass der Weg nun über das Wasser führt, um auf der anderen Seite der Meerenge fortgesetzt zu werden, nach Albanien und in den Balkan, nach Griechenland und in den Nahen Osten.

*

Italien ist groß in seinen Kommunen, in den vielen kleinen und mittelgroßen Städten, die im ganzen Land verstreut liegen und jeweils etwas ganz Eigenes sind. Italien ist groß in den Regionen, die, jede für sich, stets auf eine solche Stadt bezogen sind. Dass sich die meisten

Italiener ein und derselben Sprache bedienen, diesseits und jenseits aller Dialekte, ist eine junge Errungenschaft, die wesentlich durch das Fernsehen befördert wurde. Der italienische Zentralstaat, in der zweiten Hälfte des 19. Jahrhunderts entstanden, entzog den einst mehr oder minder selbständigen Kommunen zwar die politische Bedeutung. Aber ihre kulturelle und soziale Funktion, oft auch ihre wirtschaftliche, blieb erhalten, ganz abgesehen davon, dass sich der Staat seiner Allgemeingültigkeit offenbar nicht sicher sein kann, erkennbar zum Beispiel daran, dass er die Steuerfahndung, die «Guardia di Finanza», in Form einer militärischen Truppe betreibt. Die Schönheit der Piazza, des Ortes in den italienischen Städten, der Bild und repräsentativer Inbegriff ihrer Bürgerschaft war, lebt vom Bewusstsein einer solchen Souveränität, so gebrochen sie längst auch sein mag (was sie womöglich noch schöner werden lässt). Deshalb liegen die schönsten Piazze Italiens nicht in den großen Städten, sondern in der Provinz: in Gestalt der Piazza del Popolo in Ascoli Piceno in den Marken zum Beispiel, der Piazza del Popolo im umbrischen Todi oder der Piazza Ducale von Vigevano in der Lombardei.

Diese Vielfalt kann sich erst durch eine Reise erschließen, die über mehrere oder gar viele Stationen führt. All diese Stationen besitzen jeweils ihre eigene Geschichte, ihren eigenen Charakter und ihr eigenes Aussehen. Das ist seit den Anfängen des Tourismus so, des inländischen wie des ausländischen. Die «Grand Tour», die Bildungsreise der jungen britischen Aristokraten des 17. und 18. Jahrhunderts, führte von Venedig nach Rom und von dort nach Neapel, mit womöglich etlichen Haltestellen dazwischen. Die jungen Adligen reisten zwar auch nach Paris, manche kamen sogar nach Weimar. Eine «Grand Tour» durch den Norden entstand aber nie, was nicht nur daran lag, dass Paris gleichsam alle anderen französischen Reiseziele in sich aufnahm, sondern auch daran, dass man in Frankreich oder auch in Deutschland, wenn man ein bestimmtes Ziel hatte, weite Strecken der Ödnis durchqueren musste. Das ist in Italien anders: Die Städte, allesamt schön, eigenartig und interessant, liegen im Abstand von meist dreißig Kilometern zueinander, und das Wetter lädt oft dazu ein, sich im Freien aufzuhalten.

Die «Grand Tour» erhielt ihre für die Nachwelt maßgebliche Form, als es mit dieser Art des Reisens schon beinahe zu Ende ging: Johann Wolfgang Goethes «Italienische Reise», mehr als zwanzig Jahre nach den Ereignissen niedergeschrieben, die sich zwischen September 1786 und Mai 1788 zugetragen hatten, wurde zum einflussreichsten Dokument eines solchen Unternehmens schlechthin. Erkennbar ist diese Wirkung an der Beliebtheit des Mottos, das Goethe seinem Buch vorangestellt hatte, um es dann wieder zu streichen: «Et in Arcadia ego» – «auch ich in Arkadien» (wobei über die Beliebtheit vergessen wird, dass die Worte dem gleichnamigen Gemälde des italienischen Barockmalers Barbieri entstammen, wo sie dem Tod zugeordnet werden: Auch er war in Arkadien). Das gilt auch für die Wahrnehmung dieses Reiseberichts in Italien. «Viaggio in Italia» heißt das Buch in der italienischen Übersetzung, genau wie die italienischen Versionen der Reiseberichte des Barons de Montesquieu, des Anarchisten Michail Bakunin oder der französischen Philosophin Simone Weil. Diese Bücher sind in Italien beliebt, unter Italienern. Sie begleiten offenbar gern ihre Besucher aus anderen Ländern, wenn diese sich aufmachen, das ihnen fremde Land kennenzulernen. So war es auch bei Roberto Rossellinis «Viaggio in Italia» aus dem Jahr 1954, einem italienischen Film, der einem britischen Paar, gespielt von Ingrid Bergman und George Sanders, durch Neapel und Umgebung folgt.

«Viaggi in Italia» gibt es also viele. Die meisten gehören zum Genre des Reisebuchs, das von Ausländern für Ausländer geschrieben wurde. Daneben aber sind etliche Bücher desselben oder ähnlichen Titels entstanden, die von Italienern für Italiener verfasst wurden. «Il viaggio per l'Italia di Giannettino» heißt ein Buch in drei Teilen, das Carlo Collodi, der Autor des Pinocchio, im Jahr 1880 veröffentlichte, als Einführung in das vereinte Italien für Kinder. «Viaggo in Italia» ist ein dickes Buch betitelt, das der Journalist und Schriftsteller Guido Piovene in den Jahren 1953 bis 1956 schrieb, auf einer langen Reise vom Norden Italiens in den Süden. Die Berichte, eine Bestandsaufnahme des ganzen Landes, vor allem in ökonomischer und musealer Hinsicht, wurden im Jahr 1957 im staatlichen Rundfunk gesendet und für eine Bevölkerung, die nach dem Krieg plötzlich mehr oder minder wohlhabend wurde, zu einem nationalen Erlebnis. Die meisten dieser Werke dürften von Norditalienern geschrieben sein, die in den Süden vordringen, während es, empirisch betrachtet, weit mehr Süditaliener geben dürfte, die den Norden besuchen, als umgekehrt.

Dreimal reiste der Schriftsteller und Regisseur Pier Paolo Pasolini durch das Land, von Norden nach Süden und von Westen nach Osten. Berühmt wurde vor allem seine erste Reise, die im Auftrag der Mailänder Illustrierten «Successo» («Erfolg») über dreitausend Kilometer hinweg an den Küsten entlangführte. Pasolini legte sie im Jahr 1959 in einem Fiat 1100 (mit Mittelarmlehne, Handschuhfach und Balken-Tachometer) zurück, begleitet von Paolo di Paolo, einem Fotografen. Aus dieser Fahrt entstand der Bericht «Die lange Straße aus Sand». In den frühen achtziger Jahren unternahm der Journalist, Schriftsteller und Puppenspieler Guido Ceronetti die Reise noch einmal. Auf Guido Ceronetti folgte, im Jahr 2014, Roberto Napoletano, der Chefredakteur der Wirtschaftszeitung «Il Sole 24 Ore». Beide Bücher tragen den Titel «Viaggio in Italia». Die Notwendigkeit, das ganze Land zu bereisen und darüber einen Bericht zu schreiben, scheint immer wieder neu zu entstehen und dabei stets nur zu Ergebnissen zu führen, die schon bald wieder unbefriedigend sind: Jüngst erklärte die Historikerin Antonella Tarpino, man müsse die «Grand Tour» wiederaufnehmen, von italienischer Seite, um den radikalen Veränderungen Rechnung zu tragen, die dem Land durch seine Industrialisierung wie durch die nachfolgende Deindustrialisierung widerfuhren.

Es ist, als wäre Italien ein Geheimnis, das sich nur in der Bewegung erschließt, nur dadurch, dass man von einem Ort zum anderen zieht, und zwar nie ganz ohne Mühen und seltsame Überraschungen – diesem Umstand scheinen auch die unzähligen Bücher Rechnung zu tragen, die einem nie genau spezifizierten «anderen» Italien gewidmet sind. Mehr noch: Dadurch, dass diese Reisen offenbar im Abstand von einigen Jahren oder auch nur von wenigen Monaten von neuem unternommen werden müssen, entsteht nicht allein der Eindruck, es gebe da etwas Mysteriöses, ein «Italia invisibile» (Guido Ceronetti), dem man nie wirklich auf die Spur komme. Mehr noch: Es entsteht ein Zweifel, ob es den Gegenstand, der da immer wieder so innig beschworen werden muss, tatsächlich gibt.

*

Der erste Ursprung des Reisens ist der Krieg. Von ihm übernahm der Tourismus das Prinzip des Umherschweifens und der Erkundung des Terrains, ferner die offensive Gewohnheit, vorübergehende Lager einzurichten und Einheimische als Hilfskräfte zu rekrutieren, kurz: fremdes Gelände zu besetzen. Vom Handel übernahm der Tourismus nicht nur die Verfahren der Verstetigung des Reisens und der Routenbildung, sondern auch die Bereitschaft, sich mit den Einheimischen zu verständigen, gegebenenfalls ihre Sprache zu lernen, und nicht zuletzt das Prinzip der Berichterstattung. Von der Wallfahrt schließlich übernahm der Tourismus das Streben nach einem entlegenen Ort der Heilung, das Wünschen und Sehnen nach einem fernen, an einen geographischen Punkt gebundenen Zweck, der alle anderen Zwecke in sich aufhebt.

Im 17. Jahrhundert begannen die jungen Adligen, zunächst nur Männer, später auch einige junge Frauen, in den Süden zu reisen, dorthin, wo es möglichst zahlreiche und große Relikte der antiken Kultur zu sehen gab. Eher als dass dieses Ziel ein geographischer Ort gewesen wäre, stellte es eine kulturelle und auch eine seelische Bestimmung dar: auf der einen Seite eine Erhebung zu den zeitlosen Hinterlassenschaften einer höheren Kultur, die den jungen Aristokraten als Vorbild und Spiegel dienen sollte, auf der anderen Seite eine Vertrautheit mit den Fürstenhöfen, wo man sich verfeinerte Sitten aneignete. Südlich der Alpen trafen die Reisenden auf die steinernen Helden der Antike. Sie waren dort stehengeblieben, in einer komplizierten, jedoch substanziell ungebrochenen historischen Kontinuität. So kamen die jungen Aristokraten nach Italien, und so kamen sie vor allem nach Rom, für ein Jahr, für zwei, manchmal auch für drei Jahre. Sie kamen, um zu sehen, oft auch, um zu kaufen, und nicht zuletzt, um die letzte Zeit vor dem endgültigen Erwachsensein in relativer, auch erotischer Freiheit zu verbringen. Alle diese Motive blieben im modernen Tourismus erhalten. Die Bildungsreisenden irrten zwischen den Ruinen umher und verharrten ehrfürchtig vor den bekannten Denkmälern. Manchmal wurden sie selber zu Gelehrten, manchmal verstanden sie gar nichts, und manchmal alberten sie herum. Um die Mitte des 19. Jahrhunderts indessen veränderten sich die Konstellationen. Neben die Idee, Italien sei das Land der Antike und der großen Kunst, trat damals eine andere Vorstellung: ein Bild des Südens als archaischer Landschaft. Die Antike und die Folklore verschmolzen darin. Hinzu kam eine Idee der katholischen Kirche, die, in alten Riten verhaftet und in sinnlichem Prunk schwelgend, den Besuchern aus dem Norden als eine ebenso dunkel attraktive wie aus der Zeit gefallene Institution erschien, als ein auf sonderbare Weise lebendig gebliebenes Produkt aus einer Epoche, in der es den Protestantismus, und mit ihm die Trennung der Religion von der Magie und die Trennung des Geistes vom Buchstaben, noch nicht gegeben hatte. Um die Mitte des 19. Jahrhunderts begannen die Ideale der Griechen und des antiken Italiens zu verblassen, wie Johann Joachim Winckelmann sie mit nahezu unglaublichem Erfolg befördert hatte. Stattdessen entstand das Bild einer fremden, irgendwie ursprünglichen Welt, in der ebenso bunte wie heidnische Gebräuche herrschten. Es entstand auch das uns bis heute vertraute Bild lebendiger, aber chaotischer Verhältnisse, die sich eigensinnig gegen die Tugenden der Industrialisierung behaupten und in denen immer dann, wenn man in großer Eile einen Bahnhof in der Provinz betritt und der Zug schon einfährt, auf dem Fahrkartenautomaten ein Zettel mit der Aufschrift «guasto» («kaputt») klebt.

So war Italien nun gleichsam doppelt bestimmt, als Heimat eines

antiken Bildungsideals auf der einen, als Land der einfachen Lebensart und der wärmenden Sonne auf der anderen Seite. Eine Weile
noch hielten sich diese Motive die Balance: bei Stendhal zum Beispiel, der glaubte, in Italien das Gegenbild zum zunehmend bürgerlichen Frankreich gefunden zu haben, das Land der schönen Natur,
der schönen Künste und der schönen Sitten. Oder auch bei Victor
Hehn, dem Kulturhistoriker aus Dorpat in Estland, der zwischen 1839
und 1863 dreimal durch Italien reiste. Seine immer wieder aufgelegten
«Ansichten und Streiflichter», die gesammelten Reflexionen dieser
Fahrten, prägten mindestens für ein halbes Jahrhundert und vermutlich weit darüber hinaus die Vorstellung der Deutschen von Italien, auf der Grundlage einer humanistischen Bildung, mit Goethe
und den Bildern idealer Landschaften im Sinn. Und natürlich bei
Henry James, dem amerikanischen Schriftsteller und prototypischen
Reisenden des 19. Jahrhunderts, der eine Generation später in Italien nach den Wurzeln der eigenen Kultur suchte, nach Ursprüngen,
gegen die man sich, im festen Vertrauen auf den technischen Fortschritt, im eigenen Land abgedichtet hatte. Für beide Typen, für den
Enthusiasten der Bildung wie für den kosmopolitischen Skeptiker,
scheint es in Italien einen Platz gegeben zu haben.

Reisen, die des Vergnügens, des Verehrens oder des Belehrtwer-
dens wegen unternommen werden, führen in den meisten Fällen in
eine weit zurückliegende Geschichte. Oft ist sie fiktiv, zumindest in
Teilen. Das war bei den Bildungsreisen so, die der Begegnung mit den
klassischen Stätten der Kultur und der Zivilisation gewidmet waren.
Das ist aber auch bei den Reisen so, die in die Sonne und unter die
Pergola, zum guten Essen und zu den echten Bauern, kurz: in die
archaischen Landschaften des Südens führen sollen. Sie zielen auf
ärmere, gleichsam in früheren Stadien der historischen Entwicklung
befindliche Gegenden und Länder. Solche Reisen gingen dann von
Norden nach Süden, von der überlegenen zur unterlegenen Ökonomie. Die südliche Landschaft, derart abgewertet oder aufgewertet
(je nachdem, wie man die Dinge sehen will), verwandelte sich all-

mählich zum imaginären Raum einer gesteigerten Sinnlichkeit, zum Raum einer vorübergehenden Selbsterlösung und Selbstermächtigung. Als es nach dem Zweiten Weltkrieg immer mehr Menschen in die Ferne zog, als das große Reisen auch die einfachen Lohnempfänger erreichte, wurde die Reise ins irdische Paradies zum vorherrschenden Modell des Tourismus, ohne Belastung durch die Kultur. So wurde Italien, vor Griechenland, vor Spanien und weit vor den karibischen Inseln oder vergleichbaren, vermeintlich noch ursprünglicheren Fernzielen, zum Musterland des Aus der Welt Fallens, dem auch damals schon weitgehend industrialisierten Norden zum Trotz.

*

Die beliebteste aller italienischen Geschichten ist das Märchen von Pinocchio, verfasst von Carlo Collodi und zuerst im Jahr 1881 als Serie in einer Wochenzeitung erschienen: Der kinderlose Schnitzer Geppetto schafft sich einen Sohn, so geht die Geschichte, indem er ihn aus einem sprechenden Stück Holz schneidet. Er gibt ihm den Namen «Pinocchio» – weil in diesem Wort die «Pinie» («pino») ebenso steckt wie der «Dummkopf» («pinco») und das «Auge» («occhio») als Ausdruck der Lebendigkeit. Und so bitter die Umstände sind, aus denen die Puppe hervorgeht, so groß ist immer wieder der Kummer, wenn der selbstgefertigte Sohn sich als Herumtreiber und Tunichtgut erweist: Er reißt aus und schwänzt die Schule, er vertraut Räubern und endet darüber fast am Strick, er wird zum Faulenzer und endet, infolge seiner Missetaten, beinahe im Magen eines Hais. Und jedes Mal, wenn er lügt (und das tut er oft), wächst seine ohnehin schon lange Nase um ein weiteres Stück. Sein Lebensweg ist keine Bildungsreise, sondern gehorcht den Prinzipien einer Erziehung durch schlechte Erfahrungen. Und stets beginnt das Unglück, wenn Pinocchio seine Heimat, die Werkstatt seines Meisters, sein Dorf verlässt. Selbstverständlich werden alle diese Missgeschicke und Verhängnisse von allerbesten Vorsätzen, zuweilen sogar von echten Anstrengungen zum Guten begleitet.

Der hölzerne Knabe ist, obwohl schon weit über hundert Jahre alt, in Italien noch immer viel lebendiger, als es beispielsweise Nils Holgersson in Schweden oder der Struwwelpeter in Deutschland je waren. Außerdem ist der italienische Pinocchio ein anderes, sperrigeres Wesen als der gefällige Knabe mit dem Tirolerhut, den Walt Disney mit seiner Verfilmung aus dem Jahr 1940 unter die Völker brachte. Man kann dem hölzernen Knaben mit der langen Nase in Italien nicht entgehen. Der Schlager «Carissimo Pinocchio», berühmt geworden in der Version des Sängers Johnny Dorelli im Jahr 1961, verstummt nicht. Fast jeder bekannte italienische Schriftsteller der Nachkriegszeit hat sich mit ihm beschäftigt, Alberto Moravia und Italo Calvino, Umberto Eco und Claudio Magris. Pinocchio sei, erklärte Antonio Tabucchi, «die Gestalt gewordene Implausibilität des Lebens». Sie bildet, so scheint es, eine Tradition, in der ein ganzes Land immer wieder versucht, sich über ein altes Buch selbst zu verstehen.

Unendlich viele Deutungen hat dieses Buch erfahren, und nicht wenige davon wurden in großem Maßstab angelegt, etwa die Interpretation, es handle sich dabei um ein Manifest der Freimaurer. Besonders oft wurde Pinocchio als Allegorie des Italieners verstanden, vor allem von diesen selber: unzuverlässig, aber gutwillig, verführbar, aber immer wieder zur Tugend zurückzubringen, und selbstverständlich liebt er seinen Schöpfer, den Holzschnitzer, trotz all seiner Unvernunft. Man könnte eine ganze Typologie nationaler Erfahrungen aus dieser Figur ableiten: Man strengt sich an, und es wird nichts daraus, man gibt sich Mühe, aber das Aufgebaute wird zerstört, und darüber hinaus gibt es Verführungen und Laster aller Art, die für ganz eigene Arten des Scheiterns sorgen. Und wenn man nun schon einmal mit dem Allegorisieren begonnen hat: In der Herkunft von der Hobelbank steckt die alte, arme Toskana, in der Marionette das Volkstheater und die Spielbuden, und in den Umwegen auf dem Weg zur Alphabetisierung verbirgt sich die Einführung der allgemeinen Schulpflicht. Und es verbirgt sich darin auch das Wissen darum, in welchem Maße Italien eine im Grunde genommen konservative Gesellschaft beherbergt, zu der viele Menschen mit einer engen Bindung ans Bauerntum, an das Handwerk und an ein Ideal der Angemessenheit zwischen Material und Kunstfertigkeit gehören.

Mittlerweile mindestens ebenso beliebt ist die Deutung, Pinocchio sei eine verdrehte Christusfigur: Sein Leben verdankt er höheren Mächten, geboren wird er in einer winterlichen Werkstatt (ohne Mutter), für seinen Vater will er sein Leben opfern, zwischendurch wird er gehängt und verschlungen, und am Ende der Geschichte steht die Verwandlung – hier in einen volltauglichen Menschen mit geregeltem Tagesablauf, dessen Stigma, die lange, freche Lügennase, verschwunden ist. In beiden Bedeutungen aber steckt derselbe Gedanke: dass Erziehung nämlich eine Kette von magischen Ereignissen sei, an deren Ende, wiederum durch Zauberei, der Übergang in ein braves Schulkind steht.

Dieses Ende ist – und in dieser Hinsicht ähnelt es dem Ende in Alessandro Manzonis «I promessi sposi», des Nationalromans aus dem Jahr 1827 – harmonisch und fade zugleich. Es ist der schlechteste Teil der Geschichte. Pinocchio wird darin seines Charakters beraubt. Alles, was er vorher war, ist nun verschwunden: der Übermut, die Sorglosigkeit, die Langeweile, das schlechte Gewissen, die Schmerzen des Herzens sowie das Wachsen und Schrumpfen der Nase. Der Verlust betrifft die Züge des hölzernen Helden, die in keiner Allegorie aufgehen, und ganz besonders die wunderbare Fähigkeit Pinocchios, sich mit allem und jedem, mit Menschen wie mit Tieren, verständigen zu können. Es ist aber dieser Überschuss an Charakter, der Pinocchio zu einer interessanten Gestalt macht: die Eigenschaften, die diese Figur nur für sich selbst hat und die also nicht in Pädagogik aufgehen. Durch diesen Überschuss wurde Carlo Collodis Buch zu einem Werk der Weltliteratur, nicht durch die Bildungsgeschichte eines Musterschülers. Auch an diesem Punkt wäre der allegorische Charakter des Buches ernst zu nehmen: Wie viel Freude fände sich noch in Italien, wenn es jenen Überschuss an Charakter nicht gäbe?

Fünf Ansichten eines schönen Landes

Piemont

Am Oberlauf des Po, gut zwanzig Kilometer nordöstlich von Turin, liegt ein Dorf namens San Sebastiano. Der Fluss bildet die nördliche Grenze der Gemeinde. Dahinter erstreckt sich flaches Land. Im Süden des Flusses hingegen beginnen, gleich jenseits des schmalen Uferstreifens, die Hügel, von denen die Landschaft des Piemont dann über viele Kilometer in Richtung Ligurien geprägt ist. Die Hügel sind nicht groß und nicht hoch, aber auch nicht klein. Sie bilden eine ebenso bewegte wie kompakte Landschaft, mit Tälern, Straßen und Bächen dazwischen, die sich in weiten Bögen winden und für ein hohes Maß an Abwechslung sorgen. Es gibt viele solcher Landschaften in Italien. Eine jede besitzt ihre Eigenart. Doch in ihren kleinen Räumen, in ihrem Auf und Nieder, in ihren Kurven und Biegungen und kompakten Maßen scheinen sie alle miteinander verwandt zu sein.

Der älteste Teil des Dorfes liegt auf der Kuppe eines solchen Hügels. Am höchsten Punkt aber steht ein kleines Schloss, oder eine Burg, je nachdem, aus welcher Richtung der Geschichte wie der Geographie man den Bau betrachtet. Zusammen bilden die Gebäude ein eklektisches Ensemble: In der Mitte, in eine Festung hineingebaut, steht ein klassizistisches Herrschaftsgebäude. An der einen Seite entlang zieht sich ein Wirtschaftsgebäude aus grob gefügten Steinen, die bis zur Dachrinne von wildem Wein überwachsen sind. Hier wurden Seidenraupen gezüchtet und Weine gelagert. Eine prächtige Orangerie, im frühen 19. Jahrhundert entstanden, zeugt hinter einer Anlage aus Buchsbaumhecken von Muße, von der Liebe zur domestizierten Natur und von vergangenem Wohlstand. Seitlich schließt sich ein weißer, klassizistischer Tempel an. Eine Pforte verbirgt sich darin, durch die es in einen Wald geht, in dem der Kuckuck ruft. Sogar einen verwilderten kleinen Park gibt es auf dem Gelände, mit hohen Bäumen, unter denen schwer das Dickicht wuchert, so dass hier ein französischer und ein englischer Garten in- und nebeneinander existieren. Eine weite, von Mauern und Zinnen gerahmte Plattform schließt das Gelände nach Norden und Osten hin ab.

Auf dieser Plattform standen die Kanonen, mit denen man die Ebene beschießen konnte, vor allem aber das Tal darunter, in dem eine Armee in Richtung Süden nach Asti und darüber hinaus zu gelangen vermochte – oder umgekehrt: von der ligurischen Küste in die Po-Ebene. Jetzt steht man auf der Plattform, sieht im Norden das weite Land und dahinter, in einem riesenhaften Halbbogen, die schneebedeckten Berge, einschließlich des Mont Blanc (oder «Monte Bianco»), und ringsum die in verschiedenen Braun- und Blautönen gestaffelten Hügel mit ihren bewaldeten Kuppen, die kleinen Äcker, die Weinberge, noch ein paar Burgen und Siedlungen, die sich schlängelnden Wege. Die Landschaft macht einen durch und durch humanen Eindruck: Sie erscheint wie eine große Bühne, wie ein gerahmter, aber doch durchlässiger Raum. Vor allem aber wirkt sie, als könnte man sie zu Fuß bewältigen, auch wenn das Gehen, wie fast überall in Italien, tatsächlich nicht möglich ist, weil die Straßen dafür zu gefährlich sind, die Wege zu privat, von bellenden Hunden bewacht. Dem Bild der Landschaft tut diese Einschränkung keinen Abbruch. Sie wirkt ritterlich und feudal.

Es sind die Augen, die das Schöne und das Hässliche wahrnehmen. Beide Empfindungen aber fahren in die Beine. Das Schöne beschwingt. Wer aber je eine längere Strecke durch ein Industriegebiet ging, kennt dieses Gefühl: Schwer werden die Glieder, die Füße wollen nicht voran, und jede Entfernung wirkt unüberwindlich. Schrecklicher nur sind, in Friedenszeiten, die zerstörten Flächen, so wie sie Steinbrüche hinterlassen, große Wüsteneien, in denen die Haut der Erde aufgerissen ist und die Knochen sichtbar werden. Umgekehrt ist die schöne Landschaft wenn nicht an die Erfahrung des Gehens, so doch an eine Vorstellung davon gebunden, insofern das Auge spazieren geht. Die entsprechende Landschaft ist offen, aber gegliedert. Sie ist eine mittlere Landschaft, lieblich, aber mit klaren Konturen, ausgewogen und maßvoll. In ihr gibt es Gehölze und geschwungene Wege, es gibt Hügel und Biegungen, die den Blick festhalten, während man zugleich weiß, dass sich dahinter ein anderer, neuer Blick öffnen wird. Sie hält die Mitte zwischen Natur und Zivilisation. Sie gehorcht in jeder Hinsicht dem mittleren Maß. In diesem Sinn sind bei weitem nicht alle italienischen Gegenden schön: Die weiten, von schweren Traktoren durchzogenen Flächen der Po-Ebene, die Gegenden bei Busseto zum Beispiel, wo Giuseppe Verdi aufwuchs und starb, werden erst dann schön, wenn sie von Nebeln durchzogen sind, dort, wo es kleine Pappelwälder gibt, Flussläufe, an denen Büsche und kleine Bäume stehen, Flurgrenzen, an denen Brombeeren, Ginster und Hagebutten wachsen.

Trotzdem sprechen Italiener vom «schönen Land», «il bel paese». Oft wird der Ausdruck im Italienischen als Synonym für das gesamte Land gebraucht, und das ist seit dem frühen 14. Jahrhundert so, seit Dante Alighieri. Es dauerte allerdings bis ins späte 19. Jahrhundert, bis die Formel in Italien tatsächlich zu einer Art Gemeingut wurde. Wesentlichen Anteil daran hatte das Buch «Il Bel Paese. Conversazioni sulle bellezze naturali la geologia e la geografia fisica d'Italia» («Das schöne Land. Gespräche über die natürlichen Schönheiten, die Geologie und die physische Geographie Italiens»), das der Priester und Geologe Antonio Stoppani im Jahr 1876 veröffentlichte. In zweiunddreißig Kamingesprächen wird darin von den natürlichen Beschaffenheiten eines Landes erzählt, das nur wenige Jahre zuvor politisch geeint worden war. Die Begeisterung für die Naturwissenschaften, wie sie sich in der zweiten Hälfte des 19. Jahrhunderts in den westlichen Ländern weit verbreitet hatte, stieß in diesem Werk auf das Pathos einer neuen Nation.

Die Landschaft, als Inbild des Schönen, erscheint als etwas Unwandelbares, als etwas viel Beständigeres noch als die Zypressen, die vertikale Striche in das gewellte Land zeichnen, oder als die Olivenbäume, die den silbergrünen Hintergrund dafür liefern. Aber das ist ein Irrtum: Die Landschaft muss der Natur unablässig abgerungen werden. Sie wäre bald schon versumpft und überwuchert, würde sie nicht in einem Zustand erhalten, der allen Beteiligten deutlich vor Augen zu stehen scheint und der doch nicht nur zeitloses Muster, sondern auch künstlichen Stillstand bedeutet. Selbstverständlich gehen in diesen scheinbar unveränderlichen Zustand der Landschaft materielle Voraussetzungen ein, die in der Beschwörung des Ideals nie zur Sprache kommen: der Umstand etwa, dass die Flussniederungen und auch die Weinberge über lange Zeit hinweg Zonen von niedriger Rentabilität darstellten, sich also eine intensivere ökonomische Nutzung nicht lohnte. Dass sie erhalten wurden, ist der Armut zu verdanken. Schönheit ist, so betrachtet, selten der Zweck einer Unternehmung, sondern entsteht meist nebenher, als Folge einer Anstrengung, mit der man eigentlich einen anderen Zweck verfolgt. Die Dreigliederung der italienischen Landschaft in «pianura» («Ebene»), «colline» («Hügel») und «montagna» («Bergland») ist eine Folge unterschiedlich intensiver Bewirtschaftung.

Aber noch in einer anderen Hinsicht erscheint die Schönheit der italienischen Landschaft als etwas Stillgestelltes, als etwas, das einer permanenten Veränderung abgerungen werden muss. Denn wirkt der Zauber der norditalienischen Innenstädte nicht wie ein Ausgleich für die Verwüstungen, die eine entfesselte Industriekultur in den Vorstädten und Ebenen anrichtete und immer noch anrichtet? Und ist diese Trennung zwischen historischem Zentrum und hässlicher Peripherie nicht längst eingegangen in das Gewebe der Gesellschaft, dergestalt etwa, dass man in Italien nicht geht, sondern fährt (und nicht gehen kann, sondern fahren muss), außer in den «centri storici»? Gleichgültig, wohin man kommt, ob in die weite Peripherie von Turin, in die Vorstädte von Martina Franca in Apulien oder in die Umgebung der Tempel von Paestum: Immer sind da die eingestaubten rechteckigen Hallen aus Stahlbeton, in denen irgendetwas produziert wird, von dem man nicht weiß, was es ist, Damenstrumpfhosen vielleicht, Butterkäse oder Insektenvertilgungsmittel, immer ist da das Brachland mit seinen Disteln und den vom Wind zusammengefegten Plastiktüten und Pizzakartons, mit den alten Matratzen und den verrosteten Waschmaschinen, immer ist dort eine Straße mit löchrigem Asphalt, gesäumt von Laternen, die schief in der Landschaft stehen und den Mond grell überstrahlen. Ist der Blick von der Burg in San Sebastiano da Po auf das schöne Land nicht längst Ausgleich und Wiedergutmachung für Hunderte von kastenförmigen Stahlbetonbauten bei Chivasso? Und für die Werkhalle, in der einst die Automobile der Marke «Lancia» gebaut wurden und in der sich heute ein Supermarkt befindet?

Noch bevor die schöne Landschaft tatsächlich gestaltet wurde, nicht nur als Anrufung, wie bei Dante und Petrarca, sondern konkret, mit Äxten und Pflügen, war sie gemalt worden, angefangen bei den italienischen Malern des 15. und 16. Jahrhunderts (zuallererst, in der frühen Renaissance: als kleiner Vorschein des Paradieses) und als Hintergrund zu anderen Motiven: nicht wirklich ausgedacht, aber das Vorhandene gestaltend, weshalb die idealen Landschaften jener Zeit nie einen realen Ort haben. Dann wanderte die Landschaft allmählich aus dem Rahmen heraus, den ihr Fenster, Türen und Durchblicke gesetzt hatten. Sie wandelte sich von einem Detail zum Ganzen, sie wurde zu einer Hauptsache des Malens, und das bevorzugt in Italien: Man schaue sich nur die Angebote der Auktionshäuser für Kunst an, nicht der teuren und berühmten, sondern der mittleren, noch gleichsam bürgerlichen: Italienische Landschaften aus dem 18. und 19. Jahrhundert gibt es bei ihnen zu Tausenden. Dort, auf der südlichen

Halbinsel, in der Nachbarschaft der antiken Ruinen, sollte das in den Tiefen der Vergangenheit verschwundene Ideal trotz alledem greifbar sein. Und eine jede dieser gemalten Landschaften zeugte nicht nur davon, dass es schön sei an diesem Ende der Welt, sondern nährte auch die Vorstellung, dass das Leben dort angenehm sei.

Dass es sich in solchen idealen Landschaften leben lässt und dass dies auch für ihre Bewunderer gilt, ist dennoch ein später Gedanke. Zwar heißt es bei Horaz, glücklich sei der Mensch, der fern von «Geschäften» und frei von Schulden auf dem Lande lebe und dem Pflug hinterhergehe. Aber diese Idee bezieht sich auf lange zurückliegende Zeiten und auf andere Formen des menschlichen Zusammenlebens. Die Wiederkehr der Idee im 19. Jahrhundert ist die konservative Reaktion auf ein zur Gesellschaft gewordenes Gemeinwesen, auf die moderne Stadt und die Industrialisierung. Die gemalte schöne Landschaft ist nunmehr ein Dokument für ein Ideal, das angeblich wieder Wirklichkeit werden kann: dafür, dass dort Menschen im Einverständnis mit ihrer Umwelt leben, dafür, dass Menschen, die aus irgendwelchen Gründen dorthin gehören, sich in dieser Gegend eingerichtet haben, zum beiderseitigen Wohlergehen. Weil es aber eine solche Landschaft selten und dann auch nur in Annäherung gab, ist der Gedanke nicht nur konservativ: Als Utopie eines Glücks, das sich gleichsam von allein einstellt, wenn man die «Geschäfte» sein lässt und nur noch in die Landschaft guckt, hat das Ideal auch etwas Anarchistisches.

Auf dem Hügel von San Sebastiano, gleich unterhalb der Burg und unmittelbar an der Straße, gibt es eine Osteria mit einer Terrasse, von der aus man weit über das Land blickt, was schon bei Tag schön sein kann, aber in der Dämmerung, wenn die Hügel in Schattierungen von Blau, Schwarz und Grün in der Nacht versinken, während man in leichter Kleidung unter einem hölzernen Dach sitzt und plaudert, immer schöner wird. Im Juni fliegen dann manchmal die Glühwürmchen den Hang hinauf, die «lucciole», die Pier Paolo Pasolini in einer berühmten Klageschrift aus dem Jahr 1975 bereits der Verschmutzung der Umwelt und der Industrialisierung der Gesellschaft geopfert sah. Vor einigen Jahren wurde die Osteria von einer kleinen, wild aussehenden Gruppe nicht mehr junger Leute betrieben, bei denen sich kaum ausmachen ließ, wer der Chef und wer der Kellner war. Es mag sein, dass es solche Hierarchien in dieser Gruppe nicht gab. Jedenfalls wurde dort gut gekocht, nach Art des Piemont. Dann gab es das Restaurant plötzlich nicht mehr. Die Gruppe, sagte damals der Schlossbesitzer, sei nach Südamerika gezogen. Jetzt ist sie wieder da, in veränderter Besetzung. Sie hat sogar Tischdecken aufgelegt.

*

Francesco Hayez, geboren im Jahr 1791, gestorben 1882, war ein großer Erfinder Italiens. Er mag nicht der beste aller Maler gewesen sein, auch nicht zu seiner Zeit. Aber er ist unausweichlich im eigenen Land, denn er schuf «Il bacio» («Der Kuss»), ein Gemälde, das ein spätmittelalterliches Liebespaar beim innigen Abschied zeigt: Der Mann, in roten Beinkleidern und braunem Mantel, offenbar zu einem gefährlichen Auftrag gerufen, umarmt eine Frau in einem blauen Kleid mit weißem Besatz. So begegnen die Nationalfarben des Königreichs Sardinien-Piemont den Farben Frankreichs, in einer melodramatischen Szene, die an die Renaissance erinnert, um zum Kampf gegen das Kaiserreich Österreich-Ungarn aufzufordern. Schon bei der ersten Präsentation im Jahr 1859 ein gewaltiger Erfolg, gilt dieses Bild seither als Allegorie nationalen italienischen Hegens und Strebens. So gründlich prägte es die Vorstellungen von der eigenen Kultur, dass es seitdem immer wieder verwendet wird: als Vorlage für die Abbildung auf den blauen Schachteln etwa, in denen seit den frühen zwanziger Jahren die umbrischen Pralinen mit dem Namen «Baci» (heute ein Produkt des Schweizer Konzerns Nestlé) verpackt sind, oder als Muster für den langen Kuss, zu dem sich in Luchino Viscontis Film «Senso» («Sehnsucht», 1954) die Contessa und ihr unwürdiger Liebhaber zusammenfinden.

Es gäbe kein modernes Italien, wenn es das revolutionäre Frankreich nicht gegeben hätte. Im Gefolge Napoleons (nicht des Kaisers, sondern nur erst des Generals der Revolution) war nicht nur eine Armee, sondern auch eine Staatsidee nach Italien gelangt. Sie muss so eindrucksvoll gewesen sein, dass die italienische Flagge als Variante der französischen entstand, indem die Farbe Grün an die Stelle der Farbe Blau rückte. Sie zog zum Beispiel das System der Präfekturen nach sich, der regionalen Stellvertretungen einer zentralen Bürokratie (das System wurde ab den siebziger Jahren in mehreren Etappen zugunsten der Regionen aufgebrochen). Über das gesamte 19. Jahrhundert erhielt sich die enge Bindung Italiens an Frankreich, über die Entstehung des italienischen Nationalstaats, der aus dem Versuch Frankreichs hervorging, mit britischer Unterstützung das Kaiserreich Österreich-Ungarn nach Osten zurückzudrängen, bis hin zu den Jahren 1914 und 1915, als junge italienische Nationalisten nach Frankreich gingen, um in einem Krieg zu kämpfen, der für Italien noch nicht begonnen hatte.

Wenn es einen Ort gibt, an dem sich Italien und Frankreich leibhaftig begegnen, mehr als irgendwo anders, einen Ort, der zu «Il bacio» passt, dann ist es Turin, die Stadt in der Ebene vor einem gewaltigen Bergpanorama. «Sottovalutata, ma bellissima», heißt es in Italien oft über Turin, «unterbewertet, aber besonders schön». Im Jahr 1563 war Turin zur Hauptstadt des Herzogtums Savoyen geworden und erlebte danach eine Umgestaltung, wie sie nur wenigen europäischen Städten zuteilwurde. Was Absolutismus nach französischem Vorbild war, in Bauten, Denkmälern und Straßenzügen, ist an diesem Ort konsequenter verwirklicht als etwa in Karlsruhe, in St. Petersburg – oder sogar in Versailles. Denn Versailles war eine Stadt außerhalb der Hauptstadt, jedoch nicht die Hauptstadt selber. Turin aber war die Kapitale, eingebettet in eine weiche, hügelige Landschaft, mit einer geschlossenen und in jedem Detail durchgebildeten Anlage aus dem 17. und 18. Jahrhundert, in gleichmäßigen Rechtecken angelegt, mit unendlich langen, hohen und weiten Bogengängen versehen und durchquert von prächtigen, geraden Straßen, die durch rechteckige

Plätze schneiden, mit Passagen, Galerien und Boulevards (woran sich die alten Arbeiterviertel anschließen, Borgo San Paolo im Nordosten zum Beispiel, wo es mittlerweile weitaus ruhiger zugeht als in den grauen Vorstädten aus Beton). Außerdem hat Turin sein eigenes Versailles, im Norden der Stadt, in Venaria gelegen, weit jenseits des Fußballstadions, in dem Juventus spielt, eine der erfolgreichsten Fußballmannschaften Italiens.

Turin ist eine Stadt zum Flanieren, unter den Arkaden, vorbei an Apotheken, die mit ihrer dunklen Täfelung wie Schmuckkästchen aussehen, und an Cafés, die in ihrer anmutigen Strenge wie Apotheken wirken, und manchmal hinein in die Innenhöfe, die mit ihren umlaufenden Galerien an Wien erinnern. Oberhalb der Stadt schließlich, auf einer Anhöhe jenseits des Po, liegt die Basilica di Superga, die Grabkirche des Königshauses Savoyen, von der aus man, in gerader Linie nach Westen – mit dem Corso Francia, der «französischen Allee», als Orientierung –, über zwölf Kilometer hinweg bis nach Rivoli blicken kann, dem Val di Susa entgegen, dorthin, wo es demnächst einen der längsten Eisenbahntunnel der Welt geben soll, um Turin mit Lyon zu verbinden, oder Istanbul mit Paris. Die kleine Stadt Rivoli war einst die erste Etappe auf dem Weg nach Frankreich.

Am Rande der Altstadt von Turin erhebt sich ein Gebäude, das als größte Sehenswürdigkeit der Stadt gilt, obwohl seine höchste Aufgabe nie in etwas anderem bestand als darin, eine Sehenswürdigkeit zu sein: die Mole Antonelliana, errichtet in den Jahren 1863 bis 1900 mit dem Vorsatz, darin eine Synagoge unterzubringen, und in einem Stil, der historistisch wirkt, ohne dass man diesen Historismus als die Bauart einer bestimmten Epoche identifizieren könnte. Die jüdische Gemeinde zog nie ein, weil sich der Bau längst von ihr emanzipiert hatte. Und so gilt das Interesse hauptsächlich diesem Turm von hundertachtundsechzig Metern Höhe, einem Gebäude, das von Architekten bewundert wird, weil es, einschließlich der gigantischen Kuppel, ganz aus Ziegeln gemauert ist und ohne eiserne Streben auskommt. Sein Inneres besteht aus einer einzigen, riesigen Halle, in deren Mitte ein

Fahrstuhl zum höchsten Punkt der Kuppel fährt, die sich nach oben stark verjüngt und von einer schlanken Spitze gekrönt wird. Die Symbolik lässt sich kaum übersehen: Zur gleichen Zeit, in der die Mole Antonelliana gebaut wurde, errichtete man in Paris, mit modernsten Techniken, den Eiffelturm. Die Mole Antonelliana ist Ausdruck einer bis ins Äußerste entwickelten Baukunst, doch unter den Voraussetzungen konventioneller Technik und herkömmlicher Materialien, einschließlich einer Erinnerung an die Kuppeln des Pantheons, des Florentiner Doms und der Peterskirche.

Geplant in einer Zeit, als Turin zur Hauptstadt Italiens geworden war, konzipiert als Wahrzeichen einer Nation, verlor der Turm diese Funktion nur kurze Zeit später: Im Jahr 1865 wurde Florenz zur italienischen Kapitale, bevor dann, nach der politischen Entmachtung des Papstes, Rom im Jahr 1871 die Hauptstadt wurde. Die Lage Turins im äußersten nordwestlichen Winkel Italiens spielte für diese Entscheidung eine große Rolle. Denn das Königreich Sardinien-Piemont war, als Viktor Emanuel II. zum König eines neuen Staates ausgerufen wurde, eine kleine Region, deren Herrschaft nun, mitsamt ihrem Verwaltungsapparat, ein um ein Vielfaches größeres Land übernahm. Die Mole Antonelliana aber blieb stehen: Sie beherbergt ein Museum des Films, das eigentlich ein Museum der technisch vermittelten Bildphantasien ist, in dem die Halle selbst als ein alle anderen Exponate umgreifendes Ausstellungsobjekt behandelt wird. Auch diesen Wandel der Funktion muss man symbolisch verstehen: Die Mole ist ein Haus der Träume, des «sogno» oder der Sehnsucht, allerdings auf der Grundlage von Materialbeherrschung und Organisationsvermögen.

*

Das zweite Modell des Fiat 500, das man zur Zeit seiner Entstehung «nuova» nannte, trägt viel deutlicher als sein Vorgänger, der sogenannte «topolino» (Mäuschen), die Züge einer Maus, mit kurzer Schnauze, rundem Körper und winzigen Beinen. Der Schwanz fehlt ihm, aber es ist wendig. Kaum drei Meter lang und nur gut 1,30 Meter breit, nicht größer als eine komfortable Hundehütte also oder ein schlichtes Zwei-Mann-Zelt, ist es mit größter Sorgfalt gestaltet. Es wiegt wenig, nicht einmal eine halbe Tonne, so dass zwei starke Männer das Auto mit Leichtigkeit umkippen können. Es passen trotzdem vier Erwachsene hinein, auch wenn sich diese Menschen falten und bücken müssen, um in dem kleinen Fass Platz zu finden. Dieser Fiat 500, im Jahr 1957 vorgestellt und im eigenen Land bis 1975 gebaut, ist das Auto, mit dem Italien mobil wurde. Fast vier Millionen Exemplare wurden davon produziert – zwar bei weitem nicht so viel, wie vom Volkswagen Käfer hergestellt wurden, aber doch genug, um Italien und die italienische Lebensweise mit diesem Fahrzeug zu identifizieren.

Der Fiat 500 hatte ein Gegenüber, den Lancia Aurelia, dessen schönste Variante der Spider aus dem Jahr 1958 war. Das Auto war lang, schlank und elegant, mit gerundeten Flanken, die in den Scheinwerfern begannen und hinter den Sitzen noch einmal ansetzten, so als bekämen sie von den Hinterachsen neuen Schub, mit einem Kühlergrill wie eine große, teure Brosche, einer langgestreckten Haube, unter der man sich gern ein Meisterstück der Mechanik vorstellte, und einem kleinen Cockpit mit wenigen Instrumenten, die erkennen ließen, dass dieses Auto nicht einfach bedient werden konnte, sondern im strengen Sinne gefahren werden musste. Der Aurelia war das erste in nennenswerten Stückzahlen gebaute Auto, in das ein Sechszylinder-V-Motor eingebaut wurde. Er fuhr auf den damals neuen Gürtelreifen. Sein Motorblock bestand aus Leichtmetall, wie sich überhaupt der Nimbus der «bella macchina», des «schönen Automobils», handfesten technischen Neuerungen verdankte. Nur gut fünfhundert Exemplare wurden vom Modell B 24 Convertibile gebaut, und ein jedes der erhaltenen Exemplare kostet heute ein Vermögen.

Es ist nicht mehr viel übrig von einer alten italienischen Firma namens Fiat, die in den siebziger Jahren der größte Fahrzeughersteller in Europa war. Es gibt sie noch, als Marke, und es fahren unendlich viele Fiats in Italien herum. Aber das Unternehmen, gegründet im Jahr 1899 als «Fabbrica Italiana Automobili Torino» («Italienische Autofabrik Turin») und einst ein Staat im Staat, mächtiger selbst als große Parteien, getragen von einer Arbeiterschaft, die sich selbst als gleichsam aristokratisches Proletariat wahrnahm und zu spektakulären Streiks imstande war, ist nicht mehr italienisch. Seit dem Jahr 2014 gehört der amerikanische Autohersteller Chrysler vollständig zum Konzern, als hundertprozentige Tochter. Danach hieß das nunmehr niederländische Unternehmen «FCA», was für «Fiat Chrysler Automobiles» stand. Im Herbst 2019 erklärte «FCA», mit der «Groupe PSA» fusionieren zu wollen, der «Gruppe Peugeot Société Anonyme», zu der unter anderem Opel und Vauxhall gehören. Von Italien entfernt sich Fiat auf diese Weise immer mehr.

In Turin gibt es ein Museum des Automobils. Es erinnert daran, dass die Industrialisierung Italiens nicht von der Kohle befeuert wurde, sondern später einsetzte und vom Öl vorangetrieben wurde. Es erinnert auch daran, dass es nirgendwo anders in Europa ein solches In- und Nebeneinander von Produktionsstätten, Ingenieurbüros und Designern gab wie in dieser Stadt, in der fast zwei Millionen Einwohner in irgendeiner Weise an den Fahrzeugbau gebunden waren. Zur Illustration dient in diesem Museum ein großer Saal, in dessen Boden eine aus dem Untergrund beleuchtete Karte der Stadt eingelassen ist. In ihrer Mitte steht, angestrahlt, ein roter Fiat 500 «nuova». Die Karte zeigt, was die «motor city» Italiens einst gewesen war: eine eigene Stadt, verkörpert in Fabriken von Fiat, Lancia, Abarth, den Werkstätten der Karosserie-Designer wie Bertone, Giugiaro oder Ghia, den Zulieferern von Drehzahlmessern (die wichtiger als die Tachometer waren) und Ledersitzen. Mindestens zwei Drittel der Karte verweisen auf Verschwundenes, Überbautes, Brachliegendes.

Auch Lingotto im Süden Turins ist darauf verzeichnet, das gigantische Fabrikgebäude, in dem einst achtzehntausend Menschen arbeiteten, in einer Produktionskette, die von unten nach oben, von der Montage des Fahrgestells bis zur Polsterei führte, und auf dessen Dach eine Teststrecke für neue Autos und Prototypen angelegt war.

Es wurde im Jahr 1923 eingeweiht und im Jahr 1982 von Fiat verlassen. Heute enthält es ein Einkaufszentrum, ein paar Messehallen und eine Sporthalle. Autos baut Fiat in Turin nur mehr in dem außerhalb gelegenen Stadtteil Mirafiori. Dort arbeiten noch fünftausend Menschen. Ende der siebziger Jahre waren es fast zwanzigmal so viel gewesen, und an ihnen, der größten Arbeiterschaft Italiens, hatten sich nicht nur die wichtigsten unternehmerischen Fragen Italiens entschieden, sondern auch soziale und politische.

Zu Fiat gehörte ein nationales Pathos: «Diese Fabrik hat die Suche nach dem Göttlichen in einem bestimmten Moment der Geschichte vollendet», schrieb die Zeitschrift «Motor Italia» nach der Fertigstellung der Fabrik in Lingotto. In einem Land, das gerade noch arm und agrarisch gewesen war, umarmten die Künstler und die Unternehmer die technische Moderne, und mit ihnen kamen die Politiker, huldigten den Maschinen, erklärten sie zur großen Verheißung und verwandelten sie formal in archaisch wirkende, sakrale Gegenstände. Die «bella macchina» war deswegen immer mehr als ein Automobil, die gesamte Peripherie des Automobilbaus eine Idee von Gesellschaft. Die Folgen waren nicht zu übersehen. Die erste Autobahn wurde weder in den Vereinigten Staaten noch in Deutschland gebaut, sondern in Italien: fünfzig Kilometer zwischen Mailand und Varese, eingeweiht 1924 als Verbindung zwischen der Metropole und den Villen der Reichen an den Hängen der Westalpen, lange Zeit eine reichlich isolierte Veranstaltung. Erst nach dem Zweiten Weltkrieg sausten die plötzlich zahlreichen kleinen Vehikel auf den Autobahnen dahin, befeuert vom sechsbeinigen Hund der (ehemals staatlichen) Tankstellenkette Agip, unter Brücken hindurch, auf denen heute immer noch Restaurants von «Mottagrill» stehen, die mit ihren Bullaugenfenstern vergessenen Raumschiffen gleichen.

«La bella macchina» war empfindlich, auch dann, wenn sie für die große Serie entworfen war und beispielsweise in Gestalt des Lancia Delta daherkam. Sie musste betreut werden. Ihre Heimat waren die Kurve, die hügelige Landschaft und die mittlere Distanz, so wie die

Heimat des amerikanischen Autos der Highway, die Gerade bis zum Horizont, und die große Entfernung waren. Die Bewährungsprobe der «bella macchina» waren die Serpentinen der im Jahr 1957 aufgegebenen Mille Miglia, eines Straßenrennens, das über Pässe, durch Städte und zum Teil auf Schotterstraßen von Brescia nach Rom und zurück führte (und heute ein Oldtimer-Rennen ist). Dabei setzte die «bella macchina» eine Infrastruktur der kurzen Abstände voraus. Noch bis in die achtziger Jahre hinein unterhielt die ANAS (Azienda Nazionale Autonoma delle Strade), die italienische Straßenverwaltung, eigene Stationen an den Staatsstraßen, meistens einstöckige, rot gestrichene Häuser, von denen aus das Verkehrsnetz kontrolliert und unterhalten wurde. Manchmal stehen sie noch am Straßenrand, verlassen. Das Autofahren verlangte nach Pausen, man fuhr nicht lange Zeit am Stück, ganz gleich, ob man einen Fiat 500 oder eine Lancia Aurelia steuerte. Die vielen Tankstellen und Restaurants, die rollenden Imbissstände («porchetta») und die Obststände an den großen italienischen Landstraßen berichten noch heute von dieser Kleinteiligkeit, obwohl die meisten «stazioni di servizio» längst aufgegeben sind und nun alte Routen wie die Romea, die alte Landstraße zwischen Venedig und Ravenna (SS 309), als Ruinen säumen.

Das Ende des schönen großen italienischen Automobils hatte sich angekündigt, eigentlich schon von Anfang an. Denn diesen Automobilen war gemein, dass sie von der Maschine her gedacht waren, als Motor und Fahrgestell, um die herum ein enggeschnittenes und möglichst elegantes Kleid gelegt wurde. Selbstverständlich war diese Schönheit dem Untergang geweiht. Sie war tragisch, und sie endete oft mit einem Totalschaden. Die tödliche Kollision mit einem Nutzfahrzeug, nämlich einem Lastwagen, kehrt in italienischen Filmen als Motiv häufig wieder: nicht nur in «Il sorpasso», sondern auch in Jean-Luc Godards «Le Mépris» («Die Verachtung», 1963, nach einem Roman von Alberto Moravia) oder in «Les choses de la vie» («Die Dinge des Lebens»), Claude Sautets Film aus dem Jahr 1970. Im Sommer 2019 wurde mitgeteilt, dass die italienische Automobilmesse, die seit 1900 jährlich in Turin abgehalten wird, mit Unterbrechungen nur in den Zeiten der Weltkriege, fortan in Mailand stattfinden werde. Während die Messe schließe, kommentierte die lokale Presse, seien mehrere Trattorien eröffnet worden.

*

Santo Stefano Belbo, ein Städtchen von viertausend Einwohnern in den Langhe, der Hügellandschaft südlich von Turin, besitzt einen prächtigen, zweistöckigen Bahnhof, mit einem Portal und zwei Säulen, und das ganze Haus ist immer noch frisch in Weiß und Altrosa gestrichen. Doch wird die Bahnstrecke von Alessandria nach Cavallermaggiore vermutlich nie wieder von Zügen befahren werden. Der letzte Zug hielt hier im Juni 2012. Längst haben die Brennnesseln den Bahnsteig erreicht. Die Brombeeren, die ihre langen Triebe über die Gleise recken, stehen meterhoch, kleine Bäume sprießen zwischen den Bohlen. Die Klappe des Briefkastens am Bahnhofsgebäude ist mit Klebeband verschlossen, der provisorische Fahrplan für den Autobus hängt in einer Kunststoffhülle für den Bürogebrauch an der Eingangstür.

Der Bahnhof ist indessen ein literarischer Ort. Gleich zwei Tafeln erinnern mit demselben Zitat an diese Bedeutung: «Sentivo tra i peschi arrivare il treno ... » – «Zwischen den Pfirsichbäumen hörte ich den Zug herankommen ... » Der Satz stammt aus «Der Mond und die Feuer», dem letzten Roman, den der italienische Schriftsteller, Verleger und Übersetzer Cesare Pavese veröffentlichte, bevor er sich im August 1950, erst zweiundvierzig Jahre alt, das Leben nahm. Er war, obwohl überwiegend in Turin aufgewachsen, in diesem Ort geboren worden, und er hatte die Sommer seiner Kindheit hier verbracht. Immer wieder hatte sich Pavese in seinen Werken, in Gedichten wie in kurzen Romanen, an die Langhe erinnert, und immer wieder ist diese Erinnerung für eine Sehnsucht nach Heimat gehalten worden: Es gebe doch «nichts Schöneres als einen gut gehackten Weinberg mit gut aufgebundenen Rebstöcken», heißt es in «Der Mond und die Feuer», «ein gut gepflegter Weinberg ist wie ein lebendiger, gesunder Körper, der atmet und schwitzt».

Doch so gewiss es ist, dass solche Sätze im Buch stehen und zitiert werden können, so gewiss ist auch, dass der Erzähler, der diese Sätze zu sich selber spricht, sich viele Dinge einzureden versucht: Cesare Pavese ist ein Schriftsteller aus Turin, aus der Großstadt, und er wendet sich hier den einfachen, ländlichen Dingen zu, mit einem Verlangen nach etwas Mythischem, das ihm Halt in einer bäuerlichen Landschaft geben soll, die ihm doch fremd bleiben muss. Denn die «Heimat» ist ein Phänomen der Industrialisierung. Erst wenn sich Haus und Hof in die Innenwelt verlagern, entsteht Heimat und wird zur Angelegenheit des Gefühls. Als solche, als Angelegenheit des Gefühls, steht die Heimat auf unsicherem Boden, was zur Folge hat, dass man sie immer wieder aufs Neue suchen muss. Am Ende verzweifelt Cesare Pavese daran: «Genau deshalb ermüdet man und versucht, Wurzeln zu schlagen, sich Land und ein Dorf zuzulegen, damit das eigene Fleisch an Wert gewinnt und einen gewöhnlichen Jahreszeitenzyklus überdauert.»

Santo Stefano liegt in einem langgestreckten Tal, und das Wort «Belbo», das dem Ortsnamen meist hinzugefügt wird, bezeichnet den kleinen Fluss, der sich hindurchwindet. In der Mitte der Siedlung befindet sich ein großer Parkplatz, die Gemeindekirche stammt aus dem frühen 20. Jahrhundert, die Reize des Städtchens sind bescheiden. Beherrscht wird die Gegend indessen von den Hügeln – eigentlich sind es kleine, kompakte Berge –, die nahezu vollständig mit Reben der Sorten Nebbiolo, Dolcetto oder Moscato bepflanzt sind, aus denen Weine entstehen, von denen heute viele Menschen gut leben können. Die Erde ist hier von einem hellen Ocker, so dass sich das Weinlaub, wenn man es von einem der gegenüberliegenden Hügel betrachtet, deutlich gegen die unzähligen Wirtschaftswege abhebt. Die Landschaft wirkt dann, als wäre sie eine von Längen- und Breitengraden durchzogene Karte ihrer selbst, nur dass es beständig aufwärts- oder abwärtsgeht. Turin ist nah genug, dass die Städter Landhäuser in den

Hügeln errichteten, viele davon im Jugendstil. Wenn auch in den Ortschaften nichts mehr daran erinnert, dass hier bis ins 20. Jahrhundert hinein die bitterste Armut herrschte, so tun es doch die verfallenden kleinen Gehöfte an den Rändern der Weinberge, in denen die Bauern heute manchmal noch ihre Maschinen verwahren. Das schöne Land, so scheint es, ist immer reich, während die Heimat immer arm bleibt.

Der Mann von gut vierzig Jahren, der in «Der Mond und die Feuer» die Geschichte seiner Rückkehr an den Ort seiner Kindheit erzählt, hat zwei Jahrzehnte in den Vereinigten Staaten verbracht und ist dort zu Wohlstand gekommen. Einst hatte er, ein Findelkind, das der staatlichen Unterstützung wegen bei einem Häusler untergekommen war, den Beinamen «l'anguilla», «der Aal», getragen – er war offenbar schwer zu fassen, und er ist es bei seiner Rückkehr immer noch. Jetzt ist er «l'americano». Die Leute erkennen ihn nicht wieder und bieten ihm, halb im Scherz, halb im Ernst, ihre Gehöfte zum Kauf und ihre Töchter zur Ehe an. Er aber betrachtet die Erde und die Trauben, er vermisst die Haselnussbüsche, er riecht die faulen Äpfel und den Rosmarin. Doch was er sich erhofft, nämlich die Gewissheit, sagen zu können: «Auf diesem Balken werde ich alt. In diesem Zimmer werde ich sterben», stellt sich nicht ein. Im Gegenteil, er nimmt die scheinbar heimische Umgebung wahr, als wäre er ein Kranker, der ein paar Wochen relativer Gesundheit erlebt, aber allen Grund hat, nicht auf seine Genesung zu hoffen. Einzig der Schreiner Nuto, der Freund der Kindheit, ist bei ihm, fremd und vertraut zugleich. Und in seiner Begleitung offenbart sich allmählich die Gewalt, wie sie Tal und Hügel beherrscht, die neue und die alte.

Cesare Pavese hatte in Turin englische Literatur studiert, seine Abschlussarbeit über den Lyriker Walt Whitman geschrieben und etliche amerikanische Literaten des frühen 20. Jahrhunderts übersetzt. Doch anders als der Held seines Romans war er nie in den Vereinigten Staaten gewesen. Er fand Amerika in den Langhe, in Gestalt des Findelkinds zum Beispiel, das hier als Gesandter all jener Heimatlosen und Verlorenen auftritt, die in seiner Vorstellung die Staaten bevölkern: «Das Schöne an Amerika ist, dass dort eigentlich keiner weiß, wo er zu Hause ist.» Er fand Amerika in der Musik, der eigentlichen Leidenschaft Nutos. Dieser gibt zwar das Spiel der Klarinette auf, als er sesshaft wird und eine Schreinerei einrichtet. Und Cesare Pavese sagt nicht, wie die Musik klingt. Aber so, wie er von ihr redet, dürfte sie dem Blues und dem (schwarzen) Jazz mindestens so nahe sein wie der italienischen Volksmusik. Vor allem jedoch findet sich Amerika in der Sprache, vermittelt namentlich durch Walt Whitman und dessen Vorstellungen von erzählender Lyrik – in einer ebenso sorgfältigen wie unauffälligen Sprache, die sich ihren Gegenständen von innen zu nähern scheint und jeden Menschen, jedes Ding in einem gleichsam symbiotischen Verhältnis lebendig werden lässt: «I sing the body electric», hatte Walt Whitman gedichtet, «ich singe den Körper elektrisch».

Cesare Pavese gehörte einer Gruppe von Intellektuellen an, die, mehrheitlich aus ein und demselben Gymnasium in Turin entwachsen, in den frühen dreißiger Jahren den Verlag Einaudi gründeten. Es war eine große, in ihrem Ehrgeiz und in ihrer Spannweite einzigartige Unternehmung, ein als geistige Provinz wahrgenommenes Italien kosmopolitisch werden zu lassen, zuerst (und unter großen Opfern) im Faschismus, dann in den ersten Jahren der italienischen Republik. Was daraus entstand, war der Entwurf eines sowohl literarischen als auch geisteswissenschaftlichen Kanons, in einer wohl abgewogenen, pluralistisch gebrochenen Nähe zur Kommunistischen Partei. Italo Calvino, Norberto Bobbio, Natalia Ginzburg, Carlo Levi, Elsa Morante, sie alle waren (selber als Autoren tätige) Mitarbeiter eines Verlags, der die großen amerikanischen Schriftsteller des späten 19. und frühen 20. Jahrhunderts veröffentlichte, von Walt Whitman bis Ernest Hemingway, ebenso wie die wichtigsten europäischen Autoren jener Zeit: Marcel Proust und Bert Brecht, Max Weber und Karl Jaspers. Cesare Pavese aber war, eben weil von der Sehnsucht nach einer schon mystischen Gewissheit getrieben, das moralische Zentrum dieses Verlags.

Es gibt ein Kapitel in «Der Mond und die Feuer», in dem der Erzähler von seiner Zeit in den Vereinigten Staaten berichtet. Eine Zeitlang habe er in einer Wirtschaft an der Landstraße gearbeitet, sagt er, als er einem Landsmann aus den Langhe begegnet sei, einem Lastwagenfahrer. Gemeinsam hätten sie den Wein vermisst. «‹Nichts gibt es hier›, sagte ich zu ihm, ‹es ist wie auf dem Mond.›» Selbstverständlich ist der Wein, der Erde entsprungen und ein flüchtiger Genuss, an dieser Stelle auch ein Symbol.

*

Das Landgut Albertina liegt vor den Toren des Städtchens Bra, gut fünfzig Kilometer südlich von Turin und vierzig Kilometer westlich von San Stefano Belbo. Carlo Alberto, der vorletzte König von Sardinien und Herzog von Savoyen, ließ die Anlage in Pollenzo im neugotischen Stil (aus Bewunderung für England und die englische Moderne) errichten, als Mustergut einer damals fortschrittlichen Landwirtschaft. Jetzt herrscht darin kein Adliger mehr, sondern ein ehemaliger Aktivist der Arbeiterbewegung: Carlo Petrini, ein lässiger Mann von siebzig Jahren, der einst die Bauern der Gegend zur Revolution hatte aufwiegeln wollen und deswegen sogar einen illegalen Radiosender betrieben hatte. So geschult, wurde er zum Weinkenner, zum Erfinder des «territorio» (der «Lage» im Weinbau) und zum Inspirator des «Gambero Rosso», des meistbenutzten italienischen Weinführers, der aus einer Beilage zur kommunistischen Tageszeitung «Il Manifesto» hervorging. Schließlich wurde er nicht nur zum Gründer der Bewegung «Slow Food», sondern auch zu ihrem zumindest scheinbar weisen Patron.

Glaubt man Petrini, dann liegt in dieser Bewegung die Zukunft der italienischen Küche und des guten, schönen Essens überhaupt: regional, traditionsbewusst sowie langsam und sorgfältig zubereitet – entstanden aus kleinen, wenn nicht verwandtschaftlichen, so doch wenigstens freundschaftlichen Verhältnissen. Im Landgut Albertina betreibt die Bewegung eine staatlich anerkannte «Universität für

Gastronomische Wissenschaften», die auch von vielen Ausländern besucht wird. Carlo Petrini zufolge steht die Globalisierung des Regionalen bevor, ebenso wie die italienische Küche aus einer Nationalisierung des Regionalen entstanden sein soll.

Bis ins späte 19. Jahrhundert gab es auf der italienischen Halbinsel zwar sehr viele Arten zu kochen. Aber es gab keine italienische Küche, sondern nur eine Küche der Regionen. Oder nicht einmal diese: Meist gab es nur eine Küche der Not, die einem weithin unwirtlichen Land abgerungen war, das selbst in vielen Gegenden, die fruchtbar hätten sein können, wenig systematischen Landbau zuließ, der häufigen Überschwemmungen oder der Malaria wegen. Aus dieser Not ging eine höchst einfache Diät hervor, die aus Polenta oder Brot (oft aus Mais oder Nussmehl gebacken) und ein wenig Gemüse bestand. Was man heute für die Kernbestände der italienischen Küche hält, nämlich Pizza und Pasta, entwickelte sich erst in der zweiten Hälfte des 19. Jahrhunderts zu weithin beliebten Gerichten, und zwar vor allem dadurch, dass nach Argentinien oder in die Vereinigten Staaten ausgewanderte Italiener das Geld hatten, endlich so zu kochen, wie sie im Heimatland hätten kochen wollen – was dazu führte, dass die italienische Küche auf Ingredienzen beruht, die sich lange verwahren und über lange Strecken transportieren ließen, etwa auf Mehl, auch in der Form von getrockneten Nudeln, und auf Tomaten in Konservendosen. Die Armut, aus der diese Art des Kochens hervorging, ist in der italienischen Küche immer noch enthalten: im Reichtum der Variationen auf Elementares, in den Hunderten von Spielarten getrockneter Nudeln oder in der Vielfalt der Dinge, die sich auf eine Pizza legen lassen.

Die Gründungsakte der italienischen Küche ist ein Kochbuch, das nicht nur zum Spiegel der neuen staatlichen Einheit, sondern auch zu dem ihres erfolgreichsten Propagandisten wurde: «La scienza in cucina e l'arte di mangiar bene» («Die Wissenschaft in der Küche und die Kunst, gut zu essen») des Florentiner Bankiers und Literaturkritikers Pellegrino Artusi, zuerst erschienen im Jahr 1891. Pellegrino Artusi setzte den Rahmen, in den sich später alle bäuerlichen Errungenschaften der Nation, von den Zitrusfrüchten des Südens bis zu den fetten Würsten des Nordens, als spezifisch italienische Zutaten und Gerichte einzufügen hatten. In der Folge wurde die italienische Hausfrau zur erfolgreichsten Agentin des Nationalstaats, unablässig bombardiert mit Rezeptempfehlungen, die bald von Lebensmittelkonzernen vertrieben wurden. Die wahre Ursache jener Erhebung unzähliger Regionalküchen zur Gemeinsamkeit der «cucina italiana» aber ist die Industrialisierung Italiens, die Elektrifizierung des Kochens, die Ankunft des Kühlschranks, die Entstehung der Lebensmittelkonzerne. Ein großer Teil der regionalen Lebensmitteltraditionen ging dabei verloren: Echte Mortadella kommt heute fast nur noch aus Bologna, kaum mehr aus Viterbo (die Stadt war früher für ihre Wurst berühmt), und die Salami aus Eselsfleisch ist beinahe verschwunden.

Warum aber hat sich etwa die spanische Küche, trotz Tourismus und Migration, in deutschen, schwedischen oder englischen Haushalten nicht im Entferntesten so durchgesetzt wie die italienische? Wie kommt es, dass bosnische Kellner in italienischen Restaurants der kanadischen Provinz italienisch sprechen müssen? Eine Antwort auf diese Fragen gibt ein Kochbuch der Schauspielerin Sophia Loren, das den Titel «In cucina con amore» («Mit Liebe kochen») trägt und zuerst im Jahr 1971 veröffentlicht wurde. Es zelebriert die Einheit von Zugänglichkeit, Zuwendung und Lebensart. Die italienische Küche, so lernte es erst Italien, dann die halbe Welt, ist einfach, setzt wenige Elemente, Kenntnisse und Routinen voraus, ist nach Art eines Modulsystems aufgebaut und so beschaffen, dass die Kinder und die Alten, die weniger Zahlungsfähigen und die Wohlhabenden gleichermaßen daran teilhaben können. Etliche Gerichte mussten dazu erst erfunden werden: Die «bistecca fiorentina», der Inbegriff authentischer toskanischer Küche, wurde im 19. Jahrhundert aus England importiert. Tiramisù, die vermeintlich italienischste aller Nachspeisen, wurde in den fünfziger Jahren im Friaul oder im nördlichen Venetien erfunden, und das Interesse an veredeltem Weinessig ist noch viel jünger.

Die italienische Küche bietet unendliche Möglichkeiten der Verfeinerung, aber man kann es auch bei einer Portion Spaghetti mit Olivenöl und geriebenem Käse belassen. Die Speisen lassen sich leicht teilen: Kommen mehr Leute zum Essen, tut man noch ein paar Nudeln hinzu. Und hat man die Sphäre der einfachen Pizza- und Pasta-Gerichte hinter sich gebracht, eröffnen sich viele Möglichkeiten zu Spezialisierung und Diversifikation. Zwischen dem Schinken aus Zibello und dem der Nachbargemeinde liegen Unterschiede des Geschmacks, die weit größer sind als die räumliche Entfernung. Essen, so lässt sich diesem Willen zur Unterscheidung entnehmen, ist Metaphysik, es bindet an die Erde, es gehört zum «regno». Die exakten geographischen Zuschreibungen lassen – wie beim Wein, der mittlerweile das Modell für einen großen Teil der landwirtschaftlichen Produktion Italiens abgibt – ein weiträumiges und tief gestaffeltes System von Verbindungen zwischen Lebensmitteln und Herkunft entstehen, an dessen Ende die natürlichen Voraussetzungen eines landwirtschaftlichen Produkts bis auf ein paar hundert Meter genau bestimmt werden können.

Italien kommt diesem Bedürfnis entgegen, weit mehr jedenfalls, als das in anderen landwirtschaftlich geprägten Nationen Europas der Fall ist. Die allermeisten «contadini», die Bauern, bewirtschaften nicht mehr als fünf oder acht Hektar. Der kleinteilige Landbau entspricht der Topographie des Landes, den vielen Hügeln und Tälern, den kaum regulierten Flüssen und den komplizierten Strukturen des Landbesitzes – wie auch der Vielfalt der Produkte, die daraus hervorgehen. Wenn man sich aber diesen kleinteiligen Landbau ideologisch zu eigen macht, wenn man in langsame, schonende, anderswo längst aufgegebene Herstellungsverfahren investiert, wenn man verlorengegangene Kulturpflanzen züchtet und überhaupt alles mit der Hand machen will, landet man nicht nur in einem sonderbaren Dilemma, indem man den Antikapitalismus kapitalisieren muss. Man unterwirft sich auch einer moralischen Pflicht: Im Essen ehrt man Vater, Mutter und die ganze Familie. «Hai già mangiato?», fragt die süditalienische Mutter am Telefon ihr Kind, das seit zwanzig Jahren irgendwo anders wohnt: «E come hai mangiato?» – «Und wie hast du gegessen?»

Das Projekt «Slow Food» ging aus einer Bewegung hervor, in der sich die große Revolte der späten sechziger und siebziger Jahre nach innen kehrte, geleitet von Ideen, die aus dem Agrarsozialismus übernommen waren und der Selbstversorgung galten. Von vornherein war «Slow Food» daher ein Aufstand der Regionen und des darin angeblich noch intakten, wahren Lebens gegen die Metropolen, gegen Rom, Mailand oder auch gegen Turin. In dieser Initiative kehrte ein Echo der Bewegung «Strapaese» zurück, die sich in den zwanziger Jahren um die Zeitschrift «Il Selvaggio» («Der Wilde») formiert hatte und die Rückkehr zu einer ursprünglichen, ländlichen und vorindustriellen Kultur der Regionen forderte. Groß wurde die Idee des «Slow Food» indessen erst nach der Jahrtausendwende, als immer deutlicher wurde, dass Italien aus der Konkurrenz der großen europäischen Staaten nicht als Gewinner hervorgehen würde. Eine vorindustrielle, kleinteilige Produktionsweise sollte nun über die entfaltete Warenwirtschaft triumphieren. Sie soll erhalten, was von der vorindustriellen Landwirtschaft und ihren Produkten noch vorhanden ist. Und wo nichts mehr da ist, da sucht sie, wie bei den autochthonen Rebsorten, das Verschwundene neu zu gewinnen. «Slow Food» kennt keinen Fortschritt. Das Ziel des Unternehmens ist die Vervollkommnung dessen, was ist, oder eher noch: dessen, was war. Sogar dort, wo es die nun scheinbar wiederbelebte Vergangenheit nie gab.

Die Welt ist eine Klippe, hinauf führt eine Treppe

Ligurien

Villatalla ist ein Dorf oberhalb von Imperia. Es gibt viele solcher Dörfer in Ligurien. Einige von ihnen habe ich besucht, und auch wenn jedes in seiner Anlage unverwechselbar ist, bedingt schon durch die Eigenarten des Geländes, sind sie einander ähnlich. Sie liegen mindestens auf halber Höhe der Berge, wenn nicht noch höher, und am äußersten Ende langer und tiefer Täler. Sie liegen auf hohen Felsen. Es sind Dörfer, die sich an den Stein anschmiegen wie Nester, und oben steht eine Kirche, deren Campanile hinaufweist zu den Berggipfeln oder in den Himmel. Dahinter geht es dann hoch in die Berge, deren Kuppen baumlos daliegen und über die sich allenfalls zugewachsene Maultierpfade ziehen. Der Hauptkamm der Berge liegt zwar parallel zur Küste, in einem langen Halbbogen, von Osten nach Westen. Die Täler allerdings verlaufen (wie meistens in Italien) quer zum Kamm. Viele Dutzend, wenn nicht Hunderte dieser schmalen, langen Täler gibt es zwischen La Spezia und Sanremo. Komplizierte Gebilde, die sich zum Ende, zu den Kammlagen der Gebirge hin, immer weiter verjüngen, ein «Steingeriesel», wie es bei Eugenio Montale, dem ligurischen Lyriker, heißt, «das sich vom Himmel zum Strand ergießt».

Ligurien ist, bis hinunter zum Küstenstreifen, ein schwieriges Gelände. Gewiss, es gibt Straßen, die Täler miteinander verbinden. Die meisten davon, einschließlich der Autobahn, verlaufen in der Nähe des Wassers, dort, wo auch die meisten Menschen wohnen, eingeklemmt zwischen Meer und Gebirge. Von dort aus erstrecken sich kleinere Straßen wie dünne und immer dünner werdende Finger in die Täler hinein, um irgendwann, oft in beträchtlicher Höhe, an einer Bushaltestelle und einem Wendeplatz zu enden. Doch haben diese Straßen dann schon mehrere Kilometer durch ein Terrain geführt, das die Historikerin Antonella Tarpino «il paesaggio fragile» nennt, «die zerbrechliche Landschaft».

Fragil ist diese Landschaft in einem doppelten Sinn: zum einen, weil Häuser, Straßen, Einrichtungen der technischen Infrastruktur in diesem Gelände einer tatsächlich wilden Natur ausgesetzt sind, zum anderen, weil die Armut, die Entvölkerung und das Wetter immer häufiger dafür sorgen, dass sich, was gerade noch eine Ruine war, in einen Haufen Schutt verwandelt. Zurück bleibt eine von der Geschichte befreite Landschaft, in der die Hütten eingestürzt und die Brunnen versiegt sind, eine Welt, in der das Bündnis des Menschen mit der Natur aufgelöst ist, mitsamt der natürlichen Vielfalt, die nur dieses Bündnis hervorbringen konnte – eine Welt, in der Menschen nicht mehr vorkommen.

Von den grauen Dörfern auf halber Höhe hat man oft einen grandiosen Blick hinunter auf das Meer in seinem tiefen Blau. Dort steht man auf einer Tribüne, göttergleich, hoch oben, die Welt zu Füßen, und die Entfernung, die der Blick in einem Augenblick umspannt, entspricht einer Stunde Fahrt mit dem Auto, über Serpentine nach Serpentine und zum Schluss in das dichteste Gewühl hinein. In den meisten Dörfern haben sich Kolonien von Ausländern angesiedelt, oft nach Nationen sortiert: in diesem Dorf die Schweizer, dort die Schweden, auf der anderen Seite die Deutschen, im Nachbartal die Briten und irgendwo die Niederländer. Oft sind die Dörfer komplett in ausländischer Hand, und eine einheimische Familie kümmert sich darum, dass die Häuser der Fremden den Winter unbeschädigt überstehen. Die Kolonien sind (abgesehen von ein paar stadtflüchtigen

Desperados) eine Bedingung dafür, dass es in diesen Dörfern überhaupt noch Leben gibt, in Verbindung mit einer Infrastruktur aus befahrbaren Straßen, Geschäften und Osterien, die ihrerseits die Bedingung dafür bilden, dass sich diese Kolonien erhalten können. Ob diese Einrichtungen Bestand haben, ist nicht gewiss. Aber ich sitze gerne auf dieser Veranda in Villatalla, höre, wie der Bus vor jeder Kurve um einen Felsvorsprung herum hupt, und bin verzückt vom Geläut der kleinen Kirche, das, harmonisch und weit ausschwingend, das ganze Tal erfüllt.

Ligurien ist eine vertikal gegliederte Landschaft. Erschlossen wird sie durch Terrassen, auf denen die Landwirtschaft stattfand (und oft immer noch stattfindet). Die Hänge sind daher wie durch Treppen gestaffelt, in geometrischen Großmustern, aber mit unendlich vielen Unregelmäßigkeiten dazwischen, mit schiefen Ebenen, Absätzen, Neuanfängen. Dazwischen stehen Olivenbäume. An manchen Stellen drängt eine Stufe nach vorn, an anderen Stellen wird sie schmal und weicht zurück. Darunter liegen immer einige tiefere Stufen, auf denen sich Platz für einen Gemüsegarten findet, in dem Tomaten, Bohnen oder Artischocken angebaut werden. Gehalten werden die Treppen von Trockenmauern, aufeinandergestapeltes, nicht durch Mörtel verbundenes Gestein. Dem Bau solcher Mauern gilt ein hochentwickeltes Handwerk, das oft jahrzehntelang allen Anfechtungen standhält. Das Gestein widersteht den Wildschweinen, die mit ihren dicken Rüsseln den Boden durchpflügen und immer wieder Steine vom Mauerrand lösen. Es widersteht den treibenden Wurzeln der Olivenbäume, die dicht an der Mauer stehen, und es widersteht auch dem Wasser, das sich, wenn es im Herbst wochenlang regnet, hinter den Steinen staut – und dann irgendwann doch den ganzen Bau mit sich nimmt und talwärts stürzt.

Die Dorfbewohner brauchen die Terrassen nicht mehr für das tägliche Leben. Sie finden im Supermarkt, was sie benötigen, bauen aber, solange sie es körperlich schaffen, dennoch ihr Gemüse selber an. Einen Nachwuchs für die mit Land und Leuten vertrauten Alten gibt es indessen kaum, selten jemanden, der noch in ein paar Jahren das Gras niedrig halten, die Schädlinge bekämpfen und die Oliven ernten wird. Und wenn dann doch jemand vom Anbau der Oliven leben will, werden Herbizide gespritzt, weil das Grasmähen so aufwendig ist, und Insektizide gegen die Olivenfliege, was auch präventiv geschieht, da die Bauern keine Verluste riskieren können. Dabei hat sich in den vergangenen Jahren ein Wandel vollzogen: Es wird kein Olivenöl mehr verkauft. Stattdessen setzen die ligurischen Bauern auf die Sorte Taggiasca und auf Oliven in «salamoia» (Salzlake). Wer seine Oliven verkaufen will, damit daraus Öl entsteht, schreibt Verluste. Die Raffinerien und großen Ölmühlen holen ihr Öl aus anderen Ländern und versetzen es zum gesetzlich vorgeschriebenen Anteil mit hiesigem Öl. Dennoch müssen die Terrassen erhalten werden, denn ohne sie gäbe es auch die Dörfer und die Landschaft nicht mehr. Längst fördert der Staat die Erhaltung und den Wiederaufbau dieser Mauern.

Über die letzten Höhen vor der Küste zieht sich die Autobahn, die gesamte Küstenlinie entlang, in einer unendlichen Folge von Tunneln, Brücken und wenigen Streckenabschnitten, die einfach nur über Land verlaufen. Diese Autobahn, in den sechziger Jahren gebaut, war die Voraussetzung für die wirtschaftliche Erschließung der Region und ein Spiegel der Mobilisierung des Landes. Sie war der Stolz einer Nation, für die der Titel des «ingenere» so viel zählt wie der eines Doktors oder Professors. Als eine der Brücken, ein zentrales Verbindungsstück, das im Norden Genuas über den Fluss Polcevera, eine Eisenbahnstrecke und einige Wohnhäuser im Tal führte, im August 2018 einstürzte, wurden dreiundvierzig Menschen in den Tod gerissen und etwa sechshundert obdachlos gemacht. Die Katastrophe weckte im Ausland sofort alle Ressentiments gegenüber Italien, der vermeintlichen Eitelkeit und Unzuverlässigkeit wegen. Doch liegen die Dinge komplizierter. In den sechziger Jahren konnte sich Italien den Stahl, den das Land für seine Industrialisierung benötigte, kaum leisten: Es besitzt nur wenig natürliche Erzvorkommen und war während des Faschismus von den Alliierten mit einem Einfuhrboykott belegt. Eine eigene Stahlindustrie konnte Italien erst spät aufbauen, mit gemischten Erfolgen. Die Brücke, entworfen von Riccardo Morandi, einem der berühmtesten Architekten seiner Zeit, war deswegen so konzipiert, dass ein Minimum an Stahl mit einem Maximum an Beton verbunden wurde, in einem Konzept, das zugleich hohe ästhetische Ansprüche erfüllen sollte. Das Land verbraucht immer noch pro Jahr etwa dreimal so viel Zement, wie in Schweden verwendet wird, und doppelt so viel, wie man in Deutschland verbaut. Tausende von Brücken sind auf diese Weise errichtet worden. Nach dem Einsturz der Brücke in Genua sind die meisten von ihnen nur noch einspurig zu befahren.

Die italienischen Autobahnen wurden in den neunziger Jahren privatisiert, in einem der vielen Versuche, das Land zu entschulden und für die Mitgliedschaft in der Europäischen Währungsunion zu qualifizieren. Die «Società-Autostrade», im Jahr 1950 gegründet, war eines der letzten Stücke Staatseigentum, die zum Verkauf angeboten werden konnten. Damals wusste man längst, dass der Beton, der beim Bau der Genueser Brücke verwendet worden war, schneller alterte, als der Architekt vorhergesehen hatte, und dass die in Beton gebetteten Stahlseile rosteten. Die «Autostrade per l'Italia», ein Konzern, in dem die Firma Benetton Mehrheitseigner ist, erschien auch deshalb als geeigneter Käufer, weil Benetton, eigentlich ein Produzent von Textilien, zur Zeit des Kaufs als Repräsentant einer neuen unternehmerischen Energie und eines neuen italienischen Erfolgs auf den internationalen Märkten galt. Diesen Ruf hat Benetton nun schon lange nicht mehr. Als die italienische Regierung nach dem Kollaps der Brücke, ohne die tatsächlichen Gründe des Einsturzes zu kennen, die «Autostrade per l'Italia» zum Schuldigen ausrief, klangen die Verurteilungen antikapitalistisch. Sie waren aber nicht so gemeint: Vielmehr ging es um den Anspruch der Regierung, dass ein italienisches Unternehmen ein erfolgreiches Unternehmen zu sein habe. Das gilt auch und insbesondere für schwieriges Gelände.

*

Als der französische Schriftsteller Gustave Flaubert im Frühjahr 1845 nach Genua kam, gefiel ihm die Stadt. «Ehemals konnten die Galeeren bis unter die doppelte Marmorterrasse fahren, von der man über eine darunterliegende Treppe ans Ufer hinabsteigt», schrieb er. «Die Terrasse streckt sich lang hin; sie ist geschaffen für gemächliches Lustwandeln im Schatten eines seidenen Zeltdaches, den Arm auf den kleinen Neger in roter Jacke gestützt, den Blick auf den Horizont gerichtet, wo die Schiffe auftauchen, die aus dem Orient kommen.» Gustave Flaubert war noch jung, und «kleine Neger» gehörten nicht zu seiner Umgebung. Er reiste mit den Eltern, und diese drei Menschen begleiteten Gustaves Schwester und deren Gatten auf der Hochzeitsreise. Genua, zu jener Zeit eines der bevorzugten Reiseziele im Mittelmeer, war der Wendepunkt der Reise, bevor die Familie über Mailand und Genf nach Rouen zurückkehrte. «Eine marmorne Stadt mit opulenten Rosengärten», erinnerte sich Flaubert, «eine Schönheit, die das Herz zerreißt.»

Für den automobilen Reisenden, der aus dem Norden und über die Schweiz kommt, ist Genua der erste Ort, an dem er das Mittelmeer erreichen kann. Hinter ihm liegt die lange, gerade Strecke, die von Mailand durch die Po-Ebene führt. Auch die engen Kurven, in denen sich die Autobahn durch das Tal des Flusses Scrivia windet, hat er hinter sich. Was ihn an der Küste erwartet, haben ihm die Ortschaften auf diesem Weg angekündigt: Busalla und Ronco, industrialisierte Städtchen, aus denen Schornsteine aufragen. Die Ansicht von Raffinerien vertreibt die Sehnsucht nach Italien. Überhaupt macht es Genua dem motorisierten Touristen nicht leicht. Wenn er zwischen zwei Tunneln den Blick von der Straße abwenden kann, so sieht er das riesenhafte Gerümpel der Industrieanlagen und moderne, aber verfallende Wohnkomplexe. Will er nach Korsika übersetzen, wird er mitten durch dieses Gewirr geführt und erreicht dann ein Hafengelände, an dessen Zufahrten Bettler auf ihn warten. Alle anderen Reisenden aus dem Norden sind, kaum dass sie meinen, irgendwo hinter einer Kurve das Mittelmeer leuchten gesehen zu haben, schon unterwegs in Richtung Ventimiglia oder eher noch La Spezia. Genua liegt nicht am Weg. Nach Genua muss man reisen wollen.

Der beste Platz, um sich eine Vorstellung von der historischen Anlage Genuas zu machen, ist ein Vorsprung auf dem Hang oberhalb der Altstadt. Auf dem Hügel von Castelletto stand vom Mittelalter bis zur Mitte des 19. Jahrhunderts eine Festung. Nichts ist von dieser Burg geblieben. An ihrer Stelle stehen Wohnblocks, die bald darauf gebaut wurden. Eine Zahnradbahn führt von der Piazza Portello hinauf. Sie endet, sechzig Meter höher, in einem Pavillon aus Eisen und Glas auf einer freien, von Platanen bestandenen Esplanade. Von hier aus überblickt man die Stadt – jedenfalls so weit, wie sie bis zum 16. Jahrhundert gekommen war, und ein gutes Stück darüber hinaus: Vor dem Betrachter liegt ein Amphitheater, das aus dieser erhabenen Position tatsächlich eine natürliche Ordnung erkennen lässt, die Richard Wagner auf den Gedanken brachte, Paris und London seien gegen Genua «formlose Anhäufungen von Straßen und Häusern». Das ordnende Prinzip dieser Stadt ist der Berghang, der steil zum Meer abfällt, gegliedert durch zahllose Bach- und Flussläufe, die sich in die Hänge schnitten und aus den Straßen und Gassen ein stetes Auf und Nieder werden ließen, eine Stadt in Skalen und Leitern. Es gibt ein Gedicht Giorgio Capronis, des Genueser Dichters, das dem Aufzug gewidmet ist, der aus der Altstadt nach Castelletto hinaufführt: «Wenn ich mich entschieden habe / dorthin zu gehen, in den Himmel / werde ich mit dem Aufzug / von Castelletto dorthin fahren, zu nächtlicher Stunde, / um von meiner ewigen Ruhe / ein wenig Zeit zu stehlen.»

Geradeaus in der Ferne, eine Silhouette vor dem Meer, liegt die Anhöhe, auf der die Stadt ihren Anfang nahm. Dort hatten sich die Kreuzfahrer versammelt, bevor sie sich ins Heilige Land einschifften. Leicht erkennt man auf der Spitze dieses Hügels ein rosafarbenes Gebäude, die Fakultät für Architektur. Der moderne Bau liegt neben der Kirche Sant'Agostino und ersetzt ein Kloster, das im Zweiten Weltkrieg zerstört wurde, als englische und amerikanische Kriegsschiffe die Stadt beschossen. Rechts davon, auf der anderen Seite der Bucht, sieht man den hohen, schlanken Quaderbau der «Lanterna», des im 16. Jahrhundert errichteten Leuchtturms. Davor den Fährhafen, in dem heute wieder Kreuzfahrtschiffe liegen, nachdem man vor dreißig oder vierzig Jahren – als die «Andrea Doria» vor Nantucket gesunken, die ausgebrannte «Leonardo da Vinci» zum Schrottpreis verkauft und die zur Kaserne umgebaute «Raffaello» versenkt worden war – das Geschäft schon aufgegeben hatte. In der Mitte, auf halber Strecke, erkennt man den Palazzo Ducale, auf dessen Turm die Fahne Genuas flattert, und die in weißem und schwarzem Marmor gestreifte Kathedrale von San Lorenzo. Links daneben erhebt sich der in den achtziger Jahren mit hohem architektonischen Aufwand errichtete, archaisch wirkende Bühnenturm der Oper Carlo Felice, und unmittelbar vor der Balustrade erstreckt sich der Garten des Palazzo Tursi, in dem heute das Bürgermeisteramt untergebracht ist. Acht Jahrhunderte fasst ein Blick zusammen, und sogar der kleine, eckige Wolkenkratzer an der Piazza Dante mit seinen leuchtenden Reklameschildern scheint noch ins Bild zu passen.

Venedig ist die Hauptstadt der Sentimentalen. Sie sind bei sich, wenn sie sich an sich selbst erinnern, wie sie einmal dort waren, weshalb man ihnen gerne einen Band mit künstlerischen Fotografien der Stadt schenkt. In der Regel zeigen diese Ansichten, vielleicht damit jeder hineinpasst, öffentliche Räume – einen weiten Platz mit Arkaden, Brücken über Wasserstraßen, Fassaden von Palästen und Kirchen, die eine freie Fläche davor brauchen, damit man sie überhaupt fotografieren kann. In Genua dagegen, jahrhundertelang Venedigs ärgste Konkurrentin, gibt es diese historischen öffentlichen Räume nicht. Es hat sie nie gegeben, weil man in dieser Stadt in Kirchen, Plätzen und Kommunalbauten keine stolze Pflicht erkannte. Die weiße Marmorterrasse, auf der Gustave Flaubert gerne mit einem kleinen Stützneger in roter Jacke flaniert wäre, ist längst verbaut. Man kommt den Hang hinunter, tritt aus den Gassen der Altstadt hinaus und weiß den Hafen vor sich. Was der Ahnungslose dort zu sehen bekommt, trifft ihn wie ein Schlag. Hinter dem Palazzo di San Giorgio, in dem die erste Bank der Welt residierte und Marco Polo in den Verliesen seinen Reisebericht diktierte, spannt sich eine vierspurige Hochstraße. Sie trennt die Altstadt vom alten Hafen. Wäre man in Venedig, läge an dieser Stelle der Markusplatz.

Zu Genua gehört eine der größten Altstädte der Welt, und sie ist alt geblieben. Sie erstreckt sich in einem weiten Bogen vom Hügel, von dem die Besiedlung dieser Bucht ihren Ausgang nahm, bis zum Bahnhof an der Piazza Principe (der, wie viele Bahnhöfe in Italien, eine prächtige Veranstaltung ist, mit Säulen und auf Hochglanz polierten Fliesen). Die Bedeutung der Stadt im Mittelalter lässt sich an diesen Vierteln noch ermessen. Es muss das Manhattan jener Zeit gewesen sein, eine Stadt, die, weil sie nicht in die Breite gehen konnte, nach oben wuchs. Verlassen wurde die Altstadt nie. Vor allem zwischen der Kathedrale San Lorenzo und der Stazione Piazza Principe ist sie längst nordafrikanisch, und gelegentlich kommt es zu Krawallen zwischen Italienern und oft illegal Eingewanderten, aber auch zwischen den Einwanderern selbst.

Die Gassen wurden so eng gebaut, um sie leichter gegen Mauren oder Piraten verteidigen zu können. So wurde die Altstadt zu einem gigantischen Innenraum, in dem ewige Dämmerung herrscht, und die Gassen gerieten zu mehr oder weniger krummen Korridoren. Manchmal verlaufen die Wege ein Stück geradeaus. Dann sieht man Menschen, die aus einer der unzähligen Quergassen kommen, für Sekunden auftauchen und verschwinden. Sie treten wie ein Spuk auf, was die Vorstellung nährt, im alten Genua habe es so etwas wie Öffentlichkeit nie gegeben und die Feinde des Dogen Simon Boccanegra – man kennt ihn aus Giuseppe Verdis Oper – hätten überall Unterschlupf finden können. Genua muss die feudalste Großstadt gewesen sein, die es auf der Welt je gab: ein jedes Haus eine Burg.

Für den Menschen aus dem Norden besitzt die Enge des italienischen Stadtlebens oft einen starken Reiz, und er stellt sich eine große Freiheit des Herzens darin vor. Genua ist oft zu dunkel, um solchen Hoffnungen Luft zu geben, und immer wieder abweisend genug, um die Vorstellung, zwischen den beiden Enden einer über einen modrig düsteren Hof gespannten Wäscheleine habe sich ein nachbarliches Idyll zu entspinnen, erst gar nicht aufkommen zu lassen. Die Pracht der Patrizierhäuser entfaltet sich dagegen in ihrem Innern, die meisten Höfe mit ihren Treppenaufgängen und oft noch erhaltenen Fresken bekommt man nicht zu sehen. Jacob Burckhardt, der Historiker der italienischen Renaissance, stieß sich daran. «Es ist in der Tat kläglich», meinte er, «Gebäude vom höchsten Kunstwerke bloß darum so viel als gar nicht genießen zu können, weil sie zu dicht aufeinanderstehen. Wohl weht auch im heißen Juni zwischen diesen himmelhohen Fassaden ein kühler, angenehmer Zugwind: Aber der ist durch eine solche Enge der schönsten Straße der Stadt teuer erkauft.»

Die Straße, von der Jacob Burckhardt spricht, heißt heute Via Garibaldi. Sie liegt unmittelbar vor dem Aussichtspunkt auf dem Hügel Castelletto: eine gerade, doppelte Reihe von Pavillondächern über manieristischen Fassaden, zwischen denen die einzigen Bäume in diesem Teil der Stadt zu sehen sind. Als Florenz schon im Niedergang begriffen war und Rom zur wichtigsten, aber klerikalen Stadt der Kunst in Italien wurde, entstand hier eines der eigenartigsten Werke der Renaissance in der Architektur. In der zweiten Hälfte des 16. Jahrhunderts wurden hier, nach und nach, siebzehn strenge Paläste für die Herren der Bank von San Giorgio errichtet, entlang einer kaum zehn Schritte breiten Straße, der damaligen Via Nuova, die quer durch das Spelunkenviertel gezogen wurde. In doppelter Reihe stehen sie noch immer da, die Portale jeweils gegenüberliegend, durch die alten Quergassen voneinander getrennt: Stadtvillen mit geschlossenen symmetrischen Grundrissen, nach außen unscheinbar, aber mit prächtigen Vestibülen und Innenhöfen, und an der Bergseite sind die Paläste der Via Garibaldi mit Galerien, Loggien und Gärten versehen.

Genua war bis in die sechziger Jahre der größte Hafen des Mittelmeers gewesen. Das wurde dann Marseille, vor allem wegen des Ölhafens. Schlimmer noch: Die Ära der Kreuzfahrten ging erst einmal zu Ende, die Werften hatten nichts zu tun, und die italienischen

Reedereien zogen in andere Städte, nach La Spezia oder Livorno zum Beispiel. Die Schuld für diesen Niedergang wurde den Schauerleuten gegeben, die noch nach dem Muster mittelalterlicher Genossenschaften organisiert waren und vom Container als einem Mittel zur Kostensenkung nichts wissen wollten. Hohe Hafengebühren waren die Folge. Der Eigensinn der Schauerleute wird jedoch nicht die ganze Wahrheit hinter dem Niedergang einer großen Stadt sein. Denn zwischen Genua, das ja an einer Ferienküste liegt, und den Industriestädten Turin und Mailand befindet sich der Apennin, und das norditalienische Städtedreieck ist stets mehr ein politisches Projekt als eine ökonomische Notwendigkeit gewesen. Das Stahlwerk Italsider, das den Verlust der Werften ausgleichen und den Stahlmangel beseitigen sollte, damit aber in ein weltweites Überangebot an Stahl stieß und deshalb längst in großen Teilen geschlossen ist, war eine solche politische Idee, die Genua zuerst viele Arbeiter und dann viele Arbeitslose bescherte.

Auf den Bergen rund um die Stadt liegt ein Kranz von Festungen aus dem 17. und 18. Jahrhundert, die Genua vor der Bedrohung aus dem Hinterland, vor den Piemontesen, hätten schützen sollen. In der Ferne und bei gutem Wetter soll man Korsika sehen können. Man glaubt es fast, obwohl es bis dorthin mindestens hundert Kilometer sein müssen. Gustave Flaubert ritt hinauf auf die Höhen. Er schreibt, dies sei der schönste Tag seiner ganzen Reise gewesen.

*

Einen «Zementrausch» nennt Italo Calvino in seiner Erzählung «La speculazione edilizia» («Das Baugeschäft», 1963) seine Heimatstadt Sanremo: «Dieser Anblick einer Stadt, seiner Stadt, die nun solchermaßen unter dem Zement verschwand … – dieser Anblick schmerzte.» Die Geschichte erzählt, mit großer Genauigkeit und bis in die Einzelheiten der Tätigkeiten eines Betonmischers, eines Immobilienmaklers oder eines Vermessungsingenieurs hinein, von der radikalen Umgestaltung der italienischen Küstenlandschaft, wie sie sich von den fünfziger Jahren bis in die siebziger Jahre vollzog. Sanremo war ein Fischerdorf gewesen, bis der Ort in den letzten Jahrzehnten des 19. Jahrhunderts zu einer Sommerresidenz des europäischen Hochadels wurde. Der Zar und seine Frau Marija Alexandrowna, Elisabeth von Österreich, der deutsche Kaiser und mittendrin ein paar reich gewordene Bürger, Alfred Nobel etwa oder Adolph Thiem, Börsenmakler und einer der ersten bürgerlichen Kunstsammler, ließen das «Grand Hotel Londres» zurück sowie etliche weiße Villen und Palazzi unter Palmen, die jetzt wie Inseln in einem Meer aus Beton liegen, das zwischen den Stadträndern ausgegossen wurde. «Setzen wir acht Wohnungen, dazu zwei Läden im Erdgeschoss ...» Und so ging es fast überall, mit Ausnahme der Stellen, an denen die Berge senkrecht ins Wasser stürzen.

Mit dem Adel waren die Künstler, vor allem die Literaten gekommen: In Gestalt der Künstlerkolonie in Rapallo etwa geht Ligurien anderen, ähnlichen Landschaften voraus, der Insel Capri, dem Golf von Sorrent oder Taormina auf Sizilien. Was Charles Dickens, Arnold Böcklin oder D. H. Lawrence, Ezra Pound oder William Butler Yeats an einer solchermaßen theatralischen Küste suchten? Ein Leben auf vorgeschobenem Posten, das helle Blau des Himmels über sich und das dunkle Blau des Mittelmeers vor sich, ein Hinaustreten auf eine Bühne vor der Unendlichkeit. Große Wünsche scheinen die Künstler getrieben zu haben, Wünsche, die auch jene kannten, die nach ihnen kamen, sich ein Apartment kauften und an eine Offenbarung in mediterraner Landschaft glaubten, ein jeder in seiner Bucht, auf die ein Felsvorsprung folgt, hinter dem eine weitere Bucht liegt und ein weiterer Felsvorsprung. Seltsame Tätigkeiten sind hier zu Hause, die früher vermutlich ungewöhnlicher waren, als sie es heute noch sind: Welchen Glanz besaß nicht vor fünfzig oder sechzig Jahren das Wasserskifahren? Und das Ganze geht mehrere hundert Kilometer so, an ummauerten Grundstücken vorbei, Eisdielen, Fischrestaurants, Buden aller Art, Hotels, Werften und Apartmentgebäuden, mit einem nicht enden wollenden Verkehr.

Eine letzte Zuspitzung dieser Küstenszenerie bilden die Cinque Terre, jene fünf Dörfer, die, ein jedes davon allein auf einem Felssporn über dem Meer, im äußersten Süden Liguriens liegen. Der «Zementrausch» konnte dort kaum Platz finden, so schmal und eng sind die Passagen zwischen den Bergen und dem Meer. Weil aber die Landschaft so heroisch wirkt und die Legende vom vorgeschobenen Posten in der Natur, auf dem das Leben wahrer und intensiver sein soll als irgendwo sonst auf der Welt, auch die Vereinigten Staaten, Japan und China erreichte, finden sich die Touristen dort auch ohne betonierte Infrastruktur ein, als Tagesbesucher und in so großer Zahl, dass sie nur noch auf ihresgleichen stoßen. Darüber hinaus ist nichts übriggeblieben, insbesondere nicht vom Erlebnis der Landschaft. Denn um die Landschaft zu erleben, müsste man sie überhaupt erst sehen können.

*

In den achtziger Jahren spielte ich für kurze Zeit in einer Band, die Jazz mit Elementen des Punks verbinden wollte. Zu den Stücken, die wir probten, gehörte «Azzurro», ein Lied, das damals, gesungen von Adriano Celentano, längst zum Inbegriff dessen geworden war, was man sich unter Italien und italienischem Schlager vorstellte: melancholisch, aber beschwingt und ein wenig lustig (vor allem wegen der Zwischenspiele mit dem rumpelnden Blasorchester), eine Schwärmerei für den Strand, die Sonne und das Meer. Und so spielten wir das Lied mit einem hämmernden Bass und einem brüllenden Saxophon, als gäbe es darin ein mächtiges Klischee, das unbedingt zerstört werden musste. Heute würde ich sagen, dass der Triumph über die Konvention ein alberner Vorsatz war. Denn «Azzurro» ist ein zartes und wehmütiges Stück, das von einem jungen Mann handelt, vermutlich einem Arbeiter, der gern ans Meer und zu seiner Liebsten fahren würde, aber in der Stadt bleiben muss. Besonders anrührend wirkt das Lied, wenn man sieht und hört, wie der junge Adriano Celentano es vorträgt: ein wenig ironisch, so als tue ihm etwas in der Seele weh, das er hinter seiner Schnoddrigkeit so schlecht verbirgt, dass jeder es sieht.

Über etliche italienische Schlager könnte man so reden, auch über die hartnäckigsten und scheinbar muntersten, über Schnulzen wie «Felicità», das Lied, mit dem Al Bano und Romina Power auf dem Schlagerfestival von Sanremo im Jahr 1982 auf den zweiten Platz kamen und das sich danach millionenfach über die halbe Welt verbreitete. Oder über «Volare», das Lied, das eigentlich «Nel blu dipinto di blu» heißt, mit dem Domenico Modugno im Jahr 1958 den Preis in Sanremo gewann. Es erzählt von einem Traum, in dem der Sänger fliegen zu können meint, blau angemalt in einem blauen Himmel, um dann aber zu dem Schluss zu kommen, dass er doch besser am Boden bleibe, bei der Geliebten mit den blauen Augen: «Felice di stare quaggiú» – «ich bin froh, hier unten zu sein». Domenico Modugno, kein Belcantosänger, sondern ein «urlatore» («Schreier», die Bezeichnung für den ungeschulten Gesang in der populären Musik), aus Apulien gebürtig und von eher zweifelhaftem Ruf, der vielen sexuellen Anspielungen wegen, die er in seinen Liedern und in seinen Auftritten unterbrachte, hob bei der ersten Aufführung des Liedes beim Festival von Sanremo (sie wurde im Fernsehen übertragen) die Arme weit über den Kopf, als ob er selber flöge. Die Geste wurde damals zu einer kleinen Sensation, denn bis dahin galt auch für den Schlager das kleine Gestenrepertoire der Oper: mit der auf das Herz gelegten Hand, mit dem nach hinten geworfenen Kopf, mit dem sehnsuchtsvoll ausgestreckten Arm.

Die Geschichte des Festivals beginnt nach dem Zweiten Weltkrieg, als der Kaufmann, Sozialist und Kommunalpolitiker Amilcare Rambaldi den Auftrag bekam, sich Gedanken zu einer Verwendung des Casinos von Sanremo zu machen: Die Aufzucht und der Handel mit Blumen, seit Ende des 19. Jahrhunderts der wichtigste Erwerbszweig in der Region, hatte wieder in großem Stil begonnen, die Feriengäste aus dem Ausland kehrten zurück (es sollten bald viel mehr werden), und die Stadt sichtete die Möglichkeiten, sich für den Tourismus noch attraktiver zu machen. Die Idee des Schlagerwettbewerbs wurde dann der RAI übergeben, der staatlichen Rundfunkanstalt, das erste Festival fand im Jahr 1951 statt – und die «musica leggera», die «leichte Musik», war zu einer nationalen Angelegenheit geworden, die einem nationalen Publikum dargeboten wurde, als lebendiger Ausdruck eines neuerlichen Aufbruchs zu einer geeinten Gesellschaft. Entschieden wurde der Wettbewerb stets von zwei Jurys, in Gestalt einer Publikumsumfrage und einer Expertenkommission, die zunächst für die Qualität und Moral der Auswahl zu sorgen hatte.

In den ersten Jahren folgte der italienische Schlager einer Tradition, wie sie vor allem von der Operette vorgegeben worden war: Ein Sänger oder eine Sängerin trug vor, was sich ein Komponist und ein Texter ausgedacht hatten. Schon bei Domenico Modugno war das anders, nicht nur, weil er «Nel blu dipinto di blu» selbst geschrieben hatte, zusammen mit Franco Migliacci, sondern auch, weil in ihm der italienische Regionalismus wiederkehrte, gegen den das Festival eigentlich angelegt worden war: In Domenico Modugno trat Apulien auf, der Süden, im Dialekt, in der rohen Art des Gesangs, aber auch in den Gesten. In der Folge wurden Schlagersänger zu Gestalten der massenhaften Identifikation, womit sich die Ansprüche an Echtheit oder Authentizität erhöhten. In einer Bewegung, die anders verlief als die Geschichte der populären Musik etwa in Deutschland, ganz anders aber auch als in Großbritannien oder in den Vereinigten Staaten, gingen aus diesen Ansprüchen auf Echtheit der «cantautore» und die «cantautrice» hervor, Sänger und Sängerinnen, die ihre Lieder selber schrieben, mit oft literarisch anmutenden Versen (schon die Texte von «Nel blu dipinto di blu» oder «Azzurro» haben poetische Qualitäten) und mit Melodien, die weniger der Volksmusik (oder den Volksmusiken) als vielmehr der Oper (man höre nur Lucio Dallas trauriges Lied «Caruso» aus dem Jahr 1986) oder dem Jazz entlehnt sind. Und immer sind da ein Schmerz, der Halt in der Schönheit der Melodie sucht, eine Stimme, die bricht, und unzählige Italiener, die den Text des Gewinnerliedes bald auswendig können.

Ein Ereignis, das diese Entwicklung zusammenfasst und zugleich übersteigt, war der Selbstmord des Sängers Luigi Tenco während des siebzehnten Festivals im Januar 1967. Tenco, einer der frühen «cantautori», war mit einem Lied über die italienische Emigration («Ciao amore, ciao») und hohen Ansprüchen an die Echtheit seines Selbstausdrucks erschienen. Er erschoss sich, als er schon vor der letzten Runde ausschied. Und er hinterließ einen Abschiedsbrief: «Ich liebte das italienische Publikum und widmete dieser Zuhörerschaft fünf Jahre meines Lebens, vergeblich. Ich tue das nicht, weil ich des Lebens müde bin (eher im Gegenteil), sondern als Ausdruck des Protestes gegen ein Publikum, das ‹Io, tu e le rose› ins Finale wählte, und gegen eine Jury, die sich für ‹La rivoluzione› entschied. Ich hoffe, dass die Dinge so ein wenig klarer werden. Ciao, Luigi». Durch diesen Tod wurde Luigi Tenco, der viel von Bob Dylan gelernt hatte, zu einem Helden des jugendlichen Aufbegehrens. Der Sänger, erklärte nach dem Selbstmord der Lyriker Salvatore Quasimodo, der Nobelpreisträger des Jahres 1959, habe versucht, «dem mentalen Schlaf des durchschnittlichen Italieners einen Schlag bis aufs Blut zu versetzen». Und wenn es damals auch andere Kommentatoren gab, die den Selbstmord, eines Liedes wegen, für eine ebenso sentimentale wie politische Verirrung hielten, so liegt doch seitdem der Schatten Luigi Tencos auf dem Schlagerfestival von Sanremo.

Im Jahr 2019 wurde das Festival von Mahmood gewonnen, einem jungen Mailänder mit italienischer Mutter und ägyptischem Vater. Mahmood trug ein kleines, an Pier Paolo Pasolinis Stil erinnerndes Melodram mit dem Titel «Soldi» («Geld») vor: «Tu dimmi se/ Pensavi solo ai soldi, soldi, / Come se avessi avuto soldi, soldi», heißt es darin, «sag du mir, ob du nur Geld, Geld wolltest, / Als ob ich Geld, Geld hätte». Eine komplizierte Familiengeschichte scheint sich in diesem Lied mit dem Milieu eines Subproletariats der Migranten zu verbinden, wobei am Ende die Expertenjury dafür sorgte, dass das Werk den Wettbewerb gewann. Der Sieg zog eine politische Debatte nach sich, nachdem Matteo Salvini, Italiens Innenminister und die führende Gestalt der radikal nationalen «Lega», die Expertenjury beschuldigt hatte, den Willen des Volkes zu verraten. Eine solche Auseinandersetzung hätte es nicht gegeben, wäre der italienische Schlager nur ein Schlager und das Festival von Sanremo nur ein Schlagerwettbewerb.

*

Im Mai 1860 stachen Giuseppe Garibaldi und die «Tausend», ein Freischärler und seine wild zusammengewürfelte Truppe aus Anwälten, Lehrern, Handwerkern, Studenten und ein paar professionellen Revolutionären, auf ein paar alten Schiffen in See. Sie hatten Großes vor: einen italienischen Nationalstaat zu schaffen, ein Land, wie es noch nie eines gegeben hatte, in Freiheit und am liebsten als Republik. Der genaue Ort dieses Aufbruchs ist bekannt, ebenso wie man längst weiß, dass Giuseppe Garibaldis Heldentum auch eine bewusste Inszenierung war: eine Bucht in Quarto, früher ein Dorf an der Straße nach Nervi, heute ein Stadtteil von Genua. An der Bucht erhebt sich eine Stele, ein nacktes, steiles Ding, das in die Ferne grüßt wie ein Ausrufezeichen, vor dem kein Satz mehr steht. Hundert Meter daneben sieht man ein titanisches Denkmal vom Aufbruch Garibaldis und der Tausend, ein Monument, das vom schlechtesten Geschmack der vorvergangenen Jahrhundertwende zeugt: Der Bildhauer hatte sich das «Risorgimento» als leibhaftige Auferstehung vorgestellt, in der die geknechteten Italiener sich aus dem Schlamm der Geschichte erheben, während sich vor ihnen ein nackter Garibaldi der Sonne und dem Süden entgegenstreckt, von den Armen eines Engels gleichermaßen gekrönt wie beschützt.

In den Süden zog Garibaldi, weil seine Kräfte für einen Kampf im Norden, gegen das Königreich Piemont, nicht ausgereicht hätten. Bei weniger stabilen, zuweilen sogar anarchischen Verhältnissen muss das Gewinnen leichter erschienen sein: Aufstand nach Aufstand hatte damals Sizilien erschüttert, und sie alle waren mit großer Gewalt niedergeschlagen worden. Garibaldi und seiner kleinen Truppe gelang die

Eroberung der Insel und des Königreichs Neapel, eher widerwillig unterstützt durch das Königreich Piemont. Welchen Anteil Garibaldi jedoch tatsächlich an der politischen Einigung Italiens hatte, und, mehr noch, zu wessen Nutzen oder Schaden diese Einigung ausfiel: Darüber ließe sich lange streiten, zumal der alte Feldherr selbst erklärte, der monarchische Staat, der auf der Grundlage seiner Feldzüge entstanden war, sei ein Hohn auf die Republik, die zu schaffen er ausgezogen war.

Unzweifelhaft indessen ist, dass dieser Mann einer der ungewöhnlichsten Feldherren war, die es je gab: ein Held, in einem einfachen Sinn. Man erkennt diesen Status leicht an den vielen Bildnissen, die ihm auf den öffentlichen Plätzen Italiens gewidmet sind. Gewiss, er machte es den Bildhauern leicht, mit seiner schlanken Gestalt, dem kantigen Kopf, der scharfgeschnittenen Nase und dem gezwirbelten Bart. Zugleich aber sind die Bildnisse von ganz anderer Art, als es die meisten Denkmäler für Soldaten und Heerführer sind: Wo sich in diesen ein unbedingter Wille zur Gewalt und Herrschaft artikuliert, zeugen die Darstellungen Garibaldis von Stolz, von Mut und manchmal sogar von Freude. «Seht, über den Felsen türmt sich sein Leib», schrieb die deutsche Schriftstellerin Ricarda Huch im Jahr 1907, zu seinem hundertsten Geburtstag, «sein Haupt umkreisen Wolken, des Ozeans blauer Ring fließt um seine Füße.» Dieser Mann war eine Macht für sich allein, ein Umstand, der sich noch darin spiegelt, dass die Nation, die sich in ihm verkörpert sieht, voluntaristische Züge aufweist, also als Akt eines souveränen, heroischen Willens erscheint.

Selbstverständlich betrachtet man auch die Bildnisse Garibaldis mit Argwohn. Er speist sich aus dem Wissen, dass jede geschichtliche Veränderung, die in den vergangenen hundert oder zweihundert Jahren eintrat, mit extremer Gewalt verbunden war. Der Enthusiasmus, mit dem sich die Künstler Garibaldi nähern und der ihn selbst ausgezeichnet haben soll, scheint ein brutales Interesse nur zu verdecken. Garibaldi muss indessen tatsächlich anders gewesen sein, ein besonnener Feldherr und guter Stratege, ohne Habgier oder Verlangen nach

Macht für sich selbst, gekleidet in ein rotes Hemd, das den Heldentod vorwegnahm (weil es wie eine Zielscheibe wirkte, weil die Farbe das Blut ankündigte) und ihm seinen Schrecken raubte. Es ist kein Zufall, dass er alle kleinen Schlachten gewann, die Kämpfe, in denen er, mitten im Geschehen, die Bewegung aller Soldaten verfolgen konnte, während er die großen Schlachten verlor, die er von einem erhöhten Posten hätte dirigieren müssen.

Und wenn auch unklar ist, was genau man sich unter der «Freiheit» vorstellen muss, die er zu verwirklichen trachtete, so war sein Engagement für dieses Ideal doch bedingungslos. Bestätigt wird diese Heldengeschichte zuletzt dadurch, dass sie für Garibaldi zwar nicht in eine persönliche Niederlage mündete, aber doch in einen Rückzug. Die Verbündeten erwiesen sich als gefährlicher als die Feinde, und das galt vor allem für König Viktor Emanuel II. und dessen Kanzler Camillo Benso Graf von Cavour. Garibaldi opferte sein Ideal, die Republik, der nationalen Einheit und legte dem König im Oktober 1860 seine Eroberungen im Süden zu Füßen, zu einem Zeitpunkt, an dem eine solche Tat noch keineswegs politisch zwingend erschien. Statt Volksbefreiung gab es nun einen Zentralstaat, in dem die Bourgeoisie und die Piemonteser Bürokraten herrschten. Es dauerte nicht lange, bis im Süden ein Bauernaufstand losbrach, in dessen Verlauf Tausende hingerichtet wurden, vor allem arme Leute. Garibaldi aber wählte die Verbannung auf die Insel Caprera vor Sardinien, ein weltverlorenes Eiland, wo der Privatsouverän sich selbst genug sein konnte, wo er mit zwei Frauen und etlichen Kindern lebte, jedes Handwerk beherrschte und gelegentlich, zu eigener Klavierbegleitung, Arien von Vincenzo Bellini sang. Dort wurde er schließlich auch begraben.

VIERTES KAPITEL

Die gute und die schlechte Regierung

Toskana

M itten in einer Bauernlandschaft liegt eine herrliche
alte Stadt, umgürtet von festen Mauern aus gebrannten Ziegeln, mit
Türmen, Glocken und Zinnen. Bis vor wenigen Jahren brauchte sie
weder Industrie noch Strukturförderung, um unter den italienischen
Städten glänzend dazustehen. Das Land, das die Stadt umgibt, dient
vor allem als Reservat für den anspruchsvollen globalen Tourismus.
Dieser blickt mit Wohlgefallen auf die Zypressen, von denen die Wege
gesäumt und die Höfe gerahmt werden und deren schlankes Schwarz-
Grün sich so wirkungsvoll vom Silber-Grün der runden Olivenbäume absetzt. Die alten Mauern werden gepflegt, und es scheint noch
genügend Winzer, Gemüsebauern und Schlachter zu geben, um dem
schlichten Konsum die Weihe einer Vorstellung vom ursprünglichen,
richtigen Leben zu verleihen. Während Florenz eine Großstadt ist,
mit riesigen Museen, vor denen die Menschen in langen Schlangen
stehen, aber auch mit Lärm, Dreck und hässlichen Vorstädten, wirkt
Siena geschlossen, mittelalterlich und gepflegt. Und die Autobahnen,
wie auch die großen Eisenbahnstrecken, führen nach wie vor in weitem Abstand an der Stadt vorbei.

Siena ist ein kleines Gemeinwesen von knapp sechzigtausend Einwohnern. Bis heute gilt die Stadt als Inbegriff eines alten, kleinteiligen,

in seiner Unterlegenheit oft heroischen Italien, auch wenn sie im Jahr 1557, nachdem sie sich in langen Kämpfen der Nachbarin Florenz widersetzt hatte, als spanisches Lehen an Cosimo I. de' Medici ging und dem Großherzogtum Toskana einverleibt wurde. Im Rathaus, im großen Saal, malte im frühen 14. Jahrhundert Ambrogio Lorenzetti die Allegorien «der guten und der schlechten Regierung» an die Wand. Die Fresken (eine damals neue künstlerische Errungenschaft, die fester Bestandteil der Architektur wurde) dienen, seit dem 19. Jahrhundert in zahllosen Reproduktionen verbreitet, zur Illustration des Glaubens an die freie, von den Bürgern selbst verwaltete Stadt, wie sie den Anfang der neuzeitlichen europäischen Kultur bilden soll. Auf der Seite der «guten Regierung» sieht man auf diesen Bildern, welchen Segen starke und gerechte Institutionen über Stadt und Land bringen, bis sich die Welt allmählich himmlischen Verhältnissen angleicht: Man betrachtet eine mittelalterliche Gesellschaft des Überflusses. Auf der Seite der schlechten Regierung hingegen finden sich Neid und Betrug, es verdorren die Äcker, und die Häuser liegen in Trümmern.

In der Wirtschaftsgeschichte heißt es oft, die mittel- und norditalienischen Städte des Mittelalters seien aus einer Ausweitung des Handels hervorgegangen, der wiederum auf den Überschüssen der Landwirtschaft beruht habe. Doch müssen zugleich andere Kräfte wirksam gewesen sein, eine ungebrochene Tradition des Urbanen zum Beispiel, die sich auf die römische «civitas» zurückführen lässt, eine Linie, die sich von Jerusalem, dem antiken und dem christlichen Rom in eine neue Zeit und andere Orte zieht. Diese Kontinuität blieb im Frühmittelalter gewahrt, als anderswo die Städte verfielen oder sogar in der Natur versanken, und sie setzte sich danach fort, als der Kaiser des Heiligen Römischen Reiches fern und dieses Reich eine eher schwache Veranstaltung war, in deren Schatten sich die italienischen Stadtstaaten mehr oder minder als selbständig behaupten konnten. Denn Städte sind nicht nur kompakte, hochorganisierte Gemeinschaften: Sie müssen als solche kultiviert werden, auch und gerade wenn sie sich tatsächlich meist am Rande eines Bürgerkriegs befinden.

Das späte Mittelalter, wie es auf Ambrogio Lorenzettis Fresken erscheint, ist Gegenstand einer Heldensage, deren Utensilien in Siena in jedem dritten Ladengeschäft an der Via di Città als Souvenirs verkauft werden: in Gestalt der bunten Flaggen, die zu den einzelnen Stadtvierteln, den Contraden, gehören, in Form von Pfeil und Bogen, von hölzernen Schwertern und von Salami aus Wildschweinfleisch. Ihren Höhepunkt erfährt diese Verehrung des scheinbar Mittelalterlichen und Heroischen im «Palio», dem zweimal im Jahr ausgetragenen Pferderennen auf der Piazza del Campo, einem Wettkampf, bei dem es um Mut oder Kraft («virtù»), um Schnelligkeit («velocità») und Ehre («onore») geht. Die ungesattelten Pferde, die Kostüme der Reiter, die Brutalität des Kampfes, bei dem immer wieder Pferde sterben und Reiter verletzt werden, all diese Attribute scheinen das Rohe und ungebrochen Abenteuerliche der Veranstaltung zu bestätigen. Auch der «Palio» beschwört eine kulturelle Kontinuität, die aus tiefer Vergangenheit kommen und sich bis in die Gegenwart erstrecken soll.

Geschichte ist in Italien etwas anderes, als sie in nordeuropäischen Ländern ist: nichts, was bewältigt werden müsste, und auch nichts, was man unbedingt zu bewahren hätte. Geschichte ist im Wesentlichen Genealogie. Wenn es ein Heil gibt, dann liegt es im Wiederfinden der Vergangenheit, und die Mittel sind knapp. Deswegen wird benutzt, was man benutzen kann. In dieser Hinsicht sind sich die meisten italienischen Städte ähnlich, darin nämlich, dass sie alt, aber nicht museal sind. Ist aber der «Palio» tatsächlich eine Veranstaltung, deren Geschichte direkt auf das Mittelalter zurückgeht? Kaum. Das Stadtbild Sienas mitsamt dem «Palio» – ebenso wie der Domplatz in Florenz, das «centro storico» in San Gimignano oder die Umgebung der Piazza Grande in Arezzo – sind nicht zuletzt Ergebnisse einer zielgerichteten Kulturpolitik, wie sie seit Mitte des 19. Jahrhunderts betrieben wird. Das Bestreben, die im Jahr 1861 gewonnene nationale Einheit in einen spezifisch italienischen Stil in der Architektur zu verwandeln, das Interesse der Faschisten, das italienische Volk zu seinen männlich-kriegerischen Ursprüngen zurückzuführen, und das Programm gegenwärtiger Landschafts- und Denkmalschützer, das Authentische der Toskana zu bewahren, erweisen sich darin als drei Etappen ein und desselben Gedankens: das Land, die bäuerliche Landschaft und die alten Städte in einen Zustand der fiktiven Reinheit zu überführen. Was daraus entsteht, kann man, Siena von vielen anderen italienischen Städten unterscheidend, tatsächlich «Musealisierung» nennen. Sie fand und findet zum Zweck der Verwandlung der Toskana in eine Ware für den internationalen Tourismus statt.

In Siena wurde der Dom im späten 19. Jahrhundert systematisch in die Gotik zurückgebaut, was an der Fassade ebenso erkennbar ist wie an den Fenstern der Seitenschiffe oder des Chors. Der Palazzo Salimbeni steht erst seit seiner Renovierung in den Jahren zwischen 1871 und 1879 in wahrhaft mittelalterlicher Strenge da. Giuseppe Partini, der für diese Maßnahmen verantwortliche Architekt, sorgte außerdem dafür, dass der bis dahin häufig verwendete Putz an den Häusern des historischen Zentrums abgeschlagen wurde, so dass sie seitdem in ziegelroter Rohheit prunken. Erst seit dieser Zeit ist das Stadtbild so geschlossen, dass oft nicht auf den ersten Blick zu erkennen ist, ob ein Gebäude aus dem 13., aus dem 16. oder aus dem 19. Jahrhundert stammt. Die Begeisterung für das Gotische und vermeintlich Ursprüngliche korrespondierte dabei mit einer Verachtung für alles Barocke, das als Stil der katholischen Kirche (die sich bis zuletzt der politischen Einheit Italiens widersetzt hatte) und eines verdorbenen Feudaladels wahrgenommen wurde. «Caccia al barocco», «den Barock verjagen», nannte man die dazugehörige Zerstörung.

Es hat etwas abgrundtief Ironisches, dass die Schauseite der kommunalen Selbstverwaltung, des Merkmals nord- und mittelitalienischer Städte, das von nordeuropäischen Intellektuellen tief bewundert und unmittelbar mit der Entstehung großer Kunst verbunden wurde, zur Selbstinszenierung eines faschistischen Staates gehörte. Als die Faschisten im Jahr 1922 die Macht übernahmen, kehrte der

Enthusiasmus für das vermeintlich ursprüngliche Italien zurück. Das gilt für die Architektur: San Gimignano, die Stadt mit den Geschlechtertürmen, erhielt erst in den dreißiger Jahren das makellos spätmittelalterliche Gesicht, für das sie heute so berühmt ist. Und es gilt für die Festkultur: Stadtfeste, Umzüge oder Kampfspiele von der Art des «Palio» (zu Deutsch: Wettrennen) gehen meist auf das 15. und 16. Jahrhundert oder gar noch weiter zurück, auf militärische Gesten, die bei der Belagerung feindlicher Städte der Demütigung des Feindes dienten. Es muss solche Rennen zu Hunderten gegeben haben, in allen Dörfern und Kleinstädten sowie in Rom, Bologna oder Mantua. Auf Siena konzentrierte sich dieser Kult des Wettrennens erst, nachdem sich in den zwanziger Jahren die faschistische Kulturpolitik dieser Veranstaltung angenommen hatte. Das Pferderennen wurde im Jahr 1927 neu gestaltet, als konsequent mittelalterliches Ereignis. Erst seitdem werden seine Ursprünge auf die Zeit zwischen 1430 und 1480 datiert. Der faschistischen Kulturpolitik hat der heutige «Palio» nicht nur seine Kostüme zu verdanken, sondern auch die Vermehrung der Wettbewerber auf siebzehn, so dass jede «contrada», jeder Stadtteil, ihr Pferd und ihren Reiter haben kann (auch wenn nur zehn Pferde gleichzeitig laufen können). Und erst in der neuen Form wurde der «Palio» zu einer Feier stolzer Bürger in städtischer Gemeinschaft. Im Jahr 1937 verband Benito Mussolini das Wort «Palio» ausdrücklich und ausschließlich mit Siena.

Mit Ambrogio Lorenzettis Allegorien der «guten und der schlechten Regierung» hat es eine eigenartige Bewandtnis. Denn mögen sie auch darstellen, was die Kommune des 14. Jahrhunderts idealerweise über sich selber dachte (oder was heute als «good governance» gilt, im Sinne gleicher Interessen von Bürgern und Staat), so ist diese Schilderung einerseits sicher nicht wahr: Es wird nicht regiert, damit es den Menschen gutgeht, sondern um die eigene Macht zu erhalten und zu vermehren. Andererseits gibt es sie ja, die kleinteilig, sorgfältig bewirtschaftete bäuerliche Landschaft und die alten, gepflegten Innenstädte. Und nicht minder gibt es die Domänen des Hässlichen

und Abgewirtschafteten, Vorstädte, die Flusstäler mit ihren Industriebauten, die «zone industriali» und, mehr noch, weil weiter ausgrei-
fend, die «campagna urbanizzata». Mehr als die Hälfte der Toskaner
– nämlich alle Menschen, die weder in den historischen Innenstäd-
ten noch auf dem Land wohnen – leben in diesen Zonen, die sich
vom Status einer Zwischenwelt längst emanzipiert haben. Aber diese
Gegenden sind nicht, wie viele Reisende meinen, die Schande der
Toskana oder gar ein Verrat an der schönen Landschaft, sondern die
Bedingung und Ermöglichung jener gegenständlich gewordenen Fiktion, und sei es, weil die Menschen und die Betriebe, die das Schöne
der historischen Innenstädte überhaupt erst möglich machen, auch
irgendwo zu Hause sein müssen.

*

Ob die Piazza del Campo in Siena der schönste Platz der Welt oder
nicht doch wenigstens einer der schönsten Plätze Italiens sei, wie
manchmal behauptet wird, ist eine fragliche Angelegenheit. Die
Piazza Navona in Rom, erklärt demgegenüber die Schriftstellerin
Elsa Morante, sei in Wahrheit der schönste Platz der Welt, ja sogar
des Universums. Gewiss, die Piazza del Campo ist schön, mit ihrer
Muschelform, mit ihren roten Ziegelsteinen, die sich wie ein Fächer
in neun Segmenten ausbreiten (der Zahl der einst regierenden neun
Ratsherren folgend), mit ihrem Brunnen und mit den Häusern, die
sie wie Logen in einem Theaterbau umgeben. Und natürlich mit dem
leicht konkav angelegten Palazzo Pubblico, der den Platz auf der
unteren Seite abschließt und ihn zugleich beherrscht, als wäre er die
Bühne, auf der die Dramen stattfinden, zu deren Betrachtung man
sich im weiten Halbrund zusammenfindet. Aber eigentlich ist dieser
Platz für einen Ort der lockeren Begegnungen zu abschüssig. Es lässt
sich dort, anders als auf der Piazza San Michele in Lucca oder auf der
Piazza Grande in Montepulciano, anders sogar als auf der immerhin
auch abwärtsgeneigten Piazza Grande in Arezzo, nur schlecht auf und
ab gehen. Eine «passeggiata», ein italienischer Spaziergang, führt

schließlich nie an ein bestimmtes, mehr oder weniger entlegenes Ziel, sondern ist eine Art, sich an einem belebten, öffentlichen Ort aufzuhalten, gehend oder auch stehend, je nachdem, wen man trifft und was es zu bereden gibt. Wer dagegen auf der Piazza del Campo in einem der Restaurants oder Cafés sitzt, oben am äußersten Rand der Piazza, führt eher Aufsicht über den Platz, als dass er ein Teil des sozialen Lebens wäre.

Unter den Bewohnern nord- und westeuropäischer Städte trifft man häufig auf Bewunderer der italienischen Piazza. Manche von ihnen sind Architekten oder Stadtplaner, die sich einen solchen Platz auch für ihren Lebensort wünschen. Gerne halten sie die Piazza, einen leeren, von Häusern gerahmten Platz, auf dem sich Menschen mehr oder minder frei bewegen, für einen Ausdruck der guten Regierung. Sie glauben, die Piazza sei vor allem eine Stätte der Begegnung, so als wäre es schlechthin erfreulich, wenn ein Mensch auf seinesgleichen trifft. Diese Annahme aber gründet auf einem Irrtum, und das umso mehr, als Begegnungen mit guten oder schlechten Bekannten in allen mittleren und kleineren Städten unausweichlich sind. Viel wichtiger ist es, dass man sich auf den Plätzen tatsächlich bewegen und fortbewegen kann, zum Beispiel, weil man gewisse Treffen, wenn sie sich nun einmal nicht vermeiden lassen, auf ein lebensförderliches Minimum reduzieren möchte.

Die entsprechende soziale und gastronomische Einrichtung ist die Bar. Denn was ist eine Bar, in ihrer italienischen Ausprägung, wenn nicht Ausdruck und Medium einer ritualisierten Flüchtigkeit? Anders als die Café- und Restaurantterrassen, die zum Verweilen dienen, ist sie ideal geeignet für den Vollzug des unverbindlich Verbindlichen: Man tritt an den Tresen, für ein paar Minuten oder mehr, um morgens einen Espresso oder nachmittags ein kleines Glas Wein zu trinken, vielleicht ein paar Worte zu wechseln, und niemanden gibt es, der einen am raschen Rückzug hinderte.

Deshalb gehört die Bar auch zur Piazza, und oft sind es mehrere, wie auf der Piazza del Campo in Siena, wo es wenigstens drei davon gibt. Der «caffè», das Wichtigste dort vertriebene Handelsgut, besteht nur aus zwei bis vier Zentilitern bitteren Konzentrats, das aus einer Tasse, die kaum größer als ein Fingerhut ist, in zwei, drei Zügen gekippt wird. Zwar gibt es die großen, alten «Caffès», in denen sich ältere Menschen niederlassen, um in Ruhe die Zeitung zu lesen, Hausfrauen, um sich nach ihren Einkäufen auszuruhen, und Gruppen von Studenten, um ihre Seminararbeiten zu diskutieren: das «Caffè Pedrocchi» in Padua zum Beispiel, das «Caffè Baratti & Milano» in Turin oder das «Caffè Meletti» in Ascoli Piceno. Die gewöhnliche italienische Bar ist dagegen ein Ort für Passanten, die auf ihren Wegen innehalten, nicht nur, um sich am Tresen kurz aufzumuntern, sondern auch, um öffentlich präsent zu sein. Die Lage zeichnet sich durch das fließende Ineinander des Gehens und des Stehens aus, wobei der Tresen zu einem Ort der plötzlichen Intimität wird, über Klassengrenzen hinweg. Sie entfaltet sich zwischen dem Barista, einem Menschen in erhabener Position und dem Dirigenten aller Bewegungen, und den Kunden, genauso aber zwischen den einzelnen Passanten, die für einen kurzen Moment hier einkehren. Die Kaffeemaschine ist innerhalb der vielen, sich gleichzeitig vollziehenden Handlungen innerhalb der Bar der dialektische Apparat, der das ganze Unternehmen zusammenhält: einerseits schwer, ortsfest, oft noch alt und dekoriert auf der Vorderseite, andererseits ein Generator von Beweglichkeit (weswegen es sinnlos ist, eine solche Maschine zu Hause zu betreiben).

Die italienische Bar scheint von großer Robustheit zu sein, eine Einrichtung, durch die selbst der Morgen eine gewisse Härte erhält, wenn man nach dem Ankleiden das Haus verlässt, mit leerem Magen, um dort neben etlichen anderen hastigen Menschen einen Cappuccino (das ist die mildere Version für Ausländer) zu trinken und ein Hörnchen aus Blätterteig zu essen, mit Füllung (Erdbeermarmelade, Vanillepudding) oder ohne. Doch ist die Bar stärker gefährdet, als sie wirkt. Das liegt weniger daran, dass mittlerweile, vor allem in Norditalien, viele Bars von Chinesen betrieben werden, die darin einen ersten Schritt zur ökonomischen Selbständigkeit erkennen, weil ein solcher Betrieb relativ wenig Einstandskapital erfordert. Konkurrenz bekommen die Bars vielmehr vor allem durch die zahlreichen Gaststätten, die ihr Genre zwischen den Bars und Cafés auf der einen, den Restaurants auf der anderen Seite gefunden haben: die «enoteche» und die gastronomisch erweiterten Feinkostgeschäfte, die Anbieter von Fastfood und Kebab und, nicht zuletzt, moderne Kaffeehaus-Ketten. Bevor die erste Filiale einer solchen Kette, in diesem Fall des amerikanischen Unternehmens Starbucks, im Jahr 2018 in der Nähe des Mailänder Doms eröffnet wurde, gab es zwar, unterstützt von den großen Zeitungen, eine veritable Protestbewegung wider den Verfall der italienischen Kultur, wie sie vorzüglich durch die Bar und den kleinen «caffè» repräsentiert werde. Der Protest hatte aber nicht lange Bestand. Und überhaupt: Ist die italienische Bar nicht eigentlich ein Etablissement, das in eine soziale Umgebung gehört, die es nicht mehr gibt, zu einer Welt, in der es Barbiere gab und alte Menschen ohne Zähne, in der die Leute Berufe hatten, die sie ihr Leben lang ausübten, und in der Schriftsteller unglücklich waren? Immerhin, in der Bar wird noch die «Gazzetta dello Sport» gelesen, eine Zeitung auf rosafarbenem Papier.

Eher als dass die Piazza, um dorthin zurückzukehren, ein fester Ort wäre, ist sie eine Passage, eine Sphäre des Übergangs. Manchmal wirkt, was darauf geschieht, wie eine endlose Probe für ein Theaterstück, das niemals aufgeführt wird. In diesem Sinn dient die Piazza vor einer Kirche als Fläche, auf der, was eine Glaubensgemeinde erst werden soll, sich sammelt, um dann ins Gotteshaus einzutreten. Aus demselben Grund besitzen viele Kirchen aufwendig gestaltete Fassaden. Ähnlich ist es bei den Rathäusern oder den «palazzi comunali», die man in vielen italienischen Städten findet: Wer dort eintritt, verlässt die Piazza als Privatmensch oder Teil eines Volkes, um sich auf der Schwelle zur staatlichen Einrichtung in einen Bürger zu verwandeln. Deswegen sind solche Plätze in hohem Maße symbolische Räume, auf denen, in ihren italienischen Varianten, meist mehrere

Aktanten auftreten: Mittelalterlich ist das Gegenüber von Kirche und Rathaus am selben Platz. Komplizierter wird dieser Gegensatz, ebenfalls schon im Mittelalter, durch Parteien innerhalb der Bürgerschaft, die entweder mehr den Interessen des Papstes oder mehr den Interessen des Kaisers zuneigen, also etwa die Guelfen oder die Ghibellinen, bei womöglich wechselnden Loyalitäten. Ferner spielen die Händler eine Rolle, die sich, beginnend im späten 15. Jahrhundert, in den dann bald gewöhnlich werdenden Arkaden am Rande einer Piazza niederlassen. Zu dieser Zeit aber gehören die sich selbst verwaltenden Kommunen schon der Vergangenheit an, und es entstehen Herrschersitze, meist in moderatem Abstand von der Piazza, nicht zu nah und nicht zu fern.

Keineswegs also ist eine Piazza nur ein Ort der Begegnung, schon gar nicht in einem freundlichen, affirmativen Sinn. Eine Piazza ist ein Ort der Vergesellschaftung (die in den meisten Fällen auf einen Markt zurückgehen dürfte, und zwar einschließlich seiner Selektionskraft) und also eine ambivalente Einrichtung. Sie ist der Ort eines öffentlichen Gesichts, das sich als das umgängliche private Gesicht ausgibt – und womöglich nur um den Preis des Selbstverlusts zu haben ist. Sie ist der Ort der «sprezzatura», einer einstudierten Lässigkeit, die natürlich wirken soll, aber alles andere als natürlich ist. Die Piazza ist ein Ort der sozialen Kontrolle und eine Sphäre der öffentlichen Darbietung (wozu nicht wenige Hinrichtungen gehörten), unter der Voraussetzung eines in seiner Größe überschaubaren, aber selbständigen und dabei geschlossenen Gemeinwesens. Sie ist ein politischer Ort in einem Gemeinwesen, in dem persönliche Bindungen mehr gelten als abstrakte Regeln, mit der Folge, dass bürokratisch entfaltete Demokratien keine «piazze» hervorbringen. Eine Piazza dient auch dazu, die Macht, den Einfluss und den Reichtum anderer Menschen abzuschätzen, wobei stets mit einem gewissen Maß an Zufall und Unsicherheit zu rechnen ist, was Regungen des Gefühls, des Geschmacks und der Hoffnung voraussetzt. Deswegen ist keine Piazza völlig transparent, stets gibt es mehr oder minder heimliche

Ecken, unter den Arkaden etwa, in Toröffnungen oder Passagen. Aus demselben Grund, also des Umstandes wegen, dass alle Begegnungen als potenziell riskant behandelt werden müssen, nehmen diese einen ritualisierten Charakter an.

Zur Piazza gehört der vor allem im italienischen Süden verbreitete böse Blick, denn im «malocchio» verbergen sich der Neid und die Missgunst oder das Auseinander von Begehren und Vermögen. Zur Piazza gehören die verschiedenen Einheiten der Polizei, die – stets getrennt voneinander, die «Polizia» hier und die «Carabinieri» dort – vor wechselndem Publikum paradieren und sich dabei gegenseitig misstrauisch beäugen. Zur Piazza gehört die «bella figura», die eigene Zurschaustellung, und überhaupt die Inszenierung des öffentlichen Lebens als Theater, in dem ein jeder seinen Auftritt hat, was erkennbare und wiedererkennbare Rollen oder Typen hervorbringt. Zur Piazza gehören die üppigen Geschenkverpackungen in den Schaufenstern der Feinbäcker («pasticcerie») ebenso wie das aufwendige Dekor von Empfangsräumen sowie die typographisch anspruchsvolle Beschriftung von Ladenschildern (es gibt in Italien immer noch praktizierende Schriftenmaler). Zur Piazza gehören seit ein paar Jahren kleine Gerüste aus Metall, in die drei Behälter eingehängt sind, ein Behälter für Altpapier, einer für Kunststoff, einer für nicht weiter definierten Abfall. Zur Piazza aber gehört schließlich auch ein hohes Maß an Freundlichkeit. Und selbst wenn man weiß, warum sie erwiesen wird – um zu zeigen, dass man sie zu gewähren vermag, zum Beispiel, oder weil man bei anderer Gelegenheit einen Gegendienst erwartet, oder als freischwebendes Element in einem komplizierten Geflecht aus Barmherzigkeit, gegenseitigem Gefallen und der Verteilung von Privilegien, die irgendwann etwas kosten –, so nimmt man sie doch als Geschenk wahr und freut sich darüber.

Es gibt noch einen Grund, warum die Piazza für Menschen aus dem Norden von so großer Attraktivität ist. Er liegt darin, dass eine Piazza Ausdruck und Medium einer Kommune ist, die sich selbst verwaltet, in beträchtlichem Abstand zu einer übergreifenden staatlichen Macht, wenn nicht in ihrer offenen Negation. Dass Kultur und Schönheit nur dort heimisch sein können, wo der große, zentralisierende Staat nicht ist, diese Vorstellung ließ den Gedanken des frühen Kunsthistorikers Jacob Burckhardt, in den mittelitalienischen Städten des 14. und 15. Jahrhunderts sei der Staat zu einem «Kunstwerk» geworden, überhaupt erst möglich werden. Die Vorstellung, Kultur setze einen deutlichen Abstand zum großen Staat voraus, hat sich allerdings erhalten.

*

Es seien die Gesichter, an denen sich die Individualität offenbare, behauptet die neuzeitliche Erzählung vom plötzlichen Erwachen des modernen Individuums in der italienischen Frührenaissance. Man sollte es mit dieser Behauptung nicht übertreiben, denn diese «Individualität» tritt keineswegs plötzlich hervor, sondern ist das Ergebnis einer Entwicklung, die sich über mindestens zwei Jahrhunderte hinzieht. Sie führt, grob gesprochen, vom Zeichenhaften zum Szenischen und vom Gezeichneten zum Gemalten – noch Botticellis «Venus» ist, mit ihren scharfen Konturen, sowohl gezeichnet als auch gemalt. Völlig anders ist es erst bei Tizian, also im frühen 16. Jahrhundert. Heute hält man sogar die Porträts des 15. Jahrhunderts, Domenico Ghirlandaios Doppelporträt eines alten Mannes mit seinem Enkel aus dem Jahr 1488 etwa, für einen Ausdruck unverstellter Individualität. Aber so ist es nicht, der Knollennase, dem Rhinophym, zum Trotz (es könnte sich dabei sogar um ein Zitat handeln: Schon die antike Porträtbüste Vespasians zierte eine Warze, was die Menschen der Renaissance wussten, während es den heutigen nicht mehr geläufig ist). Auch auf diesem Bild geht es, eher als um einen Einzelnen, um etwas Typisches, wobei womöglich ausgerechnet die Schärfe der Kontur zu dem Missverständnis verleitet, es handele sich um die Darstellung eines Individuums.

Doch wie sehen die Gesichter in der Malerei des 14. Jahrhunderts, zumal in ihrer Sieneser Variante, bei Ambrogio Lorenzetti zum Beispiel, tatsächlich aus? Die Augen haben das nur Zeichenhafte verloren, selbst wenn sie oft zu Schlitzen verengt erscheinen. Auch haben Stirn und Augenwinkel einzelne Falten bekommen. Schatten sind unter den Lidern und in den Mundpartien aufgezogen, und die Körper haben an Gewicht und Volumen gewonnen. Doch bleiben die Gesichter stumm, und was sie sagen sollen, ist eher in den Gebärden aufbewahrt, in der Haltung der Hände, in der Neigung des Kopfes. Und wenn man genauer hinschaut: Eigentlich sind es die Gewänder, die zuerst die Bewegung in sich tragen und also zuerst realistisch werden. An ihnen, und an den Schatten, die sie gestalten, zeigt sich, ob es dieser oder jener Maler aufnehmen will mit der Welt, so wie sie ist, und ob er seine Welt gleichsam begehbar zu machen versucht, so dass die Körper zu etwas Diesseitigem, damit aber auch zu einer Last werden.

Die Piazza und das Gesicht scheinen zusammenzugehören. Das eine, denkt man sich, kann nicht ohne das andere sein. Im öffentlichen Raum, überlegt man weiter, müsse man einander ins Gesicht sehen können. Nun weiß man aber über Italien, dass öffentliche oder auch nur halböffentliche Auftritte eine «bella figura» verlangen, das heißt eine zumindest leicht idealisierte Darstellung der eigenen Person. Daraus ergibt sich die Frage, was man denn tatsächlich sieht, wenn man dem anderen ins Gesicht schaut: den verkörperten Geist eines Menschen, den wirklichen, unmittelbaren Ausdruck seines Charakters, oder eine in irgendeiner Weise bearbeitete Form von Intimität? In diesem Sinne dürften «echte» Porträts mindestens bis ins 18. Jahrhundert hinein, wenn nicht noch länger, eine ausgesprochen seltene Angelegenheit sein, falls es sie überhaupt gibt. Stattdessen gibt der Künstler dem Porträtierten ein Gesicht, und er tut es oft, ohne sein Motiv überhaupt leibhaftig gesehen zu haben, nämlich anhand von anderen Bildern oder reinen Erfindungen. Die Malerei, behauptete der Architekt, Mathematiker und Philosoph Leon Battista Alberti in seiner Schrift «Della pittura» («Über die Malkunst») aus den Jahren 1435 und 1436, sei etwas Göttliches, weil sie imstande sei,

Verstorbene lebendig und Abwesende anwesend erscheinen zu lassen, in einem solchen Maße, dass man das Abbild mit dem Original verwechseln könne.

Der Zweck eines solchen Bildes lag demgemäß nicht in seiner Treue gegenüber der Natur oder gar gegenüber der Wahrheit, was immer das sein mag. Er lag darin, ein überhöhtes, und das heißt: einheitliches und prägnantes Bild eines Menschen zu schaffen, weswegen man das Störende milderte und das Interessante oder Harmonische hervorhob. Ein solches Porträt war, nicht minder als die «bella figura», auf die Wiedererkennbarkeit oder das Typische hin angelegt, was zumindest einen Anteil von Fiktion oder Simulation einschließt – ganz abgesehen davon, dass es noch bis ins beginnende bürgerliche Zeitalter hinein als unschicklich galt, überhaupt jemanden direkt anzublicken, zumal Frauen und schon gar in der Öffentlichkeit. Vermeintlich oder tatsächlich authentische Abbilder von Männern, Frauen oder sogar Kindern entstehen erst in der bürgerlichen Epoche, zusammen mit dem Glauben, ein jeder Mensch besitze einen ganz und gar eigenartigen, unverwechselbaren Charakter. Der Piazza hingegen und ihrem italienischen Publikum, sofern es in Zeiten des Massentourismus noch sichtbar bleibt, ist die Fiktion bis heute nicht auszutreiben.

*

Nicht weit von der Piazza del Campo steht ein trutziges Gebäude aus dem 13. Jahrhundert. Aus den Fenstern mit ihren Spitzbögen schaut man hinunter auf das Denkmal des Jesuiten Sallustio Bandini, der den Sienesen einst streng merkantilistisch empfahl, ihre Güter in der Maremma in den Freihandel zu entlassen. Die Statue ist eine programmatische Erklärung, die vor hundertdreißig Jahren, als das Denkmal errichtet wurde, als großes Versprechen galt, ihre wahre Bedeutung aber erst heute entfaltet. Denn der Palazzo Salimbeni ist das Gebäude, in dem seit dem Jahr 1472 die Banca Monte dei Paschi residiert, das älteste noch existierende Kreditinstitut der Welt. Ungefähr zur selben Zeit, als man den steinernen Mönch auf dem Vorplatz aufstellte, wurden die Paläste rechts und links hinzugekauft: Es musste Platz geschaffen werden für die Hauptverwaltung einer Bank, die Italiens Einheit hatte finanzieren können, zu einem großen Teil wenigstens.

Das heute immer noch drittgrößte Finanzhaus Italiens ging aus einer Pfandleihe («Monte di Pietà») hervor, der wohltätigen Einrichtung einer guten Kommunalregierung, die den Armen kleine Kredite gewährte. Solche Institute wendeten sich gegen die «Wucherer», meist lombardische oder jüdische Geldverleiher. Eine Bank, die ihre Geschäfte in der ganzen Toskana betrieb, wurde das Institut jedoch schon wenige Jahrzehnte später, nachdem Siena den Machtkampf gegen Florenz verloren hatte. Großherzog Ferdinand II., der vorletzte Medici, sorgte 1624 für die Sicherheiten, in Gestalt der Weiden («Paschi») der Maremma, auf denen das Vieh der Stadt Siena gehalten wurde. Im 19. Jahrhundert wurde die Bank, noch immer in Siena zu Hause, zu einem national operierenden Geldinstitut, unter anderem durch die Vergabe von Krediten, mit denen die staatliche Einheit finanziert wurde. Sie blieb aber im Besitz der Kommune, auch wenn sie, wie sie es bis heute tut, Filialen in ganz Italien betrieb.

Regional war die Bank fast immer gewesen, und geführt wurde sie, solange sie Eigentum der Kommune war, vor allem von ehemaligen Lokal- und Regionalpolitikern, von Kommunisten, Sozialisten und Sozialdemokraten. Bis in die frühen neunziger Jahre hinein war die Banca Monte dei Paschi, wie viele italienische Sparkassen auch, ein öffentlich-rechtliches Institut, in dem die Prominenz der lokalen und regionalen Politik in der Regel eine zweite Karriere durchlaufen konnte, zum gegenseitigen Nutzen von Politik und Bank. Dann erzwang der Staat die Umwandlung der Banken in Aktiengesellschaften, deren Eigentum eigens dafür eingerichteten Stiftungen übertragen wurde, in deren Vorstand meistens wiederum dieselben Menschen sitzen, die früher Politik gemacht haben, auch wenn die Vorsitzenden nun vom Staat berufen werden.

Diese Bank sorgte für vieles: Sie hatte Geld für die Universität, eine der besten in Italien, für das Krankenhaus, für den Basketballverein, für die Musikschule Chigiana, für die Stiftung «Siena Jazz» und für den «Palio». Und sie schien noch mehr Geld zu haben, als Eigentum und Betrieb im Jahr 1995 getrennt wurden und eine Stiftung entstand, in deren Händen seitdem die mäzenatischen Aufgaben der Bank liegen: Zwischen 2001 und 2011 gab die Bank etwa eine Milliarde Euro für soziale und kulturelle Unternehmungen aus. Davon ist nichts mehr übrig, ebenso wie vom Eigentum der Stiftung an der Bank fast nichts mehr übrig ist, seit der italienische Staat im Sommer 2017 zum mit Abstand größten Aktieneigner wurde.

Italiens Bankwesen ist, an internationalen Maßstäben gemessen, nach wie vor eher klein. Gründe dafür gibt es viele: zum Beispiel, dass ein großer Teil der italienischen Wirtschaft aus kleineren Betrieben im Familienbesitz besteht, oder dass in der Folge nur eine Minderheit der Firmen an der Börse notiert ist (etwa dreihundert, verglichen mit mehr als achthundert Unternehmen in Deutschland), oder dass Investmentbanking für sie eine weniger prominente Rolle spielt. Als das italienische Bankwesen in den frühen Neunzigern auf eine neue Grundlage gestellt wurde, vor allem der Anpassung an die Finanzwirtschaft der Europäischen Union wegen, hatte es sich seit den Dreißigern kaum verändert: Es wurde beherrscht von regional operierenden Unternehmen, die oft in kommunaler Regie betrieben wurden, und das bedeutet auch: mit engen Beziehungen zwischen Bank, Wirtschaft und Politik. Dann aber wurde, in schnellen Schritten, das Bankwesen dereguliert, zunächst mit Erfolg: Die großen italienischen Banken gewannen mit der Kreditwürdigkeit, die der Euro verlieh, eine Macht, die sie zu europäischen Akteuren werden ließ. Es war dieses plötzliche Wachstum, das die Bank Monte dei Paschi in die Lage versetzte, nach dem Jahr 2000 mehrere italienische Regionalbanken zu kaufen, zu teils außerordentlichen Preisen – woraufhin das Finanzhaus im Jahr 2012 zum ersten Mal vom Staat gerettet werden musste. Dem Staat ging es dabei weniger um die Verluste der Privatanleger als darum, die Kontrolle über die nationale Bankwirtschaft zu behalten. Die Bank in Siena mochte in größeren Schwierigkeiten stecken als andere wichtige italienische Banken: Ein Problem mit gefährdeten oder sogar wertlos gewordenen Krediten haben jedoch alle.

Dabei hatten die italienischen Geldinstitute die Finanzkrise des Jahres 2008 zunächst relativ gut überstanden, nicht zuletzt, weil sie im Kern noch immer als Kreditinstitute für die heimische Wirtschaft ausgelegt waren. Wenn das heute anders aussieht, so liegt das weniger daran, dass man im Palazzo Salimbeni und in den anderen Zentralen des italienischen Bankwesens falsch spekuliert hätte. Es liegt vielmehr an den Folgen einer seither nicht enden wollenden Krise, in deren Verlauf die italienische Industrieproduktion um ein Viertel oder sogar mehr schrumpfte, ohne dass sich eine Rückkehr zu substanziellem Wachstum erwarten ließe. Die kleinen und mittleren Unternehmen, von denen Italien lebt, erwiesen sich als nicht mehr konkurrenzfähig, als sich in der Krise und durch die Krise der direkte Vergleich zwischen der wirtschaftlichen Leistungsfähigkeit der einzelnen europäischen Staaten verschärfte. Dass es ein Europa der Verlierer gibt, wurde spätestens seit Beginn der sogenannten Finanzkrise offenbar. Dass Italien zu den Verlierern gehörte, wurde in der Folge nicht minder deutlich.

Die Universität, das Krankenhaus, die kommunalen Museen, der «Palio» – überall in Siena herrscht seitdem große Not, überhaupt den Betrieb aufrechtzuerhalten. Die Jahre des Absturzes aber wurden nicht nur von politischer Agonie begleitet, von Demonstrationen, die Banner mit der Aufschrift «Liberiamo Siena» – «Befreien wir Siena» – vor sich hertrugen und «La Verbena» sangen, das Lied des «Palio»: «Viva la nostra Siena» – «es lebe unser Siena». Es entstand vielmehr eine politische Gemengelage der Verzweiflung, in der ein kalabrischer Unternehmer, begleitet von einem Korruptionsskandal (den er überstand), sich von einem Anhänger Silvio Berlusconis über einen Kandidaten des «Movimento 5 Stelle» zu einem Parlamentsabgeordneten der faschistischen «Brüder Italiens» wandelte, dabei aber zur zentralen Figur der Restaurationsbetriebe an der Piazza del Campo wurde: So gründlich offenbar war die ökonomische Infrastruktur Sienas zusammengebrochen, dass Betriebe, die sich nicht nur mindestens über Jahrzehnte gehalten hatten, sondern auch in das historische Bild der Stadt eingegangen waren, plötzlich zum Verkauf standen – und zwar eine ganze Reihe von Betrieben, die zusammen ein geschlossenes Ensemble der Tradition bildeten. Der Unternehmer gab sein kleines Imperium indessen bald wieder auf, um nach Süditalien zurückzukehren. Es übernahm ein Investor aus Kasachstan, der kurz darauf auch die Markenrechte der «Pasticceria Nannini» erwarb, des bekanntesten und seinerseits als Hort der Geschichte auftretenden Feinbäckers der Stadt.

Als die Florentiner Tageszeitung «La Nazione» im Februar 2019 jenen Oligarchen fragte, warum er, der doch so viel Geld mit Öl, Gas, Stahl und Immobilien verdiene, ausgerechnet in Siena investiere, gab dieser zur Antwort: «Weil das hier ein Paradies ist, eines der wenigen, die auf der Welt noch intakt sind.»

*

Es ist schwierig zu sagen, wie viele Deutsche in der Toskana leben. Oder wie viele Engländer Villen zwischen Florenz und Siena besitzen. Sie bilden keine Cliquen. Ein jeder Eigentümer herrscht dort über ein kleines Königreich, und er – oder sie – tut es allein (auch wenn sich oft mehrere Eigentümer zu einem Hauserwerb zusammentaten). Alt und einsam thront dann ein solches Haus in der Landschaft, gerne auf einem Hügel. Und kann man sich nicht tagelang damit beschäftigen, den Hügeln zuzusehen, wie sie sich in wechselndem Tageslicht verändern, von wild zu sanft, von grau nach blau? Solange die Sonne scheint und die Temperaturen mild sind, liegt hier immer noch eine der herrlichsten Landschaften der Welt. Aber jeder halbwegs historische Meter darin ist ein mäzenatischer Akt, zu dem der Besitzer oft über seinen Tod hinaus verpflichtet wird, dergestalt nämlich, dass die Erben vor der Entscheidung stehen, ob denn etwas verfallen dürfe, in das so viel Kraft, Geist und Geld investiert worden sei. Man lebt in Enklaven, die nur bedingt etwas zu tun haben mit dem Italien, in dem die meisten Italiener leben. Man hängt am Blick in die Landschaft. An einer Perspektive, an einem Garten oder ein paar Katzen. Die Italiener tun den neuen Kolonisatoren den Gefallen, nicht zu widersprechen.

Bei diesen Häusern handelt es sich manchmal um eine Villa, häufiger jedoch um ein aus roh behauenen Steinen gefügtes Haus unter einem großen, roten Dach. Innen riecht es oft ein wenig bitter, nach Staub und Ruß. Der Geruch kommt aus dem offenen Kamin. Je mehr das Haus in seinem ursprünglichen Zustand belassen ist, desto kleiner sind die Fenster, desto dunkler sind die Räume und desto feuchter wird es in der kalten Jahreszeit, ein Umstand, an dem auch die alte Ölheizung nichts ändert. Denn die alten Häuser in dieser Gegend sind direkt in den Erdgrund oder in den Fels gesetzt, weshalb man investieren muss, in eine Drainage, in eine Fußbodenheizung, in eine Galerie von Sonnenkollektoren. Ein solches Haus ist nicht nur eine Heimstatt, sondern auch eine mit allen bautechnischen Mitteln und großen Mengen Zement verteidigte Festung, von deren Höhe ein Souverän fachmännisch auf die Ländereien blickt, die er gern für seine Latifundien hielte, auch wenn es nicht die seinen sind, weshalb er dann alle Namen lernt: «Dort ist Paolo, auf dem Traktor», «hinter dem Hügel liegt Gaiole», «Chiara hat schon reife Tomaten». Wer das alles benennen kann, ist schon ein halber Eigentümer, auch wenn er einen Zuhörer als Komplizen braucht. Nur die Zypressen ragen noch weiter hinauf.

Von der Bevölkerungsstatistik erfasst werden nur die «residenti», die mit erstem Wohnsitz gemeldeten Ausländer: Nur gut tausend sind es etwa in der Provinz Florenz. Im Unterschied zu den gelegentlichen Siedlern mit ihren glänzenden Geländewagen fahren sie meistens alte Autos mit italienischen Kennzeichen. Der Fiat Panda 4 x 4 ist unter ihnen beliebt. Wer wissen will, wie viele Landhäuser in dieser Gegend den «Fremden» gehören, also nur befristet genutzt werden, muss sich umhören. Ein Drittel von einigen zehntausend, sagen die Vorsichtigen, die sich womöglich in den entlegeneren Gebieten um

Arezzo gut auskennen. Mindestens die Hälfte von mindestens hunderttausend, sagen andere. Sie kennen vielleicht die Nachbarschaft bei Montepulciano, wo die Dörfer so glatt herausgeputzt sind, als wären sie Freilichtmuseen.

Ein «Generationenwechsel» stehe an, sagen die Makler im Chianti. Gemeint sind vor allem die Deutschen, die früher bis zu zwei Dritteln seiner Klientel ausmachten. Was die Makler sagen, ist insofern richtig, als in den späten sechziger bis frühen siebziger Jahren eine Kolonisierung der Toskana begann, deren Träger Deutsche aus mehr oder minder intellektuellen Berufen waren: Künstler, Politiker und Ärzte, Graphiker und Lehrer, Professoren und Publizisten. Als sie die Häuser erwarben, hatten sie Erfolg in ihren Berufen. Sie waren dreißig oder vierzig Jahre alt. Alle diese Menschen werden nun, sofern sie noch leben, allmählich zu Greisen. Ein guter Hausarzt ist jetzt wichtiger als der Blick in die Hügel.

Das Wort vom «Generationenwechsel» trifft aber nur bedingt zu. Es suggeriert, dass in dieser Landschaft auch bei den Gelegenheitsbürgern eine Generation auf die andere folge. Das mag zuweilen so sein, bei manchen Briten zum Beispiel, deren Familien sich schon im späten 19. Jahrhundert vor allem in der Gegend um Florenz niederließen. Die deutschen Siedler aber, die um das Jahr 1970 kamen, waren Pioniere, und sie wagten sich in neue Gegenden vor. Ihnen gilt sogar eine eigene Mythologie, in deren Mitte Willy Fleckhaus steht, der Graphiker, der die Umschläge der Edition Suhrkamp und vor allem der Zeitschrift «Twen» (1959 bis 1971) geschaffen hat. Letztere enthielt im Jahr 1969 eine reichbebilderte Reportage, in der Fleckhaus und der Redakteur Helmut Bibow von den großartigen alten Häusern in der Toskana erzählten, die für einen Spottpreis von wenigen zehntausend Mark zu haben seien, Olivenhain inklusive. So wie den Deutschen Willy Fleckhaus zum Pionier wurde, so gingen übrigens auch den Siedlern von der amerikanischen Ostküste ein paar Künstler voraus, allerdings weniger in der Toskana als im Süden Umbriens, bei Todi: Die New Yorker Bildhauerin Beverly Pepper übte dort einen solchen Einfluss aus, dass die Umgebung den Beinamen «Beverly's Hills» erhielt.

Unzutreffend ist das Wort vom «Generationenwechsel» auch deshalb, weil es die vielen ausländischen Bewohner der Toskana nur als Besitzer von Feriendomizilen behandelt. Doch begreifen sie sich nicht als Urlauber, und sie haben sich nie als solche verstanden. Sie sind Siedler, in einem verdrehten Sinn des Wortes: Denn sie unterwarfen nicht das Land, in das sie kamen, vielmehr unterwarfen sie sich selber – einer bäuerlichen Bautradition etwa, in der mit einem offenen Kamin geheizt wurde. Einer altertümlichen Landwirtschaft, die mit Maschinen nicht zu bewältigen ist. Sogar einer dörflichen Sozialordnung, über deren hierarchischen Charakter man besser nicht allzu gründlich nachdenkt. Das Bedürfnis, das zu bewahren, was an «gewachsenen Strukturen» erhaltenswert sei, also in einem strengen Sinn «schonend» zu leben, war stärker als jeder Gedanke an Erholung.

Aus einem Haus wird erzählt, der Besitzer habe sich einen Wirbel gebrochen und werde bis auf weiteres nicht zurückkehren. Aus einem anderen wird berichtet, die kinderlos gebliebene Besitzerin überlege, ihr Anwesen einer wohltätigen Organisation zu überschreiben. Aus einem dritten, die Erben hätten versucht, es zu einem Drittel des ursprünglich veranschlagten Preises zu verkaufen, aber es habe sich kein Interessent gemeldet, weshalb man jetzt an ein «Bed and Breakfast» denke. Es ist schwierig, mit den alt werdenden oder schon alt gewordenen Siedlern über diese Dinge zu reden. Jedes Mal ist es, als werde ein Urteil über ein Leben gesprochen und als falle dieses Urteil nicht günstig aus.

Die Zentralbauten des modernen Menschen

Florenz

Z u Venedig gehören das Rot und das Gold, die Farben, in denen Tizian die Dogen Marcantonio Trevisan oder Andrea Gritti malte und die den Saal des Senats im Dogenpalast beherrschen. Es sind die Farben der Reife, der späten Renaissance. Zu Florenz hingegen passen das Hellgrün und das Himmelblau, die Farben, die Sandro Botticelli im Jahr 1486 seinem Gemälde «Die Geburt der Venus» gab. Zu Florenz gehören der Frühling, der Aufbruch in ein neues Zeitalter, das Glück des ersten Mals. An manchen Orten herrscht dort sogar ewiger Vorfrühling, an der Porta di San Giorgio zum Beispiel, auf der linken Seite des Arno, unterhalb der Festung Belvedere, wo früher die aus dem Süden kommenden Reisenden die Stadt erreichten. Geduckt und braun ist dieses Tor aus dem 13. Jahrhundert, und auf der nach außen, zum Land hin gewendeten Lünette ist ein heiliger Georg zu Pferd zu sehen, wie er mit seiner Lanze in den Drachen sticht. Dort, nach Fiesole hin, hausten grausame Wesen, sagt dieses Relief. Dort regiere das Chaos, während innerhalb der Mauern eine friedliche Gemeinschaft lebe (was nicht mehr bedeutete, als dass die Bindung aneinander und an die Stadt letztlich von größerer Bedeutung war als alle inneren Kämpfe).

Von allen Kunstwerken, die in Florenz stehen, hängen und liegen, dürfte Michelangelos Skulptur des David das bekannteste Werk sein. Die Steinschleuder lässig über die linke Schulter gehängt, die Stirn jedoch schon in Anspannung gerunzelt, erwartet er (oder besser: seine Kopie) vor dem Palazzo Vecchio, dem Sitz des Stadtparlaments, den Kampf gegen Goliath. Wie unzählige andere Statuen und Bilder in Florenz ist dieses Werk, in den ersten Jahren des 16. Jahrhunderts entstanden, nicht nur ein Kunstwerk, sondern auch ein Sinnbild der Kommune. Es steht für die Republik Florenz, eine selbstbewusste urbane Gemeinschaft, die meint, jedem Feind entgegentreten zu können. Dem Willen zur politischen Repräsentation verdankt die Statue auch ihren immanenten Widerspruch: Wer mehr als fünf Meter hoch ist, kann kein Hirtenknabe, sondern muss selbst ein Riese sein. Dieser Widerspruch lässt sich sogar dahingehend deuten, dass sich in der Größe dieser Statue schon der Übergang zum Territorialstaat ankündige, der endgültig um die Mitte des 16. Jahrhunderts vollzogen wird. Oder dass die Republik in der Gestalt dieser Statue gleichsam über sich selbst hinauswachse und in die Herrschaft eines einzelnen Menschen, eines als Helden verehrten Fürsten übergehe.

In dem Augenblick, in dem Florenz aus dem Mittelalter hervortrat, um von einer Stadt der Handwerker und kleinen Händler, eines Bischofs und einiger Dutzend Adelsfamilien zu einem Ort der Geldwirtschaft zu werden, veränderte sich das physische Bild dieses Gemeinwesens. Es wurde gestaltet, in einer Weise, die bis auf den heutigen Tag erhalten blieb, auch wenn es längst alle Rahmen gesprengt hat. Man muss nur von den Hügeln bei Fiesole hinunterblicken in die Ebene: Die Kathedrale überragt die bauliche Kontur einer Stadt, die selbst inmitten von modernen Wohnvierteln und Industrieanlagen als einigermaßen homogenes Gemeinwesen zu erkennen ist, als ein Gewirr von roten, geschachtelten Dächern am Ufer eines Flusses. Gekrönt wird die Kathedrale von einer Kuppel, von der schon die Zeitgenossen meinten, sie gebe nicht nur Florenz, sondern der gesamten Region ein Obdach. Die Streben der Kuppel scheinen sich in die Straßen, die vom Dom ausgehen, zu verlängern. Und indem der riesige

Bau den Mittelpunkt der weiten Talsenke bildet, in der Florenz liegt, antwortet er gleichsam auf die umgebenden Berge und Hügel.

Dieses Bild ist also nicht nur gewachsen, sondern war auch so gewollt, schon im 13. Jahrhundert und danach, dann aber noch einmal nach 1860, als Florenz einer Stadtplanung nach dem Muster von Paris unterworfen wurde, in der die entscheidenden Bauten der Renaissance freigelegt wurden. Da steht nun auf der einen Seite, neben der Kathedrale, Giottos Campanile, errichtet um die Mitte des 14. Jahrhunderts. Da steht auf der anderen Seite der Glockenturm des Palazzo della Signoria. Die beiden Türme bilden eine Achse, der sich die Palazzi der mächtigen Familien unterordnen, errichtet in einem deutlich abgehobenen, die Souveränität dieser Aristokraten spiegelnden Stil, aus dessen Kontext sich dann wiederum die im späten 16. Jahrhundert entstandenen Uffizien lösen, als Zentralbau für die Verwaltung einer in der Zwischenzeit zur Fürstenresidenz gewordenen Stadt. Was sich dem ungeschulten Blick als irgendwie alte, irgendwie unklar zwischen Gotik und Renaissance einzuordnende italienische Architektur darbietet, erweist sich bei genauerem Hinsehen als ein sorgfältig bedachtes Programm, in dem die Elemente aufeinander reagieren, wodurch sich das Ensemble verändert und erweitert, aber nie seine Geschlossenheit verloren hat.

Die Kunstwerke, die auf der Piazza della Signoria, vor dem Palazzo Vecchio stehen, die Gemälde und Skulpturen, die in der Accademia di Belle Arti oder in den Uffizien verwahrt werden, die Plastiken im Bargello: Diese Werke spiegeln die Architektur, sie übersetzen sie ins idealtypisch Individuelle, sie besiedeln die Stadt in einem weit innigeren Sinn, als das leibhaftige Menschen je zu tun vermöchten – und das gilt für Sandro Botticelli wie für Michelangelo, für Leonardo da Vinci und für Raffael, für Donatello und auch für Giambolognas «Raub der Sabinerinnen» gleich gegenüber dem «David». Den Kunstwerken kommt, eben weil sie Figuren darstellen, die Aufgabe zu, Erfahrungen zu modellieren – in einer Weise, die Politik ins Zivile, weil Mimetische, überführt und gerade so in ein funktionierendes Gegenüber staatlicher Gewalt verwandelt. Der Überfluss an Kunst und Kultur aus der frühen Neuzeit, der sich in Florenz vor dem Besucher ausbreitet, vergleichbar nur mit dem Reichtum Venedigs oder Roms, hat in der Versinnlichung des Politischen seinen Grund und seinen Sinn. Die Werke sind Elemente eines in Riten gefassten Gemeinwesens. In ihnen festigen und erneuern sich zuerst die Kommune und dann, nach dem Übergang zu Fürstenherrschaft und Flächenstaat, deren jeweilige Herrscher.

Letztere taten es mit einem Erfolg, der in der Geschichte des Sammelns und Bewahrens von Kunst einzigartig ist. Wenn die Erinnerung an die Medici, die Familie, die Florenz vom späten 15. bis zum frühen 18. Jahrhundert (mit einigen Unterbrechungen) regierte, bis auf den heutigen Tag lebendig geblieben ist, dann liegt das am mäzenatischen Eifer dieser Fürsten, an ihrem Kunstverstand und an ihrer Freigebigkeit. Das gilt vor allem für Kardinal Leopoldo de' Medici, den Mann, der um die Mitte des 17. Jahrhunderts die Grundlagen für das gewaltige Museum schuf, das die Uffizien heute sind. Er ließ eine große Zahl der Gemälde herbeischaffen, Werke von Raffael, von Tizian, von Veronese, die Kollektion von Zeichnungen und Drucken der Renaissance, die Sammlung von Miniaturen und Gemmen. Den Selbstporträts von Künstlern, die von den Uffizien bis heute systematisch gesammelt werden, kommt innerhalb dieser Sammlungen eine besondere Bedeutung zu: Denn Leopoldo war davon überzeugt, in den Bildnissen konzentriere sich die künstlerische und intellektuelle Essenz des Dargestellten. Ästhetisches Interesse, systematische Neugier und Kulturpolitik fielen in diesem Unternehmen zusammen, wobei sich, was vorher städtische Kulturpolitik und öffentlicher Raum gewesen war, nun auf den Sammler und seinen Palast verlagert hatte. An die Stelle des von Ritualen geprägten Gemeinwesens war der Triumph des Einzelnen getreten, der über ein unendlich wertvolles, wenngleich notwendig disparates Inventar an kostbaren Zeichen verfügte – das dann später zum Eigentum einer Kommune oder eines Staats wurde.

Die Florentiner Renaissance blieb, mitsamt ihrem mittelalterlichen Hintergrund, bis in die Anfänge des italienischen Nationalstaats erhalten, fast unberührt: in ihren Gebäuden, in ihren Kunstwerken, in der gesamten Anlage der Stadt. Und so groß die Verheerungen der vergangenen hundertfünfzig Jahre auch waren, und auch wenn Teile der Altstadt im späten 19. Jahrhundert radikal umgebaut wurden, zugunsten von Boulevards und freien Flächen (so etwa in der unmittelbaren Umgebung der Kathedrale), so bleibt doch ein großer Teil dieser Werke gegenwärtig. Die Menschen, die sie in Auftrag gaben, die sie ausführten, die sich in ihnen wiedererkannten oder auch nicht, kurz: die Gesellschaft, aus der sie hervorgingen, ist längst verschwunden. Die Werke aber sind noch da, auch wenn sie zunehmend verständnislos angeschaut werden. Denn es ist in Florenz so, wie es an allen historischen Stätten ist, die von Touristen in großer Zahl besucht werden: Den meisten Besuchern reicht der bloße Anblick aus. Sie suchen keine bestimmte Vergangenheit, sondern eine Stimmung, eine geschichtsträchtige Atmosphäre. Dazu taugen alle Vergangenheiten, auch die künstlichen oder erfundenen.

*

Wenn ich nach Florenz komme, versuche ich, der vielen Menschen wegen, die das engere Zentrum besuchen, mich auf dem linken, dem anderen Ufer des Arno, «Oltrarno» genannt, zu halten, um dann auf die rechte Seite nur hinüberzustechen, zu den Uffizien, zur Accademia di Belle Arti, zum Palazzo del Bargello. Die Piazza Santo Spirito ist ein schöner Platz, und die Loggia im obersten Stockwerk des Palazzo Guadagni ist, mit ihrem Blick über halb Florenz, ein erhabener Ort. Nicht weit davon, jedenfalls noch innerhalb des Zentrums, gibt es ein Viertel, das weitgehend italienisch und bürgerlich blieb, einschließlich der Kirche Santa Maria del Carmine mit ihren Fresken aus dem frühen 15. Jahrhundert. An diesem Platz wohnt der Kunsthistoriker Tomaso Montanari. Er ist in Florenz geboren, hat in Pisa studiert und dort mit einer Arbeit über Gian Lorenzo Bernini, den Bildhauer und

Architekten des Barock, promoviert. Heute lehrt er Kunstgeschichte an der Universität für Ausländer in Siena. Seit einigen Jahren ist er darüber hinaus, neben dem Archäologen Salvatore Settis, der bekannteste Widersacher der staatlichen Kunstpolitik in Italien.

Jetzt steht Tomaso Montanari auf dem Platz und zeigt nach Osten. Auf einem Hügel jenseits des Palazzo Pitti liegt das Kloster Monte Oliveto, mit der Kirche San Bartolomeo, in deren Sakristei bis zur Mitte des 19. Jahrhunderts, einem anderen Maler zugeschrieben und von der Welt vergessen, Leonardo da Vincis «Verkündigung» hing. Das Gemälde befindet sich seitdem in den Uffizien, als eines der prominentesten Stücke der Sammlung. Wäre die Geschichte des modernen Kunstbetriebs so verlaufen, wie Tomaso Montanari sich vorstellt, dass sie hätte verlaufen sollen, würde das Bild noch heute die Sakristei von San Bartolomeo schmücken: Es sei oft falsch, sagt er, die Kunstwerke aus den Zusammenhängen zu reißen, für die sie geschaffen wurden (auch wenn, wie er zugibt, der religiöse Zusammenhang, in dem die meisten Bilder standen, längst ausgehöhlt ist). Man müsse die Kunst im Leben aufsuchen, sagt er, an ihren Orten. Ausstellungen, in denen man berühmte Werke anhäufe, ohne dass damit eine Erkenntnis verbunden wäre, seien dagegen bloße Spektakel. Sie dienten mehr der Zerstörung der Kunst als ihrer angemessenen Wahrnehmung, was letztlich auch für die italienische Gesellschaft von verheerender Wirkung sei. Außerdem müsse jedes Museum ein Ort der Wissenschaft und der Forschung sein, denn nur so könne es lebendig bleiben. Schließlich erinnert Tomaso Montanari daran, dass die Uffizien nicht nur die Kunstsammlungen der Medici enthielten, sondern seit dem späten 18. Jahrhundert der Öffentlichkeit zugänglich waren, als eines der ersten Museen überhaupt. Und das hieß vor allem: den Florentinern. Als Florenz 1870, nach fünf kurzen Jahren, die Funktion, Hauptstadt Italiens zu sein, an Rom abgeben musste, wurden die Uffizien zum Symbol dafür, dass man es zumindest in der Kunst mit der Zentrale aufnehmen konnte.

Anstatt also zu einer Ausstellung wie «Tutanchamun, Caravaggio, van Gogh» nach Vicenza zu fahren, bleibe man besser zu Hause und mache einen Spaziergang, «una passeggiata». Während einer Viertelstunde ließen sich die kleinen und manchmal auch gar nicht so kleinen historischen Stätten in der Nachbarschaft mit mindestens ebenso viel Gewinn betrachten wie die paar Dutzend berühmter Werke, die für eine solche Kunstausstellung aus der halben Welt geholt werden müssten.

Die ein wenig provinzialistische Idee vom Spaziergang hat sich Tomaso Montanari ausgeliehen. Sie gehört zu einem Programm, das manchmal auch «km o» oder «chilometro zero» heißt und von Luigi Veronelli erfunden wurde. Dieser Anarchist, Journalist, Koch, Weinkritiker und Volksheld führte schon in den sechziger Jahren ein erstaunlich großes Publikum auf die Felder, in die Weinberge und an die Suppentöpfe. «Null Kilometer» hieß für ihn, dass Lebensmittel nicht transportiert werden dürften, sondern dort verzehrt werden sollten, wo sie gewachsen sind. «Camminare la terra», heißt es bei Luigi Veronelli, «das Land begehen». Wenn es ein italienisches «Hauptwerk» gebe, erläutert Tomaso Montanari, dann sei es eine Landschaft, eine historische Innenstadt, der Innenraum einer Kirche, ein Blick in eine seit Jahrhunderten bewirtschaftete Natur. Deswegen, erklärt er weiter, laute Artikel 9 der italienischen Verfassung: «Die Republik fördert die Kultur sowie wissenschaftliche und technische Forschung. Sie schützt die Landschaft und das geschichtliche und künstlerische Erbe der Nation.»

Ein Spaziergang von einer guten halben Stunde, der vor Tomaso Montanaris Wohnsitz beginnt, führt an niedrigen Häusern aus dem 16. und 17. Jahrhundert vorbei. In ihren Gewölben verwahrten die Schiffer, die einst den Arno zwischen Florenz und Pisa befuhren, ihre langen, flachen Boote. Ein paar Geschäfte befinden sich heute in diesen Bögen, einige Handwerker und eine Autowerkstatt, deren Ende voraussehbar ist, weil nur Kleinwagen hineinpassen. Auch in Pignone, dem Arbeiterviertel im Westen der Altstadt, steht eine barocke Kirche an der Straße. Ihr Innenraum ist himmelblau bemalt, über dem Altar schweben zwei Putten. Wer sie baute, hatte nicht viel Geld, und es hängt kein Caravaggio an der Wand. Und doch, sagt Tomaso Montanari und zeichnet die Umrisse mit den Händen in die Luft, sei dies ein schöner Bau mit angenehmen Proportionen. Lebendig sei die Kirche auch. Sei nicht der Versuch, die Kunst vor ihrer Verwandlung in Sensationen zu retten, eine der ältesten Unternehmungen der Kunstgeschichte? Als im Jahr 1882 ein kurz zuvor entdecktes Fresko Sandro Botticellis von der Wand einer Villa bei Florenz gelöst worden sei, um in den Louvre gebracht zu werden, dabei aber irreparablen Schaden nahm, hätten Kunsthistoriker aus der ganzen Welt, allen voran der große John Ruskin, mit einem Aufschrei reagiert. Ein solcher Umgang mit der italienischen Kunst und Kulturgeschichte habe also eine lange Tradition, ebenso wie der Widerstand dagegen. Und doch habe die kurzsichtige Verwandlung in das Spektakel jüngst eine neue Qualität angenommen, seit diese Verwandlung nämlich von Politik und Kapital gemeinsam als volkswirtschaftliches Anliegen betrieben werde.

Italienische Politiker sprechen gern davon, die Kultur sei das «Erdöl» («il petrolio») des Landes. Zum ersten Mal wurde dieser Vergleich in den späten siebziger Jahren gezogen. Seitdem ist er nicht mehr aus der Welt zu schaffen, obwohl er hinkt, nicht nur, weil der Rohstoff endlich ist. Das Erdöl verspricht gigantischen Reichtum bei geringen Kosten für die Erschließung. Man muss wenig dafür tun, dass es die Besitzer der Quelle und vielleicht auch die Nation viele Jahre lang ernährt: In der Formel «petrolio» verbirgt sich also ein Traum von der plötzlichen Rettung einer darniederliegenden Volkswirtschaft. Kunst oder Kulturstätten sind aber keine Bodenschätze. Man muss sie erhalten und präsentieren, was sehr viel Geld kostet, sie sind die Domäne der Denkmalschützer und Konservatoren, der Archäologen und Historiker, und am Ende will zumindest ein nicht geringer Teil des Publikums wissen, warum es das alles gibt und was es bedeutet. Deswegen fällt das Kulturerbe unter das öffentliche Gut.

Der Spaziergang, den Tomaso Montanari vorschlägt, ist eine polemische Vision. Sie wendet sich gegen den Zentralismus, den der Tourismus in den Umgang mit Kunstschätzen trägt. Sie misstraut dem Museum, der Einrichtung, die jeden Gegenstand aus seinem Zusammenhang reißt und nur zum Schein als etwas Einzigartiges behandelt – denn in Wirklichkeit wird das Unvergleichliche im Museum stets auch egalisiert, in Gestalt des Exponats. Noch mehr misstraut sie der Ausstellung, die ihre Gegenstände, indem sie diese aus Museen bezieht, gleichsam doppelt von ihrem Kontext trennt und an das Spektakel verhökert. Freier Eintritt in alle Museen, lautet die Vision, Rückführung der Kunstschätze in den mentalen Besitz der Gesellschaft, oder besser noch: der lokalen Gemeinschaft, Widerstand gegen die Zentralisierung der italienischen Kunstschätze in einigen wenigen Museen, die von allen Touristen besucht werden, Rehabilitierung der kleineren, weniger bekannten Museen in der Provinz. Tomaso Montanari will die Kunst in die rituelle Gemeinschaft zurückführen, zu der sie einst gehörte, lange bevor man sich Gedanken um die «Wertschöpfung» machte, die in ihr angelegt sein könnte. Er will, man kann es nicht anders sagen, zurück zu jener sinnlichen Politik, die es (zumindest für einen Teil der Bevölkerung) in Florenz gegeben haben muss, als die Stadt noch eine Republik für sich allein war.

Führt aber aus einer globalisierten Kultur ein Weg zurück in die mehr oder minder selbstgenügsame Provinz, die Florenz schon seit dem 14. Jahrhundert nicht mehr ist? Beruht nicht die universale Bedeutung, die Leonardo oder Raffael, Botticelli oder Caravaggio genießen, auch darauf, dass ein großer Teil ihrer Werke, aus welchen Gründen auch immer, nicht in Florenz, sondern längst in anderen und in internationalen Museen verwahrt wird? Je universaler sie wurden, desto bedeutsamer wurden sie, und umgekehrt. Auch deswegen lässt sich Leonardos «Verkündigung» nicht mehr in die Sakristei von San Bartolomeo zurückhängen.

*

Zu keiner Zeit wurden so viele Menschen zu (bevorzugt sogar: un-verstandenen) Helden und Einzelgängern erklärt wie im späteren 19. und frühen 20. Jahrhundert. Verantwortlich dafür waren vor allem Historiker und Philologen, weit überwiegend Männer also, die selbst meist wenig Heroisches hatten. Einer von ihnen war der Basler Ge-lehrte und Professor Jacob Burckhardt, ein zurückhaltender Mensch, ein Mann von umfassender Bildung und der Macht gegenüber von großer Skepsis. Zwar hat er die italienische Renaissance nicht, wie man so sagt, «erfunden». Doch hatte er erheblichen Anteil an der Verbreitung der Vorstellung, in den mittel- und norditalienischen Städten des 13. bis 16. Jahrhunderts sei eine neue, von humanistischen Idealen geprägte Welt entstanden, deren Erbe fortreichte bis in die Lebzeiten Jacob Burckhardts. Vor allem trug er zur Verallgemeine-rung der Vorstellung bei, es sei, in jener Epoche und an jenen Orten, der «Renaissancemensch» in die Welt getreten.

«Plötzlich», schreibt Jacob Burckhardt, beginne es «von Persön-lichkeiten zu wimmeln; der Bann, welcher auf dem Individualismus gelegen, ist hier völlig gebrochen; schrankenlos spezialisieren sich tausend einzelne Gesichter.» So spricht die Heldenverehrung des 19. Jahrhunderts über die vermeintlichen Helden des 14. und 15. Jahr-hunderts. Und wahrhaftig, an heroischen Gestalten scheint es in jener Epoche keinen Mangel zu geben: Die Visconti oder die Sforza in Mai-land oder Federico da Montefeltro in Urbino, Dante und Petrarca in der Dichtung, Cimabue und Giotto in der Malerei sollen die großen Menschen gewesen sein, in denen die neue Zeit begann. Ihr Ruhm strahlte umso heller, als ihnen nicht nur die Lehrer gefehlt haben sollen, sondern auch die würdigen Schüler – denn mehr noch als die Vorgänger mindern die Nachahmer die Größe eines Genies, weil in ihren Werken das Ursprüngliche zur Manier wird.

Die Helden in Burckhardts Erzählung sind allerdings, vor allem, wenn es sich bei ihnen um Fürsten oder Feldherren handelt, keine Lichtgestalten, sondern eher wüste, dunkel schillernde Figuren, die sich selbst, wenn überhaupt, aus eher geringem Abstand betrachten

und die nichts Dauerhaftes hervorbringen: Sie leben im Provisorischen, und sie rechnen nicht damit, etwas anderes als provisorisch
zu sein. Das angeblich so plötzliche Hervortreten der Individualität
scheint eine weniger glänzende als vielmehr prekäre, unsichere und
von tausend Unwägbarkeiten begleitete Entwicklung gewesen zu sein.
Eigentlich sind Burckhardts Protagonisten also gar nicht so «modern», wie er selbst immer wieder behauptet. Das liegt schon daran, dass sie immer noch Aristokraten sind, Menschen also, die «die
Federn am Barett oder die Bauschen an den Hosen so oder anders tragen». Eher als dass sie in ihrer Individualität aufträten, erscheinen sie
durch Abstammung definiert (was auch für illegitime Abkömmlinge
gilt) und also auf ihren Stand bezogen. Der Condottiere mag zwar von
geringem Adel oder ganz ohne Adel gewesen sein, doch befand er sich
stets auf dem Weg in die Aristokratie – und wenn er sich auszeichnete,
dann durch Observanz der aristokratischen Standesregeln, im Führen
von Kriegen, im Feiern von Festen, ja auch in seiner Gelehrtheit, insofern er sich weniger unter die Humanisten mischte, als dass er damit
unter den Standesgenossen glänzte. In diesem Sinn ist Federico da
Montefeltro, so wie Jacob Burckhardt ihn schildert, die ideale Verkörperung eines Aristokraten der italienischen Renaissance: in der eli-
tären Ausprägung eines persönlichen Stils, im Kriegerischen, in der
absoluten Hingabe an jeden Augenblick, in der Gleichgültigkeit gegenüber allem, was dann noch kommen mag. Solche Emporkömm-
linge sind interessante Figuren, nicht weil sie besonders «modern»
wären, sondern weil sie mittelalterlich und neuzeitlich zugleich sind,
Mischgestalten, die in mancherlei Weise eben nicht auf spätere Zeiten
vorausweisen.

Mit der Kunst, die im Auftrag dieser Mäzene geschaffen wurde,
verhält es sich ähnlich, auch wenn sie, anders als ihre Stifter, Bestand
hatte, über Jahrhunderte hinweg: Auch die Kunst ist nicht plötzlich
ganz anders, als sie vorher war. Auch sie zeigt nicht plötzlich und
überall den neuen Menschen. In der religiösen Kunst bleiben die
alten Gegenstände erhalten, bei sich verfeinernder Technik. Ledig-

lich das Genre der «sacra conversazione» tritt hinzu, die Bildnisse der Madonna mit dem Kind, umgeben von Heiligen. Neu sind die Werke zu Gegenständen aus der antiken Mythologie. Aber auch sie zeigen nicht den neuen Menschen, sondern sie tun etwas im Grunde genommen Mittelalterliches: Sie bieten Allegorien dar, weshalb Botticellis «Venus» weniger von der Geburt einer Göttin handelt als von der Entstehung des Eros. Dass diese Bildnisse allegorisch sind, ist im Übrigen der Grund dafür, dass sie von der Kirche nicht als Gotteslästerung wahrgenommen, sondern von Päpsten und Kardinälen eifrig gesammelt werden. Und selbst bei den Porträts, der eigentlich neuen Kunst der Renaissance, ist es so, dass die womöglich neuen Gesichter in starken Konventionen gefasst bleiben.

Dem Widerspruch zwischen der Behauptung, in der italienischen Renaissance sei plötzlich der «neue Mensch» aufgetreten, und der Einsicht, dass diese Gestalten doch im Wesentlichen den aristokratischen Konventionen gehorchten, entspricht auch das Missverhältnis der geographischen wie politischen Größen. Auf der einen Seite steht die welthistorische Bedeutung jener Periode, auf der Jacob Burckhardt immer wieder insistiert, auf der anderen Seite sind die Schauplätze eher klein: Rimini, Cesena, Mantua, Urbino, lauter Orte, in denen das Fürstenschloss beinahe schon so groß ist wie das ganze Fürstentum. Florenz, Venedig, Mailand, mächtige Staaten gewiss, aber doch konzentriert auf eine geringe Fläche und eine beschränkte Zahl von Einwohnern. Ist es nicht erstaunlich, welche Energie, welche Bildung, welche mythologischen Vergleiche Dante aufbietet, kreuz und quer durch die Zeiten und Welten, um ein imaginäres Strafgericht über die Kommunalpolitik von Florenz zu veranstalten – und kommen diese Politiker nicht alle in die Hölle, wo sie dann auf lauter Päpste treffen, auf Repräsentanten einer scheinbar viel größeren Macht, die sich damit als ungefähr genauso klein erweist wie die politischen Verhältnisse in ihrem Stadtstaat?

«In der Beschaffenheit dieser Staaten, Republiken wie Tyrannien, liegt nun zwar nicht der einzige, aber der mächtigste Grund der früh-

zeitigen Ausbildung des Italieners zum modernen Menschen», heißt
es bei Burckhardt. In diesem Satz ist ein Paradox formuliert: Die Klein-
heit der Verhältnisse soll das Individuum und dessen Aufschwung zur
Größe begründen. So soll das Wesentliche entstanden sein. Auflösen
lässt sich das Paradox nur, wenn man die Menschen im Blick behält,
die es stiften: Was in der zweiten Hälfte des 19. Jahrhunderts an der
italienischen Renaissance so reizvoll schien, war gewiss auch das Gegenbild zu einer sich immer reicher und vollständiger entfaltenden
bürgerlichen Gesellschaft, mitsamt ihrer Bürokratie, mitsamt Gewaltmonopol, Zentralismus und Nationalstaat. Der «Condottiere»,
so wie Jacob Burckhardt ihn beschreibt, ist eine aus der Gründerzeit
ins 15. Jahrhundert zurückgespiegelte Figur, ein Serienheld, der in
Zeiten der Entscheidung, der sozialen Anarchie und der allgemeinen
Unsicherheit auftritt, um prekäre und nicht sonderlich haltbare Ordnungen zu schaffen. Weil diese Elemente der «Moderne» nicht verschwunden sind, ja, im Gegenteil: weil sie sich immer weiter verstärkt
und verbreitet haben, ist auch der Traum der «Moderne» von ihren
heroischen Ursprüngen nicht verschwunden.

*

In der Via Nazionale, nicht weit vom Florentiner Hauptbahnhof
Santa Maria Novella, steht ein großes, altes Wohnhaus mit einer
Tordurchfahrt. «F.lli Alinari. Istituto di Edizioni Artistiche» ist auf
einem Schild in goldenen Lettern auf schwarzem Grund zu lesen,
«Gebrüder Alinari. Institut für Kunstpublikationen». Viel mehr als
das Schild ist von der Firma an dieser Stelle nicht mehr vorhanden.
Vor wenigen Jahren war das anders: Im Hinterhaus ging es zwei Treppen hinauf und eine hinunter, durch Korridore und Türen, bis man
in einer fensterlosen Kammer stand. Dutzende von Leinen waren in
wechselnder Höhe, aber stets parallel gespannt. Hölzerne Klammern
hingen daran, von derselben Art, wie man sie beim Trocknen von
Wäsche benutzt. In den hölzernen Boden waren vier eiserne Roste
eingelassen, vermutlich, um warme Luft zuzuführen. Hätte ich nicht

gewusst, dass in diesem Hinterhaus eine fotografische Werkstatt untergebracht war, wäre ich schwerlich darauf gekommen, wozu diese Kammer diente: zum Trocknen von Papierabzügen.

Die Fratelli Alinari waren das älteste noch bestehende fotografische Unternehmen der Welt: gegründet im Jahr 1852, gut zwei Jahrzehnte nachdem der französische Erfinder Joseph Nicéphore Niépce zum ersten Mal ein Bild auf eine Zinnplatte hatte bannen können, und dreizehn Jahre nachdem in Gestalt der Daguerreotypie ein fotografisches Verfahren auf den Markt gekommen war, mit dem sich eine praktische, kommerzielle Nutzung verbinden ließ. Es mag viele Gründe dafür geben, dass die Firma Fratelli Alinari so lange bestand. Mit einem Grund indessen hatte jene Trockenkammer zu tun: Denn je älter die Fotografie wird, und je offensichtlicher es wird, in welchem Maße sie ästhetische, künstlerische Qualitäten besitzt, desto deutlicher wird auch, dass fotografische Bilder eine physische Existenz, einen Körper haben – und dass dieser Körper zu einer Fotografie gehört wie die Leinwand zu einem Gemälde. Deswegen wurde die Firma Alinari schließlich im Sommer 2019 in die staatliche Kunstverwaltung übernommen, als eigenständige Institution.

Die Pauschalreise entstand zur selben Zeit, als sich die Fotografie professionalisierte, und beide Ereignisse gehören eng zusammen. Denn es trifft ja nicht zu, und es traf nie zu, dass Reisen grundsätzlich der Erweiterung des persönlichen Horizonts dient, der Begegnung mit dem Neuen und Unbekannten. Vielmehr geht es beim Reisen mindestens ebenso sehr um die Bestätigung von bereits bestehenden Erwartungen: Die zu besichtigenden Orte sind immer schon auf einem imaginären «itinéraire» verzeichnet, mitsamt einem Katalog der aufzusuchenden Kulturschätze und Naturdenkmäler, begleitet von Bildern, die dem Reiseplan ein festes Gesicht geben. Und mehr, als dass die Fotografie dazu dient, das Außerordentliche und Überraschende für die persönliche Erinnerung festzuhalten, hat sie eine ganz andere Aufgabe: zu bestätigen, dass man sich an diesem, durch Schrift und Bild bekannten Ort tatsächlich aufhielt, und dass es dort tatsächlich so aussieht, wie man es von den einschlägigen Veröffentlichungen her erwartet hatte.

An allen Stationen des Tourismus gab es daher, beginnend in den fünfziger Jahren des 19. Jahrhunderts, fotografische Unternehmen wie die Fratelli Alinari. Kurz vor der Wende zum 20. Jahrhundert waren dort zwanzig, wenn nicht dreißig Fotografen beschäftigt, und auch wenn es damals schon Rollfilmkameras gab, so arbeiteten die Professionellen doch mit Platten – und das bedeutete: Gestelle, Gehäuse, schweres Gerät. In einem Nebenraum des Hinterhauses in der Via Nazionale stand bis zum Verkauf der Bestände an die «Beni Culturali», die staatliche Behörde zur Pflege der nationalen Kunstschätze, noch ein hölzerner Karren, wie sie die Fotografen damals brauchten, um mit ihrer Ausrüstung von Kunstdenkmal zu Kunstdenkmal zu gelangen. Im Haus selber muss es seinerzeit, wie alte Fotografien zeigen, ein geräumiges Studio gegeben haben, mit großen, nach Norden gehenden Fenstern, in dem sich die Reisenden vor eigens herbeigeschleppten (unechten) Säulentrümmern und Palmen fotografieren lassen konnten. Die Künstlichkeit dieses Arrangements war kein Widerspruch zur Behauptung, man sei tatsächlich vor Ort gewesen, sondern deren Vollendung. Denn auf Fiktionen beruhte diese Technik der Vergewisserung von vornherein: Hauptsache, die Kulissen befanden sich ungefähr am richtigen Platz. Die Imitation eines echten Renaissance-Throns, die damals als Requisite diente, sah ich noch in einer Ecke stehen.

Im Archiv der Fratelli Alinari waren die alten Fotografien, die Negative wie die Abzüge, in hohen Regalen gestapelt. Liegend, weil so der Kontakt mit der Luft vermindert wird: «Höchstens fünf Kilogramm Last» stand auf einer Plakette auf den Regalflächen. Mehrere hunderttausend historische Fotografien wurden in diesem Lager aufbewahrt. Hinzu kamen, auf andere Weise verwahrt, einige Millionen, die sich späteren Stadien der Fotografie, also der Kleinbildkamera oder, in jüngster Zeit, der digitalen Technik verdankten. Dabei sind es, nach wie vor, die ältesten Aufnahmen, die das größte Interesse wecken: der Platz vor dem Palazzo Vecchio in Florenz, die Uffizien, die überbaute Brücke über den Arno; die Piazza San Marco in Venedig, der Palazzo Ducale, die Seufzerbrücke; der Mailänder Dom, das Kolosseum in Rom, der Blick über den Golf von Neapel hinüber zum Vesuv. All die Gegenstände, die heute millionenfach fotografiert werden, zogen auch damals den fotografischen Blick auf sich.

Doch je gründlicher man diese Kontinuität bedenkt, desto drängender stellt sich ein Zweifel ein: Wie, wenn das, was man heute kennt und sieht, nur deshalb so aussieht, weil es seit mehr als hundertfünfzig Jahren diese Art der Fotografie gibt? Wie, wenn das Original der Welt von heute eine Fotografie wäre, die um die Mitte des 19. Jahrhunderts von einem Fotografen der Fratelli Alinari aufgenommen wurde? Wie, wenn die wirkliche Welt, in all ihrer Zerbrechlichkeit und Veränderlichkeit, damals verschwunden wäre und seitdem nur noch Kopien von Kopien zirkulierten – weil die Kulturdenkmäler exakt in dem Zustand erhalten und restauriert werden, den sie auf alten Fotografien besitzen? Zudem wurden die Fotografien an eine Klientel verkauft, die sich zumindest in Teilen mit der amerikanischen und britischen Kolonie in Florenz berührte, in der es viele Enthusiasten gab, die an der Erhaltung und Restaurierung der historischen Stadt und der historischen Landschaft (oder dem, was sie dafür halten wollten) einen lebhaften Anteil nahmen, was etliche mäzenatische Akte einschloss.

Die historischen Fotografien kommen einem solchen Verdacht entgegen. Das liegt vor allem daran, dass so wenige Menschen auf ihnen zu sehen sind. Wie leer die Vergangenheit gewesen sein muss, denkt sich der Betrachter heute, und dann überlegt er sich, ob sie tatsächlich so war oder in dieser Leere arrangiert wurde – aber der Eindruck, damals habe man ganz allein vor Michelangelos David stehen können, bleibt zurück. Und nicht nur dieser: Damals, denkt man sich, hätten die historischen Gebäude noch «richtig» ausgesehen, ohne die Autos und den ganzen Klimbim der Gegenwart. Andererseits dienten ebendiese Fotografien vereinsamter Gebäude, Denkmäler und Naturschönheiten der Werbung für den Fremdenverkehr. In den Archiven der Fratelli Alinari werden einige Alben aus dem späten 19. Jahrhundert aufbewahrt, schwere, in rotes Leder gefasste, buchförmige Schatullen, in denen der fotografische Ertrag einer Italienreise gesammelt wurde, um nach der Rückkehr in das Heimatland bei Gesellschaften herumgereicht zu werden und zu neuen Reisen zu animieren. Mehrere tausend Euro kostete, in heutigem Geld gerechnet, ein solches Album des Reisestolzes – während die Einheimischen diese Bilder mit Misstrauen betrachteten, dokumentierten sie doch ein Land, das in seine Vergangenheit eingeschlossen war wie eine Fliege in Bernstein. Eine Fotografie, erklärte vor fast hundert Jahren der Journalist, Soziologe und Philosoph Siegfried Kracauer, stelle einen Gegenstand nicht nur dar. Sie nehme ihn auch in Besitz, und mehr noch: Sie dringe in ihn ein. Was Wirklichkeit ohne Bilder gewesen sei, verwandele sich in eine Wirklichkeit in Bildern. Wie recht Siegfried Kracauer mit dieser Behauptung hatte, lässt sich an den Bildern der Fratelli Alinari erkennen: Es gäbe kein historisches Italien ohne diese Fotografien.

*

Die Stadt Prato ist das Gegenstück zu Florenz: Dort liegen die Paläste, die Museen, die großartigen Kirchen, hier ist alles etwas kleiner, bescheidener und vor allem an physische Arbeit gebunden (das war zwar in Florenz nicht anders, vor allem in der Textilindustrie, Prato aber wurde deren Hauptstadt). Prato liegt nur ein paar Kilometer nordwestlich von Florenz, in der Richtung, die in einem Entwicklungsplan aus den sechziger Jahren als einzig mögliche ausgewiesen wurde, in die Florenz noch wachsen könne – denn die Hügel um die Stadt herum sollten nicht weiter bebaut werden. Prato besitzt einen Dom, dessen älteste Teile aus dem 5. Jahrhundert stammen und dessen Chor ein Freskenzyklus von Filippo Lippi ziert, eine mittelalterliche Altstadt, die für den Autoverkehr gesperrt ist und von einem diskreten, über lange Zeit angehäuften Wohlstand zeugt, sowie das Convitto Cicognini, eine der berühmtesten Schulen des Landes. In Prato leben offiziell knapp zweihunderttausend Menschen. Dort sind

Unternehmen zu Hause wie die 1858 gegründete Bäckerei Antonio Mattei, deren Cantuccini als die besten der ganzen Toskana gelten. Doch vor allem war Prato über achthundert Jahre hinweg die italienische Hauptstadt der Lumpen und der Stoffe, die Heimat einer Industrie, deren Spezifikum es bis vor wenigen Jahren war, sehr kleine Betriebe und Heimarbeit vorauszusetzen. Diese Industrie dominiert Prato immer noch, mittlerweile jedoch unter völlig veränderten Bedingungen.

Kaum hat der Besucher im Nordwesten der Altstadt ein gelbes Tor in der Befestigungsmauer durchschritten, betritt er ein ganz anderes Terrain der Globalisierung, als er es im historischen Zentrum von Florenz kennenlernte: Die Via Pistoiese und die sie umgebenden Straßen werden von Chinesen bewohnt. Es sind andere Chinesen als ihre Landsleute, die in langen Schlangen vor den Uffizien stehen. Diese Chinesen leben hier, auch wenn sie an diesem Ort keine Chinatown bauten. Es gibt keine Pagodendächer, sondern nur die profane Architektur eines eher proletarischen Viertels mit vielen Geschäften und Werkstätten. Dennoch sind so viele Chinesen in Prato, dass sie eine eigene Stadt bilden könnten: Mehr als zwanzigtausend von ihnen sind, nach einer Statistik aus dem Jahr 2019, legal eingewandert, es sind aber vermutlich mindestens zwei- oder dreimal so viele. Zusammen sollen sie die größte chinesische Gemeinde in Europa bilden.

Noch zur Jahrtausendwende lebten in Italien kaum mehr als eine Million Ausländer. Zwanzig Jahre später sind es mehr als fünf Millionen, die «clandestini» nicht eingerechnet. Rumänen, Marokkaner und Albaner bilden die drei größten Gruppen unter den Einwanderern in Italien. Dann kommen die Chinesen. In der Öffentlichkeit sind sie weniger sichtbar, als es ihrer Zahl entspräche, insbesondere etwa im Vergleich mit den Immigranten aus afrikanischen Ländern. Gewiss, hinter dem Tresen oder als Bedienung in Bars treten Chinesen auf, und spätestens seit sich im April 2007 in Mailands Chinatown ein Straßenkampf zwischen jungen Einwanderern und der Polizei entzündete, ist ins öffentliche Bewusstsein eingedrungen, dass da eine neue Bevölkerungsgruppe von bemerkenswerter Größe existiert. Aber ein beträchtlicher Teil dieser Gruppe bleibt verborgen in Industriebauten an den Ausfallstraßen. Dort arbeiten die Einwanderer, zwölf Stunden am Tag oder mehr, dort essen sie, viele von ihnen schlafen auch dort, und manche sterben neben ihren Nähmaschinen. Die Heimarbeit, die für die alte Textilindustrie in Prato kennzeichnend war, bekommt so einen neuen Inhalt: Das Heim ist die Fabrik.

Die Reaktionen der Einheimischen auf die Gegenwart der Chinesen sind gespalten: Auf der einen Seite bilden die Zuwanderer aus Asien eine Parallelgesellschaft, die diesen Namen tatsächlich verdient – mit Regeln und Routinen, die nicht einsehbar und nicht leicht verständlich sind. Auf der anderen Seite erscheint die chinesische Immigration kulturell als wenig anstößig – und zugleich als ein Muster der Eingliederung in den angewandten Kapitalismus, das attraktiv und bedrohlich zugleich wirkt. Die neuen Nachbarn sind still, gehorsam und unerbittlich fleißig, und sie sind es auch dann, wenn das Unternehmen, von dem sie sich ausbeuten lassen, ein Gewerbe jenseits der Legalität betreibt. Unheimlich aber scheinen die Chinesen auf die Alteingesessenen zu wirken, und zwar nicht nur, weil sie in den mafiösen Strukturen der Chinesen etwas Bekanntes wiederentdecken, sondern vor allem, weil die Chinesen in diesen mafiösen Strukturen so geschlossen auftreten. Die italienische Mafia ist immer segmentär, geteilt in Fraktionen, Clans, Familien. Bei den Chinesen aber zweifelt man, ob jeder Clan eine Gesellschaft ist oder die Gesellschaft ein Clan.

Die lokale Geschichtsschreibung berichtet, im Jahr 1989 seien die ersten achtunddreißig Chinesen nach Prato gekommen, aus der Textil- und Lederstadt Wenzhou, demselben Ort im Südosten Chinas, aus dem noch immer die meisten der in Italien ansässigen Chinesen stammen. Legal lebten im Jahr 2019 über dreihunderttausend Chinesen in Italien, ihrem bevorzugten Auswanderungsland in Europa, und es werden täglich mehr. Im Venetien betreiben sie den Großhandel mit Kopien teurer Markenartikel, übernehmen immer mehr gastronomische Betriebe und dominieren das Souvenirgewerbe der Stadt Venedig mit Muranoglas und Masken chinesischer Provenienz. In Prato kamen sie zuerst in den Tuch- und Lederfabriken unter und blieben in der Branche – inzwischen findet sich in der Bevölkerung die Vorstellung, die Stadt sei von einer «armata silenziosa», einer stillen Armee, besetzt worden. Doch so sicher die Daten ihrer Ankunft sind, so unklar erscheint, warum sie ausgerechnet hier in so großer Zahl sesshaft wurden. Gewiss spielen dabei die informellen, meist familiären Netze eine Rolle, und auch, dass sie alle das Ideal zu haben scheinen, nach einigen Jahren billigster Lohnarbeit selbst zum Unternehmer zu werden – was nicht nur ein hohes Maß an sozialer Stabilität, sondern auch die Vertrautheit mit den lokalen Gegebenheiten voraussetzt.

In der Tuchfabrikation von Prato waren um das Jahr 2000 in fast zehntausend Betrieben mehr als vierzigtausend Menschen beschäftigt. Nur ein Bruchteil davon ist noch übrig. Die eingewanderten Chinesen aber sind Näher und Schneider, und sie haben die Arbeitsbedingungen aus ihrem Heimatland mitgebracht: in Gestalt gesetzlos niedriger Löhne, überlanger Arbeitstage und bedingungsloser Disziplin. Sie trugen das moderne China, die Sweatshops, die die Grundlage für den wirtschaftlichen Aufstieg Chinas bilden, nach Italien, und zwar nicht nur in ein Kerngebiet europäischen Textilhandwerks, sondern geradewegs in dessen historisches Zentrum – ohne mit der Tradition überhaupt in Verbindung zu treten. Nicht einmal die Stoffe kaufen sie von den heimischen Produzenten. Sie werden ihnen aus China geliefert.

Im «Macrolotto», dem Industriegebiet von Prato, das – wie sollte es anders sein – zum Arno hin liegt, stehen Hunderte von rechteckigen Lager- und Fertigungshallen, denen man nicht ansieht, was darin gefertigt oder gelagert wird. Sie tragen Schilder, auf denen Namen wie «Susy Moda», «Pronto Moda» oder «Dolci E Ribelli» stehen, wozu meist ein paar chinesische Schriftzeichen kommen. Oft scheinen sich mehrere Firmen hinter demselben Eingang zu verbergen. Es müssen also Tausende solcher Firmen sein, die sich hier unter dem Hügel von Carmignano, in Blickweite der Villa Medici in Artimino, niedergelassen haben, mitsamt der dazugehörigen Infrastruktur, den Läden und Restaurants, den Technikern und den Geschäftsstellen von Western Union, von denen aus die Immigranten ihre Löhne nach Hause schicken. Einen chinesischen Friedhof scheint es in Prato nicht zu geben, und der Besucher rätselt, warum das so ist: Sicherlich, die meisten hier arbeitenden Chinesen sind jung. Manchmal überlassen sie auch, wenn sie nach China zurückkehren, ihre Identität einem anderen. Doch selbstverständlich kursiert auch hier das Gerücht, die Toten würden in Noppenfolie gerollt und in Kartons heimgeschickt.

Die Chinesen fanden in Prato günstige Bedingungen vor. Aber sie führten den Niedergang der traditionellen Tuchindustrie nicht unmittelbar herbei. Sie profitierten nur davon. Die alte Tuchindustrie der Stadt hatte fast ausschließlich in kleinen und mittleren Werkstätten gearbeitet, und sie war irgendwann der Konkurrenz aus Osteuropa und dem Fernen Osten nicht mehr gewachsen. Als diese Textilunternehmen untergingen, wurden ihre Maschinen und Hallen frei – und waren für wenig Geld zu kaufen oder zu mieten. Es dürfte aber noch einen Grund geben, warum es so viele Chinesen hierher verschlug: dass es keiner Sprache bedarf, um Mode herzustellen, vor allem nicht Mode der Art, wie sie in den Sweatshops von Prato angefertigt wird – «La moda pronta», die schnelle Mode. Bei diesem Gewerbe kommt es darauf an, irgendwo ein interessantes Kleidungsstück zu entdecken, gleich welcher Marke und in welcher Preislage, es zu fotografieren und das Bild in eine solche Fabrik zu schicken. Innerhalb weniger Tage ist es dann lieferbar, in fast beliebigen Mengen. Daneben werden Waren für die internationalen Ketten produziert, die modische Kleidung für wenig Geld anbieten – und manchmal auch für teure Marken. Die «moda pronta» hat keinen Ort und muss nicht erklärt werden, aber das Schildchen «Made in Italy» steht ihr gut – und rechtfertigt offenbar Preise, die weit über denen für «Made in China» liegen.

In Roberto Savianos Buch «Gomorrha», dem im Jahr 2006 erschienenen dokumentarischen Roman zur Herrschaft der Mafia über Italien, spielt die Textilindustrie eine große Rolle. Auch die Chinesen von Prato kommen darin vor, gleich zu Beginn, als ein für China bestimmter Container plötzlich aufspringt und Dutzende gefrorener Leichen herausfallen. Für eine Verbindung zwischen der Mafia und den Chinesen in Italien gibt es viele Gründe. Sie liegen nicht nur darin, dass sich das organisierte Verbrechen längst auch im Norden Italiens niedergelassen hat – dass also der Versuch, den Süden mit sehr viel Geld aus dem Norden zu industrialisieren, damit endete, dass der Süden arm blieb, die Mafia aber den Norden eroberte und sich dabei mit anderen klandestinen Gemeinschaften verbündete. Das italienische organisierte Verbrechen und die innere Organisation der chinesischen Einwanderer teilen darüber hinaus viele ihrer Eigenheiten: Beide sind konservativ, beide setzen die Familie und die Tradition gegen den schwachen Staat, beide kennen das Leben in der Emigration. In einer Gesellschaft, die den Staat hauptsächlich als Gegenstand des permanenten Verhandelns und Sich-Entziehens kennt, mag ein mafiöses Unternehmen zudem größeren Erfolg haben als in Krefeld, Borås, Leiden oder Leicester, den verlorenen Zentren einer nord- und westeuropäischen Textilindustrie.

Von Curzio Malaparte, einem einst berühmten Journalisten und Schriftsteller, der eigentlich Kurt Erich Suckert hieß und im Jahr 1898 in Prato geboren wurde, gibt es ein spätes, manchmal sentimentales und in seinen ebenso weiträumigen wie überzogenen Urteilen nicht immer leicht erträgliches Buch: «Maledetti Toscani», «Verdammte Toskaner», heißt die zuerst 1957, im Todesjahr des Autors, erschienene Liebeserklärung an die Heimat. In einer für ihn typischen Passage, in der er die halbe Welt auf ein einziges, dunkel schillerndes Motiv reduziert, erläutert er das Wesen der Stadt, die einst von und mit den Lumpen lebte: «Nicht nur die Geschichte Italiens, sondern die Geschichte ganz Europas endet in Prato, seit den ältesten Zeiten, seit die Pratenser begannen, aus den Stoffabfällen der ganzen Welt Tuche und Stoffe herzustellen. In Prato endete zwischen einem Berg Lumpen der Glanz Spaniens in Italien, die Größe Karls V. in Europa; und ebenso der Ruhm der Könige von Frankreich, der jakobinische Furor, die Größe Napoleons. Jahrein, jahraus verspannen, verkämmten, verwebten die Pratenser die Lumpen und Fetzen von Marengo, von Austerlitz, von Waterloo, die Fahnen der großen Armee, die Uniformen Murats, die Goldfräcke der Heiligen Allianz. Und wo, glaubt ihr, dass die feldgrauen Uniformen unserer am Karst und am Piave gefallenen Soldaten endeten? Die Tuchuniformen der Gefallenen von El Alamein? Oh, habt so viel Mut und sprecht es aus. Wohin kamen sie? Ins Pantheon? Nach Prato, zu den Lumpen», schreibt Curzio Malaparte. In Prato, meint er, enden der Ruhm und die Eitelkeit, der Stolz und die Trauer der Welt. Insofern war Prato tatsächlich die Gegenstadt zu Florenz, und sie ist es noch immer.

SECHSTES KAPITEL

Das Rückgrat eines langen, schmalen Landes

Umbrien und ein wenig Latium

*I*m Jahr 1991 habe, so ist an vielen Stellen zu lesen, ein amerikanischer Architekt und Stadtplaner die italienische Kleinstadt Todi zu dem Ort der Welt erklärt, an dem es sich am besten leben lasse. Was genau er damals sagte, ist heute schwierig zu ermitteln: Manchmal lautet das Prädikat «am lebenswertesten» («most livable»), manchmal «am nachhaltigsten» («most sustainable»). Das Ganze gibt es selbstverständlich auch auf Italienisch. Gewiss, am Superlativ lässt sich zweifeln: Wer wollte vergleichbare Städte wie Cortona, Spoleto oder Orvieto derart herabsetzen? Doch liegt Todi tatsächlich wunderbar, und in der Kunst- und Kulturgeschichte hatte der Ort schon lange als Muster italienischer Baukunst gegolten: eine kleine, mittelalterliche Stadt auf einem felsigen Bergrücken, an dessen höchstem Punkt der Turm eines gotischen Doms in das hügelige Bauernland grüßt, wo Oliven und Wein, Gemüse und Obst wachsen und weit und breit keine Fabrikhalle zu erblicken ist, abgesehen allein von den langgestreckten Gebäuden der Ziegelei Toppetti. Die Temperaturen sind während der längsten Zeit des Jahres angenehm, die Luftfeuchtigkeit ist gering, und die Piazza der Stadt, innerhalb deren Mauern kaum mehr als dreitausend Menschen leben dürften, ist gerade groß genug, damit die Einheimischen einander in heroischer Umgebung grüßen können, aber nicht unbedingt miteinander sprechen müssen.

Der Archivar der Stadt Todi ist ein bärtiger, gutaussehender Herr von knapp fünfzig Jahren. Er trägt einen eleganten, schmalgeschnittenen Anzug. Ein wenig müde sieht er aus, aber die Müdigkeit kleidet ihn wie die schicke Kombination. Er lächelt, vielleicht darüber, dass ich von Todi so wenig verstehe. Ich lächle auch, vielleicht darüber, dass Todi zwar sehr ansehnlich ist, aber offenbar auch den Horizont des Archivars begrenzt. Wenn er von seinem Institut zum ehemaligen Palazzo des Bischofs geht, wofür er die Piazza der Länge nach überqueren muss, kommt er keine zehn Meter weit, bevor er den nächsten Passanten zu begrüßen hat. Er tut es mit einer distanzierten, noblen Herzlichkeit, die ungemein urban wirkt. «Nachhaltigkeit», oder auf Italienisch, «sostenibilità». Der Archivar lächelt wieder, wie zuvor eher kühl, und ich bedaure, die Frage überhaupt gestellt zu haben. Ein solcher Archivar, lerne ich, ist die Figur einer in sich widersprüchlichen Erfahrung. An den blinden Fortschritt würde er nie glauben. Er würde ihn aber auch nicht schlicht zurückweisen. Auf der einen Seite versteht der Archivar von Todi, wie er sagt, dass es in dieser Stadt ökonomisches Wachstum geben müsse, wozu man die Besucher brauche, und auch solche, die sesshaft werden. Auf der anderen Seite könne seinetwegen alles bleiben, wie es ist.

Der amerikanische Professor, der Todi zeitweilig berühmt gemacht hat, heißt Richard S. Levine und lehrte bis vor einigen Jahren Architektur an der Universität von Kentucky in Lexington. Dort gibt es noch immer eine Forschungseinrichtung, die der «nachhaltigen Stadt» gewidmet ist und die ihr Ideal in der Stadt des Mittelalters findet: der Stadt auf dem Hügel, wie sie vorzugsweise für die Toskana, mehr aber noch für Umbrien, für das Latium und gewiss auch für die Marken typisch ist. Irgendwann in den frühen neunziger Jahren hielt Levine, eingeladen von einer Gruppe von Politikern, Tourismusmanagern und Journalisten, einen Vortrag über ebendiese «city upon a hill». Und ob er dabei nun den Namen «Todi» erwähnte oder nicht:

Das Referat wurde so verstanden, als meinte es Todi. Die Formel war in der Welt, und es half nicht mehr, dass Levine sich davon distanzierte. Große italienische Zeitungen, darunter der Mailänder «Corriere della Sera», nahmen die Formel auf. Von dort aus verbreitete sie sich vor allem in den angelsächsischen Ländern und wurde immer weiter ausgeschmückt, zuletzt mit einer der Behauptung angeblich zugrunde liegenden, computergestützten großen Recherche, in der Lebensverhältnisse auf der ganzen Welt miteinander verglichen worden seien.

Todi ist eine kleine Stadt. Sie liegt in einer Landschaft, die einem Garten weitaus ähnlicher ist als einem Anbaugebiet der industrialisierten Agrarwirtschaft. Der Weg von Lexington nach Todi ist weit. Weiter aber noch ist der Abstand zwischen dem großflächigen Anbau von Mais und Tabak, der die Landwirtschaft in Kentucky prägt, und den kleinen Weinbergen und Olivenhainen an den Hängen des Tiber. Man muss diesen Abstand im Sinn behalten, um den Enthusiasmus eines amerikanischen Architekten für eine italienische Kleinstadt zu verstehen. Und man muss ein Ohr haben für die Geschichte des Begriffs «city upon a hill»: Er ist ein Glücksversprechen, das aus der Bergpredigt entlehnt, von John Winthrop, einem Puritaner, popularisiert und in den Vereinigten Staaten zur Verheißung für die gesamte Gesellschaft wurde. Die «Stadt auf dem Hügel» ist das Gemeinwesen, das Amerika, seinen puritanischen Predigern zufolge, hätte werden sollen, aber nicht wurde.

Als Richard S. Levines Vortrag, vor fünfzig Menschen gehalten, in die Umlaufbahnen der internationalen Publizistik geraten war, gab er den Anstoß zu einer beeindruckenden Entwicklung: Die örtlichen Immobilienmakler konnten sich vor Anfragen kaum retten, die Preise für Häuser und Grundstücke verdoppelten, ja verdreifachten sich, ein altes Bauernhaus in halbwegs bewohnbarem Zustand und mit ein wenig Land kostete bald eine Million D-Mark und mehr. Solche Objekte waren es, für die sich die künftigen Siedler der Stadt auf dem Hügel am meisten interessierten: nicht die kleinen Palazzi oder Wohnungen in der Altstadt, sondern das ländliche Anwesen, die gelebte Idee der Nachhaltigkeit und der Wiedervereinigung von Mensch und Natur, um den Preis eines Rückschritts in Technik und Zivilisation. Und weil das Landleben auch nichts anderes ist als eine Spiegelung der gesellschaftlichen Produktion, wurde der Süden Umbriens scheinbar umso ländlicher, je mehr anderswo die Urbanisierung oder die kapitalisierte Landwirtschaft oder die Finanzspekulation voranschritten – nur dass in den «case coloniche» nun Ausländer wohnten, für ein paar Wochen im Jahr, während sich ein paar alt gewordene Bauern, für relativ viel Geld, um die Olivenbäume kümmerten.

Die Formel von der nachhaltigsten Stadt der Welt wäre nicht so erfolgreich geworden, wäre ihr nicht eine Bewegung vorausgegangen, die seit Mitte der achtziger Jahre zumindest in Nord- und Mittelitalien beträchtlichen Einfluss auf die Ökonomie kleinerer Städte und pittoresker Dörfer ausübt: eine Idee von Verlangsamung und Regionalisierung, von Rückkehr zu vorindustrieller Landwirtschaft und kaltgepresstem Olivenöl von eigenen Bäumen. Befördert wurde diese Idee durch eine neue Form von Tourismus: Der Urlaub auf dem Bauernhof, um die Härten des Lebens auf dem Land verkürzt, gewann in Italien eine solche Popularität, dass die italienische Regierung den «agriturismo» per Gesetz regelte. Im Jahr 1999 entstand dann die Organisation «Cittàslow» («langsame Stadt»), der Todi selbstverständlich von Beginn an angehörte. Das ist nicht ohne Ironie: Denn die Menschen, die an Todi die angebliche Nachhaltigkeit dieser Stadt schätzen, sind meist auf gar nicht nachhaltige Weise dorthin gekommen, mit dem Flugzeug aus New York zum Beispiel – um von ihrem Alltag gar nicht erst anzufangen. Diesen Widerspruch nehmen die Kolonisatoren nicht wahr: Er verschwindet im kollektiven Affekt gegen eine schlechte Welt, der man, bei passender Gelegenheit, das Echte und Wahre in Gestalt von Handwerk, Aufmerksamkeit und Langsamkeit entgegensetzen müsse.

Drei Institutionen, erklärt mir der Archivar, der diesen Entwicklungen naturgemäß ein wenig entrückt gegenübersteht – drei Institutionen hätten Todi nicht nur durch die Jahrhunderte begleitet, sondern die Stadt auch hinweggetragen über die Wechselfälle der feudalen Herrschaften und sogar über den Umzug des Bischofs nach Orvieto im Jahr 1986: das Archiv, die Bibliothek und die «Schule». Mit der «Schule» meint er die landwirtschaftliche Oberschule, die älteste in Italien, die in einem ehemaligen Konvent der Klarissinnen untergebracht ist. Die Bibliothek ist eine gutgeführte Gemeindebücherei. Das Archiv ist eine gewaltige, hauptsächlich in den Tiefen des Konvents verwahrte und mit modernen Regalen versehene Anlage, in der die Geschichte der Stadt in ihren Dokumenten bis zurück ins 12. Jahrhundert verwahrt ist, mehr oder minder lückenlos. Sein Stolz ist ein Kompendium von Stadtgesetzen aus dem frühen 14. Jahrhundert, in dem sich die Tracht der Dirnen ebenso vorgeschrieben findet wie die Regeln für den Zweikampf, mit kleinen Zeichnungen am Rand, der Deutlichkeit wegen. Und weil der Archivar, berufsbedingt, aber nicht nur, ein wenig müde und überhaupt ein Melancholiker ist, merke ich ihm an, dass er auch die Idee von der «Nachhaltigkeit» schon in seinen Beständen verschwinden sieht, einschließlich aller Umbrüche, Aufbrüche und anderen Innovationen, die sich in den vergangenen Jahren in die Mauern drängten.

Als ich den jungen Mann, der mir in der Pension den Zimmerschlüssel gibt, auf die Parole von «the most sustainable city» anspreche, sagt er, das sei doch lange her. Bald stellt sich heraus, wie so oft, dass er studiert hat, Filmgeschichte oder Betriebswirtschaft oder Biochemie, und die Schlüssel nur vorübergehend zu verwalten hofft. Selbstverständlich hat der junge Mann recht: Vom Glanz des Außerordentlichen, den Todi vor dreißig, vielleicht noch zwanzig Jahren besessen haben muss, ist nicht viel geblieben – obwohl die Stadt noch genauso aussieht wie zu jener Zeit (oder wie vor hundert oder fünfhundert Jahren). Das liegt auch an den Folgen der sogenannten Finanzkrise, die in Italien nicht überwunden wurde und die Preise für Immobilien, vor allem auf dem Land, fallen ließ. Ihre Verdopplung nach 1990 ist vielerorts, die Inflation abgezogen, wieder zurückgenommen worden, ohne dass sich deswegen mehr Menschen hier niederließen. Ein paar Jahre nachdem im Tal unterhalb von Todi ein Supermarkt eröffnet hatte, verschwanden der Bäcker und der Schlachter. Und nur ein Lebensmittelhändler ist noch übrig, zur Hälfte Krämerladen, zur anderen Hälfte Souvenirgeschäft, mit den Spezialitäten Wein, Olivenöl und luftgetrocknetem Schinken. Unterdessen hat eine andere Stadt die Rolle Todis als «city upon the hill» übernommen: Cortona, knapp jenseits der Grenze zur Toskana gelegen, kann sich nach dem Erfolg des Buches «Under the Tuscan Sun» («Unter der Sonne der Toskana», 1996) der amerikanischen Autorin Frances Mayes und des nachfolgenden Films (2003) vor dem begeisterten Ansturm kaum retten.

Der Archivar zuckt angesichts solcher Vergleiche mit den Schultern. Selbstverständlich ist Todi eine «city upon the hill», so wie es alle alten Städte in dieser Gegend sind – und auch die Dörfer, die, auch wenn sie nur dreihundert Einwohner zählen, wie Städte wirken. Sie sind von einer Mauer umschlossen, sie haben eine Kirche und ein Rathaus, oft am selben Platz neben einer Bar gelegen. In vielen dieser Orte lebt auch noch ein Notar, weil unzählige kleine Geschäfte der Schriftform bedürfen. Entstanden sind diese Städte, weil sich die ländliche Bevölkerung in den langen Jahrhunderten zwischen dem Ende der Antike und der Etablierung eines staatlichen Gewaltmonopols an einen sicheren Ort flüchten musste. Zudem gehörte Todi nach dem 14. Jahrhundert zum Kirchenstaat, der die Entstehung größerer Städte auf seinem Gebiet zumindest nicht begünstigte. Stattdessen stattete die Kirche auch kleine Städte mit einem Glaubensfürsten aus, so dass es im weiteren Umkreis Roms Dutzende von Bischofssitzen gibt.

An all das denkt der Archivar, wenn er sagt, dass Todi keinen eigenen Kirchenfürsten mehr hat und nun über einen leerstehenden Palast aus dem späten 16. Jahrhundert verfügt, mit einer Terrasse, die einen weiten Ausblick auf das Land und die Hügel gewährt (noch immer gehören zur katholischen Kirche Italiens mehr als zweihundert

Diözesen und mehr als vierzigtausend Priester). Dorthin führt mich der Archivar zuletzt, nachdem er Türen mit alten, schweren Schlössern geöffnet und mich durch Säle geleitet hat, deren Fresken kein Gläubiger und auch kein Priester mehr sieht. Die Terrasse aber, sie bietet, von vier Säulen gesäumt, den großartigsten Blick auf die Landschaft, den man sich denken kann.

Und so liegt Todi auf dem Berg, so wie fast alle alten «borghi», «castelli» und «città» im Süden Umbriens und im Latium auf Hügeln oder Bergen liegen, weil man sich in unsicheren Zeiten verteidigen musste, aber auch der Malaria wegen. Unterdessen führt die Eisenbahnlinie durch das Tal, und die große Straße ebenfalls. Sogar der Krieg ließ die Städtchen unberührt. Je länger dieser Zustand währt, desto nachhaltiger wird der Frieden über Todi, und desto enger bleibt die Stadt in ihrer eigenen Geschichte eingeschlossen.

*

Heilige gibt es in Italien in großer Zahl. Die meisten von ihnen sind lokale oder regionale Heilige, Märtyrer und frühe Bischöfe wie der heilige Januarius in Neapel zum Beispiel. In ihrer Fürbitte setzt sich, so könnte man meinen, eine Geschichte fort, die zurückgeht auf die heidnischen Götter. Das ist vermutlich richtig, auch wenn die Geschichte nicht erklärt, warum die Bedeutung dieser Heiligen nicht verblasst. Italien scheint zwar, abgesehen vielleicht vom Sonntagmorgen, ein weitgehend säkularisiertes Land zu sein. Aber der Eindruck täuscht. Die Frömmigkeit ist lediglich von anderer Art, als sie es nördlich der Alpen ist. Die Grenzen zwischen dem Diesseits und dem Jenseits sind durchlässiger, was sich nicht nur in ebenjenen lokalen Heiligen niederschlägt, sondern auch einen regen Handel mit ihnen ermöglicht, in Gestalt von Fürbitten, kleinen Gaben und der ganzen Zettelwirtschaft, die sich mit den Gräbern der «santi» verbindet. Der Klientelismus, ohnehin das prägende Motiv aller sozialen Verhältnisse in Italien, beherrscht auch die Beziehungen zwischen Himmel und Erde. Allerdings gibt es Unterschiede zwischen den

Heiligen des Nordens und jenen des Südens: Der Heilige des Nordens tendiert zum Prediger, zum Wahrheitsverkünder und zum vorbildlichen Menschen. Der Heilige des Südens ist eher ein Wunderheiler oder Wundertäter.

In der Mitte zwischen dem Norden und dem Süden bewegt sich der heilige Franziskus, einer der wenigen Heiligen, die für alle Gläubigen (nicht nur in Italien) zuständig sind. Er ist, mit Ausnahme vielleicht Padre Pios im Süden, der beliebteste Heilige im ganzen Land. Allem Prunk und aller Macht abhold, entzog er sich dem irdischen Leben, in einer gewaltigen Anstrengung des Willens. Er redete mit den Tieren. Er war ein Asket, so wie noch keiner vor ihm einer gewesen war, lebte von der Hand in den Mund und verweigerte sich jeder Ökonomie, und wann immer er noch einen Funken Selbstsucht oder Eitelkeit in sich fand, unterwarf er sich den härtesten Strafen. Wo bittere Feindschaft herrschte, suchte er den Frieden und die Umarmung. So klein war er am Ende, dass er darüber sehr groß wurde, im Vollzug einer Heiligung seiner selbst, in der er – erkennbar daran, dass er innerhalb von nur zwei Jahren heiliggesprochen wurde, schneller als jeder andere Kandidat – dem göttlichen Willen durchaus vorgriff.

Die Bedeutung des heiligen Franziskus, für Italien, aber auch für die halbe Welt, spiegelt sich in seinem Ort: im mächtigen Burgberg von Assisi, zwanzig Kilometer östlich von Perugia gelegen. Sie gibt sich auch in der Geschichte des Ortes zu erkennen, darin, dass in seiner Mitte ein einst der Minerva gewidmeter Tempel steht, der gleich mehrmals in eine Kirche verwandelt wurde. Und sie manifestiert sich in den beiden Traditionen des gläubigen Umgangs mit Franziskus. Die eine sieht in diesem Heiligen den Narren des Herrn, den Freund der Tiere und der Menschen, insbesondere der Armen. Sie bewundert die Bedürfnislosigkeit, das Leben ohne Schuhe, den schlichten Bruder. Diese Tradition hat sich in Italien wie auch in Deutschland durchgesetzt. Ihr Urbild ist in einem der Giotto zugeschriebenen Fresken zu finden, oder in einem Fresko aus dem späten 13. Jahrhundert, das in San Gregorio, einer romanischen Kirche in Ascoli Piceno, auf der anderen Seite des Apennin, zu sehen ist: Es soll das erste Bildnis sein, auf dem Franziskus mit den Vögeln spricht.

Für die andere Tradition ist er der Heilige der Stigmata, des Totenschädels und der «vanitas», der selbstvergessene Mann voll mystischer Glut. Der Mann, der selbst zu einer Gestalt wie Christus wurde, dominiert in der spanischen Bildkunst, wobei es keinen Zweifel geben kann, dass zwar der Mystiker in der Vergangenheit die stärkere Figur war, der arme Mönch aber, der sich von der Stadt abwendet und mit den Tieren redet, modernen Bedürfnissen weitaus mehr entgegenkommt. In ihm kommt mittlerweile weniger ein christlicher Glaube oder eine Bindung an die Kirche zum Ausdruck als vielmehr ein Ideal von Friedfertigkeit, Streben nach dem Wesentlichen, Bedürfnislosigkeit, Toleranz oder Ökologie. Der Christus, den Pier Paolo Pasolini in seinem Film «Das Erste Evangelium – Matthäus» aus dem Jahr 1964 zeigt, ist ein enger Verwandter dieses Mönches. Das entsprechende katholische Gefühl (im Unterschied zur katholischen Konfession) glaubt, in Assisi seinen Ort gefunden zu haben, in einer Landschaft, in der man Armut als Bereicherung empfinden könnte. Oder anders gesagt: Wenn man arm wäre, dann wäre man es am liebsten in dieser Gegend, und dieser Satz ist weder ironisch noch zynisch gemeint.

Auf einem der Fresken, mit denen vermutlich der Maler Giotto die Decke in der Oberkirche von Assisi ausmalte, liegt ein Mann und schläft. Es ist Papst Innozenz III., der den Vierten Kreuzzug befahl (auf dem im Jahr 1204 Konstantinopel geplündert wurde, was erheblich zum Reichtum Venedigs beitrug, später aber auch zur Scheidung der katholischen von der orthodoxen Kirche) und der die Katharer, die Waldenser und die Albigenser unerbittlich verfolgte. Der Papst träumt: die Ereignisse, die sich auf der linken Bildhälfte zutragen. Dort sieht man die Laterankirche, wie sie einzustürzen droht, aber vom heiligen Franziskus aufgefangen wird. Die Franziskaner mochten eine Erneuerung der Kirche im Sinn gehabt haben, wie sie ähnlich auch die großen ketzerischen Bewegungen jener Zeit verlangten, und der Papst hatte sie zunächst abgelehnt, weshalb fünf Ordensbrüder auf dem Scheiterhaufen landeten. Doch am Ende war es dieser Orden, von dem die Erneuerung einer weltlich und reich gewordenen Kirche ausging, und zwar nicht nur, weil er so erfolgreich Läuterung propagierte, sondern auch, weil er – im Unterschied etwa zu den Benediktinern, dem bis dahin wichtigsten Orden – über eine straffe, zentralisierte Organisation verfügte.

Demut und Macht liegen eng beieinander. Das gilt insbesondere für die Franziskaner, die, neben den Dominikanern, der erste zentralisierte Orden waren. Die Bettelorden entstanden, als das Christentum schon tausendzweihundert Jahre alt war und eine lange Periode der Schwäche überwunden hatte, aus der Papst wie Kaiser gestärkt hervorgingen, ein jeder ein Vertreter einer universalen Idee. Aus der Einheit von Armut und Mystik zog die Kirche, und das heißt vor allem: die Amtskirche, neue Kraft, und die Franziskaner wurden zur größten Kongregation der Christenheit. Die Idee, in dieser Einheit liege das verlorengehende oder gar schon verlorengegangene Heilige, kehrt seitdem immer wieder. Deswegen kennen alle Literaturen der Moderne, von Rainer Maria Rilkes Vers «Denn Armut ist ein großer Glanz aus Innen» über Astrid Lindgrens «Rasmus, der Landstreicher» bis hin zur zeitgemäßen Esoterik, die Figur des begnadeten Armen, und deswegen trägt der amtierende Papst seinen Namen. Letzteres wird von Teilen der katholischen Kirche in Italien als skandalös empfunden. Denn der Papst beansprucht mit seinem Namen, gleichzeitig die Amtskirche und der Widerstand gegen die Amtskirche zu sein.

*

Auf schmalen, kurvigen Straßen, die irgendwo im Grenzgebiet zwischen der Toskana, Umbrien und den Marken verlaufen, an den Hängen des Apennin hinauf bis auf die Höhen und dann wieder hinunter zum Oberlauf des Tiber, sieht man manchmal Kleinwagen mit italienischen Nummernschildern fahren, auffällig langsam und auffällig unsicher. In der nächsten Kleinstadt erblickt man sie wieder. Fahrer und Passagiere sind ausgestiegen, und es wird offenbar, dass es sich um Mietwagen handelt. Meist sind die Insassen Angelsachsen, und man braucht nur wenig Phantasie, um sich vorzustellen, dass sie sich auf dem «Piero Trail» befinden, auf einer halb kunsthistorischen, halb spirituellen Expedition, die von Perugia über Arezzo nach Sansepolcro (mit einem Abstecher nach Florenz) und von dort über Urbino nach Rimini (oder andersherum) führt. «Piero», das ist Piero della Francesca, ein Maler und Mathematiker der frühen Renaissance. Tatsächlich ist jene Reise nach wie vor eine angemessene Art, sich diesem Künstler und seinen Wirkungsstätten zu nähern, zumal die Landschaften, die in die Werke eingegangen sind, am Weg liegen und sich wenig verändert haben: Der Apennin ist beinahe so karg und menschenleer, wie er es immer schon war.

Das Bild, von dem der britische Schriftsteller Aldous Huxley im Jahr 1925 behauptet hatte, es sei «das schönste Gemälde der Welt», ist ein Fresko an der Wand eines Provinzmuseums in der östlichen Toskana, nur ein paar Kilometer von der Grenze zu Umbrien entfernt: Die «Auferstehung» Piero della Francescas bildet, neben seiner «Madonna della Misericordia» und zwei Fragmenten, den größten Schatz des Stadtmuseums von Sansepolcro, einem Städtchen mit fünfzehntausend Einwohnern am Fuß des Apennin. Auf diesem Gemälde sieht man, wie Christus einem Sarkophag entsteigt, vor dem vier Soldaten schlafen. Triumphal den linken Fuß auf den Rand des Sarkophags setzend, erhebt sich der Auferstehende wie eine Naturkraft zum Herrn über Himmel und Erde. Dieses Gemälde, hatte Aldous Huxley erklärt, verkünde die Auferstehung des klassischen Ideals, «unendlich viel größer und schöner, als die klassische Realität je gewesen» sei. Zur «Auferstehung» gehört, dass Piero della Francesca in diesem Bild nicht eine, sondern zwei Perspektiven verwendet: Der eine Fluchtpunkt liegt in der Mitte des Sarkophags, weshalb die Gesichter der Soldaten von schräg unten erfasst sind, der andere liegt zwischen den Augen des Heilands, weshalb ihm der Betrachter geradewegs ins Gesicht schaut. Der eine zeigt eine vergangene, der andere eine zukünftige Welt. Im Hintergrund bricht der Frühling an.

Alle Bilder Piero della Francescas sind entlang geometrischer Linien arrangiert. Das gilt auch für die «Auferstehung», in der Christus, der Sarkophag und die vier schlafenden Soldaten ein Dreieck bilden, dessen Spitze knapp über dem Scheitel des Heilands liegt, das aber auch eine Mitte zu haben scheint: die auf dem Knie liegende Hand des Herrn. Es ist, als ob die Figuren dieses Bildes in einer festen Formation gebunden wären, die von dieser Hand zusammengehalten wird. Die geometrische Technik verleiht Pieros Figuren etwas Künstliches, ja zuweilen Bizarres. Das gilt hier zum Beispiel für den nach hinten gekippten Kopf eines der schlafenden Soldaten: So stark macht sich in dieser Gestalt die perspektivische Darstellung geltend, dass der Betrachter zweifelt, ob sich die Gesichtszüge der Natur oder dem Willen zur Perspektive verdanken. Und sieht der Adamsapfel des Soldaten nicht aus, als hätte dieser einen Golfball verschluckt?

Vierhundert Jahre lang dämmerten die Werke des Malers Piero della Francesca dahin, bevor sie von den Präraffaeliten wiederentdeckt wurden, einer englischen Künstlergruppe, die eine Erneuerung der Malerei durch eine Rückkehr zur Kunst der frühen Renaissance suchte, im Zeichen des Einfachen und der unverstellten Frömmigkeit, die man besonders in den Gesichtern zu finden glaubte (auch Sandro Botticelli galt noch um 1860 einflussreichen Kunsthistorikern als «a void of taste», als «geschmackliche Leerstelle»). Für Pieros Gesichter gilt, dass sie keine exemplarischen Menschen darstellen. Sie sind still, sie wirken wie unbeteiligt an den Geschehnissen, von denen sie umgeben sind. An keinem der Werke Pieros ist dies deutlicher zu sehen als an der «Madonna del Parto», der schwangeren Muttergottes, die der Maler um das Jahr 1460 für eine Landkapelle in Monterchi schuf, einem kleinen, ehemals befestigten Ort im Südosten von Arezzo: Fast ein Mädchen noch ist diese Madonna, völlig in sich gekehrt und, abgesehen von zwei flankierenden Engeln, allein mit der Last, die sie unter ihrem müden Herzen trägt. Es ist vermutlich nicht mehr als ein Zufall, dass die «Madonna del Parto» das einzige wirkliche Exponat in dem kleinen Museum ist, in das die Gemeinde

Monterchi ihre ehemalige Grundschule – einen Bau aus den dreißiger Jahren – verwandelt hat. Aber da schweigt sie nun an der Wand, die auf sich allein gestellte Frau, und um sie herum herrscht die Strenge des leeren Raums. Nur alle paar Stunden kommen Besucher vorbei.

Patti Smith, die amerikanische Sängerin, spricht in ihrem Lied «Constantine's Dream» aus dem Jahr 2012 (es bezieht sich auf ein anderes Werk Pieros, den Freskenzyklus der «Legende vom Wahren Kreuz» in der Basilika San Francesco in Arezzo) mit erstaunlicher Präzision vom Wesen der Perspektive: «From the geometry of his heart» («aus der Geometrie seines Herzens») habe der Maler den Traum Konstantins des Großen entworfen, und nach dem gleichen Prinzip vollziehe sich dessen Sieg über die Ungläubigen: «and the symmetry, the perfection of his mathematics / caused the scattering of the enemy» («und die Symmetrie, die Perfektion seiner Mathematik / ließ die Feinde sich zerstreuen»). Patti Smith hat damit den Kern der Sache erfasst: Die Perspektive ist hier, wie auch im Auferstehungsfresko, nicht nur ein Mittel der Darstellung, sondern selbst Gegenstand des Bildes. Sie ist die Stellvertreterin einer absoluten Ordnung. Man versteht die Sehnsucht späterer Generationen nach dieser Ordnung, man versteht aber auch, dass sie, wie die Kunst der Präraffaeliten, zutiefst regressiven Charakters ist.

*

Knapp hundert Kilometer nördlich von Rom liegt ein Park, so seltsam, dass es auf der Welt nicht seinesgleichen gibt. Man kann auf ihn hinunterschauen, von den Mauern eines alten Dorfs, das sich auf einem Hügel erhebt und von einer mächtigen Burg gekrönt wird. Man sieht dann aber fast nur Bäume. Tatsächlich wird dieser Park meist als «Wald» bezeichnet. Die sorgfältig arrangierten Gruppen von Gewächsen, die sowohl den Park nach französischem Muster als auch den nach englischem Modell auszeichnen, gibt es hier nicht, ebenso wenig wie weite Aussichten und lange Blickachsen, für die italienische Parks ansonsten berühmt sind. Der «Parco di Bomarzo» ist demgegenüber als Wildnis gestaltet: Man geht im Helldunkel zwischen Steineichen, Hainbuchen und Ulmen, und dabei stößt man, immer wieder zur eigenen Überraschung, auf eine Reihe kleiner, freier Plätze. Auf jeder dieser Lichtungen aber steht, halb von Schlingpflanzen umwuchert, etwas Ungeheuerliches, ein Monster, ein aus allen Proportionen geratenes Tier oder auch ein unbewohnbares, weil sehr schiefes Haus. So wie der Apennin, mit seiner Kargheit, mit seiner Strenge und auch in der Frömmigkeit seiner Kunst, ein Gegenüber zur Renaissance in den großen Städten Mittelitaliens bildet, so stellt auch der Wald von Bomarzo ein Gegenstück dar, allerdings im scheinbar Unvernünftigen, Maßlosen, Unsinnigen.

Der Park liegt bei Soriano nel Cimino, einem kleinen Ort oberhalb des Tiber, der hier Umbrien vom Latium trennt. Im Norden liegt, was man als die grüne Mitte Italiens bezeichnet, im Süden geht es lange Hänge hinunter und hinein in die Peripherie Roms. Doch noch ist das Land dünn besiedelt. Große Kastanienwälder wachsen in dieser Gegend, Haselnussplantagen, und die Dörfer liegen weit auseinander. In dieser Umgebung ließ Vicino Orsini, der Herr von Bomarzo, in der zweiten Hälfte des 16. Jahrhunderts einen «Heiligen Wald» («Sacro Bosco») anlegen, in dem etwa zwei Dutzend Skulpturen stehen, die meisten davon mehrere Meter hoch und mindestens ebenso breit. Groteske Skulpturen gibt es in vielen italienischen Gärten jener Zeit. Manchmal handelt es sich um ein einzelnes steinernes Ungeheuer, gelegentlich um mehrere. Nur in Bomarzo aber gibt es einen ganzen Park voller Monster. Sie treten gleichsam in einem Pulk auf, dazu geeignet, einen Menschen zu verschlingen – so wie der Höllenschlund, die bekannteste Skulptur des Parks, seine Besucher verschlingt, für die mitten im Maul ein Tisch gedeckt wird, so dass des allseitigen Verschlingens kein Ende mehr ist. Über dreißig Jahre hinweg soll an dieser Anlage gebaut worden sein, bis zum Tod des Herrn von Bomarzo im Jahr 1585. Er besaß keine Nachfahren. Sein kleines Reich fiel dem Papst zu, und der Park verschwand im Unterholz, wenn auch nicht in völliger Vergessenheit.

Die Wiederentdeckung der Anlage ist, soweit es sich dabei um ein öffentliches Ereignis handelt, eine Errungenschaft der Moderne. Im Jahr 1938 besuchte Salvador Dalí den Park. Aus dem Besuch entstand nicht nur ein kleiner Film, in dem man den Maler sieht, wie er mit imperialer Geste ein paar Monster ausmisst. Vielmehr lieferte der Wald von Bomarzo auch Motive für eines der bekanntesten Gemälde Dalís, die «Versuchung des heiligen Antonius» aus dem Jahr 1946. Herbert List, einer der berühmtesten Fotografen der Nachkriegszeit, war in den frühen fünfziger Jahren in Bomarzo. Auf seinen Bildern ist zu sehen, in welchem Maß der Park damals an die Natur zurückgefallen war, an die Bauern der Gegend und ihre Schafherden. Dann aber, binnen weniger Jahre, erlebte der «Sacro Bosco» einen steilen Aufstieg zu einem der beliebtesten Schreckensorte Italiens.

Das geschah nicht nur, weil der «Heilige Wald» einen neuen Besitzer bekam, der ihn allmählich in eine Stätte für Besucher verwandelte. Und auch nicht nur der vielen römischen Familien wegen, die danach, durch das Automobil beweglich geworden, am Wochenende auf die Via Cassia (die «SS» – Staatsstraße – 2) hinausfuhren, damit die Kinder sich ein wenig in freier Natur gruseln konnten. Vielmehr entdeckte die Kunstgeschichte den Wald als historische Geisterbahn, beginnend mit einem im Jahr 1949 erschienenen Aufsatz des italienischen Literaturhistorikers Mario Praz, des Entdeckers der «Schwarzen Romantik»: Es liege ein milder Ernst über der Landschaft des nördlichen Latium, schreibt Praz, wobei die Landschaft «in hartem Gegensatz steht zu jenen monströsen Exzessen, jenen Träumen und Albträumen des vulkanischen Geländes, welche die Monstren des kleinen, mit Büschen dichtbewachsenen Labyrinths verkörpern». Bis dahin hatte die italienische Renaissance als Wiederkehr klassischer Ideale gegolten, als Beginn eines rationalen Zeitalters. Plötzlich spukte es gewaltig, zumindest an ihren Rändern, und die Künstler waren ebenso begeistert wie die Gelehrten. Und nicht nur sie: Zu den merkwürdigen Ereignissen, die der «Park der Monster» zeugte, gehört ein sehr billiger italienischer Horrorfilm mit dem Titel «Il castel-

lo dei morti vivi» («Die Burg der lebenden Toten», 1964). Donald
Sutherland spielt darin, in einer seiner ersten Rollen überhaupt, eine
alte Hexe, die in Versen spricht.

Aus dem Basalt des nördlichen Latiums sind nicht nur die Häuser,
sondern auch die Monster von Bomarzo geschlagen. Der schreiende
Drache, der von zwei Löwen angegriffen wird, der Riese, der einen
auf den Kopf gestellten Menschen von oben nach unten aufreißt, die
Schlangenfrau Echidna, die ihre Beine weit auseinanderspreizt – viele
der Ungeheuer sind in heftiger Bewegung dargestellt, die vor mehreren hundert Jahren gleichsam unterbrochen und zu Stein wurde. Im
Jahr 1957 veröffentlichte der französische Schriftsteller André Pieyre
de Mandiargues, ein Surrealist und bekennender Pornograph, einen
Essay über die «Monstres de Bomarzo», in dem es heißt: «Mehr
noch als in Frankreich oder in Deutschland war der Triumph des
‹bürgerlichen› Geistes in Italien vernichtend; dieser Geist hat seine
schädliche Wirkung nie eingebüßt und ist heute stärker denn je.»
Worin das «Schädliche» dieses Geistes bestehen sollte? In der Do-
mestizierung des Sinnlichen vermutlich. Doch stellen die Figuren,
anders als die Apologeten der Sinnlichkeit meinen, nicht den Triumph eines «Anderen» über den ordnenden Verstand dar, sondern
wurden von diesem selbst hervorgebracht. Programmatische Sinnlichkeit ist keine Sinnlichkeit, sondern deren Gegenteil. Ein seltsamer
Wille zur Regression scheint die schreibenden Besucher des «Sacro
Bosco» um die Mitte des 20. Jahrhunderts ergriffen zu haben, ein Wi-
derwille gegen alles Moderne, der das Heil in der Erneuerung einer
Mythologie sucht, die es vermutlich nie gegeben hat.

Den «Sacro Bosco» besucht man am besten im Winter, wenn die
Natur genauso erstarrt ist, wie es die Monster immer schon waren.
Die Besucher lassen sich an einem Werktag an den Fingern einer
Hand abzählen. Der kleine Abenteuerspielplatz nebenan, offenbar
errichtet, weil den Kindern der steinerne Schrecken aus dem 16. Jahrhundert nicht aufregend genug ist, liegt verwaist. Vielleicht ist das
auch im Sommer so. Es könnte ja sein, dass nun, da der Horror längst

zu einem beliebten Genre der populären Kultur und also allgegenwärtig geworden ist, der «Park der Monster» seine Anziehungskraft
verliert – und vollends in den grünen Schatten zurücksinkt.

*

Italien liegt auf unsicherem Gelände. Mehrere Vulkane sind in diesem
Land aktiv, der Vesuv bei Neapel, der Ätna auf Sizilien sowie Strombo-
li und Vulcano auf ihren gleichnamigen Inseln. Darüber hinaus gibt es
in Europa, Island ausgenommen, keine Vulkane, die noch tätig wären.
Im Durchschnitt der vergangenen Jahrhunderte wird die italienische
Halbinsel einmal jährlich von einem Erdbeben der Stärke fünf auf der
Richterskala erschüttert – dann beginnen Häuser einzustürzen –, und
alle zehn oder zwanzig Jahre zerstört ein solches Beben ganze Dörfer
oder gar Städte, so wie es L'Aquila, der Hauptstadt der Abruzzen, im
Jahr 2009 widerfuhr, oder Amatrice im nördlichen Latium sieben Jahre später. Es ist schwierig, diesen Beben zu entkommen, wenn mehr
als die Hälfte der italienischen Bevölkerung in gefährdeten Gebieten
lebt.

   Als die Erdbeben des Jahres 2016 die Region zwischen Amatrice
und L'Aquila zerstörten, im Grenzgebiet zwischen Umbrien, den
Marken, den Abruzzen und dem Latium, wurden Hunderte von meist
mittelalterlich geprägten Ortschaften in Schutt verwandelt. Damals
war in Italien davon die Rede, das «Rückgrat» des Landes sei nun
gebrochen. Es wurde aber auch vom «Herz» gesprochen. Man kann
die Metaphern geographisch verstehen: Erschüttert wurde die Mitte
der Halbinsel. Zudem traf das Beben eine Gegend, die im Apennin
liegt, in dem Gebirge, das sich von Norden nach Süden zieht und
Italien in eine westliche und eine östliche Hälfte teilt. Man kann die
Metaphern auch politisch begreifen, weil diese Gebiete, so dünn besiedelt, wie sie sind, in hohem Maße gefährdet bleiben und der Staat
sie letztlich gar nicht schützen kann. «Rückgrat» oder «Herz» sind
dann Ausdruck der Unbedingtheit, mit der diese Landschaften zum
Staat Italien gehören sollen, auch und gerade wenn viele Bewohner

dieser Gegenden, die Wohlhabenderen zumal, daran denken, ihre
Heimat zu verlassen und an die Adriaküste zu ziehen, nach Rom oder
in den Norden.

Man kann «Rückgrat» und «Herz» aber auch, als dritte Möglichkeit, für historische Metaphern halten: Denn so wie der menschliche
Organismus in der Grundstruktur sich selbst gleich bleibt und unter
anderem aus Lunge und Leber, Ohren und Beinen besteht, so scheinen diese Ortschaften in einer Art ewigem Mittelalter durch die Jahrhunderte gegangen zu sein, die einfachen Häuser aus Bruchsteinen
gefügt, die großen Kirchen und Palazzi solide gemauert und mit Marmor verkleidet. Grau, oft noch von Mauern umgürtet, stehen diese
kleinen Städte in der Landschaft, und nicht einmal das 20. Jahrhundert scheint ihnen viel angetan zu haben. Die alte, von einer Mauer
umgebene Stadt, die Basilika, der Wehrturm sind nicht nur das, was
sie nach dem Erdbeben sind, nämlich zerstörte Möglichkeiten des
Lebens, zerstörte Geschichte und zerstörte Schönheit, sondern sie
sind auch Monumente eines ebenso politischen wie phantastischen
Wunsches, sich auf sich selbst zurückzuziehen und an die Kontinuität einer früheren Geschichte anzuknüpfen. Sie sind Erinnerung an
eine Vergangenheit, die sich hatte gestalten lassen. Pier Paolo Pasolini spricht von solchen Gegenden in dem Gedicht «L'umile Italia»
(«Das Italien der Armen») aus dem Jahr 1954, einer Huldigung an
das kleine, bescheidene, auch demütige Italien, das nie industrialisiert
wurde und ohne den Tourismus längst entvölkert wäre: «Und es zieht
uns zurück in die Frühe, / in die verbrannte Zeit, / in die vergebliche,
von vergeblichen Festen betäubte / in die Zeit der ärmlichen Leute, /
zur menschlichen, heiter-irdischen Zeit.»

Es gibt aber noch eine mögliche Deutung des Bildes vom «Rückgrat» oder «Herz». Sie führt tief in die Geschichte Italiens zurück
und ist mystisch. Die Berge in der Mitte der Halbinsel, karg, schwer
zugänglich und dünn besiedelt, sind die Gegenden, in denen Italien zu
einem neuen Heiligen Land wurde. Wegweisend, im buchstäblichen
wie im übertragenen Sinne, war dafür der Orden der Benediktiner

gewesen. Gregor der Große, der letzte Papst der Spätantike, hatte in seinen «Dialogi de vita et miraculis patrum Italicorum» («Dialoge über Leben und Wunder der italischen Väter») die Wundertaten beschrieben, die asketische Heilige auf der Halbinsel vollbracht hatten, und dabei Benedikt von Nursia (heute: Norcia) zum wichtigsten Heiligen der italienischen Halbinsel gemacht. Vom Mutterkloster Montecassino waren die Mönche ausgeschwärmt zur spirituellen Landnahme, was oft nur bedeutete, dass sie noch ältere Wegmarken im Sinne des neuen Glaubens erneuerten. In der Folge wurden auch die entlegenen Gebiete Italiens – und vor allem diese – für den christlichen Glauben erschlossen, in einem metaphysischen Sinn, aber mit physischen Phänomenen verbunden, als da zum Beispiel gewesen sein sollten: göttliche Stimmen, die von Bergspitzen hallen, Eremiten, die zu Höhlen geleitet werden, in denen sie ein gottgeweihtes Leben führen können, Heilige, die einen Felsbrocken im Sturz aufzuhalten vermögen, bevor er eine Gemeinde von Gläubigen zermalmt. Selbstverständlich gibt es ein religionspolitisches Motiv für diese Schrift, nämlich die Erhebung der italienischen Halbinsel zu einer zweiten «terra sancta»: In Italien, dem Heimatland der Kirche, sollte es nicht weniger Wunder gegeben haben als im Heiligen Land selber.

Die mystische Landnahme endete nicht mit diesem Werk. Denn die Behauptungen, an diesem Ort sei ein Heiliger aufgetreten und an jenem Ort ein Wunder geschehen, müssen Effekte hervorgebracht haben, als wären ihnen Machbarkeitsstudien vorausgegangen: Klöster entstanden an diesen Plätzen, manchmal auch nur Kapellen, eine religiöse Infrastruktur entfaltete sich, die wenig gemein hatte mit dem auf Handel und Krieg bezogenen Verkehrsnetz der Antike. Italien hatte sich entlang der Küsten und der Flüsse entwickelt. Die Wege der Frommen aber führten nun tief ins Landesinnere, und je einsamer und wilder die Gegend wurde, desto mehr schien sich das Land für eine unmittelbare Begegnung mit Gott zu eignen. Dem Land selber, den Höhen und den Tälern, den Felsen, den Wäldern und den Flüssen, wurde dabei, eben weil es diese Begegnungen vermittelte, eine gleichsam kuratorische Aufmerksamkeit zuteil. Denn es war ja der Herr, der aus der Landschaft sprach. So gesehen ist der Apennin eine der Kernlandschaften Europas: In diesen Gegenden begann die Erneuerung des Abendlands nach dem Ende der Antike, mit dem heiligen Benedikt von Norcia, seinem Orden, den Benediktinern, und deren angeblicher Devise (deren Herkunft unsicher ist) des «ora et labora». Mitten in den Trümmern von Norcia, schreibt der italienische Journalist und Schriftsteller Paolo Rumiz in einem Buch, das den ältesten Klöstern in Italien und der christlichen Kolonisierung des Kontinents gewidmet ist, «glaubte ich auf schwindelerregende Weise die Bedeutung Italiens und seiner Wirbelsäule wahrzunehmen. Wenn mein Land den Apennin verloren hätte, hätte es sich selbst verloren. Dreimal wurde Europa aus diesen Bergen wiedergeboren: in Rom, im Mönchstum und in der Renaissance. Aber wir haben es vergessen.»

Wenn in der Klage über die vom Erdbeben zerstörten Orte Mittelitaliens von einem gebrochenen «Rückgrat» geredet wird, schwingt darin die Erinnerung an die heiligen Landschaften mit. Die Basilika in Norcia, die nach ihrem Einsturz Ende Oktober 2016 zu einem Sinnbild für die zerstörte Landschaft wurde, ein eindrucksvoll schlichter Bau aus dem 14. Jahrhundert, ist dem Heiligen Benedikt geweiht, dem Sohn der Stadt. Dort ist jene Erinnerung lebendig geblieben, wie vermutlich überall da, wo ein Dorf oder ein Städtchen noch eine Bindung an einen Heiligenkult hat (wobei die Marienkulte gewiss die stärksten Kulte sind), weil dieser dafür sorgte, dass eine Siedlung nicht aus der Welt fällt: Eine kleine Stadt wie San Severino Marche hat ein Dutzend solcher Heiligtümer, und fast jedes Dorf birgt in seinen alten Mauern eine weinende Madonna oder ein seltsam strahlendes Porträt – ganz abgesehen davon, dass all diese Orte außerordentlich pittoresk sind. Die Bevölkerung in diesen Regionen schrumpft jedoch rasch, was man unter anderem an den meist jährlich stattfindenden Konferenzen der «piccoli comuni dell'Italia centrale», der «kleinen Gemeinden Mittelitaliens», erkennen kann, die mittlerweile ohne die Politik auskommen müssen. Keine Partei, auch nicht die «Lega» oder der «Movimento 5 Stelle», besäße ein Programm, das es mit diesem Aderlass aufnehmen könnte.

Als wären fünf Motive nicht genug, gibt es noch einen sechsten Grund, aus dem in Italien nach jenen Erdbeben vom zerstörten «Rückgrat des Landes» gesprochen wird. Ich war in Amatrice, zwei Wochen nach dem ersten großen Beben. Ich sah, was der Ort gewesen war: ein altes, mehr oder minder kompaktes Städtchen auf dem langgezogenen Rücken einer Anhöhe inmitten einer waldigen Hügellandschaft, die von hohen Bergen umgeben ist. Deren Kuppen befinden sich jenseits der Baumgrenze. Die Bauern betreiben hier Viehzucht auf weitem Terrain, für das sie keine Zäune benötigen. «Com'era, dov'era», «wie es war, wo es war», riefen die Politiker nach dem Beben, in genau den Worten, die zum ersten Mal verwendet wurden, als der Campanile auf dem Markusplatz in Venedig einstürzte, im Juli 1902: Genauso sollten jetzt die zerstörten Ortschaften im Apennin wiederaufgebaut werden – so, wie sie waren, am selben Platz. Wie eine Beschwörungsformel wurde dieser Satz wiederholt. Doch je näher ich den Trümmerbergen kam, je länger ich die Hauptstraße Amatrices entlangging, desto utopischer erschien mir die Formel: Nichts war von dieser Stadt übriggeblieben, nichts als ein gigantischer Schutthaufen. Bald danach erwies sich, dass eine Rekonstruktion schon deswegen in Frage steht, weil der historische Zustand nie dokumentiert wurde, weder in Form eines Hausbuchs noch in Zeichnungen oder anderen Dokumenten.

Die Entschlossenheit, mit der nun schon seit zehn oder zwanzig Jahren nach jedem Beben das «com'era, dov'era» verkündet wird, gilt nicht nur der Schönheit der Basilika von Norcia oder dem Bild von Standhaftigkeit, das in Amatrice die «torre civica» abgab, ein etwa hundert Jahre zuvor entstandener Wehrturm. Gewiss, jeder «borgo», jede «città», jedes kleine Gemeinwesen hat in dieser Region seine alten Steine, seinen Freskenzyklus, sein kleines Museum, sein Archiv und vor allem, in Umbrien, in den Abruzzen, im Latium, in den Marken, seine historische Bedeutung. Ich sah aber keine Einheimischen mehr. Tausende, wenn nicht Zehntausende Menschen waren von staatlichen Organisationen aufgeboten, um die Voraussetzungen für einen Wiederaufbau zu schaffen. Sie verfügten über schweres Gerät, gewaltige Kranwagen, Schaufelbagger, Raupenfahrzeuge, Lastwagen, Jeeps, die meisten Maschinen auf dem neuesten Stand der Technik. Der Staat war an die Stelle der Zivilbevölkerung getreten. Er demonstrierte, dass kein einzelner Mensch, keine Kommune, sondern nur er allein über die Möglichkeiten verfügt, sich gegen eine Naturkatastrophe von solchen Ausmaßen zu behaupten. Nach einigen Wochen zog sich dieser Staat dann zurück.

In der Umgebung der vom Erdbeben zerstörten Städte kann man sehen, wohin dieser staatliche Wille zur Selbstbehauptung führt. Die Innenstadt von L'Aquila ist eine gigantische Baustelle, in die bislang kaum jemand hat zurückkehren können. Die Einheimischen wurden in eilig errichteten Siedlungen außerhalb der eigentlichen Stadt untergebracht, in denen sich seltsamerweise die verlassene Stadt verdoppelt, in den Namen der Straßen etwa – was geschah, um die alten Patronatskulte, also die innigen, von Gegenseitigkeit getragenen Beziehungen zwischen einem Heiligen, einer Kirche und einer Gemeinde zu erhalten. Und wenn die Bewohner der historischen Zentren von Amatrice oder Camerino auch zum großen Teil ihre Heimat verlassen haben und zu Verwandten nach Ancona oder Turin geflüchtet sein mögen, so leben doch etliche noch immer in improvisierten Siedlungen aus Containern, Wohnwagen oder blauen, geheizten Zelten, die auf Fußballplätzen am Stadtrand stehen. Auch die provisorischen Behausungen sehen mittlerweile aus, als würden sie auf Dauer bewohnt, wobei es aber durchaus sein mag, dass es sich längst um Scheinwohnungen handelt, die aufrechterhalten werden, damit die dort Untergebrachten ihre Ansprüche auf Entschädigung nicht verlieren. In Cocullo und anderswo in den Abruzzen stehen noch die Notunterkünfte, die nach dem Erdbeben von Avezzano (1915) errichtet worden waren: Sie sind offenbar stabiler als das meiste, was danach gebaut wurde, und wurden von den Großeltern an die Enkel vererbt. Unterdessen bleiben die Innenstädte in Orten, die kleiner sind als die Provinzhauptstadt L'Aquila, rundherum abgesperrt, auf nicht bemessene Zeit. Und selbstverständlich wissen die ehemaligen Bewohner dieser Städte, dass es keine Rückkehr geben wird, allen Versprechungen zum Trotz.

SIEBTES KAPITEL

Die Hauptstadt der Welt, gefügt aus Ruinen

Rom I

Als die Maler des 15. Jahrhunderts begannen, Christi Geburt vor antiken Ruinen darzustellen, bildete die belebte, bewohnte Stadt lediglich Inseln auf dem gewaltigen Gelände, das Rom in der Antike gewesen war, mitsamt seinen riesenhaften Gebäuden, den Straßen und den Plätzen, in die eine wuchernde Natur eingezogen war. Man versteht die Begeisterung der Italienreisenden des 17. und 18. Jahrhunderts für die römischen Ruinen nicht, wenn man nicht zugleich diesen Kontrast im Sinn hat und weiß, dass die Schafherden auf den Landschaftsbildern jener Zeit innerhalb der Mauern der alten Stadt weiden. Außerhalb des Walls allerdings setzte sich das Ineinander von Ruinen und offener Landschaft fort.

Wie diese Gegend beschaffen gewesen sein muss, bevor Rom zu einer modernen und engbesiedelten Stadt wurde, lässt sich noch erkennen, als ich die Via Appia hinuntergehe, angefangen ein paar hundert Meter hinter der Porta San Sebastiano, dem Stadttor im Südosten des antiken Rom, und dann immer weiter in dieselbe Richtung. An einem Tag im August gehe ich diesen Weg, so weit, wie die Via Appia Antica durch Rom führt, bis über den «Grande Raccordo Anulare» hinaus. Der Autobahnring umschließt die Stadt wie eine feste Klammer aus Beton, Asphalt und Blech, und er tut es in einem solchen Maße, dass ihm in Federico Fellinis «Roma» aus dem Jahr 1972 eine lange Passage von absurder Schönheit gewidmet ist (darüber hinaus gibt es Gianfranco Rosis Dokumentarfilm «Sacro GRA» aus dem Jahr 2013). Der Tag soll heiß werden, so dass ich früh unterwegs bin, als das Land noch frisch daliegt. Die Gruppen amerikanischer Jugendlicher sind noch nicht auf ihren ballonbereiften Fahrrädern unterwegs, vor den zwei, drei Bars an der Strecke werden die Tische hinausgestellt, von fern dröhnt der Verkehr auf der Via Cristoforo Colombo.

Auf der Via Appia Antica aber ist es still. Ich gehe auf dem römischen Pflaster, im Schatten der alten Pinien, an der Villa des Kaisers Maxentius mit ihrem Turm und am Grabmal der Caecilia Metella vorbei. Ich gehe auf dem an vielen Stellen aufgebrochenen und lückenhaften Pflaster, über das die römischen Legionen zu ihren Triumphmärschen zogen, mit einem Schrittmaß von exakt fünfundsiebzig Zentimetern, und auf dem Anfang Juni 1943, hauptsächlich zu demonstrativen Zwecken, amerikanische Panzer in die Stadt rollten. Manchmal muss ich, weil die Straße gar zu uneben wird, auf ausgetretene Pfade in der grasbewachsenen Böschung ausweichen. Ich sehe zwei Schafherden, ich werde von streunenden gelben Hunden begleitet, und ich begegne kaum einem Menschen, als ich, müde nach einer Wanderung von mehr als drei Stunden Dauer, an der Kreuzung zur Via di Fioranello auf eine Bushaltestelle stoße. Ich muss nicht lange warten, bis ich, auf dem Umweg über den alten, heute nur noch von Chartergesellschaften und billigen Airlines genutzten Flughafen Ciampino, in die Innenstadt zurückkehren kann. So, wie sich mir die Stadt auf der Via Appia darstellt, während ich gehe, als an die Natur zurückgefallene Zivilisation, muss sie nach dem Ende der Antike an vielen Stellen ausgesehen haben.

Es dauerte bis weit ins 19. Jahrhundert, bis Rom begann, wieder in das antike Maß hineinzuwachsen. Allmählich überwunden wurde das Leben in Trümmern, Viehweiden und Brachen erst, als mit der Gründung des italienischen Staats ein neues Rom entstand und die

Archäologie die historischen Stätten in Museen verwandelte. Zu einer auch im Weltmaßstab großen Stadt wurde Rom erst nach dem Zweiten Weltkrieg, als die endlosen Vorstädte entstanden, um eine landflüchtige Bevölkerung aufzunehmen, die, weil es in Rom nie große Fabriken gab und auch heute keine gibt, vor allem in Ämtern und niederen Diensten unterkam. Auch die Via Appia Antica soll, jedenfalls innerhalb des Stadtgebiets, ein Museum sein, sogar das «längste Museum der Welt». Aber das stimmt allenfalls zum Teil. Vier Fünftel der Monumente an dieser Strecke befänden sich in privater Hand, berichtet der Journalist Paolo Rumiz in einem Buch, in dem er den gegenwärtigen Zustand der Straße dokumentiert. Ich brauche also kein fremdes Grundstück zu betreten, um zu wissen, dass für etliche der hinter hohen Mauern verborgenen modernen Villen, die vor allem auf den ersten Kilometern an der Via Appia liegen, Reste antiker Bauten als privater Zierrat und Gartenschmuck verwendet worden sind.

Ich will auch gar nicht wissen, wie das Ausflugslokal mit seinem Saal für große Gesellschaften zwischen die Monumente einer großen Vergangenheit geraten ist. Und zugegeben, ich bin froh, dass die Prostituierte, deren weißer Plastikstuhl am Rand der Kreuzung zur Via di Fioranello steht, ihren Platz noch nicht eingenommen hat. So werde ich nicht angesprochen. Überhaupt bildet diese Kreuzung, an der Dutzende, wenn nicht Hunderte von wild geparkten Autos, die vermutlich den Angestellten des Flughafens gehören, auf getrocknetem Lehm stehen, ein seltsames Ineinander des Verfalls, in dem die Reste der Antike dem Schrott der industrialisierten Gesellschaft begegnen. Mit dem musealen Wert einer Ruine wird heute der Anspruch begründet, sie zu erhalten, in exakt dem Zustand des Verfalls, in dem sich die Ruine befand, als der forschende Geist sich zum ersten Mal über den Fund beugte. An der Via Appia setzt sich hingegen, vermutlich zum Entsetzen der meisten Archäologen, Kuratoren und Denkmalschützer, etwas Älteres fort: der kontinuierliche Umbau des Antiken zu gegenwärtigen und möglicherweise sehr profanen Zwecken.

Zu zwei-, wenn nicht dreideutigen Angelegenheiten wurden Ruinen, als sie (allmählich) aufhörten, vorwiegend als Baumaterial zu dienen: Im 16. Jahrhundert wurden die antiken Gebäudereste zum Muster für eine Erneuerung der abendländischen Kultur. Im 18. Jahrhundert wurden sie, neben den gotischen Ruinen, zum Symbol der Vergänglichkeit. Im Bild der Ruine macht sich seitdem nicht nur das Bedürfnis geltend, sich die Verwandlung einer funktionierenden Lebenswelt in eine wertlose Trümmerlandschaft immer wieder neu vor Augen zu führen, sondern auch das Verlangen, einer grundsätzlich nicht beherrschbaren und also geheimnisvoll bleibenden Bedrohung Ausdruck zu verleihen. Dieses Verlangen hört nicht auf. Im Gegenteil, es greift immer weiter um sich. Es hat die Ruinen des 18., des 19. und zuletzt auch des 20. Jahrhunderts in Monumente verwandelt, so dass diese nun, ohne Dach, das Mauerwerk bloßgelegt, die Wände eingestürzt, neben den antiken und mittelalterlichen Ruinen stehen. Und je mehr Zeit vergeht und je mehr der Verfall voranschreitet, desto geringer scheinen die Unterschiede zwischen den älteren und den jüngeren Ruinen zu werden. Die Ruine scheint nunmehr eine Art Weltzustand zu bilden.

Für Rom gilt das wahrscheinlich mehr als für jede andere Stadt der Welt, eben weil hier die große, heroische Vergangenheit nach wie vor in so kolossaler Weise gegenwärtig ist, in Gestalt von Ruinen, die eingeschlossen sind in eine mehr oder minder moderne Stadt. Diese bringt ihre eigenen Hinterlassenschaften hervor, die aber an die Erhabenheit der antiken Trümmer nicht heranreichen. Die Versuche, mit einer als überlegen wahrgenommenen Vergangenheit vergleichend umzugehen, lassen die Unterschiede nur deutlicher werden. Das gilt für das Große, Übermächtige, Hypertrophe, mit dem sich der italienische Faschismus als neue Antike behaupten wollte, in Gestalt des Viertels «Esposizione Universale di Roma» («Weltausstellung Rom», kurz «EUR») im Südwesten der Stadt zum Beispiel. Und das gilt gleichermaßen für die Fremdheit, das Epigonentum oder die Bedeutungslosigkeit, für die Gefühle also, mit denen der Regisseur Paolo Sorrentino in seinem Film «La Grande Bellezza» aus dem Jahr

2013 den Helden Jep Gambardella durch eine ebenso menschenleere wie von allem Müll, allen Graffiti, allem Verkehr befreite Stadt wandern lässt.

*

Mitten in Rom, auf einem der sieben Hügel, hinter dem Kolosseum, liegt die Ruine eines gewaltigen Palastes. Aber man sieht die Ruine auf dem Oppio kaum. Sie wird bedeckt von einem Park, in dem zwischen hohen Pinien die Trümmer eines anderen römischen Bauwerks stehen. Dieser Park ist, wie viele solcher Einrichtungen in Italien, keineswegs nur idyllisch, was zum Teil an den Möwen liegt, die gerne Müllcontainer plündern, aber auch etwa an den Immigranten und Obdachlosen, die auf diesem Gelände ein Unterkommen finden. Sie benutzen den Park, der auf der einen Seite nicht weit von der ägyptischen Botschaft liegt, auf der anderen Seite in unmittelbarer Nähe der größten touristischen Sehenswürdigkeiten, als Rückzugsgebiet, Sammelstelle, Depot und Nachtlager. Weit hinten gibt es einen Spielplatz. Er wird tatsächlich genutzt, von Kindern, die von ihren Eltern, manchmal auch vom philippinischen Personal betreut werden.

Im vorderen Teil des Parks befindet sich außerdem, wie die meisten Einheimischen wissen, zumindest wenn sie in der Umgebung leben, ein unterirdisches Gewölbe, das lange Zeit einer der symbolischen Orte der extremen italienischen Rechten war. Im Jahr 1948 wurde dort eine der ersten Sektionen des Movimento Sociale gegründet, der Nachfolgeorganisation der faschistischen Partei. Ein feuchter Raum ohne Fenster, eingerichtet mit ein paar Tischen und einer Büste Benito Mussolinis, diente als Refugium einer fast vollständig besiegten, aber immer noch nicht toten Partei. In späteren Jahren entwickelte sich aus diesem Fluchtort ein Treffpunkt der Neofaschisten, einschließlich Partys, Tischkicker und Prügeleien mit den Linken aus der Gegend, bis die gesamte Anlage im Jahr 2017 von der Polizei geschlossen wurde. Das Gerücht, rechtsradikale Sekten würden sich auf dem Oppio versammeln, geht indessen noch immer um. Gespeist wird es vom Wissen um die Vorliebe solcher Gruppen für Orte, die eine Verbindung zum Alten und Ältesten, zum wahren Rom und zum echten Italienertum versprechen. In ihrer Phantasie schließen sich das Auenland – Feldlager unter dem Titel «Campo Hobbit» gehören zum festen Repertoire dieser Sekten –, der Oppio und die Antike zusammen. Die meist dunkelhäutigen Immigranten und die Rechtsradikalen scheinen sich, wie sie da auf demselben Hügel leben, miteinander zu vertragen, was insofern nicht verwunderlich ist, als sich der Hass der Rechtsradikalen eher gegen die eingewanderten Chinesen richtet: Diese, so glauben sie, bestreiten ihnen das Terrain für die Möglichkeit einer kleinbürgerlichen Existenz, die anderen Immigranten tun es nicht.

Die Ruine geht tief in den Hügel hinein, so dass zunächst nur ein paar Gewölbe zu erkennen sind. Und schließlich ist der Zugang zum Gelände meist durch ein Tor aus eisernen Gitterstäben versperrt, hinter dem sich ein paar halbwilde Katzen sonnen. Dahinter liegen einige der mächtigsten, aber auch der am meisten gefährdeten Hinterlassenschaften des alten Roms: die Reste der Domus Aurea. Kaiser Nero ließ das «goldene Haus» in erstaunlich kurzer Zeit bauen, nachdem große Teile der Stadt im Jahr 64 n. Chr. niedergebrannt waren. Kein anderes Gebäude gibt es in der Stadt, das so sehr mit Vorstellungen von römischer Dekadenz verbunden ist: Die Anlage sei so ungeheuer groß gewesen, berichtet der Schriftsteller Sueton in seinen «Kaiserbiographien», dass ihre aus drei Säulenreihen bestehenden Portiken sich über eine Meile erstreckt hätten. Sie habe einen See eingeschlossen, groß wie ein Meer. Dessen Fläche sei von Gebäuden gesäumt gewesen, jedes so groß wie eine Stadt, und darüber hinaus habe es Felder mit Getreide und Wein gegeben, Viehweiden und Wälder, in denen zahme und wilde Tiere gelebt hätten. Die Gebäude selbst seien innen mit Gold, Edelsteinen und Perlmutt ausgelegt gewesen, die Decken der Speisezimmer beweglich und mit Röhren versehen, damit von dort aus Duftwässer über die Gäste gesprengt und Blumen gestreut werden konnten. Eine Landschaft mitten in der Stadt hatte

Nero erschaffen lassen, auf etwa einem Viertel der Fläche, die Rom damals maß. Eine über dreißig Meter hohe, bronzene Statue des Kaisers stand im Vestibül des Bauwerks am Ende der Via Appia. Nur ein Bruchteil der Anlage ist erhalten, ein Zwanzigstel der Baumasse höchstens, wahrscheinlich noch viel weniger. Von Gold, Perlmutt und Edelsteinen ist selbstverständlich keine Spur mehr vorhanden.

Wie eine lange Reihe gewaltiger Höhlen liegen die Reste der Domus Aurea nun unter dem Hügel. Wer hineingeht, den Bauarbeiterhelm auf dem Kopf, bewegt sich in einem stählernen Gerüst, das die Restauratoren in die Anlage gesetzt haben. Es ist, als wandere man durch einen Riesenkeller, der von Bauleuchten erhellt wird. Doch lagen diese Säle einst über der Erde, und auf beiden Seiten öffneten sie sich in Gärten. Kaiser Nero ließ sich im Jahr 68 n. Chr. von einem Sklaven töten, nachdem das Militär rebellierte und er zum Selbstmord nicht den Mut gefunden hatte. Sein großer Bau war damals noch nicht vollendet, und das, was vorhanden war, überlebte den Urheber nicht lange. Als wäre die Domus Aurea ein Akt des persönlichen Überschwangs gewesen, ein Exzess, dessen Gegenwart unerträglich geworden war, wurde das Gelände danach mit öffentlichen Einrichtungen überbaut: Dort, wo Nero einen See hatte anlegen lassen, wurde schon zwei Jahre nach dem Tod des Kaisers mit dem Bau des Kolosseums begonnen, auf dem Hügel entstanden drei Jahrzehnte später die Thermen des Trajan. Und was dabei an Bauschutt und Aushub anfiel – nicht zuletzt, weil die Thermen auf einer planen Fläche stehen sollten –, wurde in die Domus Aurea geschüttet. Eine bessere Technik, um das, was noch da war, auf lange Zeit zu erhalten, hätte es nicht geben können.

Einzigartig ist die Ruine der Domus Aurea auch, weil sie so weitgehend intakt ist: Die Decken sind erhalten. Da gibt es keine Säulen, die einsam in den Himmel ragen und schon lange nichts mehr tragen. Da stehen nicht etwa nur eingefallene Wände, zwischen denen der Besucher den Flug der Wolken verfolgen kann. Die Domus Aurea besteht aus geschlossenen, von Gewölben gedeckten Räumen, die in Reihen hintereinanderliegen, als gehörten sie zu einem barocken Schloss. Zwar fehlen fast überall die Marmorplatten, mit denen einst nicht nur die Böden belegt waren, sondern die in unterschiedlichen Höhen auch die Wände bekleidet hatten. Doch darüber ist der Raumschmuck an vielen Stellen bewahrt: in Resten von Stuckatur, vor allem aber von Fresken, die in sorgfältig abgestuften Graden der Verfeinerung und der Pracht die Innendecken schmückten. Tausende dieser Fresken muss es einst gegeben haben.

Aber wozu diente die Domus Aurea? Welchen Zweck erfüllten mehrere hundert Räume, zu denen es offenbar weder Küchen noch Latrinen gab? Die Küchen habe man wohl ambulant herbeischaffen können, sagt ein Archäologe, so etwas geschehe beim Oktoberfest ja auch. Und wenn man auch wenig über die tatsächliche Funktion dieses Palastes wisse, abgesehen davon, dass er offenbar kaiserlichen Festen gedient habe, so lasse sich doch die Hierarchie der Räume erkennen: Je weiter hinauf sie führe, desto flächendeckender sei die marmorne Täfelung und desto reicher der Freskenschmuck, auch dort, wo man ihn gar nicht sehen könne. In den Räumen spiegele sich die Hierarchie der römischen Gesellschaft bis zum Kaiser hinauf: Wer dem Herrscher am nächsten war, der hielt sich in den prächtigsten Sälen auf, und so ging es hinunter bis zum geringsten Schützling, und in jeder Gruppe gab es noch einmal eine eigene Klientel, in der sich Bedürftige um einen Bevorzugten scharten. Mit heutigen Vorstellungen von Gesellschaft und Organisation hatte dieses Rom nichts zu tun.

Kaiser Nero hat in der Nachwelt einen schlechten Ruf, zu dem in unserer Zeit der Schauspieler Peter Ustinov in der Verfilmung des Romans «Quo Vadis» aus dem Jahr 1951 beitrug – mit einem Auftritt als feiger, eitler, kindischer, verschwenderischer, halb wahnsinniger und abgrundtief böser Tyrann. An diesem Bild ist zumindest so viel Wahres, wie es eine Überlieferung von Despotismus und Wahn gibt, die fast bis zu den Zeitgenossen Neros zurückreicht, angefangen bei Gerüchten, er selbst sei es gewesen, der Rom angezündet habe, weil er sich diesen Palast haben bauen wollen. Ob die Überlieferung allerdings den historischen Verhältnissen entspricht, ist mehr als fraglich. Denn sowohl Sueton als auch Tacitus, die wichtigsten Gewährsleute für diese Erzählung, gehörten zur Klasse der Senatoren, die Nero endgültig hatte entmachten wollen. Hundert Jahre schon hatten die Kaiser über Rom geherrscht, aber immer noch hatten sie diese Patrizier nicht völlig niedergerungen. Die Domus Aurea muss zumindest in dem Sinne ein politischer Bau gewesen sein, dass der Kaiser die Stadt darin zu seinem Gemeinwesen hatte machen wollen. Vielleicht, sagt der Archäologe, sei die Domus Aurea das gewesen, was heute noch die Villa Borghese sei: eine herrschaftliche Anlage, deren Kern gewöhnlichen Menschen verschlossen gewesen sei, während sie den Park hätten nutzen dürfen.

Im späten 15. Jahrhundert, so geht eine Legende, habe ein Hirtenjunge die Domus Aurea entdeckt, nachdem die Jahrhunderte über sie hinweggegangen waren und sie in der Natur verschwunden war. Er sei, während er seine Herde auf einer Wiese hütete, in ein Erdloch gefallen und habe sich in einem Gewölbe wiedergefunden, das mit Fresken reich geschmückt gewesen sei. Die Kunde muss sich rasch verbreitet haben. Die Maler der Renaissance taten es dem Hirten nach, kletterten hinunter, ließen Stollen durch den Schutt vorantreiben, meist unter den Decken entlang, um die Fresken abzumalen. Raffael, Michelangelo und Pinturicchio ritzten ihre Namen in den Putz, ebenso wie um vieles später Casanova und der Marquis de Sade. Wie Maulwürfe müssen sich diese Männer durch den Bau gegraben haben – oder richtiger: So muss für diese Männer gegraben worden sein. Denn man sieht noch die runden Löcher, über die sie von oben hereingekommen waren oder durch die sie sich von einem Raum in den anderen vorgearbeitet hatten. Viele der Fresken, die damals die Maler und Architekten begeisterten, verblassten allerdings bald nach ihrer Entdeckung.

Im Frühjahr 2010 stürzte nach heftigen Regenfällen ein Gewölbe ein, das zu den Magazinen der Trajansthermen gehört, die der Domus Aurea vorgesetzt sind. Trotzdem hieß es damals in den Medien, das «goldene Haus» sei eingestürzt. Tatsächlich ist die Ruine gefährdet, und zwar in erster Linie durch den Park, der sich über ihr befindet. Der Natur anheimgefallen war dieses Gelände zwar schon vor Jahrhunderten: Drei Meter dick ist im Durchschnitt die Erdschicht, die auf den Decken ruht. Aber was dem Bau zusetzt, sind vor allem die Bäume, die man hier in den zwanziger und dreißiger Jahren gepflanzt hat, als der Park auf dem Oppio geschaffen wurde: Die Wurzeln graben sich tief ins Erdreich hinein, durchdringen die Decken und bohren Kanäle in die Mauern, in denen das Wasser nach unten drängt. An manchen Stellen blüht der Schimmel, an den Wänden treiben die Salze aus, es tropft, aber es hilft nicht viel, unten abzudichten, wenn es oben immer weiterwächst. Das Erdreich soll bald auf die Hälfte seiner Höhe vermindert, der Park neu angelegt werden, ohne die großen Bäume – was allerdings dadurch erschwert wird, dass die Ruine dem italienischen Staat gehört, der Park aber der Stadt Rom.

Am Ende der Tour tritt der Besucher aus der Reihe der Säle hinaus und steht in einem Kuppelsaal. Die Säulen, von denen die aus Zement bestehende Kuppel mit einem Durchmesser von mehr als dreizehn Metern getragen wird, bilden ein Achteck. Der Saal wird durch eine runde Öffnung in der Mitte beleuchtet, doch hinter den Säulen ist ein Kreis von Zellen angelegt, die ihr Licht von schräg oben, durch einen Kranz von Oberlichtern, empfangen (durch den Raum gegenüber dem Eingang soll sich sogar ein Wasserfall gezogen haben). Das Licht erscheint also nicht nur konzentriert und gestuft: Es entsteht der Eindruck, es gebe ein Licht hinter dem Licht, und so entsteht eine gewaltige Wirkung von räumlicher Tiefe, von Magie und Geheimnis. Einen solchen Raum hatte es nie zuvor gegeben. Erst zwei Generationen später, beim Bau der Villa Kaiser Hadrians in Tivoli, wurden solche Betonkuppeln wieder gebaut, und auch die Kuppel des Pantheons, fertiggestellt im Jahr 118 n. Chr., geht auf das Modell der Domus Aurea zurück. Im Pantheon aber sind die Wände geschlossen, und der Bau wirkt, trotz seiner Größe, nicht annähernd so magisch wie der große Saal in der Domus Aurea. Jetzt endlich, soll

Nero angesichts des fast fertigen Baus gesagt haben, besitze er ein Haus, das eines Menschen würdig sei. Es könnte sein, dass er gar nicht die Größe der Anlage meinte, sondern das Licht in diesem Raum.

*

Zu Beginn von «La dolce vita», Federico Fellinis Film aus dem Jahr 1960, fliegen zwei Hubschrauber über Rom. Einer der beiden fliegt in höherem Auftrag: Er bringt eine Christus-Statue zum Vatikan. Im zweiten Hubschrauber sitzen zwei Journalisten, die das spektakuläre Geschehen mit einer Kamera verfolgen. Zuerst schweben die Helikopter über den Parco degli Acquedotti, die Ruinen der sieben Aquädukte im Südosten der Stadt, in der Nachbarschaft des Viertels Centocelle. Schließlich erreichen sie den Petersdom und die Piazza San Pietro, auf deren weitem Rund sich viele Pilger versammelt haben. In zwei Minuten bewältigen die Hubschrauber ein umfangreiches historisches Programm, in dem sich Rom in drei Etappen teilt: zuerst die antike, heidnische Stadt, dann die moderne Agglomeration, schließlich das katholische, barocke Rom.

Glücklich gewählt ist die Szene aus mehreren Gründen. Zum einen, weil der Flug eine lange, sich über fast dreitausend Jahre erstreckende Geschichte in einer einzigen, kontinuierlichen Bewegung zusammenfasst. Zum anderen, weil diese Bewegung den Gegensatz zwischen dem historischen Zentrum und der Peripherie aufhebt. Außerdem erhält der Betrachter eine Vorstellung davon, dass die Außenbezirke in ihrem Umfang wie in der Menge ihrer Bevölkerung die Stadtmitte bei weitem übertreffen, und mehr noch: dass sie längst eigene Zentren bilden, die für die Bevölkerung weitaus wichtiger sind als die eigentliche Stadtmitte, so dass sich die Metropole in ein Netz größerer und kleiner Zentren auseinanderfaltet, von denen nur eines dem geläufigen Bild der Stadt entspricht. Unfertig sind sie fast alle: das historische Zentrum, weil die Vergangenheit immer wieder neu hergestellt werden muss, die Zentren aus den vierziger, fünfziger und sechziger Jahren, weil weder die verwendeten Materialien noch die

Nutzung der Viertel auf Beständigkeit angelegt waren, die neueren Quartiere, weil sie nie vollendet wurden. Privater Wohlstand bei öffentlicher Armut gilt als Kennzeichen der Dritten Welt. In der Umgebung Roms lassen sich viele Anzeichen dafür entdecken, dass diese Dritte Welt nicht an der Küste Afrikas, sondern mitten in Europa beginnt.

«Lo smorzo» nennt man im römischen Dialekt eine Ansammlung von Baumaterial, wie man sie in den Vorstädten überall entlang der größeren Straßen findet: Paletten und Backsteine, Hohlziegel und Drainagerohre, Kacheln jeder Art, kleine Kamine, Bretter in allen Längen und Breiten. Von der Straße getrennt ist «lo smorzo» durch ein paar Baugitter und ein quietschendes, rostrotes Metalltor, das meistens offensteht. Bewacht wird es von einem Schäferhund an einer Kette, der unablässig bellt, und eine Kamera gibt es vermutlich auch. Mittendrin steht ein Padrone im Unterhemd, die Zigarette im Mund. Fast jeder, der einmal für mehr als ein paar Stunden in Rom war, hat solche Gestalten gesehen, kennt solche Plätze, weiß, wie es ist, wenn sich der Staub dieser Einrichtungen über die Disteln am Straßenrand legt. Ein «smorzo», schreibt Marco Lodoli, ein Journalist, der für den Lokalteil der römischen Tageszeitung «La Repubblica» gearbeitet hat, lasse «an eine Welt denken, die weniger wird, die nach einem großen Aufflammen verlischt: Und in Wirklichkeit ist es ein Beginn, eine Kohlenglut, die Voraussetzung für ein Haus und für neue Wärme». Und dann beobachtet Marco Lodoli, wer sich um diese Kohlenglut versammelt hat: kleine Gruppen von rumänischen, polnischen, ukrainischen Hilfsarbeitern zum Beispiel, «gekleidet wie Italiener in den fünfziger Jahren, graue Hosen, karierte Hemden, Jacken aus dem Kaufhaus».

Die Frage, wie viel Aufbruch sich tatsächlich in «lo smorzo» verbirgt, mag indessen schwieriger zu beantworten sein, als es bei Marco Lodoli den Anschein hat. Denn der «smorzo» ist immer da, und er ist immer schon da gewesen. Nichts, was dauerhafter wäre, nichts, was in einem solchen Maße zu allen Zeiten, allen Epochen gehörte. Der «smorzo», der so ganz dem Augenblick verpflichtet zu sein scheint, dem Vorübergehenden und sich Wandelnden, ist zugleich etwas sehr Stabiles, allen Veränderungen so sehr Trotzendes, dass an seinem Ende allenfalls das Verschwinden aller Dinge, der Weltuntergang zu erahnen ist. Manchmal hat man den Eindruck, vor allem in kargeren Landschaften, die Menschen wollten der Natur heimzahlen, dass sie sich ihnen gegenüber als gleichgültig erweist. Zudem finden sich fast überall Phänomene von deutlich größeren Ausmaßen und deutlich stabilerer Substanz, die dem «smorzo» aber im Wesen zu ähneln scheinen: kleinere und größere Gruben («buche»), die mit Müll gefüllt sind, unverputzte Häuser («grezzi»), die Jahr um Jahr ihr nacktes Mauerwerk ausstellen, Gebäude, die nur aus einem Skelett aus Stahlbeton bestehen («scheletri»), in das dann, nach längerer Zeit, Disteln, Feigenbüsche und Essigbäume einziehen. Unzählige Industriebauten sind über das Stadium der «scheletri» nie hinausgewachsen. Hinzu kommen viele Wohnblocks aus den fünfziger, sechziger und siebziger Jahren, die, aus minderwertigen Baustoffen errichtet und bald der Verwahrlosung anheimgegeben, sich allmählich in Elendsstätten verwandeln.

Solche Ruinen bilden eine Art sekundären Naturzustand. Es gibt sie überall, man kann ihnen nicht entkommen, und sie mögen tatsächlich, wie der Archäologe und Kunsthistoriker Salvatore Settis vermutet, etwas damit zu tun haben, dass Italien einer der größten Produzenten und Konsumenten von Zement ist, die es auf der Welt gibt. In den Jahren von 1995 bis 2016, schreibt Settis, wurden mehr als dreiundzwanzigtausend Quadratkilometer Land unter Zement gelegt (was in etwa der Fläche der Lombardei entspricht), und eher, als dass man sich darüber empörte, nimmt man eine solche Verwüstung hin wie ein Erdbeben, gegen das man auch nichts ausrichten kann. Es gibt unendlich viele «smorzi», «buche», «grezzi» und «scheletri» in Italien, und es werden immer mehr, je weiter man nach Süden fährt, wobei es in der Umgebung Roms offenbar zu einer besonderen Verdichtung solcher Erscheinungen kommt. Und je mehr es werden, desto häufiger fragt man sich, welche Gründe es dafür geben kann: Sind die Bauherren plötzlich verstorben? Fehlte es an Baugenehmigungen? Blieben die Projekte in der italienischen Bürokratie hängen? Ging den Eigentümern das Geld aus? So viel Zement, so viel Stein, so viel Stahlbeton bei so wenig Vollendung wirkt massiv, brutal, gedankenlos und ungeheuer verschwenderisch. Aber zugleich sind diese Fragmente nicht nur ein Zeichen zerbrechlicher Verhältnisse, sondern auch der Bereitschaft, allen Ehrgeiz aufzugeben und klein zu werden.

Gelegentlich, im römischen Vorort Tor Bella Monaca zum Beispiel, im Stadtteil San Basilio im Nordosten, wo sich in den fünfziger und sechziger Jahren die Landflüchtigen aus Umbrien und den Marken sammelten, aber auch an der Küste, auf dem Weg von Ostia nach Anzio, könnte man meinen, das Unvollendete im Bauwesen bilde einen nationalen Stil. Und vielleicht ist es auch so, wenngleich in einem zynischen Sinn: So nämlich, dass das Unvollendete ein adäquater Ausdruck der italienischen Ökonomie und Kultur nach dem Ende des Zweiten Weltkriegs ist. In der Architektur des Unvollendeten nahmen die Verheißungen, die demokratisch gewählte Politiker und, auf welchen Wegen auch immer, zu Geld gekommene Unternehmer in die Öffentlichkeit trugen, die ihnen angemessene Gestalt an. Die Bauruinen stellen, solchermaßen nüchtern betrachtet, die Antwort des stets pragmatisch verfassten Kapitals auf die Glücksansprüche dar, die in Gestalt von Parolen wie «Fortschritt», «Zukunft» und «ein besseres Leben» unter dem Wahlvolk verbreitet wurden. Sie erfüllten ihren Zweck, solange sie Versprechen waren. Dann verzichtete man auf die Einlösung dieser Versprechen. Zum ersten Mal in der Geschichte entstehen Ruinen in großer Zahl weder durch Krieg noch durch Naturkatastrophen, sondern einfach so, als beiläufiges Produkt gewöhnlicher wirtschaftlicher Tätigkeiten. Weiter geht es anderswo.

*

In «Accattone», dem ersten, im Jahr 1961 gedrehten Spielfilm Pier Paolo Pasolinis, gibt es eine Szene, die an der Engelsbrücke mitten in Rom spielt. Es ist Sommer, und am Tiber herrscht ein Badebetrieb, der sich hauptsächlich unter armen jungen Männern abzuspielen scheint. Herausgefordert durch eine Wette, bereitet sich der Klein-krimmelle Vittorio, der Held des Films, darauf vor, kopfüber von der vielleicht zwanzig Meter hohen Brücke zu springen. Und während er noch da oben steht und die Schaulustigen die Ufer säumen, bildet die Kamera Vittorio als Büste ab und neben ihm die Statue eines Engels, der ein großes Kreuz trägt. «Diamo soddisfazione al popolo», sagt der Held, bevor er sich bekreuzigt und springt, «geben wir dem Volk, was es haben will». Ein Opfer ist es, das Vittorio da erbringt, und er tut es nicht für sich, sondern um einer Gemeinschaft willen, die eine, wenn auch absurde, Heldentat von ihm verlangt. Dieses Sich-Opfern und Geopfert-Werden bildet ein Motiv, das sich durch das ganze Werk Pier Paolo Pasolinis zieht. Es ist aber nicht das Motiv eines «Märtyrers», auch wenn das oft behauptet wird. Denn ein solcher bezeugt nur eine Wahrheit, die nicht mit ihm selbst identisch ist. Das Motiv charakterisiert vielmehr eine Christusfigur oder eine Gestalt wie den heiligen Franziskus – und es ist dieses Motiv, das an Pier Pao-lo Pasolini bis heute interessant ist, am Werk wie an der Person.

Von einem Christus oder zumindest von einem Franziskus muss Pier Paolo Pasolini selbst etwas gehabt haben, als er, erst siebenund-zwanzig Jahre alt und schon ein aus dem Amt vertriebener Volks-schullehrer, im Winter 1950 auf dem Hauptbahnhof von Rom ankam, «fuggii con mia madre e una valigia e un po' di gioie che risultarono false», wie es in einem Gedicht aus jener Zeit heißt, «geflüchtet mit meiner Mutter und einem Koffer und ein paar Schmuckstücken, die sich als falsch erwiesen». Der Bahnhof, auf dem Mutter und Sohn ankamen, heißt «Termini» und ist, nach dem «Gare du Nord» in Paris, noch immer der zweitgrößte Bahnhof Europas. Errichtet in den vierziger Jahren im Stil des «Razionalismo», ist er ein Versprechen von Modernität, mit einer gläsernen Front, einer riesenhaften Halle, in der die Gesetze der Schwerkraft aufgehoben zu sein scheinen. Hunderttausende von Italienern erreichten in den fünfziger Jahren die Hauptstadt über diesen Bahnhof, bereit, sich in Rom niederzulassen und sich irgendwie durchzuschlagen. Die meisten von ihnen kamen, wie Pasolini und seine Mutter, in den Vororten unter. Pasolini weigerte sich bis ans Ende seines Lebens, eine Wohnung im Zentrum zu nehmen. Er wollte ein Zugezogener bleiben, ein Außenseiter, einer, der nicht dazugehörte. Die Homosexualität war nicht nur Neigung, sondern auch Stigma.

Auf die Ankunft in Rom folgte ein langsamer, von vielen Widrigkeiten begleiteter Aufstieg zu einer halbwegs bürgerlichen Existenz. Erstaunlich ist dabei, mit welcher Konsequenz diese Karriere ihren Protagonisten mitten ins «dolce vita» führte, in das Zentrum einer künstlerischen und intellektuellen Avantgarde, die sich damals in Rom gerade erst etabliert hatte: einer Gruppe um Federico Fellini, dem er im Jahr 1957 beim Drehbuch für «Le notti di Cabiria» mit scheinbar authentisch proletarischen Dialogen half, um das Schriftstellerpaar Alberto Moravia und Elsa Morante, mit dem er 1961 zusammen nach Indien reiste, um die Sängerin und Schauspielerin Laura Betti, mit der er bis zu seinem Tod befreundet war. Wie durchlässig, wie neugierig, wie ganz und gar nicht arrogant muss diese doch schon sehr arrivierte Gesellschaft gewesen sein, um den mittellosen Ankömmling aus dem Friaul (mitsamt Mutter) wie selbstverständlich in ihre Mitte zu nehmen. Aus dem Bild der Gemeinschaft trat dieser gutaussehende junge Mann indessen heraus wie der Amor bei Caravaggio vor seinem verhüllten Globus, mit nicht nur freundlichen Absichten, und alle schlug er in seinen Bann. So viele Fotografien von ihm gibt es, dass man meinen könnte, Pasolini sei, einmal in der Hauptstadt angekommen, fortwährend fotografiert worden, und zwar nicht unbedingt, weil es diesen oder jenen wichtigen Moment festzuhalten galt, sondern vor allem, weil man diesen Mann in seinem eleganten Anzug so gerne sah: wie er schaute, wie er sich bewegte, wie er sich in eine Gruppe fügte. Sein Gesicht veränderte sich dann aber schnell, und kurz vor seinem Tod sah es aus, als wäre das gesammelte Elend von Rom durch diesen Menschen gegangen.

Wer sich mit Pasolini vertraut machen will, der kann dies anhand von Karten und Stadtplänen tun, denen das Werk, also die Filme, die Gedichte, die Essays, dann wie Illustrationen hinzuzufügen wäre. Durch dieses simple Verfahren entsteht weit mehr als eine geographische Orientierung zu Leben und Werk des Künstlers: Denn an diesen Karten lässt sich die Entwicklung Roms zu einer Großstadt ebenso nachvollziehen wie die innere Verknüpfung der Nation durch moderne Verkehrswege. Sie liefern die Risszeichnungen für eine Gesellschaft, in der bäuerliches Leben und eine nicht nur technische, sondern auch intellektuelle Moderne unmittelbar aufeinanderstoßen und sonderbare, einzigartige Mischungen bilden. Der ungeheure Reiz, den Italien in den sechziger und siebziger Jahren vor allem auf Nordeuropäer ausübte (und dieser Reiz ist bis auf den heutigen Tag nicht ganz verschwunden), geht auf diese Mischung, auf diese nicht nur agrarisch, sondern auch archaisch gebrochene Modernität zurück.

Hätte man vor fünfzig Jahren, bei einer Veranstaltung etwa, die Walter Höllerer im Jahr 1966 in der Berliner Kongresshalle für Pier Paolo Pasolini ausrichtete, behauptet, dieser Mann mit seinen großen Sympathien für den Marxismus sei in Wahrheit ein Konservativer – völliges Unverständnis wäre vermutlich die mildeste Reaktion gewesen. Denn längst hatte er eine lange Laufbahn durch Skandale hinter sich, denen sämtlich eine offensive Kritik an der herrschenden sexuellen, sozialen und politischen Moral innezuwohnen schien. Für seinen ersten Roman, «Ragazzi di vita» aus dem Jahr 1955, eine Erzählung aus dem römischen Lumpenproletariat, war er wegen Obszönität angeklagt worden, «Accattone» hatte einen Zuhälter und Dieb zum Helden, sein Gedicht «A un papa» aus dem Jahr 1958, gegen Papst Pius XII. gerichtet, schließt mit dem Satz: «Es hat keinen größeren Sünder gegeben als dich.» Sein Film «La ricotta», vier Jahre später entstanden, führte zu einem Gerichtsverfahren wegen Blasphemie, und bei der Dokumentation «12. Dezember» arbeitete er im Jahr 1972 mit der «Lotta continua» zusammen, einer militanten, ursprünglich studentischen Gruppierung, deren Marxismus auch unter den einfachen Arbeitern in den industriellen Zentren des Nordens Zuspruch fand. Dabei hatte Pier Paolo Pasolini in seinem Gedicht «Il PCI ai giovani» («Der PCI an die Jugend», 1968, zuerst veröffentlicht in der Wochenzeitschrift «L'Espresso») erklärt, in den gewaltsamen Zusammenstößen zwischen den Studenten und der Polizei seien verzogene junge Kleinbürger über die Söhne des italienischen Proletariats hergefallen.

Wie gehört das zusammen? Pier Paolo Pasolini mochte Sympathien für den Kommunismus gehegt und der kommunistischen Partei Italiens, dem «PCI», nahegestanden haben, aber dieses Interesse dürfte kaum analytisch gewesen sein. Am marxistischen Theoretiker Antonio Gramsci verehrte er vermutlich weniger den Mann mit der Lehre von der kulturellen Hegemonie als vielmehr das Kind armer Leute aus Sardinien, das sich unter unendlichen Mühen durch ein Leben als Berufsrevolutionär geschlagen hatte – ein Held, gewiss, aber kein brillanter Einzelner, sondern nur eine klar umrissene Figur vor dem Hintergrund einer Gemeinschaft. Und es ist diese Idee vom Kollektiv einfacher, aber lebendiger Menschen, die sich als Leitmotiv durch das ganze Werk Pasolinis zieht – sie steckt in seinen Bekenntnissen zur Herkunft aus dem ärmsten Friaul, in seiner Vorliebe für Sujets aus den neuen Elendsvierteln am Rande der Großstadt Rom, in seiner Wertschätzung für das schlichteste aller Evangelien, nämlich das des Matthäus («Il Vangelo secondo Matteo», 1964), und schließlich auch in seinen Bearbeitungen zu Werken der literarischen Tradition, im «Decameron» aus dem Jahr 1970 und in den «Canterbury Tales» von 1971, denen er ihren historischen Gehalt nahm, um sie in erotische Burlesken zu verwandeln. Wahrscheinlich wurde Pier Paolo Pasolini in späteren Jahren der eigene Idealismus im Glauben an den einfachen Menschen unheimlich. In seinen «Scritti corsari» (1973 bis 1975) erklärte er, nicht einmal das Lumpenproletariat sei noch frei von einem neuen «Faschismus», der durch die Universalisierung des Konsums entstanden sei. Aber er gab seinen Glauben an das Kollektiv nicht auf.

Im Film «Caro Diario» («Liebes Tagebuch») aus dem Jahr 1993 wird der Regisseur und Schauspieler Nanni Moretti gezeigt, wie er auf einer Vespa zu der Brachfläche am Strand von Ostia fährt, auf der Pier Paolo Pasolini im November 1975 starb: Getötet vermutlich von einem Strichjungen, den er zuvor aufgelesen hatte, doch so genau weiß man das nicht. Der Soundtrack besteht aus einer langsamen Passage aus Keith Jarretts «Köln Concert», einer Aufnahme, die nur wenige Tage nach jenem Ereignis erschien. Einen anderen Zusammenhang als das Gefühl gibt es hier nicht, und es wirkt umso stärker, als das Pathos diesem Mann ja nie fremd war. Dieses Gefühl ist indessen eine prekäre Angelegenheit, weil es dafür sorgt, dass man Leben und Werk Pasolinis von seinem Ende her wahrnimmt, durch die Perspektive eines ebenso gewaltsamen wie rätselhaften Todes.

*

Von Clint Eastwood gibt es eine Fotografie, die ihn während der Dreharbeiten zu Sergio Leones Film «Für eine Handvoll Dollar» im Jahr 1964 zeigt. Der Maulesel, auf dem er sitzt, macht keinen sehr lebendigen Eindruck, den Poncho hat der Reiter eng um sich geschlungen, und New Mexico, der Schauplatz der Geschichte, ist weit entfernt: Gedreht wurde der Film im Südosten Roms, in den Studios der «Cinecittà». Deswegen sind im Hintergrund die Wohnblocks von Centocelle zu sehen, einer der vielen «borgate» in der römischen Peripherie. Von Quentin Tarantino, dem amerikanischen Regisseur, der «Pulp Fiction», «Kill Bill» und «The Hateful Eight» schuf, gibt es ein Bekenntnis zum italienischen Western, oft auch «Spaghetti-Western» genannt: An diesen Filmen habe er sein Handwerk gelernt, an ihrem Realismus (unter besonderer Berücksichtigung von hölzernen Löffeln und schmutzigen langen Mänteln), an ihrem heiteren Verhältnis zur Gewalt und an der Musik von Ennio Morricone.

Im Frühjahr 1937 wurde die Cinecittà eröffnet, von Benito Mussolini. Der Diktator hatte dieses Projekt über Jahre hinweg vorangetrieben. «Film ist die mächtigste Waffe» stand in großen Lettern über
den Einweihungsfeierlichkeiten. Tatsächlich entstand hier, wenngleich selbstverständlich erst nach dem Zweiten Weltkrieg, eine europäische Alternative zu Hollywood. Nicht nur, dass die bekanntesten
Filme aus der heroischen und postheroischen Zeit des italienischen
Kinos hier gedreht wurden, von den Werken Luchino Viscontis bis
zu Paolo Sorrentinos «The Last Pope». Wiederholt diente die Cinecittà vielmehr dem amerikanischen Kino als eine Art Hollywood
unter günstigeren Bedingungen: Das war vor allem in den Fünfzigern
und frühen Sechzigern so, als die teuersten Produktionen nach Italien ausgelagert wurden. Der Regisseur King Vidor drehte «Krieg
und Frieden» in der Cinecittà, einen der erfolgreichsten Filme der
Fünfziger. Ava Gardner und Tony Franciosa waren im Sommer 1958
für den Kostümfilm «Die nackte Maja» engagiert, unter der Regie
von Henry Koster. Ein paar Jahre später versuchte das amerikanische
Studio Twentieth Century Fox, das Riesenvorhaben «Cleopatra» in
Rom zu retten, und schuf so (neben dem eigenen Beinahe-Bankrott)
die Voraussetzungen für die Liebesgeschichte zwischen Elizabeth
Taylor und Richard Burton – die über die Fotografien eines Paparaz-
zo zu einem solchen Gegenstand der Empörung wurde, dass der Vatikan die Schauspielerin öffentlich der «erotischen Landstreicherei»
(«vagabondaggio erotico») bezichtigte. Bis auf den heutigen Tag,
immer wieder, fungiert die Cinecittà als Filiale der amerikanischen
Filmindustrie. Und es gab Zeiten, in denen die Nachahmung Ame-
rikas amerikanischer wurde, als das Original es je zustande gebracht
hätte: Die meisten Spaghetti-Western, mit und ohne Clint Eastwood,
waren selbstverständlich in Italien zu Hause.

Hollywood ist in mehrfacher Hinsicht die Geschichte einer Emanzipation. Darin inbegriffen sind die Emanzipation einer Kunstform,
die zunächst große Mühe hatte, sich aus den Hinterhof-Varietés und
dem Zirkusmilieu zu erheben, die Emanzipation einer Stadt und einer

Landschaft, die dem Kino, einem eigentlich heimatlosen Gewerbe, eine stabile soziale Umgebung gab, die es selbst strukturieren konnte, und die Emanzipation des Films zu einem ästhetischen Genre, das alle anderen ästhetischen Genres, vom Stillleben über den Roman bis zur Oper, in sich zu bergen vermochte. Versuche, diesen komplexen Emanzipationsvorgang an einer anderen Stelle zu wiederholen, gab es etliche, in der Sowjetunion, in Deutschland, in Indien. Gelungen ist er in der Cinecittà am Ende wohl auch nicht. Aber wenn es einen Ort gibt, an dem man diesem Ziel zumindest nahe kam, dann war es Rom nach dem Zweiten Weltkrieg, mit Auswirkungen bis auf den heutigen Tag: eine Stadt, die den Krieg knapp überstanden hatte, die nun in alle Richtungen gewaltig expandierte, fast so wie eine Stadt im amerikanischen Westen, eine Stadt, in der es keine Schwierigkeiten bereitete, Zehntausende von Komparsen für wenig Geld aufzutreiben, eine Stadt, in der es einen Sinn für große Schauspiele gab. So, in einer Geschichte der mehrfachen Emanzipation und mit seltsamen Verschränkungen zwischen Italien und Kalifornien, fand Clint Eastwood zu seinem Maulesel, und so fanden beide nach Centocelle.

Das Vergehen und das Umbauen, das Glauben und das Teilen

Rom II

D ie Stadt Rom liegt, die berühmten Erhebungen inbegriffen, in der Mitte einer weiten Ebene, in deren Zentrum sich der Petersdom mit seiner Kuppel erhebt. Sie ist von allen sieben Hügeln aus zu sehen, ein geripptes Gebilde mit einer Laterne auf der Spitze, das eigentlich grau ist, aber je nach Tageslicht oder Beleuchtung seine Färbung zu ändern scheint. Man erkennt die Kuppel an klaren Tagen von den Hängen der Monti Tiburtini bei Tivoli, und sie lässt sich von den Hügeln der Marcigliana im Osten ausmachen. Die Kuppel zentralisiert auch den Blick innerhalb Roms: Man steht auf dem Monte Pincio, hinter der Villa Medici, und sieht die Kuppel, man tritt auf eine Terrasse in den Kapitolinischen Museen, und man sieht die Kuppel, man steht im Park der Villa Doria Pamphilj an einer bestimmten Stelle unter alten Bäumen und sieht die Kuppel. Das alte Rom, auf der anderen Seite des Tiber gelegen oder weiter südlich, im Bogen des Trastevere, ist ein Wirrwarr aus Gassen, Dächern, Kirchen, Plätzen und Trümmern in großen Mengen. Ringsherum lärmt das neue Rom mit seinen Betonbauten und breiten Straßen. Der Petersdom aber richtet den Blick. Er vereint alle Perspektiven auf sich, und immer sieht es so aus (obwohl das Gegenteil zutrifft), als wäre es um ihn herum sehr still.

Als Donato Bramante, ehemals Baumeister in den Diensten der Sforza in Mailand, im Jahr 1499 nach Rom kam, schienen alle Pläne gescheitert zu sein, der katholischen Christenheit einen neuen zentralen Ort zu geben. Seit der Rückkehr des Papsttums aus Avignon, also seit damals etwa hundert Jahren, hatte es den Vorsatz gegeben, St. Peter zur Kirche aller Kirchen zu machen, über dem rechten Ufer des Tiber. Sie sollte Zeichen eines universalen, politischen Papsttums sein und getrennt von den adligen Familien und ihren Geschäften in der alten Stadt. Der Baugeschichte des Petersdoms ging ein langes Auseinander von Plan und Wirklichkeit voran, bis dieser Baumeister kam, mit einem Plan, der den Grundriss der alten Basilika zeigte, über dem dann in zwei weiteren Schichten das Projekt eines gewaltigen Kuppelraumes Gestalt annahm. Eine solche Kirche hatte es noch nicht gegeben. Nie zuvor war jemand auf den Gedanken gekommen, einen von Säulen umstellten Rundtempel in solche Höhen zu treiben. Nie zuvor hatte jemand in solchen Dimensionen gedacht. Und wenn auf der Rückseite der ältesten, heute in den Uffizien verwahrten Entwurfszeichnung auch der Satz «non ebbe effetto» («wurde nicht ausgeführt») steht, so bedeutet das nicht, dass dieser Plan keine umfassende Wirkung gehabt hätte.

Im Gegenteil: Der Plan besaß die Kraft, alle bisherigen Versuche zu bündeln und ihnen eine neue, alles mit sich reißende Bewegung zu geben. Er wurde zum Entwurf für einen kompletten Neubau. Auch wenn die folgenden hundert Jahre Baugeschichte zahllose Veränderungen, Verkleinerungen, Umbauten und neue Konzepte hervorbrachten, so war es Donato Bramante doch gelungen, in den acht ihm verbleibenden Jahren die Kuppelpfeiler hochzuziehen und zwischen ihnen die Scheidbögen aufzuspannen, so dass, was nachher gebaut wurde, eine (wenngleich am Ende weit ausholende) Variation auf ein gegebenes Schema sein musste. Mit Donato Bramante entstand eine politische Architektur des Glaubens, ein durch und durch repräsentatives Bauwerk, das in seinem Inneren eine scheinbar unendlich große Gemeinde in einem einzigen, lichten Raum zusammenfasst, um in seinem Äußeren die universalen Ansprüche einer imperialen geistlichen Macht zu erheben. Die Frage, in welchem Maß der Papst dabei selbst Opfer einer Überwältigung durch die Architektur wurde, mag ein Gegenstand für Spekulationen sein. Gewiss ist aber, dass die Zeitgenossen die Zerstörung der alten Basilika mitsamt allen ihren religiösen und historischen Elementen (und dem wiederum darin implizierten Triumph über die Antike) mit tiefem Erschrecken wahrnahmen, weshalb Paris de Grassis, der Zeremonienmeister des Papstes, dem Architekten einen neuen Beinamen verlieh: «Ruinante». Und gewiss ist auch, dass sich die katholische Kirche mit diesem Bau ein physisches Zentrum schuf, als Mitte der Welt und wider einen europäischen Norden, der in kurzer Zeit und in großen Teilen protestantisch geworden war.

Drei Aufgaben waren dem Bau gegeben: Er sollte als Zentrum einer einzigen, weltumspannenden Kirche dienen, die sich gleichermaßen gegen konkurrierende Bekenntnisse wie gegen die, nicht zuletzt in Italien, nach wie vor weitverbreitete lokale und volkstümliche Religiosität wendete. Ferner stellte er einen gewaltigen Einspruch gegen die Loslösung des Glaubens von seinem Territorium dar, und also gegen einen universalen, abstrakten Begriff von Religion (diesem Zweck folgt auch der Petersplatz, mit seinen beiden Halbkreisen, die gleichsam das Erdenrund umfassen). Und schließlich war der Bau, eben weil er so groß und massiv ist, gegen den inneren Zerfall der Kirche gebaut: Ihrer Spaltung durch den Protestantismus ging eine lange Zeit der Erosion voraus, verursacht durch die Verweltlichung des Klerus, durch die allmähliche Auflösung der Stände, vor allem aber durch einen Verlust an Glaubensgewissheit. In einer solch verworrenen Lage etwas Fassbares, Unbezweifelbares vor Augen zu haben, etwas im engsten Wortsinn Begreifliches: Aus diesem Bedürfnis heraus entstand der Petersdom. Und im gleichen Maße, wie er zur Kirche der gesamten Christenheit werden sollte, mit einem Fassungsvermögen von mehreren zehntausend Menschen, sollte sich auch Rom als die kosmopolitische Stadt schlechthin, als «caput mundi», erneuern.

Tatsächlich aber trieb der Petersdom die Spaltung voran, durch seinen Schmuck, durch seine Pracht, durch seine schiere Größe. Was hier gebaut wurde, so der Vorbehalt, den es seit dem 16. Jahrhundert gibt, könne nicht Stellvertretung des göttlichen Seins sein: Vielmehr setze es sich an dessen Stelle. In diesem Sinne verstörend wirkten auch die Ornamente der Kirche, die Gemälde, die Skulpturen und überhaupt die große Freiheit, die die Päpste den Künstlern gewährten. «Nirgends», heißt es in «Rom», dem im Jahr 1896 erschienenen Roman Émile Zolas, der von einem jungen Priester namens «Pierre» (ausgerechnet) erzählt, der in der Stadt am Tiber nach dem wahren Geist des Christentums sucht, «nirgends sah Pierre einen Winkel der stillen Sammlung, eine geheimnisvolle Ecke, um niederzuknien und zu beten.» Stattdessen scheint ihm nur der «ungeheure leere Pomp, der ganz Stoff war», zu herrschen. Die Pietà des Michelangelo, eines der ergreifendsten Werke der religiösen Kunst, gleich hinter der Heiligen Pforte aufgestellt, trägt den Namen ihres Schöpfers eingraviert in einen Riemen, der von der rechten Hüfte der Madonna über ihre linke Schulter führt. Unübersehbar ist, wie sehr der Künstler das Werk auch für sich reklamiert, statt es nur in den Dienst der Glaubensstärkung zu stellen. Je mächtiger die Behauptung – im buchstäblichen Sinn – wurde, mit der die katholische Kirche in die Welt trat, desto größer wurde auch das Potenzial zur Spaltung. Es gibt diese Spaltung, sichtbar, auch innerhalb Roms: Die Statue des Giordano Bruno auf dem Campo de' Fiori, im Jahr 1889 errichtet, ist eine Herausforderung der Statue des Petrus im großen Dom, der einzigen Skulptur, die noch aus der alten konstantinischen Basilika stammt.

Donato Bramante, der Architekt des Petersdoms, entwarf übrigens eine Kapelle, die mir unter allen sakralen Bauten, die ich in Rom kenne, als der schönste erscheint. Es handelt sich um den kleinen Rundtempel, der im Hof eines ehemaligen Klosters in Trastevere steht, am Hang des Gianicolo und an der Stelle, an der Petrus, der Apostel, gekreuzigt worden sein soll. Dieser «Tempietto» ist, in seiner klaren, feingliedrigen Struktur und in seiner Offenheit, in seiner harmonischen Anlage, die sich über zwei Stockwerke und eine Krypta erstreckt, und nicht zuletzt in seinen bescheidenen, überaus menschlichen Maßen eine perfekte Illustration dessen, was Schönheit ist: nichts, was wirklich gegenwärtig wäre, nichts, was man besitzen oder gar mit sich tragen könnte, sondern etwas, das über sich hinausweist und eben nicht ganz da ist, obwohl es einem direkt vor Augen liegt. Stendhal fand dafür, an entlegener (und erst später, durch Charles Baudelaire und Friedrich Nietzsche berühmt gewordener) Stelle die Formulierung von der «promesse du bonheur», vom Versprechen des Glücks. Ein solches, unerwartetes Versprechen ist diese Kapelle, so bescheiden, so schön und fast absurd, wie sie daliegt, eingeschlossen zwischen hohen Mauern, die man nicht anders als schlicht nennen kann.

*

Italien ist ein katholisches Land. Das Kreuz ist überall gegenwärtig, als Zeichen des Absoluten in der irdischen Welt und als Zeichen dafür, dass man um diese Gegenwart des Absoluten weiß. Und nicht nur in Gestalt des Kreuzes, sondern auch in unzähligen Bildstöcken, Skulpturen, Gemälden, Fotografien wird dauerhaft und an allen Orten der christliche Glaube beschworen, um von Kirchen und Glocken gar nicht anzufangen. Zur politischen Realität aber unterhält das Bekenntnis zum katholischen Glauben ein zumindest gespanntes Verhältnis. Denn die Kirche kann ihre Begrenzung durch den Nationalstaat nicht hinnehmen. Das gilt im Praktischen, wie an der politisch und militärisch erzwungenen Auflösung des Kirchenstaats im Oktober 1870 zu erkennen ist: Mit aller Kraft wehrte sich die Kirche gegen eine Entwicklung, die sie als erzwungene Provinzialisierung wahrnahm. Erst sechzig Jahre später, in den Lateranverträgen, fügte sie sich zähneknirschend ihrem weltlichen Schicksal. Das gilt aber auch im Geistigen: Denn die Kirche kann nur universal sein, wobei sich die Befreiung vom Territorialstaat, dem Widerstand zum Trotz, als Impuls zu einer spirituellen Erneuerung erwies, deren deutlichster Ausdruck das Dogma von der Unbefleckten Empfängnis und die Lehre von der Unfehlbarkeit des Papstes wurden. Die Rivalität zwischen Kirche und Staat gehört im Übrigen zur Silhouette Roms: Denn das «Monumento a Vittorio Emanuele II», der gigantische weiße Tempel auf dem Kapitolshügel, 1885 begonnen und 1927 vollendet, bildet das Gegendenkmal zum Petersdom. An der katholischen Kirche ist, insofern sie in Italien zu Hause ist, immer etwas, das den italienischen Nationalstaat relativiert.

Vom Standpunkt moderner Nationalstaaten erscheint diese Relativierung als etwas Überholtes, Altertümliches und Rückwärtsgewandtes. Umso mehr, als die katholische Kirche, weitgehend jedenfalls, an ihrem Bilderreichtum und ihren Riten festhält, an einer sinnlichen Präsenz, der, aus der Perspektive hauptsächlich protestantischer Staaten betrachtet, etwas Heidnisches eignet. Von diesem Verdacht ist es nicht weit zur Vorstellung von einer obskuren Macht, die ihren Vorteil aus dem Aberglauben der Menschen zieht und diesen mit finsteren Machenschaften zu erhalten trachtet, in Geheimbünden und mafiösen Verbindungen, durch Korruption und Pädophilie. Und muss man in Rom nicht bloß die Seitenstraßen des Vatikan durchwandern oder die Gassen um das Pantheon, um auf die Schneiderei Gammarelli und ähnliche Geschäfte zu stoßen, in denen Talare, Stolen, Kappen und andere Accessoires priesterlicher Kleidung verkauft werden, auf eine Weise und mit einem Aufwand, dem etwas ausgesprochen Eitles und Prunkendes anzuhaften scheint?

Mit dem christlichen Glauben verhält es sich in Italien indessen anders als in den Ländern des Nordens. Mit der Religion ist es dort ähnlich wie mit der Geschichte, die diesseits der Alpen oft als das ganz andere der Gegenwart behandelt wird: Zutritt zu diesem anderen wird nur an eigens eingerichteten Orten gewährt, vor allem in Gestalt der Museen, die als vom Alltag scharf getrennt erscheinen. Die Museen wie die Kirchen betritt man gefasst, leise, in Erwartung eines Höheren, dem man sich nur in ernster oder gar feierlicher Stimmung nähern darf. Wer hingegen je einen Gottesdienst in Italien erlebte, weiß, wie leger es nach Beendigung der Messe in der Kirche zugehen kann. Und man beobachtet, wie rege sich der Nachrichtenverkehr zwischen den Gläubigen und den Heiligen gestaltet, in Form von Kassibern, Fotografien oder Zeichnungen. Eher als das ganz andere der Gegenwart scheint das Jenseits hier eine ihrer Varianten zu sein, in mannigfaltiger Weise mit der Realität vermischt und verbunden – einer Wirklichkeit zudem, die alle Zeichen von Unabsehbarkeit und Zufälligkeit zeigt und sich also deutlich von einer technisch-bürokratischen Vorstellung der Welt unterscheidet. «Mir scheint es», schreibt der italienische Philosoph Mario Perniola, «dem katholischen Fühlen zu widerstreben, die Welt als den Ort des schlechthin Bösen, des Verfalls und der Ungerechtigkeit zu definieren, von dem man sich fernhalten muss.»

*

Johann Joachim Winckelmann, im Dezember 1717 in der Altmark als Sohn eines Flickschusters geboren, zuletzt als Bibliothekar auf Schloss Nöthniz bei Dresden beschäftigt, traf im Winter 1755 in Rom ein, um sich in die Dienste eines Kardinals zu begeben: «Als ich nach Rom kam, trat ich gleichsam als neugeborenes Kind in die Welt ein», schrieb er damals einem Freund, dem Abbé Barthélemy. In Dresden hatte es zwar eine bedeutende Sammlung antiker Skulpturen gegeben. Auf dem Kapitol aber, seit 1734 ein öffentlich zugängliches Museum, waren Hunderte dieser Kunstwerke zu sehen, dazu Büsten, Friese, Sarkophage, Vasen, und das alles auf einem Hügel oberhalb des Forum Romanum, mit Blick auf das Kolosseum. Die Hallen und Säle der Kapitolinischen Museen standen dem Ankömmling offen, von morgens bis abends, und nicht nur sie, sondern bald auch die damals einzigartige Sammlung des Kardinals Alessandro Albani. Dieser hatte sich in jenen Jahren an der Via Salaria, unweit der Villa Borghese, einen Palast errichten lassen, der im Wesentlichen für die Unterbringung seiner Skulpturen und Gemälde gedacht war.

Winckelmann wurde zum Kurator, Vermittler, Gestalter dieser Sammlungen, er wies den Werken ihren Ort zu, in der Geschichte –

und im Leben, indem er zum allseits herbeigerufenen Führer durch die Antike wurde, nicht nur für eher säkular gesonnene, kunstbegeisterte Kardinäle, sondern auch für zahllose Adlige aus dem Norden, die in der Hauptstadt der Alten Welt zu Besuch waren. Für die Renaissance war die Antike noch etwas Erreichbares gewesen, eine Kultur, die sich aufs Neue gewinnen ließ. Petrarca vermochte Briefe an Homer, Horaz und Vergil zu schreiben, als wären sie seine Zeitgenossen. Für Winckelmann hingegen lag zwischen der Gegenwart und der Vergangenheit eine unüberwindliche Distanz, die sich nur durch das Studium, das heißt: durch die Verwandlung dieses Abstands in Geschichte, durch seine Einbettung in einen Prozess von Werden und Vergehen, verringern ließ.

Vermittelt durch Bildung trat so noch einmal, wie man meinte, der einzelne Mensch als Ideal der griechischen Antike hervor. Noch einmal wurde er, in «edler Einfalt, stiller Größe», sich selbst zum Maßstab. Winckelmann betrachtete die Abstände, in denen bei den Skulpturen die Arme zum Körper gehalten werden. Er versuchte, den physischen Ausdruck der individuellen Freiheit zu ermessen, indem er Genealogien zwischen griechischen Originalen und römischen Kopien konstruierte (und dabei manchmal in die Irre ging). Er verwandelte in Literatur, was in Stein geschlagen war, nicht nur unter besonderer Berücksichtigung antiker Männlichkeit und Freundesliebe, sondern auch mit einer (zum verfeinerten Geschmack gereinigten) Leidenschaft, die zurückverwies in die Antike, der eine moderne, leidenschaftslose Vorstellung von Schönheit unverständlich gewesen wäre. Klassizismus nennt man den Stil, der aus diesem Studium hervorging: Erhabener – und das heißt auch: weißer (die antiken Statuen waren bunt) – war das Altertum nie gewesen. Im späten 18. Jahrhundert eroberte diese Begeisterung für die Antike ganz Europa. Sie ließ sich in Goethes Haus am Weimarer Frauenplan nieder und wurde zum Wegbereiter der Weimarer Klassik. Sie schuf das Pantheon in Paris und ließ die republikanische, klassizistische Architektur in Washington, D. C., entstehen.

Es gibt eine ganze Reihe von Kunstwerken, meist römische Kopien griechischer Werke, an denen Winckelmann darlegte, warum es sich dabei um einzigartige Arbeiten handelte, die nachzuahmen aller Mühe wert sei: der Apoll auf dem Hof des Belvedere zum Beispiel, das «höchste Ideal der Kunst unter allen Werken des Altertums», die Venus Medici in Florenz etwa, die «einer Rose gleich» sei, die Laokoon-Gruppe vor allem, die Plastik also, die im Jahr 1506 in der Nähe des Kolosseums gefunden und sofort als eine der bedeutendsten künstlerischen Leistungen der Antike erkannt worden war. Winckelmanns – selbst klassisch gewordene – Charakterisierung ebendieser Laokoon-Gruppe ließ die Zeitgenossen staunen: Es verwunderte die Ausschließlichkeit, mit der dieses Werk zum Maßstab aller Kunst erklärt wurde, in einer intellektuellen Situation, in der man historisch zu denken begonnen hatte. Und es stellte sich den Zeitgenossen die Frage, was man denn, als Nachgeborener, in solcher Lage selber überhaupt noch hervorzubringen imstande sei.

Winckelmann stilisierte sich zum Erben und Nachlassverwalter der Antike, und in diesem Sinne entwarf er Rom als ideale Republik der Gelehrten und der Künstler. «Außer Rom ist fast nichts Schönes in der Welt», schrieb er im Juni 1756 an seinen Jugendfreund Genzmer, und damit meinte er durchaus nicht nur das Rom der Altertümer und Antiken, denn er fuhr fort: «Eine einzige Villa in Rom hat mehr Schönheit durch die Natur allein, als alles, was die Franzosen gekünstelt.» Auch in den italienischen Menschen fand er «häufig Formen und Bildungen, die zum Modell eines schönen Ideals dienen können». Diese Auffassung nimmt, offensichtlich bei Winckelmann, implizit auch bei seinen Nachahmern bis auf den heutigen Tag, den Charakter einer sozialen Unterscheidung an: Sie gehört in eine Gesellschaft, in der es eindeutige Trennungen, wenn nicht sogar klare Hierarchien gibt. Denn ein Mensch von solchermaßen erlesenem Geschmack bewegte sich in einer kleinen Gruppe von Menschen, auf deren Urteil etwas zu geben war. Zugleich erlaubte die Verwandlung von Klassenunterschieden in Geschmacksfragen Winckelmann, dem

Sohn des Flickschusters, sich wenigstens für Augenblicke den römischen Kardinälen und durchreisenden Aristokraten gegenüber als gleichrangig zu empfinden.

«Ich bin in der Geschichte der Kunst schon über ihre Gränzen gegangen», resümiert Winckelmann am Ende der «Geschichte der Kunst des Altertums», seines im Jahr 1764 erschienenen Hauptwerks. «Ohngeachtet mir bei der Betrachtung des Untergangs derselben fast zumute gewesen ist wie demjenigen, der in der Beschreibung der Geschichte seines Vaterlands die Zerstörung desselben, die er selbst erlebt hat, berühren müsste, so konnte ich mich dennoch nicht enthalten, dem Schicksal der Werke der Kunst, soweit mein Auge reicht, nachzusehen.» Die Geschichte der Kunst ist also, vom Standpunkt ihrer längst vergangenen Vollendung gedacht, eigentlich eine Katastrophe, deren letztes Stadium der Barock mit seinem «Schwulst» gewesen sein soll, die Epoche, in der das religiöse Gefühl noch einmal aufschwillt und sich dann auflöst. Daran ist zumindest so viel Wahres, als es sich tatsächlich um die Zerstörung und den Zerfall eines Alten handelte, insofern die künstlerischen Energien des Barocks in dem Maße schwanden, wie die Religion und die Adelshöfe an gesellschaftlich gestaltender Kraft verloren.

So blickt Winckelmann der großen Kunst hinterher. Dieser Gedanke ist, seiner scheinbar melancholischen Grundhaltung zum Trotz, eine der produktivsten Ideen, die es in der Kunst- und Kulturgeschichte gibt. Denn er setzt die Dynamik der Nachträglichkeit in Bewegung, die beispielsweise auch die Nazarener und die Präraffaeliten, John Ruskin und die «Arts and Crafts»-Bewegung umtreibt. Als Figuren der «Nachträglichkeit» werden die Gestalten der Antike unendlich viel bedeutsamer und auch folgenreicher, als sie das als einfache Gegenstände der Verehrung, sei es religiöser, sei es ästhetischer Art, je hätten werden können. In diesem Übergang zur Kunstreligion liegt die letzte Konsequenz eines Gedankens, mit dem eine neue Kultur beginnt. Diese neue Kultur ist romantisch.

In den frühen sechziger Jahren schrieb der Journalist und liberale

Parlamentsabgeordnete Luigi Barzini ein Buch, dem er den ebenso einfachen wie anspruchsvollen Titel « The Italians » gab. Das Werk, auf Englisch verfasst, wurde zu einem Bestseller und ist noch heute lieferbar, fünfunddreißig Jahre nach der Veröffentlichung. Das « pädagogische Museum », für das viele Ausländer Italien im Allgemeinen und Rom im Besonderen hielten, schreibt er, sei die Erfindung nur eines Mannes gewesen: « Er war es, der mit seiner Autorität die Augen der Besucher vor allem verschloss, was um sie herum vorging, und ihre Aufmerksamkeit ausschließlich auf würdige Dinge richtete, die sie zu großen Gedanken inspirierten. » Gemeint ist Johann Joachim Winckelmann.

*

Tage gab es, an denen ich in Rom fast dreißig Kilometer zurücklegte, zu Fuß. Nicht in eigens für das lange Gehen konzipierten, leichten « sneakers », sondern in gewöhnlichen ledernen Halbschuhen. Denn ich ging nicht deshalb so weit, weil ich mir vorgenommen hätte, so weit zu gehen, sondern weil sich das Gehen wie zufällig ergab. Vielleicht weil das Wetter schön war und ich mir nicht vorstellen konnte, in den Abgrund der Metro zu steigen. Oder weil mir plötzlich ein Weg interessant erschien, die Strecke vom Vatikan zur Villa Torlonia etwa oder der lange Spaziergang von Testaccio, dem Viertel am ehemaligen Schlachthof, über den Gianicolo, den Hügel über dem rechten Tiberufer, zum « Maxxi », dem Museum für moderne Kunst im Norden der Innenstadt. « Studiere sie, die Straßen, studiere die Stadt », heißt es in Edoardo Albinatis monumentalem Roman « Die katholische Schule » aus dem Jahr 2016, und die Devise gilt für Rom in einem besonderen Sinn. Auch in anderen italienischen Städten bin ich lange und weit gegangen, in Mailand zum Beispiel, als mich die großen Wohnhäuser der vorvorigen Jahrhundertwende mit ihren prächtigen Portalen und Foyers interessierten, oder in Neapel. Aber Rom ist anders, nicht nur, weil die Innenstadt viel größer ist als die jeder anderen italienischen Stadt, nicht nur, weil ihre Geschichte erkennbar viel weiter zurückreicht, sondern vor allem, weil so viele verschiedene Dinge ineinandergewachsen, so viele Trümmer in spätere Gebäude eingegangen sind, kurz: Es sind die Spolien, die tatsächlichen Spolien und die Spolien im übertragenen Sinn, die Bruchstücke aus vielen Zeiten und gleichgültig aus welcher Zeit, die mir in Rom am interessantesten erscheinen. Es sind die materiellen Zeugnisse eines steten Vergehens und Umbauens, eines Weiterwachsens und Zerstört-Werdens.

Rom ist voller bizarrer Orte. Nicht weit vom Vatikan, vielleicht zwei Kilometer in Richtung Norden, liegt ein Hügel namens «Monte Mario». Man geht einen betonierten Weg in Serpentinen hinauf. Oben befindet sich ein zum Teil in hohem Gras liegender Spielplatz, auf dem langgestreckte, selbstverständlich längst mit Graffiti überzogene Wellen aus hellblauem Beton zu sehen sind, angesichts derer man nicht weiß, ob es sich um Kunstwerke oder Spielgeräte handeln soll. Und es befindet sich dort eine Aussichtsplattform, von der man, hinter einem anderen, mit hohen Pinien bestandenen Hügel, die Kuppel des Petersdoms sieht. Von hier aus betrachtet, erhebt sie sich über ein Gemisch aus mehr oder minder ungepflegter Gartenanlage, Brachland sowie einer Wohnbebauung aus den sechziger oder siebziger Jahren. Hinzu kommt, dass die Pinien auf dem jenseitigen Hügel der Kuppel gleichsam einen dunkelgrünen Kragen verleihen. Auf die niedrige Brüstung am Rand der Plattform ist in schwarzen Buchstaben der Satz gesprüht: «Ma dimmi quante volte hai visto il cielo sopra Roma e hai detto quant' è bello» – «aber sag mir, wie oft du den Himmel über Rom gesehen und gesagt hast: wie schön ist das». Der Satz ist ein Zitat aus einem Lied der Hip-Hop-Gruppe «Colle del Fermento», die im Jahr 1999 großen Erfolg damit hatte. Er ist voller Ironie, von diesem Ort aus gesprochen, und voller Wahrheit. Denn es sieht tatsächlich so aus, als könnte der ganze Müll, der ganze Beton des 20. und frühen 21. Jahrhunderts die Kuppel nicht im Entferntesten berühren. Zugleich aber käme man nicht auf den Gedanken, jenseits des nächsten Hügels die Stadt Gottes zu vermuten. Eher schon hat dieser Anblick etwas Halluzinatorisches. Am stärksten ist dieser Eindruck im September, wenn die Stare über Rom ziehen: «Sie bilden eine dichte Masse», schreibt Italo Calvino in seinem Roman «Herr Palomar», «die sich in der Luft zu zerstreuen und aufzulösen scheint wie Pulver in einer Flüssigkeit, stattdessen sich aber ständig weiter verdichtet, als würden ihr aus einer unsichtbaren Rohrleitung permanent neue wirbelnde Teilchen zugeführt, ohne die Lösung jemals zu sättigen.»

Das alte Rom, auf der linken Seite des Tiber gelegen, zwischen der Piazza del Popolo, dem Hauptbahnhof und dem Circo Massimo, war eine verworrene Angelegenheit in Dunkelrot, Ocker, Braun und Grau, vom Regen verwaschen, von der Sonne gebleicht, so dass der Putz und der Backstein, die Paläste, die Kirchen und die einfacheren Wohngebäude ineinander überzugehen schienen, vereint in einer monumentalen Palette des Mürben, Vernutzten und Alten. Vor dreißig Jahren wurden große Teile der Altstadt offiziell für den Autoverkehr gesperrt, vor ein paar Jahren wurden die Regeln verschärft. Der Erfolg dieser Maßnahmen ist relativ: Es fahren weniger Autos, aber es sind immer noch viele. Im Zuge der Beruhigung des Verkehrs änderten sich indessen andere Dinge. Zahlreiche Gebäude wurden heller, was etwa an der Piazza Navona deutlich zu sehen ist, und strahlen nun eine Aufgeräumtheit aus, die jüngeren Erkenntnissen der Denkmalpflege geschuldet sein mag oder auch der Anpassung an die Standards eines internationalen Millionenpublikums.

Es gibt Menschen, und es sind nicht wenige, die sich den Schmutz, den Krach und den Ruß vergangener Epochen zurückwünschen. Denn je weniger Autos unterwegs sind, desto mehr rückt die Gastronomie auf die Gassen hinaus, so dass man sich am Abend, sollte man auf den Gedanken gekommen sein, noch einmal eine halbe Stunde zu gehen, in manchen Straßen durch eine nicht enden wollende Ess- und Trinkgemeinschaft bewegt, zwischen Bergen von Müll, die nicht zuletzt aus achtlos weggeworfenen Plastikflaschen bestehen. Gleichzeitig verschwinden die alten Handwerksbetriebe, die in den Gewölben der Erdgeschosse untergebracht waren. Und irgendwo dahinter muss es alte Palazzi geben, Säle voller Kunstschätze, Hallen, durch die sich einst prächtige Gesellschaften bewegten und die jetzt still und dunkel daliegen. In Florenz kann man den Eindruck gewinnen, die Stadt habe ihr Innerstes nach außen gekehrt und gehöre jetzt den Besuchern. In Venedig scheint man auf dem Weg dorthin zu sein. In Rom aber bleiben einem viele Palazzi verschlossen, sofern man überhaupt weiß, um welche großen alten Häuser es sich handelt. Und weil auch die mächtigen Trümmer aus tiefer Vergangenheit stumm und unbeweglich sind, hat man manchmal den Eindruck, das Alte sei eben alt und unerreichbar, während das Neuere und Neue haltlos daran vorbeizieht.

Schön ist es, durch die Viertel fern des historischen Zentrums zu gehen. An der Via Ruggero Giovannelli im Viertel Pinciano liegt eine Tankstelle mit einer Garage, die in ein Gärtnerhaus eingesetzt ist, mit einiger Brutalität, denn die Garageneinfahrt ist groß. Zu ihrem Einbau hatte man die Fassade aufreißen müssen. Ich kam daran vorbei, als ich einmal von der Villa Borghese zur Villa Massimo ging, einem deutschen Kulturinstitut in Rom. Mitten in der Einfahrt zur Garage stand der Padrone, ein dicker Mann im weißen Unterhemd, die Zigarette im Mundwinkel. Das Haus, mit seinen fein geschwungenen Fensterbögen und sorgfältig herausgemeißelten Säulenprofilen, stammt vermutlich aus dem 16. Jahrhundert und ist in eine Mauer eingelassen, die womöglich ebenso alt ist. Sie umschließt den Garten der klassizistischen Villa Giorgina, die, im Jahr 1920 errichtet, ursprünglich Isaia Levi gehörte, einem Turiner Politiker und Unternehmer, Eigentümer der Schreibgerätefabrik «Aurora» und des Verlagshauses Zanichelli. Er war unter den Faschisten so wohlgelitten, dass er die Rassengesetze als «ebreo discriminato» («ausgewählter Jude») unangetastet überlebte.

In dieser Villa lässt Alberto Moravia «Die Gleichgültigen» spielen, seinen ersten, im Jahr 1929 veröffentlichten Roman, ein ausgesprochen schlüpfriges und oft unangenehmes Buch, das hauptsächlich davon handelt, wie ein paar Angehörige eines korrupten römischen Bürgertums sich gegenseitig hintergehen, in ökonomischer wie in sexueller Hinsicht: «Carla kam herein. Sie trug ein braunes Wollkleid, dessen Rock so kurz war, dass schon die Bewegung, mit der sie die Tür schloss, ihn eine Handbreit über die Strümpfe hochrutschen ließ», lauten die ersten Sätze des Romans, und sie sind Programm. Seit dem Jahr 1949 ist die Villa der Sitz der apostolischen Nuntiatur, der Botschaft des Vatikans in Italien und San Marino. Zweihundert Meter weiter, in Richtung Norden, hinter einer unscheinbaren Eisentür in der vorderen Ecke eines spitzwinkligen Wohnhauses aus dem späten 19. Jahrhundert, befindet sich der Eingang zu den Katakomben der heiligen Felicitas. Lange noch hätte ich hier gehen können, Tage, Wochen, Monate, und der Entdeckungen wäre kein Ende gewesen. Aber dann war ich müde.

*

«Il sorpasso» («Verliebt in scharfe Kurven», 1962) ist einer der berühmtesten italienischen Filme der sechziger Jahre. Er beginnt mit einer langen Autofahrt durch menschenleere Straßen. Der Ort ist Rom. Die Zeit ist Mitte August. Der Mann in seinem offenen Cabriolet ist auf der Suche nach Zigaretten. Doch die Geschäfte sind geschlossen, die Bars sind verriegelt, sogar bei den «tabaccherie» sind die Rollladen heruntergelassen. Ein jüngerer Mann (gespielt von Jean-Louis Trintignant) gesellt sich dazu. Er ist Nichtraucher, aber er begleitet Bruno Cortona (gespielt von Vittorio Gassman) auf seiner Fahndung nach Rauchzeug. Ein Drittel der Spielzeit ist schon vergangen, als Bruno endlich zwei Stangen Zigaretten in Händen hält. Sie sind das Glück – und selbstverständlich keine «Nazionali», nicht die schwarzen Krautstängel des italienischen Arbeiters, sondern «Chesterfield», feine amerikanische Zigaretten, wie Humphrey Bogart und James Dean sie geraucht hatten.

Über dem 20. Jahrhundert lag eine Wolke aus Tabakqualm, zumindest in den westlichen Gesellschaften. Man erinnert sich kaum mehr daran, aber es wurde überall geraucht, nicht nur in Restaurants, in Fernsehstudios und in Wartesälen, sondern auch in den Zügen, in den Konferenzsälen und in den Betten, in den Fluren der Krankenhäuser und in den Toiletten der Schulen sowieso. Über Italien muss diese Wolke dichter gewesen sein als über anderen Ländern. Denn hier gab es Romane, an deren Anfang Sätze stehen, die vermutlich schon in mittlerer Zukunft unverständlich sein werden: «Zwar weiß ich nicht, wie ich beginnen soll. Alle Zigaretten, die ich je geraucht habe, mögen mir beistehen», heißt es in Italo Svevos Roman «Zeno Cosini» aus dem Jahr 1923. «Sie glichen alle der einen, die ich hier in der Hand halte.» Inmitten der grauen Schwaden vollzog sich, an und mit den kleinen glühenden Rollen, eine Choreographie der Selbstzuwendung und Selbstvergewisserung, der Annäherung und der Zurückweisung, der Konzentration und der Entspannung, von der man nicht zu sagen wüsste, was an ihre Stelle getreten wäre. Um gar nicht erst anzufangen vom Trost und vom Beistand, den eine Zigarette gewährt, und von jenem Roman «Zeno Cosini», der angeblich aus dem (vergeblichen) Versuch des Erzählers entstand, sich das Rauchen abzugewöhnen: Er ist eines der großen Bücher der klassischen Moderne.

Italien fand spät zu den Zigaretten. Gewiss, es gab dort Wohlhabende und Weltläufige. Sie waren mit von der Partie, als man um das Jahr 1890 begann, fein geschnittenen Tabak in dünne Blätter Papier zu rollen und unter klingenden Namen wie «Macedonia» oder «Giubek» zu verkaufen. Der weitaus größte Teil der Bevölkerung, und das heißt: das Landvolk, rauchte nicht. Den Bauern fehlte das Geld, und wenn sie es dennoch taten, dann saugten sie an italienischen Zigarren: an dickbäuchigen, nikotinreichen, meist halbierten «Toscani», wie sie in den fünfziger Jahren noch Don Camillo rauchte, in sorgfältig abgemessenen und jeweils mehrere Tage auseinanderliegenden Rationen. Die Hinwendung zum Rauchen, die Industrialisierung und der langsam wachsende Wohlstand gehören zusammen: Erst um 1950 wurde in Italien so viel gequalmt wie zweihundertfünfzig Jahre zuvor in Großbritannien oder in den Niederlanden (knapp ein Kilogramm

Tabak pro Kopf und Jahr). Aber als dann die Leidenschaft für Zigaretten das Land ergriff, nach dem Zweiten Weltkrieg, geriet sie heftiger als in jedem anderen europäischen Land. Mit solcher Inbrunst wurde geraucht, dass die Kampagnen wider das Rauchen in diesem Land, verglichen etwa mit Deutschland oder gar mit den Vereinigten Staaten, erst mit einer Verspätung von zwanzig oder dreißig Jahren zu fruchten begannen – in den Neunzigern.

Der Schauspieler Marcello Mastroianni rauchte unentwegt, im Film wie im Leben. Die Publizistin Oriana Fallaci verglich die Versuche, das Rauchen in der Öffentlichkeit zu verbieten, mit der Verfolgung der Juden durch die Nationalsozialisten (sie starb an Lungenkrebs). Der Fernsehmoderator Gianfranco Funari ließ sich im Jahr 2008 (obwohl er das Rauchen aufgegeben hatte) mit drei Packungen Zigaretten und einem Feuerzeug begraben. Für den Schriftsteller Umberto Eco war das Schreiben so sehr mit dem Rauchen verbunden, dass er seine Zeitungskolumnen «La Bustina di Minerva» nannte, nach dem Streichholzbriefchen der Marke «Minerva», dessen weiße Innenklappe man für eine Notiz benutzen konnte. Und Mina, bis heute eine der erfolgreichsten italienischen Sängerinnen, verwandelte im Jahr 1966 einen amerikanischen Schlager in eine Hymne auf das Rauchen. «Fumoblu» heißt das Lied: «Fumoblu, fumoblu / Una nuvola e dentro tu» – «Blauer Rauch, blauer Rauch / Eine Wolke und darin du / Und dann, und dann, wenn ein Mann nach Rauch riecht / Aber ja, aber ja, dann ist er wirklich ein Mann / Und ich werde dich lieben, solange du willst / Weil du bist, wie du bist.» Wo anders als in Italien (mit Ausnahme von Frankreich: Jean Gabin und die «Gitanes») hätte eine so nutzlose, so flüchtige Tätigkeit eine derartige kulturelle Kraft entfaltet?

Warum aber gewann das Rauchen in diesem Land eine solche Bedeutung? Die Liebe zur Zigarette muss, so lautet die nächstliegende Antwort, ein Fall von nachholender Modernisierung gewesen sein, einer Bewegung, die außerdem so disparate Dinge hervorbrachte wie den italienischen Jazz, die Serienfertigung ebenso teurer wie elegan-

ter Kleidung (als Lieferanten für amerikanische Warenhäuser über-
flügelten die italienischen Schneider schon in den Fünfzigern ihre
französischen Konkurrenten), den Neorealismus im Film und den
«caffè americano». Das Bewusstsein, eine entscheidende Entwicklung aufholen zu müssen, führte offenbar zu einer besonders heftigen
Verehrung für die vermeintlichen Insignien des modernen Lebens.
Ein zweites Motiv meint der amerikanische Historiker Carl Ipsen in
einem spezifisch italienischen Verhältnis zum Risiko zu erkennen.
Es wird in Italien, nach dem beliebten Satz «me ne frego» («ist mir
egal»), gern «menefreghismo» genannt: Bruno Cortona, der dem
Nikotin verfallene Autofahrer in «Il sorpasso», erscheint in seinen
gewagten Überholmanövern als der prototypische Vertreter eines
Verhaltens, in dem die Freiheit am dafür zu bestehenden Abenteuer
gemessen wird, gleichgültig, worin die entsprechende Prüfung des
Helden besteht.

Es gibt aber noch ein drittes Motiv. Die Zigarette muss für viele
arme Italiener die erste Begegnung mit der Warenwelt gewesen sein,
lange bevor Coca-Cola die Tiefen der Po-Ebene oder die Höhen Kalabriens erreichte. Durch die Zigarette wurden sie zu Teilnehmern
eines anonymen, von Warenzeichen geprägten Marktes, der sich ansonsten in schwer erreichbaren Gütern wie Automobilen manifestierte. Deswegen ist es so wichtig, dass Bruno zwei Stangen «Chesterfield» findet. Dass die Zigaretten aus italienischer Produktion gegen
eine solche Marke nicht bestehen können, liegt nicht nur an ihrer
minderen Qualität, nicht nur daran, dass sich ihr Geschmack angeblich nicht mit dem der «hellen», heißluftgetrockneten Konkurrenz
messen konnte (deren Rauch weicher war und das heftige Inhalieren
begünstigte), sondern auch daran, dass die amerikanischen Marken
als leuchtende Produkte überlegener Wirtschaftsmacht erschienen –
denen man mit absoluter Loyalität begegnete.

Die einheimischen Zigaretten hingegen gingen alle auf denselben,
wenig glamourösen Hersteller zurück: auf das «Monopolio di Stato», die im Jahr 1861 gegründete staatliche Tabakgesellschaft, behei-

matet im römischen Stadtteil Trastevere. Das «Monopolio» sorgte dafür, dass zeitweise bis zu zehn Prozent des gesamten Steueraufkommens durch Rauchwaren erwirtschaftet wurden, was wiederum den Schmuggel beflügelte, der selbstverständlich den ausländischen Marken galt: Wenn Sophia Loren in ihren besten Zeiten in der ersten Episode des Films «Gestern, heute und morgen» aus dem Jahr 1963 in einer dunklen Gasse Neapels steht, um dort illegal importierte amerikanische und englische Zigaretten zu verkaufen, zeugt diese Geschichte nicht nur von der Attraktivität des Rauchens und der ausländischen Marken, sondern auch vom allgemeinen Einverständnis mit dem Schmuggel. Es muss deswegen einen tiefen Sinn haben, wenn die erfolgreichste italienische Zigarettenmarke der achtziger und neunziger Jahre, nämlich die «MS» – eine Nachahmung der «Marlboro» –, das Staatsunternehmen im Namen führt: «MS» ist die Abkürzung für «Monopolio di Stato». Sie wird aber zum Scherz oft als «morte sicura» ausgelegt, was «sicherer Tod» bedeutet.

Vielleicht war dieser Name von jeher ein Fall von Sentimentalität und Selbstironie. Denn das «Monopolio di Stato» wurde ab Mitte der neunziger Jahre in mehreren Schritten privatisiert, nachdem es unter anderem die Marke Marlboro in Lizenz hergestellt hatte. Die Reste des Unternehmens wurden im Januar 2004 an den britischen Konzern BAT verkauft. Zwar wird, nicht anders als in Deutschland, in Italien noch geraucht – vor allem im nach wie vor agrarischen Süden. Aber in dem Maße, in dem Italien zu den industrialisierten Ländern des Nordens aufschloss, verlor das Rauchen seine symbolische Kraft. Selten war ein italienisches Gesetz so erfolgreich wie das im Januar 2005 verhängte allgemeine Rauchverbot in öffentlichen Räumen. Und keiner scheint den alten Zeiten nachzutrauern, in denen man wie Bruno, der Abenteurer aus «Il sorpasso», das Rauchen für gesund hielt. Die Verbindung zwischen Zigarette und Modernität ist erloschen.

Unter dem Asphalt biegt sich die Pinienwurzel

Kampanien

*D*er Garigliano, ein kleines, trübes und an den Rändern von Schilf bewachsenes Gewässer, mündet an einem geschotterten Parkplatz bei Gaeta ins Tyrrhenische Meer, auf halber Strecke zwischen Rom und Neapel. Ein wenig oberhalb der Mündung stehen drei Brücken nebeneinander. Die älteste wurde im frühen 19. Jahrhundert errichtet. Sie wird immer noch von vier steinernen Sphinxen bewacht und ist durch hohe Tore verschlossen. Daneben führt eine schlichte Straßenbrücke aus den sechziger Jahren über den Fluss. Sie wird hauptsächlich vom Regionalverkehr genutzt. Zweihundert Meter weiter schließlich überspannt eine große Tragseilbrücke mit einer vierspurigen Schnellstraße den Garigliano. Sie stammt aus den neunziger Jahren und steht nach dem Einsturz der Autobahnbrücke in Genua im Sommer 2018 unter verschärfter Beobachtung, der zweifelhaften Belastung der Konstruktion wegen. Diese drei Brücken bilden Varianten eines Wegs, den die Via Appia vorzeichnete, und eine jede von ihnen ist ein nicht nur praktisches, sondern auch symbolisches Gebilde: Von der Antike bis ins frühe 20. Jahrhundert verlief die Grenze zwischen Latium und Kampanien, zwischen Mittelitalien und Süditalien vierzig Kilometer weiter nördlich. Dort stießen auch, über Jahrhunderte, der Kirchenstaat und das Königreich Neapel aufeinander. Mit der Gebietsreform, die Benito Mussolini im Jahr 1927 verfügte, wurde indessen der Garigliano zum Grenzfluss. Er ist es nach wie vor.

Am Ende seines Laufs fließt der Garigliano durch eine Bauernlandschaft, die für eine Grenze kaum zu taugen scheint. Der Fluss ist noch immer klein. Ein wenig weiter im Norden, bei Terracina, rücken die Berge so nah ans Meer heran, dass nur eine schmale Passage bleibt. Hat man sie passiert, ändert sich das Aussehen der Landschaft tatsächlich. Vorher war man durch ein weites, flaches Land gereist, durch die Pontinischen Sümpfe, die unter der Regierung Benito Mussolinis trockengelegt worden waren. Jetzt öffnet sich eine breite Bucht unter hohen Bergen, das Meer ist tiefblau, und heller Dunst liegt über einer grünen Niederung zwischen den Höhenzügen. Am Unterlauf zieht sich der Garigliano durch ein Becken, das auf beiden Seiten des Flusses eine große Obstplantage bildet, in der Orangen, Mandarinen und Zitronen wachsen. Hunderte von Bauernhöfen muss es hier geben, die meisten von ihnen in kleinen Weilern zusammengefasst. Im Winter werden die Früchte auch an der kleinen Straße verkauft, die sich in zahllosen Kurven allmählich die Höhenzüge hinaufzieht. Darüber erhebt sich, nach dreißig oder vierzig Kilometern, der Monte Cassino – und auf seiner Kuppe das Stammkloster der Benediktiner.

Mitten in dieser großen Landwirtschaft aber steht, inzwischen seines Schornsteins beraubt, ein Kernkraftwerk. Es wurde im März 1982 abgeschaltet, als die Kosten für eine dringend fällige Reparatur die Summe der zu erwartenden Erträge überstiegen, glänzt aber immer noch zwischen den Zitrusbäumen, weiß und fremd wie ein Raumschiff von einem anderen Stern. Das Reaktorgebäude, errichtet nach Plänen des Architekten Riccardo Morandi, der auch die eingestürzte Brücke in Genua entworfen hatte, steht unter Denkmalschutz.

Im Süden lag das Land eines alten, letztlich auf die Normannen zurückgehenden Feudalismus. Im Norden hatten die Stadtstaaten geherrscht. Am Ende bestand Italien aus lauter Flächenstaaten, meist unter fremder Herrschaft, mit dem Kirchenstaat dazwischen. Als Giuseppe Garibaldi im Oktober 1860 den von ihm eroberten südlichen Teil des Landes dem König von Sardinien-Piemont, Viktor Emanuel II., zu Füßen legte, begann nicht nur die Geschichte einer geeinten Nation, sondern auch die Geschichte einer inneren Kolonialisierung. Sie erreichte bald wissenschaftlichen Status: in Gestalt der Schriften des Mediziners Cesare Lombroso (1835 bis 1909), der die Unterlegenheit des Südens anthropometrisch nachzuweisen versuchte, aber glaubte, die vererbten schlechten Eigenschaften ließen sich durch Erziehung verbessern, und in Form des 1901 erschienenen Buches «Italiani del Nord e Italiani del Sud» des Soziologen Alfredo Niceforo. Darin wurde den Süditalienern eine grundsätzliche Neigung zum Verbrechen und zum Brigantentum zugesprochen. Das Buch löste eine Debatte aus, die auch nach Jahrzehnten noch nicht verklungen war. Der Journalist Guido Piovene, der in den fünfziger Jahren eine Art Bestandsaufnahme des Landes schrieb, kannte zu seiner Zeit mindestens zwei Kriterien für den Süden: Er beginne dort, wo die «Zeitung nicht mehr ins Volk dringt und selten in die Schicht der Arbeiter und Handwerker», also ein wenig nördlich von Neapel, oder dort, wo die Frauen auf ihren Köpfen Krüge balancierten, also im Cilento, der bergigen Küstenlandschaft südlich von Paestum. Sein Kollege Paolo Rumiz, der sich fünfundzwanzig Jahre später auf den Weg machte, um die Via Appia neu zu entdecken, unter Beton, Asphalt, Weizenfeldern und Gerümpel aller Art, hielt den Geruch von Tomatensugo für ein Zeichen, den Süden erreicht zu haben. Das häufige Auftauchen von Konterfeis des Padre Pio an Straßenecken und auf Verkehrsinseln dürfte indessen ein verlässlicheres Merkmal bilden.

Die alte Brücke über den Garigliano war, als sie von Ferdinand II., dem König beider Sizilien (das zweite – oder erste Sizilien – war Neapel), im Jahr 1832 eröffnet wurde, eine technische Sensation. Die ersten befahrbaren Kettenbrücken waren gerade erst in Großbritannien entstanden, und dieses Exemplar besitzt eine Spannweite von mehr als achtzig Metern. An dieser Stelle bewies der Süden, dass er es mit den industriell fortschrittlichsten Nationen Europas aufnehmen konnte. Im Zweiten Weltkrieg wurde der «Ponte Real Ferdinando» von deutschen Truppen zerstört, denn entlang des Garigliano verlief die «Gustav-Linie», die letzte Verteidigungslinie vor Rom, die von der Wehrmacht im Herbst 1943 über mehrere Monate gehalten wurde. Wieder aufgebaut wurde die Brücke in den neunziger Jahren, mit Mitteln der Europäischen Union und nicht nur als Industriedenkmal, sondern auch als Triumph der Einheit über die Teilung. Die Überquerung daneben, die schlichte Straßenbrücke, dokumentiert jedoch, dass so viel historische Reminiszenz auch etwas Unpraktisches sein kann (weil sie für den modernen Verkehr nicht taugt), während die neueste Brücke sowohl von einem Europa der großen Verkehrswege zeugt als auch von der Fragilität von Konstruktionen, in denen sich eine große Zukunft ankündigen soll.

Unter den Orangenbäumen, auf den Feldern, entlang den Straßen, die Hänge hinauf bis in die hohen Berge liegen mehr Trümmer vergangener Zeiten, als je ein Register erfassen könnte. Wenig bekannt sind die Ruinen von Minturnae, einer römischen Kleinstadt, die auf der nördlichen Seite des Garigliano unmittelbar vor den Brücken liegen. An der Via Appia, ein wenig entfernt, sind noch die Grenzstationen der Frühen Neuzeit zu erkennen, die päpstlichen wie die königlichen. Die Wehrmacht und die Alliierten hinterließen Gräben, Ruinen und Gefechtsstände aus Beton. Alberto Moravias Roman «La ciociara» («Cesira», 1957) spielt in dieser Gegend. Er erzählt von zwei Frauen, Mutter und Tochter, die im Sommer 1943, als der Krieg Rom zu erreichen droht, in die heimatlichen Berge oberhalb des Garigliano flüchten, was wider Erwarten bedeutet, dass sie der Front entgegenziehen und zwischen die Linien geraten: «Alles geschieht ohne zureichenden Grund; man macht einen Schritt nach links und wird totgeschossen, und wenn man stattdessen nach rechts geht, bleibt man am Leben.» Vor allem durch Vittorio de Sicas Verfilmung aus dem Jahr 1960, mit Sophia Loren und Jean-Paul Belmondo in den Hauptrollen, in der deutschen Fassung mit dem pathetischen Titel «... und dennoch leben sie» versehen, wurde die Geschichte weltberühmt. Allerdings ging die Wendung zum Melodram auf Kosten ihres historischen Gehalts.

Sollte Italien eines Tages auseinanderbrechen (was jedenfalls nicht bald geschehen wird) in einen Norden, zu dem, mehr aus politischen und symbolischen denn aus ökonomischen Gründen, wahrscheinlich auch die Hauptstadt Rom gehören würde, und einen Süden, der seiner vermeintlichen Rückständigkeit zu überlassen wäre, so geschähe es wieder an diesem Fluss. Doch weil alle Grenzen, die es in der Vergangenheit gab, eine Neigung haben, irgendwann wiederzukehren, ist eine neuerliche Teilung Italiens langfristig keineswegs ausgeschlossen. Längst schon fordert Kampanien die gleiche Art von regionaler Autonomie, wie sie die Lombardei, die Emilia Romagna und Venetien bereits für sich reklamiert hatten – eine Autonomie, die sich, wenn je realisiert, auf die Steuerhoheit, die innere Sicherheit und den Umgang mit Immigranten erstrecken soll. Dieses Streben nach relativer Unabhängigkeit ist in einem Staat, dessen Zusammenhalt von Transferleistungen abhängt, ein riskantes Unternehmen, und es ist umso gefährlicher, als sich am Garigliano auch die Wählerschaften trennen: Es gibt die Parteien des Nordens, zu denen die «Lega» gehört, und es gibt die Parteien des Südens, den «Movimento 5 Stelle» vor allem.

Vor einigen Jahren publizierte die italienische Zentralbank eine Studie, die sich der Beständigkeit regionaler Kulturen widmet, gemessen an Besonderheiten, die vornehmlich Süditalien zugeschrieben werden: an der relativen Menge von Wirtschafts- und Eigentumsdelikten, an der Alphabetisierungsrate, an der Zahl der Ehescheidungen, an Betrügereien bei Schulprüfungen in Mathematik und am Gebrauch lokaler Dialekte. Die Resultate dieser Studie sind überraschend eindeutig: Der Süden scheint nach wie vor die Heimat des «Lazzarone» zu sein, des auf dem Lande, in beinahe vorindustriellen Verhältnissen lebenden Proletariers, der ein kompliziertes Verhältnis zur Arbeit wie zur Eigentumsordnung unterhält und zum Kernbestand des Klientelismus gehört. Doch ist der «Lazzarone» offenbar eine geographisch bewegliche Gestalt: In den knapp hundert Jahren, die seit der Verschiebung der politischen Grenze zwischen Mittelitalien und Süditalien an den Garigliano vergangen sind, zog auch die Grenze zwischen den regionalen Kulturen nach Süden. Dabei verstärkte sich der Verlust an «sozialem Kapital» (damit sind Respekt oder Anerkennung gemeint, aber auch Beziehungen und Handlungsmöglichkeiten), den der Süden hinzunehmen hatte, über das proportionale Maß hinaus. Der Süden wurde also, in kulturellen Kategorien betrachtet, immer südlicher. Und mehr noch: Ein Süden lässt sich erschaffen, auch dort, wo es ihn zuvor nicht gab.

Wenn aber die Grenze zum Süden mehr kultureller als politischer oder ökonomischer Natur ist, und wenn man den Süden herbeirufen kann: Was bedeuten solche Unterscheidungen dann tatsächlich? Sie bedeuten zum einen, dass der Norden des Südens als einer ewig zurückgebliebenen, der Moderne im Grunde verschlossenen Gegend bedarf, als Spiegel seiner Überlegenheit und als Entschuldigung für seine Unvollkommenheit (weil der Süden trotz allem noch mitgetragen werden muss). Sie bedeuten zum anderen, dass sich aus der Unterlegenheit ein eigenes Selbstbewusstsein ableiten lässt, eines, das sich in seinen Mängeln und in seinen Unsicherheiten einrichtet und aus instabilen Verhältnissen eine eigene Stabilität gewinnt. Immer wieder erscheint der Süden als das eine große Hindernis, das Italien in der Entwicklung zu einem der ökonomisch und politisch mächtigsten Staaten in Europa zurückhält, der Armut wegen, der Arbeitslosigkeit, der Bindung an die Landwirtschaft und der Korruption wegen. Und immer wieder wird eine spezifisch süditalienische Mentalität dafür verantwortlich gemacht. Der Süden erscheint vielen als versinkende Gegend und aufgegebenes Land, in dem angeblich nur die Alten, Dummen und anderswie Untauglichen zurückbleiben, wobei sie dem Rest der Welt immerhin den Gefallen tun, sich kaum noch fortzupflanzen. Aber es mag sein, dass die Verhältnisse anders liegen:

so nämlich, dass der Süden nur der Süden ist, weil auch der Norden nur der Norden ist, und umgekehrt.

*

Von den Inseln Ischia und Procida im Nordwesten über die Stadt Neapel und den Vesuv bis hin zur Halbinsel von Sorrent und zur Insel Capri schwingt sich die Bucht in einem weiten Bogen. In der Mitte dieser bewegten Landschaft liegt ein Meer, groß genug, dass man darauf in Seenot geraten kann, klein genug, dass es wirkt, als wäre es das Parkett eines Theaters, in dem Neapel die Bühne darstellt und die Berge die Ränge bilden. Fruchtbar ist die Ebene, die sich nach Norden und nach Osten erstreckt, Zitronen wachsen dort und seit dem 16. Jahrhundert auch Kartoffeln, und hier lag der wichtigste Hafen des römischen Kaiserreichs, eine Region des Luxus und der Dekadenz. Wohl nur noch eine andere Landschaft lässt sich denken, die auf eine ähnlich tiefgehende, ebenso literarische wie historische Weise erlebt wurde und noch immer erlebt wird, von unzähligen Menschen vieler Generationen: Palästina, der Schauplatz des Neuen Testaments.

Von allen Landschaften, die ich in Italien gesehen habe, bleibt mir die Umgebung Neapels als die fremdeste Gegend im Sinn. Die «terra di lavoro» galt den Kulturreisenden des 17. und 18. Jahrhunderts als die schönste Landschaft der Welt. Jetzt aber ist es, als habe das Bewusstsein, in der gefährlichen Nähe eines nach wie vor aktiven Vulkans zu wohnen, eine Bereitschaft freigesetzt, auch in jeder anderen Hinsicht in prekären Verhältnissen leben zu können. Diese Mischung geht über das im «globalen» Süden übliche Ineinander von Baufälligkeit und Beliebigkeit hinaus. Der Wandel erfolgte im Zuge einer Kapitalisierung aller Verhältnisse unter den Voraussetzungen des Klientelwesens. Deshalb stellt sich die Landschaft heute dar als ein unendliches Ineinander aus Straßen mit einer mehr oder weniger geschlossenen Randbebauung, meist ein- oder zweistöckig, durchzogen von den orangeroten Bändern, mit denen in Italien die Baustellen markiert werden. Als eine wildwuchernde Agglomeration, bestehend aus landwirtschaftlichen Betrieben hinter Zäunen, Villen mit Swimmingpools, Gemüsegärten, Apartmenthäusern, Bambusgebüsch, aus Industriebauten, Brachflächen, Eisenbahn- und Straßenüberquerungen aus Beton und, unübersehbar, aus Müllkippen aller Art, zwischen denen Tomaten angebaut werden und zwischen denen die schwarzen Rinder, deren Milch man für die Herstellung der «Mozzarella di Bufala» braucht, in offenen Hallen stehen. «Unbeachtet von der großen Stadt, betrogen von einer ebenso korrupten wie trägen öffentlichen Verwaltung, betrogen von immer denselben volkstümlichen Illusionen, ist die ‹Stadt am Vesuv› eine der Gegenden Italiens, in denen man am schlechtesten lebt», erklärt die Schriftstellerin Maria Pace Ottieri.

Gewiss, es gibt die gelbgrauen Berge, die, weitgehend baumlos und von Macchia bestanden, stets den Hintergrund bilden. Aber sie ordnen die Landschaft nicht. Und so steht in der Nachbarschaft des Königsschlosses von Caserta eine gewaltige Zementfabrik, und es gibt so merkwürdige Orte wie Castel Volturno, eine Stadt am Meer, wo in den sechziger und siebziger Jahren Tausende von illegalen Ferienwohnungen errichtet wurden, die nun verfallen (nach dem Erdbeben von 1980 waren in vielen Hotels der Gegend Obdachlose untergebracht worden), und wo Nigerianer die Mehrheit der Bevölkerung zu bilden scheinen. Es gibt kleine Städte wie Casal di Principe, wo die Gemeindeverwaltung in den vergangenen Jahren dreimal durch ein staatliches Dekret aufgelöst wurde, ihrer Verbindungen zur Camorra wegen, oder wie Torre d'Annunziata, wo heute angeblich die besten Nudeln Italiens hergestellt werden, wo man aber die barocken Villen erst zwischen dem verfallenden Beton der jüngsten Jahrzehnte suchen muss, um eine Vorstellung davon zu gewinnen, dass es hier, vielleicht vor gar nicht langer Zeit, einmal völlig anders ausgesehen haben muss.

In welcher Weise dieser Teil des Landes seine bürgerliche Bestimmung zu verfehlen scheint, lässt sich, möglicherweise, am Müll erkennen, der sich an manchen Tagen an den Straßenrändern türmt.

Gleichermaßen kann der Zustand der öffentlichen Verkehrsbetriebe als Beleg dafür herangezogen werden, dass hier ein ganzes System verrottet ist. Oder es sind die Schlaglöcher, oder die durch Pinienwurzeln aufgebrochenen Asphaltbahnen, die angeblich zu beweisen scheinen, dass Neapel mitsamt seinem Hinterland die höheren Grade einer technischen Kultur kaum je erreichen wird. Vielleicht ist das so, doch warum sollen für Kampanien dieselben Maßstäbe gelten wie für Helsinki, Stuttgart oder Ottawa? Und es gibt ja durchaus einen bürgerlichen Gemeinsinn in Italien, erkennbar nicht nur daran, dass auch in der Umgebung Neapels der Müll getrennt wird (unabhängig davon, dass man ihn möglicherweise nachher wieder zusammenkippt), sondern etwa auch an «Italia Nostra», einer im Jahr 1955 gegründeten Bürgerinitiative mit mehr als zweihundert lokalen Organisationen (darunter einem Ortsverein in Caserta), die sich die Erhaltung und Pflege der historischen Stätten und Landschaften Italiens zum Ziel gesetzt haben. Nur scheint dieser Gemeinsinn, an manchen Orten zumindest, wenig praktische Wirkung zu zeitigen.

Für solche Zustände hat man in den Ländern des Nordens eine scheinbar einfache Erklärung gefunden: In Italien sei die Zivilgesellschaft nicht genügend ausgebildet. Es gebe zu viel Korruption, die Bürokratie sei umständlich und langsam, und der Staat könne sich nicht hinreichend durchsetzen. Die Schwäche dieser Erklärung besteht darin, dass sie die Gegebenheiten Süditaliens an Verhältnissen misst, wie sie im Norden des Landes oder erst recht nördlich der Alpen herrschen. Diese Gegebenheiten sind jedoch grundlegend anders. Zu bedenken wäre, ob sich in Italien, einem Land, dem man ja industrielle Leistungskraft keineswegs absprechen kann, nicht eine schlechtere, sondern vor allem eine andere Form von Modernität herausgebildet hat. Je weiter man nach Süden kommt, desto mehr jedenfalls erscheint die Gesellschaft in Gestalt von Bünden (vor allem verwandtschaftlicher Art) oder Kooperativen organisiert. Sie sind in sich hierarchisch geordnet, gelten aber untereinander als mehr oder minder gleichrangig, was lange Verhandlungen nach sich zieht, in jeder Frage, und wenn dann eine Entscheidung fällt, ist damit noch lange nicht gegeben, dass sie wirklich gilt.

Korporativ verfasste Gesellschaften können sich im Hinblick auf ihre ökonomische Effizienz, das heißt: auf den potenziell darin entstehenden Reichtum und die darauf sich gründende öffentliche Ordnung, nicht mit entfalteten Demokratien in industrialisierten Staaten messen, schon deshalb nicht, weil solchermaßen segmentäre Gesellschaften relativ immobil sind. Andererseits erweisen sie sich in Krisenzeiten als wesentlich stabiler als staatliche Organisationsformen, was etwa auf Familien ebenso zutrifft wie auf Dörfer. Außerdem gehört zu diesem sogenannten Klientelismus vieles, was Nordeuropäer an Italien bewundern: der Bürgermeister, der seine bürgerliche Existenz aufs Spiel setzt, um Flüchtlinge aufzunehmen, was ihm die nationale Regierung verbietet, oder der Busfahrer, der bis zum letzten angekündigten Fahrgast wartet, obwohl die offizielle Abfahrtszeit längst verstrichen ist. Und überhaupt: Wer wäre nicht geschmeichelt, wenn er beim zweiten oder dritten Besuch in einer Osteria wie ein Stammgast empfangen und mit etlichen Privilegien ausgestattet würde, während man doch beim ersten Mal sehr kalt behandelt worden war. Zunächst sehr unfreundlich wirkende Lokale werden angenehm, wenn der Kellner einen Gast scheinbar in sein Herz geschlossen hat.

Was eine segmentäre gesellschaftliche Ordnung praktisch bedeutet, lässt sich ermessen, wenn man in den ratternden, verschlissenen, mit Graffiti übersäten Zügen der Ferrovia Circumvesuviana unterwegs ist, nach Baiano zum Beispiel, oder auch zu den antiken Stätten in Pompeji. Alle neunzig Sekunden hält ein solcher Zug, und an jedem Bahnhof hat man den Eindruck, die Insassen seien eine Ressource, um die zahlreiche Akteure verhandeln, wenn nicht kämpfen müssen – der Inhaber des Kiosks, ein Barista, der Besitzer der Eisdiele, ein Pizzabäcker (Pizza auf großen Blechen, «al taglio») sowie fliegende Händler in großer Zahl, die meisten davon offenbar Flüchtlinge.

Vielleicht, denkt man sich dann, gilt, was man an einem kleinen Bahnhof beobachten kann, auch im Großen, für den Umgang mit dem Müll beispielsweise. Denn auch beim Müll ist es so, dass ein öffentlicher Akteur – also etwa ein besonders ehrgeiziger und technikaffiner Bürgermeister von Neapel – auf etliche halböffentliche Akteure – die Betreiber der Müllkippen, die Transportfirmen – trifft, und beide Seiten haben, auch in den Augen der Bevölkerung, ihr jeweiliges Recht (was im Übrigen keine italienische Besonderheit wäre). Auf diese Weise jedenfalls entstand die große neapolitanische Müllkrise der Jahre 2007 und 2008, der ein gescheiterter Versuch zugrunde lag, die Verwertung von Abfällen zu industrialisieren, und von der es dann in großen Teilen der Weltpresse hieß, sie sei ein Werk der Camorra. Überhaupt dient der Begriff «Camorra», vor allem in der ausländischen Presse, oft dazu, die politischen Unterscheidungen außer Kraft zu setzen. Doch schafft die Mafia solche Verhältnisse nicht, auch wenn sie sich in ihnen entfaltet und womöglich zu ihrem mächtigsten Akteur wird.

Zugleich gibt es unzählige Menschen, auch mitten in solchen belasteten Zonen, die sorgfältig ihren Müll trennen, und sei es, weil sie damit ein Zeichen gegen die Korruption der öffentlichen Sitten setzen wollen. Manchmal haben sie sogar Erfolg damit, und die Kommune beginnt, ihre Verhältnisse zu ordnen: Zum Schluss wird eine Statue des Heiligen Herzens Jesu auf die ehemalige und nunmehr gesäuberte illegale Müllkippe gesetzt, und an dieser Stelle herrscht Eintracht. Oft aber treten die gesellschaftlichen Ideale – vertreten durch «Italia Nostra» oder durch die Anhänger einer linksdemokratischen Vision von Gemeinsinn – und die italienische Realität weit auseinander. Daraus wiederum entstehen ein Vorbehalt, ein Misstrauen und eine Unzufriedenheit mit den herrschenden Zuständen, wie es sie in solcher Deutlichkeit in keinem anderen Land der Welt geben dürfte.

Schwer vorstellbar ist jedenfalls, dass irgendwo anders die bedeutendste Dichtung eines Landes aus einem Strafgericht über ebendieses Land bestünde. «Schmerzensstätte» wird es genannt, «Schiff ohne Bootsführer im großen Sturm» oder «Bordell», und solche Ausdrücke finden sich in Dante Alighieris «Göttlicher Komödie» in großer Zahl. In den siebenhundert Jahren, die vergangen sind, seit der Dichter dieses Werk abschloss, haben sich die Meinungen, die Italiener über ihren Staat und ihre Gesellschaft hegen, kaum geändert – was nicht heißt, dass man sie sich als Ausländer in Italien zu eigen machen dürfte, jedenfalls nicht Italienern gegenüber.

*

Als der Marquis de Sade im Jahr 1779 den Bericht zu einer Reise durch Italien veröffentlichte, die er vier Jahre zuvor hatte unternehmen müssen, war ihm zu den Trümmern von Pompeji der Satz eingefallen: «In welchen Händen befinden sie sich, großer Gott! Warum schickt der Himmel solche Reichtümer an Menschen, die sie so wenig zu schätzen vermögen?» Seitdem hat sich offenbar wenig geändert, auch in jüngster Zeit. Immer noch stürzen die Mauern ein, wenn es zu viel regnet. Es fällt Putz von den Wänden; gelegentlich kollabiert sogar ein Haus. Die letzten Tage von Pompeji scheinen immer wieder neu zu beginnen, und jedes Mal ist die Aufregung groß. Die Proportionen geraten dabei aus dem Blick. Wer erinnert sich daran, dass Pompeji im August und September 1943 von den Alliierten bombardiert wurde? Vergessen ist, dass der damals entstandene Schaden ungleich größer war als jede Zerstörung, die dem Ruinengelände seit Mitte des 18. Jahrhunderts zugefügt wurde, als spanische Ingenieure begannen, in den Feldern Kampaniens nach antiken Schätzen zu graben, um die in Neapel herrschenden Bourbonen mit Antiquitäten zu beliefern.

Die Erschließung und Erhaltung Pompejis ist eine prekäre und von großen Verlusten begleitete Angelegenheit, bis hin zu den eher missratenen Versuchen, etwa die Schäden des Erdbebens vom November 1980 zu reparieren, und vermutlich auch darüber hinaus bis in die jüngste Zeit. Über vierzig Hektar umfasst die Grabungsstätte, weit über tausend Gebäude stehen darin. Zu beherrschen ist dieses Gelände nicht. Daher stellt sich bei jedem Versuch, Pompeji zu retten, die Frage, ob die Ernte der Jahrtausende tatsächlich im Lauf von ein paar Jahrzehnten, höchstens von zweieinhalb Jahrhunderten eingesammelt werden muss. Ein Drittel der Ruinen liegt noch unter der Erde, und nachdem man in den fünfziger Jahren aufgehört hat, in großem Maßstab zu graben, wird das wohl auch so bleiben. Vielleicht wäre es besser gewesen, man hätte einen solchen Beschluss schon früher gefasst.

Gegen Ende des 18. Jahrhunderts war die Schatzsucherei in Pompeji beendet worden, mehr oder weniger, denn ausgestorben ist der auf Altertümer spezialisierte Dieb bis heute nicht. Danach wurde nach den jeweils geltenden archäologischen Maßstäben gegraben, und so kam auf der einen Seite die Wissenschaft des römischen Altertums voran – auf der anderen Seite entstand eine lebhafte Vorstellung, wie die Menschen in der römischen Antike lebten. Je mehr Häuser freigelegt, je mehr Hausrat, Schmuck und Skulpturen gefunden wurden, desto heftiger vermehrten sich nicht nur die Pompeji gewidmeten Bilder, sondern auch die Reproduktionen und Nachahmungen von Artefakten aus Pompeji – angefangen bei nachgemalten Fresken und kopierten Skulpturen über imitierten Schmuck bis hin zu nachgebauten Möbeln, ja ganzen Häusern, und nachgeschneiderten Kleidern: In Weimar, Paris, Berlin, auf englischen Landsitzen und in schwedischen Schlössern, überall wurden Filialen der alten, nur scheinbar toten Stadt eingerichtet. Kaum ein anderer Ort auf der Welt hat die Phantasie so sehr beschäftigt, wurde in der Kunst so oft gestaltet, so oft erzählt, in Töne gesetzt und in Mode verwandelt, so gründlich nachgebaut und nachgelebt wie diese römische Kleinstadt an den Hängen des Vesuvs, die im Spätsommer des Jahres 79 n. Chr. unter Bimsstein und Asche verschüttet wurde. Gäbe es überhaupt nur ein Weltkulturerbe, dann wäre es diese Totenstadt.

Wenn die souverän gewordenen Vereinigten Staaten von Amerika oder das revolutionäre Frankreich sich eine römische Gestalt gaben, war das ebenso wenig eine Verkleidung, wie die Auftritte der Damen des Empire als Ariadne oder Erigone nur Kostümierung waren: Hier gab es ein Modell, wie eine neue Zeit hätte aussehen können, von der man nur wusste, dass sie angebrochen war, ohne jedoch schon eine ihr eigene Form angenommen zu haben. Die antike Lebenswelt war nicht nur Vergangenheit, sondern zugleich etwas, das kommen sollte, in einer entfalteten Gesellschaft der Bürger und mit großen persönlichen Freiheiten, zu denen, keineswegs an letzter Stelle, auch die sexuelle Libertinage gehörte. Und wenn Edward Bulwer-Lytton in seinem Roman «The Last Days of Pompeii» («Die letzten Tage von Pompeji», 1834) das große christliche Strafgericht über das antike Lotterleben veranstaltete, dann blieb darin noch genug von Letzterem übrig, um auch die Neugier zu bedienen.

Auch die Gipsfiguren, die aus den Hohlformen gegossen wurden, die von sterbenden Menschen in der heißen Asche des Vesuvs gebildet worden waren, gehören in diesen Zusammenhang des möglicherweise Lebenspraktischen. Es gibt Hunderte von ihnen, in bizarren Körperhaltungen, gekrümmt und verzerrt, in der Gestalt, in der sie in ihren jeweiligen Versuchen, dem Tod zu entkommen, vom Bimsstein erschlagen und von der Asche erstickt worden waren. Seit Mitte des 19. Jahrhunderts, als solche Figuren erstmals entstanden, waren diese Totenbilder in besonderer Weise mit der Bedeutung Pompejis verknüpft: Denn in ihnen reicht das vergangene Leben beinahe unmittelbar an das gegenwärtige heran. Es gibt keinen anderen archäologischen Gegenstand, in dem Vergänglichkeit so grausam sinnlich erfasst worden wäre.

*

Wer verstehen will, was das organisierte Verbrechen für Italien bedeutet, muss nicht nur im Kleinen anfangen, sondern auch weit diesseits der Kriminalität, zum Beispiel auf dem Markt, wie es ihn in allen Teilen des Landes, in allen kleinen und großen Städten gibt, manchmal nur einmal die Woche, oft aber als stationäre Einrichtung. In den Ländern nördlich der Alpen sind solche Märkte, wenn nicht verschwunden, so doch von Supermärkten an die Seite gedrängt worden. In Italien bleiben sie lebendig, auch in Gestalt der Buden, in denen Kleidung, Hausrat oder Sportgeräte erworben werden können. Der Besucher aus dem Norden durchstreift diese Märkte mit Neugier und Bewunderung. Sie erscheinen ihm, vor allem, wenn es um so verderbliche Genüsse wie Gemüse, Obst, Käse, Fleisch oder Fisch geht, als Inbegriff eines authentischen, unmittelbar mit dem Land (oder dem Meer) und seinen Produkten verknüpften Handels. Der Supermarkt stellt sich dagegen als Ausdruck einer anonymen Warenwirtschaft dar. Bei der Vermutung, dass der Radicchio oder die Dorade über kurze Wege und persönliche Beziehungen auf den Marktstand kamen, mag es letztlich um einen Glauben gehen, der eine reale Grundlage haben mag oder auch nicht. Anders ist es mit der Beziehung zwischen dem Händler und seinem Kunden: Sie ist real, sie ist alles andere als anonym, und sie geht, zumindest nach einiger Zeit, auf der Seite des Kunden mit Vertrauen und auf der Seite des Händlers meist mit einem Rabatt einher. Man kann dieses Verhältnis auch abstrakter ausdrücken: Der Grund, warum in Italien die offenen Märkte nicht verschwinden, besteht in der ungebrochenen Herrschaft des Klientelismus über die Institution. Selbstverständlich ist deswegen stets das Bargeld das Zahlungsmittel der Wahl.

Im Sommer 2010 veröffentlichte der Journalist Attilio Bolzoni in der römischen Tageszeitung «La Repubblica» eine Reportage, in der er die Wege einer kleinen Lieferung von Kirschtomaten verfolgte, die von einem kleinen Hof bei Sperlonga stammten. Ein Bauer namens Antonio brachte seine Ernte am frühen Morgen zum Großmarkt nach Fondi, und er zahlte dem Verwalter der Halle das übliche Bestechungsgeld von zwei bis vier Prozent des Warenwertes. Vom Großhändler erhielt er fünfundachtzig Cent pro Kilo. Der ließ die Tomaten nach Mailand bringen, von wo sie als Beiladung – «ich mache Ihnen einen guten Preis für die Bananen, wenn Sie mir auch eine Lieferung Tomaten abnehmen» – nach Fondi zurückkehrten. Zum Schluss wurden die Tomaten an einem Gemüsestand an der Landstraße nach Sperlonga angeboten, nach drei Tagen Reise, zwei Kilometer von Antonios Hof entfernt, zu einem Preis von 2,58 Euro pro Kilo. Aufrechterhalten werde ein solches System, so Attilio Bolzoni, vor allem über die Transportunternehmen, die direkt mit den Großhändlern zusammenarbeiten (wobei es sich im Fall dieses Systems, obwohl es alle Erwartungen an Italien erfüllt, nicht um eine italienische Spezialität handeln dürfte). Bolzoni nannte die Verdienstspannen, er nannte die Familien. Viele Jahre später erscheinen immer noch Berichte über den Einfluss der Mafia auf den Gemüsemarkt von Fondi, über Prozesse und neue Verhaftungen, und immer noch geht es um dieselben Namen.

Die Klientel ist das Fundament aller mafiösen Tätigkeiten. Der Klientelismus war immer schon da gewesen, um Institutionen durch persönliche Beziehungen zu ersetzen. Innerhalb dieser Beziehungen funktioniert er genealogisch. Er lässt sich also vererben (was unter anderem an den vielen italienischen Schimpfwörtern zu erkennen ist, die den Müttern oder den Ahnen gelten). Er ist etwas Allgemeines, in einem so weiten Sinn, dass die gängigen Bilder von der Mafia als Krake, Krebsgeschwür oder Monster als Ideologie erscheinen müssen: «La mafia siamo noi», sagt der römische Journalist Sandro De Riccardis, «die Mafia sind wir.» Sie ist nicht parasitär, sondern gehört zur Struktur einer Gesellschaft. Schon die Behauptung, die Mafia habe eine Gesellschaft «infiltriert», beruht auf einer Idealisierung dieser Gesellschaft. Entscheidend dagegen ist das Prinzip der «instrumentellen Freundschaft», und diese gibt es überall – wenngleich man hinzufügen muss, dass die Bereitschaft, solche Freundschaften mit kriminellen Mitteln durchzusetzen, regional oder national durchaus unterschiedlich ausfällt, in Abhängigkeit von einem Staat etwa, der das Gewaltmonopol in gewissen Dingen und in gewissen Regionen nicht zu behaupten vermag und es zuweilen, wie die Vielzahl der verurteilten Politiker und Funktionäre zeigt, auch gar nicht will.

Der Mafia ist, in jeder Gestalt, ob sizilianisch oder neapolitanisch, kalabrisch oder nigerianisch, nicht nur etwas Mörderisches, sondern auch, insofern das Morden nie aufhört, etwas Selbstmörderisches zu eigen. Am Ende sind meistens alle tot, gewaltsam ums Leben gebracht. Das liegt nicht nur daran, dass die Mafia das Gewaltmonopol des Staates nicht gelten lässt und der Übergang von der Erpressung zur Körperverletzung oder Schlimmerem fließend ist, und es liegt auch nicht nur an einem verschärften Kult der Männlichkeit, in dem man sich im Angesicht des Todes zu behaupten hat. Es liegt auch daran, dass es ihr so gut wie nie gelingt, lange und klare Erbfolgen zu schaffen. Außerdem ist die Loyalität eines jeden Mitglieds eine prinzipiell unsichere Sache: Es kann illoyal sein, auch wenn es stets treu und ergeben zu sein meint.

Aus dieser Erkenntnis schöpfte der neapolitanische Journalist und Schriftsteller Roberto Saviano den Stoff für eine Reihe von Werken, die im Jahr 2006 mit «Gomorrha», einem Sachbuch mit romanhaften Zügen, begann und die seitdem das öffentliche Bild der Mafia bestimmt. In diesen Büchern wird, so scheint es, das Wirken des organisierten Verbrechens sichtbar, in seiner ganzen Breite und Tiefe, bis weit in die Gesellschaften des Nordens hinein. Aber es geschieht noch mehr: Weil Roberto Saviano die Ereignisse der neapolitanischen Mafiakriege der Jahre um 2004 verdichtet und deswegen die Motive der handelnden Personen verkürzt, verwandelt sich die Camorra in eine Art Medium, welches das allgegenwärtige, abgrundtief Böse der Welt eher nur zum Vorschein bringt, als dass sie es selber wäre. Deshalb ist die Veranschaulichung der Gewalt so wichtig, die, oft bis in Extreme von Sadismus und Blutrünstigkeit getrieben, die Geschäfte der Mafia in Buch und Film begleitet: «Man fand ein ausgebranntes Auto, eine Leiche hinter dem Lenkrad. Ein Körper ohne Kopf. Der lag auf der Rückbank. Sie hatten ihn geköpft. Nicht mit einem glatten Axthieb, sondern mit der Flex: mit dem Trennschleifer, den man zum Glätten oder Trennen von Schweißnähten verwendet.» Savianos Bücher nehmen, indem sie ein Bild absolut lebensfeindlicher Verhältnisse entwerfen, unübersehbar Züge des «Giallo» an, der italienischen Variante des Kriminalromans. Zum «Giallo» gehören die verworrene Handlung, die Neigung zur Brutalität und zu allerhand Unappetitlichem wie auch die Dominanz von Ambiente und Atmosphäre über Schlüssigkeit und Szenenfolge. Manche Passagen sind der «exploitation», der Darstellung von Gewalt um der nackten Schaulust willen, gar nicht fern. Abscheu und Faszination, Albtraum und Wunschtraum liegen hier eng beieinander.

Die Mafia ist erstens eine deutliche Erinnerung daran, dass alle Formen kapitalistischer Warenwirtschaft, wie zivilisiert und vermittelt sie auch immer erscheinen mögen, auf Raub und Ausbeutung zurückgehen. Sie lässt zweitens sichtbar werden, dass der Schutz des Einzelnen vor physischer Gewalt nicht selbstverständlich ist. Er wird durch ein staatliches Monopol gewährleistet, das seinerseits nicht nur mit Gewalt droht, sondern sie auch anwendet, um sich durchzusetzen. Und drittens lebt in der Mafia, obwohl sie sich längst auch in den Zentren des Reichtums etabliert hat, immer noch eine Geschichte der Armut fort, ein Wissen darum, dass man sich in der Not leichter behauptet, wenn man sich zu einer Bande zusammenschließt. Die Mafia ist ein Angriff auf die öffentliche Ordnung, der von dem Bewusstsein für das Prekäre dieser Ordnung getragen wird – und der sich ebendeshalb selbst als Ordnung darstellt: in Gestalt der Vorstellung etwa, dass man, weil die staatliche Gewalt ungerecht sei, zuweilen selber ungerecht sein müsse. So kommt es, dass die Mafia zwar Züge einer terroristischen Vereinigung trägt, zugleich aber selbst wie ein Staat funktioniert, mit festen Hierarchien, mit einer Gerichtsbarkeit, einer Bürokratie und einem entwickelten Steuerwesen.

Es gibt eine Folge der Fernsehserie «The Sopranos» (sechste Staffel, achte Folge, zuerst gesendet im April 2006), in der zwei Mafiosi versuchen, in einem Kaffeehaus, das Starbucks ähnelt, das in New Jersey übliche Schutzgeld einzutreiben. Sie scheitern. Denn so, wie in allen Filialen der Firma Starbucks das gleiche Modell einer Kaffeemaschine (es heißt «Mastrena») arbeitet, ein vollautomatischer, auf Tastendruck funktionierender Apparat, der von der Schweizer Firma Thermoplan hergestellt wird, so gehorcht auch die Ökonomie einer jeden Filiale demselben betriebswirtschaftlichen Programm. Jede Kaffeebohne sei an diesem Ort abgezählt und mit einem Preis versehen, erklärt der Manager des Kaffeehauses den beiden verblüfften Gangstern, da gebe es keinen Platz für kreative Buchführung. Die Episode ist von philosophischer Tiefe.

Die Gemeinschaft der verlorenen Seelen

Neapel

*D*er kürzeste und schnellste Weg, um aus der Altstadt von Neapel hinauf zum Capodimonte zu kommen, ist die Via Santa Teresa degli Scalzi. Sie setzt die Via Toledo, die Prachtstraße der spanischen Vizekönige, nach Norden fort und ist genauso gerade. Auf halber Strecke, bevor sie den Hügel mit dem Schloss der Bourbonen erreicht, führt sie über eine Brücke. Diese ist nicht lang, nur wenig mehr als hundert Meter. Doch ist sie von großer Bedeutung, und zwar nicht nur, weil sie die Unterstadt, mit dem Hafen und den zentralen politischen wie kulturellen Einrichtungen, und die nördlichen Stadtteile Neapels verbindet. Sie isoliert auch den Stadtteil Sanità. Dieser liegt in einer Senke, die man früher durchqueren musste, um auf den Hügel zu kommen. Seit es diese Brücke gibt, also seit gut zweihundert Jahren, betritt man diesen Stadtteil nur noch, wenn man dort wohnt oder ein praktisches Anliegen hat. Die Sanità ist eines der ärmsten und altertümlichsten Viertel Neapels. Daran hat sich nichts geändert, seit langer Zeit, und daran wird sich auch in absehbarer Zukunft nichts ändern.

Zwischen der Straße, die über die Brücke führt, und dem kleinen Hauptplatz der Sanità verkehrt in einem gelben Gehäuse ein Personenaufzug. Er dient dem Verkehr zwischen einem Oben, das nicht nur geographisch, sondern auch sozial und kulturell bestimmt ist, und einem Unten, das Fremde bis vor wenigen Jahren nur vorsichtig und nur tagsüber betraten: ein Gewirr aus meist drei- oder vierstöckigen, schlichten und ein wenig verfallen wirkenden Häusern, deren Alter schwer zu bestimmen ist, die aber offenbar von vielen Parteien bewohnt werden, die «bassi», die in den Tuffstein geschlagenen Erdgeschosse, eingeschlossen. Wäsche hängt von den Balkonen und über die Straße, die Außenwände sind auf den unteren Metern mit Graffiti bemalt, während ein Grauschwarz an den Mauern hochzieht wie von Feuchtigkeit und Fäulnis. Damit niemand auf den Gedanken kommt, anders als über den Aufzug mit dem Unten zu verkehren – zum Beispiel, indem man etwas hinunterwirft –, ist die Brücke auf beiden Seiten mit einem stabilen, engmaschigen und mehr als zwei Meter hohen Metallgitter versehen. Hindurchgucken kann man allerdings: Unten liegt eine Straße, die offenbar das Zentrum des Viertels bildet und sich vor dem Aufzug zu einem kleinen Platz erweitert. Die «motorini», die leichten motorisierten Zweiräder, sind losgelassen.

Die meisten «motorini» sind rasend schnell unterwegs. Sie fegen wie Furien um die Ecke und wuseln durch das dichteste Gewühl. Viele Fahrer tragen keinen Helm. Die Passagiere, von denen es manchmal zwei oder gar drei gibt, tun es auch nicht. Das ist vermutlich so aus Bequemlichkeit und aus Stolz, aber auch, weil sich die Fahrer (es sind hauptsächlich junge Männer, jedoch ebenso Frauen) durch ein Terrain des organisierten Verbrechens bewegen und dort Gesichter, die man nicht erkennt, als potenzielle Gefahr wahrgenommen werden. Denn selbstverständlich ist auch in Italien das Tragen eines Helms Pflicht. Aber die Roller sind schnell, die helmlosen Köpfe zahlreich, zwischen den Pollern kann man sich hindurchwinden. Die Aussicht auf Straflosigkeit gehört ebenso zum Reiz, ein «motorino» zu fahren, wie das Spiel mit den Grenzen des Gleichgewichts und des Reaktionsvermögens. Und man fährt nicht weit mit einem solchen Motorroller: die Via Sanità hinauf und wieder herunter, vielleicht einmal um den Häuserblock, um sich zu zeigen, um auf Brautschau zu gehen, um sich die Zeit zu vertreiben, und jedes Mal heult der Motor mit voller Kraft.

Unter Teilen der Sanità liegt eine zweite Welt, so wie sich unter den meisten alten Vierteln Neapels ein unterirdisches Doppel, ein «Napoli sotterranea» befindet, ein Gegenstück, das Wiederholung und Widerpart zugleich ist: ehemalige Zisternen und Fluchtorte, verborgene Wege und Müllhalden, Lagerstätten und, nicht zu vergessen, improvisierte Wohnungen, die in das weiche Gestein geschlagen sind. Unter dem Unten der Sanità gibt es also ein zweites Unten. Ein Gewusel aus Menschen und Maschinen sieht man, wenn man von der Brücke auf den Stadtteil blickt, das aus lauter ähnlichen, sich laufend wiederholenden, aber separaten und immer wieder neu einsetzenden Bewegungen besteht, die sich gleichwohl zu einer Einheit namens Sanità formieren. Darunter aber muss man sich die zweite Welt vorstellen, einst auch belebt, sich in ähnlichen Mustern bewegend, heute eher verlassen, mit der Einschränkung allerdings, dass man die Bewegungen der Geister oder Seelen, die das unterirdische Neapel durchziehen, nicht sehen kann. Es soll sie aber geben, in mannigfaltiger und höchst lebendiger Weise. Diesen Seelen gilt ein alter, zwischendurch verblasster, gebrochener und dann wiederentdeckter Kult, der vor allem in den armen Vierteln zu Hause ist. Seine Wirkungen sind jedoch in der ganzen Region zu bemerken.

Am westlichen Ende der Sanità, dort, wo es bald schon wieder hinaufgeht auf einen Hügel und hinter Mauern, in verwilderten Gärten oder auf Brachflächen, Essigbäume und Feigen wuchern, liegen die Fontanelle: eine Folge von drei großen unterirdischen Hallen, durch Korridore verbunden. Die Gebeine von etwa vierzigtausend Menschen sind in dieser Katakombe aufbewahrt. Die Schädel sind zu Mauern oder Pyramiden geschichtet, die Oberschenkelknochen zu Wänden gestapelt, an einigen Stellen zu Altären aufgetürmt. Etliche Schädel werden in kleinen Häuschen verwahrt, in deren Front eine Glasscheibe eingesetzt ist. Sie tragen Aufschriften, in denen von «Fürbitte» oder «Dank für gewährte Gnade» die Rede ist. Auf manchen liegt eine Kupfermünze. Woher die Schädel und Skelette kommen, ist nicht gewiss. Die Fontanelle sind vermutlich ein Friedhof der Friedhöfe: Die Gebeine wurden aus älteren Begräbnisstätten zusammengetragen, als die Kirchen die Toten nicht mehr aufnehmen konnten (es gab innerhalb der Mauern keine Friedhöfe), die Opfer von Pest, Cholera, Erdrutschen und anderen natürlichen Katastrophen kamen hinzu. Die Fontanelle sind nicht die einzige derartige Begräbnisstätte in Neapel, aber sie sind die größte, und wenn dort heute auch keine Totenkulte mehr praktiziert werden, so dienen die vergangenen doch als Vorbilder für die entsprechenden Kulte in den Unterkirchen.

Etliche Frauen aus der Sanità verkehren mit den Toten, deren Gebeine sich unter ihnen befinden, in einem praktischen und in einem symbolischen Sinn. Denn die Toten gelten nicht als wirklich tot, und das Reich der Lebenden erscheint von dem der Verstorbenen nicht wirklich getrennt. Ihre Seelen sollen zwar an ihre bleichen Knochen gebunden sein. Aber die Toten erscheinen nicht als Gespenster, sondern sie machen sich im Leben und in den Menschen selbst geltend, in Gestalt von unerwarteten Ereignissen, von Traumgesichten und inneren Wandlungen, fassbar nur für die Gläubigen. Weil das so ist, muss man sich um sie kümmern, damit sie nicht vergessen werden in ihren Tuffsteinhöhlen und darüber zornig und bedrohlich werden. Man kümmert sich also etwa um die Gebeine, indem man einen beliebigen Schädel adoptiert, einen Totenkopf von Zehntausenden, ihn poliert, bis er glänzt, ihm eine Münze widmet oder ihm vielleicht sogar ein kleines Gehäuse baut. In Zeiten der Krise scheint sich der pagane Glaube zu verstärken. «Die Kirchen sind voll von Bildnissen, die sprechen, bluten, schwitzen, mit dem Kopf nicken und heilsame Säfte absondern, die man mit dem Taschentuch aufwischt oder sogar in Flaschen sammelt, und bange, ekstatische Mengen versammeln sich und warten auf das Eintreffen dieser Wunder», schreibt der britische Nachrichtenoffizier Norman Lewis in seinem Bericht über das Neapel des Jahres 1944.

Wohin man sich in den alten Vierteln auch wendet, immer stößt man auf eine Treppe oder einen Votivaltar, auf Kirchen und barocke Obelisken. Die Tabernakel sieht man auch im Hintergrund der Höfe

von Wohnhäusern zwischen der Wäsche, die von den Leinen herab-
hängt. Viele Häuser sind um Kirchen herum gewachsen, oder sie sind
in Kirchen hineingewachsen. Warum aber gehen die Bewohner der
Sanità nicht zu ihren verstorbenen Verwandten in den Katakomben,
um in eine Verbindung zum Jenseits zu treten? Warum der Kult um
die anonymen Toten? Während die Beziehungen zur verstorbenen
Verwandtschaft selten unbelastet seien, erklärt der Ethnologe Ulrich
van Loyen, voller nicht aufgelöster Verwicklungen und Zweideutig-
keiten, scheinen die Toten ein Kollektiv zu bilden: eine Schicksals-
gemeinschaft der verlorenen Seelen.

Darin sind sie den Bewohnern der Sanità ähnlich, in ihrer Armut,
ihrer oft improvisierten Existenz und ihrer Abhängigkeit von äußeren
Mächten, die Camorra eingeschlossen. In der Hinwendung zu den
unbekannten Toten wird daher versucht, nicht nur eine brüchige, unsichere Gemeinschaft zu reparieren, sondern auch eine beschädigte
Vergangenheit in einen sozialen Zusammenhalt zu verwandeln. Der
Kult setzt voraus, dass, sobald etwas vergangen ist, dieses in eine Geschichte fällt, die gleichsam aus einem einzigen großen Raum besteht.
Und er kann nur in mehr oder minder geschlossenen Verhältnissen
stattfinden. Denn eine solche Reparatur kann lediglich einem konkre-
ten Objekt gelten. Von besonderer Bedeutung sei der Totenkult, so
Ulrich van Loyen, deshalb für die ehemaligen Bewohner der Sanità,
und zwar vor allem für solche, die nach dem Erdbeben von 1980 ein
Angebot der Stadt wahrnahmen und in die neu errichteten Vororte
zogen. In diesen schnell verelendenden Siedlungen wurden sie nie
heimisch, den Verlust der alten Umgebung empfinden sie als eigene
Schuld. Der Totenkult aber erlaubt ihnen, die Bindung an die Herkunft wenigstens im Glauben wiederherzustellen.

Dieser Kult vermittelt zwischen dem Jenseits und dem Diesseits,
genauer: Er ordnet das Diesseits, indem er das Jenseits zurechtrückt,
in einem Ritual der Reinigung, in dem alle Dinge miteinander verbunden sind, die irdischen sowie die über- oder unterirdischen, die
großen und die kleinen, die öffentlichen und die privaten. Politisch

ist der Kult daher in mehrfacher Hinsicht: In der Pflege der Gebeine setzt sich auf diese Weise ein Klientelismus fort, wie er stets entsteht, wenn große Institutionen und kleinteilige Strukturen zusammengeschlossen werden sollen (aus ähnlichen Gründen ist in Neapel das Glücksspiel, insbesondere das Lotto, so populär). Und vielleicht ist der neapolitanische Totenkult nur Ausdruck eines für Italien und für den italienischen Süden typischen Kults, der erheblichen Einfluss auch auf die scheinbar dezidiert politischen Strukturen des Landes ausübt und deshalb eben nicht nur archaisch, sondern auch sehr modern ist. Denn weist, formal betrachtet, der «Movimento 5 Stelle», die im Jahr 2009 gegründete radikaldemokratische Bewegung des Komikers Beppe Grillo, nicht erstaunliche Parallelen zu den neapolitanischen Totenritualen auf? Wie Gebetskreise in kleinen Zellen organisiert, betreiben auch die «Fünf Sterne» einen Kult der Reinigung (etwa durch ihren Widerstand gegen Korruption), an dessen Ende eine ideale Gesellschaft anvisiert wird, in der die Welt endlich befriedet ist, weil alle miteinander verbunden sind und allen die gleiche Anerkennung widerfährt, nicht über das Totenreich, sondern über das Internet.

*

Im 17. Jahrhundert war Neapel, nach Konstantinopel, die größte Stadt Europas: ein Moloch von dreihunderttausend Einwohnern, der mit Handel und avancierten Geldgeschäften um den Hof herum gewachsen war. Die Stadt brachte selbst wenig unmittelbar Nützliches hervor; sie war auf der einen Seite der zentrale Ort eines Reiches, in dem vor allem Landwirtschaft und Handwerk betrieben wurden, auf der anderen eine Metropole des Mittelmeers, weltläufig, am Handel orientiert und relativ tolerant. Auch war diese Stadt, gemessen an den Errungenschaften jener Zeit, ein fortschrittliches Gemeinwesen: Sie besaß gepflasterte Straßen, eine effiziente Wasserversorgung, ein großes Krankenhaus und eine umfassende Armenfürsorge. Die Vizekönige hatten um den neuen Palast, den Palazzo Reale, herum ein neues

Zentrum entstehen lassen, durch das die Via Toledo heute noch wie eine Achse führt. Von dieser Modernität blieb allerdings in der Wahrnehmung der später Geborenen wenig übrig, und das gilt nicht erst für die Gegenwart, sondern auch schon für das 18. und 19. Jahrhundert. Für Italien definitiv wurde diese Abwertung spätestens durch die Schriften des neapolitanischen Philosophen Benedetto Croce, der im frühen 20. Jahrhundert das barocke Neapel als eine Figuration der spanischen Gegenreformation erscheinen ließ: Seitdem gilt Neapel endgültig als abergläubisch, als zurückgeblieben und vulgär, von einer ebenso faulen wie korrupten Elite regiert, von verbrecherischen Machenschaften beherrscht und dem ewigen «degrado», dem Verfall anheimgegeben.

Neapel ist alt, uralt. Gewiss, in der Antike gab es in dieser Region wichtigere Städte, Miseno zum Beispiel, das antike Misenum am nordwestlichen Ende des Golfs von Neapel, wo in der römischen Kaiserzeit der größte Teil der Kriegsflotte stationiert war, oder Capua, das alte Zentrum der Region. Doch ist Neapel immer gegenwärtig gewesen, seit nunmehr fast dreitausend Jahren und ohne zwischendurch beinahe zu verschwinden wie das angeblich ewige Rom. Und als alte Stadt lebte Neapel fort, als die Vizekönige und die Bourbonen regierten. Wie das geschah, lässt sich dem Stadtbild heute noch ansehen: Neapel erscheint als ehemalige Hauptstadt, in der es drei große Festungen gibt, das Castel Nuovo auf dem Festland vor dem Hafen, das Castel dell'Ovo auf einer Halbinsel im Hafen und das Castel Sant'Elmo auf seinem Hügel über der Stadt. Es gibt zwei kolossale Paläste, den Palazzo Reale in der unteren Stadt und das Schloss auf dem Capodimonte. Doch besitzt Neapel weder ein historisches Rathaus noch ein Parlamentsgebäude, noch eine alte, innerstädtische Piazza, noch irgendeine andere der Einrichtungen, in denen sich in den Städten des italienischen Nordens die kommunale Selbständigkeit manifestierte. Neapel besaß stattdessen einen Hof und eine Bürokratie. Beide Institutionen waren innerhalb der Stadt zu Hause, und was immer sich daran angliederte, befand sich in un-

mittelbarer Nähe, im Zentrum eines ganz und gar urbanen Gemeinwesens.

So kommt es, dass man den Adelspalästen, auch denen auf der Via
Toledo, kaum ansieht, welche Reichtümer sich in ihnen verbargen
oder immer noch verbergen. Ihre Fassaden lassen sich nur schwer mit
einem Blick erfassen, weil die Entfernung immer zu gering ist, sie sind
von einem fleckigen Grau, als hätte sich der Schmutz der Jahrhunderte darübergelegt. So kommt es auch, dass sich eines der bis vor wenigen Jahren ärmsten Viertel des Zentrums, die «Quartieri Spagnoli»,
einst Heimstatt vor allem der Soldaten des Königreichs, unmittelbar
an die Via Toledo anschließt. Und so kommt es schließlich, dass die
Biblioteca dei Girolamini, die älteste Bibliothek der Stadt, mitsamt
dem dazugehörigen Kloster von der Straße aus kaum zu erkennen ist:
Die gesamte und wahrlich große Anlage liegt verborgen hinter den
Wohn- und Geschäftshäusern der engen Via Duomo. Man betritt sie
durch ein schäbiges Hoftor unmittelbar an der Straße. Größe und
Enge dieser Stadt waren Voraussetzungen für die Entstehung einer
barocken Kultur, wie es sie in keinem anderen europäischen Land
gab: Denn die galante Oper, wie sie sich ab dem späten 17. Jahrhundert in Neapel entfaltete, ist ein städtisches Phänomen. Es entsteht im
Gegenüber und Ineinander von höfischer Kunst und Volkskunst. Es
gibt die galante Oper in dieser Form nur, weil sie in der großen Stadt
und in deren plebejischer Bevölkerung einen Resonanzraum findet,
in dem sie weiterschwingt und der auf sie antwortet.

Die Oper ist eine Kunst des Absolutismus. Dieser spiegelt sich im
Musiktheater, in den Kostümen, in den Dekors, in der Inszenierung
der Auftritte, aber auch in den Stoffen, und zwar in zweierlei Hinsicht:
In der «opera seria» wird von dynastischen Fragen gehandelt, von
Herrschaftsansprüchen sowie von Fürstengeschlechtern, denen ganze Länder zufallen, ohne dass sie mit dem dort lebenden Volk irgendetwas zu tun hätten – abgesehen davon, dass sie es regieren (siehe
zum Beispiel Pergolesis «Il prigionier superbo» aus dem Jahr 1733).
In der «opera buffa» geht es vor allem um Liebeshändel, die nicht

nur Gelegenheit zur Darbietung charakterlicher Besonderheiten geben, sondern gelegentlich auch die Klassenschranken überwinden (siehe zum Beispiel Pergolesis «Il Flaminio» aus dem Jahr 1735). Und noch in einer anderen Hinsicht ist die Oper ein absolutistisches Unternehmen. Denn alles geht in ihr auf: das Theater und die Musik, das Ballett und die Architektur, die ganze Welt, als Repräsentanten einer Macht, die immer universal ist.

Eine vollständige, künstliche Welt errichtet die Oper vor ihrem Publikum, so umfassend, wie erst die artifiziellen Welten des Kinos im 20. Jahrhundert wieder wurden. Zugleich aber erscheint diese Totalität (im Unterschied zu jener des Kinos) als etwas ganz und gar Absurdes, erkennbar daran, dass alles, was die Menschen auf der Bühne machen, einschließlich ihres Sterbens, singend vollzogen wird (wobei sie offenbar selbst nicht bemerken, dass sie singen, genauso wenig, wie sie zu bemerken scheinen, dass auch die anderen Gestalten auf der Bühne singen). Insofern aber die frühe Oper ihre Stoffe aus der barocken Lebenswelt bezieht und dieser Bezug erkennbar bleibt, besteht der Reiz dieser Werke darin, dass sie Lebensweltliches nehmen und in etwas Märchenhaftes verwandeln, weshalb die Oper vom Zuschauer stets zweierlei zugleich verlangt, nämlich ihr zu glauben und ihr nicht zu glauben. Oder anders gesagt: Sie verwandelt Reales in Phantastisches, wobei sie den Übergang von der einen Sphäre in die andere zugleich dementiert wie unterstreicht. Pulcinella, der weiße Clown mit der schwarzen Halbmaske und der langen Nase, entstammt der Totenwelt und ist eine Allegorie der Verwandlung wie des immer wieder neuentstehenden Lebens. Deswegen ist die Figur so barock und so neapolitanisch.

Ganz in diesem Sinn muss es aber in der höfischen Kultur des Absolutismus überhaupt zugegangen sein: in einer Umgebung, in der jeder Auftritt eines Fürsten eine Arbeit am Gesamtkunstwerk in Gang setzte, gerichtet auf ein Äußerstes an glanzvoller Repräsentation. Das sei doch alles Schein, ließe sich sagen, wovon nicht zuletzt die vielen Wechsel in der Herrschaft zeugen. Gewiss, doch ein Interesse daran, die Inszenierung zu entlarven, entsteht erst im Lauf der Aufklärung, also in der zweiten Hälfte des 18. Jahrhunderts. Bis dahin erfüllten die volkstümlichen Umkehrungen des repräsentativen Auftritts, die «opera buffa», die «commedia per musica», die «commedia dell'arte» und ihr Maskenspiel, die Aufgaben der Kritik. Die burlesken Spiele mit starken, in hohem Maße typisierten Charakteren fügten einer konservativen Gesellschaft ein Moment von Anarchie hinzu, aber sie dienten nicht der analytischen Auflösung der sozialen Struktur (die Anarchie kann sich einen anderen Zustand als das Chaos gar nicht vorstellen). Sicher gab es in Neapel eine Aufklärung, in Gestalt des Philosophen Giambattista Vico etwa oder auch in Form der anatomischen Modelle, die im Keller der Cappella Sansevero verwahrt werden. Aber diese Aufklärung ist exzentrisch. Die erfolgreichsten Ausstellungen jedenfalls, die in den vergangenen Jahren im Königsschloss von Neapel zu sehen waren, galten dem Barock, und ihnen allen war mehr an einer neuerlichen Inszenierung als an gedanklicher Durchdringung gelegen.

Der letzte große Vertreter dieser burlesken Tradition war der beliebteste Schauspieler, den Italien für Italiener je hervorbrachte. Nur für die Öffentlichkeit trug er einen kurzen Namen: «Totò». Dieser Name ist so einprägsam wie das schmale, halbmondförmige Gesicht mit den großen Augen, in dem die Pupillen wie Billardkugeln herumkullern, und wie die kleine, hagere Gestalt, deren Glieder so beweglich zu sein scheinen, als wären sie mit Haken und Ringen aneinander befestigt. In zahllosen Vaudevilles trat Totò auf, vor allem vor dem Krieg, und mehr als hundert Spielfilme wurden es danach, bis zu seinem Tod im April 1967 in Rom. Letztere sind bis auf den heutigen Tag nicht aus dem italienischen Fernsehen verschwunden, etliche Szenen daraus sind in das Repertoire der alltäglichen Kommunikation eingegangen.

Der private, komplette Name dieses im Jahr 1898 in der Sanità geborenen Komödianten und möglicherweise unehelichen Sohns eines Marquis würde mehrere Zeilen beanspruchen, wobei sich im angeblichen Adel das Phantasma einer umgreifenden neapolitanischen Blaublütigkeit verbirgt: Viele Neapolitaner glauben, einem edlen Geschlecht zu entstammen. Nachts soll er, zum Zweck der Einebnung aller Klassenunterschiede, den Ärmsten Geldscheine unter die Türen geschoben haben, auf seinem Grabstein belehrt ein Straßenkehrer einen Adligen, dass spätestens im Tod alle Menschen gleich seien. Zwei Motiven verdankte Totò seinen Ruhm: Da ist zum einen die absolute, durch nichts zu beeindruckende Souveränität einer oft zunächst lächerlich wirkenden Figur, die, aller Unbill zum Trotz, eine beinahe gerade Bahn durch tausend alltägliche Verhängnisse zieht. Und da ist zum anderen die Amoralität dieser Gestalt, die sich nie für das Gute, oft aber für das Richtige entscheidet und dabei keine Furcht vor Rang und Amt kennt. Deshalb hatte Totò schließlich in allen Situationen als Neapolitaner Erfolg, und zwar gerade dann, wenn er als Tölpel aus dem Süden unterschätzt wurde, in einer Mischung aus «arretratezza» (Zurückgebliebenheit), «furbizia» (Schläue) und «gentilezza» (Höflichkeit). Regeln, das lässt sich auch aus diesem Erfolg lernen, gelten in Italien nie grundsätzlich und unbedingt. Sie sind eher Möglichkeit als allgemeine Voraussetzung. Man kann sich dagegen behaupten, mit Intelligenz und Redevermögen, mit Witz oder mit Charme – dann schenkt man dem anderen einen Augenblick der Unterhaltung, des Vergnügens oder gar der Heiterkeit, und schon ist das Schlimmste vorüber.

Wenn alle Macht Fremdherrschaft bedeutet, hat der Komiker seinen Auftritt, weil er die Ansprüche der Plebs, des einfachen Volkes, vertritt. Wenn die demokratische Vorstellung, dass das Volk sich selbst regiert, weder historischen noch aktuell gesellschaftlichen Rückhalt findet, schlägt die Stunde der mehr oder minder groben Scherze. Auf diese Weise hängen Hof und Straße, große Repräsentation und kleine Komik, «opera seria» und «opera buffa» zusammen.

*

Wenn Filme in Neapel spielen, sei es in Gestalt eines ganzen Werkes, sei es in Form einzelner Szenen, beginnen sie oft mit einer langen Kamerafahrt über die Bucht, an die sich erhabene Blicke auf das Häusergewirr der alten und älteren Stadtteile anschließen. Für die häufige Wiederverwendung dieses Panoramas gibt es einen einfachen Grund: die Differenz zwischen der überzeitlichen Schönheit von geographischer Lage und Natur (einschließlich der immerwährenden Drohung des Vesuvs) auf der einen Seite und einem historischen Zentrum, das es in einer solchen Größe und in einer solchen Altertümlichkeit in Europa nur hier gibt, auf der anderen Seite. Zumindest Teile des «centro storico» und dessen unmittelbare Peripherie, von den Bauten und Plätzen bis hin zu den Handwerksgeschäften und dem gesellschaftlichen Leben, scheinen in eine weit zurückliegende Zeit zu gehören. Enge und Geschlossenheit dieser Viertel wirken mittelalterlich, auch die Häuser haben fünf Stockwerke oder mehr, die «bassi» sind nach wie vor bewohnt, und an den Fenstern dieser Erdgeschosswohnungen sitzen immer noch die Alten und bewachen die Straße. Und zumindest in manchen dieser Viertel scheinen, wie in alten Zeiten, Gefahr und Gewalt allgegenwärtig zu sein. Neapel besteht zumindest in seinen Kernbereichen aus einem inneren Raum, den man als Fremder nur mit einer gewissen Scheu, manchmal auch mit einem gewissen Bangen betritt. Auch die Kirchen sind hineingebaut, so dass man sich auf einem hohen Posten befinden muss, um sich anhand ihrer Kuppeln und Türme ein Bild von ihrer Lage und Verteilung in der Stadt zu machen. Wenn die Kamera über diese urbane Landschaft gleitet, hält sie an keinem Gegenstand inne, wodurch sich der Eindruck eines geschlossenen inneren Raums verstärkt: eines Raums zudem, von dem man zu wissen meint, dass ihn die Lebenden mit den Toten teilen, in einer Art Fegefeuer im Diesseits.

Man kann dasselbe Verhältnis auch anders ausdrücken: In Neapel gibt es zwar zahlreiche Museen, und es sind einige der größten und bedeutendsten Museen Europas darunter, um von den Kirchen und ihren Kunstwerken nicht anzufangen. Aber die Stadt selber ist nicht museal, im Unterschied zu Florenz etwa und erst recht zu Siena oder Venedig. Sie ist auch ganz anders als Rom, wo es meist um Repräsentation geht. Was immer es in Neapel zu sehen gibt, und mag es auch noch so alt und kostbar sein, ist ein lebendiger Teil des Stadtkerns, in dem mehr als eine Viertelmillion Menschen lebt. Er wird benutzt, gebraucht und auch verschlissen, weshalb die Bezeichnung Neapels als «letzte plebejische Metropole Europas» zumindest insofern richtig ist, als sich in den alten Vierteln nie eine echte Arbeitsteilung herausgebildet hat und prekäre Daseinsformen darin ein festes Zuhause besitzen. Denn dort wohnt, nach alter Überlieferung und immer noch anzutreffen, der «lazzarone», der Mensch aus den prekären Klassen. Aus verwandten Gründen vermutlich gibt es bis auf den heutigen Tag keinen verlässlichen Führer zu den Kirchen Neapels, weder aus der Perspektive der Gläubigen noch im Hinblick auf Kunst und Kulturgeschichte. Stattdessen erscheint die städtische Landschaft Neapels als das nach wie vor funktionierende Gedächtnis der vielen Generationen, die darin gelebt haben, das aber tatsächlich zu bewahren und zu beherrschen die gegenwärtigen Bewohner kaum imstande sind. So entsteht das Bild einer Stadt am Rande Europas, die zu groß ist, um zu verschwinden, und zu elend, um nicht immer wieder ein hoffnungsloses Projekt zu werden, zu alt, um der Gegenwart zuzugehören, und zu lebendig (und gewalttätig), um den Stoff für ein gigantisches Freilichtmuseum abzugeben. Der Hafen hat nur noch geringe Bedeutung. Die Handelsmesse wurde marginal. Die Folgen des Erdbebens von 1980, als die Altstadt schwer beschädigt wurde, worauf in der Peripherie bald kaum mehr bewohnbare Satellitenstädte entstanden, sind nicht überwunden. Das Hinterland versucht, Neapel gegenüber selbständig zu werden. Was macht man mit einer solchen Stadt?

Viele Paläste finden sich in den alten Stadtteilen, selbst in den ärmsten wie der Sanità. Ihre Innenhöfe lassen sich nicht selten betreten. Dort stehen dann vielleicht zwei Autos und ein Dutzend Motorroller, auf dem Weg hinauf (oft ein großartiges Treppenhaus, in Arkaden gekleidet und mit breiten Podesten) finden sich manchmal, in den besseren Häusern, kleine Geschäfte, ein Reisebüro, ein Versicherungsmakler, ein Uhrmacher, dann kommt eine Pension. In den oberen Stockwerken wird gelebt. Die einfacheren Häuser bestehen ganz aus Wohnungen. Gewiss gibt es in einigen Bereichen der Altstadt so etwas wie Gentrifizierung, wider eine ältere Bevölkerung, die sich hauptsächlich aus Arbeitern, Kleinbürgern, prekär Beschäftigten, Arbeitslosen und Rentnern zusammensetzt. Die historischen Viertel bleiben jedoch, in ihrem sozialen Gefüge betrachtet, eher stabil, was daran liegt, dass die Menschen weiter in der vertrauten Umgebung wohnen, auch wenn sie mehr Geld verdienen und im Beruf aufsteigen. «Wenn Neapel bis heute eine der wenigen europäischen Städte ist, in denen die Gentrifizierung der Innenstädte nicht gelang», schreibt Ulrich van Loyen, «so liegt dies nicht zuletzt an der Dichte der einander überlappenden Orte und Familienbeziehungen.» Und wenn dann tatsächlich so etwas wie Gentrifizierung stattfindet, dann arbeitet sie sich nicht wie in anderen Städten horizontal voran, von Haus zu Haus und von Straßenzug zu Straßenzug, sondern vertikal: Sie ergreift zuerst die oberen Stockwerke, um meist nicht weiterzukommen als bis zur zweiten Etage. Und jeder scheint sein Wissen von der Welt aus der Etage zu beziehen, auf der er wohnt, so dass am Ende wenig Gemeinsames dabei herauskommt, abgesehen davon, dass die Menschen, die oben wohnen, die Ärmeren, die unten leben, auch als eine Art kultureller Basis betrachten.

Die Idee des «centro storico», des historischen Zentrums, ist eine junge Errungenschaft. Für Italien wurde sie Anfang der sechziger Jahre formuliert, in der «Carta di Gubbio» (benannt nach einer mittelalterlichen Kleinstadt in Umbrien), mit der man begann, die Innenstädte als Orte des kollektiven Gedächtnisses, der historischen Identität und des authentischen Lebens zu definieren – und als Gegensatz zu den Neubauvierteln an der Peripherie, die dazugehörige Immobilienspekulation eingeschlossen. Die Folgen sind in Neapel unübersehbar: Die Piazza del Plebiscito vor dem Palazzo Reale ist kein Parkplatz mehr, so wie sie es noch zu Beginn der neunziger Jahre war, ganze Straßenzüge des «centro storico» wurden zu Zonen für Fußgänger deklariert, sogar kommunal arrangierte Altstadtfeste gibt es, im Zeichen einer «cittadinanza» («Bürgerschaft»), die alle Klassenschranken überwinden soll. Vollkommen indessen geht das Konzept des «centro storico» in dieser Stadt nicht auf: Dazu fahren zu viele Motorroller durch die angeblichen Fußgängerzonen, in einem fort hupend, dazu gibt es zu viele Gruppen von Jugendlichen, die sich mal hier, mal dort versammeln, es gibt viel zu viele fliegende Händler, und die freien Plätze vor den Kirchen eignen sich viel zu gut als Fußballfelder. Die Einheimischen werden vielleicht auch in Zukunft nicht wissen, was sie da haben, jedenfalls in den Augen von Nordeuropäern. Und die Besucher werden auch in Zukunft schauen, aber nicht wissen, was sie sehen.

*

Mitten in der Altstadt von Neapel, auf einem kleinen Platz am Rande der sich schnurgerade durch das Gewühl ziehenden Straße, die viele Bezeichnungen trägt, die man aber fast ausschließlich unter dem Namen «Spaccanapoli» kennt («spaccare» heißt «spalten», weil die Stadt durch diese Straße gespalten wird), liegt ein bärtiger Mann aus Stein auf einem mächtigen Sockel. Man könnte ihn für ein barockes Werk halten, aber er ist wesentlich älter: vermutlich eine römische Kopie eines griechischen Originals. Die Skulptur stellt den Gott des Nils dar, weswegen die Umgebung, die kleine Querstraße, die Bar, ein Hotel, alle den «Nil» im Namen tragen. Einst hatte die Statue aber etwas ganz anderes bedeutet: Ihr fehlte nämlich über einige Jahrhunderte der Kopf, was zu Spekulationen Anlass gab, es handele sich dabei um eine mütterliche Gestalt, die ihre Kinder (kleine Figuren, die eigentlich die wiederkehrenden Überschwemmungen symbolisieren) versorge. Als man im späten 17. Jahrhundert der Skulptur wieder den Kopf des Flussgottes aufsetzte, konnte dieser sich gegen die weibliche Deutung der Figur nicht mehr durchsetzen: Noch immer heißt die Skulptur «corpo di Napoli», einem weiblichen, die Kinder nährenden Körper entsprechend. Aus dem Vater Nil ist eine Mutter Neapel geworden.

«Mammismo» heißt auf Italienisch die Anhänglichkeit an die Mutter, und das Wort ist in vielen Anwendungen zu gebrauchen. Die Mutter nährt, sie ist das lebendige Sinnbild einer kreatürlichen Solidarität des Lebens, einer anderen, voraussetzungslosen Gemeinschaft, in der ein jeder Geborgenheit findet. Sie bildet das Zentrum in einer (katholischen) Religion der Familie, in der sie, im Grunde eine Madonna, ihre Kinder über alles liebt und, wenn es um diese geht, zu jedem Opfer bereit ist. Der Vater hingegen ist ein Joseph, dessen Vorbild, wie man weiß, ein «großer Arbeiter» war und der an einem mehr oder minder fernen Ort das Einkommen der Familie erwirbt. Er erhält auch die Ehre der Familie, während diese doch zugleich nie wirklich die seine werden kann. Diese Konstruktion ist allerdings unter den Voraussetzungen entfalteter kapitalistischer Verhältnisse eine zunehmend wacklige Angelegenheit. Die Mutter ist außerdem das Gedächtnis der Familie. Bei ihr laufen alle Geschichten zusammen, die Erinnerungen an die tatsächlich vorgefallenen, an die nur erzählten und an die erfundenen Ereignisse. Was die Mutter aus der Vergangenheit zu berichten hat, nimmt, weil das Wichtige und das Unwichtige, das Wahre und das Unwahre stets ineinanderlaufen, niemals die Form einer Erzählung an, sondern stets die Gestalt einer «cronaca», einer Chronik. Eine solche aber berichtet vom Neuen im Gleichen – und nicht von der Entwicklung des Neuen (es gibt in Neapel eine beliebte Boulevardzeitung, die «Cronache di Napoli», die demselben Prinzip folgt, besonders im Hinblick auf das lokale Verbrechen).

In den vergangenen Jahren wurde Neapel, in einer folkloristischen Überhöhung, für ein nach Millionen zählendes Lesepublikum auf der ganzen Welt zur Heimstatt eines besonders ursprünglichen oder authentischen Lebens: durch die «neapolitanische Suite» von Elena Ferrante, eine Folge von vier Romanen mit insgesamt fast zweitausend Seiten. «Elena Ferrante» ist ein Pseudonym. Es wurde dem

Namen der italienischen Schriftstellerin Elsa Morante nachgebildet. Deren Werk «La storia», ein Monument der Alltagsgeschichte, verursachte 1974 in Italien einen ähnlichen Furor, wie es das Œuvre von Elena Ferrante seit dem Erscheinen von «L'amica geniale» («Meine geniale Freundin») im Jahr 2011 in der ganzen Welt tat, nachdem es zuerst in den Vereinigten Staaten zu einem Erfolg geworden war. Die «neapolitanische Suite» ist den großen, selbstverständlich ebenfalls von Frauen geschriebenen Chroniken nachgebildet: den Büchern von Matilde Serao zum Beispiel, die 1884 den Roman «Il ventre di Napoli» veröffentlichte, eine Chronik vom Niedergang der Stadt im Angesicht der Choleraepidemie, die im selben Jahr die Frage nach einer Zukunft des Mezzogiorno aufs Neue hatte dringlich werden lassen. Oder den Schriften von Anna Maria Ortese, die in einem ihrer besten kleinen Werke, der Erzählung «Die Brille» aus dem Jahr 1953, die «bassi» so beschreibt: «Wie ein klebriger Trichter mit der Spitze himmelwärts der Hof, und die aussätzigen Mauern voll elender Balkone; die schwarzen Bögen der Bassi mit einem Kreis von Lichtern rund um die Schmerzhafte Muttergottes; das Pflaster weiß vom Seifenwasser, die Kohlblätter, die Papierfetzen, die Abfälle und mitten im Hof jene Gruppe zerlumpter und verkrüppelter Christenmenschen, deren Gesichter vom Elend und der Resignation wie von Blatternnarben gezeichnet waren.»

Dieses literarische Modell also übernimmt Elena Ferrante, dehnt es über einen Zeitraum von sechzig Jahren oder zwei Generationen aus und richtet es für ein großes, internationales Publikum her, dem der Sinn nach einem authentischen Leben in authentischen Verhältnissen steht. Die Folgen sind unübersehbar, etwa in Gestalt von Touristen auf den Spuren Elena Ferrantes, wie sie in einer Mischung aus Furcht, Neugier und Erregung die vermeintlich unsicheren Fußgängerzonen der Altstadt durchqueren, das Portemonnaie in einem breiten Gürtel oder gar in einem Riemen über der Brust verwahrt (an einer Musealisierung des «centro storico» hätten diese Reisenden gewiss kein Interesse, sie suchen die gerade noch erträgliche Gefahr).

Elena Ferrantes Romane erzählen von zwei Frauen einer Generation. Sie stammen aus einem «rione», aus einem Armenviertel Neapels; ihre Lebensläufe sind prototypisch und komplementär angelegt. Die eine Frau sucht ihr Leben innerhalb der Verhältnisse, aus denen sie stammt, selbst zu gestalten. Die andere Frau tut das Entsprechende, indem sie ihr Milieu verlässt. Gewiss, es kommen Männer vor, als Väter und Brüder, als Gatten, Liebhaber und Söhne, als Kollegen, als Schläger und als Autofahrer. Es gibt etliche Familien in diesen Büchern, ein Dutzend oder mehr, so dass man sich viele Namen merken muss. Auch zieht die italienische Geschichte vorbei, vom Fiat 1100 über die Kampfschriften der Feministin Carla Lonzi aus dem Jahr 1970 und die Entführung Aldo Moros im Jahr 1978 bis zu den Korruptionsskandalen der neunziger Jahre, in denen das alte Parteiensystem zugrunde ging. Doch liegt die Aufmerksamkeit auf dem Privaten, genauer: auf den weiblichen Charakteren – ohne dass diese Aufmerksamkeit etwas besonders Aufdringliches hätte. Es ist die Schilderung der Details, der ersten Menstruation und der gewöhnlichen Korruption, der Verliebtheit und des Ehebruchs, der häuslichen und sonstigen Gewalt in allen Varianten, der fließenden Übergänge zwischen alltäglichen Erpressungen, der gewöhnlichen Geschäftstätigkeit (etwa in den für Neapel einige Jahrzehnte lang typischen Schuhmanufakturen) und dem organisierten Verbrechen, der Spiegelung von Klassenunterschieden in Umgangsformen und Sprache (der Dialekt spielt dabei eine große Rolle), der kleinen Erfolge und großen Niederlagen im praktischen Dasein, die das Werk über lange Strecken lebendig hält.

Zu Beginn der Geschichte verschwinden zwei heißgeliebte Puppen. Sie werden von einem Keller verschlungen, in den die beiden Mädchen jeweils die Lieblingspuppe der anderen hinabstoßen. Die Botschaft dieser Szene ist nicht misszuverstehen: Die noch nicht schulreifen Spielmütter stoßen ihre Spielkinder ab, um sich fortan einander zuzuwenden – sie werden sich gegenseitig zu Müttern. Der Keller ist ein dunkles Loch, «in dem uns etwas zu erwarten schien, das vor uns da war, aber immer auf uns gewartet hatte». Er ist ein Eingang zur Unterwelt, und in den Katakomben verbirgt sich nicht nur der Anfang der Freundschaft, sondern auch der Grund des Erzählens. Zu Beginn des ersten Bandes berichtet die eine, alt und erfolgreich gewordene Freundin, sie sei vom Sohn der anderen angerufen worden. Seine Mutter sei verschwunden, und mit ihr alle Gegenstände, die ihre historische Existenz hätten belegen können. Aus den Fotografien, die sie zeigten, habe sie ihren Kopf herausgeschnitten. Nicht nur künden diese Löcher augenfälliger als alles bedruckte Papier von der Existenz der Verschwundenen – es wird behauptet, sie sei in den Urgrund ihrer Stadt zurückgesunken wie einst ihre Puppe. «Il corpo di Napoli» müsse sie verschlungen haben.

Ein Universum des Alltäglichen umgibt die Erzählerin und ihre Gefährtin. Und je mehr Aufmerksamkeit dem Gewöhnlichen zuteilwird, je anschaulicher der verbeulte Kochtopf an der Wand blinkt, je drastischer die heranwachsenden Burschen von einer weiblichen Brust gelockt und erschreckt werden, je gründlicher das Gebäck aus der Bar Solara vertilgt wird, desto gewisser ist: Die schrankenlose Ausbreitung des Gewöhnlichen erfüllt hier eine doppelte Aufgabe. Sie lässt nicht nur das Ungewöhnliche in sich verschwinden – sie hebt das Alltägliche auch heraus. In der Prominenz des Gewöhnlichen liegt ein Trost, der den Lesern dieser Bücher höchst willkommen zu sein scheint: Kein Leben ist so bedeutungslos, verstehen sie, als dass es nicht seinen Platz in der großen neapolitanischen Chronik finden könnte; alle Schicksale gehen ein in den ewigen Wechsel von (Re-)Generation, Nachkommenschaft und Tod. Und am Ende ist alles immer so, wie es von Anfang an gewesen war, nur ein wenig verklärter, nämlich durch die manifest gewordene Erinnerung zu einer Art höherer Wirklichkeit erhoben. Die «Cronaca» ist ein zutiefst konservatives Genre, und Elena Ferrantes «neapolitanische Suite» macht da keine Ausnahme. Neu hingegen ist, dass die halbe Welt an diesem regionalen Konservativismus Anteil nehmen will.

*

Es muss in den späten siebziger Jahren gewesen sein, dass ich in einem Theater in Volterra ein Konzert einer Band namens «Napoli Centrale» erlebte. Ein schwarzer Saxophonist stand vorn auf der Bühne, ein Mann, der nicht nur sein Instrument beherrschte und offenbar Jahre mit dem Studium der Melodielinien John Coltranes verbracht hatte, sondern auch sang. Vor allem beim Singen, gelegentlich aber auch auf seinem Instrument, verfiel er dabei in ein Idiom, das weder etwas mit Rockmusik noch mit Jazz zu tun hatte. Es schien unmittelbar aus einer alten mediterranen Welt übernommen zu sein, aus den entlegenen Gegenden Süditaliens oder gar aus Nordafrika. Womöglich suchte er die kürzeste Verbindung zwischen dem Bebop und der Tarantella. Und wenn ich auch vom neapolitanischen Dialekt nicht viel verstand, so entging mir doch die sozialkritische Botschaft des Songs «Campagna» nicht: «ma chi zappa questa terra?» – «aber wer bearbeitet dieses Land?» «Napoli Centrale» spielte eine Art von Jazzrock. Doch war diese Musik viel wilder, expressiver, zumal wenn gesungen wurde. James Senese hieß der kraushaarige Saxophonist, Sohn eines amerikanischen Soldaten und einer Neapolitanerin. An seiner Seite, am Bass, stand Pino Daniele mit seinen langen schwarzen Locken. Später sollte Daniele, das Kind eines neapolitanischen Hafenarbeiters, zu einem der beliebtesten Sänger und Komponisten Italiens heranwachsen, ein Volksheld, so wie es Paul Weller für England und Bruce Springsteen vielleicht für die Vereinigten Staaten ist. An diesem Abend war ich begeistert von einer Musik, wie ich sie nie zuvor gehört hatte.

Es gehört zu den Eigenheiten der populären Musik in Italien, dass sie, als die Rockmusik aus den angelsächsischen Ländern hereindrängte, deren Spielarten zunächst streng als Import behandelte (auch wenn sie von italienischen Musikern vorgetragen wurden) und von der heimischen, viel stärkeren Tradition der «canzoni» schied. Das änderte sich erst in den frühen siebziger Jahren, und zwar in dem Maße, in dem die Rockmusik die Formate des Tanzbodens und der Jukebox sprengte und sich zu einer «progressiven» Kunstform emanzipierte: in aufwendigen Kompositionen, in denen die Grenzen zum Jazz und zur klassischen Avantgarde aufgelöst wurden, mit beträchtlichem instrumentalen Können, im Rückgriff auf eine regionale musikalische Überlieferung und zuweilen auch in gesuchter Nähe zum (politischen) Theater. Als die Gruppe Pink Floyd im Jahr 1972 im leeren Amphitheater von Pompeji eines ihrer berühmtesten Konzerte gab, betrat sie ein Gelände, auf dem das Publikum solcher Musik vermutlich inniger zugetan war als irgendeine andere Hörerschaft auf dem gesamten Kontinent. Und als die britische Band Henry Cow – ein besonders anspruchsvolles, gelegentlich völlig atonales Produkt des musikalischen Milieus, aus dem auch Pink Floyd stammt – in den späten siebziger Jahren nicht nur in England zunehmend auf taube Ohren stieß, fand sie in Italien eine so treue Anhängerschaft, dass sie über Monate durch die «Feste dell' Unità», die Volksfeste der Kommunistischen Partei, tingeln konnte.

Warum aber fand die populäre Musik in Italien, wie das in west- und nordeuropäischen Ländern geschah, nicht schlicht ihren Weg in den mächtigen Strom des Pop, so wie es ihn zu jener Zeit schon überall gab, in Gestalt von Abba und Bon Jovi, Fleetwood Mac und Bonnie Tyler? Warum der Umweg über die ästhetische Avantgarde, und eine schon fast vergangene zumal? Eines Aufbruchs wegen, der sich bewusst nicht an etwas schon Befindliches anschließen, sondern es überflügeln oder es ganz anders machen wollte? Der Umkehrung eines Gefühls von Unterlegenheit halber, zu einer Zeit, da man in Neapel von einer kulturellen Selbsterneuerung der Stadt träumte, mit James Senese, mit Pino Daniele oder vielleicht, auch in den achtziger Jahren, mit einem offensiven Mittelfeldspieler namens Diego Maradona? Und hat diese Umkehrung des Gefühls nicht eine Grundlage darin, dass Neapel zwar peripher zu Rom oder Mailand liegen mag, und erst recht zu London und New York, aber als Stadt nicht nur zentral für Süditalien ist, sondern auch für das gesamte Mittelmeer? Eine ganze Stilrichtung der volkstümlichen Musik gibt es im Mezzogiorno und vor allem in Neapel, die sich diese Verschmelzung von Pop, Schlager und mediterraner Tradition angelegen sein lässt. «Neomelodici» werden die Vertreter dieser Stilrichtung genannt. Sie bringt eine Art von selbstbewusstem, selbstironischem Trash hervor und wurde zur Hofmusik der Camorra, in einer wiederum opernhaften Verbindung von Wirklichkeit und Phantasie.

Es wird auch an jener sehr italienischen, sehr neapolitanischen Verbindung zwischen Volkstümlichkeit und musikalischem Anspruch gelegen haben, dass so viele Lieder Pino Danieles – «Quando», «Napule è», «Il Mare» – zu Hymnen wurden. Und dann spielt zu «Il Mare» ein Honky-Tonk-Klavier, und der Bass rast durch die Achtel, als hätte er bei Jaco Pastorius, dem virtuosen Bassisten von Weather Report, Unterricht genommen, und selbst den schlichteren Kompositionen hört man bald an, dass ihr Autor ein aufmerksamer Hörer von Frank Zappa, Steely Dan oder Miles Davis gewesen sein muss. Und immer singt das Publikum mit. Über mehrere Jahrzehnte erstreckte sich die Karriere von Pino Daniele, der mit einer immer wieder verblüffend hohen Stimme sang, fast im Falsett, und zugleich ein erstaunlich virtuoser Gitarrist war. Sie erstreckte sich über mehr als zwei Dutzend Schallplatten, über unzählige Fernsehauftritte und, vor allem in späten Jahren, über eine Reihe von Shows, die in Neapel die ganze Stadt zu füllen schienen. Manchmal waren dann Eric Clapton, Pat Metheny, Chick Corea oder Marcus Miller dabei, und wenn man sich die Mitschnitte heute anhört, dann klingt das jedes Mal so, als fordere eine spezifisch neapolitanische Art, in jede Melodie mindestens eine musikalische Überraschung einzubauen, die Prominenz aus den Metropolen der Welt dazu heraus, schönere Soli zu spielen, als sie es sonst je getan hätten.

Nachdem Pino Daniele der Bassist James Seneses gewesen war, wurde Letzterer übrigens der Saxophonist Pino Danieles. Er blieb es, bis Daniele starb, im Januar 2015, erst neunundfünfzig Jahre alt, nicht in Neapel (die meisten erfolgreichen Neapolitaner sterben nicht in Neapel), sondern in einem römischen Krankenhaus. In Neapel aber fand die zweite Trauerfeier statt, auf der Piazza del Plebiscito. Sie wurde vom Kardinal zelebriert, mehr als hunderttausend Menschen sollen dabei gewesen sein.

Als ich im September 2019 in Neapel war, um eine Ausstellung zur höfischen Kultur des 18. Jahrhunderts zu besuchen, spielte sich an der Uferpromenade eines der vielen neuen Feste ab, mit denen die Stadtverwaltung nunmehr das bürgerschaftliche Bewusstsein heben und den Tourismus durch Selbsthistorisierung befördern will. Dieses Mal war das Fest, unter dem Namen «Pizza Village», einem vermeintlich neapolitanischen Gericht gewidmet, das eine Weltkarriere durchlaufen hatte. Längst hatte ich mich in mein Zimmer in einer Pension in der Altstadt zurückgezogen, als die Band auf der Promenade das letzte Lied anstimmte. Es war Pino Danieles «Napule è»: «Napule è addore 'e mare / Napule è 'na carta sporca / e nisciuno se ne 'mporta» – «Neapel ist der Duft des Meeres / Neapel ist ein schmutziges Blatt Papier / Und keiner kümmert sich darum». Durch das offene Fenster hörte sich das Lied an, als würde es von Tausenden gesungen, aus vollen Hälsen.

ELFTES KAPITEL

Kathedralen in der Wüste, und die Wolken sind rosa

Der Süden

W enn die Glocken in Matera die Stunde schlagen, läuten sie nicht. Sie geben ein eiliges, blechernes Scheppern von sich. Von der Kathedrale scheppert es, von der Kirche, die Johannes dem Täufer gewidmet ist, scheppert es, von der Felsenkirche San Pietro Barisano scheppert es noch einmal. Eher, als dass die Töne sich frei in den Himmel hinaufschwängen, scheinen sie von der Felskante, die den alten, armen Teil der Stadt von den neueren Vierteln trennt, in das Tal hinunterzufallen, über Hunderte von ehemaligen Höhlenwohnungen hinweg in die tiefe Schlucht, wo im Frühjahr noch ein kleiner Bach fließt und herrenlose Hunde in der Sonne liegen. Auf der gegenüberliegenden Seite des Flusses Gravina, an einem verkarsteten Hang, hütet ein Schäfer seine Tiere. Dahinter kündigt sich eine große Ödnis an, eine unfruchtbare, wüstenhafte Ebene. Hinter dem Betrachter liegt eine moderne Stadt, und er weiß es. Aber was sich da vor ihm ausbreitet, scheint nicht in die Gegenwart zu gehören und auch in kein anderes Zeitalter: eine Stadt, deren Anfänge bis ins Dunkel schriftloser Zeiten reichen. In zwei großen Bögen ziehen sich diese in den Kalkstein gegrabenen Wohnhöhlen an der einen Seite der Schlucht entlang.

Die Stadt ist älter als alt, vor ihren Bauten versagen die Epochenbegriffe. Die Wohnstätten sind in die Felswände auf der anderen Seite geschlagen, neben- und übereinander gebaut, selten voneinander getrennt, sondern meist ineinander übergehend, von Gassen und vor allem Treppen erschlossen, die als Wände und Dächer für andere Häuser dienen. Zusammen bilden diese Wohnstätten die «Sassi», die «Steine»: eine Stadt, die so aussieht, wie manche Besucher sich Dantes Hölle vorgestellt hätten. In den «Sassi» lässt sich eine Archäologie betreiben, die über die Renaissance und das Mittelalter bis in vorantike Zeiten zurückreicht, und jede Völkerschaft hinterließ ihre Spuren, die Griechen, die Lukaner, die Sarazenen und die Normannen. Kein Architekt hat diese Anlage geplant, kein Baumeister die Statik berechnet. Hellgelb ist die Farbe, die das gesamte Gebilde trägt, und hellgelb ist der Kalkstein, aus dem die Landschaft besteht, so dass Natur und Bau miteinander verschmelzen wie in einem Wespennest oder in einer Muschelkolonie.

In den «Murge», den Landschaften um Matera, gibt es keine Flüsse. Sie sind karg und so arm, dass hier noch im späten 19. Jahrhundert Briganten unterwegs waren – Menschen, die aus blanker Not zu Räubern wurden und die keinen Grund hatten, sich von der italienischen Einheit und der Herrschaft des Nordens einen Vorteil zu versprechen. Schon Jahrhunderte zuvor waren selbst die Küsten in diesem Teil Italiens längst bedeutungslos geworden, gleichsam an die Seite geschwemmt in den Strömen der Menschen samt ihren Waren, die über das Mittelmeer zogen und sich an seinen Rändern niederließen. Diese Region bildete kein Ziel mehr, nicht einmal eine Etappe für Eroberer. Und so gingen die Zeiten über das herbe, trostlose Land, ohne das Gesicht der Armut auch nur zu berühren, und so gingen diese Gegenden, zuerst in Büchern, dann in Filmen, nach dem Zweiten Weltkrieg in die Vorstellung der italienischen (und bald auch: einer internationalen) Öffentlichkeit ein. Die Faszination für den archaischen Süden galt dabei nicht nur diesem selbst, sondern auch dem Süden als einem Spiegel des Nordens: zum einen, weil Letzterer seine eigene, keineswegs gesicherte Lage als moderne Gesellschaft darin reflektierte, zum anderen, weil sich das eigene Vorankommen auf dem Weg zu einer industrialisierten Gesellschaft umso deutlicher von der Vorzeit abhob, je urtümlicher der Süden erschien.

Der italienische Maler, Schriftsteller und Arzt Carlo Levi verbrachte Mitte der dreißiger Jahre ein Jahr der politischen Verbannung in der Basilicata. In seinem 1945 veröffentlichten Buch «Christus kam nur bis Eboli», dem romanhaften Bericht, der aus diesem erzwungenen Aufenthalt hervorging, ist auch von den Höhlen Materas die Rede. Die Schwester des Erzählers musste, um ihren Bruder zu besuchen, den Weg über diesen Ort nehmen: «In diesen schwarzen Löchern mit Wänden aus Erde sah ich Betten, elenden Hausrat und hingeworfene Lumpen. Auf dem Boden lagen Hunde, Schafe, Ziegen und Schweine. Im Allgemeinen verfügt jede Familie nur über eine solche Höhle, und darin schlafen alle zusammen, Männer, Frauen, Kinder und Tiere. So leben zwanzigtausend Menschen . . . Ich habe noch nie ein solches Bild des Elends erblickt.»

Der Süden, das ist eine Landschaft wie aus einer anderen Welt, in der sich angeblich nur zurechtfindet, wer den Orient, Afrika oder das Mittelalter zum Vergleich heranzieht: ferne Räume und Zeiten, die kaum abbildbar sind in den Lebenswelten des Westens und der Moderne, Vorstellungen von einer mythischen Einsamkeit, die das Dasein der Menschen auf den «Murge» zu bestimmen scheint.

Als Palmiro Togliatti, Generalsekretär der Kommunistischen Partei Italiens, im Jahr 1948 Matera besuchte, nannte er die Stadt eine «nationale Schande». Damals waren die «Sassi» noch bewohnt, und sie blieben es auch noch etliche Jahre, nachdem die italienische Regierung im Jahr 1952 ein Gesetz verabschiedet hatte, das die Räumung der Höhlen und die Umsiedlung der etwa fünfzehntausend Bewohner in neue Wohnblocks am Stadtrand verfügte, mit amerikanischem Geld und nach dem Muster der «Tennessee Valley Authority» (eines amerikanischen Staatsunternehmens, das eine ganze Region neu gestalten sollte), worauf der größte Teil der Anlage abgesperrt und sich selbst überlassen wurde. In den sechziger Jahren, als die letzten Höhlen von ihren Bewohnern aufgegeben wurden, gingen Siedlung und Sehenswürdigkeit offenbar schon ineinander über. Denn zu jener Zeit begann, inspiriert auch durch die Schilderung Materas in «Christus kam nur bis Eboli», die Karriere der Stadt als Filmkulisse.

«Ich dachte», hatte Carlo Levi geschrieben, «man sollte eine Geschichte von diesem Italien schreiben, wenn es möglich ist, eine Geschichte von etwas zu schreiben, das sich nicht in der Zeit abspielt: die einzige Geschichte dessen, was ewig und unveränderlich ist.» Dieses «Ewige» ist bei Carlo Levi zugleich Ausdruck einer unendlichen Resignation. Das Entsetzen über den italienischen Süden war groß, als das Buch in die Welt kam. Zugleich aber schien es, als hätte man dergleichen schon erwartet. Denn dass Levis Beschreibung ein solcher Erfolg wurde, beruhte nicht nur auf dem spektakulären Anblick von Matera, nicht nur auf der Empörung darüber, unter welchen Bedingungen man in Europa noch vor wenigen Jahrzehnten hatte leben können: Es beruhte auch auf der verbreiteten Vorstellung eines archaischen Südens, von dem man nicht wusste, ob er je einen Weg in die Moderne finden würde, der aber eng verwandt zu sein schien mit einem vorzeitlichen Balkan. Eine andere Antike schien hier überlebt zu haben, als exotischer, auf diese Weise nobilitierter Süden. Immer sind es dieselben Treppen, die vermeintlich aus der Geschichte hinaus in eine alte Ewigkeit führen sollen, immer dieselben finsteren Höhlen, die den wahren, weil noch nicht mit der Technik in Berührung gekommenen Menschen verheißen, immer dieselben kleinen Plätze, auf denen sich die Gesellschaft in ihrem vermeintlich ursprünglichen Zustand eingefunden haben soll: Zu solchen Vorstellungen vom Authentischen liefert Matera Bilder, bei deren Anblick sich der Betrachter fragt, ob es so etwas auf Erden tatsächlich geben kann.

Matera teilt sich heute eine Universität mit der hundert Kilometer entfernten Stadt Potenza, und einige der größten Sitzmöbelfabriken des Landes sind hier seit dreißig Jahren zu Hause (es geht ihnen allerdings nicht gut). Vom Elend übriggeblieben ist indessen das Pittoreske der Bauten, von denen einige wenige wieder als (nunmehr komfortable und hygienische) Wohnungen hergerichtet sind, die Mehrzahl aber in Hotels, Restaurants, Andenken- und Weinläden sowie private Museen («so lebte man in den Sassi») umgewandelt wurde – während etwa ein Drittel der «Sassi» noch immer hinter Zäunen verborgen und von Stechpflanzen überwuchert daliegt. Im Unterschied zu den meisten anderen historischen Stadtkernen in Europa wurden die «Sassi» nicht durch wechselnde Nutzung, Immobilienspekulation und Gentrifizierung umgeformt. Sie wurden aufgegeben, aus hygienischen und sozialen Gründen, sie lagen brach, schienen keinen geldwerten Nutzen mehr zu besitzen und nähren nun die Hoffnungen, die sich an Matera als touristische Destination knüpfen. Nachts sind sie erleuchtet von gelben Lampen, die der Anlage den Anschein einer gigantischen Weihnachtskrippe verleihen. In der Stille der Nacht hört man die Hunde bellen.

Als der Landschaftsarchitekt Lawrence Halprin vor etlichen Jahren Matera besuchte, sprach er von einer «urtümlichen Erfahrung» («primeval experience») und verglich die Stadt mit Jerusalem. An diesem Vergleich ist mehr Wahres, als es selbst die vielen Filme vorspiegeln, in denen Matera für Jerusalem steht: Von Matera, so will es der moderne, von den regionalen Fremdenverkehrsämtern wie von der Europäischen Union beflügelte Aberglaube von der Rettung der Welt durch eine Rückkehr zum Ursprünglichen, werde die Erneuerung der Zivilisation ausgehen. Mit den Mitteln des modernen Kulturmanagements, berechnet auf den Besuch von vielen hunderttausend Touristen, soll in Matera eine neue Art heiligen Bodens entstehen, in einem Versuch, den italienischen Süden, von dem es immerzu heißt, dass er versinkt, untergeht oder gar stirbt, in eine ökonomisch prosperierende Landschaft zu verwandeln. Dort soll man, gemeinsam mit den Einheimischen, die Zukunft nicht nur Süditaliens, sondern ganz Europas im Archaischen finden. Wie groß aber muss die Verzweiflung sein, wenn man darauf vertraut, dass aus alten Zufluchtsorten eine Zukunft entsteht?

*

Der Barock kennt viele Varianten, darunter auch härtere wie die Fassade des Petersdoms und die Marmorhallen vieler Kirchen aus dem 17. und 18. Jahrhundert. Generell aber besteht der Barock aus lauter Versuchen, das Harte weich und das Tote lebendig werden zu lassen. Das gilt für die Architektur, für die geschwungenen Formen, die Kuppeln, die Ziergiebel. Es gilt für die Putten, die Bosketten, die Karyatiden und das mystisch wirkende Licht. Es gilt für die Inneneinrichtung, den mehrfarbigen Marmor, die Schnitzereien, die ausladenden Möbel, für die Malerei mit ihren schrägen Perspektiven, ihren überraschenden Tiefen und optischen Täuschungen. Immer scheint es darum zu gehen, Passagen zu schaffen, in denen die Architektur in die Musik und die Bildkunst in den Tanz oder in den Gartenbau übergeht. Dabei ist der Barock, zumal in der Baukunst, ein zuerst italienisches Phänomen, in seiner Entstehung an Rom und die Gegenreformation gebunden, dann sich aber über alle Teile des Landes ausbreitend und bald auch die Alpen in Richtung Norden überwindend. Ein Nachleben, so wie es ein Nachleben der Romanik, der Gotik oder der Renaissance gibt, scheint der Barock in der Architektur wie in der Bildkunst indessen kaum zu haben.

Auf der einen Seite erscheint der Barock als etwas Spätes, als eine Aufweichung aller Verhältnisse, die mit der Renaissance und ihrer Strenge gegeben waren. Auf der anderen Seite erlebt man den Barock, je weiter man in Italien nach Süden kommt, und damit vermutlich auch: je härter die Lebensbedingungen werden, in zunehmender Dichte als vorherrschende Kunstform. Auch scheint der Barock, je südlicher er wird, immer phantastischer zu werden, bis er schließlich Apulien erreicht, in Gallipoli, Manduria oder Martina Franca, oder mehr noch, den Südosten Siziliens, wo nach dem Erdbeben des Jahres 1693 die Gelegenheit ergriffen wurde, ganze Städte in diesem neuen Stil zu errichten: Ragusa, Modica, Noto, Catania, lauter kleine oder mittlere Orte, in denen es offenbar nichts Wichtigeres zu tun gab, als die Balkone mit ihren schmiedeeisernen Gittern von Sirenen und Ungeheuern tragen zu lassen. In Akten ungeheurer Verschwendung wurden dort Märchenwelten geschaffen, die oft wie Skulpturen aus gebackenem Eischnee anmuten, in den Palästen wie in den Kirchen. Sie scheinen allesamt unter der Devise eines «trotzdem» zu stehen, und je härter die Voraussetzungen werden, desto entschlossener scheint das «trotzdem» sich zu behaupten. Versailles ist kein Märchenschloss, Caserta bei Neapel aber ist eines: zwar auch ein großer Repräsentationsbau, aber zugleich eine ausschweifende architektonische Phantasie – die, gleichwohl, ursprünglich den Kern einer Erneuerung des gesamten Königreiches im Sinn des Merkantilismus und einer absolutistischen Bürokratie hätte bilden sollen.

Der italienische Barock verdankt seinen Ursprung dem Aufeinandertreffen zweier Kräfte: der römisch-katholischen Kirche und des spanischen Erbes. Im Mai 1527 hatten die Truppen Kaiser Karls V. Rom geplündert und den Papst gedemütigt, die Renaissance hatte sich erschöpft, die Stadtstaaten in der Toskana und im Norden Italiens waren in Territorialstaaten aufgegangen. In den Jahren danach wurde Rom zum Zentrum eines Katholizismus, der sich in der Gegenreformation zu erneuern suchte und alle Künste diesem Projekt dienstbar zu machen verstand. Während der Protestantismus die Emanzipation des Geistes von der Magie anstrebte, die Erhebung der Religion zu etwas Immateriellem jenseits der sinnlichen Anschauung, huldigte der Barock dem Gegenteil. Aber es hieße ihn unterschätzen, würde man im Barock nur den Gegensatz zur Innerlichkeit des Protestantismus, nur die Leidenschaft für das Sinnliche und den Bilderkult (und damit etwas vermeintlich historisch Rückständiges) erkennen. Denn in Wahrheit führt der Barock stets, wie jeder ernsthafte Verführer, über alle Sinnlichkeit hinaus.

Barocke Werke, gleichgültig, ob sie in der Architektur oder in der Malerei geschaffen wurden, sind deshalb nicht für die sorgfältige Betrachtung oder gar das Studium gemacht: Sie richten sich eher an den vorübergehenden, schweifenden, womöglich nur halb aufmerksamen Blick. Sie sollen weder als reine Kunstwerke noch wegen ihres jeweiligen religiösen, mythologischen oder weltlichen Sujets gewürdigt werden, sondern als festliches Gesamtkunstwerk. Ihr höchster Zweck ist die Aufhebung aller Grenzen, der physischen wie der psychischen, der Grenzen der Wirklichkeit wie der Grenzen der Kunst. Sie zielen auf die totale Repräsentation, und das heißt: die Aufhebung der Realität in der Darstellung. «Statt die Aufmerksamkeit nacheinander von einem Werk auf das nächste zu richten», sagen die Kunsthistoriker Svetlana Alpers und Michael Baxandall, «muss man bei der Betrachtung ständig in Bewegung bleiben und mit der Entfernung, exzentrischen Blickwinkeln und Lichtschwankungen fertigwerden.» Alle Figuren und Gegenstände in den Kunstwerken dienen als Assistenten einer bildnerischen Idee, und als Ideen lassen sie sich in den Himmel einfügen, gern mit Hilfe von ein paar Wolken, die deswegen auch häufig rosa sind: Denn in dieser Welt der Schönheit und der Freiheit ist der Tag fast immer gerade erst angebrochen.

Zu Unrecht steht der Barock deshalb im Ruf, eine Art Gegenprogramm zur Sittenstrenge und zur abstrakten Frömmigkeit des Protestantismus zu bilden: Es ist umgekehrt. In den Bildern, den Skulpturen, den Ornamenten, dem Zierrat, dem Weihrauch, der Verschwendung, kurz: im ganzen Sinnenapparat des Barock verbirgt sich die Aufforderung, dass der fromme Geist die Sinnenwelt nicht (wie im Protestantismus) verachten, sondern sich darin und darüber erheben soll, um sich dem Jenseits zuzuwenden. Der ästhetische Überschuss, das Verschwenderische des Barocks, dient dazu, dieses Jenseits beinahe greifbar werden zu lassen. Aber eben nur: beinahe. Wer will, kann die Wanderungen des Sinnsuchers Jep Gambardella, der Hauptfigur in Paolo Sorrentinos Film «La Grande Bellezza» aus dem Jahr 2013, als Nachleben des Barocks begreifen: als endlose Passage durch eine Welt der Verführungen, vorangetrieben von einer doch nie erfüllten Sehnsucht nach Sinn.

*

Der Kapuzinermönch Padre Pio wurde im Jahr 2002 heiliggesprochen: ein Mönch, der sein Klosterleben in einem apulischen Dorf verbracht hatte. Nur unwillig hatte sich die katholische Kirche den Kult um Padre Pio zu eigen gemacht, der schon lange vor seinem Tod im Jahr 1968 zum informellen Heiligen des italienischen Südens geworden war. Das Zweite Vatikanische Konzil hatte den vielen legendären Heiligen, die vor allem in der italienischen Provinz zu Hause waren, ein Ende bereiten wollen. Die Heiligen sollten fortan eher symbolisch verstanden werden, als Aufforderung zur praktischen Nachfolge, nicht als wundertätige Wesen, denen man durch Berührung näherkommen könnte. Von Wundern sollte deswegen zumindest öffentlich nicht allzu viel geredet werden. Erfolgreich war diese Initiative nicht, vor allem nicht im italienischen Süden: In Syrakus entstand in den sechziger Jahren ein neuer Wallfahrtsort, nachdem eine kleine Gipsfigur der Madonna begonnen hatte, Tränen zu vergießen; in den kalabrischen Bergen begegnete ein Hirtenjunge im Jahr 1968 der Mutter Gottes und schuf damit den Wallfahrtsort Madonna dello Scoglio.

In Padre Pio schien nun ein entschlossen vormoderner Glaube zurückzukehren, in Gestalt eines Schmerzensmannes und Wundertäters, zu dessen Kanonisierung es eines Mystikers wie Johannes Paul II. bedurfte, des Papstes, der mehr Heiligsprechungen vornahm als nach dem Jahr 1592 alle seine Vorgänger zusammen. Das Befremden minder frommer Menschen angesichts der scheinbar mittelalterlichen Figur des Padre Pio ist deswegen nicht geringer geworden. Im Gegenteil, die Verehrung passt zur Vorstellung von einem Land, das immer mehr aus der Zeit zu fallen scheint, je weiter man nach Süden gerät, bis man schließlich den Eindruck hat, bei beinahe naturhaften Phänomenen anzukommen, in Gestalt der apulischen Kathedralen zum Beispiel, dieser gigantischen Bauwerke mit ihren Ornamenten und monströsen Skulpturen. Sie passt zur Vorstellung der von paganen Riten beherrschten Stadt Neapel im Jahr 1944, wie sie von Norman Lewis geschildert wird, einem britischen Schriftsteller, der zu jener Zeit als Nachrichtenoffizier in Italien diente: Er berichtet vom Glauben des Volkes, Padre Pio sei in den Himmel aufgestiegen, um einen abgeschossenen italienischen Piloten aufzufangen und sicher zur Erde zu bringen. Die Verehrung passt zu den Menschen, von denen Carlo Levi in seinem Buch «Christus kam nur bis Eboli» erzählt, und ihrer – in doppeltem Sinn – unmittelbaren Nähe zu den Tieren. Oder zu den mafiösen Gemeinschaften des Südens, in denen angeblich das Blut mehr zählt als jede andere Art der sozialen Verbindung.

Padre Pio ist die Quelle unzähliger Reliquien. Dazu gehören die fingerlosen Handschuhe, mit denen er die Wundmale an seinen Händen verbarg, sein Brevier, seine Kleider, dann die Büsten, vor allem aber die Fotos, die ihn abbilden und die potenziell wundertätig sein sollen, auch wenn sie in Auflagen von vielen hunderttausend Exemplaren verbreitet wurden. Überhaupt ist Padre Pio ein moderner Heiliger, was vor allem in seiner Bindung an technische Medien erkennbar wird. Er vollbringt Wunder an Menschen, die ihn im Fernsehen erleben (wodurch das Wort «Fernsehen» eine neu-alte Bedeutung erhält), er bedient sich der Telefonie (auch eine Form der Bilokation, der Fähigkeit also, an zwei Orten zugleich zu sein) und erscheint überhaupt als der ideale Heilige, um dem Medienwandel zu folgen. Er fährt als Airbrush-Gemälde auf der Rückfront von Lastwagen durch das Land, sein Konterfei hängt in Bars und Wäschereien, sein Bildnis ist als Amulett, auf Lesezeichen und als Kleinskulptur in Wohnzimmerecken gegenwärtig, in Form von Bildern und öffentlich aufgestellten Statuen, die im Mezzogiorno an jeder zweiten oder dritten Straßenecke zu finden sind. Eine italienische Immobilienzeitschrift veröffentlichte vor einigen Jahren eine Umfrage, welcher Heilige in Form von Bildern in den Wohnzimmern der Nation am häufigsten vertreten sei. Es ist Padre Pio, weit vor dem heiligen Antonius von Padua, dem heiligen Januarius von Neapel oder der heiligen Rita von Cascia. Gegenüber den meisten anderen Heiligen besitzt er den Vorteil, vom Gläubigen nicht mehr zur verlangen als einen Augenblick der frommen Hingabe.

Die katholische Kirche kennt Heilige in vielen Varianten: Seelsorger wie Antonius von Padua, Wohltäter wie Mutter Teresa, Gelehrte wie Thomas von Aquin. Die Menschen, an denen sich angeblich die fünf Wundmale Christi wiederholen, sind herausgehobene Gestalten unter den Heiligen, weil sie unmittelbar in die Nachfolge des Erlösers getreten sein sollen. Es gibt deswegen nicht viele Träger der Stigmata: Der erste, der von der Kirche als solcher anerkannt wurde, war Franz von Assisi, der Mann, der im 13. Jahrhundert die Kirche durch eine Armutsbewegung zu erneuern suchte. Je nach Zählung folgten ihm bis ins 20. Jahrhundert hinein zwischen hundert und dreihundert-dreißig Stigmatisierte. Nur wenige von ihnen wurden selig- oder gar heiliggesprochen, und spätestens seit dem frühen 19. Jahrhundert wird jede derartige Erscheinung zumindest von dem Verdacht beglei-tet, Beobachtung und Täuschung oder auch Selbsttäuschung hätten möglicherweise nicht weit auseinandergelegen.

Am 20. September 1918, kurz vor dem Ende eines auch für Italien unendlich blutigen Krieges, den die Landbevölkerung, zumal im Sü-den, nicht gewollt hatte und dessen Opfer sie dennoch geworden war, hatten sich angeblich erstmals die Wundmale Padre Pios gezeigt, die er dann sein Leben lang behalten sollte. Der Mönch muss unzählige Male medizinisch untersucht worden sein, und wenn die Ergebnis-se der Prüfungen allenfalls gemischt ausfielen, so taten sie doch dem Glauben keinen Abbruch, im Gegenteil: So wie Padre Pio sich selbst gleich geblieben sein soll, in Demut, aber im Bewusstsein seiner Aus-erwähltheit, allen Prüfungen und aller Aufmerksamkeit zum Trotz, so ist auch der Glaube an das Wunder nicht zu irritieren. Ein Wunder dient der Bekräftigung der Überzeugung, dass Gott existiert, wobei Gott sich dadurch bemerkbar machen soll, dass er, für alle sichtbar, die von ihm selbst geschaffenen Gesetze der Natur außer Kraft setzt. Stehen schon deswegen alle Wunder im Widerspruch zu modernen Weltbildern, so gilt das in besonderem Maße für die Stigmata: Denn wer die Wundmale empfängt, nimmt nicht nur die Schmerzen ande-rer auf sich. Das Leiden gibt ihm und all seinen Anhängern vielmehr auch recht.

Das gilt im Fall Padre Pios umso mehr, als die mit ihm verknüpften Wunder von vornherein einen politischen Zug besaßen, der wenig zu tun hat mit der Wiederkehr eines angeblich irrationalen Mittelalters, die besonders aufgeklärte Menschen im Kult um diesen Kapuziner zu erkennen meinen. Eine politische Gestalt ist Padre Pio zunächst als Mystiker. Denn mystische Vertiefung zielt auf den Einzelnen, den sie mit einer Erweckungsbewegung zusammenschließt, unter Umgehung der Amtskirche. Eine politische Figur ist er ferner als Heiliger des Südens, als Wundertäter wider das doppelte Rom: wider den Zentralismus des Staates und wider den Zentralismus der Kirche. Und er ist es schließlich deshalb, weil er alle Verbindungen von Glauben und Wissenschaft unterläuft. Das Buch diene dem Suchen, lautet einer der wenigen überlieferten Sätze Padre Pios, das Gebet hingegen dem Finden. Aus der Verehrung Padre Pios spricht nicht nur ein Volksglaube, so wie er nach dem Zweiten Vatikanischen Konzil überwunden zu sein schien. Es bekennt sich darin auch die Peripherie zu sich selbst, und diese Peripherie ist voller Misstrauen gegen alles, was aus der Mitte und von oben kommt. Der Süden Italiens kennt sonst keine starken Identifikationsfiguren. Giuseppe Garibaldi mag seine Tausend in Salemi versammelt haben, um sich dort zum «Diktator Siziliens» zu erklären: Er war aber aus dem Norden gekommen, und als er im Herbst 1860 auch Neapel besiegt hatte, legte er das Königreich beider Sizilien einem Herrscher aus dem Piemont zu Füßen. Padre Pio aber ist in jeder Beziehung eine Gestalt aus dem Süden.

Eine innige Beziehung zur Fotografie hatte Padre Pio unterhalten, seit im August 1920 ein Mitbruder mit der Kamera festhielt, wie er die durchlöcherten Hände, nach außen gewendet, vor der Brust kreuzt. In den dreißiger Jahren beschäftigte der Orden seinetwegen einen Fotografen. Schon damals muss das Bild des Mönchs ein bevorzugtes Medium seiner Verehrung gewesen sein. Nach dem Zweiten Weltkrieg wurde Padre Pio zu einem beliebten Gegenstand der italienischen Boulevardpresse, etwa der Mailänder Familienzeitschrift «Oggi», die den Volksheiligen in eine Zelebrität verwandelte. Der Kult um den Kapuziner, und womöglich auch dieser selbst, scheint derart gemischten Bedürfnissen weit entgegengekommen zu sein: Padre Pio entwickelte seine Fähigkeiten in solcher Vielseitigkeit, dass er als Universalheiliger auftreten konnte, als Stigmatisierter und Wunderheiler, der Prophetie ebenso mächtig wie der Bilokation. In ihm scheint ein nur vermeintlich anachronistischer Glaube noch einmal all seine Mittel zu mobilisieren, nicht nur mit den Kommunikationstechniken der modernen Welt, sondern auch mit einer Art von Heiligkeit, die einige ihrer stärksten Impulse aus der Populärkultur empfing. Es ist bei diesem Heiligen, als hätte es Bibelkritik, Aufklärung und Atheismus schlicht nicht gegeben, oder als hätten sich in dieser Gestalt etwas sehr Altes und etwas Neues zusammengeschlossen, unter Auslassung aller Zwischenstufen.

An einem kalten, windigen Tag im Februar fuhr ich nach San Giovanni Rotondo, dem Ort, in dessen Kloster Padre Pio sein ganzes Leben verbracht hatte. Der Weg führt durch eine karge Gegend, hinauf in die Hügel des Gargano im Nordosten Apuliens. Jenseits der Kuppe öffnet sich dann plötzlich der Blick auf eine Stadt, die noch vor wenigen Jahrzehnten nur ein armes Dorf war. Die nunmehr aber eine Stadt ist, in deren Mitte sich auf der einen Seite, hinter der eigentlichen Grabkirche, ein gigantisches, vom Genueser Architekten Renzo Piano entworfenes Gotteshaus von außerordentlicher Hässlichkeit erhebt, auf der anderen Seite ein nicht minder monströses, in einer Art poststalinistischem Kolossalstil errichtetes Krankenhaus. Millionen Pilger kommen alljährlich in diese Stadt. Sie sehen den Heiligen in einem gläsernen Sarg liegen, sie knien in der Kirche vor einem Standbild, das in seiner Größe die Statue des Heilands an der Seite des Altars bei weitem übertrifft, sie stoßen an jeder Ecke, vor jedem Haus, in jedem Winkel auf ein Bildnis ihres Heiligen. Eine Trauerfeier war gerade beendet worden, als ich die Grabkirche betrat. Die Menschen standen herum und redeten, auf nahezu unbekümmerte Weise. So muss es sein, dachte ich mir, wenn das Diesseits und das Jenseits nicht wirklich voneinander getrennt sind.

*

Als am Golf von Tarent in den frühen sechziger Jahren ein Stahlwerk errichtet wurde, ließ der Auftraggeber, das Staatsunternehmen Italsider, einen kurzen Dokumentarfilm drehen. Er beginnt mit Bildern einer Planierraupe, die einen mächtigen Olivenbaum niederwalzt, während im Hintergrund eine Schafherde weidet. «Als Platon und Archimedes noch lebten, gab es diesen Olivenbaum schon», spricht dazu eine herbe Männerstimme. «A morte! Nach zweitausend Jahren von einer infernalischen Kraft gefällt. In den Staub geworfen wie ein Stecken.» Die Gewalt wird bewundert, die Vergangenheit Tarents als griechische Kolonie wird verneint, es folgt die Epiphanie einer Fabrik. Verfasst worden war dieser Text von Dino Buzzati, der damals als stellvertretender Chefredakteur der Mailänder Tageszeitung «Corriere della Sera» arbeitete, längst aber auch als Schriftsteller berühmt geworden war, vor allem durch seinen Roman «Il deserto dei Tartari» («Die Tatarenwüste», 1940). Dieses Buch handelt vom Warten. In jenem Film ist es, als hätte die süditalienische Landschaft eine halbe Ewigkeit darauf gewartet, dass in ihr ein gigantisches Stahlwerk errichtet wird. Beflügelt wurden derartige Projekte durch die Behauptung, der Süden könne wie der Norden sein, gäbe es nur das Geld, die Infrastruktur oder das Arbeitsethos. Man weiß längst, dass diese Annahme falsch war.

Die Fabrik am Golf von Tarent, das größte Stahlwerk Europas und eines der größten der Welt, steht immer noch da, eine «cattedrale del deserto» («Wüstenkathedrale») auf einer Fläche von etwa fünfzehn Quadratkilometern. Unmittelbar beschäftigt sind dort mindestens zehntausend Menschen, ungefähr doppelt so viele Arbeiter sind für andere Firmen im Stahlwerk tätig, oder sie kümmern sich im Hafen um das Verladen der Rohstoffe oder des Stahls. Drei Viertel des gesamten in Tarent erarbeiteten Reichtums entstehen in dieser Fabrik. Sie produziert etwa vierzig Prozent des insgesamt in Italien hergestellten Stahls, rund 2,5 Millionen Tonnen werden pro Jahr in andere Länder der Europäischen Union verkauft.

Ein stinkender Koloss steht da im äußersten Süden Italiens, dreihundert Kilometer südöstlich von Neapel. Er steht dort, weil nach dem Zweiten Weltkrieg die Industrialisierung des «Mezzogiorno» befördert werden sollte, weil es hier angeblich ungenutztes Land gab, einen guten, vom Sueskanal wie von der Straße von Gibraltar aus leicht erreichbaren Hafen und eine Arbeiterschaft, die im Dienst für die italienische Kriegsmarine, die in Teilen in Tarent stationiert war (und es immer noch ist), den Umgang mit Eisen und schweren Maschinen gelernt hatte. Tatsächlich wurden die Bürger Tarents zunächst wohlhabender als die anderen Bewohner des Südens, sie besaßen mehr Autos, mehr Häuser. Es wurde eine Arbeiterschaft ausgebildet oder herbeigeholt. Die Arbeiter waren beinahe friedlich. Und die Bevölkerung wuchs auf fast eine Viertelmillion Menschen.

Die Fabrik erscheint heute größer denn je. Von der Stadt Tarent ist noch lange nichts zu sehen, wenn das Stahlwerk, «Ilva» mit Namen, schon am Horizont zu erkennen ist: an Dutzenden, wenn nicht Hunderten von rot-weiß gestreiften Schornsteinen, vor allem aber an zwei gigantischen Hallen, die in den Jahren 2017 bis 2019 gebaut wurden, um die bislang offenen Lager für Eisenerz und Kohle zu überdachen. Fast achtzig Meter hoch sind diese Hallen, fast siebenhundert Meter lang, so groß wie fünfzig Fußballfelder, und man sieht sie von überall, von den Olivenhainen an den Hängen der Terra delle Gravine wie vom historischen Zentrum Tarents zwischen den «beiden Meeren», der offenen See und einer Lagune. Eine eigene Stadt könnte man unter diesem Dach unterbringen, eine Stadt neben dem Stahlwerk, neben der Arbeitersiedlung Tamburi, eine Stadt gegenüber der Altstadt mit der Cattedrale di San Cataldo, dem Dom aus dem 11. Jahrhundert. Die Hallen entstanden, damit der Wind den Staub aus den offenen Lagern nicht mehr über Stadt und Land verwehen kann. Wenn das der Fall ist, sind die Straßen und die Autos, die Häuser und die Parks von einer roten Schicht überzogen. Manchmal bilden sich sogar dichte Wolken, und man erinnert sich an «Dune», den Wüstenplaneten. Die Schulen werden an solchen Tagen geschlossen, was bis zu fünfmal im Monat geschehen kann, und den Eltern wird empfohlen, ihre

Kinder unter die Dusche zu schicken, wenn sie zur Wohnungstür hereinkommen. Vermutlich werden die Hallen die Menge des Staubs vermindern. Zum Verschwinden bringen werden sie ihn kaum: Es hat seinen Grund, dass es in der Region kein offizielles Register der Krebserkrankungen gibt.

Dino Buzzati stammte aus Belluno, aus dem Norden von Venetien, und es fällt schwer, in seinem alle Epochen des Abendlands umgreifenden Pathos nicht die Schritte eines inneren Kolonialismus zu erkennen, mit dem in Süditalien eine Industrie geschaffen worden war, die es ohne das direkte Engagement des Staates und ohne staatliche Kredite nicht gegeben hätte. Einigermaßen rentabel wurde das Unternehmen nur vorübergehend, zu Zeiten des italienischen Wirtschaftswunders. In den neunziger Jahren sollte es, zwecks Konsolidierung des staatlichen Haushalts, an private Eigner verkauft werden. Die Versuche erwiesen sich als äußerst schwierig, hatten aber schließlich Erfolg, doch nur unter der Bedingung, dass der Staat hinter den neuen Eigentümern nie ganz verschwand. Er trat dann umso deutlicher wieder hervor, je komplizierter die ökonomischen Verhältnisse wurden und je höher die Arbeitslosigkeit.

Aus solchen Verhängnissen, erläutert der Wirtschaftshistoriker Salvatore Romeo, sei ein «populistischer» Widerstand gegen die Fabrik, deren Eigentümer, den Staat und den «Norden» hervorgegangen, der sich in etlichen kulturellen Initiativen, in Romanen, Theaterstücken und Filmen niederschlägt. Dieser Widerstand weiß indessen um die Abhängigkeit der Menschen von der Fabrik, woraus eine besondere Form des empörten und zugleich resignierten Opferdaseins folgt, eine leere Wut, die um sich selbst zu kreisen scheint. Bürgerinitiativen wie die «Genitori tarantini», die «tarentinischen Eltern», sind in der Stadt überaus präsent, auf Demonstrationen, auf Plakatwänden und in der lokalen Presse. Im Nachhinein erscheint es, als habe Dino Buzzati solche Menschenopfer schon angekündigt, als er in seinem Text für Italsider die griechische Antike mit der technischen Moderne verband.

Tarent ist außerhalb Italiens kaum bekannt, aber innerhalb des Landes eine finstere Berühmtheit, weil aus diesen drei Elementen – der fast dreitausend Jahre alten Stadt, dem Werk und dem Gift – ein Skandal entstand, der nun schon mindestens dreißig Jahre andauert und, anstatt irgendwann an Kraft zu verlieren und zu erlöschen, immer neuen Brennstoff findet. Das liegt daran, dass das Stahlwerk so groß ist und eine solche Bedeutung für den italienischen Staat besitzt, dass man in Rom glaubt, ohne diese Fabrik nicht bestehen zu können. Das gilt auch nach der Privatisierung des Werks im Jahr 1995 und nach seinem Verkauf an den indischen Konzern ArcelorMittal, den größten Stahlproduzenten der Welt, im Jahr 2017. Zuletzt hatte, vor der Wahl zum italienischen Parlament im Frühjahr 2018, der «Movimento 5 Stelle» versprochen, die Stahlfabrik aus ökologischen Gründen stillzulegen und die Region, angeblich nach dem Muster des Ruhrgebiets, in einen Park der umweltfreundlichen Industrien und der Bildung zu verwandeln. Die Versprechen wurden nach der Wahl kassiert. Trotzdem will ArcelorMittal die Fabrik nun an den Staat zurückgeben.

Zu Tausenden waren die Einwohner Tarents, von Schwefeldioxid, Benzpyren, Dioxinen und etlichen anderen Giften verseucht, in den vergangenen Jahrzehnten an Krebs erkrankt. Tödliche Erkrankungen der Atemwege etwa treten in Tarent bei Männern etwa fünfzig Prozent häufiger auf als in den anderen Teilen Apuliens. Die Zahl der Todesfälle, die sich nachweislich auf Giftstoffe, die aus dem Stahlwerk stammen, zurückführen lassen, liegt gegenwärtig bei einigen hundert, und jeder weiß, dass solche Gifte ihre Wirkung oft erst nach Jahrzehnten entfalten. Jede Familie in Tarent, so heißt es oft, habe ihre Krebskranken und Krebstoten. Hin und her gerissen zwischen ökonomischem Zwang und fataler Schädlichkeit, stellt sich die Historie des Stahlwerks dar als unendliche Geschichte aus unterlaufenen Kontrollen und missachteten Ultimaten, aus Korruptionsverfahren und vorübergehenden Schließungen (so im Jahr 2012, nach einer Anklageerhebung wegen illegaler Absprachen zur Umgehung der Umweltauflagen), aus staatlichen Dekreten und erstaunlichen Verlängerungen der Betriebserlaubnis. Zwar urteilte der Europäische Gerichtshof für Menschenrechte, der italienische Staat habe das Recht der Bürger Tarents auf körperliche Unversehrtheit verletzt. Doch ist das Stahlwerk offenbar zu groß und zu wichtig, um unterzugehen, und wenn die Arbeiter auch wissen, dass Ausbeutung in diesem Fall buchstäblich zu verstehen ist und ihren körperlichen Ruin bedeutet, so trotten sie doch bei Schichtbeginn durch das Fabriktor.

Tarent liegt im innersten Winkel des Golfs, den das ionische Meer im Süden Italiens bildet, in einer einst wohl malerischen Bucht, die von zwei Inseln abgeschlossen wird. Die Altstadt steht auf einem Felsen, der hier einen natürlichen Hafen schützt, das offene Meer auf der einen, eine Lagune auf der anderen Seite. Eine Siedlung gibt es auf diesem Felsen seit dem 8. Jahrhundert v. Chr., als sich hier Spartaner niederließen. Reste der griechischen Stadt sind eingegangen in die Bauten der Altstadt, so wie Gebäude der Römer, der Byzantiner und der Aragonesen darin aufgenommen wurden. Es gibt in dieser Altstadt gotische Klöster, überbaute Gassen und ehemals prächtige Herrenhäuser, wenngleich der größte Teil der Palazzi aus dem 17. und 18. Jahrhundert stammt. Vier verwinkelte Straßen, von denen unzählige Gassen abgehen, halten die alte Stadt zusammen. Sie verbinden, gelegentlich allerdings von abgesperrten Ruinen unterbrochen, die einst deutlich wohlhabenderen Viertel im Osten mit den Turmhäusern der ärmeren und armen Bürger im Westen.

Diese Altstadt ist ein einzigartiges Gebilde von furchterregender Schönheit. Mehr als dreißigtausend Menschen lebten hier, als sie noch tatsächlich bewohnt war, vor fünfzig oder vor zweihundert Jahren. Jetzt soll sie noch knapp tausend Bewohner haben. An einem grauen Werktag im Frühjahr sind allerdings auch diese Menschen nicht zu sehen, jedenfalls nicht in den Gassen und auf den kleinen Plätzen. Absurd wirkt die Uferpromenade zur Lagune hin, mit ihren Straßenleuchten im Jugendstil, unter denen morgens die Fischhändler stehen: Sie blicken auf eine Ansammlung finsterer alter Häuser, die tot daliegen wie ein ödes Gebirge. Langsam scheint diese Altstadt in sich zusammenzusinken, die Fassaden sind dunkel angelaufen, die Fenster blind (falls sie nicht hohl sind), die Eingänge vernagelt, viele Häuser werden, so scheint es, nur noch durch rostige Rohre gehalten, die zwischen ihnen montiert sind. Aus den Nischen wachsen Büsche, was für die oft noch aus dem Mittelalter stammenden hohen Häuser der einfacheren Menschen genauso gilt wie für die barocken Paläste des Adels mit ihren prächtigen Portalen, Innenhöfen, Fenstertüren, Balkonen und mächtigen Treppenhäusern. Sollte hier je ein Restaurator arbeiten, bliebe sein Wirken, abgesehen vom Dom und von zwei, drei Kirchen, ganz und gar verborgen. Es gibt hier keine Spekulation mit Immobilien, es gibt kaum eine Gentrifizierung, und es gibt erst wenige Wohnungen, die an Touristen vermietet werden, einem reich ausgestatteten und schön gestalteten Museum der Antike zum Trotz.

Die plötzliche Industrialisierung Tarents zeitigte Wirkungen, die kaum im Interesse ihrer Gründer gelegen haben dürften. Zum einen isolierte sie die Stadt von ihrer ländlichen Umgebung, von den Schafhirten, Rinderzüchtern, Zitrusbauern und Winzern, denen Apulien einen großen Teil seines offensichtlich trotz allem vorhandenen Wohlstands verdankt. Zum anderen sorgte das Stahlwerk für eine Konzentration innerhalb der Industrien von Tarent, die jegliches produzierende Gewerbe jenseits der Stahlherstellung verschwinden ließ. Zum Dritten zeitigte sie die Verwahrlosung des «centro storico». Wenn es schon in den Jahren nach 1861, also nach der Einigung, zu einem Bedeutungsverlust für die Altstadt gekommen war – bei der Umwandlung des Hafens in die Basis der italienischen Kriegsmarine war ein neues Viertel im Osten der Altstadt, jenseits der Drehbrücke entstanden –, verwandelte sich das historische Zentrum nun sukzessive in eine «città fantasma», eine Geisterstadt. Mehr als siebzig Prozent der Gebäude in der Altstadt sind heute öffentliches Eigentum, weil auf andere Weise nicht mehr gewährleistet wäre, dass sie überhaupt stehenbleiben.

Zu den vielen Büchern, die über die Stadt Tarent und ihr Stahlwerk geschrieben wurden, gehört der dokumentarische Roman «Veleno»

(«Gift», Mailand 2013) von Cristina Zagaria. Dioxin, heißt es in diesem Werk, hinterlasse eine Spur, die zum Hersteller zurückführe. «Es ist, als würden wir von kleinen mörderischen Händen ergriffen, sie berühren uns, verteilen sich auf unsere Körperteile ... auf die Lunge, den Kopf, die Eierstöcke, die Haut, die Luftröhre ... um dann das jeweilige Teil zu verschlingen und nichts zurückzulassen als eine dünne Spur.» Solche Sätze, von denen es in diesem Buch etliche gibt, sind das Gegenstück zur Eroberung des bukolischen Südens, wie Dino Buzzati sie in seiner mythischen Szene mit der Planierraupe schildert: Die Kolonisierung des Südens vollzieht sich in ihnen von innen, in Gestalt eines Zerfalls der Strukturen, die man geschaffen hatte, weil sie den Süden tragen sollten. Dieser Zerfall hat tragische Züge: Denn hatte man es zuerst mit einer radikalen Industrialisierung des Südens versucht, um eine nationale Pflicht zu erfüllen – oder auch: um eine Schuld gegenüber dem Süden abzutragen –, so erscheint jener Zerfall nun als verdoppelte Schuld.

*

Als im August 2018 in der Nähe der apulischen Stadt Foggia ein Kleinbus mit bulgarischem Kennzeichen mit einem Lastwagen zusammenstieß, starben die meisten Insassen des Busses: zwölf schwarze Erntearbeiter, die nach einem langen Tag in den Tomatenfeldern in ihre Behausungen zurückkehren wollten. Zwei Tage zuvor hatte es in derselben Gegend einen ähnlichen Unfall gegeben, mit einem voll besetzten, ebenfalls bulgarischen Kastenwagen. Dabei waren vier Arbeiter gestorben. Papiere hatte keiner von ihnen besessen. Sofort erklärten die zuständigen Politiker, mit dem System der illegalen Erntearbeit gründlich aufräumen zu wollen. Die Ankündigungen klangen sonderbar: Denn die Tätigkeit dieser hauptsächlich aus Afrika stammenden Menschen findet keineswegs im Verborgenen statt. Wer in Süditalien über Land fährt, vorbei an den riesigen, meist mit transparentem Kunststoff überspannten Tomatenfeldern, erblickt sie überall: Zehntausende, wenn nicht Hunderttausende solcher

Arbeiter muss es geben. Eigentlich leben sie zumindest halb im Verborgenen. Und doch sind sie unübersehbar, denn selbst wenn man sie nicht leibhaftig auf den Feldern sieht, so lässt sich doch leicht erraten, wer in den Schuppen und Hallen wohnt, die irgendwo am Rand eines Wirtschaftswegs stehen.

Zwischen den Menschen, die der Staat mehr oder minder als Bürger fremder Staaten respektiert (die meisten Immigranten in Italien fallen Ausländern nicht auf, auch weil sie weiß sind und gut Italienisch sprechen, was vor allem für Rumänen und Albaner gilt), und den Flüchtlingen, die er manchmal rigoros abweist und also ihrem Schicksal überlässt, wie grausam es auch immer ausfallen mag, entstand in den vergangenen Jahren eine dritte Gruppe von Migranten: die «irregolari», die «Irregulären». Sie leben oft schon seit vielen Jahren in Italien. Fast alle arbeiten, in prekären Verhältnissen. Manche haben Aufenthaltspapiere, einige besitzen sogar eine Arbeitserlaubnis. Viele aber sind Gesetzlose («clandestini»), nicht im Sinn des amerikanischen «Outlaws» – denn ein solcher hat die Gesetzlosigkeit selbst gewählt –, sondern in einer negativen Bedeutung, insofern sie nämlich zu einem Leben außerhalb der staatlichen Ordnung gezwungen sind. Der elementare Schutz von Person und Eigentum, den ein moderner Staat seinen Bürgern gewährt, bleibt vielen von ihnen vorenthalten. Die Nachteile, die in einem Dasein als Rechtssubjekt liegen, was etwa heißt, Gegenstand der Strafverfolgung werden zu können, dürfen sie hingegen in vollem Umfang genießen.

Das wirtschaftliche System, in dem diese Migranten leben, trägt auf Italienisch den Namen «caporalato»: Seine Agenten sind die «caporali» («Korporale»), selbst oft ehemalige Flüchtlinge. In den frühen Morgenstunden fahren sie zu einem Ort, an dem sich die «irregolari» versammelt haben, laden so viele Arbeiter ein, wie in den Kleinbus hineinpassen, und bringen diese, wie zuvor mit einem Arbeitgeber (oft Genossenschaften eher fiktiven Charakters, die nur lose an das Arbeitsrecht gebunden sind) vereinbart, auf ein Feld. Für diesen Dienst kassieren sie eine Vermittlungsgebühr sowie von jedem der Arbeiter eine Transportkostenpauschale von fünf Euro. Ein Arbeitstag bringt zwanzig bis dreißig Euro (manchmal gibt es auch weniger) und dauert bis zu zwölf Stunden, was insgesamt auf weniger als die Hälfte der Summe hinauslaufen dürfte, die ein Landwirt einem legal eingestellten, ungelernten Arbeiter mindestens zu zahlen hätte (knapp neunhundert Euro pro Monat). So entsteht eine Unterschicht unterhalb aller Unterschichten. Sie besteht aus Menschen, die in die Wirtschaft integriert sind, ansonsten aber, jeder für sich, in einem existenziellen Ausnahmezustand leben. Das Proletariat der frühen Industrialisierung scheint in ihnen zurückzukehren, lauter Menschen ohne «Vaterland» (Karl Marx), die buchstäblich nicht mehr verdienen, als sie zur Reproduktion ihres leiblichen Daseins benötigen. Ja, schlimmer noch: Denn wie sollte unter diesen Ausgestoßenen auch nur ein Bewusstsein gemeinsamer Not entstehen?

Das System des «caporalato» gibt es schon lange, seit den Anfängen einer Industrialisierung der Landwirtschaft des italienischen Südens im 19. Jahrhundert, und es war immer schon ein System der Macht und keines der Rechtmäßigkeit gewesen. Manchmal wird es deswegen als «feudales» System bezeichnet, aber der Name führt in die Irre, weil er davon absieht, wie eng diese Form der Arbeit längst an eine moderne Lebensmittelindustrie gekoppelt ist – und tatsächlich werden die Arbeiter ja bezahlt, wenngleich weit unter allen Mindestlöhnen. Mit den Migrantengruppen, die etwa seit den frühen neunziger Jahren durch das Land ziehen, änderte das «caporalato» zuletzt seine Gestalt, und es wurde dabei zunehmend kriminell. Den Afrikanern voraus gingen dabei vor allem Arbeiter aus Osteuropa, aus Bulgarien und Rumänien – manche von ihnen wurden vertrieben, weil die Afrikaner billiger sind, und tauchten dann als Bettler in den großen Städten des europäischen Nordens auf; manche verdienen jetzt an der Infrastruktur des «caporalato», was man unter anderem an den bulgarischen oder rumänischen Nummernschildern der Fahrzeuge erkennt.

Tomaten werden in «cassini» gesammelt und transportiert, in

großen Kästen, die jeweils etwa 375 Kilogramm fassen: Es kostet den Landwirt drei bis vier Euro, einen davon gefüllt zu bekommen. In diesem Gewerbe, haben italienische Ökonomen ausgerechnet, werden pro Jahr etwa fünf Milliarden Euro umgesetzt, wobei dem Staat etwa 1,8 Milliarden Euro an Steuern verlorengehen. Ein Interesse des Staates an der Verrechtlichung dieser Arbeitsverhältnisse gibt es indessen nur bedingt. Denn so unerwünscht die zumindest in einem Graubereich arbeitenden «irregolari» der Politik offiziell sein mögen: Die Landwirtschaft und die italienische Lebensmittelindustrie ziehen ihren Vorteil daraus. Deswegen werden die «irregolari» in Italien bleiben und weiterhin vor allem in den Branchen arbeiten, in denen ungelernte Kräfte bestehen können und Kontrollen nur unter Schwierigkeiten zu realisieren sind, in der Landwirtschaft und im Bauwesen, um vom Drogenhandel gar nicht erst anzufangen.

«Ghetti» nennt man in Italien die Behausungen, in denen sie leben, oft zu Hunderten, in leerstehenden Fabriken oder aufgegebenen Wohnblocks. Berühmt sind der verlassene Militärflughafen bei Borgo Mezzanone in Apulien, wo eine ganze Barackenstadt entstanden ist, das «Gran Ghetto» in Rignano Scalo oder das «Hotel House» in Porto Recanati in den Marken. Manchmal findet man auf dem offenen Land Gruppen improvisierter Hütten, in denen augenscheinlich «irregolari» wohnen. In solchen Siedlungen scheint sich, ungeachtet der vor allem durch die über das Mittelmeer gekommenen Flüchtlinge geschaffenen Aktualität, eine Tradition fortzusetzen, die viel älter ist als alle Versuche des italienischen Nationalstaates, im Süden eine moderne Ökonomie zu schaffen. Die sogenannte Philosophie des Mezzogiorno, hatte in den fünfziger Jahren der Journalist Guido Piovene in seinem Buch «Viaggio in Italia» behauptet, sei entstanden «aus der Indolenz der Vielen, die gewohnt sind, sich irgendwie durchzuschlagen». Daran ist zumindest insofern etwas Wahres, als die ländliche Bevölkerung hier in vorindustriellen Zeiten oft nur vorübergehend sesshaft war. Unter den Bedingungen der Globalisierung scheint jenes alte Elend zurückzukehren.

Die Mitte des Mittelmeers

Sizilien

*I*m späten Frühjahr wird an italienischen Stränden der Sand geharkt. Danach sieht man kein Treibgut mehr am Ufer. Jetzt ist es Herbst, und am Strand von Pozzallo liegen, wie an fast allen Meeresufern der Welt, Äste und ganze Baumstämme, PET-Flaschen, Gummischläuche und Plastiktüten, Dosen und Stoffreste. Es liegen dort, wie überall, auch viele Turnschuhe, selbstverständlich nicht in Paaren, sondern in einzelnen Exemplaren. Sie scheinen aus einem Material zu bestehen, das sie zum Strandgut besonders geeignet macht: Sie sind leicht, für Wasser undurchdringlich und sehr robust. Immer schon erschienen mir diese Schuhe als etwas Rätselhaftes, ja Unheimliches. Vielleicht waren sie nur von einem Badenden benutzt worden, der an einem steinigen Ufer ins Wasser kommen wollte, und sie wurden dann fortgespült. Vielleicht hatte jemand barfuß einen Strandspaziergang machen wollen und die Schuhe an einer Stelle stehen lassen, wo sie von einer Welle erreicht und davongetragen wurden. Vielleicht hatte sich ein Gast auf einem vorüberfahrenden Schiff oder Boot gesonnt und seine Kleidung auf dem schwankenden Deck liegen lassen. Denkbar ist vieles, aber es gab stets auch eine andere Möglichkeit: dass die Schuhe von Selbstmördern, über Bord Gefallenen oder Schiffbrüchigen stammten.

Im Lauf der Jahre veränderten sich die Spekulationen, die sich an Turnschuhe als Strandgut an einer süditalienischen Küste – und gar: an einer sizilianischen Küste – knüpfen. Man hält es nunmehr für unwahrscheinlich, dass sie von einem Badegast stammen. Viel dringlicher ist jetzt die Vermutung, dass sie einem Flüchtling gehörten, der auf einem seeuntauglichen Boot versuchte, über das Mittelmeer zu gelangen. Berge von gebrauchten Schwimmwesten, Kleidern, Schuhen, Bootsresten sind an den Stränden griechischer und italienischer Inseln oder an den Ufern Siziliens aufgehäuft. Jeder Gedanke daran verbindet sich mittlerweile mit zwei Vorstellungen, die viele Strände in Orte eines tragischen Gegensatzes verwandeln: Die eine ist die Ferienlandschaft, ein Vorgriff auf das Paradies, in dem sich der Mensch seiner Kleidung entledigt, um sich wehrlos der Sonne und dem Meer auszuliefern. Die andere ist ein Kriegsgebiet, in dem Menschen ihr Leben riskieren, um einer Bedrohung zu entgehen, die ihnen furchtbarer erscheint als das Risiko, auf dieser Reise zu sterben.

Nach Pozzallo bin ich gereist, weil der Ort an der Südküste Siziliens immer wieder für kurze Zeit berühmt wurde, als Hafen, in dem die Schiffe anlegen, die afrikanische Flüchtlinge von ihren sinkenden Schlauchbooten retten. Manchmal fanden die Flüchtlinge auf ihren Booten sogar selbst hierher. Als ich ankomme, ist der kleine Militärhafen hinter den hohen Gittern indessen leer, die Strände sind verlassen, nichts deutet auf große Bewegungen hin. Ein Verkehrskreisel liegt in der Mitte des Ortes. Dahinter, zum Meer hin, ist ein kleiner Park angelegt worden, mit ein paar Palmen und Oleanderbüschen, einem Kinderspielplatz und einer Statue Padre Pios, die den Heiligen bei der Lektüre der Bibel zeigt. Am Strand geht ein philippinisches Kindermädchen mit seinem Schützling spazieren, zwischen ein paar zusammengeklappten Sonnenschirmen, die aus irgendwelchen Gründen stehengeblieben sind und schräg im Sandboden stecken. Auf einer Parkbank sitzen drei Rentner und gucken in die Luft. Zwei Bänke weiter spielen zwei Paar dunkelhäutige Männer Schach. Hinter dem Park liegt, unter schnell ziehenden Wolken, das Meer.

Die Entfernung nach Malta dürfte, in gerader Linie, gut hundert Kilometer betragen, die Entfernung zur nächstgelegenen tunesischen Küste etwa zweihundert Kilometer, die Entfernung nach Tripolis in Libyen mehr als sechshundert Kilometer. Das Mittelmeer ist zwar kein Ozean, und Sizilien ist die Mitte des Mittelmeers, von Osten nach Westen betrachtet, wie auch von Norden nach Süden. Afrika ist dennoch nicht nah: Von hier gemessen, ist es in jede Richtung weit, auch nach Pantelleria, der italienischen Insel auf halbem Weg nach Tunesien, und erst recht nach Sardinien, der zweiten großen Insel, die zu Italien gehört.

Drei große Halbinseln erstrecken sich von der Nordküste des Mittelmeers nach Süden: die Iberische Halbinsel, Italien, der Balkan mit Griechenland an der Spitze. Hinzu kommt Anatolien, das sich von Osten nach Westen zieht. Hinter der Türkei liegt noch ein Meer, das Schwarze Meer, das man per Schiff nur über das Mittelmeer erreicht. Ein ungeteiltes Meer war das «Mare Mediterraneum» nur in der Antike gewesen. Damals ließ der Philosoph Platon seinen Lehrer Sokrates im «Phaidos» erklären, die griechischen Anrainer säßen um das Wasser herum wie die Frösche um einen Teich. Die Römer hätten Gleiches sagen können. Diese Zeit endete mit der Antike: Nach dem Tod von Kaiser Theodosius I. im Jahr 395 n. Chr. wurde das Römische Reich in Ostrom und Westrom geteilt. Die Grenze verläuft seitdem, mit Abweichungen in alle Richtungen, im Grunde entlang der Westküste des Balkans. So ist es bis zum heutigen Tag.

Nach der Teilung des Römischen Reiches war es zuerst das Weströmische Reich, das zunächst allmählich und dann immer schneller versank, in den Wirren der Völkerwanderung. Auch gegenwärtig ist es so, dass man den Eindruck haben könnte, die eine Hälfte des Mittelmeers bleibe halbwegs stabil, während die andere Seite politisch, ökonomisch und kulturell zusammenbricht – nur dass es dieses Mal der Osten ist, der sich selber zerlegt oder zerlegt wird. Zur Destabilisierung trägt bei, dass die Grenzen zwischen dem westlichen und dem östlichen Meer gewandert sind – und dass sich über diese Teilung eine andere legt, nämlich die zwischen dem Norden und dem Süden. Als die Araber die Iberische Halbinsel beherrschten, als das Heer des Osmanischen Reiches vor Wien stand, war der Südosten sehr weit nach Nordwesten vorgedrungen. Umgekehrt war Algerien noch nach dem Zweiten Weltkrieg sehr französisch gewesen. Aber zu dieser Zeit hatte das Mittelmeer schon seit Jahrhunderten seine Bedeutung eingebüßt, an globalen Standards gemessen. Neben dem Atlantischen, dem Indischen und dem Pazifischen Ozean war es zu einem Nebenschauplatz der Politik geworden – was nicht heißt, dass es weniger gefährlich geworden wäre.

Als die Epoche des Kolonialismus zu Ende gegangen war, brauchte man Afrika und die Afrikaner nicht mehr, jedenfalls nicht in der Form, dass man sich des Kontinents als eines Besitztums hätte bemächtigen müssen. Für Italien war der Kolonialismus, in Libyen oder Äthiopien betrieben, ohnehin eine ebenso blutige (und für die überfallenen Völker noch viel blutigere) wie politisch und ökonomisch erfolglose Angelegenheit gewesen. Was die Industriestaaten an Rohstoffen heute wie damals benötigen, bekommen sie auch so, meist ohne sich unmittelbar engagieren zu müssen. Dafür sorgt ein Markt, der jedoch mit großen Teilen der afrikanischen Bevölkerung wenig oder gar nichts anfangen kann. Diese blieb, bis zu den jüngsten Ereignissen, in Afrika zurück.

Auf dem offenen Meer vor Pozzallo, vor dem Lido von Venedig, vor Ancona, vor Genua, vor Palermo, überall liegen Frachter, kleine und mittelgroße. Sie liegen dort auf Reede. Sie warten darauf, dass ihnen jemand den Auftrag gibt, ein paar hundert Container (denn darum handelt es sich meistens) zu transportieren. An der Zahl der Schiffe lässt sich, unter gewissen Bedingungen, aber zuverlässiger womöglich als an jeder öffentlichen Statistik, die jeweilige Lage der Konjunktur ablesen: Sind es wenige, stehen die Zeichen auf Wachstum, sind es viele, nimmt auch die Arbeitslosigkeit zu. Daneben offenbaren diese Schiffe, wie es mit der ökonomischen Konkurrenz unter den Anrainerstaaten des Mittelmeers steht – und mit der Konkurrenz der Häfen. Dass vor Neapel, im Unterschied noch zu den siebziger oder achtziger Jahren, nur wenige Frachter liegen, heißt dagegen nicht, dass dort übermäßig viel produziert würde. Es bedeutet vielmehr, dass Neapel, wie ganz Süditalien, den Wettbewerb um die großen Häfen am Mittelmeer verloren hat, schon vor Jahrzehnten. Die Schiffe fahren auch nicht nach Gioia Tauro in Kalabrien, einem Hafen, der nach seinem jüngsten Umbau als «Hub» dienen soll, dazu also, die Fracht der großen Schiffe auf kleinere umzuladen. Die großen Frachter und viele der mittleren legen jetzt in Tanger an oder in Piräus, einem Hafen, der einem chinesischen Konzern gehört, falls sie nicht gleich nach Rotterdam fahren, von wo aus die Güter, die sie geladen haben, hauptsächlich mit dem Lastwagen nach Norditalien gebracht werden.

Vor einigen Jahren schlug ein Wirtschaftsprofessor aus Neapel der italienischen Regierung vor, ein gigantisches Konjunkturprogramm aufzulegen. Italien, erklärte er, liege im Mittelmeer wie ein riesenhafter Landungssteg. Warum sollten Rotterdam oder Hamburg die großen Häfen Europas sein, wenn man doch den größeren Teil des europäischen Kontinents, vor allem im Osten, von Italien aus auf kürzeren Wegen erreichen könne (so wie das bis zum Ersten Weltkrieg von Triest aus geschah)? Abwegig ist der Gedanke nicht. Denn noch immer wird ein großer Teil des Welthandels über das Mittelmeer abgewickelt, und nach der Eröffnung des erweiterten Suezkanals ist das erst recht der Fall. Und ist, was Italien kaum gelingt, in den vergangenen zehn, zwanzig Jahren nicht von der Türkei vollzogen worden? Wurde sie nicht, nach dem Zusammenbruch der Sowjetunion, wieder zum Knotenpunkt auf den alten Handelswegen, die jetzt aus den neuen Staaten im Süden des ehemaligen Sowjetreiches wieder in das Mittelmeer führen? Die neue Seidenstraße indessen, der Handelsweg mit dem offiziellen Titel «Belt and Road Initiative» (BRI), den die Republik China einzurichten trachtet, soll nicht über die ganze Halbinsel, sondern direkt in den Norden Italiens führen, wobei die Häfen von Triest und Genua die Güter empfangen sollen, die dann weiter nach Norden gebracht werden.

Nur eine Insel im Mittelmeer wird Sizilien sein, wenn dieses Projekt verwirklicht wird, wenigstens in Hinsicht auf den Warenverkehr: eine Insel in einem Mittelmeer ohne Mitte. Militärisch kann Sizilien seine Bedeutung für den ganzen mediterranen Raum indessen nicht verlieren. Und noch weniger für die aus Nordafrika kommenden Flüchtlinge, die, aus ihren sinkenden Booten geholt und ans Ufer gebracht, zum Objekt eines immer wieder furchtbaren Schauspiels werden: der Rettung eines nackten Lebens, von dem man nicht weiß oder vielmehr nicht wissen will, was man mit ihm anstellen soll. Wenn die Bilder von der Ankunft in den Nachrichtensendungen gezeigt worden sind, verschwinden offenbar die Menschen, viele in Lagern, während manche sich auf eigene Faust auf den Weg nach Norden machen. Meeresräume, schreibt der französische Historiker Fernand Braudel in seinem Riesenwerk «Das Mittelmeer» aus dem Jahr 1949, seien nach «Menschenmaß» zu messen. Was er damit meinte, versteht man sofort, wenn man an die vielen Metaphern denkt, die es für das Mittelmeer gibt: Brücke, Straße, Grenze, Graben, Friedhof, das sind alles Ausdrücke für etwas von Menschen Gemachtes.

*

Durch Sizilien lasse ich mich treiben, während einiger Tage in einem Frühsommer, in dem es ungewöhnlich viel geregnet hat, so dass der Weizen noch einen Schimmer von Grün trägt. Die Ziele liegen nie weit entfernt, nur hundert oder hundertfünfzig Kilometer, die sich an einem Tag leicht zurücklegen lassen. Die Straßenkarte habe ich mir angesehen und mir die Namen von zwei oder drei größeren Orten gemerkt, die ich passieren will. Dann fahre ich los, durch das Inland und absichtlich über kleine Straßen, ohne Navigationsgerät, irgendwie in die geplante Richtung. Wenn mir ein Anblick merkwürdig erscheint, halte ich an, um genauer hinzuschauen: an einer

Kreuzung, weil die Straßenschilder von Jägern oder anderen Ballermännern so pittoresk zerschossen sind, auf einer Kuppe, weil sich ein Panorama auftut, in einer Ortschaft, weil sie steil an einem Berg hängt. Bei Lercara Friddi sehe ich einen Hügel, auf dem oben eine verlassene klassizistische Villa steht und in den unten lauter kurze Stollen gebohrt sind (hier wurde, wie ich später erfahre, Schwefel abgebaut, für ganz Europa und vor allem für Großbritannien), so dass die Anlage aussieht, als hätte jemand einen Palast auf einem Schweizer Käse errichtet und dann vergessen. Frank Sinatras Großvater väterlicherseits stammte aus diesem Städtchen. Davon zeugt ein kleines Museum, dessen Exponate hauptsächlich aus Fotografien und anderen kopierten Dokumenten bestehen. Aber auch Lucky Luciano kam hierher, der Gangster, der die Mafia in den Vereinigten Staaten zu einem modernen Verbrechersyndikat machte. Seit dem Jahr 1969 wird in der Gegend von Lercara Friddi indessen kein Schwefel mehr abgebaut.

Ich sehe die Grundmauern einer griechischen Stadt namens Morgantina. Sie liegen vor einer unendlichen, welligen Landschaft, hinter der sich, in einer Entfernung von mindestens fünfzig Kilometern, der Ätna mit einer Schneemütze erhebt. Er raucht. Ich sehe den Felsen von Sutera, der mir als eine verkleinerte Ausgabe des Monolithen erscheint, auf dem in Steven Spielbergs Film «E. T.» aus dem Jahr 1982 die Außerirdischen landeten. Am Fuße des Felsens von Sutera liegt ein altes Dorf, das, wie viele sizilianische Dörfer, offenbar von seinen Bewohnern aufgegeben wird. Vor allem aber sehe ich ein Land von einer Weite, wie ich sie im amerikanischen Westen erlebte, nur dass ich dort nicht auf normannische Kirchen und spanische Festungen stieß: Hügel folgen auf Hügel, große Hügel auf große Hügel. Auf manchen Hügeln weht das Gras im Wind. Auf vielen wird Weizen angebaut. Er scheint nur dünn und schütter zu wachsen. Je mehr man sich der Küste nähert, desto beherrschender wird eine mittlerweile offenbar hochindustrialisierte Landwirtschaft. Auf manchen Hügeln grasen Rinder. Auf etlichen stehen Windräder, ohne dass erkennbar würde, dass sie ein Gemeinwesen versorgen. In der Regel folgen die kleinen Straßen den von Mai bis Oktober weitgehend ausgetrockneten Flusstälern, die bis weit ins 19. Jahrhundert hinein die einzigen Wege durch das Landesinnere bildeten.

Große Teile Siziliens waren in der Antike von griechischen Kolonisten besiedelt gewesen. Dann landeten die Karthager, die Römer, die Vandalen, die Byzantiner, die Sarazenen, die Normannen, die Staufer, Karl von Anjou und die Aragonesen und die Spanier, zuletzt die Bourbonen, bis schließlich Giuseppe Garibaldi kam, um sich zum Diktator von Sizilien auszurufen und dann seine Eroberungen dem zukünftigen König ganz Italiens zu Füßen zu legen. Gewiss, es wird in dieser langen Geschichte immer wieder Zeiten gegeben haben, sogar lange Perioden, in denen das Volk nur die üblichen Überfälle, Aufstände, Räubereien, Erpressungen und Schikanen zu ertragen hatte, von ihren Gutsbesitzern, von Banditen wie von der Zentralmacht, während es selbst für die Blutrache sorgte – irgendwo in einem fast weglosen Landesinneren, wohin die Herren ohnehin nie gelangten. Und dennoch kommen in Sizilien außerordentlich viele historische Wechselfälle zusammen, wegen der zentralen Lage der Insel im Mittelmeer. Vermutlich reagierte nicht nur der Landadel auf die vielen Machtwechsel mit Beharrlichkeit und Intransigenz.

Zur großen Erzählung von Sizilien gehört jedoch auch, in welch erstaunlichem Maß die Völker sich hier vertrugen: Sarazenen, Anhänger der Ostkirche und Normannen zum Beispiel, über lange Zeiten hinweg und selbst dann, wenn dieselben Akteure, wie während der Kreuzzüge, in anderen Gegenden am Mittelmeer Krieg gegeneinander führten. In solchen Arrangements mag sich eine historische Erfahrung verbergen, in der alles Neue nur eine Variation auf etwas Gewesenes darstellt und alle wissen, dass die gegenwärtigen Zustände auch nicht allzu lange Bestand haben werden. Was aber ist aus den vielen Völkerschaften geworden, die durch Sizilien gegangen sind? Einige haben große Geschichten hervorgebracht, die Normannen und die Staufer vor allem. Sie lassen sich als Heldenlegenden erzählen. Für die Taten der Spanier gilt das weniger, auch wenn sie den Mais und die Schokolade aus Amerika nach Sizilien brachten und Städte bauen ließen, die wie Theaterbühnen aussehen. Danach aber scheint Sizilien in einem Abseits der Geschichte verschwunden zu sein, wo nur noch wenig Schönes oder Beeindruckendes entstand, seltsame Dinge wie die Bauruinen auf den Hängen des Monte Gallo oberhalb von Palermo allenfalls, hässliche Denkmäler nicht nur einer mafiösen Bauwut, sondern auch einer tiefen Verachtung für die Natur.

In Santa Margherita di Belice, im Westen Siziliens, stehe ich vor den Trümmern des Palazzos, in dem der Schriftsteller Giuseppe Tomasi di Lampedusa einen großen Teil seiner Jugend verbracht und der in seinem Roman «Il Gattopardo» («Der Leopard») als Vorbild für die Sommerresidenz des Helden gedient hatte: Ein großer Quader liegt dort vor dem Betrachter, ein Kasten, bei dem nur die barocken Einfassungen der Fenster und die beiden außen liegenden Treppen davon zeugen, dass dieses Haus einmal ein prächtiger Herrschaftssitz gewesen sein muss. Der Palazzo ist, wie große Teile des dazugehörigen Städtchens seit dem Erdbeben des Jahres 1968, eine Ruine. Ein über den Eingang und die Mitte der Fassade gemauerter Aufsatz mit einer Uhr erinnert daran, dass man auch hier einmal in neue Zeiten aufbrach. Jetzt aber wirkt diese Uhr, eben weil sie auf einer Ruine hinter einem leeren Platz prangt, als hätte der Raum endlich doch die Zeit verschlungen, als wäre also nichts anderes mehr da als eine geisterhafte, unendliche Fortsetzung von Weite.

Giuseppe Tomasi di Lampedusa erlebte die Veröffentlichung seines einzigen Romans nicht. Das Buch erschien im November 1958, mehr als ein Jahr nachdem der Autor auf dem Friedhof der Kapuziner in Palermo begraben worden war. Den Anstoß zur Niederschrift hatte eine Begegnung mit dem Literaturbetrieb gegeben: Im Juli 1954 war der Fürst zusammen mit einem Cousin, dem Lyriker Lucio Piccoli, und einem Diener zu einem Kongress der Literatur und Literaturkritik in einen Kurort in der Nähe von Bergamo gefahren. Dort traten die drei Herren zunächst auf wie aus der Zeit gefallene Gestalten, erweckten aber bald, wie der künftige Kollege Giorgio Bassani befand, «die größte Neugierde, Bewunderung und Sympathie». Das Innere Siziliens kann auf eine ebenso herbe wie erhabene Weise abgelegen wirken. Umso erstaunlicher ist dann jedes Mal die außerordentliche intellektuelle Wachheit, die dort gedeiht, ein der Welt zugewandter Geist, der seine Kraft aus der Randlage wie aus der Melancholie zu schöpfen scheint.

*

In der Altstadt von Palermo, nicht weit von «La Cala», dem ältesten Hafenbecken, steht ein ehemaliger Theatinerkonvent aus dem frühen 17. Jahrhundert, der seit den Zeiten der napoleonischen Herrschaft als sizilianisches Staatsarchiv dient. Man betritt das Gebäude durch ein großes Tor, kommt in einen stillen, schattigen, mit Bogengängen eingefassten Innenhof, steigt eine breite, steinerne Treppe empor, passiert ein Wächterhäuschen – und bleibt staunend stehen. Eine Halle öffnet sich dem Besucher, mindestens zehn Meter hoch, sechzig Meter lang und von unten bis oben, in drei offenen Etagen, von vorn bis hinten angefüllt mit Akten. Quer zur Längsrichtung des Saals stehen knapp mannshohe Pulte, die als Auflage für die Folianten dienen, wenn diese geöffnet werden sollen. Zugleich sind in ihnen noch mehr Akten untergebracht. Viele dieser Akten sind zu Büchern gebunden, andere bilden Bündel, die von Schnüren zusammengehalten werden, wieder andere werden in Kartons verwahrt. Zehntausende, wenn nicht Hunderttausende von solchen Konvoluten muss es hier geben, wobei die ältesten aus dem 12. Jahrhundert, also aus normannischer Zeit, und die jüngsten aus den Jahren unmittelbar vor der Einigung Italiens stammen. Gelb und grau sind die Akten im Lauf der Jahrhunderte geworden, viele sind von der Feuchtigkeit und von Mäusen angefressen, halb zurückgesunken in die Natur, beinahe schon in Moos oder faulendes Blattwerk verwandelt.

Zahlreich sind die Möglichkeiten, sich in Palermo aufzuhalten und das Europa, das man zu kennen glaubt, zu verlassen. Man landet nicht im Mittelalter und nicht im Orient, nicht in einem Märchen und schon gar nicht in einem Reich des Phantastischen. Stattdessen sind die Verhältnisse auf eine vertraute Weise fremd, die Dinge nur um ein Weniges verschoben, im Raum wie in der Zeit. Das Staatsarchiv ist eine solche Einrichtung, weil hier ein anscheinend bürokratischer Verstand in einer Weise waltete, die alle Funktionen nahezu unmöglich gemacht haben muss. Nicht minder verwegen und verschwenderisch wirkt die Decke in der Cappella Palatina, der Hofkapelle des normannischen Palastes, weil sich dort eine ganz und gar arabische, bis zum Äußersten verfeinerte Kunstform in einer der schönsten Kirchen der Christenheit entfaltet: Lauter fein ausgearbeitete abstrakte Skulpturen hängen dort herunter, wie Stalaktiten in einer Tropfsteinhöhle, aber symmetrisch geordnet. Die Katakomben der Kapuziner haben etwas ähnlich Bizarres, die Korridore, in denen mehr als zweitausend einbalsamierte und bekleidete Leichen hängen, stehen und manchmal auch liegen. Man kann eine «meditatio mortis» darin erkennen, eine Reflexion auf den Tod, man kann die Sammlung aber auch für einen Haufen zerfallender biologischer Materie halten, wie es der Schriftsteller Guido Ceronetti tat.

Das alte Palermo liegt, obwohl berühmt als Stadt im «goldenen Becken» («conca d'oro»), der Ebene zwischen Bucht und Bergen, vom Meer abgewandt. In der Mitte Palermos befindet sich eine Siedlung, die ihren sarazenischen Ursprung durch ihre Anlage verrät: Nirgendwo geht es hier geradeaus, immerzu muss man um Winkel und Ecken biegen oder landet in einer Sackgasse, überall gibt es mehr oder minder verborgene Durchgänge. Fotografieren ist hier fast unmöglich, weil das Objekt nie weit genug entfernt ist. Das einzelne, in sich geschlossene Haus bildet das Prinzip dieser Anlage: Nur selten bekommt man die Innenhöfe zu sehen, in deren Mitte einst je eine Palme zu stehen pflegte. Heute findet man dort meist einen staubbedeckten, nicht mehr fahrtüchtigen Fiat und zwei, drei Motorroller.

Die Anfänge dieses Viertels, der «Kalsa», liegen weit mehr als tausend Jahre zurück. Eine historische Topographie dieses Quartiers (oder des Viertels Monte di Pietà) wäre eine gigantische, bislang allenfalls in Teilen geleistete Aufgabe. Das historische Bewusstsein scheint vor den dunklen, im Erdgeschoss fensterlosen Mauern mittelalterlicher Palazzi zu enden, bei denen man nicht einmal ahnt, was sich darin befinden könnte. Man stellt sich Säle von orientalischer Pracht vor, möglicherweise sind es aber nur ein paar leere Räume, in denen alte Matratzen liegen, auf denen nachts Migranten schlafen, während die Decke ihr Innenleben aus Gips und Stroh offenbart und stückweise herunterfällt. Anders ist es mit der jüngeren, der barocken oder im 19. Jahrhundert entstandenen, ein wenig oberhalb liegenden Stadt mit ihren geraden Straßen, mit ihrer Oper (einem der prächtigsten Theaterbauten Italiens) und ihrer repräsentativen Architektur. Aber auch dieser Stadtteil öffnet sich nicht zum Meer.

Nicht weit vom Staatsarchiv befindet sich übrigens eines der «musei dei pupi», der Marionettenmuseen Siziliens. Der verstaubte Drache, der oben in der Eingangshalle hängt, lässt zwar vermuten, es gehe in diesem Haus um eine verlorene Kunst. Aber der Eindruck täuscht: Das Spiel mit Marionetten, seit dem frühen 19. Jahrhundert in Sizilien verbreitet, ist lebendig geblieben, was vermutlich wenig mit dem Fernsehen oder dem Internet zu tun hat, umso mehr aber mit Miniaturisierung und Fiktionalisierung als Techniken zur Bewältigung einer übermächtigen Wirklichkeit. Oder anders gesagt: Es gibt einen Zusammenhang zwischen den «presepi», den aufwendigen Weihnachtskrippen, wie sie in ganz Italien üblich sind (so domestiziert man den christlichen Gott, so begegnet man dem täglichen Elend mit süßen Gefühlen), der Darstellung der Schlacht von Lepanto im Puppenformat, wie sie in der Kirche Santa Cita in Palermo zu sehen ist, und einem Marionettenspiel, in dem lauter mafiöse Verwicklungen und Verhängnisse in Gestalt von Episoden aus dem Rolandslied oder der Artussage aufgeführt werden.

Und es lässt sich noch eine weitere Verbindung knüpfen: zwischen den vergilbenden Akten eines ganzen Jahrtausends, den mumifizierten Leichen in der Gruft der Kapuziner und dem Puppentheater. Denn so, wie eine solche Marionette, in ihrer ganz und gar unnatürlichen Gestik beschränkt bis ins Äußerste, die größte Anteilnahme der Phantasie erfordert, um vital zu wirken (und das tut sie), so verbirgt sich in den Akten, in den Mumien und in den Kunstwerken ein Übermaß an Lebendigkeit: Alle diese Dinge warten nur darauf, dass jemand kommt und sich mit ihnen befasst. Und schon erwachen sie, verwandelt in menschliche Schicksale.

*

Im Südosten Siziliens, auf einem Hügel mit weitem Blick über das Bauernland ringsum, liegt eine Gemeinde, bei der man, wie bei vielen solcher Kommunen in Italien, nicht recht weiß, ob es sich um ein großes Dorf oder um eine kleine Stadt handelt. Man weiß auch nicht recht, warum der Ort Licodia, der sich im späten 19. Jahrhundert den Beinamen Eubea gab, in erhabener Erinnerung an seine griechischen Gründer, ausgerechnet auf diesem Hügel liegt, der Länge nach ausgestreckt wie ein Drache, dessen Kopf das Kastell bildet und dessen Schwanz sich irgendwo auf halber Höhe verliert. Es hätte vielleicht auch der nächste Hügel sein können, oder der elfte Hügel weiter östlich, so groß ist dieses Land.

Das Innere Siziliens erschließt sich nur unter Schwierigkeiten. Eisenbahnverbindungen gibt es nicht, oder es gibt sie nicht mehr. Der Reisende ist auf Busse oder auf das Auto angewiesen. Der Weg nach Licodia führt durch eine Landschaft, die wüst und fruchtbar zugleich zu sein scheint. Man kurvt um kahle Kuppen herum, an den Hängen und in Tälern erstrecken sich Felder, auf denen Wein unter grünen Planen wächst, dazwischen werden Kaktusfeigen angebaut, und alles, was gedeiht, scheint die Form einer industrialisierten Landwirtschaft angenommen zu haben, in großen Maßstäben. Manchmal führt der Weg an Plantagen vorbei, auf denen Eukalyptus-, Orangen- oder Zitronenbäume stehen. In den Gräben an den Straßenrändern in der Landschaft um Licodia haben Piero und Francesco, meine Gastgeber, wilden Fenchel gepflückt, mit dessen Samen sie fast alle ihre Mahlzeiten würzen.

Licodia hat gegenwärtig etwa dreitausend Einwohner. Das ist wenig, gemessen daran, dass dort nach dem Ersten Weltkrieg noch knapp zehntausend Menschen wohnten. Die Zahl sinkt weiter, wie in fast allen Gemeinden Siziliens, zumal jenen im Binnenland. Eine große Straße führt durch den Ort, an lauter kleinen, unscheinbaren, zwei- oder dreistöckigen Häusern vorbei. Sie beginnt unterhalb der Basilika Madre Santa Margherita, einer barocken Kirche, die nach dem Erdbeben von 1693 wiederaufgebaut wurde, führt einen leichten Hang hinauf bis zur Piazza, macht einen kleinen Bogen vor dem «Municipio», dem Rathaus, und dem Gebäude der Ortspolizei. Dann senkt sie sich langsam wieder, immer auf der Kuppe des Hügels verbleibend. An der Piazza liegt ein «Caffè Central», aber es gibt kein Restaurant in der Stadt, nur eine Pizzeria.

Oben auf der Piazza, vor dem «Municipio», sitzt auf Plastikstühlen und an jedem beliebigen Tag eine Gruppe älterer Männer, morgens und abends und oft lang in die Nacht hinein. Es sind manchmal fünf, manchmal zehn, manchmal fünfzehn Männer, die dort thronen. Einige sind noch nicht einmal alt. Die meisten haben die Arme über der Brust verschränkt. Nichts, was in Licodia Eubea geschieht, kann ihren vermutlich nur scheinbar schläfrigen Blicken entgehen. Auch vor etlichen Jahren, als in der Nähe des Ortes die größte Marihuana-Plantage Siziliens gefunden wurde, saßen sie da. Im Frühjahr 2018, als drei Rinderhirten auf einer Wiese am Stadtrand mit alten Flinten auf zwei Kollegen aus einer anderen Familie schossen und einen von ihnen tödlich trafen, werden sie dort gesessen haben. Und vermutlich saßen ihresgleichen schon da, als die Araber kamen, die Normannen, der Stauferkaiser, die Spanier, die Bourbonen, das Königreich Italien.

Vermutlich reden sie auch, zumindest hin und wieder. An der

ockerfarbenen Hauswand neben den heute dort Sitzenden jedenfalls prangt, deutlich zu erkennen, ein Bildnis Benito Mussolinis im Stahlhelm. Darüber steht, immer noch zu entziffern, der in schwarzen Lettern geschriebene Satz: «Das ganze italienische Volk fühlt dasselbe, und das ganze Volk ist bereit, wie ein Mann aufzuspringen, wenn es um die Macht und den Ruhm des Vaterlands geht.» Man habe schon häufig versucht, die Inschrift zu übertünchen, sagt der Kellner in der Bar gegenüber. Aber sie trete immer wieder hervor. Vielleicht ist es besser so. Denn überzeugender als diese Männer ist noch kein Volk sitzen geblieben, statt aufzuspringen. Und vor allem: Sie sitzen immer noch da, und immer wieder von neuem.

Alle Kulturen, die durch Sizilien gegangen seien, sagt Don Fabrizio, der Held in Lampedusas «Leopard», seien «von außen gekommen, keine ist bei uns selbst gekeimt, in keiner haben wir den Ton angegeben; wir sind Weiße, wie Sie es sind, Chevalley, und ebenso weiß wie die Königin von England, und doch sind wir seit zweitausendfünfhundert Jahren eine Kolonie. Ich sage das nicht, um mich zu beklagen: es ist unsere Schuld. Aber einerlei – wir sind müde und leer.» Die Sätze fallen mir ein, als ich die Männer vor dem «Municipio» sehe. Aber ich habe den Verdacht, dass sie ironisch gemeint sein könnten: dass sie also gar nicht von der prinzipiellen Weltverlorenheit Siziliens erzählen , sondern von einer Pose, die eigentlich ein «non dimanco» ist, ein «Nichtsdestoweniger», wobei der Umstand, dass die Sätze vorgetragen werden, ihrem Inhalt widerspricht.

Francesco und Piero kennen andere Geschichten, über die Tomaten zum Beispiel, die sie auf ihrem Flachdach trocknen, über die Rinderfarmen in der Gegend, von denen sie sagen, dort herrschten zuweilen noch Verhältnisse wie im 19. Jahrhundert, mit einem Padrone, der einen streng geordneten Clan regiere. Francesco erzählt von seiner Urgroßmutter, einer Kleinadligen, deren Brüder sich ihrer Hochzeit mit einem wohlhabenden, aber nicht adligen Bauern widersetzten. Zu diesem Zweck veranstalteten sie eine öffentliche Demonstration zu Pferde, die über die Hauptstraße von Licodia führte. Dabei hatten sie sich die großen dreieckigen Halstücher umgebunden, mit denen die Bauern dafür sorgten, dass ihre Hemdkrägen nicht von Schweiß und Schmutz durchtränkt wurden: Mit solchen Gestalten wollten sie nichts zu tun haben. Und von den Sorgen des Bürgermeisters mit einem Palazzo aus dem frühen 18. Jahrhundert erzählen Piero und Francesco: Der Palazzo liegt ihrer kleinen Pension gegenüber. Spanisch sei die gewaltige Anlage, mit prächtigen Sälen im ersten Stock, die indessen schon deutlich verfallen seien, während die Kommune im Parterre ein paar arme Familien unterbringe. Ich solle doch dem Bürgermeister ein Angebot machen, sagen die beiden lachend, der Palazzo sei bestimmt nicht teuer.

Von Licodia ist es nicht weit zu den Städten im Südosten Siziliens, die nach dem Erdbeben des Jahres 1693 in einer unvergleichlichen barocken Pracht entstanden und so gut wie vollständig erhalten sind. Zuerst aber kommt man, wiederum über Kurven, Hügel und Täler, nach Vizzini. Und zuvor gerät man in eine Schlucht, in der ein Dorf liegt, in dem es einst eine ganze Industrie von Gerbereien gegeben haben muss, ein Dorf, das eine romanische Kirche besaß, im Wesentlichen aus Gebäuden des 18. Jahrhunderts bestand und im frühen 20. Jahrhundert verlassen wurde. Cunziria heißt diese Siedlung, die nur eine unter Hunderten von «città fantasma» in Italien wäre, hätte nicht der Schriftsteller Giovanni Verga (1840 bis 1922) die Duellszene seiner Novelle «Cavalleria rusticana» dort spielen lassen. Pietro Mascagnis berühmter Opern-Einakter, für den sie als Vorlage diente, wurde im Jahr 1981 von Franco Zeffirelli an Ort und Stelle melodramatisch verfilmt. Fünfzehn Jahre später siedelte der Regisseur Gabriele Lavia seine Verfilmung von Vergas Erzählung «La Lupa», einer finsteren Geschichte um Ehebruch und Mord aus dem sizilianischen Landleben, ebenfalls in Cunziria an. Die Archaik der Landschaft, die feudale Strenge der Sitten und das Wüten der Brunst wurden dabei zu Anlässen, sich die Sizilianer im Landesinneren mit wohligem Grausen als ein von Dämonen besessenes Volk vorzustellen. So blieb Cunziria einem großen Publikum im Gedächtnis.

Die barocken Städte in der näheren und weiteren Umgebung Licodias sind, wie in Italien ansonsten nur Venedig, von einer nahezu überirdischen Schönheit. Das gilt für Modica, wo der Dichter und Nobelpreisträger Salvatore Quasimodo aufwuchs. Es gilt ebenso für Noto, Ragusa und Catania, lauter Städte, bei denen man, ähnlich wie in Venedig, erst eine wüste Peripherie aus dem Industriezeitalter durchqueren muss, um in eine alte Stadt zu gelangen, die wie eine Theaterkulisse erscheint, aber bewohnt ist und ganz und gar aus honiggelbem Stein besteht, mit großen Plätzen, Treppen und spektakulären Fassaden. Wie konnte dieser Zauber nur in die Mitte geraten, mit seinen Bizarrerien (den Teufeln unter den Balkonen, den Riesen unter den Dächern, den Drachen vor den Trägern), mit seinen gigantischen Treppen und hoch in den Himmel aufragenden Kirchen? Und nicht nur in die Mitte dieser Städte, sondern auch in die Mitte eines kargen Landes, über das die Wolken dahinziehen und in dem die Augen keinen Halt finden?

Während ich aber so dahinrede, sagt Paolo, er müsse am folgenden Morgen früh aufstehen, denn er habe die erste Schicht übernommen, in einem Callcenter in Catania, in dem er als Abteilungsleiter arbeitet.

*

Vor mehr als dreißig Jahren, im Januar 1987, publizierte der sizilianische Schriftsteller Leonardo Sciascia in der Mailänder Tageszeitung «Corriere della Sera» einen Artikel mit dem Titel «I professionisti dell'antimafia»: «Die Profis von der Antimafia». Damals waren mehrere Auftragsmörder in Palermo gefasst und andere Mafiosi, zum Teil in Abwesenheit, zu langen Haftstrafen verurteilt worden. Endlich, so schien es, gab es Richter und Staatsanwälte, die es mit dem organisierten Verbrechen aufnehmen wollten und konnten. Doch anstatt die frischen Erfolge zu begrüßen, widersetzte sich Leonardo Sciascia der Zustimmung, indem er das plötzlich entschlossene Auftreten des Staates für Karriereplanung halten wollte: «Nichts befördert eine juristische Karriere auf Sizilien mehr, als dass man an einigen Verfahren gegen die Mafia teilgenommen hat», schrieb er. Die Verklärung der Staatsdiener, die sich um die Verfolgung der Mafia verdient gemacht hätten, habe zur Folge, dass jeder, der sich von deren öffentlichen Auftritten nicht beeindrucken lasse, selbst für einen Mafioso gehalten werde. Der Artikel löste einen Aufschrei aus, der bis heute nicht ganz verklungen ist. Es dauerte damals nicht lange, bis Sciascia sich von seinem Text distanzierte. Der Verdacht aber gegen die Helden der Gerichtsbarkeit blieb lebendig, und er verschwand auch nicht, als mehrere von ihnen ermordet wurden.

In Salemi, einer Kleinstadt im Nordwesten Siziliens, gibt es ein «Museo della Mafia». Es ist im ersten Stock des Stadtmuseums untergebracht und eine unheimliche Einrichtung, einer Geisterbahn ähnlicher als einer historischen Schau. Das liegt nicht nur daran, dass offenbar nur selten Besucher hierherfinden: Man wird in einen nachtschwarzen Saal geführt, in dem sich zehn nummerierte Kabinen befinden. Betritt man eine dieser Zellen und berührt einen Monitor, beginnt ein Video zu laufen. Es zeigt zum Beispiel Szenen aus einer Schlachterei, in die Bilder von Ermordeten geschnitten sind. Oder es reden Männer, die sich den Erpressungen der Mafia verweigerten, und berichten mit angespannter Miene, mit welchen Repressalien sie nun rechnen. Eine Kabine ist wie ein Besuchsraum in einem Gefängnis eingerichtet, mit einer gläsernen Scheibe in der Mitte und einem Telefon an der Wand. Zu lernen gibt es wenig in dieser Ausstellung, umso mehr aber ist sie für das Erschrecken gemacht: Sie soll eine Erfahrung lebendig werden lassen, die den meisten Besuchern glücklicherweise fremd ist. Sie soll die Empörung wecken, so sehr vermutlich, dass die Menschen, sollte ihnen die Mafia je begegnen, ihr den Gehorsam verweigern. Ob das gelingt, ist fraglich. Aber die Bilder sind furchterregend.

Es gibt viele solcher Gedenkorte auf Sizilien: In Palermo sind es mehrere, für den General Carlo Alberto Dalla Chiesa, für den Gewerkschafter Pio La Torre zum Beispiel. An der Autobahn zwischen dem Flughafen Palermo und der Innenstadt erhebt sich ein Obelisk aus rotem Marmor zur Erinnerung an den Staatsanwalt Giovanni Falcone, der im Mai 1992, zusammen mit seiner Frau und drei Leibwächtern, durch die Explosion einer unter der Straße verborgenen Bombe getötet wurde. In Corleone, in einer Kleinstadt südlich von Palermo, die eine Bastion der Cosa Nostra gewesen war, gibt es ein Dokumentationszentrum zur Auseinandersetzung mit dem Geheimbund. Wer will, kann sich die Häuser großer Mafiosi oder ihre Grabmale auf dem Friedhof zeigen lassen: Es ist nicht gefährlich, sie sind alle tot. Salvatore Riina, einst der mächtigste unter ihnen, starb im Herbst 2017 in einem Gefängnis in Parma. In Palermo selbst hängen in etlichen Geschäften Schilder mit der Aufschrift «Addiopizzo» – «leb wohl, Schutzgeld» (so heißt eine 2004 gegründete Anti-Mafia-Bewegung), und das Bild Giovanni Falcones und seines kurz nach ihm ermordeten Kollegen Paolo Borsellino, auf dem beide lächelnd die Köpfe zusammenstecken, ist allgegenwärtig. Doch unterliegen diese Errungenschaften, die Gedenkstätten, die Dokumentation und die öffentliche Verweigerung, demselben Zweifel wie das Museum in Salemi: Sind sie Zeugnisse eines wachsenden Widerstands, womöglich gar eines erfolgreichen? Oder sind sie nur die moralische Untermalung zu einer Vergangenheit, die keineswegs vergangen ist, ein falscher Trost zu einer Realität, so brutal wie eh und je? Man weiß es nicht, ist aber geneigt, dem römischen Journalisten Sandro De Riccardis zu glauben, der berichtet, in den beim italienischen Fernsehen besonders beliebten Anti-Mafia-Serien würden nicht nur die Komparsen, sondern auch die Fahrzeuge und das Catering von der Mafia gestellt. Ganz abgesehen davon, dass die Mafia-Filme wie die Anti-Mafia-Filme von den Mafiosi als Stilvorlagen benutzt werden. Solche Spiegelungen gab es von vornherein: seit Luigi Natoli, ein Schriftsteller aus Palermo, der unter dem Pseudonym «William Galt» schrieb, im Jahr 1909 den Fortsetzungsroman einer geheimen Sekte namens «I Beati Paoli» («Der Bastard von Palermo») zu veröffentlichen begann.

Leonardo Sciascia schrieb eine Reihe von Büchern, die als Kriminalromane gelten müssen. Aber es gibt darin keine Figur, die nur schuldig, und keine, die nur unschuldig wäre. Der italienische, und vor allem: der sizilianische Kriminalroman kann über solche Gestalten nicht verfügen. Die Mafia stellt sich vielmehr als ein Verbund von Banden und Cliquen dar, in dem zumindest früher nicht auszumachen war, wer auf die Seite des Staates und wer auf die Seite der Mafia gehörte. Am Ende dieser Periode wurde der Jurist zum Helden der zivilen Gesellschaft wider die Korruption, weil man in den späten achtziger und frühen neunziger Jahren glaubte, der Staat besitze die Fähigkeit zur Selbsterneuerung. In Leonardo Sciascias Einspruch gegen die Verklärung der Richter und Staatsanwälte hingegen lebte das alte Misstrauen gegen den Zentralstaat fort. Er behielt insofern recht, als die Erneuerung des Staates nicht stattfand. Denn Silvio Berlusconi kam an die Macht und also kein Vertreter der Institutionen, auch kein gelernter Politiker, sondern ein vermeintlicher Repräsentant des «kleinen Mannes». Die Strukturen aber, einschließlich Korruption und organisiertem Verbrechen, blieben dieselben.

Die Mafia trage ein gewöhnliches Gesicht, sagt der Soziologe Giovanni Frazzica von der Universität Palermo. Er gehört zu einer Gruppe sizilianischer Wissenschaftler, deren Arbeitsgebiet das organisierte Verbrechen ist. Dieses Arbeitsgebiet fängt vor der Haustür an. Die Mafia beginne im Kleinen, sagt Frazzica, möglicherweise bei dem Mann, der in seiner Wohngegend die Parkplätze finde, wenn es, wie immer, eigentlich gar keine freien Plätze mehr gebe (in Italien ist es oft so, dass Parkplätze Regeln und Verpflichtungen unterliegen, die sich Außenstehenden nicht erschließen). Alle nennen ihn «Totò», und für ein geparktes Auto bekommt er zwei Euro. Und jeder verstehe das Gewerbe, dem dieser Mann nachgehe. Er schaffe nämlich eine Art zivilgesellschaftlicher Ordnung, an Orten, wo es zwar eine staatliche Organisation gebe, diese aber in zu viele und darüber wirkungslose Ordnungen zerfalle. Die Mafia wird meist mit der Abwesenheit oder der Schwäche des Staats begründet. Das aber ist nicht richtig: Eher vermittelt sie dort, wo sich schon alles Mögliche überlagert, sie entflicht, sie trennt zwischen Freunden und Gegnern. Nicht nur ein starker Staat, sondern auch starke Verwandtschaftsgruppen wären ihr Ende.

Man kann Giovanni Frazzica einfache Fragen stellen und bekommt scheinbar eindeutige Antworten: In welchen Branchen ist die Mafia besonders aktiv? Im Einzelhandel, gefolgt von der Bauwirtschaft, der Nahrungsmittelindustrie und dem Gastgewerbe. Wie hoch ist ein «pizzo», also die «Schutzgebühr»? Zwischen fünfundzwanzig Euro im Monat für einen Straßenhändler und dreißigtausend Euro für einen mittelständischen Betrieb. «Pizzi» seien allerdings nur eine Einrichtung für die Peripherie. In der Mitte der «ehrenwerten Gesellschaft» herrschten Geben und Nehmen sowie verwandtschaftliche Beziehungen, für deren Verständnis man einen Adelskalender bräuchte. Wie groß ist der Anteil des organisierten Verbrechens an Italiens Volkswirtschaft? Das lässt sich kaum ermitteln, schon der unterschiedlichen Berechnungsweisen wegen. Aber es gibt Ökonomen, die von phantastischen Summen, von mehr als dreihundert Milliarden Euro oder gut einem Fünftel des italienischen Bruttoinlandsprodukts sprechen.

Das empirische Wissen über die Mafia liefern die Prozesse, die abgehörten Telefongespräche, die Aussagen von abtrünnigen Mitgliedern aus dem Zeugenschutzprogramm, die Abhörgeräte und Undercover-Agenten, kurz, der ganze juristische und polizeiliche Apparat, der seit den achtziger Jahren, seit die Allianz zwischen den italienischen Christdemokraten und der Mafia zerbrach, gegen das organisierte Verbrechen vorgeht. Wenn es ein Indiz dafür gibt, dass die Cosa Nostra nicht mehr so über das Land zu herrschen vermag, wie es vor dreißig Jahren der Fall war, dann ist es dieses empirische Wissen. Aber es ist eben nur ein Indiz. Man könnte sich genauso gut vorstellen, dass etliche der Interviews, die Geschäftsleute, die sich dem «pizzo» verweigern, der ausländischen Presse geben, Inszenierungen der Mafia sind. Wer will das letztlich wissen?

Als Bernardo Provenzano, vermutlich der Nachfolger Salvatore Riinas als «capo dei capi» oder oberster Befehlshaber der Mafia von Corleone, im Frühjahr 2006 verhaftet wurde, hatte ihn die Polizei in einem verfallenen Schuppen nur zwei Kilometer außerhalb der Stadt gefunden. Man muss durch diese Landschaft gegangen sein, auf Feldwegen, die scheinbar ins Nichts führen, um zu wissen, was das bedeutet: Am Hang, dicht in sich zusammengekauert, liegt die Stadt, mit scharf umrissenen Grenzen. Um sie herum aber öffnet sich ein weites, altes Land aus stumpf abfallenden Bergen und weiten Tälern, über die sich Weiden oder Getreidefelder ziehen, die außerhalb der Wachstumsperiode kaum zu unterscheiden sind. In dieser Landschaft war im 19. Jahrhundert eine Mafia entstanden (in Palermo verläuft ihre Geschichte anders), in Zeiten des gesellschaftlichen Umbruchs, als die Feudalordnung unterging und das Land – und das hieß auf Sizilien: der landwirtschaftlich genutzte Boden – zur Ware wurde, während es zugleich noch keine bürgerliche Ordnung gab, die eine neue Eigentumsordnung hätte garantieren können. Dass Bernardo Provenzano an einem Ort gefangen genommen wurde, der auf die Anfänge der Mafia zurückverweist, ist ein Ereignis von ebenso symbolischer Art wie seine Erscheinung bei der Verhaftung: Einen alten Bauern schienen die Carabinieri ergriffen zu haben. Doch ist ein Mafiaboss kein Kaufmann. Er braucht Autorität, keinen Glanz. Die verfeinerte Lebensart von Freunden der italienischen Oper gehört zur Glorifizierung der Mafia, wie sie durch den amerikanischen Film betrieben wurde.

Bei der Cosa Nostra, der sizilianischen Mafia, sagt Giovanni Frazzica, gehe es immer um die Herrschaft über ein Territorium, heute nicht anders als in ihren Anfängen. Diese Bindung an das Territorium unterscheide sie von verwandten Geheimbünden wie der kalabrischen 'Ndrangheta, die heute eine mobile, international arbeitende Organisation sei, mit vorzüglichen Verbindungen nach Russland. Die Cosa Nostra erscheint in vielerlei Hinsicht als Staat und terroristische Organisation zugleich. Der Mord gilt ihr als Todesstrafe, der «pizzo» als Steuer und die erpresserische Drohung als notwendige Maßnahme zur Regulierung des Wettbewerbs. Sie agiert als Sozialversicherung und als Ordnungsbehörde. Diese Dinge vermag die Mafia allerdings nur zu tun, weil sie für ihr Territorium eine Art Gewaltmonopol, oder besser: ein Gewaltmonopol zweiter Ordnung, jenseits der staatlichen Gewalt und oft auch innerhalb der Staatsorgane, behaupten kann. Deswegen erklärt der britisch-italienische Soziologe Diego Gambetta, dass sich die Cosa Nostra zwar auch mit Drogen, Prostitution, Glücksspiel und Waffen beschäftige, ihre eigentliche Aufgabe jedoch in einer Dienstleistung bestehe: Sie liefere privaten Schutz für Aktivitäten, die auf staatlichen Schutz im engeren Sinn nicht rechnen können (und die dann doch oft legalisiert werden) – und wer wissen will, was das bedeutet, mag sich die Wohnviertel im Westen Palermos anschauen, eine Betonwüste, deren Grundlagen durch ungeregelte Spekulation und Korruption geschaffen wurden.

Als die sizilianische Mafia in den achtziger Jahren aus der Allianz mit den damals noch regierenden Christdemokraten entlassen worden war (die bald darauf, mitsamt dem traditionellen Parteiensystem, zerbrachen), eröffnete das organisierte Verbrechen, sich selbst als Zentralgewalt verstehend, eine Konkurrenz der Gewalt. Sie wurde außerordentlich blutig. Doch waren die spektakulären Taten, vor allem die Morde an Giovanni Falcone, dem Staatsanwalt, und an Paolo Borsellino im Jahr 1992 der Anfang eines langen Niedergangs. Der Richter Borsellino hatte gesagt: «Politik und Mafia sind zwei Mächte, die das gleiche Territorium kontrollieren: Entweder führen sie gegeneinander Krieg, oder sie einigen sich.» Die Mafia scheint diesen Krieg zu verlieren. Sie sei zwar noch lange nicht tot, aber deutlich geschwächt, sagt der Historiker Salvatore Lupo. Die alten, mächtigen Mafiosi, die Männer mit Erfahrung und Charisma, gebe es nicht mehr. Sie seien gestorben oder säßen im Gefängnis. Zwischen den Jahren 1990 und 2018 wurden mehr als viertausend sizilianische Mafiosi verhaftet, für mehr als zweihundert von ihnen gilt der berüchtigte Artikel «41-bis» des Strafrechts, der erlaubt, sie vollständig zu isolieren. Im Jahr 2015 bestand die Cosa Nostra, wie die Polizei zu wissen glaubt, aus genau 2366 Männern. Das sind fast tausend Mafiosi weniger als zwanzig Jahre zuvor. Im Jahr 1992 wurden auf Sizilien 152 Menschen von der Cosa Nostra ermordet, im Jahr 2016 gab es, soweit die Zeitungen berichten, gar keinen Toten.

Nichts aber scheint der Mafia so sehr zu schaden wie die sogenannte Finanzkrise, die auch für Italien im Jahr 2008 begann und deren Folgen auch dort mehr als zehn Jahre später nicht überwunden sind. Nach heutigem Ermessen endgültig vorüber sind die Zeiten, da der Bürgermeister von Palermo mehrere tausend Baugenehmigungen pro Jahr ausstellen konnte, bevorzugt an immer dieselben drei, vier Strohmänner. Vorbei auch sind die Zeiten, in denen man das Wort «pizzo» in halböffentlicher Runde nicht einmal aussprechen durfte. Stattdessen schrumpfen die erpressten Summen, weil es bei den fliegenden Blumenhändlern, den Pizzerien und den Baugeschäften immer weniger zu holen gibt, während die Gefahr, angezeigt und an die Polizei ausgeliefert zu werden, unverhältnismäßig größer wird – weshalb die Cosa Nostra, nunmehr geführt von jungen, wenig erfahrenen «capi», zur Diversifikation gezwungen ist: Sie wird ins gewöhnliche Verbrechen getrieben. Und sie muss, was noch vor wenigen Jahren undenkbar gewesen wäre, mit fremden Gruppen des organisierten Verbrechens zusammenarbeiten, mit den Nigerianern von «La Black Axe» zum Beispiel, einer Mafia, die in Ballarò, einem Viertel der Altstadt von Palermo, das seines Lebensmittelmarktes wegen berühmt ist und einst eine Bastion der Mafia gewesen war, den Drogenhandel übernommen hat. Wenn die Gemüsehändler abends ihre Stände zusammengeklappt haben, sind die Nigerianer nicht zu übersehen, und es bleibt auch nicht verborgen, womit sie handeln.

Auf Sizilien geht nun das Gerücht um, die Cosa Nostra wolle sich neuerlich formieren, weit draußen auf dem Land, in der Madonie, dem Gebirge südlich von Cefalù oder zwischen den Hügeln der Region Vallone tief im Inland, indem sie Vieh und Landmaschinen stiehlt, indem sie Schutzgelder von Schlächtereien erpresst oder Flüchtlinge als Landarbeiter auf die Höfe verteilt, fernab jedenfalls von der Krise der Bauwirtschaft und vom Polizeiapparat der großen Städte. Dort, wo die ländliche Mafia begann. Aber ob das stimmt, das weiß man nicht.

Auf jedem Berg ein Zentrum der Welt

Marken

A scoli Piceno ist eine Stadt in den Marken, in einer Region, die im Norden beginnt, wo die Po-Ebene endet und die Berge bis ans Meer rücken, und deren Grenzen im Süden eher unklar sind: Wer wüsste anzugeben, wo Molise anfängt? Die Marken sind keine große Landschaft. Sie bestehen vielmehr aus unendlich vielen kleinen Landschaften, die jeweils von einer kleinen oder manchmal mittelgroßen Stadt beherrscht werden, die jeweils einen eigenen Charakter und eine eigene Bestimmung besitzt. Zu Ascoli Piceno gehört ein großes, mittelalterlich wirkendes Zentrum, und darüber thront eine Burg. In der Mitte dieser Stadt nun erstreckt sich einer der schönsten Plätze Italiens. Er ist rechteckig, von Arkaden gesäumt und mit großen hellgrauen Quadern aus Travertin gepflastert – wie überhaupt offenbar die ganze Stadt aus diesem Stein erbaut ist. Wenn es regnet, spiegeln sich die Passanten mit ihren Schirmen auf dem Pflaster. Die Fußgänger (Autos gibt es in der Altstadt schon lange nicht mehr) bewegen sich auf der Piazza, als wäre sie ihr Zuhause, und als wäre dieses Zuhause ein Saal. Der Travertin ist porös. Es entsteht ein Ton wie von einem Xylophon, wenn man mit dem Schlüssel dagegenschlägt.

Erst beim zweiten Nachdenken über den Platz bemerkt man, dass auf dieser Piazza etwas fehlt, das an jedem nur halbwegs vergleichbaren Ort in der benachbarten Toskana sofort ins Auge fiele: Keiner verkauft hier Andenken. Gewiss, irgendwo wird es Ansichtskarten geben. Aber sie sind auf diesem Platz nicht sichtbar. Auf der einen Seite der rechteckigen Fläche steht eine Kirche aus dem 13. Jahrhundert: ein strenger, grauer Bau, der dem heiligen Franziskus gewidmet ist. Auf der anderen Seite erhebt sich der gotische Palast der Stadthauptleute. Zwei Drittel der Piazza sind seit dem 16. Jahrhundert von gleichförmigen Palazzetti aus roten Ziegeln umschlossen, die von Arkaden getragen werden, so dass der Platz weit und umhegt zugleich wirkt. Im Osten liegt, nur dreißig Kilometer entfernt, aber hinter Hügeln verborgen, die Adria. Eine lange Reihe von Hotelbauten aus Beton blickt dort auf das Meer, doch von den Badegästen finden nur wenige ins Inland.

In einem Winkel der Piazza del Popolo liegt das Caffè Meletti. Der Schriftzug an der Fassade ist zugleich Werbung für die berühmteste Likörkreation des Gründers, die «Anisetta Meletti». Zwei Stockwerke hat das Gebäude, und davor liegt eine Terrasse, auf der manchmal ein Orchester gespielt haben soll. Hinter einer Reihe von Arkaden, deren Decken mit Malereien geschmückt sind und unter denen alte, gelbgrüne Metalltische mit passenden Stühlen stehen, liegt das eigentliche Café. Es besteht im Grunde nur aus einem großen Saal, der im Stil des «Liberty», der italienischen Sezession, gestaltet ist. Doch ist er von so reinen Proportionen, von so feinen Säulen gegliedert und von einem so imposanten Tresen beherrscht (einschließlich der mächtigen Espressomaschine), dass man im ersten Erstaunen nicht glaubt, in Mailand, Turin oder Rom etwas Eleganteres und Eindrucksvolleres gesehen zu haben. Die eisernen Säulen streben empor und schlagen zu dichten Ranken aus, und die Fresken zeigen Putten, die dem Likör huldigen. An den Wänden hängen Spiegel in Rahmen aus Kirschholz. Die Sofas sind mit dunkelgrünem Samt bezogen, die Stühle sind Originale und wurden von der Firma Thonet in Wien eigens für dieses Haus angefertigt. Als das Café in den frühen Jahren des 20. Jahrhunderts entstand, gehörte es zu den ersten Gebäuden der

Stadt, in denen es elektrisches Licht, Telefon und einen Kühlschrank gab.

Der Kellner trägt einen Smoking. Er lässt sich Zeit, bis er mich entdeckt. Danach ist er von lässiger Effizienz. Der Arbeitsplatz des Barista ist eine glänzende Tribüne, von der aus sich der ganze Saal überblicken lässt. Hinter ihm leuchten die Likörflaschen. Bis zum Jahr 1990 betrieben die Erben des Schnapsfabrikanten Silvio Meletti das Kaffeehaus. Dann stand es lange leer und schien zu verkommen, bis es nach einem Bürgerbegehren von der Stiftung der kommunalen Sparkasse gekauft wurde, die das Lokal restaurieren ließ. Mehrere Versuche scheiterten, das Kaffeehaus einem Pächter zu überlassen. Schließlich übernahm die Stiftung das Lokal in Eigenregie. Seit dem Jahr 2011 geht die Gesellschaft der Stadt, die Wohlhabenden wie die weniger Betuchten, wieder ins Caffè Meletti, am späten Morgen, am frühen Abend, am Wochenende – und die Stiftung schießt immer noch kleinere Summen zu, um die Verluste zu decken.

Dieses Kaffeehaus ist der zentrale Schauplatz des Films «I delfini» (deutsche Fassung: «Gefährliche Nächte»), im Jahr 1960 unter der Regie von Francesco Maselli gedreht, der Claudia Cardinale in einer ihrer ersten Hauptrollen zeigt. Er erzählt von einer Gruppe junger, reicher Nichtsnutze («i delfini» bedeutet «die Dauphins» oder «die Thronerben») in einer Provinzstadt, die ihr Leben zu einem großen Teil im Caffè Meletti verbringen. Die Ecke vorne rechts am Schaufenster, wo dann mehrere Tische vor das Sofa gerückt werden und die Thonet-Stühle den Kreis vollenden, dient ihnen als öffentliches Wohnzimmer. Überhaupt ist es, als gehöre die Stadt ihnen und als sei alles, was sie tun und lassen, von allgemeiner Bedeutung. Rom oder Mailand hingegen sind fern, und es interessiert niemanden, was dort stattfindet. Claudia Cardinale spielt in diesem Film eine junge Frau aus armen Verhältnissen, die in den Kreis der «delfini» aufgenommen wird, zu einem hohen Preis.

Die frühen sechziger Jahre kannten noch keine Fußgängerzonen. Deswegen stehen in «I delfini» die Autos der jungen Reichen vor dem

Lokal. Es sind kostbare Fahrzeuge, mit denen man sich eindrucksvoll in Rom oder Portofino hätte blickenlassen können: ein Alfa Romeo Giulietta Spider, ein Ferrari 250 GT SWB California Spider (Alain Delon war der berühmteste Besitzer eines solchen Wagens), ein großes schwarzes Cabriolet. Im Film fahren die jungen Leute damit in einer Kleinstadt und deren Umgebung herum, zum Schrecken der Landbevölkerung. Und so fehl am Platz, wie es diese Fahrzeuge sind, so von Grund auf verfehlt ist schließlich auch das Leben der «delfini», ebenjener jungen Leute aus der Provinz. Der Film hält keine Rettung für sie bereit: Die vorletzte Sequenz zeigt die Piazza del Popolo vor dem Caffè Meletti von weit oben, vom Turm der Kirche San Francesco aus. Dazu gehört der aus dem Off gesprochene Satz: «E tutto va avanti come prima» – «und alles geht so weiter wie zuvor.»

Von Entsagung könnte man bei einem solchen Ende reden, aber die franziskanische Demut fehlt, oder genauer: Es ist, als wäre die melancholische Einsicht in die «vanitas», die Nichtigkeit dieses Treibens, nicht für die Figuren des Films, sondern für den Zuschauer vorgesehen. Italien war groß in seinen Kommunen, das weiß der Betrachter, und der Zentralstaat hat ihnen ihre Bedeutung entzogen. Und so liegt er da, einer der schönsten Plätze Italiens, und hütet die Erinnerung an den heiligen Franziskus ebenso wie an einen kleinen, mondänen Aufstand vor fast sechzig Jahren – und liegt da wie zuvor, in einem diffusen, halben Unglück, das vielleicht gar nicht schwer zu ertragen ist, wenn der Ehrgeiz nicht allzu groß ist. Und wohin sollte ein solcher Ehrgeiz seinen Besitzer auch tragen? Alle Geschichten, die in Ascoli Piceno spielen, scheinen, in der einen oder anderen Weise, vom Verhältnis zwischen Provinz und Zentrale zu handeln. Und wenn es auch so ist, dass Italien seit hundertfünfzig Jahren ein zentralistischer Staat ist, während das ältere System, das Italien der Regionen, in die Geschichte gehört, so hat sich doch der Zentralismus nie völlig durchgesetzt. Jede Region, jede Kommune behielt einen großen Teil ihrer Souveränität, zumindest in der Vorstellung, die einen mehr und die anderen weniger.

Als ich die Kirche San Francesco an der kurzen Seite der Piazza del Popolo verlasse, an einem Winterabend bei Einbruch der Dämmerung, glänzt der große Platz mit seinen hellgrauen Steinen wieder im Regen. San Francesco wirft einen strengen, dunklen Schatten darauf. Im Caffè Meletti leuchtet ein warmes Licht, und alle Tische scheinen besetzt zu sein. Der Kellner aber erkennt mich wieder und weist mir, mit einer kleinen, lässigen Drehung der Hand, einen Tisch hinter einer der eisernen Säulen an. Über mir hängt ein Vogelbauer. Eine ausgestopfte Drossel befindet sich darin. Sie reckt den Schnabel nach oben, wie mitten in ihrem Gesang erstarrt. Noch vor ein paar Jahren habe man sie aufziehen können, sagt der Kellner. Dann habe die Mechanik gerattert, und der Vogel habe aus seinem Blasebalg gepfiffen. Doch sei der Schlüssel verlorengegangen. Der Vogel verharrt nun stumm und verstaubt in seinem Käfig. Niemand wird ihn deswegen abhängen.

Der Geschäftsführer des Lokals, ein rundlicher Mann in mittleren Jahren, weiß davon zu erzählen: Es gebe den Vogel an dieser Stelle, seit das Caffè Meletti im Mai 1907 mit einem großen Fest eingeweiht worden sei. Francesco Luigi Merli, vor dem Ersten Weltkrieg der beherrschende Industrielle der Stadt, habe das Tier kurz zuvor in Paris erworben und es dem Besitzer des neuen Etablissements zum Geschenk gemacht: dem Likörfabrikanten Silvio Meletti, der das ehemalige Post- und Telegraphenamt der Stadt zu einem der prächtigsten und modernsten Kaffeehäuser Italiens hatte umbauen lassen. Die Legende von der Schenkung, die von Lokalhistorikern angezweifelt wird, ist eine schöne Variante der Geschichte. Sie ist es schon deshalb, weil «merli» im Italienischen den Plural von «merlo», Amsel oder Schwarzdrossel, bezeichnet.

Im Film «I delfini» gibt es eine Szene, in der die Gräfin, die vermeintliche Herrin über die Gesellschaft der feinen Tagediebe, nach dem Grund gefragt wird, warum sie überhaupt in dieser Stadt lebe. Sie antwortet: «Pensare che i suoi antenati hanno fondato la città» – «zu wissen, dass die eigenen Vorfahren die Stadt gegründet haben».

Das ist eine rhetorische Antwort. Auch der Geschäftsführer des Caffè Meletti guckt mich ratlos an, als ich ihn frage, ob eine Einrichtung wie sein Haus nur fernab der touristischen Zentren und der großen Verkehrswege noch bestehen könne. «Siamo qui», sagt er, «wir sind hier.» Wer versucht, solche Verhältnisse zu beschreiben, benutzt gern die Kategorie des «Authentischen». Aber das «Authentische» gibt es erst, wenn Original und Kopie geschieden sind. In Ascoli Piceno scheint diese Trennung noch nicht vollzogen zu sein. Die Stadt wirkt also noch nicht einmal «authentisch», auch wenn man bemerkt, dass die Verwaltung für das «centro storico» offenbar eine Verordnung zur Gestaltung von Blumenkästen erlassen hat: Sie zieren überall die Fenster im ersten Stock und sehen genau gleich aus.

*

In der Mitte der Welt befindet sich ein kleines Zimmer. Es misst knapp dreizehn Quadratmeter, und man kann nicht einmal aus dem Fenster sehen, weil die Öffnung sich weit oben, über Kopfhöhe, befindet. Das Zimmer liegt im äußersten Winkel eines Palastes, der hoch auf einem Berg steht und mehr als hundert Räume enthält. Um in diesen Winkel zu gelangen, muss der Besucher durch ein großes Portal schreiten, über einen säulengeschmückten Innenhof gehen, an der ehemaligen Bibliothek (einer der ersten öffentlichen Bibliotheken in Italien) vorbei, und eine weite Treppe hinaufsteigen. Dann hat er einen herrlichen Saal zu durchqueren, «la sala pubblica», und auch durch den nächsten, kleineren Saal, den «salotto», muss er gehen, und je weiter er kommt, desto privater werden die Verhältnisse, scheinbar wenigstens. Im hintersten Raum, neben der Kapelle, trifft der Besucher schließlich auf den Besitzer des ganzen Reichtums. Er ist in einen Philosophenmantel gehüllt, und seine Waffe weist zu Boden. Aber er ist nicht da, nicht leibhaftig wenigstens. Sein Bildnis ist ins Holz der Wandtäfelung geschnitten. Viel mehr braucht es nicht, damit dieses Zimmer die Mitte der Welt bildet.

So liegt also das Zentrum der Welt in Mittelitalien, in einer Stadt in den Marken. Dort, in Urbino, ließ sich der Mietkrieger Federico da Montefeltro, damals der erfolgreichste Feldherr auf der italienischen Halbinsel, zwischen 1454 und seinem Tod im Jahr 1482 (zu dieser Zeit war der Rohbau vollendet) einen Palast bauen, wie ihn die Welt noch nicht gesehen hatte. Das Zentrum der Welt: Das ist ein Fürst, eine Intelligenz und ein Hof. Wie der Fürst aussah, ist weithin bekannt, hatte ihn doch Piero della Francesca mit seinem unveränderlichen Kennzeichen gemalt, der von einer Lanze in eine eher eckige Form gebrachten Nase. Sein ganzes erwachsenes Leben lang hatte er Krieg geführt, sein Vermögen bestand aus Söldnerlohn, aber die militärischen Einrichtungen des neuen Hauses sind Fassade. Sie werden allenfalls zitiert, als Ausdruck überlegenen Könnens. Selbst die Türme dienen nicht mehr der Verteidigung, sondern sind ein Schmuck, der den Verzicht auf das Militärische inszeniert. Das Zentrum dieses Palastes aber ist das «studiolo», ebenjenes kleine Zimmer im äußersten Winkel der Anlage. Es eignet sich freilich wenig zum Studieren, denn es passen Fürst, Tisch und Vorleser kaum hinein. Doch ließ sich der Herzog darin sein Bildungsprogramm darlegen. Und dieses hätte größer nicht ausfallen können.

Achtundzwanzig Bildnisse von Gelehrten hängen im oberen Drittel der Kammer, in Öl auf Holz gemalt von Joos van Wassenhove, in Italien als Justus von Gent bekannt (die Bildnisse wurden von Pedro Berruguete überarbeitet). Gemeinsam schauen sie aus ihren Studierzimmern auf den Betrachter herab: Homer und Petrarca, Platon und Euklid, Augustinus und Papst Pius II., sie alle sind hier in luftiger Höhe versammelt. Dort bilden sie ein Programm, in dem die in großen Lettern dargebotenen Namen der Porträtierten mindestens genauso wichtig sind wie die Gesichtszüge, die man in den meisten Fällen ohnehin nicht kannte: Federico da Montefeltro, der Herr und Besitzer der Gemälde, verstand sich den «berühmten Männern» der Vergangenheit gegenüber als gleich- oder sogar höherwertig. Er war mindestens der Neunundzwanzigste, wahrscheinlich aber der Erste in dieser Reihe.

Seit fast vierhundert Jahren hängt nur noch die Hälfte der Bilder an den Wänden des «studiolo». Die andere Hälfte wurde durch Kopien in Grisaille ersetzt. Die Originale waren auf Wanderschaft gegangen, nachdem die Familie Montefeltro erloschen war und auch ihre Nachfolger keine Erben hervorgebracht hatten. Das Fürstentum Urbino, ein päpstliches Lehen, fiel an den Kirchenstaat zurück, die Bilder gerieten später in die Sammlung des Kardinals Fesch, in den Bankrott des Kunsthändlers Giampietro Campana und schließlich in den Besitz Kaiser Napoleons III., der sie dann dem Louvre überließ.

Das gewaltige Projekt des Herrn von Urbino gehorchte nicht nur politischen, sondern auch biographischen Motiven. Da war zum einen die illegitime Herkunft des Fürsten, zum anderen der Mord an seinem Halbbruder, dem bis dahin regierenden Grafen von Urbino, und beides befleckte seinen Ruhm. Zum Dritten aber war Urbino ein kleiner Staat ohne Glanz, und es bedurfte einer gewaltigen Anstrengung, um ihm Geltung und Federico da Montefeltro die Herzogswürde zu verschaffen. Das Mittel dazu war die kulturelle Repräsentation: humanistische Rhetorik, moderne Wissenschaft, schöne Künste. Urbino, so wie Federico da Montefeltro diese Stadt gestaltete, ist eines der frühesten Beispiele frühmoderner Kulturpolitik, und zwar einer erfolgreichen. Urbino sollte die Stadt (nicht die Residenz) eines buchstäblich «urbanen», gebildeten und zivilen Herrschers werden, weswegen es notwendig war, die bekanntesten Künstler und Architekten jener Zeit an diesen kleinen, abgelegenen Hof zu binden, wenigstens als Berater (wie Leon Battista Alberti). An diesem Ort sollte sich ein städtischer Frieden manifestieren, in dem die gesamte abendländische Bildungsgeschichte aufgehoben sein sollte, in ihrer Tradition, aber auch, zumindest was Mathematik, Technik und Architektur betraf, in ihrer modernsten Ausprägung.

Es gibt also einen Grund dafür, dass die Mitte der Welt sehr klein ist und in einem fernen Winkel des Palastes liegt. Denn der vereinheitlichende Sinn ist in diesem Palast überall gegenwärtig, er braucht daneben keine in großem Stil repräsentative Sphäre für sich selbst.

Getäfelt ist das «studiolo», weil hier Intimität inszeniert wird: Der in das Holz gearbeitete Bildschmuck illustriert Federico da Montefeltros Interessen als die eines privaten Menschen. In fiktiven Regalen sind fiktive Bücher kreuz und quer übereinandergestapelt, einige sind aufgeschlagen, andere mit Notizzetteln versehen, dazwischen liegen eine Laute und Flöten, astronomische Instrumente, das Schwert lehnt an der Wand. Und wenn es sich bei all diesen Bildern nicht um Gemälde, sondern um Intarsien handelt, dann ist auch das ein Zeichen: dafür, dass hier zwar einerseits eine ebenso teure wie hochkultivierte Spielerei vorliegt, diese aber andererseits einen hohen Zweck erfüllt, nämlich die Grenzen von Raum und Zeit verschwinden zu lassen, in einem einzigen Akt des Ergreifens. In diesem Ergreifen – der glücklichen Konstellation, der einzigartigen Gelegenheit, der individuellen Begabung – kommt der «condottiere», der für sich allein kämpfende, souveräne, das Recht missachtende, sich nur auf seinen Verstand und seine Kraft verlassende Kriegsherr der frühen Renaissance, zu sich selbst.

Aus der Kammer führt eine kurze Passage auf den Balkon, und von dort geht der Blick hinaus über die Hügel und Täler der Marken in Richtung Osten. Bei Sonnenuntergang jagen Mauersegler durch den weiten, tiefen Raum zwischen dem Schloss des Herzogs und der Terrasse, fiepsend und so schnell, dass man ihnen mit den Augen kaum zu folgen vermag. Mit einer ungeheuren Leichtigkeit, die über die Dämmerung in die Nacht hinauszuschießen scheint.

*

Das Akkordeon ist ein Apparat aus dem 19. Jahrhundert. Es ist ein Produkt der frühen Industrialisierung, was man ihm heute noch ansieht, an der Feinmechanik ebenso wie am Zelluloid, mit dem die Oberflächen der meisten teuren italienischen Akkordeons seit den Zwanzigern überzogen werden. Es ist auch ein Instrument der Demokratisierung von unten. Es mag technisch von der Sackpfeife abstammen, was man seinem quengelnden Ton nach wie vor anhört. Aber es gab nicht nur einem einzelnen Musiker die klanglichen Möglich-keiten eines ganzen Orchesters in die Hände, mitsamt Geigen und Hörnern, Flöten und Bässen, ohne dass er sein Instrument hätte stim-men müssen. Es lieferte darüber hinaus zu jedem Ton den Bass und die Harmonie, so dass jeder Knopf und jede Taste, einmal gedrückt, womöglich zu ungewöhnlichen Dingen führte, nie aber zu falschen Tönen. Auch Anfänger können auf diesem Instrument überzeugen, weshalb der Akkordeonist nicht nur dem Dorfgeiger und dem Hack-brettspieler den Garaus machte, sondern auch ein Volk von Musikern hervorbrachte.

In den Marken ist ein großer Teil der italienischen Musikindustrie zu Hause, aus Gründen, die etwas mit Armut und Handwerk zu tun haben, aber auch mit der zufälligen Entstehung von professionellen Netzwerken. Castelfidardo heißt einer dieser Orte, in denen Akkor-deons hergestellt werden. Er liegt langgestreckt auf einem Bergrücken und blickt auf eine hügelige Landschaft herunter, an deren östlichem Rand die Adria zu erkennen ist. In der Nachbarschaft befindet sich eine ganze Reihe solcher scheinbar über den Rest der Welt erhabe-nen Orte, Recanati zum Beispiel, Osimo oder Camerino. Anderswo in der Welt, in Klingenthal im Vogtland zum Beispiel oder im russi-schen Tula, sind mehr «Quetschkommoden» gebaut worden als in der Provinz Ancona. Doch hier werden sie immer noch hergestellt, zu einem großen Teil in Handarbeit, und nicht nur sie, sondern auch Saxophone («Borgani»), Gitarren («Eko», auch unter dem Mar-kennamen «Vox» verkauft) sowie elektronisches Gerät. Gitarren der Marke «Eko» spielten in den sechziger und frühen siebziger Jahren in der regionalen Variante der «Beat music» eine große Rolle. Im «Bitt» kamen Kopien britischer Originale unter italienischen Bedin-gungen zum Einsatz. Und so, wie die Geschichte des Akkordeons die Geschichte der populären Musik ist, bis auf den heutigen Tag, so ist die Geschichte dieser Gegend die Geschichte ihrer Instrumente.

Die größte Krise, die das Akkordeon zu überstehen hatte, wurde durch die Elektrifizierung der Gitarre ausgelöst. Sie allein hätte sich vorher nie gegen das Akkordeon behaupten können, dazu wäre sie viel zu leise gewesen. Ein Verstärker und ein paar Lautsprecher eröffneten andere Möglichkeiten: Ein einzelner Mensch, mit nichts als einem Brett vor dem Bauch, vermag seitdem mit seinem Lärm die größten Hallen zu füllen, auch mit wenigen Akkorden, und oft reicht eine schlichte Quinte aus, verzerrt und auf den beiden tiefen Saiten angeschlagen, um einen wahrlich mitreißenden Effekt zu erzielen. Einen «power chord» nennt man eine solche Quinte, mit der man ähnlich wenig falsch machen kann wie mit einem Tastendruck auf dem Akkordeon. Und auch die Karrieren der beiden Instrumente in der populären Musik ähneln einander, die Herkunft aus dem Dilettantismus, die wilde Professionalisierung durch Nachahmung und ohne Noten, das allmähliche Herausbilden von Kunst und Meisterschaft. Dem Akkordeon widerfuhr indessen ein Verhängnis: Denn aus der alle Traditionen zerstörenden Kraft, mit der es einst das Volk eroberte, ist zumindest (und nicht nur) in Deutschland eine Kraft der Tradition geworden, in oft enger Verbindung zu einer vermeintlichen Volksmusik, die weit älter scheinen will, als sie tatsächlich ist. Die Gitarre hingegen ist ein heroisches Instrument geblieben.

Ein paar Kilometer von Castelfidardo entfernt, auf einem anderen Bergrücken, liegt das Städtchen Camerano. Hinter dem offenbar nicht mehr häufig genutzten Theater, einem wunderbar geometrischen Bau der Neorenaissance, führt eine Gasse zu einem dunklen Eingang, über dem ein großes Plakat hängt. Hier gebe es, ist darauf zu lesen, ein Museum der «Farfisa». So hießen die Orgeln, die aus den Akkordeons hervorgingen, oder genauer: aus dem Zusammenschluss der Hersteller Scandalli, Soprani und Frontalini (die, jeder für sich, noch heute bestehen). Im Jahr 1947 gegründet, sollte die neue Firma das Prinzip Akkordeon in die Zeit der Elektrifizierung tragen. Sie tat es mit Erfolg, mehrere Jahrzehnte lang. Ihr größter Triumph, zumindest in musikalischer Hinsicht, steht unscheinbar in der Ecke des zukünftigen Museums, in dessen Räumen früher eine Hemdenfabrik und dann eine Schule untergebracht waren: Es ist die Orgel, tatsächlich dasselbe grünliche Ding, das Richard Wright benutzte, als Pink Floyd, eines Musikfilms wegen, im Jahr 1971 im Amphitheater von Pompeji auftraten. Eine ganze Reihe von frühen Stücken dieser Gruppe, «A Saucerful of Secrets» zum Beispiel oder «Time» auf dem Album «The Dark Side of the Moon» (1973), wurden mit einer Farfisa aufgenommen – ebenso wie «When a Man Loves a Woman» (1966) von Percy Sledge oder das Album «Jack Johnson» (1970) von Miles Davis. Für einen kurzen Augenblick, für die Dauer eines Songs, aber unendlich oft reproduziert, beherrschte diese Orgel die populäre Musik: Auch sie ist eine Mitte der Welt.

Die Farfisa besaß einen eigenen Ton. Er war meist heller, drängender und künstlicher als der Klang einer Hammond-Orgel. Sie eignete sich zur Erzeugung besonders sphärischer Klänge, damals auch «space-age sound» genannt. Sie war zudem deutlich billiger als die Konkurrenz, was zu ihrer Beliebtheit beitrug. Technisch unterlegen war sie nicht, wie sich überhaupt die Herstellung von Musikinstrumenten in den Marken, tief in der italienischen Provinz, stets auf der Höhe ihrer Zeit hielt (bei Hohner verlief die Entwicklung übrigens ähnlich, mit dem Übergang vom Akkordeon zu elektrischen Tasteninstrumenten wie dem Clavinet). Farfisa vollzog sogar noch den Übergang zur Digitalisierung. Doch dann war die Kraft aus der Firma gewichen. Im Jahr 1995 wurde die Fabrik geschlossen. Sie ließ Claudio Capponi zurück, einen Pianisten und Klavierbauer mit traurigem Blick, der seitdem das Erbe der Firma Farfisa in Gestalt ihrer Geräte verwaltet: Er rettet sie, Stück für Stück, repariert sie, stellt sie aus und veranstaltet einmal im Jahr in Camerano einen «Farfisa Day» für alle vergessenen Musiker, die in der Jugend ihr Herz an eines dieser Instrumente verloren haben.

*

Auf einem anderen Berggrat in den Marken liegt die Stadt Recanati. So schmal ist dieser Rücken, dass die Altstadt sich an einer einzigen Straße entlangzieht. Sie ist von alten Palazzi gesäumt. Von ihren Rückseiten dürfte man oft eine freie Sicht haben, auf den Monte Conero und die Adria in östlicher Richtung, auf die Hügel der Marken im Westen. Die Straße beginnt im Norden, am Dom, und führt dann, in einigen Schwüngen und an der Piazza vorbei, über einen guten Kilometer bis zu einem kleinen Park, in dem eine hölzerne Bank steht. Der Satz «Sempre caro mi fu quest' ermo colle» ist auf weiße Marmortafeln an der Mauer hinter dieser Bank geschrieben, von der man bis hinüber zu den Sibillinischen Bergen blickt: «Lieb war mir stets hier der verlassne Hügel», heißt es in der Übersetzung von Hanno Helbling. Mit diesen Worten beginnt eines der zwei, drei poetischen Werke, die wohl jeder zitieren kann, der je in eine italienische Schule ging: «L'infinito» (Das Unendliche), verfasst im Herbst 1819 von Giacomo Leopardi, dem ältesten (und damals erst einundzwanzig Jahre alten) Sohn eines Grafen, der mit seiner Familie in einem dunklen Palazzo auf der anderen Seite jenes Hügels wohnte – verarmte Adlige, die den sozialen Mittelpunkt einer kleinen Stadt bildeten und über ein halb eingebildetes Fürstentum in Miniatur herrschten, in dem das Aristokratische und das Volkstümliche beinahe in eins fielen.

Dieses Gedicht, aus fünfzehn reimlosen Zeilen bestehend, ist das poetische Äquivalent eines Schwarzen Lochs in der Astronomie. Vom Rand aus betrachtet, ist es allerdings anmutig und gefällig. Nichts daran scheint schwierig zu sein, und was immer einen Widerstand hätte setzen können, verliert sich im Dunst über den Hügeln. Man meint, einen von diffusen Sehnsüchten erfüllten jungen Mann zu hören, der in mehr oder minder melancholischer Stimmung von seinem erhabenen Sitzplatz aus über die Landschaft schaut. Ein wenig unheimlich wird dem Leser jedoch schon zumute, wenn er den Wörtern hinterherspürt: Der Hügel, von dem der Dichter in die Landschaft blickt, hieß damals «Monte Tabor», nach dem Berg, auf dem Jesus dreien seiner Jünger in göttlicher Gestalt erschienen sein soll. Und unter «ermo colle» – einem «kargen», «kahlen» oder «verlassenen» Hügel – mag man sich den Wohnort eines Eremiten vorstellen. Ein Einsiedler sitzt dort oben, ein Poet, vielleicht auch ein Prophet. Er blickt in den Raum, er sucht in der Zeit. Aber wohin er sich auch wendet, so etwas wie Gewissheit findet er nicht: «Und so versinken / im Unermesslichen mir die Gedanken, / und Schiffbruch ist mir süß in diesem Meere», lauten die letzten drei Zeilen.

Recanati liegt vielleicht zehn Kilometer von der Küste der Adria entfernt. Am östlichen Ende der langen Straße, die sich mehr oder minder exakt über die Höhenlinie zieht und das Stadtzentrum bildet, befindet sich ein ehemaliger Adelspalast, heute als Museum genutzt. In der Mitte der Straße stehen das prächtige Rathaus und ein mittelalterlicher Glockenturm, und am äußersten westlichen Ende des Kamms erhebt sich der Palast jener Familie von Provinzadligen, aus der Giacomo Leopardi hervorging, der gelehrteste, vielleicht ein Unglücklicher, gewiss aber ein Kluger unter den italienischen Dichtern. Von ihm ist vor allem eine für damalige Verhältnisse gigantische Bibliothek erhalten, die dem Heranwachsenden Lebensmittel und Fluchtort zugleich war.

Giacomo Leopardi war ein schwächliches, verwachsenes Kind, das, bewacht von einem ultrakonservativen Vater und einer strenggläubigen Mutter, seine Tage hauptsächlich in dieser Bibliothek verbrachte. Dort lernte Giacomo ein halbes Dutzend Sprachen, Griechisch und Latein selbstverständlich eingeschlossen, er beschäftigte sich gründlich mit den Naturwissenschaften, er übte sich in der Schriftstellerei. Als ihm dann das Reisen erlaubt wurde, muss er die gewaltigen Lektüren seiner Kindheit mit sich getragen haben, als Erinnerung und Reichtum. In einem Akt, den Leopardi selbst als «Verwandlung» beschrieb, löste er sich im Alter von etwa zwanzig Jahren aus der elterlichen Umgebung und wurde zu einem patriotischen Freigeist. Wenn er dann auf Leute seines Schlages traf, auf gelehrte, geistreiche Menschen, muss es immer wieder zu Akten der intellektuellen Levitation gekommen sein, zu Augenblicken, in denen ihn die Gedanken immer höher hinaustrugen, wie einen Mauersegler im Aufwind. Stets belastet von seiner kümmerlichen Erscheinung, von Krankheiten und Armut, aber auch vom Pech verfolgt, war er einer der bedeutendsten

Philologen seiner Zeit – und ein Dichter, ein Philosoph und Essayist, der im späteren 19. Jahrhundert als einer der größten Geister wahrgenommen wurde, die Italien je hervorgebracht hatte. Aber es konnte ihm nicht helfen, dass ihm Christian von Bunsen, Botschafter Preußens am Heiligen Stuhl, im Jahr 1822 einen Ruf auf die Dante-Professur in Bonn vermittelte: Er nahm ihn nicht an, vielleicht weil er Italien nicht verlassen wollte, vielleicht weil, an ein rasch größer werdendes Werk gebunden, der Körper ohnehin nicht mehr trug. Leopardi starb im Juni 1837, an Entkräftung, wie man wohl sagen muss.

Giacomo Leopardi einen Romantiker zu nennen, wie es bis heute oft geschieht, heißt, ihn zu einer vor allem historischen Gestalt zu vermindern. Das ist er nicht. Oder er ist viel mehr als ein Romantiker. In einem Kommentar zu «L'infinito» besteht Leopardi darauf, dass mit der Natur, so wie sie im Gedicht erscheint, tatsächlich auch ein konkreter Ort gemeint ist: «Man kann meine Idylle lesen … und sich eine abschüssige Gegend in Erinnerung rufen.» Die Natur ist in diesem Gedicht kein Vehikel des Schwärmens und kein Symptom eines weltabgewandten Denkens. Eher ist die Natur, eben weil sie sich letztlich dem gedanklichen Zugriff entziehen soll, der romantische Blick aber vor jeder Hecke ins Stolpern gerät und sich hinter jedem Horizont ein anderer auftut, ein Medium der Desillusionierung angesichts aller Hoffnungen auf Erlösung, die Aufklärung und frühe Romantik (die es ja auch in Italien gab, wenngleich in anderer Weise als nördlich der Alpen) genährt hatten. Und als wäre das alles nicht genug, gelingt es Leopardi in diesen fünfzehn Zeilen auch noch, das Medium in Frage zu stellen, in dem er selber spricht: Er wolle, heißt es im Gedicht, «dem Schweigen, dem unendlichen» seine Stimme entgegenhalten – für eine «Jahreszeit», und wohl wissend, dass man ansonsten mit Toten rede. Der Grund des Schwarzen Lochs, hier ist er fast erreicht, in einer Freiheit des Nachdenkens über die Welt und über sich selbst, die alles andere als «romantisch» ist.

*

Mitten in der Kathedrale von Loreto, einer kleinen Stadt auf einem Hügel in den Marken, steht ein großer, reichverzierter Quader, neun Meter lang, vier Meter breit und fünf Meter hoch. Er birgt einen schlichten Raum aus gebrannten Ziegeln, der sich ursprünglich in Nazareth befunden haben soll. Es heißt, die Gottesmutter sei in diesem Haus aufgewachsen, und durch sein einziges kleines Fenster sei der Engel Gabriel geschlüpft, um Maria die Verkündigung zu überbringen. Als das Königreich Jerusalem im Jahr 1291 unterging, so die Legende, sei dieses Haus von vier Engeln ergriffen und davongetragen worden. Nach einem kurzen Aufenthalt in Illyrien wurde es dann, wiederum von Engeln, in die Wälder bei Recanati gebracht. Eine andere Version besagt, es sei von Kreuzfahrern abgebaut und nach Italien verschifft worden. So einfach das innere Haus mit seinem Tonnendach auch sein mag, so prächtig sind die marmorne Überbauung, die im 15. und 16. Jahrhundert errichtete Kuppelbasilika mit ihrer glänzend weißen Fassade, die Seitenflügel mit ihrer doppelten Reihe von Arkaden.

Die «Santa Casa» in Loreto ist neben dem Petersdom und vielleicht der Basilika des heiligen Antonius in Padua der wichtigste Wallfahrtsort Italiens. Was das bedeutet, ist an den langen Menschenschlangen zu ermessen, die vor dem Heiligtum warten, an den Pfadfindertrupps vor der Kirche, an den Reisebussen aus Polen und Kroatien. Etwa vier Millionen Menschen aus aller Welt kommen jedes Jahr, um die Basilika vom Heiligen Haus in Loreto zu besuchen.

Wer von diesem Hügel hinunterschaut zur Adria, blickt im Südosten auf Porto Recanati, einen Ferienort, wie es Tausende gibt an den italienischen Stränden, mit einer Uferpromenade, auf der sich kleine Karussells drehen, mit Fischrestaurants und Sandburgen. Ein «ombrellone» (Sonnenschirm) mit zwei «lettini» (Liegen) ist in der Hochsaison für ein paar hundert Euro im Monat zu mieten. Die Summe erscheint hoch, wenn man sie mit dem Kaufpreis eines Apartments von fünfzig Quadratmetern Grundfläche vergleicht, das in einem Wohnkomplex erworben werden kann, der wenige hundert

Meter weiter liegt, hinter einem Pinienwäldchen und allenfalls fünf Minuten zu Fuß vom Strand entfernt: Angeboten werden solche Apartments dort immer wieder, zu Preisen ab etwa zwölftausend Euro. «Hotel House Recanati» heißt der Komplex, der von Loreto aus leicht zu erkennen ist. Wie ein abgestürztes Raumschiff liegt er da, in Form eines leicht verschobenen Kreuzes, mehr als hundert Meter lang und sechzehn Stockwerke hoch. Könnte er davonfliegen, so wie das Heilige Haus einst hergeflogen ist, wäre das Einverständnis groß, nicht nur in der Umgebung, nicht nur bei der Stadtverwaltung von Porto Recanati, nicht nur in den Marken. Das «Hotel House Recanati» ist eine nationale Berühmtheit, in einem schrecklichen Sinn.

Diese Wohnanlage ist ein Slum, ähnlich wie das Viertel Scampia im Norden von Neapel, oder genauer: wie die (nunmehr zum Teil niedergerissenen) Wohntürme «Le Vele» in Scampia, in denen die Verfilmung von Roberto Savianos Buch «Gomorrha» und die sich anschließende Fernsehserie entstanden. Immer wieder versichert die Stadtverwaltung von Porto Recanati, das «Hotel House» sei «niemals Niemandsland» gewesen. Doch es vergehen kaum ein paar Tage, an denen das Haus nicht für eine Schlagzeile in der Regionalzeitung sorgt. Wie viele Wohnungen es im «Hotel House» gibt, ist bekannt, nämlich knapp fünfhundert. Die Zahl der Bewohner lässt sich indessen nur schätzen. Mehr als zweitausend Menschen aus vierzig Ländern sollen ständig in dem Gebäude leben, darunter etwa vierhundert Pakistani, dreihundert Senegalesen und zweihundert Bengalen. Im Sommer, wenn in Italien Urlaub gemacht wird, oder ein wenig später, wenn die Bauern der Umgebung Helfer benötigen, weil der Wein geerntet werden muss, werden es mindestens tausend Menschen mehr sein.

Es braucht nicht viel Mut, um das «Hotel House» zu betreten. Der Weg dorthin führt über eine kleine, von Bäumen gesäumte Stichstraße. Ein steter Zug von Fußgängern bewegt sich auf dieser Straße vom «Hotel House» in das Stadtzentrum und zurück. Öffentliche Verkehrsmittel gibt es nicht, aber einen Schulbus. Vor dem Haus liegt ein großer, unbefestigter Parkplatz, auf dem gewöhnliche Kleinwagen herumstehen, neben ein paar Wracks und ungewöhnlich vielen weißen Lieferwagen, teils mit osteuropäischen Kennzeichen. Etliche Glasscheiben im Erdgeschoss des Hauses sind zerbrochen, selbstverständlich liegen Schutt und Abfall herum, die Menschen schauen mich misstrauisch, aber nicht feindselig an. Das «Hotel House» ist, dem ersten Anschein zum Trotz, ein Zuhause, die Bewohner haben sich hier eingerichtet, meist innerhalb ihrer ethnischen Gemeinschaften und gewiss mit einem hohen Maß an sozialer Kontrolle, auch in Gestalt von Banden. Es gibt einen Gemüseladen, ein Telefongeschäft, eine Wechselstube und eine Moschee in diesem Komplex. Auch einen Friseur soll es geben. Immer wieder wird das «Hotel House» deshalb mit der «Phalanstère» verglichen, dem Entwurf einer selbständigen Produktions- und Wohngemeinschaft, den der französische Frühsozialist Charles Fourier im frühen 19. Jahrhundert in die Welt gesetzt hatte.

Im «Hotel House» verbirgt sich ein Kapitel der italienischen Wirtschaftsgeschichte aus den vergangenen fünfzig Jahren. Das Gebäude entstand in den späten Sechzigern, als die «Autostrada Adriatica» (A 14) gebaut und die parallel geführte Eisenbahnstrecke zweispurig ausgebaut wurde. Eine Küstenregion von mehreren hundert Kilometern Länge wurde damit erschlossen. In Porto Recanati gab es einen Bauunternehmer, der an die Zukunft des Fischerdorfes als Metropole des Fremdenverkehrs glaubte und in Le Corbusiers «Wohnmaschine» (der «Unité d'Habitation» in Marseille) die Wohnform der Zukunft gefunden zu haben hoffte: ein Haus, das den Komfort eines Hotels bot, mitsamt Minigolfanlage, Restaurant und chemischer Reinigung. «Das Hotel House», erklärte Lorenzo Natali, damals Minister für die Handelsmarine, bei Beginn der Bauarbeiten im Sommer 1967, «ist ein Werk, das der gesamten Küste Ehre macht.» Verkauft werden sollten die Apartments als Sommerresidenzen für den Mittelstand aus den großen Städten, manche Wohnungen ließen sich an Urlauber aus dem Norden vermieten, die vor allem aus Österreich kamen. Aber etliche Wohnungen blieben leer, die Projektentwickler gerieten in Schwierigkeiten. Nicht nur jenseits der Sommermonate muss es dort gespenstisch gewesen sein. Der Bauunternehmer beging im Jahr 1973 Selbstmord. Danach setzte ein gradueller Verfall der Anlage ein, die schleichende Verwandlung in einen grauen, unsicheren Ort, der, beginnend in den frühen Neunzigern, von Einwanderern besetzt wurde – zuerst von Osteuropäern, die etwa in der Schuh- oder Möbelindustrie der Marken Arbeit fanden, schließlich von Flüchtlingen und Illegalen, die vor allem aus Afrika und den ärmsten Staaten Asiens kamen.

Diese Entwicklung lässt sich auch als Immobilienkarriere beschreiben: von den ersten, hoffnungsfrohen Käufern in den späten Sechzigern über die enttäuschten Besitzer in den Achtzigern bis zu den Zwangsversteigerungen, die in den Neunzigern häufiger wurden und sich bis zum heutigen Tag fortsetzen. Auf dem Weg dorthin gibt es unbezahlte Rechnungen zuhauf, die Wasserzufuhr wurde in vielen Wohnungen ebenso gesperrt wie die Versorgung mit Elektrizität. Manchmal stand, wie die Lokalpresse berichtet, auf dem Hof ein Tankwagen mit Trinkwasser. Die Aufzüge funktionieren schon lange nicht mehr. Dafür sind die Balkone, von denen man, je weiter man nach oben kommt, einen umso großartigeren Ausblick auf die Adriaküste wie auf die Hügel der Marken hat, dicht an dicht mit Satellitenschüsseln ausgerüstet, was dem Gebäude den Anschein einer gigantischen Funkanlage verleiht. Immerhin gibt es seit dem November 2018, als die Eigentümerversammlung endlich einmal wieder abstimmungsfähig war, einen neuen Verwalter für die gesamte Anlage: einen ehemaligen Glasbläser aus Florenz, der seit dem Jahr 2001 eine Wohnung im «Hotel House» besitzt. Er wolle aufräumen, versprach er bei Amtsantritt, er wolle dafür sorgen, dass die Anlage wieder ausschließlich durch einen Eingang betreten werden kann, dass die Conciergerie besetzt ist und der Müll aus den Fluren und Treppenhäusern weggetragen wird. Es scheint ihn jedenfalls noch zu geben, den tapferen Mann.

Das «Hotel House» ist ein modernes Ghetto. Solche abgesonderten Wohnviertel, die vor allem von Immigranten bewohnt werden, gibt es überall auf der Welt und nicht zuletzt in Italien, im erwähnten neapolitanischen Stadtteil Scampia ebenso wie im ehemaligen olympischen Dorf von Turin. Was das Ghetto in Porto Recanati von allen anderen Einrichtungen dieser Art unterscheidet, ist die ebenso einfache wie monströse, fest umrissene Gestalt, inmitten einer Landschaft, in der es ansonsten nur Strandtourismus, Landwirtschaft und Kleinindustrie gibt. Es besteht nur aus einem Gebäude, eingeschlossen von der Autobahn, der Eisenbahntrasse und einer Staatsstraße. Das «Hotel House» ist wie ein Turmbau zu Babel, nur dass damit niemand herausgefordert werden soll: Eher schon handelt es sich um einen Fluchtort oder einen Versuch der Selbstorganisation in prekärer Lage. Die Autarkie eines großen architektonischen Komplexes, in der Le Corbusier und seine Nachahmer (die sich wiederum von Charles Fourier hatten inspirieren lassen) die Zukunft des Wohnens erkannt zu haben glaubten, verwandelte sich hier, mit großer Geschwindigkeit und Konsequenz, in ein Monstrum.

Matteo Salvini, der gewesene, ausländerfeindliche Innenminister Italiens, besuchte das «Hotel House» mehrmals, unter anderem im September 2018. Bei dieser Gelegenheit erhielt er einen Blumenstrauß, stand auf dem Dach und versprach, das Haus werde entweder repariert oder abgerissen. Er persönlich ziehe das Abreißen vor. Doch wird die Zerstörung nicht einfach werden. Denn das Gebäude gehört nicht dem Staat, nicht einmal einem großen Vermieter, sondern es besteht, wie gesagt, aus Eigentumswohnungen, auch wenn mehrere Dutzend von ihnen leer stehen, von denen wiederum etliche illegal besetzt sind. Zum Teil sind die Wohnungen noch in italienischer Hand, und es gibt immer noch Italiener, die im «Hotel House» wohnen. Doch besitzen ehemalige Migranten längst mehr als die Hälfte aller Apartments. Dort leben sie, in mancherlei Weise abseits und ausgegrenzt von der italienischen Gesellschaft. Und doch ist das Monstrum, eben weil es als autarke Wohnanlage entworfen worden war, auch ihr Schutz, so schwierig sich dieser innerhalb des Gebäudes wiederum gestalten mag: Das «Hotel House» ist, in des Wortes eigentlicher Bedeutung, eine «Immobilie», etwas Unbewegliches. Es bedürfte schon sehr kräftiger Engel, um sie davonzuheben.

Zwischen der Via Emilia und dem Wilden Westen

Emilia Romagna

W enn der Sommer endet, weht plötzlich ein kalter Wind, die Tramontana, aus dem Norden. Er fegt die Strände an der Adria leer und lässt in den Bergen dahinter die Fensterläden klappern. Die Menschen tragen auf einmal wieder ihre wattierten Westen, und in den Straßencafés stehen die Stühle verlassen.

Im Jahr 2018 fiel in eine solche Septemberwoche die Nachricht vom Tod Maurizio Zanfantis. Dieser Mann war unter seinem Spitznamen «Zanza» so berühmt geworden, dass die großen italienischen Zeitungen ihm lange Nachrufe widmeten. Sie machten aus ihrer Bewunderung keinen Hehl. Zanza, erklärte die Mailänder Tageszeitung «Corriere della Sera», sei der «König der Jungbullen» von Rimini gewesen. Die «Bild-Zeitung» hatte ihn schon ein paar Jahre zuvor zum «Super-Pappagallo» ernannt. Ein «Lothario» sei er gewesen, bestätigte die Londoner Tageszeitung «The Independent», unter Anspielung auf eine britische Komödie aus dem frühen 18. Jahrhundert. Zanza war im Alter von dreiundsechzig Jahren gestorben, in einem Auto am Rand einer Landstraße, in den Armen einer jungen Frau. «Zanza» ist ein Name, der zu dieser Gestalt passt: Denn das «Z» ist ein wilder, barbarischer Buchstabe. Im Namen des Pappagallo erscheint er doppelt, wie in «zanzara», dem italienischen Wort für «Mücke». Zanza war angetreten, ihn mit Leben zu füllen, auf bemerkenswert zivile Weise.

In Federico Fellinis Film «Amarcord» aus dem Jahr 1973 gibt es eine Szene, in der, irgendwann zu Beginn der dreißiger Jahre, die Einwohner Riminis in ihren kleinen Booten auf das Meer hinausfahren, um den Passagierdampfer «Rex» zu sehen, den nagelneuen Stolz der italienischen Nation, der in dieser Nacht vorbeifahren soll. Das Strandbad Rimini ist im späten 19. Jahrhundert entstanden, im Gefolge der Eisenbahnstrecke von Mailand nach Ancona: In Rimini erreichte sie das Meer. Rimini war also damals schon seit Jahrzehnten ein Seebad gewesen, in dessen Mitte das Grandhotel stand, ein ursprünglich im Jugendstil errichteter Palast aus dem frühen 20. Jahrhundert, dessen Inneneinrichtung einem venezianischen Palazzo entnommen zu sein schien. In der Nachbarschaft waren, auf kleinen, gleichförmigen Grundrissen, kleine, gleichförmige Sommerhäuser entstanden. Doch erst nach dem Zweiten Weltkrieg pflügte der Tourismus in großem Maßstab (in den sechziger Jahren war, parallel zur Via Emilia, die Autobahn von Bologna nach Pescara gebaut worden) durch den Strand der italienischen Adria und ließ eine völlig neue Landschaft entstehen.

Die hundert oder zweihundert Meter Landfläche oberhalb der Wasserlinie verwandelten sich in kostbare Immobilien, um in jedem Sommer von unzähligen Menschen bevölkert zu werden, die dort nichts anderes tun wollten, als zwei Unendlichkeiten zu begegnen, dem wolkenlosen Himmel und dem Meer. Zuvor eher karge, arme Gegenden wurden reich und verwandelten sich in Manifestationen der Moderne. Der Strand wurde zum paradiesischen Ort, an dem sich die Menschen ihrer Kleidung entledigten, freiwillig ihre Fortbewegung einschränkten (indem sie keine Schuhe mehr trugen) und ihre fast nackten Körper der Sonne preisgaben, um sich einem Dämmern zu überlassen, das den Erholungsreisenden des 20. Jahrhunderts zum Inbegriff eines sinnlich gesteigerten Lebensgefühls wurde. Dieses Lebensgefühl ist gebunden an eine Vorstellung vom einfachen Glück:

die freiwillige Rückkehr zum primitiven Leben, inbegriffen das Lagerfeuer am Strand und der Rausch, die Entbindung von der Vernunft, in seinen gar nicht so vielfältigen Formen. Hinter der Uferpromenade, dem «Lungomare», entstanden lange Ketten von mehrstöckigen Betonbauten, die sich seitdem an allen flachen Küsten Italiens, und das heißt: über mehrere tausend Kilometer hinweg, entlangziehen. Die einheimische Bevölkerung vollzog diesen Wandel mit: Aus dem Bauern wurde ein Hotelier, aus dem Fischer ein Wirt (einige Fischer überlebten, als Darsteller ihrer selbst), aus dem Tagelöhner ein Verkäufer von Taucherbrillen oder Speiseeis.

Die nackten Körper aber, von der Sonne erhitzt und vorangetrieben von einem neuen Bedürfnis nach «Freiheit», die bald eine ganze Industrie aus Bars, Diskotheken und Nachtclubs in Bewegung setzte, brachten einen neuen Beruf (und eine neue Berufung) hervor: den Dienstleister an der sexuellen Emanzipation der Frau, den «Pappagallo». Ein solcher war Zanza: eher kleingewachsen, aber muskulös, mit langen, rotblonden Haaren, die vorn zu einem Pony geschnitten waren (nach dem Modell von Popmusikern des «Glamrock»), mit behaarter Brust und Goldkettchen, stets gut gelaunt und den Frauen gegenüber von ausgesuchter Höflichkeit.

Je jünger die Ferienorte am Strand sind, desto deutlicher stellen sie sich als das Werk einer an industriellen Standards geschulten planerischen Energie dar, die in Modulen oder, in den Kategorien der Immobilienwirtschaft gesprochen, in Parzellen denkt. Ihr eigentlicher Protagonist ist der Geometer, der Experte für das Vermessungswesen, der im italienischen Immobiliengewerbe ohnehin eine gleichermaßen unausweichliche wie stets umstrittene Existenz führt. In Parzellen sind die Gartenstädte geteilt, die hinter dem «Lungomare» liegen, auf Parzellen verteilen sich die Zelte, Wohnmobile und Wohnwagen auf den Campingplätzen. In Parzellen gegliedert ist schließlich auch der Strand selbst, in Gestalt der «bagni», der Badeanstalten, die wiederum in lauter kleine, fest umrissene Grundstücke unterteilt sind, auf denen eine Kabine steht, sowie in imaginär umgrenzte

Kleinflächen, auf denen je zwei Liegestühle und ein Sonnenschirm zu einer Einheit arrangiert sind. An den Mietpreisen stört sich mancher ausländische Tourist, während sie für die Italiener selbstverständlich zum Ferienbudget gehören. Und es kommt der September, und dieses ganze Miet- und Maklerwesen verschwindet, und es kommt der Mai, und die Geschäfte kehren zurück, als würde sich diese Wirtschaft auf festem Grund vollziehen, als wäre sie nicht abhängig von der Strömung, von den Gezeiten, vom Wetter und von vielen anderen Einflüssen, deretwegen der Strand, die Übergangszone zwischen Land und Meer, eine Zone der Unsicherheit darstellt.

Auf der Grenze zwischen dem Wirklichen und dem Unwirklichen angesiedelt, entfaltet sich das Leben am Strand als eine Art Utopie des Alltäglichen. Der Aufenthalt im Wasser macht dabei die geringste Beschäftigung aus: Die meisten Italiener, die ihre Ferien am Strand verbringen, halten sich pro Tag nicht mehr als eine Viertelstunde im Wasser auf, wie soziologische Studien herausgefunden haben wollen. Sie gehen oft auch nur bis zu den Knien hinein. Sehr viel mehr Zeit und Kraft widmen sie dem Aufbau und der Pflege einer neuen, auf Sand errichteten Gesellschaft: der Gestaltung der eigenen Parzelle, der Etablierung und Festigung von Allianzen mit anderen Parzellenbewohnern, der Beschäftigung der Kinder, die sich ansonsten gern gegenseitig bekämpfen, dem Kartenspiel, der Zubereitung und dem Verzehr von Mahlzeiten, alternativ dem Restaurantbesuch. Über dem ganzen Betrieb liegt ein Geruch von Sonnenöl und «pasta al forno». Der Tag klingt dann aus mit einem Spaziergang über den «Lungomare» (der «Lungomare» ist eine Erfindung des späten 19. Jahrhunderts, vor allem für Süditalien, und er wurde nicht nur des Spazierens wegen geschaffen, sondern auch, um den Städten ein Profil von der Meerseite her zu verleihen), einschließlich eines kurzen Vergnügens in einer «giostra», einem der bunt blinkenden Fahrgeschäfte, mit noch einem Restaurantbesuch, mit noch einem Eis und vielleicht, für jüngere, unternehmungslustige und nicht ganz dem Parzellenwesen ergebene Menschen, mit einem Aufenthalt in einer Diskothek namens «Blow Up», in der man einem allmählich älter werdenden, aber scheinbar unverwüstlichen Herrn namens Zanza hätte begegnen können.

Der Strand beherbergt eine Spielzeugwelt unter Zehn-, wenn nicht Hunderttausenden von sorgfältig in Reih und Glied aufgestellten Sonnenschirmen. Sie ist einer Errungenschaft der Moderne gewidmet, die in ihrer Frühzeit ebenso unorganisch gewirkt haben muss wie die Betriebsamkeit, die sie in periodischen Abständen ablöst: nämlich der freien Zeit, den Ferien, dem Urlaub. «Ein jeder Sommer ist wie eine Wette, die man nicht verlieren darf», wie Pier Paolo Pasolini meinte. Die Mittel dieser Welt sind die Miniaturisierung (das Leben auf sechs Quadratmetern unter einem Schirm) und die Periodisierung (die Ferien sind kurz). Sie kennt die Schatzbildnerei (Muscheln, Treibholz), den symbolischen Konsum (Strandmode) und den Markt der Geschlechter. Der schmale Streifen, auf dem sich Land und Wasser tatsächlich berühren, dient dabei als hell erleuchteter Bühnenraum, während das Publikum unter seinem Sonnenschutz das Geschehen im Halbdunkel verfolgt. Im folgenden Jahr kehrt man an denselben Ort zurück. Die Mülleimer sind dann geleert, der Stand ist geharkt, die Lautsprecher warnen noch nicht vor fliegenden Händlern, und der Anfang aller Dinge ist wiederhergestellt.

Vor einigen Jahren verbrachte ich ein paar Tage in einem Strandhotel in Riccione, einige Kilometer südlich von Rimini. Das Hotel stammt aus den frühen fünfziger Jahren, trägt drei Sterne und heißt «Rex», nach dem Passagierschiff, dessen Vorüberfahrt Federico Fellini in «Amarcord» schilderte. Das Schiff selbst gibt es schon lange nicht mehr. Es wurde im September 1944 vor Triest von der britischen Luftwaffe zerstört. Doch ist das Hotel wie der Bug der «Rex» gestaltet, im Zeichen eines Aufbruchs in die Moderne, mit den schönsten Zimmern in der Spitze und einem Speisesaal, der ursprünglich in Creme und Rosa gehalten war. Die Saison war vorüber, als ich im Hotel «Rex» übernachtete, dennoch gab es Gäste in großer Zahl, vor allem aus den neuen Bundesländern und aus Osteuropa. Aber der

Aufbruch in die Moderne schien weit zurückzuliegen. Nicht nur das Hotel (allen Renovierungen zum Trotz), sondern der ganze Ort, mit seinem «Lungomare», seinen Karussells und der imaginären Immobilienwirtschaft am Strand, hatte etwas Fossilienhaftes angenommen. Das war nicht unangenehm: Die Bettenburgen mit zugehörigem Sand erschienen in einem eher sentimentalen, freundlichen Licht, als ein Morgen von gestern, das nicht das Heute ist.

Auf den Bildern, die nach Zanzas Tod in vielen europäischen Zeitungen kursierten, sah man einen braun gebrannten Mann, an dem die Jahrzehnte offenbar fast spurlos vorübergegangen waren. Die italienischen Zeitungen sammelten währenddessen Danksagungen aus aller Welt, von Inga-Britt aus Örebro, Martina aus Duisburg und Truus aus Eindhoven. Und alle Frauen versicherten, Zanza sei sich selbst (was auch heißt: den Frauen) ein Leben lang treu geblieben. Die Jahre waren dahingegangen, der Strand der Adria verwandelte sich vom begehrenswertesten Ort der Welt in eine etwas zweifelhafte Veranstaltung für eine eher proletarische Form, die schönsten Wochen des Jahres zu verbringen, und irgendwann erreichten alle miteinander, immer noch an den Strand gebunden, das Rentenalter. Aber war, was dort geschah, nicht ein kleines Wunder, ein wenig frivol, doch mehr oder minder friedvoll und von nahezu unglaublicher Stabilität? Über Zanza lässt sich jedenfalls sagen, dass er, gleichermaßen weit entfernt von den Kupplerdiensten, die im Internet angeboten werden, wie von allen «MeToo»-Skandalen, einer aus heutiger Perspektive ehrenwert erscheinenden Arbeit nachging.

*

In welcher ökonomischen und politischen Lage sich Italien jeweils befindet, lehren zu allen Zeiten die alten Landstraßen, die Strada Romea (SS 309) zum Beispiel, die Venedig mit Ravenna verbindet, die Via Appia (SS 7), auf der es von Rom über Benevento nach Brindisi geht, die Via Emilia (SS 9) zwischen Piacenza und Rimini oder die Via Cassia (SS 2), die von Rom über Florenz nach Genua führt. Man kommt auf ihnen nicht schnell voran, hauptsächlich der vielen Lastwagen wegen, deren Fahrer die Autobahnen mit ihren Mautgebühren vermeiden wollen. Doch konzentriert sich ein großer Teil aller sozialen und vor allem wirtschaftlichen Unternehmungen auf diese Straßen. Deswegen lassen sie sich als befahrbares Geschichtsbuch nutzen. Das gilt keineswegs nur für die baulichen Hinterlassenschaften weit zurückliegender Jahrhunderte, sondern auch für die jüngere Vergangenheit: Es gilt für die Möbelhäuser («Arredamenti») der neunziger, die Diskotheken der achtziger, die Tankstellen und Motels der sechziger Jahre. Es gilt für die mechanischen Werkstätten der Fünfziger mit ihren Tonnendächern und Eisen-Glas-Konstruktionen. Es gilt für die Pizzeria Steak House und die Taverna Vecchia. Nun liegen all diese Geschäfte verlassen, von löchrigen Zäunen geschützt und von Brombeeren und Feigenbüschen überwuchert.

Eine moderne, horizontal arbeitende Archäologie wüsste auch diese Ruinen zu lesen. Mit jedem verfallenen Bau täte sich dann eine exakt bestimmbare Periode der Kultur- und Wirtschaftsgeschichte auf: hinter der in ewigem Halbdunkel liegenden Diskothek die Flucht vor dem pädagogischen Imperialismus einer modernen Gesellschaft, hinter den Tankstellen und Motels eine mechanisierte allgemeine Mobilität mit störungsanfälligen Fahrzeugen auf schmalen Straßen. Und so, wie die italienischen Verhältnisse gegenwärtig aussehen, sind die Aussichten groß, dass den Beständen jener Archäologie der jüngeren Vergangenheit demnächst ein neues Residuum verwitterter Investitionen hinzugefügt werden wird: die Glasbauten des frühen 21. Jahrhunderts, die Computerläden, die Filialen von Banken und Sparkassen, die Reisebüros und die Immobiliengeschäfte, die rechteckigen Industriebauten, meist aus Stahlgerüsten und fertig gelieferten Betonplatten bestehend, an denen große Banner mit den Aufschriften «affittasi» («zu vermieten») oder «in vendita» («zu verkaufen») hängen.

Eine jede dieser Ruinen erzählt die Geschichte einer Erneuerung, die ebenso radikal wie umfassend begonnen wurde, um nach einigen Jahren in sich zusammenzusinken. Zwar ist unverkennbar, dass die Niedergänge nie ganz bis zur Ausgangslage zurückführten, dass es also nichtrevidierte Gewinne gegeben haben muss – vor allem nach dem Zweiten Weltkrieg und in den achtziger Jahren. Und doch wirken die Ruinen, vielleicht, weil sie so deutlich durch Grundstücksgrenzen voneinander getrennt sind und sich daher als Reihe präsentieren, wie allegorische Passagen durch Zyklen prinzipiell gleicher Art: die Relikte der Wirtschaftsförderung im Faschismus neben den verrottenden Glanzbauten aus den Achtzigern, die stillgelegten Tankstellen neben den allmählich stumpf werdenden, dunkelblauen Glasfassaden einer «Cassa di Risparmio». Dieses immer wieder neu einsetzende Auf und Nieder ist eine Besonderheit der ökonomischen Geschichte Italiens. Sie geht in vielen Fällen darauf zurück, dass Versuche zur Erneuerung des Landes häufig Akte der nachholenden Modernisierung waren. Aber sie haben auch damit zu tun, dass es in diesem Land immer wieder moderne Errungenschaften gab, in denen Italien allen anderen Ländern vorauslief, ohne indessen das industrielle Fundament dafür zu besitzen (vom Faschismus bis zum Design) – worauf man dann auf ältere Formen und Bräuche zurückfiel.

Wie Perlen auf einer Schnur (eine jede Perle ist, wenn man genau hinschaut, auch mit einem Pass über den Apennin verbunden) liegen die Städte an der «SS 9», der ehemaligen Via Emilia, von Piacenza bis Rimini. Sie ist die Lebensader einer ganzen Region, die sich mit ihr und an ihr entlang entwickelte. Einmal saß ich nachts bei klarem Himmel in einem Flugzeug und sah die Via Emilia von oben: Als heller Strich zieht sie sich durch das Land, und wie ein Magnet scheint sie weitere Lichter in Mengen anzuziehen, manchmal mehr und manchmal weniger, aber immer so, dass die Straße als stärkste Kraft in der Organisation des bewohnten Raums erkennbar bleibt. «So viel Nutzen und so viel Wissen ist in dieser Straße aufgehoben», erklärte der Bologneser Schriftsteller Riccardo Bacchelli, «dass die Leute die Region nach der Straße nennen, nicht die Straße nach der Region.» Die Straße an sich war immer schon ein Kolonisierungsprojekt, und

so wie sich die Römer über solche Straßen Italien erschlossen, so taten es einst die Siedler mit Nordamerika. In beiden Fällen brachten
die Straßenbauer ihre Siedlungsstrukturen mit, weswegen die Städte
erhalten blieben.

Eigentlich müsste man an diesen Straßen zu Fuß entlanggehen, um
zu wissen, wie sie wirklich sind. Denn im Fahren findet das Auge dort
keinen Halt. Man müsste die Spuren des Fiebers betrachten können,
in dem diese Gebäude einmal entstanden waren, um dann, als das
Fieber vorübergegangen war, wieder in sich zusammenzusinken. Man
müsste sich den Handlungsreisenden vorstellen, der in einem dieser
grotesken Hotels für eine Nacht unterkommt. Man müsste noch ein
Bild von der aufgeregten Jugend haben, die an einem Freitagabend
in die Diskothek einfällt. Doch man kann, abgesehen von den historischen Zentren, die Via Emilia nicht entlanggehen. Wenn man es
täte, würde man Industriewüsten, Brachen, Supermärkte, Fabrikhallen, Zäune passieren, während die Autos unablässig vorbeirasen und
unzählige «lucciole» am Straßenrand stehen – «Glühwürmchen»
nennt man die Prostituierten, die auf diese Weise arbeiten. Sie heißen
so wegen der kleinen Feuer, die sie früher anzuzünden pflegten, um
nicht zu frieren und um nachts gesehen zu werden. Siebzigtausend
von ihnen sollen allein aus Nigeria gekommen sein, hoffnungslos ver-
schuldet und ihren Zuhältern ausgeliefert bis zu ihrem letzten Tag.

«Correva la fantasia verso la prateria, fra la via Emilia e il West»,
heißt es in einem der bekanntesten Songs des «Cantautore» und Ly-
rikers Francesco Guccini: «Die Phantasie rannte in Richtung Prärie,
zwischen der Via Emilia und dem Wilden Westen.» Gewidmet ist
dieses Lied aus dem Jahr 1972 der Stadt Modena in der Emilia Romagna, wo Guccini seine Jugend verbrachte, in Erinnerung an eine
Art der Besiedlung von Straßen, wie sie nach dem Zweiten Weltkrieg
nicht nur Italien, aber besonders Italien ergriff und die in jedem Fall
als etwas genuin Amerikanisches wahrgenommen wurde.

*

Die Via Zamboni in Bologna, der größten Stadt an der Via Emilia, erstreckt sich über eine Länge von knapp einem Kilometer. Sie beginnt an der Porta San Donato im Nordosten des «centro storico» und endet ein paar Schritte vor den beiden schmalen Geschlechtertürmen, die zu den Wahrzeichen der Stadt gehören. Auf beiden Seiten wird sie, fast über ihre gesamte Länge hinweg, von Arkaden begleitet. Hinter etlichen dieser Bögen verbergen sich Palazzi aus der Renaissance: der Palazzo Malvezzi Campeggi zum Beispiel, in dem die juristische Fakultät der Universität Bologna untergebracht ist, oder der Palazzo Paleotti, in dem sich einst die Mensa befand und der heute die Bibliothek beherbergt, vor allem aber der Palazzo Poggi, eine weiträumige Anlage, in der sich nicht nur die geisteswissenschaftliche Fakultät und die Universitätsverwaltung finden, sondern auch weitere Teile der Bibliothek sowie das Museum der Universität. Letzteres ist hauptsächlich den Naturwissenschaften gewidmet und lässt, vor allem anderen, eine Vorstellung von historischer Kontinuität entstehen, wie sie kaum eine andere akademische Einrichtung auf der Welt hervorruft.

Als Umberto Eco im Februar 2016 starb, trauerte man in Italien um einen Mann, der zumindest im eigenen Land mehr gewesen war als nur ein ausgezeichneter Gelehrter und Schriftsteller. Der Nachruf in der römischen Tageszeitung «La Repubblica» trug den Titel: «L'uomo che sapeva tutto» – «Der Mann, der alles wusste». Umberto Eco, das war nicht nur der weltweit geachtete Autor eines Romans, den alle kannten, und der Schöpfer einer Zeichentheorie, die es auf die Literaturlisten unzähliger kulturwissenschaftlicher und linguistischer Seminare gebracht hatte. Umberto Eco, das war vielmehr auch der gemütliche, wohlmeinende Professor von der Universität Bologna, der ältesten und größten Universität Italiens. Er war der weise Patriarch, der sich für alles interessierte und der über alles etwas zu sagen hatte, der bärtige, verschmitzte Mann mit der großen Brille, der über eine riesige Bibliothek verfügte und zu jeder Frage die interessantesten Werke auch längst vergangener Jahrhunderte aufzuschlagen wusste, immer an der richtigen, an der entscheidenden Stelle. «Lieber Um-

berto, du hast uns zu Waisen gemacht», schrieb die Wochenzeitung
«L'Espresso» in ihrem Nachruf.

Zwischen der Vorstellung von historischer Kontinuität, die der Palazzo Poggi mit seinen alten Sälen, seinen Büchern, der großen Aula
und seinem Museum vermittelt, und den Nachrufen auf Umberto
Eco besteht ein Zusammenhang: Die Wirklichkeit zu erkennen, hatte
William von Baskerville, der Held in Ecos Roman «Der Name der
Rose» aus dem Jahr 1980, gelehrt, das heiße: in die vermeintlich re-
gellose Vielfalt der Erscheinungen eine Ordnung zu bringen, die zwar
nur bedingt haltbar sei, aber doch das Einzige, woran man sich halten
könne. In diesem Franziskaner verbarg sich, was die meisten Leser
des Buchs bald verstanden, eine Selbstdarstellung des Autors. Das
gilt nicht nur in einem persönlichen Sinn. Denn so, wie der Mönch
aus dem Spätmittelalter an die Regeln seines Ordens und die Lehren
der Kirchenväter gebunden erschien, denen er selbstbewusst und
kritisch gegenübertrat, so trat Umberto Eco als ein freisinniger Gelehrter in einer Tradition auf, die sich zwar (wie ein großer Teil der
italienischen Geisteswissenschaften) gegen die Scholastik kehrt, aber
deswegen nicht aufhört, scholastisch zu sein: «Auf den Schultern von
Riesen» heißt folgerichtig sein letztes, postum veröffentlichtes Werk,
eine Sammlung von gelehrten Vorträgen. Dieses geschichtliche Erbe,
als Amt begriffen, stünde einem nordeuropäischen Professor kaum
zur Verfügung. In Umberto Eco aber blieb die Geschichte der europäischen Universität lebendig, auch in ihrer engen Bindung an die intellektuellen Traditionen der katholischen Kirche, an Aristoteles und
Augustinus, an den Pseudo-Dionysius Areopagita und an Thomas
von Aquin. Hinzu kam bei Eco, eben weil man die Welt als Ansammlung von Zeichen betrachten kann, eine weitläufige Vertrautheit mit
den Errungenschaften der populären Kultur, vom Grafen von Monte Christo über «Casablanca», den Film mit Ingrid Bergman und
Humphrey Bogart, bis zu den «Illuminati» von Dan Brown.

Die scholastische Tradition lässt sich, auch in ihrer anti-scholasti-
schen Wendung, im wirklichen Leben betrachten. Man kann sie se-

hen, wenn man durch die Via Zamboni geht, den kommunistischen und anarchistischen Parolen an den Hauswänden zum Trotz (in Bologna regierten von 1945 bis 1999 die Kommunistische Partei oder ihre Nachfolgeorganisationen, die Via Zamboni war einer der Hauptkampfplätze der Studentenrevolte in Bologna, bis zum März 1977, als ein Student erschossen wurde und Panzerwagen auffuhren): erkennbar daran, dass – bei schönem Wetter auf der Freifläche, die von der Piazza Garibaldi vor dem Palazzo Poggi gebildet wird, bei schlechtem in den Cafés – viele Studenten zu zweit oder zu dritt beieinandersitzen und sich gegenseitig abfragen. Denn ein Studium in Italien ist eine in hohem Maße verschulte Angelegenheit, und die Prüfungen gelten als grausam, weshalb der «Bologna-Prozess», dem die europäischen Universitäten in den vergangenen beiden Jahrzehnten unterworfen wurden, seinen Namen zu Recht trägt. Der Professor liest vor, was er zu sagen hat, die Studenten schreiben mit, und in der Prüfung wird abgefragt, was der Professor vortrug. «Ma di chi sei l'alunno?», wird der junge Gelehrte gefragt, wenn er sich um eine halbe Stelle als Vertretung einer Assistenz bewirbt, «aber wessen Schüler sind Sie?» In der scholastischen Tradition liegt schließlich auch, dass man sich unter Gelehrten selten streitet, jedenfalls insofern es dabei um intellektuelle Fragen geht: Wenn es etwas zu verhandeln gibt, entscheiden die Autoritäten, wobei Umberto Eco eine Ausnahme zu bilden und eher aufseiten des Sokrates zu stehen schien, des Philosophen, der alle vermeintlichen Gewissheiten in Zweifel zog.

Die italienische Universität hat in anderen europäischen Ländern, und vor allem in den Geistes- oder Kulturwissenschaften, nicht den besten Ruf: Jeder Ordinarius ist der Alleininhaber seines Faches und duldet keine anderen Götter neben sich. Zu hierarchisch scheinen die Institutionen aufgebaut zu sein, zu sehr auf positives Wissen ausgerichtet das Studium, zu formalisiert die Examina. Doch besitzt diese Institution noch immer eine andere Seite: in einer Gelehrtheit, die in Gestalt von imaginären Netzen auftritt, in historischen Linien, in denen sich das antike Rom mit dem modernen Mailand verbindet und in die das heutige Italien gleichsam eingesponnen wird. Auf dieser Grundlage erscheint das Wissen gebunden an sehr lange und letztlich melancholische Traditionen, die keinesfalls nur wissenschaftlicher, sondern vielmehr auch sozialer oder kultureller Natur sind. Aber vielleicht hat dieses Denken in langen Linien nicht nur etwas mit katholischer Kirche und Scholastik (oder Anti-Scholastik) zu tun, sondern auch mit der geographischen, kulturellen und politischen Lage Italiens in Europa. Und vielleicht ist die relativ große Bedeutung, die in Italien die Philosophie noch immer innehat, auch in der Disparatheit des Landes begründet: im Gegenüber der Regionen, im Auseinander von Laizismus und frommem Glauben.

Je mehr diese Lage als exzentrisch wahrgenommen wird, desto größer scheint das Bedürfnis zu sein, sich mit den großen europäischen Traditionen des Denkens zu verbünden, so wie es der neapolitanische Philosoph Benedetto Croce in der ersten Hälfte des 20. Jahrhunderts mit dem deutschen Idealismus tat, oder der Philosoph Massimo Cacciari, ehemaliger Bürgermeister Venedigs, der in den neunziger Jahren eine «Geo-Philosophie Europas» entwarf, in der die großen geschichtlichen Ereignisse, von den Perserkriegen bis zum Kalten Krieg, als gemeinsamer Rahmen für alles Denken auf diesem Kontinent beschworen werden. Und schließlich gehören zu dieser Verbindung von exzentrischen Positionen und großen Traditionen auch die oft bescheidenen, aber häufig universell gebildeten Gelehrten aus den kleinen und mittelgroßen Städten in den Regionen. Von gelehrten Köpfen in der Provinz scheint Italien mehr zu besitzen als jede andere europäische Nation.

Im Zentrum der Universitätsbibliothek in Bologna befindet sich eine Bücherkirche aus dem 18. Jahrhundert, an deren Wänden die Bücher in zwei Stockwerken verwahrt werden. Gewiss dienen sie nicht nur als Werke, die man bei Gelegenheit zu konsultieren hat, sondern zugleich als Schaustücke und Indizien einer langen, ungebrochenen Tradition. Zur Scholastik gehört auch eine Verehrung für das Buch, die mit digitalen Techniken nicht nachgebildet werden kann. Deswegen besaß auch Umberto Eco eine gewaltige Bibliothek, die er in seinem Landhaus verwahrte und die seinen größten Stolz bildete. Überhaupt scheinen in der Emilia Romagna besonders viele dieser alten Bibliotheken oder Bücherkirchen zu stehen, die Biblioteca Classense in Ravenna zum Beispiel, die Biblioteca Palatina in Parma, die Biblioteca Gambalunga in Rimini, der Palazzo dell'Archiginnasio in Bologna, die Stadtbibliothek in Imola sowie in Cesena, hundert Kilometer ostwärts auf der Via Emilia gelegen, die Biblioteca Malatestiana.

Letztere, im Jahr 1452 gegründet, war die erste öffentliche Bibliothek der Welt. Während Johannes Gutenberg in Mainz die Herstellung von Büchern mechanisierte, ließ Domenico Malatesta (später Malatesta Novello genannt), der Herr der Stadt und eine Kapazität in der gewaltsamen Niederschlagung von Aufständen, den kopierten, handgeschriebenen Büchern einen unvergleichlichen Saal errichten – wohl unterrichtet von den technischen Neuerungen der Zeit, aber sich ihnen entschlossen widersetzend. In zwei Blöcken erstrecken sich die Pulte über eine Länge von über hundert Metern, rechts die theologischen, links die weltlichen Werke, wobei die Bücher unter dem jeweiligen Pult verwahrt werden, liegend und mit einer Kette an das Holz gebunden, so dass niemand die kostbaren Werke mit nach Hause nehmen konnte. Seit weit mehr als fünfhundert Jahren steht diese Bibliothek da, im Kern unangetastet, doch unendlich oft gebraucht. Das Wappentier des Malatesta Novello war der Elefant, ein starkes, altes, fast unüberwindliches Tier mit einem ebenso präzisen wie tief in die Geschichte zurückreichenden Gedächtnis.

*

Nicht weit von der Via Emilia, genauer gesagt: bei Forlì und nur ein paar Kilometer auf der alten Landstraße nach Florenz hinauf in den Apennin, liegt die Kleinstadt Predappio. Die Gegend ist eher dünn besiedelt, und auch Predappio scheint keine große Zukunft mehr zu haben, so verlassen liegt die schnurgerade Hauptstraße da. Sie führt einen flachen Hang hinauf und mündet an dessen oberem Ende in einen großen, leeren Platz, über dem sich eine monumentale Kirche im Stil der Neorenaissance erhebt. Daneben steht, scheinbar unabhängig, ein Kirchturm, der wie eine Miniatur des Campanile von San Marco aussieht. Irgendetwas stimmt hier nicht, mag sich spätestens bei diesem Anblick der unbefangene Besucher denken, wenn er die Hauptstraße zurückblickt und bemerkenswert viele Gebäude sieht, die alle in den zwanziger Jahren gebaut worden sein müssen: Das Telegrafenamt mit einem Vorbau, der sich wie ein gewaltiges Kinn in die Straße hineinreckt, die Kaserne der Carabinieri mit ihren beiden stilisierten Befestigungstürmen, der Halbbogen mit seinen Exedren, der den Marktplatz einfassen soll – und dann ist da vor allem, schräg gegenüber der Kirche, ein massiver Bau mit einem Glockenturm, der ein Ausstellungsgebäude oder eine Schule hätte sein können, aber offenbar seit vielen Jahren verlassen ist. Dieses Gebäude sei die «casa del fascio» gewesen, das «Haus des Rutenbündels», unterrichtet ein kleines Schild rechts neben der Treppe. So ist das also: Was hier steht, ist eine kleine Stadt, die ihr Gesicht dem italienischen Faschismus verdankt.

Predappio ist der Herkunftsort Benito Mussolinis. Hier wurde er im Juli 1883 geboren, als Sohn eines Schmieds, der später Gastwirt wurde, und einer Lehrerin. Das Geburtshaus ist erhalten, ein verwinkelter, zum größten Teil aus Bruchsteinen errichteter Bau ein wenig oberhalb der Hauptstraße. Darüber hinaus ist der gesamte Ort Predappio Nuovo ein Monument des Faschismus. Er wurde in den Jahren 1925 bis 1927 errichtet, zum Ruhm und auf Betreiben des berühmtesten Sohns der Stadt, nachdem die ursprüngliche Siedlung im Winter 1923 von einer Mure vernichtet worden war. Über lange Zeit war Predappio deshalb ein Wallfahrtsort für italienische Faschisten: Zum hundertsten Geburtstag Mussolinis reisten im Juli 1983 dreißigtausend von ihnen an, und nach wie vor gibt es in der Stadt ein paar Andenkenläden, die Mussolini-Büsten und Fahnen verkaufen – in welchem Maße es sich bei den Kunden indessen um wirkliche Faschisten handelt oder um Menschen, die aus irgendeinem Grund das Obszöne an der Figur des Duce und seiner Ideologie genießen wollen, ist nicht gewiss.

Faschisten suchen die Schuld für die Misserfolge ihrer Nation in einem falschen Umgang mit der Macht. Zu deren Wiedergewinnung wollen sie Bürger in Volksgenossen verwandeln, in Gestalten, in denen jede Differenz zwischen dem Staat, dem Volk und dem einzelnen Menschen aufgehoben ist. Faschisten betrachten die Abhängigkeit ihres Landes von anderen Staaten, gleich welcher Art, doch vor allem in ökonomischer Hinsicht, als Preisgabe der Souveränität. Sie weigern sich, den wirtschaftlichen Erfolg ihres Landes in der Konkurrenz der Nationen als letzte und höchste Auskunft über Geltung und Rang ihrer Nation anzuerkennen, und verlangen nach einer Korrektur der Kräfteverhältnisse. Damit sind sie nicht allein: Palmiro Togliatti, in den Jahren 1947 bis 1964 Generalsekretär der Kommunistischen Partei Italiens, veröffentlichte noch im August 1936 einen Appell an «unsere Brüder im schwarzen Hemd», in dem er den Faschisten «die Hand reichte» im gemeinsamen Kampf für Italien und gegen das Kapital. Und wenn Faschisten als Bewegung in Erscheinung treten, dann inszenieren sie diese Auftritte, solange die Macht nicht bei ihnen liegt, als Ungehorsam gegen eine Staatsmacht, die ihnen stets als zu schwach, zu nachgiebig und zerrüttet erscheint. Der demonstrative Gebrauch von Gewalt bei diesen öffentlichen Auftritten dient den Faschisten nicht nur zu dem Zweck, ihren eigenen Mut und ihre eigene Opferbereitschaft darzustellen, sondern unterstreicht auch ihre Absicht, sich als konkurrierende Staatsmacht zu profilieren, mit einer eigenen Miliz. Faschisten verlangen deshalb nach Krieg. Oft bekommen sie ihn.

Der Faschismus hatte seinen Ursprung in Italien. Dort entstand die Vorstellung von der Nation als höchster Mission, von der Volksgemeinschaft, die ihr Recht auf Dasein nicht nur notfalls mit Gewalt durchsetzen müsse und zu der sich jeder Mensch wie ein Soldat zu verhalten habe, sowie die Vorstellung von einem Führer, in dem der Wille des Volkes konzentriert und auf die Spitze getrieben wird. Rassistisch war der italienische Faschismus in seinen ersten fünfzehn Jahren nicht: Womöglich war dafür schon die eigene Bevölkerung ethnisch allzu bunt. Der italienische Faschismus und der deutsche Nationalsozialismus sind zwei verschiedene Dinge. Zwölf Jahre währte das Regime der Nationalsozialisten, weitaus kürzere Zeit, als Angela Merkel Kanzlerin gewesen sein wird, und während der Hälfte dieser Zeit herrschte Krieg. Mehr als zwanzig Jahre hingegen wurde Italien von Benito Mussolini regiert, lange genug, um etwa der Kunst und Architektur des Faschismus einen festen Platz im öffentlichen Raum zu geben.

Als Mussolini tot, der faschistische Staat zusammengebrochen und der Krieg beendet war, lebte der Faschismus in Italien weiter, als mehr oder minder sektiererische Bewegung. Viel weniger noch als in Deutschland wurde abgerechnet. Stattdessen sitzen Faschisten im Parlament, bis auf den heutigen Tag, und überall im Land gibt es kleine oder auch gar nicht mehr so kleine, burgartig verfasste und meist gegeneinander streitende Gemeinschaften, die sich öffentlich zum Faschismus bekennen, ohne deswegen in systematische Konflikte mit dem italienischen Staat zu geraten. Das gilt sogar für die radikalen Anhänger der italienischen Fußballmannschaften, vor allem der Équipe von Lazio Rom. Das gilt auch für die auffälligste dieser Gemeinschaften, die nach dem amerikanischen Dichter Ezra Pound (der den Faschismus für eine Form von Antikapitalismus hielt und damit sympathisierte) benannte «Casa Pound», die, im Jahr 2003 gegründet, weithin sichtbar in Erscheinung trat, als sie in der Nachbarschaft der «Stazione Termini» in Rom ein Haus besetzte und mit ihrem Namen in den futuristischen Lettern der Vorkriegszeit versah (der Schriftzug wurde im Sommer 2019 wieder abgenommen, nach einer Intervention der Stadtregierung). Die «Casa Pound» veranstaltet Konzerte, unterhält eine Rockgruppe, betreibt Sozialarbeit, will die Europäische Union verlassen und zur Lira zurückkehren. Und auch wenn die «Casa Pound» nur ein paar tausend offensiv auftretende Anhänger besitzt, so ist sie mit solchen Ideen doch alles andere als allein.

In den vergangenen Jahren vollzog sich, auf breiter Grundlage, eine politische Wendung zur nationalen Moral, in Italien wie in allen anderen westlichen Ländern. Sie geht weit über die neuen rechtspopulistischen oder nationalkonservativen Parteien hinaus. Längst hat sie die sozialdemokratischen und sogar die sozialistischen Parteien ergriffen. Auch wenn diese vielleicht noch an ihrem relativierenden Nationalismus festhalten – relativierend in Bezug auf die Europäische Union, die Allianz der westlichen Staaten oder die Weltgemeinschaft, was auch immer –, so tun sie es zunehmend verhalten, zumindest ahnend, dass sie mit ihrer echten oder vielleicht auch nur vermeintlichen Weltoffenheit keinen mächtigen Widerpart gegen einen offen fundamentalistisch gewordenen Nationalismus mehr aufbieten können. Das gilt umso mehr für ein Land wie Italien, den größten Verlierer im Wettbewerb der Staaten innerhalb der Europäischen Union, in dem nun vor allem die radikalnationalistische «Lega» den Bürgern verspricht, die eigene Nation von den Beschränkungen zu befreien, die ihr von außen auferlegt wurden, die Souveränität des Staates durchzusetzen, um jeden Preis und zur Not auch gegen das Rechtswesen. «Pieni poteri» verlangen die Rechtspopulisten dann, «die ganze Macht». Solche Forderungen erhebt die fremdenfeindliche «Lega» innerhalb des Parlaments, und sie lässt es an praktischen Konsequenzen nicht fehlen. Wer braucht in einer solchen Lage, da die alten politischen Bündnisse (zwischen Christdemokraten und der Kirche, zwischen Linksdemokraten und den Gewerkschaften) zerbrochen sind und sich stattdessen eine nationale Allianz der sich betrogen fühlenden, um ihren Status und ihren Wohlstand fürchtenden Staatsbürger formiert, überhaupt noch Faschisten?

In Predappio wurde im Sommer 2019 die Krypta wieder öffentlich zugänglich gemacht, in der die Leiche Benito Mussolinis verwahrt wird, doch nur für einen Tag, den Geburtstag. Sie war in den vergangenen Jahren geschlossen gewesen, zwecks Renovierung. Etwa dreihundert Menschen besuchten das Grab an diesem Tag, wie die Lokalpresse berichtete. Nur ein gutes Dutzend erhob den rechten Arm zum römischen Gruß.

*

Der Taro ist ein kleiner Fluss, der oberhalb von La Spezia im Apennin entspringt und sich dann nach Norden, in die große Ebene hinunterwindet, um bei Parma in den Po zu münden. An seinem Unterlauf konzentriert sich ein großer Teil der Lebensmittelindustrie der Emilia Romagna. Hier entstanden in der zweiten Hälfte des 19. Jahrhunderts einige der ersten Fabriken zur Herstellung von geschälten Tomaten in Blechdosen, und nach wie vor sind in dieser Gegend viele Unternehmen zu Hause, die der Welt zu den Grundzutaten italienischer Gerichte verhelfen. In Collecchio, einem Nachbardorf der Stadt Parma, ist die Firma Parmalat zu Hause, ein Molkereiunternehmen, für das in der Gegend mehr als fünftausend Milchbauern arbeiten, das aber seine Berühmtheit zuletzt einem der größten Bankrotte der europäischen Wirtschaftsgeschichte verdankte: Im Jahr 2004 ging das Unternehmen mit Schulden in Höhe von dreiundzwanzig Milliarden Euro unter und musste von Grund auf neu aufgebaut werden. In Langhirano schließlich, zwei Flusstäler weiter nach Osten, wird der berühmteste aller Parmaschinken hergestellt. Und als würde man sich in dieser Gegend noch nicht genügend mit Lebensmitteln beschäftigen, während der Arbeit, zwischendurch und danach, widmet sich auch die Kultur der Völlerei: In dieser Gegend gibt es, in trauter Nachbarschaft, ein Museum der Tomate, ein Museum des Schinkens, ein Museum des Parmesankäses, ein Museum der Nudel und zwei Museen der Salami.

Oberhalb von Ozzano Taro, einer kleinen Ortschaft am Fluss, liegt ein großer Bauernhof, der offensichtlich schon seit längerer Zeit nicht mehr bewirtschaftet wird. Auf der rechten Seite, getrennt von der ehemaligen Landwirtschaft, steht ein Herrenhaus. Links davon befinden sich, dicht zusammengedrängt, das Haus des früheren Pächters, ein gewaltiges Wirtschaftsgebäude sowie eine offene Halle. Man muss diesem Hof schon nahekommen, um zu erkennen, dass er nicht zu den unzähligen alten Bauernhäusern der Gegend gehört, die bei der Industrialisierung der Landwirtschaft als Remisen für alte Traktoren und allerhand technisches Gerümpel zurückgelassen wurden. Unter dem hohen Dach der Scheune sind Traktoren, Hänger, Mäher, Pressen und Motorroller aus den Fünfzigern und Sechzigern gestapelt, auf eine wilde, aber pittoreske Weise. Der Regen weht über das Blech, das Holz verrottet, und zwischen den Maschinen wächst das Gras, während auf der offenen Wiese hinter der Halle einige große Geräte verrosten, darunter auch ein paar kleine Fiats. Es ist ein Anblick wie aus einem Film, der die Welt nach dem Untergang der Menschheit schildert, wenn alles Künstliche und Gemachte zurücksinkt in die Natur, von ihr umschlungen und aufgezehrt wird.

Das «Museo Guatelli», so heißt die Anlage offiziell, ist der Betrachtung und dem Gedenken einer untergegangenen regionalen bäuerlichen Kultur gewidmet. Ungefähr sechzigtausend Objekte birgt die Scheune samt Anbau und Halle. Sie reichen vom einfachen Essbesteck über Hämmer und Sensen, über Einmachgläser und Keksdosen, über Schuhe und Akkordeons bis hin zu Blasebälgen, für Schmiedefeuer oder für Kirchenorgeln, und großen Mahlwerken. Und obwohl all diese Gegenstände irgendwie hergerichtet und ausgestellt sind, unterscheidet sich diese Einrichtung doch von nahezu allem, was üblicherweise als «Museum» bezeichnet wird. Denn was immer in diesem Museum verwahrt wird, kam hinein, weil es entweder aus der Warenwelt herausgefallen oder nie darin aufgenommen worden war. Die Objekte waren wertlos, und überwiegend wären sie es, würde man sie irgendwo feilbieten, auch heute noch.

Ettore Guatelli, der Schöpfer des Museums, war als Sohn der Pächter auf diesem Hof geboren worden. In den fünfziger Jahren begann er mit dem Sammeln von Objekten, die in einer sich rasch mechanisierenden Landwirtschaft als nicht mehr brauchbar zurückgelassen wurden – das erste Stück seiner Kollektion soll eine Zange gewesen sein. Und als in den sechziger Jahren die Landflucht im großen Maßstab einsetzte und die Menschen in Scharen ihre Höfe verließen, ging Guatelli von bäuerlicher Wohnstatt zu bäuerlicher Wohnstatt, um die aufgegebenen Gerätschaften des Alltags zu bergen. Oft, berichtete er, sei er in letzter Minute vor dem Abriss der Gebäude eingetroffen. Manchmal habe noch das benutzte Essgeschirr auf dem Tisch gestanden, während die ehemaligen Bewohner schon in einer Neubauwohnung in der Vorstadt untergekommen waren.

Die meisten der Exponate sind dutzend-, wenn nicht hundertfach vorhanden. Sie werden nicht als bedeutungsvolle, einzelne Schaustücke behandelt, sondern sind als Serien zu großen Ornamenten arrangiert. Unterschieden sind sie allenfalls durch den ehemaligen Einsatz: als Dinge der Küche, des Stalls, der Schusterwerkstatt. Ihnen sind keine Beschilderung, kein Kommentar und kein Katalog gewidmet, sie kennen keine Provenienz und keinen Stifter. Stattdessen sind sie einfach da, als wären sie ein Werk, das sich selbst erklären könnte.

Noch etwas unterscheidet das Museo Guatelli von gewöhnlichen Museen. In jenen wird die Zeit stillgestellt, um der Bedeutsamkeit der Exponate willen, die für die Ewigkeit verwahrt werden. In Ozzano Taro dagegen steht ein Museum der Vergänglichkeit: Das Dach und die Mauern bieten einen allenfalls provisorischen Schutz vor dem Verfall. Die Scheunen können im Winter nicht geheizt werden. Und so bohrt der Holzwurm in den Exponaten, es frisst der Rost, und in den Einweckgläsern hat sich der Schimmel niedergelassen. Dieses Museum kann seine Sammlung nicht bewahren. Es kann ihren Verfall nur verzögern, es kann seinen Objekten einen Aufschub in der Vergänglichkeit gewähren, mehr nicht. Und vermutlich war es von vornherein so gedacht: Er wolle die Dinge für sich sprechen lassen, erklärte Guatelli in einer seiner kleinen programmatischen Schriften, auch anstelle der Menschen, die nicht, oder doch zu wenig, geredet hätten. Dieses Prinzip schließt offenbar ein, dass die Dinge selber als etwas Lebendiges behandelt werden und also vergehen dürfen.

Ettore Guatelli sammelte sein ganzes erwachsenes Leben lang, bis zu seinem Tod im Jahr 2000, wobei er selber eher von «ernten» als von «sammeln» gesprochen haben soll. Er trug Hunderte von Messern zusammen und formte daraus Fächer, die eine halbe Wand bedecken. Er fand Meißel, Bohrer, Scheren, Zangen und Spachtel und arrangierte sie zu Bögen, Spiralen, Pyramiden und Treppen. Er baute Galerien aus hölzernen Bottichen, er setzte primitive Zahnräder zu imaginären Getrieben zusammen, er fügte Tausende von Tomaten-, Kaffee-, Keks-, Olivenöl- und Bierdosen zu einem bunten Panoptikum, in dem sich, merkwürdig genug, ein Dunkelrot als prägende Farbe durchsetzt. Er stellte Einweckgläser ins Regal, gefüllt mit Schlüsseln, Walnüssen, Strickzeug, (verfaulten) Artischocken, Zifferblättern und Kugelschreibern, so dass die ganze Apparatur an ein Kuriositätenkabinett in der Pathologie erinnert. «Das Museum, das ich im Sinn habe, soll angenehm sein, lebendig, ja heiter. Es soll die Wahrnehmung der Welt in ihrer Vielfalt nicht verzerren, sondern über die Zeit hinweg bewahren, was es zu bewahren gibt», sagte Guatelli. Aber die Verhältnisse liegen dialektisch: Denn so bunt und so bewegt seine Sammlung auch sein mag, und so vergnügt man darin unterwegs ist, so sehr erinnert sie auch, nicht nur im Dunkeln, an ein Beinhaus. Auch in einem solchen sind Schädel und Oberschenkelknochen zu Mustern geordnet.

Guatelli schuf Serien, damit das einzelne Ding nicht von seiner Bedeutung erdrückt werde, sondern jeder einzelne Gegenstand in seiner Einzelheit erkennbar bleibe. Er arrangierte die Serien zu Ornamenten, damit die Dinge, indem sie in Schönheit auftreten, ins Leben zurückkehren können. Und er schaffte die Dinge in Mengen herbei, damit ein verlässliches Bild entstehe von einer verlorenen Welt in ihrer Vollständigkeit: Die vielen tausend Objekte tragen allesamt, als geheimes Subjekt ihres einzelnen Daseins wie ihrer Gesamtheit, die bäuerliche Gesellschaft der Po-Ebene zu Beginn der Industrialisierung in sich. Guatelli wurde darüber nicht nur zum Einsiedler, sondern er zog auch in seine Sammlung ein, oder genauer: Er blieb in seinen zwei kleinen, engen Zimmern im unteren Stock des Wirtschaftsgebäudes, so dass er schließlich im Museum lebte wie die Schnecke in ihrem Gehäuse.

Und als wäre dieses Arrangement noch nicht gespenstisch genug, stehen in den Regalen, die auf allen Seiten sein Bett umstellen, Hunderte von mechanischen Weckern, ungeordnet, gebaut irgendwann im späten 19. oder frühen 20. Jahrhundert. Man könnte sich vorstellen, dass Guatelli eigensinnig genug war, sie alle in Betrieb zu halten, was dann vermutlich geklungen hätte wie der Anfang des Liedes «Time» (1973) von Pink Floyd, ins Infernalische getrieben. Hätten die Uhren aber alle stillgestanden, hätten sie ein gigantisches «Memento mori» gebildet, mit dem der Sammler schlafen gegangen und aufgestanden wäre.

Die alte, vorindustrielle Welt kannte Müll, wenn überhaupt, nur in geringen Mengen. Was immer zum Ding geworden war und einen praktischen Nutzen hatte (und einen solchen hatten damals fast alle Dinge), wurde benutzt, bis es auseinanderfiel, dann repariert, ausgebessert und wiederbenutzt. Ettore Guatellis Sammlung von Schuhen erzählt eine solche Geschichte von Armut und Sparsamkeit, und ein jeder Schuh darin erzählt sie, wieder und wieder genagelt, mit Schnüren umwickelt, scheinbar zu verwittertem Gestein geworden. Was nicht mehr zu benutzen war, wurde umgewidmet, wie die Wehrmachtshelme der Sammlung, die nach dem Krieg offenbar als Schöpfkellen dienten – und wie die Spielsachen, die Puppen und die Miniaturfahrzeuge, die Guatelli aus dem Treibgut der Warenwelt selbst herstellte und die wohl nie zum Spielen dienten, sich aber nun unter das historische Spielzeug mischen, als wären alle Objekte des Sammelns von gleicher Art und gleichem Rang und als gäbe es weder Chronologie noch Ableitungsverhältnisse. Und ist nicht schließlich auch das Ornament, zu dem sich am Ende alle Dinge ordnen, eine Form der Verwertung, gleichsam als Vorschein eines Paradieses der Dinge, in dem jeder Nagel und jeder Schnürsenkel, jede rostige Käsereibe und jedes verbogene Fahrrad in eine Art ewigen Frieden eingeht?

Dunkle Silhouetten vor nebliger Landschaft

Der Po

*I*n Italien gibt es keine großen Flüsse, ausgenommen den Po. Es gibt in Italien auch keine weiten Ebenen, ausgenommen die «Bassa Padana», das flache Land auf beiden Seiten des Po. Dieses Land bildet, auf drei Seiten von Bergen abgeschlossen, auf der vierten Seite durch die Adria, das Herzstück des italienischen Nordens. Es ist besiedelt wie keine andere Region, und die «Lega», die ursprünglich separatistische, fremdenfeindliche Partei des Nordens, gab ihm den Namen «Padanien», als Ausdruck des Begehrens, sich vom vor allem ökonomisch minder erfolgreichen Süden zu trennen. Während der Nordwesten der Ebene, vor allem um Turin und Mailand herum, durch Industrien geprägt ist, wird das Land, je weiter man nach Südosten kommt, immer bäuerlicher.

Wenn man den Po mit dem Auto überquert, bei Brescello etwa, geht es zuerst eine Rampe hinauf. Dann fährt man über eine lange Brücke, unter der Weiden und Schilf wachsen, manchmal wurden auch Pappeln angepflanzt, und dann erst kommt der Fluss in den Blick, weshalb er wirkt wie eine plötzliche Erscheinung. Wie viele Städte liegen am Po? Turin, Pavia und Piacenza, gewiss, aber weder Mantua noch Cremona, weder Modena noch Ferrara und noch nicht einmal Rovigo sind Städte am Ufer. Ganz anders sind hier also die

Verhältnisse als am Rhein, an der Themse oder der Seine. Hinzu kommt, dass die Niederungen der Flüsse innerhalb der topographischen Gliederung Italiens neben den Ebenen, den Hügeln und den Bergen etwas Viertes bilden: eine Welt, die ebenso wild ist wie das Dickicht auf den Höhen – nur dass sich dort die Wildheit der Natur mit der Wildheit des avancierten Kapitalismus mischt, dass dort Urwald und Industriebrache ineinanderlaufen und die Rohrdommel in einem Röhricht balzt, das durch den illegalen Abbau von Kies entstanden ist. So, wie viele Bergregionen Italiens nicht der Zivilisation zuzugehören scheinen, weil sie ganz und gar unwirtlich sind, so wirken die Läufe der größeren Flüsse vielfach wie aus der Welt gefallen. Sie bilden, jeder für sich, fast menschenleere und offenbar auch mehr oder minder gesetzlose Räume mitten in der Zivilisation. Das gilt vor allem für den Po, den einzigen Fluss Italiens, der über eine längere Strecke schiffbar ist, wenn auch nur für kleinere, flache Wasserfahrzeuge.

Hinter den Dämmen des Po, nicht weit von Parma, liegt ein Ort, dessen Anblick vor zwei Generationen halb Europa vertraut war, ohne dass halb Europa deshalb den Namen dieser Gemeinde gekannt hätte. Brescello heißt das Dorf oder Städtchen von etwa fünftausend Einwohnern. Der rechteckige Platz in seiner Mitte wird auf der kurzen, südlichen Seite von einer Kirche aus dem frühen 19. Jahrhundert beherrscht. Schräg gegenüber steht das Rathaus. Die Piazza Matteotti, benannt nach dem Sozialisten, mit dessen Ermordung im Jahr 1924 die Herrschaft der Faschisten in eine offene Diktatur umschlug, ist von einer Schlichtheit, die für diese Gegend typisch, in Italien aber sonst eher selten ist. Umgeben ist der Platz von zwei- und dreistöckigen Häusern in Weiß, Blassgelb oder Rosa, denen man, so schmucklos, wie sie sind, kein Alter ansieht. Vor dem «Caffè Don Camillo», einer ebenfalls einfachen Einrichtung, steht immerhin die Statue eines nackten Herkules mit Keule.

Flach, fruchtbar und dicht bevölkert ist das Land. Gegliedert wird es durch Dämme, Kanäle, Schleusen und Pappelhaine, hinter denen die Sonne besonders groß und rot unterzugehen scheint, vielleicht der hohen Luftfeuchtigkeit wegen, vielleicht aus ideologischen Gründen. Beherrscht wurde es bis ins 20. Jahrhundert hinein von einem Adel, der oft in den großen Städten des Nordens wohnte und seine Landwirtschaft verwalten ließ. Die Güter brachten ein ländliches Proletariat hervor, in dem der Sozialismus (der in Italien weniger auf einer kommunistischen Theorie als auf einer anarchistischen Bewegung gründete) früh zu einer allgemeinen Rettungsidee aufstieg. Giuseppe Mazzini, der Theoretiker der italienischen Einheit, ein radikaler Demokrat und Freimaurer, gewann seine Anhänger vor allem in der Emilia Romagna, wo auch Michail Bakunins «Revolutionärer Katechismus», zuerst in Italien formuliert, abgesehen von Neapel den stärksten Widerhall fand: «Man muss alle Dörfer auf einmal aufrütteln.» Unterdessen suchte die Kirche, als «katholische Bewegung» für die Laien neu verfasst, ihren Anspruch auf das Allgemeine in deutlichem Abstand vom Nationalstaat durchzusetzen. Diese Vergangenheit, eine Geschichte von großen revolutionären Absichten und kleineren theoretischen Anstrengungen, kehrte nach dem Ende des Zweiten Weltkriegs an die Oberfläche der Gesellschaft zurück, befördert auch von der «Resistenza», die im Untergrund das Organisieren und Agitieren gelernt hatte. Vor allem der östliche Teil der Po-Ebene wurde, neben der Toskana und Umbrien, nach dem Zweiten Weltkrieg zur Heimat des italienischen Kommunismus, in einer zwischen Konservativen und – bald befriedeten – Revolutionären geteilten Nation.

Doch während die Christdemokraten die Nation in die Marktwirtschaft, in den Nordatlantikpakt und bald auch in die Montanunion führten, blieb dem «Partito Comunista» (PCI), obwohl zweitstärkste Partei im Staat, nur die Macht in den Regionen. In einem anderen Land aber, viele tausend Kilometer entfernt von der Bassa Padana, der Po-Ebene, besaß der PCI einen Verbündeten, der größer und stärker zu sein schien als alle Widersacher in der Nachbarschaft: Bis in die siebziger Jahre gab es eine Sowjetunion, die als Gefährte und Mo-

dell eines zukünftigen Italiens gelten sollte. Und so reisten die italienischen Parteifunktionäre in die UdSSR, und die Stadt Stawropol, in
der das Unternehmen Lada Autos von Fiat in Lizenz baute, wurde in
Toljatti umgetauft (nach Palmiro Togliatti, dem Generalsekretär des
PCI), während im Städtchen Suzzara, dreißig Kilometer nordöstlich
von Brescello gelegen und vor allem für die Produktion von Landmaschinen bekannt, im Jahr 1948 ein jährlich zu vergebender Preis für
ein Kunstwerk im Stil des sozialistischen Realismus ausgelobt wurde.
Dotiert war die Auszeichnung mit Produkten der Region, mit landwirtschaftlichen oder industriellen Erzeugnissen, einem Schwein,
einem Korb Salami oder einer Eismaschine. «Ein Kalb für ein Gemälde ist keine Herabsetzung des Gemäldes, sondern eine Auszeichnung für das Kalb», lautete der Slogan der Veranstaltung. Einige der
besten Maler Italiens jener Zeit gehörten zu den Ausgezeichneten,
Renato Guttuso zum Beispiel oder Alberto Sughi.

Kurz nach dem Ende des Zweiten Weltkriegs hatte der Journalist
Giovannino Guareschi begonnen, moralische Geschichten aus seiner
Heimat, der ländlichen Emilia Romagna, in einer Mailänder Zeit-
schrift zu veröffentlichen. In ihrem Mittelpunkt stehen Don Camillo,
ein Pfarrer, und Peppone, der kommunistische Bürgermeister einer
kleinen Stadt in der großen Ebene. Der eine sieht wie ein richtiger
Pfarrer aus, mit Soutane und Barett, der andere ähnelt Josef Stalin.
Miteinander verbunden sind sie durch einen unauflöslichen, oft ko-
mischen, manchmal gewaltsamen, aber im Grunde stets gutmütigen
Konflikt: So geht es in der Erzählung «Die große Schlacht des Don
Camillo» unter anderem um einen Panzer, den die «Resistenza» in
Erwartung künftiger Aufstände in einer Scheune versteckt hat, der
jetzt aber unauffällig entsorgt werden muss, was ohne Don Camillos
Hilfe nicht möglich ist. Die Geschichten wurden zu einem großen
Erfolg, erschienen bald in Büchern zusammengefasst und wurden,
beginnend in den frühen fünfziger Jahren, in italienisch-französischer
Koproduktion (ein zu jener Zeit häufiges Modell zur Finanzierung
relativ großer Projekte) verfilmt, wobei der französische Komiker

Fernandel, damals eine europäische Berühmtheit, den Pfarrer spielte. Gezeigt werden diese Filme noch immer, in den Vormittags- und Nachtprogrammen vieler Länder, wo sie als leiser Nachhall eines großen Ruhms erscheinen.

Für die Bücher hatte Giovannino Guareschi einen Ort erfunden; in den Filmen dient Brescello als Schauplatz. Dort, nur ein paar Schritte von der Piazza Matteotti entfernt, gibt es seit den späten achtziger Jahren ein Museum, das Don Camillo und Peppone gewidmet ist. Es ist leicht zu finden, weil jener (betriebsfähige, aber nicht authentische) Panzer davorsteht. Im Museum selbst kann man das Motorrad des Bürgermeisters, eine Moto Guzzi mit Beiwagen, und das Barett des Priesters betrachten. An der Wand über Peppones Schreibtisch hängt eine Fotografie des Genossen Stalin, das dem Bild des Bürgermeisters erstaunlich ähnlich sieht. Fotografien zeigen die Gespräche des Pfarrers mit dem gekreuzigten Christus. Doch während die Dingwelt der Filme, die in diesem Museum bewahrt wird, unwiederbringlich in der Vergangenheit verschwunden zu sein scheint, steckt in den Geschichten, die von der Rivalität des Kommunisten und des katholischen Priesters erzählen, eine politische Allegorie von nicht erlöschender Aktualität.

Dem Staat galt (und gilt nach wie vor) in Italien ein beträchtliches Misstrauen, auch wenn man sich von ihm immerzu die Beförderung eigener Anliegen oder womöglich sogar Zuwendungen erhofft. In den Jahren nach dem Zweiten Weltkrieg war diesem Misstrauen eine eigene Partei gewidmet, der «Fronte dell'Uomo Qualunque», entstanden aus einem grundsätzlichen Verdacht aller Politik und allen Politikern gegenüber, denen es nur um sich selbst gehe und keineswegs um den namensgebenden «uomo qualunque» – um den «Mann von der Straße» oder «jedermann». So groß ist dieses Misstrauen, dass der Staat sogar unter den regierenden Parteien zuweilen kaum noch offene Parteigänger hat. Das gilt auch für die Sozialdemokraten: Als Matteo Renzi sich im Herbst 2013 um das Amt des Präsidenten bewarb, tat er das mit dem Anspruch, als «rottamatore»

(«Verschrotter») der etablierten Politik zu wirken. Auf diese oder ähnliche Weise wird seit dem Ende der ersten Republik Politik mit dem Widerwillen gegen Politik gemacht. Und Silvio Berlusconi, der immer Unternehmer, nie Politiker sein wollte, war nur der Erste einer ganzen Reihe von italienischen Ministerpräsidenten, die als Figuren des Misstrauens gegen eine Kaste der Regierenden ins Amt kamen. Aber war es nicht schon seit jeher so gewesen, dass es unterhalb des Italiens der Allgemeinheit ein Italien der kleinen, vertrauten und vertraulichen Strukturen geben sollte, so dass Don Camillo und Peppone sich im Stillen einigen konnten?

Als die erste Republik in den frühen neunziger Jahren unterging, in einem gewaltigen Korruptionsskandal, dessen Grund und Ende nie in Sicht geriet, muss der italienischen Politik der letzte Sinn für das Allgemeine abhandengekommen sein: Fast vierzig Jahre war das Land, mit Unterstützung der Kirche, von den Christdemokraten regiert worden. Ihnen entgegen standen die Anhänger des PCI, die nie an die Regierung kamen, aber einen erheblichen Teil der Macht innehatten. Jede der beiden Parteien verstand sich als Repräsentantin des Allgemeinen, wobei es, formal betrachtet, gleichgültig war, ob dieses auf Erden die Gestalt der Kirche oder der Partei angenommen hatte: Der Kommunismus fungierte als «zweite Kirche». Don Camillo und Peppone waren deswegen immer mehr als ein Pfarrer und ein Bürgermeister: In ihnen stoßen die beiden großen Universalismen jener Zeit aufeinander, der Katholizismus und der Kommunismus, und wenn die beiden ihre Reden schwingen, feiert jedes Mal das Große und Ganze einen Triumph. Doch ist es zum einen von Belang, dass beide in der «Resistenza» gegen die Wehrmacht und die SS gekämpft und so zur Selbstbehauptung des Allgemeinen beigetragen haben: Die Feindschaft der beiden ist also stets vermittelt, durch den Kampf gegen eine Fremdherrschaft und den daraus hervorgehenden Mythos einer Neugründung der Nation. Zum anderen fallen beide im Einzelnen und Privaten hinter die eigenen hohen Ansprüche zurück, so dass sich unendliche Spielräume der Verhandlung ergeben.

Die Geschichten von Don Camillo und Peppone wirken harmlos, und Millionen Leser und Fernsehzuschauer begriffen sie als leichte Unterhaltung. Darunter aber verbirgt sich die Geschichte eines Landes, in dem sich, inmitten der westlichen Allianz, inmitten von Europäischer Union und Nato, die Teilung der Welt in einen kommunistischen und einen wie auch immer christlich-demokratischen Block wiederholte. Die Bundesrepublik Deutschland war ein Frontstaat, Italien war es ebenfalls, aber in einem doppelten Sinn, insofern die Front auch durch das Land selbst verlief (das tat sie zwar in Deutschland auch, jedoch in Gestalt von zwei Staaten, obgleich das damals viele Menschen nicht wahrhaben wollten). Die Folgen dieses prekären Zustands waren so umfassend, dass jede Aufzählung zu einer Verharmlosung geraten muss: angefangen von einer grundsätzlichen politischen Instabilität, die sich etwa in unzähligen Regierungswechseln äußerte, über die systematische Behinderung der kommunistischen Partei, die zwar in Mittel- und Norditalien kommunale Verwaltungen stellte (nach 1970 auch einige Regionalregierungen), nie aber auch nur in die Nähe einer Regierungsgewalt auf nationaler Ebene gelangte, über Morde und massenhafte Exkommunikationen bis hin zu Allianzen zwischen der christlich-demokratischen Partei und der Mafia, zu Geheimbünden und zu einem bis heute kaum aufgeklärten Staatsterrorismus. Wenn die Studentenrevolte und die darauffolgenden Kämpfe zwischen mehr oder weniger revolutionär gesinnten Gruppen in Italien bis in die achtziger Jahre anhielten und dabei einen Verlauf nahmen, der an Gewalttätigkeit die entsprechenden Konflikte in allen anderen westeuropäischen Ländern übertraf, so lag das auch an diesem Ineinander der globalen und nationalen Fronten. Als sie sich auflösten, weil das sowjetische Imperium zusammenbrach, bedeutete der Sieg des Westens für Italien indessen keinen Gewinn an politischer Stabilität. Im Gegenteil.

Einen Sachwalter des Allgemeinen gibt es in Brescello noch immer. Doch ist er keinem höheren Sinn als der effizienten Verwaltung verpflichtet: Über die kleine Stadt herrscht ein Kommissar. Im April

2016 trat er an die Stelle des gewählten Bürgermeisters (der dieses
Amt wiederum von seinem Vater, einem der in dieser Gegend üb-
lichen Repräsentanten des PCI, übernommen hatte). Das gewählte
Stadtoberhaupt hatte aufgegeben, nachdem die 'Ndrangheta, die
kalabrische Mafia-Organisation, in die Emilia Romagna eingezogen war. In Viadana, auf der anderen, lombardischen Seite des Po,
herrscht derweil ein Bürgermeister der fremdenfeindlichen «Lega».
In vielen Nachbargemeinden wiederum regiert die Allianz der Mitte-
Rechts-Parteien, zu der neben der «Lega» die «Forza Italia» Silvio
Berlusconis sowie die radikalen Nationalisten von den «Fratelli d'Italia» gehören. Der Kommunismus scheint zumindest in diesem Teil
der Emilia Romagna aus dem politischen Leben verschwunden zu
sein, auch in Gestalt seiner Nachfolgeorganisationen. So endet die
Geschichte der universalen Ansprüche, die einst von der Kirche wie
von den Kommunisten erhoben worden waren.

*

Oft kam mir, wie bei Ausländern in Italien verbreitet, der Gedanke,
man müsse sich in diesem Land auf Dauer niederlassen. Am häufigsten spielte ich mit dieser Idee in Ferrara, einer Stadt, die mir noch
immer als Verkörperung der italienischen Provinz in einer angenehmen Form erscheint, ruhig und wohlhabend, alt und geordnet,
den Kunstschätzen genauso hingegeben wie dem guten Essen. Das
gewaltige Kastell, weitaus mehr Trutzburg denn Schloss, beherrscht
die Mitte. Und um ein paar hundert Meter versetzt steht, nein: liegt
der Dom, ein unvollendetes Gebilde, dessen prächtige weiße Fassade
mit ihren Loggien einen seltsamen Kontrast bildet zu den geduckt
wirkenden Seiten aus gebrannten Ziegeln. Der lange Mantel erschien
mir immer als besonders passend zu dieser Stadt, so wie der Winter
Ferrara besser zu stehen scheint als das schöne Wetter. Den Mantel
lässt man dann offen, sodass seine Schöße beim Gehen in der feuchten Luft sachte wehen, bevor die Gestalt im Nebel unscharf wird und
verschwindet – so wie in manchen Filmen Michelangelo Antonionis,

oder wie in Szenen des Romans «Die Gärten der Finzi-Contini» von Giorgio Bassani, Szenen, die es im Buch gar nicht gibt, die man sich aber mit Leichtigkeit hineindenken kann. Etwas vage Phantastisches scheint zu dieser Stadt zu gehören.

Über Ferrara ließe sich eine Kunstgeschichte des milden Wahns schreiben. Der Maler Giovanni Boldini käme darin vor, geboren im Dezember 1842 in Ferrara, gestorben im Dezember 1931 in Paris, ein Salonmaler in dem besten Sinn, den dieses Wort annehmen kann. Frauen von enormer Flüchtigkeit konnte er malen, Erscheinungen von großer Schönheit, während er den Männern Bestimmtheit verlieh, im bekanntesten Bildnis Giuseppe Verdis zum Beispiel, dem Porträt mit Zylinder und weißem Schal, oder im Konterfei des Grafen Montesquiou mit Stock und gezwirbeltem Schnurrbart. Und auch der Roman «Die Gärten der Finzi-Contini» gehört in diese Kunstgeschichte, das im Jahr 1962 erschienene Werk, mit dem der Schriftsteller Giorgio Bassani weltberühmt wurde. Es handelt vom Ende einer jüdischen Familie in Ferrara, auf eine stille, behutsame Weise, in der sich das Verhängnis aus lauter Irrtümern, kleinen und großen, entwickelt. Gewiss, es sind am Ende die Deutschen, die Micòl und ihre Familie ermorden. Aber bis es so weit kommt, gibt es «moderne Juden», die zu begeisterten Faschisten werden, halbaristokratische Juden, die sich in neugotischen Palästen unangreifbar wähnen, nichtjüdische Italiener, die zu Antisemiten werden, wenn es von ihnen erwartet wird. Der fiktive, von hohen Mauern umgebene Garten ist die zur Realität gewordene Metapher, die sie alle verbindet: ein Paradies, in das man gelockt und aus dem man verstoßen werden kann, ein Ort, an dem man sich geschützt glaubt, der sich dann aber als Kerker entpuppt. Bei fast jedem Besuch in Ferrara sah ich Menschen, die diesen Garten suchten.

In Ferrara schließlich arbeitete, gezwungenermaßen, auch Giorgio de Chirico. Im Mai 1915 hatte Italien Österreich-Ungarn den Krieg erklärt. Der Maler, damals sechsundzwanzig Jahre alt, musste sich zusammen mit seinem jüngeren Bruder Andrea (der seinen Namen in

Alberto Savinio geändert hatte und später als Journalist und Schriftsteller berühmt wurde) dem italienischen Militär stellen. Er wurde
einem Regiment in Ferrara zugeordnet – nur zum Bürodienst, weil
er nicht für die Front geeignet zu sein schien. In Ferrara blieb er mehr
als drei Jahre, davon einige Monate, eines Nervenleidens oder einer
tiefen Traurigkeit wegen, in einem Militärhospital, bis er nach dem
Ende des Krieges nach Rom weiterzog.

Obskure Landschaften und rätselhafte Gebäude hatte Giorgio de
Chirico schon zuvor gemalt: architektonische oder geometrische
Strukturen, die aus der Erinnerung geschaffen worden waren und
denen er zuletzt Titel wie «Das Rätsel des Pferdes» oder «Das Geheimnis eines Tages» gegeben hatte. In den drei Jahren in Ferrara
aber wurde, was vorher noch ein Probieren gewesen war, zu einem
künstlerischen Programm. Erst hier, in der Emilia Romagna, entstand
das Konzept einer «metaphysischen Malerei»: De Chirico malte die
kreuzförmigen Brote, die in dieser Gegend gebacken werden. Er malte Innenräume, in denen Außenräume zu sehen waren. Er verschob
die Perspektiven und entwarf Marionetten, die gesichtslosen oder
maskenhaften Gestalten, die nach dem Krieg als Antizipation einer
künftigen Malerei wahrgenommen wurden. Er malte nicht nur die
Wasserburg der Este, diesen eckigen Koloss mit seinen vier Türmen:
Auf etlichen seiner Bilder lassen sich die geometrischen Formen der
Stadt wiedererkennen. Doch nichts Realistisches wollte Giorgio de
Chirico darstellen. Vielmehr suchte er zu erfassen, was Dingen die
Form gibt, so als träten sie gleichsam aus dem Nichts heraus und
blieben dann gegenwärtig, aber so, dass dem jeweiligen Ding noch
die Stimmung des Nichts anhaftete, aus dem es gekommen war. Diese
Stimmung hat möglicherweise mehr mit Ferrara im Winter zu tun, als
der Kunstgeschichte bislang aufgefallen ist.

*

Wenn Jagjit Rai Mehta zu singen beginnt, stellt er sich in Positur. Ker-
zengerade, das Kinn erhoben, schaut er dann in eine Ferne, die außer

ihm keiner sieht: «Vengo da lontano / Non vado via». Das Lied ist eine Art indischer Rap mit italienischem Text, hat also einen stabilen Rhythmus und kann auch ohne instrumentale Begleitung bestehen. «Ich komme von weit her, ich gehe nicht fort.» Singend erzählt Jagjit von seinen sieben Brüdern, die es über die halbe Welt verschlug, und vom Kuhstall, in dem er seine Arbeitstage verbringt. Er schließt mit den Worten «tutto questo bella vita mia»: «Das ist mein ganzes schönes Leben.»

Jagjit singt gelegentlich in der Küche seines Freundes Gianfranco, eines ehemaligen Kleinbauern, den alle «Miciu» nennen, weil er ein Gesicht wie ein freundlicher Kater hat. Manchmal steht Jagjit auch auf der Bühne im Festsaal von Piadena, der nächsten Kleinstadt, auf halbem Weg zwischen Mantua und Cremona in der großen Ebene gelegen. Dort findet jedes Jahr im März ein Festival der Arbeiter- und Bauerngesänge statt. Mitunter erhält Jagjit sogar eine Auszeichnung für seine Lieder: Einmal gewann er beim nationalen Wettbewerb der Bänkelsänger («cantastorie») in Motteggiana den Preis der Jury. Die vielen kleinen Opernhäuser, die aus dieser Gegend im 19. Jahrhundert ein Reservoir und eine Probebühne für die Scala in Mailand oder La Fenice in Venedig machten, sind schon lange nicht mehr in Betrieb (jedenfalls haben sie kein festes Ensemble mehr). Auf dem Land jedoch wird weitergesungen, Volkslieder, aber in organisierter Form.

Kurz nach seiner Ankunft in Piadena lernte Jagjit den Mann mit dem Gesicht eines Katers kennen, und nicht nur ihn, sondern auch Giuseppe Morandi, den Sekretär der Gemeinde – der keineswegs nur nebenher ein ausgezeichneter Fotograf ist. Diese beiden sind seit Jahrzehnten tragende Gestalten der «Lega di Cultura», eines vom Geist eines anderswo längst verlorenen Sozialismus beflügelten Kulturvereins, der sich vor allem der Geschichte der Landarbeiter in der Bassa Padana widmet – bevor Bernardo Bertolucci den Film «1900» drehte, ließ er sich von der «Lega» unterrichten, wie in dieser Gegend vor hundert Jahren Landwirtschaft betrieben wurde. Über Miciu und «Giusep» fand Jagjit auch zum Singen: Denn zur «Lega» gehört die

Pflege der Lieder, die von den Landarbeitern gesungen wurden. Und wenn Jagjit auch keine sozialistischen Kampfgesänge schreibt (die einen erheblichen Teil dieser Tradition bilden), so verfügt er doch über andere Mittel, auf die Umstände seines Lebens aufmerksam zu machen. «Schnee im Mai», heißt es in einem Lied, das dem Frühling gewidmet ist, «es fallen die Blüten / sie machen kein Geräusch, / sie sehen wie Käse aus.»

Nirgendwo in Europa, Großbritannien ausgenommen, leben so viele Inder wie in Italien. Doch während nach Großbritannien überwiegend ausgebildete Arbeitskräfte auswandern, sind es die Ungelernten, die nach Italien gehen. Sie arbeiten vor allem in der Landwirtschaft – fast zweihunderttausend waren es bei einer offiziellen Zählung im Jahr 2018, naturalisierte Einwanderer inbegriffen. Tatsächlich aber dürften es weit mehr sein. In der Bassa Padana, im Schwemmland des Po zwischen Pavia und Ferrara, sind es etliche zehntausend: Im Telefonbuch der Provinz Cremona füllen die Einträge zum Nachnamen «Singh» mehrere Spalten, und in Pessina Cremonese, einem Dorf nicht weit von Piadena, steht ein vor wenigen Jahren errichteter Sikh-Tempel, angeblich der größte in Europa. Dabei kommen aus Indien keineswegs nur Sikhs nach Italien: Jagjit ist Hindu, andere sind Muslime oder Christen.

Auf den Straßen, auf den Plätzen der Region sind Inder indessen kaum zu sehen. Verstreut liegen die vielen Gehöfte, und die meisten Einwanderer aus dem Fernen Osten arbeiten nicht nur in der Landwirtschaft und in den Molkereien, sondern leben auch in der Nachbarschaft der Ställe. Ohne die Einwanderer aus Indien, erklären die Funktionäre des nationalen Syndikats der Landwirte, gäbe es keine Milchwirtschaft mehr in der Bassa Padana. Ohne die Milch aber entstünde weder der Grana Padano noch sein feinerer Verwandter, der Parmigiano Reggiano – und auch sonst nichts von dem, was in Deutschland unter dem Sammelnamen «Parmesan» verkauft wird (übrigens wird auch der Mozzarella di Bufala, der Weichkäse aus Kampanien, hauptsächlich von Sikhs oder Tamilen hergestellt). Die

Einwanderer aus Indien ersetzten die «bergamini» der Bassa Padana, die einheimischen Melker und Stallknechte (deren Vorgänger einst aus dem Bergamasker Voralpenland gekommen waren). Diese wurden zu alt für die Arbeit und starben, als ihre Kinder längst in die großen Städte oder ins Ausland gezogen waren. Und in einem Akt gleichsam osmotischen Austauschs über die Kontinente hinweg – denn einen Plan für die Zukunft der Arbeit in der lombardischen Viehwirtschaft hatte es nie gegeben – zogen seit den frühen neunziger Jahren immer mehr Inder in die Po-Ebene. Zuerst kamen die Männer, dann die Frauen, und längst wohnen, in nahezu jedem Weiler, indische Familien vor allem in den alten Häusern.

Was wichtig war im Leben von Jagjit, passt in einen Plastikumschlag, die Bilder von seiner Hochzeit zum Beispiel oder die Schulhefte, in die er eintrug, wann sich der Circo Orfeo, der berühmteste Wanderzirkus Italiens, in den Jahren 1982 bis 1989 wo aufhielt. Im Zirkus hatte Jagjit in Italien zuerst Arbeit gefunden, als Handlanger und Getränkeverkäufer. Gekommen war er aus Rampur im Staat Uttar Pradesh, wo er im Jahr 1963 geboren wurde. Ein Vermittler hatte ihn nach Italien gebracht, weil das Geld für eine Auswanderung in die Vereinigten Staaten nicht ausreichte. Als er des Reisens müde wurde und heiraten wollte, verließ Jagjit den Zirkus. Er wurde Tellerwäscher, dann stieg er zum Koch eines Restaurants in Modena auf. In der Viehwirtschaft landete er, nachdem er als Hilfskraft bei einem Veterinär gearbeitet hatte, und wie so oft war es ein Verwandter, der den Übergang von einer Arbeitsstelle zur anderen ermöglichte. Seit siebzehn Jahren arbeitet er nun auf einem Hof bei Piadena, wo die Holsteiner Kühe, wie auf fast allen Höfen dieser Gegend, in einer Art gigantischem Schuppen stehen, der zwar ein Dach hat, aber keine Wände.

«Du musst den Kälbern die Milch geben, wie man kleinen Kindern Milch gibt. Wenn die Milch kalt ist, bekommen sie Durchfall.» Jagjit ist stolz darauf, dass ihm nur selten ein Kalb stirbt. Er isst zwar Fleisch, aber nicht oft und nicht gerne; viele der indischen Einwanderer sind Vegetarier. «Ich habe ein freundliches Verhältnis zu den

Tieren», sagt er, und zugleich nimmt er hin, dass die meisten Kälber geschlachtet werden und eine Kuh nur so lange lebt, wie sie genug Milch gibt – das sind drei bis fünf Jahre. Die Arbeit des Melkers und Stallknechts muss in zwei Schichten verrichtet werden: Die eine dauert etwa von Mitternacht bis sechs Uhr morgens, die zweite von drei Uhr nachmittags bis gegen achtzehn Uhr, und dieser Rhythmus wiederholt sich jeden Tag, jahrein, jahraus. Die Landarbeiter aus Indien werden von den Gutsverwaltern geschätzt, weil sie fleißig und unauffällig sind. «Unsere Jugend will nicht mehr im Stall arbeiten», sagt der Bürgermeister von Pessina Cremonese. Aber warum die Inder – und nicht die Nordafrikaner oder die Rumänen? Weil sie aus der Landwirtschaft kommen, aus geographisch und klimatisch ähnlichen Verhältnissen, lautet eine häufige Antwort. Vermutlich ist diese Antwort falsch. Aber sie verrät einiges über die Antwortenden.

Viele der «cascine», der Gehöfte in der Bassa Padana, sind alte, gewaltige Anlagen, mit Scheunen, Schuppen und Ställen, mit Wohnhäusern für die Arbeiter, einer Villa für den Verwalter und einem weiten Platz in der Mitte, an dem ein mehr oder minder prächtiges Herrenhaus steht. Mit der Industrialisierung der Landwirtschaft brachen die meisten dieser Gehöfte auseinander. Die Ställe und ein Teil der Scheunen sind nach wie vor in Betrieb, von den Wohnhäusern sind noch ein paar benutzbar, der Rest der Anlagen befindet sich in unterschiedlichen Stadien des Verfalls. So ist es auch bei Jagjit: Der Hof gehört einem der großen italienischen Konzerne, die Wurstwaren und Molkereiprodukte herstellen. Sie sind die eigentlichen Erben der Großgrundbesitzer, aber von den vielerlei Erzeugnissen, die eine «cascina» hervorbrachte, ist nur ein einziges Produkt geblieben: die Milch.

Knapp fünfhundert Kühe hat Jagjit zu betreuen. Melken, füttern, streuen, misten, die Kälber versorgen, vor allem aber: die Maschinen bedienen und pflegen, denen das Leben der Tiere unterworfen ist. Das Letzte, was Jagjit am Ende des Tages von seiner Arbeit sieht, ist der Lastwagen, der den Hof verlässt und zur Käserei fährt. Etwa fünfzehn Liter Milch braucht man für ein Kilogramm Grana Padano. Ein ganzer Käse, «Rad» genannt, wiegt ungefähr fünfunddreißig Kilogramm. Hergestellt werden pro Jahr knapp fünf Millionen «Räder», von denen nicht einmal ein Fünftel in den Export geht. Die Milchproduktion ist eine Großindustrie, nur dass sie sich über Zehntausende solcher Gehöfte verteilt.

Unter den Einwanderern in der Bassa Padana herrscht Arbeitsteilung: die Inder in der Landwirtschaft, die Nordafrikaner in der metallverarbeitenden Industrie, die Rumänen und Moldawier im Handwerk und in den haushaltsnahen Arbeitsbereichen. An der Einfahrt von Monticelli Ripa d'Oglio hängt unter dem Ortsschild ein weiteres Schild: «Comune libero da pregiudizi razziali», «diese Gemeinde ist frei von rassischen Vorurteilen». Mehrere Dörfer in dieser Gegend haben solche Schilder. In der Kleinstadt Pontoglio, achtzig Kilometer nordwestlich am Rand der Dolomiten gelegen, klingt die entsprechende Aufschrift anders. «Diese Gegend ist von der abendländischen Kultur und von christlichen Traditionen geprägt», heißt es dort am Ortseingang, «wer nicht beabsichtigt, die örtliche Kultur und die Tradition zu achten, wird gebeten, sich woandershin zu begeben.» Die großen Gehöfte gehören nicht mehr zur Umgebung von Pontoglio. Die Arbeit der Einwanderer aus Indien mag geschätzt werden, den Rassismus gibt es dennoch. Er gilt nicht nur der Herkunft der Landarbeiter, sondern auch ihrem Stand: Der «bergamino» befindet sich weit unten in der Hierarchie der hier ansässigen Berufe. Er ist eine Figur des ländlichen Proletariats, das es schon seit Generationen gibt, das aber jetzt indische Gesichter bekommen hat.

Jagjit spart. Seine Frau leitet die Küche in einem Altenheim. Seine Tochter studiert Medizin, sein Sohn lässt sich zum Elektriker ausbilden. Italienische Staatsangehörige sind sie schon lange. Vor ein paar Jahren kaufte Jagjit ein kleines Haus in der Stadt. Jetzt leben vier indische Familien darin. Wenn es für ihn und für andere indische Einwanderer in der Bassa Padana einen sozialen Aufstieg gibt, führt dieser in den seltensten Fällen in die Käserei, in die Eigenheiten der regionalen

Lebensmittel, viel häufiger hingegen in den Immobilienbesitz und ins Unternehmertum. Einige Höfe in der Umgebung von Piadena gehören schon eingewanderten Indern. In ein paar Jahren werden viele der Immigranten nicht mehr Kühe und Schweine versorgen, sondern andere, akademische Berufe haben. Neue Einwanderer werden dann die Viehwirtschaft retten müssen.

Im Kofferraum seines kleinen alten Fiats liegt Jagjits Turban. Er besteht aus goldfarben bestickter Seide. Er holt ihn gern heraus und setzt ihn auf. Er zieht auch gern die blaue Seidenjacke an, die er auf manchen Bildern trägt, die Giuseppe Morandi von ihm aufgenommen hat. Selbstverständlich gefällt er sich in dieser Kleidung. Aber Turban und Seidenjacke sind auch ein Symbol: «Vengo da lontano / Non vado via» – «ich komme von weit her, ich gehe nicht fort».

*

Am Ende des Films «Gente del Po» zieht ein Sturm auf: Die Fischer rollen die Netze zusammen, die Frauen holen die Kinder zurück in ihre Häuser, die am äußersten Rand der Nehrung liegen und nicht mehr sind als Hütten aus Stroh. Dann schwenkt die Kamera noch einmal langsam über Land und Meer. Die Wolken hängen tief, und es ist schwierig zu unterscheiden, wo das eine aufhört und das andere beginnt. Flach und scheinbar unendlich ist es auf beiden Seiten. Im Jahr 1943, mitten im Krieg, drehte Michelangelo Antonioni diesen Film, eine Dokumentation des Lebens am großen Fluss, nur zehn Minuten lang und mit schlichten Mitteln gefertigt. Es war sein erstes Werk, aber es enthält lauter Figuren und Momente, an denen man seine Filme später erkennen konnte: die junge Frau zum Beispiel, die am Ufer des Po auf ihren Liebhaber wartet und dann, als er auf seinem Rennrad eintrifft, ihm langsam den Kopf zuwendet, ohne auch nur den Anflug eines Lächelns für ihn zu haben.

Die Nebel gehören in diese Ebene wie das leise Plätschern des Wassers in unzähligen Kanälen, das Rauschen des Verkehrs oder das Rattern der Traktoren. Tage-, wenn nicht wochenlang können die Nebel über der Landschaft liegen, dem Raum die Tiefe und den Horizont nehmen, die Konturen verschwinden lassen, die Geräusche dämpfen, worauf dann jeder, der aus dem grauen Dunst heraustritt, wie ein Gespenst wirkt, das plötzlich leibhaftig wird. In Antonionis Filmen liegt oft Nebel über dem Land, in «Il grido» («Der Schrei») aus dem Jahr 1957 zum Beispiel, der über lange Strecken unmittelbar am Fluss spielt, oder in «Il deserto rosso» («Die rote Wüste», 1964), dessen wichtigster Ort eine Chemiefabrik außerhalb von Ravenna ist, oder in «Al di là delle nuvole» («Jenseits der Wolken», 1995), dem letzten langen Film des Regisseurs, der in einem wiederum nebelverhangenen Ferrara beginnt. Der Nebel ist die Voraussetzung der Silhouette, und die Silhouette, als einsame Gestalt vor einem diffusen Horizont, hat etwas Amerikanisches. Denn so war es: Als die amerikanische Moderne die italienische Provinz erreichte, tat sie das nicht nur in Gestalt von glänzenden Automobilen, von Jukeboxes und Nietenhosen, den Varianten eines industrialisierten Reichtums also, die der Allgemeinheit eines ungleich ärmeren, vom Krieg noch niedergedrückten Landes zur Bewunderung und Nachahmung anheimgegeben wurden. Sie brachte auch die sich scharf gegen den Horizont abhebenden Silhouetten mit.

Der Film «Il grido» erzählt eine traurige Geschichte aus dem Leben des ländlichen Proletariats im Mündungsgebiet des Po – einer Landschaft, die damals in großen Teilen kaum ein paar Jahrzehnte alt, weil durch Trockenlegung gewonnen war. Die Hauptrolle spielt Steve Cochran, ein Schauspieler aus Los Angeles, der sich seinen Ruhm hauptsächlich in Nebenrollen von Gangsterfilmen erworben hatte. Der Nebel sorgt nicht nur dafür, dass Steve Cochrans Gesicht italienisch wirkt, sondern auch dafür, dass die Unterschiede zwischen italienischer und amerikanischer Armut verschwinden, vor allem in der erzwungenen Mobilität des Personals. Der Nebel lässt zudem die Zeit unkenntlich werden. Wie aus dem Nichts treten die Figuren ins Blickfeld, schlagen den Kragen hoch, versuchen, einen Halt aneinander zu finden, und dann verlieren sie sich wieder und verschwinden, wie sie aufgetaucht sind. Nur der Po ist immer da, breit, träge, mit verschlammten Ufern, und selbstverständlich ist es mindestens Herbst, wenn nicht Winter. Es hätte diesen scheinbar harten, illusionslosen Blick auf die Wirklichkeit nicht gegeben ohne die Bildsprache John Fords, nicht ohne Dorothea Lange und das Fotoprogramm der Farm Security Administration in den späten dreißiger Jahren, nicht ohne Romane wie John Steinbecks «Früchte des Zorns» aus dem Jahr 1939. Und nicht nur dem amerikanischen Melodram schien diese Landschaft Raum zu geben, sondern auch dem revolutionären Kino der Sowjetunion. Alle drei Traditionen, die italienische, die amerikanische und die sowjetische, verschmolzen, als Alberto Lattuada 1948 das dritte Buch von «Il mulino del Po» («Die Mühle am Po») verfilmte, des historischen Romans von Riccardo Bacchelli.

Als Michelangelo Antonioni und andere junge italienische Regisseure der vierziger und fünfziger Jahre – Luchino Visconti oder Tinto Brass – ihre Filme im Po-Delta drehten, taten sie dies auch, um der Cinecittà zu entgehen: den gigantischen Studios außerhalb von Rom, die unter der Patronage Benito Mussolinis errichtet worden waren, um in Italien ein neues Hollywood entstehen zu lassen. Das Kino des Polesine (so nennt man die Landschaft zwischen den Unterläufen der Etsch und des Po) kam ohne aufwendige Kostüme und Kulissen aus, und so sollte es sein. Daher lassen sich auch Drehorte leicht finden: Um etwa zu sehen, wo «Il grido» entstand, fährt man von Ferrara aus nach Pontelagoscuro im Norden oder nach Porto Tolle fünfzig Kilometer weiter östlich, hinein in das Mündungsgebiet, bis hin zu den Schilfhütten am äußersten Rand der Lagune. Je weiter es hinausgeht in das Flussdelta, desto weniger Geschichte scheint das Land zu prägen: Es dauert nicht lange, bis die Siedlungen keine alten Kirchen mehr haben und geduckte, missratene Gebilde aus Beton an ihrer Stelle stehen. Zwar liegen Ruinen in den endlosen Feldern, durch die sich Wassergräben ziehen. Aber die aus gebrannten Ziegeln errichteten großen Höfe, die sie einmal waren, sind offenbar zur selben Zeit und nach demselben Muster entstanden und zur selben Zeit zerstört

worden – durch ein Hochwasser, das im Jahr 1956 die Po-Ebene überschwemmte und an der Mündung die Böden auf Jahre unbrauchbar
machte.

Die italienische Einheit, der Faschismus, ja auch das neue Europa
haben hier kaum etwas anderes hinterlassen als die im Grunde gleichen Äcker, die gleichen Muschelfarmen, die gleichen, von Salz und
Feuchtigkeit zerfressenen Häuser, die schon in «Il grido» viel mehr
waren als Kulisse, nämlich der eigentliche Gegenstand. Wenn es in
diesen Filmen überhaupt ein Italien gibt, dann ist es ein schwermü-
tiges und ernstes Land – und die «italianità», die Leichtigkeit und
Lebensfreude der Italiener, ist eine Illusion, mit der sie zuerst sich
selbst und dann den Rest der Welt betrügen. In vielen älteren Würdi-
gungen Antonionis ist davon die Rede, er habe in seinen Filmen die
«Entfremdung des modernen Menschen» zum Ausdruck gebracht.
Keiner würde heute so reden. Das Wort, das vor drei, vier Jahrzehnten
eine weitverbreitete Münze der Gesellschaftskritik war, ist längst verschlissen. Es ist aus der Mode gekommen, auf eine schlechte Weise alt
geworden, mitsamt dem aus dem Idealismus geborenen Glauben, es
hätte je etwas anderes gegeben und es würde je etwas anderes geben
als ein «entfremdetes» Leben.

Dabei fasst das Wort, wenn man es beschreibend versteht, nur die
Zumutungen zusammen, die eine auf Kapital gegründete Gesellschaft
für einen jeden bereithält. Es sagt, was geschieht, wenn die innere und
die äußere Wahrnehmung eines Menschen getrennt werden. Antonioni macht nicht einmal den Versuch, seinen Figuren eine Psycho-
logie zu verleihen. Aber man sieht Aldo, dem geschlagenen Helden
von «Il grido», in jeder Sekunde an, dass er mehr weiß, über sich
selbst wie über seine Lebensumstände, als er im Film sagen kann –
und als je in einer in Bildern erzählten Geschichte aufzugehen vermag. Gleiches gilt für die von Monica Vitti gespielte Protagonistin des
Films «Il deserto rosso», die eine offenkundig vergiftete Industrielandschaft an der Peripherie von Ravenna durchwandert – auf eine
Weise, die keinen Zweifel daran lässt, dass diese Gase, dieses Öl, der

Geist der dazugehörigen Maschinerie, längst auch das Personal der Geschichte durchdringen, die Heldin eingeschlossen, die allmählich in ihre toxische Umgebung diffundiert, in einem grünen Mantel vor nebligem Hintergrund.

Von Michelangelo Antonioni ist der Satz überliefert: «Es gibt Regisseure, die gehen von einer Idee aus und suchen sich einen Rahmen für ihre Geschichte. Bei mir ist es gerade umgekehrt. Es ist immer eine Landschaft, ein Ort oder ein Fleck, aus deren Eindruck sich erst mein Thema entwickelt.» Bei diesem Regisseur sind die Figuren aus der Landschaft abgeleitet. Sie tauchen aus ihr auf und lösen sich in ihr wieder auf. Ob es die angeeignete Natur der Industrielandschaft, das geschichtslose Neuland der Trockenlegungen im Mündungsgebiet des Po oder die als symbolische Landschaft gebrauchte, wirkliche Wüste ist: Immer wird den Figuren Antonionis im Anblick der Welt das eigene Antlitz gespiegelt.

*

Aus Schwemmland besteht die Landschaft des Polesine. Hier wirkte, vom späten 19. Jahrhundert bis in die Gegenwart, die «Bonifiche Ferraresi», eine von mehreren Aktiengesellschaften, die sich die Entwässerung und Urbarmachung eines Sumpf- und Marschlandes von gewaltiger Größe zum Zweck gesetzt hatten und zu Zeiten über viele zehntausend Hektar Land verfügten. Hier werden Weizen, Zuckerrüben, Mais angebaut, zum Teil auch Obst, manchmal sogar Reis, in den Maßstäben und mit den Techniken einer industrialisierten Landwirtschaft, wodurch in dieser Gegend, ähnlich wie den Vereinigten Staaten, ein hauptsächlich aus anderen Teilen der Nation zusammengezogenes ländliches Proletariat entstand. Die «Bonifiche» ist noch heute die größte Landeigentümerin Italiens, und die Proletarier sind, falls sie nicht zu den neuen Rechten übergelaufen sind, Proletarier geblieben.

So bildet das Delta des Po in mehrfacher Hinsicht ein Äquivalent zu den Weiten des amerikanischen Mittelwestens, als neue, höchst prekäre Heimat einer entwurzelten Bevölkerung, als Landschaft der Pumpen und der gewaltigen Landmaschinen, als Geschäftsprojekt in großen Dimensionen. Die Landschaft sieht entsprechend aus: Von der Krone eines Damms sieht man zwar weit, doch die Aussicht ist leer. Nicht einmal hohe, schlanke Kirchtürme, wie sie Venetien prägen, ragen im Delta des Po aus der Ebene heraus. Sie könnten in dieser Landschaft nicht bestehen, aus demselben Grund, aus dem es hier kaum historische Ortskerne gibt: Alle paar Jahrzehnte begraben die Hochwasser des Po das Land unter sich, so in den Jahren 1951, 1956 und 1966, und bei jeder dieser Katastrophen verloren Tausende von Menschen ihr Zuhause. Viele von ihnen wanderten daraufhin aus, vor allem in die Vereinigten Staaten. Was zurückblieb, ist ein Land für hochmotorisierte Bauern und Fischer, über das in niedrigem Flug die Purpurreiher und Säbelschnäbler ziehen. Wie aus der Geschichte gefallen wirkt diese Gegend, so weit von Italien entfernt, wie es sich nur denken lässt.

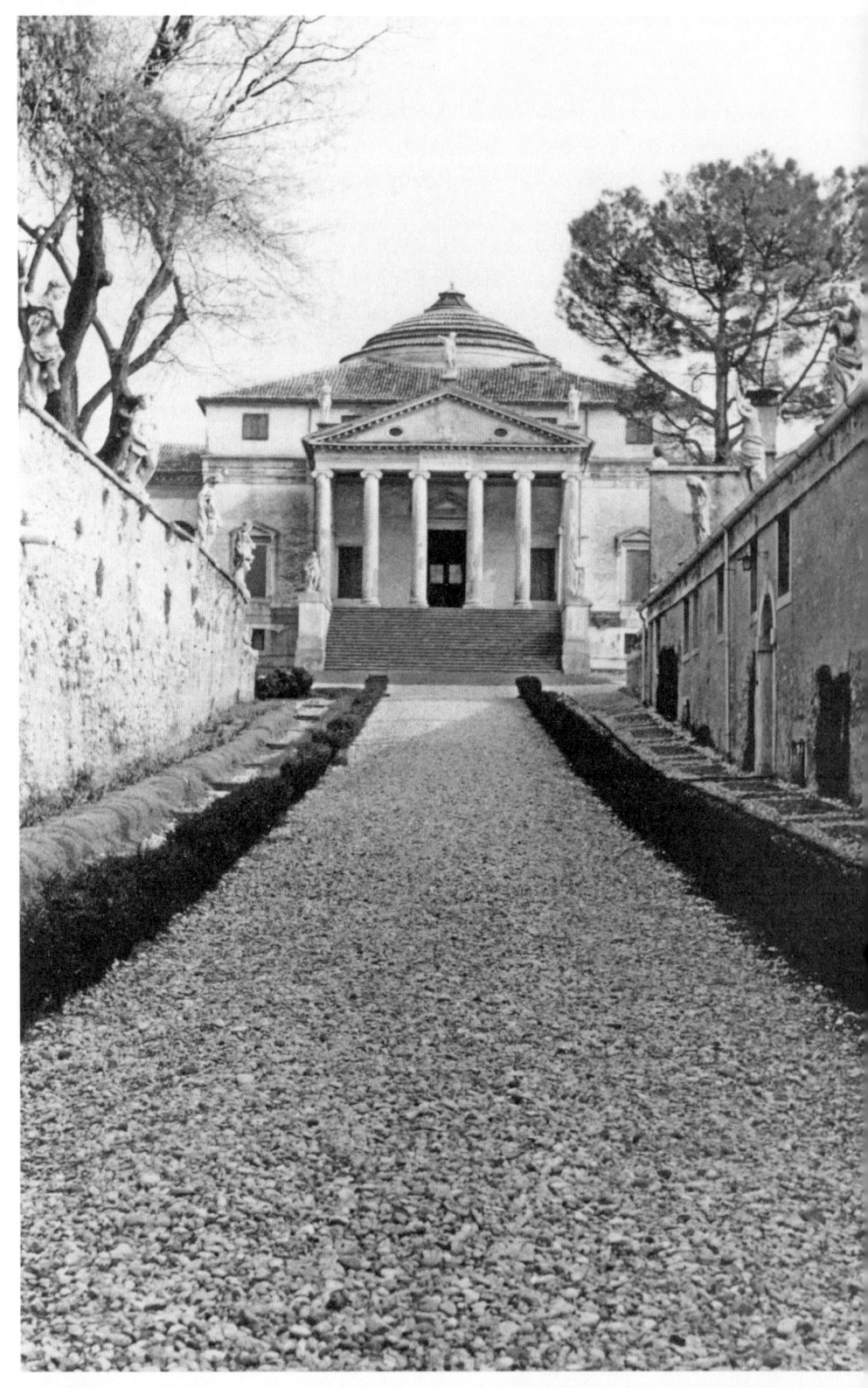

Ein herrschaftlicher Blick vom Hügel auf das Land

Venetien

W er gelegentlich ein Rennrad fährt, kennt das schnelle metallische Ticken des Schaltwerks. Es ist deutlich zu hören, wenn man nicht mehr tritt und das Rad frei läuft. Wie dieses Ticken entsteht, ist nicht leicht zu erklären, weil man dafür das Prinzip einer Kettenschaltung bis ins Detail kennen müsste. Das Geräusch hat, so viel steht fest, etwas mit Sperrklinken zu tun und ist, in dieser Lautstärke jedenfalls, die Eigenheit eines Herstellers: der Firma Campagnolo, deren Fabrik im Süden der Stadt Vicenza in Venetien steht, in einer hügeligen Gegend, die für ihre Goldschmieden, ihre feinmechanische Industrie und metallverarbeitenden Werkstätten bekannt ist.

In den zwanziger Jahren von einem Radrennfahrer gegründet, der den Schnellspanner für das Wechseln der Laufräder erfunden hatte, stellte Campagnolo in den vierziger Jahren die ersten alltagstauglichen Gangschaltungen her. Das Unternehmen produzierte auch Bremsen, Pedale und Griffhebel und sogar Sportkleidung, konzentriert sich heute aber wieder ganz auf Schaltwerke, im Wettbewerb gegen eine vor allem japanische und amerikanische Konkurrenz. Vor dreißig oder vierzig Jahren war Campagnolo zwar schon berühmt, jedoch nur einer von vielen kleinen und mittleren Betrieben im Norden Italiens, die sich dem Fahrrad widmeten und, begünstigt durch die soziale und kulturelle Bedeutung des Radsports in jener Zeit, eine Branche von Weltgeltung bildeten. Davon ist nicht viel geblieben, was schließlich am systematischen Gebrauch von Aufputschmitteln lag, die den Radrennen um das Jahr 2010 auch den letzten Schein eines sportlichen Wettbewerbs nahmen.

Dennoch sieht man, wiederum vorwiegend im Norden Italiens, vor allem am Wochenende und beinahe bei jeder Wetterlage, Gruppen von Menschen auf Rennrädern durch die Landschaft strampeln. Die Räder, filigrane, leichte und vermutlich rasend schnelle Geräte, sind teuer, das sieht man auf den ersten Blick. Um was für Menschen es sich bei den Radfahrern handelt, ist hingegen schwieriger auszumachen, obwohl die bunten, mit Werbeaufschriften bedruckten Anzüge, die sie tragen, stets hauteng sind. Die Menschen tragen Helme, deren Schirme die Stirnen verbergen. Sie haben dunkle Sonnenbrillen, von denen die Augen auch seitlich verdeckt werden. Die Rücken sind gekrümmt, die Gesichter nach unten geneigt, und wer wollte da noch erkennen, dass es sich bei diesen Radfahrern meist um Herren mittleren Alters handelt, manchmal auch um Damen und manchmal sogar um schon betagte Männer. Als strampelnde Projektile sausen sie durch die Gegend, meist in eng geschlossenen Gruppen, deren Zusammengehörigkeit durch die bunten Farben der Trikots ausgewiesen ist. Oft sind sie, anscheinend unbekümmert um den Autoverkehr, auf vielbefahrenen Straßen unterwegs.

Italien ist, neben Frankreich und vielleicht noch neben Flandern, das Land, in dem das Radfahren zuerst zu einem populären Sport wurde. Er ging hervor aus der Not: Zu Beginn der Industrialisierung Italiens war das Fahrrad das einzige Verkehrsmittel, mit dem die werktätige Bevölkerung über größere Entfernungen hinweg zu ihrer Arbeit gelangen konnte, und damit auch das am weitesten verbreitete Transportmittel. Bis in die fünfziger Jahre stammten alle großen italienischen Radrennfahrer entweder aus dem Arbeitermilieu oder aus dem ländlichen Proletariat, und noch bis in die sechziger Jahre hinein, bis zur Mobilisierung Italiens durch den Fiat 500 «nuova» und die «Ape» (das dreirädrige Lastmoped mit Fahrerkabine), galt das Fahrrad als Vehikel der Moderne. Entsprechend eng waren die Verbindungen zwischen den italienischen Kommunisten und dem Radsport, angefangen bei einem Mailänder Reifenhersteller namens «Pneumatico Carlo Marx» bis hin zu den roten Hemden der Rennfahrer. Und als der Papst den Rennrad-Champion Gino Bartali, der sich während des Faschismus an der Rettung von Juden beteiligt und einer katholischen Laienbewegung angehört hatte, zum Idol einer volkstümlichen Religiosität ausrief, versuchte die Kirche, an einem proletarischen Kult zu partizipieren, der eigentlich von einer ganz anderen Partei betrieben wurde. Erst durch das Fernsehen wurden diese Bindungen gelockert (weil das stundenlange Ausharren am Straßenrand, um den Helden für ein paar Sekunden zu sehen, eine viel stärkere Loyalität erfordert hatte als das Zugucken am Schirm), und dann, in den späten sechziger und frühen siebziger Jahren, war der Held des Radfahrens kein Italiener mehr, sondern Eddy Merckx. Dieser Belgier fuhr indessen meist auf italienischen Rädern für italienische Mannschaften.

Die «Tour de France», das bekannteste Radrennen überhaupt, wurde im Jahr 1903 zum ersten Mal gefahren, zu sportlichen, aber auch zu politischen Zwecken: Das Frankreich der Regionen, der Landschaften, der Dialekte und der regionalen Kulturen wurde hier, auf der Grundlage und durch die Vermittlung eines Rennens, dem nationalen Publikum dargeboten. Nicht anders verhält es sich mit dem «Giro d'Italia», der sechs Jahre später zum ersten Mal ausgerichtet wurde, von der Zeitung «Gazzetta dello Sport», die dem Sport, über viele Jahrzehnte hinweg, auch eminent literarische Seiten abgewann. Der Kampf, der Triumph und die Niederlage: Davon bleibt nur ein Abglanz, wenn die Pulks am Wochenende durch Venetien fahren, wenngleich oft erstaunlich schnell und über erstaunlich große und lange Steigungen. Was aber bleibt, ist nicht nur ein Bewusstsein für das Fragile des Unternehmens, einschließlich der Unzuverlässigkeit des Geräts und der allfälligen Knochenbrüche, deren erfolgreichstes

Opfer Fausto Coppi war, der beste italienische Radfahrer um das Jahr 1950. Es ist auch ein Gespür für die Dialektik dieses Sports, der in Gruppen ausgeübt wird und der, in seiner professionellen Variante, die Treue der «gregari» voraussetzt, der Gefolgsleute, die den Spitzenfahrer mit Windschatten und Wasser versorgen und ihm die Konkurrenten vom Leib halten, um schließlich einem Einzelnen den Ausbruch zu ermöglichen, der dann, allein mit sich, davonzieht bis möglichst zum Ende: «un uomo solo è al comando», schmal, drahtig und unermüdlich.

Genau genommen ist es ja ein kleines Wunder, dass man beim Radfahren nicht nur oben bleibt, sondern auch vorankommt. Dass in der Schwerkraft eine eigene, fast unausweichliche Gewalt steckt, die man nur deshalb nicht wahrnimmt, weil man sich in langer Übung an sie gewöhnt hat – das bemerkt man erst, wenn sie einmal, für ein paar Augenblicke, beinahe aufgehoben zu sein scheint. Das Kurvenfahren ist ein solcher Moment, auf präzise dahinrollenden, leise summenden Rädern. Wenn man dann schief liegt, auch noch lenkt und trotzdem nicht in die Böschung kippt, dann hat das zwar alles etwas mit der Geschwindigkeit zu tun, und nicht nur mit ihr, sondern auch mit dem Steuerrohr und seinem Winkel, mit Nachlauf und Gabelvorbiegung. Aber es ist darin dennoch, auf eine leichte und leicht zu kontrollierende Weise, ein Element von Karussell und elementarer Befreiung.

Dieses Moment von Unwahrscheinlichkeit gehört zum Radfahren, und im Bewusstsein dieser Unwahrscheinlichkeit fahren die Pulks der Wochenendsportler. Unterwegs sind sie meist auf italienischen Rädern. Manche davon sind noch aus Stahlrohr gefertigt, schmal, leicht und elegant. Sie hören auf klangvolle Namen wie «Daccordi», «Colnago» oder «De Rosa». Ob der «Giro d'Italia» überhaupt von Nutzen sei, hatte der Schriftsteller und Journalist Dino Buzzati schon in den späten vierziger Jahren gefragt, nur um sich selbst die Antwort zu geben: «Er ist eine Hochburg der romantischen Gesinnung, belagert von den verkommenen Truppen des Fortschritts.» In diesem

Sinn sind die Pulks immer noch unterwegs. Bei den Schweißnähten darf man aber nicht allzu genau hinsehen, den großen Leistungen der italienischen Stahlindustrie zum Trotz (in Italien wird noch immer international konkurrenzfähiger Stahl produziert), und der Lack blättert ab, und nicht immer ist die Mechanik zuverlässig. Auch deswegen verschwand ein großer Teil der italienischen Fahrradindustrie, aus den gleichen Gründen, aus denen in den vergangenen zwanzig Jahren mehr als ein Viertel der italienischen Industrieproduktion verlorenging. Und auch dagegen fahren die Pulks an, in ihren farbenfrohen Trikots, in eng geschlossenen Gruppen, und ein jeder Fahrer gleicht einem polierten Projektil im Kampf gegen die Straße, den Wind und sich selbst.

*

Wer von Asolo, vom Burgberg, nach Norden blickt, hat einen weiten Blick über das Vorland der Dolomiten, aus dem die Berge, in drei, vier Höhenzügen gestaffelt, herausragen. Vorne sind sie noch waldbestanden, im Hintergrund regieren Fels und Schnee. Unten, im Grünen noch, nur ein paar hundert Meter den ersten Hang hinauf, scheint etwas Seltsames zu stehen, ein strahlend weißer Palast vielleicht oder eine galaktische Kommandozentrale, ein aus allen Zusammenhängen gerissener Bau, der aussieht, als hätte ihn eine verlorengegangene Zivilisation aus dem «Krieg der Sterne» hier zurückgelassen. So genau ist das auf zehn Kilometer Entfernung nicht zu erkennen. Es handelt sich um einen Tempel, dessen Kuppelhalle beinahe so groß und von ähnlicher Form ist wie das Pantheon in Rom. Aber es gibt hier weit und breit keine Großstadt, sondern nur ein Dorf namens Possagno, dessen Einwohner sich hauptsächlich mit der Herstellung von Prosecco beschäftigen. Eine Treppe führt in Hunderten von Stufen von der Piazza zur Kirche hinauf.

Entworfen wurde der Tempel von Antonio Canova, einem der berühmtesten Bildhauer des Klassizismus. In Possagno wurde er im Jahr 1757 geboren, und ebendort wollte er, seiner Heimat treu wie so viele Italiener, begraben sein. Noch heute liegt sein Körper hier. Sein Herz allerdings wird in der Kirche Santa Maria Gloriosa dei Frari in Venedig verwahrt, in einer ägyptisch stilisierten Grabpyramide, die in die Wand eingelassen ist, und seine rechte Hand befindet sich nicht weit davon in der Accademia, dem Museum für venezianische Kunst, was zusammen ein eher bizarres Ensemble ergibt. Friedlich jedoch scheint diese letzte Landschaft vor dem Gebirge zu sein, reich und fruchtbar, einem großen Garten ähnlicher, als es die industrialisierte Landwirtschaft in der Ebene je sein könnte. Und wenn es in Possagno, vom Tempel sowie dem Geburtshaus Canovas mit dem dazugehörigen Museum abgesehen, auch wenig zu betrachten gibt, so liegen in der Umgebung doch viele alte und reizvolle Städte in kurzen Entfernungen voneinander. Den meisten von ihnen scheint etwas versponnen Spektakuläres eigen zu sein, und man weiß von einer Geschichte der Gewalt, die sich hier abgespielt hat, die sich aber im Anblick dieser Landschaft nicht mehr erschließt.

Antonio Canova war eine ästhetische Großmacht der napoleonischen Zeit. Als der Schriftsteller Johann Gottfried Seume auf seiner Wanderung von Grimma nach Syrakus im Jahr 1802 nach Venedig kam, schrieb er nach Hause: «Fast glaube ich nun, dass die Neuen die Alten erreicht haben.» Er hatte Canovas Bildnis der Hebe, der Göttin der Jugend, gesehen. Das Werk dieses Bildhauers erschien – neben dem verwandten Œuvre des Dänen Bertel Thorvaldsen – seinen Zeitgenossen als die beinahe unglaubliche Vollendung nicht nur einer künstlerischen Tradition, sondern der künstlerischen Tradition schlechthin. Diese hatte in der griechischen Antike begonnen und sich in der römischen Antike entfaltet. Sie führte, wie jene Zeitgenossen meinten, über die Renaissance und den Barock geradewegs in Aufklärung und Moderne. Entsprechend bedeutend waren die Werke und deren Auftraggeber: Napoleon ließ sich von Antonio Canova abbilden, Papst Pius VII. tat dasselbe, und der Staat North Carolina bestellte bei dem Künstler ein Bildnis von George Washington, dem ersten Präsidenten der USA, in römischem Gewand. Die prominentesten Figuren der Zeit um 1800 rückten in eine Gesellschaft ein, die vor allem durch die antike Mythologie beherrscht war. Die handwerkliche Virtuosität Canovas galt damals als Beweis, dass die Zeiten tatsächlich zusammengeführt werden konnten. Die Erneuerung der Antike in einer aufgeklärten, modernen Welt – in Antonio Canovas Skulpturen schien sie Gestalt anzunehmen.

Der Tempel am großen Berghang ist seit seiner Weihe im Jahr 1830 auch die Pfarrkirche des Dorfes Possagno, das klein und geduckt knapp hundert Meter unter dem Koloss liegt. Mitten in diesem Dorf, im Geburtshaus des Bildhauers, befindet sich das «Museo Canova». Und gleich daneben, in einer Art antiker Basilika, die «Gipsoteca», eine Sammlung seiner Statuen in Gips. Dazu gehören etliche Trümmer, Scherben, Bruchstücke, die entstanden waren, als eine Granate im Dezember 1917 das Dach der Ausstellungshalle durchschlug und die darin befindliche Versammlung der bleichen Götter und Heroen zu einem großen Teil zerstörte. Es gibt eine Aufnahme aus jenen Tagen, auf der die Statue eines einarmigen Eros ohne Kopf aus einem Meer von Scherben ragt.

Die italienische Armee hatte damals die zwölfte und letzte Schlacht am Isonzo (die «Battaglia di Caporetto») verloren, die Österreicher drangen, von deutschem Militär unterstützt, bis an den Fluss Piave vor, in die unmittelbare Nachbarschaft von Possagno. Sie hätten es wohl auch noch weiter geschafft, wenn ihnen nicht die Munition ausgegangen wäre und wenn vor ihnen nicht ein Berg gelegen hätte: Der Monte Grappa war damals die letzte Schranke, die das Heer der Mittelmächte an der Eroberung der Po-Ebene hinderte. Es war letztlich nur eine für die Österreicher ungünstige Konstellation, die Italien vor einer katastrophalen Niederlage bewahrte.

In den Krieg war Italien im Jahr 1915 gezogen, aufseiten der Franzosen und der Engländer und entgegen einer Neutralitätszusage gegenüber Deutschland und Österreich, was der österreichische Kaiser einen «Treubruch» nannte. Italien hoffte nicht nur, seine Bildung zur Nation mit einem letzten, siegreichen Waffengang abzuschließen, sondern auch mit einem militärischen Erfolg in den kleinen Kreis der großen europäischen Nationen aufzurücken. Die Ergebnisse allerdings waren bestenfalls gemischt. Der Krieg wurde vor allem in den Alpen geführt, forderte auf italienischer Seite weit mehr als eine halbe Million Tote und endete (nicht formal, sondern durch Erschöpfung) in jener Schlacht, in der die italienische Armee wieder einmal den Durchbruch nach Triest versucht hatte. Doch dann wandten sich die einfachen Soldaten, müde und demoralisiert, in großer Zahl gegen die eigenen Offiziere und verließen die Front, um sich nach Hause durchzuschlagen.

Ernest Hemingway schildert in seinem Roman «A Farewell to Arms» aus dem Jahr 1929, wie furchtbar dieser Zusammenbruch war und auf welch schreckliche Weise die Disziplin wiederhergestellt wurde: Fliehende italienische Soldaten, berichtet er, wurden von Einheiten der italienischen Armee festgesetzt und vor ein Tribunal gestellt. Sie «legten es darauf an, den Nächsten zu verhören, während der, den sie davor verhört hatten, erschossen wurde. So machten sie deutlich, dass sie nichts daran ändern konnten.» Es gibt aber noch einen zweiten Roman, der von dieser Niederlage und der darauffolgenden Flucht erzählt: Curzio Malapartes «Viva Caporetto!» aus dem Jahr 1921. Darin deutet der Schriftsteller die Angelegenheit anders, verwandelt sie in ein Manifest des Syndikalismus und huldigt dem Deserteur, dem einfachen, schmutzigen, demoralisierten Soldaten. Das Buch ist darüber hinaus eine Attacke auf den feigen Heroismus der Offiziere wie auf den falschen Frieden an der italienischen Heimatfront. Nicht die Angst vor dem Tod, nicht das Elend im Schützengraben trieben, so will es Curzio Malaparte, die Soldaten in Richtung Heimat, sondern der Abscheu vor der eigenen Nation. Aus ihnen aber, aus den Arbeitern und Bauern im Kriegsdienst, den «neuen Barbaren», sollten der neue Italiener und das zukünftige, revolutionäre Italien hervorgehen.

In Possagno findet sich ein Abguss der Hebe, die Johann Gottfried Seume in Venedig bewundert hatte. Auch sie ist ein Opfer der verirrten Granate aus der zwölften Schlacht am Isonzo. Die Büste ist vom Rest des Körpers getrennt, der Kopf liegt zerschmettert auf dem Boden, ein Unterschenkel ist abgerissen. Die Statue wirkt in diesem Zustand nicht nur beschädigt. Sie wirkt vielmehr tödlich verwundet. Das liegt auch am Gips, der in einem ganz anderen Maße der Zeitlichkeit unterworfen ist als der Marmor. Zudem lassen sich die Züge eines lebenden Körpers in diesem Material feiner abbilden als in Marmor. Und noch in einer weiteren Hinsicht gleicht ein in Gips nachgebildeter Kopf seinem menschlichen Vorbild auf nahezu unheimliche Weise: darin nämlich, dass er eine Schale darstellt, die sich wie eine Kalotte durchschlagen lässt, wobei Bruchkanten wie bei Knochen entstehen. Die Verletzungen sind scharf begrenzt: Hier das Zerstörte, dort das Heile, und keine Spur des Schmerzes zieht sich von der Bruchstelle in den Rest des Gesichts, so dass immer gegenwärtig bleibt, was da zerstört wurde.

Antonio Canova starb im Herbst 1822. Bald darauf ließ sein Halbbruder die Bestände des Ateliers – vor allem Gipsskulpturen – in das Haus der Familie in der Mitte Possagnos schaffen, das der Bildhauer selbst immer wieder als Studio und Ort des Rückzugs benutzt hatte. Nach seinem Tod dauerte es jedoch nicht lange, bis der menschliche Körper und überhaupt die «Natur» nicht mehr das Maß aller Kunst war. Als Alberto Longhi, der berühmteste aller italienischen Kunsthistoriker, das Werk dieses Bildhauers im Jahr 1946 den «Missgriffen, die eines Friedhofs würdig wären» zurechnete (womit er zumindest insofern recht hatte, als Canova die Vorbilder für zahllose Friedhofsskulpturen lieferte), fasste er eine Entwicklung zusammen, die im späten 19. Jahrhundert begonnen hatte und sich im frühen 20. Jahrhundert vollendete: Die ästhetische Avantgarde konnte die Skulptur, jedenfalls sofern sie den integralen menschlichen Körper für ihre höchste Aufgabe hielt, nicht mehr brauchen. Stattdessen sollte es nun höher hinausgehen, über alles Sichtbare hinaus und in die Unendlichkeit des Sinns hinein. So wurde das Museum in

Possagno zur Herberge einer vergangenen, nicht mehr zeitgemäßen Schönheit.

Der Koloss übrigens, der weiße Tempel am Hang des Monte Grappa, überstand den Ersten Weltkrieg fast unbeschädigt. Und er ist nicht das einzige Monument für einen Toten in dieser Gegend: Für reale Größe in einem ganz anderen Genre steht das monumentale Grabmal in Beton, das Carlo Scarpa, einer der bedeutendsten Architekten des 20. Jahrhunderts, in den siebziger Jahren ein wenig südlich von Asolo errichtete. Es ist dem Unternehmer Giuseppe Brion gewidmet, der in seinem kurzen Leben mit der Marke «Brionvega» und einem avantgardistischen Design (etwa für das «Radio Cubo TS 502» aus dem Jahr 1970, einem, wie der Name sagt, Kubus aus buntem Plastik) die Unterhaltungselektronik gründlich verändert hatte.

*

Als Thomas Jefferson, später einer der Autoren der Unabhängigkeitserklärung und noch später dritter Präsident der Vereinigten Staaten, im Jahr 1767 mit den Plänen für ein eigenes Haus in den Hügeln des Albemarle County in Virginia begann, zeichnete er einen Grundriss, der ein Quadrat und einen Kreis zusammenführte. Auf jeder der vier Seiten des Plans trug er eine von Säulen gezierte Loggia ein. Den Entwurf hatte er sich ausgeliehen, aus einem Buch, das zweihundert Jahre zuvor von Andrea Palladio verfasst worden war: Er gehört zur Villa Rotonda, einem der berühmtesten Bauten dieses bekanntesten Architekten der italienischen Renaissance. Auch den Namen des künftigen Landsitzes hatte Thomas Jefferson bei Andrea Palladio gefunden: Denn die Villa Rotonda, so heißt es in der zum Plan gehörenden Beschreibung, liege «auf einem kleinen Hügel». «Monticello» ist das italienische Wort dafür, und unter diesem Namen ist Thomas Jeffersons Haus in die amerikanische Geschichte eingegangen. Seit fast achtzig Jahren, mit nur einer kurzen Unterbrechung, ziert es überdies die Rückseite der amerikanischen Fünf-Cent-Münze.

Wenn die Architektur der italienischen Renaissance auch auf vielen Wegen nach Nordamerika gelangte, vor allem vermittelt über das Modell englischer Herrenhäuser, so war es doch Jefferson, der eine besonders innige Beziehung zu Andrea Palladio unterhielt. Dessen ebenso erfolgreiches wie praktisches Handbuch der Architektur, die «Quattro libri dell'architettura» aus dem Jahr 1570, besaß er in mehreren Ausgaben und Sprachen. Das Werk bildete die Referenz für alle eigenen Projekte: für «Monticello» und «Poplar Forest», einen weiteren Landsitz, für das Regierungsgebäude des Staates Virginia, für die Entwürfe zum Kapitol und zum Amtssitz des Präsidenten in Washington, für die Häuser von Freunden («Barboursville») und schließlich auch für das «akademische Dorf» der University of Virginia, einen Campus, in dessen Mitte sich eine große Wiese befindet, die nicht von einer Kirche, sondern von einer Rotunde beherrscht wird.

Im 16. Jahrhundert hatten die venezianischen Aristokraten angefangen, sich in großem Stil ausgedehnte Landsitze errichten zu lassen. Sie zu besuchen heißt das Land neu zu vermessen, den Fluss Brenta hinauf bis Bassano del Grappa und von Marostica im Westen bis nach Conegliano im Osten. Die beherrschende Seemacht Venedigs war zu einer zweifelhaften Angelegenheit geworden, die Republik hatte sich auf das Festland (die «terraferma») ausgedehnt, und das Leben auf dem Land, umgeben von urbar gemachtem Boden, von Feldern, Weinbergen, Weiden und Wäldern, versprach mehr Beständigkeit, eine andere Art von Reichtum, neuen Glanz und Abstand zu den Mücken. Unten lag das Bauernland, in das man das durch den Seehandel erworbene Vermögen investierte. Aber den Hügel hinauf zogen sich die Gärten, und gebaut wurde noch ein Stück höher den Hügel hinauf, so dass die Herrschaft auf ihr Land und ihre Leute hinuntersehen konnte, während ihre adligen Ohren vom frischen Wind gekühlt wurden. Die Villa wurde zum Zentralbau einer scheinbar arkadischen Wirtschaft, zur ästhetischen Mitte einer neuen, schon vom Gedanken der Investition geleiteten agrarischen Ökonomie, die von einem «padrone» in Gestalt einer alle Glieder umfassenden, rational operierenden ländlichen Gemeinschaft betrieben wurde. Deswegen liegen etliche der Villen in Venetien so erhaben (auch wenn sie nicht alle auf Hügeln stehen): nicht nur, weil die Aussicht so schön ist, sondern auch, weil der Blick von der Loggia auf die bewirtschaftete Natur das Land zur Landschaft ordnet – und weil der Blick vom Land hinauf zur Villa keinen Zweifel daran lässt, wo der Herr zu Hause ist.

Könnten die Menschen frei entscheiden, wo und wie sie leben wollten, ohne Rücksicht auf das Geld und die Eigentumsverhältnisse, so wäre wohl die Villa, nach venetischem Modell, für die meisten Menschen die Wohnstatt der Wahl. Das liegt nicht nur am Bau, sondern auch an dessen unmittelbarer Umgebung. Denn Villa und Garten gehören zusammen, oder anders gesagt: das Haus und der Raum, dessen Tiefe erst durch das Haus entsteht und sich erst durch das Haus erschließt. Diese Tiefe erscheint dann wie die Welt. Es gibt Villen, entworfen von Andrea Palladio, in denen dieser Wechsel von einem Innen zu einem Außen, das gleichermaßen unendlich wie geschlossen ist, gleichsam idealtypisch sichtbar wird. Gärten stellen eine relativ späte kulturelle Errungenschaft dar. Aber wenn Menschen von ihren Anfängen träumen, kommt immer ein Garten dabei heraus. Vorzüglich jedoch sind solche Villen mit ihren Gartenanlagen dort zu finden, wo der Schatten und das Wasser schon als Labsal wahrgenommen werden, aber noch nicht als das Gegenteil der sie umgebenden Landschaft. Weiter südlich erscheinen sie als Oase. Weiter nördlich gehen sie zu jener Zeit in eine Umgebung über, die sich vom Garten nicht wesentlich unterscheidet, weshalb er dort zu etwas Gewöhnlichem wird. In der Mitte liegt Venetien.

Die Villen, die von Andrea Palladio und seinen Nachfolgern in die venetische Landschaft gesetzt wurden, sind Repräsentationsbauten. Das heißt zum einen, dass die Häuser durch ihre erhabene Position, aber auch etwa durch die Loggien und Seitenflügel so imposant wie möglich gestaltet wurden. Die meisten wirken von innen deutlich kleiner, als sie von außen erscheinen. Zum anderen bedeutet Repräsentation, dass oft mit einfachen Mitteln gebaut, aber mit großem Aufwand dekoriert wurde. Denn Arbeitskraft war billig. Deswegen bestehen zum Beispiel in vielen Fällen die Gewölbe aus Holzstäbchen, auf die Mörtel aufgetragen wurde, was dazu führt, dass das Holz heute oft pulverisiert ist und die Decken nur noch vom Mörtel gehalten werden. Der Putz wurde aus gemahlenen Steinen aus dem Piave hergestellt, der Bodenbelag aus zerriebenen Ziegeln, die Fenster und Türen aus Fichtenholz. Die Kosten für eine Restaurierung sind enorm, und die Folgen sind entsprechend: In der Villa Maser bei Asolo wohnen die adligen Besitzer im Souterrain, weil sie das Eintrittsgeld der Besucher benötigen, die Villa Pisani in Montagnana, an einer vielbefahrenen Kreuzung gelegen, verfällt, die Villa Forni Cerato bei Vicenza ist schon eine Ruine auf einem mittlerweile zugewachsenen und von der Straße nicht mehr einsehbaren Grundstück.

Auch die Landschaft, die einst von den Villen beherrscht wurde, gibt es nicht mehr. Wenn sie noch bäuerlich ist, dann unter den Bedingungen des industrialisierten Landbaus, der großen Maschinen und der langen, grauen Baracken, in denen die Schweine ihr kurzes Leben verbringen. Häufiger indessen stößt der Blick von der Loggia auf eine Straße, die von Industriebauten gesäumt wird, so dass zwischen dem einen Dorf und dem nächsten keine Grenze mehr wahrzunehmen ist. In Treviso ist Benetton zu Hause, das Unternehmen, das in den sechziger Jahren aus einer Strickerei entstand, in den achtziger Jahren als Modehaus zu einem Welterfolg wurde und nun schon lange viel mehr Geld mit Immobilien verdient als mit Pullovern. Zu Vicenza gehören die Kleidermarken Diesel und Bottega Veneta, in Marostica ging die Motorradfabrik Laverda unter, und in Pordenone kämpfen die Reste eines Unternehmens namens Zanussi, das einst Millionen von Kühlschränken und Maschinen herstellte, in einem Design, an dem die berühmtesten italienischen Gestalter beteiligt waren, unter der Regie eines schwedischen Unternehmens um ihr Überleben. Ein wenig verloren stehen die alten Villen mittlerweile in der Landschaft. An den Hängen fällt diese Verlorenheit weniger auf, weil man noch immer hinaufschauen kann und hinter den Bauten den Weinberg oder den Wald sieht. In der Ebene hingegen wirken die Villen, zumal wenn sie schlecht erhalten sind (und das sind viele), oft wie abgestürzte, halb zerschmetterte Raumschiffe, die eigentlich in eine völlig andere Welt gehören.

Palladio hatte seine Architektur einem Modell entliehen, dem Baustil der römischen Republik. Dafür gibt es Gründe, die alle Vorstellungen von Stil und Mode übersteigen: Das alte Rom war eine Republik für Aristokraten gewesen. Das Volk durfte sich daran beteiligen, doch nur in dem Maße, wie es die Herrschaft der Aristokratie nicht gefährdete. Ähnlich war es in der venezianischen Republik des 16. Jahrhunderts. Und in den gerade unabhängig gewordenen Vereinigten Staaten vollzog sich diese Einwicklung noch einmal. Denn regiert wurde der junge Staat von einer Elite: Kaufleute und Bankiers auf der einen, Großgrundbesitzer auf der anderen Seite. Thomas Jefferson gehörte zweifellos zu den großen Gutsbesitzern, und wenn er die palladianische Architektur als Muster für das ganze Land behandelte, dann lag das auch daran, dass er die Vereinigten Staaten als eine Nation von Grundbesitzern betrachten wollte.

Der Palladianismus ist seit dem späten 18. Jahrhundert nicht mehr vergangen, in Europa nicht und erst recht nicht in den Vereinigten Staaten. Die Villa ist ein Traum, der die halbe Welt, wenn nicht noch mehr, erfasst hat. Nur hat er sich, als besondere Ausprägung eines allgemeinen Klassizismus oder «Greek Revival», mehr oder minder aus den Zentren der Macht zurückgezogen (in Berlin lebt er fort, ein wenig verfremdet, im Kanzleramt etwa) und in den Vorstädten und Neubaugebieten auf dem Land niedergelassen. Dort werden, um ein Vielfaches verkleinert, die dreieckigen Giebel mitsamt den sie tragenden toskanischen oder dorischen Säulen noch immer vor den Eingang gesetzt, auch wenn dieser nur zwei Meter Abstand zum Gartenzaun hält, und wer aus dem Wohnzimmer auf den Zwergapfelbaum im Garten schaut, der guckt durch ein venezianisches Fenster mit einem Rundbogen über der mittleren Öffnung und hofft, nicht nur der Landschaft einen Rahmen gegeben, sondern auch ein Reich für sich allein gegründet zu haben.

*

Auf dem Dachboden der Literaturgeschichte liegen viele Bücher. Manche sind wie alte Hüte, andere wie Stühle mit drei Beinen. Einige sind vergessene Kostbarkeiten, kleinere, sonderbare Werke zumeist oder auch Bücher ohne große Geschichte. Ippolito Nievos «Bekenntnisse eines Italieners» aber verhalten sich zu den anderen Stücken auf diesem Dachboden wie ein monumentaler, erstaunlich gut erhaltener Fassadenschrank zu Suppenschüsseln mit abgeschlagenen Henkeln: Zuerst wundert man sich darüber, wie das prächtige, ganz und gar nicht zu übersehende Ding in diesen staubigen Winkel geraten ist. Und dann kommt man aus dem Staunen nicht mehr heraus.

Ein junger Mann von zunächst unklarer Herkunft, Carlino genannt, wächst auf dem halbverfallenen, mit schönsten gotischen Fensterbögen versehenen Rittergut Fratta auf der «terraferma», dem venezianischen Festland, als Tunichtgut, Herumtreiber und Bauernlümmel auf. Von dieser Burg ist nichts mehr übrig: Nur eine Tafel in einem Park bezeugt, dass es hier einst ein «Castello» gab, und an der Autobahn von Venedig nach Triest erinnert der Name einer Raststätte an den Ort. Um Carlino jedenfalls kümmern sich der Büttel, der Vogt und die Köchin der verkommenen Festung inmitten einer im Grunde genommen mit sich völlig zufriedenen Gegend. Venedig und die Welt sind fern, denn vom Beginn des 15. bis zum Ende des 18. Jahrhunderts verlief hier, ein wenig nördlich der Kleinstadt Portogruaro, die äußerste nordöstliche Grenze der Seerepublik – Fratta liegt kaum fünf Kilometer westlich des Tagliamento und damit an der Grenze zum Friaul, knapp vor der «Großen Mauer» also, von der Guido Piovene in seinem Buch «Viaggio in

Italia» spricht. In diesem Bauernland lässt Ippolito Nievo die letzte Etappe vom Untergang des venezianischen Staates beginnen, erzählt, wie sich Stadt und Land zuerst den Truppen Napoleons und dann den Österreichern ergeben und allmählich aus der Geschichte sinken.

Den Bürgern von Portogruaro fällt dabei eine besondere Rolle zu. Denn sie gehören schon so sehr zur Provinz, dass ihnen der Fall Venedigs zur historischen Posse gerät, und damit haben sie der stolzen Stadt einiges voraus. «Die Häuser, groß, geräumig, mit dem dreigeteilten Fenster in der Mitte, standen eins am andern an beiden Straßenseiten, so dass zur Ähnlichkeit mit Venedig nichts fehlte als das Wasser. Alle zwei Türen ein Café, davor der übliche Perlenvorhang, dahinter um viele kleine Tische eine ziemliche Anzahl müßiger Leute; auf allen öffentlichen Gebäuden geflügelte Löwen in Menge.» Einen ebenso analytischen wie melancholischen Blick nimmt Carlino, der sich irgendwann als Altoviti und damit als Angehöriger einer der mächtigsten venezianischen Patrizierfamilien entpuppt, aus dem Land in die Hauptstadt mit. Dort wird er Anführer, Doge, Held und dann hinausgetragen in alle Winkel Italiens, ja auch, nach Napoleons Sturz, ins Londoner Exil, vorangetrieben von seiner Liebe zum Vaterland und dann doch nur eine mehr oder minder glückliche Spielfigur der Geschichte, ein Stück Treibholz auf den Wellen der Adria oder anderer Meere, das sich freuen kann, wenn es in eine stille Bucht geschwemmt wird.

Mit der Liebe hat es in diesem Roman eine besondere Bewandtnis. Sie kommt als Schicksal über den Helden, wie es sich gehört, und zwar in doppelter Gestalt: als Liebe zu Italien und als Liebe zu Pisana, einer Tochter der gräflichen Familie von Fratta. Das lebhafte, unruhige, bezaubernde Kind mit kastanienbraunen Augen und langem Haar ist eine Allegorie der italienischen Frau, wie die Romantik sie sehen wollte, herrisch, unberechenbar und zart zugleich. Angesichts beider Lieben gibt es kein Ausweichen, und das ist umso erstaunlicher, als die italienische Nation im ausgehenden 18. Jahr-

hundert noch nicht existiert und Pisana sich als eine zwar sehr be-
gehrenswerte, doch äußerst launische und im Zweifelsfall sehr
spröde Schönheit gibt. Einzigartig aber sind sie beide, Italien und
die Pisana, und so bleibt auch der zu einem großen Carlo herange-
wachsene Carlino seiner Bestimmung in allen Wechselfällen der Geschichte treu, vertraut der Geliebten, wenn er verraten wird, glaubt
ihr, wenn sie es mit der Wahrheit nicht so genau nimmt, trennt sich
von ihr, findet sie wieder und ist zärtlich, wenn sie, müde und enttäuscht, ihren Kopf auf seine Schulter legt. Denn stets sind Opfer
und Verzicht größer und von stärkerem Pathos als die laue Zufrie-
denheit, die sich einstellt, wenn sich Liebender und Geliebte für eine
Weile zusammentun.

Ippolito Nievo, Jurist, Dichter, Journalist, geboren 1831 in Padua,
starb im Alter von nur neunundzwanzig Jahren. Als Intendant der
«südlichen Truppen» Giuseppe Garibaldis musste er in Palermo
bleiben, als der Feldherr mit seiner «Expedition der Tausend» nach
Norden zog. Als er sich wieder den Kämpfenden anschließen wollte, blieb sein Schiff, die «Ercole», Anfang März 1861 auf dem Weg
nach Neapel im Tyrrhenischen Meer verschollen. Der große Roman
hatte damals schon mindestens ein Jahr unter Verlegern zirkuliert,
ohne dass sich jemand zur Veröffentlichung hätte entschließen können. Wohl nicht nur wegen des Umfangs (das Buch umfasst auch
im Original fast achthundert Seiten): Im Manuskript hieß dieser
Roman «Le confessioni d'un italiano», und schon das war eine politische Provokation. Denn Venedig gehörte damals noch nicht zu
Italien – der Anschluss erfolgte erst einige Jahre später, und nicht als
Folge einer Volkserhebung, sondern als Nebeneffekt des preußisch-
österreichischen Krieges. Der Titel der Erstausgabe wie der meisten
späteren Editionen lautete denn auch anders: «Bekenntnisse eines
Achtzigjährigen». Aber auch die Geschichte selbst mochte für viele
Zeitgenossen nicht leicht hinzunehmen sein. Denn der Venezianer
Carlo wird darin zu einem Parteigänger Giuseppe Garibaldis. Dieser
Norditaliener wollte es also weniger mit seinesgleichen, mit dem

obrigkeitsstaatlichen Nationalismus des Grafen Cavour halten als vielmehr mit der süditalienischen Volksbewegung zur Einigung Italiens.

Dass mit der nahenden Einigung der Norden auch über den Süden siegt, dass dessen staatliche Strukturen zerschlagen werden und das Haus Savoyen die Herrschaft übernimmt, ist nur das lange voraussehbare und mit Bedauern, ja Bitterkeit empfangene Ende einer komplizierten, in ihren einzelnen Wendungen oft überraschenden Geschichte. Opernhaft ist diese Geschichte in ihrem Pathos, ironisch im Wissen um dessen Vergeblichkeit, brutal, wenn die Begeisterung aufflammt, und lächerlich, wenn das heldenhafte Aufbegehren an seiner schlechten Organisation zerbricht. Zuerst 1867, also sechs Jahre nach dem Tod von Ippolito Nievo veröffentlicht, ist dieses Buch der zweite große italienische Nationalroman und dem ersten, also Alessandro Manzonis gut fünfundzwanzig Jahre zuvor abgeschlossenem Epos «I promessi sposi» bis in die Dramaturgie hinein verpflichtet – Pisana ist auch eine Nachfolgerin der Lucia. Und so endet die Geschichte von Carlino dann auch gleichermaßen bodenständig: auf einem Gutshof in Cordovado, kaum zehn Kilometer nördlich von Portogruaro, wo der alte Mann sich an seinen vier Enkeln freut.

Die Republik Venedig lebt seitdem als Gespenst fort. Es taucht hin und wieder auf, manchmal mitten in der Nacht, manchmal aber auch zu den üblichen Geschäftszeiten. Im Mai 1997 etwa, zum zweihundertsten Jahrestag der Auflösung der Republik, kaperten acht Kämpfer für die Freiheit der «Serenissima» einen Wasserbus der öffentlichen Verkehrsbetriebe mit Waffengewalt, setzten einen scheinbar zu einem mattschwarzen Panzer umgebauten Kleinlastwagen darauf und eroberten, so ausgestattet, den hohen Turm auf der Piazza San Marco – wofür die Kombattanten später wegen Hochverrats zu sechs Jahren Gefängnis verurteilt wurden, von denen sie ein Jahr absitzen mussten. Für eine halbe Nacht hatte damals auf dem Campanile die Kriegsflagge Venedigs geweht. Der Löwe ist darauf mit gezogenem

Schwert zu sehen, während er auf der zivilen Fahne seine Tatze auf ein offenes Buch legt.

*

Triest, hundert Kilometer östlich von Portogruaro gelegen, ist der Ort, an dem, mehr als irgendwo anders, mehr als in Budapest, in Krakau oder Lemberg, die Idee von «Mitteleuropa» zu Hause war, die Vorstellung einer gemeinsamen, organisch gewachsenen Sphäre des Handels und der Kultur irgendwo östlich von Warschau oder Wien: die Vorstellung einer Welt, die durch den Vertrag von Jalta zerstört worden war und die auf ihre Auferstehung wartete, so dass man sie eigentlich nur hätte wecken müssen. Die neuerliche Orientierung am Habsburger Vielvölkerstaat verbreitete sich nach dem Prager Frühling, und sie stellte für etliche osteuropäische Intellektuelle, etwa für Milan Kundera, so etwas wie einen neuen, «Dritten Weg» zwischen freier Marktwirtschaft und Kommunismus dar. Populär wurde die Idee vor allem durch einen Schriftsteller aus Triest, nämlich Claudio Magris. Dessen berühmtestes Buch, eine «Biographie» der Donau aus dem Jahr 1986, ist dieser Idee gewidmet. Doch als das sowjetische Imperium zusammenbrach, kehrte «Mitteleuropa» nicht zurück. Die Vorstellung hatte zur Feindschaft des Westens gegenüber den kommunistischen Staaten Europas gehört, als mehr oder minder sentimentale Beschwörung einer ebenso weiträumigen wie zivilen Welt, die in den Diktaturen des Ostens zugrunde gegangen sein sollte. Jene Welt entpuppte sich indessen bald als ein Sortiment streng nationalistischer Staaten, die hinter der Idee «Mitteleuropa» eine Wiederauflage des habsburgischen Imperialismus unter vor allem deutschen Bedingungen zu erkennen meinten.

In den späten Jahren des Habsburger Reiches war Triest der Seehafen eines Imperiums. Schon zuvor war es einer der wichtigsten Häfen des Mittelmeers gewesen, deutlich größer als Venedig, mit regelmäßigen Schiffsverbindungen in den Nahen und Mittleren Osten, mit Eisenbahnlinien nach Wien und München. Als dann im Jahr 1891 die Zollfreiheit abgeschafft wurde, entwickelte sich in Triest eine eigene Industrie, auf der Höhe der technischen Möglichkeiten jener Zeit – komplett mit elektrischem Licht, Stahlbetonbau und hydrodynamischer Energieversorgung für den Hafen. Der Österreichische Lloyd wurde zur größten Schifffahrtsgesellschaft des Mittelmeeres, mit Verbindungen nach Bombay, Shanghai und Yokohama. Daneben entstand die nicht minder große Schifffahrtsgesellschaft Austro-Americana, und die Assicurazioni Generali versicherten zuerst Österreich-Ungarn und dann die halbe Welt, woraufhin sich auch Franz Kafka erfolgreich bei diesem Unternehmen um eine Anstellung bewarb.

Während die italienische Sprache und Kultur, die das tägliche Leben in der Stadt bestimmten, und die österreichisch verfasste Wirtschaft sich immer weiter voneinander entfernten, muss es zumindest unter den Reichen und Mächtigen Triests ein Selbstbewusstsein gegeben haben, das nur noch wenig mit einem Grenzgebiet zwischen Italien, dem Balkan und Österreich zu tun hatte, umso mehr aber sein Gegenüber in den europäischen Metropolen suchte. Als diese Welt dann im Ersten Weltkrieg unterging, ließ sie eine moderne, intakte Stadt zurück, deren Bedeutung vor allem Vergangenheit war. Zwar wurde sie nach dem Ersten Weltkrieg noch an das Schienennetz des Orient-Express angeschlossen, doch war es für eine solche Verbindung längst zu spät. Fortan lag Triest nicht nur in tiefer Provinz, sondern auch auf der Grenze zwischen West- und Osteuropa, zwischen den industrialisierten, immer mächtigeren Staaten der modernen Welt und den mühsam hinterherhinkenden, nach wie vor landwirtschaftlich geprägten Ländern einer unendlichen Landfläche, die irgendwann in den Ural überging.

Es war aber die lebendige, weltläufige Stadt gewesen, in die James Joyce im Jahr 1905 gekommen war, um für die Berlitz School als Sprachlehrer zu arbeiten, eine Stadt, hinter der sich ein ganzes Imperium aufspannte. Ein Dutzend Mal wohl zog der Schriftsteller mit seiner Familie um in den knapp zehn Jahren, die er hier verbrachte, und zwar nicht nur, weil ihm immer wieder das Geld ausging, sondern auch, weil er trotzdem mitten in der Stadt wohnen wollte, in den Vierteln Triests, die den Anspruch, Großstadt zu sein, tatsächlich repräsentierten. Und oben am Hang über der Bucht wohnte der Farbenfabrikant Ettore Schmitz, der sich als Schriftsteller Italo Svevo nannte, und wenn schon nicht er selber, so ließ doch seine Frau keinen Zweifel daran, welcher Klassenunterschied zwischen erfolgreichen Unternehmern und irischen Sprachlehrern bestand. In der Kulturgeschichte, als Erzählung betrachtet, rücken die beiden Schriftsteller enger zusammen, als sie es im Leben, bei aller gegenseitigen Achtung, je zu tun vermochten. Auch davon handelt die Idee «Mitteleuropa».

Es ist nicht kalt, aber von den Hängen wehen scharfe Böen, die das Reden schwierig machen. Claudio Magris spricht, aber ich höre ihn kaum. Er spricht davon, dass Triest nach dem Zweiten Weltkrieg zu einem Zankapfel unter den Siegern des Krieges wurde und erst 1954 wieder Italien zugeschlagen wurde, nach einer Volksabstimmung. Er sagt, dass die Trennung vom Umland zur Folge gehabt habe, dass eine Viertelmillion als italienisch identifizierte Menschen den Norden Jugoslawiens verlassen musste, während die italienische Bevölkerung ihrerseits Jagd auf die «Slawen» machte. Die Wellen in der Bucht von Triest schlagen kurz und tragen kleine Schaumkronen. Manchmal weht eine Gischtwolke herüber. Im Norden liegt das Castello di Miramare, ein weißes Schloss an der Küste, das als kleinbürgerliche Phantasie taugen mag oder als Wohnstätte eines Oligarchen aus den ferneren Gebieten des ehemaligen sowjetischen Imperiums. Es diente Erzherzog Ferdinand Maximilian zur Wohnung, dem jüngeren Bruder des Kaisers, der, unglücklich beraten, danach drei Jahre lang Kaiser von Mexiko war und dort 1867 standrechtlich erschossen wurde.

Ein wenig nördlich thront auf einer Klippe über dem Meer Schloss Duino, in dem Rainer Maria Rilke im Januar 1912 die Inspiration, man kann es nicht anders sagen, zu den «Duineser Elegien» empfing. In unmittelbarer Nähe befinden sich auch die Werften, im Osten und Süden erheben sich die slowenischen Berge, und die Stadt in der Mitte wirkt überschaubar. Nur nach Westen hinaus, in Richtung Venedig, ist das Meer offen. Aber man weiß ja, dass es nicht weit ist bis auf die andere Seite der Adria. Eine Metropole kann diese Stadt daher nie gewesen sein, selbst nicht in jener Zeit, als sie der Seehafen des großen Reiches Österreich-Ungarn war. Auch als das sowjetische Imperium zerfallen und die jugoslawischen Bürger-kriege beendet waren, wurde aus Triest keine Metropole mehr. Die Handelswege führten längst über andere Orte, über den Hafen Ko-per in Slowenien zum Beispiel, vor allem aber über Rotterdam. Zur Gemeinde Triest gehört übrigens auch ein Dorf namens Prosecco oder Prosseck, historisch verbürgter Ursprungsort des weltbekann-ten Schaumweins, dessen Anbaugebiet heute viel weiter westlich in den venetischen Regionen Valdobbiadene und Treviso liegt, dessen Name sich jedoch nicht, wie viele glauben, vom italienischen «sec-co» für «trocken» herleitet, sondern vom slawischen «proseku» für «abgeholzte Fläche».

Genauso wie das Ende der politischen Spaltung der Welt sich in Triest schon um 1979 ankündigte, als immer mehr Jugoslawen zum Einkaufen über die Grenze kamen, so begann hier die Erweiterung der westeuropäischen Öffentlichkeit um die Länder des Ostens schon Jahre vor dem Fall der Mauer, nämlich mit der Idee von «Mitteleuro-pa». Nach wie vor gibt es Triest, und dort befindet sich nicht nur ein Kenotaph für den in der Stadt ermordeten Johann Joachim Winckel-mann (die Leiche selbst verschwand in einem anonymen Grab), son-dern auch die Zentrale einer (von einem Ungarn gegründeten) ge-samtitalienischen und längst globalen Kaffeerösterei namens «Illy». Auf sie geht nicht nur der Prototyp aller heutigen Espressomaschinen zurück, sondern auch das Prinzip der kleinen Kaffeedosen, die beim Öffnen zischen, weil der Stoff darin durch den Einschluss von Gas frisch gehalten wird. Auch die «Fincantiera», Italiens größte (und immer noch mit Aufträgen eingedeckte) Werft, ist in der Region

Triest zu Hause. Es gibt nach wie vor die Assicurazioni Generali, Cafés im österreichischen Stil, eine Universität und ein schlichtes, altertümliches Fischrestaurant wie die «Osteria de Scarpon». Auf der windabgewandten Seite der Geschichte zu landen, ist keineswegs das Schlimmste, was einem passieren kann.

Die Arche und ihr langsamer Untergang

Venedig

W ie eine Arche liegt Venedig in der Lagune, wie ein Relikt aus fernen, märchenhaften Zeiten, das eine Flut am nördlichen Rand der Adria zurückließe: eine «Phantasie des Orients», meinte Guido Piovene in den fünfziger Jahren, «von einer Zartheit, wie sie der wirkliche Orient nicht hat». Venedig ist die unwahrscheinlichste aller Städte: Hunderte, wenn nicht Tausende von knietief in der Lagune stehenden Adelspalästen, uralt und reichverziert, Kirchen voller Kunstschätze, ehemalige Speicher, mittelalterliche Fabriken und Werfthallen, und die gesamte, riesige Anlage ist von Wasser umschlossen und von zahllosen Kanälen durchzogen. Aus einiger Entfernung betrachtet, bei der Anfahrt vom Lido etwa oder von einem Campanile, ist es, als ob dieser ganze Reichtum seit vielen Jahrhunderten in tiefem Frieden daläge, wider alle Wahrscheinlichkeit entstanden aus der Überwindung größter natürlicher Hindernisse, hervorgegangen aus einer amphibischen Welt, die in ihrem Gemenge von Erde, Schlamm und Wasser, Vögeln und Fischen, Land- und Wasserpflanzen den dritten Schöpfungstag, die Trennung von Erde und Wasser, noch zu erwarten schien.

Schönheit ist etwas Seltenes, weil sie etwas Zufälliges, Ungeplantes und nicht Planbares voraussetzt, etwas, das, eben weil es zufällig ist, immer auch verfällt. Gewiss gibt es Gegenstände, die auch im Verfallen noch schön sind, jedoch ist die Erfahrung solcher Dinge weniger mit Freude als vielmehr mit Trauer verbunden. Für Venedig gilt diese Verbindung von Schönheit und Trauer in besonderem Maße. Indessen kommt für diese Stadt noch etwas hinzu: Hier scheinen nicht nur Schönheit und Trauer, sondern auch Schönheit und Skandal untrennbar verbunden zu sein. Seit vielen Jahrzehnten, wenn nicht schon seit dem frühen 19. Jahrhundert, ist Venedig eine nie versiegende Quelle empörender Nachrichten: Die Stadt versinkt im Schlamm der Lagune, sie wird vom steigenden Meerwasser überflutet, von Millionen Touristen überrannt, von ihren Einwohnern verlassen, von korrupten Politikern ausgebeutet und von gierigen Geschäftsleuten verramscht. So, wie die Pegel der Lagune immer häufiger und immer höher steigen, so scheinen sich die Skandale zu vermehren. Wolle man Venedig noch erleben, solle man das bald tun, erklärte schon vor Jahren das amerikanische Unternehmen Fodor's, der größte Verlag für Reisebücher auf der Welt: Womöglich sei demnächst die ganze Herrlichkeit verschwunden. Die Firma sagte nicht, dass die Menschen, die dieser Drohung wegen herbeigeeilt kommen, den Untergang zumindest beschleunigen, wenn nicht herbeiführen dürften.

Einer der ersten Venezianer, die ich in Venedig kennenlernte, als ich Ende 2013 in die Stadt zog, war ein Literaturhistoriker, der an amerikanischen Universitäten gelehrt hatte, bis er in seine Heimatstadt zurückkehrte, um an der Universität Ca' Foscari noch ein paar Jahre Italienisch für ausländische Studenten zu unterrichten. Anschließend zog er sich in die Rente zurück. Zugleich wurde er, halb freiwillig, halb gedrängt, zum Sprecher der lokalen Gruppe der «Italia Nostra», einer Bürgerinitiative oder Lobby zur Bewahrung des historischen italienischen Kulturguts, die Landschaften eingeschlossen. Der kleine, hagere Mann mit der eckigen Brille behielt dieses Amt über viele Jahre, und auch wenn er es heute nicht mehr innehat, so ist er doch eine Autorität geblieben, wenn es um den Erhalt Venedigs geht, für die Einheimischen wie für unzählige Journalisten aus dem Ausland.

Bei Sonnenuntergang sehen alle Städte wunderbar aus, doch manche eben mehr als andere. Jeden Abend, sagte Paolo Lanapoppi, gehe er spazieren, von seiner Wohnung im Stadtteil Castello hinaus auf die Riva dei Sette Martiri, am östlichen Rand des historischen Zentrums, dann immer am Wasser entlang. Auf dem Weg stadtauswärts sehe er den Lido und das Kriegerdenkmal an der Vaporetto-Haltestelle, das wie eine Sternwarte aussieht. Auf dem Weg zurück blicke er auf das alte Zentrum der westlichen Welt: Zu dieser Stunde gehe die Sonne hinter Santa Maria della Salute unter, genau jenseits der Wasserfläche des «Bacino». «Die schwarze Silhouette der barocken Kirche und der Umriss der älteren Kirche San Giorgio Maggiore, auf der Insel gegenüber dem Markusplatz, heben sich vom flammenden Himmel ab. Hölzerne Pfähle werden vom Wasser gespiegelt. Sie dienen als Markierungen für Untiefen und Schlamm. Auf der Spitze eines jeden Pfahls thront eine Möwe.» So sei es im Winter, in der Jahreszeit, die er am meisten schätze. Während der warmen Jahreszeit aber sei das Wasser aufgewühlt durch unzählige Boote und Schiffe, und der Blick auf den «Bacino» werde versperrt durch die Yachten der Superreichen. Ich verstand Paolo Lanapoppi: Wenn man schon die vielen Besucher hinzunehmen hatte, dann sollten sie doch, bitte, nicht stören.

Ich fand eine Wohnung in Castello, am Rio di San Martino, und musste bald erfahren, wie recht Paolo Lanapoppi hatte, als er Venedig für sich selbst verloren gab. Der Rio ist der, räumlich betrachtet, letzte Kanal zwischen San Marco und dem Arsenale, der ehemaligen Kriegswerft Venedigs, an dem noch Palazzi stehen, wenngleich die meisten von ihnen eher bescheiden sind. Dahinter beginnen die einfacheren Wohnstätten der Arbeiter. Es war ein ungeheures Erlebnis, anfangs, beim Einschlafen nur das sanfte Plätschern des Wassers im Kanal zu hören, ein paar Schritte auf der nahe gelegenen Brücke und sonst nichts, keinen Autoverkehr, allenfalls in der Ferne das Brummen einiger Schiffsdiesel. Wir waren die einzigen Ausländer in einem Palazzo, der nach alter venezianischer Manier in viele Wohnungen geteilt ist, zu denen jeweils ein eigener Zugang führt. Auch in den beiden Häusern gegenüber wohnten nur Italiener, die meisten davon ältere Damen mit kleinen, dicken Hunden, deren Ausscheidungen dann auf den Gassen lagen.

Als wir Venedig im Frühjahr 2018 verließen, war keine von diesen Damen mehr da. Ihre Wohnungen waren in vorübergehende Heimstätten für Touristen verwandelt worden, die zu hohen Preisen für ein paar Tage oder Wochen vermietet werden. Mit den Damen verschwand aber auch die Infrastruktur, die man für ein gewöhnliches Leben braucht: der Bäcker und der Gemüsemann, der Fischhändler und die schlichte, von zwei Sizilianern betriebene Pizzeria. Immer mehr Geschäfte des täglichen Bedarfs auf der Via Garibaldi, der Einkaufsstraße, wurden geschlossen und durch Souvenirläden oder Bars ersetzt, die häufig von Chinesen betrieben werden. Nur die Weinhändlerin blieb, vorerst, mit ihren hohen Preisen auch für gewöhnlichen Wein. In einem früheren Leben war sie Apothekerin gewesen.

Zuerst, sagte Paolo Lanapoppi, seien die Katzen verschwunden, ebendie Tiere, die man noch vor zwanzig oder dreißig Jahren für eine Art Ureinwohner der Stadt gehalten hatte. Jetzt vergingen manchmal Tage, ohne dass er eine Katze sehe. Vor vielleicht zwanzig Jahren habe es einmal ein städtisches Programm gegeben, die Katzen aus der Stadt zu entfernen: Die meisten seien sterilisiert worden, viele seien in ein Tierheim auf der Insel San Clemente gebracht worden, einige seien vielleicht auf dem Lido untergekommen. Möglich sei es indessen auch, dass die Katzen das Rattengift nicht überlebt hätten. Die letzten habe er im Innenhof des Ospedale Santi Giovanni e Paolo gesehen, des Krankenhauses in der Altstadt, wo sie offenbar gefüttert und von den Patienten gestreichelt würden.

Während die Damen mit ihren Hündchen verschwanden, vermehrten sich die Touristen aus dem Fernen Osten, vor allem aus China. Noch vor nicht allzu langer Zeit waren sie eine Minderheit gewesen. Das änderte sich spätestens im Jahr 2016. Damals, so hieß es in der Stadt, hätten viele von ihnen Paketreisen zur Weltausstellung in Mailand gebucht, die einen zweitägigen Aufenthalt in Venedig einschlossen. Die Ausstellung endete im Oktober. Im Winter danach bildeten sie augenscheinlich die Mehrheit der Besucher. So ist es geblieben, zu jeder Jahreszeit und überall. Zuerst fanden nicht viele Touristen in unser Viertel. Es war zu abgelegen, und die Gefahr, sich in den Gassen zu verirren, erschien den meisten vermutlich als zu groß. Zuletzt, kurz bevor ich Venedig verließ, stieß man fast immer auf Reisende, wenn man die Haustüre öffnete. Sie «navigierten» mit ihren Mobiltelefonen selbst durch die dunkelsten Winkel der Stadt. Sie konnten nicht mehr verlorengehen.

So leicht lässt sich der sentimentalische Blick auf das alte Venedig teilen, dass ich zunächst nicht bemerkt hatte, dass Paolo Lanapoppi die Stadt anders sah, als ich es tat, wenn er auf der Uferpromenade spazieren ging und in Richtung San Marco blickte. Mir wäre zunächst die Geschichte in den Sinn gekommen: Ich hätte an die Schiffe gedacht, die vor dem Palazzo Ducale ankerten, an die Dogen, an die Waren und Waffen – und ans Bewahren. Paolo Lanapoppi jedoch dachte an die Silhouette, mit der er aufgewachsen und zu der er im Alter zurückgekehrt war. Ich will das Typisieren nicht übertreiben. Aber mir scheint, als betrachte Paolo Lanapoppi die Vergangenheit zwar als Vergangenheit, nicht aber als etwas Historisches. Sie ist ihm etwas Alltägliches, Lebendiges, da mag sie so alt sein, wie sie will.

*

Die meisten Touristen, die auf dem Vaporetto der Linie 1 durch den Canal Grande unterwegs sind, wissen, wie Venedig auszusehen hat. Sie haben es unzählige Male gesehen, auf Bildern oder in Filmen. In den Taxibooten sieht man sogar Menschen, die den Canal Grande überhaupt nur durch den Sucher einer Kamera zu betrachten scheinen, also im Hinblick auf eine Reproduktion des Gesehenen, die sie mit hoher Wahrscheinlichkeit dann über eines der einschlägigen Internetportale in die Welt senden. Es ist unsicher, ob diese millionenfach produzierten und einander zum Verwechseln ähnlichen Aufnahmen je wieder betrachtet werden. Die Menschen verlangen aber eine

Gleichheit zwischen dem Erwarteten und dem Gesehenen, das sie wiederum nur durch das Objektiv einer Kamera wahrnehmen, vermutlich zu dem Zweck, ebendiese Übereinstimmung zu dokumentieren («ich war dort, wo es genauso aussieht, wie wir denken, dass es dort aussieht») – häufig mit der Zuspitzung, dass sie nun selbst mit auf das Bild kommen, indem sie Selfies produzieren. Venedig ist ein geschlossener Kreislauf von fotografischen Bildern. Gewiss, das sind andere Sehenswürdigkeiten auch. Aber wenige sind als Klischee so global präsent wie Venedig.

Das Vaporetto der Linie 1 fährt durch den gesamten Canal Grande. Es kommt nur langsam voran, denn es hält oft, meistens abwechselnd auf der einen und auf der anderen Seite. In einer gefühlt endlosen, doppelten Reihe ziehen die Palazzi am Fahrgast vorbei, aus dem 13., 15. oder 17. Jahrhundert, mit Galerien oder byzantinisch geschwungenen Fensteröffnungen, mit Marmor verkleidet oder rot verputzt, mit Zinnen oder Loggien. Aber die prächtigen Gebäude sind wie Kulissen. Manchmal kann man hineinsehen und erkennt einen Kronleuchter oder ein Deckenfresko. Selten jedoch ist ein Mensch am Fenster zu erblicken, und wenn, dann sind es die temporären Bewohner der Pracht-Apartments, die touristisch vermarktet werden. Nachts liegen die Paläste, sofern sie noch nicht in Luxushotels verwandelt wurden, meist dunkel am Kanal. Sie sind wie Schneckenhäuser, deren Erbauer und stolze Nutzer längst gestorben sind, so dass man sie jetzt betrachten kann, ohne die Gewalt wahrzunehmen, die zu ihrer Errichtung notwendig war: Juwelen der Kunst- und Architekturgeschichte waren sie immer schon. Doch ist die Schuld von ihnen abgefallen, die mit ihrer Entstehung verbunden war.

Aber was stellen die Fassaden jetzt dar? Sie stehen für die Stadt selber. Sie sind das repräsentative Abbild eines Gemeinwesens, das nicht mehr existiert und in das jetzt die Touristen einziehen, als wäre es eine Kulisse – eine Kulisse, die gegenüber allen anderen Kulissen der Welt den Vorzug hat, dass sie echt ist. Auch der 1976 nach über hundert Jahren Pause reanimierte Karneval in Venedig, der sich bei seiner Wiedererweckung vom aristokratischen Maskenball zum Volkskostümfest gewandelt hatte und um dessentwillen alljährlich Hunderttausende nach Venedig reisen, ist eine solche Kulisse: Wohlhabende Touristen spielen darin den venezianischen Adel des 18. Jahrhunderts, mit oft aufwendigen Kostümierungen – und die Schwundstufe des Phänomens sind die jungen Frauen aus Bulgarien oder Rumänien, die das ganze Jahr über an der Riva degli Schiavoni stehen und sich für Geld in grellfarbenen Synthetikkostümen fotografieren lassen, oder die billigen Masken, die junge Menschen aus aller Welt zu jeder Jahreszeit aufziehen, um damit durch die Gassen zu laufen. Überall in der Stadt, bis weit hinaus in die abgelegenen Gegenden, gibt es Läden mit solchen Masken und mit ebenso billigen Glasfiguren. Die wenigsten dieser Waren werden in Venedig oder auf Murano hergestellt. Der Großteil kommt aus den Regionen der Welt, aus denen auch immer mehr Touristen kommen, das heißt: vornehmlich aus China. So entsteht das Paradox, dass Menschen um den halben Globus reisen, um – in vermeintlicher Exklusivität – Dinge zu bewundern und zu kaufen, die in ihrer Nachbarschaft massenweise produziert wurden.

Venedig ist einer der meistfotografierten Orte der Welt. Vielleicht gibt es sogar keinen Ort, der in so vielen Bildern festgehalten worden wäre wie dieser. Wobei die allermeisten Bilder, die es von Venedig gibt, von der Absicht geprägt sein dürften, in irgendeiner Weise einem Ideal zu leibhaftiger Existenz zu verhelfen – ganz gleich, ob es sich dabei um Hohes oder Schlichtes, um Schönheit und Vergänglichkeit oder um persönliche Eitelkeit («Ich am Rialto») handelt. Und immer muss das Bild herhalten als Indiz, gar als Beweis für die Gültigkeit dieses Idealismus, ein Beweis, kräftiger und wirkungsvoller, als jedes Mitbringsel, jede literarische Aufzeichnung, jedes andere Zeugnis es sein könnte. So übermächtig und omnipräsent ist dadurch das Bild von Venedig geworden, dass die Stadt schon vor Jahrzehnten anfing, ihrem eigenen Bild zu gleichen, so dass sie sich verwandelte in das Bild eines Bildes eines Bildes, in die Kopie einer Kopie einer Kopie, ihrer Nachbildung in Las Vegas ähnlicher als der Stadt, die sie selbst einmal war.

Ein Ereignis gab es, das, im Hinblick auf den repräsentativen Charakter, Venedig stärker veränderte als das allmähliche Versinken der Stadt im Schlamm der Lagune, als das Ende der Republik in den napoleonischen Kriegen oder als der Einzug der großen Kreuzfahrtschiffe: Es war der Bau der Eisenbahnbrücke, die das Festland mit Venedig verbindet. Von dieser Zeit an war Venedig keine Insel mehr. Zugleich bildete die Brücke eine Konsequenz aus der Verlagerung des Hafens von der Insel an die Küste des Festlands, wodurch sich das soziale und kulturelle Gefüge der Stadt von Grund auf veränderte: Der «Bacino», das Wasserbecken vor San Marco, verlor seine Bedeutung als Empfangsraum der Stadt. An seine Stelle traten der Vorplatz des Bahnhofs sowie später das Parkhaus auf dem Piazzale Roma, weshalb Thomas Mann auf den Gedanken kam, «dass zu Lande, auf dem Bahnhof in Venedig anlangen einen Palast durch eine Hintertür betreten heiße». Auf diese Weise endete, als die zweigleisige Strecke im Januar 1846 eingeweiht wurde, eine über tausend Jahre alte Geschichte.

Eine moderne Großstadt besteht aus Zentrum und Peripherie. «Downtown» befinden sich Verwaltungen, politische Institutionen, Kultur- und Bildungseinrichtungen sowie Kinos, Theater, Restaurants und Bars. Aber es leben dort nur wenige Menschen. Die Peripherie ist demgegenüber nach Funktionen getrennt: In einem Bereich wird gewohnt, in einem anderen wird gearbeitet. Die Brücke zwischen dem Festland und dem historischen Zentrum Venedigs führte eine solche Trennung zwischen den Sphären der Produktion und Reproduktion auf der einen Seite, der Sphäre der Repräsentation – oder der Repräsentation der Repräsentation – auf der anderen Seite herbei, langsam, über viele Jahrzehnte hinweg, doch mit großer Konsequenz. In der Innenstadt befinden sich Hotels, Pensionen, Museen, Restaurants, Souvenirgeschäfte, zwei Universitäten – und die Verwaltung von Stadt und Region. Nachts aber wird die Stadt von den Portiers der großen Hotels bewacht. Um das Jahr 1980 wohnten etwa hundert-zwanzigtausend Menschen im «centro storico». Gegenwärtig sind es gerade noch fünfzigtausend. Dabei sind die Ausländer, die hier zu Hause sind, und jene Venezianer, die ihre Wohnungen so gut wie per-manent an Touristen vermieten, schon mitgezählt. Oder anders aus-gedrückt: Im jährlichen Durchschnitt halten sich an jedem beliebigen Tag hundertfünfzigtausend Menschen in Venedig auf, davon ist nur gut jeder Dritte ein Einheimischer. Oder auf das Jahr bezogen: Jeder Einwohner empfängt mehr als sechshundert Besucher. An die Stelle der verschwundenen Venezianer (viele von ihnen wehren sich, so gut es geht) ist das wandernde Volk der Touristen gerückt, während die ehemals hier Lebenden die Stadt entweder ganz verlassen haben oder auf dem nahen Festland wohnen, von wo sie morgens über die Brücke kommen und wohin sie am Spätnachmittag über die Brücke zurück-kehren.

*

Gerettet werden muss Venedig, so scheint es, immer wieder aufs Neue. Aber seit wann ist das so, und wer fing damit an, die Stadt vor ihrem Untergang bewahren zu wollen? «Noch», schrieb ein Besucher im Herbst 1849, kurz nachdem die Österreicher den Versuch, einen vene-zianischen Staat als revolutionäre Republik neu entstehen zu lassen, mit Hilfe der Artillerie niedergeschlagen hatten, «bietet sich Venedig der Anschauung in der letzten Phase des Verfalls dar: ein Geist über dem Sand des Meeres, so schwach, so still, aller Dinge beraubt außer der Schönheit ...» Bei der Entstehung der Vorstellung, Venedig sei dem Untergang geweiht und müsse gerettet werden, hatte der Autor dieser Zeilen, der englische Kunstkritiker John Ruskin, zumindest geholfen. Und mehr als das: «Ich würde mich darauf einlassen, die Umrisse dieses Anblicks festzuhalten, bevor er verschwindet.»

Aus diesem Vorsatz ging ein großartiges, dem Widerstand gegen die Zeit gewidmetes Unternehmen hervor, wie es in der Kunst-geschichte kein zweites gibt: eine auf Vollständigkeit hin angelegte

Dokumentation der vermeintlich bald verlorenen Stadt in Zeichnungen, Aquarellen, Stichen, Fotografien und Essays, die John Ruskin in
den Jahren 1851 bis 1853 zu einem großen Teil in dem dreibändigen
Werk «The Stones of Venice» veröffentlichte. Das Werk war von
immenser Wirkung, in der Kunst und in der Kunstgeschichte, in der
Architektur und in der Literatur (für Marcel Proust vor allem, doch
auch für Tolstoi), aber mehr noch, und sicherlich meist unbewusst,
für die populäre Wahrnehmung Venedigs. Vor allem ein Gedanke war
es, der die Zeitgenossen erregte: dass John Ruskin der byzantinischen
und gotischen Kunst den deutlichen Vorzug gab vor der Architektur
der Renaissance (wobei er weitgehend davon absah, dass nahezu alle
historischen Gebäude Venedigs, die gotischen wie die in der Renaissance errichteten, von einem Byzantinismus überformt sind). Diese
stehe für Konvention und Symmetrie, erklärte er, jene aber für Kraft,
Treue und Spiritualität. Als scheinhaft galten ihm die Baukunst und
die Technik der Renaissance: Allenfalls zehn Zentimeter dick sind
die marmornen Fassaden, eine Hülle nur, und dahinter verbirgt sich
das Profane, das Rohe und Unbehauene. Was eine Gesellschaft ist
und wie sie mit sich selber umgeht, das ist, so John Ruskin, an diesen
Fassaden zu erkennen: Sie sind entstanden, weil sich gegen Ende des
13. Jahrhunderts in Venedig eine Oligarchie des Erbadels durchsetzte,
die den größten Teil der Bevölkerung von der Politik ausschloss und
alle Macht, allen Glanz und allen Ruhm auf sich vereinigte – und sich
selbst in ebenso gewaltigen wie trügerischen Schaueffekten manifestierte.

John Ruskin war der erste Gelehrte, der auf den Gedanken kam,
eine Stadt daraufhin zu lesen, welche Gesellschaft in ihren Bauten, in
ihren Straßen und in ihren Plätzen Gestalt annahm. Andere taten es
ihm nach, etwa zu Beginn des 20. Jahrhunderts der Philosoph Georg
Simmel, der in Venedig «nur ein entseeltes Bühnenbild, nur die lü-
genhafte Schönheit der Maske» erkannte. Doch dann verlor sich der
Gedanke, und je mehr Jahre dahingingen, und je mehr Venedig zu
einem der größten Anziehungspunkte des internationalen Tourismus

SIEBZEHNTES KAPITEL

wurde, desto mehr verselbständigte sich die architektonische Oberfläche der Stadt, mit all ihren Baustilen, zum lebendigen Denkmal einer einzigartigen geschichtlichen Konstellation, das trotz aller Veränderungen in einem Umfang erhalten ist wie sonst kein historisches Relikt auf der Welt.

John Ruskin verstand sich nicht als Künstler, was man seinem Werk, das wenig Willen zum eigenen Stil erkennen lässt, durchaus ansieht: Die «Steine von Venedig» galten ihm als Zeugnisse einer Gesellschaft und einer Produktionsweise, die der modernen Industrie, dem Fabriksystem, der Arbeitsteilung und der Entfremdung diametral entgegengesetzt waren. In der Konsequenz dieses Gedankens verachtete Ruskin die Renaissance: In ihren Fassaden, in ihrer Symbolik der Ordnung und des Maßes sah er, die tatsächlichen Verhältnisse vereinfachend, den materiellen Niederschlag eines Gemeinwesens, das die metaphysische Ordnung der Gotik – eine Ordnung, in der jedes Ding und jeder Mensch in einem unendlichen, göttlich bestimmten Gebilde aufgingen und von daher ihre Bedeutung zugewiesen bekamen – zugunsten einer Adelsgesellschaft verlassen hatte, die ihren Rang und ihre Herrschaft repräsentieren wollte und sich also der Architektur und der Kunst zu Zwecken der Blendung oder der Vorspiegelung falscher Tatsachen bediente.

In den «Venezianischen Notizbüchern» John Ruskins gibt es nur eine einzige, eher nachlässig gefertigte Zeichnung, die einem Bauwerk der Renaissance gewidmet ist: Sie zeigt die von Andrea Palladio gestaltete Fassade von San Giorgio Maggiore, einem Bauwerk, dem – neben der Seufzerbrücke, neben dem Markusplatz – der besondere Enthusiasmus der Touristen gilt, schon weil es den «Bacino», die Wasserfläche vor dem Dogenpalast und San Marco, so vollendend rahmt. Es sei unmöglich, schrieb Ruskin in seinem Kommentar zu dieser Kirche, sich «einen plumperen, barbarischeren, kindischeren Entwurf» vorzustellen, ein Bauwerk, «das in seinem Plagiarismus beflissener, in seiner Ausführung öder, in jeder vernünftigen Hinsicht verächtlicher» wäre als diese weiße Imponierfassade. Die romanischen und gotischen Architekten dagegen hätten tatsächlich Häuser gebaut, Stockwerk für Stockwerk, und deren Dekor habe ihnen dazu gedient, den Bau zu spiritualisieren. Dieses Ding von Palladio aber verdiene nicht für einen Augenblick Beachtung.

Eine harte Grenze trennt, so wie Ruskin die Geschichte nicht nur Venedigs sieht, das verlorene Paradies der mittelalterlichen Stadt von neuzeitlichen Verhältnissen. Auch diese Grenze verläuft in ferner Vergangenheit, im Übergang vom Mittelalter zur Renaissance nämlich, oder genauer: in der Ablösung der Wahlmonarchie, die in Venedig von einer relativ großen Bürgerschaft getragen wurde, durch die Herrschaft eines Erbadels. Mit dieser neuen politischen Form, so Ruskin, kam nicht nur das Bedürfnis nach politischer Repräsentation in die Welt, und mit diesem Bedürfnis die Techniken des Beeindruckens und die Architektur der Fassade, sondern auch das Regime der Arbeitsteilung, der Unterwerfung unter fremde Zwecke und der mechanischen Reproduktion – und dieses Elend setzte sich dann fort bis ins viktorianische England, wobei es immer mächtiger wurde.

John Ruskin widersetzte sich der Idee der Restaurierung, grundsätzlich. Dagegen forderte er die Konservierung von Baudenkmälern mitsamt ihrer Patina und allen Spuren der Geschichte. Wahrhaftigkeit gegenüber der Natur sei das Erste, was von der Kunst zu verlangen sei, erklärte er, und das gelte sowohl in Hinblick auf die Moral als auch in Rücksicht auf die Materialität des Dargestellten. Dieses Eingedenken an die materielle Beschaffenheit der Dinge schließt für Ruskin ein, dass deren Flüchtigkeit hinzunehmen ist – ja, mehr als das: dass ihre Vergänglichkeit zu ihrer Schönheit gehört. Dieser Gedanke ist offenbar für viele Menschen nicht zu akzeptieren. Wenn sie an Venedig denken, sinnen sie über die Frist bis zum Untergang nach, die der Stadt so offensichtlich gesetzt zu sein scheint, und diese Vorstellung ist ihnen schwer erträglich. Warum aber soll, was alt ist, nicht vergehen?

Die einen wollen die Stadt noch sehen, bevor sie verschwindet, und die anderen wollen bewahren, was sich bewahren lässt, unter Einsatz immer größerer Mittel. «Venice forever» lautet das Motto einer Stiftung mit dem Namen «Friends of Venice», und wenn sie auch eine Erfindung der Kommune ist, so teilen doch auch die unabhängigen Initiativen zur Erhaltung des venezianischen Kulturguts – die italienische Lobby «Italia Nostra» zum Beispiel oder die britische Stiftung «Venice in Peril» («Venedig in Gefahr») – zumindest den Anspruch, die Stadt müsse auf unabsehbare Zeit erhalten werden, mindestens in dem Zustand, in dem sie sich jetzt befindet, lieber aber noch in einem älteren und zugleich perfekteren Zustand, von dem keiner weiß, wie er eigentlich beschaffen sein soll.

*

Der Philosoph und Publizist Régis Debray, einst Kampfgefährte Che Guevaras und später politischer Berater des französischen Präsidenten François Mitterrand, veröffentlichte vor fünfundzwanzig Jahren eine Streitschrift mit dem Titel: «Contre Venise» («Gegen Venedig»). Die Stadt sei, heißt es in diesem Büchlein, der vulgärste Ort, an dem sich Menschen von Geschmack treffen könnten. «Ich glaube mich zu erinnern», schreibt er weiter, «dass zu den großen Zeiten, denn Venedig war groß, die siegreiche Stadt mit ihrem eisernen Willen nicht geliebt wurde. Als sie noch über militärische Macht verfügte und ihr Veto zählte, zur Zeit der Seeschlacht von Lepanto, schwärmte niemand von einer geheimnisvollen Anmut oder von den Katzen, die zwischen zwei bestickten Kissen schlafen.» Der Gedanke ist polemisch. Aber er ist richtig: Venedig wird überhaupt erst in dem Augenblick zu einer unvergleichlich «schönen» Stadt, schon mitten im 19. Jahrhundert, in dem sie von «Geistern mächtiger Toter» (John Ruskin) bewohnt sein soll – in dem also ihre Macht über das wirkliche Leben erloschen ist.

Zum ersten Mal aufgekommen war das Gerücht, Venedig sei eine dekadente, dem Untergang geweihte Stadt, vermutlich im späten 18. Jahrhundert. Zum ersten Mal handfest wurde dieses Gerücht mit dem Ende der Republik. Im Herbst des Jahres 1797, wenige Monate nachdem französische Truppen kampflos in Venedig eingezogen waren, ließ Napoleon Bonaparte einige tausend der wertvollsten Kunstschätze der Stadt abräumen und nach Paris bringen. Darunter waren die vier bronzenen Pferde, die über dem Portal von San Marco nach Westen reiten, sowie der geflügelte Löwe, das Hoheitszeichen der Stadt, der auf einer Säule auf der Piazzetta steht und einst die ankommenden Schiffe empfing. Ob und wie sich die lange Zeit neutrale Republik der französischen Armee hätte widersetzen können, war zu jener Zeit umstritten und ist es unter Historikern immer noch. Die Selbstauflösung des Großen Rats und die Abdankung des Dogen hingegen wurden zum letztgültigen Ausdruck eines Niedergangs, der sich während der folgenden Jahre immer deutlicher manifestierte – wobei die Österreicher, denen die Stadt bis 1805 überlassen worden war und die dann ab 1814 über große Teile Nordostitaliens herrschten, aus politischen Gründen das Gerücht beförderten, sie hätten ein völlig marodes Staatsgebilde übernommen.

Kolportiert wurde das Gerücht dann immer weiter, von Lord Byron über Thomas Mann, der den «Tod in Venedig» schrieb, bis zu Nicolas Roeg, der in seinem Film «Wenn die Gondeln Trauer tragen» aus dem Jahr 1973 die ganze Stadt in einen bösen Spuk verwandelte. Einen Widerstand gegen die Verwandlung Venedigs in eine Stätte der Dekadenz scheint es nicht gegeben zu haben. Und warum auch, machte das Ruinen- und Gespenstergerücht die Stadt doch zum idealen Schauplatz für Aufführungen – und vor allem: für Selbstaufführungen – aller Art. Begonnen hatte die Verwandlung Venedigs in eine Kulisse um das Jahr 1900, genauer: mit der Entstehung eines modernen, avantgardistischen Kunstbetriebs, der die Welt als ein Reservoir möglicher «locations» behandelt – mit Mailand oder Turin als den Orten des Fortschritts, mit Venedig als dem Ort des zu überbietenden Alten. Denn Avantgarde, das heißt auch: das Regime eines immer wieder neu zu schaffenden Neuen, die immer wieder anders zu beantwortende Frage, wie, wo und von wem über das Schicksal der Kunst (oder wahlweise: der Gesellschaft, der Welt) gerade jetzt entschieden werde. Damit einher aber geht eine doppelte Entwicklung, die aus der Boheme des 19. Jahrhunderts hervorgegangen war und sich über die Avantgarden des frühen 20. Jahrhunderts in eine ganze Gesellschaftsschicht hinein verbreitete: die Entgrenzung der Kunst zur ästhetischen Überraschung gleich welcher Art und die Verwandlung des Künstlers in einen Arrangeur von atmosphärischen Zeichen.

Aus diesem Geist entstand die «Biennale di Venezia», die im Jahr 1895 nach dem Vorbild der Weltausstellungen geschaffene, alle zwei Jahre stattfindende internationale Ausstellung der bildenden Künste, nach deren Muster wiederum eine Reihe ähnlicher Veranstaltungen für die anderen Künste gestaltet wurde, so im Jahr 1930 die Filmfestspiele und im Jahr 1980 die Biennale der Architektur. Verkörpert wurde die Verwandlung Venedigs in ein Reservoir ästhetischer Zeichen durch Gestalten wie die Marchesa Casati, eine berühmte Protagonistin der Kunstgeschichte des frühen 20. Jahrhunderts, auch wenn sie selbst, wenigstens im traditionellen Sinn, nie eine Künstlerin gewesen war. Sehr reich, sehr schlank, sehr groß, das Gesicht geweißt, den Mund blutrot geschminkt, die Augen dick mit schwarzer Tusche ummalt, von Kopf bis Fuß in schwarzen Samt gekleidet, war sie dreißig Jahre lang als lebendes Kunstwerk durch die Welt gegangen, als Muse der Symbolisten, Futuristen und Surrealisten, als extravagante Königin der Maskenbälle, als Meisterin des ebenso grandiosen wie verschwenderischen Einfalls – und als Gegenstand von Hunderten von Gemälden, Fotografien und Skulpturen. Berühmt geworden war sie auch für ihre nächtlichen Spaziergänge über die Piazza San Marco in Venedig, nackt unter einem Pelzmantel, und an einer mit Juwelen geschmückten Leine führte sie zwei Geparden. Es ist zu befürchten, dass sie Tausende von Nachfolgern und Nachfolgerinnen fand, offensichtlich nicht mit solchen Auftritten, aber doch in ihrem Verhältnis zu Venedig als Bühne.

Je mehr man sich heute dem Markusplatz nähert, desto mehr sind die Straßen gesäumt von Geschäften für Bekleidung, für Brillen, für Schuhe, von Dolce & Gabbana und Burberry und Louis Vuitton und

Zegna und Armani. Vor etlichen historischen Gebäuden, vor allem vor solchen, die gerade restauriert werden, hängen gewaltige Werbebanner für Uhren, Hosen oder Damenhandtaschen. Die besonders avancierten dieser Firmen suchen darüber hinaus die innige Verbindung zur Stadt und zu ihrer Geschichte: Dass die Modefirma Prada die Ca' Corner della Regina mit ihrer prächtigen Innenausstattung aus dem 18. Jahrhundert restaurierte und als Museum herrichtete, ist nicht nur ein mäzenatischer Akt von erstaunlicher Großzügigkeit. Vielmehr demonstriert dieses Unternehmen auch, welche Umgebung ein Hersteller von schönen Dingen als das ihm angemessene Ambiente betrachtet, im Hinblick sowohl auf ästhetische wie auf historische Geltung.

Die Kunden revanchieren sich dafür, indem sie auf den Gedanken verfallen, sie müssten sich hier etwas besonders Teures zum Anziehen kaufen, und sie tun es möglicherweise auch, um der Schönheit der Stadt in irgendeiner Weise gewachsen zu sein. Die in ein Zeichen verwandelte Stadt Venedig stößt in solchen Verbindungen auf die in ein Zeichen verwandelte Ware, die Marke verbindet sich mit der Marke. Nicht jede Stadt, nicht jedes historische Bauwerk eignet sich für eine solche Verbindung, ebenso wenig wie sich jedes Unternehmen dafür eignet: Aber die Rialtobrücke gehört, genauso wie der Ponte Vecchio, das Kolosseum und vielleicht noch ein halbes Dutzend andere Gebäude, zu den berühmtesten Kulturgütern Italiens. Sie stehen ikonisch für das ganze Land, in ihnen wird Italien zur Marke. Auf der anderen Seite zählen Tod's und Diesel, Dolce & Gabbana, Fendi und Prada zu den bekanntesten Firmen einer Nation, in der es nur noch wenige weltweit erfolgreiche Unternehmen gibt. So spiegeln sich die Marken gegenseitig.

Der Tourismus, der zu Markenstädten wie Florenz oder Venedig führt, folgt denselben Gesetzen, denen das Kapital gehorcht und die Turnschuhe in Nikes und Sonnenbrillen in Ray Bans verwandeln. Es waltet ein Zentralismus darin, der die in der Vergangenheit erworbene Bedeutung einer sehenswürdigen Stadt unter veränderten Vorzeichen unablässig weiter verstärkt, so dass immer mehr Menschen kommen, weil immer mehr Menschen kommen. Für die verbliebenen Einheimischen kommt diese Entwicklung einer Enteignung gleich. Denn nicht nur, dass jeder Gang zum Supermarkt durch eine dichtgedrängte Menschenmenge führt: Weil der Tourismus nur bestehen lässt, was dem Tourismus zugutekommt, ändert selbst die bescheidenste Wohnung ihren Charakter. Sie wird pittoresk, oder sie wird zu einer Insel im Strom. Werden die Einheimischen dann geschützt, etwa durch spezielle, niedrige Tarife beim Museumseintritt oder bei den öffentlichen Verkehrsmitteln, werden sie zu Eingeborenen und ihre Wohnstätten zu Protektoraten.

Als Kulisse und reduziert auf ein paar ikonische Bauwerke mitsamt Kanälen verbreitet sich Venedig längst auf der ganzen Welt, von der kalifornischen Stadt Venice (1905) über das «Venetian Resort Hotel» in Las Vegas (1999) bis zur Wohnsiedlung «Viaport Venezia» in Istanbul (2011), vom «The Venetian Macao Resort» (2007) und der «New South China Mall» (2005) im chinesischen Dongguan, dem größten Einkaufszentrum der Welt, in dem es nicht nur eine als Venedig-Kopie gestaltete Abteilung, sondern auch solche im Stil von Paris und Amsterdam gibt, bis zur großflächigen Venedig-Nachbildung in der Hafenstadt Dalian in der chinesischen Provinz Liaoning. Umgekehrt ist das ikonisch gewordene Venedig auch in Venedig präsent, als allgegenwärtige Verdopplung der Stadt in sich selbst, als Bild im Bild im Bild: an jedem Andenkenstand, in jedem Souvenirladen, in vielen Restaurants, die sich ganz auf die Interessen eines flüchtigen Tourismus eingestellt haben.

Dieser Tourismus schließlich ist die Existenzbedingung der vielen meist illegalen Einwanderer vor allem aus Afrika, die in Venedig ein zumindest vorübergehendes Unterkommen suchen. Weil sie keine Arbeit finden, schaffen sie sich eine eigene Ökonomie, die einerseits auf die Stadt als Umschlagplatz von Bildern angewiesen ist, in Gestalt von Selfiesticks wie von Schwarzkopien von Markentaschen oder Designer-Sonnenbrillen, und die andererseits den Passanten, der von weit her kommt, voraussetzt: den Touristen und seinen Bedarf an Souvenirs. Venedig ist, so betrachtet, eine Stadt an der Grenze Europas, eine Kreuzung, an der sich die beiden größten Ströme von Wanderern treffen, die Touristen und die Emigranten, zu radikal ungleichen Bedingungen, ein Ort der extremen Polarisierung und der bis ins Äußerste gesteigerten globalen Ökonomie. In diesem Sinne ist Venedig, was Urbanisten eine «dual city» nennen, eine jener globalisierten Metropolen, in denen eine tiefgreifende, meist ethnisch markierte soziale Spaltung nicht mehr Ausdruck einer wie auch immer gearteten «Krise» ist, sondern notwendige und dauerhafte Konsequenz einer Wirtschaftsform.

*

In der Krypta der Kirche San Zaccaria, nicht weit vom Markusplatz gelegen, lässt sich beobachten, wie Venedig in der Lagune versinkt. Oder, genauer gesagt: wie die Lagune Venedig überschwemmt (denn die Stadt sinkt ja nicht mehr, seit man in Mestre aufgehört hat, das Grundwasser abzupumpen). Ein steinerner Altar befindet sich in der Mitte des Gewölbes, und er steht, ebenso wie die Säulen des Baus, immer in fünf bis zehn Zentimetern Wasser. Darin werden Säulen und Altar gespiegelt, so dass sie doppelt so hoch wirken, wie sie tatsächlich sind. Noch vor wenigen Jahrzehnten lag der Boden meistens trocken. Die begrenzte Zeit, die Venedig noch bleibt vor dem unaufhaltsamen, womöglich schon bald zu erwartenden Untergang der Stadt: In dieser Krypta scheint sie sichtbare Gestalt anzunehmen, auch an gewöhnlichen Tagen, an denen die Flut nicht aus den Fugen im Pflaster vor dem Markusdom sprudelt, um den Platz wieder einmal für drei Stunden unter Wasser zu setzen.

Es gibt viele Methoden, um zu ermessen, wie weit Venedig schon versunken ist: Es taugen zum Beispiel auch die alten Veduten, die es von der Stadt gibt. Die beiden Maler mit dem Namen Canaletto (ob Onkel oder Neffe, spielt hierbei keine Rolle) etwa wurden im 18. Jahrhundert mit ihren naturgetreuen Ansichten Venedigs berühmt. Der

Blick ist in den meisten Fällen noch derselbe, und der Vergleich zeigt: Um mindestens sechzig Zentimeter muss der Wasserspiegel heute höher liegen, als es vor zweihundert Jahren der Fall war. Die Mauern, von denen die Kanäle eingefasst sind, liegen deutlich tiefer. Die Stufen, die zu den Haustoren hinaufführen, sind mit Algen überwachsen, die Sockel der Gebäude stehen im Wasser, die Tore zum Kanal sind verschlossen. Und so wie die Gemälde oder die überschwemmte Krypta vom nahen Untergang zu künden scheinen, so tun es die dicken Pfähle, an denen die Boote befestigt werden oder die ihnen den Weg durch die Lagune weisen, denn sie verfaulen in der Mitte, weil die Unterschiede zwischen Ebbe und Flut zu groß werden. Und so tun es die Ziegelmauern, die erodieren, weil das zu hoch stehende Wasser dagegenschlägt, und so tut es der Putz, der von den Wänden fällt, und so tut es schließlich die ganze Stadt, die da im Brackwasser vor sich hin zu schimmeln scheint, sobald man genauer hinschaut als der gewöhnliche Tourist. Etwa fünfzigmal in jedem Jahr überspült das Wasser in jüngster Zeit die Plätze und Gassen. Zuletzt, im November 2019, verursachte ein Hochwasser von 1,87 Metern über dem normalen Pegel unermessliche Schäden.

Eigentlich müsste der Bau des hydraulischen Damms, der Venedig dereinst vor den schlimmsten Überschwemmungen schützen soll, längst abgeschlossen sein. Mit achtundsiebzig gigantischen Klappen soll er an den drei Zugängen zur Lagune das aus der offenen See hereindringende Wasser aufhalten, wenn die Flut eine Höhe von hundertzehn Zentimetern über Normalnull übersteigt: Zu Beginn des Jahrtausends für einen Preis von etwa fünfhundert Millionen Euro und eine Bauzeit von acht Jahren konzipiert, soll die Konstruktion nun, so heißt es, irgendwann um das Jahr 2022 abgeschlossen werden und dann sechs bis acht Milliarden Euro gekostet haben. Ob das so sein wird, ist indessen nicht gewiss: Immer wieder lag der schwimmende Kran, mit dem die Elemente des Damms auf den Meeresboden gesenkt werden, an seiner Mole im Arsenale, der historischen Werft Venedigs. Er war defekt und konnte lange nicht repariert werden. Unterdessen rosteten die bereits im Meer versenkten Teile, und etliche Elemente konnten nicht mehr bewegt werden, weil Sand in die Lager eingedrungen war.

Der Damm, MO. S. E. («modulo sperimentale elettromeccanico») mit Namen, ist eine der Unternehmungen von nationaler Bedeutung, die in Italien jedes Mal zu Großprojekten der Korruption werden. Der Staat scheint bei solchen Vorhaben, überall in Italien, vor allem als Gegenstand der Plünderung zu fungieren. Im Sommer 2014 wurden deswegen regionale Wirtschaftsführer und Politiker in beträchtlicher Zahl verhaftet, was die Beliebtheit des Damms bei der einheimischen Bevölkerung nicht förderte – umstritten ist der Bau sowieso, wegen der vielen offenen Fragen im Hinblick auf seine ökologischen Folgen (es ist nicht gewiss, wie die Lagune auf die Veränderung der Wasserflüsse reagiert) und seine technische Stabilität. Venedig vor dem Untergang retten kann der Damm ohnehin nicht. Allenfalls vermag er die große Überschwemmung zu verschieben, um ein paar Jahrzehnte. Denn abgesehen von der Korruption, die den Bau so offensichtlich begleitete, dass eine ganze Gruppe führender Politiker der Stadt und der Region im Gefängnis oder im Hausarrest verschwand, abgesehen auch davon, dass weitgehend unerschlossen zu sein scheint, welche Konsequenzen für die Ökologie der Lagune zu befürchten wären: Ausgelegt ist der Damm für einen Anstieg des Wasserpegels von zweihundertzwanzig Zentimetern. Zu Beginn des Jahrtausends glaubte man, diese Marke werde in hundert Jahren erreicht. Mittlerweile ist von fünfzig Jahren die Rede. Und was geschieht dann?

Jedes Mal, wenn das Adriatische Meer Venedig überflutet, gibt es skurrile Bilder in großen Mengen zu sehen: Menschen, die in Kanäle fallen, weil sie nicht mehr erkennen konnten, wo der feste Boden zu Ende ist, Quallen, die über den Markusplatz schwimmen und den dort planschenden Jugendlichen Konkurrenz machen, Ratten, die sich an Fenstergittern festhalten. Unterdessen spazieren Tausende Touristen über die Stege, die vor jedem Hochwasser aufgebaut werden. Ein paar tausend weitere Besucher sitzen vor den Bars und Restaurants und lassen sich bedienen, während ihre Schuhe in farbenfrohen chinesischen Plastiküberziehern stecken. Bedrohlich ist eine extreme «Acqua alta» offenbar nur für kulturkritisch gesinnte Geister, oder aus einer historischen Perspektive, die das Ereignis auf die nächsten Jahrzehnte hochrechnet. In der Stadt selber stellt sich das Desaster, zumindest für die Besucher und die Menschen, die von ihnen leben, bis auf weiteres als ein zusätzliches Spektakel dar, das sich in die unendliche Reihe von Spektakeln fügt, aus denen das touristische Jahr in Venedig besteht.

Die ästhetische Avantgarde und das Glück der großen Stadt

Mailand

E s gibt alte Städte in Italien, die kein historisches Zentrum mehr besitzen. Livorno wurde bombardiert, Messina fiel einem Erdbeben zum Opfer. In Mailand aber ging die Altstadt in der Geschichte verloren. Dort steht zwar der Dom, ein Gebirge aus Marmor, dort liegt, nicht weit von der Kathedrale, die Piazza dei Mercanti, dort wird, in der Kirche Santa Maria delle Grazie, Leonardos «Abendmahl» bewahrt, und in der Mitte der Stadt erhebt sich, groß und in dunkelroten Ziegeln, die Burg der Sforza. Gewiss wird man noch mehr solcher Stätten finden, die von einer langen Geschichte künden: Verknüpfte man im Geiste die romanischen Basiliken Mailands miteinander, ergäbe sich ein ganz eigener Stadtplan. Gleiches könnte man mit den größtenteils überbauten Kanälen tun, und in beiden Fällen entstünde, ginge man den Linien nach, ein ganz anderes, älteres Bild der Stadt. Doch wird die Mitte Mailands – von den Hochhäusern abgesehen, die mittlerweile die Stadtsilhouette beherrschen – von Gebäuden aus dem 19. und frühen 20. Jahrhundert dominiert. In langen Straßenzügen stehen sie da, wobei die Reihen immer wieder von Betonbauten unterbrochen werden. Manchmal entsteht dabei der Eindruck eines kleinstädtischen Ensembles, mit einer Bäckerei und einer Trattoria im Zentrum.

Die Vorstellung hält sich indessen nicht lange, mit Ausnahme vielleicht der Gegend um den Corso Magenta im Norden der Innenstadt und der «Navigli» im Süden, Reste eines Systems von Kanälen, die einst ganz Mailand durchzogen und mit der gesamten Po-Ebene verbanden, bis hinüber nach Venedig und Bologna. Mitten durch die Stadt rattert die Straßenbahn, mit zuweilen erstaunlich alten Wagen, und jenseits der Burg und des Parco Sempione erstreckt sich ein weites Viertel, in dem man manchmal glauben könnte, in Paris zu sein oder auch in Wien. Viele der Apartmenthäuser besitzen Foyers von fast niederschmetternder Großzügigkeit und Pracht, klassizistisch, im Jugendstil, rationalistisch. Mailand ist eine große Stadt, sie ist reich, reicher als jede andere große Stadt in Italien, und sie ist nach Norden orientiert: in die Schweiz und nach Deutschland, nach Frankreich und Großbritannien. Ihren Kern aus dem Mittelalter und der Frühen Neuzeit hat sie verschlungen. Mailand, meinte der Schriftsteller Carlo Emilio Gadda, sei «die große Baustelle eines neuen Lebens». Der Dom ragt daraus hervor, ein Gebäude, das nur der Tourist für weißgrau hält. Er sei rosafarben, sagen die Einheimischen, gefertigt aus dem besonderen Marmor, der im Val d'Ossola, unweit des Lago Maggiore, gebrochen wird, in einem Steinbruch, der sich im Besitz der «Fabbrica del Duomo», der Dombauhütte, befindet.

Ich war aus dem Süden angereist, mit dem Regionalzug aus Vigevano, einer kleinen Stadt in der Provinz Pavia, wo die Sforza um das Jahr 1500 nicht nur eine weitere Burg hatten bauen lassen, sondern auch eine Piazza von großer Schönheit. Am Abend zuvor hatte ich auf diesem Platz gesessen und zugesehen, wie die untergehende Sonne allmählich die barocke Fassade des Doms auf der östlichen Seite der Piazza einfärbte, erst orange und dann immer röter, bis die Sonne hinter den Häusern auf der westlichen Seite verschwand und die Dunkelheit die Fassade hinaufkroch. Der Zug war alt gewesen, eigentlich dunkelgrün, aber mit bunten Farben besprüht, und die Kunststoffsitze waren verschlissen. Eine Stunde dauert die Fahrt bis zur Stazione

Genova, dem Südbahnhof, und die Waggons waren am frühen Vormittag bis auf den letzten Platz besetzt. Die Menschen verlassen ihre heimatliche Umgebung offenbar nicht gern. Vielleicht können sie es sich auch nicht leisten, vor allem des «mutuo», des Wohnungskredits, wegen. Und so pendeln sie über weite Strecken, zweimal am Tag, und der Staat subventioniert ihre Zeitkarten. Tagsüber sorgen sie dann dafür, dass Mailand stets ein wenig überfüllt ist.

Im Eingang zur Galleria Vittorio Emanuele II, der ältesten mit Glas überdachten Einkaufspassage Italiens, liegt ein Caffè, das von der Firma Campari, dem Hersteller des weltbekannten Bitterlikörs, betrieben wird. Das «Camparino» ist so alt wie die Galerie, also etwa hundertfünfzig Jahre, in den zwanziger Jahren erhielt es eine Inneneinrichtung aus dunklem Holz. Große, ebenfalls dunkel gerahmte Bilder hängen hinter der Bar, und die Wände sind mit Mosaiken in sehr kleinen Teilen geschmückt, die Blumen und Girlanden bilden. Ein Schaufenster ist dieses Lokal, auch wenn man drinnen sitzt, genauso wie die Galerie ein gigantisches Schaufenster ist. Wenn man Glück hat und vorn sitzt, liegt der Domplatz vor dem Betrachter, und blickt er noch weiter, zwischen den beiden Portalbauten aus faschistischer Zeit hindurch, in denen sich links ein Museum des 20. Jahrhunderts befindet und rechts die Buchhandlung Mondadori, so erhebt sich weiter hinten ein Büro- oder Wohnturm aus den fünfziger Jahren in fünfzehn Etagen, über dessen obersten Stockwerken der Schriftzug eines anderen Likörfabrikanten, der Firma Martini, prangt. Im Erdgeschoss sollte ursprünglich eine Eisbahn angelegt werden, aber dazu kam es nie.

Zwei Dinge gehören zusammen, obwohl sie gesellschaftlich weit auseinanderzuliegen scheinen: die Museumsvitrine und das Schaufenster. In der Vitrine, meint man, werden kostbare, wissenschaftlich aufbereitete Dinge dem interesselosen Wohlgefallen dargeboten; im Schaufenster hingegen liegen Waren der unterschiedlichsten Art, die nur zu dem Zweck arrangiert sind, so schnell wie möglich herausgeholt und verkauft zu werden. Doch so entgegengesetzt sind die

Verhältnisse in den seltensten Fällen, und das gilt nicht nur, weil Vitrine und Schaufenster (im Italienischen heißt beides «vetrina») zur selben Zeit und mit derselben Technik entstanden sind. Zudem ist selbst bei einer Museumsvitrine nicht gewiss, ob der Gegenstand, der darin liegt und allen seinen früheren Umständen enthoben zu sein scheint, nicht doch eines Tages in die Warenzirkulation zurückkehrt. Umgekehrt sind die Waren, die im Schaufenster gezeigt werden, bis auf weiteres dem Kauf entzogen. Solange sie dort liegen, werden sie lediglich der Sehnsucht dargeboten.

Unmittelbar neben dem Dom und der Galerie steht das Kaufhaus «La Rinascente». Es füllt einen massiven Bau aus den frühen zwanziger Jahren und besitzt einen tiefen Arkadengang, der eine lange Schaufensterzeile verbirgt. Den Namen empfing es von Gabriele d'Annunzio, dem Dichter und Gesamtkünstler, weil in dem gerade entstehenden Kaufhauskonzern wieder einmal die Renaissance Italiens eingeleitet werden sollte, als Wiedergeburt aus dem Elend des Ersten Weltkriegs, aber auch aus den ökonomischen Schwierigkeiten, in denen die vorherigen Eigner der Kaufhäuser sich befunden hatten. Was mit dem Dichter begann, setzte sich in der engen Verbindung des Warenhauses zu Gestaltern fort, die immer beides waren: Künstler und Gebrauchsgraphiker, Architekten und Designer. Marcello Dudovich war ein solcher Künstler, ein gebrauchstauglicher Maler, der den Werbeplakaten für das Warenhaus eine leicht erkennbare, spezifisch italienische Form gab: Sie stammte aus dem Jugendstil, berührte den Futurismus und stellte sich dar als Kunst der bunten, beschwingten Vereinfachung, die im Vorübergehen und aus der Ferne leicht zu erkennen war. Die Plakate zeigen Menschen auf der Höhe ihrer Zeit, meistens ist dieser Mensch eine Frau, und immer ist ihr energisch moderner Auftritt an das Kaufhaus gebunden. Entfaltet wurde dieser Auftritt dann in Magazinen, die unmittelbar mit «La Rinascente» assoziiert waren oder, wie die Zeitschrift «Domus», als Widerspiel fungierten. Das heißt aber auch, dass jeder Gegenstand zu mehr dienen soll, als wozu er eigentlich bestellt ist: Jede Lampe sollte nun mehr tun, als nur zu leuchten, eine jede war ein Fanal, wenn nicht für die Zukunft, so doch zumindest für den Eigensinn.

Die Idee, nicht mehr nur einzelne Dinge zu verkaufen, sondern Lebensstile, in denen die unterschiedlichsten Waren aufgehen sollten, stammt aus dem 19. Jahrhundert. Im Jugendstil, der in Italien nicht zufällig nach einem Londoner Geschäft namens «Liberty» heißt, weitete sich dieses Konzept auf halb Europa aus, wobei die Kaufhäuser eine entscheidende Rolle spielten: als zusammenfassende Agenturen einer schon tief gestaffelten Arbeitsteiligkeit, als gleichsam halböffentliche Institute, in denen Handel, Unterhaltung und Volkspädagogik zusammenfielen, als höchst eigennützige Vermittler einer utopischen Kraft namens Fortschritt. Man stellt sich die unendliche Linie des Jugendstils gern leicht, weiblich und beschwingt vor und als einen auch aus diesem Grunde von vornherein zum Scheitern verurteilten Versuch, eine zunehmend industrialisierte Welt in Naturformen einzufangen. Doch ist der Jugendstil viel mehr und viel moderner: In Gestalt der floralen Arrangements zog die Abstraktion in die Kunst, und sie zielte auf das Leben. Die Linie sollte eine geistige Kraft sein, die jedes Ding, das von ihr berührt wird, in ein Medium verwandelt. An Gegenstände heftete sie sich weniger, um sie zu schmücken, als vielmehr, um sie mit einem Schwung von innen her zu ergreifen. Später war es dann nicht mehr der Schwung, sondern die Ecke, der Winkel oder sonst ein gleichsam graphisches Element.

Als Geschäftsstelle einer Moderne, die alle Bereiche des Lebens umfasste, vom Sofa bis zum Hemd, von der Nähmaschine bis zum Toaster, brachte es «La Rinascente» offenbar besonders weit, vielleicht deshalb, weil Italien den größten Abstand zur Moderne aufzuholen hatte: Der Architekt Gio Ponti gestaltete nicht nur Möbelserien, sondern entwarf auch Wohnungen und Häuser im programmatisch fortschrittlichen Stil von «La Rinascente». Der später als Avantgardekünstler berühmt gewordene Lucio Fontana formte Keramik, das Kaufhaus betrieb von den fünfziger Jahren bis in die Achtziger eine eigene Entwurfsabteilung für «Produktästhetik» und stiftete 1954

den «Compasso d'Oro», eine Auszeichnung für gelungene Form-
gebung. Mailand wurde über derartige Engagements zum Zentralort
der italienischen Moderne, des Designs und der Mode. Das Kaufhaus
aber lag mitten in der Stadt und war der Zentralort aller Inszenierungen, mit eigenen Bühnengestaltern, unter denen der Architekt Carlo
Pagani der berühmteste war.

Das Warenhaus ist zu einer anachronistischen Einrichtung geworden, insbesondere für Kunden mit mittlerem oder gar niedrigem Einkommen. Wo die Welt, ganz gleich, ob sie sich mit Jacketts, mobilen
Telefonen, Töpfen, Rucksäcken oder Spielzeug beschäftigt, auf jeweils vielleicht ein halbes Dutzend Marken geschrumpft ist, die jeder
kennt und die fast jeder haben will, braucht es keine Warenhäuser
mehr. Das gilt umso mehr, als man sich diese Dinge auch bequem
über das Internet bestellen kann. Selbst das zur Bühne gewordene
Schaufenster ist ins Internet gewandert, wo nun «Influencer» das
Geschäft erledigen. Aber es fragt sich, ob der eigentliche Grund für
den Niedergang des Warenhauses nicht darin liegt, dass es das Versprechen eines universalen Fortschritts nur noch in kleinem Format
geben kann: Es heißt dann Innovation, kostet nichts und ist für alles
und jedes zu haben.

*

Wenige Minuten bevor der Zug, aus den Bergen, und das heißt: von
Chiasso kommend, den Mailänder Hauptbahnhof erreicht, passiert
er eine gigantische Ruine, die aus einer weiten Brache aufragt. Sie
besteht fast nur noch aus einem stählernen Skelett, so hoch wie ein
zehnstöckiges Haus. Einige niedrigere Hallen schließen sich daran
an. Sesto San Giovanni heißt die ehemalige Kleinstadt, zu der dieses
Gelände gehört. Sie ist längst nur noch ein Vorort der Metropole. Die
Ruine aber war eine Fabrik, die den stolzen Namen «Falck» trug,
nach ihrem Gründer, dem elsässischen Ingenieur Georges Henri
Falck, der in den dreißiger Jahren des 19. Jahrhunderts in die Provinz
Como gekommen war, um dort Stahl produzieren zu lassen. Sein En-

ACHTZEHNTES KAPITEL

kel Giorgio Enrico Falck verlegte die Fabrik dann in den ersten Jahren des 20. Jahrhunderts nach Mailand, weil die Eisenbahnverbindungen hier besser waren, des Transports von Kohle aus Deutschland wegen und auch, weil der neue Standort unmittelbar an einem schiffbaren Kanal lag.

Diese Fabrik war in den siebziger Jahren das größte private Stahlwerk Italiens. Sie war eine Stadt für sich allein, mit eigenen Wohnsiedlungen und einer eigenen Elektrizitätsversorgung. Im Jahr 1995 erlosch der letzte Hochofen. Kurze Zeit später widmete der Mailänder Maler und Schriftsteller Emilio Tadini der Fabrik einen Nachruf: Eine Halle nach der anderen, jede so groß wie der Mailänder Dom, schreibt er, habe sich in Schutt und Asche verwandelt. Gussformen, mit äußerster Präzision gefertigt, seien zu Schrott geworden: «Dies ist das öde Land», meinte er, T. S. Eliot zitierend. «Schlimmer noch, wenn es die Hölle gäbe, sähe sie nicht viel anders aus.»

In Sesto San Giovanni steht auch eine klassizistische Villa, die der Stoffhändler und Bankier Heinrich Mylius, geboren im Jahr 1769 in Frankfurt, gestorben 1854 in Mailand, im späten 18. Jahrhundert errichten ließ. Einen kleinen Park durfte die Villa behalten, ansonsten liegt sie heute mitten zwischen modernen Apartmenthäusern. Als das Stahlwerk der Firma Falck geschlossen worden war, und nicht nur dieses Unternehmen, sondern auch die Produktionsstätte des Motoren- und Fahrzeugherstellers Breda und die Fabrik Ercole Marellis, eines Produzenten von Lokomotiven, Generatoren und Elektromotoren, wurden in dieser Villa ein Archiv und eine Forschungsstelle zur Industriegeschichte der Region eingerichtet. Verwahrt werden dort die Archive der großen regionalen Unternehmen, darunter zum Beispiel die Konstruktionszeichnungen der Lokomotiven, die Marelli bis nach Chile exportierte, kleine Kunstwerke aus Bleistift und Tusche, an denen noch heute erkennbar wird, dass die «industria metalmeccanica» einst auch ein Kulturunternehmen war. Blatt für Blatt nimmt der Archivar aus seinem Schrank, und er legt die Blätter vor den Betrachter, als wären sie Kunstwerke.

Am Anfang der Industrialisierung Italiens hatten die Seidenher-
stellung und die Weberei gestanden, und mit ihnen eine früh mechanisierte Produktion mit einem hohen Grad an Arbeitsteilung.
Hinzugekommen war die Landwirtschaft in der Po-Ebene, mit oft
großen Gütern und einer entwickelten Wasserwirtschaft, zu der
Pumpen und Rohrleitungen gehörten. So waren die Grundlagen geschaffen worden, zuerst für die Professionalisierung der Ingenieure,
dann für die Entstehung des metallverarbeitenden Gewerbes. Die
Arbeitskraft war billig, bedingt durch die späte Industrialisierung des
Landes, die nie von der Kohle ausgegangen war: Sie hatte in Italien
auch deshalb so spät eingesetzt, weil sie das Öl voraussetzte (oder
umgekehrt: weil sie so spät einsetzte, griff sie zum Öl und nicht zur
Kohle). Der auch anderweitig herrschende Mangel an Rohstoffen tat
ein Übriges: Vom Ersten Weltkrieg bis in die siebziger, ja noch in die
achtziger Jahre hinein gab es eine Metallindustrie, die im Hinblick
auf technische Neuerungen wie auf die Präzision der Fertigung den
Weltstandard bildete – und zwar zumeist in Gestalt von Familienun-
ternehmen, die oft nicht groß waren, aber ein dichtes Netz bildeten,
aus deren Mitte ein paar mächtige Firmen aufragten, Unternehmen
wie Falck oder auch der Reifenhersteller Pirelli (seit 2015 in chine-
sischem Besitz). Von der Textil- und der Stahlindustrie, der eins-
tigen Mitte der italienischen Wirtschaft, blieb nach den neunziger
Jahren wenig, und nach Beginn der Finanzkrise im Jahr 2008 verlor
das Land noch einmal fast dreißig Prozent seiner industriellen Ka-
pazitäten.

Die Industrialisierung hatte in Italien keine großen Fabrikstädte
hervorgebracht, sondern vor allem lose Ansammlungen von Ferti-
gungsstätten. In einem weiten Kreis war die Industrie um Mailand
herum angesiedelt gewesen: in Sesto San Giovanni die Stahlwerke,
in Arese die Autohersteller von Alfa Romeo, in Lambrate deren Kollegen von Lambretta und Innocenti, in Taliedo der Flugzeugbauer
Caproni, in Bicocca die Reifenfabrik von Pirelli. Die Stadt selber war
und ist ein Ort der Verwaltung und der Banken, des Verlagswesens

und (seit den sechziger Jahren) der Mode, die reichste Großstadt Italiens. Um sie herum aber herrschte eine «Kultur der Maschinen» («Civiltà delle Macchine», so der Name einer zwischen 1953 und 1979 veröffentlichten Zeitschrift), in der industrielle Produktion und Lebensform stets zusammengedacht werden sollten: als italienisches «Kalifornien» für die einen, als Heimat der Industrie und des Arbeiters für die anderen, wobei Sesto San Giovanni, dem «lombardischen Stalingrad», eine besondere Bedeutung zukam, weil es hier eine veritable Arbeiterbewegung gab. In jedem Fall aber galt die Peripherie Mailands als eine Veranstaltung von äußerster Modernität. Auch daran macht sich längst ein Bewusstsein von verlorener Heimat fest.

«Un' educazione milanese» – «Eine mailändische Erziehung», oder vielleicht eher: «Aufgewachsen in Mailand» – lautet der Titel eines Romans des Mailänder Lektors und Übersetzers Alberto Rollo. Das Buch erzählt von den Spaziergängen des Verfassers durch eine in großen Teilen obsolet gewordene Industrielandschaft in der großstädtischen Peripherie, es berichtet vom Vater, einem Metallarbeiter, dessen größtes Vergnügen die sonntäglichen Ausflüge auf dem Motorrad, einer «Moto Guzzi», waren, die er unternahm, um Fabriken und Werkstätten zu betrachten; es erinnert an den Freund, der mit seinem Fiat 500 gegen eine Mauer fuhr und starb. Alberto Rollo spaziert durch seine eigene Geschichte, entwirft vergangene Topographien, nimmt die alten Bücher in die Hand, geht noch einmal in eine Aufführung des Stücks «Bürgerkrieg in Chile» (1973) von Dario Fo. Das Buch ist die Geschichte einer Bildung, die wenig von dem auslässt, was zwischen den fünfziger und den späten siebziger Jahren von kultureller Bedeutung war. Aber es ist auch, immer wieder, das Dokument eines Klassenbewusstseins, das eigentlich nicht überwunden werden soll, aber längst vergangen ist.

Einmal traf ich Alberto Rollo, in einem Buchcafé in der Nähe der Porta Romana. Dass er eine Geschichte der Verluste geschrieben habe, wollte er nicht bestreiten. Man müsse aber unterscheiden, sagte er, zwischen dem Bewusstsein von Verlusten und Nostalgie. Letztere sei ihm fremd, die Verluste nehme er hin. Dann sprach er noch einmal vom Vater, den er als junger Mann heftig angegriffen habe, weil dieser so stolz auf seine Arbeit gewesen sei: Das sei doch eine Mentalität für Untertanen. Später habe er verstanden, dass der Vater recht gehabt habe. Als Alberto Rollo so redete, vom Schleifen, vom Drehen, vom Fräsen, wünschte ich ihm, dass es, aller Wahrscheinlichkeit zum Trotz, eines Tages obenliegende Nockenwellen geben möge, die nach dem Prinzip des «Slow Food», also als regionales, hochwertiges, gleichsam signiertes Produkt gefertigt werden.

Auf einem seiner Gänge durch die Stadt, berichtete Alberto Rollo, habe er in der Ferne die ehemalige Destillerie gesehen, die der niederländische Architekt Rem Koolhaas für das Modeunternehmen Prada zum Museum umgebaut hat. In manchen jener verlassenen Industriebauten lebten jetzt Flüchtlinge, diese Fabrik aber habe einen vergoldeten Turm. Ein Spukhaus sei die Anlage nun. Gespenster seien an einen Ort gebunden, und was hier umgehe, sei der Geist einer vergangenen Industrie. Beinahe ist es, als hätte auch Alberto Rollo beschlossen, an seinem Ort umzugehen, auf unbestimmte Zeit und noch zu Lebzeiten. Es liege nichts Befriedendes in dieser Erfahrung, schrieb er am Ende seines Buches, und eigentlich sei es noch offen, ob er überhaupt an diesen Ort gehöre.

*

Im Jahr 1904 malte Giuseppe Pellizza da Volpedo, einer der unglücklichsten Künstler der an unglücklichen Künstlern reichen frühen Moderne, ein Bild mit dem Titel «Auto al Passo del Penice». Der Pass von Penice, der auf halber Strecke zwischen Genua und Piacenza über den Apennin führt, ist auf dem Gemälde dargestellt. Das Automobil aber lässt sich nur erahnen, als milchiger Rahmen, dem zwei blasse Kreise für die Räder hinzugefügt sind. So schnell, lautet die Botschaft des Bildes, und so schnell vorbei. Zwei Motive stoßen hier aufeinander, und weil sie nur lose miteinander verbunden sind, ist das Gemälde nicht wirklich gelungen: Das eine ist der Zauber des stillgestellten Augenblicks, das andere die Bewegung, die so rasant sein soll, dass davon nur noch der Schatten eines unendlich Flüchtigen wahrzunehmen ist. Das Automobil in seiner schnellen Fahrt – es ist eine immer schon entschwundene Epiphanie.

Der Futurismus entstand in den ersten Jahren des 20. Jahrhunderts in Mailand (auch wenn das «Futuristische Manifest» im Februar 1909 in Paris veröffentlicht wurde) und breitete sich schnell auf die anderen großen italienischen Städte aus. Er sollte die Kunst einer neuen, technischen Zeit werden. Aber er ist als Bewegung interessanter als in seinen Gemälden. Vor allem auf Leinwand gebannt, in der Zweidimensionalität des Tafelbildes, ist der Futurismus wie das rasende Auto auf einem Pass im Apennin: immer schon über sich selbst hinaus. Wohin fährt der «motociclista» auf Mario Sironis gleichnamigem Gemälde von 1920/1922, diese finstere, vermummte Gestalt? Immer seinem Schicksal entgegen, und dieses Schicksal ist Wahrheit und Schrecken zugleich. Etwas zutiefst Zwiespältiges spricht aus den Werken der futuristischen Künstler. Der Futurismus umarmt die technische Moderne, dabei aber huldigt er den Maschinen und Maschinenmenschen, weiht sie, erklärt sie zur Verheißung, verleiht ihnen etwas archaisch Sakrales.

Keine ästhetische Bewegung, weder vorher noch nachher, ist mit solch rücksichtsloser Konsequenz zu Werke gegangen wie der Futurismus. Zerschlagt die Syntax, rief Filippo Tommaso Marinetti, der Wortführer der Futuristen, befreit die Wörter. Was dabei entsteht, ist eben nicht Unsinn, sondern metaphysische Aktion! Hinter der Grammatik, die, wie ähnlich schon bei Friedrich Nietzsche, als Gaukelwerk erschien, sollte das Wahre, Geistige, Göttliche in nackter Form hervortreten. Wenn der Futurismus Sensation machen wollte, dann nicht nur um der Kunst, sondern vor allem um der Wahrheit willen. Deswegen suchte er den Schock, deswegen rief er ständig: Alle mal herschauen! Dieser Drang zum «Durchbruch» führte den Futurismus in die Nähe zum Jahrmarkt und begründete seine Neigung zur Saalschlacht wie auch – wiederum zukunftsweisend für die

Entwicklung der Kunst – zum Skandal. Am Ende dieses Traums von der authentischen Mitteilung aber steht die Katastrophe. Dass eine ganze Reihe von Futuristen, allen voran Marinetti, der «fanfarone» («die große Fanfare»), in den zwanziger Jahren zu überzeugten Faschisten wurde, liegt in der Natur der Sache, in der Machtphantasie, die der Futurismus auch ist. Auf manchen Porträts sieht Marinetti dem Duce zum Verwechseln ähnlich.

Dem Futurismus war die Reklame also nie fern gewesen. Als er in den ersten Jahren des 20. Jahrhunderts in die Welt trat, tat er es mit allen Mitteln der Selbstanpreisung, des Rotationsdrucks und der Massenveranstaltung. Umgekehrt bediente sich die Reklame jener Zeit futuristischer Formen. In dieser Verbindung besonders erfolgreich war der Maler Fortunato Depero, der sich als Dekorateur und Steinmetz durchgeschlagen hatte, bevor er im Jahr 1914 gemeinsam mit Giacomo Balla das Manifest «Die futuristische Rekonstruktion des Universums» veröffentlichte. Danach wurde er Bühnenbildner in Rom und Gründer der «Casa d'Arte Futurista» in Rovereto, verfasste faschistische Gedichte und arbeitete als Graphiker in New York, wo er Titelbilder für «The New Yorker» und «Vogue» gestaltete. Seinen größten Erfolg aber erzielte er, als ihm die Mailänder Firma Campari die Werbung für ihren beliebtesten Likör anvertraute: Neben Etiketten und Plakaten entwarf er die kolbenförmige Flasche, in der seit dem Jahr 1932 die mit Sprudelwasser versetzte Variante des Getränks unter dem Namen «Campari Soda» verkauft wird. Überhaupt hört der Futurismus, als Form und Anspruch betrachtet, im Faschismus nicht auf. Im Gegenteil, seine Idee einer «Rekonstruktion» aller Momente des Lebens im Sinne der Technik reicht weit über den Zweiten Weltkrieg hinaus und führt mindestens bis in die Zeit der «Dolce Vita» – bis in die späten fünfziger, frühen sechziger Jahre, bis zur neuerlichen Modernisierung Italiens im internationalen Stil.

*

Dass es ein Europa der Verlierer gibt, ist spätestens seit Beginn der sogenannten Finanzkrise offenbar, seit dem Jahr 2008 mithin. Seit dieser Zeit wächst der Reichtum der Staaten, die in der gemeinsamen europäischen Währung zusammengeschlossen sind, nur noch wenig, verglichen jedenfalls mit China oder mit den Vereinigten Staaten. Das war vorher anders: Solange es insgesamt ein nennenswertes Wachstum gegeben hatte, konnte ein jeder Staat in der Gemeinschaft wachsen, manche mehr und andere weniger. Seit aber kaum noch etwas wächst, kann nur noch gewinnen, wer es auf Kosten anderer tut. Verlierer und Gewinner treten erkennbar auseinander, und sie tun es umso deutlicher, je strikter die einen wie die anderen auf dieselben Regeln des Wettbewerbs verpflichtet sind. Wenn eine Nation immer zu den Verlierern gehört, Jahr um Jahr: Wie groß kann dann noch die Überraschung sein, wenn sich dieses Land nicht mehr auf die Regeln festlegen lassen will? In dieser Lage befindet sich, nun schon seit etlichen Jahren, die drittgrößte Volkswirtschaft in der Währungsunion: Italien.

Das Land habe die «Wettbewerbsfähigkeit» vernachlässigt, lautet die Kritik aus den erfolgreicheren europäischen Ländern. Aus Italien betrachtet, sehen die Gründe für das Scheitern anders aus. Denn dort stellt sich die Geschichte des Landes nach dem Zweiten Weltkrieg als eine Kette großer Anstrengungen dar, ebenjene Fähigkeit zum Wettbewerb – die sich an den Erfolgen der Länder im Norden und vor allem an denen Deutschlands misst – zu erwerben. Italien, so viel war nicht nur im eigenen Land klar, sollte zu den großen Industrienationen gehören. Diese Geschichte führte schließlich zur Teilhabe an der Gemeinschaftswährung, die, von Italien gewollt und maßgeblich vorangetrieben, das entscheidende Mittel hätte werden sollen, um alle vorausgegangenen Nachteile im Wettbewerb auszugleichen: dadurch, dass Italien Zugang zur Kreditwürdigkeit der ganzen Gemeinschaft erhielt, zu niedrigen Zinsen, in einem Umfang, wie sie dem Land für sich allein nie gewährt worden wären. Siebzig Jahre hatte der Wille zur Behauptung als große, international erfolgreiche Nation Bestand.

Jetzt ist er zumindest in Frage gestellt, in einem wüsten Durcheinander aus Enttäuschung, Betrugsvorwürfen und Rassismus.

Die Geschichte der immer wieder von neuem begonnenen Versuche, einen über die nationalen Grenzen hinweg geführten Wettbewerb für sich zu entscheiden, lässt sich an der italienischen Landschaft ablesen, und zwar anhand der großen Industrieruinen. Die Petrochemie in Marghera, die Stahlwerke in Tarent oder in Bagnoli bei Neapel, die Raffinerien von Brindisi: Sie alle (und etliche ähnliche Anlagen) sind Monumente gigantischer, aber mehr oder minder gescheiterter Bemühungen, unter staatlicher Aufsicht Industriebetriebe entstehen zu lassen, die es in ihrer Größe und Leistungsfähigkeit mit Thyssen oder Krupp, mit Usinor oder British Steel hätten aufnehmen können. Dass diese Pläne nicht aufgingen, dass vielmehr der italienische Staat die Konzerne weiterbetrieb und die Arbeiterschaft gleichsam als Reserve ihrer selbst weiterbeschäftigte, ließ in den sechziger und siebziger Jahren das Fundament einer Staatsschuld entstehen, die dann später, ab den frühen achtziger Jahren, eskalierte. Und als die Betriebe schließlich zerschlagen und zu großen Teilen privatisiert wurden, als die Subventionierung des Südens eingestellt wurde und die Zentralregierung einen großen Teil ihrer Verbindlichkeiten an die Regionen und Kommunen weitergab – da wurde nicht nur rationalisiert, sondern zugleich eine Infrastruktur zerstört, die noch funktioniert hatte, wie schlecht auch immer. Die Ruinen gelten nun als Belege einer typisch italienischen Misswirtschaft, während sie eigentlich etwas anderes sind: Projektionen einer Zukunft, die sich nicht einstellte.

Die jüngste Anstrengung, im Wettbewerb mit den reichen Ländern des Nordens zu bestehen, die Teilhabe am Euro also, scheint sich nun als der letzte, ultimative Versuch zu erweisen, in der Konkurrenz der großen Nationen zu überleben: Der Zugang zum gemeinsamen Kredit zog die Verpflichtung auf einen Wettbewerb zu gleichen Bedingungen nach sich – während der Ballast der vergangenen Jahrzehnte, die Staatsschuld, immer noch gegenwärtig war. Das Land hätte mit dem neuen Geld von Grund auf renoviert werden sollen. Das Gegenteil trat ein: Im unmittelbaren Vergleich der Produktivkräfte setzte sich das überlegene Kapital durch. Auf diese Weise kam der Grundwiderspruch der Europäischen Union zur vollen Entfaltung: dass sich zwei Dutzend gegeneinander konkurrierende Staaten zusammengeschlossen hatten mit dem Ziel, gemeinsam den jeweils individuellen Vorteil zu suchen. Man mache sich nichts vor: Irgendwo muss sich der Außenhandelsüberschuss von Staaten wie vor allem Deutschland niederschlagen. Denn was heißt Außenhandelsüberschuss, wenn nicht, dass ein Staat mehr an anderen Ländern verdient, als er andere Länder an sich verdienen lässt?

«Schnorrer» tönt es den Italienern aus der ausländischen und vor allem deutschen Presse entgegen, immer wieder und in einer niederträchtigen Verdrehung der Verhältnisse, jenseits aller Schwierigkeiten, die sich Italien, vor allem in Gestalt der Korruption, selber zufügt: niederträchtig, weil sie sich dem schlichten Gedanken verweigert, dass es, wenn es Gewinner eines Wettbewerbs gibt, auch Verlierer geben muss – und stattdessen den Verlierer dafür schmäht, nicht zu den Gewinnern zu gehören. Dabei ist es nicht nur falsch, sondern Ausdruck nationalistischer Verblendung, die Schuldigen an diesem Scheitern persönlich haftbar machen zu wollen, sei es in Gestalt von Menschen, sei es in Gestalt von Charakterzügen («la dolce vita»), die im Süden besonders verbreitet sein sollen. Selbstverständlich hatte Italien, getrieben vom unbedingten Willen, an der Währungsunion teilzuhaben, die eigenen Möglichkeiten übertrieben freundlich betrachtet, den Erfahrungen der Vergangenheit zum Trotz. Andererseits war den anderen prospektiven Eurostaaten keineswegs entgangen, wie flexibel man in Italien mit den Beitrittskriterien umzugehen wusste, und sie waren selber nicht weniger flexibel. Das Interesse, eine Gemeinschaft zu bilden, so groß wie möglich und so mächtig wie möglich, war stärker als der Wille, auf den Kriterien zu beharren – auf Kriterien zudem, die mit einer maximalen Staatsverschuldung von sechzig Prozent des Bruttoinlandsprodukts und einer

Neuverschuldung von höchstens drei Prozent pro Jahr vor allem die deutschen Verhältnisse spiegelten.

Italien hatte die unmittelbaren Auswirkungen der sogenannten Finanzkrise mit eher geringen Schäden überstanden. Die italienischen Banken hatten sich in den Staatsfinanzen der Krisenländer eher wenig engagiert. Und selbstverständlich war Italien dabei, als es um die «Rettungspakete» für Griechenland oder Portugal ging. Die mittelbaren Auswirkungen der Krise fielen dann aber umso heftiger aus: Schon zuvor hatte es Verlagerungen der Produktion aus Italien nach Osteuropa und in die Fernen Osten gegeben, in großem Umfang. In der langen Rezession, die auf die sogenannte Bankenkrise folgte, sortierte sich nun der gesamte europäische Markt neu, zum Nachteil der nach wie vor eher mittelständischen, kleinteilig verfassten italienischen Industrie, mit wachsenden Verlusten auch im einst prosperierenden Norden – während Teile der Industrie, allen voran der Automobilkonzern Fiat, nicht nur die Produktion, sondern auch die Verwaltung und die Steuerpflicht ins Ausland verlegten. Italiens größtes Problem liegt darin, dass die Industrieproduktion schrumpft, und zwar sowohl im Hinblick auf deren gesamtes Volumen wie im Hinblick auf Zahl und Größe der Unternehmen. Und sie schrumpft schnell. Wer wissen will, wo sie hingeht, sollte einmal von Triest über Zagreb in Richtung Budapest fahren. Kurz hinter der ungarischen Grenze, bei Letenye, beginnen die Fabrikhallen wieder italienische Namen zu tragen.

*

Vor vielen Jahren gab es einen italienischen Film, der «Bellissima» hieß. Er spielt in Rom, kurz nach dem Zweiten Weltkrieg, und erzählt von einer Mutter, die ihre kleine Tochter zu einem Filmstar machen möchte, um der Enge ihres Arbeiterhaushalts zu entkommen. Das Mädchen bekommt Schauspiel- und Ballettunterricht, es wird fotografiert und frisiert, es wird, ganz wider seinen Willen, zum Vorspielen in die Studios der Cinecittà geschleift. Dort treffen Mutter und

Tochter auf eine Horde von anderen Müttern und Töchtern, die alle dasselbe im Sinn haben, und die Mutter lässt nichts unversucht, um dennoch ihr Ziel zu erreichen. Doch das Kind hat kein Talent, die Probe missrät, und die Herren vom Film lachen grässlich.

Luchino Visconti war der Regisseur dieses im Jahr 1951 gedrehten Films, die Mutter wurde von Anna Magnani verkörpert. Auf einem schmalen Grat spielt sie ihre Rolle: verblendet genug, um den schönen Schein einer Kulturindustrie ernst zu nehmen, und klug genug, um noch in der Niederlage ihren Kopf zu behaupten. Und am Ende, wenn die Mutter, in Tränen aufgelöst, auf dem Bett liegt und ihr Gatte ihr die modischen Schuhe mit den hohen Absätzen von den Füßen streift, darf das Kind endlich schlafen.

«Bellissima» ist immer auch die italienische Mode, vielleicht auch in Erinnerung daran, in welchem Maße diese Mode einer Welt zu entkommen trachtete, die von Armut und Zerstörung gezeichnet war. In den frühen fünfziger Jahren zeichnete Giuseppina Tizzoni (1889 bis 1979) in ihrem Mailänder Atelier Straßenkleider, die wie textile Gegenstücke zu den «occasional chairs» des Architekten Gio Ponti aussahen: zusammengesetzt aus lauter Trapezen. In den späten fünfziger Jahren entwarf in Rom Valentino Garavani (geboren 1932), bald nur noch als «Valentino» bekannt, Kleider, die umgestülpten Vasen glichen, mit ausgestellten Schultern, die von einem leichten Cape umflort waren, mit schmaler Taille und weiten, glockenförmig aufgebauschten Röcken, die zwei Handbreit unter dem Knie endeten. Giorgio Morandi malte Gefäße, die in ihrer selbstgenügsam wirkenden Dinglichkeit zuweilen ähnliche Formen besaßen. Und bei vielen der Modelle, die Mila Schön (1916 bis 2008) entwarf, scheint sich die Inspiration gleich gar ihrer Sammlung zeitgenössischer italienischer Kunst zu verdanken: In den minimalistisch gezeichneten Tuniken aus dem Jahr 1969 etwa wiederholen sich die geraden Schnitte, die Lucio Fontana durch die Leinwand gezogen hatte – als Zeichen, dass ein Bild eben ein Bild und ein Mantel eben ein Mantel sei. Mode und Kunst scheinen hier ineinander überzugehen in Gestalt einer utopischen Form, die sich mit Macht von der Gegenwart abstößt.

Die «Alta Moda» war als kleine Schwester der «Haute Couture» entstanden, und sie hatte erst nach dem Zweiten Weltkrieg zu einer eigenen Struktur gefunden, damals noch verteilt auf mehrere große Städte Italiens, auf Rom, Neapel, Venedig, Florenz, Mailand und Turin. Ihr geschäftliches Zentrum war zunächst, ab 1951, die Florentiner Modenschau des Grafen Giorgini gewesen, der zuvor als Einkäufer für amerikanische Warenhäuser in Italien gearbeitet und dann seinerseits die Gesandten des transatlantischen Einzelhandels nach Florenz geladen hatte. Denn wenn auch die Idee einer Schneiderkunst nach Pariser Modell hinter der Anstrengung wirksam gewesen sein muss, so gelang der Aufstieg doch auf dem Umweg über die Vereinigten Staaten. Die italienische Mode war leichter, bequemer, praktischer und nicht zuletzt auch billiger als ihr französisches Gegenüber. Dann fuhr Audrey Hepburn in «Ein Herz und eine Krone» (1953) mit Gregory Peck auf einer Vespa durch Rom, Ava Gardner spielte am selben Ort und in italienischen Kleidern die «Barfüßige Gräfin» (1954), und Elizabeth Taylor drehte in der Cinecittà «Cleopatra» (1961/62), wobei sie Valentino kennenlernte. Später ging auch Jacqueline Onassis in Italien einkaufen, um danach auf den Yachten reicher Männer in Kleidern von Mila Schön herumzulaufen. Eva Perón, Farah Diba und Imelda Marcos waren selbstverständlich ebenfalls da. Die Grundlagen für diesen Erfolg aber waren in einer langen Tradition des Webens und Schneiderns entstanden, verbunden mit den niedrigen Löhnen der italienischen Handwerker.

Während die «Haute Couture» für die Modemagazine vor allem in Interieurs fotografiert wurde, entstanden die Bilder der italienischen Mode meistens im Freien. Die halbe römische Antike wanderte aus diesem Anlass durch die Szenerie, nicht nur, um der «Alta Moda» historische Tiefe und touristischen Reiz zu verleihen, sondern auch als Signal des Anspruchs auf Großartigkeit und Bedeutung. Aber es sind im Hintergrund auch zu sehen: winterlich nasse Straßen mit Schlaglöchern, einsame Männer in schmutzigen gelben Ferraris, die kalte Betonarchitektur des für die Olympiade 1960 errichteten Palazzo dello Sport in Rom. Die alte Idee des Schweizer Kunsthistorikers Jacob Burckhardt, wahrhaft Schönes entstehe aus Verzweiflung, scheint hier wiederzuerstehen, übertragen in eine Bildkunst, die in ihren besten Momenten aussieht, als habe man in einer einzelnen Fotografie einen ganzen Roman komprimieren wollen.

Der Film vollendete diese Verbindungen, vor allem bei Michelangelo Antonioni, bei dem eine äußerste Anstrengung zur Modernität immer wieder mit scheinbar völlig zeitloser Verlorenheit zusammenfiel – und der in fast jedem seiner Filme in den fünfziger und sechziger Jahren, manchmal halb verborgen, aber oft auch buchstäblich, eine Modenschau inszenierte. Aber man muss sich nur umschauen: Anita Ekberg, wie sie in Federico Fellinis «La dolce vita» (1960) in einer weißen Pelzstola an einer schäbigen Hauswand zusammensinkt, Ingrid Bergman, wie sie in einer Jacke von Fernanda Gattinoni (1907 bis 2002) in Roberto Rossellinis «Viaggio in Italia» (1954) besorgt in eine arkadische Landschaft blickt. Auch in diesen Filmen ist die Mode bloße Kleidung und Kunst zugleich, etwas, das dem Menschen eine feste Kontur verleiht, selbst wenn er dabei ist, ganz und gar seinen Halt zu verlieren, gegenüber der Gesellschaft und in sich selbst. Und das gilt nicht nur für die Linie, die ihn zusammenhält und als Silhouette abschließt, sondern auch für die Farbe, die, je unwahrscheinlicher sie zu sein scheint, einen desto deutlicheren Kontrast zum Rest der Welt bildet.

Zur Mode gehört, zumindest wenn sie in großen Serien produziert wird, so etwas wie Alltag. Den Alltag aber gibt es, allem Anschein zum Trotz, noch nicht lange. Er setzt eine weitgehend befriedete Gesellschaft voraus, in der die Menschen einer geregelten, bezahlten Tätigkeit nachgehen und die Tage gleichförmig vorüberziehen. Er braucht die freie Zeit, in der sich ein Arbeitnehmer mit sich selbst beschäftigen kann, und er verlangt nach einer Zahlungsfähigkeit, die über die elementaren Verhältnisse des Daseins hinausgeht. Die Ateliers der «Alta

Moda» änderten deswegen ihren Charakter, als sich in den siebziger Jahren die Konfektionskleidung auch beim anspruchsvolleren Publikum durchsetzte. Die größeren und erfolgreicheren unter ihnen betreiben seitdem die feine, sehr teure und sehr persönliche Schneiderei vor allem, um den in Fabriken gefertigten, ein, zwei oder drei Güteklassen darunterliegenden Standard durchzusetzen, den man dann in Warenhäusern auf der ganzen Welt kaufen kann. Erst mit der Industrialisierung des Gewerbes wurde Mailand zum Zentralort der italienischen Mode. Geblieben aber ist dieses Wort: «bellissima».

Armani und Prada, Versace und Dolce & Gabbana, alle diese Firmen sind in Mailand zu Hause. Bei ihnen entsteht, was man «la moda italiana» nennt. Diesen Ausdruck gibt es erst seit den späten sechziger oder frühen siebziger Jahren, seit der Zeit also, in der sich, von einem radikalen Wandel in der bürgerlichen Gesellschaft bewegt, etliche lokale Schneidereien in große Manufakturen, wenn nicht Fabriken verwandelten oder gleich zu Agenturen des Designs wurden, um eine Mode zu entwerfen und zu vertreiben, die anderswo industriell hergestellt wurde. Parallel zu dieser Emanzipation vollzog sich die Verwandlung der Mode von einer Angelegenheit der individuellen Fertigung zur Serienproduktion: zu dem also, was in dieser Branche «Prêt-à-porter» heißt und was notwendig mit der Etablierung von «Brands» einhergeht, weil es der Marke bedarf, um in der Serie das Einzigartige zu behaupten. Für diesen Übergang gibt es eine schöne Bezeichnung: Die Parole lautet «Demokratisierung». Tatsächlich ist es nicht nur so, dass zu jener Zeit in Serien gefertigte Mode für weitaus größere Teile der Bevölkerung erreichbar wurde, als das zuvor möglich war. Vielmehr bedeutet das Wort auch, dass sich weitaus größere Teile der Bevölkerung die Gestaltung ihres individuellen öffentlichen Auftritts zum Anliegen machten, als das zuvor der Fall war – einschließlich des symbolischen Überschwangs, der jeder Mode zu eigen ist.

Giorgio Armani erfüllt in diesem Ensemble eine besondere Funktion: Melancholisch ist seine Mode, weshalb sie besonders gut in diese Stadt und in dieses Land passt. Seine Hosen, Blusen, Hemden und vor allem Jacken bergen so etwas wie eine verhüllte Zeiterfahrung, oder genauer: wie eine Erfahrung aufgeschobener Zeit. Als er begann, seine Mode zu schaffen, in den späten siebziger Jahren, nahm er dem Körper die Ecken, hüllte ihn in einen fließenden, aber deutlich konturierenden Stoff, der auch dann noch als eine Huldigung an die Spannkraft des Trägers wahrgenommen wurde, wenn diese längst erloschen war. Er ließ das Männliche dezent und das Weibliche herber, androgyn werden. Drei Jahrzehnte lang hat er nun diesen Stil geschaffen, in immer neuen Variationen. Was dabei entstand, war eine Mode, die nicht nur Vornehmheit, Zurückhaltung, Eleganz ausdrückte, sondern vor allem eine große Souveränität gegenüber der vergehenden Zeit.

Dass Richard Gere in «American Gigolo» («Ein Mann für gewisse Stunden»), Paul Schraders Film aus dem Jahr 1980, ausschließlich von Giorgio Armani eingekleidet wurde, war nicht nur ein Bekenntnis zu Hedonismus und Stil, sondern hat seinen tieferen Sinn darin, dass der Held in dieser Geschichte seinen Lebensunterhalt als Liebhaber älterer Frauen verdient – er trägt seine schmalen, feinen, melierten Sakkos auch, um zu zeigen, dass in seiner Gegenwart das Alter nicht zählt. Diese Mode begleitet ihren Träger und ihre Trägerin über die Schwellen des Alters, von den frühen Dreißigern bis in die Fünfziger und weit darüber hinaus. Und noch wenn die Haut weiß, pergamentartig und fleckig geworden ist, mildert ein Graugrün oder ein Beige in körnigen Mustern die Kontraste und lässt erträglich werden, was neben identifizierbaren Farben, neben einem klaren Blau oder einem entschiedenen Rot, zu einer nur traurigen Wahrheit geriete.

Die Schönheit der Langeweile

W er aus Italien zurückkehrt
in die Länder des Nordens,
sollte auf dem Weg noch einmal innehalten, in einer der kleinen
Städte, die, kulturell und sozial betrachtet, die eigentliche Mitte des
Landes ausmachen: in Udine zum Beispiel, einer wunderbaren Stadt
im Friaul, oder in Rovigo, am Unterlauf des Po gelegen, in Alessandria, wo nicht nur die Hüte von Borsalino gefertigt werden, sondern
auch der «cantautore» Paolo Conte zu Hause ist. Oder in Vercelli,
einer Stadt am rechten Ufer des Flusses Sesia, der hier das Piemont
von der Lombardei trennt. Allen diesen Städten ist gemein, dass sie,
von unterschiedlichen Jurys in unterschiedlichen Medien, zur «città
più noiosa d'Italia», zur «langweiligsten Stadt Italiens» erklärt wurden. Und jedes Mal, wenn so etwas geschieht, berichten die lokalen
Medien von diesem Ereignis, mit einer kleinen, ein wenig gespielten
Empörung, der man nicht nur die Genugtuung darüber anmerkt,
dass die Stadt überhaupt in der Presse erwähnt wird, sondern auch
ein stilles Einverständnis mit dem Prädikat «langweilig». An einem
solchen Ort, vermutet der Reisende, muss es sich gut auf die lange,
von vielen Aufregungen geprägte Fahrt zurückblicken lassen.

Vercelli, eine kleine Stadt von weniger als fünfzigtausend Einwohnern, liegt etwa eine Stunde westlich von Mailand. Sie ist leicht zu

erreichen, weil sie sich mitten im oberen Teil der Po-Ebene befindet, dort, wo die herrlichsten Altstädte in Abständen aufeinander folgen, die früher einer Tagesreise entsprachen und die heute in einer knappen Stunde mit dem Auto oder der Bahn zu bewältigen sind. Aber es wollen offenbar nur wenige Menschen nach Vercelli reisen, was dazu führt, dass die Piazza Cavour an einem Sonntagnachmittag zu Frühlingsbeginn nahezu verwaist daliegt. Ein scharfes, klares Licht fällt auf die bunten Bürgerhäuser, die so oder ähnlich seit mehr als fünfhundert Jahren diesen Platz umgeben. Es taucht die Arkaden in einen tiefen Schatten, während in der Musikschule, die in einem prächtigen, aber leicht verfallenen barocken Palazzo untergebracht ist, jemand Klavieretüden nach Carl Czerny spielt. In der Mitte der trapezförmigen Piazza steht, in weißen Marmor geschlagen, Graf Camillo Cavour, wobei es vorstellbar ist, dass die dankbaren Bürger der Stadt Vercelli, die das Denkmal errichten ließen, dabei nicht nur an den Autor der italienischen Verfassung und ersten Ministerpräsidenten des Königreiches Italien dachten, sondern auch an den Mann, der sich für den berühmten Reis engagierte, der in dieser Gegend wächst. Außerdem beförderte er den Weinbau, indem er einen Kanal quer durch das Piemont, von Chivasso über Vercelli nach Novara, anlegen ließ. Entsprechend rund ist der Bauch, den Graf Cavour in die Trägheit des Sonntagnachmittags streckt.

Vercelli besitzt eine prächtige Basilika aus dem frühen 13. Jahrhundert. In Gestalt dieser Kirche hielt die Gotik in Italien Einzug. Der Palazzo Centori ist frisch restauriert, ein Stadtpalast aus dem 16. Jahrhundert, im Stil Donato Bramantes errichtet. Das Museo Leone, aus einer Privatsammlung entstanden, hat nicht nur einen herrlichen, in zwei Etagen von Arkaden gesäumten Innenhof, sondern ist eines der schönsten regionalgeschichtlichen Museen, die es in Italien überhaupt gibt. Im Teatro Civico, einem anheimelnden Bau aus der Glanzzeit der italienischen Oper, wird in diesen Tagen die «Lustige Witwe» aufgeführt. In naher Zukunft wird man dort eine Performance mit dem Titel «Il silenzio grande» («Die große Stille») erleben können,

bei der es eher laut zugehen soll. Zurzeit seien australische Reishänd-
ler in der Gegend, meldet die Lokalausgabe der Turiner Zeitung «La
Stampa». Sie seien «auf der Suche» nach schwarzem Reis, der «in
den besten Restaurants von Sydney und Melbourne» serviert werden soll. Und gewiss, das Konzept des «Slow Food» hat sich in dieser
Gegend so fest etabliert, dass man gar nicht überrascht ist, am Rathaus einen Anschlag zu lesen, auf dem Vercelli zu «cittàslow», zur
langsamen Stadt, erklärt wird.

Ob das aber so klug ist? Das Prinzip der «Entschleunigung», das
in den vergangenen zwei, drei Jahrzehnten populär wurde, zielt ja
nicht auf die Kritik an den Verhältnissen, die das Leben in eine lange
Kette von stets zu knappen «deadlines» verwandelt haben, geschwei-
ge denn auf deren Abschaffung. Stattdessen empfiehlt das Prinzip
«slow» lediglich einen anderen Umgang mit den Zumutungen, die
das Leben unter den verschärften Bedingungen eines entfalteten
Kapitalismus bereithält. Nach diesem Prinzip werden Pausen propa-
giert, die das Regime der stets weiter beschleunigten Verwertung am
Ende umso vollkommener funktionieren lassen. Indessen wäre nicht
eine andere Verteilung von Zeitbudgets, sondern deren Außerkraft-
setzung der Anfang eines besseren Lebens. In dieser Hinsicht kann
es keine größere Empfehlung für einen Ort geben als das Verdikt, die
langweiligste Stadt Italiens zu sein: Denn «langweilig» ist hier nur
ein anderes Wort für einen radikal – im wörtlichen Sinne von: tief
verwurzelt – konservativen Geist, der sich weniger im Politischen
geltend macht als im sozialen und kulturellen Leben.

Dieser Konservativismus ist, einem verbreiteten Vorurteil über das
bewahrende Denken zum Trotz, etwas Widerständiges, und er ist,
unter der oft sehr lebendigen, manchmal auch exaltierten Oberfläche
der Ereignisse, eine Geisteshaltung, auf die man überall in Italien
trifft. Oft verbindet er sich mit einer Art Melancholie im Angesicht
einer Geschichte, die nie wirklich voranzuschreiten scheint. Dass
dieser Konservativismus unangenehme Seiten haben kann, in der
Geschlossenheit etwa, in der Familien operieren, im Klientelismus,

im landläufigen Rassismus (vor allem im Norden), ist nicht zu bestreiten. Die unangenehme Seite des Konservativismus, oder besser: seine interessierte Ausbeutung, hat viel mit dem zu tun, was uns Italien in den jüngsten Jahrzehnten scheinbar immer fremder gemacht hat. Zugleich aber sind in diesem Konservativismus Erfahrungen aufbewahrt, die anderen, nördlicheren Gesellschaften in ihrem Fortschrittsdenken abhandengekommen sind – und die gerade deswegen als ästhetische Vorstellungen zurückkehren.

Ein einsames Fahrrad rumpelt über das Kopfsteinpflaster, ein Hauch von Bratenduft weht über den Platz, von einem Kirchturm schlägt es drei Uhr. Italien ist ein schönes Land.

Prolog
Eine plötzliche Eintrübung des Blicks

Der Schriftsteller Martin Mosebach ist aus seinem Büchlein «Die schöne Gewohnheit zu leben» zitiert, das im Jahr 2018 in Reinbek bei Hamburg erschien. Die Bücher von H. V. Morton sind immer noch interessant und im Antiquariat leicht zu finden. Letzteres gilt auch für das «Reisebuch Italien» von Peter Kammerer und Ekkehart Krippendorff, dessen erster Band sogar noch neu lieferbar ist. Mario Giordanos Buch «L'Italia non è più italiana» ist im Jahr 2019 in Mailand erschienen. Der Gedanke, Italiener verachteten sich selber meist mehr, als Ausländer sie verachten würden, stammt aus Anselm Jappes Vorwort zur Anthologie «Schade um Italien. Zweihundert Jahre Selbstkritik» (Frankfurt am Main 1997). Ermanno Reas «La fabbrica dell'obbedianza. Il lato oscuro e complice degli italiani» (Mailand 2011) ist ein später, aber deutlicher Beleg für diese These. Was es mit der Selbst-Folklorisierung in Italien und insbesondere im italienischen Süden auf sich hat, erklärt der Ethnologe Ulrich van Loyen in seiner Monographie «Neapels Unterwelt. Über die Möglichkeiten einer Stadt» (Berlin 2018). Das Buch ist ein Schlüsselwerk zum Verständnis des italienischen Südens.

Erstes Kapitel
Wege nach Italien

Eine lesbare Einführung in die italienische Geschichte, unter besonderer Betonung der Kriege und verlorenen Schlachten, schrieb der britische

Publizist David Gilmour unter dem Titel «Auf der Suche nach Italien» (Stuttgart 2018). Die These, die italienische Nation stehe, gegenwärtig wie grundsätzlich, stets kurz vor dem Zerfall in ihre früheren Bestandteile, würde man ihm dennoch nicht abnehmen. Einen knappen, aber informativen und lebendigen Abriss der politischen und ökonomischen Geschichte Italiens in den vergangenen hundertfünfzig Jahren liefert John Foot in seinem Buch «Modern Italy», erschienen im Jahr 2015 in Basingstoke (Großbritannien) und New York. Gründlich und umfassender ist Hans Wollers «Geschichte Italiens im 20. Jahrhundert», erschienen im Jahr 2010 in München. Die Geschichte des italienischen Regionalismus während der vergangenen hundertfünfzig Jahre lässt sich nachlesen in einem Buch des amerikanischen Politologen Robert D. Putnam, das den Titel «Making Democracy Work. Civic Traditions in Modern Italy» (Princeton 1993) trägt.

Guido Piovenes «Viaggio in Italia» ist im Jahr 2017 in Mailand wiederaufgelegt worden. Pier Pasolinis Reisebericht «Die lange Straße aus Sand» erschien auf Deutsch im Jahr 2015 (Berlin). Guido Ceronettis «Viaggio in Italia» wurde im Jahr 2014 in Turin neu herausgegeben. Eine Teilübersetzung erschien unter dem Titel «Albergo Italia» im Jahr 1993 in München. Zu den «Viaggi in Italia» gehören auch zwei Bücher des britischen, aber in Italien lebenden Schriftstellers Tim Parks: das Fußballbuch «Eine Saison mit Verona» (München 2005) und das Reisebuch «Italien in vollen Zügen» (München 2014). Letzteres Werk ist eine Schule in italienischer Lebensart. Von Dieter Richter, dem Bremer Literaturwissenschaftler, gibt es das Buch «Carlo Collodi und sein Pinocchio. Ein weitgereister Holzbengel und seine toskanische Geschichte» (Berlin 2004), das den großen Beziehungsreichtum dieser Geschichte erschließt.

Zweites Kapitel
Fünf Ansichten eines schönen Landes (Piemont)

Der erstaunlichen Wirkungsgeschichte des Buches «Il Bel Paese» von Antonio Stoppani ist der Sammelband «Un best-seller per l'Italia unita» (Mailand 2012) gewidmet, der von Pietro Redondi herausgegeben

wurde. Der Gedanke, in der Schönheit der gemalten Landschaft ver-
berge sich auch die Vorstellung, dass das Leben dort angenehm sei, ist
der Dissertation «Vielfalt und regionale Eigenart als strukturierende
Prinzipien einer Kulturtheorie des Essens» (Weihenstephan 2006) der
Geographin Eva Gelinsky entlehnt. Pier Paolo Pasolinis Schrift «Von
den Glühwürmchen» ist im Band «Freibeuterschriften. Die Zerstörung
der Kultur des Einzelnen und die Konsumgesellschaft» (Berlin 1978)
enthalten. Der große Nekrolog zum Unternehmen Fiat stammt von Gad
Lerner und ist unter dem Titel «Operai. Viaggio all'interno della Fiat.
La vita, le case, le fabbricche di una classe che non c'è piu» im Jahr 2010
in Mailand erschienen. Die wichtigsten Bücher Cesare Paveses werden
gegenwärtig in neuen Übersetzungen von Maja Pflug in Zürich wiederveröffentlicht. Der Band «Der Mond und die Feuer» erschien im Jahr
2016. Zu Cesare Paveses Leben und dem Kreis von Intellektuellen und
Literaten, dem er zugehörte, empfiehlt sich Maike Albaths Monographie
«Der Geist von Turin. Pavese, Ginzburg, Einaudi und die Wiedergeburt
Italiens nach 1943» (Berlin 2010). Mit den gröbsten Illusionen, die italienische Küche betreffend, räumt die amerikanische Historikerin Carol
Helstosky in ihrem Buch «Garlic and Oil. Politics and Food in Italy»
(Oxford / New York 2004) auf.

Drittes Kapitel
Die Welt ist eine Klippe, hinauf führt eine Treppe (Ligurien)

Antonella Tarpinos Buch «Il paesaggio fragile. L'Italia vista dai margini»
ist im Jahr 2016 in Turin erschienen. Das Gedicht Eugenio Montales, aus
dem hier zitiert wird, heißt «Ossi di seppia» («Tintenfischknochen»)
und wurde zuerst im Jahr 1920 veröffentlicht. Es wurde von Christoph
Ferber übersetzt, der Text ist der Auswahlausgabe «Was bleibt (wenn
es bleibt)» (Mainz 2013) entnommen. Die Zitate aus Gustave Flauberts
«Voyage en Italie» sind dem ersten Band der Gesamtausgabe entnommen («Œuvres de Jeunesse», Paris 2001) und wurden vom Autor übersetzt. Giorgio Capronis Gedicht «L'ascensore» ist in der Ausgabe «Tutte
le poesie» (Mailand 2016) nachzulesen. Die zitierte Passage wurde vom

Autor übertragen. Die zitierten Passagen aus Jacob Burckhardts «Bildern aus Italien» sind im neunten Band der kritischen Gesamtausgabe («Kleine Schriften», München / Basel 2008) wiederzufinden. Italo Calvinos Erzählung «Das Baugeschäft» ist in den gesammelten Erzählungen enthalten, die unter dem Titel «Schwierige Liebschaften» im Jahr 2002 in München erschienen. Bücher und Aufsätze zur Geschichte des Schlagerfestivals von Sanremo gibt es viele. Am nützlichsten für dieses Buch erwies sich Marco Santoros Aufsatz «The Tenco Effect. Suicide, San Remo, and the social construction of the canzone d'autore» der im «Journal of Modern Italian Studies» (September 2006) erschienen ist. Einschlägig zur politischen und medialen Inszenierung Giuseppe Garibaldis ist Lucy Rialls Buch «Garibaldi. The Invention of a Hero» (New Haven 2007). Ricarda Huchs «Geschichten von Garibaldi» sind über das moderne Antiquariat leicht aufzutreiben. Die jüngste Ausgabe erschien im Jahr 1987 in Frankfurt am Main. Die Idee des reinen Heldentums ist aus Burkhard Müllers Artikel «Das rote Hemd, der Kugeln bestes Ziel» übernommen, erschienen in der «Süddeutschen Zeitung» (22. November 2007).

Viertes Kapitel
Die gute und die schlechte Regierung (Toskana)

Der Rückwendung der toskanischen Städte zu einer Idee spätmittelalterlicher Architektur ist der Band «Tuscany beyond Tuscany» (Florenz 2017) des Florentiner Architekturhistorikers Giulio Giovannoni gewidmet. Den entsprechenden Fiktionen, wie sie vor allem in Florenz zu einem historisierenden Stadtbild führten, wendet sich die amerikanische Kunsthistorikerin D. Medina Lasansky in einem Buch zu, das den Titel «The Renaissance Perfected» (University Park / PA 2000) trägt. Der Ideologiegeschichte des «Palio» gilt der Band «The Palio and its Image. History Culture and Representation of Siena's Festival» (Florenz 2003), der von Maria A. Ceppari Ridolfi, Patrizia Turrini und Marco Ciampolini herausgegeben wurde. Zur faschistischen Architektur Italiens sowie zu den faschistischen Umbauten historischer Städte siehe den von Aram Mattioli und Gerald Steinbacher herausgegebenen Band «Für den

Faschismus bauen. Architektur und Städtebau im Italien Mussolinis»
(Zürich 2009), darin insbesondere Klaus Tragbars Aufsatz «Dante und
der Duce».

Elsa Morantes kleiner Essay «Navona mia» ist, übersetzt von Maja
Pflug, in einem Band erschienen, der «Für und wider die Atombombe
und andere Essays» heißt und 1991 in Zürich veröffentlicht wurde. Die
Geschichte eines nicht zuletzt durch die Piazza entstandenen sozialen
Selbstverlusts erzählt Luigi Pirandello in seinem Roman «Uno, nessuno
e centomila» aus dem Jahr 1925. Um die deutsche Übersetzung «Einer,
Keiner, Hunderttausend» wird man sich im modernen Antiquariat
bemühen müssen. Der italienischen Typographie, unter besonderer
Berücksichtigung von Straßen- und Geschäftsschildern, ist ein wunder-
barer Bildband des britischen Graphikdesigners James Clough unter
dem Titel «Signs of Italy. Outdoor Lettering Up and Down the Boot»
(Mailand 2015) gewidmet. Über das Prinzip der Gefallen auf Gegenseitigkeit schreibt Anselm Jappe im Vorwort zu dem von ihm herausgegebenen Band «Schade um Italien. Zweihundert Jahre Selbstkritik»
(Prolog). Die Dialektik von Gesicht und Maske erläutert der Luzerner
Historiker Valentin Groebner in seinem Buch «Ich-Plakate. Eine Geschichte des Gesichts als Aufmerksamkeitsmaschine» (Frankfurt am
Main 2015). Der Gedanke, dass der Schein von Individualität in der
Malerei von Spätmittelalter und Renaissance nicht in den Gesichtern,
sondern in den Kleidern beginnt, ist von Burkhard Müller entlehnt, der
ihn in einem Essay über das Turiner Grabtuch entfaltet. Dieser ist in dem
Band «Fälschungen, Verwandlungen. Vom schönen Schein der Bilder,
Häuser und Menschen» (Springe 2016) enthalten.

Fünftes Kapitel
Die Zentralbauten des modernen Menschen (Florenz)

Die historische und kunsthistorische Literatur zu Florenz ist unübersehbar. Von besonderem Nutzen für dieses Buch war Volker Breideckers
Monographie «Florenz oder <Die Rede, die zum Auge spricht>» (Pader-
born 1992). Für die Ausführungen zur Geschichte des Museums wurde

Krzysztof Pomians Buch «Der Ursprung des Museums. Vom Sammeln» (Berlin 1988) herangezogen. Wenn Jacob Burckhardt in diesem Kapitel zitiert wird, handelt es sich dabei um Passagen aus seinem Werk «Die Cultur der Renaissance» aus dem Jahr 1860 (zuletzt München / Basel 2018). Anregungen zum Umgang mit Jacob Burckhardts Schriften empfing der Autor durch Henning Ritter, insbesondere durch dessen Aufsatz «Burckhardts Vermächtnis. Leben im Provisorischen» (in ders.: «Lange Schatten», Frankfurt am Main / Leipzig 1992). Tomaso Montanari hat seine Ansichten zur italienischen Kulturpolitik in mehreren Büchern niedergelegt, darunter «Istruzioni per l'uso del futuro. Il patrimonio. Culturale e la democrazià che verra» (Rom 2011), «Contro le mostre» (mit Vincenzo Trione, Turin 2017) und «Costituzione italiana: articolo 9» (Turin 2018). Wer Luigi Veronelli war, lässt sich in dem von Alberto Capatti, Aldo Colonetti und Gian Arturo Rota herausgegebenen Band «Luigi Veronelli. Camminare la terra» (Florenz 2014) nachlesen. Die Geschichte der niedergehenden Textilindustrie in Prato beschreibt der Politiker und Schriftsteller Edoardo Nesi in seinem Roman «Storia della mia gente» (Mailand 2010), für den er den Premio Strega erhielt, die wichtigste literarische Auszeichnung in Italien. Curzio Malapartes Traktat «Verdammte Toskaner» wird, in der Übersetzung von Hellmut Ludwig, nach der Taschenbuchausgabe (Reinbek bei Hamburg 1970) zitiert.

Sechstes Kapitel
Das Rückgrat eines langen, schmalen Landes (Umbrien)

Über die alten Städte und Dörfer in der näheren und weiteren Umgebung Roms unterrichtet, ebenso gelehrt wie unterhaltsam, der Historiker Arnold Esch zum Beispiel in seinem Buch «Historische Landschaften Italiens. Wanderungen zwischen Venedig und Syrakus» (München 2018). Dort wird auch erklärt, warum die kleinen Städte auf ihren Bergen so schön und so verloren sind. Unter anderem die Heiligen des italienischen Südens behandelt der Historiker Giuseppe Galasso in seinem Werk «L'altra Europa. Per un'antropologia storica del mezzogiorno d'Italia» (Mailand 1982). Anregungen zum Verständnis der Franziskaner verdanke ich Burkhard Müller, der einige seiner Gedanken in dem Artikel «Kapital im Bettelsack» («Süddeutsche Zeitung», 23. Februar 2011) niederlegte.

Zu Piero della Francesca gibt es unzählige Quellen. Besonders wichtig für dieses Buch waren Silvia Roncheys Monographie «L'enigma di Piero. L'ultimo bizantino e la crociata fantasma nella rivelazione di un grande quadro» (Mailand 2007) sowie Larry Whitmans Buch «Piero's Light. In search of Piero della Francesca» (New York 2014). Die Geschichte des «Piero Trails» erzählt John Pope-Hennessy in seinem Buch «The Piero della Francesca Trail» (New York 2002). In diesem Band enthalten ist auch Aldous Huxleys Eloge «The Best Picture». Vom unsichtbaren Netz, das von der Hand des Erlösers ausgeht, berichtet John Berger in seinem Buch «Woandershin: Farben / Kunst / Porträts», erschienen in Göttingen im Jahr 2019. Patti Smiths Lied «Constantine's Dream» ist erschienen auf dem Album «Banga» (Columbia / Legacy 2012). Die Geschichte vom plötzlichen Aufstieg Sandro Botticellis und Piero della Francescas in der Kunstgeschichte des späten 19. Jahrhunderts erzählen die amerikanischen Kunsthistorikerinnen D. Medina Lasansky und Gloria Kury im Einleitungskapitel zu dem von D. Medina Lasansky herausgegebenen Band «The Renaissance. Revised. Expanded. Unexpurgated» (Pittsburgh / New York 2014).

Auch zum Wald von Bomarzo fehlt es nicht an Beschreibungen und Analysen. Mario Praz' Essay «Die Monstren von Bomarzo» ist enthalten in seinem Buch «Der Garten der Sinne. Ansichten des Manierismus und des Barock» (Frankfurt am Main, 1988). Einschlägig, vor allem für die «subversive» Lesart des Gartens, ist das Buch von Horst Bredekamp und Wolfram Janzer mit dem Titel «Vicino Orsini und der Heilige Wald von Bomarzo. Ein Fürst als Künstler und Anarchist» (Worms 1991). Der amerikanische Kunsthistoriker Luke Morgan ist in «The Monster in the Garden. The Grotesque and the Gigantic in Renaissance Landscape Design» (Philadelphia 2015) deutlich distanzierter. André Pieyre de Mandiargues Essay «Die Monstren von Bomarzo. Eine Parkbegehung» erschien, übersetzt von Hanns Grössel, zuletzt im Jahr 2018 auf Deutsch (Berlin).

Was die Berge für Italien bedeuten, lässt sich nachlesen in dem Buch «Le montagne della patria» (Turin 2013) des Historikers Marco Armiero. Der Journalist Paolo Rumiz hat in seinem Buch «Il filo infinito» (Mailand 2019) die Geschichte der Benediktiner und ihrer Klöster nachvollzogen. Pier Paolo Pasolinis Gedicht «L'umile Italia / Das Italien der Armen» ist, auf Italienisch und auf Deutsch in der Übersetzung von Toni und Sabina Kienlechner, im Band «Gramscis Asche» veröffentlicht (München / Zürich 1984).

Siebtes Kapitel
Die Hauptstadt der Welt, gefügt aus Ruinen (Rom I)

Das Buch des italienischen Journalisten Paolo Rumiz heißt «Via Appia» und ist in der deutschen Übersetzung im Jahr 2019 in Wien und Bozen erschienen. Auf den Oppio als Versammlungsort von Immigranten und Neofaschisten wurde ich von Ulrich van Loyen verwiesen. Von Marco Lodoli gibt es mehrere Bücher mit «Spaziergängen» durch Rom, denen jeweils eine Kolumne in der Tageszeitung «La Repubblica» vorausging. Das erste dieser Bücher, eben «Spaziergänge in Rom» (Berlin 2012) genannt, erwies sich mir als das fruchtbarste. Salvatore Settis' Brandrede gegen den Beton ist in seinem Buch «Paessagio, costituzione, cemento. La battaglia per l'ambiente contro il degrado civile» (Turin 2012) enthalten. Die moderne Ruine zum Stil erhebt der Band «Incompiuto. La nascita di uno stile» (Mailand 2018) des Künstlerkollektivs Alterazione Video / Fosbury Architecture. Den intellektuellen Kreisen im Rom der Nachkriegszeit widmet sich Maike Albath in ihrem Buch «Rom, Träume. Moravia, Pasolini, Gadda und die Zeit der Dolce Vita» (Berlin 2013). Zum Lob des Spaghetti-Westerns hebt Quentin Tarantino in dem Artikel «How Spaghetti Westerns Shaped Modern Cinema» an, der am 1. Juni 2019 in der Zeitschrift «The Spectator» veröffentlicht wurde.

Achtes Kapitel
Das Vergehen und das Umbauen, das Glauben und das Teilen
(Rom II)

Zur Baugeschichte des Petersdoms siehe den von Hugo Brandenburg, Antonella Ballardini und Christof Thoenes herausgegebenen Band «Der Petersdom in Rom. Die Baugeschichte von der Antike bis heute» (Petersberg 2015), ferner mehrere Aufsätze von Christof Thoenes, unter anderem «Elf Thesen zu Bramante und St. Peter», erschienen im Römischen Jahrbuch der Bibliotheca Hertziana» (Band 41, 2013/14). Émile Zolas Roman «Rom» ist auf Deutsch nur in Nachdrucken oder im modernen Antiquariat erhältlich. Zitiert wurde nach einer Ausgabe, die, übersetzt von A. Berger, ohne Jahrgang in Berlin erschien. Volker Breideckers Buch «Rom. Ein kunstgeschichtlicher Reiseführer» (Stuttgart 2000) ist eine handliche und informative Einführung in die komplizierten Verhältnisse zwischen Kirche und Staat. Die Ausführungen zum Katholizismus sind inspiriert durch Magnus Klaues Aufsatz «Gott vergelt's» (Jungle World, 2014/51). Mario Perniolas Buch «Vom katholischen Fühlen. Die kulturelle Form einer universellen Religion» (2001) ist, übersetzt von Sabine Schneider, im Jahr 2012 in Berlin erschienen. Johann Joachim Winckelmanns «Geschichte der Kunst des Altertums» (1764) ist nach der Ausgabe zitiert, die im Jahr 1972 in Darmstadt veröffentlicht wurde. Den Übergang des Klassizismus zur Kunstreligion beschreiben Hannelore und Heinz Schlaffer in ihren «Studien zum ästhetischen Historismus» (Frankfurt am Main 1975). Luigi Barzinis Klassiker «The Italians» erschien, als englische Originalausgabe, im Jahr 1964 in New York.

Edoardo Albinatis umfangreicher Roman «Die katholische Schule» wurde, in einer Übersetzung von Verena von Koskull, im Jahr 2018 in Berlin veröffentlicht. Martin Mosebachs Huldigung an die Spolien ist enthalten in seinem Essay «Wiedersehen mit Rom», erschienen in der Zeitschrift «Sinn und Form» (3/2018). Die Stare fliegen über Rom in Italo Calvinos Roman «Herr Palomar» aus dem Jahr 1983. Er erschien, übersetzt von Burkhart Kroeber, zwei Jahre später in München. Das komplizierte Verhältnis zwischen Italienern und Zigarette entfaltet Carl Ipsen in seinem Buch «Italy's Love Affair with the Cigarette», publiziert im Jahr 2016 in Stanford.

Neuntes Kapitel
Unter dem Asphalt biegt sich die Pinienwurzel (Kampanien)

Das Wichtigste zu Cesare Lambroso erfährt man in dem Band «Die Kriminalanthropologie Cesare Lambrosos», herausgegeben von Lorenzo Picotti und Francesca Zanuso (Münster 2015). In Turin ist dem Kriminalisten ein sehenswertes Museum gewidmet. Die Literatur zu Alfredo Niceforo ist, der historischen Bedeutung seiner Lehren zum Trotz, eher spärlich. Guido Piovenes Buch wurde bereits erwähnt (Kapitel 1), Gleiches gilt für das Werk «Via Appia» von Paolo Rumiz (Kapitel 7). Alberto Moravias Roman «Cesira» erschien auf Deutsch im Jahr 1958 in München, übersetzt von Percy Eckstein. Den Hinweis auf dieses Buch verdanke ich Arnold Esch. Die Studie der italienischen Zentralbank heißt «Cultural Persistance? Evidence from an Administrative Reform on Borders of Southern Italy», wurde von Adele Grompone und Luca Sessa herausgegeben und erschien im Jahr 2015 in Rom.

Der Vergleich mit Palästina stammt von Dieter Richter, der ihn in seinem Buch «Neapel. Biographie einer Stadt» (Berlin 2005) zieht. Der Agglomeration um Neapel widmet sich die Publizistin Maria Pace Ottieri in ihrem Werk «Il Vesuvio universale» (Turin 2018). Der gängigen Berichterstattung über Neapel, den Müll und das organisierte Verbrechen widerspricht der britische Soziologe Nick Dines in seinem Aufsatz «Writing rubbish about Naples. The global media, post-politics and garbage-crisis of an (extra-)ordinary city», der im Band «Global Garbage. Urban Imaginaries of Waste, Excess and Abandonment», herausgegeben von Christoph Lindner und Miriam Meissner (London 2015), enthalten ist. Es war der schon erwähnte Anselm Jappe (Prolog), der sich der Selbstverachtung der Italiener widmet. Guido Sandro De Riccardis Buch «La mafia siamo noi» ist im Jahr 2017 in Turin erschienen. Darin geht es auch um Attilio Bolzonis Reportage. Roberto Savianos Bestseller «Gomorrha» erschien im Jahr 2006 in München, übersetzt von Friederike Hausmann und Rita Seuß. Er zog mehrere Folgebände und Filme nach sich.

Zehntes Kapitel
Die Gemeinschaft der verlorenen Seelen (Neapel)

Der Abschnitt über die Sanità und den neapolitanischen Totenkult wie auch die Ausführungen zum neapolitanischen Figurenkatalog (und zu den Kirchen wie zur Bedeutung der familiären Beziehungen) verdanken wesentliche Anregungen dem Ethnologen Ulrich van Loyen und dessen Buch «Neapels Unterwelt» (Prolog). Die Erinnerungen des britischen Offiziers Norman Lewis tragen den Titel «Neapel '44. Ein Nachrichtenoffizier im italienischen Labyrinth» (Wien / Bozen 1996) und wurden von Peter Waterhouse übersetzt. Unter anderem über das Lotto-Spiel, aber auch über viele andere Besonderheiten Neapels unterrichtet der Band «Delirious Naples. A Cultural History of the City of the Sun», herausgegeben von Stanislao G. Pugliese und Pellegrino D'Acierno (New York 2018). Benedetto Croce fällt sein hartes Urteil über Neapel in seinem Buch «Storia dell'età barocca in Italia» (1929), das im Jahr 1993 in Mailand wiederaufgelegt wurde. Zur Urbanität des neapolitanischen Hofes siehe David Gilmours Buch «The Pursuit of Italy. A History of a Land, its Regions and their People» (London 2011). Dem «furbo» und anderen Gestalten der italienischen Komik widmet sich Burkhard Müller in seinem Artikel «Schlaukopf und Hanswurst» («Süddeutsche Zeitung», 1. März 2013).

Der Spannung zwischen Rom und Neapel widmet sich Elena Croce in ihrem Buch «Due città», das im Jahr 1985 in Mailand erschien. Pier Paolo Pasolinis Huldigung an die Plebejer Neapels ist in dem Artikel «Gennariello» enthalten, der auf Deutsch in der Zeitschrift «Freibeuter 3» (Berlin 1980) erschien, übersetzt von Renate Haag. Die Funktion des «centro storico» in Neapel erläutert Nick Dines in seinem Buch «Tuff City. Urban Space and Contested Space in Central Naples» (New York / Oxford 2015). Aus Dieter Richters Buch «Neapel» (Kapitel 9) stammt der Hinweis auf die Statue des Nils. Anna Maria Orteses Erzählung «Die Brille» ist in dem Band «Neapel liegt nicht am Meer» erschienen, übersetzt von Marianne Schneider (Berlin 2019).

Elftes Kapitel
Kathedralen in der Wüste, und die Wolken sind rosa
(Der Süden)

Carlo Levis Bericht «Christus kam nur bis Eboli» (1945) ist in der Übersetzung von Helly Hohenemser-Steglich zuletzt im Jahr 2003 in München erschienen. Um die Vorstellung, beim italienischen Süden handele es sich um eine zeitlich wie geographisch weit entfernte Welt, geht es in Francesco Faetas Aufsatz «Orientalismus und Primitivismus im Mezzogiorno», der in einem Band über den Ethnologen Ernesto de Martino veröffentlicht ist. Das Buch heißt «Der besessene Süden» (Wien 2016) und wurde von Ulrich van Loyen herausgegeben. Letzterem verdanke ich auch den Gedanken von der italienischen Binnenexotik. Einen großen Klagegesang auf den Untergang des italienischen Südens stimmen die Publizisten Gian Antonio Stella und Sergio Rizzo in ihrem Buch «Se muore il Sud» (Mailand 2013) an.

Die Ausführungen zum Barock sind inspiriert von Erwin Panofskys Studie «Was ist Barock», die zuletzt im Jahr 2010 in Berlin veröffentlicht wurde, sowie von Tomaso Montanaris Buch «Il Barocco» (Turin 2012). Dem Zusammenhang von Barock und Bewegung widmen sich die Kunsthistoriker Svetlana Alpers und Michael Baxandall in dem Band «Tiepolo und die Intelligenz der Malerei», der von Ulrike Bischoff übersetzt und im Jahr 1996 in Berlin veröffentlicht wurde. Über die Heiligen, die man berühren müsse, schreibt Ulrich van Loyen in seinem Buch «Neapels Unterwelt» (Prolog). Mit Padre Pio setzt sich die Kunsthistorikerin Urte Krass in ihrem Aufsatz «Die Wunder des Padre Pio» auseinander, der in dem von Alexander C. T. Geppert und Till Kössler herausgegebenen Band «Wunder» (Berlin 2011) erschienen ist. Einem verwandten Gegenstand wendet sich Ute Krass in ihrem Aufsatz «Kontrollierter Gesichtsverlust. Padre Pio und die Fotografie» zu, den die Zeitschrift «Ideengeschichte» (IV.2, 2010) veröffentlichte. Die Geschichte des Stahlwerks von Tarent erzählt Salvatore Romeo in seinem Buch «L'acciaio in fumo. L'Ilva in Taranto dal 1945 a oggi» (Rom 2019). Cristina Zagaris Roman «Veleno» erschien im Jahr 2013 in Mailand.

Zwölftes Kapitel
Die Mitte des Mittelmeers (Sizilien)

Von der nachbarschaftlichen Gesinnung der Stämme und Völker auf Sizilien erzählt John Julius Norwich in seinem Buch «Sizilien. Eine Geschichte von der Antike bis in die Moderne», das von Gerlinde Schermer-Rauwolf und Rita Seuss übersetzt wurde und im Jahr 2017 in Stuttgart erschien. Von den intellektuellen und literarischen Kreisen, die es nach dem Zweiten Weltkrieg auf Sizilien gab, berichtet Maike Albath in ihrem Werk «Trauer und Licht. Lampedusa, Sciascia, Camilleri und die Literatur Siziliens» (Berlin 2019). Guido Ceronetti schildert sein Missfallen an den Katakomben Palermos in seinem «Viaggio in Italia» (Kapitel 1). Der Fotograf Stefan Koppelkamm hat seinem Band «Palermo. Lavori in corso» (Hamburg 2017) einen ebenso interessanten wie lebendigen Bericht über seinen Aufenthalt in der Stadt beigesellt. Giuseppe Tomasi di Lampedusas «Der Leopard» ist nach der Übersetzung von Charlotte Birnbaum (Frankfurt am Main 1975) zitiert. Zu Sandro De Riccardis «La mafia siamo noi» siehe Kapitel 9. Einschlägig für das Verständnis der Mafia ist Diego Gambettas Studie «The Sicilian Mafia. The Business of Private Protection» (Cambridge 1993). Den Optimismus in Sachen Mafia verbreitet Salvatore Lupo in seinem Buch «La mafia non ha vinto» (Bari 2014).

Dreizehntes Kapitel
Auf jedem Berg ein Zentrum der Welt (Marken)

Dem Leben Federico da Montefeltros und der ihm gewidmeten Kunst widmen sich Bernd Roeck und Andreas Toennesmann in ihrem Buch «Die Nase Italiens» (Berlin 2007). Die von Hanno Helbling übersetzten Zeilen Giacomo Leopardis sind dem Band «Giacomo Leopardi. Gesänge, Dialoge und andere Lehrstücke. Übersetzt von Hanno Helbling und Alice Vollenweider» (München 1978) entnommen. Grundlegend zum Verständnis des Ghettos von Recanati ist Adriano Cancellieris Studie «Hotel House» (Trento 2013).

Vierzehntes Kapitel
Zwischen der Via Emilia und dem Wilden Westen
(Emilia Romagna)

Das Leben von Gestalten wie Zanza an den Adriasträden der achtziger Jahre schildert der Roman «Rimini», der, in einer Übersetzung von Benjamin Schwarz, im Jahr 1985 in München und Hamburg erschien. Die Ferien am Strand schildert Pier Paolo Pasolini in seinem Buch «Rom, andere Stadt», das 2015 in Wiesbaden veröffentlicht wurde. Eine auch historisch aufschlussreiche Studie zum italienischen Strandleben lieferte der Soziologe Asterio Savelli in seinem Werk «Sociologia del turismo balneare. Turismo, consume, tempo libro» (Mailand 2009). Riccardo Bacchellis Roman «Die Mühle am Po» ist, in der Übersetzung von Stefan Andres, im Jahr 1989 in Stuttgart erschienen. Von den italienischen Ordinarien berichtet Umberto Eco in seinen «Streichholzbriefen» (übersetzt von Burkhart Kroeber, München 1990). Massimo Cacciaris weltumspannende Philosophie ist niedergelegt unter anderem in dem Buch «Gewalt und Harmonie. Geo-Philosophie Europas». Es wurde von Günter Memmert übersetzt und erschien im Jahr 1995 in München. Zur Casa Pound siehe Ulrich van Loyens Aufsatz «Verführt und verlassen. Über Casa Pound, die Vergangenheit und die Gegenwart des italienischen Faschismus», erschienen in der Wochenzeitung «Jungle World» (28. Februar 2013).

Fünfzehntes Kapitel
Dunkle Silhouetten vor nebliger Landschaft (Der Po)

Auch dem Po hat der italienische Journalist Paolo Rumiz eines seiner Wanderbücher gewidmet. Es heißt «Die Seele des Flusses. Auf dem Po durch ein unbekanntes Italien» und ist in der Übersetzung von Karin Fleischanderl im Jahr 2018 in Wien und Bozen erschienen. Der Programmspruch Michail Bakunins ist enthalten in seinem Werk «Staatlichkeit und Anarchie» (1872), das zuletzt im Jahr 2007 in Berlin erschien. Die Geschichten von Don Camillo und Peppone sind auf Deutsch zwar aus den Verlagsprogrammen gefallen, werden aber überreich im modernen Antiquariat angeboten. Zum Widerstand gegen die Politik als Programm italienischer Politik sowie zur Unantastbarkeit der dann amtierenden Politiker siehe das Buch von Sergio Rizzi und Gian Antonio Stella «La casta. Così i politici italiani sono diventati intoccabili» (Mailand 2007). Über die konkurrierenden Universalismen der Kirche und des Kommunismus sprechen Roberto Saviano und Giovanni di Lorenzo in ihrem höchst aufschlussreichen Buch «Erklär mir Italien! Wie kann man ein Land lieben, das einen zur Verzweiflung treibt?» (Köln 2019).

Sechzehntes Kapitel
Ein herrschaftlicher Blick vom Hügel auf das Land (Venetien)

Von der Geschichte und der Ideologie des Radfahrens in Italien berichtet der britische Historiker John Foot in seinem Buch «Pedalare! Pedalare! A History of Italian Cycling» (London 2011). Ernest Hemingways Roman «In einem anderen Land» (1929) ist vor kurzem in einer neuen Übersetzung von Werner Schmitz wiederveröffentlicht worden (Reinbek bei Hamburg 2018). Curzio Malapartes «Vica Caporetto» (1921), auf Deutsch unter dem Titel «Der Aufstand der verdammten Heiligen» erschienen, ist hingegen selbst über das deutsche Antiquariat kaum zu erhalten. Man wird sich eine italienische Ausgabe beschaffen müssen (zuletzt Florenz 1995). Roberto Longhi spricht bei Canova von «... svarioni cimiteriali». Nachzulesen ist dieses Verdikt in dem Band «Viatico per cinque secoli di pittura veneziana» (1946), der im Jahr 2017 in Mailand wiederveröffentlicht wurde. Der Gedanke, dass am Anfang aller Menschheitsgeschichten immer ein Garten steht, stammt von Burkhard Müller. Ippolito Nievos «Bekenntnisse eines Italieners» liegen seit dem Jahr

2005 in einer vollständigen Ausgabe vor, die Barbara Kleiner für einen Münchner Verlag besorgte. Ein großer Teil der Werke des Triestiner Schriftstellers Claudio Magris handelt von der besonderen Situation der Region zwischen Italien, Österreich und dem Balkan. Das Verhältnis zu Italien ist insbesondere für «Die Welt en gros und en détail» (München 1999) und «Triest» (zusammen mit Angelo Ara, Wiederauflage Wien 2019) von Bedeutung.

Siebzehntes Kapitel
Die Arche und ihr langsamer Untergang (Venedig)

Der Satz Guido Piovenes ist seinem «Viaggio in Italia» (Kapitel 1) entnommen, die Rede vom dritten Schöpfungstag ist aus Arnold Eschs Buch «Historische Landschaften Italiens» (Kapitel 6) entlehnt. Über den Zusammenhang von Schönheit und Trauer spricht der Philosoph Andreas Dorschel in seinem Aufsatz «Ein Versprechen von Glück. Neuere philosophische Forschungen über das Schöne», der in der «Philosophischen Rundschau» (Heft 58, Nr. 3, 2011) erschienen ist. Der Satz vom Sonnenuntergang stammt von Joseph Brodsky, der ihn in seinem Buch «Ufer der Verlorenen» (übersetzt von Jörg Trobitius, München 2001) äußert. Paolo Lanapoppi hat selbst mehrere kleine Bücher über Venedig geschrieben, darunter die Ermahnung «Caro Turista» (Venedig 2015). Thomas Manns Satz, man müsse Venedig nun über den Hintereingang betreten, stammt selbstverständlich aus dem «Tod in Venedig». John Ruskins Satz von Venedig im letzten Stadium des Verfalls ist dem Katalog zur Ausstellung «Le Pietre di Venezia» (Padua 2018) entnommen. Georg Simmels kleiner Aufsatz «Venedig» ist im zweiten Band der «Aufsätze und Abhandlungen» (Frankfurt am Main 1993) enthalten. John Ruskins Verdikt über San Giorgio Maggiore ist im dritten Band der «Stones of Venice» niedergelegt, die über das Internet leicht abrufbar sind. Das Büchlein «Contre Venise» von Régis Debray ist im Jahr 1997 in Paris erschienen. Die jüngsten Schicksale Venedigs hat der italienische Kunsthistoriker Salvatore Settis im Band «Wenn Venedig stirbt. Streitschrift gegen den Ausverkauf der Städte» (Berlin 2015) festgehalten. Über die Vervielfältigung Venedigs in Städten auf der ganzen Welt berichtet der Journalist Guido Moltedo in seinem Werk «Welcome to Venice. Cento volte imitata, copiata, sognata» (Venedig 2007). Die Ausführungen zu Venedig verdanken entscheidende Gedanken – vor allem das Prinzip der steten Selbst-Verbildlichung der Stadt sowie die Idee, die Brücke habe Venedig in eine Art Manhattan verwandelt – der zweibändigen Dokumentation, die der Philosoph Wolfgang Scheppe zusammen mit Studenten der Architekturuniversität Venedig unter dem Titel «Migropolis. Atlas of a Global Situation» (Ostfildern 2009) veröffentlichte. Zu John Ruskin siehe Wolfgang Scheppes Arbeit «Done Book. Picturing the City of Society» (Ostfildern 2010).

Achtzehntes Kapitel
Die ästhetische Avantgarde und das Glück der großen Stadt
(Mailand)

Die Geschichte der italienischen Industrie, so wie sie sich in der Literatur spiegelt, ist nachzulesen in dem von Giorgio Bigatti und Giuseppe Lupo herausgegebenen Band «Fabbrica di carta. I libri che raccontano l'Italia industriale» (Bari 2013). In diesem Buch findet sich auch der Nachruf, den Emilio Tadini dem Stahlwerk Falck widmete. Alberto Rollos autobiographischer Roman «Un' educazione milanese» erschien im 2016 in San Cesario di Lecce. Carlo Emilio Gaddas Beschreibungen zu Mailand sind festgehalten in dem Band «Mein Mailand. Ein Lese- und Bilderbuch», der im Jahr 1993 in Berlin erschien.

FRIAUL-
JULISCH
VENETIEN
Udine

Triest

DER NORDEN

Ancona
Camerano
Castelfidardo
Loreto

ARKEN

ecanati

Ascoli Piceno

rcia

Amatrice

Pescara

L'Aquila

ABRUZZEN

Adria

MOLISE
San Giovanni Rotondo

Fondi
Campobasso

0   40   80   120 km

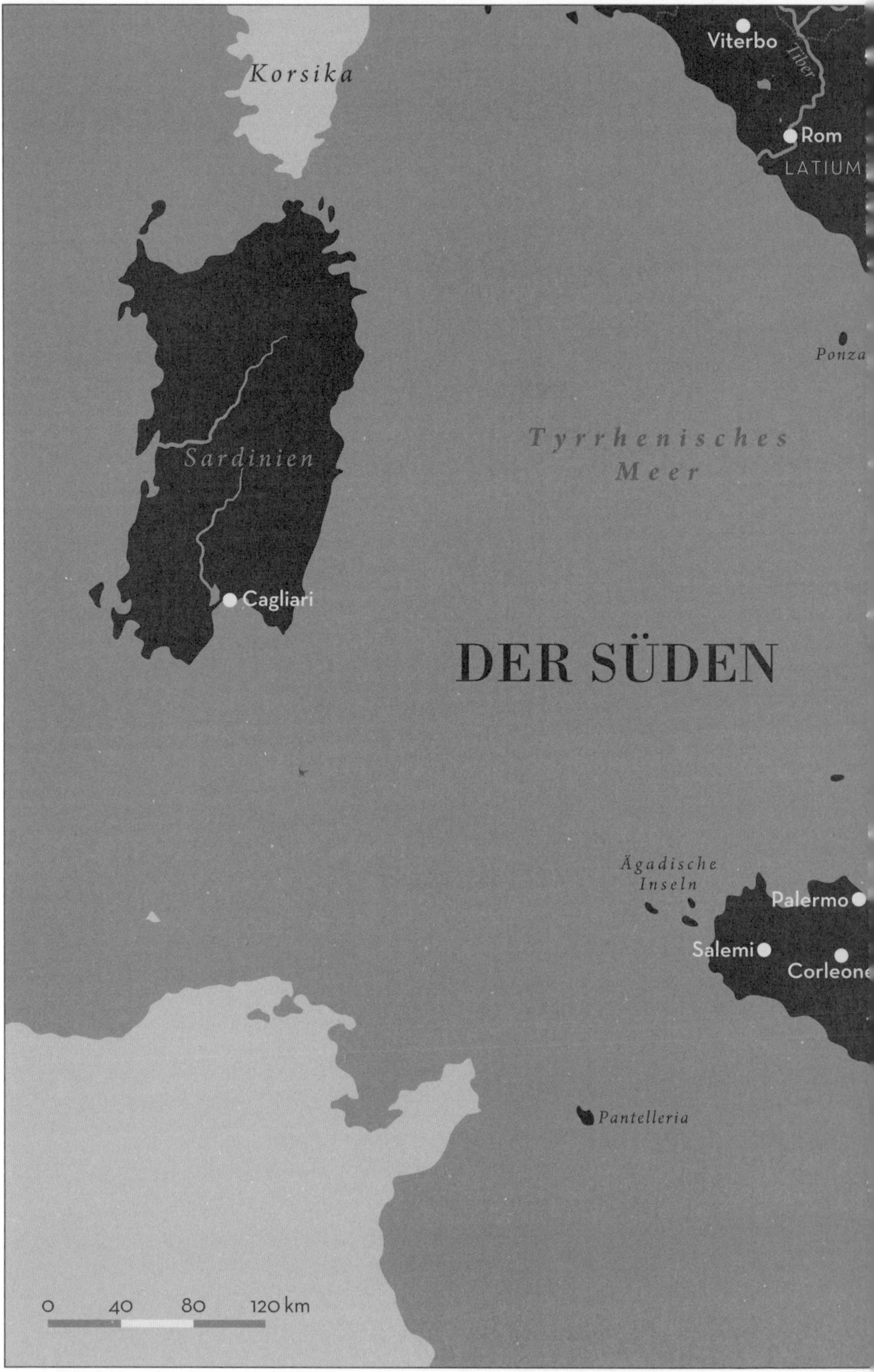

Korsika

Viterbo

Tiber

Rom
LATIUM

Ponza

Sardinien

*Tyrrhenisches
Meer*

Cagliari

DER SÜDEN

*Ägadische
Inseln*

Palermo

Salemi

Corleone

Pantelleria

0   40   80   120 km

Bildnachweis

Jochen Schindelmeiser

Anatomie und Physiologie für Sprachtherapeuten

Für meine Tochter Berit und
ihre Zukunft als Logopädin

Jochen Schindelmeiser

Anatomie und Physiologie
für Sprachtherapeuten

ELSEVIER
URBAN & FISCHER

URBAN & FISCHER

München · Jena

Zuschriften und Kritik an:
Elsevier GmbH, Urban & Fischer Verlag, Lektorat Fachberufe, Karlstraße 45, 80333 München

Wichtiger Hinweis für den Benutzer

Die Erkenntnisse in der Medizin unterliegen laufendem Wandel durch Forschung und klinische Erfahrungen. die Autoren dieses Werkes haben große Sorgfalt darauf verwendet, dass die in diesem Werk gemachten therapeutischen Angaben (insbesondere hinsichtlich Indikation, Dosierung und unerwünschten Wirkungen) dem derzeitigen Wissensstand entsprechen. Das entbindet die Nutzer dieses Werkes aber nicht von der Verpflichtung, ihre therapeutischen Entscheidungen in eigener Verantwortung zu treffen.

Wie allgemein üblich wurden Warenzeichen bzw. Namen (z. B. bei Pharmapräparaten) nicht besonders gekennzeichnet.

Bibliografische Information Der Deutschen Bibliothek

Die Deutsche Bibliothek verzeichnet diese Publikation in der Deutschen Nationalbibliografie; detaillierte bibliografische Daten sind im Internet unter http://dnb.ddb.de abrufbar.

Um den Textfluss nicht zu stören, wurde bei Patienten und Berufsbezeichnungen die grammatikalisch maskuline Form gewählt. Selbstverständlich sind in diesen Fällen immer Frauen und Männer gemeint.

Lektorat: Christiane Tietze, Ingrid Stöger
Herstellung: Hildegard Graf
Redaktion: Verena Trautmann
Satz: Kösel, Krugzell
Druck und Bindung: Stürtz, Würzburg
Umschlaggestaltung: SpieszDesign, Neu-Ulm
Umschlagfoto: Kai-Uwe Knoth/dpa/Picture-Alliance

Printed in Germany

ISBN 3-437-48070-7

Aktuelle Informationen finden Sie im Internet unter http://www.elsevier.com und http://www.elsevier.de

Vorwort

Die Ausbildung zu den verschiedenen sprachtherapeutisch tätigen Berufszweigen findet an Berufsfachschulen, Fachhochschulen und Hochschulen statt. Diese Aufsplitterung wird auch anhand der unterschiedlichen Berufsbezeichnungen der sprachtherapeutisch tätigen Gruppen ersichtlich: Logopäden, Sprachheilpädagogen, klinische Linguisten, Patholinguisten, klinische Sprechwissenschaftler, Atem-, Sprech- und Stimmlehrer u. a.

Trotz dieser Vielfalt benötigen alle Sprachtherapeuten solide anatomische und physiologische Kenntnisse in den relevanten Bereichen des menschlichen Körpers. Es handelt sich dabei um die Atemorgane, den Kehlkopf, die Sprechorgane, das Nervensystem sowie das Hör- und Gleichgewichtsorgan. Darüber hinaus sind Grundkenntnisse im Bereich der Zellen- und Gewebelehre, der embryonalen Entwicklung sowie des Herz-Kreislauf-Systems erforderlich.

Wie seit langem von Auszubildenden und Studierenden dieser Fachbereiche bemängelt wird, gibt es kein spezielles Lehrbuch der Anatomie und Physiologie für Sprachtherapeuten auf dem deutschsprachigen Lehrbuchmarkt. Benutzt werden deshalb einerseits Lehrbücher der Anatomie und Physiologie, die insgesamt nur Grundkenntnisse vermitteln, wie sie vielleicht für die Bereiche Zellen- und Gewebelehre oder Herz-Kreislauf-System ausreichen, aber für die sprachtherapeutischen Spezialgebiete viel zu oberflächlich bleiben.

Auf der anderen Seite sind die umfangreichen großen Standardlehrbücher der Anatomie und Physiologie zwar auf den Gebieten der Atem-, Sprech- und Stimmorgane sowie des Nervensystems und Hör- und Gleichgewichtsystems detailliert genug, oftmals aber durch ihre Darstellung schwer lesbar. Dazu enthalten diese Lehrbücher umfangreiches Spezialwissen in vielen Bereichen, die für den angehenden Sprachtherapeuten nicht oder kaum von Interesse sind.

Die sich dadurch aufzeigende Lücke soll das vorliegende Werk schließen. Bereiche, in denen von den angehenden Sprachtherapeuten nur Grundkenntnisse erwartet werden, sind entsprechend kurz dargestellt. Hingegen findet der Lernende in „seinen" wichtigen Abschnitten die notwendige Tiefe und Breite in der Darstellung mit entsprechend ausführlichen Erklärungen.

Damit soll auch das notwendige anatomisch-physiologische Fundament für das Verständnis der aufbauenden Vorlesungen wie z. B. Phoniatrie, Neurologie, HNO, Kieferorthopädie, Stimme, Aphasie, Dysarthrie u. a. geliefert werden. An vielen Stellen des Lehrbuchs wird deshalb auch schon in Kurzform in speziellen Kästchen auf klinische Begriffe eingegangen, die in den genannten aufbauenden Vorlesungen dann ausführlich behandelt werden.

Da dem Autor als Leiter einer Berufsfachschule für Logopädie und seit vielen Jahren Dozent für Anatomie und Physiologie die Probleme mit dem Verständnis der medizinischen Fachsprache bekannt sind, wurde in diesem Lehrbuch ein neues Konzept verwirklicht, dem Lernenden im Umgang mit den Fachbegriffen so weit wie möglich zu helfen. So findet der Leser in grafisch auffälliger Weise genaue Erklärungen aller in diesem Buch verwendeten Fachtermini in unmittelbarer Nähe zu dem im Text verwendeten Begriff. Dabei werden die sprachliche Herkunft, die Bedeutung, evtl. grammatische Besonderheiten, in speziellen Kästchen erklärt, wenn nötig, auch an mehreren Stellen des Buches, wenn der Begriff später im Text erneut auftaucht.

Zusätzlich enthält das Buch einen Anhang, in dem zunächst die Besonderheiten der medizinischen Fachsprache für den Sprachtherapeuten erläutert werden. Daran anschließend findet sich noch einmal ein alphabetisch gegliedertes Verzeichnis aller im Buch verwendeten Fachausdrücke zum Nachschlagen. Eine große Hilfe waren dem Autor hierbei „Das große Fremdwörterbuch" des Dudenverlags und das Lehrbuch „K. S. Zadeh: Medizinische Terminologie" aus dem Burgverlag/Tecklenburg.

Am Beginn eines jeden Kapitels finden sich Zusammenfassungen der Lerninhalte, die dem „Curriculum für die Ausbildung des Logopäden", 2. Auflage 1993, Renate Gross Verlag, entnommen worden sind. Damit lässt sich gezielt überblicken, was an anatomisch-physiologischen Fachkenntnissen von einem Logopäden und weitgehend analog auch von anderen Sprachtherapeuten erwartet wird.

Ebenso sind am Ende der Kapitel Zusammenfassungen der wichtigsten Lerninhalte angefügt, um die essentiellen Fakten des vorangegangenen Kapitels bei der Prüfungsvorbereitung besser aufarbeiten zu können.

Eine naturgemäß ganz besondere Bedeutung haben in einem solchen Lehrbuch die Abbildungen. In zahlreichen Lehrbüchern sind diese Abbildungen in reichlicher Zahl und exzellenter Qualität vorhanden, so dass es dem Autor sinnlos schien, diese alle neu zu erstellen. Es wurde also fast durchgehend auf bewährte Abbildungen anderer Lehrbücher zurückgegriffen. Allerdings wurden diese in den meisten Fällen entweder im Zusammenhang mit der Beschriftung, teilweise auch noch einmal graphisch, an die spezifischen Anforderungen der „sprachtherapeutisch relevanten Anatomie und Physiologie" angepasst.

Speziell die Beschriftungen vieler anatomischer Abbildungen sind überaus komplex und für den angehenden Sprachtherapeuten vermutlich auch recht verwirrend. So wurden die Beschriftungen vereinfacht und speziell der Sprachtherapie angepasst, so dass viele Details weggelassen werden konnten, ohne auf wesentliche Inhalte zu verzichten.

Da das vorliegende Buch „Neuland" in der sprachtherapeutischen Ausbildung betritt, werden naturgemäß auch noch nicht alle Wünsche der (angehenden) Sprachtherapeuten berücksichtigt worden sein. Ebenso werden sich trotz aller Bemühungen Fehler nicht vollständig vermeiden lassen. Der Autor bittet deshalb um Rückmeldungen aus der Leserschaft, um das Buch in der Zukunft gezielt weiter verbessern zu können.

Mein Dank gilt den Mitarbeitern des Elsevier-Verlags, speziell den Lektorinnen Christiane Tietze und Ingrid Stöger sowie Hildegard Graf von der Herstellung für die Betreuung und für wertvolle Diskussionen und Anregungen bei der Erstellung dieses Buches.

Rheine, Dezember 2004
J. Schindelmeiser

Gebrauchsanweisung

> **:** Hier werden die Fachbegriffe erklärt. Ein Wort, das exakt der griechischen oder lateinischen Wortbedeutung entspricht, ist in Klammern gesetzt; ansonsten steht das Wort vor der Klammer. Bei mehrmaligem Auftauchen der Fachbegriffe an verschiedenen Stellen im Buch werden sie wiederholt erklärt.

> Hier werden klinische Bezüge hergestellt. Fachbegriffe, die hier auftauchen, werden gleich an dieser Stelle erklärt.

Glossar

Zum schnellen Nachschlagen findet der Leser alle Fachbegriffe noch einmal am Ende des Buches, erkennbar an der roten Markierung an der Seite.

Bildnachweis

Abb. 1.1, 1.2: Benninghoff: Anatomie Bd. 1, Urban & Schwarzenberg 15. Aufl., D. Drenckhahn, Würzburg; C. Fiebiger, Marburg, 1994

Abb. 1.3, 1.5: Benninghoff: Anatomie Bd. 1, Urban & Schwarzenberg 15. Aufl., D. Drenckhahn, Würzburg; M. Christof, Würzburg,1994

Abb. 4.2, 4.7, 4.8: Benninghoff: Anatomie Bd. 1, Urban & Schwarzenberg 15. Aufl. 1994

Abb. 1.4: Henriette Rintelen, Velbert aus Speckmann/Wittkowski, Bau und Funktion des menschlichen Körpers, neu bearb. 19. Aufl., Urban & Fischer, München, 2000

Abb. 1.6, 1.7, 2.1, 3.5, 3.6, 3.7, 3.8, 4.3, 4.12, 4.29, 4.30, 6.11, 6.22, 7.2, 7.3, 7.6, 7.13, 7.15, 7.26, 7.23, 8.1, 8.9: G. Raichle, Ulm, in Verbindung mit U. Bazlen, T. Kommerell, N. Menche und der Reihe Pflege konkret, Elsevier GmbH, Urban & Fischer, München

Abb. 2.2: J. Schindelmeiser, Rheine

Abb. 2.3, 3.10, 4.20, 6.3, 8.2b: Benninghoff: Anatomie Bd. 1, 16. Aufl., Elsevier GmbH, Urban & Fischer Verlag, München, 2004

Abb. 3.1, 8.12: Schiebler/Schmidt: Anatomie, 5. Aufl., Springer, Heidelberg, 1991

Abb. 3.2: Michael Budowick, München aus Speckmann/Wittkowski, Bau und Funktion des menschlichen Körpers, neu bearb. 19. Aufl., Urban & Fischer, München, 2000

Abb. 3.3, 4.1, 4.4a, 4.5, 4.8, 4.10, 4.14, 4.19, 4.22, 4.23, 5.3, 5.4, 5.5, 5.8, 5.9, 5.10, 5.11, 5.12, 5.14, 5.16, 6.2, 6.4, 6.5, 6.9, 6.10, 6.15, 6.19, 7.8, 7.18, 7.22, 7.24, 7.25, 7.27b, 7.30, 7.31, 7.34, 8.3a, 8.3b, 8.5a, 8.11, 8.14: Sobotta: Atlas der Anatomie des Menschen, Band 1 und Band 2, 21. Aufl., Elsevier GmbH, Urban & Fischer Verlag, München, 2004

Abb. 3.4: G. Raichle, Lübeck

Abb. 3.9, 3.11: Sobotta, J., H. Becher. Atlas der Anatomie des Menschen, Bd. 3, 16. Aufl. 1962

Abb. 4.9: Benninghoff, A., K. Goerttler: Lehrbuch der Anatomie des Menschen, Bd. 1, 10. Aufl. 1968

Abb. 4.11: Benninghoff A., K. Goerttler. Lehrbuch der Anatomie des Menschen, Bd. 2, 10. Aufl. 1968

Abb. 4.13: Blumberg J., Lehrbuch der topographischen Anatomie mit besonderer Berücksichtigung ihrer Anwendung. 1926

Abb. 4.15, 6.8, 6.14: Benninghoff A., K. Goerttler. Lehrbuch der Anatomie des Menschen, Bd. 2, 8. Aufl. 1967

Abb. 4.21: Lippert, H.: Lehrbuch Anatomie, 6. Aufl. Urban & Fischer, München 2003

Abb. 4.6, 4.24, 5.2, 6.1, 6.13, 6.16, 6.17, 6.18, 6.2c, 7.5: G. Raichle, Ulm

Abb. 4.25, 4.26: L. Junqueira: Basic Histology, 4th edition, 1986

Abb. 4.27, 8.17: Henriette Rintelen, Velbert, Schütz/Casper/Speckmann: Physiologie. 3. Aufl., Urban & Schwarzenberg, München, 1982

Abb. 4.28, 6.21: Schmidt/Thews: Physiologie des Menschen, 27. Auflage, Springer, Heidelberg, 1997

Abb. 4.31: Mary-Anna Barratt-Dimes aus Speckmann/Wittkowski, Bau und Funktion des menschlichen Körpers, neu bearb. 19. Aufl., Elsevier GmbH, Urban & Fischer, München, 2003

Abb. 5.6, 5.7: Ferner, H., J. Staubesand (Hrsg.): Sobotta: Atlas der Anatomie des Menschen, 18. Aufl., Bd. 1. 1982

Abb. 5.13: Rauber/Kopsch: Anatomie des Menschen Bd. II, Thieme, Stuttgart, 1987

Abb. 5.15: Moll/Moll: Atlas Anatomie, 4. Aufl. Elsevier GmbH, Urban & Fischer, 2004

Abb. 6.6: Rauber/Kopsch: Anatomie des Menschen Bd. I, Thieme, Stuttgart, 1987

Abb. 6.7, 6.20: Sobotta J., H. Becher. Atlas der Anatomie des Menschen, Bd. 2, 16. Aufl. 1965

Abb. 6.12: Meyer, W.: Entwicklung der Zähne und des Gebisses. In: Häupl, K. W. Meyer, K. Schuchardt (Hrsg.): Die Zahn-, Mund- und Kieferheilkunde, Bd. 1 S. 307–346, 1958

Abb. 6.23, 7.9, 7.10, 7.11: Speckmann/Wittkowski, Anatomie und Physiologie, 20. Aufl. Elsevier GmbH, Urban & Fischer, 2004

Abb. 7.1, 7.13, 7.14, 7.19, 7.23a,b, 7.36a, 8.15: Benninghoff: Anatomie Bd. 2, 16. Aufl., Elsevier GmbH, Urban & Fischer, München, 2004

Abb. 7.4, 8.8: Jonathan Dimes aus Speckmann/Wittkowski, Bau und Funktion des menschlichen Körpers, neu bearb. 19. Aufl., Urban & Fischer, München, 2000

Abb. 7.7: Sobotta: Anatomie, Band 1, Urban & Schwarzenberg, München, Wien, Baltimore, 19. Aufl, 1999

Abb. 7.16: Jonathan Dimes aus Deetjen/Speckmann: Physiologie. 3. Aufl., Urban & Fischer, München, 1999

Abb. 7.17: Sobotta: Atlas der Anatomie des Menschen Bd. 1, 19. Aufl., Urban & Schwarzenberg, München, 1988

Abb. 7.21, 8.5b: Benninghoff, A., K. Goerttler: Lehrbuch der Anatomie des Menschen, Bd. 3, 8. Aufl. 1967

Abb. 7.28, 7.33: Benninghoff: Anatomie Bd. 2, 15. Aufl., Urban & Schwarzenberg, München, 1994

Abb. 7.29a, b: Sobotta: Atlas der Anatomie des Menschen, Bd. 1, 20. Auflage Urban & Schwarzenberg, München, 1993

Abb. 7.35: Broser, F.: Topische und klinische Diagnostik neurologischer Krankheiten. 1975

Abb. 7.36b, c: Lippert H., Anatomie, Text und Atlas, 5. Aufl. 1989

Abb. 8.2a: Langmann [1989], mod. D. Drenckhahn, Würzburg; M. Christof, Würzburg

Abb. 8.6, 8.13: Rauber/Kopsch: Anatomie des Menschen Bd. III, Thieme, Stuttgart, 1987

Abb. 8.7: Schumacher/Aumüller: Topograph. Anatomie des Menschen, 7. Aufl., Urban & Fischer

Abb. 8.10: Henriette Rintelen, Velbert, aus Deetjen/Speckmann: Physiologie. 2. Aufl., Urban & Schwarzenberg, München, 1994

Abb. 8.12: Schiebler/Schmidt: Anatomie, 5. Aufl. Springer, Heidelberg, 1991

Abb. 8.16: mod. nach Weaver, Benninghoff: Anatomie Bd. 2, 16. Aufl., Elsevier GmbH, Urban & Fischer, München, 2004

Inhaltsverzeichnis

1 Zellen, Gewebe, Organe

LERNZIEL

Aufbau des menschlichen Körpers aus Zellen, Zwischensubstanzen, Fasern, Geweben, Organen, Apparaten (Systemen)

Der menschliche Körper besteht aus ca. 10 Billionen **Zellen**. Im 19. Jahrhundert, nach der Entdeckung des Zellkerns, wurde die eigentliche Bedeutung der Zelle als elementare **Baueinheit** des menschlichen Körpers deutlich. Die Zellenlehre, also die Lehre vom Aufbau der Zelle und der Funktion der Zellkomponenten, wird **Zytologie** genannt.

> **cella** (lat.): Kammer, Zelle; der Begriff in seiner biologisch-medizinischen Bedeutung entstand bei der Beobachtung von Schnitten durch pflanzliche Strukturen, wird aber auch heute noch im ursprünglichen Sinn bei Begriffen wie Gefängniszelle, Nasszelle etc. benutzt
> **kytos** (griech.): Zelle; -logie (griech. logia): Lehre

Zwischen den Zellen befinden sich die von den Zellen gebildeten ungeformten Zwischenzellsubstanzen, in die geformte Substanzen, sog. Fasern, eingelagert sein können.

1.1 Übersicht über den Bau der Zelle

Die Zelle ist umschlossen von einer Zellhülle, die man **Zellmembran** nennt. Dieser Begriff beinhaltet die Funktionen, das in der Zelle Enthaltene nach außen abzuschließen, aber auch einen Stoffaustausch zwischen außen und innen zu ermöglichen. Andere Begriffe für Zellmembran sind auch Plasmamembran, Zytolemm oder **Plasmalemm**. Den Raum innerhalb der Zellen nennt man **Intrazellularraum**, außerhalb der Zellen **Extrazellularraum** oder auch **Interzellularraum**.

> **membrana** (lat.): Haut; **lemma** (griech.) Haut, Hülle; **plasma** (griech.): das Geformte
> **intra** (lat.): innerhalb, **extra** (lat.): außerhalb, **inter** (lat.): zwischen
> **nucleus** (lat.): Kern

Die Zellmembran umhüllt den Binnenraum der Zelle. Dieser gliedert sich in den Zellleib (**Zytoplasma**) und den Zellkern (**Nucleus**). Der Zellkern stellt eigentlich eine Unterabteilung des Binnenraums der Zelle dar; er besitzt ein eigenes Membransystem, die Kernhülle, durch die er vom restlichen Binnenraum abgetrennt ist. Auch diese Hülle des Zellkerns besitzt eine ähnliche Funktion wie die Zellmembran selbst, d. h. Abschluss nach außen, aber auch Stoffaustausch.

Eine solche Unterabteilung des Binnenraums der Zelle bezeichnet man als **Kompartiment**. Auch innerhalb des eigentlichen Zytoplasmas gibt es noch weitere Kompartimente, die man **Zellorganellen** nennt. Sie sind jeweils durch eigene Membranen umschlossen und besitzen wiederum einen eigenen Binnenraum, der sich vom Rest des Zytoplasmas in Zusammensetzung und Funktion unterscheidet (Abb. 1.1).

> **Kompartiment** (engl., frz.: compartment): Abteilung
> **Organelle** Verkleinerungsform des Wortes „Organ"

Zieht man vom gesamten Binnenraum der Zelle den Zellkern und die Zellorganellen ab, dann bleibt eine Grundsubstanz übrig, das sog. Zytosol. Der Begriff „sol" steht für eine Flüssigkeit, die außer Wasser und Salzen noch weitere kleinere und größere Moleküle, vor allem **Proteine**, enthält.

Zusätzlich sind im Zytosol auch kleine Partikel suspendiert. Zu diesen zählen vor allem die **Ribosomen**, die die für die Zelle und den Stoffwechsel überaus wichtigen Proteine herstellen, sowie Speicherpartikel u. a. für Fett und Traubenzucker, aber auch für Farbstoffe (Pigmente).

> **Proteine** aus Aminosäuren aufgebaute Eiweißkörper
> **Ribosomen** (griech. soma): Körper, ribo: leitet sich von Desoxyribonukleinsäure ab (DNS, Erbsubstanz; enthält den Zucker Ribose)

Zur Stabilisierung der Zellstruktur, für Zellbewegungen, aber auch für Transportvorgänge innerhalb der Zelle finden sich im Zytoplasma röhren- und fadenförmige Proteinstrukturen, die man insgesamt als Zellskelett oder Zytoskelett bezeichnet (Abb. 1.1).

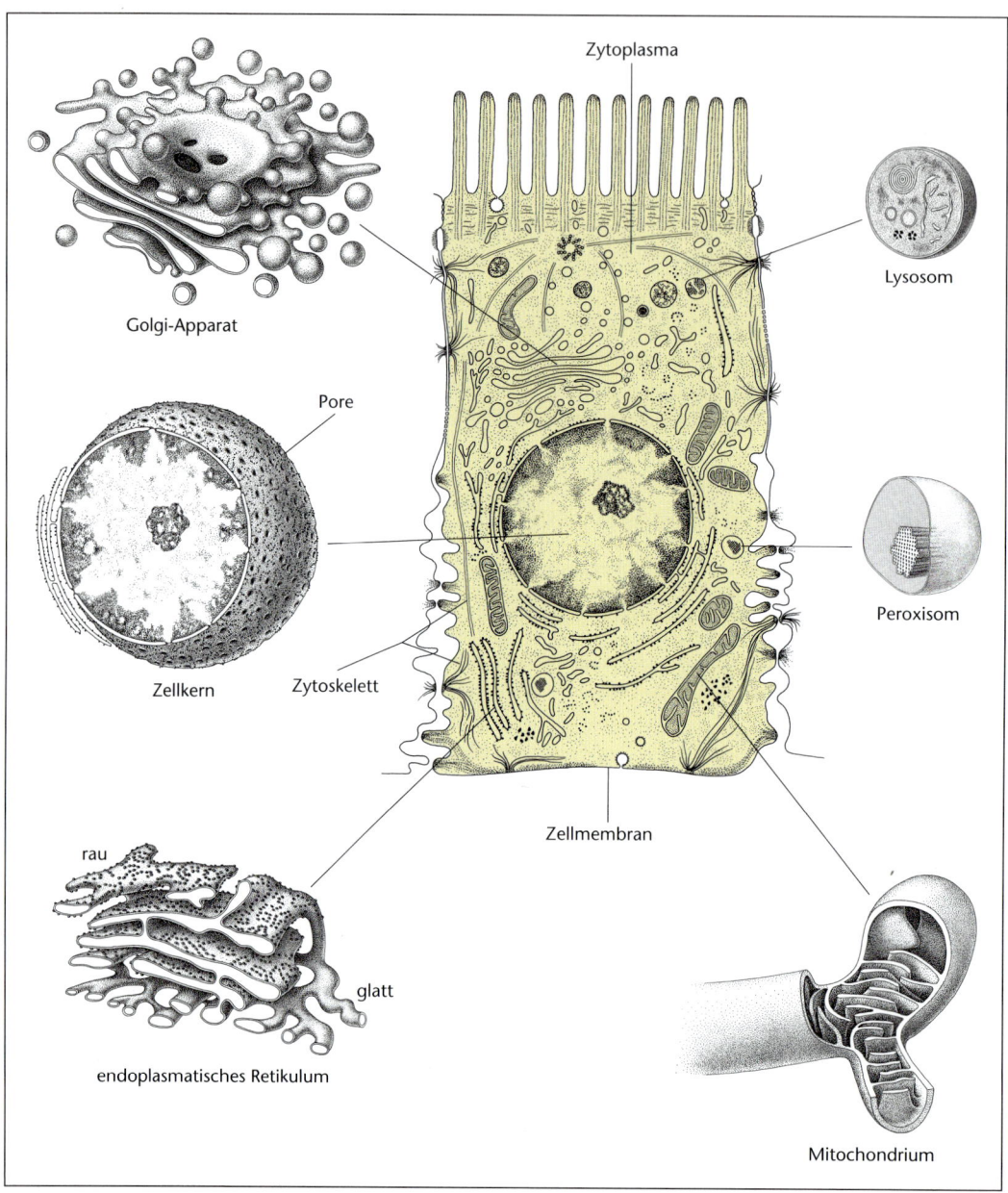

Golgi-Apparat

Pore

Zellkern

Zytoskelett

rau

glatt

endoplasmatisches Retikulum

Zytoplasma

Lysosom

Peroxisom

Zellmembran

Mitochondrium

Abb. 1.1 Übersicht über die Zelle: Zellmembran, Zytoplasma, Zellkern und Zellorganellen

1.1.1 Zellmembran

Die Zellmembran (Abb. 1.1) bildet eine Grenzstruktur zwischen dem Intra- und Extrazellularraum. Damit kann die Zelle in ihrem Binnenraum ein Milieu aufrechterhalten, das sich von dem des Extrazellularraums unterscheidet. Diese Grenzstruktur ist jedoch keine undurchdringliche Hülle, sondern erlaubt in beiden Richtungen einen kontrollierten Stoffaustausch zwischen Intra- und Extrazellularraum. Grundlage dafür ist der Aufbau der Membran aus einer **Lipid**doppelschicht, in die **Membranproteine** eingelagert sind (Abb. 1.2). Die Lipidmoleküle der Doppelschicht sind für die meisten Moleküle des Stoffwechsels undurchdringlich, so dass sich der Stoffaustausch zwischen außen und innen vor allem auf die integrierten Membranproteine konzentriert, die vielfältige Transportaufgaben über die Zellmembran hinweg wahrnehmen. Auf der nach außen gerichteten Seite der Zellmembran sind an den Membranproteinen, aber auch an den Lipidmolekülen, teilweise lange Zuckerketten (Kohlenhydrate) gebunden, die eine Rolle bei der Zellerkennung spielen (Abb. 1.2).

> **lipos** (griech.): Fett

Die Membranproteine sind zusätzlich noch für weitere Funktionen der Zellmembran verantwortlich: sie spielen eine große Rolle im Zusammenhang mit den elektrischen Eigenschaften von Zellen, die die Grundlage für die Funktion des Nervengewebes, aber auch für Muskelkontraktionen darstellt, und besitzen teilweise die Eigenschaft, vorbeikommende Botenstoffe spezifisch zu binden und damit zu erkennen. Damit können sie die Rolle von **Rezeptoren** spielen, die nach dem Erkennen dieser Botenstoffe der Zelle, in deren Membran sie sich befinden, ganz bestimmte Signale übermitteln.

> **Rezeptor** recipere (lat.): aufnehmen; der Begriff Rezeptor wird auch für Zellen insgesamt benutzt, wenn sie eine Wahrnehmungs- oder Aufnahmefunktion haben (z. B. Zellen in Sinnesorganen)

1.1.2 Zellkern

Der Zellkern (**Nucleus**) befindet sich in fast allen menschlichen Zellen. Die einzige bedeutsame Ausnahme bilden die reifen roten Blutkörperchen (Blutzellen), bei denen der Zellkern während der ca. einwöchigen Entwicklung dieser Zellen ausgestoßen wird, um mehr Platz für den roten Blutfarbstoff zu haben.

Die Kernhülle besteht aus einer doppelten Membran, deren äußerer Abschnitt mit einer Zellorganelle, dem endoplasmatischen Retikulum (☞ Kap. 1.1.3), verbunden ist. In diesem Membransystem des Zellkerns sind zahlreiche Poren enthalten, die als Transportkanäle den Stofftransport aus dem übrigen Zytoplasma in den Zellkern hinein, aber auch in umgekehrter Richtung, ermöglichen (Abb. 1.1).

Der menschliche Zellkern enthält die Erbsubstanz in Form von 46 Desoxyribonukleinsäure-Molekülen (DNS-Molekülen, engl. DNA). Diese DNS-Moleküle enthalten zahlreiche Abschnitte, die sog. Gene, auf denen sich Informationen für die Herstellung von zelleigenen Proteinen befinden. Diese Proteine sind wiederum verantwortlich für den Aufbau und die Funktion jeder Zelle.

Damit die Information auf den DNS-Molekülen „abgelesen" werden kann, müssen die extrem langen Molekülfäden in abgewickelter oder entknäuelter Form in der Zelle vorliegen. Für die Durchführung einer Zellteilung und Entstehung von zwei neuen Tochterzellen (☞ Kap. 2.1) ist es erforderlich, die Zahl der DNS-Moleküle zunächst zu verdoppeln, damit jede Tochterzelle nach der Teilung wieder die gleiche Anzahl von DNS-Molekülen wie die Mutterzelle be-

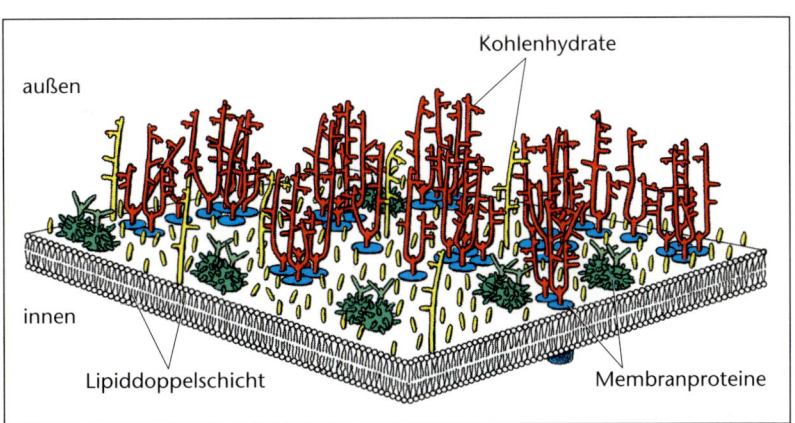

Abb. 1.2 Aufbau der Zellmembran aus Lipiddoppelschicht und Membranproteinen; außen: extrazellulär, innen: intrazellulär

Kohlenhydrate

außen

innen

Lipiddoppelschicht

Membranproteine

sitzt. Anschließend müssen die DNS-Moleküle dann „aufgewickelt" und extrem dicht gepackt werden. In dieser sog. kondensierten Form werden die DNS-Moleküle bei bestimmten Färbetechniken im Mikroskop sichtbar; diese Form der DNS-Moleküle nennt man **Chromosomen.**

> ⋮ **Chromosomen** chroma (griech.): Farbe; soma (griech.): Körper

Vereinfacht spricht man also von 46 Chromosomen in jeder menschlichen Zelle, auch wenn diese als solche in einer Zelle nur selten präsent sind.

1.1.3 Zytoplasma, Zellorganellen

Der Raum zwischen der Zellmembran außen und dem Zellkern innen ist das Zytoplasma oder der Zellleib. Dieser Binnenraum der Zelle enthält insgesamt fünf Unterabteilungen (**Kompartimente**), die sog. Zellorganellen. In diesen Unterabteilungen herrscht jeweils ein anderes Milieu als im übrigen Zytoplasma, wodurch die Zellorganellen spezifische Aufgaben übernehmen können.

Bei einem dieser Kompartimente (endoplasmatisches Retikulum) handelt es sich nur um einen einzigen Hohlraum, bei den anderen vier (Golgi-Apparat, Lysosomen, Peroxisomen, Mitochondrien) bilden viele voneinander getrennte kleine Hohlräume (Bläschen) mit jeweils gleichem Binnenmilieu ein Kompartiment (Abb. 1.1).

Endoplasmatisches Retikulum

Das **endoplasmatische Retikulum** (abgekürzt: ER) ist ein membranumgebenes Kompartiment, das mit der Kernhülle in Verbindung steht. Es besteht aus miteinander kommunizierenden Schläuchen und säckchenartigen Hohlräumen, die teilweise außen von Ribosomen besetzt sind und dann raues ER genannt werden. Ribosomenfreie Abschnitte werden als glattes ER bezeichnet (Abb. 1.1).

> ⋮ **endoplasmatisches Retikulum**
> endo (griech.): innen; reticulum (lat.): Netz
> plasmatisch steht hier für Zytoplasma
> ER also wörtlich übersetzt: Netzwerk innerhalb des Zytoplasmas

Ein Teil der Proteine, die die Zelle für sich selbst, aber auch für den „Export" aus der Zelle heraus

benötigt, wird mit Hilfe der Ribosomen am rauen ER gebildet. Diese Proteine, in der Regel noch als Vorstufen, werden zunächst in den Schlauchsystemen des ER gespeichert, dann in Form kleiner Bläschen abgeschnürt und zur weiteren Bearbeitung sowie zur Transportvorbereitung in das nächste Kompartiment, den Golgi-Apparat abgegeben.

Im glatten ER werden verschiedene Lipide hergestellt, wie sie z. B. für die Zellmembran benötigt werden. Auch diese gehen den Weg über den Golgi-Apparat.

Golgi-Apparat

Der **Golgi-Apparat** steht räumlich und funktionell mit dem ER in Verbindung. Er besteht aus flachen sackförmigen Membranen und kleinen Vesikeln, meist in der Nähe des Zellkerns (Abb. 1.1). Seine Hauptfunktion ist darin zu sehen, die noch unfertigen Protein- und Lipidprodukte des ER weiter in Richtung zu Endprodukten zu verändern und diese dann zu sortieren, zu verpacken und weiter zu den Orten zu versenden, wo sie benötigt werden. So etwas nennt man heute Logistik-Zentrum.

> ⋮ **Golgi** Eigenname (italienischer Pathologe), das 2. „g" wird weich ausgesprochen

Lysosomen

Eines der Produkte des ER und des Golgi-Apparats stellen die **Lysosomen** dar; sie bilden eine größere Zahl von Bläschen (**Vesikel**) in der Zelle, die in der Gesamtheit ein weiteres Kompartiment darstellen (Abb. 1.1). Wörtlich übersetzt sind die Lysosomen als Auflöskörperchen zu bezeichnen. Dieser Begriff erklärt dann ihre Funktion.

> ⋮ **Lysosom** (griech. lysis): Lösung, (griech. soma): Körper
> Vesikel (lat. vesica): Blase, vesicula (Verkleinerungsform): Bläschen
> Enzym, Ferment: der Begriff stammt aus dem Griechischen en-: hinein und zyme: Sauerteig; es handelt sich um größere Proteine, die Stoffwechselvorgänge des Organismus steuern („katalysieren")

Die Lysosomen enthalten eine Vielzahl von **Enzymen,** deren Aufgabe es ist, von außen aufgenommene oder nicht mehr benötigte zelleigene Stoffe wie Kohlenhydrate, Proteine, Fette u. a. zu verdauen. Da die Lysosomen wegen ihrer Eigenschaften potenziell für alle noch benötigten und intakten Strukturen der eigenen Zelle gefährlich sind, bilden sie ein membranumhülltes, vom restlichen Zytoplasma abgetrenntes eigenes Kompartiment.

Solche Vorgänge der „Verdauung" werden als **Autophagie** bezeichnet, wenn zelleigenes Material wie z.B. defekte Zellorganellen verdaut werden; bei der Aufnahme von zellfremdem Material oder fremden Zellen wie z.B. Bakterien spricht man von **Phagozytose**.

> **Autophagie, Phagozytose** auto- (griech.): selbst, phagein (griech.): fressen, kytos (griech.): Zelle; die Endung -ose bedeutet Vorgang oder Zustand (griech. -osis)

Peroxisomen

Peroxisomen ähneln äußerlich den Lysosomen, bilden aber ein eigenständiges Kompartiment (Abb. 1.1). Die Peroxisomen haben vor allem Entgiftungsfunktionen; schwerpunktmäßig sind sie verantwortlich für den Abbau des bei einigen Stoffwechselvorgängen entstehenden Wasserstoffperoxids H_2O_2 (daher der Name), das auch als „Peroxid" vom Haarbleichen bekannt ist.

Mitochondrien

Das letzte Kompartiment stellen die **Mitochondrien** dar. Sie besitzen ähnlich wie der Zellkern eine Hülle aus einer doppelten Membran. Vermutlich ist diese Struktur hier darauf zurückzuführen, dass Mitochondrien Relikte von in der Urzeit phagozytierten Bakterien darstellen, die nicht von der aufnehmenden Zelle verdaut worden sind, sondern eine Zweckgemeinschaft (Symbiose) mit dieser Zelle eingegangen sind. Das erklärt auch, warum sich Mitochondrien unabhängig von der Zelle, in der sie vorkommen, eigenständig teilen können und noch Reste einer eigenen Erbsubstanz enthalten.

> **Mitochondrien** mitos (griech.): Faden; chondrion (griech.): Körnchen; damit wird die rundliche oder längliche Form dieser Zellorganellen beschrieben

Die Funktion, die die Mitochondrien für die Zelle so „wertvoll" macht, besteht darin, dass sie die sog. Zellatmung (auch Gewebsatmung oder innere Atmung genannt) durchführen. Unter Verwendung von Sauerstoff, den wir einatmen und der bis zu den Mitochondrien gelangt, setzen diese dann energiereiche Verbindungen wie Kohlenhydrate, Fettsäuren und Aminosäuren, die aus der Verdauung der aufgenommenen Nahrung entstanden sind, letztlich zu Wasser und Kohlendioxid um. Die dabei gewonnene Energie wird in Form von Adenosintriphosphat (ATP) gespeichert und steht für alle energieverbrauchenden Vorgänge des Körpers zur Verfügung.

Die Funktion der Mitochondrien ist vergleichbar z.B. mit einem Automotor, der mit Hilfe von Sauerstoff energiereiche Stoffe wie Benzin zu Wasserdampf und Kohlendioxid verbrennt und dabei Wärme und Bewegungsenergie (das Auto fährt) erzeugt. Auch in einem Kraftwerk laufen ähnliche Prozesse ab; hier werden Erdöl, Kohle oder Gas verbrannt und in Wärme und elektrische Energie umgewandelt. Wegen dieser Analogien werden Mitochondrien auch scherzhaft als „Kraftwerke der Zelle" bezeichnet.

1.2 Übersicht über die Gewebe

Das im Kapitel 1.1 beschriebene Grundprinzip des Zellaufbaus ist für alle Zellen praktisch gleich; bei genauerer Betrachtung gibt es allerdings erhebliche Unterschiede in der Gestalt und Funktion der Zellen.

Die Entwicklung des Menschen beginnt mit der befruchteten Eizelle (☞ Kap. 2.1), aus der nach Zellteilungen zunächst Tochterzellen mit nahezu gleichem Aussehen und gleicher Funktion entstehen. Im Zuge weiterer Zellteilungen dieser Tochterzellen beginnen diese sich jedoch mehr und mehr zu unterscheiden (zu „differenzieren"). Dabei entstehen im Rahmen dieser **Differenzierung** vier große Gruppen von Zellen mit untereinander etwa gleichem Aussehen und gleicher Funktion, die sog. **Gewebe**. Ein Gewebe ist definiert als ein Zellverband mit gleichartiger Differenzierung.

> **Differenzierung** differre (lat.): abweichen, sich unterscheiden
> **Histologie** histos (griech.): Gewebe, logia (griech.): Lehre

Die Lehre von den Geweben nennt man **Histologie**. Bestimmte Formen eines dieser Gewebetypen, nämlich das Bindegewebe, können bei Betrachtung in einem Mikroskop ähnliche Strukturen aufweisen wie gewebte Stoffe (daher der Name). Allerdings gilt

der Begriff Gewebe auch für die anderen Gewebe-
formen.

Trotz des komplizierten Aufbaus des menschlichen
Körpers besteht er aus nur vier Grundgeweben:
• Epithel- und Drüsengewebe
• Binde- und Stützgewebe
• Muskelgewebe
• Nervengewebe.

Alle Gewebe sind durch ihre Zellen charakterisiert.
So gibt es Epithelzellen, Drüsenzellen, Bindegewebszellen, Muskelzellen und Nervenzellen. Zwischen
den Zellen der einzelnen Gewebe liegen sehr unterschiedlich große Interzellularräume (Extrazellular-
räume), in denen sich für die einzelnen Gewebe
charakteristische ungeformte Zwischenzellsubstanzen und evtl. Fasern befinden (Abb. 1.5).

Im Zuge der weiteren Spezialisierung während der
Entwicklung differenzieren sich natürlich auch die
Zellen der vier Grundgewebe weiter, so dass sich
weitere Zellunterarten ergeben, z.B. eine Schleim-
drüsenzelle, eine Herzmuskelzelle, eine Fettzelle,
eine Sinneszelle des Innenohrs usw.

1.2.1 Epithel- und Drüsengewebe

Epithel und Endothel

Epithelgewebe oder auch kurz „Epithelien" bedecken die äußere Oberfläche (Haut), aber auch die
verschiedenen inneren Oberflächen des menschlichen Körpers. Die inneren Oberflächen sind sehr
vielfältig: z.B. die Auskleidung der Mundhöhle, aber
auch des gesamten Verdauungstraktes, die Auskleidung der Nasenhöhle, aber auch der gesamten Atemwege, die Auskleidung des Herzens, der Blutgefäße,
der Harnblase u.v.m. Ein Epithel, das Blutgefäße
innen auskleidet, bezeichnet man auch als **Endothel**.

> **∶ Epithel/Endothel**
> epi- (griech.): darauf; endo- (griech.): innen
> thele (griech.): Brustwarze; thelein (griech.): üppig
> wachsen

Epithelien bilden dicht aneinander liegende Zellver-
bände mit nur sehr kleinen Interzellularräumen,
also auch entsprechend wenig Interzellularsubstanzen. Alle Epithelien ruhen auf einer dünnen Schicht
aus Fasern und bestimmten spezifischen Interzellularsubstanzen. Diese Schicht wird als **Basalmembran**
oder Basallamina bezeichnet. Darunter befindet sich

eine Schicht aus lockerem Bindegewebe, die man
Lamina propria nennt.

> **∶ Basalmembran, Basallamina**
> basis (griech.): Sockel, Grundlage; membrana (lat.):
> Haut; lamina (lat.): Blatt
> propria: weibl. Form von proprius: eigen (Lamina
> propria: die dem Epithel zugehörige Bindegewebs-
> schicht)

Man unterscheidet die verschiedenen Epithelgewebe
u.a. nach folgenden Kriterien:
• Anzahl der Zellschichten, aus denen sie aufgebaut
  sind (einschichtig, mehrschichtig),
• Zellform der obersten Schicht (z.B. Plattenepithel,
  hochprismatisches Epithel),
• strukturelle Besonderheiten der obersten Zellschicht
  (z.B. Flimmerepithel, ☞ Kap. 4.5.2),
• „nass" oder „trocken".

Ein „nasses" Epithel wird von einer Flüssigkeit bedeckt; diese kann z.B. aus Schleim bestehen, dann
spricht man von einer Schleimhaut. Das Endothel
von Blutgefäßen hat Kontakt mit Blut, das Epithel
der Harnblase wird von Harn bedeckt usw. Die
äußerste Schicht der Haut ist das einzige „trockene"
Epithel; es wird nicht von Flüssigkeit bedeckt. Hier
wandeln sich als Besonderheit die Epithelzellen bei
ihrem Transport aus der Tiefe des Epithels an die
Oberfläche in schützende Hornplättchen um, die von
Sekreten der Talgdrüsen eingefettet und damit ge-

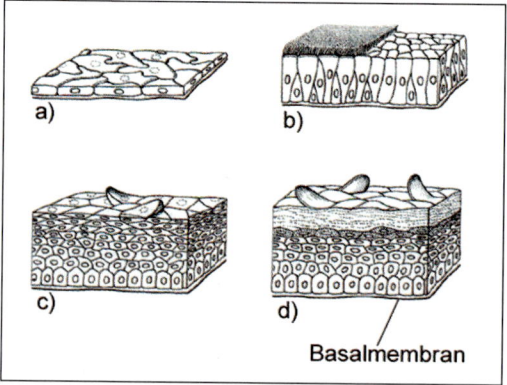

Abb. 1.3 Verschiedene Epitheltypen: a) einschichtiges
Plattenepithel, b) respiratorisches Flimmerepithel,
c) mehrschichtiges Plattenepithel ohne Verhornung,
d) mehrschichtiges Plattenepithel mit Verhornung

schmeidig gehalten werden, bis sie nach einer gewissen Zeit als Hornschüppchen abfallen.

Die im „sprachtherapeutisch relevanten Bereich" vorkommenden Epithelien sind im Wesentlichen (Abb. 1.3):

- einschichtiges Plattenepithel (kleidet die Lungenbläschen, aber auch als Endothel den Herzinnenraum und die Blutgefäße aus)
- respiratorisches Flimmerepithel (Schleimhaut der Atemwege mit Flimmerhärchen zum Schleimtransport)
- mehrschichtiges Plattenepithel ohne Verhornungsprozess (Schleimhaut z. B. der Mundhöhle)
- mehrschichtiges Plattenepithel mit Verhornungsprozess (oberste Schicht der äußeren Haut).

Die Epithelien besitzen überwiegend Schutzfunktionen. Bei einschichtigen Epithelien, z. B. dem Endothel der Blutgefäße, kann aber auch der Transport über dieses Epithel hinweg eine bedeutende Rolle spielen.

Drüsen

Einige Epithelzellen haben sich darauf spezialisiert, Produkte, die mit Hilfe des endoplasmatischen Retikulum und des Golgi-Apparats hergestellt wurden, aus der Zelle heraus zu transportieren. Diesen Vorgang nennt man **Sekretion. Sezernierende** Zellen werden als Drüsen(zellen) bezeichnet. So ist das Drüsengewebe letztlich auf das Epithelgewebe zurückzuführen und wird mit ihm zusammen als *ein* Gewebetyp angesehen.

> ⦂ **Sekretion**
> secretio (lat.): Absonderung; secernere (lat.): absondern

Drüsenzellen können einzeln in Epithelzellschichten liegen; sie sezernieren ihr Produkt (Sekret) dann an ihre Oberfläche und die unmittelbare Umgebung (Abb. 1.4a). Solche einzelligen Drüsen finden sich u. a. in Epithelien der Atemwege; sie produzieren Schleim.

Sind größere Sekretmengen erforderlich, teilen sich die Drüsenzellen und bilden größere Drüsen, die sich dann in die Gewebsschichten (Lamina propria) unterhalb des Epithels verlagern, mit diesem aber über einen Ausführgang verbunden bleiben (Abb. 1.4b, c). Solche großen Drüsen finden sich u. a. in der Mundschleimhaut (z. B. die sog. Speicheldrüsen wie Unter-

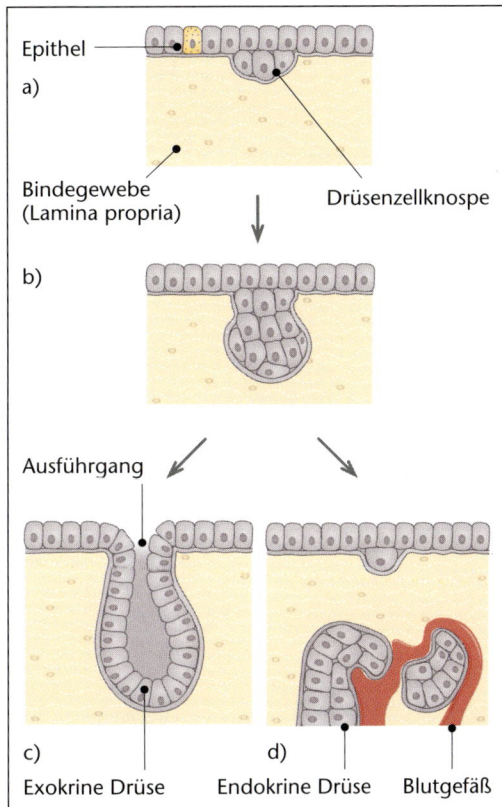

Epithel

a)

Bindegewebe
(Lamina propria)

Drüsenzellknospe

b)

Ausführgang

c)
Exokrine Drüse

d)
Endokrine Drüse   Blutgefäß

Abb. 1.4 Entwicklung von Drüsengewebe aus Epithelgewebe. a) einzellige exokrine Drüse (gelb) in einem Epithel, Entstehung einer Drüsenzellknospe, b) eine Drüse entwickelt sich in Richtung auf das Bindegewebe unterhalb des Epithels, c) exokrine Drüse, die über einen Ausführgang mit der Epitheloberfläche verbunden bleibt, d) endokrine Drüse, deren Produkte an die Blutbahn abgegeben werden

kieferdrüse, Ohrspeicheldrüse u. a., ☞ Kap. 6.2.3), aber auch in der Haut (Talgdrüsen, Schweißdrüsen).

Die bis jetzt beschriebenen Drüsenzellen bzw. größeren Drüsen bezeichnet man als **exokrin**, da sie ihr Sekret mit oder ohne Ausführgang an die Haut oder an eine innere Oberfläche des Körpers abgeben.

> ⦂ **exokrin/endokrin** exo- (griech.): außen, draußen; endo- (griech.): innen, krinein (griech.): ausscheiden
> **Diffusion** (lat. diffusio): Auseinanderfließen, Hinüberfließen

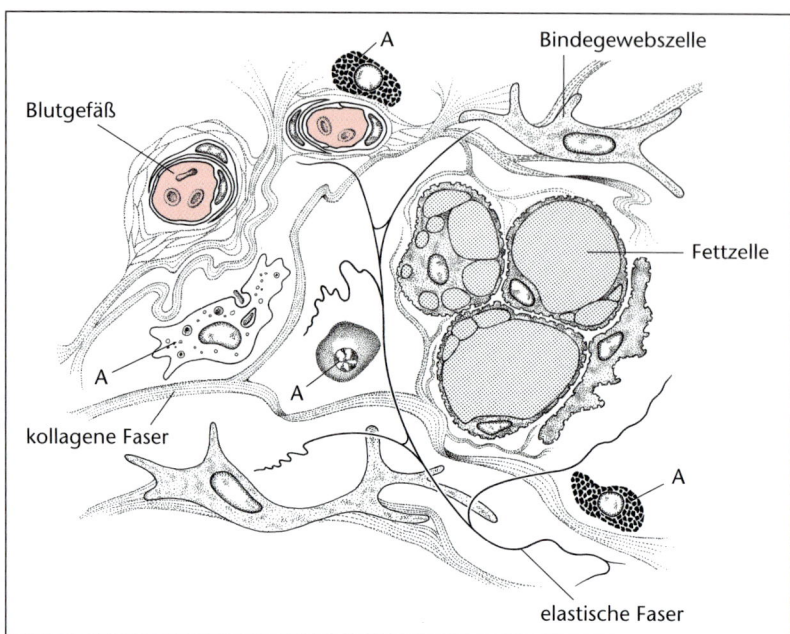

Abb. 1.5 Bindegewebe mit Bindegewebszellen, Fettzellen und Fasern (A: verschiedene Zellen der Abwehr)

Der zweite Sekretionsweg wird als **endokrin** bezeichnet. Dabei haben die Drüsen (Abb. 1.4d) die Verbindung zur Oberfläche verloren und sezernieren über **Diffusion** an die Blutbahn. Die auf diese Weise sezernierten Zellprodukte sind die **Hormone**, also Wirkstoffe, die über die Blutbahn zu Rezeptoren (☞ Kap. 1.1.1) von Zellen transportiert werden, an denen sie eine spezifische Wirkung ausüben.

1.2.2 Binde- und Stützgewebe

Das Binde- und Stützgewebe besteht aus einzeln, meist weit entfernt voneinander liegenden Bindegewebszellen, zwischen denen sich große Mengen der von ihnen gebildeten Zwischenzellsubstanzen und Fasern befinden (Abb. 1.5). Bei diesen Fasern unterscheidet man kollagene und elastische Fasern. Kollagene Fasern sind kaum dehnbar und für hohe mechanische Anforderungen vorgesehen, während elastische Fasern stark dehnbar sind.

Knorpel und Knochen bilden das **Stützgewebe**, das als Sonderform des Bindegewebes mit bestimmten mechanischen Eigenschaften anzusehen ist. Das übrige **Bindegewebe** kommt im Körper an zahlreichen Stellen vor: es findet sich unter allen Epithelien (als Lamina propria), als Grundgerüst der Organe, als umhüllendes Gewebe für Nerven und

Gefäße, in Form von Sehnen und Bändern, aber auch als Fettgewebe. Auch die Abwehr von Krankheitserregern findet überwiegend im Bindegewebe statt (Abb. 1.5).

1.2.3 Muskelgewebe

Muskelzellen, die man auch Muskelfasern nennt, haben bei der Differenzierung die Fähigkeit erlangt, sich aktiv verkürzen zu können. Diese mechanische Arbeit benötigt Energie in Form von ATP (☞ Kap. 1.1.3) und wird als **Kontraktion** bezeichnet.

> **:** **Kontraktion** (lat. contractio): Zusammenziehung **Intrazellulär** intra- (lat.): innerhalb; cellula (lat.): Kämmerchen, Zelle

Diese Kontraktionen sind u. a. Grundlage für Körperbewegungen, Atmung, Herztätigkeit, Kreislauf, Verdauung und Ausscheidung, aber auch für die Stimme und das Sprechen.

Grundlage der Kontraktionen der Muskelzellen sind zahlreiche **intrazelluläre** Proteinfäden, die sich gegeneinander verschieben können. Damit kann sich die Muskelzelle verkürzen. Nach Beendigung der Kontraktion, die sehr unterschiedlich lange dauern kann, erschlafft die Muskelzelle wieder.

Vor allem nach der Anordnung dieser Proteinfäden kann man drei Arten von Muskelzellen unterscheiden, die in unterschiedlichen Bereichen des Körpers vorkommen (Abb. 1.6):

- **Quergestreifte Skelettmuskulatur:** Der Begriff „Querstreifung" ergibt sich durch die besondere und regelmäßige Anordnung der Proteinfäden in diesen großen und langen Muskelzellen, die hier bei bestimmten mikroskopischen Techniken sichtbar wird; diese Art von Muskelzellen bildet die gesamte Skelettmuskulatur des Menschen einschließlich der Muskeln, die für die Atmung, das Sprechen, die Stimme, teilweise auch für das Schlucken eingesetzt werden. Nur die quergestreifte Skelettmuskulatur kann mit dem Willen (d. h. willkürlich) direkt beeinflusst werden.
- **Quergestreifte Herzmuskulatur:** Diese kommt nur im Herzen vor; sie ähnelt der quergestreiften Skelettmuskulatur in der Anordnung der Proteinfäden, allerdings gibt es u. a. bezüglich der Größe der Muskelzellen, der Stellung des Zellkerns, der Verbindung der Zellen untereinander auch starke Abweichungen.
- **Glatte Muskulatur:** Die besondere, regelmäßige Anordnung der Proteinfäden, wie sie bei den quergestreiften Muskeln charakteristisch ist, findet sich bei den glatten Muskeln nicht; die Bezeichnung „glatt" ergibt sich damit lediglich aus dem Fehlen der Querstreifung. Glatte Muskeln finden sich in der Wand der Blutgefäße und der Organe, die Bewegungen ausführen können (z. B. Verdauungs- und Ausscheidungsorgane), sie wird deshalb auch als Eingeweidemuskulatur bezeichnet.

1.2.4 Nervengewebe

Das Nervengewebe ist zuständig für die Aufnahme, Verarbeitung und Weitergabe, teilweise auch die Speicherung von Informationen. Dazu dienen hochspezialisierte Nervenzellen, die man auch **Neurone** nennt.

> **neuron** (griech.): Nervenzelle; eigentlich „Sehne", Nerv
> **glia** (griech.): Leim (gemeint ist das Gewebe zwischen den Nervenzellen)

Die Nervenzelle besteht aus einem Zellleib und charakteristischen Fortsätzen (Abb. 1.7, ☞ auch Kap. 7.3

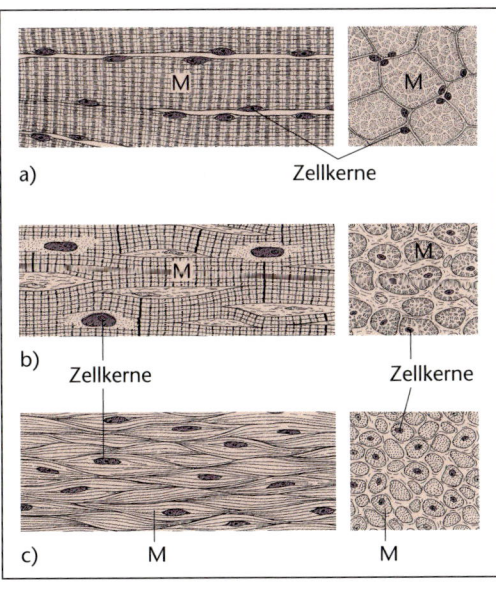

Abb. 1.6 Die drei Muskelarten (M: einzelne Muskelzellen) im Längsschnitt (links) und Querschnitt (rechts). a) quergestreifte Skelettmuskulatur, b) quergestreifte Herzmuskulatur, c) glatte Muskulatur

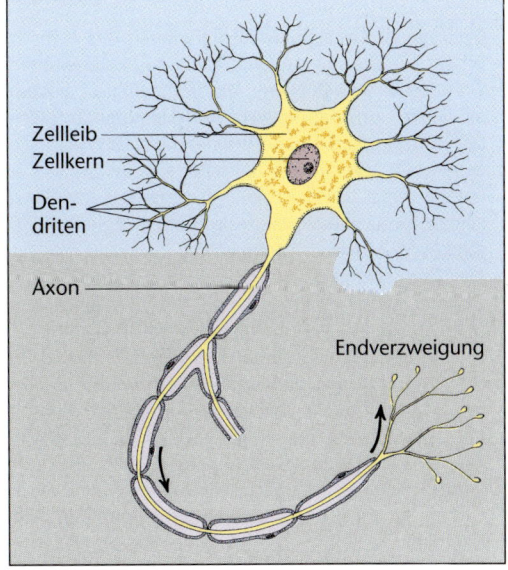

Abb. 1.7 Nervenzelle mit Zellkern, Zellleib und typischen Fortsätzen; stark verzweigt und blau unterlegt: Fortsätze für den Empfang von Informationen (Dendriten); ein langer Fortsatz (Axon) mit Endverzweigung, grau unterlegt: Weiterleitung von Informationen

für weitere Details). Außer den Nervenzellen zählt man zum Nervengewebe die **Glia**zellen, deren Zahl deutlich höher ist als die der Nervenzellen. Die Gliazellen erfüllen zahlreiche Hilfs- und Stützfunktionen für die Nervenzellen, sie erfüllen spezifische Stoffwechsel- und Abwehraufgaben, sind aber auch von großer Bedeutung für die Nervenleitung.

1.3 Übersicht über Organe, Apparate und Systeme

Nach den Zellen und Geweben sind die nächst höheren Organisationsstrukturen des menschlichen Körpers die verschiedenen Organe, Apparate und Systeme. Sie sind jeweils in unterschiedlicher Zusammensetzung aus den vier Grundgeweben aufgebaut. Die Bezeichnungen sind nicht einheitlich; so kann man vom Verdauungsapparat oder -system, aber auch von den Verdauungsorganen sprechen. Entscheidend ist, dass diese Organisationsstrukturen Funktionseinheiten bilden, die ganz bestimmte Aufgaben wie Atmung, Verdauung, Informationsverarbeitung etc. durchführen.

Der menschliche Körper lässt sich beispielsweise in die folgenden Funktionseinheiten einteilen:
• Bewegungsapparat (Skelett, Muskeln)
• Haut
• Verdauungssystem, -organe, -apparat
• Atmungssystem, -organe, -apparat
• Harn- und Geschlechtsorgane
• Herz- und Kreislaufsystem, Blut
• endokrine Organe (Hormonbildung)
• Nervensystem und Sinnesorgane.

Bei Spezialfunktionen wie der Stimmbildung oder dem Sprechen werden Teile dieser Funktionseinheiten zu neuen speziellen Funktionseinheiten zusammengefasst (Stimmorgane, Sprechorgane).

Die Kenntnis einiger dieser Funktionseinheiten (z. B. Harn- und Geschlechtsorgane, Haut, Blut, endokrine Organe, große Teile des Bewegungsapparats und des Verdauungssystems) ist sprachtherapeutisch von keiner oder nur geringer Bedeutung; deshalb werden diese Bereiche in diesem Lehrbuch nicht oder nur ganz kurz angesprochen. Hier sei dann auf Standard-Lehrbücher der Anatomie verwiesen, wenn man darüber mehr wissen möchte.

ZUSAMMENFASSUNG

Die Zelle ist die elementare Baueinheit des menschlichen Körpers. Sie ist aufgebaut aus Zellmembran, Zytoplasma und Zellkern. Die Zellmembran besteht aus einer Lipiddoppelschicht und Membranproteinen. Der Zellkern enthält die Erbsubstanz. Die verschiedenen, im Zytoplasma enthaltenen Zellorganellen (endoplasmatisches Retikulum, Golgi-Apparat, Lysosomen, Peroxisomen, Mitochondrien) erfüllen spezifische Aufgaben im Zellstoffwechsel.
Aus der Differenzierung der Zellen entstehen die Gewebe, deren Zellen untereinander ähnliches Aussehen und ähnliche Funktion aufweisen. Zwischen den Zellen befinden sich die Interzellularsubstanzen, die u. a. kollagene und elastische Fasern enthalten können. Man unterscheidet vier Gewebetypen: Epithel- und Drüsengewebe, Binde- und Stützgewebe, Muskelgewebe und Nervengewebe.
Das Epithelgewebe bedeckt innere und äußere Oberflächen, exokrine Drüsen sezernieren Produkte an diese Oberflächen, endokrine Drüsen sezernieren Hormone, die sie an die Blutbahn abgeben.

Das Stützgewebe erfüllt mechanische Aufgaben im Skelett (Knorpel, Knochen), andere Formen des Bindegewebes finden sich als Hüllen um Gefäße und Nerven, liegen unter Epithelien, bilden Grundgerüste in Organen oder erfüllen Abwehraufgaben.
Muskelgewebe ist zur Kontraktion befähigt; es werden quergestreifte Muskelzellen entweder des Skeletts oder des Herzens unterschieden; glatte Muskulatur kommt in der Wand von Blutgefäßen und Hohlorganen vor.
Das Nervengewebe dient der Aufnahme, Verarbeitung, Weiterleitung und Speicherung von Informationen. Es wird in seiner Tätigkeit durch Gliazellen unterstützt, die Hüll- und Stützfunktionen, Ernährungs- und Abwehrfunktionen haben, aber auch eine Rolle bei der Nervenleitung spielen.
Durch unterschiedliche Zusammensetzung aus den vier Grundgeweben bilden sich verschiedene größere Funktionseinheiten im Körper: Bewegungsapparat, Haut, Verdauungssystem, Atmungssystem, Harn- und Geschlechtsorgane, Herz- und Kreislaufsystem, Blut, endokrine Organe, Nervensystem und Sinnesorgane.

2 Fortpflanzung und Entwicklung

LERNZIEL

Grundlagen der Zellteilung
diploider und haploider Chromosomensatz, mögliche
Anomalien seiner Zahl
verschiedene Entwicklungs- und Wachstumsstufen
vom Embryo bis zum Greisenalter

2.1 Grundlagen der Zellteilung (Mitose und Meiose)

Der Weg von der befruchteten Eizelle bis zum erwachsenen Menschen mit rund 10 Billionen Zellen erfordert während der Entwicklungs- und Wachstumsphase eine große Zahl von Zellteilungen, die von einer Differenzierung der Zellen zu ihrer endgültigen Form und Funktion begleitet wird.

Aber auch im ausgewachsenen Organismus laufen Zellteilungen in großer Zahl ab, um verletztes, erkranktes, verbrauchtes oder stark belastetes Gewebe zu regenerieren. Im quergestreiften Skelettmuskelgewebe z.B. ist das Ausmaß der Regenerationsfähigkeit allerdings recht gering. Quergestreifte Herzmuskulatur und Nervengewebe können sich praktisch gar nicht regenerieren.

Mitose

Mit Ausnahme der Geschlechtszellen, die auch zur sog. Reifeteilung (**Meiose**) befähigt sind, teilen sich alle anderen Zellen nach dem Mechanismus der normalen Zellteilung (**Mitose**).

> **Mitose/Meiose**
> mitos (griech.): Faden, osis (griech.): Zustand, also
> wörtlich: Fadenzustand (damit ist das Sichtbarwerden der Chromosomen gemeint)
> meiosis (griech.): Verringern (damit ist die Verringerung der Chromosomensätze gemeint)
> **Interphase**
> inter (lat.): zwischen; Phase (griech. phasis): Zustand

Wenn eine Zelle gerade nicht mit einer Zellteilung in zwei identische Tochterzellen, also der Mitose und deren unmittelbarer Vorbereitung, beschäftigt ist, befindet sie sich in einer sog. Zwischenphase oder **Interphase,** in der sie ihren sonstigen Funktionen nachkommt und in der die normalen Stoffwechselaktivitäten ablaufen.

Als erste Vorbereitung für eine Zellteilung muss die Zahl der DNS-Moleküle („Chromosomen") verdoppelt werden, damit die beiden Tochterzellen nach der Zellteilung, die ja auch eine Kernteilung beinhaltet, wieder die gleiche Chromosomenzahl wie die ursprüngliche Mutterzelle besitzen.

Vor dieser Verdoppelung befinden sich in einer normalen menschlichen Zelle 46 Chromosomen, von denen jeweils 23 von der Mutter, 23 vom Vater des gerade betrachteten Individuums stammen (Abb. 2.1).

22 Chromosomen von der Mutter und 22 Chromosomen vom Vater entsprechen einander. Sie werden **Autosomen** genannt, von denen es damit 44 gibt, die zu 22 Chromosomenpaaren zusammengefasst werden. Diese nummeriert man von 1–22 durch (Abb. 2.1).

> **Autosom/Gonosom**
> auto (griech.): selbst, soma (griech.): Körper
> ein Autosom ist von der Bedeutung her ein nicht geschlechtsgebundenes Chromosom
> gone (griech.): Geschlecht

Die beiden noch fehlenden Chromosomen eines Individuums sind geschlechtsgebunden und werden deshalb Geschlechtschromosomen (**Gonosomen**) genannt. Bei einem weiblichen Individuum sind die beiden Geschlechtschromosomen gleich; sie werden beide als X-Chromosom bezeichnet. Eines davon stammt von der Mutter, das andere wiederum vom Vater. Bei einem männlichen Individuum sind die beiden Geschlechtschromosomen ungleich; das

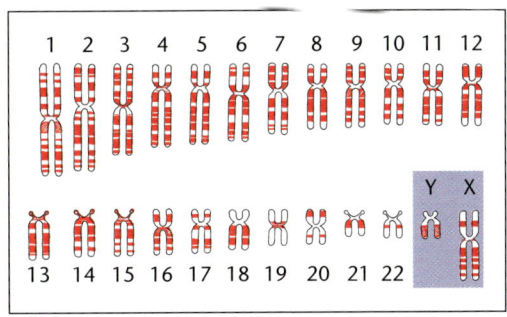

Abb. 2.1 22 Autosomen, X-Chromosom, Y-Chromosom. Die Chromosomen weisen ein typisches Streifen- oder Bandenmuster auf, das sich bei bestimmten Färbetechniken ergibt

X-Chromosom stammt von der Mutter, das Y-Chromosom vom Vater.

Für die Beschreibung des Chromosomensatzes eines Individuums verwendet man in der Regel eine Abkürzung, bei der zunächst die Gesamtzahl der Chromosomen genannt wird, dann – durch ein Komma getrennt – die beiden Geschlechtschromosomen. Ein weibliches Individuum hat in dieser Beschreibung den Chromosomensatz 46,XX und ein männliches Individuum den Chromosomensatz 46,XY.

Wenn also die Rede von 23 Chromosomenpaaren im Kern einer menschlichen Zelle ist, dann ist diese Aussage bei einem männlichen Individuum nicht ganz korrekt, da das 23. Paar aus zwei ungleichen Chromosomen (X und Y) besteht. Dennoch behält man diese Beschreibung von 23 Chromosomenpaaren in der Zelle bei; ein solcher Chromosomensatz wird als **diploid** bezeichnet, wobei mit „diploid" gemeint ist, dass jedes Chromosom (mit der Ausnahme des Geschlechtschromosoms beim Mann) doppelt vorhanden ist.

Anstelle der Bezeichnung diploid verwendet man auch die Bezeichnung 2n, wobei n die Zahl der Chromosomensätze angibt.

> **diploid/haploid**
> diploid (griech. diploos): doppelt, Nachsilbe -id kommt von eides (griech.): förmig
> haploid (griech. haploides): einfach

Damit eine Zelle eine Zellteilung durchlaufen kann, muss sie die Chromosomensätze verdoppeln ($2 \times 2n$), damit jede Tochterzelle nach der Zellteilung wieder ihren normalen diploiden Chromosomensatz (2n) beibehält (Abb. 2.2).

Die gesamte Abfolge der Ereignisse in der Zelle, die zur Teilung in zwei identische Tochterzellen führt, wird als Zellzyklus bezeichnet. Ein solcher Zellzyklus kann im Minimum weniger als einen Tag dauern, meistens aber deutlich länger.

Meiose

Bei der Befruchtung verschmelzen Eizelle und Spermium. Wären dies normale Zellen mit einem jeweils diploiden Chromosomensatz, würde eine befruchtete Eizelle dann vier Chromosomensätze enthalten. Sie wäre damit nicht lebens- und entwicklungsfähig. Unter anderem aus diesem Grund müssen Geschlechtszellen bei ihrer Entwicklung und Reifung eine andere Art von Teilungsprozess durchlaufen, den man Meiose (Reifeteilung) nennt und bei dem

am Ende Geschlechtszellen mit nur haploidem (1n), also einfachem Chromosomensatz entstehen. Wenn diese dann bei der Befruchtung miteinander verschmelzen, ist wieder ein Organismus mit diploidem Chromosomensatz (n + n) entstanden (Abb. 2.2).

Befruchtungsfähige Eizellen besitzen nach der üblichen Bezeichnung dann 23,X Chromosomen (22 Autosomen und ein X-Chromosom), während Spermien entweder ebenfalls einen Chromosomensatz von 23,X aufweisen (dann entsteht bei der Befruchtung ein Mädchen) oder 23,Y (dann entsteht bei der Befruchtung ein Knabe).

Weil sich bei den Reifeteilungen zusätzlich zur Erzeugung eines haploiden Chromosomensatzes der Eizellen und Spermien auch die Erbsubstanz nach einem Zufallsprinzip austauscht, entstehen nach der Befruchtung neue Lebewesen mit zufälliger Mischung von Chromosomen und Chromosomenanteilen (Abb. 2.2).

Diese Vorgänge machen deutlich, warum in einer Geschlechtszelle zunächst die Menge des Erbmaterials verdoppelt wird (wie bei der Mitose), dann – vereinfacht dargestellt – in einer 1. Reifeteilung auf zwei neue Zellen, in einer 2. Reifeteilung auf insgesamt vier neue Zellen mit dem dann endgültigen haploiden Chromosomensatz aufgeteilt wird. Aus diesen gehen dann die befruchtungsfähigen Eizellen und Spermien hervor.

Monosomie, Trisomie

Vor allem bei den Reifeteilungen weiblicher Geschlechtszellen treten mit steigendem Alter der Frau (das Risiko steigt ab etwa dem 35. Lebensjahr) Fehler auf. Dadurch können befruchtungsfähige Eizellen entstehen, die anstelle von 23 Chromosomen nur 22 oder gar 24 enthalten. Dies entsteht dadurch, dass bei den Reifeteilungen die Chromosomen nicht gleichmäßig auf die Tochterzellen verteilt wurden. Verschmilzt eine haploide Eizelle mit nur 22 Chromosomen mit einem normalen haploiden Spermium, entsteht ein Organismus mit nur insgesamt 45 Chromosomen (**Monosomie**). Bei der Befruchtung einer Eizelle mit 24 Chromosomen mit einem normalen Spermium entsteht ein Organismus mit insgesamt 47 Chromosomen (**Trisomie**) in jeder Zelle.

> **Monosomie/Trisomie**
> monos (griech.): einzeln; tri (lat./griech.): drei-(fach); soma (griech.): Körper

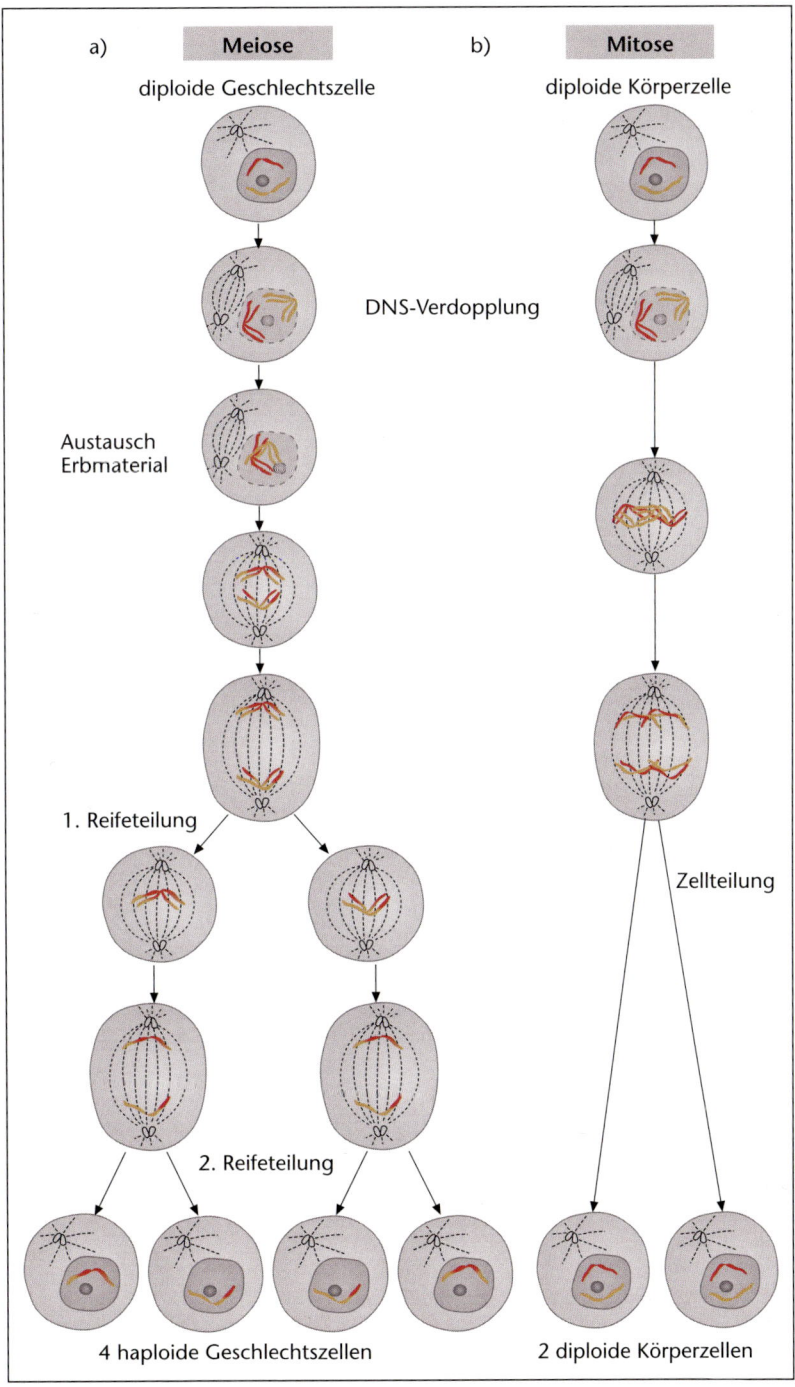

a) Meiose

diploide Geschlechtszelle

b) Mitose

diploide Körperzelle

DNS-Verdopplung

Austausch
Erbmaterial

1. Reifeteilung

Zellteilung

2. Reifeteilung

4 haploide Geschlechtszellen

2 diploide Körperzellen

Abb. 2.2 Zellteilungen:
a) Mitose, b) Meiose

Monosomie bedeutet, dass ein Chromosom nicht doppelt, sondern nur einfach vorhanden ist. Bei der Trisomie kommt dafür ein Chromosom nicht doppelt, sondern dreifach vor. Monosomien und Trisomien kommen sowohl bei den Autosomen als auch bei den Geschlechtschromosomen vor. Diese Chro-

Down-Syndrom: kommt bei 600–700 Geburten durchschnittlich einmal vor; hierbei handelt es sich um eine Trisomie 21, das Autosom 21 kommt also dreifach vor. Das Krankheitsbild wird wegen der besonderen Augenstellung auch als „Mongolismus" bezeichnet. Die Kinder zeigen u. a. unterschiedliche Grade der geistigen Behinderung, eine große Zunge und andere Abweichungen im Kopf- und Gesichtsbereich, eine mangelnde Muskelspannung und oftmals Missbildungen am Herzen. Sie müssen intensiv auch sprachtherapeutisch behandelt werden.

Ullrich-Turner-Syndrom: manchmal auch nur Turner-Syndrom genannt, Häufigkeit 1:2500 bei weiblichen Geburten. Diese Störung bezieht sich auf das Geschlechtschromosom, das durch eine Monosomie nur einmal vorhanden ist. Das einzelne Geschlechtschromosom ist dann immer das X-Chromosom. Solche Patienten haben einen Chromosomensatz von 45,X0. Die „0" steht für das fehlende zweite Geschlechtschromosom. Vom äußeren Erscheinungsbild sind die Patienten kleinwüchsige Frauen mit äußeren weiblichen Geschlechtsmerkmalen, die denen eines präpubertären Mädchens entsprechen. Die Eierstöcke fehlen. Verschiedene weitere körperliche Besonderheiten werden beschrieben, eine geistige Behinderung wird in der Regel nicht gefunden.

Klinefelter-Syndrom: Häufigkeit 1:500 bis 1:1000 bei männlichen Geburten (Häufigkeit bei Sonderschülern 1:100). Hier sind in den meisten Fällen drei Geschlechtschromosomen vorhanden. Der Chromosomensatz ist z. B. 47,XXY. Die davon betroffenen Knaben sind oftmals leicht geistig behindert und haben Lernschwierigkeiten, sie weisen eine Unterentwicklung der äußeren und inneren Geschlechtsmerkmale und unproportionale Körpermaße auf. Auch motorisch sind sie oft nicht altersgemäß entwickelt und benötigen hier therapeutische, oft auch sprachtherapeutische Unterstützung.

Syndrom (griech. syndrome): das Zusammenkommen (gemeint ist das gleichzeitige Auftreten bestimmter Symptome)
Symptom (griech. symptoma): wörtlich „vorübergehende Eigentümlichkeit" (gemeint sind im medizinischen Bereich Krankheitszeichen)
Down, Ullrich, Turner, Klinefelter Eigennamen
präpubertär prae (lat.): vor; pubertas (lat.): Geschlechtsreife

mosomenabweichungen können dazu führen, dass sich die befruchtete Eizelle nicht oder nicht regelrecht

weiterentwickelt. Es kommen gehäuft Spontanaborte (vorzeitige Beendigungen der Schwangerschaft) vor, bei Kindern nach ausgetragener Schwangerschaft aber auch schwere genetische Schäden. Einige relativ häufige Fälle sind im nebenstehenden Kasten beschrieben.

2.2 Entwicklung und Wachstum

Pränatale Entwicklung

Die pränatale Entwicklung von der Befruchtung bis zur Geburt dauert im Durchschnitt 39–40 Wochen mit allerdings häufigen Abweichungen nach oben und unten.

---

pränatal prae- (lat.): vor; natalis (lat.): zur Geburt gehörig

---

Während dieser Zeit (der Schwangerschaft) unterscheidet man aus Sicht des sich entwickelnden Kindes drei Abschnitte:
- **Präembryonal**entwicklung (Woche 1–2)
- **Embryonal**entwicklung (Woche 3–8)
- **Fetal**entwicklung (ab Woche 9 bis zur Geburt).

Embryo (griech. embryon): ungeborene Leibesfrucht (Plural: Embryonen)
Fetal- (lat. fetus oder foetus): Leibesfrucht
Spermium (griech. spermeios): zum Samen gehörend

Die menschliche Entwicklung beginnt mit der Befruchtung der weiblichen Geschlechtszelle (Eizelle) durch die männliche Geschlechtszelle (**Spermium**). Diese Befruchtung findet in den meisten Fällen in dem erweiterten Anfangsabschnitt des Eileiters statt (Abb. 2.3).

Fachbegriffe für weibliche Geschlechtsorgane
Eierstock: (das) Ovar oder Ovarium (lat. wörtlich „das Ei")
Eileiter: (die) Tuba uterina; zusammengesetzt aus tuba (lat.): Röhre und uterina (lat.): zum Uterus (Gebärmutter) gehörig, in der medizinischen Alltagssprache oft auch nur als „Tube" bezeichnet
Gebärmutter: (der) Uterus (lat. Leib, Unterleib, Gebärmutter)

Nach der Befruchtung entsteht die erste Zelle des neuen Individuums; sie ist diploid und wird als **Zygote** bezeichnet.

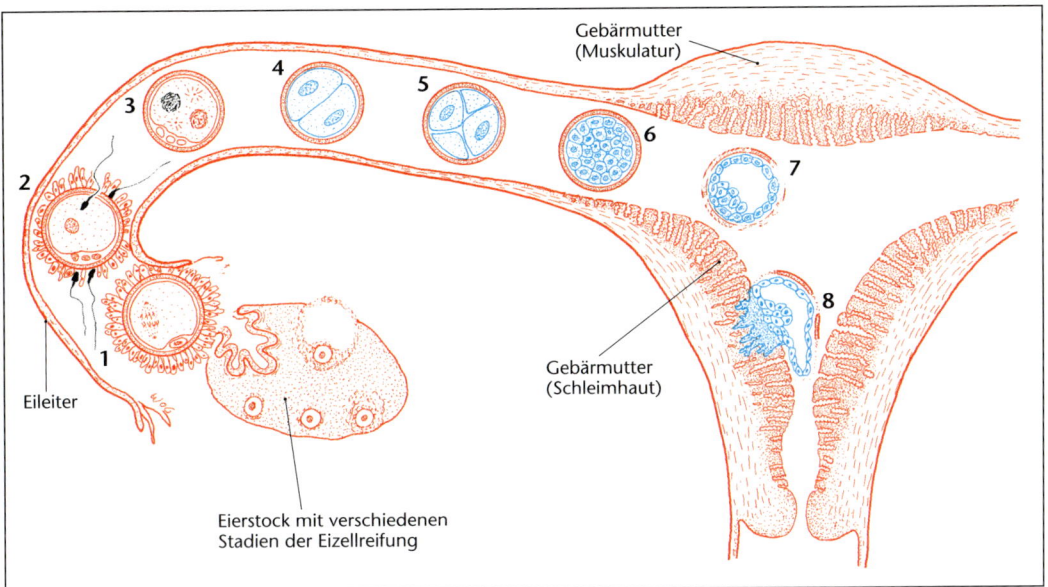

Gebärmutter
(Muskulatur)

Eileiter

Gebärmutter
(Schleimhaut)

Eierstock mit verschiedenen
Stadien der Eizellreifung

Abb. 2.3 Übersicht über Eierstock, Eileiter und Gebärmutter mit den wichtigsten Stadien der Präembryonalentwicklung. 1 Eizelle (nach Eisprung), 2 Befruchtung, 3 Zygote (weiblicher/männlicher Zellkern noch getrennt), 4 Zweizell-Stadium, 5/6 Morula, 7 Blastozyste in Gebärmutterhöhle, 8 Einnistung der Blastozyste in Gebärmutterschleimhaut

> **Zygote** (griech. zygotos): wörtl. „durch ein Joch verbunden", damit ist die Verbindung oder Verschmelzung der weiblichen und männlichen Geschlechtszelle gemeint

Die Zygote beginnt nun mit einer Reihe von normalen Zellteilungen (Mitosen) sich zu entwickeln; dabei wandert sie langsam in Richtung zur Gebärmutter (Abb. 2.3). Diese ersten Mitosen bezeichnet man auch als Furchungsteilungen, weil die Zygote und die daraus entstehenden Tochterzellen an den Teilungsstellen zunächst von außen sichtbare Furchen bilden. Etwa nach 3 Tagen hat die Zygote den Wandbereich der Gebärmutter erreicht.

Nach mehreren Furchungsteilungen ähnelt die Zygote nun äußerlich einer Maulbeere und wird deshalb als **Morula** bezeichnet, die als solche langsam die Gebärmutterhöhle erreicht. Zu diesem Zeitpunkt besteht die Morula etwa aus 12–16 Zellen.

> **Morula** morum (lat.): Maulbeere, morula: Verkleinerungsform; ähnelt der bei uns bekannteren Brombeere
> **Blastozyste** blastos (griech.): Keim; kystis (griech.): Blase

Im Inneren der Blastozyste bilden sich im Alter von 3–4 Tagen langsam kleine Spalträume, die dann zu einer einheitlichen Höhle zusammenfließen. Aus der Morula hat sich die **Blastozyste**, das sog. Keimbläschen, entwickelt (Abb. 2.3).

Das Keimbläschen befindet sich nun in der Gebärmutterhöhle. Nach weiteren strukturellen Veränderungen wird es ca. 6 Tage nach der Befruchtung implantationsfähig. Damit ist die Fähigkeit gemeint, sich am Ende der 1. Entwicklungswoche an der Uterusschleimhaut anzuheften, dann in sie einzudringen und sich in ihr einzunisten. Der Implantationsvorgang ist etwa am Ende der 2. Woche abgeschlossen; damit endet auch die **Präembryonalentwicklung**. Das eingenistete Keimbläschen hat seine Ernährungs- und Versorgungssituation durch Anschluss an Blutgefäße der Uterusschleimhaut entscheidend verbessert. Gleichzeitig teilt das Keimbläschen über eigene Hormone dem mütterlichen Organismus seine „Anwesenheit" mit, so dass die nächste reguläre Schleimhautabstoßung (Monatsblutung) unterbleibt und die weitere Entwicklung des Keims während der Embryonal- und anschließenden Fetalperiode ablaufen kann.

> **:** **Implantation** (lat. implantatio): Einpflanzung, Einnistung

Die **Embryonalperiode** von der 3.–8. Woche nach Befruchtung ist die wichtigste während der menschlichen Entwicklung. Es bilden sich Nervensystem, Organe und alle wichtigen Körperstrukturen aus. Es läuft die Hauptdifferenzierung der Zellen und Gewebe ab. Schon während dieser Periode wird die spätere menschliche Gestalt in den Grundzügen erkennbar. Schwerpunkte der sich anschließenden **Fetalperiode** ab der 9. Woche sind dann die Zellvermehrung, das Größenwachstum und die Feindifferenzierung der Organe und Gewebe bis zur Geburtsreife.

Postnatale Entwicklung

Die **pränatale** Entwicklung endet mit der Geburt, an die sich die **postnatale** Entwicklung anschließt. Es erfolgen das weitere Wachstum des Körpers bis zur endgültigen Größe, die Verschiebung der Proportionen (z. B. das geringere Wachstum des Kopfes im Vergleich zum restlichen Körper), die Zahnbildung, die Ausbildung von Nervenbahnen, die Ausdifferenzierung der Organe u. v. m. In diesem Abschnitt nach der Geburt unterscheidet man folgende Phasen:
• Neugeborenenperiode (ca. 1./2. Lebenswoche)
• Säuglingsalter (ca. die ersten 12 Lebensmonate)

• Kleinkindalter (2.–6. Lebensjahr)
• Schulalter (6. Lebensjahr bis zur Pubertät)
• **Pubertät** (Auftreten der ersten **sekundären** Geschlechtsmerkmale bis zur vollständigen Geschlechtsreife, bei Mädchen vom 9.–17. Lebensjahr, bei Knaben vom 12.–17. Lebensjahr)
• Adoleszentenphase (wörtlich Heranwachsendenphase, Zeit zwischen Geschlechtsreife und Abschluss des Körperwachstums zwischen ca. dem 17. und maximal dem 20.–23. Lebensjahr)
• Erwachsenenalter (ab dem ca. 18.–23. Lebensjahr bis zum Greisenalter)
• Greisenalter, **Senium** (individuell sehr verschieden und gekennzeichnet durch die Einschränkung der körperlichen und geistigen Fähigkeiten).

> **:** **prä-/postnatal** prae- (lat.): vor; post- (lat.): nach, natalis (lat.): zur Geburt gehörig
> **Pubertät** (lat. pubertas): Geschlechtsreife
> **sekundäre Geschlechtsmerkmale** (lat. secundarius): zweitrangig; damit sind die äußeren Geschlechtsmerkmale (Änderung der Körperbehaarung, Brustentwicklung, Kehlkopfwachstum, Änderung der Stimmlage) gemeint im Gegensatz zu den primären (erstrangigen) Geschlechtsmerkmalen, den Keimdrüsen.
> **senium** (lat.): Greisenalter

ZUSAMMENFASSUNG

In allen Zellen mit Ausnahme der Geschlechtszellen finden sich 23 Chromosomenpaare (diploider Chromosomensatz), davon 22 Autosomenpaare und ein Geschlechtschromosomenpaar (XX bei der Frau, XY beim Mann).

Sowohl im wachsenden als auch im ausgewachsenen Organismus laufen zahlreiche Zellteilungen (Mitosen) ab. Wichtige Voraussetzung dafür ist zunächst eine Verdoppelung des Chromosomensatzes, damit die Tochterzellen nach der Zellteilung wieder über den ursprünglichen diploiden Chromosomensatz verfügen. Bei der Meiose (Reifeteilung der Geschlechtszellen) wird der Chromosomensatz ebenfalls zunächst verdoppelt und dann in zwei Reifeteilungen jeweils halbiert, so dass haploide Geschlechtszellen (Eizelle, Spermium) entstehen, die 23 einzelne Chromosomen enthalten. Bei den Reifeteilungen kommt es außerdem zum Austausch von Erbmaterial; dadurch erklären sich die Unterschiede zwischen den Individuen. Durch Fehler bei den Reifeteilungen können Organismen mit Abweichungen von der normalen Chromoso-

menzahl entstehen (Monosomie, Trisomie); dies ist für die Betroffenen oft mit Behinderungen unterschiedlicher Art verbunden.

Bei der Befruchtung entsteht durch Verschmelzung zweier haploider Geschlechtszellen eine neue diploide Zelle, die Zygote. Diese teilt sich in der 1. Woche der Präembryonalentwicklung mehrfach mitotisch, wird zur Morula und dann zur Blastozyste (Keimbläschen), die das Uteruslumen erreicht. In der 2. Woche der Präembryonalentwicklung erfolgt die Einnistung (Implantation) in die Gebärmutterschleimhaut. In der Embryonalperiode (3.–8. Woche) werden alle Organe und die Körperstruktur angelegt, in der nachfolgenden Fetalperiode bis zur Geburt erfolgen die weitere Differenzierung und das Wachstum.

Nach der Geburt wird die weitere Entwicklung unterteilt in Neugeborenenperiode, Säuglingsalter, Kleinkindalter, Schulalter, Pubertät, Adoleszentenphase, Erwachsenenalter und Senium.

3 Kreislaufsystem

LERNZIELE

verschiedene Abschnitte des Blutkreislaufes
Unterschied zwischen Blutgefäßsystem und Lymphgefäßsystem
parallel und hintereinander geschaltete Organe

Wandschichten der Gefäße und des Herzens
Lage und Form der Herzklappen
Verteilung der Arbeitsmuskulatur und der spezifi-
schen Herzmuskulatur im Herzen

3.1 Übersicht über Herz, Kreislauf und Gefäße

3.1.1 Aufbau und Funktion des Kreislaufsystems

Das Blut ist als „flüssiges Organ" anzusehen. Es besteht aus Zellen (**Leukozyten**) und Abkömmlingen
von Zellen, die keine Zellkerne mehr enthalten
(**Erythrozyten, Thrombozyten**) sowie einer „Inter-
zellularsubstanz", dem Blutplasma. Man unterscheidet rote Blutzellen, sog. rote Blutkörperchen (Erythrozyten), die den roten Blutfarbstoff Hämoglobin
(☞ Kap. 4.10.3) enthalten, weiße Blutzellen, sog.
weiße Blutkörperchen (Leukozyten), die Abwehraufgaben erfüllen, und Blutplättchen (Thrombozyten), die die Blutstillung und Blutgerinnung unterstützen.

> **Erythrozyen** erythros (griech.): rot, kytos
> (griech.): Zelle
> **Leukozyten** leukos (griech.): weiß
> **Thrombozyten** thrombos (griech.): Blutpropf

Das Blut liefert den Körperzellen lebensnotwendige
Stoffe wie Sauerstoff, Nährstoffe und Wasser, ist aber
auch zuständig für die „Entsorgung" der Körperzellen (Kohlendioxid, Abfallstoffe) und transportiert
Hormone, Wärme und Abwehrzellen. Bei einer
Verletzung der Blutgefäße können diese durch die
Mechanismen der Blutstillung und Blutgerinnung
abgedichtet werden.
Das Kreislaufsystem hat die Aufgabe, das Blut durch
ein geschlossenes „Schlauchsystem", die Blutgefäße,
durch den ganzen Körper „im Kreis herum" zu
transportieren. Eine Pumpe, das Herz, ist in dieses
Schlauchsystem integriert und treibt den Kreislauf
an. Damit bleibt das Blut ständig in Bewegung und
kann seine Transportaufgaben zu den Zellen hin
bzw. von diesen weg erfüllen.

Blutgefäße, die Blut vom Herzen weg zu den Zellen
hin transportieren, bezeichnet man als Schlagadern
oder **Arterien.** Kurz vor Erreichen der Zellen in den
Geweben und Organen sind diese Arterien durch
vielfache Abzweigungen so klein geworden, dass sie
als „kleine Schlagadern" oder mit dem Fachbegriff
Arteriolen gekennzeichnet werden. Diese gehen
dann in noch kleinere Blutgefäße, Haargefäße oder
Kapillaren genannt, über. Auf der Ebene der Kapillaren (und nur hier) findet der Stoffaustausch zwischen den Zellen und dem Blut statt.

> **Arterie** (lat./griech. arteria): Schlagader
> **Arteriole** Verkleinerungsform von „Arterie"
> **Kapillare** capillus (lat.) Haar
> **Vene** (lat. vena): Blutader
> **Venole** (auch Venule): Verkleinerungsform von
> „Vene"

So gibt es zahlreiche „Kapillargebiete" in den Organen und Geweben des Körpers, über die diese mit
Sauerstoff und Nährstoffen versorgt werden. Gleichzeitig geben die Zellen hier Kohlendioxid und ihre
sonstigen Abfallstoffe an das Blut zurück. An die
Kapillargebiete schließen sich die Blutgefäße an, die
das Blut zum Herzen zurückführen. Zunächst sind
es kleine Blutadern, deren Fachbezeichnung „Venolen" eine Verkleinerungsform des Begriffs **Venen**
(Blutadern) darstellt. Venen transportieren grundsätzlich das Blut zum Herzen hin.
Da die Begriffe „Schlagader" und „Blutader" schnell
verwechselt und oft auch unpräzise benutzt werden,
sollten nur die Fachbegriffe Arterien und Venen Verwendung finden. Auch für die kleineren Blutgefäße
sind die Begriffe Arteriolen, Kapillaren und Venolen
Standard.
Für die Versorgung der Körperzellen ist es notwendig,
dass das Blut mit neuen Nährstoffen versehen wird:
dies geschieht mit Hilfe des Verdauungstrakts und

der Leber. Auf der anderen Seite sorgen im Wesentlichen die Leber und die Niere für eine Entsorgung der im Blut kreisenden Abfallstoffe der Zellen.

Da auch Sauerstoff von den Zellen verbraucht wird, muss dieser dem Blut wieder zugeführt werden. Dies geschieht in den Kapillargebieten der Lunge, wo Sauerstoff aus der Atemluft letztlich in das Blut überführt wird. In umgekehrter Richtung erfolgt an der gleichen Stelle die Abgabe des „Zellabgases" Kohlendioxid vom Blut an die Ausatemluft.

3.1.2 Herz- und Kreislaufmodelle

Das Herz, das den Transport des Blutes vollzieht, ist ein sich rhythmisch zusammenziehender Muskelschlauch. Damit das Blut in eine bestimmte Richtung aus dem Herzen fließt, sind Ventile, die sog. Herzklappen, erforderlich.

Unter Verwendung der bisherigen Überlegungen lässt sich ein primitives Herz- und Kreislaufmodell erstellen, wie es in der Abb. 3.1 a) zu sehen ist.

Dieses Kreislaufmodell hat zwei entscheidende Nachteile:

• wenn das Herz das Blut zu den Lungenkapillaren gepumpt hat, wo es sich wieder mit Sauerstoff belädt, ist im Anschluss an das Kapillargebiet der Blutdruck zu niedrig, um die Zellen in der Umgebung der Körperkapillaren bei einem Organismus wie dem des Menschen ausreichend mit Sauerstoff

und Nährstoffen zu versorgen und das Blut anschließend dem Herzen wieder zuzuführen,

• wenn das Herz die in ihm enthaltene Blutmenge durch eine Muskelkontraktion herausgepumpt hat, dauert es zu lange, bis sich der Innenraum des Herzens wieder neu mit Blut gefüllt hat.

Diese Nachteile sind im Kreislaufmodell des Menschen und anderer Säugetiere durch zwei entscheidende Veränderungen beseitigt (Abb. 3.1 b):

• eine Pumpe (das rechte Herz oder die rechte „Herzhälfte") pumpt das Blut zu den Lungenkapillaren, von wo es dann zum linken Herz (der linken Herzhälfte) zurückkehrt, das es dann zu den Körperkapillaren pumpt, von wo es wieder in das rechte Herz zurückkehrt,

• vor das eigentliche, pumpende Herz (Herzkammer) ist ein Vorratsbehälter geschaltet (Herzvorhof), in dem sich das Blut während der Pump- und Austreibungsaktion der Herzkammer sammelt; damit es schneller für eine erneute Pumpaktion zur Verfügung steht.

Die Herzkontraktion, das Zusammenziehen des Herzmuskels, bezeichnet man als **Systole**, das anschließende Erschlaffen des Herzmuskels als **Diastole.**

> **systole** (griech.): das Zusammenziehen
> **diastole** (griech.): das Auseinanderziehen

Systole → Anspannung Austreibung

– besteht immer aus 2 Phasen!

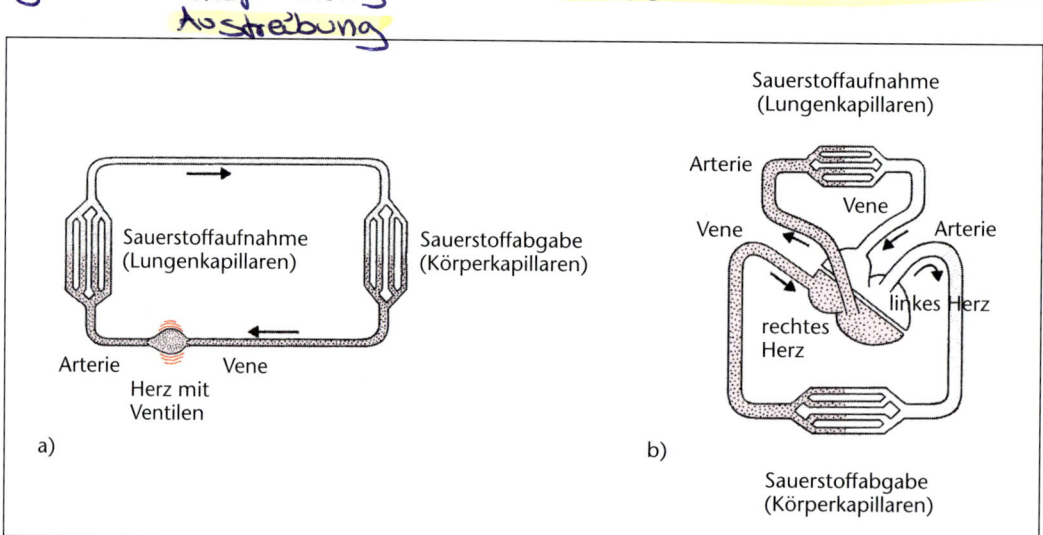

a)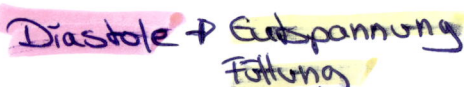

Abb. 3.1 a) primitives Kreislaufmodell ohne getrennten Körper- und Lungenkreislauf und ohne Herzvorhof, b) Kreislaufmodell beim Menschen (Ventile nicht eingezeichnet); a) und b) sauerstoffarmes Blut: punktiert

Diastole → Entspannung Füllung

Ventile befinden sich zwischen dem jeweiligen Vorhof und der Kammer sowie zwischen den jeweiligen Kammern und Arterien, über die das Blut entweder zu den Lungenkapillaren (rechtes Herz) oder zu den Körperkapillaren (linkes Herz) transportiert wird. Beide Herzen arbeiten in der Regel bezüglich Systole und Diastole absolut synchron und transportieren jeweils auch die gleiche Blutmenge zur Lunge bzw. zum Körper.

Wenn die Systole der beiden Herzkammern beginnt, schließen sich die Ventile zu den Vorhöfen, damit das Blut nicht in diese zurückfließt. Die Ventile zu den abgehenden Arterien sind solange geschlossen, bis der Blutdruck in den Kammern einen bestimmten Wert (diastolischer Blutdruckwert) erreicht hat. Dann öffnen sich die beiden Ventile zu den abgehenden Arterien und das Blut gelangt in diese Arterien in Richtung Lungen bzw. Körper. Dabei erreicht der Blutdruck seinen Spitzenwert (systolischer Blutdruckwert).

Anschließend erschlaffen die Kammern wieder. Zunächst schließen sich die Ventile zu den abgehenden Arterien, damit das Blut nicht in die Herzkammern zurückfließt und der diastolische Blutdruck in den Arterien erhalten bleibt. Der Blutdruck in den Kammern sinkt dann soweit ab, dass sich zum Schluss die Ventile zu den Vorhöfen öffnen, in denen sich in der Zwischenzeit Blut aus den zuführenden Venen aus der Lunge bzw. aus dem Körper gesammelt hat. Dann beginnt die Systole der Kammern erneut.

> **Blutdruck**
> Der Blutdruck wird meist in mm Hg (Millimeter Quecksilbersäule) gemessen; ein typischer Blutdruckwert beträgt 120/80 mm Hg. Dabei ist der systolische Wert 120 mm Hg, der diastolische Wert 80 mm Hg. Überschreitet der systolische Wert 160 mm Hg und/oder der diastolische Wert 95 mm Hg, spricht man von Bluthochdruck (Hypertonie).
> Hg: chemisches Symbol für Quecksilber (Hydrargurum).

3.1.3 Körper- und Lungenkreislauf

Zwei Pumpen, das rechte und das linke Herz, sind zu einer einzigen Pumpe, dem Organ „Herz" zusammengewachsen. Das Herz treibt aber zwei getrennte Kreisläufe an, die man als Lungenkreislauf („kleiner Kreislauf") und Körperkreislauf („großer Kreislauf") bezeichnet.

Das rechte Herz treibt den Lungenkreislauf an; es erhält verbrauchtes, sauerstoffarmes Blut, das aus den Organen und Geweben des Körpers, also aus dem Körperkreislauf, stammt (Abb. 3.4). Dieses Blut gelangt über Venen in den rechten Vorhof, dann über ein Ventil zur rechten Kammer, die das Blut bei der Systole durch ein weiteres Ventil in eine Arterie drückt, die sich dann zur rechten und linken Lunge hin aufzweigt.

In den Lungen wird das Blut mit Sauerstoff wieder „aufgefrischt", während ein Teil des Kohlendioxids Richtung Ausatemluft abgegeben wird. Aus den Lungen gelangt das dann sauerstoffreiche Blut über Venen zum linken Herzvorhof. Der eigentliche Lungenkreislauf endet dann hier am linken Vorhof.

Das sauerstoffreiche Blut gelangt über ein Ventil vom linken Vorhof in die linke Kammer, die als Pumpe den Körperkreislauf antreibt. Aus der linken Kammer wird das sauerstoffreiche Blut über ein weiteres Ventil in die große Arterie des Körperkreislaufs (Aorta) gedrückt, über die das Blut dann zu den Geweben und Organen des Körpers verteilt wird. In den Kapillargebieten der Organe und Gewebe werden Sauerstoff und Nährstoffe den Zellen zugeführt, wohingegen Abfallstoffe und Kohlendioxid vom Blut aufgenommen werden. An die Kapillargebiete des Körpers schließen sich Venolen und dann Venen an, die das Blut dem rechten Herzvorhof und damit wieder dem Lungenkreislauf zuführen.

Die Wege des Blutkreislaufs sind in der Abbildung 3.1b nur schematisch dargestellt. Abbildung 3.2 zeigt die Verhältnisse innerhalb des aufgeschnittenen Herzens anatomisch korrekter.

> **Anatomische Nomenklatur der Arterien und Venen**
> Eine Arterie wird mit Arteria (abgekürzt A.) und einem näher bestimmenden Adjektiv gekennzeichnet, z. B. Arteria vertebralis (A. vertebralis), die Wirbelarterie, die teilweise durch die Halswirbelsäule (lat. vertebra: Wirbel) verläuft
> Verwendet man die Arterienbezeichnungen im Plural, dann heißt es Arteriae vertebrales bzw. abgekürzt Aa. vertebrales
> Bei den Venen ist es entsprechend: die Lungenvene heißt Vena pulmonalis (lat. pulmo: Lunge), abgekürzt V. pulmonalis, im Plural Venae bzw. Vv. pulmonales

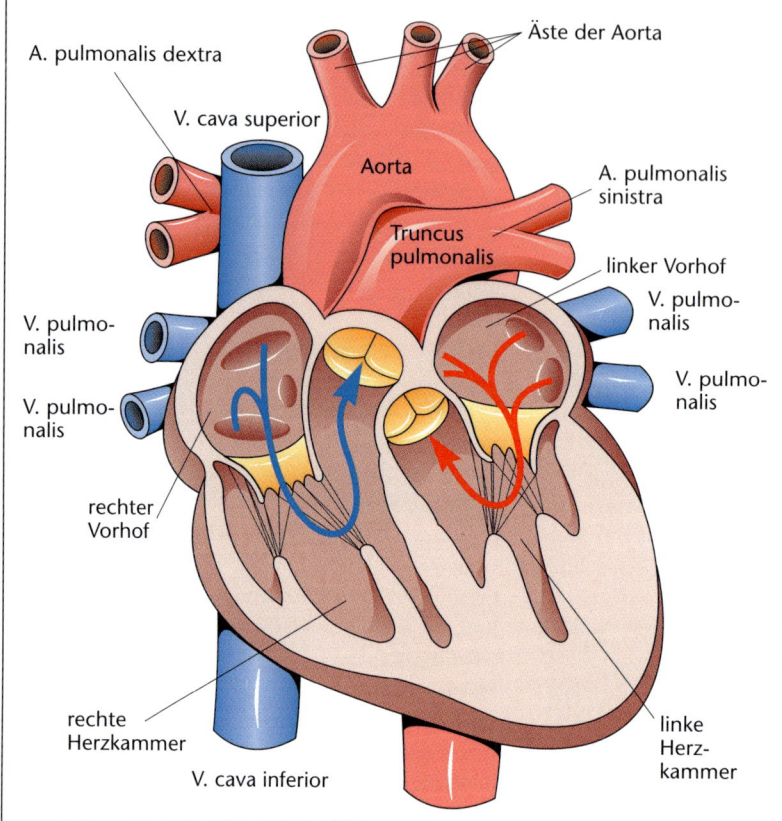

A. pulmonalis dextra

V. cava superior

Äste der Aorta

Aorta

A. pulmonalis
sinistra

Truncus
pulmonalis

linker Vorhof

V. pulmo-
nalis

V. pulmo-
nalis

V. pulmo-
nalis

V. pulmo-
nalis

rechter
Vorhof

rechte
Herzkammer

V. cava inferior

linke
Herz-
kammer

Abb. 3.2 Längsschnitt
durch das Herz. Die
großen Arterien des
Herzens sind rot, die großen Venen des Herzens
blau dargestellt. Der Weg
des sauerstoffarmen
Bluts ist mit einem blauen
Pfeil, der Weg des sauer-
stoffreichen Bluts ist mit
einem roten Pfeil gekenn-
zeichnet

Der Weg des sauerstoffarmen Bluts führt über zwei
große Venen zum rechten Vorhof. Man nennt das
sauerstoffarme Blut auch „venös", wobei es allerdings im Lungenkreislauf in Arterien und nicht wie
sonst im Körperkreislauf in Venen fließt (Achtung:
Verwechslungsgefahr!). Die beiden zum rechten Vorhof führenden Venen heißen **V. cava superior** bzw.
V. cava inferior; sie transportieren das „venöse" Blut
aus dem Körperkreislauf zum Herzen. Die V. cava
superior transportiert das Blut aus Kopf, Hals und
Arm zum Herzen, die V. cava inferior aus dem restlichen Körper.

Das Blut aus dem rechten Herzvorhof gelangt zur
rechten Herzkammer, die es dann über eine Arterie
zu den Lungen auswirft. Die beiden Lungenarterien
zur rechten und linken Lunge besitzen einen gemeinsamen „Stamm", der aus der rechten Kammer
abgeht. Daher ergeben sich die Bezeichnungen für
diese Arterien: aus der rechten Herzkammer geht der
Truncus pulmonalis hervor, der sich zur **A. pulmonalis dextra** und zur **A. pulmonalis sinistra** aufzweigt.

⋮ **truncus** (lat.): Stamm
pulmonalis (lat.): zur Lunge (pulmo) gehörend
dextra weibliche Form von dexter (lat.): rechts, der
rechte
sinistra weibliche Form von sinister (lat.): links, der
linke
Aorta (griech. aorte): Hauptschlagader des menschlichen Körpers

⋮ **cava** ist die weibliche Form von cavus (lat.): geräumig, bauchig (auch: hohl, der Begriff Hohlvene
ist also ungenau)
superior (lat.): oben gelegen oder der/die/das obere
inferior (lat.): unten gelegen oder der/die/das untere
V. cava superior: obere Hohlvene, V. cava inferior:
untere Hohlvene

Jeweils zwei Lungenvenen (**V. pulmonalis**) gelangen
aus jeder Lunge zum linken Vorhof. Von dort fließt

das sauerstoffreiche Blut zur linken Kammer, die es über die **Aorta** genannte große Körperschlagader auswirft. Man nennt das sauerstoffreiche Blut auch „arteriell", wobei es allerdings im Lungenkreislauf in Venen und nicht wie sonst im Körperkreislauf in Arterien fließt. Über die zahlreichen Äste und Aufzweigungen gelangt das „arterielle" Blut dann zu den Organen und Geweben des Körpers.

3.1.4 Blutversorgung der Organe und Gewebe

Die **Aorta** hat in ihrem Anfangsbereich drei große Äste (Abb. 3.2 und 3.3), durch die der Kopf, der Hals und beide Arme versorgt werden. Der zuerst abgehende Aortenast bildet einen „Stamm" ähnlich wie der Truncus pulmonalis. Dieser Stamm verzweigt sich rasch in eine Arterie zum rechten Arm (**A. subclavia dextra**) und eine Arterie zur rechten Hälfte des Kopfes und Halses (**A. carotis communis dextra**).

Der zweite Aortenast ist die **A. carotis communis sinistra**, der dritte Ast die **A. subclavia sinistra**. Die Aorta biegt dann nach unten um und verläuft hinter dem Herzen durch den hinteren Brustraum und weiter mit zahlreichen Ästen und Aufzweigungen zu den übrigen Körperbereichen.

> **A. subclavia,** Unterschlüsselbeinarterie, sub (lat.): unter und clavicula (lat.): Schlüsselbein
> **A. carotis communis dextra bzw. sinistra,** rechte bzw. linke gemeinsame Halsschlagader
> **communis** (lat.): gemeinsam, **karotis** (griech.): Kopf-, Halsschlagader
> **interna** (lat.): innen, die innere; **externa** (lat.): außen, die äußere
> **A. vertebralis,** Wirbelarterie, vertebra (lat.): Wirbel

Die **A. carotis communis** teilt sich im oberen Halsbereich jeweils in eine **A. carotis interna** und eine **A. carotis externa** (hier lässt sich der Puls fühlen!). Die A. carotis interna zieht ohne Äste bis zur Schädelbasis. Im Inneren des Schädels versorgt sie die Augenhöhle und große Teile des Gehirns. Die A. carotis externa versorgt die äußeren Regionen von Kopf und Hals (Abb. 3.3).

Die A. subclavia versorgt nicht nur die Arme, sondern über einen **A. vertebralis** genannten Ast zusammen mit der A. carotis interna auch das Gehirn (Abb. 3.3).

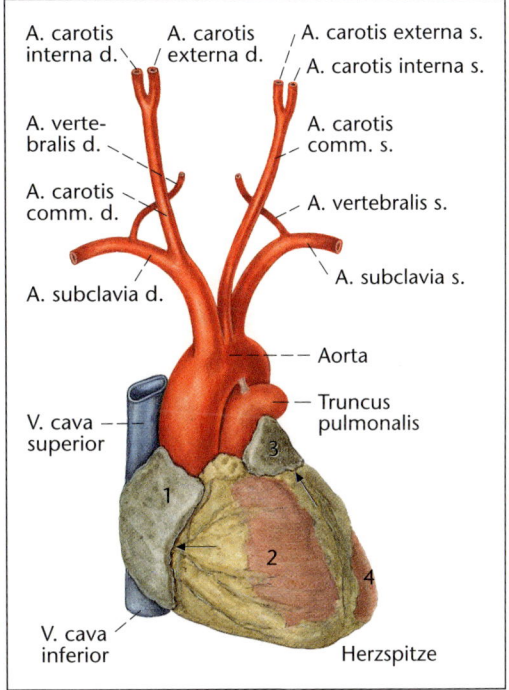

Abb. 3.3 Herz in der Ansicht von vorne mit Abgängen der großen Arterien.
Abkürzungen: comm.: communis, s.: sinistra, d.: dextra
1 rechter Vorhof, 2 rechte Kammer, 3 linker Vorhof, 4 linke Kammer
die Pfeilspitzen zeigen auf die Herzkranzfurche

Das verbrauchte Blut aus Kopf, Hals und beiden Armen sammelt sich letztlich in der V. cava superior und gelangt dann zum rechten Vorhof.

Die Organe, Gewebe und Körperregionen sind in ihrer Blutversorgung im Prinzip alle parallel geschaltet, d. h., jedes Organ wird mit einem eigenen Ast aus der Aorta versorgt. Dieser Ast verzweigt sich innerhalb des Organs bis zu den Kapillaren. Damit ist gewährleistet, dass die Qualität des Blutes im Hinblick auf Sauerstoff und Nährstoffe für alle Körperbereiche annähernd gleich ist (Abb. 3.4).

Bei einer Hintereinanderschaltung der Organe bezüglich ihrer Blutversorgung würde die Qualität des Blutes mit jedem Organ, das passiert würde, immer schlechter. Mit nur einer Ausnahme beim Übergang des Blutes vom Darm, das dort die Nährstoffe aufgenommen hat, zum Stoffwechselzentrum Leber kommt eine solche Hintereinanderschaltung der Organe im Körper praktisch nicht vor.

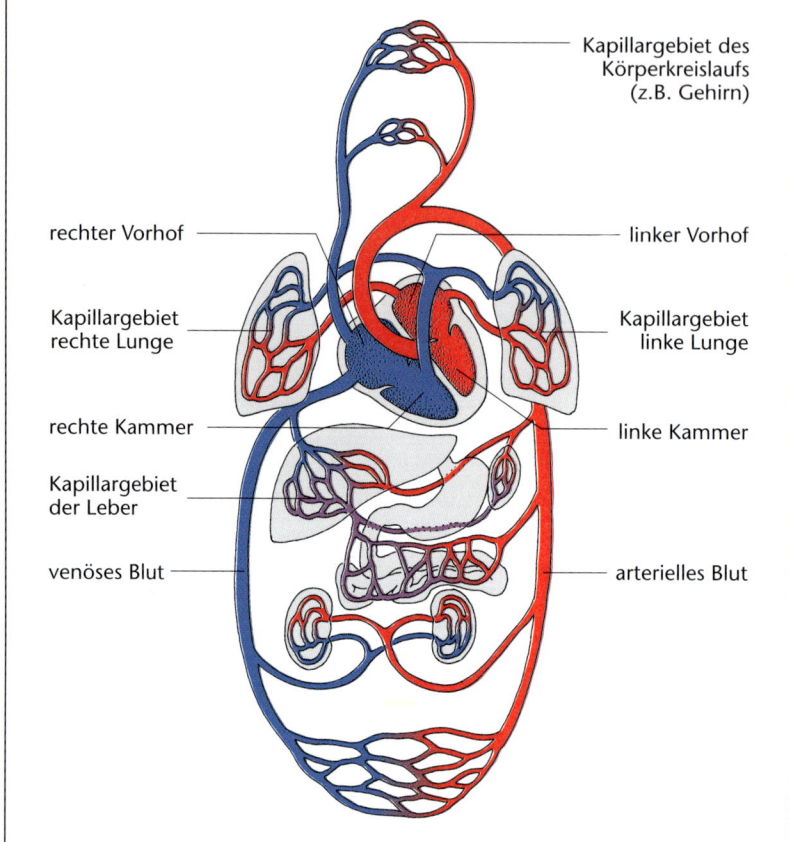

rechter Vorhof

Kapillargebiet
rechte Lunge

rechte Kammer

Kapillargebiet
der Leber

venöses Blut

Kapillargebiet des
Körperkreislaufs
(z.B. Gehirn)

linker Vorhof

Kapillargebiet
linke Lunge

linke Kammer

arterielles Blut

Abb. 3.4 Blutversorgung
der Organe, Gewebe und
Körperregionen des Men-
schen. Rot: sauerstoff-
reiches Blut, blau: sauerstoffarmes Blut, violett:
Übergangszonen zwi-
schen sauerstoffreich und
sauerstoffarm

3.1.5 Aufbau der Blutgefäße

Die Blutgefäße weisen einen dreischichtigen Bau wie
das Herz selbst auch auf. Sie bestehen von innen
nach außen aus folgenden Schichten (Abb. 3.5):
- **Intima:** einschichtiges Plattenepithel (Endothel,
  ☞ Kap. 1.2.1), das die Grenze zum Blut bildet;
  unter dem Endothel liegt eine sehr dünne Bindegewebsschicht,
- **Media:** unterschiedlich dicke Schicht aus ringförmig
  angeordneten glatten Muskelzellen (☞ Kap. 1.2.3),
  teilweise auch mit elastischen Fasern (☞ Kap. 1.2.2);
  die Muskelzellen können sich verengen und damit
  das **Lumen** der Blutgefäße verringern,
- **Adventitia:** Bindegewebe (☞ Kap. 1.2.2), bei größeren Blutgefäßen mit eigenen kleinen Gefäßen
  und Nerven; über diese Bindegewebsschicht erfolgt die Verankerung der Blutgefäße in der Umgebung.

⦂ **lumen** (lat.): eigentlich „Licht" (vgl.: Lichtung),
hier der Hohlraum eines röhrenförmigen oder hoh-
len Organs

Arterien und Arteriolen haben die Aufgabe, Blut zu
den Kapillargebieten der Gewebe und Organe zu
bringen. Sie sind reine Verteilergefäße und besitzen
zu diesem Zwecke eine kräftige Muskulatur, die dem
Blutdruck standhalten muss.
Elastische Fasern finden sich in herznahen Arterien,
sie fangen die Blutdruckspitze bei der Systole der linken Kammer durch eine elastische Dehnung auf.
Nach Ende der Systole ziehen sich die elastischen Fasern wieder zusammen und drücken dadurch das
Blut in die herzfernen Arterien nach.
Arteriolen weisen einen Innendurchmesser unter
0,1 mm auf. Ihre Muskelschicht ist recht dünn, kann
aber das Lumen der Arteriolen bei Bedarf sehr stark

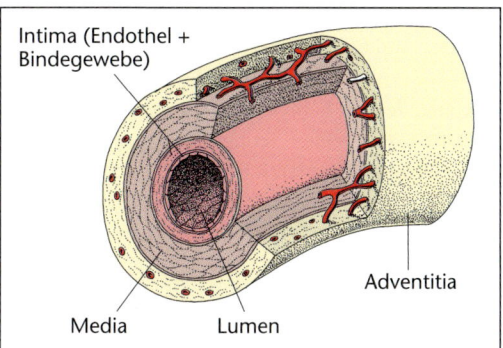

Abb. 3.5 Wandaufbau größerer Blutgefäße (Arterien, Venen). Die Adventitia besitzt eigene kleine Blutgefäße zur Versorgung der äußeren Wandschichten der größeren Blutgefäße

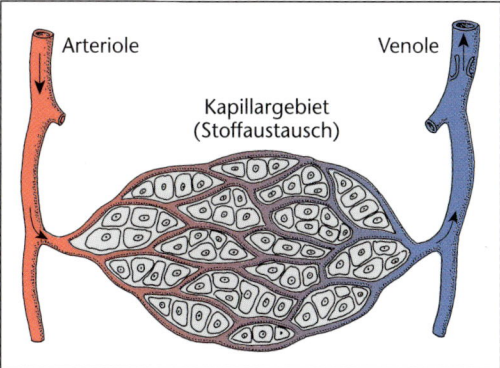

Abb. 3.6 Übergang Arteriole – Kapillargebiet – Venole; rot: sauerstoffreiches Blut, blau: sauerstoffarmes Blut

verengen oder gar verschließen, so dass dadurch die Blutzufuhr zu den dahinter liegenden Kapillargebieten reguliert werden kann.

Kapillaren bestehen nur noch aus dem Endothel der Intima und etwas aufgelagertem Bindegewebe; sie besitzen überhaupt keine Muskelschicht mehr. In den Kapillargebieten erfolgt der Stoffaustausch zwischen Blut und den umliegenden Zellen. Hier werden die Atemgase Sauerstoff und Kohlendioxid, Wasser, Salze, Nähr- und Abfallstoffe ausgetauscht (Abb. 3.6).

Venolen und Venen haben die Aufgabe, Blut aus den Kapillargebieten aufzunehmen und zum Herzen zurückzutransportieren. Ihre Wandstruktur ähnelt derjenigen der Arteriolen und Arterien; allerdings ist der Wandaufbau sehr viel lockerer. Dadurch können sich diese sog. Sammelgefäße relativ stark dehnen.

3.1.6 Übersicht über das Lymphgefäßsystem

Neben dem Blutkreislauf existiert ein zweites Transportsystem, das **Lymphgefäßsystem**.

> **Lymphgefäße**
> Lymphe (lat. lympha): Quellwasser

Außer Sauerstoff treten in den Kapillargebieten u. a. blutdruckbedingt die von den Zellen benötigten Nährstoffe zusammen mit einer erheblichen Menge an Wasser und Salzen aus den Kapillaren aus und gelangen in den Interzellularraum. Teilweise werden diese Stoffe von den Zellen aufgenommen, teilweise geben diese aber auch selber Abfallstoffe, Wasser und Salze an den Interzellularraum ab. Der größte Teil dieser Stoffe wird im Kapillargebiet von den Kapillaren auch wieder aufgenommen (Abb. 3.7).

Bezogen auf den gesamten menschlichen Körper und den Zeitraum eines Tages werden von den Kapillaren ca. 20 l Flüssigkeit abgegeben und 18 l wieder aufgenommen. Der Rest von ca. 2 l pro Tag (10%) verbleibt zunächst im Interzellularraum. Dieser Flüssigkeitsrest, der im Wesentlichen in seiner Zusammensetzung dem Blutplasma entspricht, wird vom Lymphgefäßsystem aufgenommen und nach Reinigung an große Venen des Körperkreislaufs zurückgegeben. Der Blutkreislauf hat somit einen Nebenweg, das Lymphgefäßsystem.

Die Flüssigkeit im Interzellularraum kann zusätzlich zu Komponenten des Blutplasmas auch noch Stoffe, Partikel, Krankheitserreger, unter Umständen sogar Tumorzellen enthalten. Diese Gewebsflüssigkeit mit allen Zusätzen wird von blind in Gewebespalten beginnenden sog. Lymphkapillaren aufgenommen und dann als Lymphe bezeichnet (Abb. 3.7).

Von den Lymphkapillaren aus gelangt dann die Lymphe – vergleichbar dem Blutfluss in den Venolen und Venen – zu immer größeren Lymphgefäßen, in die allerdings zur Filterung, Reinigung und Bekämpfung von Krankheitserregern und Tumorzellen zahlreiche Filterstationen, die sog. Lymphknoten, eingebaut sind. Der Wandaufbau der Lymphkapillaren ähnelt dem der Blutkapillaren, der Wandaufbau der größeren Lymphgefäße entspricht dem von Venolen und Venen.

An zwei Stellen gelangt die Lymphe aus dem gesamten Körper in herznahe Venen und vereinigt sich dann wieder mit dem Blut.

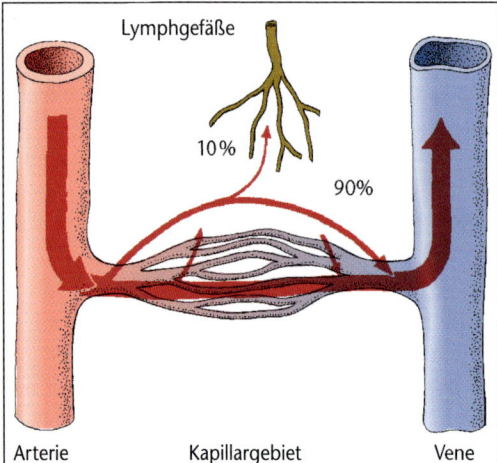

Abb. 3.7 Entstehung und Abtransport der Lymphe im Interzellularraum

---

Lymphödem
Durch zahlreiche Störungen kann die Funktion der Lymphgefäße reduziert sein: angeborene Störungen, Entzündungen, Verschlüsse, Verbrennungen und Vernarbungen. Dann staut sich die Lymphe im Interzellularraum und führt zu Schwellungen (griech. oidema: Schwellung) z. B. unter der Haut oder Schleimhaut.

3.2 Aufbau und Funktion des Herzens

⋮ Herz
lat. cor, wird in medizinischen Begriffen eher selten benutzt, taucht in dem veralteten deutschen Wort „kordial" für herzlich noch auf
häufiger das griechische kardia (Betonung auf dem i), z. B. Kardiologe: Facharzt für Herzkrankheiten, Elektrokardiogramm (EKG): Aufzeichnung der elektrischen Eigenschaften des Herzens

3.2.1 Außenansicht und Binnenräume

Das Herz gleicht einem abgestumpften Kegel, dessen Spitze nach links unten vorne und dessen Basis nach rechts oben hinten zeigt (Abb. 3.3). Etwa ⅔ des Herzens liegen links, etwa ⅓ rechts von der Körpermitte.
Da das Herz eigentlich aus zwei Teilherzen besteht und jedes Teilherz wiederum aus zwei Hohlräumen, Vorhof und Kammer, unterscheidet man insgesamt

vier Binnen- oder Hohlräume des Herzens, den rechten und linken Vorhof (**Atrium dextrum, Atrium sinistrum**) sowie die rechte und linke Kammer (**Ventriculus dexter, Ventriculus sinister**). Die Grenze zwischen den beiden Teilherzen bildet im Inneren des Herzens die Herzscheidewand (das **Septum**, Abb. 3.2). Die von außen sichtbare Grenze zwischen den Vorhöfen und den Kammern nennt sich Herzkranzfurche (Abb. 3.3).

⋮ atrium (lat.): eigentlich Hauptraum eines Hauses, aber auch Innenhof („Atriumbungalow") oder Vorhof, in medizinischen Begriffen bedeutet „atrium" Vorhof oder Vorkammer
ventriculus (lat.): Verkleinerungsform von venter (lat.): der Magen (Bauch), also wörtlich der „kleine Bauch", in medizinischen Begriffen bedeutet „ventriculus" Kammer oder Hohlraum, eingedeutscht „Ventrikel"
dextrum, dexter (lat.): rechts; sinistrum, sinister (lat.): links
septum (lat.): Scheidewand, Zwischenwand

3.2.2 Funktionelle und nutritive Gefäße des Herzens

Die in Kap. 3.1.3 besprochenen sog. „großen" Gefäße des Herzens (Aorta, Hohlvenen, Lungenarterien, Lungenvenen) bezeichnet man auch als „funktionelle" Gefäße des Herzens, da sie die wesentlichen Elemente des Körper- und Lungenkreislaufs sind.
Zusätzlich existieren am Herzen aber auch noch „kleine" oder „nutritive" Gefäße, die das Herz selbst mit Blut versorgen. Da sie – eingehüllt in Fettgewebe – teilweise in der Herzkranzfurche (Sulcus coronarius) verlaufen, werden sie auch als Herzkranzgefäße (Koronargefäße) bezeichnet.

⋮ nutritiv (lat. nutrire): ernähren; damit ist die Versorgung vor allem des Herzmuskels gemeint
sulcus (lat.): Furche
coronarius (lat.): kranzförmig, corona (lat.): Kranz (das deutsche Wort „Krone" hat den gleichen Ursprung)

Die beiden Arterien des sog. Koronarkreislaufs, die rechte und linke Koronararterie, entspringen direkt nach dem Abgang der Aorta aus der linken Herzkammer (Abb. 3.9), verzweigen sich später zu Arteriolen und gehen dann in das Kapillargebiet über, das vor allem das Herzmuskelgewebe versorgt. Die sich anschließenden Venolen und Venen münden überwiegend in den rechten Vorhof, wohin auch das verbrauchte Blut des Körperkreislaufs gelangt.

> **Herzinfarkt**
> Auch als „Koronarinfarkt", Infarkt der Koronararterien, bezeichnet; damit ist der rasche Gewebsuntergang von Teilen des Herzmuskels nach Unterbrechung der Sauerstoff- und Nährstoffzufuhr durch einen Verschluss von Ästen der Koronararterien gemeint (häufige Todesursache).
> Infarkt (lat. infarcire): Absterben eines Gewebestücks (infolge unzureichender Blutversorgung bei Gefäßverschluss).
> Da die Herzmuskulatur keine Regenerationsfähigkeit besitzt, werden zugrunde gegangene Herzmuskelzellen durch Bindegewebe ersetzt, das Narben bildet.

3.2.3 Herzklappen

Damit das Blut während der Systole der Herzkammern nicht in die Vorhöfe zurückgedrückt wird, befinden sich zwischen den Vorhöfen und den Kammern Ventile. Diese schließen sich kurz nach dem Beginn der Systole und öffnen sich erst wieder am Ende der Diastole der Kammer, damit sich diese dann mit dem in der Zwischenzeit im Vorhof angesammelten Blut füllen kann.

Segelklappen

Die Ventile zwischen den Vorhöfen und den Kammern sind nicht nur segelförmig aufgebaut (Abb. 3.2 und 3.8a), sondern funktionieren auch wie Segel und werden deshalb als Segelklappen oder **Kuspidalklappen** bezeichnet. Die Klappe zwischen rechtem Vorhof und rechter Kammer besteht aus drei Segelzipfeln, folglich lautet der Fachbegriff **Trikuspidalklappe.** Die Klappe zwischen linkem Vorhof und linker Kammer besteht aus zwei, etwas stärker gebogenen Zipfeln, heißt also **Bikuspidalklappe.** Wegen der Ähnlichkeit der linken Segelklappe mit einer Bischofsmütze (Mitra) und wegen der Verwechslungsgefahr der beiden ähnlich klingenden Bezeichnungen wird für die linke Segelklappe üblicherweise der Begriff **Mitralklappe** verwendet.

Unter Einbeziehung der Begriffe für Vorhof (Atrium) und Kammer (Ventriculus) findet man auch die Bezeichnungen Atrioventrikularklappen oder kurz AV-Klappen anstelle der mehr Aufbau und Funktion beschreibenden Benennungen.

Damit die Segel während der Systole nicht in die Vorhöfe zurückschlagen, sind sie über kräftige Seh-

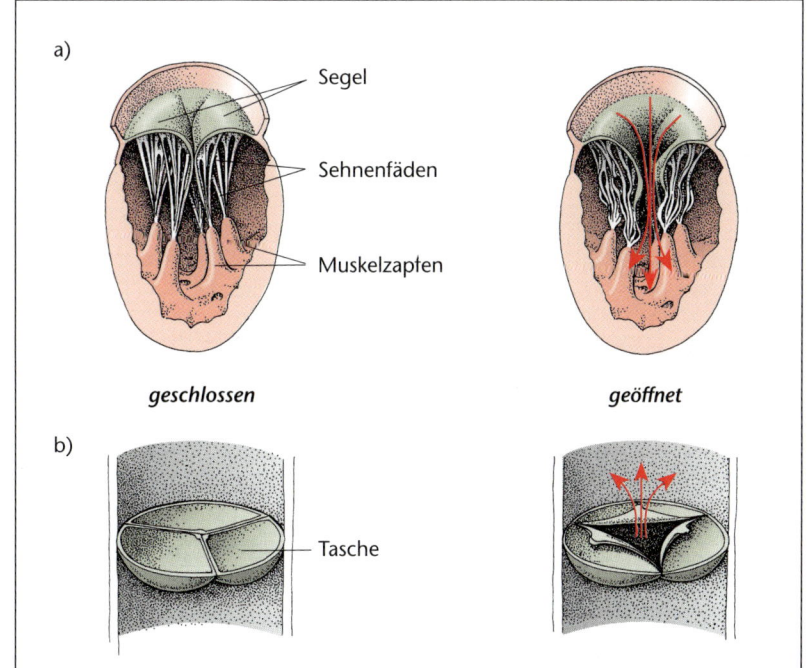

Abb. 3.8 Herzklappen.
a) Segelklappen,
b) Taschenklappen. Die roten Pfeile zeigen die Richtung des Blutstroms bei geöffneten Klappen an

Segel

Sehnenfäden

Muskelzapfen

geschlossen   *geöffnet*

Tasche

nenfäden an Muskelzapfen befestigt, die mit der Herzkammer verbunden sind. Die Ventile sind geschlossen, wenn der Blutdruck in der Kammer höher ist als der im Vorhof. Sie öffnen sich, wenn der Blutdruck der Kammer am Ende der Diastole unter den des Vorhofs sinkt.

> **Kuspidalklappen** cuspis (lat.): Zipfel
> **tri-** (lat., griech.): dreiteilig; **bi-** (lat.): zweiteilig, doppelt
> **mitra** (lat., griech.): u. a. Bischofsmütze

Taschenklappen

Auch die beiden Arterien, die aus der rechten und linken Kammer abgehen, besitzen Ventile. Da die Arterie der rechten Kammer der gemeinsame Stamm der Lungenarterien ist, lautet die Bezeichnung für diese Klappe Pulmonalklappe. Folgerichtig wird die Klappe am Übergang der linken Kammer zur Aorta Aortenklappe genannt (Abb. 3.2 und 3.8b). Diese beiden Klappen bestehen aus jeweils drei halbmondförmigen Taschen, daher die aus ihrer Form abgeleitete Bezeichnung Taschenklappen.

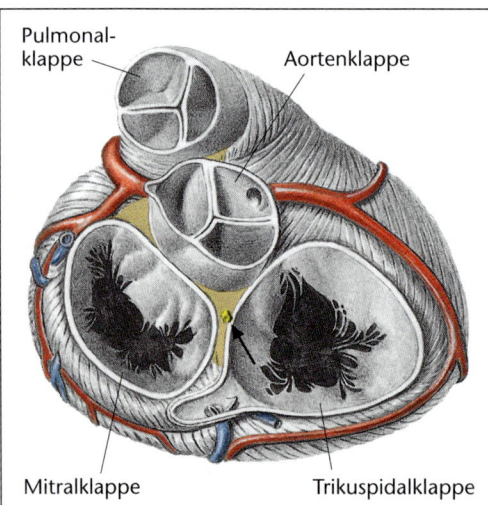

Abb. 3.9 Ventilebene des Herzens, sichtbar gemacht nach Entfernung der Vorhöfe und Abtrennen der großen Arterien. Diese Ebene ist nach rechts hinten unten geneigt. Direkt aus dem Anfangsabschnitt der Aorta oberhalb der Aortenklappe entspringen linke (1) und rechte (2) Herzkranzarterie. Der Pfeil zeigt auf den Durchtritt des AV-Bündels durch das Herzskelett (hellbraun)

Die Aortenklappe öffnet sich, wenn die linke Kammer bei der Systole einen Druck über dem diastolischen Blutdruck (z. B. 80 mm Hg) erreicht hat. Dann wird das Blut in die Aorta ausgeworfen. Nach Erreichen des Maximalwerts des systolischen Blutdrucks (z. B. 120 mm Hg) sinkt der Blutdruck mit beginnender Diastole wieder. Dabei fließt das Blut aus der Aorta zurück, füllt die Taschen und schließt dadurch die Aortenklappe bei Wiedererreichen des diastolischen Blutdruckwerts. Der Druck in der linken Kammer kann dann weiter sinken – die Aortenklappe bleibt geschlossen und erhält den diastolischen Blutdruck in der Aorta bis zum nächsten Öffnen der Klappe aufrecht. Im rechten Herzen sind die Verhältnisse analog, nur die Drücke sind deutlich geringer.

Die vier großen Herzklappen liegen etwa in einer Ebene, die von außen durch die Herzkranzfurche sichtbar ist (Abb. 3.9); diese Ebene nennt man die Ventilebene (sie liegt senkrecht zur Herzachse, die die Herzspitze mit der Herzbasis verbindet).

3.2.4 Schichtenaufbau des Herzens; Herzbeutel

Das Herz ist wie die Blutgefäße dreischichtig aufgebaut, da beide entwicklungsgeschichtlich den gleichen Ursprung haben. Die drei Schichten des Herzens nennt man von innen nach außen:
- Herzinnenhaut (**Endokard**)
- Herzmuskulatur (**Myokard**)
- Herzaußenhaut (**Epikard**).

> **kardia** (griech.): Herz
> **endo-** (griech.): innen, epi- (griech.): darauf
> **myo-** (griech.) aus mys (griech.): Muskel (eigentlich „Maus", z. B. der bei Muskelanspannung wie eine Maus hervorspringende Bizepsmuskel am Oberarm)

Endokard

Das Endokard bedeckt lückenlos die gesamte innere Oberfläche des Herzens einschließlich der Herzklappen und geht ohne Unterbrechung in die innere Schicht der Blutgefäße (Intima) über. Das Endokard besteht ebenso wie die Intima aus einem einschichtigen Plattenepithel sowie einer dünnen, darunter liegenden Bindegewebsschicht.

Myokard

Das Myokard ist die Arbeitsmuskulatur des Herzens, die aus den typischen, nur hier vorkommenden quergestreiften Herzmuskelzellen (oder -fasern) besteht (☞ Kap. 1.2.3). Da dieses Gewebe bei einem Herzinfarkt teilweise zugrunde geht, spricht man auch von einem Myokardinfarkt (☞ Kap. 3.2.2).

Die Herzmuskelzellen haben gewisse Ähnlichkeiten zu den Skelettmuskelzellen, jedoch sind die Herzmuskelzellen kleiner, meist verzweigt und durch besondere Zellverbindungen netzartig miteinander verbunden. Signale zur Muskelkontraktion breiten sich im Myokard über diese Zellverbindungen von einer Muskelzelle zur nächsten aus.

Die Herzmuskelzellen haben einen hohen Sauerstoff- und Nährstoffbedarf; so besitzt beim erwachsenen Menschen jede Herzmuskelzelle eine eigene Blutkapillare.

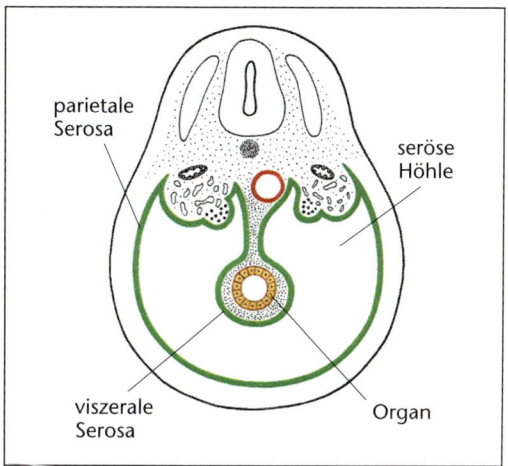

Abb. 3.10 Schematische Darstellung einer serösen Höhle sowie der viszeralen und parietalen Serosa eines Organs (z. B. Herz, Lunge, Darm) in der Frühphase der Entwicklung; Bindegewebe (nicht dargestellt) befindet sich der parietalen Serosa aufgelagert und zwischen Organ und viszeraler Serosa

> **Herzinsuffizienz**
> Bei besonderer Beanspruchung können die einzelnen Herzmuskelzellen dicker und länger werden (das Herz wird größer); die pro Herzschlag ausgeworfene Blutmenge nimmt zu, nicht jedoch die Zahl der Blutkapillaren.
> Arbeitet das Herz unökonomisch (z. B. bei defekten Herzklappen, bei denen das ausgeworfene Blut teilweise wieder zurückfließt), vergrößert sich das Herz über ein vernünftiges Maß hinaus und die Blutzufuhr reicht nicht mehr aus (Herzinsuffizienz).
> Insuffizienz (lat. insufficientia): Schwäche, Unzulänglichkeit.

Serosaverhältnisse

Auf dem Myokard laufen die Koronargefäße und ihre Äste; sie sind in Fett- und Bindegewebe eingebettet. Da sich das Herz ein Leben lang im Brustkorb bewegt, muss seine Oberfläche eine besondere Einrichtung aufweisen, wodurch die bei diesen Bewegungen auftretenden Probleme der „Reibungswärme" und des „Abriebs" vermieden werden. Ähnliche Probleme treten auch bei den Lungen und dem Magen-Darm-Trakt auf, bei denen analoge Mechanismen zu finden sind.

Während der Entwicklung des Menschen treten im Körper mehrere schmale, flüssigkeitsgefüllte Höhlen auf, die von einem dünnen, glatten Epithel ausgekleidet sind, das man **Serosa** nennt.

> **Serosa** Kurzform von Tunica serosa, tunica (lat.): Hülle, serosa (lat.): Serum absondernd, serum (lat.): nicht mehr gerinnbarer Teil des Blutplasmas (ursprünglich „Molke")

Die Serosa produziert und kontrolliert die in der „serösen Höhle" enthaltene geringe Menge an Flüssigkeit, die weitgehend dem Blutserum entspricht.

Organe wie das Herz, aber auch die Lunge und der Magen-Darm-Trakt, wachsen bei der Entwicklung auf die serösen Höhlen zu, überziehen sich dabei mehr oder weniger mit der Serosa und drücken die serösen Höhlen bis auf einen schmalen Spalt zusammen (Abb. 3.10).

Als **viszerale** Serosa bezeichnet man dabei den Teil der gesamten Höhlenauskleidung, der das jeweilige Organ mehr oder weniger bedeckt, als **parietale** Serosa wird der wandständige Teil der Höhlenauskleidung bezeichnet, der das Organ nicht bedeckt. Viszerale und parietale Serosa sind allerdings nur unterschiedlich bezeichnete Abschnitte einer einheitlichen Höhlenauskleidung, sie gehen an sog. Umschlagfalten ineinander über.

> **viszeral** viscera (lat.): die Eingeweide
> **parietal** paries (lat.): die Wand; parietal bedeutet also wandständig

Viszerale und parietale Serosaschichten berühren sich nahezu im gesamten Bereich; sie sind nur durch eine sehr geringe Menge seröser Flüssigkeit getrennt.

Bei einer Organbewegung gleiten letztlich die beiden Serosaschichten aufeinander, die spiegelglatt sind und sich wie mit Getriebeöl benetzt praktisch reibungsfrei gegeneinander bewegen können.

Epikard, Perikard

Die viszerale Serosaschicht des Herzens wird Epikard genannt. Die Serosa setzt sich im Bereich des Abgangs der großen Herzgefäße in die parietale Schicht fort. Die parietale Serosaschicht hat zur Verstärkung außen noch eine kräftige Bindegewebsschicht, parietale Serosa mit bindegewebiger Verstärkung werden zusammen als **Perikard** oder Herzbeutel bezeichnet. Daher hat auch die Höhle zwischen den beiden Serosaschichten die Bezeichnung Perikardhöhle.

Man kann sich die Serosaverhältnisse am Herzen (aber auch an den Lungen bzw. am Magen-Darm-Trakt) verdeutlichen, indem man eine durchsichtige Plastiktüte aufbläst, eine kleine Menge Wasser hineingibt und dann eine Faust langsam solange gegen die Tüte drückt, bis die Luft aus der Tüte verschwunden und die Faust von der Tüte fast vollständig bedeckt ist. Dann gleitet die mit „viszeraler Serosa" bedeckte Faust, getrennt durch das Schmiermittel Wasser, gegen die Außenhülle der Plastiktüte (die „parietale Serosa").

> **:** **Perikard**
> peri- (griech.): um ... herum; kardia (griech.): Herz

3.2.5 Erregungsbildungs- und -leitungssystem

Im Gegensatz zur quergestreiften Skelettmuskulatur, die für eine Kontraktion Nervenimpulse benötigt (☞ Kap. 7), geschieht die Kontraktion des Herzmuskels – abgesehen von den Einflüssen des vegetativen Nervensystems (☞ Kap. 7.12) – autonom, d. h. unabhängig von Nervenimpulsen.

Die Signale zur Kontraktion der Herzmuskelzellen stammen vom sog. Erregungsbildungs- und Erregungsleitungssystem des Herzens, zu dem sich einige der Herzmuskelzellen umgewandelt haben. Diese Vorgänge ähneln stark den Abläufen bei der Entstehung und Weiterleitung von Nervenimpulsen (☞ Kap. 7.5) und sollen deshalb hier nicht weiter besprochen werden.

Die Zellen des Erregungsbildungs- und Erregungsleitungssystems haben die Fähigkeit, spontan und

rhythmisch elektrische Erregungen zu bilden und weiterzuleiten. Dieses System bildet Knoten und Stränge; an seinen Enden wird die Erregung auf „normale" Herzmuskelzellen übertragen, die diese wegen ihrer Verbindungen untereinander ebenfalls weiterleiten können, so dass alle Herzmuskelzellen auf diese Weise zur Kontraktion gebracht werden.

Das Erregungs- oder Reizleitungssystem besteht aus mehreren Abschnitten, wobei der Schrittmacher für das gesamte Herz der **Sinusknoten** ist, der unter normalen Umständen etwa 60–80 Erregungen in der Minute bildet und weiterleitet. Da beide Herzabschnitte synchron arbeiten, ist auch nur ein Sinusknoten vorhanden, der im rechten Vorhof in der Nähe der Einmündung der V. cava superior liegt (Abb. 3.11).

> **:** **Sinusknoten** sinus (lat.) bedeutet hier, dass der Sinusknoten einen gleichmäßigen, mathematisch als Sinuskurve zu beschreibenden Sinusrhythmus bildet; der Sinusknoten wird nach seinen Erstbeschreibern auch Keith-Flack-Knoten genannt
> **Atrioventrikularknoten** (AV-Knoten) aus atrium (lat.): Vorhof und ventriculus (lat.): Kammer; wird nach seinen Entdeckern auch Aschoff-Tawara-Knoten genannt
> **Atrioventrikularbündel** (AV-Bündel) wird nach seinem Entdecker meist His-Bündel genannt
> **Kammerschenkel** (rechts, links) werden nach ihrem Entdecker auch Tawara-Schenkel genannt
> **Purkinje-Fasern** nach ihrem Entdecker benannt

Auch in den Vorhöfen befindet sich eine dünne Schicht Herzmuskulatur, die die Erregung vom Sinusknoten aufnimmt und das Austreiben des Blutes in die beiden Kammern bewirkt. Die Vorhofmuskulatur ist von der Kammermuskulatur durch eine elektrische Isolierschicht, das bindegewebige sog. Herzskelett (Abb. 3.9), getrennt, so dass die Erregung nicht ohne weiteres von den Vorhöfen auf die Kammern überspringen kann.

Damit sich auch die Kammern kontrahieren können, ist deshalb ein zweiter Schrittmacher erforderlich, der **Atrioventrikularknoten** oder AV-Knoten, der sich im rechten Vorhof in der Nähe der Trikuspidalklappe befindet (Abb. 3.11).

Da der AV-Knoten noch im Vorhof liegt, wird er von der Erregung der Vorhofmuskulatur erreicht. Um die Aktionen der Vorhöfe optimal mit denen der Kammern abzustimmen, gibt der AV-Knoten die Erregung mit einer gewissen Verzögerung an das nachfolgende Erregungsleitungssystem weiter. Bei Ausfall des Sinusknotens kann der AV-Knoten einen eigenen Rhythmus bilden, dessen Frequenz dann aber deutlich unter der des Sinusknotens liegt. Die Kammern kontrahieren sich dann im Rhythmus des AV-Knotens (Kammerautomatie).

Um die Kammern zu erreichen, muss das vom AV-Knoten ausgehende Erregungsleitungssystem die Isolierschicht des Herzskeletts durchdringen. Dies geschieht über eine kleine Öffnung, über die die Fortsetzung des AV-Knotens, das sog. AV-Bündel (nach seinem Entdecker meist **His-Bündel** genannt), zum Anfangsabschnitt der Herzscheidewand gelangt (Abb. 3.9).

Dort zweigt sich das AV-Bündel zu den beiden Herzkammern in zwei Schenkel, die **Kammerschenkel,** und dann weiter in zahlreiche Fasern auf, die **Purkinje-Fasern** genannt werden. Diese erreichen dann sämtliche Abschnitte der Kammermuskulatur (Abb. 3.11).

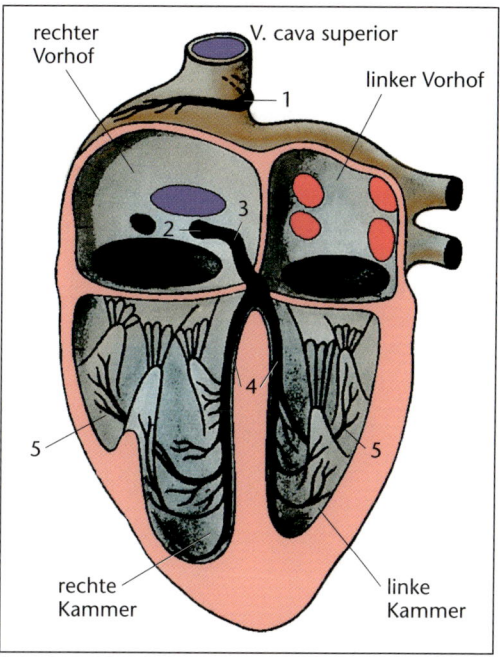

Abb. 3.11 Erregungsbildungs- und Erregungsleitungssystem des Herzens. 1 Sinusknoten, 2 AV-Knoten, 3 His-Bündel, 4 Kammerschenkel, 5 Purkinje-Fasern

ZUSAMMENFASSUNG

Blut besteht aus weißen und roten Blutzellen, Blutplättchen und Blutplasma. Es wird vom Herzen durch die Blutgefäße des Körper- und Lungenkreislaufs gepumpt. In der Lunge wird das sauerstoffarme (venöse) Blut wieder mit Sauerstoff aufgeladen. Durch den Körperkreislauf werden die Zellen und Gewebe durch sauerstoffreiches (arterielles) Blut u. a. mit Sauerstoff und Nährstoffen versorgt; gleichzeitig nimmt das Blut Kohlendioxid und Ausscheidungsprodukte der Zellen auf.

Die Blutgefäße werden unterschieden in Arterien, die das Blut vom Herzen wegtransportieren, und Venen, die das Blut dem Herzen zuführen. Kleine Verzweigungen der Arterien werden als Arteriolen, kleinere Verzweigungen der Venen als Venolen bezeichnet; Arteriolen und Venolen sind über Kapillargebiete miteinander verbunden, in denen der Stoffaustausch erfolgt.

Das rechte Herz treibt den Lungenkreislauf, das linke Herz den Körperkreislauf an. Die Kontraktion des Herzmuskels wird als Systole, die Entspannung als Diastole bezeichnet.

Die Aorta nimmt das arterielle Blut aus der linken Herzkammer auf; sie gibt in ihrem Anfangsverlauf Blutgefäße zum Arm (A. subclavia) und Kopf-Hals-Bereich (A. carotis communis) ab; im weiteren Verlauf versorgt sie den restlichen Körper mit Blut.

Blutgefäße haben einen dreischichtigen Aufbau aus Intima (innen liegendes Endothel), Media (mittig liegende Schicht aus glatter Muskulatur) und Adventitia (außen liegende Bindegewebsschicht).

Lymphgefäße entstehen blind in Gewebespalten und transportieren überschüssige Gewebeflüssigkeit zum venösen Schenkel des Blutkreislaufs; dabei erfolgt eine Reinigung der Lymphe über Lymphknoten.

Das Herz besteht aus rechtem und linkem Vorhof (Atrium) sowie rechter und linker Kammer (Ventrikel), die durch die Herzscheidewand (Septum) voneinander getrennt sind. Man unterscheidet am Herzen die großen, funktionellen Gefäße des Körper- und Lungenkreislaufs von den kleinen nutritiven Gefäßen des Koronarkreislaufs (Herzkranzgefäße).

Die Richtung des Blutstroms wird durch Ventile (Herzklappen) geregelt. Zwischen den Vorhöfen und Kammern befinden sich die Segelklappen: rechts die Trikuspidalklappe, links die Mitralklappe. Zwischen den beiden Kammern und den abgehenden Arterien befinden sich Taschenklappen: rechts die Pulmonal- und links die Aortenklappe.

Auch das Herz hat wie die Blutgefäße einen dreischichtigen Aufbau: Endokard (innen liegendes Endothel), Myokard (kräftige mittlere Schicht aus quergestreifter Herzmuskulatur) und Epikard (viszerale Serosa). Der Herzbeutel (Perikard) besteht innen aus der parietalen Serosa und außen aus Bindegewebe.

Die Herzkontraktion wird ausgelöst durch die elektrische Aktivität des Erregungsbildungs- und Erregungsleitungssystem, das aus modifizierten quergestreiften Herzmuskelzellen besteht. Der Schrittmacher ist der Sinusknoten in der Wand des Vorhofs; von hier wird die Vorhofmuskulatur zur Kontraktion gebracht. Dieses Signal übernimmt der Atrioventrikularknoten, der es über das His-Bündel, die Kammerschenkel und die Purkinjefasern auf die gesamte Kammermuskulatur überträgt.

4 Atmungsorgane

LERNZIELE ANATOMIE DER ATMUNGSORGANE

Aufbau des Thorax aus Knochen, Bändern, Gelenken und Muskeln
Aufbau der Bauchwand aus Muskeln und Aponeurosen
Atem- und Hilfsatemmuskulatur einschließlich ihrer Innervation
Aufteilung und Wandaufbau des Bronchialbaums bis zu den Alveolen

Pleurahöhlen, ihre Auskleidung und Komplementär-räume
Einteilung der Lungen
Aufbau der Alveolarsepten
Nasenhöhlen, Nasengänge und Nasennebenhöhlen
Einteilung des Pharynx, sein muskulöser Aufbau und seine Öffnungen
lymphatisches Gewebe der Pharynxwand

LERNZIELE PHYSIOLOGIE DER ATMUNGSORGANE

Funktionelle Gliederung des Respirationstraktes
Atmungsbewegungen von Thorax und Lunge (Inspi-ration, Exspiration, Pleuraspalt, intrapleuraler Druck, Pneumothorax)
Lungen- und Atemvolumina (Volumeneinteilung, Vital-kapazität)
Totraumventilation und alveoläre Ventilation (Atem-zeitvolumen, Funktionen des anatomischen Totraums, Totraumventilation, alveoläre Ventilation)

Atmungsmechanik (elastische und visköse Atmungs-widerstände)
Austausch der Atemgase (Zusammensetzung des al-veolären Gasgemisches, Partialdrücke, Diffusion der Atemgase)
Atmungsregulation (Aufgaben, Zentren, mechanische und chemische Kontrolle der Atmung)
Atemgastransport im Blut
Grundzüge der Gewebsatmung

Durch die Atmung wird Luft über die Atemwege (Nase, Rachen, Kehlkopf, Luftröhre, Bronchien) in die Lungen geleitet. In den Lungenbläschen erfolgt der lebensnotwendige sog. „Gasaustausch" zwischen Atemluft und Blut, d.h. Sauerstoff aus der Atem-luft gelangt in das Blut, Kohlendioxid wird aus dem Blut abgegeben und vermischt sich mit der Ausatem-luft.

Die Atmung verläuft mit Hilfe der Atemmuskulatur, die aus quergestreiften Skelettmuskelzellen (☞ Kap. 1.2.3) besteht. Die Steuerung der Atmung erfolgt über das Gehirn, das über abgehende Nervenfasern (☞ Kap. 7) die Kontraktion der Atemmuskulatur bewirkt.

Aus sprachtherapeutischer Sicht ist die Atmung außerdem Grundlage der Stimmbildung und des Sprechvorgangs.

4.1 Aufbau des Thorax

Als **Thorax** bezeichnet man entweder den oberen **Rumpf**abschnitt mit den darin liegenden Eingewei-den (u.a. Lungen und Herz) oder auch nur seine Wand aus Knochen, Knorpel, Muskulatur und bin-degewebigen Bändern.

thorax (lat./griech.): Brust, Brustpanzer, in medi-zinischen Zusammenhängen spricht man von Brust-korb
Rumpf ist der Körperstamm ohne Kopf, Hals und Gliedmaßen; außer dem Thorax besteht der Rumpf noch aus Bauch, Becken und Rücken

4.1.1 Bänderthorax

Die Wand des Rumpfabschnitts Thorax wird vom knöchern-knorpeligen Thorax gebildet. Dieser be-steht aus der Brustwirbelsäule, dem Brustbein und 12 Rippenpaaren, die hinten an den 12 Brustwirbeln befestigt sind (Abb. 4.1). Die Verbindungen dieser Skelettteile untereinander sind durch zahlreiche bin-degewebige Bänder verstärkt; deshalb bezeichnet man die bisher beschriebenen Elemente des Thorax (ohne die Zwischenrippenmuskeln, ☞ Kap. 4.1.2) als Bänderthorax.

Die ersten 7 Rippenpaare haben vorne über einen Knorpelabschnitt eine direkte Verbindung zum Brustbein (Abb. 4.1), sie werden deshalb als echte Rippen bezeichnet im Gegensatz zu den Rippenpaa-ren 8–12, die man falsche Rippen nennt. Von diesen

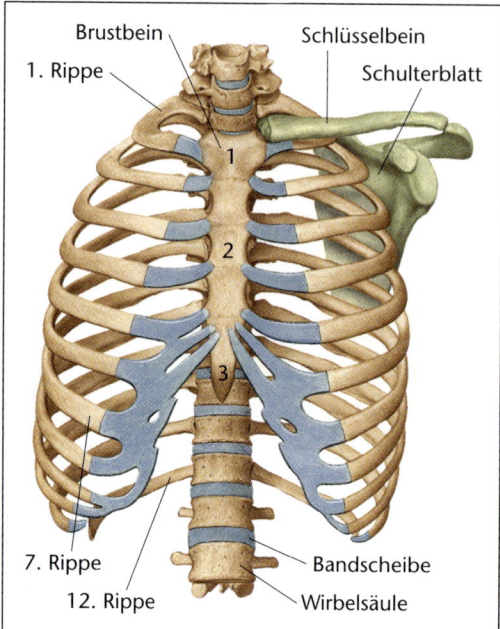

Brustbein
Schlüsselbein
1. Rippe
Schulterblatt
1
2
3
7. Rippe
Bandscheibe
12. Rippe
Wirbelsäule

Abb. 4.1 Übersicht über den knöchern-knorpeligen Thorax von vorne gesehen. Knorpelige Skelettelemente sind blau dargestellt; zur Orientierung ist ebenfalls der linke Schultergürtel, bestehend aus Schlüsselbein und Schulterblatt, eingezeichnet. Brustbein: 1 Handgriff, 2 Körper, 3 Schwertfortsatz

haben die ersten 3 Paare (also Rippen 8–10) keine direkte Verbindung zum Brustbein mehr, sondern nur noch zu den über ihnen stehenden Rippen. In der Regel enden die letzten beiden Rippenpaare frei in der Bauchwandmuskulatur (Abb. 4.1).
Der Rippenbogen ist der von außen tastbare Rand des Knorpels des 7. Rippenpaars, an den sich die Knorpelabschnitte der 8.–10. Rippenpaare anheften.

> **⋮ Fachbegriffe zum Thorax**
> **Rippe** (lat. costa): bestehend aus einem hinteren knöchernen und einem vorderen knorpeligen Abschnitt
> **Brustbein** (lat. sternum, griech. sternon) Brust; die Endung „-bein" steht für Knochen, siehe auch Stirnbein, Schlüsselbein, Hüftbein etc.; das Brustbein ist aufgebaut von oben nach unten aus einem „Handgriff", einem „Körper" und einem „Schwertfortsatz" (Abb. 4.1)
> **Brustwirbel Vertebra thoracis** vertebra (lat.): Wirbel, thoracis ist der Genitiv von thorax

Bei der Einatmung wird der gesamte Thorax gehoben und dabei auch gleichzeitig nach vorne und zur Seite aufgeweitet, bei der Ausatmung senkt sich der Thorax bei gleichzeitiger Verengung wieder. Dies ist u. a. möglich durch eine leichte Verbiegung der Knorpelanteile der Rippen. Da mit zunehmendem Alter die Knorpelanteile der Rippen verkalken und verknöchern, sinkt die Fähigkeit zur Verbiegung ab: die Atmung wird flacher.
Weitere Grundlage für die Bewegungen des Thorax sind **Gelenke** zwischen den Rippen und den Brustwirbeln bzw. dem Brustbein.

> **⋮ Gelenke**
> articulatio (lat.): Gelenk (Artikulation im sprachtherapeutischen Zusammenhang bedeutet auch: Lautbildung, deutliche Aussprache oder deutlich gegliederter Vortrag)
> bei den Gelenken sind zwei (manchmal mehr) Knochen beweglich, sozusagen „gelenkig" miteinander verbunden; die Knochen besitzen an den „artikulierenden" Enden einen Knorpelüberzug (Gelenkknorpel), dazwischen befindet sich der Gelenkspalt, der eine Gelenkschmiere enthält und außen von einer bindegewebigen Gelenkkapsel umschlossen ist; diese kann durch Bänder verstärkt sein
> Gelenknamen werden in der medizinischen Fachsprache durch Articulatio und einen zugehörigen Begriff gebildet, der das Gelenk näher erklärt (z.B. Articulatio coxae: Hüftgelenk; coxae ist der Genitiv von coxa, lat.: Hüfte)
> Muskeln bewegen die Knochen in den Gelenken, teilweise sichern sie auch den Zusammenhalt der Knochen in den Gelenken

Die echten Rippen haben vorne Gelenke mit dem Brustbein, hinten über das hintere Rippenende (den sog. „Rippenkopf") mit den Brustwirbeln. In diesen Rippen-Wirbel-Gelenken findet bei der Einatmung eine geringe Dreh- und Schiebebewegung statt, die in der Gesamtheit aller beteiligten Rippen die Erweiterung und Anhebung des Thorax unterstützt. Bei der Ausatmung sind die Bewegungen der Rippen und des Thorax entsprechend rückläufig. Die Bewegungen in den Brustbein-Rippen-Gelenken sind bei der Ein- und Ausatmung minimal; überwiegend verbiegen sich dabei nur die Knorpelenden der Rippen. Die falschen Rippen haben nur noch Gelenke mit den Brustwirbeln; die Bewegungen entsprechen dabei denen der echten Rippen.

4.1.2 Muskeln des Thorax

Der Rauminhalt des Thorax (d.h. sein Volumen) wird bei der Einatmung vergrößert, bei der Ausatmung verkleinert. Diese Volumenveränderungen werden durch die Atemmuskeln bewirkt, die bei der Einatmung ein zusätzliches Atemluftvolumen in den Thorax bringen, bei der Ausatmung aber wieder aus ihm entfernen. Dadurch ergeben sich auch Druckunterschiede im Thorax bei der Atmung und die Notwendigkeit, u.a. die Räume zwischen den Rippen luftdicht abzuschließen.

Diese Räume zwischen den Rippen (Abb. 4.1) werden als Zwischenrippenräume oder **Interkostalräume** bezeichnet. Sie sind durch die inneren und äußeren Zwischenrippenmuskeln oder **Interkostalmuskeln** verschlossen, die gleichzeitig auch Funktionen bei der Ein- und Ausatmung haben (Abb. 4.2). In diesen Räumen verlaufen auch Blutgefäße und Nerven, die diese Muskeln versorgen. Die Öffnung des Thorax zum Hals ist u.a. durch Fett- und Bindegewebe, zum Bauchraum durch das Zwerchfell (☞ Kap. 4.2) verschlossen.

Die Zwischenrippenmuskeln sind in zwei Schichten übereinander angeordnet, wobei der Verlauf der einzelnen Muskelfasern in der äußeren Schicht (**Mm. intercostales externi**) wie die jeweilige „Hand in der

> **⁝ Zwischenrippenmuskeln**
> Die Fachbezeichung eines Muskels ergibt sich aus Musculus, abgekürzt M. (Plural: Musculi, abgekürzt Mm.) und einem oder mehreren nachgestellten erläuternden Begriffen
> musculus (lat.): Muskel
> Zwischenrippenmuskeln: Mm. intercostales, inter (lat.): zwischen, costa (lat.): Rippe
> externi (lat.): Plural von externus: außen, der äußere; interni (lat.): Plural von internus: innen, der innere
> Zwischenrippenräume: zwischen zwei übereinander stehenden Rippen, in der medizinischen Fachsprache meist mit ICR für Intercostalraum abgekürzt; der 2. ICR ist der Raum zwischen der 2. und 3. Rippe, der Brustwirbelsäule hinten und dem Brustbein vorne

Hosentasche" schräg von hinten oben nach vorne unten, die der inneren Schicht (**Mm. intercostales interni**) etwa im rechten Winkel dazu schräg von vorne unten nach hinten oben ist (Abb. 4.2).

Einen ähnlichen Verlauf wie die äußeren Zwischenrippenmuskeln haben auch die sog. **Mm. scaleni** (Treppenmuskeln, vgl. Abb. 4.6). Rippen hat es bei der Entwicklung ursprünglich nicht nur an der Brustwirbelsäule, sondern auch an der Hals- und Lendenwirbelsäule gegeben. Sie sind allerdings zu **Rudi-**

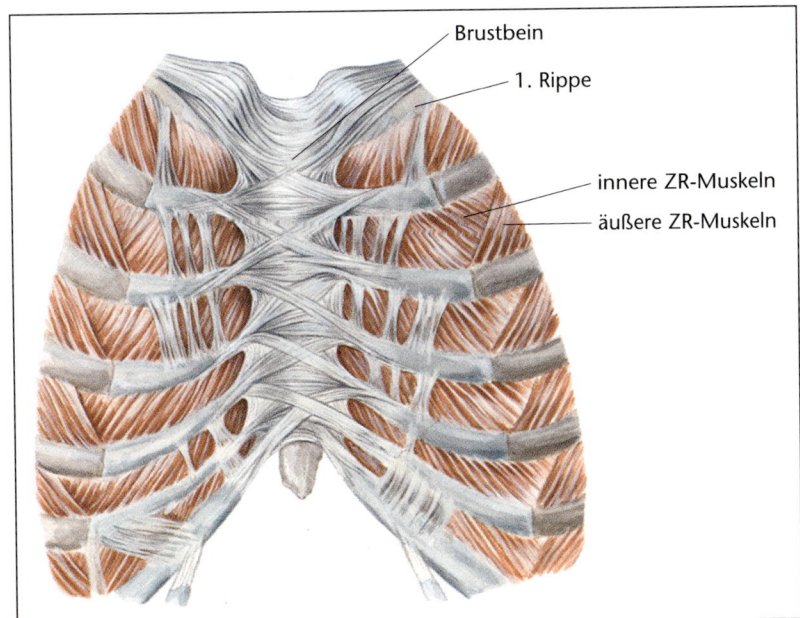

Abb. 4.2 Vorderer Abschnitt des Thorax mit Bändern. In den Zwischenrippenräumen sind die äußeren und inneren Zwischenrippen-Muskeln (ZR-Muskeln) erkennbar

Brustbein
1. Rippe
innere ZR-Muskeln
äußere ZR-Muskeln

menten an seitlichen Fortsätzen dieser Wirbel verkümmert. Von diesen Rippenrudimenten der unteren Halswirbel ziehen die drei Treppenmuskeln zur 1. und 2. Rippe herunter.

> ⋮ **Mm. scaleni** Treppenmuskeln, scala (lat.): Treppe bzw. scalenus (lat.) oder skalenos (griech.): treppenförmig (auch schief, dreieckig, ungleichförmig), scaleni: Plural von scalenus (vgl. auch den Begriff Skala: stufenartige Einteilung an Messinstrumenten)
> **Rudiment** (lat. rudimentum): erster Versuch, Überbleibsel

Die Treppenmuskeln, die äußeren Zwischenrippenmuskeln und die vorne neben dem Brustbein liegenden Anteile der inneren Zwischenrippenmuskeln heben bei ihrer Kontraktion den Thorax an und erweitern ihn nach vorne und seitlich. Dadurch vergrößert sich das Volumen des Thorax, d.h. diese Muskeln unterstützen die Einatmung. Die seitlich und hinten liegenden Anteile der inneren Zwischenrippenmuskeln wirken dieser Bewegung entgegen; sie tragen zur Verringerung des Thoraxvolumens bei und unterstützen damit die Ausatmung (Abb. 4.6; Details zur Atemmechanik siehe Kap. 4.8).

4.1.3 Brusthöhle und Öffnungen des Thorax

Der knöchern-knorpelige Thorax, ergänzt durch die zugehörigen Muskeln und Bänder, umgibt einen Eingeweideraum, den man als Brusthöhle bezeichnet. Der Thorax weist nach oben zum Hals hin eine relativ kleine Öffnung, nach unten zum Bauch hin eine große Öffnung auf. Diese werden als obere und untere Brustkorböffnung (obere und untere **Thoraxapertur**) beschrieben.

> ⋮ **Thoraxapertur**
> Eingedeutschte Form des Begriffs Apertura thoracis: Thoraxöffnung
> apertura (lat.): Öffnung, thoracis: Genitiv von thorax (lat.): Brustkorb
> Apertura thoracis superior/inferior: obere/untere Thoraxöffnung
> superior (lat.): oben, der/die obere; inferior (lat.): unten, der/die untere

Die obere Brustkorböffnung wird vom ersten Brustwirbel, vom ersten Rippenpaar und dem oberen Abschnitt (Handgriff) des Brustbeins begrenzt (Abb. 4.1). Die Lungenspitzen ragen über diese Öffnung noch ein wenig nach oben hinaus; Luftröhre und Speiseröhre ziehen vom Hals aus durch diese Öffnung nach unten in die Brusthöhle.

Die untere, sehr weite Brustkorböffnung wird vom Zwerchfell (☞ Kap. 4.2) verschlossen und vom 12. Brustwirbel, vom Rippenbogen, vom 11. und 12. Rippenpaar sowie vom unteren Abschnitt des Brustbeins (Schwertfortsatz) begrenzt. Das Zwerchfell enthält u.a. Öffnungen für den untersten Abschnitt der Speiseröhre und für die Aorta.

Die Brusthöhle ist von einer bindegewebigen Schicht, der **Fascia endothoracica**, ausgekleidet, die innen u.a. die knöchernen und knorpeligen Anteile der Rippen sowie die Zwischenrippenmuskeln bedeckt. Sie ist vergleichbar mit dem bindegewebigen Teil des Herzbeutels (☞ Kap. 3.2.4).

> ⋮ **Fascia endothoracica**
> fascia (lat.): Bindegewebshülle (eingedeutscht Faszie), z.B. um einen Muskel herum
> endo (griech.): innen, thoracica abgeleitet von thorax (lat.): Brustkorb
> also wörtlich: eine den Thorax innen auskleidende Bindegewebshülle

Der Eingeweideraum der Brusthöhle ist in folgende Abschnitte unterteilt:
- rechte und linke **Pleurahöhle** mit rechter und linker Lunge
- Mittelfellraum (**Mediastinum**) mit Herzbeutel, Herz und Perikardhöhle sowie Luftröhre, Speiseröhre, Aorta, anderen Gefäßen und Nerven.

Genauso wie das Herz einen Überzug aus viszeraler Serosa (genannt: Epikard), eine seröse Höhle (genannt: Perikardhöhle) und eine parietale Serosa (Innenauskleidung des Herzbeutels) aufweist (☞ Abb. 3.10, Kap. 3.2.4), finden sich analoge Strukturen bei den Lungen.

Die viszerale Serosa, die den größten Teil der Lungen bedeckt, wird hier viszerale **Pleura** (Lungenfell) genannt. Die seröse Höhle bezeichnet man als Pleurahöhle und die parietale Serosa als parietale Pleura (Rippenfell), die über weite Strecken mit der Fascia endothoracica verwachsen ist.

⁝ **pleura** (griech.) eigentlich: Seite des Leibes, Rippen, innere Auskleidung des Brustkorbs; im Deutschen wird dafür der Begriff „Fell" (dünne Haut) verwendet, so dass man von Lungenfell und Rippenfell spricht
Mediastinum (lat.): Mittelfell, aus medianus (lat.): in der Mitte befindlich

⁝ **diaphragma** (lat./griech.): Zwischenwand zwischen einzelnen Körperteilen; der Begriff wird nicht nur für das Zwerchfell verwendet, sondern auch für den muskulären Mundboden und den muskulären Beckenboden (auch in der Empfängnisverhütung: spiraliger Ring in der Scheide)
Der Begriff „zwerch" stammt wahrscheinlich aus dem Mittelhochdeutschen und bedeutet „quer".

Der bindegewebige Raum zwischen den Lungen und den zugehörigen Höhlen wird als Mittelfellraum oder **Mediastinum** bezeichnet; damit ist der Raum zwischen der rechten und linken Pleurahöhle gemeint. In seinem vorderen Bereich befindet sich das Herz mit der Perikardhöhle und dem Herzbeutel, im hinteren Bereich die Luftröhre, Speiseröhre, Blutgefäße, Lymphgefäße und Nerven.

Auf die Bedeutung der Pleura und des Pleuraspalts für die Atmung wird im Kap. 4.8 näher eingegangen.

4.2 Zwerchfell

Das **Zwerchfell** ist der wichtigste Atemmuskel und damit lebenswichtig. Das Zwerchfell oder **Diaphragma** ist ein dünner, aber sehr großflächiger Muskel, der die Grenze zwischen Brusthöhle und Bauchhöhle bildet.

Das Zwerchfell hat eine Befestigung an der Lendenwirbelsäule, an den unteren Rippenpaaren und dem Rippenbogen sowie vorne am unteren Brustbeinabschnitt (Abb. 4.3). Von dieser Befestigungs- oder Ursprungslinie steigt das Zwerchfell in beiden Thoraxhälften kuppelförmig auf. Wegen des hohen Platzbedarfs der rechts liegenden Leber wölbt sich die rechte Zwerchfellkuppel noch weiter in den Brustraum vor als die linke, unter der sich der Magen und die Milz befinden.

In der Mitte des Zwerchfells befindet sich eine großflächige Bindegewebsplatte, das sog. Sehnenzentrum, in das die Muskelfasern des Zwerchfells von allen Seiten einlaufen (Abb. 4.3).

Bei der Kontraktion senken sich die beiden Zwerchfellkuppeln nach unten und vergrößern damit das Volumen des Brustkorbs (Einatmung). Damit wer-

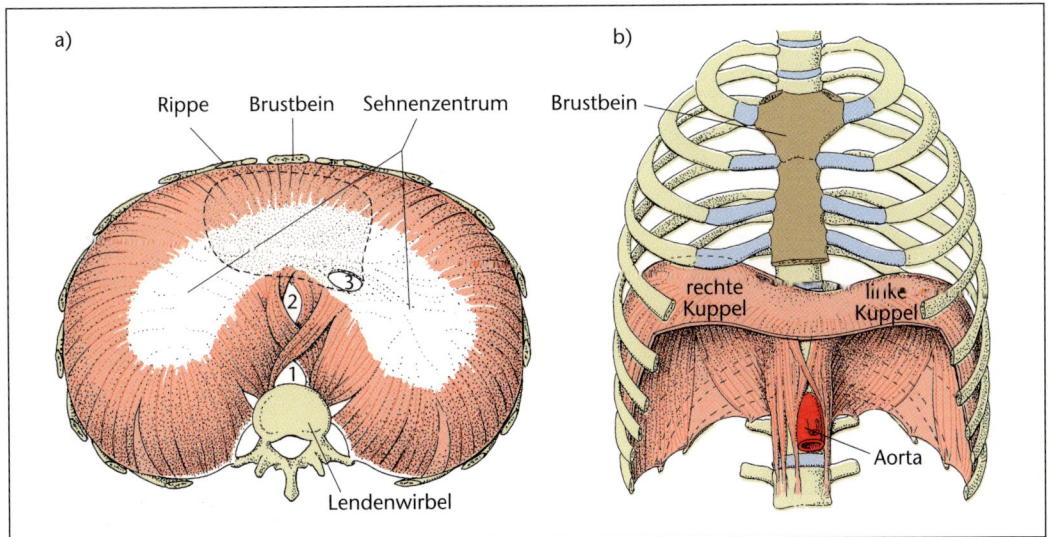

Abb. 4.3 Zwerchfell: a) in der Sicht von oben, 1 Durchtrittspforte für Aorta, 2 Durchtrittspforte für Speiseröhre, 3 Durchtrittspforte für untere Hohlvene; gestrichelt umrandete Fläche Verwachsungszone des Zwerchfells mit dem Herzbeutel;
b) in der Sicht von vorne (Teile des Brustbeins, des Rippenbogens und des vorderen Zwerchfellabschnitts sind entfernt)

den die unter dem Zwerchfell liegenden Bauchorgane (Leber, Magen, Darm) nach unten vorne weggedrückt. Bei der Erschlaffung des Zwerchfells steigt es durch den hohen Druck innerhalb des Bauchraums wieder nach oben, wodurch sich das Volumen des Brustkorbs verringert (Ausatmung).

4.3 Aufbau der Bauchwand

Die Bauchwand umgibt die Baucheingeweide. Anders als beim Brustkorb wird die Bauchwand nicht zusätzlich durch knöchern-knorpelige Skelettelemente verstärkt, sondern besteht aus einem Gefüge von bindegewebigen Anteilen und Muskeln, die sich dem wechselnden Druck und Füllungszustand der Bauchorgane anpassen.

Die Bauchwand grenzt nach oben an die unteren Rippenpaare, den Rippenbogen und den unteren Brustbeinabschnitt, nach hinten an die Lendenwirbelsäule und nach unten an das knöcherne Becken.

4.3.1 Gesamtaufbau

Die Muskeln der Bauchwand sind großflächig, dienen der Verspannung der Bauchwand und besitzen breite, flächige **Sehnen**, die man als **Aponeurosen**

bezeichnet. Diese tragen ebenfalls zur Stabilität der Bauchwand bei.

> **⦂ Sehnen/Aponeurosen**
> Muskeln bestehen außer aus Muskelzellen (Muskelfasern), die sich kontrahieren können, noch aus Anteilen aus straffem Bindegewebe, die man als Sehnen bezeichnet. Über diese Sehnen sind die Muskeln meist mit den Skelettelementen verbunden, die sie bei einer Kontraktion gegeneinander bewegen können. Die Sehnen können aber auch an anderen Strukturen befestigt sein wie an der Haut, oder sie können Muskeln der beiden Körperhälften miteinander verbinden z.B. beim Zwerchfell (Sehnenzentrum) oder bei den Bauchmuskeln.
> Sind die Sehnen großflächig ausgebildet, spricht man von Aponeurosen (aponeurosis, griech.: flächenhafte Sehne)

Die Bauchmuskulatur mit ihren Aponeurosen ist, wie die meisten anderen Körperstrukturen auch, beidseitig symmetrisch aufgebaut, d.h. die beiden Hälften der Bauchwand ähneln sich zumindest im Groben wie Bild und Spiegelbild (Abb. 4.4a).

Man unterscheidet dabei einen vorn liegenden rechten und linken geraden Bauchmuskel sowie auf jeder Seite (rechts und links) drei übereinander liegende

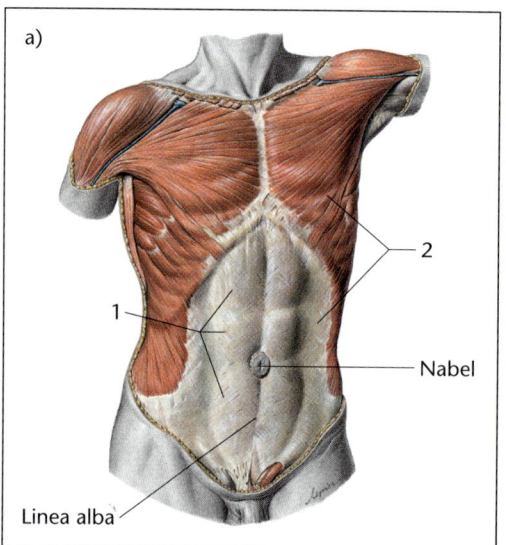

Abb. 4.4 a) Muskulatur der Brust- und Bauchwand nach Entfernung der Haut und des Unterhautfettgewebes; 1 rechter gerader Bauchmuskel, bedeckt vom oberflächlichen Blatt der Rektusscheide (zwei Zwischensehnen sind sichtbar), 2 linker äußerer schräger Bauchmuskel mit Muskelfasern und Aponeurose; b) „Waschbrettbauch"

seitliche Bauchmuskeln. Da sich die Muskeln spiegelbildlich entsprechen, wird im Folgenden nur die Muskulatur einer der beiden Seiten besprochen.

4.3.2 Gerader Bauchmuskel

Der gerade Bauchmuskel (**M. rectus abdominis**) verläuft von den Knorpelanteilen der drei unteren echten Rippen (5.–7.) und dem unteren Abschnitt des Brustbeins bis zum Schambein des Beckens. Die Muskelfasern dieses großen Muskels verlaufen ebenfalls in dieser Richtung, sind aber durch 3–4 Zwischensehnen unterbrochen, die man bei schlanken, sportlich trainierten Menschen durch die Haut hindurch sieht („Waschbrettbauch", Abb. 4.4b).

> **M. rectus abdominis** M.: Musculus, rectus (lat.): gerade; abdominis, Genitiv von abdomen (lat.): Bauch, also wörtlich: gerader Muskel des Bauches
> **Linea alba** (lat. linea): Linie, alba (lat.): weiß (weibl. Form von albus)

Die bindegewebige Grenzlinie, die zwischen den beiden geraden Bauchmuskeln in der Körpermitte verläuft (hier liegt auch der Bauchnabel), wird als **Linea alba** bezeichnet (Abb. 4.4a).

Die beiden geraden Bauchmuskeln verlaufen jeweils in einer Bindegewebsscheide, die als Rektusscheide bezeichnet wird; sie wird auf jeder Seite gebildet durch die zur Körpermitte laufenden Aponeurosen der drei seitlichen Bauchmuskeln, die sich zu einem vorderen, oberflächlichen und zu einem hinteren tiefen Blatt aufspalten. In der Körpermitte treffen die Bindegewebsstrukturen des hinteren und vorderen Blatts wieder zusammen und durchflechten sich in der Linea alba.

4.3.3 Seitliche Bauchmuskeln

Die seitlichen Bauchmuskeln liegen jeweils rechts und links in drei Schichten mit unterschiedlicher Faserverlaufsrichtung übereinander. Sie haben ihren Ursprung an den Rippen, an der Lendenwirbelsäule bzw. am Becken und laufen dann in flächigen Aponeurosen aus, die die Rektusscheide aufbauen. Von oberflächlich nach tief sind folgende Muskeln zu finden (Abb. 4.4–4.6):

• äußerer schräger Bauchmuskel (M. obliquus externus abdominis)
• innerer schräger Bauchmuskel (M. obliquus internus abdominis)
• querer Bauchmuskel (M. transversus abdominis).

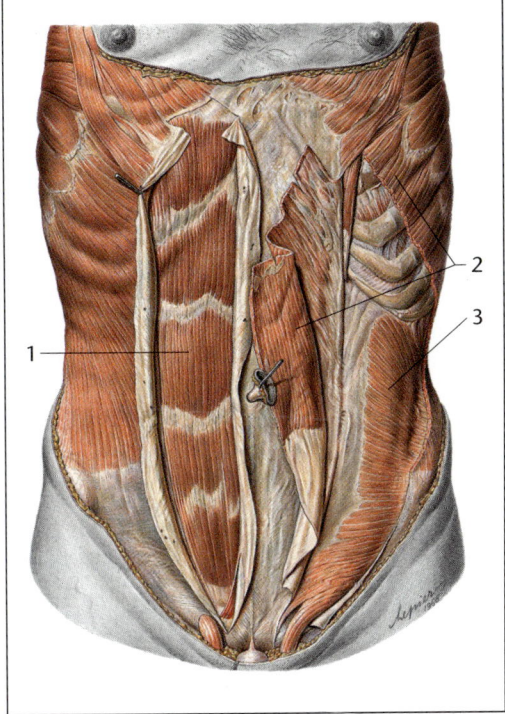

Abb. 4.5 Muskeln der Bauchdecke. Auf der rechten Körperseite ist der gerade Bauchmuskel (1) nach Längsaufspaltung der Rektusscheide mit seinen Zwischensehnen sichtbar, auf der linken Körperseite ist der äußere schräge Bauchmuskel (2) durchtrennt, um den darunter liegenden inneren schrägen Bauchmuskel (3) sichtbar zu machen; der quere Bauchmuskel befindet sich dann in der Schicht darunter

> **seitliche Bauchmuskeln**
> obliquus (lat.): schräg, transversus (lat.): quer abdominis, Genitiv von abdomen (lat.): Bauch

Der äußere schräge Bauchmuskel hat – wie auch die äußeren Zwischenrippenmuskeln – einen Verlauf wie die jeweilige „Hand in der Hosentasche", also von hinten oben nach vorne unten. Die Fasern des darunter liegenden inneren schrägen Bauchmuskels liegen etwa im rechten Winkel dazu, vergleichbar den inneren Zwischenrippenmuskeln. Als zusätzliche innerste Schicht kommen die Fasern des queren Bauchmuskels dazu, die gürtelförmig, also im rechten Winkel zu den geraden Bauchmuskeln, laufen (deshalb wird er auch als „Taillenmuskel" bezeichnet).

4.3.4 Funktion der Bauchmuskeln

Seitliche und gerade Bauchmuskeln beider Seiten
bilden eine korsettartige Verspannung der Bauchdecke mit vertikaler, horizontaler und schräger Ver-
laufsrichtung.

Die Funktionen der Bauchmuskeln lassen sich in
drei Bereiche zusammenfassen:

- Bewegungen der Wirbelsäule und damit auch des
  Rumpfes nach vorne und zur Seite, außerdem sind
  Drehbewegungen möglich.
- Anpassung an Druck- und Volumenveränderungen in der Bauchhöhle (Atmung, Nahrungsaufnahme, Entleerung der Ausscheidungsorgane, Schwangerschaft u. a.).
- Bauchpresse: Voraussetzung ist die verschlossene
  Stimmritze (☞ Kap. 5.2.3). Weil die Kraft des
  Zwerchfells geringer ist als die der Bauchmuskeln,
  würde bei geöffneter Stimmritze und Kontraktion
  der Bauchmuskeln das Zwerchfell in den Thorax
  hineingedrückt.

Nach Stimmritzenschluss wird der Druck im
Bauchraum durch Kontraktion der Bauchmuskeln
erhöht, um dann Vorgänge wie Stuhlgang, Erbrechen, Geburt (Presswehen) und Husten zu unterstützen.

4.4 Äußere Atmung

Bei der Atmung wird das Volumen des Thorax im
lebenslangen ständigen Wechsel vergrößert (Einatmung, **Inspiration**) und verkleinert (Ausatmung,
Exspiration). Die regelmäßige Abfolge von Ein- und
Ausatmung nennt man **Respiration** (Atmung), daher wird das Atmungssystem auch als respiratorisches System oder Respirationstrakt bezeichnet.

Diese Art der Atmung bezeichnet man als äußere
Atmung im Gegensatz zur sog. inneren Atmung
(☞ Kap. 1.1.3), Zell- oder Gewebeatmung, womit die
Verwendung von Sauerstoff zur „Verbrennung" der
Nahrungskomponenten durch die Mitochondrien
gemeint ist.

> **Inspiration** (lat. inspiratio): Einhauchung, Ein-
> atmung (vgl. auch inspirieren: Gedanken „einhau-
> chen"), spirare (lat.): atmen, in- (lat.): ein-
> **Exspiration** (lat. exspiratio): Ausdünstung, Aus-
> atmen; ex- (lat.): aus-
> **Respiration** (lat. respiratio): Atemholen, re- (lat.):
> wieder-, wörtlich also „Wiederatmen"

4.4.1 Atemtypen

Die äußere Atmung verläuft mit Hilfe von Muskelbewegungen durch die Atemmuskulatur, die für eine
Volumenerhöhung oder -erniedrigung des Thorax
sorgt. Dabei unterscheidet man zwei Atemtypen:

- Brustatmung, auch: Rippenatmung, **Kostalatmung**
  oder **Thorakalatmung** genannt
- Bauchatmung, auch: Zwerchfellatmung oder **Ab-
  dominalatmung** genannt.

> **Kostalatmung** costa (lat.): Rippe
> **Thorakalatmung** thorax (lat.): Brustkorb
> **Abdominalatmung** abdomen (lat.): Bauch

Bei der Brustatmung werden die Rippen nach oben
geschwenkt; gleichzeitig werden die Rippenknorpel
verbogen. Dadurch erweitert sich der Thorax nach
vorne und seitlich. Bei der Bauchatmung kontrahiert sich das Zwerchfell; dadurch senkt es sich und
erweitert den Thorax nach unten. Die Bauchmuskeln geben dabei nach.

In der Regel findet sich beim Erwachsenen eine
Mischatmung aus etwa ⅓ Brust- und ⅔ Bauchatmung; je nach äußeren Bedingungen kann jedoch
die eine oder andere Form der Atmung stärker
vorherrschen. Beim Schlafen ist die Bewegung der
Rippen eingeschränkt, so dass die Bauchatmung
stärker vorherrscht. Der Anteil der Brustatmung
nimmt zu, wenn die Bewegungen der Bauchwand
eingeschränkt sind (zu enge Kleidung, Schwangerschaft). Bei Säuglingen und Kleinkindern stehen
entwicklungsbedingt die Rippen noch fast horizontal; dadurch ist hier der Anteil der Bauchatmung
höher. Im höheren Alter sinkt der Anteil der Brustatmung zugunsten der Bauchatmung wegen der stark
zurück gegangenen Elastizität des Bänderthorax
weiter ab.

> **Klavikularatmung**
> Auch als Schlüsselbeinatmung (lat. clavicula:
> Schlüsselbein), Kostoklavikularatmung (lat. costa:
> Rippe), Hochatmung oder Schulteratmung bezeich-
> net. Dies ist ein krankhafter Brustatemtyp, bei dem
> bei der Einatmung zusätzlich der Schultergürtel,
> bestehend aus Schlüsselbein und Schulterblatt, ge-
> hoben wird. Ursache kann z.B. eine asthmabe-
> dingte Atemnot sein.

4.4.2 Atem- und Atemhilfsmuskeln

Folgende Atemmuskeln sind bei der Ruheatmung beteiligt (Abb. 4.6)

- Inspiration: praktisch nur das Zwerchfell, in ganz geringem Umfang findet sich eine Beteiligung der Treppenmuskeln (die vermutlich wichtigsten Inspirationsmuskeln der Brustatmung) und der obersten 2–3 äußeren Zwischenrippenmuskeln,
- Exspiration: diese geschieht ohne Einsatz von Muskelkraft nur dadurch, dass die Kontraktion des Zwerchfells nachlässt; die nach unten gedrückten Bauchorgane gelangen durch die nachlassende Absenkung des Zwerchfells wieder in eine höhere Position; der bei der Einatmung leicht gedehnte Bänderthorax stellt sich bei der ruhigen Ausatmung ohne Muskelkraft in seine Ausgangsposition zurück.

Vor allem bei körperlicher Tätigkeit, aber auch bei Erregung, können sich die Atemfrequenz, vor allem aber das Atemvolumen pro Atemzug, stark erhöhen. Dann sind zusätzlich zu den bei der Ruheatmung tätigen Muskeln oder wirksamen Faktoren weitere Muskeln tätig, die man teilweise als Atemhilfsmuskeln bezeichnet (Abb. 4.6):

- starke Inspiration: außer dem Zwerchfell, den Treppenmuskeln und den 2–3 oberen äußeren Zwischenrippenmuskeln auch die nach unten folgenden äußeren Zwischenrippenmuskeln sowie die vorne neben dem Brustbein liegenden Anteile der inneren Zwischenrippenmuskeln; als einziger bedeutsamer Atemhilfsmuskel bei starker Einatmung ist der „Kopfwender" (**M. sternocleidomastoideus**) zu nennen (Abb. 4.6, 5.5),
- starke Exspiration: seitlich und hinten liegenden Anteile der inneren Zwischenrippenmuskeln; als Hilfsatemmuskeln bei starker Ausatmung gelten die Muskeln der Bauchwand, bei starkem Husten auch der überwiegend am Rücken liegende breite Rückenmuskel (**M. latissimus dorsi**).

> **⁞ M. sternocleidomastoideus**
> sterno (lat. sternum): Brustbein
> cleido (griech. cleis): Schlüssel (gemeint ist clavicula, lat.: Schlüsselbein)
> mastoideus geht zurück auf den lat. Begriff für den Warzenfortsatz (Processus mastoideus, Processus: Fortsatz, mastoideus: warzenförmig), den man am Schädel hinter dem Ohr tasten kann
> der Kopfwender hat seine Fachbezeichnung daher, dass er mit einem Anteil vom Brustbein, einem anderen vom Schlüsselbein entspringt und insgesamt zum Warzenfortsatz zieht; er ist an verschiedenen Bewegungen des Kopfes beteiligt, kann aber auch die starke Einatmung dadurch unterstützen, dass er Brustbein und Schlüsselbein kopfwärts zieht

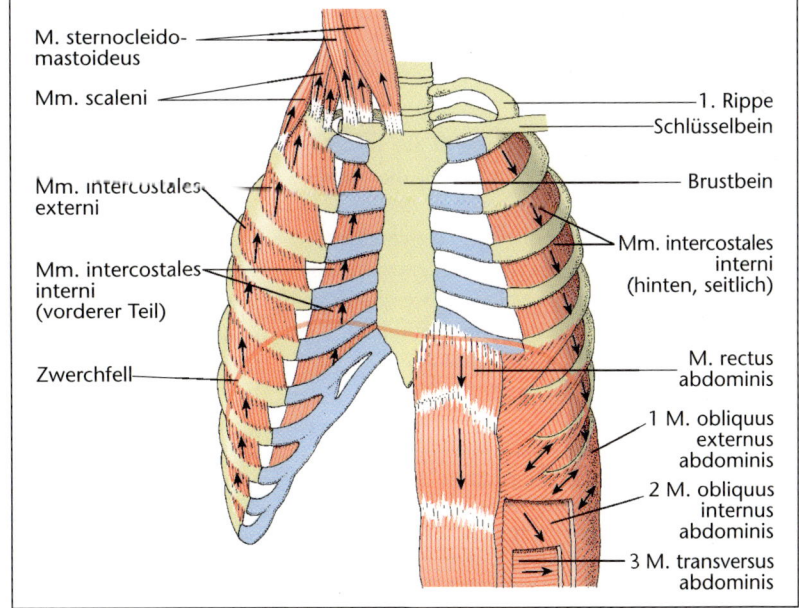

Abb. 4.6 Muskeln der Inspiration und Exspiration. Die Pfeile zeigen die Hauptzugrichtung der Muskeln an. Seitliche Bauchmuskeln: 1 M. obliquus externus abdominis, 2 M. obliquus internus abdominis, 3 M. transversus abdominis

> **⋮ M. latissimus dorsi**
> latissimus (lat.): sehr breit, sehr groß; dorsi, Genitiv
> von dorsum (lat.): Rücken
> also wörtlich: der sehr breite Muskel des Rückens
> dieser Muskel zieht großflächig vom Rücken und
> von den am Rücken liegenden Anteilen der drei
> untersten Rippen durch die Achselhöhle zur Vorder-
> seite des Oberarms; bei seiner Kontraktion presst
> er u. a. den Thorax zusammen und unterstützt den
> Hustenstoß (daher auch sein Beiname „Husten-
> muskel")

Die Bedeutung aller anderen in der Literatur genannten sog. Atemhilfsmuskeln ist minimal oder
nicht nachweisbar.

4.4.3 Innervation der Atem- und Atemhilfsmuskeln

Die Kontraktion der Atemmuskeln wird vom Atemzentrum im Gehirn gesteuert (☞ Kap. 7.9.8). Die
Nervenimpulse verlaufen über Nerven zu den Atem-
und Atemhilfsmuskeln, die sich dann mehr oder
weniger stark kontrahieren bzw. entspannen. Als
Innervation bezeichnet man die Versorgung von
Muskeln (aber auch aller anderen Körperteile, die
vom Nervensystem beeinflusst werden) durch Nerven, die mit ihnen strukturell und funktionell verbunden sind.

> **⋮ Innervation**
> in- (lat.): ein-, hinein-; nervus (lat.): Nerv

Zwerchfell

Anlagebedingt besteht das Zwerchfell aus je einem
rechten und einem linken Teilmuskel, die zusammengewachsen sind. Die Kontraktion des Zwerchfells wird über Nervenimpulse des Zwerchfellnervs,
N. phrenicus, bewirkt, den es dementsprechend
auch rechts und links gibt. Jeder Zwerchfellnerv
steuert die Kontraktion einer Zwerchfellhälfte. Die
Zwerchfellatmung läuft unwillkürlich ab.

> **⋮ N. phrenicus**
> Die Fachbezeichnung für einen Nerven leitet sich
> aus Nervus (lat.): Nerv (eigentlich: Sehne) und
> einem oder mehreren erläuternden Zusatzbegriffen
> ab. Dabei wird der Begriff „Nervus" üblicherweise
> als N. abgekürzt (Plural: Nervi, abgekürzt Nn.)
> phrenicus (lat.): zum Zwerchfell gehörig

Der N. phrenicus stammt aus dem Halsabschnitt des
Rückenmarks und ist entwicklungsbedingt wie das
Zwerchfell selber aus dem Halsbereich an die spätere
Position abgewandert.

> **Zwerchfellhochstand**
> Fällt einer der beiden Zwerchfellnerven aus, so ist
> das Zwerchfell auf der entsprechenden Seite nicht
> mehr in der Lage sich zu kontrahieren und damit zu
> senken. Die gelähmte Zwerchfellhälfte verbleibt bei
> einem Atemzug in der erschlafften hohen Position
> stehen; man spricht von einem einseitigen Zwerch-
> fellhochstand, der die Atemfunktion beeinträchti-
> gen kann.
>
> **Schluckauf**
> Fachbegriff: singultus (lat.: Schluchzen, Schlucken);
> der Schluckauf entsteht durch Reizung des Zwerch-
> fellnervs, dadurch kommt es zu einer unwillkürli-
> chen, krampfartigen Zuckung des Zwerchfells mit
> einem typischen Einatmungsgeräusch bei einem
> plötzlichen Verschluss der Stimmritze (☞ Kap.
> 5.2.3).

Muskeln des Thorax

Die äußeren und inneren Zwischenrippenmuskeln
werden von Ästen der Interkostalnerven, **Nn. intercostales**, versorgt. Diese treten links und rechts aus
dem Rückenmark aus und gelangen dann in die jeweiligen Interkostalräume.

> **⋮ Nn.** Nervi (Plural von Nervus, lat.): Nerv
> **intercostales** inter- (lat.): zwischen; costa (lat.):
> Rippe
> **plexus** (lat.): Geflecht; **cervicalis** (lat.): zum Hals
> gehörig (lat. cervix: Hals, Nacken); **brachialis**
> (lat.): zum Arm gehörig (lat. brachium: der Arm);
> **lumbalis** (lat.): zur Lende gehörig (lat. lumbum: die
> Lende)

Mm scaleni: Die links und rechts aus dem Rückenmark austretenden Nerven bilden mit ihren nach
vorne ziehenden Ästen im unteren Hals- und oberen
Brustbereich Nervengeflechte, den **Plexus cervicalis**
und den **Plexus brachialis**. Aus diesen gehen Äste für
die Innervation der Treppenmuskeln hervor.

Atemhilfsmuskeln

Der Kopfwender, M. sternocleidomastoideus, wird
von einem Hirnnerven, dem N. accessorius (☞ Kap.
7.11), versorgt.
Die Bauchmuskeln werden teilweise von den unte-

ren Interkostalnerven, teilweise von Ästen aus einem Nervengeflecht im Lendenbereich des Rückenmarks innerviert (**Plexus lumbalis**).

Der breite Rückenmuskel, M. latissimus dorsi, erhält seine Nervenversorgung über den **N. thoracodorsalis**, einem Ast aus dem **Plexus brachialis**.

> **⋮ N. thoracodorsalis**
> thoraco- (lat. thorax): Brustkorb; -dorsalis (lat): rückenwärts, rückseitig

4.5 Nasenhöhle und Nebenhöhlen

Der Gasaustausch zwischen Blut und Atemluft findet in den Lungenbläschen im Inneren der Lungen statt. Die luftleitenden Organe müssen die Atemluft bei der Einatmung aus der Umgebung der Nase („stumme Atmung") bzw. des Mundes („Sprechatmung") zu den Lungenbläschen führen bzw. bei der Ausatmung auch wieder zurück an die Umwelt.

Diese luftleitenden Organe unterteilt man in obere und untere Luftwege. Die oberen Luftwege bestehen aus den paarigen Nasenhöhlen mit ihren Nebenhöhlen und dem Rachen, je nach Betrachtungsweise auch der Mundhöhle, die aber bei den Sprechorganen (Kap. 6) behandelt wird. Zu den unteren Luftwegen zählt man den Kehlkopf, die Luftröhre und den **Bronchialbaum**.

> **⋮ Bronchialbaum**
> Bestehend aus zahlreichen Aufzweigungen der Bronchien, beginnend mit der ersten Aufzweigung der Luftröhre zu den beiden Hauptbronchien Bronchien (auch Bronchen genannt, meist im Plural benutzt) bronchia (lat.) bzw. brogchia (griech.): Luftröhrenast (griech. brogchos: Luftröhre, Kehle)

4.5.1 Nase: Gesamtaufbau und Funktion

Über die äußere Nase mit den beiden Nasenlöchern gelangt die Atemluft zu den beiden hinter den Nasenlöchern liegenden Nasenhöhlen, die durch die Nasenscheidewand voneinander getrennt sind. Jede Nasenhöhle steht mit ihren zugehörigen Nebenhöhlen in Verbindung. Über die hintere Öffnung der beiden Nasenhöhlen gelangt die Atemluft in den Rachen (☞ Kap. 4.6).

Die Nasenlöcher weisen eine Auskleidung aus äußerer Haut mit Haaren auf. Die dahinter liegenden Nasenhöhlen mit ihren Nebenhöhlen sind von Nasenschleimhaut (☞ Kap. 4.5.2) ausgekleidet, die die über den reinen Transport hinausgehenden Funktionen der Nase vermittelt:

• Reinigung, Anfeuchtung und Erwärmung der Atemluft
• Niesreflex
• Riechen (☞ Kap. 4.5.6).

Zusätzlich weisen die Hohlräume der Nase noch Funktionen im Zusammenhang mit der Lautbildung („Nasenlaute") auf.

4.5.2 Nasenschleimhaut

Die Nasenschleimhaut besteht aus **respiratorischem Flimmerepithel** (☞ Kap. 1.2.1), das einzellige Schleimdrüsen im Epithel selbst (Abb. 4.7) enthält, und einem Bindegewebe (**Lamina propria**) unterhalb des Epithels mit mehrzelligen, größeren Schleimdrüsen. Die größeren Drüsen weisen Ausführgänge auf, die den Schleim zur Epitheloberfläche leiten. Damit ist die gesamte Oberfläche des Epithels von einem Schleimfilm bedeckt.

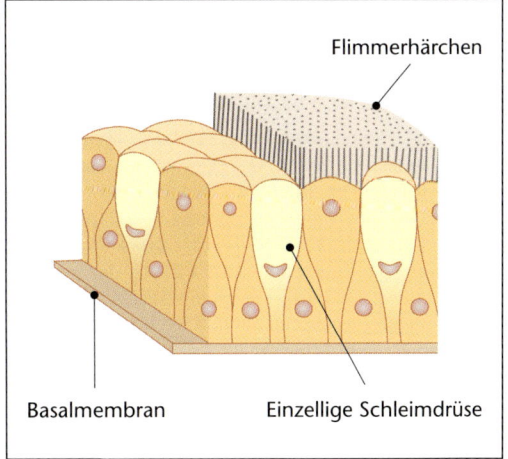

Flimmerhärchen

Basalmembran   Einzellige Schleimdrüse

Abb. 4.7 Ausschnitt aus dem respiratorischen Flimmerepithel mit einzelligen Drüsen. Die Epithelzellen sind im linken Bildteil zur besseren Erkennbarkeit ohne Flimmerhärchen dargestellt. Die großen Schleimdrüsen unterhalb des Epithels sind nicht dargestellt

> **respiratorisch** (lat. respiratio): Atemholen, Atmung
> Epithel (griech. epi-): darauf; thele (griech.): Brust-
> warze; thelein (griech.): üppig wachsen; Bedeu-
> tung: bedeckt die innere Oberfläche hier der Nasen-
> höhle und Nebenhöhlen
> **Lamina** (lat.): Blatt, propria: weibl. Form von pro-
> prius: eigen (Lamina propria: die dem Epithel zuge-
> hörige Bindegewebsschicht)

Reinigung der Atemluft

Die Flimmerhärchen befinden sich auf den Epithelzellen (nicht auf den Drüsenzellen). Sie führen im
gesamten Epithel koordinierte Wellenbewegungen
durch. Erreger und Partikel, die mit der Atemluft
eingeatmet werden, bleiben zu einem großen Anteil
auf dem Schleimfilm des Epithels hängen.

Durch die Wellenbewegungen der Flimmerhärchen
werden die eingefangenen Erreger und Partikel nach
hinten zum Rachen hin transportiert, von wo sie
durch Schluckbewegungen in den Magen gelangen
(weitgehende Zerstörung durch Magensäure!). Durch
Niesen, Schnäuzen, **Husten** oder Auswerfen kann
der Schleim teilweise auch anderweitig aus dem
Körper entfernt werden.

> **Niesen** ist ein Reflex (☞ Kap. 7.8.3), der ausgelöst
> werden kann, wenn Partikel, zuviel Schleim, Er-
> reger, Pollen u. ä. auf die Nasenschleimhaut gelan-
> gen. Über Nervenfasern in der Nasenschleimhaut
> werden Signale zum Gehirn geleitet, von wo reflek-
> torisch das Niesen ausgelöst wird. Dabei wird Luft
> aus den unteren Atemwegen bei geöffneter Stimm-
> ritze (☞ Kap. 5.2.3) und geschlossenem Mund
> stoßartig durch die Nasenhöhlen geleitet.
>
> **Husten** ist keine Erkrankung, sondern – ähnlich wie
> das Niesen – ein Reflex zur Reinigung des respirato-
> rischen Flimmerepithels überwiegend der unteren
> Luftwege. Durch die Bauchpresse (☞ Kap. 4.3.4)
> wird bei geschlossener Stimmritze Druck im Bauch-
> raum erzeugt. Durch plötzliche Öffnung der Stimm-
> ritze entweicht die Luft explosionsartig und reißt
> Schleim mit Fremdstoffen mit. Auch hier erfolgt der
> Hustenreiz über Schleimhaut-Nervenfasern, die die
> Information über die Reizung an das Gehirn leiten,
> worauf der Hustenstoß reflektorisch von dort aus
> über Nerven zu den Ausatmungsmuskeln geleitet
> wird.

Das respiratorische Flimmerepithel befindet sich
auch im größten Bereich der übrigen Atemwege, so
dass die Atemluft so weit gereinigt wird, dass nur

noch feinste Stäube, Fasern und einige Erreger in die
Lungenbläschen gelangen. Die Wellenbewegungen
der Flimmerhärchen in den unteren Luftwegen führen den Schleim mit eingefangenen Verunreinigungen allerdings nach oben in Richtung zum Kehlkopf
und dann zum Speiseröhreneingang, von wo es dann
ebenfalls zum Magen geht.

Erwärmung und Anfeuchtung der Atemluft

Zum Schutz der für den Gasaustausch erforderlichen Strukturen in den Lungenbläschen muss die
Atemluft nicht nur weitestgehend gereinigt, sondern
auch auf Körpertemperatur angewärmt und mit
Wasserdampf gesättigt werden.

Dies geschieht im Wesentlichen über die Schleimhaut der Nasenhöhle und ihrer Nebenhöhlen; nur
bei sehr kalter und trockener Außenluft sind auch
die Schleimhaut des Rachens und der unteren Luftwege mitbeteiligt.

Zuständig für die Befeuchtung der Atemluft sind vor
allem die zahlreichen kleinen und großen Drüsen
der Nasenschleimhaut, nicht zuletzt aber auch die
Tränendrüse, deren überschüssiges Sekret in die
Nasenhöhle geleitet wird (☞ Kap. 4.5.4).

Die Erwärmung der Atemluft erfolgt über die kräftigen venösen Gefäßgeflechte in der Schleimhaut.
Da das Blut in diesen Gefäßen Körpertemperatur
besitzt, wirken die Blutgefäße wie eine Heizung. Die
Oberflächenvergrößerung der Nasenschleimhaut vor
allem durch die Nasenmuscheln (☞ Kap. 4.5.4,
Abb. 4.10) ist vergleichbar mit der Rippenstruktur
von Heizkörpern.

> **Abwehr:** Die Nasenschleimhaut hat naturgemäß
> erhebliche Abwehrfunktionen gegen Erreger zu er-
> füllen, die mit der Atemluft eingedrungen sind.
> Diese Abwehrfunktionen laufen deutlich effektiver
> ab, wenn die Nasenschleimhaut warm und feucht ge-
> halten wird.
>
> **„Verstopfte Nase":** bei Infektionen und aller-
> gischen Reaktionen (z. B. Heuschnupfen) kann die
> Blutfüllung der Venengeflechte in der Nasen-
> schleimhaut so zunehmen, dass der Durchtritt der
> Atemluft durch die Nase behindert wird.
>
> **Nasenbluten:** Teilweise bilden die Venengeflechte
> der Nasenschleimhaut Schwellkörper, die bei star-
> ker Blutfüllung nicht nur die Nasenatmung verlegen
> können, sondern bei Verletzungen, Infektionen, Blut-
> hochdruck und verschiedenen Erkrankungen Aus-
> gangspunkt von Nasenbluten sein können.

4.5.3 Äußere Nase und Nasenvorhof

Die äußere Nase besteht aus dem knöchernen Nasenskelett, das den hinteren Abschnitt der äußeren Nase bildet; zur Verringerung der Bruchgefahr ist das knöcherne Skelett nach vorne durch den Nasenknorpel ergänzt. In den Nasenflügeln gibt es nur kleine Knorpelstückchen. Auch die Nasenscheidewand (**Nasenseptum**) besitzt vorne einen Knorpelanteil, der sich zum Nasenrücken fortsetzt; nach hinten geht der Knorpel ebenfalls in Knochen über (Abb. 4.8).

Das Nasenskelett besteht aus dem Nasenbein (**Os nasale**), aus Abschnitten des Oberkiefers (**Maxilla**) und anderen Knochen des Gesichtsschädels.

> **Nasenseptum** septum (lat.): Zwischenwand
> **Os nasale** (lat.): Nasenbein, die Bezeichnung vieler Knochen leitet sich aus „os" (lat.: Knochen, Bein) und einem oder mehreren ergänzenden Begriffen ab; nasale (lat.): zur Nase zugehörig (lat. nasus: die Nase)
> **maxilla** (lat.): Oberkiefer

Die Binnenräume der äußeren Nase werden vom paarigen Nasenvorhof (**Vestibulum nasi**) gebildet, der sich nach außen über die Nasenlöcher öffnet und nach hinten zur jeweiligen Nasenhöhle (**Cavitas nasi**) führt. Der Nasenvorhof ist nach außen von den Nasenflügeln und innen vom Nasenseptum begrenzt; er besitzt eine Auskleidung aus äußerer Haut mit teilweise kräftigen Haaren, die das Eindringen von Fremdkörpern und kleinen Insekten verhindern sollen.

> **Vestibulum nasi** vestibulum (lat.): Vorhof (eigentlich: Vorhalle des altrömischen Hauses, vgl. den eingedeutschten Begriff Vestibül); nasi, Genitiv von nasus (lat.): die Nase;
> der Begriff „vestibulum" wird anatomisch mehrfach benutzt, z. B. auch für den Vorhof der Mundhöhle, den Vorhof des Kehlkopfs, oder für den knöchernen Schädelhohlraum, in dem das Gleichgewichtsorgan lokalisiert ist, deshalb „Vestibularapparat");
> **cavitas** (lat.): Hohlraum (eingedeutscht: Kavität)

Am hinteren Ende des Nasenvorhofs geht die Auskleidung aus äußerer Haut mit Haaren nach einer haarlosen Übergangszone dann in die eigentliche Nasenschleimhaut über.

4.5.4 Nasenhöhle und Septum

Begrenzungen der Nasenhöhle

Die beiden Nasenhöhlen haben einen dreieckigen Querschnitt und laufen nach oben spitz zu. Sie werden jeweils nach innen von der Fortsetzung der knöchernen Nasenscheidewand (Septum) begrenzt; die Begrenzung nach außen stellt das seitliche knöcherne Nasenskelett dar, von dem die Nasenmuscheln vorspringen (Abb. 4.10). Der Boden der beiden Nasenhöhlen wird vom Gaumen gebildet, das Dach von der Schädelbasis (Abb. 4.9).

Septum

Die Nasenscheidewand trennt die beiden Nasenhöhlen voneinander. Sie ist beim Neugeborenen noch einigermaßen gerade, beim Erwachsenen aber sehr oft nach einer Seite verbogen. Diese Verbiegung wird als **Septumdeviation** bezeichnet (Abb. 4.9); dadurch kann es in der dann engeren der beiden Nasenhöhlen zu Behinderungen der Nasenatmung, zur Verringerung des Riechvermögens und zu häufigeren Infekten kommen. In einigen schweren Fällen kann eine operative Korrektur erforderlich sein.

> **Septumdeviation**
> septum (lat.): Zwischenwand
> -deviation (lat. deviatio): Abweichung

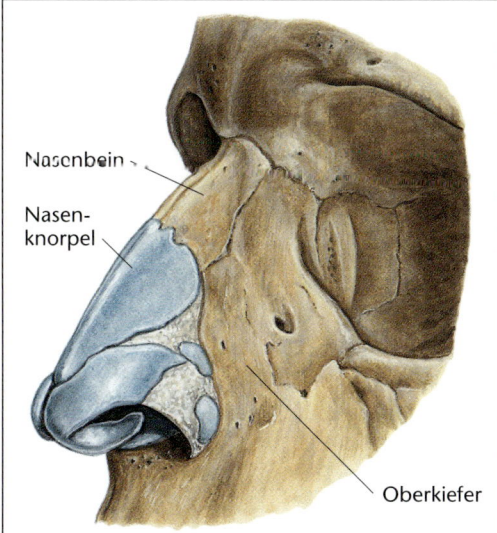

Nasenbein

Nasenknorpel

Oberkiefer

Abb. 4.8 Knöchern-knorpeliges Skelett der äußeren Nase

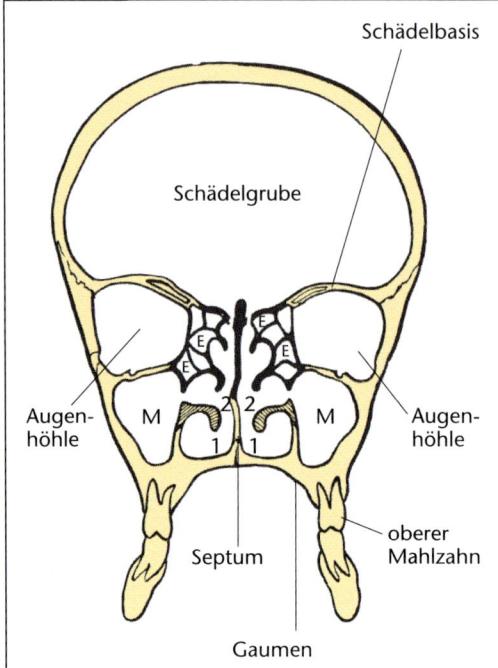

Abb. 4.9 Frontalschnitt durch den knöchernen Schädel, parallel zur Stirn. Nasennebenhöhlen: M Kieferhöhlen, E Siebbeinzellen, 1 untere Nasenmuscheln, 2 mittlere Nasenmuscheln.

Nasenmuscheln

Die jeweils nach außen weisenden (**lateralen**) Wände der beiden Nasenhöhlen (Abb. 4.9, 4.10) sind durch die Nasenmuscheln (**Conchae nasales**) stark oberflächenvergrößert. Diese Muscheln hängen wie lange, hakenförmige Leisten von der seitlichen Nasenwand nach unten. Sie bestehen im Inneren aus Knochenplatten und sind von gut durchbluteter Schleimhaut überzogen. Von ihrer Funktion her sind sie mit den Rippen eines Heizkörpers vergleichbar.

> **lateral** (lat. lateralis): seitlich, außen
> **concha** (lat.): Muschel; **nasalis** (lat.): zur Nase gehörig
> **superior** (lat.): die obere, **media** (lat.): die mittlere, **inferior** (lat.): die untere

In jeder Nasenhöhle finden sich drei Nasenmuscheln, die als
- **Concha nasalis superior:** obere Nasenmuschel
- **Concha nasalis media:** mittlere Nasenmuschel
- **Concha nasalis inferior:** untere Nasenmuschel

bezeichnet werden. Die obere Nasenmuschel ist die kleinste, die untere die größte von den dreien (Abb. 4.10).

Nasengänge

Unter und hinter jeder Nasenmuschel bleiben Kanäle für den Luftstrom frei, die sog. Nasengänge. Die Atemluft strömt überwiegend durch den mittleren und unteren Nasengang. Bedingt durch die Schnittführung sind in Abb. 4.9 nur der untere Nasengang (unter und hinter der unteren Nasenmuschel) und der mittlere Nasengang (unter und hinter der mittleren Nasenmuschel) deutlich sichtbar. Der obere Nasengang befindet sich unter und hinter der oberen Nasenmuschel (Abb. 4.10).

> **Fachbezeichnungen für die Nasengänge**
> oberer Nasengang: Meatus nasi superior
> mittlerer Nasengang: Meatus nasi medius
> unterer Nasengang: Meatus nasi inferior
> meatus (lat.): der Gang, nasi: Genitiv von nasus (lat.): die Nase
> superior (lat.): der obere, medius (lat.): der mittlere, inferior (lat.): der untere

Aus den eigentlichen Nasenhöhlen haben sich während der Entwicklung die Nebenhöhlen zur Seite hin „ausgestülpt"; sie haben ihre Verbindung zur Nasenhöhle, aus der sie entstanden sind, beibehalten (Abb. 4.9). Diese Verbindungsgänge befinden sich in den Nasengängen hinter den mittleren und oberen Muscheln (Nasennebenhöhlen ☞ Kap. 4.5.5, Abb. 4.9, 4.12).

Tränennasengang

In den unteren Nasengang hinter der unteren Nasenmuschel mündet keine Nasennebenhöhle, sondern der Tränennasengang (**Ductus nasolacrimalis**, Abb. 4.12). Dieser verbindet den inneren Augenwinkel mit dem unteren Nasengang; dadurch wird die überschüssige Tränenflüssigkeit in die Nasenhöhle geleitet und dient der zusätzlichen Anfeuchtung der Atemluft. Die von den Tränendrüsen gebildete Flüssigkeitsmenge beträgt ca. 0,5 l pro Tag für beide Augen zusammen.

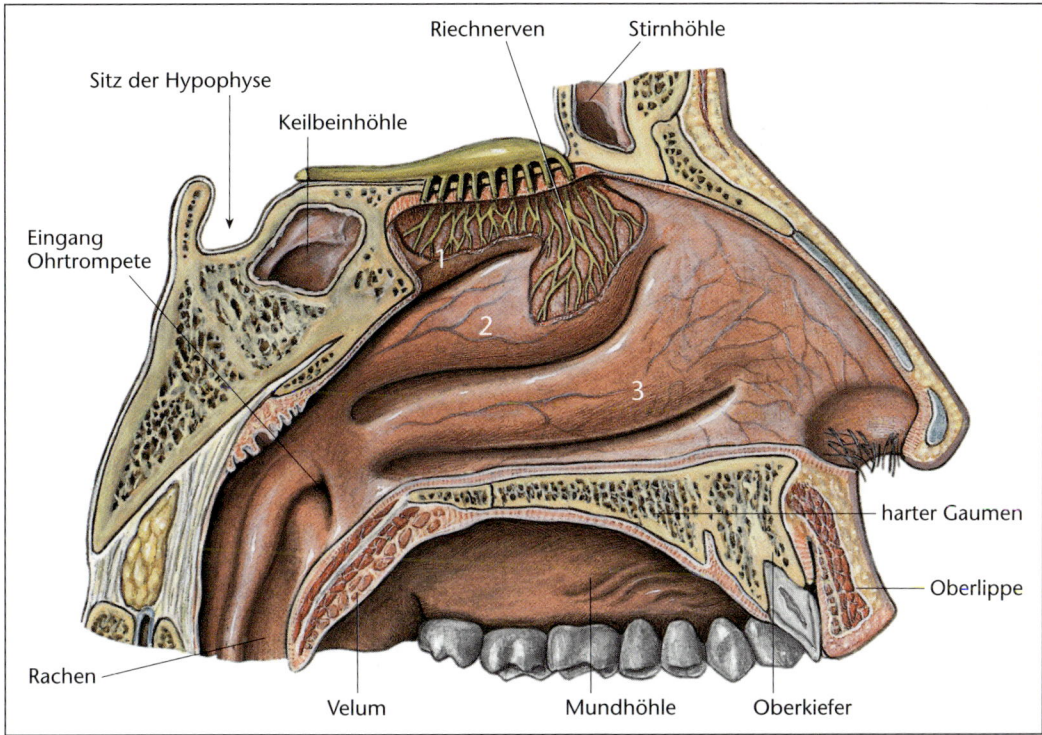

Abb. 4.10 Schnitt durch den Gesichtsschädel mit Blick auf die Außenwand der linken Nasenhöhle, auf den Gaumen, den Rachen und den oberen Abschnitt der Mundhöhle. 1 obere, 2 mittlere, 3 untere Nasenmuschel. Die Schleimhaut ist im Bereich der oberen und mittleren Muschel teilweise entfernt, um die Riechnerven darzustellen

> **⋮ Ductus nasolacrimalis**
> ductus (lat.): Gang
> nasolacrimalis: naso-: zur Nase zugehörig, lacrima (lat.): Träne

Choanen

Nach hinten gehen die Nasenhöhlen in trichterförmige, etwa 3 cm hohe und 1,2 cm breite Öffnungen (**Choanen**) über, die sie mit dem oberen Teil des Rachens verbinden (Abb. 4.14). Die Atemluft gelangt über die beiden Choanen aus den Nasenhöhlen in den nächsten Abschnitt der oberen Luftwege, den Rachen.

> **⋮ Choanen**
> choana (lat.): Trichter, hintere Nasenöffnung

4.5.5 Nasennebenhöhlen

Die Nebenhöhlen, die zu jeder der beiden Nasenhöhlen gehören, werden als **Sinus paranasales** bezeichnet. Es handelt sich um luftgefüllte, sog. **pneumatische** Räume des Schädels; sie weisen eine Auskleidung mit dem gleichen respiratorischen Flimmerepithel auf wie die Nasenhöhlen selbst.

> **⋮ Sinus paranasales** Plural von Sinus paranasalis, das „u" der Pluralform von sinus wird lang gesprochen
> sinus (lat.): Hohlraum, para- (griech.): neben, bei nasalis: von nasus (lat.): Nase
> **pneumatisch** (auch pneumatisiert): pneuma (griech.): Luft

Die Nebenhöhlen entstehen überwiegend aus Schleimhautblasen, die sich an der Stelle in Richtung auf den dahinter liegenden Knochen ausstülpen, wo später der Verbindungsgang zu finden ist (Abb. 4.9, 4.11). Überwiegend entstehen die Nebenhöhlen in

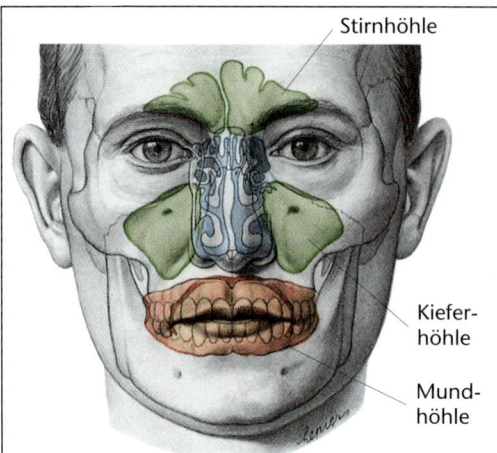

Stirnhöhle

Kiefer-
höhle

Mund-
höhle

Abb. 4.11 Einige Hohlräume des Gesichtsschädels (transparent dargestellt). Nasenhöhle mit Siebbeinzellen blau

ihrer endgültigen Form aber erst in der Zeit zwischen dem Vorschulalter und der Pubertät, wenn sich das bleibende Gebiss entwickelt. Die Nebenhöhlen weisen zahlreiche Unterscheide bei den einzelnen Menschen, aber auch zwischen links und rechts, auf.

Die Hauptfunktion der Nebenhöhlen ist darin zu sehen, dass sie der Gewichtsersparnis des Schädels dienen. Ihre Funktion als Resonanzräume und ihr Einfluss auf den Stimmklang sind minimal.

> **Sinusitis**
> Als Sinusitis bezeichnet man die akute oder chronische Entzündung der Nasennebenhöhlenschleimhaut, kurz Nebenhöhlenentzündung. Infektionen der Nasenschleimhaut („Schnupfen") breiten sich häufig über die offenen Verbindungswege zu den Nebenhöhlen aus.
> Als Folge einer akuten Entzündung kommt es in den Nebenhöhlen zur Sekretbildung; der Abfluss des Sekretes ist vielfach durch die engen und teilweise im Dach der Höhlen (Abb. 4.9) liegenden Öffnungen, aber auch durch ungünstige räumliche Verhältnisse (Septumdeviation, Nasenpolypen ☞ Kap. 4.6.4 und übermäßig große Nasenmuscheln) stark behindert, so dass chronische Entzündungen entstehen.
> Begleitet wird die Sinusitis oft von dumpfen Kopfschmerzen, die sich z. B. beim Bücken verstärken.

Die Nebenhöhlen werden nach den Knochen benannt, in die sie sich bei der Entwicklung „hineingestülpt" haben.

Kieferhöhle

Die Kieferhöhle (**Sinus maxillaris**) ist die größte von allen Nebenhöhlen. Sie ist nach dem Oberkiefer benannt, in dem sie sich befindet (Abb. 4.9, 4.11). Mit ihrem Dach grenzt sie an die Augenhöhle, während ihr Boden enge Beziehungen zum Zahnbogen des Oberkiefers (☞ Kap. 6.2.3) aufweist. Teilweise befinden sich die aus den Wurzeln der Vormahlzähne und Mahlzähne des Oberkiefers austretenden Nerven direkt unter der Schleimhaut der Kieferhöhle.

> **Sinus maxillaris**
> sinus (lat.): Hohlraum; maxillaris (lat. maxilla): Oberkiefer

Die Verbindung zwischen Kieferhöhle und Nasenhöhle befindet sich knapp unter dem Dach der Kieferhöhle (Abb. 4.9, 4.12), so dass der Sekretabfluss stark erschwert ist.

> **Zahnschmerzen** können auch dadurch entstehen, dass bei einer Sinusitis der Kieferhöhle die entsprechenden Nerven der Oberkieferzähne gereizt werden. **Operativer Zugang zur Kieferhöhle:** bei einer chronischen Sinusitis der Kieferhöhle kann es erforderlich sein, operativ einen Zugang über den unteren Nasengang hinter der unteren Nasenmuschel zu legen, damit das Sekret abfließen kann.
> Die sog. **Stirnhöhlenentzündung** oder Stirnhöhlenvereiterung ist in vielen Fällen tatsächlich eine Sinusitis der Kieferhöhle; nur die Kopfschmerzen werden im Bereich der Stirn empfunden.

Stirnhöhle

Die Stirnhöhle (Sinus frontalis) weist individuelle und zwischen links und rechts besonders starke Schwankungen bezüglich ihrer Ausdehnung und Gestalt auf. Sie befindet sich im Stirnbein, nach dem sie benannt ist (Abb. 4.10, 4.12)

> **Sinus frontalis**
> sinus (lat.): Hohlraum, frontalis nach Os frontale (lat.): Stirnbein (vgl. den Begriff frontal z. B. in Frontalzusammenstoß)

Der Abfluss von Sekret der Stirnhöhle erfolgt über den Verbindungsgang, der im mittleren Nasengang mün-

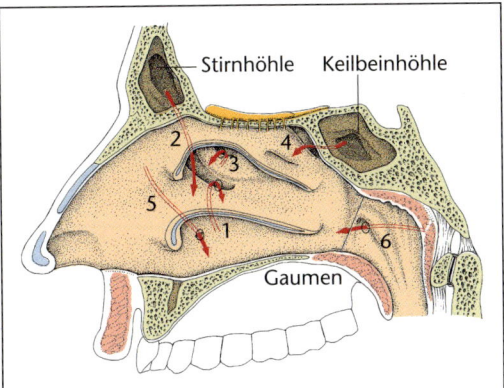

Stirnhöhle   Keilbeinhöhle

Gaumen

Abb. 4.12 Schematischer Schnitt durch den Gesichtsschädel mit Blick auf die Außenwand der rechten Nasenhöhle (mittlere und untere Nasenmuschel sind teilweise abgetragen). Die Pfeile kennzeichnen die Verbindungen zu den Nasennebenhöhlen, zur Augenhöhle (Tränennasengang: 5) und über die Ohrtrompete (6) zur Paukenhöhle (☞ Kap. 8.6.6). Verbindungen zu den Nasennebenhöhlen: 1 Kieferhöhle, 2 Stirnhöhle, 3 Siebbeinzellen, 4 Keilbeinhöhle

det (Abb. 4.12). Da dieser Gang sehr eng ist, kommt es auch hier oft zu Komplikationen bei Infektionen.

Siebbeinhöhle

Die Siebbeinhöhle (**Sinus ethmoidalis**) besteht links und rechts jeweils aus einer ganzen Reihe kleiner, unterschiedlich gestalteter und gelegener pneumatischer Knochenhohlräume des Siebbeins, die man als Siebbeinzellen (**Cellulae ethmoidales**) bezeichnet. Diese Knochenhohlräume befinden sich zwischen dem oberen Abschnitt der Nasenhöhle und der Augenhöhle (Abb. 4.11) und werden auch Siebbeinlabyrinth genannt.

> **Sinus ethmoidalis**
> sinus (lat.): Hohlraum, ethmoidalis nach Os ethmodale: Siebbein
> ethmoidalis/-ale: zum Siebbein gehörig, nach ethmos (griech.): Sieb
> ethmoidalis: Singular Maskulinum, ethmoidale: Singular Neutrum, ethmoidales: Plural
> **Cellulae** (lat.): Verkleinerungsform von cella (lat.): Zelle, Kammer
> Je nach Lage befinden sich die Verbindungsgänge der Siebbeinzellen zur Nasenhöhle entweder im mittleren oder im oberen Nasengang (Abb. 4.10, 4.12). Entzündungen der Siebbeinzellen kommen bei Kindern häufiger, bei Erwachsenen seltener vor

Keilbeinhöhle

Die Keilbeinhöhle (**Sinus sphenoidalis**) ist eine Abgliederung des hinteren Teils der Nasenhöhle (Abb. 4.10); sie entsteht deshalb vor den anderen Nebenhöhlen. Der Abfluss von Sekret der Keilbeinhöhle erfolgt in den oberen Nasengang und dessen Umgebung (Abb. 4.12). Eine Sinusitis der Keilbeinhöhle ist selten.

> **Sinus sphenoidalis**
> sinus (lat.): Hohlraum, sphenoidalis nach Os sphenoidale: Keilbein
> sphenoidalis/-ale: zum Keilbein gehörig, nach sphenoeides (griech): keilförmig

> **Hypophysentumoren**
> Über dem Dach der Keilbeinhöhle (Abb. 4.10) befindet sich in einer Grube die Hirnanhangsdrüse (Hypophyse, ☞ Kap. 7.12); diese kann Tumoren bilden, die überwiegend gutartig sind, aber wegen Störungen des Hormonstoffwechsels häufig operiert werden müssen. Einen Hauptzugangsweg bildet dann die Keilbeinhöhle, die über die Nasenhöhle erreicht wird.

4.5.6 Riechorgan

Ein kleiner Teil der die Nasenhöhle auskleidenden Nasenschleimhaut ist zu einem Sinnesorgan, dem Riechorgan, umgewandelt. Dieses ist im Dach beider Nasenhöhlen lokalisiert; die entsprechende Schleimhaut findet sich auf der obersten Nasenmuschel und auf dem ihr gegenüberliegenden Septumabschnitt (Abb. 4.10). Durch „Schnuppern" wird die Atemluft durch die Nasenmuscheln verwirbelt, verbleibt länger in der Nasenhöhle und kommt mit den enthaltenen „Riechstoffen" in Kontakt mit dem Riechorgan.

Der Schleimhautabschnitt, den das Riechorgan bildet, hat eine gelblich-bräunliche Farbe und wird auch als **Regio olfactoria** bezeichnet; die restliche „normale" Schleimhaut bildet die **Regio respiratoria**.

> **Regio** (lat.): Gegend, Bereich (vgl. die Begriffe Region, regional)
> **olfactoria** weibl. Form von olfactorius (lat.): riechend, das Riechsystem betreffend (eingedeutscht: olfaktorisch)
> **respiratoria** dem Atmungssystem zugehörig, respiratio (lat.): Atemholen

Im Epithel der Regio olfactoria befinden sich zahlreiche Sinneszellen (Riechzellen). Über Sinneshärchen tauchen die Riechzellen in den Nasenschleim ein, der auch die Regio olfactoria bedeckt. In diesem Schleim sind Geruchsstoffe gelöst, die von den Sinneshärchen der Sinneszellen wahrgenommen und unterschieden werden.

Ungewöhnlich für diese Riechzellen, die Nervenzellen entsprechen, ist ihre Fähigkeit, sich nach einer Lebensdauer von nur ca. 2 Monaten zu teilen. Damit ist die Riechschleimhaut regenerationsfähig; allerdings nimmt ihre Funktionsfähigkeit mit zunehmendem Alter ab. Die Fortsätze der Riechzellen leiten die Sinnesempfindungen durch kleine Löcher im Dach der Nasenhöhle zum Gehirn (Abb. 4.10).

Die Riechfähigkeit des Menschen hat im Laufe der Evolution zugunsten der Sehfähigkeit stark abgenommen. Die Fähigkeit, verschiedene Gerüche zu unterscheiden, ist aber noch recht gut. Während das Geschmacksorgan nur 4–5 unterschiedliche Geschmacksempfindungen erkennen kann, ist das Riechorgan in der Lage, ca. 2000 verschiedene Gerüche zu unterscheiden. Der größte Teil der sinnlichen Wahrnehmung beim Essen und Trinken ist deshalb dem Riechorgan zuzuschreiben, was bei einem Schnupfen deutlich erkennbar ist.

Die Wahrnehmung von beißenden oder ätzenden Stoffen in der Atemluft wird nicht vom Riechorgan wahrgenommen, sondern löst eine Sinnesempfindung sensibler Nerven in der normalen Nasenschleimhaut aus. Diese vermitteln dann Schutzreflexe wie „Luft anhalten" oder „den Kopf wegdrehen". Durch diese sog. „olfaktorische Kontrolle" der Atemluft wird vermieden, dass potenziell gefährliche Stoffe in die unteren Luftwege gelangen.

Diese sog. sensiblen Nerven der Nasenschleimhaut registrieren auch Wahrnehmungen wie Schmerz, Berührung, Wärme und Kälte; sie sind Äste des 5. Hirnnerven (im oberen Nasenbereich N. ophthalmicus, im mittleren und unteren Nasenbereich N. maxillaris; ☞ Kap. 7.11.1; dort ist auch die Herleitung der Fachausdrücke zu finden). Auch der Niesreflex wird über diese Nerven ausgelöst (☞ Kap. 4.5.2).

4.6 Rachen

Der Rachen wird auch als Schlund bezeichnet; der Fachausdruck lautet **Pharynx** (nicht zu verwechseln mit Larynx: Kehlkopf). Der Rachen ist ein ca. 13 cm

langer, schleimhautausgekleideter Muskelschlauch, der sich von der Schädelbasis bis zum Eingang der Speiseröhre erstreckt.

> **Pharynx** (griech. pharygx): Rachen, Schlund
> **Choanen** (lat. choana): Trichter, hintere Nasenöffnung

Der Rachen hat verschiedene Verbindungen zu anderen Hohlräumen oder Hohlorganen des Kopfes und Halses:

- über die **Choanen** nach vorne oben mit den beiden Nasenhöhlen
- oben seitlich über die Ohrtrompeten mit den beiden Paukenhöhlen des linken und rechten Mittelohrs (☞ Kap. 8.6.6)

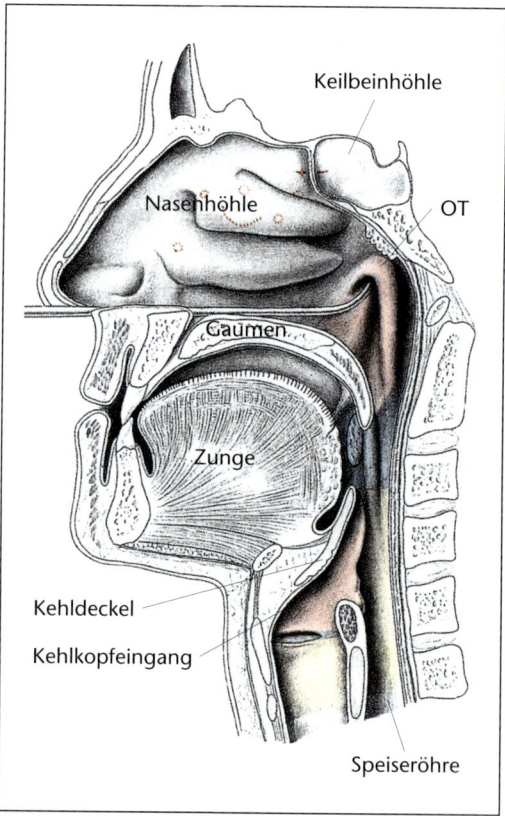

Abb. 4.13 Übersicht über die Nasenhöhle (Blick auf äußere Wand der rechten Nasenhöhle), Rachen mit Übergang in Kehlkopf bzw. Speiseröhre, Mundhöhle mit Zunge und Gaumen. Die oberste Etage des Rachens ist rot, die mittlere Etage blau und die untere Etage gelb gekennzeichnet. OT: Knorpel der Ohrtrompete (oberer Schleimhautwulst)

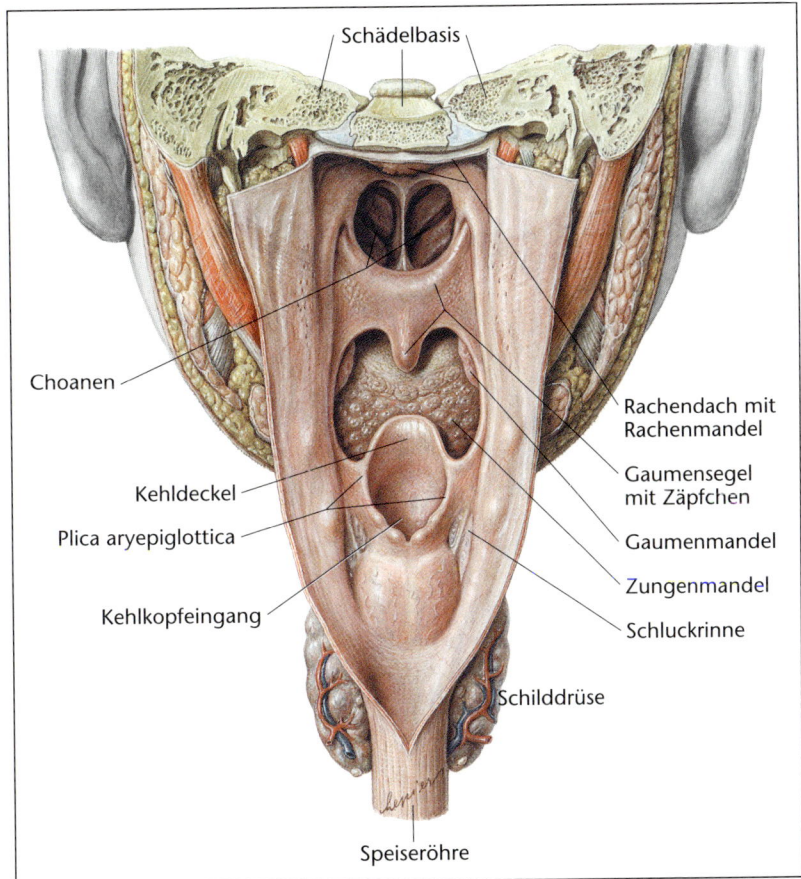

Abb. 4.14 Ansicht des Rachens von hinten (hintere Wand des Rachens durch einen Längsschnitt in der Mittellinie eröffnet und zur Seite geklappt)

Bildbeschriftungen:
- Schädelbasis
- Choanen
- Kehldeckel
- Plica aryepiglottica
- Kehlkopfeingang
- Rachendach mit Rachenmandel
- Gaumensegel mit Zäpfchen
- Gaumenmandel
- Zungenmandel
- Schluckrinne
- Schilddrüse
- Speiseröhre

- im mittleren Bereich über die sog. Schlundenge nach vorne mit der Mundhöhle
- nach unten vorne über den Kehlkopfeingang mit dem Kehlkopf
- nach unten über den sog. Speiseröhrenmund mit der Speiseröhre.

Damit gehört der Rachen sowohl zu den Atmungsorganen, bei denen er einen Teil des oberen Luftwegs darstellt, als auch zu den Verdauungsorganen (Abb. 4.13, 4.14).

4.6.1 Gliederung des Rachens

Der Rachen lässt sich grob in drei Etagen oder Stockwerke gliedern, für die es unterschiedliche Fachbezeichnungen gibt:

- **Epipharynx – Nasopharynx – Pars nasalis pharyngis:** Nasenrachenraum – Nasenabschnitt
- **Mesopharynx – Oropharynx – Pars oralis pharyngis:** Mundrachenraum – Mundabschnitt
- **Hypopharynx – Pars laryngea pharyngis:** Unterrachenraum – Kehlkopfabschnitt.

Pharynx (griech. pharygx): Rachen, Schlund
epi- (griech.): darauf, darüber; **meso-** (griech.): in der Mitte, **hypo-** (griech.): unten, darunter
Pars (lat.): Teil, Anteil; pharyngis: Genitiv von Pharynx
naso-, nasalis (lat.): zur Nase gehörig
oro-, oralis (lat.): zum Mund gehörig (lat. os: Mund)
laryngea zum Kehlkopf gehörig (griech. larygx: Kehle)

Epipharynx

Der Epipharynx ist der oberste Rachenabschnitt, er setzt sich nach unten in den Mesopharynx fort, wobei der Übergang fließend ist. Die Grenze nach vorne unten stellt das Gaumensegel (Abb. 4.14, ☞ Kap. 6.2.5) dar. Über das Gaumensegel und Teile der oberen Rachenwand kann der Epipharynx komplett gegen den Mesopharynx abgeschlossen werden. Dieser Verschluss ist notwendig für den Schluckakt und eine ungestörte Lautbildung.

Die Nasenhöhlen sind über die Choanen mit dem Epipharynx verbunden; das respiratorische Flimmerepithel der Nasenhöhle („Nasenschleimhaut") findet sich auch im Epipharynx. Erst in der Übergangszone zum Mesopharynx setzt sich die normale Schleimhaut der Mundhöhle durch.

Die obere Begrenzung des Epipharynx bildet das Rachendach, das mit der Schädelbasis verbunden ist. Die unpaare Rachenmandel befindet sich mittig direkt unter dem Rachendach (Abb. 4.14).

Die Öffnung der Ohrtrompete (Abb. 4.12, 4.13) liegt etwa 10–15 mm hinter der unteren Nasenmuschel in der seitlichen Wand des Epipharynx. Sie ist durch einen stärkeren oberen und einen schwächeren unteren Schleimhautwulst begrenzt. Der obere Schleimhautwulst wird durch den Knorpel in der Wand der Ohrtrompete gebildet. Über die Ohrtrompete wird das Mittelohr mit dem Epipharynx verbunden; dadurch sind eine Belüftung des Mittelohrs und ein Druckausgleich möglich.

Mesopharynx

Der mittlere Abschnitt des Rachens ist nach vorne über die sog. Schlundenge (☞ Kap. 6.2.5) mit der Mundhöhle verbunden. Speisen und Getränke gelangen damit aus der Mundhöhle in den Mesopharynx, der die Auskleidung aus der gleichen Schleimhaut besitzt wie die Mundhöhle selber (mehrschichtiges unverhorntes Plattenepithel mit Schleimdrüsen: Mundhöhlenschleimhaut). Die Grenze des Mesopharynx nach unten vorne ist deutlich durch den Kehldeckel und seine seitlichen Schleimhautfalten erkennbar (Abb. 4.14), die von den Gaumenbögen gebildet werden (☞ Kap. 6.2.5).

Der Mesopharynx ist Durchgangsstation für die Atemluft, die aus dem Epipharynx kommt, den Mesopharynx durchquert und dann über den oberen Bereich des Hypopharynx in den Kehlkopfeingang gelangt. Aber auch Speisen und Getränke passieren den Mesopharynx in Richtung nach unten über den Hypopharynx zum Eingang in die Speisröhre. Damit stellt der Mesopharynx eine Kreuzungsstation für den Atem- und Speiseweg dar (Abb. 6.22).

Hypopharynx

Der unterste Abschnitt des Rachens befindet sich unterhalb des oberen Randes des Kehldeckels, der wie ein „Wellenbrecher" im Speiseweg liegt, und enthält nach vorne den Eingang zum unteren Luftweg, direkt nach unten den Eingang in die Speiseröhre und zum weiteren Speiseweg (Abb. 4.14).

Der Kehlkopf wölbt sich stark nach hinten in den Hypopharynx vor und begrenzt zu jeder Seite die sog. Schluckrinne (**Recessus piriformis**, auch **Sinus piriformis** genannt) über die Flüssigkeiten und zerkaute, eingespeichelte feste Nahrung in die Speiseröhre gelangt. Auch der Hypopharynx ist von Mundhöhlenschleimhaut ausgekleidet.

> **Recessus piriformis**
> Recessus (lat.): Ausbuchtung, Nische, Sinus (lat.): Hohlraum
> piriformis (lat.): birnenförmig

4.6.2 Schlundschnürer und -heber

Der Rachen ist nach außen von lockerem Bindegewebe umgeben, das einen Verschiebespalt bildet und damit Bewegungen des Rachens ermöglicht.

Die Muskulatur des Rachens besteht aus quergestreiften Skelettmuskeln, die in zwei Systemen, den innen liegendenden Schlundschnürern und den von außen einstrahlenden Schlundhebern, angeordnet sind.

Schlundschnürer

Die Schlundschnürer verlaufen etwa ringförmig und können den Rachen zusammenziehen; sie werden deshalb auch als **Konstriktoren** bezeichnet, abgeleitet aus dem Fachbegriff **Mm. constrictores pharyngis**. Die Ringe sind allerdings vorne an den Ursprüngen der Muskeln offen.

> **Mm. constrictores pharyngis**
> Mm.: Abkürzung von Musculi (Plural von Musculus, lat.: der Muskel)
> constrictores: Plural von constrictor (lat.): zusammenziehend
> pharyngis: Genitiv von pharynx (Rachen, Schlund)
> superior (lat.): der obere, medius (lat.): der mittlere, inferior (lat.): der untere

Für jeden Abschnitt des Rachens wird ein eigener Schlundschnürer beschrieben, der von unterschied-

lichen Abschnitten des Kopf- und Halsskeletts seinen Ursprung nimmt:
- **M. constrictor pharyngis superior:** entspringt im wesentlichen von der Schädelbasis und vom Unterkiefer (teilweise aus der Zunge)
- **M. constrictor pharyngis medius:** entspringt vom Zungenbein (☞ Kap. 5.2.1)
- **M. constrictor pharyngis inferior:** entspringt vom Kehlkopf.

Die Schlundschnürer sind spiegelbildlich symmetrisch für beide Hälften des Rachens angeordnet; sie ziehen nach hinten in einen gemeinsamen schmalen Sehnenstreifen (dort verläuft die Schnittlinie des Rachens in Abb. 4.14). Dieser wird als **Raphe pharyngis** bezeichnet.

> **Raphe** (griech. hraphe): Naht
> pharyngis: Genitiv von pharynx (Rachen, Schlund)

Ein Teil der Fasern der Schlundschnürer verläuft nicht genau horizontal, sonder ab- oder aufsteigend, teilweise ist auch ein überlappender oder verflochtener Faserverlauf zu finden. Deshalb können die Schlundschnürer nicht nur als Konstriktoren wirken, sondern den Rachen teilweise auch etwas anheben oder senken.
Die genaue Funktion der Schlundschnürer wird im Zusammenhang mit dem Schluckakt besprochen (☞ Kap. 6.4).

Schlundheber

Die Schlundheber werden als **Mm. levatores pharyngis** bezeichnet. Sie strahlen von außen in die Wand des Rachens ein.

> **Mm. levatores pharyngis**
> levatores: Plural von levator (lat.): hebend
> pharyngis: Genitiv von pharynx (Rachen, Schlund)

Der wichtigste Schlundheber ist der Gaumen-Rachen-Muskel (**M. palatopharyngeus**; Abb. 6.20); er wird ergänzt durch dünne Fasern von zwei weiteren, weniger bedeutenden Schlundhebern, dem Griffelfortsatz-Rachen-Muskel (**M. stylopharyngeus**) und dem Ohrtrompeten-Rachen-Muskel (**M. salpingopharyngeus**).

> **Schlundheber**
> M. palatopharyngeus: palato- von palatum (lat.): Gaumen, pharyngeus (lat.): zum Rachen gehörig
> M. stylopharyngeus: stylo- bezieht sich auf den Ursprung des Muskels vom sog. Griffelfortsatz der Schädelbasis (Processus styloideus; Processus, lat.: Fortsatz; styloideus: griffelförmig, von lat. stylus: Griffel)
> M. salpingopharyngeus: salpingo- bezieht sich auf salpinx, lat.: Trompete (gemeint ist die knorpelige Wand der Ohrtrompete)

Auch die genaue Funktion der Schlundheber wird im Zusammenhang mit dem Schluckakt besprochen (☞ Kap. 6.4).

4.6.3 Innervation

Die sensiblen Nerven der Rachenschleimhaut registrieren Wahrnehmungen wie Schmerz, Berührung, Wärme und Kälte; sie sind Äste des 9. und 10. Hirnnerven, die hier ein Nervengeflecht (**Plexus pharyngeus**) bilden. Im oberen Rachenbereich sind es überwiegend Äste des 9. Hirnnerven (N. glossopharyngeus), im unteren Rachenbereich Äste des 10. Hirnnerven (N. vagus). Im Bereich des Rachendachs und der Ohrtrompete enthält der Plexus zusätzlich auch Äste aus dem N. maxillaris, einem Ast des 5. Hirnnerven (N. trigeminus).

> **Plexus pharyngeus**
> Plexus (lat.): Geflecht, pharyngeus (lat.): zum Pharynx gehörig
> **Innervation** Nervenversorgung, in- (lat.): ein-, hinein-; nervus (lat.): Nerv
> Die genaue Beschreibung der Hirnnerven und die Herleitung der Fachausdrücke sind in Kap. 7.11 zu finden

Auch die Nervenäste für die Versorgung der Schlundschnürer und Schlundheber entstammen aus dem **Plexus pharyngeus**; allerdings sind hier nur Äste des 9. Hirnnerven (für den oberen Rachenbereich) und Äste des 10. Hirnnerven (für den unteren Rachenbereich) beteiligt.

4.6.4 Lymphatischer Rachenring

Zusammen mit der Atemluft und der Nahrung gelangen in größerer Zahl auch Erreger in den Luft- bzw. Speiseweg und damit in das Innere des menschlichen Körpers. Die Bekämpfung dieser Erreger erfolgt über das Abwehrsystem, dessen Zellen an verschiedenen Stellen in und unter der Schleimhaut der Luft- und Speisewege unterschiedlich große Ansammlungen bilden.

An einigen Stellen sind die Ansammlungen der Abwehrzellen so stark und auch durch besondere Schleimhauteinfaltungen strukturiert, dass sie mit bloßem Auge erkennbar sind. Sie werden als Mandeln oder **Tonsillen** bezeichnet.

Diese Tonsillen befinden sich sowohl in der Übergangszone der Nasenhöhle zum Rachen als auch in der Übergangszone der Mundhöhle zum Rachen. Dabei unterscheidet man vier Tonsillen, von denen zwei unpaar sind (Rachen- und Zungenmandel) und zwei paarig vorkommen (Gaumen- und Tubenmandeln). Sie bilden in ihrer Gesamtheit den **lymphatischen** oder **Waldeyer**-Rachenring (Abb. 4.15). Die Fachausdrücke für die Mandeln lauten:
- Rachenmandel: **Tonsilla pharyngealis**
- Tubenmandel: **Tonsilla tubaria**
- Gaumenmandel: **Tonsilla palatina**
- Zungenmandel: **Tonsilla lingualis**.

> ⦂ **Tonsillen** (lat. Plural tonsillae): die Mandeln
> **pharyngealis** (lat.): zum Rachen gehörig, **tubaria** (lat.): zur Ohrtrompete (tuba) gehörig, **palatina** (lat.): zum Gaumen (palatum) gehörig, **lingualis** (lat.): zur Zunge (lingua) gehörig
> **lymphatisch** (lat. lymphaticus) bezogen auf Lymphe, Lymphdrüsen oder Abwehrorgane
> **Waldeyer** Eigenname (deutscher Anatom)

Rachenmandel

Die Rachenmandel liegt in der Schleimhaut des Rachendachs (Abb. 4.14, 4.15), die hier einige Falten bildet. Bei Kindern ist die Rachenmandel gut entwickelt und kann auch eine erhebliche Vergrößerung erfahren („**Wucherungen**"), wohingegen sie sich bei älteren Menschen zurückbildet und in der Schleimhaut des Rachendachs mit bloßem Auge kaum noch erkennbar ist.

Tubenmandeln

Die Tubenmandeln werden auch als Ohrtrompetenmandeln bezeichnet. Das Abwehrgewebe findet sich in der Schleimhaut am Eingang der Ohrtrompete. Von dort aus kann es sich individuell unterschiedlich in der seitlichen Rachenschleimhaut nach unten fortsetzen (lymphatischer Seitenstrang, Abb. 4.16).

> **Wucherungen**
> Während der Kindheit wird eine Reihe von Infektionen durchgemacht, durch die man als Erwachsener dann gegen die entsprechenden Erreger immun ist. Dadurch vergrößern sich alle Mandeln während der Kindheit mehr oder weniger stark. Bei der Rachenmandel können diese Vergrößerungen in Form von Wucherungen, Polypen oder adenoiden Vegetationen die Choanen verlegen und die Nasenatmung in erheblicher Form beeinträchtigen. Die betroffenen Kinder atmen durch den offen stehenden Mund, schlafen schlecht und werden anfälliger gegen Infektionen, da die Reinigungsfunktion der Nasenschleimhaut ausfällt.
> Überschüssiges Gewebe der Rachenmandel wird dann in einem kurzen operativen Eingriff (Adenotomie) entfernt, wobei das Grundgewebe der Rachenmandel erhalten bleibt (nicht zu verwechseln mit der „Mandeloperation" oder „Mandelentfernung", bei der die Gaumenmandeln operativ komplett entfernt werden).

> ⦂ **immun** (lat. immunis): frei von, geschützt vor, gefeit gegen
> **adenoid** drüsenähnlich, (griech. aden): Drüse
> Vegetationen (lat. vegetatio): Wucherung, Wachstumskraft
> **Choanen** (lat. choana): Trichter, hintere Nasenöffnung
> **Adenotomie** operative Entfernung der Wucherungen der Rachenmandeln
> -tomie (griech. tome): Schneiden, Schnitt
> **Polypen** gestielte Wucherungen von Schleimhäuten

Entzündungen der Tubenmandeln und der umliegenden Schleimhaut können die Belüftung der Paukenhöhle und damit das Hörvermögen beeinträchtigen („Druck auf dem Ohr"; ☞ Kap. 8.6.6).

> **Seitenstrangangina**
> Besonders nach einer operativen Entfernung der Gaumenmandeln vermehrt sich das Abwehrgewebe des lymphatischen Seitenstrangs. Eine Entzündung und schmerzhafte Anschwellung des lymphatischen Seitenstrangs wird als Seitenstrangangina bezeichnet (Angina: lat. angere: beengen; bedeutet: Krankheit mit Beengungsgefühl, hier hervorgerufen durch eine Entzündung der Rachenschleimhaut und der Mandeln).

Gaumenmandeln

Die Gaumenmandeln haben etwa die Größe und Form einer Mandel (daher die Bezeichnung für alle

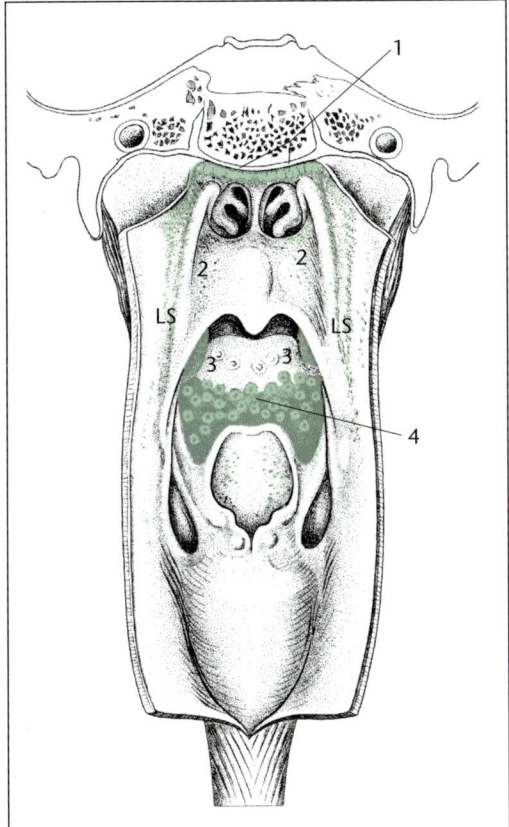

Abb. 4.15 Schematische Darstellung des Waldeyer-Rachenrings. Die Sichtweise entspricht in etwa der in Abb. 4.14. Ansammlungen von Abwehrzellen sind grün dargestellt. Tonsillen: 1 Rachenmandel, 2 Tubenmandeln, 3 Gaumenmandeln, 4 Zungenmandel, LS: lymphatischer Seitenstrang

Mandeln). Sie liegen in der sog. Mandelgrube zwischen den Schleimhautfalten der Gaumenbögen am Übergang der Mundhöhle zum mittleren Rachenabschnitt (Abb. 4.14, 4.15, 6.20). Die Gaumenmandeln sind in der Tiefe von einer bindegewebigen Kapsel umgeben und haben eine stark zerklüftete Oberfläche mit tiefen Einsenkungen. Auch sie können speziell bei Kindern stark vergrößert sein. Bei Entzündungen kann es zu schmerzhaften Behinderungen des Schluckvorgangs kommen.

Zungenmandel

Die Zungenmandel ist eine Ansammlung von Abwehrgewebe, das sich in der Schleimhaut des Zungengrunds befindet (Abb. 4.14, 4.15), die hier ein

höckeriges Aussehen hat. Entzündungen der Zungenmandel sind eher selten und nicht so problematisch wie die der übrigen Mandeln.

> **Mandelentzündung**
> auch als Tonsillitis bezeichnet (-itis, griech.: Entzündung); damit ist in der Regel die akute oder chronische Entzündung der Gaumenmandel gemeint; früher wurden vereiterte Mandeln relativ häufig operativ entfernt (Tonsillektomie: -ektomie, griech.: Herausschneiden), so dass ältere Menschen häufig ihre Mandeln nicht mehr besitzen; da in den Mandeln Erreger nicht nur bekämpft, sondern nach neueren Erkenntnissen auch identifiziert werden, um das Abwehrsystem des gesamten Organismus zu informieren, ist man heute wesentlich zurückhaltender mit der Entfernung der Mandeln geworden und macht dies nur bei bestimmten Formen chronischer, häufiger auftretender bakterieller Tonsillitis.

4.7 Untere Luftwege (ohne Kehlkopf)

Der Übergang von den oberen in die unteren Luftwege ist am Kehlkopfeingang lokalisiert (Abb. 4.14). Hier strömt die Atemluft aus dem Rachen in den Kehlkopf, der als Stimmorgan im nächsten Hauptkapitel 5. separat besprochen wird.

Die unteren Luftwege umfassen den Kehlkopf, die sich nach unten anschließende Luftröhre und die Aufzweigungen des Bronchialbaums bis letztlich zu den Lungenbläschen (Abb. 4.19).

Das Verständnis für den Aufbau und die Struktur des Bronchialbaums wird erleichtert, wenn man sich eine Vorstellung über die Entwicklung der unteren Luftwege macht. Diese Entwicklung soll im nächsten Kapitel kurz dargestellt werden.

4.7.1 Entwicklung

Schon beim Embryo von ca. 4 Wochen ist ein primitives Darmrohr zu erkennen, dessen Anfangsabschnitt von der Mundöffnung über einen Vorläufer des späteren Rachens und der Speiseröhre in Abb. 4.16 dargestellt ist. Aus diesem Darmrohr schnürt sich als erste Struktur der gesamten unteren Luftwege ein sog. „Lungenbläschen" (nicht zu verwechseln mit den Alveolen der fertigen Lunge) nach vorne ab.

Die Eingangszone in das Lungenbläschen entspricht dem späteren Kehlkopfeingang. Das „Lungenbläschen" vergrößert sich und wächst nach unten vor der Speiseröhre weiter. Kurze Zeit später teilt sich das untere Ende des „Lungenbläschens" in zwei Äste nach links und rechts. Aus dem unverzweigt gebliebenen Rest des „Lungenbläschens" entstehen Kehlkopf und Luftröhre, die Aufzweigung entspricht der Stelle, an der sich die Luftröhre in die beiden **Hauptbronchien** teilt (Abb. 4.17).

In der weiteren Entwicklung erfolgen zahlreiche Teilungen der Hauptbronchien zu kleineren und kleinsten Bronchien und weiteren Verästelungen bis zu den eigentlichen Lungenbläschen (Alveolen, Abb. 4.26). Die Aufzweigungen der Bronchien kommen in Kontakt mit den **serösen Pleurahöhlen**, überziehen sich mit viszeraler Pleura und differenzieren sich zu den Lungen (Abb. 4.18; ☞ Kap. 3.2.4, 4.7.4 und 4.8).

> **⋮ Bronchien** (meist im Plural benutzt): bronchia (lat.) bzw. brogchia (griech.): Luftröhrenast (brogchos, griech.: Luftröhre, Kehle)
> **Pleura** (griech.): innere Auskleidung des Brustkorbs, Rippenfell und Lungenfell (viszerale Pleura)
> serös: Flüssigkeit, die dem Blutserum entspricht
> viszeral: organbedeckend, viscera (lat.): die Eingeweide

4.7.2 Luftröhre

Der untere Teil des Kehlkopfs geht unmittelbar in die Luftröhre (**Trachea**) über (Abb. 4.19), die vor der Speiseröhre nach unten läuft. Damit beginnt ein System, das die gereinigte, erwärmte und angefeuchtete Atemluft bis zu den Lungenbläschen transportiert.

> **⋮ Trachea**
> trachea (lat.): Luftröhre, abgeleitet aus tracheia (griech.): weibl. Form von trachys: rau, uneben (wegen der unregelmäßigen äußeren und inneren Oberfläche)

Die Trachea muss elastische Eigenschaften aufweisen, um größeren Bewegungen des oberen Rumpfes zu folgen, aber sie muss auch eine Wandversteifung besitzen, um die Transportstrecke zwischen Kehlkopf und Bronchien auch bei geringerem Druck (Einatmung) offen zu halten. Entsprechende Eigenschaften und deshalb einen ähnlichen Aufbau wie die Trachea selbst weisen auch die größeren Bronchien auf.

Die geforderten mechanischen Eigenschaften der Luftröhre werden folgendermaßen realisiert:

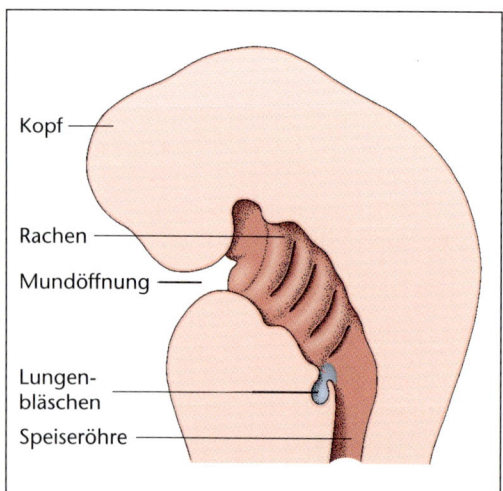

Abb. 4.16 Schnitt durch die Kopf- und obere Rumpfregion eines ca. 5 Wochen alten Embryos. Primitiver Magen-Darm-Trakt rot markiert, Lungenbläschen blau. Die als Mundöffnung, Rachen und Speiseröhre markierten Strukturen sind Vorläufer der endgültigen Organe bzw. Körperabschnitte

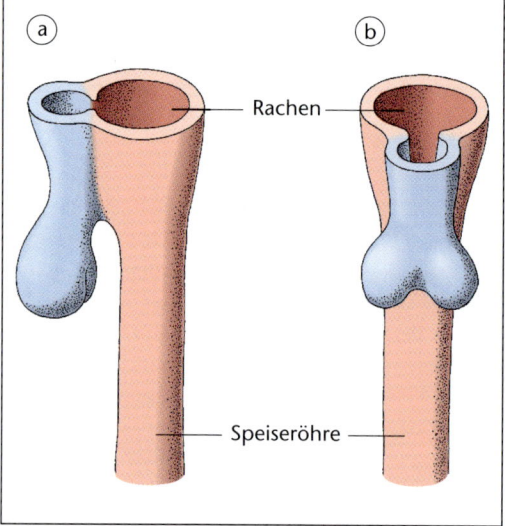

Abb. 4.17 Entwicklung des Lungenbläschens zu Kehlkopf, Luftröhre und Hauptbronchien. a) seitliche Ansicht, b) Sicht von vorne. Lungenbläschen und daraus entstehende Strukturen: blau

• Sie besteht bei einer Länge von etwa 10–13 cm aus 16–20 C-förmigen Knorpelspangen, die nach hinten offen sind; die Knorpelspangen sind untereinander verbunden durch Bindegewebe aus kollagenen und elastischen Fasern (☞ Kap. 1.2.2), die Dehnungen in Längsrichtung zulassen.

• Die hinteren Enden der Knorpelspangen sind durch glatte Muskulatur und Bindegewebe mit elastischen Fasern verbunden; dieser Teil der Luftröhrenwand wird als Paries membranaceus (Abb. 4.20) bezeichnet und erlaubt in gewissem Maße eine Änderung des Luftröhrendurchmessers (im Mittel 16–18 mm).

> **⦂ Paries membranaceus**
> paries (lat.): Wand; membranaceus (lat.): membranartig, häutig

Bei Druckerhöhung in den Atemwegen z.B. durch Betätigung der Bauchpresse verhindern die elastischen Fasern des Paries membranaceus eine Überdehnung der Trachea. Die glatte Muskulatur, die als M. trachealis bezeichnet wird, kann andererseits den inneren Luftröhrendurchmesser durch Kontraktion verringern und unterstützt damit die Vorgänge zur

Schleimhautreinigung beim Hustenreflex. Dabei wird der Schleim mit eingefangenen Partikeln und Erregern aus den unteren Luftwegen heraus in Richtung Rachen oder Mundhöhle transportiert.

Die Luftröhre ist nach außen über Bindegewebe in der Umgebung befestigt; innen wird sie von einer Schleimhaut mit einem respiratorischen Flimmerepithel und Drüsen ausgekleidet. Die Luftröhrenschleimhaut ähnelt in Struktur und Funktion stark der Nasenschleimhaut.

Bei tiefen Außentemperaturen mit kalter und vor allem trockener Atemluft muss auch die Luftröhrenschleimhaut zur Anfeuchtung und Erwärmung der

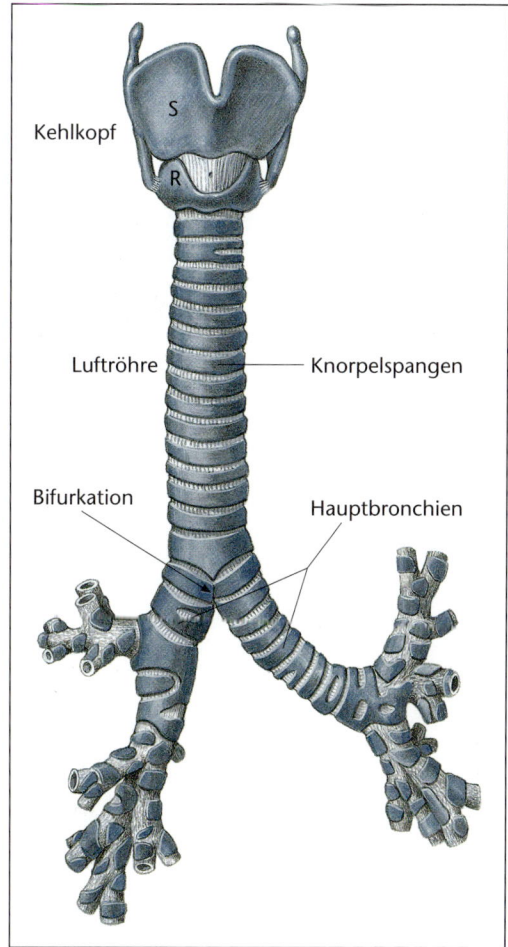

Abb. 4.19 Knorpel- und Bindegewebsanteile der unteren Atemwege vom Kehlkopf bis zu den kleineren Bronchien. S Schildknorpel, R Ringknorpel des Kehlkopfs

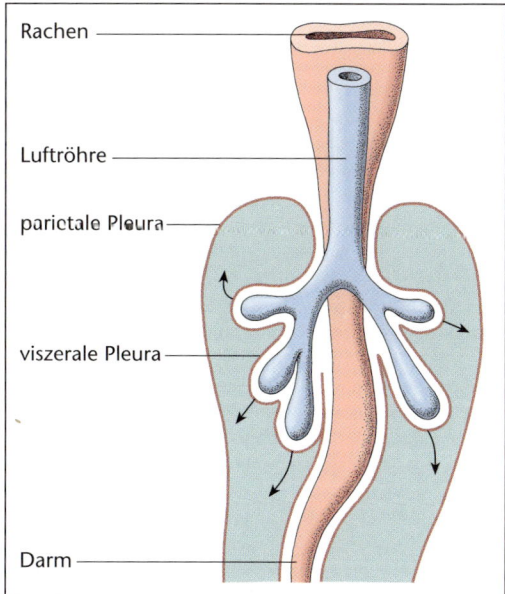

Abb. 4.18 Entwicklung des Bronchialbaums und Differenzierung der viszeralen und parietalen Pleura

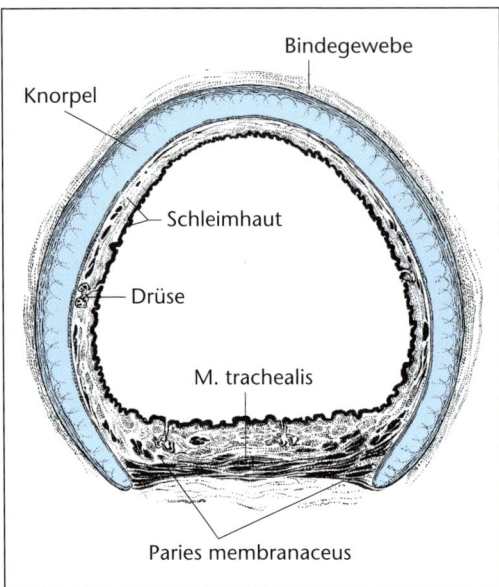

Abb. 4.20 Trachea im Querschnitt auf der Höhe einer Knorpelspange (blau)

Atemluft beitragen, weil die Oberfläche der Nasen- und Rachenschleimhaut dazu nicht ausreicht.

Tracheostoma
Als solches bezeichnet man eine bei Atemnot operativ herbeigeführte Öffnung der Trachea (griech. -stoma: Mund, Öffnung) nach außen. Es wird dann z. B. eine Trachealkanüle (lat. cannula: Röhrchen) zur Luftzufuhr eingesetzt. Bei diesen Patienten kommt es im Winter oft zu Beschädigungen der Luftröhren- und Bronchialschleimhaut durch Austrocknung und Einreißen.

Nach einer Verlaufsstrecke von ca. 10–12 cm endet die Luftröhre an einer Aufgabelung, die **Bifurcatio tracheae** genannt wird (Abb. 4.19). An dieser **Bifurkation** teilt sich die Trachea in die beiden Hauptbronchien (**Bronchus principalis sinister** bzw. **dexter**). Die Hauptbronchien entsprechen im Bau noch weitgehend der Trachea, wobei der rechte Hauptbronchus weiter und kürzer und in seinem Verlauf steiler ist als der linke.

⋮ Bifurcatio, eingedeutscht Bifurkation (lat.) bi-: zweimal und furcatio (lat.): Gabelung (lat. furca: Gabel, vgl. das deutsche Wort „Forke")
tracheae Genitiv von trachea: Luftröhre
Bronchus: bronchia (lat.) bzw. brogchia (griech.): Luftröhrenast (griech. brogchos: Luftröhre, Kehle)
principalis (lat.): Haupt-
sinister (lat.): links, **dexter** (lat.): rechts

Aspirationspneumonie
Weil der rechte Hauptbronchus weiter und steiler verläuft als der linke, befallen Aspirationspneumonien bevorzugt die rechte Lunge.
Als Aspiration (lat. aspiratio: wörtlich Anhauchen) bezeichnet man das unbeabsichtigte Einatmen von Fremdkörpern, Schleim, Blut, Erbrochenem und anderen Substanzen in die Bronchien und damit in die Lunge, z. B. bei Lähmung der Schluckmuskeln, bei Bewusstlosen, Kleinkindern oder Betrunkenen.
Dadurch kann es zu einer Entzündung der Bronchien und/oder der Lunge kommen, man spricht von Aspirationspneumonie oder Aspirationsbronchopneumonie.
Pneumonie (griech. pneumonia): Lungenentzündung.

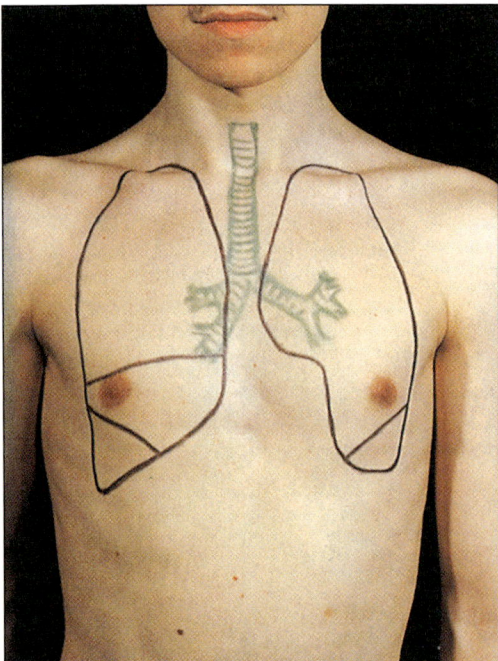

Abb. 4.21 Lage der Trachea, der Hauptbronchien mit ihren ersten Verzweigungen und der beiden Lungen in Bezug zur vorderen Leibeswand

Die beiden Hauptbronchien verzweigen sich nach unterschiedlich langem Verlauf rechts und links weiter in die sog. Lappenbronchien (☞ Kap. 4.7.5). Diese treten dabei in die jeweilige Lunge ein und verzweigen sich dort weiter. Die Lage der Trachea, der Hauptbronchien mit den ersten Verzweigungen und der beiden Lungen in Bezug auf die vordere Leibeswand ist in Abb. 4.21 dargestellt. Bevor der Bronchialbaum besprochen wird, sollen zunächst die beiden Lungen, in deren Innerem die Aufzweigung des Bronchialbaums stattfindet, in der Übersicht behandelt werden.

4.7.3 Übersicht über Aufbau und Gefäße der Lungen

Die Lunge ist ein paariges Organ; so gibt es eine durch die Bifurkation der Trachea und die Hauptbronchien voneinander getrennt liegende rechte und linke Lunge (**pulmo**), auch wenn laienhaft oft von „Lungenflügeln" gesprochen wird (Abb. 4.21, 4.22).

> **pulmo** (lat.): Lunge, Plural: pulmones

Infolge ihrer schwammartigen Struktur füllen die Lungen den Raum zwischen Brustkorb, Zwerchfell und Mediastinum (Mittelfellraum) aus; in ihre Oberfläche prägen sich die Nachbarorgane, vor allem die Rippen und das Zwerchfell, ein. Wegen des Platzbedarfs des Herzens ist die linke Lunge etwas kleiner als die rechte.

Das Volumen einer Lunge ist stark abhängig von dem jeweiligen Luftfüllungszustand bei der Ein- und Ausatmung; es schwankt zwischen gut einem Liter bei stärkster Ausatmung und 2,5–4 Litern bei stärkster Einatmung.

Bei der Einatmung wird der Thorax gehoben und erweitert, die Zwerchfellkuppel senkt sich und das Lungenvolumen wird vergrößert; entsprechende Veränderungen in umgekehrter Richtung erfolgen bei der Ausatmung.

Die Veränderung des Lungenvolumens wird begleitet von einer atemabhängigen Lungenbewegung. Dies wird vor allem daran deutlich, dass sich die unteren Lungengrenzen z.B. bei einem gesunden, jungen Erwachsenen zwischen stärkster Einatmung und stärkster Ausatmung vorne um 5 cm, seitlich und hinten sogar um 10 cm verschieben.

Äußere Lungengestalt

Man unterscheidet an jeder Lunge eine Lungenbasis oder Zwerchfellseite, weil sie dem Zwerchfell auf-

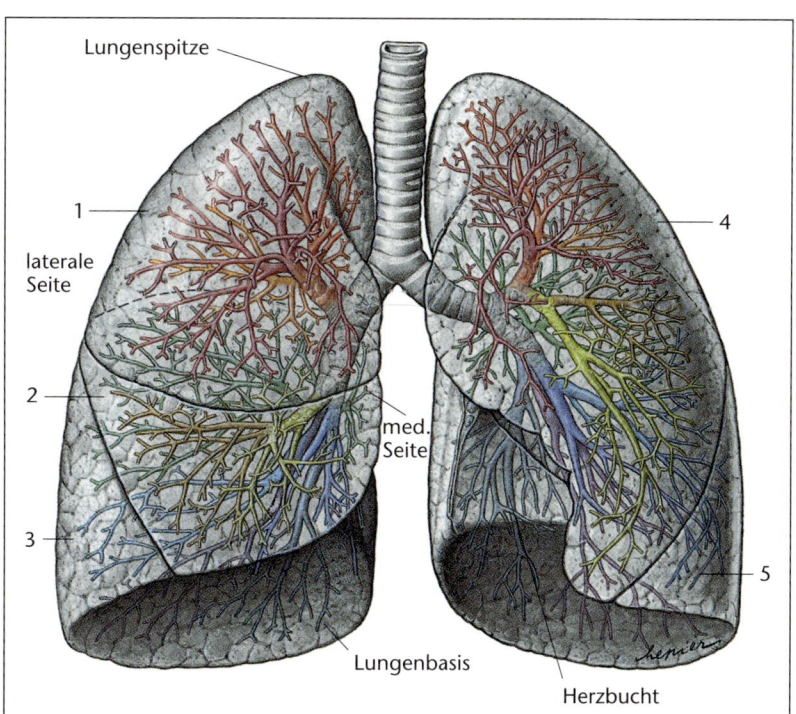

Abb. 4.22 Lungen mit Luftröhre und (durchschimmernd gezeichnetem) Bronchialbaum; Lungenbasis, Lungenspitze, laterale und mediale Seite sind bei der rechten Lunge bezeichnet. 1–3: Lappen der linken Lunge, 4–5: Lappen der rechten Lunge. Die Aufzweigungen der Bronchien in den Lappen und Segmenten sind farblich verdeutlicht

Lungenspitze

1

laterale Seite

2

3

4

med. Seite

5

Lungenbasis

Herzbucht

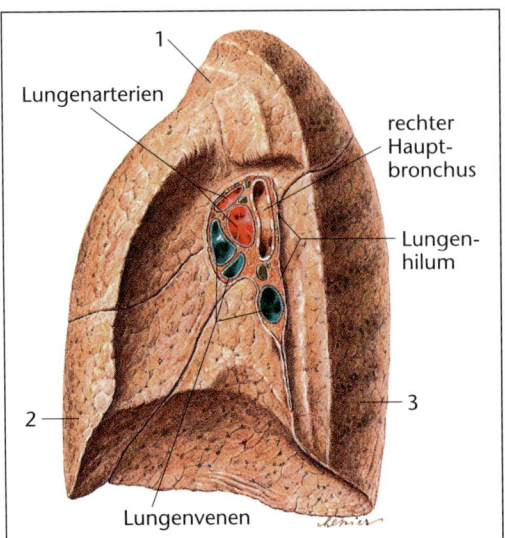

1
Lungenarterien
rechter
Haupt-
bronchus
Lungen-
hilum
2
3
Lungenvenen

Abb. 4.23 Lungenhilum der rechten Lunge, vom Mittelfellraum aus gesehen. 1–3 Lungenlappen

liegt, eine Lungenspitze, die nach oben durch die obere Brustkorböffnung ragt, eine **laterale** und eine **mediale** Seite (Abb. 4.22).

> **lateralis** (lat.): seitlich gelegen; **medialis** (lat.): zur Mitte hin gelegen
> **Mediastinum** (lat.): Mittelfellraum zwischen den beiden Pleurahöhlen

Im Zentrum der medialen Seite, dem **Mediastinum** zugewandt, liegt das Lungenhilum (**Hilum pulmonale**), die Eintrittsstelle der Hauptbronchien und aller Gefäße (Abb. 4.23). Vor allem links drückt das Herz die sog. Herzbucht ein (Abb. 4.22).

> **Hilum oder Hilus** (lat.): eigentlich „Stelle, an der der Samen bei einer Pflanze angewachsen war", bedeutet in der medizinischen Fachsprache den Bezirk an der Oberfläche eines Organs, wo Blutgefäße, Nerven oder Gänge wie hier die Bronchien in das Organ ein- bzw. aus ihm austreten.
> **pulmonale** (lat.): zur Lunge (pulmo) gehörig

Lappen und Segmente
Der rechte Hauptbronchus verzweigt sich zu drei Lappenbronchien, diese dann weiter zu zehn Segmentbronchien. Entsprechend ist die rechte Lunge in drei Lappen (**Lobi**) und die wiederum insgesamt in

zehn Segmente untergliedert. Im Zentrum dieser Baueinheiten der Lunge verlaufen die entsprechenden Bronchien. Bei der etwas kleineren linken Lunge unterscheidet man zwei Lappen und insgesamt neun Segmente; die Aufzweigungen des linken Hauptbronchus sind entsprechend (Abb. 4.22). Die Lappen sind durch tiefe Einschnitte voneinander getrennt, die bis fast zum Lungenhilum verlaufen (Abb. 4.22, 4.23).

> **Lobi:** Plural von lobus (lat.): Lappen

> **Lobärpneumonie**
> Die Einteilung der Lunge in große und kleine Baueinheiten (Lappen, Segmente) hat auch klinische Bedeutung, da sich bestimmte Lungenerkrankungen unter Umständen nur auf einzelne Segmente oder Lappen beschränken. So ist eine Lobärpneumonie eine Lungenentzündung, die auf einen Lappen beschränkt geblieben ist.
> Auch bestimmte operative Eingriffe können durch diese Gliederung der Lungen auf einzelne Lungenabschnitte reduziert werden.

Blutgefäße der Lungen
In den kleinsten Baueinheiten der Lungen, den Lungenbläschen (☞ Kap. 4.7.5) findet der sog. Gasaustausch zwischen Blut und Atemluft statt, d. h. Sauerstoff tritt aus der Atemluft in das Blut über, während Kohlendioxid aus dem Blut in die Ausatemluft abgegeben wird.
Die Lungenarterien stammen aus der Verzweigung des gemeinsamen Lungenstamms, der aus der rechten Herzkammer abgeht (☞ Kap. 3.1.3). Diese Lungenarterien führen sauerstoffarmes („venöses") Blut, das aus dem Rücklauf des Körperkreislaufs zum rechten Herzen stammt. Dieses sauerstoffarme Blut soll in der Lunge „aufgefrischt", d. h. neu mit Sauerstoff versorgt werden. Zu diesem Zweck begleiten die Aufzweigungen der rechten und linken Lungenarterie die jeweiligen Bronchien bis zu den Lungenbläschen. Dort nimmt die Luft in den Lungenbläschen auch das überschüssige Kohlendioxid aus dem Blut auf.
Nach erfolgtem Gasaustausch ist das Blut wieder sauerstoffreich und fließt aus dem Kapillargebiet der Lunge über Venolen und Venen zu den großen Lungenvenen zusammen, die in eigenen Bindegewebszügen zwischen den Lungensegmenten verlaufen und am Lungenhilum austreten. In den Lungenvenen

fließt nun sauerstoffreiches („arterielles") Blut, das zum linken Vorhof gelangt.

Die Lungenarterien und -venen stellen beim Herzen neben Aorta und Hohlvenen die sog. funktionellen Gefäße dar im Gegensatz zu den nutritiven Herzkranzarterien, die das Herz selbst versorgen (☞ Kap. 3.2.2). Auch bei der Lunge unterscheidet man funktionelle Gefäße (dieselben Lungenarterien und -venen wie beim Herzen) von kleinen sog. Bronchialgefäßen, die das Lungengewebe selbst mit Blut versorgen.

4.7.4 Pleura

Zum Verständnis der **Serosaverhältnisse** an den Lungen sollte das entsprechende Kapitel beim Herzen (☞ Kap. 3.2.4) und beim Thorax (☞ Kap. 4.1.3) noch einmal durchgearbeitet werden.

> **⦂ Serosa:** Kurzform von Tunica serosa, tunica (lat.): Hülle, serosa (lat.): Serum absondernd, serum (lat.): nicht mehr gerinnbarer Teil des Blutplasmas (ursprünglich: „Molke")
> **pleura** (griech.): innere Auskleidung des Brustkorbs („Fell", dünne Haut)
> **viszeral** (lat. viscera): die Eingeweide
> **parietal** (lat. paries): die Wand, parietal bedeutet also wandständig

Die **viszerale Pleura** (Lungenfell) bedeckt die gesamte Lunge mit Ausnahme des Lungenhilums (Abb. 4.23); sie dringt auch tief in die Spalten zwischen den Lungenlappen ein. Der äußere Rand des Lungenhilums wird von der Umschlagfalte der viszeralen Pleura in die parietale Pleura (Rippenfell) gebildet. Die Pleura ist in der Abb. 4.23 genau an der Umschlagkante abgeschnitten.

Die **parietale Pleura** wird zwar als Rippenfell bezeichnet, bedeckt aber von innen nicht nur die Rippen und die Zwischenrippenmuskeln, sondern nach unten auch das Zwerchfell und zur Mitte hin den Mittelfellraum (Mediastinum).

Auch wenn im Deutschen für die Pleura parietalis nur der Begriff „Rippenfell" üblich ist, unterscheidet man in der Fachsprache zwischen den verschiedenen Abschnitten:

• Pleura costalis (bedeckt die Rippen und Zwischenrippenmuskeln, lat. costalis: zur Rippe gehörig)
• Pleura mediastinalis (Abgrenzung zum Mediastinum, lat. mediastinalis: zum Mittelfellraum gehörig)

• Pleura diaphragmatica (Abgrenzung zum Zwerchfell, lat. diaphragmatica: zum Zwerchfell gehörig).

Zwischen Rippenfell und Lungenfell befindet sich die Pleurahöhle, die geringe Mengen **seröser** Flüssigkeit enthält. Diese Höhle bildet einen Spalt, der die Gleitbewegungen der Lunge gegenüber der Höhlenwand erlaubt. Die parietale Pleura produziert ständig neue seröse Flüssigkeit, die von der viszeralen, aber auch von der parietalen Pleura und von Lymphgefäßen wieder resorbiert (aufgenommen) wird.

> **Pleuritis**
> Eine Pleuritis (Rippenfellentzündung) ist eine Entzündung der Pleura, wie sie z. B. bei schweren Infekten der Atemwege oder anderen entzündlichen Erkrankungen auftreten kann. Sie ist durch Fieber, atemabhängige Schmerzen und Atembeschwerden charakterisiert.
> Durch übermäßige Sekretion von seröser Flüssigkeit kann es dabei zu einem Erguss („nasse Rippenfellentzündung") kommen, bei der sich die normalerweise sehr geringe Menge seröser Flüssigkeit im Pleuraspalt krankhaft vermehrt. Dadurch kann es zu so schwerer Atemnot durch Zusammendrücken der Lungen kommen, dass die Flüssigkeit im Pleuraspalt über eine Punktion (Einstich mit Hohlnadel) entfernt werden muss.

An den Übergängen der drei Abschnitte der parietalen Pleura befinden sich Reserveräume. Diese sind bei der Ausatmung geschlossen, während sie sich bei der Einatmung mehr oder weniger entfalten und Platz für die an Volumen zunehmenden Lungen bieten. Diese werden als **Recessus** bezeichnet; sie finden sich am Übergang zwischen der Pleura costalis und Pleura mediastinalis, am Übergang zwischen Pleura costalis und Pleura diaphragmatica sowie am Übergang zwischen Pleura mediastinalis und Pleura diaphragmatica.

> **⦂ recessus** (lat.): Höhle; die Schreibweise des Plurals von recessus ist identisch mit der des Singulars, nur das „u" wird lang gesprochen

4.7.5 Bronchialbaum

Luftleitendes System

Die beiden Hauptbronchien der rechten und linken Lunge treten über das Lungenhilum in die Lungen ein und verzweigen sich weiter zu den Lappen- und Segmentbronchien, diese dann weiter zu immer kleineren, nicht weiter benannten Bronchien.

Die Knorpelspangen, die noch in den Hauptbronchien enthalten sind, zerfallen mit weiterer Aufzweigung zu immer kleineren, unregelmäßig angeordneten Knorpelfragmenten (Abb. 4.19). Die glatten Muskeln, die bei der Trachea und den Hauptbronchien nur im Paries membranaceus vorkommen, bilden bei den kleineren Bronchien eine mit zunehmenden Verzweigungen langsam kräftiger werdende ringförmige Muskelschicht.

Wenn überhaupt keine Knorpelplättchen mehr in der Wand zu finden sind, spricht man nicht mehr von kleinen Bronchien, sondern von **Bronchiolen.** Diese besitzen in ihrer Wand schon eine relativ kräftige Schicht aus glatter Muskulatur, die den Durchmesser dieser luftleitenden Röhren erheblich beeinflussen kann (Abb. 4.24).

> **: Bronchiolen**
> bronchiolus (lat.): Verkleinerungsform von Bronchus

> **Asthma bronchiale**
> Wird auch als Bronchialasthma bezeichnet;
> asthma (griech.): wörtlich: schweres, kurzes Atemholen (Atemnot, Beklemmung);
> Tritt anfallsartig bei Menschen mit übermäßig empfindlichem Bronchialsystem auf und kann durch äußere und innere Reize ausgelöst werden. Neben einer anschwellenden Schleimhaut und einer übermäßigen Schleimproduktion trägt vor allem die starke Kontraktion der glatten Ringmuskulatur der kleinen Bronchien und der Bronchiolen zum Auftreten der Atemnot mit pfeifendem Atemgeräusch speziell bei der Ausatmung bei.

Die Schleimhaut, die die Bronchien und Bronchiolen auskleidet, entspricht weitgehend der der Luftröhrenschleimhaut, besitzt also schleimproduzierende Drüsen und Flimmerhärchen. Erst bei den kleinen Bronchiolen verschwindet langsam die Fähigkeit zur Schleimproduktion.

Bis zu den kleinen Bronchiolen dient der Bronchialbaum alleine dem Transport der Atemluft; ein Gasaustausch ist nicht möglich. Die kleinsten Bronchiolen, die noch ausschließlich die Atemluft leiten, bezeichnet man als Endbronchiolen (**Bronchioli terminales**).

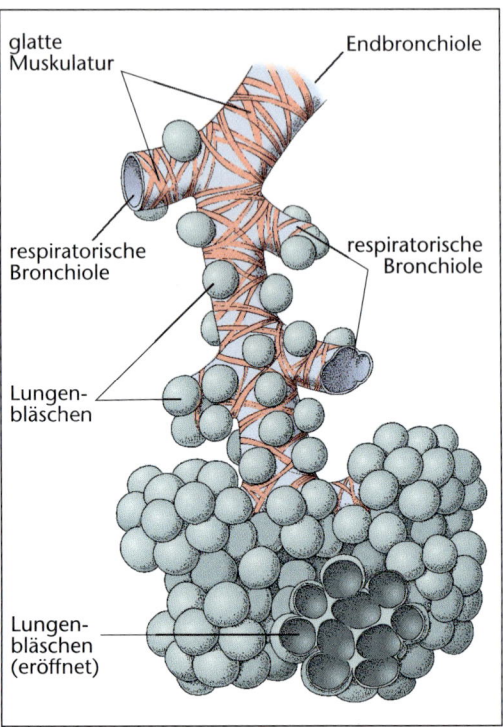

Abb. 4.24 Gasaustauschsystem der Lunge

> **: Bronchioli**
> Plural von bronchiolus (kleiner Bronchus)
> **terminales**
> Plural von terminalis (lat.): zum Ende gehörend

Gasaustauschsystem

Die Bezeichnung Endbronchiolen bedeutet nicht, dass diese das Ende der Aufzweigungen der Bronchiolen darstellen, sondern dass hier das rein luftleitende System endet. Die darauf folgenden Bronchiolen werden als respiratorische Bronchiolen (**Bronchioli respiratorii**) bezeichnet, weil in ihrer Wand zum ersten Mal Lücken auftreten, in denen sich Lungenbläschen (**Alveolen**) befinden, die zum Gasaustausch befähigt sind (Abb. 4.24). Ab hier spricht man vom Gasaustauschsystem.

> **: Bronchioli respiratorii** respiratorische Bronchiolen (respiratorii: Plural von respiratorius, lat.: mit der Atmung verbunden)
> **Alveolen** (lat. alveolus): wörtl. „kleine Vertiefung", hier: Lungenbläschen

Die Wand der respiratorischen Bronchiolen enthält nach weiteren Aufzweigungen immer mehr Lungenbläschen, bis sie vollständig verschwunden ist. Danach finden sich nur noch gang-, sack- und traubenartige Aneinanderreihungen von Lungenbläschen (Abb. 4.24). Als Folge der großen Zahl von Aufzweigungen des Bronchialbaums enthalten beide Lungen eines Erwachsenen zusammen ca. 300–400 Millionen Lungenbläschen.

4.7.6 Lungenbläschen

Die Lungenbläschen stellen die typische Baueinheit des gasaustauschenden Systems dar. Sie haben eine vieleckige bis kugelige Gestalt; ihre Größe ändert sich zwischen Ein- und Ausatmung stark. Nach Einatmung haben sie einen mittleren Durchmesser von 0,3–0,5 mm, der nach Ausatmung auf Werte von 0,1–0,2 mm zurück geht. Die Lungenbläschen enthalten in ihrem Inneren, dem sog. Alveolarraum, Luft von Körpertemperatur und maximaler Wasserdampfsättigung; sie werden durch die Atembewegungen **ventiliert**.

> **ventilieren, Ventilation** (lat. ventilatio): Lüften; damit ist die Erneuerung der Atemluft in den Lungenbläschen durch die Atembewegungen gemeint
> **Alveolarsepten** -septen, Plural von septum (lat.): Zwischenwand; auch als Interalveolarsepten bezeichnet (wörtlich Zwischenwände zwischen den Lungenbläschen; inter, lat.: zwischen)

Der Alveolarraum wird von **Alveolarsepten** begrenzt (Abb. 4.25), deren Oberfläche von äußerst flachen Alveolarepithelzellen gebildet wird. Die Gesamtoberfläche aller Alveolarsepten zusammen liegt bei einem Erwachsenen zwischen 70 und 140 m². Man unterscheidet zwei Arten von Alveolarepithelzellen: Typ I und Typ II. Die Typ I-Zellen bilden den größten Anteil der inneren Oberfläche der Alveolen; sie sind verantwortlich für den Gasaustausch (☞ Kap. 4.10). Die Typ II-Zellen produzieren einen „Surfactant" genannten Stoff, der wie ein Film die innere Oberfläche der Alveolen bedeckt. Dieser Stoff setzt die Oberflächenspannung der wasserdampfgesättigten Alveolen soweit herab, dass diese z. B. beim starken Ausatmen nicht **kollabieren** oder zumindest sich danach wieder voll entfalten können.

> **surfactant** (der oder das): aus den englischen Begriffen „surface active agent" (oberflächenaktiver Stoff)
> **kollabieren** (lat. collabi): in sich zusammenfallen; dieser Vorgang wird bei den Lungenbläschen auch Atelektase genannt, so dass man das/den surfactant auch als Anti-Atelektase-Faktor bezeichnet
> **Atelektase** ateles (griech.): unvollständig, und ektasis (griech.): Ausdehnung

Die Alveolarepithelzellen vom Typ I sind ausgesprochen flach. Dies ist notwendig, damit der Sauerstoff im Inneren der Alveolen eine möglichst kurze Strecke bis zu den Blutkapillaren zurückzulegen hat, die sich in großer Zahl im Inneren der Alveolarsepten befinden (Abb. 4.25). Gleiches gilt auch für Kohlendioxid, das aus dem Blut in die Alveolen abgegeben wird.

Die Blutkapillaren sind umgeben von einem sehr zarten Bindegewebsgerüst mit kollagenen und vor allem auch elastischen Fasern (Abb. 4.25). Pro Tag fließt durch die Blutkapillaren in den Wänden der Alveolen eine Gesamtmenge von 7–8000 Litern Blut.

Trotz aller Reinigungs- und Abwehreinrichtungen der oberen und unteren Luftwege gelangen immer noch Verunreinigungen der Atemluft, also auch Erreger, bis in die Lungenbläschen. Deshalb befinden sich in den Alveolarsepten zusätzlich zu den bisher beschriebenen Zellen und Strukturen noch zahlreiche Abwehrzellen, vor allem die sog. **Alveolarmakrophagen**, die in die Alveolen gelangte Erreger und Partikel aufnehmen und unschädlich machen (Abb. 4.25).

> **Makrophage** Makro- (griech. makros): groß; phage (griech.): „Fresser"
> wörtlich also „Großfresser" oder „große Fresszelle"; es handelt sich um wandernde weiße Blutzellen, die als Abwehrzellen tätig sind

> **Lungenreife**
> Ein entscheidender Faktor für die Überlebensfähigkeit von Frühgeborenen ist die Lungenreife; dazu ist sowohl eine ausreichende Produktion von Surfactant erforderlich als auch ein ausreichendes Abflachen der Typ I-Alveolarepithelzellen, um die Wegstrecke für die Atemgase möglichst gering zu halten. Vor der 26. Entwicklungswoche sind beide Punkte kaum realisiert, so dass ein Überleben von vor diesem Zeitpunkt Geborenen nur selten möglich ist.

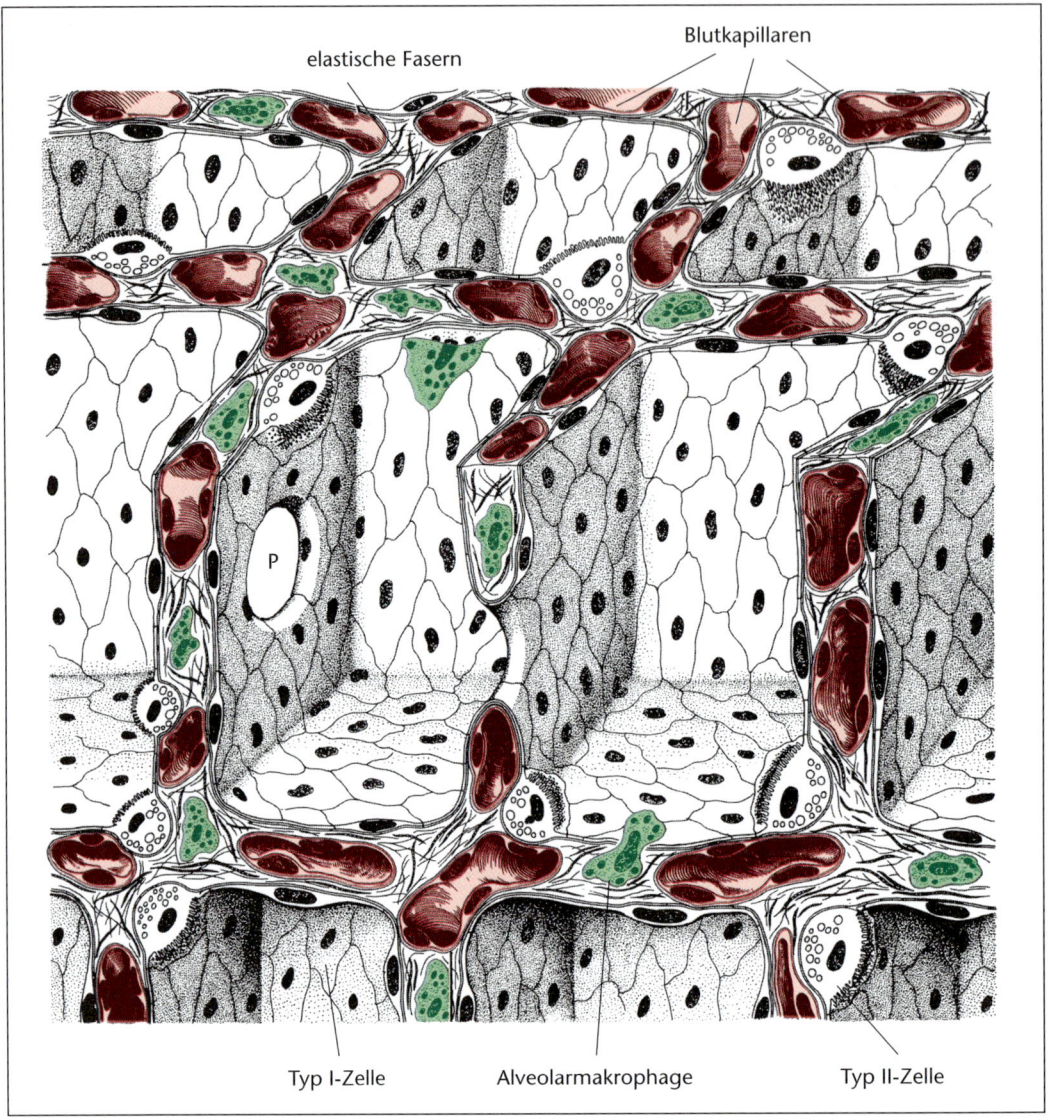

elastische Fasern · Blutkapillaren

Typ I-Zelle · Alveolarmakrophage · Typ II-Zelle

Abb. 4.25 Lungenalveolen, dreidimensionales Schema. P: Pore zwischen zwei benachbarten Alveolen. Die Blutkapillaren sind rot markiert, Alveolarmakrophagen grün

Die Strecke, die ein Sauerstoffmolekül aus der Alveole heraus über das Alveolarseptum hinweg bis in die Blutkapillare hinein überwinden muss, wird als „Blut-Luft-Schranke" bezeichnet (für ein Kohlendioxidmolekül analog, nur in umgekehrter Richtung). Die durch **Diffusion** zurückzulegende Strecke beträgt im Mittel ca. 1/500 mm, teilweise noch deutlich weniger. Dabei sind folgende Strukturen, vom Lungenbläschen ausgehend, zu überwinden (Abb. 4.26):

(1) surfactant
(2) Alveolarepithelzelle Typ I
(3) Basalmembran
(4) Endothelzelle der Blutkapillare
(5) Strecke innerhalb des Blutplasmas bis zur nächsten roten Blutzelle (Erythrozyt)

Jedes Epithel oder Endothel besitzt eine Basalmembran (☞ Kap. 1.2.1); hier „teilen" sich Alveolarepithelzelle und Endothelzelle der Blutkapillare eine gemeinsame Basalmembran.

> **Diffusion** (lat. diffusio): Auseinanderfließen, Hinüberfließen

4.8 Atemmechanische Grundvorgänge

Das Zusammenwirken aller Atemmuskeln, aller Strukturen des Bänderthorax und aller sonstigen bei der Atmung beteiligten Faktoren, vor allem der sog. Atmungswiderstände, bezeichnet man als Atemmechanik.
Bei der sog. Ruheatmung wird mit einer Frequenz von ca. 15–16 Atemzügen pro Minute jeweils ein Atemvolumen von ca. 0,4–0,5 Liter ein- bzw. ausgeatmet; daraus ergibt sich in Ruhe ein Atemminutenvolumen von ca. 6–8 Litern.

4.8.1 Atemruhestellung

Am Ende der Ausatmungsphase bei Ruheatmung befindet sich der Atemapparat in der Atemruhestellung. Die Stimmritze im Kehlkopf ist geöffnet, auf den äußeren Thorax wirkt der gleiche äußere Luftdruck wie im Inneren der Alveolen. Bei diesem Zustand stehen folgende Kräfte miteinander im Gleichgewicht:
- die in dieser Stellung gedehnten elastischen Fasern innerhalb des Alveolarseptums; sie versuchen, die Lungen in Richtung auf das Hilum zusammenzuziehen (Abb. 4.25),
- die trotz Surfactant noch immer recht große Oberflächenspannung der feuchten Oberflächen der Alveolarsepten und dadurch das Bestreben, diese Oberflächen zu verringern,
- der Thorax ist in der Atemruhestellung leicht zusammengezogen und hat das Bestreben, sich wieder etwas auszudehnen,
- die **Kapillaradhäsionskräfte** zwischen viszeraler und parietaler Pleura.

Während die elastischen Fasern der Lunge und die Kräfte der Oberflächenspannung versuchen, das Volumen der Lunge zu verkleinern, ist das Bestreben des Thorax in der Atemruhestellung, sich nach außen zu erweitern. Diese entweder nach außen oder nach innen gerichteten Kräfte wirken an den beiden Pleurablättern, die durch den Pleuraspalt voneinander getrennt sind, aber sich durch die Kapillaradhäsions-

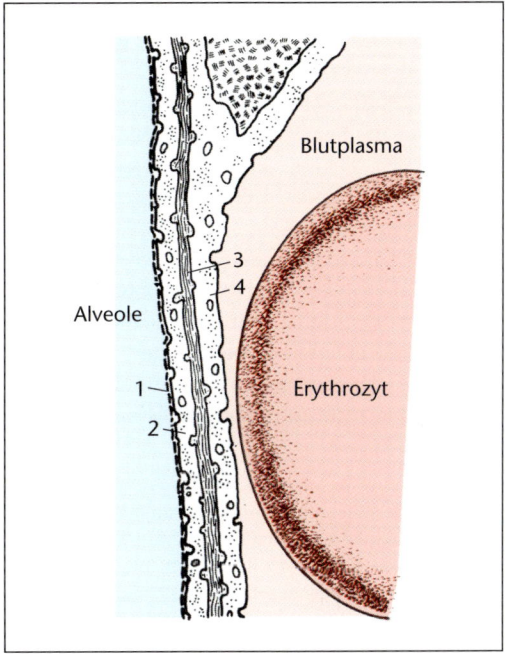

Abb. 4.26 Blut-Luft-Schranke. Alveolarraum: hellblau, Blutplasma: hellrot, Erythrozyt: rot. 1 Surfactant, 2 Alveolarepithelzelle, 3 Basalmembran, 4 Kapillarendothelzelle

kräfte unter normalen Bedingungen nicht voneinander lösen können. Damit sind die Lungen zwangsweise in einer bestimmten Stellung „aufgespannt".

> **Kapillaradhäsionskräfte**
> Kapillar- (lat. capillaris): haarfein; damit ist der äußerst schmale Spalt zwischen den beiden Pleurablättern gemeint (☞ Kap. 4.7.4)
> Adhäsion (lat. adhaesio): Anheften
> Kapillaradhäsionskräfte wirken u.a. zwischen zwei glatten, durch minimale Flüssigkeitsmengen benetzten Oberflächen; sie sind z.B. zu beobachten, wenn man zwei Glasscheiben, zwischen denen sich eine geringe Menge Wasser befindet, aufeinanderlegt und dann voneinander zu lösen versucht

4.8.2 Pleuraspalt; intrapleuraler Druck; Atmungswiderstände

Bei der Atemruhestellung sind im Pleuraspalt sowohl Kräfte wirksam, die versuchen, die parietale Pleura nach außen zu ziehen, als auch Kräfte, die versuchen, die viszerale Pleura nach innen zu ziehen. Die nach außen ziehende Kraft ist das Bestreben des Thorax, sich wieder auszudehnen. Die nach innen ziehenden Kräfte sind die der gedehnten elastischen Fasern und das Bestreben der Oberflächenspannung der Alveolen, sich zu verkleinern. Die Kapillaradhäsionskraft verhindert jedoch, dass sich die Pleurablätter voneinander lösen.

Aus den genannten Gründen muss in der Atemruhestellung im Pleuraspalt ein leichter Unterdruck (verglichen mit dem Druck der Außenwelt) herrschen. Dieser Druckunterschied beträgt ca. −3 bis 4 **mm Hg**. Man bezeichnet diesen Druckunterschied vereinfacht und nicht ganz korrekt als **intrapleuralen Druck**.

> **mm Hg:** Millimeter Quecksilbersäule (Hg: chemisches Symbol für Quecksilber, Hydrargurum)
> **intrapleural** (lat. intra): innerhalb, pleural: meint hier zwischen den Pleurablättern

Aus dieser Atemruhestellung heraus beginnt durch die Kontraktion der Muskeln der Brust- und Bauchatmung, evtl. mit Unterstützung der Hilfsmuskeln, eine neue Einatmungsphase, bei der die elastischen Atmungswiderstände überwunden werden müssen, die sich durch die gedehnten elastischen Fasern der Lunge, aber auch durch die Oberflächenspannung ergeben.

Bei der Einatmung wird der Thorax erweitert, d. h. sein Volumen vergrößert. Dies bedeutet letztlich eine zwangsweise **Ventilation** der Lungenbläschen, deren Volumen sich ebenfalls vergrößert. Dadurch wird die vorhandene Luft in den Lungenbläschen mit frischer Atemluft ergänzt.

Bei starker Einatmung ist der Thorax jetzt erweitert, die elastischen Fasern der Lungen sind extrem gedehnt und die Oberflächenspannung der Lungenbläschen ist noch weiter erhöht. Der intrapleurale Druck erreicht seinen größten Wert mit −20 bis −30 mm Hg.

Für die Ausatmung bis zur Atemruhestellung sind keine Muskelkräfte erforderlich; hierbei wirken die passiven Kräfte der Muskelentspannung und der Rückstellung des Thorax. Elastische Atmungswiderstände sind bei der Ausatmung nicht zu überwinden. Bei einer forcierten Ausatmung über die Atemruhelage hinaus müssen die Ausatmungsmuskeln tätig werden. Der Thorax wird dabei zwar relativ stark zu-

sammengezogen, aber die Dehnung der elastischen Fasern der Lungen geht stark zurück, ebenso die Oberflächenspannung der Alveolen. Der intrapleurale Druck kann dann gegen Null gehen oder sogar leicht positiv werden. Das Lungenvolumen erreicht den Minimalwert.

> **Pneumothorax**
> In der Regel herrscht im Pleuraspalt ein Unterdruck. Zum Beispiel bei einer Stichverletzung oder durch einen Riss im Lungengewebe kann Luft von außen bzw. von innen in den Pleuraspalt eindringen. Dadurch kommt es zu einem Druckausgleich zwischen dem atmosphärischen Außendruck und dem Unterdruck im Pleuraspalt. Die Kapillaradhäsionskraft zwischen den beiden Pleurablättern ist dadurch ganz oder teilweise aufgehoben.
> In der Folge lösen sich die beiden Pleurablätter voneinander, der Thorax nimmt seine Normalstellung ein, während die betroffene Lunge durch die nun ungehindert wirkenden Kräfte der sich zusammenziehenden elastischen Fasern und der Reduktion der Oberflächenspannung teilweise oder gar vollständig kollabiert. Man spricht von Pneumothorax (wörtlich: „Gasbrust", in der Klinik auch kurz als „Pneu" bezeichnet).
> Aus diagnostischen oder therapeutischen Gründen kann es unter Umständen erforderlich sein, dass vorübergehend ein Pneumothorax einer Lunge erzeugt werden muss.
> Ein kleiner Pneumothorax bedarf in der Regel keiner weiteren Behandlung, weil die eingedrungene Luft von den Pleurablättern rasch resorbiert wird. Ein großer Pneumothorax bedeutet erhebliche Atemnot für den Patienten; falls nötig bzw. möglich, wird der entstandene Spalt oder Riss verschlossen und die eingedrungene Luft durch eine Saugdrainage vorsichtig entfernt.
> **drainage** (franz.): Ableitung

Außer den elastischen Atmungswiderständen, die nur bei der Einatmung durch Muskelkraft zu überwinden sind, gibt es auch sog. nichtelastische, **visköse** Atmungswiderstände, die sowohl bei der Ein- als auch bei der Ausatmung eine Rolle spielen. Dabei handelt es sich vor allem um die Strömungswiderstände, die auftreten, wenn die Atemgase durch die Luftwege geleitet werden, wobei die größten Strömungswiderstände in der Luftröhre und den kleinen Bronchien auftreten.

> **viskös** (lat. viscosus): „klebrig", zähflüssig

4.9 Atemgrößen

In diesem Kapitel sollen die wichtigsten Zahlenwerte besprochen werden, die Auskunft über die Leistungsfähigkeit des Respirationstrakts geben. Diese sog. Atemvolumina sind abhängig von Körpergröße, Trainingszustand, Geschlecht und Alter, deshalb finden sich in Abb. 4.27 Mittelwerte, von denen es nach oben und unten deutliche Abweichungen geben kann. Die Zahlenangaben beziehen sich immer auf beide Lungen zusammen.

Bei maximaler Ausatmung bleibt in der Lunge noch ein Restvolumen zurück, das nicht ausgeatmet werden kann. Es wird als **Residualvolumen** bezeichnet und beträgt im Mittel 1,2 Liter.

> **Residual-** (lat. residuus): als Rest zurückbleibend

Bei ruhiger Atmung werden aus der Atemruhestellung heraus ca. 0,5 Liter Luft ein- und wieder ausgeatmet; dieser Wert entspricht dem Atemzugvolumen (Abb. 4.27). Bei der forcierten Einatmung wird zusätzlich zum Atemzugvolumen ein Luftvolumen eingeatmet, das man als **inspiratorisches** Reservevolumen bezeichnet und das im Mittel 2,5 Liter beträgt.

Nach einer ruhigen Ausatmung kann aus der Atemruhestellung heraus zusätzlich noch ein Luftvolumen ausgeatmet werden, das man analog als **exspi**ratorisches Reservevolumen bezeichnet und das durchschnittlich 1,5 Liter beträgt.

Das maximal ein- bzw. ausatembare Volumen wird als **Vitalkapazität** bezeichnet und setzt sich zusammen aus

• Atemzugvolumen
• inspiratorischem Reservevolumen
• exspiratorischem Reservevolumen.

Diese Vitalkapazität ist eine entscheidende Größe zur Beurteilung der Lungenleistung (Abb. 4.28); sie beträgt im Mittel 4,5 Liter.

> **Vital-** (lat. vitalis): zum Leben gehörend, -kapazität (lat. capacitas): Fassungsvermögen
> **Inspiration** (lat. inspiratio): Einhauchung, Einatmen
> **Exspiration** (lat. exspiratio): Ausdünstung, Ausatmen

Als funktionelle Residualkapazität bezeichnet man das Volumen, das bei der Atemruhestellung noch in beiden Lungen zusammen enthalten ist. Es setzt sich zusammen aus dem Residualvolumen und dem exspiratorischen Reservevolumen und beträgt im Mittel 2,7 Liter. Die Bedeutung der funktionellen Residualkapazität ist darin zu sehen, dass das normale Atemzugvolumen mit frischer Atemluft (0,5 Liter) bei der ruhigen Atmung mit dem mehrfach größeren Volumen der funktionellen Residualkapazität (2,7 Liter) gemischt wird. Damit werden Konzentra-

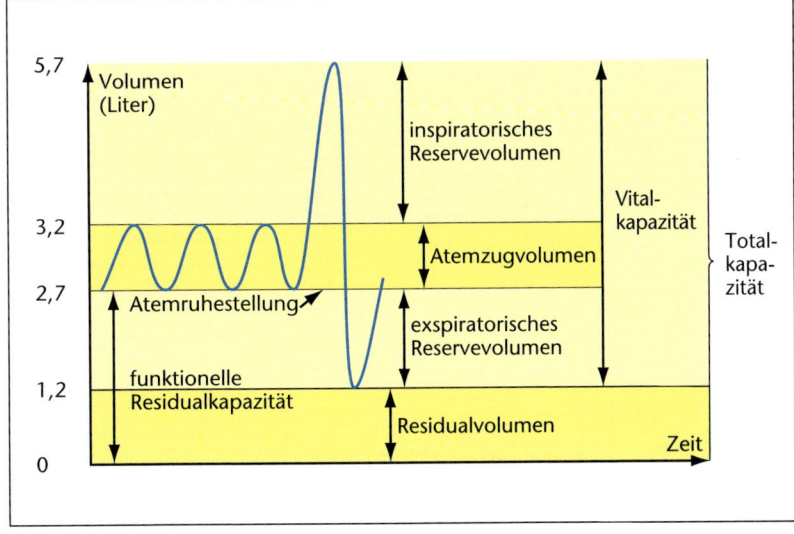

Abb. 4.27 Atemgrößen

tionsspitzen von Sauerstoff und Kohlendioxid ausgeglichen. Der Gasaustausch mit dem Blut kann unabhängig von der Atemphase unter annähernd gleichbleibenden Bedingungen ohne Unterbrechung ablaufen.

Im Laufe des Lebens nimmt das Residualvolumen, also das nicht mehr ausatembare Volumen der Lungen, kontinuierlich zu. Dies ist im Wesentlichen auf eine zunehmende Wassereinlagerung zurückzuführen. Weil gleichzeitig die elastischen Eigenschaften der Lunge und die Beweglichkeit des Thorax mit dem Alter abnehmen, geht die Vitalkapazität mit zunehmendem Alter deutlich zurück (Abb. 4.28).

Aus Vitalkapazität und funktioneller Residualkapazität ergibt sich die Totalkapazität; sie entspricht dem Maximalvolumen beider Lungen und beträgt im Mittel 5,7 Liter.

Messung der Atemvolumina
Die Atemvolumina können mit Hilfe eines sog. **Spirometers** bestimmt werden; nur für die Bestimmung der funktionellen Residualkapazität ist dieses Gerät nicht geeignet, für diesen Fall wird meist mit der **Körperplethysmographie** gearbeitet (für weitere Informationen wird auf Lehrbücher der Physiologie verwiesen).
Spirometer spirare (lat.): atmen; -meter (griech. metron): Maß, Messgerät
Plethysmographie plethysmos (griech.): Vergrößerung; -graphia (griech.): schreiben, aufzeichnen

4.10 Gasaustausch und Gastransport

An der Grenzzone zwischen Alveolen und Blutkapillaren, die in den Alveolarsepten verlaufen, findet der Gasaustausch statt. Sauerstoff diffundiert über die Blut-Luft-Schranke von den Alveolen zu den roten Blutzellen (**Erythrozyten**), Kohlendioxid in umgekehrter Richtung aus dem Blut zu den Alveolen, wo es sich mit der Atemluft vermischt Abb. 4.29).

Erythrozyten erythros (griech.): rot, kytos (griech.): Zelle

4.10.1 Gasgesetze

Nach den Gasgesetzen üben Gase in einem gegebenen Volumen einen Druck aus, der proportional zur Anzahl der vorhandenen Gasmoleküle ist. In einem

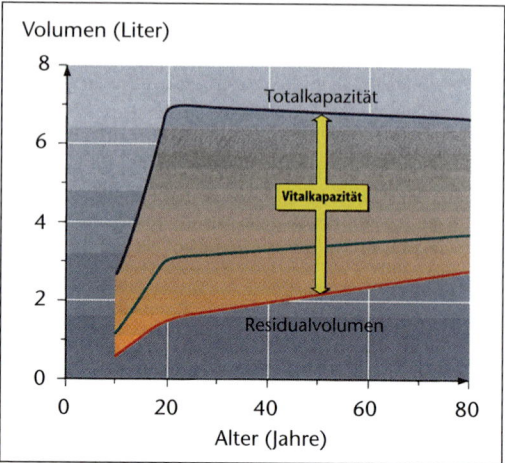

Abb. 4.28 Altersabhängigkeit der Totalkapazität, Vitalkapazität und des Residualvolumens für die männliche Bevölkerung

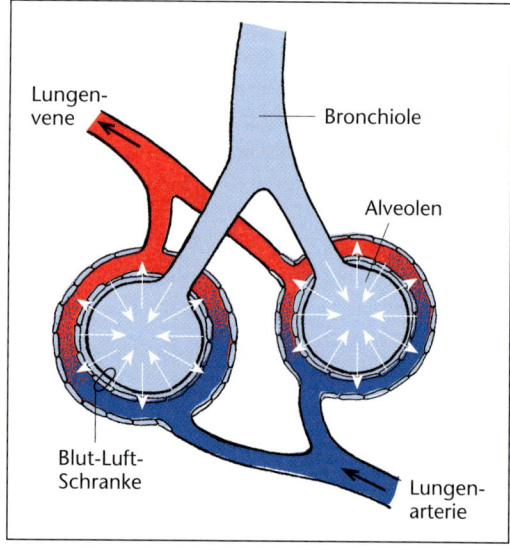

Abb. 4.29 Gasaustausch zwischen Alveolen und Blutkapillaren. Sauerstoffreiches Blut: rot, sauerstoffarmes Blut: blau. Die weißen Pfeile zeigen den Transport von Sauerstoff von der Alveole in das Blut bzw. von Kohlendioxid aus dem Blut in die Alveole. Die schwarzen Pfeile zeigen die Richtung des Blutstroms

Gasgemisch übt dabei jedes Gas einen **Partialdruck** aus, der seinem Volumenanteil entspricht.

Partial- (lat. pars): Teil

Auch unsere Atemluft stellt ein Gasgemisch dar. Ihr Sauerstoffvolumenanteil macht 20,9% aus. Der Rest besteht vorwiegend aus Stickstoff mit Spuren von Edelgasen, Wasserdampf und einer minimalen Menge an Kohlendioxid.

Auf Meeresniveau (Luftdruck 760 mm Hg) hat die Einatmungsluft, die in den Luftwegen auf 37 °C aufgewärmt und mit Wasserdampf gesättigt wird (Partialdruck von Wasserdampf: 47 mm Hg) dann einen Sauerstoffpartialdruck von

P (Sauerstoff Inspirationsluft) =
$(760 - 47) \times 0,209 = 150$ mm Hg

Soll der Sauerstoffpartialdruck in den Alveolen berechnet werden, muss berücksichtigt werden, dass in dem alveolären Gasgemisch ein deutlicher höherer Anteil an Kohlendioxid enthalten ist als in der Einatmungsluft. Außerdem gibt es für den Sauerstoffpartialdruck immer wieder zeitliche Schwankungen, abhängig von den Atemzügen und den unterschiedlichen Verhältnissen in einzelnen Lungenbereichen. Als Mittelwert ergibt sich

P (Sauerstoff Alveolarluft) = 100 mm Hg

4.10.2 Ventilation und Perfusion

Als Folge des Wechselspiels von Einatmung (Inspiration) und Ausatmung (Exspiration) werden die Lungen, genauer gesagt die Alveolen, **ventiliert.**

Bei der Ruheatmung erfolgt diese **Ventilation** mit einer Frequenz von ca. 15–16 Atemzügen pro Minute; dabei wird – wie schon einmal berechnet – jeweils ein Atemvolumen von ca. 0,4–0,5 Liter ein- bzw. ausgeatmet; daraus ergibt sich ein Atemminutenvolumen von ca. 6–8 Litern. Durch Steigerung der Atemfrequenz, vor allem aber durch Ausnutzung des inspiratorischen Reservevolumens kann das Atemminutenvolumen z.B. bei sportlichen Höchstleistungen bis auf 100 Liter/min und mehr gesteigert werden.

> **ventilieren, Ventilation** (lat. ventilatio): Lüften; damit ist die Erneuerung der Atemluft in den Lungenbläschen durch die Atembewegungen gemeint

Eine optimale Ventilation der Alveolen, angepasst an die jeweiligen Erfordernisse, ist damit Voraussetzung für einen guten Gasaustausch. Dabei sind allerdings einige nachfolgend beschriebene Besonderheiten zu berücksichtigen.

Anatomischer Totraum

Von jedem Atemzugvolumen (durchschnittlich 0,4–0,5 Liter bei Ruheatmung) gelangt nur ein Teil in den Alveolarraum und nimmt am Gasaustausch teil. Ein Rest von beim Erwachsenen durchschnittlich 0,15 Liter bleibt im sog. anatomischen Totraum (Nase, Mund, Rachen, Kehlkopf, Luftröhre, Bronchien, Bronchiolen bis zu einschließlich den terminalen Bronchiolen), weil in diesen rein luftleitenden Wegen aufgrund der fehlenden Alveolen überhaupt kein Gasaustausch stattfinden kann, die Luft aber dennoch durch diese Wege hindurch transportiert werden muss, bis sie im Inneren der Lunge zu den Alveolen gelangt.

Hypoventilation durch Hecheln

Da die Größe des anatomischen Totraums mit 150 ml vorgegeben ist, steigt die Effektivität der alveolären Ventilation mit der Tiefe des einzelnen Atemzugs, also mit der Ausnutzung des inspiratorischen Reservevolumens.

Würde man nur die Atemfrequenz steigern (Hecheln), käme dies überwiegend dem anatomischen Totraum zugute. Eine zu hohe Atemfrequenz kann deshalb zu einer **Hypoventilation** führen, da nur in den oberen Luftwegen relativ viel Luft (Totraumluft) bewegt wird, die Alveolen aber nicht ausreichend ventiliert werden. Man spricht in diesem Fall von einer Totraumventilation.

Es gibt allerdings auch noch andere Ursachen für eine Hypoventilation, z.B. chronische Lungenerkrankungen, Lähmungen der Atemmuskulatur u.a.

> **Hypoventilation**
> Hypo- (griech.): unter, zu gering; Ventilation (s. o.): Belüftung; eine zu geringe Belüftung der Alveolen führt letztlich zu Sauerstoffmangel des Körpers
> Hyper- (griech.): über, zuviel

Hyperventilation

Bei sportlicher Betätigung oder bei sonstiger schwerer körperlicher Arbeit muss das Atemminutenvolumen mehr oder weniger deutlich über den Wert von ca. 6–8 Liter pro Minute gesteigert werden. Dies geschieht, wie schon oben erwähnt, vor allem durch Ausnutzung des inspiratorischen Reservevolumens und eine gewisse Erhöhung der Atemfrequenz. Damit ergibt sich die dann notwendige gesteigerte Ventilation der Alveolen.

Wird die alveoläre Ventilation jedoch z. B. nur durch Erregung, Angst oder bei Stresssituationen gesteigert ohne gleichzeitige Erhöhung der körperlichen Tätigkeit, dann spricht man von **Hyperventilation.**

Da dabei kaum ein erhöhter Sauerstoffbedarf des Körpers besteht, ist die bessere Versorgung der Alveolen mit Sauerstoff zwar nicht schädlich, hat aber auch keinen positiven Effekt.

Negativ schlägt allerdings zu Buche, dass bei dieser über den Bedarf hinaus gesteigerten alveolären Ventilation zuviel Kohlendioxid abgeatmet wird. Kohlendioxid ist nicht nur ein „Abgas" der Zellen, das möglichst schnell aus dem Körper entfernt werden müsste, sondern gleichzeitig auch eine lebensnotwendige Komponente, um in gelöster Form als Bikarbonat den pH-Wert des Blutes im Normbereich zu halten.

Das in Wasser gelöste Kohlendioxid hat – vereinfacht gesagt – Säurecharakter („Kohlensäure"); deshalb wird das Blut bei zu starker Abgabe von Kohlendioxid, also zu stark sinkendem Kohlendioxid-Partialdruck, alkalischer. Man nennt dies „respiratorische Alkalose". Dieser Zustand führt zu Muskelkrämpfen und zu einer Gefäßverkrampfung der das Gehirn versorgenden Arterien und damit letztlich zu einer Bewusstlosigkeit infolge Sauerstoffmangels im Gehirn.

Die durch Angst ausgelöste Hyperventilation des Patienten kann durch Beruhigung behoben werden. Hilfreich ist das Aufsetzen einer Tüte, um das abgeatmete Kohlendioxid wiederholt einzuatmen.

Perfusion

Damit der Sauerstoff aus den Alveolen nach Diffusion über die Blut-Luft-Schranke auch optimal und bedarfsangepasst in das Blut gelangt, muss der Transport des sauerstoffarmen Blutes aus der rechten Herzkammer über die Lungenarterien an die Ventilation der Lungen angepasst werden. Dieser Hindurchtransport des gesamten Blutes aus dem rechten Herzen durch die beiden Lungen wird als **Perfusion** bezeichnet. Die pro Tag durch die beiden Lungen hindurchtransportierte Blutmenge liegt bei etwa 7–8000 Liter.

> **:** **Perfusion** (lat. perfusio): das Durchströmen

Wird z. B. bei körperlicher Arbeit die Ventilation der Alveolen erhöht, steigt auch die Perfusion der Lun-

gen entsprechend an. In Ruhe sind nicht alle Lungenabschnitte gut durchblutet und nur durch etwa die Hälfte der Lungenkapillaren fließt überhaupt Blut. Die Steigerung der Perfusion erfolgt deshalb im Wesentlichen dadurch, dass als Folge der bei körperlicher Arbeit gesteigerten Herzleistung nun auch die in Ruhe nicht durchbluteten Lungenkapillaren bzw. Lungenabschnitte in den Gasaustausch mit einbezogen werden.

Da nicht alle Lungenabschnitte gleichmäßig gut ventiliert und perfundiert werden, findet sich in den Lungenvenen ein Mischblut mit einem Sauerstoffpartialdruck von 97 mm Hg, der aber nur leicht unter dem theoretischen Höchstwert von 100 mm Hg liegt, wie er im Gasgemisch der Alveolen gefunden wird (☞ Kap. 4.10.1). Zusätzlich mischt sich teilweise auch sauerstoffarmes Blut aus dem nutritiven Kreislauf der Lunge und des Herzens (Bronchialgefäße, Koronargefäße) mit dem sauerstoffreichen Blut, das aus der Lunge kommt, so dass der Sauerstoffpartialdruck in der Aorta letztlich nur bei ca. 92–95 mm Hg liegt.

4.10.3 Hämoglobin

Der über die Blut-Luft-Schranke aus den Alveolen in das Blutplasma hinweg diffundierte Sauerstoff muss im Blut gebunden und in eine transportfähige Form gebracht werden, damit er auf dem Weg zu den Zellen und Geweben nicht vorzeitig wegdiffundiert.

Die Zellen, die den Sauerstoff im Blut binden, sind die **Erythrozyten** (rote Blutzellen, rote Blutkörperchen). Sie entstehen lebenslang in großer Zahl im Knochenmark und werden von dort aus an die Blutbahn abgegeben. Bei ihrer Differenzierung im Knochenmark stoßen die Erythrozyten ihren Zellkern aus, um möglichst viel des sauerstoffbindenden und -transportierenden Proteins **Hämoglobin** (abgekürzt Hb) einlagern zu können.

Kohlendioxid wird überwiegend als Bikarbonat im Blutplasma gebunden und transportiert, zu einem geringeren Anteil aber auch über die Erythrozyten.

> **:** **Hämoglobin** Hämo- (griech. haima-): Blut; -globin (lat. globus): Kugel, hier: kugelförmiges Proteinmolekül

Häm

Das Hämoglobin besteht aus einem Proteinanteil, der sich im Begriff „globin" wiederfindet, und aus vier identischen Farbstoffmolekülen, die man als Häm bezeichnet und die dem Hämoglobin und damit dem Blut seine rote Farbe verleihen.

Im Inneren eines jeden Häm ist ein zweiwertiges Eisen enthalten, von dem jeweils ein Sauerstoffmolekül gebunden werden kann. Bei voller Sättigung kann jedes Gramm Hämoglobin ein Volumen von 1,34 ml Sauerstoff binden. Dieser Wert wird als **Hüfner**-Zahl bezeichnet.

Mit der Hüfner-Zahl lässt sich die maximale Sauerstoffbindungsfähigkeit des Blutes berechnen. Bei einem Mann beträgt die Hämoglobin-Konzentration im Blut im Mittel 160 g pro Liter (bei der Frau im Mittel 140 g pro Liter). Damit ergibt sich im Mittel bei einem Mann eine maximale Bindungsfähigkeit für Sauerstoff von 214 ml pro Liter Blut

$(160 \times 1{,}34)$, bei der Frau von 188 ml pro Liter Blut $(140 \times 1{,}34)$.

Die Anlagerung von Sauerstoff an Hämoglobin bezeichnet man als **Oxygenation**; sie ist abhängig vom Sauerstoffpartialdruck. Der Sauerstoffpartialdruck von ca. 100 mm Hg, wie er in den Alveolen zu finden ist, reicht aus, um Hämoglobin nahezu vollständig zu **oxygenieren**.

> **Oxygenation, oxygenieren** oxygenium (lat.): Sauerstoff, -ation (lat.): hier am besten mit Anlagerung oder Bindung zu übersetzen
> oxygenieren: mit Sauerstoff beladen
> **Hüfner** Eigenname

Sauerstoff-Bindungs-Kurve

Da Sauerstoff für unseren Körper lebensnotwendig ist, muss gewährleistet sein, dass das Hämoglobin auch bei absinkendem Sauerstoffpartialdruck in der

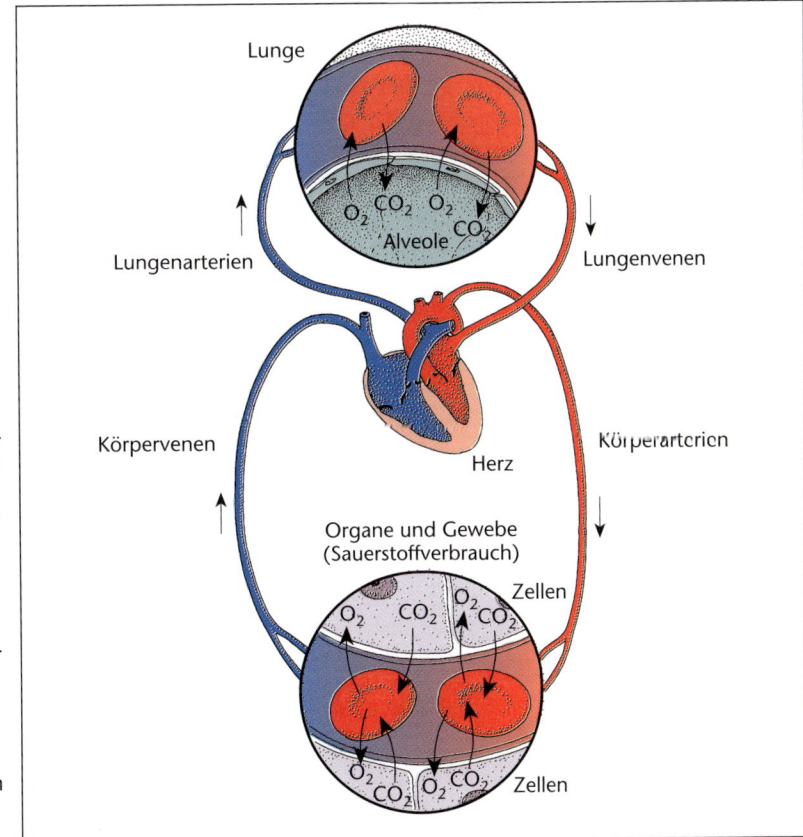

Abb. 4.30 oben: Kapillargebiet der Lungen (Sauerstoff wird vom Blut aufgenommen, Kohlendioxid wird in die Alveolen abgegeben), unten: Kapillargebiete der Organe und Gewebe (Sauerstoff wird vom Blut abgegeben und von den Zellen aufgenommen, Kohlendioxid wird von den Zellen abgegeben und vom Blut aufgenommen). Die großen Pfeile an den Blutgefäßen zeigen die Richtung des Blutstroms an

Umgebung (z. B. im Gebirge) noch möglichst lange ausreichend oxygeniert wird und den Sauerstoff auch verlässlich fest bindet.

Betrachtet man jedoch die Situation in den Kapillargebieten der Organe und Gewebe, dann ist hier der Sauerstoffpartialdruck in der Umgebung praktisch gleich Null. Wenn auch unter diesen äußeren Umständen die Bindung des Sauerstoffs an Hämoglobin noch genauso fest wäre, wie bei einem hohen Sauerstoffpartialdruck, könnten die Zellen der Organe und Gewebe nicht mit Sauerstoff versorgt werden. Deshalb sinkt die Bindungsfähigkeit des Hämoglobins für Sauerstoff bei einem Sauerstoffpartialdruck der Umgebung von etwa Null ebenfalls praktisch auf Null, d. h. das Hämoglobin gibt in den Kapillargebieten der Organe und Gewebe den Sauerstoff ab, der nun zu den Zellen diffundiert (Abb. 4.30).

Diese lebensnotwendige Fähigkeit des Hämoglobins, bei ausreichendem Sauerstoffpartialdruck Sauerstoff zu binden und bei sehr geringem Sauerstoffpartialdruck Sauerstoff abzugeben, ist im S-förmigen Kurvenverlauf der sog. Sauerstoff-Bindungs-Kurve nachzuvollziehen (Abb. 4.31).

Arterielles Blut, in dem das Hämoglobin weitestgehend mit Sauerstoff gesättigt ist, hat eine kräftig hellrote Farbe. Venöses Blut, bei dem das Hämoglobin nur eine sehr geringe Sauerstoffsättigung aufweist, hat eine dunkel-bläulichrote Farbe (besonders gut an den Venen des Handrückens zu sehen).

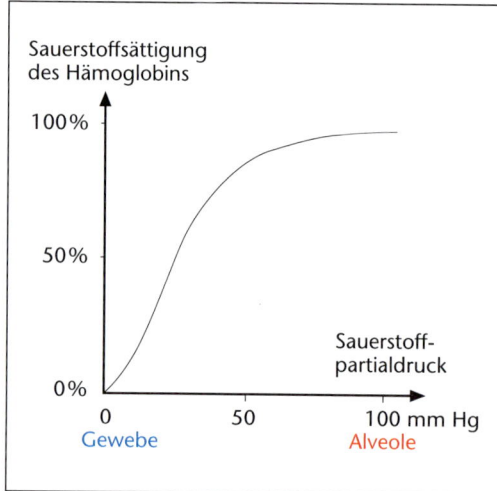

Abb. 4.31 Sauerstoff-Bindungs-Kurve des Hämoglobins

Oxymetrie/Zyanose

Der Unterschied in der Farbe des arteriellen und venösen Blutes wird ausgenutzt, um den Sättigungsgrad des Hämoglobins zu bestimmen. Dies geschieht meist über eine Durchleuchtungstechnik am Ohrläppchen, die als Ohr-Oxymetrie bezeichnet wird (z. B. bei Patienten auf einer Intensivstation). Oxy-, oxygen (griech.): Sauerstoff, -metrie (griech. metron): Maß, Messgerät.

Bei zu geringer Sauerstoffsättigung des Kapillarblutes in der Haut oder Schleimhaut nehmen diese eine bläuliche Farbe an; man spricht von Zyanose (wörtlich: Blausucht, lat. cyaneus: blau, und -osis, griech.: Zustand). Die Zyanose ist besonders deutlich an den Lippen zu sehen ("blaue Lippen").

Anoxie/Ischämie

Der Körper besitzt praktisch keine Sauerstoffspeicher und ist auf die ständige Zufuhr von Sauerstoff angewiesen. Bei Unterbrechung der Sauerstoffzufuhr z. B. durch Herzstillstand kommt es zur Anoxie oder Ischämie und damit sehr schnell zu irreversiblen Schädigungen in Organen und Geweben, vor allem aber im Gehirn: nach 5 Sekunden Unterbrechung sind erste Störungen im Gehirn festzustellen, nach 15 Sekunden tritt Bewusstlosigkeit auf, nach 4–5 min Hirntod.

Anoxie: unzureichende Sauerstoffkonzentration in Geweben oder Organen (griech. An- oder A-: Nicht; -oxie lat. oxygenium: Sauerstoff).

Ischämie: ausgesprochen Is-chämie (ch wie in Bronchien), griech. ischein: zurückhalten und -ämie (griech. haima): Blut.

Kohlenmonoxidvergiftung

Kohlenmonoxid (chemisch: CO) bindet ungefähr 200mal besser an Hämoglobin als Sauerstoff. Es entsteht durch unzureichende Verbrennung. Schon bei geringen Konzentrationen an Kohlenmonoxid in der Atemluft, z. B. durch Autoabgase in geschlossenen Garagen oder bei schlecht ziehenden Öfen und geschlossenen Fenstern, besteht Erstickungsgefahr.

4.11 Regulationsprinzipien der Atemfunktion

Um den Zellen des Körpers möglichst immer optimale Bedingungen für ihre Tätigkeit zu erhalten, muss die Atmung permanent an die wechselnden Bedürfnisse des Stoffwechsels, der körperlichen Aktivität und des Verhaltens angepasst werden. Die Steuerung der Atmung ist deshalb ein sehr komplizierter Vorgang, an dem das Nervensystem maßgeblich beteiligt ist.

Das Atemzentrum liegt in der sog. Netzsubstanz (**Formatio reticularis**) des Hirnstamms, einem Teil des Gehirns (☞ Kap. 7.9.8). Hier wird ein Grundrhythmus erzeugt, der über Nervenverbindungen zu den Atemmuskeln geleitet wird, die sich dann entsprechend kontrahieren.

> **⁝ Formatio reticularis**
> Formatio (lat.): Gebilde; reticularis (lat.): netzartig

Die Netzsubstanz bekommt Informationen zum einen aus der Körperperipherie, zum anderen aus höher organisierten Hirnstrukturen. Damit kann der Grundrhythmus allen Veränderungen des Stoffwechsels, der körperlichen Aktivität und des Verhaltens angepasst werden. Die wichtigsten Regel- und Steuerungsmechanismen sind nachfolgend kurz beschrieben:
- Hering-Breuer-Reflex: bei diesem Schutzreflex wird die Lunge vor zu starker Überdehnung geschützt, indem die Einatmung reflektorisch begrenzt wird (Hering, Breuer: Eigennamen)
- Nervenverbindungen von bestimmten Messfühlern in der gerade arbeitenden Körpermuskulatur führen zur Netzsubstanz und informieren diese über die körperliche Aktivität
- Eine Erhöhung der Atemfrequenz kann durch Temperaturreize (Wechselbäder, Fieber), aber auch durch Schmerzen bewirkt werden
- Auch bestimmte Hormone, die den Stoffwechsel stimulieren (z.B. Stresshormone, Schilddrüsenhormone, Schwangerschaftshormone) können den Atemantrieb stimulieren
- Höhere Hirnzentren informieren die Netzsubstanz über Verhaltensänderungen, die die Atmung antreiben können (Stress, Angst, Erregung u.a.)
- Zusätzlich existiert ein chemisches Kontrollsystem der Atmung, das im Blut speziell die von der Atmung abhängigen Größen des pH-Wertes und des Kohlendioxidpartialdrucks misst und Informationen an die Netzsubstanz weiterleitet.

ZUSAMMENFASSUNG

Der Bänderthorax besteht aus dem Brustbein, der Brustwirbelsäule, den 12 Rippenpaaren und den zugehörigen Bindegewebsstrukturen (Bändern). Die echten Rippen (1–7) haben vorne eine gelenkige Verbindung mit dem Brustbein, alle Rippen (1–12) besitzen hinten Gelenke mit den entsprechenden Brustwirbeln. Atembewegungen erfolgen in allen genannten Gelenken, aber auch durch Verbiegungen der Knorpelanteile der Rippen. Zwischen den Rippen befinden sich die äußeren und inneren Interkostalmuskeln.

Der Thorax enthält die linke und rechte Pleurahöhle mit den beiden Lungen; dazwischen befindet sich das Mediastinum mit Herz, Luft- und Speiseröhre sowie Nerven und Gefäßen. Der Thorax ist nach unten durch das Zwerchfell verschlossen.

Die Bauchwand besteht aus großflächigen Muskeln und ausgedehnten Aponeurosen. Bei den Muskeln unterscheidet man den vorne liegenden geraden Bauchmuskel von den seitlichen Muskeln (äußerer schräger, innerer schräger und querer Muskel).

Bei der äußeren Atmung unterscheidet man Brust- und Bauchatmung. Bei der inspiratorischen Ruheatmung sind beteiligt: Zwerchfell, Treppenmuskeln, obere äußere Interkostalmuskeln. Die exspiratorische Ruheatmung verläuft ohne Einsatz von Muskelkraft. Bei der forcierten Einatmung sind zusätzlich die restlichen äußeren Interkostalmuskeln, die vorderen inneren Interkostalmuskeln und als Atemhilfsmuskel der M. sterno-cleidomastoideus beteiligt. Bei der forcierten Ausatmung wirken die restlichen Anteile der inneren Interkostalmuskeln, die Bauchmuskeln und der M. latissimus dorsi.

Die luftleitenden Organe unterteilt man in obere Luftwege (Nasenhöhlen, Nebenhöhlen und Rachen) und untere Luftwege (Kehlkopf, Luftröhre, Bronchialbaum).

Die Nase besteht aus dem paarigen Vorhof und den paarigen Nasenhöhlen, die durch die Nasenscheidewand (Septum) getrennt sind. Der Boden der Nasenhöhle ist der Gaumen, das Dach wird von der Schädelbasis gebildet. Die Nasenhöhlen öffnen sich über die Choanen in den Nasenrachen. Die Nasenhöhle ist von Nasenschleimhaut (respiratorisches Flimmerepithel) ausgekleidet, die die Reinigung und Erwärmung der Atemluft sowie den Niesreflex vermittelt. Im Dach der Nasenhöhlen ist das Riechorgan lokalisiert.

In der lateralen Wand der Nasenhöhlen befinden sich drei Nasenmuscheln (Conchae nasales) mit zugehörigen Nasengängen. Der untere Nasengang enthält die Mündung des Tränennasengangs, in die anderen Nasengänge münden die Nasennebenhöhlen. Bei diesen unterscheidet man Stirnhöhle, Kieferhöhle, Keilbeinhöhle und Siebbeinzellen.

Der Rachen (Pharynx) ist ein schleimhautausgekleideter Muskelschlauch, der in drei Etagen (Epi-, Meso- und Hypopharynx) gegliedert wird. Der Epipharynx hat

Verbindungen zur Nasenhöhle und über die Ohrtrompete zum Mittelohr, der Mesopharynx hat die Verbindung zur Mundhöhle, der Hypopharynx zum Kehlkopfeingang und zur Speiseröhre.

Die Rachenmuskulatur besteht aus Schlundhebern und Schlundschnürern (Konstriktoren), die beim Schluckakt beteiligt sind. Der stärkste Schlundheber ist der M. palatopharyngeus, der sich im vorderen Gaumenbogen befindet. Die Rachenmuskeln werden vom N. glossopharyngeus und N. vagus innerviert.

Als lymphatischer oder Waldeyer-Rachenring wird die Ansammlung von lymphatischem Abwehrgewebe am Übergang des Rachens zur Nasen- bzw. Mundhöhle bezeichnet. Dabei handelt es sich um die unpaare Rachenmandel, die paarigen Tuben- und Gaumenmandeln sowie die unpaare Zungenmandel.

Die Luftröhre (Trachea) ist aufgebaut aus Knorpelspangen, die hinten durch den Paries membranaceus verbunden sind, der glatte Muskeln und elastische Fasern enthält. Die Trachea endet an der Bifurkation, wo sie sich in den rechten und linken Hauptbronchus aufteilt. Das rein luftleitende System (anatomischer Totraum) setzt sich fort über Lappen- und Segmentbronchien, kleinere Bronchien, Bronchiolen bis zu den terminalen Bronchiolen. Diese gehen über in die respiratorischen Bronchiolen, die bereits Lungenbläschen (Alveolen) in der Wand besitzen und den Beginn des gasaustauschenden Systems der Lunge darstellen.

Die Lungen sind paarig, weisen eine mediale und laterale Seite, eine Spitze und eine Basis auf. An der medialen Seite befindet sich der Lungenhilus, wo die Bronchien, Gefäße und Nerven eintreten. Die Lungen gliedern sich in Lappen und Segmente. Die Lungenarterien folgen den Bronchien im Zentrum der Lappen und Segmente, die Lungenvenen verlaufen zwischen den Segmenten und Lappen. Die Lungen sind von viszeraler Pleura (Lungenfell) bedeckt, die am Lungenhilus in die parietale Pleura (Rippenfell) übergeht.

In den Lungenbläschen (Alveolen) findet der Gasaustausch statt. Sie sind ausgekleidet von Alveolarepithelzellen, die von Surfactant bedeckt sind. In den Alveolarsepten befinden sich Blutkapillaren, Bindegewebe mit elastischen Fasern und Alveolarmakrophagen. Als Blut-Luft-Schranke bezeichnet man die Barriere, die ein Sauerstoffmolekül ausgehend von der Alveole bis zum Erreichen der Erythrozyten überqueren muss.

Die Lungen sind durch die im Pleuraspalt wirkenden Kräfte künstlich aufgespannt und verändern ihr Volumen während der Ventilation. Die Ventilation stellt sich dar durch das Atemzugvolumen und die Zahl der Atemzüge pro Minute.

Als Atemgrößen bezeichnet man folgende Werte: Atemzugvolumen, exspiratorisches und inspiratorisches Reservevolumen, Residualvolumen, funktionelle Residualkapazität, Vitalkapazität, Totalkapazität.

Sauerstoff wird durch das eisenhaltige Pigment Häm des Hämoglobins gebunden und zu den Zellen transportiert, wo er abgegeben werden kann. Kohlendioxid wird als Bikarbonat im Blutplasma bzw. ebenfalls über das Hämoglobin transportiert.

Die Durchspülung der Lungen mit Blut (Perfusion) wird so mit der Ventilation verbunden, dass eine ausreichende Sauerstoffversorgung des Körpers bei unterschiedlichen Aktivitäten gewährleistet wird. Die Steuerung der Atmung erfolgt über das Atemzentrum in der Formatio reticularis des Hirnstamms. Hier werden die aus dem Körper stammenden Signale für den Sauerstoffbedarf ausgewertet und in entsprechende Impulse für die Atemmuskulatur umgesetzt.

5 Kehlkopf

Die oberen Luftwege beginnen mit den Nasenhöhlen. Diese haben sich in der Evolution als Hauptatemweg jedoch später entwickelt als die Mundhöhle. Da die Nasenhöhlen oberhalb der Mundhöhle liegen, kommt es deshalb im Rachen zwangsläufig zu einer Kreuzung des Luft- und Speiseweges (☞ Kap. 4.6.1). Dadurch ist beim Schluckakt ein Verschluss des Luftweges nach oben zum Nasenrachen, aber auch nach vorne unten in Richtung auf die Luftröhre erforderlich.

Der Kehlkopf (**Larynx**) hat zusammen mit dem Kehldeckel die Grundfunktion, die unteren Luftwege beim Schluckakt zu verschließen und damit vor dem Eindringen von Flüssigkeiten und festen Speisen zu bewahren. Im Inneren des Kehlkopfes befindet sich die Stimmritze (**Glottis**), die durch Muskeln des Kehlkopfs verschlossen oder unterschiedlich weit geöffnet werden kann.

Der Verschluss der Stimmritze ist nicht nur Voraussetzung für die Bauchpresse oder das Husten (☞ Kap. 4.3.4 und 4.5.2), sondern auch für die Stimmbildung. Durch die unterschiedlich weite Öffnung der Stimmritze wird der Luftstrom kontrolliert, was nicht nur für die Atemtätigkeit, sondern auch für die Stimme von entscheidender Bedeutung ist.

Der Kehlkopf ist das entscheidende Stimmorgan. Da er sehr kompliziert aufgebaut ist, soll der Besprechung seines Aufbaus und seiner Funktion ein kurzes einführendes Kapitel über die Entwicklung vorgeschaltet werden.

5.1 Entwicklung des Kehlkopfs

Der Kehlkopf entwickelt sich im Zusammenhang mit der Entstehung der Lungenknospe aus dem Darmrohr (☞ Kap. 4.7.1 und Abb. 4.17). Es entsteht eine nach vorne unten gerichtete etwa T-förmige Öffnung im unteren Rachenbereich, die nach oben von dem sich entwickelnden Kehldeckel begrenzt ist (Abb. 5.1).

Für das weitere Verständnis der Kehlkopfentwicklung, speziell seines Knorpelskeletts und seiner Muskeln, ist es notwendig, sich mit den sogenannten Schlundbögen zu beschäftigen. Diese stellen eine frühe Differenzierungsstruktur der seitlichen Halsregion dar (Abb. 5.2).

Aus dem primitiven Bindegewebe der Halsregion entstehen bei einem 4–5 Wochen alten Embryo an der seitlichen Halsregion sechs Wülste, die man als Schlundbögen oder **Pharyngealbögen** bezeichnet (Abb. 5.2). Allerdings wird der 5. Schlundbogen beim Menschen nicht weiter angelegt, so dass nur die ersten vier und der kleine, in Abbildungen oft nicht dargestellte sechste Schlundbogen ausdifferenziert werden. Da sich bei Fischen aus diesen Schlundbögen die Kiemen entwickeln, wurden sie früher auch beim Menschen als Kiemenbögen oder **Branchialbögen** bezeichnet. Allerdings verwendet man diesen Begriff nicht mehr, da eine solche Entwicklung beim Menschen nicht durchlaufen wird.

Larynx (griech. larygx): Kehle
Glottis (griech. glottis): eigentlich Mundstück der Flöte, im medizin. Zusammenhang die Stimmritze mit den beiden Stimmlippen

Pharyngeal- (griech. pharygx): Rachen, Schlund (Pharynx)
Branchial- (lat., Plural branchiae): Kiemen

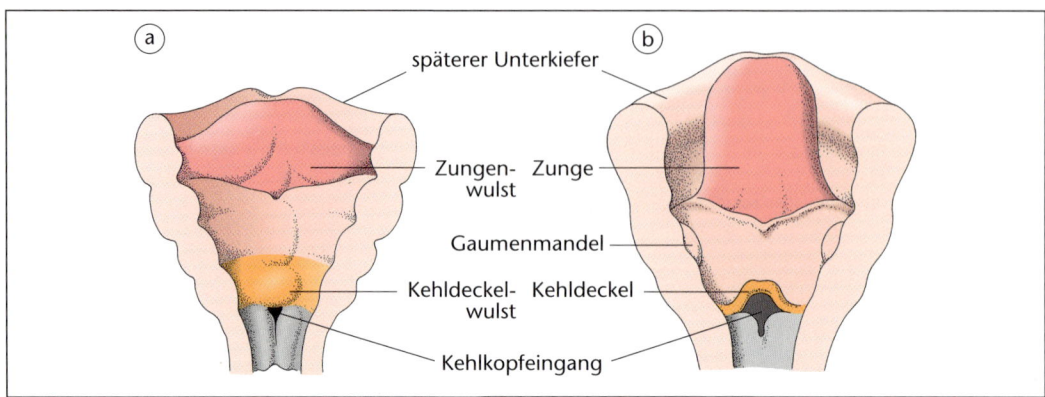

Abb. 5.1 Frontalschnitt durch die Halsregion eines Embryos von 6 Wochen (a) bzw. eines Fetus von 12 Wochen (b). Der Blick geht von hinten nach vorne und zeigt die eröffnete vordere Hälfte der primitiven Halsregion. Erkennbar ist der spätere Unterkiefer, die Entwicklung der Zunge, des Kehldeckels und des Eingangs in den Kehlkopf. Die Darstellung entspricht grob etwa dem Blickwinkel der unteren Hälfte von Abb. 4.14

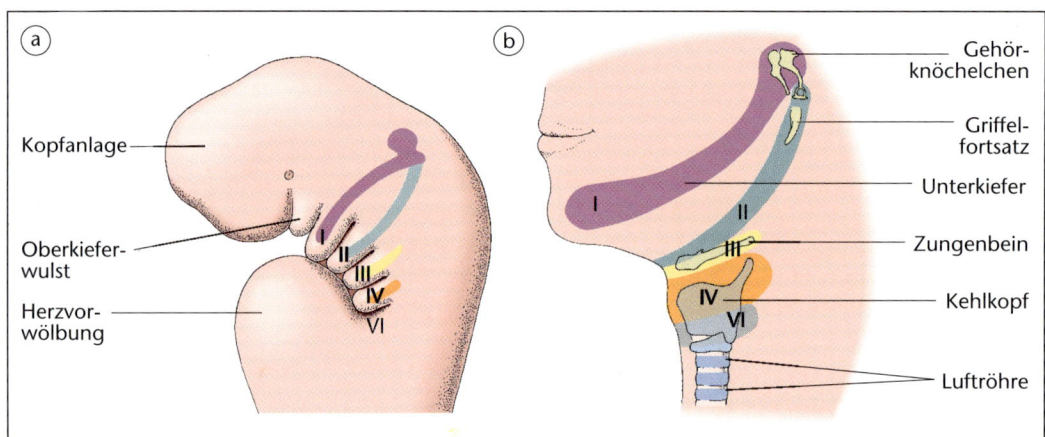

Abb. 5.2 a) 4 Wochen alter Embryo, b) endgültige Strukturen. I–VI: Schlundbögen. Oberkiefer und Unterkiefer entwickeln sich aus dem 1. Schlundbogen. Der Kehlkopf entsteht aus dem 4. und 6. Schlundbogen

Die von außen sichtbaren Vertiefungen zwischen den Schlundbögen werden als Schlundfurchen (Abb. 5.2), die von innen sichtbaren Vertiefungen (Abb. 8.2) als Schlundtaschen bezeichnet.

In jedem Schlundbogen entwickelt sich eine Knorpelspange, aus der später knorpelige oder knöcherne Elemente des Skeletts von Kopf, Hals und Kehlkopf entstehen, und eine Skelettmuskelgruppe. In diese Anlagen wachsen dann entsprechende Nerven und Blutgefäße ein.

Der Unterkiefer entsteht aus dem Knorpel des 1. Schlundbogens, die Gehörknöchelchen (☞ Kap. 8.6.3) aus dem Knorpel des 1. und 2. Schlundbogens, das Zungenbein (☞ Kap. 5.2.1) aus dem Knorpel des 2. und 3. Schlundbogens und das Kehlkopfskelett aus dem Knorpel des 4. und 6. Schlundbogens (Abb. 5.2).

5.2 Anatomie des Kehlkopfs

5.2.1 Aufhängeapparat des Kehlkopfs

Der Kehlkopf ist der Anfangsabschnitt der unteren Luftwege, er besteht im wesentlichen aus einem Knorpelskelett, aus Skelettmuskeln und Bindegewebe. Innen besitzt er eine Auskleidung aus respiratorischer Schleimhaut, wie sie auch in der Nasenhöhle gefunden wird.

Der Kehlkopf ist in einer Art Führungsröhre am Hals nach oben und unten beweglich, in geringerem Umfang auch zu den Seiten. Diese Beweglichkeit ist erforderlich, damit der Kehlkopf den Bewegungen des Kopfes und Halses folgen kann, aber auch selber verschiedene Positionen aktiv einnehmen kann, wie sie für die Stimmbildung und das Singen erforderlich sind.

Der Aufhängeapparat des Kehlkopfs besteht aus Skelettmuskeln und Bändern. Dabei spielt die Verbindung zum Zungenbein eine zentrale Rolle (Abb. 5.3).

Zungenbein

Das Zungenbein, **Hyoid** oder **Os hyoideum**, ist – von der Halswirbelsäule abgesehen – der einzige Knochen des Halses. Außerdem ist das Zungenbein der einzige Knochen, der nicht über Gelenke mit anderen Kno-

chen verbunden ist, sondern eine Befestigung ausschließlich über Bänder und Muskeln aufweist.

Das Zungenbein entwickelt sich aus Knorpel des 2. und 3. Schlundbogens (☞ Kap. 5.1, Abb. 5.2); es ist hufeisenförmig nach hinten gebogen und besteht aus einem Körper, einem paarig angelegten, nach schräg oben weisenden kleinen Horn und einem paarig angelegten, nach hinten weisenden großen Horn (Abb. 5.3). Das Zungenbein ist am Übergang vom Mundboden zum Hals tastbar.

> **⦂ Fachbegriffe des Zungenbeins**
> **Os hyoideum:** Zungenbein; Os (lat.): Knochen, Bein; hyoideum (lat.): Neutrum von hyoideus, eigentlich schweinsrüsselähnlich (wegen der Gestalt des Zungenbeins), Kurzbezeichnung für das Zungenbein: das Hyoid
> **Körper:** Corpus (lat.)
> **Cornu minus:** kleines Horn (cornu, lat.: Horn; minus: Neutrum von minor, lat.: klein)
> **Cornu majus:** großes Horn (majus: Neutrum von major, lat.: groß)

Das kleine Horn steht über eine Bandverbindung mit dem sog. Griffelfortsatz des Schädels in Verbindung (Abb. 5.2); alle drei genannten anatomischen Strukturen sind aus dem 2. Schlundbogen entstanden.

Membrana thyrohyoidea

Der größte Knorpel des Kehlkopfs ist der Schildknorpel (**Cartilago thyroidea**); der obere Rand des Schildknorpels ist über ein bindegewebiges Bandsystem (Schildknorpel-Zungenbein-Membran, **Membrana thyrohyoidea**) mit dem Unterrand des Zungenbeins fest verbunden, so dass der Kehlkopf allen Bewegungen des Zungenbeins zwangsweise folgen muss (Abb. 5.3).

> **⦂ Cartilago thyroidea** cartilago (lat.): Knorpel, thyroidea (lat.): zum Schildknorpel gehörig
> Ursprung der Vorsilbe thyro (auch: thyreo-) ist thyreos, griech.: großer Schild
> **Membrana thyrohyoidea** Membrana (lat.): Häutchen, hier in der Bedeutung Bandsystem
> thyro-: von Schildknorpel abgeleitet; hyoidea: weibliche Form von hyoideus, zum Zungenbein gehörig

Die Aufhängung des Kehlkopfes nach unten erfolgt elastisch über den sog. „Zug der Trachea". Ursache sind die elastischen Bandverbindungen zwischen den Knorpelspangen der Luftröhre (☞ Kap. 4.7.2),

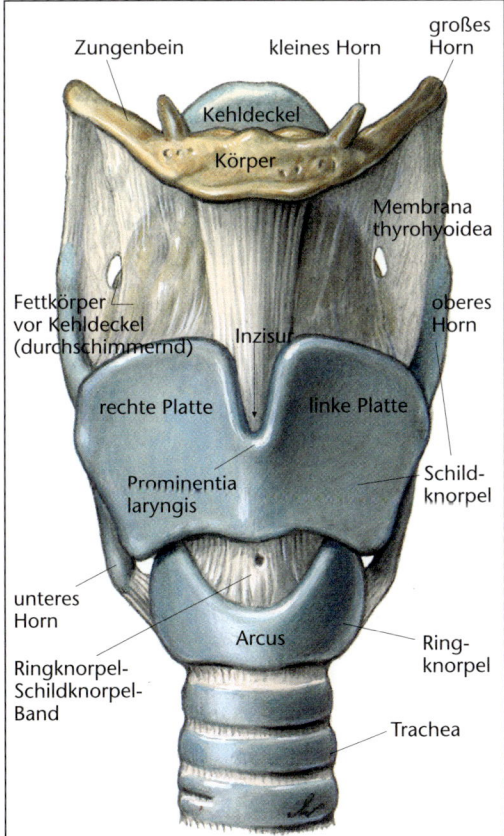

Abb. 5.3 Zungenbein sowie Knorpel- und Bindegewebsstrukturen des Kehlkopfes und der oberen Luftröhre, von vorne gesehen

Zungenbein
kleines Horn
großes Horn
Kehldeckel
Körper
Membrana thyrohyoidea
Fettkörper vor Kehldeckel (durchschimmernd)
Inzisur
oberes Horn
rechte Platte
linke Platte
Prominentia laryngis
Schildknorpel
unteres Horn
Arcus
Ringknorpel
Ringknorpel-Schildknorpel-Band
Trachea

die sich auch zwischen dem zweiten Hauptknorpel des Kehlkopfes, dem sog. Ringknorpel (**Cartilago cricoidea, Krikoid**), und der obersten Knorpelspange der Luftröhre befinden (Abb. 5.3).

> **Cartilago cricoidea** cartilago (lat.): Knorpel, und cricoidea (lat.): zum Ringknorpel gehörig
> Ursprung der Vorsilbe crico- (oder kriko) aus krikos, griech.: Ring

Zungenbeinmuskulatur

Da der Kehlkopf nach unten elastisch aufgehängt ist, wird er hauptsächlich bei Bewegungen des Zungenbeins durch die relativ starre Verbindung der Membrana thyrohyoidea zum Schildknorpel mitbewegt.

Die Bewegungen des Zungenbeins erfolgen über die obere und untere Zungenbeinmuskulatur. Zu jeder Gruppe gehören vier Muskeln, wobei die oberen Zungenbeinmuskeln am Mundboden liegen und von oben zum oberen Rand des Zungenbeins ziehen, während die unteren Zungenbeinmuskeln vorne und seitlich am Hals liegen und eine Verbindung zum unteren Rand des Zungenbeins aufweisen (Abb. 5.4 und 5.5).

Obere Zungenbeinmuskeln

Der muskuläre Mundboden (**Diaphragma oris**) wird größtenteils von den oberen Zungenbeinmuskeln gebildet (☞ Kap. 6.2.4).

> **Diaphragma oris** diaphragma (lat./griech.): Zwischenwand zwischen einzelnen Körperteilen, oris, Genitiv von os, lat.: Mund
> **M. mylohyoideus** M.: Abkürzung für Musculus, mylo- (mylos, griech.): Mühle, meint hier zermahlen bzw. allgemein Unterkiefer, -hyoideus: zum Zungenbein gehörig

Der wichtigste und größte Muskel dieser Gruppe ist der Unterkiefer-Zungenbein-Muskel (**M. mylohyoideus**); er verläuft innerhalb des Bogens, den der Unterkiefer beschreibt, etwa in querer Richtung. Da der Muskel paarig angelegt ist, treffen sich seine Fasern in der Mitte in einer schmalen bindegewebigen Naht (in Abb. 5.4a gut sichtbar). Die hinteren Anteile des Muskels erreichen den Zungenbeinkörper.

Der Muskel wirkt auf der einen Seite bei der Bewegung der Zunge und bei der Mundöffnung mit, auf der anderen Seite gehört er zu den Hebern des Zungenbeins (und damit des Kehlkopfes). Er wird in

seiner Wirkung von denen der anderen, kleineren Muskeln dieser Gruppe unterstützt. Es sind unterhalb des M. mylohyoideus noch der **M. digastricus** und der **M. stylohyoideus** (Abb. 5.4a), oberhalb des M. mylohyoideus noch der **M. geniohyoideus** (Abb. 5.4.b).

> **M. digastricus**: zweibäuchiger Muskel, di- (griech.): zweifach, gaster (griech.): Bauch
> dieser Muskel bildet zwischen seinen beiden Muskelbäuchen eine Zwischensehne, die eine Anheftung am Zungenbein aufweist
> **M. stylohyoideus**: Griffelfortsatz-Zungenbein-Muskel, stylo- aus stilus, lat.: Griffel (gemeint ist der Griffelfortsatz der Schädelbasis, von dem dieser Muskel entspringt) und -hyoideus: zum Zungenbein gehörig
> **M. geniohyoideus**: Kinn-Zungenbein-Muskel, genio- aus geneion, griech.: Kinn (der Muskel entspringt vorne innen am Unterkiefer) und -hyoideus: zum Zungenbein gehörig

Die Innervation (Nervenversorgung) dieser Muskeln ist kompliziert und soll nur kurz aufgelistet werden (Näheres zu den Hirnnerven ☞ Kap. 7.11):

M. mylohyoideus und vorderer Bauch des M. digastricus: Versorgung durch einen gleichnamigen Ast aus dem 3. Ast (N. mandibularis) aus dem 5. Hirnnerv (N. trigeminus)

M. stylohyoideus und hinterer Bauch des M. digastricus: Versorgung durch den 7. Hirnnerven (N. facialis)

M. geniohyoideus: Versorgung durch den 12. Hirnnerven (N. hypoglossus)

Untere Zungenbeinmuskeln

Die unteren Zungenbeinmuskeln kommen überwiegend von der Region des Brustbeins, des Schlüsselbeins und der Schulter und ziehen in Längsrichtung von unten an das Zungenbein. Zwischen ihnen werden in der Mitte der Kehlkopf und darunter die Schilddrüse sichtbar (Abb. 5.5). Sie werden seitlich und unten vom Kopfwender (M. sternocleidomastoideus, ☞ Kap. 4.4.2) bedeckt.

Die unteren Zungenbeinmuskeln bestehen aus einer oberflächlichen und einer tiefen Muskelschicht mit jeweils zwei Muskeln.

Die oberflächliche Schicht wird gebildet aus dem mehr zur Mitte hin gelegenen **M. sternohyoideus** und dem nach außen gelegenen **M. omohyoideus**. Der M. sternohyoideus zieht vom Brustbein und Schlüsselbein zum Zungenbein. Der M. omohyoideus ist zweibäuchig; er zieht vom Schulterblatt zum Zungenbein. Die beiden tiefer gelegenen Muskeln stellen eigentlich nur einen Muskel dar, dessen unterer Anteil als **M.** **sternothyroideus** bezeichnet wird und vom Brustbein zum Schildknorpel zieht. Der obere Anteil setzt den Verlauf fort; er wird als **M. thyrohyoideus** bezeichnet und zieht vom Schildknorpel zum Zungenbein.

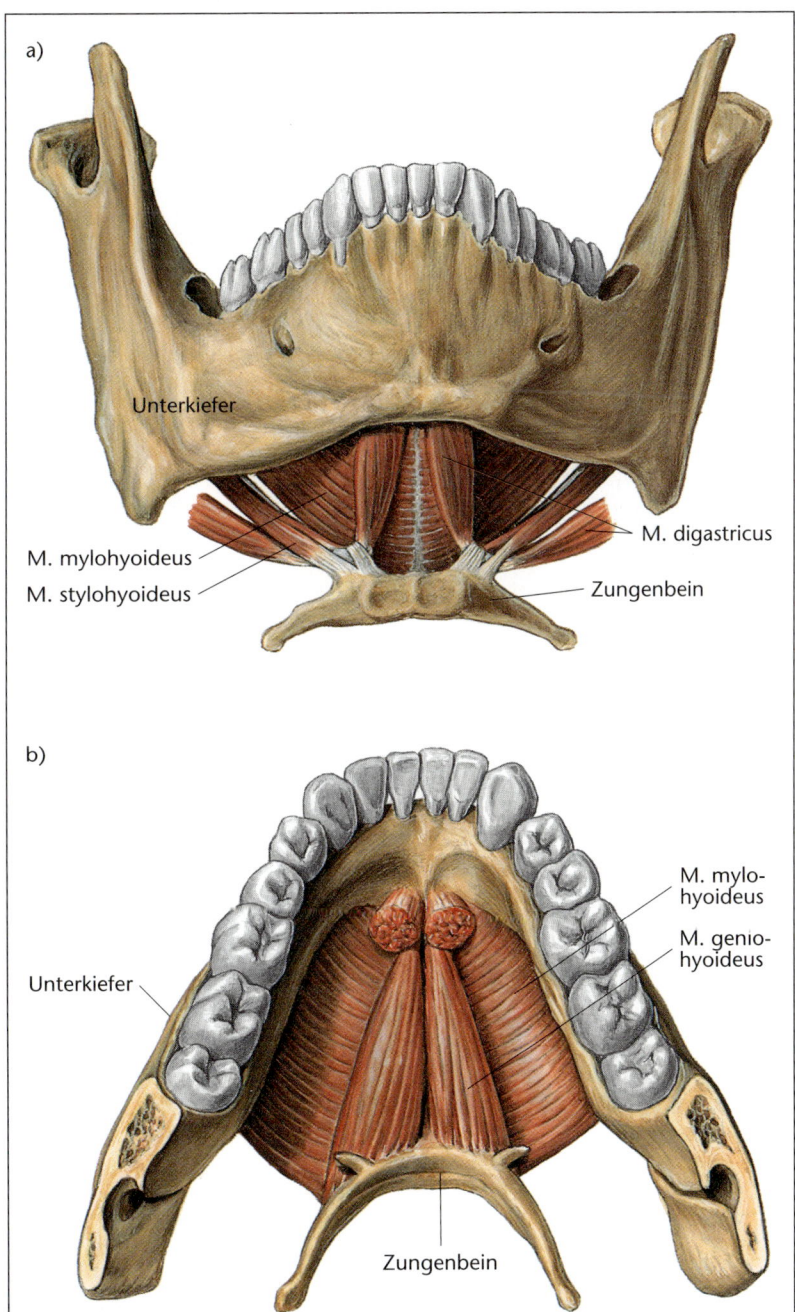

a)

Unterkiefer

M. mylohyoideus
M. stylohyoideus

M. digastricus

Zungenbein

b)

M. mylohyoideus

M. geniohyoideus

Unterkiefer

Zungenbein

Abb. 5.4 a) Unterkiefer, Zungenbein und obere Zungenbeinmuskeln in der Sicht von unten vorne, b) in der Sicht von oben

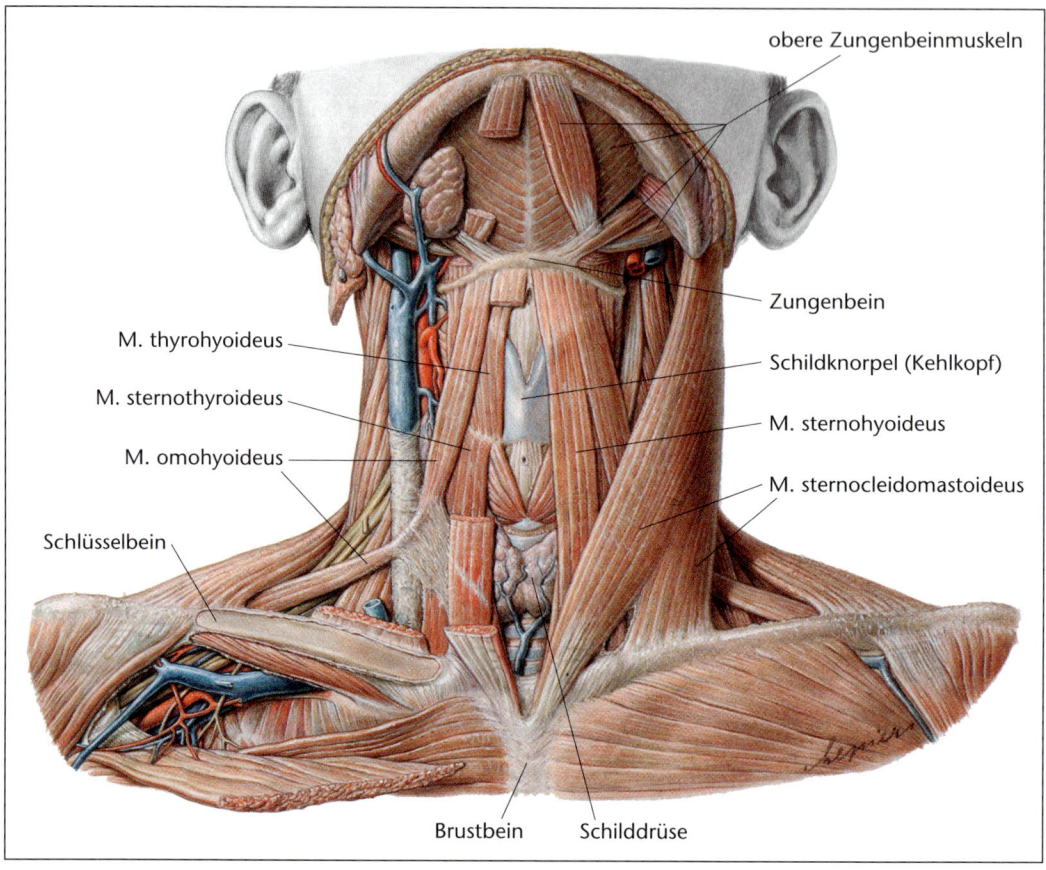

obere Zungenbeinmuskeln

Zungenbein

Schildknorpel (Kehlkopf)

M. sternohyoideus

M. sternocleidomastoideus

M. thyrohyoideus

M. sternothyroideus

M. omohyoideus

Schlüsselbein

Brustbein   Schilddrüse

Abb. 5.5 Ansicht des eröffneten Halses von vorne mit Blick auf die unteren Zungenbeinmuskeln. Auf der rechten Bildseite sind der M. sternocleidomastoideus und die oberflächliche Schicht der unteren Zungenbeinmuskeln entfernt

M. sternohyoideus: Brustbein-Zungenbein-Muskel, sterno- von sternum (lat.): Brustbein, -hyoideus: zum Zungenbein gehörig
M. omohyoideus: Schulterblatt-Zungenbein-Muskel, omo- aus Omoplata (lat.): veraltete Bezeichnung für Schulterblatt, hyoideus: zum Zungenbein gehörig
M. sternothyroideus: Brustbein-Schildknorpel.Muskel, sterno- von sternum (lat.): Brustbein, -thyroideus (lat.): zum Schildknorpel gehörig
M. thyrohyoideus: Schildknorpel-Zungenbein-Muskel, thyro-: Abkürzung von thyroideus: zum Schildknorpel gehörig, hyoideus (lat.): zum Zungenbein gehörig

darin, das Zungenbein (und damit den Kehlkopf) nach unten zu ziehen. Durch die Unterteilung der tiefen Muskelgruppe in den oberen M. thyrohyoideus und den unteren M. sternothyroideus kann der Kehlkopf zusätzlich noch separat zum Zungenbein hin bewegt werden, so dass der M. thyrohyoideus als Kehlkopfheber anzusehen ist. Diese Funktion wird beim Schluckakt eingesetzt (☞ Kap. 6.4).

Ansa cervicalis ansa (lat.): Öse, Schlinge; cervicalis (lat.): zum Hals (cervix) gehörig

Die Gesamtfunktion der unteren Zungenbeinmuskeln mit Ausnahme des M. thyrohyoideus besteht

Die Innervation (Nervenversorgung) der unteren Zungenbeinmuskeln erfolgt über eine Nervenschlinge (**Ansa cervicalis**), die aus vorderen Ästen der entsprechenden Rückenmarksnerven des Halses gebildet wird.

Weitere kehlkopfbewegende Muskeln

Der Kehlkopf wird nicht nur durch die oberen und unteren Zungenbeinmuskeln in seiner Führungsröhre am Hals bewegt, sondern auch noch durch weitere Muskeln, die Anheftungsstellen am Kehlkopf besitzen. Auch diese Muskeln heben entweder den Kehlkopf oder sie senken ihn.

Heber sind außer den oberen Zungenbeinmuskeln und dem M. thyrohyoideus die beiden Schlundheber M. palatopharyngeus und M. stylopharyngeus sowie der untere Schlundschnürer (☞ Kap. 4.6.2).

Senker sind die außer den drei genannten unteren Zungenbeinmuskeln (M. sternohyoideus, M. omohyoideus, M. sternothyroideus) zusätzlich noch die Längsmuskeln der Speiseröhre, die sich nach unten an die Rachenmuskeln anschließen.

Insgesamt ist der Aufhängeapparat des Kehlkopfs nach unten an Teilen des Brustbeins, Schlüsselbeins und Schulterblatts befestigt. Seitlich bestehen Verbindungen des Aufhängeapparats zur Schädelbasis, nach oben zum beweglichen Zungenbein, das dann wiederum Verbindungsstrukturen zum Unterkiefer und dieser letztlich über das Kiefergelenk zur Schädelbasis besitzt. Dazu kommt der elastische Zug der Trachea.

5.2.2 Knorpelskelett, Bänder und Gelenke des Kehlkopfs

Da der Kehlkopf zu den luftleitenden Wegen gehört, muss seine Wand – ähnlich wie bei der Luftröhre – druckstabil sein. Dies wird durch ein Knorpelskelett erreicht, dessen Elemente untereinander durch innere Kehlkopfbänder verbunden sind. Da der Kehlkopf aber auch als Verschlussapparat dient, müssen seine Knorpel gegeneinander in Gelenken beweglich sein.

Das Kehlkopfskelett besteht aus dem unpaaren Schildknorpel, dem unpaaren Ringknorpel, dem unpaaren Kehldeckel und dem paarigen Stellknorpel. In den inneren Kehlkopfbändern können individuell unterschiedlich auch zusätzlich noch kleine Knorpelstückchen eingelagert sein.

Ähnlich wie bei den Knorpelanteilen des Brustkorbs findet auch beim Kehlkopf im Laufe des Lebens vor allem bei Männern eine gewisse Verknöcherung des Knorpels (mit Ausnahme des Kehldeckels) statt.

Schildknorpel

Der Schildknorpel (**Cartilago thyroidea**) besteht aus einer rechten und linken Platte, die schräg stehen und vorne miteinander verbunden sind (Abb. 5.3), und rechts und links hinten jeweils aus einem oberen und unteren Horn.

Die beiden Platten des Schildknorpels weisen im oberen Bereich zwischen sich eine Öffnung auf, die man als **Incisura superior** (eingedeutscht: obere **Inzisur**) bezeichnet. Der oberste Bereich der Verschmelzungsstelle der beiden Platten springt am weitesten nach vorne vor; diese Stelle wird als **Prominentia laryngea** oder (beim männlichen Geschlecht nach der Pubertät) als **Adamsapfel** bezeichnet.

> **Cartilago thyroidea** cartilago (lat.): Knorpel, und thyroidea (lat.): zum Schildknorpel gehörig; Ursprung der Vorsilbe thyro (auch thyreo-) ist thyreos, griech.: großer Schild
> **Incisura superior/Inzisur** incisura (lat.): Einschnitt und superior, lat.: der/die obere
> **Prominentia laryngea** prominentia (lat.): Vorsprung (man vergleiche den Begriff „Prominenz"!) und laryngea (lat.): zum Kehlkopf (Larynx) gehörig

Ringknorpel

Der im Vergleich zum Schildknorpel etwas kleinere Ringknorpel (**Cartilago cricoidea**), befindet sich unter dem Schildknorpel; er stellt über ein Band auch die Verbindung zur Luftröhre her (Abb. 5.3). Der Ringknorpel ähnelt grob einem Siegelring; er besteht aus der vorne liegenden Ringknorpelspange (**Arcus**) und der hinten liegenden Ringknorpelplatte (**Lamina**; Abb. 5.6). Vorne sind der Unterrand des Schildknorpels und der Oberrand des Ringknorpels durch das elastische Ringknorpel-Schildknorpel-Band (**Ligamentum cricothyroideum**) verbunden, das auch als **Conus elasticus** bezeichnet wird (☞ Kap. 5.2.7).

> **Cartilago cricoidea** cartilago (lat.): Knorpel, und cricoidea (lat.): zum Ringknorpel gehörig Ursprung der Vorsilbe crico- (oder kriko) aus krikos, griech.: Ring
> **Arcus** (lat.): Bogen, Spange; **Lamina** (lat.): Platte
> **Ligamentum** (abgekürzt Lig., lat.): Band; **crico-** zum Ringknorpel gehörig, **thyroideum** Neutrum von thyroideus (lat.): zum Schildknorpel gehörig
> **Conus** (lat.): Keil, elasticus (lat.): elastisch

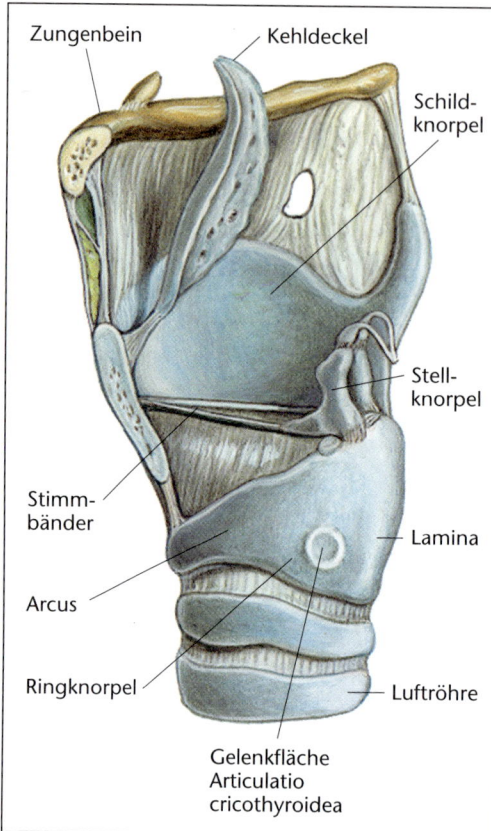

Zungenbein   Kehldeckel

Schild-
knorpel

Stell-
knorpel

Stimm-
bänder

Arcus

Ringknorpel

Lamina

Luftröhre

Gelenkfläche
Articulatio
cricothyroidea

Abb. 5.6 Zungenbein, Anfangsabschnitt der Luftröhre und Kehlkopfskelett mit einigen Bändern in der Sicht von links seitlich. Die Strukturen sind teilweise nur in Umrissen oder durchscheinend dargestellt, um den dreidimensionalen Aufbau des Kehlkopfskeletts besser erkennen zu können.

Stellknorpel

Die paarigen Stellknorpel (**Cartilago arytaenoidea**; auch kurz: Aryknorpel genannt) werden wegen ihrer Form auch als Gießbeckenknorpel bezeichnet; sie haben die Form etwa einer dreiseitigen Pyramide (Abb. 5.6). Sie befinden sich auf der Rückseite des Kehlkopfs in gelenkiger Verbindung mit der Ring-

> **Cartilago arytaenoidea** (auch arytenoidea) cartilago (lat.): Knorpel und arytaenoidea: weibl. Form von arytaenoideus (lat.): gießbeckenförmig, nach arytaina (griech): Gießbecken, Gießkanne
> **Processus** (abgekürzt Proc., lat.): Fortsatz, vocalis (lat.): zur Stimme gehörend, muscularis (lat.): zur Muskulatur gehörend

knorpelplatte. Nach vorne weisen die Stellknorpel einen Knorpelfortsatz auf, an dem die Stimmbänder (☞ Kap. 5.2.3) befestigt sind (Processus vocalis, Abb. 5.9). Seitlich weisen die Stellknorpel jeweils einen Fortsatz für die Befestigung von Kehlkopfmuskeln auf (**Processus muscularis**).

Kehldeckel

Der Kehldeckel (Epiglottis) ist zwischen Zungenbein und Schildknorpel aufgehängt (Abb. 5.3 und 5.6) und dient dem Verschluss des Kehlkopfeingangs beim Schluckakt. Zum besseren Verständnis der Position des Kehldeckels sollte auch die Abb. 4.14 noch einmal herangezogen werden.

> **Epiglottis** Epi- (griech.): über, auf; -glottis (griech.): eigentlich Mundstück der Flöte, im medizin. Zusammenhang die Stimmritze mit den beiden Stimmlippen

Nach vorne oben ist der Kehldeckel durch ein Bandsystem mit dem Zungenbein verbunden (Abb. 5.6). Eine gelenkige Verbindung zu den übrigen Kehlkopfknorpeln besitzt der Kehldeckel nicht.

Der Raum unterhalb dieses Bands zwischen Schildknorpel und Membrana thyrohyoidea vorne und Kehldeckel hinten wird durch einen Fettkörper ausgefüllt (Abb. 5.3), der eine gewisse Bedeutung bei der Positionsveränderung des Kehldeckels beim Schluckakt hat (☞ Kap. 6.4). Dabei wird der Kehlkopf hochgezogen und nähert sich dem Zungenbein. Der Fettkörper wird verformt und drückt den Kehldeckel nach hinten unten, so dass der Kehlkopfeingang verschlossen wird (Abb. 5.7).

Kehlkopfgelenke

Zur Funktion des Kehlkopfs als Verschlussapparat der unteren Luftwege müssen die ihn aufbauenden Knorpel (mit Ausnahme des Kehldeckels) in gelenkiger Verbindung miteinander stehen.

Grundlage der Verschlusstechnik (zur ersten Orientierung sollte Abb. 5.13 herangezogen werden) bilden die schleimhautüberzogenen Stimmbänder (Abb. 5.6, 5.9), die mit Hilfe entsprechender Muskeln und der Stellknorpel aneinander gepresst werden (Verschluss der Stimmritze) oder wieder voneinander gelöst werden (Öffnung der Stimmritze). Zum optimalen Verschluss der Stimmritze ist gleichzeitig eine Anspannung der Stimmbänder erforderlich.

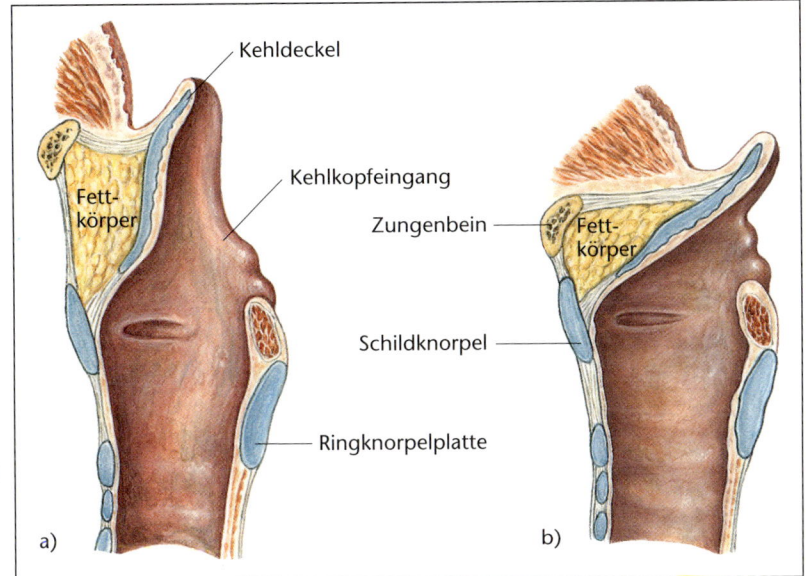

Abb. 5.7 Positionsveränderung des Kehldeckels beim Schluckakt. Kehlkopf und Zungenbein sind längs geschnitten, so dass der Kehlkopf eröffnet ist (Ansicht von links)

Labels in figure:
Kehldeckel
Kehlkopfeingang
Zungenbein
Fettkörper
Schildknorpel
Ringknorpelplatte
a)
b)

Ringknorpel-Schildknorpel-Gelenk

Dieses Gelenk wird in der Fachsprache als **Articulatio cricothyroidea** bezeichnet. Es bilden das Gelenk miteinander („artikulieren" miteinander) jeweils das linke bzw. rechte untere Horn des Schildknorpels mit den seitlichen Flächen der Ringknorpelplatte (Abb. 5.6). Eine Bewegung ist nur in beiden Gelenken gleichzeitig möglich. Der größere Schildknorpel steht dabei fest, so dass der Ringknorpel gegen ihn scharnierartig gekippt wird. Die Stimmbänder sind vorne an der Innenseite des Schildknorpels, hinten am Processus vocalis der Stellknorpel befestigt. Da die Stellknorpel mit dem Ringknorpel verbunden sind, werden die Stimmbänder bei einer Kippbewegung des Ringknorpels nach hinten gespannt, wohingegen die Spannung der Stimmbänder bei einer Kippbewegung des Ringknorpels nach vorne abnimmt.

> **Articulatio cricothyroidea**
> Articulatio (lat.): Gelenk, crico- (lat. cricoidea): zum Ringknorpel gehörig, -thyroidea (lat.): zum Schildknorpel gehörig

Die Funktion des Ringknorpel-Schildknorpel-Gelenks besteht zusammengefasst darin, die Grobspannung der Stimmbänder zu regulieren; es ist funktionell als Scharniergelenk anzusehen.

Ringknorpel-Stellknorpel-Gelenk

Dieses fachsprachlich als **Articulatio cricoarytaenoidea** bezeichnete Gelenk stellt die Verbindung der beiden Stellknorpel mit dem oberen seitlichen Rand der Ringknorpelplatte dar (Abb. 5.6).

> **Articulatio cricoarytaenoidea**
> Articulatio (lat.): Gelenk, crico- von cricoidea (lat.): zum Ringknorpel gehörig, arytaenoidea (lat.): zum Stellknorpel gehörig

Es handelt sich um ein freies Zylindergelenk, bei dem Dreh- und Gleitbewegungen der Stellknorpel um den fest stehenden Ringknorpel möglich sind. Diese Dreh- und Gleitbewegungen sind zusätzlich mit einer leichten Hebung bzw. Senkung der Stellknorpel verbunden. Da die Stimmbänder über den Processus vocalis mit den Stellknorpeln verbunden sind, ergibt sich bei Bewegungen der Stellknorpel in diesem Gelenk eine Erweiterung oder Verengung der Stimmritze bis hin zum kompletten Verschluss (Abb. 5.13).

5.2.3 Binnenräume des Kehlkopfs

Im Prinzip ist der Kehlkopf nur ein mit Schleimhaut ausgekleidetes Rohr, das den Beginn der unteren Luftwege darstellt und sich in die Luftröhre fortsetzt. In die Lichtung dieses Rohrs springen jedoch in

Längsrichtung zwei Schleimhautfalten unterschiedlich weit vor, so dass sich eine Gliederung in eine Abteilung oberhalb der oberen Schleimhautfalten, eine Abteilung zwischen den beiden Schleimhautfalten und eine Abteilung unterhalb der unteren Schleimhautfalte ergibt (Abb. 5.8).

Vestibulum

Folgt man dem Luftstrom bei der Einatmung, dann gelangt man von der Kehlkopfabteilung des Rachens (Hypopharynx) über den schräg nach vorn geneigten Kehlkopfeingang (☞ Abb. 4.14) in den obersten Binnenraum des Kehlkopfs, den man als **Vestibulum** (evtl. mit dem Zusatz „laryngis") bezeichnet. Die Begrenzungen des Kehlkopfeingangs sind vorne der Kehldeckel, seitlich eine links und rechts vom Kehldeckel ausgehende Schleimhautfalte, die nach hinten bis zu den Stellknorpeln führt. Die seitliche Schleimhautfalte wird als Stellknorpel-Kehldeckel-Falte (**Plica aryepiglottica**) bezeichnet.

> **Vestibulum** (lat.): Vorhof (eigentlich: Vorhalle des altrömischen Hauses); da der Begriff Vestibulum anatomisch mehrfach benutzt wird (siehe z. B. Vestibulum nasi), wird ggf. „laryngis", der Genitiv des Begriffs larynx (Kehlkopf) angehängt
> **Plica** (lat.): Falte; ary- von arytaenoidea (lat.): zum Stellknorpel gehörig, -epiglottica (lat.): zum Kehldeckel gehörig

Taschenfalten

Die erste von oben zu erreichende, in Längsrichtung verlaufende Schleimhautfalte ist die Taschenfalte (**Plica vestibularis**). Sie wird aufgeworfen durch ein Band, das als Taschenband, falsches Stimmband oder **Ligamentum vestibulare** vorne von der Rückseite des Schildknorpels nach hinten bis zur Spitze der Stellknorpel verläuft. Die Taschenfalten verlaufen – ebenso wie die Stimmfalten – wie ein spitzes V, dessen Spitze von der Rückseite des Schildknorpels

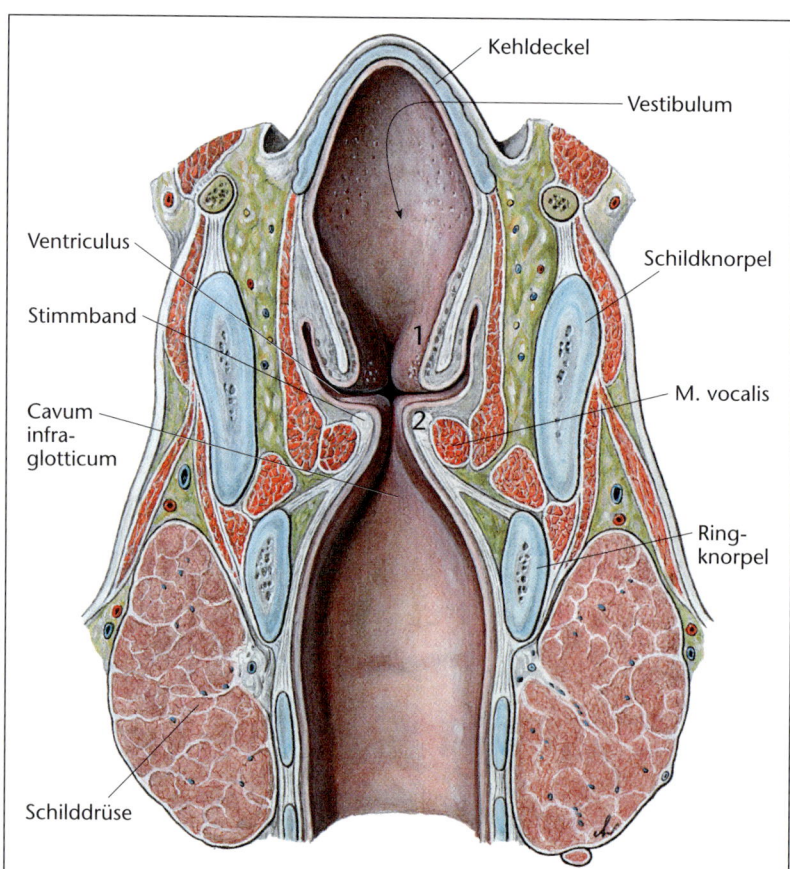

Abb. 5.8 Frontaler Schnitt durch den Kehlkopf und den Anfangsbereich der Luftröhre. Blickrichtung von hinten nach vorne. 1 = Taschenfalte, 2 = Stimmfalte mit Stimmband

Kehldeckel

Vestibulum

Ventriculus

Stimmband

Cavum infraglotticum

Schilddrüse

Schildknorpel

M. vocalis

Ringknorpel

ausgeht und dessen Schenkel sich nach hinten öffnen und die beiden Stellknorpel erreichen.

> **Plica vestibularis** plica (lat.): Falte und vestibularis (lat.): zum Vorhof (Vestibulum) gehörig
> **Ligamentum vestibulare** ligamentum (lat.): Band und vestibulare: Neutrum-Form von vestibularis, zum Vorhof gehörig

Im Gegensatz zu den Stimmfalten, die einen kompletten Verschluss der zwischen ihnen befindlichen Stimmritze bewirken können, schließt sich der Spalt zwischen den Taschenfalten nicht vollständig. Bei Bewegungen der Stimmfalten (infolge Bewegungen der Stellknorpel im Ringknorpel-Stellknorpel-Gelenk) werden die Taschenfalten parallel mitbewegt.
Die Schleimhaut, die die Taschenfalten bedeckt, entspricht dem typischen respiratorischen Flimmerepithel wie in der Nasenhöhle, in der Luftröhre oder in den Bronchien und enthält zahlreiche Drüsen in der **Lamina propria.**

> **Taschenfaltenstimme**
> Die Stimmbildung erfolgt physiologisch über die Stimmfalten, nicht über die Taschenfalten, die den Bewegungen der Stimmlippen normalerweise nur passiv folgen. Sind die Stimmlippen durch Verletzungen oder operative Eingriffe jedoch nicht mehr zur Stimmbildung einsetzbar, kann mit therapeutischer Anleitung eine Taschenfaltenstimme erlernt werden. Werden die Taschenfalten jedoch bei intakten Stimmfalten zur Stimmbildung mitverwendet, so stellt diese Taschenfaltenstimme eine krankhafte Art der Stimmbildung dar, die unerwünscht ist und stimmtherapeutisch beseitigt werden sollte, um wieder zur physiologischen Stimmbildung mit den Stimmfalten zurückzukehren.

Ventriculus

Der durchschnittlich nur 5 mm hohe Zwischenraum seitlich zwischen den Taschenfalten und den Stimmfalten wird als Kehlkopftasche, **Morgagni**-Tasche oder **Ventriculus** bezeichnet.

Stimmfalten

Der wichtigste Anteil der Binnenstruktur des Kehlkopfs sind die beiden Stimmfalten (**Plicae vocales**) oder Stimmlippen, die die Stimmritze begrenzen. Grundlage der Stimmfalten sind die elastischen Stimmbänder (Stimmband, **Ligamentum vocale**, Abb. 5.6, 5.9). Im klinischen Bereich wird zwischen

> **Lamina** (lat.): Blatt, propria: weibl. Form von proprius: eigen (Lamina propria: die dem Epithel zugehörige Bindegewebsschicht)
> **Ventriculus** (lat.): Verkleinerungsform von venter (lat.): der Magen (Bauch), also wörtlich der „kleine Bauch", in medizinischen Begriffen bedeutet „ventriculus" Kammer oder Hohlraum, eingedeutscht „Ventrikel"; zur Abgrenzung der Kehlkopftasche von anderen „Ventrikeln" des Körpers ergänzt man den Begriff durch „laryngis", den Genitiv von larynx: Kehlkopf
> **Morgagni:** Eigenname

Stimmfalte und Stimmband nicht immer klar unterschieden. Auch die Stimmbänder laufen nach vorne V-förmig spitz zu und sind an der Innenseite des Schildknorpels befestigt; ihre Befestigungsstelle liegt unterhalb der der Taschenbänder. Die hintere Anheftungsstelle der Stimmbänder ist der Stimmfortsatz (**Proc. vocalis**) des Stellknorpels.
Die Stimmfalten weichen in ihrem Aufbau und in ihrer Schleimhautbedeckung deutlich von den Taschenfalten ab. Um den hohen mechanischen Beanspruchungen der Stimmfalten zu genügen, sind diese nicht mit einem Flimmerepithel, sondern mit einem mehrschichtigen Plattenepithel bedeckt, das größtenteils unverhornt, an besonders beanspruchten Stellen vereinzelt sogar verhornt ist (☞ Kap. 1.2.1). Das lockere Bindegewebe (Lamina propria), das direkt unter dem Glottisepithel liegt, wird als **Reinke-Raum** bezeichnet. Die Schleimhaut besteht also aus Epithel und Reinke-Raum.
Weitere Besonderheiten sind die Bündel an parallel verlaufenden elastischen Fasern des eigentlichen

> **Stimmlippenknötchen**
> Es handelt sich um symmetrisch auf beiden Stimmlippen auftretende gutartige Tumoren, die im Kindesalter recht häufig und dann überwiegend bei Knaben, im Erwachsenenalter nur bei Frauen auftreten. Der Begriff „Tumor" wird hier im ursprünglichen Sinn als „Schwellung" benutzt und hat nichts mit Tumoren im Sinne von Krebsentstehung zu tun. Als Auslöser wird eine Überlastung des Kehlkopfs durch häufiges Schreien, lautes Sprechen bei Lärm oder Singen („Schreiknötchen") oder harten Stimmeinsatz angesehen, wobei hormonelle Faktoren ebenfalls eine Rolle spielen. Die Behandlung erfolgt in der Regel stimmtherapeutisch, bei Erwachsenen in gewissen Sonderfällen auch chirurgisch.
> Tumor (lat.): Schwellung

Stimmbruch (Mutation)

Der Kehlkopf und – abhängig von dessen äußerer und innerer Gestalt – auch die Stimme gehören zu den sekundären Geschlechtsmerkmalen; sie sind damit von Änderungen der Hormonspiegel abhängig, wie sie sich im Laufe des Lebens bei beiden Geschlechtern ergeben.

Eine besonders auffällige Veränderung der Hormonspiegel findet während der Pubertät statt. Vor der Pubertät gibt es keine wesentlichen Unterschiede zwischen dem Kehlkopf eines Mädchens und dem eines Knaben. Durch die hormonellen Veränderungen während der Pubertät kommt es zu einem relativ starken Wachstum der Kehlknopfknorpel.

Bei Mädchen bleiben trotz des Wachstums die Proportionen der Kehlkopfknorpel einigermaßen so wie vor der Pubertät erhalten. Die rechte und die linke Platte des Schildknorpels bilden einen Winkel von mindestens 120°. Bei Knaben ist vor allem das starke Wachstum des Schildknorpels in Richtung nach vorne deutlich. Die Schildknorpelplatten bilden dann nur noch einen ungefähr rechten Winkel und springen als Adamsapfel deutlich sichtbar vor.

Da die Stimmbänder auf der Rückseite des Schildknorpels befestigt sind, verlängern sie sich während der Pubertät ebenfalls. Bei Mädchen und Knaben beträgt die Länge der Stimmfaltenkante vor der Pubertät 10–17 mm, bei erwachsenen Frauen 14–21 mm, bei erwachsenen Männern 20–27 mm. Während sich beim weiblichen Geschlecht die Stimmfaltenkanten also nur um 3–4 mm verlängern, ist die Zunahme beim männlichen Geschlecht ca. 10 mm; gleichzeitig werden die Stimmbänder auch etwas dicker. Die männliche Stimme sinkt dabei um etwa eine Oktave (☞ Kap. 5.3.1; dort auch Erklärung des Begriffs).

Als Stimmbruch (Mutation, lat. mutatio: Veränderung) bezeichnet man die Schwierigkeiten, die bei heranwachsenden jungen Männern stimmlich während der Pubertät auftreten, weil die Stimmfalten vorübergehend links und rechts unterschiedlich stark wachsen und die ebenfalls wachsenden Muskeln durch das Nervengewebe so koordiniert werden müssen, dass sich die Stimme sicher auf die veränderte Stimmlage einstellt.

Der Stimmbruch unterbleibt, wenn auch die Pubertät unterbleibt (z.B. durch Kastration = Ausschaltung oder Entfernung der Keimdrüsen).

falten, bestehend aus Epithel und Reinke-Raum, ist die tiefe Schicht, bestehend aus Stimmband und M. vocalis, recht starr. Daraus leitet sich die Vorstellung der funktionellen Zweischichtigkeit der Stimmfalten ab („body-cover-Modell").

Die Stimmlippenkanten selber besitzen keine Drüsen in der Lamina propria, so dass sie von entfernteren, drüsenhaltigen Regionen der Kehlkopfschleimhaut mit dünnflüssigem Schleim versorgt werden müssen. Diese Schleimbedeckung ist für einen sauberen Verschluss der Stimmritze und für eine klare Stimme unabdingbar. Bei nicht ausreichender Versorgung mit dünnflüssigem Schleim klingt die Stimme heiser („trockener Hals" z.B. bei zu langem Reden).

⋮ **Plicae vocales**, Plural von Plica vocalis, plica (lat.): Falte und vocalis (lat.): zur Stimme gehörend
Ligamentum (lat.): Band (abgekürzt Lig.), vocale: Neutrum-Form von vocalis
Processus (abgekürzt Proc., lat.): Fortsatz, vocalis (lat.): zur Stimme gehörend
Reinke: Eigenname (deutscher Anatom)

Glottis

Die **Glottis** ist der innere Verschlussapparat des Kehlkopfs und damit auch die Grundlage der Stimmbildung; sie wird gebildet von den beiden Stimmfalten oder Stimmlippen und der dazwischen liegenden Stimmritze (**Rima glottidis**, Abb. 5.8, 5.9). Der Begriff Glottis wird nicht immer präzise gebraucht: manchmal wird damit nur die Stimmritze bezeichnet, manchmal ungenau der Raum von der Spalte zwischen den Taschenfalten bis zur Spalte zwischen den Stimmfalten.

⋮ **Glottis** (griech. glottis): eigentlich Mundstück der Flöte, im medizin. Zusammenhang die Stimmritze mit den beiden Stimmlippen
Rima (lat.): Spalte, Ritze; glottidis: Genitiv von Glottis

Wie in Abb. 5.9 deutlich zu erkennen ist, sind Länge und Lokalisation der Stimmfalten nicht identisch mit denen der Stimmbänder. Die Stimmbänder ziehen noch ein wenig über das vordere Ende der Stimmfalten hinaus, bis sie die Anheftungsstelle am Schildknorpel erreichen. Nach hinten enden die Stimmbänder an den Stimmfortsätzen der Stellknorpel, die dann die weitere Unterlage der Stimmfalten bis zu ihrem hinteren Ende bilden.

Stimmbandes und das Vorhandensein eines Skelettmuskels (M. vocalis, ☞ 5.2.4), der parallel zum Stimmband verläuft und dessen Feinspannung reguliert (Abb. 5.9). Im Gegensatz zur lockeren oberflächlichen und gut beweglichen Schicht der Stimm-

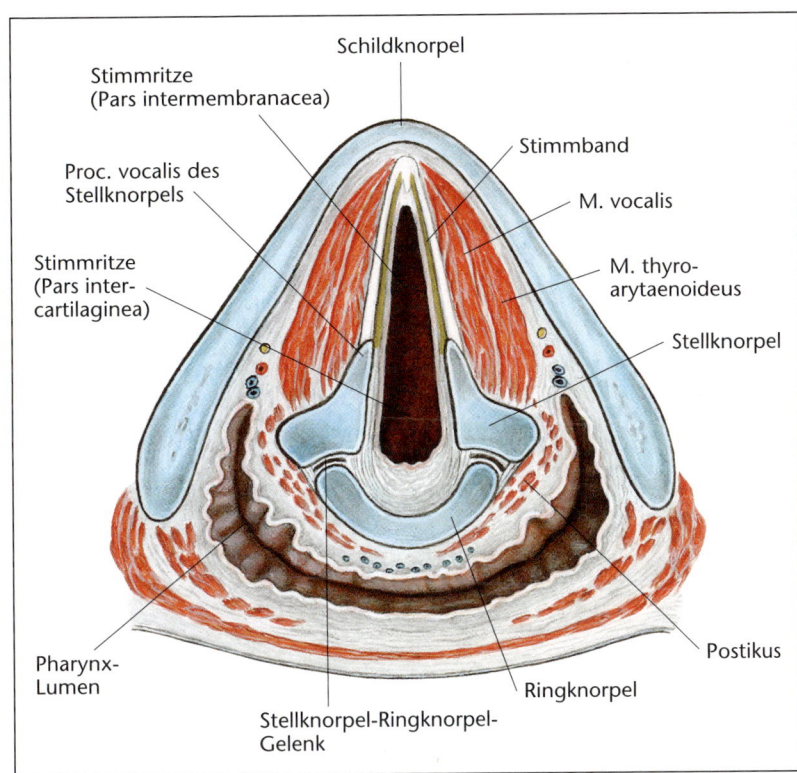

Abb. 5.9 Horizontalschnitt durch den Kehlkopf auf Höhe der Stimmritze

Somit unterscheidet man bei der Stimmritze bzw. bei den Stimmfalten einen vorderen Abschnitt, der als **Pars intermembranacea** bezeichnet wird, von einem kleineren hinteren Abschnitt, dessen Beziehung zu den Stellknorpeln durch die Bezeichnung **Pars intercartilaginea** gekennzeichnet ist.

> **Pars intermembranacea/Pars intercartilaginea**
> Pars (lat.): Teil, inter (lat.): zwischen
> -membranacea: weibl. Form von membranaceus (lat.): häutig, membranartig
> cartilaginea: weibl. Form von cartilagineus (lat.): knorpelig

Subglottischer Raum

Unterhalb der Stimmfalten und der Stimmritze, also der Glottis, erweitert sich der Binnenraum des Kehlkopfs stark zum **subglottischen** Raum (**Cavitas infraglottica,** auch: Cavum infraglotticum), der bis zum Beginn der Luftröhre reicht. Unter der Schleimhaut befindet sich der **Conus elasticus,** der aus zahlreichen elastischen Fasernetzen besteht, die vorne und seitlich vom Oberrand des Ringknorpels ausgehen und in den beiden Stimmbändern enden (Abb. 5.6). Der Conus elasticus wird vorne vom Ringknorpel-Schildknorpel-Band überdeckt (Abb. 5.3).

> **Subglottisch** (lat. sub-): unter und Glottis (s. o.)
> Cavitas infraglottica (lat. cavitas): Höhle, infra- (lat.): unterhalb, und -glottica: weibl. Form von glotticus (lat.): zur Glottis gehörend
> **Conus** (lat.): Keil, **elasticus** (lat.): elastisch

5.2.4 Kehlkopfmuskeln

Für die Bewegungen der Kehlkopfknorpel gegeneinander in den beiden erwähnten Gelenken und die Spannung der Stimmbänder sind die Kehlkopfmuskeln verantwortlich. Es handelt sich nicht um glatte Eingeweidemuskeln, sondern um quergestreifte Skelettmuskeln. Diese werden insgesamt von Ästen des 10. Hirnnerven (N. vagus, ☞ Kap. 5.2.6) versorgt. Man unterscheidet einen sog. äußeren Kehlkopfmuskel von den inneren Kehlkopfmuskeln, die man in Öffner der Stimmritze, Schließer der Stimmritze und den M. vocalis unterteilt.

Äußerer Kehlkopfmuskel

Bewegungen im Ringknorpel-Schildknorpel-Gelenk (☞ Kap. 5.2.2) zwischen dem unteren Horn des Schildknorpels und der Seitenfläche des Ringknorpels bewirken eine Grobanspannung des Stimmbands bzw. eine Lockerung. Diese Bewegungen werden durch den Ringknorpel-Schildknorpel-Muskel (M. cricothyroideus) vermittelt, den man als einzigen äußeren Kehlkopfmuskel charakterisiert und deshalb auch in der klinischen Kurzform „Antikus" benennt (manchmal auch „Externus").

> M. cricothyroideus crico- (lat. cricoidea): zum Ringknorpel gehörig, thyroideus (lat.): zum Schildknorpel gehörig
> Antikus (lat. anticus): der vordere, äußere
> Externus (lat.): außen, der äußere

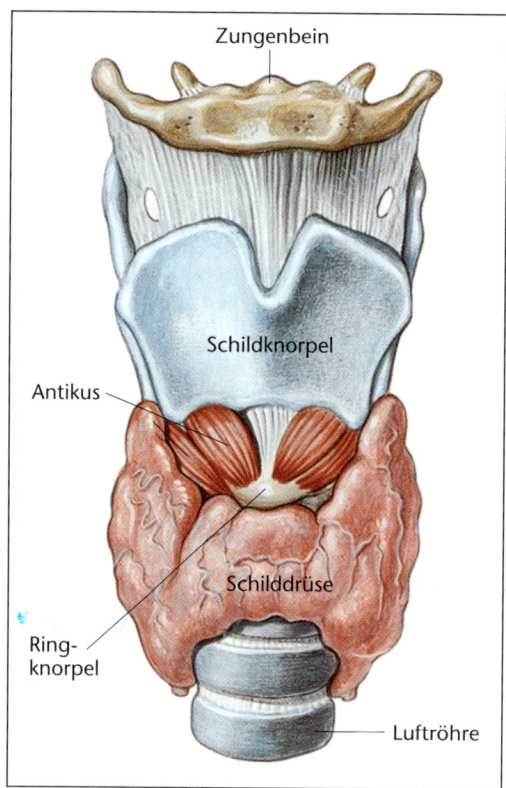

Zungenbein

Schildknorpel

Antikus

Schilddrüse

Ringknorpel

Luftröhre

Abb. 5.10 Ansicht des Zungenbeins, Kehlkopfes, der Schilddrüse und des Anfangsabschnitts der Luftröhre von vorne

Wie aus der Bezeichnung des Muskels abzuleiten ist, zieht er vom Ringknorpel, genauer gesagt vorne vom Bogen des Ringknorpels, zum unteren Rand des Schildknorpels (Abb. 5.10). Der Antikus zieht bei Anspannung den Bogen des Ringknorpels vorne zum Schildknorpel hin hoch, so dass der hintere Teil des Ringknorpels mit der Ringknorpelplatte und den damit verbundenen Stellknorpeln nach unten bewegt wird. Dadurch werden die an den Stellknorpeln befestigten Stimmbänder grob gespannt und die Stimmlippen strecken sich. Die Feinspannung übernimmt der M. vocalis (s. u.).

Innere Kehlkopfmuskeln

Alle anderen Muskeln des Kehlkopfs werden als innere Kehlkopfmuskeln bezeichnet. Abgesehen vom M. vocalis wirken sie auf das Ringknorpel-Stellknorpel-Gelenk, öffnen oder schließen also die Stimmritze. Allerdings gibt es nur einen einzigen Öffner der Stimmritze, wohingegen alle anderen inneren Kehlkopfmuskeln als Schließer der Stimmritze wirken.

Öffner der Stimmritze

Der einzige Öffner der Stimmritze ist der hintere Ringknorpel-Stellknorpel-Muskel (M. cricoarytaenoideus posterior), in der Klinik kurz „Postikus" genannt.

> M. cricoarytaenoideus posterior crico- (lat. cricoidea): zum Ringknorpel gehörig, arytaenoideus (lat.): zum Stellknorpel gehörig, posterior (lat.): hinten, der hintere (daraus abgeleitet: Postikus)

Auch hier lässt sich der Verlauf des Muskels aus seinem Namen ableiten: er zieht jeweils rechts und links von der Ringknorpelplatte zum Muskelfortsatz des Stellknorpels (Abb. 5.11). Bei der Kontraktion drehen die beiden Muskeln rechts und links die Stellknorpel nach außen und erweitern dabei mehr oder weniger die Stimmritze, maximal bei tiefer Einatmung. Dabei werden auch die Stimmbänder gespannt. Die Grundspannung der Postikus-Muskeln beider Seiten sorgt dafür, dass die Stimmritze beim Schlafen geöffnet bleibt.

Schließer der Stimmritze

Als Schließer der Stimmritze wirken folgende Muskeln:

- seitlicher Ringknorpel-Stellknorpel-Muskel: M. cricoarytaenoideus lateralis („Lateralis")

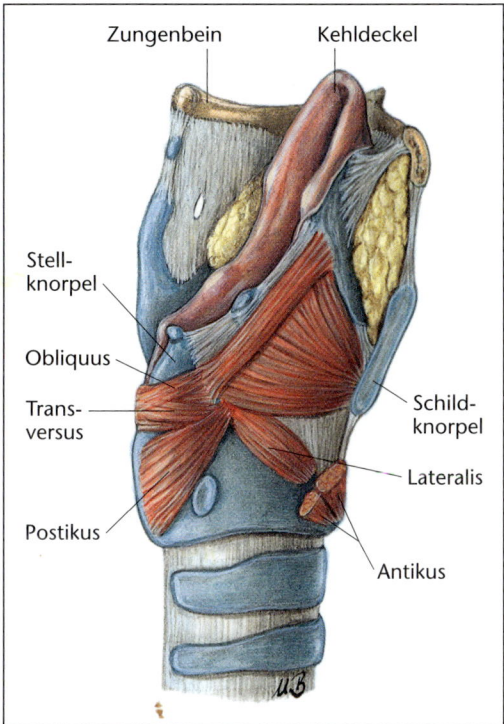

Zungenbein
Kehldeckel
Stell-
knorpel
Obliquus
Trans-
versus
Schild-
knorpel
Lateralis
Postikus
Antikus

Abb. 5.11 Ansicht des Kehlkopfs von schräg hinten. Der hintere Teil des rechten Schildknorpelabschnitts und ein Teil des Zungenbeins sind entfernt, um einen besseren Blick auf die inneren Kehlkopfmuskeln zu haben. 1 M. thyroarytaenoideus

- querer Stellknorpel-Muskel: **M. arytaenoideus transversus** („Transversus")
- schräger Stellknorpel-Muskel: **M. arytaenoideus obliquus** („Obliquus").

> **M. cricoarytaenoideus lateralis** crico- (lat. cricoidea): zum Ringknorpel gehörig, arytaenoideus (lat.): zum Stellknorpel gehörig, lateralis (lat.): seitlich
> **M. arytaenoideus transversus** arytaenoideus (lat.): zum Stellknorpel gehörig, transversus (lat.): quer
> **M. arytaenoideus obliquus** arytaenoideus (lat.): s. o., obliquus (lat.): schräg

Der sog. Lateralis zieht seitlich vom Bogen des Ringknorpels zum Muskelfortsatz des Stellknorpels, wirkt also ebenfalls auf das Gelenk zwischen Ring- und Stellknorpel (Abb. 5.11). Die Zugrichtung des Lateralis geht dergestalt nach seitlich außen (Abb. 5.12), dass sich die Spitzen der Stimmfortsätze der Stell-

knorpel aneinander legen. Dabei berühren sich die vorderen, längeren Anteile der Stimmfalten und dieser Abschnitt der Stimmritze (**Pars intermembranacea**) schließt sich (Abb. 5.9, 5.12–5.13). Die Abschnitte der Stimmfalten, die die Stellknorpel bedecken (**Pars intercartilaginea**) begrenzen seitlich eine etwa dreieckige Öffnung, die man als „Flüsterdreieck" bezeichnet (Abb. 5.13 d). Bei der Flüstersprache ist lediglich dieser Teil der Stimmritze geöffnet.

> **Pars intermembranacea/Pars intercartilaginea**
> Pars (lat.): Teil, inter (lat.): zwischen
> -membranacea: weibl. Form von membranaceus (lat.): häutig, membranartig
> cartilaginea: weibl. Form von cartilagineus (lat.): knorpelig

Weitere Schließer sind der Transversus und die beiden Obliquus-Muskeln (alle drei zusammen teilweise auch als **M. interarytaenoideus** bezeichnet). Der Transversus verläuft quer von einer Rückseite des Stellknorpels zur anderen. Der Obliquus ist paarig; die Muskeln beider Seiten überkreuzen sich und verbinden ebenfalls die beiden Stellknorpel miteinander (Abb. 5.11). Diese drei Muskeln verschließen auch das Flüsterdreieck, also die Pars intercartilaginea der Stimmritze. Zusammen mit dem Lateralis bewirken sie einen vollständigen Verschluss der Stimmritze (Abb. 5.12, 5.13 c). Diese Stellung der Stimmritze ist die Voraussetzung für die Stimmbildung, man spricht deshalb auch von **Phonationsstellung.**

> **M. interarytaenoideus** Zwischen-Stellknorpel-Muskel, inter (lat.): zwischen, -arytaenoideus (lat.): zum Stellknorpel gehörig
> **Phonation** phone (griech.): Stimme, -atio (lat.): Bildung

M. vocalis

Der Stimm- oder Stimmband-Muskel (**M. vocalis,** kurz: Vocalis) verläuft in beiden Stimmfalten parallel zu den Stimmbändern von der Rückseite des Schildknorpels bis zum Stimmfortsatz des Stellknorpels (Abb. 5.9). Erst wenn dieser Muskel sich auch kontrahiert, ist der Verschluss der Stimmritze ausreichend fest. Gleichzeitig sorgt der M. vocalis für die Feinspannung der Stimmfalten, die vom Antikus grob vorgespannt wurden.

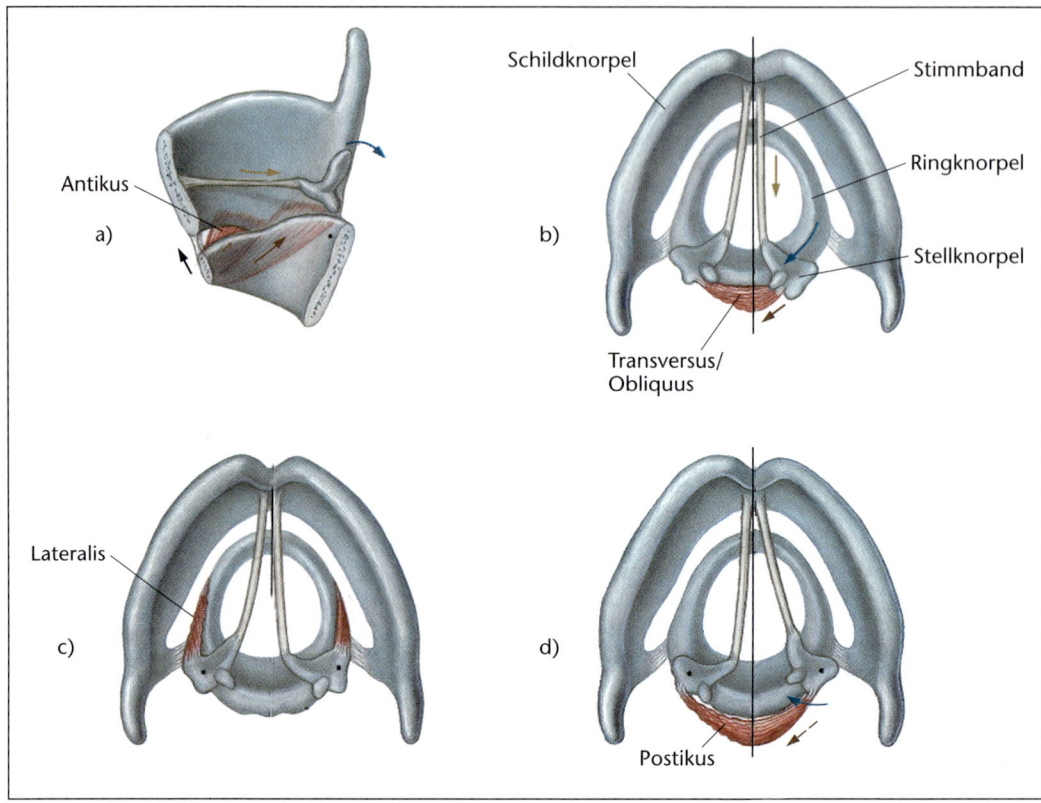

Abb. 5.12 Funktion der wichtigsten Kehlkopfmuskeln.
a) Antikus, von der Seite gesehen; b) Transversus/Obliquus-Muskeln, c) Lateralis, d) Postikus. Die Abbildungen
b)–d) zeigen die Muskeln in der linken Bildhälfte erschlafft, in der rechten Bildhälfte in Anspannung, jeweils von
oben gesehen. Die gelben Pfeile geben die Spannung des Stimmbandes an, die blauen Pfeile die Drehrichtung der
Stellknorpel, die schwarzen Pfeile die Richtung der Muskelkontraktion

> **vocalis** (lat.): zur Stimme gehörend
> thyroarytaenoideus: thyro-: zum Schildknorpel ge-
> hörig, -arytaenoideus (lat.): zum Stellknorpel ge-
> hörig
> **externus** (lat.): der äußere, internus (lat.): der in-
> nere

Der M. vocalis ist gleichzeitig der innere Teil des
M. thyroarytaenoideus (Abb. 5.9), eines Muskel-
ringsystems, das den Stimmritzenschluss unterstützt
und zu dem auch der M. thyroepiglotticus und der
M. aryepiglotticus gehören. In diesem Zusammenhang wird der M. vocalis auch als „Internus",
der Rest des M. thyroarytaenoideus als „Externus"
bezeichnet (Achtung: Verwechslungsgefahr mit der
Kurzform Externus, die manchmal auch für den
Antikus = M. cricothyroideus verwendet wird).

Die Bezeichnungen der Muskeln des Thyroarytae-
noid-Systems leiten sich aus den einzelnen Knorpeln
des Kehlkopfs ab, zu denen sie Anheftungsstellen besitzen (Stellknorpel, Schildknorpel, Kehldeckel). Im
Vergleich zu den bisher genannten Kehlkopfmuskeln
ist die Bedeutung dieser Muskelgruppe – abgesehen
vom M. vocalis selbst – eher gering.
Die Verlaufs- und Zugrichtung aller wichtigen Kehlkopfmuskeln ist in Abb. 5.12 noch einmal zusammengefasst.

5.2.5 Kehlkopfspiegelung

Bei der Kehlkopfspiegelung (indirekte **Laryngoskopie**) betrachtet der Arzt die Stimmlippen durch die
Mundhöhle und den Rachen über ein Spiegelsystem
oder ein **Endoskop**.

Bei der Laryngoskopie erkennt man außen eine etwa ringförmige Schleimhautfalte, die vorne vom Kehldeckel aufgeworfen und seitlich bis hinten von der Stellknorpel-Kehldeckel-Falte (**Plica ary-epiglottica**) gebildet wird (Abb. 5.13). Im hinteren Bereich der Schleimhautfalte sind die beiden Stellknorpel erkennbar, zwischen denen die Falte einen flachen Einschnitt aufweist. Innerhalb der ringförmigen Schleimhautfalte sind die Taschen- und Stimmfalten und damit natürlich auch die Öffnung der Stimmritze zu beurteilen.

Abhängig von der Position der Stellknorpel lassen sich grundsätzlich vier unterschiedliche Stellungen der Stimmritze unterscheiden (Abb. 5.13):

a) Ruhestellung (sie wird auch **Intermediärstellung** genannt, vereinzelt auch „Kadaverstellung", da diese Stellung der Stimmritze so bei der Leiche zu sehen ist). Diese Position wird eingenommen, wenn sich die Kehlkopfmuskeln in Ruhe befinden und die elastischen Anteile der Stimmbänder die Stellknorpel so einstellen, dass die Stimmlippenkante etwa eine Gerade bildet (Abb. 5.13 a).

b) **Respirationsstellung.** Die Postikus-Muskeln beider Seiten drehen die Stimmfortsätze der Stellknorpel mehr oder weniger weit nach außen. Dabei wird die Stimmritze weit geöffnet, wie es für die verstärkte Respiration notwendig ist. In den Stimmfalten ist ein nach außen weisender Knick zu sehen, der sich am Übergang der **Pars intermembranacea** zur **Pars intercartilaginea** befindet (Abb. 5.13 b).

c) Flüsterstellung. Durch Zug der beiden Lateralis-Muskeln nach außen legen sich die Spitzen der Stimmfortsätze der Stellknorpel einander an.

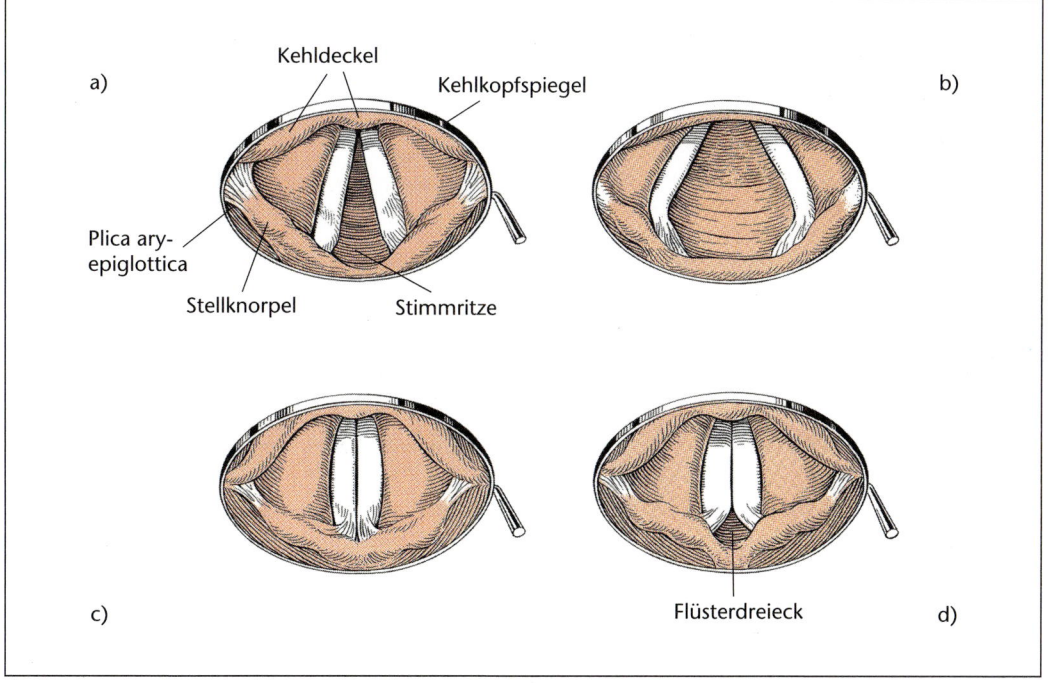

Abb. 5.13 Kehlkopfspiegelung. a) Ruhe- oder Intermediärstellung, b) Respirationsstellung, c) Phonationsstellung, d) Flüsterstellung

Dadurch wird die Pars intermembranacea der Stimmritze geschlossen, die Pars intercartilaginea bleibt offen (Abb. 5.13 d).

d) **Phonationsstellung.** Wenn sich zusätzlich zu den Lateralis-Muskeln auch der Transversus-Muskel und die Obliquus-Muskeln kontrahieren, legen sich die Stimmfalten beider Seiten vollständig aneinander und die Stimmritze ist geschlossen (Abb. 5.13 c). Aus dieser Stellung der Stimmritze heraus erfolgt die Stimmbildung. Die Phonationsstellung wird auch als **Medianstellung** bezeichnet, weil die beiden Stimmlippen parallel zur Medianebene liegen.

> **Intermediär-** (lat. intermedius): dazwischen stehend (gemeint ist die Zwischenstellung zwischen Respirations- und Phonationsstellung)
> **Respiration** (lat. respiratio): Atemholen
> **Pars intermembranacea/Pars intercartilaginea** Pars (lat.): Teil, inter (lat.): zwischen -membranacea: weibl. Form von membranaceus (lat.): häutig, membranartig, cartilaginea: weibl. Form von cartilagineus (lat.): knorpelig
> **Median-** (lat. medianus): in der Mittelebene (Spiegelebene) des Körpers gelegen

5.2.6 Nerven, Gefäße und Lymphabfluss des Kehlkopfs

Entwicklungsgeschichtlich entsteht der Kehlkopf aus dem Material des 4. und 6. Schlundbogens (☞ Kap. 5.1), wobei die spätere Stimmritze etwa die Grenze zwischen diesen Schlundbögen darstellt. Dies erklärt, dass es u. a. einen Unterschied in der Blut- und Nervenversorgung, aber auch im Lymphabfluss der Schleimhaut oberhalb und unterhalb der Stimmritze gibt.

Arterielle Versorgung

Die arterielle Blutversorgung des Kehlkopfs stammt demnach aus zwei unterschiedlichen Quellen. Der obere und mehr vordere Teil des Kehlkopfs wird von der oberen Kehlkopfschlagader (**A. laryngea superior**) versorgt, der untere und mehr hintere Teil von der unteren Kehlkopfschlagader (**A. laryngea inferior**). Die Trennung der Versorgungsgebiete der beiden Arterien ist allerdings nicht ganz scharf, da sie untereinander Verbindungen aufweisen (**Anastomosen**). Die A. laryngea superior entstammt aus der oberen Schilddrüsenschlagader (**A. thyroidea superior**), einem Ast der äußeren Halsschlagader (**A. carotis ex-**

terna). Einige oberflächlich liegende Teile des Kehlkopfs wie z. B. der Antikus werden aber auch direkt aus der A. thyroidea superior mit Blut versorgt. Die A. laryngea superior zieht durch eine Öffnung der Membrana thyrohyoidea (Abb. 5.3).

Die A. laryngea inferior ist ein Ast der unteren Schilddrüsenschlagader (**A. thyroidea inferior**), die letztlich der Unterschlüsselbeinschlagader (**A. subclavia**) entstammt; sie verläuft hinter der Luftröhre und gelangt von hinten an den Kehlkopf und seine Muskeln.

> **A. laryngea superior/inferior** A. (Kurzform von Arteria (lat.): Schlagader), laryngea: weibliche Form von laryngeus (lat.): zum Kehlkopf gehörig, superior (lat.): die obere, inferior (lat.): die untere
> Anastomosen (griech. anastomoun): eine Schleuse öffnen (Bedeutung: Kurzschlussverbindung)
> **A. thyroidea superior/inferior** thyroidea (lat.) bedeutet hier zur Schilddrüse gehörig
> **A. subclavia: subclavia** (lat.): unter dem Schlüsselbein (clavicula)

Nervenversorgung

Der gesamte Kehlkopf wird vom N. vagus, dem 10. Hirnnerven, versorgt (☞ Kap. 7.11.5). Dieser Nerv führt sowohl die **sensiblen** Fasern aus der Schleimhaut als auch die **motorischen** Fasern für die Kehlkopfmuskeln.

> **sensibel** (lat. sensibilis): empfindsam
> **motorisch** (lat. motorius): bewegend

Die Schleimhaut des Kehlkopfs wird von zwei unterschiedlichen Hauptästen des N. vagus sensibel versorgt. Diese beiden Äste entsprechen den Schlundbogennerven des 4. und 6. Schlundbogens.

Die Schleimhaut wird von oben bis zur Stimmritze einschließlich der Stimmlippen vom inneren Ast (**R. internus**) des oberen Kehlkopfnerven (**N. laryngeus superior**) versorgt, der dem N. vagus entstammt. Die Schleimhaut unterhalb der Stimmritze wird vom unteren Kehlkopfnerven (**N. laryngeus inferior**) aus dem rückläufigen Kehlkopfnerven (**N. laryngeus recurrens,** kurz: „Rekurrens") versorgt, der ebenfalls ein Ast aus dem N. vagus ist (Abb. 5.14).

Genau genommen ist der N. laryngeus inferior der Endast des N. laryngeus recurrens, nachdem letzterer einige sensible Äste zur Luftröhre und zur Speise-

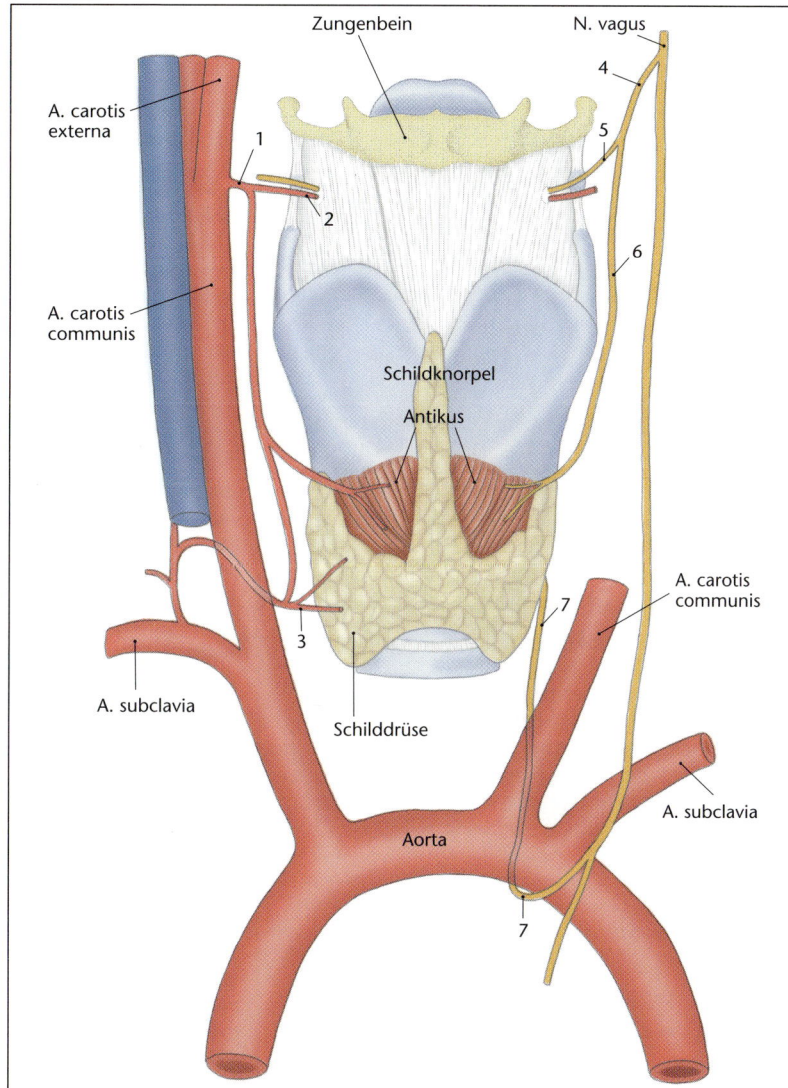

Abb. 5.14 Arterien und Nerven des Kehlkopfes. Die Kehlkopfarterien sind im rechten Teil des Bildes weggelassen. Die A. laryngea inferior und der N. laryngeus inferior befinden sich hinter der Luftröhre und der Schilddrüse und sind deshalb nicht dargestellt.
1 A. thyroidea superior, 2 A. laryngea superior, 3 A. laryngea inferior, 4 N. laryngeus superior, 5 R. internus, 6 R. externus, 7 N. laryngeus recurrens

röhre abgegeben hat. In der Klinik wird die Bezeichnung N. laryngeus inferior allerdings oft der Bezeichnung N. laryngeus recurrens gleichgesetzt.

Der obere Kehlkopfnerv wird schon kurz unterhalb der Schädelbasis vom Hauptstamm des N. vagus abgegeben; er verläuft durch die seitliche Halsregion nach unten und teilt sich (Abb. 5.14) in einen inneren und äußeren Ast (R. internus, **R. externus**). Der innere Ast zieht wie die A. laryngea superior durch eine Öffnung der Membrana thyrohyoidea (Abb. 5.3) und gelangt unter dem **Recessus piriformis** zur Schleimhaut der oberen Kehlkopfhälfte.

Die Bezeichnung „Rekurrens" für den zweiten, den Kehlkopf versorgenden Vagusast leitet sich daher ab, dass er erst weit unterhalb des Kehlkopfs vom Vagus abgeht und dann rückläufig wieder nach oben zieht (Abb. 5.14).

Der linke Rekurrens schlingt sich knapp oberhalb des Herzens nach hinten um den Aortenbogen, der rechte auf der Höhe der Lungenspitze um den Abgang der A. subclavia herum. Der Umwendepunkt des linken Rekurrens liegt damit deutlich tiefer als der des rechten.

Zwischen Luft- und Speiseröhre verläuft der Rekurrens dann links und rechts nach oben. Er verläuft weiter auf der Rückseite der Schilddrüse, wo er bei Schilddrüsenoperationen besonders gefährdet ist, und gelangt zwischen Ring- und Schildknorpel in den Kehlkopf.

Die sensiblen Nervenfasern der Kehlkopfschleimhaut sind in der Lage, Schutzreflexe auszulösen. Ein Hustenstoß wird induziert, wenn sich Fremdkörper auf der Schleimhaut befinden. Bei Kontakt der Kehlkopfschleimhaut z. B. mit extrem kalter Luft oder stechend riechenden Gasen kann auch ein reflektorisches Verschließen der Glottis ausgelöst werden.

Zusätzlich informieren Fasern der sog. Tiefensensibilität (☞ Kap. 7.10.3) das Gehirn permanent über den Spannungszustand der Sehnen und Muskeln des Kehlkopfs, über die Stellung der Gelenke und letztlich auch über die aktuelle Lage des Kehlkopfs innerhalb seines Aufhängeapparates.

> **⁝ N. laryngeus superior/inferior** N. (Abkürzung von Nervus (lat.): Nerv), laryngeus (lat.): zum Kehlkopf gehörig, superior (lat.): der obere, inferior (lat.): der untere, recurrens (lat.): rückläufig
> **R.** Abkürzung von Ramus (lat.): Ast, Zweig internus (lat.): der innere, externus (lat.): der äußere
> **Recessus piriformis** Recessus (lat.): Ausbuchtung, Nische, piriformis (lat.): birnenförmig

Die motorischen Fasern der beiden Kehlkopfnerven versorgen die Kehlkopfmuskeln und bewirken deren Kontraktion. Aus dem N. laryngeus superior wird lediglich der Antikus über den R. externus versorgt (Abb. 5.14), alle anderen Kehlkopfmuskeln bekommen ihre Nervenversorgung über den N. laryngeus inferior aus dem Rekurrens.

Lymphabfluss der Kehlkopfschleimhaut

Unter der Kehlkopfschleimhaut finden sich zahlreiche kleine Lymphknoten, die besonders häufig unterhalb der Stimmlippen anzutreffen sind. Der Lymphabfluss aus dem Kehlkopf oberhalb der Stimmlippen erfolgt zu den oberen tiefen Halslymphknoten sowie zu den Lymphknoten im Bereich der unteren Zungenbeinmuskulatur, aus der unteren Kehlkopfhälfte ziehen die Lymphgefäße zu den Luftröhrenlymphknoten und zu den mittleren und tiefen Halslymphknoten entlang der Gefäß-Nerven-Straße des Halses.

Superiorparese

Eine Parese des N. laryngeus superior, kurz „Superiorparese", kann vielfältige Ursachen haben, z. B. durch eine Nervenentzündung in Folge einer Diphtherie, durch Unfälle oder Operationen bedingt. Es kommt zum Funktionsausfall des Antikus („Antikus-Parese")und damit zu einer schwerwiegenden Störung beim Aufbau der Stimmbandspannung mit erheblichen Stimmstörungen.

Parese (griech. paresis): Erschlaffung, bedeutet eigentlich leichte unvollständige Lähmung oder Schwäche eines Muskels; der Begriff wird aber auch auf den Nerven übertragen, der für die Versorgung des entsprechenden Muskels zuständig ist.

Diphtherie: schwerwiegende bakterielle Infektionskrankheit (durch Schutzimpfung im Kindesalter selten geworden).

Rekurrensparese

Eine Parese des Rekurrens, kurz „Rekurrensparese", ist relativ häufig; sie tritt z. B. nach Schilddrüsenoperationen (vor allem Strumektomie) oder bei Karzinomerkrankungen im Bereich der Lunge oder der Speiseröhre auf. Die Folge ist eine ein- oder zweiseitige Stimmlippenlähmung mit Stimm- und evtl. auch Atemstörungen.

Strumektomie: operative Teilentfernung einer vergrößerten Schilddrüse (struma, lat.: Kropf), -ektomie (griech.): Herausschneiden

Karzinom- (griech. karkinoma): Krebs

Glottisödem

Das Gewebe unter der Stimmfaltenschleimhaut besitzt im Gegensatz zur übrigen Kehlkopfschleimhaut praktisch keine Lymphgefäße. Bei Entzündungen treten in den Stimmlippen praktisch keine Schwellungen (Ödeme) auf im Gegensatz zum übrigen Kehlkopf, wo z. B. nach Insektenstichen oder bei Entzündungen erhebliche Schwellungen auftreten können, die Erstickungsgefahr mit sich bringen. Die Bezeichnung Glottisödem ist deshalb ungenau und sollte durch Larynx- oder Kehlkopfödem ersetzt werden.

oidema (griech.): Schwellung

5.2.7 Zugänge zu den unteren Luftwegen

Die Glottis stellt als Verschlusssystem für die tieferen Abschnitte der unteren Luftwege gleichzeitig auch eine Engstelle dar, die sich z. B. durch Fremdkörper oder entzündungsbestimmte Schwellungen lebensbedrohend („Ersticken") verschließen kann. Außerdem kann es unter bestimmten Bedingungen wie z. B. einer Vollnarkose notwendig sein, eine Öffnung zu den unteren Luftwegen sicherzustellen. Daher gibt es verschiedene Techniken, diesen Zugang zu den unteren Luftwegen zu gewährleisten bzw. bei lebensbedrohlichen Situationen wiederherzustellen.

Intubation

Bei einer Vollnarkose werden Medikamente gegeben, die eine Muskelerschlaffung bewirken können. Dies kann sich auch auf den Postikus, den Öffner der Stimmritze, auswirken, so dass eine sichere und ausreichende Öffnung der Glottis nicht garantiert ist. Deshalb wird der Patient „intubiert", d. h. es wird ein Schlauch (**Tubus, Endotrachealtubus**) durch Mund bzw. Nase bei Sichtkontrolle über den Rachen und den Kehlkopf bis in die Luftröhre geschoben, um die Atmung sicherzustellen. Dadurch wird die Kehlkopfschleimhaut gereizt, so dass viele Patienten nach einer **Intubation** für einige Tage heiser sind oder auch vorübergehende leichte Schluckprobleme haben.

> **intubieren, Intubation** in- (lat.): ein/hinein, tubus (lat.): Röhre, Schlauch
> **Endotrachealtubus** Endo (griech.): innen, trachea (lat.): Luftröhre

Koniotomie

Wenn bei lebensbedrohlicher Schwellung der Kehlkopfschleimhaut, z. B. bei Allergien oder bestimmten Infekten, keine schnell wirksamen Medikamente zur Schleimhautabschwellung zur Verfügung stehen, keine Intubation durchgeführt werden kann und innerhalb der erforderlichen Zeit kein Operationssaal erreicht werden kann, dann kann es erforderlich werden, den Raum unterhalb der Glottis notfallmäßig zu eröffnen, indem man in der leicht tastbaren Region zwischen Schild- und Ringknorpel in das Ringknorpel-Schildknorpel-Band und den dahinter liegenden **Conus elasticus** (☞ Kap. 5.2.3) einen quer verlaufenden Einschnitt macht (zur Not mit einem Taschenmesser) und diesen Einschnitt dann mit einem kleinen starren Rohr (zur Not mit einer Kugelschreiberhülse) offen hält, um den betroffenen Patienten vor dem Ersticken zu bewahren (Abb. 5.15). Ähnlich würde man verfahren, wenn Fremdkörper die Stimmritze verlegen und nicht anderweitig entfernt werden können oder bei Kehlkopfverletzungen.

Wegen des Durchtrennens des Conus elasticus wird diese Maßnahme als **Koniotomie** bezeichnet. Man spricht auch von „Not-Koniotomie", da dieser Eingriff dem absoluten Notfall vorbehalten bleiben sollte, da vor allem bei Kindern fast unvermeidlich bleibende Schäden am Kehlkopf entstehen.

> **Conus** (lat.): Keil, elasticus (lat.): elastisch
> **Konio-** :siehe conus; -tomie (griech. tome): durchschneiden
> **Trachea** (lat.): Luftröhre
> **Isthmus** (lat.) aus isthmos (griech.): schmale Verbindung, eigentlich „Landenge"

Tracheotomie

Im Deutschen als Luftröhrenschnitt bezeichnet. Dieser Zugang zu den unteren Luftwegen stellt die Standardmethode bei Erstickungsgefahr dar und erfolgt so weit vom Kehlkopf entfernt, dass an diesem kein Schaden entstehen kann.

Ein Luftröhrenschnitt erfolgt außerdem anstelle einer Intubation, wenn über längere Zeit der Zugang zu den unteren Luftwegen gesichert werden soll (künstliche Beatmung von Patienten auf Intensivstationen).

Es werden eine obere, eine mittlere und eine untere **Tracheotomie** unterschieden (Abb. 5.15):

- der obere Luftröhrenschnitt erfolgt nach Hautschnitt in Längsrichtung durch das Bandsystem zwischen Ringknorpel und der ersten Knorpelspange der Luftröhre; der Schnitt endet oberhalb der **Isthmus** (lat.: schmale Verbindung, Enge) genannten mittleren Brücke zwischen den beiden Schilddrüsenlappen;
- der mittlere Luftröhrenschnitt erfolgt nach Hautschnitt in Längsrichtung durch den Isthmus der Schilddrüse und den dahinter liegenden Abschnitt der Luftröhre;
- der untere Luftröhrenschnitt erfolgt nach Hautschnitt in Längsrichtung durch die Luftröhre unterhalb des Isthmus der Schilddrüse.

Der untere Luftröhrenschnitt ist operativ am aufwendigsten, da zum einen Blutgefäße der Schilddrüse hier verlaufen können und zum anderen der Weg von der Haut bis zur Luftröhre am längsten ist. Allerdings ist hierbei die Stabilisation einer in das **Tracheostoma** eingesetzten **Trachealkanüle** am besten, so dass diese Technik bevorzugt wird, wenn das Tracheostoma über längere Zeit offen bleiben soll (z. B. nach Bestrahlung zur Krebstherapie).

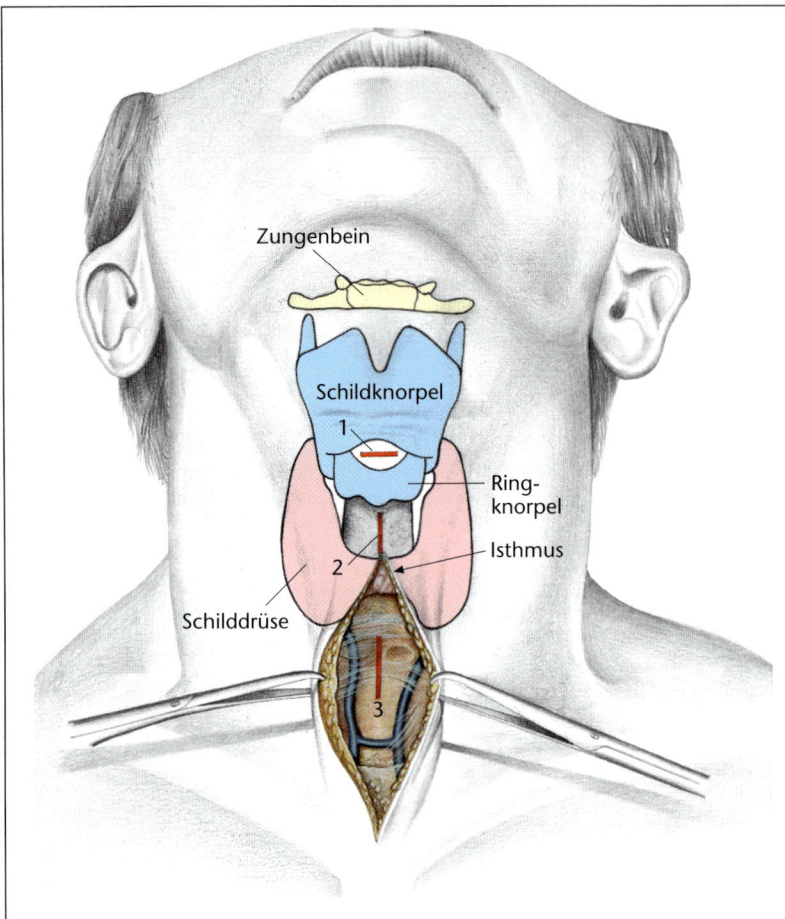

Abb. 5.15 Lage von Zungenbein, Kehlkopf, Schilddrüse und Luftröhre bei weit nach hinten überstrecktem Hals. Das Operationsfeld für eine untere Tracheotomie ist eröffnet. 1 Schnittführung bei Koniotomie, 2 Schnittführung bei oberer Tracheotomie, 3 Schnittführung bei unterer Tracheotomie. Die Schnittführung für eine mittlere Tracheotomie entspricht der bei der oberen Tracheotomie, wird aber durch den (hier verdeckten) **Isthmus** der Schilddrüse geführt

---

Tracheostoma
Als solches bezeichnet man eine bei Atemnot operativ herbeigeführte Öffnung der Trachea (-stoma, griech.: Mund, Öffnung) nach außen. Es wird eine Trachealkanüle (aus cannula, lat.: Röhrchen) zur Luftzufuhr eingesetzt.

5.3 Funktionen des Kehlkopfs

Die wichtigsten, sprachtherapeutisch bedeutsamen Funktionen des Kehlkopfs sollen in diesem Kapitel noch einmal kurz zusammengefasst werden. Für weitergehende Informationen sei auf Lehrbücher der Phoniatrie verwiesen.

5.3.1 Phonation

Abgesehen von seiner Funktion als Verschlussorgan der unteren Luftwege für die Atmung ist der Kehlkopf als Stimmorgan oder Organ der Stimmbildung (**Phonation**) für die menschliche Kommunikation von größter Bedeutung. Eine gestörte Stimmbildung wird als **Dysphonie** bezeichnet; sie entsteht durch Erkrankung oder gestörte Funktion des Kehlkopfs.

Phonation phone (griech.): Stimme, -atio (lat.): Bildung
Dys- (griech.): schlecht, krankhaft

Spannungszustand der Stimmfalten
Die Mechanismen der ruhigen oder forcierten Ausatmung sorgen für einen mehr oder wenigen star-

ken, aber kontinuierlichen Luftstrom aus den Lungen und den unteren Luftwegen. Dieser Luftstrom muss die Engstelle der Glottis passieren; dadurch geraten die freien Kanten der Stimmfalten (oder Stimmlippen) in Schwingungen.

Die Stimmfalten entsprechen grob der Saite eines Musikinstruments wie z. B. einer Geige oder Gitarre. Diese Saiten werden durch entsprechende Schrauben „gestimmt", d. h. in einen bestimmten Spannungszustand versetzt. Zupft man mit dem Finger an einer solchen Saite oder streicht – wie bei der Geige – mit einem Bogen über die Saite, dann erklingt der Ton, auf den die Saite gestimmt wurde. Bei einer Erhöhung dieser Saitenspannung wird auch der Ton höher, bei Erniedrigung der Saitenspannung wird der Ton entsprechend tiefer.

Die menschlichen Stimmfalten sind durch ihre Befestigung und ihre elastischen Fasern (speziell die der Stimmbänder) „vorgespannt". Dieser Spannungszustand kann durch die Funktion des Antikus grob und durch die Funktion des M. vocalis fein reguliert werden.

Subglottischer Druck

Voraussetzung für die Phonation ist zunächst der vollständige Glottisschluss („Phonationsstellung") und die Vorspannung der Stimmfalten auf die gewünschte Tonhöhe. Durch den Ausatmungsdruck (**subglottischen** Druck) wird der Verschluss der Stimmfalten „gesprengt" und diese schwingen auseinander. Infolge ihrer elastischen Spannung schwingen dann die Stimmfalten zu einem erneuten kurzen Verschluss zurück, der unmittelbar danach wieder durch den Ausatmungsdruck gesprengt wird usw.

Ein zusätzlicher Faktor bei der Tonerzeugung ist darin zu sehen, dass der Druck im Bereich der Glottis nach Sprengung des Stimmfaltenverschlusses durch die schnell hindurchströmende Ausatemluft soweit abnimmt, dass sich die Glottis wieder verschließt. Sie wird dann durch den subglottischen Druck wieder aufgesprengt usw. Diese dadurch entstehenden Stimmlippenschwingungen werden als **Bernoulli**-Schwingungen bezeichnet, weil sie den Bernoulli-Gesetzen gehorchen (siehe Lehrbücher der Phoniatrie).

> **subglottisch** sub- (lat.): unter, glottisch (lat. glottis): Stimmritze mit Stimmlippen
> **Bernoulli** Eigenname (niederl. Mathematiker)

Tonerzeugung

Durch das rasch aufeinanderfolgende Öffnen und Schließen der Glottis wird die Ausatmungsluft in „kleine Portionen" zerteilt, d. h. es wird ihr durch die schwingenden Stimmfalten selber eine Schwingung aufgelagert. Die Zahl dieser Schwingungen pro Zeiteinheit (in der Regel eine Sekunde) wird als **Frequenz** bezeichnet und in **Hertz** (Hz) gemessen.

> **Frequenz** (lat. frequentia): Häufigkeit
> **Hertz** Eigenname (Physiker)
> 1 Hz = 1 Schwingung pro Sekunde

Diese der Ausatmungsluft aufgelagerten Schwingungen sind als Ton hörbar. Tiefe Töne haben eine niedrige Frequenz (wenige Schwingungen pro Sekunde, z. B. 50 Hz), hohe Töne haben eine hohe Frequenz (viele Schwingungen pro Sekunde, z. B. 12000 Hz).

Stimmlagen

Genauso wie es z. B. Streichinstrumente unterschiedlicher Größe und damit auch unterschiedlicher Saitenlänge gibt (Geige, Cello, Kontrabass), finden sich auch bei einzelnen Individuen unterschiedlich lange Stimmfaltenkanten und damit auch Stimmlagen.

Bei erwachsenen Männern unterscheidet man hohe, mittlere und tiefe Stimmlagen als Tenor, Bariton und Bass, bei Kindern beiderlei Geschlechts und bei erwachsenen Frauen wird die hohe Stimmlage als Sopran, die tiefe Stimmlage als Alt bezeichnet.

Genau wie die Spannung der Saite eines Musikinstruments verändert werden kann (das Instrument wird „gestimmt"), lässt sich auch der Spannungszustand der Stimmbänder und damit der Stimmfalten durch die Kontraktion des Antikus und des M. vocalis verändern.

Zusätzlich lässt sich die Saite eines solchen Musikinstruments (Geige, Gitarre usw.) mit dem Druck eines Fingers auf die Saite „verkürzen". Auch dies lässt sich bei den Stimmfalten innerhalb der vorgegebenen anatomischen Größen der Stimmlage als Folge der unterschiedlichen Muskelkontraktion in einer Größenordnung von bis zu 5 mm beobachten.

Dadurch lässt sich in den einzelnen Stimmlagen ein je nach Veranlagung und Training unterschiedlich breites Frequenzspektrum erzeugen.

Frequenzumfang der Stimme

Männer mit einer Bassstimme haben durchschnittlich ein Stimmspektrum von 80–450 Hz, mit Tenorstimme von 120–650 Hz (Bariton liegt dazwischen). Frauen mit einer tiefen Stimme (Alt) haben ein Frequenzspektrum von etwa 160–880 Hz, mit einer hohen Stimme (Sopran) etwa 220–1400 Hz (Mezzosopran liegt dazwischen).

Zum Vergleich: der sog. Kammerton A liegt bei 440 Hz; das ist auch die Tonhöhe, in der ein Neugeborenes schreit. Der durchschnittliche menschliche Stimmumfang beträgt zwei, in Extremfällen vier **Oktaven.**

Dazu kommt noch der ein oder mehrere Oktaven höher liegende **Obertonbereich,** der für die individuelle Klangfarbe der Stimme entscheidend ist. Vom menschlichen Ohr wird besonders gut der Obertonbereich zwischen 2000 und 3000 Hz wahrgenommen. Der obere Frequenzbereich der menschlichen Stimme kann bis in die Region zwischen 4000 und 8000 Hz reichen.

> **Oktave** (lat. octava): die Achte, d. h. der 8. Ton im Dur-Moll-Tonsystem, der auf den Grundton folgt und mit dem Grundton zusammen einen harmonischen Klang erzeugt.
> Die Frequenzen der Obertöne sind ganzzahlige Vielfache der Frequenz des Grundtons (z. B. Frequenz Kammerton A = 440 Hz, Obertöne: 880 Hz, 1320 Hz usw).

Lautstärke

Die Lautstärke des erzeugten Tons steigt mit zunehmender Stärke des Luftstroms beim Ausatmen (subglottischer Druck), ist also abhängig von der Atemmuskulatur. Zusätzlich kann die Lautstärke durch die Spannung der Stimmbänder und die Öffnung der Glottis beeinflusst werden.

5.3.2 Ansatzrohr

Das Stimmorgan Kehlkopf ist für die Stimmbildung verantwortlich, beeinflusst also die Tonhöhe, den Frequenzumfang, den Stimmklang und die Lautstärke der Stimme.

Davon grundsätzlich zu unterscheiden ist die **Artikulation** (die Lautbildung), die im sog. Ansatzrohr (**Vokaltrakt**) stattfindet. Diese Bezeichnung entspricht den unterschiedlichen Hohlräumen der Blasinstrumente (z. B. Flöte, Trompete, Posaune) und wird für die Hohlräume des Kehlkopfs oberhalb der Glottis, des Rachens, des Mundes und der Nase verwendet. Die Öffnungen des menschlichen Ansatzrohrs sind die Mundöffnung und die beiden Nasenlöcher.

> **Artikulation** (lat. articulatio): Gelenk, aber auch gegliederter Vortrag, Gliederung des Gesprochenen, Lautbildung

Die Form des Ansatzrohrs ist nicht nur durch die anatomischen Variationen zwischen den einzelnen Menschen individuell sehr unterschiedlich, sondern kann auch durch die Muskulatur in der Wand des Ansatzrohrs (Wangen, Lippen, Zunge, Gesicht, Rachen, Gaumen) willkürlich stark verändert werden (☞ Kap. 6).

An mehreren Stellen sind Wandabschnitte des Ansatzrohrs schwingungsfähig; sie können dann Resonanzschwingungen mit der Grundschwingung des ausgeatmeten Luftstroms eingehen. Die unterschiedliche Gestaltung der Resonanzräume des Ansatzrohrs ist die Grundlage der Lautbildung der **Vokale.**

Bei der Lautbildung der **Konsonanten** wird die Ausatemluft entweder durch Engstellen des Luftweges hindurch oder an ihnen vorbei geleitet oder es werden verschlossene Bereiche des Luftweges aufgesprengt (☞ Kap. 6.3).

> **Vokal** (lat. vocalis): stimmreicher, tönender Laut (Öffnungslaut, Selbstlaut)
> **Konsonant** (lat. consonans): mitlautend (Hemmlaut, Mitlaut; dabei Hemmung oder Einengung der Ausatemluft)
> **Dysarthrie** dys- (griech.): schlecht, krankhaft und arthroun (griech.): gliedern (d. h. mühsames Sprechen in der Bedeutung einer gestörten Artikulation)

Die Lautbildung stellt die Grundlage des Sprechens dar. Störungen der Lautbildung durch Erkrankung oder Fehlfunktion der Artikulationsorgane werden als **Dysarthrie** bezeichnet.

5.3.3 Flüsterstimme; Stimmregister

Flüsterstimme

Beim Flüstern strömt die Luft – wie bei der Ruheatmung – nur durch die Pars intercartilaginea (Flüsterdreieck) der Stimmritze aus. Die Stimmlippen sind stark angespannt. Die Lautbildung der Vokale und Konsonanten erfolgt bei der Flüster- oder Hauchsprache ausschließlich durch die unterschiedliche Gestaltung des Ansatzrohrs. Zur Stimmschonung z. B. bei Heiserkeit ist die Flüsterstimme nicht zu empfehlen (vgl. Lehrbücher über Stimmstörungen).

Stimmregister

Der Begriff **Register** bedeutet einen Satz von Orgelpfeifen mit gleicher Klangfarbe. Eine Orgel besitzt also mehrere Register; kleine Orgeln besitzen ca. 10, große Orgeln 30 und mehr Register.

> **:** **Register** (lat. registrum): Verzeichnis

Ob der Begriff auch auf die menschliche Stimme angewendet werden kann und wenn ja, welche und wie viele Register zu unterscheiden sind, ist umstritten. So sind bei ausgezeichneten Sängern Grenzen der Register oder Übergänge zwischen den Registern praktisch nicht auszumachen.

Bei weniger geübten oder ungeübten Sängern werden meist Brustregister (Bruststimme) und Kopfregister (Kopfstimme) unterschieden. Die Bruststimme ist tief, Schwingungen sind an der Brustwand zu tasten. Bei der Kopfstimme werden die Schwingungen im Kopfbereich empfunden. Das Mittelregister (Mittelstimme) stellt eine Mischung zwischen Kopf- und Brustregister dar. Zusätzlich werden Randregister unterhalb des Brustregisters („Strohbassregister") und oberhalb des Kopfregisters („Pfeifregister") beschrieben.

Beim normalen Sprechen werden Brust- und Mittelregister benutzt. Beim Jodeln pendelt die Stimme charakteristisch zwischen Kopf- und Brustregister hin und her.

ZUSAMMENFASSUNG

Der Kehlkopf (Larynx) ist ein Verschlussorgan der unteren Atemwege und damit beim Schluckakt beteiligt; außerdem ist er das entscheidende Stimmorgan. Er kann über einen Aufhängeapparat bewegt werden, der aus dem Zungenbein (Hyoid), der Membrana thyrohyoidea, den oberen und unteren Zungenbeinmuskeln sowie der elastischen Verbindung zur Trachea (Zug der Trachea) gebildet wird.

Der Kehlkopf besteht aus einem Knorpelskelett, das durch Bänder zusammengehalten und über Gelenke gegeneinander bewegt wird. Bei den Knorpeln unterscheidet man den Schildknorpel (mit rechter/linker Platte, oberen/unteren Hörnern, Inzisur und Prominentia laryngis), den Ringknorpel (mit Bogen und Platte), die beiden Stellknorpel (mit Proc. muscularis und Proc. vocalis) sowie den Kehldeckel (Epiglottis). Ring- und Schildknorpel sind vorne durch den Conus elasticus verbunden.

Das Ringknorpel-Schildknorpel-Gelenk dient der Grobspannung des Stimmbands, das Schildknorpel-Stellknorpel-Gelenk der Öffnung bzw. dem Schließen der Glottis. Der Kehldeckel legt sich beim Schluckakt mit Hilfe eines Kippmechanismus auf den Kehlkopfeingang und verschließt ihn damit reflektorisch.

Der Binnenraum des Kehlkopfs gliedert sich in Vestibulum, Taschenfalte (mit Taschenband), Ventriculus, Stimmfalte oder Stimmlippe (mit Stimmband und M. vocalis) sowie den subglottischen Raum, der in die Trachea übergeht. Die Schleimhaut bis zur Glottis wird vom N. laryngeus superior, unterhalb der Glottis vom

N. layrngeus recurrens (beides Äste des N. vagus) versorgt.

Die Kehlkopfmuskeln gliedern sich in einen äußeren (vom N. laryngeus superior versorgt) und mehrere innere Muskeln (vom N. laryngeus recurrens versorgt). Der einzige äußere Muskel ist der M. cricothyroideus (Antikus), der für die Grobspannung des Stimmbands sorgt. Die inneren Muskeln gliedern sich in einen Öffner der Stimmritze (M. cricoarytaenoideus posterior, Postikus) und mehrere Schließer der Stimmritze. Der M. cricoarytaenoideus lateralis (Lateralis) schließt die Pars intermembranacea der Stimmritze, die anderen Schließer schließen auch die Pars intercartilaginea. Der M. vocalis sorgt zusätzlich für die Feinstimmung des Stimmbands.

Bei der Kehlkopfspiegelung (Laryngoskopie) lassen sich folgende Stellungen der Glottis beobachten: Ruhestellung, Respirationsstellung, Flüsterstellung und Phonationsstellung.

Zugänge zu den unteren Atemwegen unterhalb der Glottis sind möglich durch: Intubation, Not-Koniotomie sowie verschiedene Formen der Tracheotomie.

Grundlage der Stimmbildung (Phonation) sind der Glottisverschluss, der Spannungszustand der Stimmfalten und der subglottische Druck. Die Lautstärke wird über die Stärke des Luftstroms bei der Ausatmung reguliert.

Bei der Flüsterstellung der Glottis ist nur die Pars intercartilaginea geöffnet; die dann noch mögliche Lautbildung erfolgt „stimmlos" über das Ansatzrohr.

6 Sprechorgane

Form und Bewegungsmöglichkeiten des Kieferge-
lenkes
Kaumuskeln: Lage, Verlauf, Innervation und Funktion
mimische Muskeln der Mund- und Wangenregion
Einteilung der Mundhöhle und ihre Öffnungen
Zähne mit Zahnwechsel, Einbau in den Ober- und
Unterkiefer

Wände der Mundhöhle
Zunge mit Abschnitten, Muskeln, Drüsen, Schleimhaut, Papillen sowie sensible, sensorische und motorische Innervation
Waldeyer-Rachenring
Begrenzung des Isthmus faucium mit weichem Gaumen und Gaumenbögen mit Muskeln und Innervation

Artikulation (Vokale, Konsonanten, Formanten)

6.1 Übersicht über die Sprechorgane

Genau wie die Bildung der Stimme ist das Sprechen
eine motorische Funktion, d.h. es werden Muskeln
der Sprechorgane (**Artikulationsorgane**) für die
Bildung der Sprachlaute (Artikulation) eingesetzt.
Das Sprechen ist so eng mit dem Hören verbunden
(☞ Kap. 8), dass von Geburt an taube Menschen
auch stumm sind und nur mit größter Mühe ansatz-
weise das Sprechen erlernen können.

> **Artikulation** (lat. articulatio): Gelenk, aber auch
> gegliederter Vortrag, Gliederung des Gesproche-
> nen, Lautbildung

Die Artikulationsorgane sind stammesgeschichtlich
ursprünglich als Organe des Verdauungstraktes angelegt, d.h. zuständig für die Aufnahme, die Zer-
kleinerung und den Transport der Nahrung aus der
Mundhöhle über den unteren Rachen und die
Speiseröhre in den Magen. Beim Menschen werden
sie zusätzlich zur Lautbildung eingesetzt und zu diesem Zweck vom Nervensystem gesteuert und koordiniert.
Zu den aktiv beweglichen Teilen der Sprechorgane
gehören als einziges Gelenk das von den Kaumuskeln bewegte Kiefergelenk, die mimischen Muskeln
der Mund- und Wangenregion, die Zunge (mit
Binnen-, Außenmuskulatur und Mundboden), das
Gaumensegel mit dem Zäpfchen und die Gaumenbögen an der hinteren Öffnung der Mundhöhle. An
unbeweglichen Elementen der Sprechorgane sind

die Zähne, Teile des Ober- und Unterkiefers sowie
der harte Gaumen zu nennen.

6.2 Entwicklung und Anatomie der Sprechorgane

Um den Aufbau, die Funktion und evtl. auch sprachtherapeutisch relevante Folgen von Fehlentwicklun-
gen (z. B. Lippen-Kiefer-Gaumen-Spalten) im Bereich
der Sprechorgane zu verstehen, soll der Darstellung
der Anatomie und Physiologie an den Stellen, wo es
nötig und sinnvoll erscheint, auch eine kurze Beschreibung der Entwicklung vorangestellt werden.

6.2.1 Kiefergelenk und Kaumuskeln

Entwicklung

Wie schon im Kapitel 5.1 dargestellt (Entwicklung
des Kehlkopfs), gehen mehrere Strukturen im Bereich der späteren Halsregion aus dem Material der
Schlundbögen hervor. Dies gilt auch für den Ober-
und Unterkiefer, die sich aus dem ersten Schlundbogen entwickeln.
Aus dem Material des ersten Schlundbogens entstehen zwei paarige Wülste der späteren Gesichtsregion,
die man als Oberkieferwulst und Unterkieferwulst
bezeichnet (Abb. 6.1). Die beiden Unterkieferwülste
verschmelzen schon früh miteinander, die beiden
Oberkieferwülste bleiben zunächst links und rechts
getrennt. Zwischen die beiden Oberkieferwülste
schiebt sich von oben ein weiterer Wulst, der als
Stirnfortsatz bezeichnet wird. Er bildet an seinem
unteren seitlichen Ende die Nasenwülste aus, die die
Riechgruben (Position der späteren Nasenlöcher)
umgeben und begrenzen (Abb. 6.1b).
Fünf Wülste (Stirnfortsatz, zwei Ober- und zwei
Unterkieferwülste) begrenzen während dieses Stadi-
ums der Embryonalentwicklung (Alter: 5–6 Wochen)

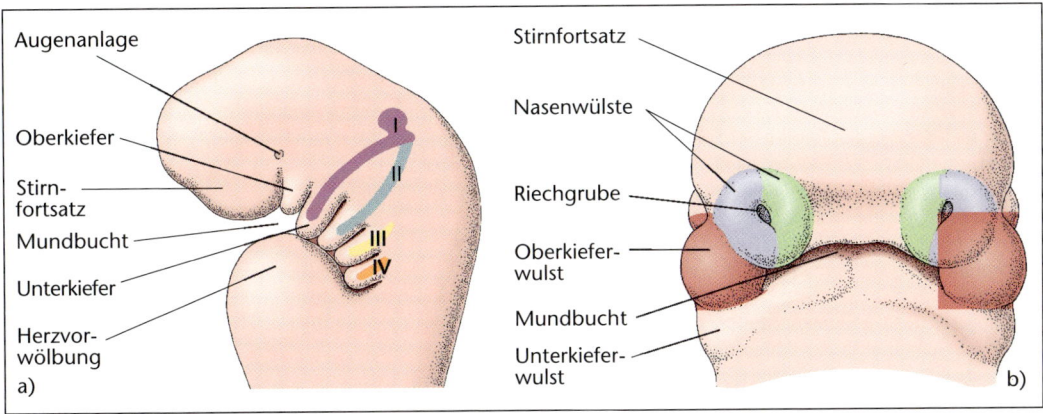

Abb. 6.1 Frühentwicklung der Gesichtsregion. a) Embryo, 4 Wochen alt, seitliche Ansicht, die Knorpelanlagen der 4 Schlundbögen (I–IV) sind farbig dargestellt; b) Embryo, 5 Wochen alt, Ansicht von vorne

die im Zentrum der Gesichtsregion liegende primitive Mundbucht, die im Zuge der weiteren Entwicklung Anschluss an den Verdauungstrakt (Vorderdarm: Mundhöhle, Rachen, Speiseröhre, Magen) bekommt (Abb. 4.16).

Im Unterkieferwulst bildet sich eine Knorpelspange, die später wieder abgebaut wird, aber die ungefähre Position des späteren Unterkiefers (**Mandibula**) angibt (Abb. 6.1a).

> **Mandibula** (lat.): Unterkiefer; manchmal eingedeutscht auch als „Mandibel" bezeichnet, abgeleitet von mandere (lat.): kauen
> Maxilla (lat.): Oberkiefer

Aus dem embryonalen Bindegewebe der Oberkieferwülste, die erst später weitgehend miteinander verschmelzen, entstehen der Oberkiefer (**Maxilla**), das Jochbein des seitlichen Gesichtsschädels sowie ein Teil des Schläfenbeins.

Das Kiefergelenk entsteht nicht zwischen Ober- und Unterkiefer, sondern zwischen dem beweglichen Unterkiefer und einer Knochengrube des Schläfenbeins. Der Oberkiefer ist ein Teil des Gesichtsschädels, der mit der Schädelbasis verbunden und nicht eigenständig beweglich ist.

Die Muskeln, die den Unterkiefer im Kiefergelenk bewegen, sind die Kaumuskeln. Sie entstehen ebenfalls aus dem Material des ersten Schlundbogens. Diese Muskeln werden vom zugehörigen ersten Schlundbogennerven versorgt, der in seiner endgültigen Form als Drillingsnerv (Nervus trigeminus, 5. Hirnnerv) bezeichnet wird (siehe unten).

Aufbau des Kiefergelenks

Das Kiefergelenk (allgemeine Informationen zum Thema Gelenke ☞ Kap. 4.1.1) wird auch als Unterkiefer-Schläfenbein-Gelenk (**Articulatio temporomandibularis**) bezeichnet, weil sich in diesem Gelenk der Unterkiefer gegen den Schläfenbeinabschnitt der Schädelbasis bewegen lässt.

> **Articulatio temporomandibularis** articulatio (lat.): Gelenk, temporo- bezieht sich auf Os temporale (lat. Schläfenbein), mandibularis (lat.): zum Unterkiefer (mandibula) gehörig

Der Unterkiefer ist aus den beiden Unterkieferwülsten entstanden (Abb. 6.1b). Dabei sind beide Hälften zu einem spiegelbildlich-symmetrischen Knochen zusammengewachsen (Abb. 5.4). Der gebogene Teil des Knochens wird als Unterkieferkörper (**Corpus mandibulae**) bezeichnet; er geht nach hinten an beiden Seiten in den Unterkieferast (**Ramus mandibulae**) über. Der sog. Kieferwinkel (**Angulus mandibulae**) markiert den Übergang des Körpers in den Ast (Abb. 6.2).

Jeder der beiden Äste gabelt sich weiter auf. Der vordere Ausläufer ist der Kronenfortsatz (**Processus coronoideus**), an dem der Schläfenmuskel (einer der Kaumuskeln) seinen Ansatz hat. Der hintere Ausläufer beteiligt sich am Kiefergelenk und wird deshalb Gelenkfortsatz (**Processus condylaris**) genannt (Abb. 6.2a).

> **: Mandibula (Unterkiefer)**
> Corpus (lat.): Körper, Ramus (lat.): Ast, Caput (lat.): Kopf, mandibulae: Genitiv von mandibula, lat. Unterkiefer
> Processus (abgekürzt Proc.) lat.: Fortsatz, Fortgang, Verlauf (vgl. den juristischen Begriff „Prozess")
> coronoideus (lat.): kronenförmig, von corona (lat.): Krone
> condylaris (lat.): gelenkknorrenförmig, von condylus (lat.): Gelenkknorren (kräftiger Knochenausläufer)

Das obere Ende des Gelenkfortsatzes ist der Unterkieferkopf (**Caput mandibulae**; Abb. 6.2b). Der Unter-

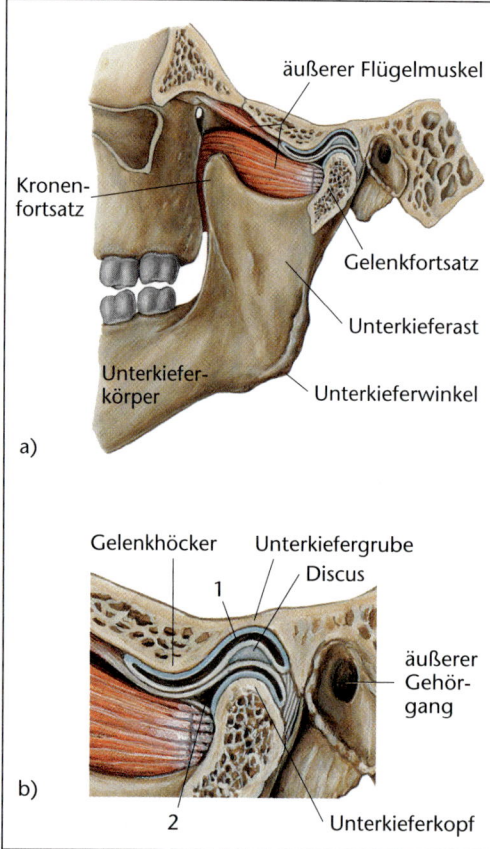

Kronenfortsatz

äußerer Flügelmuskel

Gelenkfortsatz

Unterkieferast

Unterkieferkörper

Unterkieferwinkel

a)

Gelenkhöcker   Unterkiefergrube

1   Discus

äußerer Gehörgang

b)

2   Unterkieferkopf

Abb. 6.2 a) seitliche Ansicht des linken Kiefergelenks und seiner Umgebung (b Ausschnitt), teilweise im Sägeschnitt. 1 diskotemporale Kammer, 2 diskomandibulare Kammer. Als einziger Kaumuskel ist der äußere Flügelmuskel dargestellt

kieferkopf bildet den Gelenkkopf des Kiefergelenks, der sich in der Gelenkpfanne bewegt; Kopf und Pfanne eines Gelenks sind von Gelenkknorpel überzogen.

Die Gelenkpfanne wird vom Schläfenbein (**Os temporale**) gebildet, einem Knochen, der mit seinen Abschnitten sowohl am Aufbau der Schädelbasis als auch am seitlichen Schädeldach beteiligt ist. Die Gelenkpfanne des Kiefergelenks wird als Unterkiefergrube (Fossa mandibularis) bezeichnet, da sie den Unterkieferkopf aufnimmt. Die vordere Begrenzung der Unterkiefergrube bildet ein ebenfalls von Gelenkknorpel überzogenes Gelenkhöckerchen (**Tuberculum articulare**).

> **: Os temporale** Os (lat.): Knochen, Bein, temporale: Neutrumform von temporalis (lat.): zur Schläfe gehörig (von tempus, lat.: Zeit; da mit der Zeit die Schläfen grau werden …)
> **Fossa mandibularis** Fossa (lat.): Grube, mandibularis (lat.): zum Unterkiefer gehörig
> **Tuberculum articulare** Tuberculum (lat.): Höckerchen, articulare: Neutrum-Form von articularis (lat.): zum Gelenk gehörig

> **Verrenkung des Kiefergelenks**
> Weil die Gelenkkapsel des Kiefergelenks relativ schlaff ist, kann bei übermäßiger Öffnung des Mundes eine Verrenkung (Luxation) auftreten; dabei schiebt sich der Unterkieferkopf vor das Gelenkhöckerchen und wird durch die Anspannung der Kaumuskeln dort fixiert; nur mit erheblicher Kraftanwendung kann das Kiefergelenk dann wieder „eingerenkt" werden.

Bei einigen Gelenken des menschlichen Körpers passen der Gelenkkopf und die Gelenkpfanne nicht optimal ineinander. Zum Ausgleich finden sich dann Knorpelstrukturen in der Gelenkhöhle, die diese teilweise oder vollständig unterteilen, eine Druckverteilungsfunktion besitzen und für einen Ausgleich der schlechten „Passgenauigkeit" sorgen.

Eine Knorpelstruktur, die eine Gelenkhöhle unvollständig unterteilt, wird als **Meniscus** bezeichnet; sie existiert nur im Kniegelenk. Knorpelscheiben oder -platten, die eine Gelenkhöhle vollständig unterteilen, heißen **Discus**. Ein solcher Discus findet sich im Kiefergelenk, aber auch in einigen anderen Gelenken des Körpers.

Der Discus des Kiefergelenks ist mit der bindegewebigen Gelenkkapsel verwachsen und teilt die Gelenkhöhle dadurch in zwei Abteilungen, die man als **diskotemporale** und **diskomandibulare** Kammern bezeichnet.

> **Meniscus** (griech. meniskos): mondförmiger Körper
> Discus (lat.) oder diskos (griech.): (Wurf)scheibe
> diskomandibular: von discus (Scheibe) und mandibula (Unterkiefer); Kammer zwischen Unterkieferkopf und Discus
> **diskotemporal** discus (Scheibe) und Os temporale (Schläfenbein); Kammer zwischen Discus und Unterkiefergrube des Schläfenbeins

Mechanik des Kiefergelenks

Die Mechanik des Kiefergelenks ist recht kompliziert. Das liegt daran, dass beide Kiefergelenke immer zusammenarbeiten müssen, dass sich unterschiedliche Bewegungen in den diskotemporalen und diskomandibularen Kammern beschreiben lassen, dass bei bestimmten Bewegungen auch die Kauflächen der Zähne eine Rolle spielen und dass sich der Aufbau des Ober- und Unterkiefers im Laufe des Lebens im Zusammenhang mit Veränderungen des Gebisses ebenfalls verändert.

Vereinfacht lässt sich das Kiefergelenk als Schiebe-Scharnier-Gelenk bezeichnen. In der diskomandibularen Kammer findet hauptsächlich die Scharnierfunktion statt, die man durch das Bewegungspaar Öffnen und Schließen des Mundes oder analog Senken und Heben des Unterkiefers charakterisiert.

In der diskotemporalen Kammer dominiert die Schiebebewegung, bei der der Unterkiefer vor- und zurückgeschoben wird.

Beide Bewegungen lassen sich nicht ganz unabhängig voneinander ausführen. So ist beim Öffnen des Mundes immer auch eine Schiebebewegung nach vorne zu beobachten, beim Schließen des Mundes eine Schiebebewegung nach hinten.

> **Okklusion und Artikulation**
> Okklusion (lat. occlusio): Verschluss; bedeutet in der Zahnheilkunde die sog. Schlussbissstellung des Kiefergelenks; der Mund ist geschlossen, die Zahnreihen werden durch die Kaumuskeln aufeinandergepresst.
> Artikulation (lat. articulatio): Gelenk; bedeutet in der Zahnheilkunde die durch die Kaumuskeln ausgeführten Bewegungen der Zahnkauflächen (Flächen der Zähne, die gegeneinander gerichtet sind) aufeinander.

Bei Mahlbewegungen (wie bei den Wiederkäuern) lassen sich zusätzlich auch noch jeweils auf einer Seite Drehbewegungen um eine senkrechte Achse durchführen, während sich die andere Seite nach vorne schiebt.

Kaumuskeln

Auch die je vier Kaumuskeln auf beiden Seiten haben sich aus dem Material des ersten Schlundbogens entwickelt. Man gliedert sie in eine Hauptgruppe mit drei Muskeln, die für den Kieferschluss bzw. das Heben des Unterkiefers zuständig sind, und eine Nebengruppe mit einem Muskel, der die Kieferöffnung bzw. das Senken des Unterkiefers einleitet.

Für die vollständige Kieferöffnung sind nicht die Kaumuskeln, sondern die oberen und unteren Zungenbeinmuskeln (☞ Kap. 5.2.1), die Wirkung der Schwerkraft und die nachlassende Anspannung der Schließmuskeln des Kiefergelenks zuständig.

Kieferschluss

Drei der vier Kaumuskeln bewirken bei ihrer Kontraktion ein Heben des Unterkiefers bzw. einen Kieferschluss mit Schließen des Mundes. Es sind dies bei wörtlicher Übersetzung des Fachbegriffs der „Kaumuskel" im eigentlichen Sinn oder zur Abgrenzung von den anderen Kaumuskeln dann eingedeutscht der „Masseter" (**M. masseter**), der Schläfenmuskel (**M. temporalis**) und der innere Flügelmuskel (**M. pterygoideus medialis**) (Abb. 6.3).

> **M.** Abkürzung für Musculus (lat.) Muskel
> **masseter** (griech.): der Kauende
> **temporalis** (lat.): zum Schläfenbein (Os temporale) gehörig
> **pterygoideus** (lat.): zur Flügelgrube bzw. zum Flügelfortsatz des Keilbeins gehörig (pterygion, griech.: Flügelchen); das Keilbein ist ein kompliziert aufgebauter Knochen der Schädelbasis, der u.a. eine sog. Flügelgrube und einen Flügelfortsatz aufweist, wo die entsprechenden Flügelmuskeln ihren Ursprung haben (Abb. 6.3)
> **medialis** (lat.): zur Mitte hin gelegen, der innere
> **lateralis** (lat.): seitlich gelegen, der äußere

Für sich alleine genommen ist der Schläfenmuskel der kräftigste Schließmuskel im Kiefergelenk. Er entspringt breit gefächert von der Schläfenregion des Schädels, die vom Schläfenbein gebildet wird. Anspannung und Entspannung des Muskels beim Kauen lassen sich unter der Haut der Schläfenregion beo-

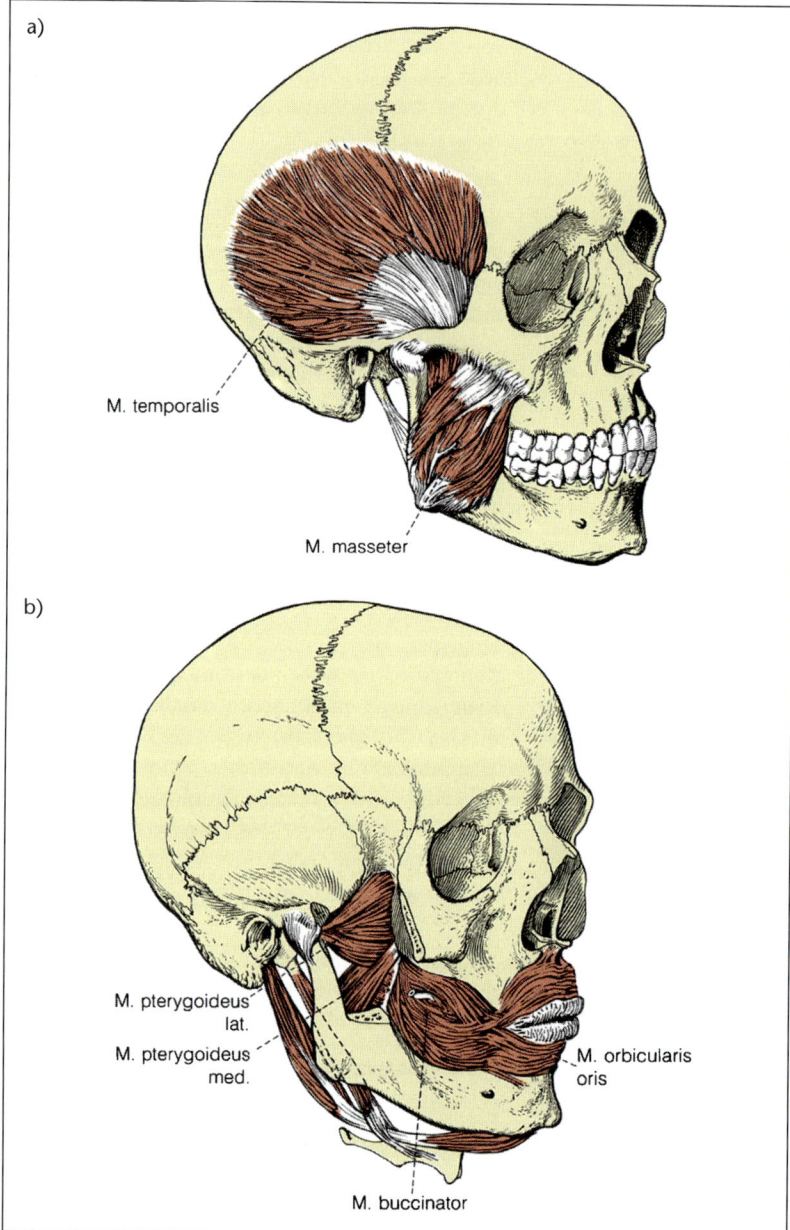

a)

M. temporalis

M. masseter

b)

M. pterygoideus
lat.

M. pterygoideus
med.

M. orbicularis
oris

M. buccinator

Abb. 6.3 Schematische Darstellung der Kaumuskulatur. a) Darstellung des M. temporalis und des M. masseter, b) Darstellung des M. pterygoideus medialis und des M. pterygoideus lateralis sowie von zwei mimischen Muskeln (vgl. Kap. 6.2.2)

bachten. „Eingefallene Schläfen" deuten nicht nur auf starke Abmagerung, sondern auch auf eine Degeneration des Schläfenmuskels hin, wie sie im höheren Alter und bei Verlust der Zähne auftreten kann.

Die Muskelfasern des Schläfenmuskels laufen zu einer kräftigen Sehne zusammen, die unter dem Jochbogen zum Kronenfortsatz des Unterkiefers zieht,

wo der Muskel seinen Ansatz hat. Seine Funktion besteht außer im Kieferschluss und Zubeißen auch noch darin, mit seinen hintersten Fasern den Unterkiefer zurückzuziehen (Abb. 6.3a).

Der Masseter und der innere Flügelmuskel bilden eine Muskelschlinge (Abb. 6.3a+b), die von oben kommend den Unterkiefer in der Gegend des Kieferwinkels umfasst. Der Masseter bildet den äußeren Teil der Muskelschlinge, der innere Flügelmuskel den inneren Teil. Der Masseter hat seinen Ursprung am Jochbogen, während der innere Flügelmuskel von der Flügelgrube und vom Flügelfortsatz des Keilbeins, einem kompliziert aufgebauten Knochen der Schädelbasis, entspringt. Die Kraftentfaltung der Muskeln dieser Muskelschlinge ist zusammen genommen noch höher als die des Schläfenmuskels alleine.

Schräg verlaufende Fasern der Muskelschlinge aus Masseter und innerem Flügelmuskel unterstützen auch die Schiebebewegung des Unterkiefers nach vorne.

Einleitung der Kieferöffnung

Der äußere Flügelmuskel (**M. pterygoideus lateralis**) hat seinen Ursprung ebenfalls am Flügelfortsatz und an benachbarten Strukturen des Keilbeins (Abb. 6.3b); seine Fasern verlaufen allerdings fast horizontal und erreichen den Discus des Kiefergelenks und den Gelenkfortsatz des Unterkieferastes. Bei Kontraktion des äußeren Flügelmuskels wird der Unterkiefer vorgeschoben und die Mundöffnung eingeleitet.

Innervation der Kaumuskeln

Die Kaumuskeln sind Abkömmlinge des ersten Schlundbogens. Der Drillingsnerv (**N. trigeminus**, 5. Hirnnerv, ☞ Kap. 7.11.2) ist für die sensible und motorische Versorgung der aus dem ersten Schlundbogen entstandenen Strukturen zuständig. Allerdings sind der erste und zweite Ast des N. trigeminus rein sensibel und versorgen nur entsprechende Abschnitte der Haut und Schleimhaut, während der dritte Ast des N. trigeminus sensible und motorische Äste mit sich führt. Dieser dritte Trigeminusast wird Unterkiefernerv bzw. **N. mandibularis** genannt.

Vereinfacht wird teilweise der gesamte motorische Teil des N. mandibularis auch als Kaunerv, **N. masticatorius** (eingedeutscht Mastikatorius) bezeichnet;

> ⁞ **N.:** Abkürzung von Nervus (lat.): Nerv (Plural: Nervi, abgekürzt Nn.)
> **trigeminus** (lat.): dreifach, Drillings-
> **mandibularis** (lat.): zum Unterkiefer (mandibula) gehörig
> **temporales,** Plural von temporalis (lat.): zur Schläfe gehörig
> **profundi** (lat.): Plural von profundus (lat.): tief
> **masticatorius** (lat.): zur Mastikation (Kauvorgang) gehörig

genau gesehen ist es nur der vordere Ast des N. mandibularis, von dem allerdings die meisten Kaumuskeln versorgt werden.

Von der motorischen Abteilung des Unterkiefernervs gehen Äste zu den Kaumuskeln ab, die wie die einzelnen Kaumuskeln genannt werden:

- Masseter: Masseternerv (N. massetericus)
- Schläfenmuskel: tiefe Schläfennerven (**Nn. temporales profundi**)
- innerer Flügelmuskel: innerer Flügelnerv (N. pterygoideus medialis)
- äußerer Flügelmuskel: äußerer Flügelnerv (N. pterygoideus lateralis).

> **Kaumuskellähmung („Mastikatoriuslähmung")**
> Eine einseitige Lähmung der Kaumuskeln durch Ausfall des Kaumuskelnerven wirkt sich auf den Kieferschluss kaum aus, allerdings weicht der Unterkiefer zur Seite der Lähmung ab, wenn der Mund geöffnet wird.

6.2.2 Mimische Muskeln

Die **mimischen** Muskeln entstehen aus dem Material des zweiten Schlundbogens (☞ Kap. 5.1) und werden vom zweiten Schlundbogennerven, dem Gesichtsnerven (**N. facialis**, 7. Hirnnerv, ☞ Kap. 7.11.3), versorgt. Im Folgenden sollen nur die im weitesten Sinne sprachtherapeutisch relevanten mimischen Muskeln besprochen werden.

> ⁞ **mimisch** (lat. mimicus): possenhaft, den Gesichtsausdruck betreffend
> **N.:** Abkürzung von Nervus (lat.): Nerv
> **N. facialis** (lat.): zum Gesicht (facies) gehörig

Die Bezeichnung „mimische Muskeln" ist funktionell, weil eine ihrer Aufgaben darin besteht, den Gesichtsausdruck zu verändern und damit seelische Regungen widerzuspiegeln. Da diese Muskelgruppe aber weit mehr Funktionen, speziell auch bei der Artikulation, aufweist, ist die Bezeichnung „Hautmuskeln des Gesichtes und Kopfes" oder „oberflächliche Gesichts- und Halsmuskulatur" treffender.

Diese Muskelgruppe zeichnet sich dadurch aus, dass sie im Gegensatz zu fast allen anderen Skelettmuskeln ihren Ansatz nicht an knorpeligen oder knöchernen Skelettelementen, sondern an der Gesichts- und Halshaut bzw. an Gesichtsweichteilen hat. Diese Muskeln sind überwiegend mit der Haut verwachsen und bewegen diese, wenn sie sich kontrahieren. Die Gesichtsweichteile, die von diesen Muskeln bewegt werden können, sind die Augenlider, die Nasenflügel, die Wangen und vor allem die Lippen.

Am Hals und im Bereich des Schädeldachs sind die mimischen Muskeln ausgedehnt und flach. Speziell um die Mundöffnung, die Nasenlöcher und die Lidspalten herum finden sich jedoch auch Muskelzüge, die ringförmig verlaufen und die jeweilige Öffnung verkleinern, sowie Muskelzüge, die durch ihren strahlenförmigen („radiären") Verlauf die entsprechenden Öffnungen erweitern können (Abb. 6.4, 6.5).

Mimische Muskeln der Stirn- und Augenregion

Im seitlichen Gesichtsbereich verzweigt sich der Gesichtsnerv (N. facialis), der die mimischen Muskeln innerviert, in einen oberen und einen unteren Ast. Lähmungen des Gesichtsnerven („**Fazialisparesen**") spielen bei Artikulationsstörungen eine große Rolle; dabei unterscheidet man eine **zentrale** und eine **periphere** Fazialisparese.

Bei beiden Pareseformen fallen die für die Artikulation relevanten mimischen Muskeln der Mund-, Wangen- und Nasenregion, die vom unteren Ast des N. facialis versorgt werden, komplett aus und die Haut der entsprechenden Gesichtsregion hängt schlaff herunter.

Bei der zentralen Fazialisparese bleibt die Innervation der mimischen Muskeln der Stirn- und Augenregion, die vom oberen Ast des N. facialis versorgt werden, überwiegend intakt, so dass das Stirnrunzeln und der Lidschluss erhalten bleiben. Hingegen fällt die Nervenversorgung dieser mimischen Muskeln bei der peripheren Fazialisparese ebenfalls aus.

> **Fazialisparese**
> Fazialis-: gemeint ist der Ausfall des Gesichtsnerven (Nervus facialis, 7. Hirnnerv);
> Parese (griech. paresis): Erschlaffung, bedeutet eigentlich leichte unvollständige Lähmung oder Schwäche eines Muskels; der Begriff wird aber auch auf den Nerven übertragen, der für die Versorgung des entsprechenden Muskels zuständig ist;
> zentral: die Störung findet im Zentralnervensystem statt;
> peripher: die Störung betrifft den peripheren Verlauf des Nerven (für Details ☞ Kap. 7.11.3).

Der mimische Muskel der Stirn- und Kopfhaut ist der **M. epicranius**, dessen Stirnabschnitt für das Stirnrunzeln verantwortlich ist (Abb. 6.4).

> **M. epicranius** epi- (griech.): oberhalb, cranium (lat.): Schädel
> **orbicularis** (lat.): in Form eines kleines Ringes oder Kreises (orbiculus: Verkleinerungsform von orbis, lat.: Kreis)
> **oculi** Genitiv von oculus (lat.): Auge

Der Augenringmuskel (**M. orbicularis oculi**) ist der Schließmuskel der Lidspalte und umgibt diese gürtelförmig bis in die Augenlider hinein (Abb. 6.4). Dieser Muskel hat als Schutzmuskel des Auges eine erhebliche Bedeutung:

- er sorgt durch den Lidschlag für eine Verteilung der Tränenflüssigkeit auf dem vorderen Auge, um ein Austrocknen der Hornhaut zu vermeiden,
- er kann durch mehrfach aufeinander folgende Kontraktionen kleinere Fremdkörper aus dem Auge entfernen,
- er schützt das Auge vor mechanischer Schädigung oder vor einem Schaden durch zu starke Lichtintensität,
- ein Verschluss der Lidspalte ist für den Schlaf notwendig aber auch bei starker körperlicher Anstrengung oder Bauchpresse (☞ Kap. 4.3.4) zum Schutz der Augenbindehautgefäße (ansonsten „geplatzte Äderchen").

Mimische Muskeln des Mundschlusses

Ähnlich wie beim Lidschluss wird die Mundöffnung von einem Ringmuskelsystem umgeben, das den Mund bei Kontraktion verschließen kann und bis in die Lippen hineinstrahlt. Dieser Muskel wird als Mundringmuskel oder **M. orbicularis oris** bezeichnet; er ist ein wesentliches Element der äußeren Gestalt der Mundöffnung und der Lippen.

> **M. orbicularis oris** orbicularis (lat.): in Form eines kleines Ringes oder Kreises (orbiculus: Verkleinerungsform von orbis, lat.: Kreis); oris: Genitiv von os (lat.): Mund

Der Mundringmuskel bildet kein geschlossenes Ringsystem um den Mund, sondern besitzt im Bereich der Mundwinkel Zwischensehnen, die die obere von der unteren Hälfte des Muskels trennen. Dadurch kann sich die obere Hälfte des Muskel-

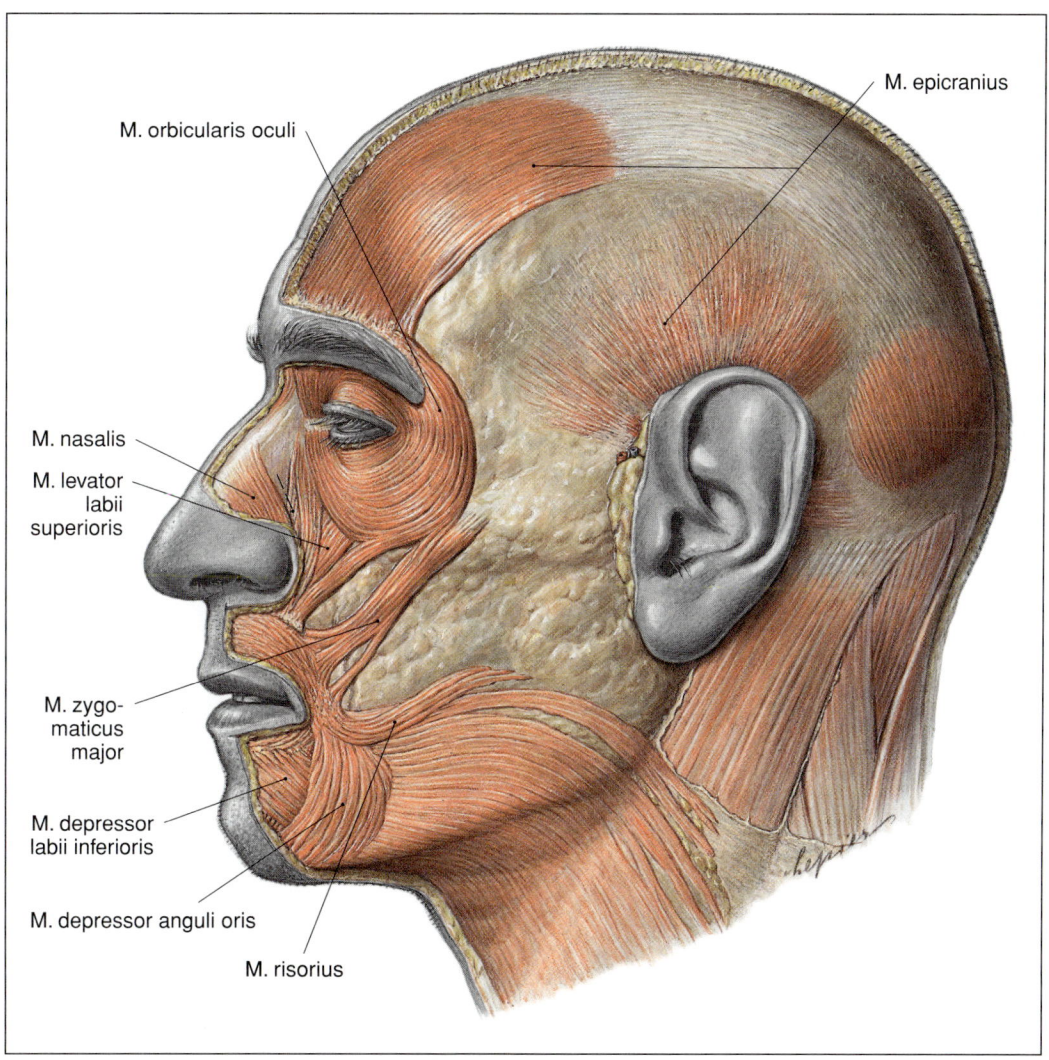

Abb. 6.4 Mimische Muskeln der linken Kopfhälfte (oberflächliche Schicht)

rings unabhängig von der unteren Hälfte kontrahieren.

Wenn sich der Mundringmuskel mit allen Abschnitten schwach kontrahiert, presst er die Lippen aufeinander und bildet die schmale, längs verlaufende Mundspalte. Bei starker Kontraktion des gesamten Muskels werden die Lippen ringförmig zusammengepresst („Schnütchen"; s. Abb. 6.6a).

Durch unterschiedliche Kontraktion einzelner Abschnitte des gesamten Muskelrings kann die Fläche des äußerlich sichtbaren Lippenrots (☞ Kap. 6.2.3), evtl. einschließlich eines Abschnitts der Mundschleimhaut, vergrößert bzw. verkleinert werden (schmale Lippen", „wulstige Lippen").

Der Mundringmuskel beeinflusst die Mimik, spielt eine Rolle bei der Nahrungsaufnahme (vor allem beim Saugen) und bei der Artikulation. Bei einer Lähmung des Muskels (meist einseitig) ist nicht nur die Artikulation beeinträchtigt, sondern auch die Nahrungs- und Flüssigkeitsaufnahme. Der Mundwinkel hängt auf der gelähmten Seite herab, der Mundschluss ist unzureichend und es kann Speichel herausfließen.

Mimische Muskeln der Mundöffnung

Die mimischen Muskeln, die den Mund mehr oder weniger weit öffnen bzw. die Mundwinkel verziehen, müssen strahlenförmig (radiär) von der Mundöffnung wegziehen.

Es lassen sich für jede Mundhälfte ein Heber der Oberlippe, ein Heber des Mundwinkels, ein Senker der Unterlippe und ein Senker des Mundwinkels unterscheiden (Abb. 6.5, 6.6c–e). Die Fachbezeichnungen dieser Muskeln leiten sich von ihrer Funktion und Lage ab:

• Heber der Oberlippe: **M. levator labii superioris**
• Heber des Mundwinkels: **M. levator anguli oris**
• Senker der Unterlippe: **M. depressor labii inferioris**

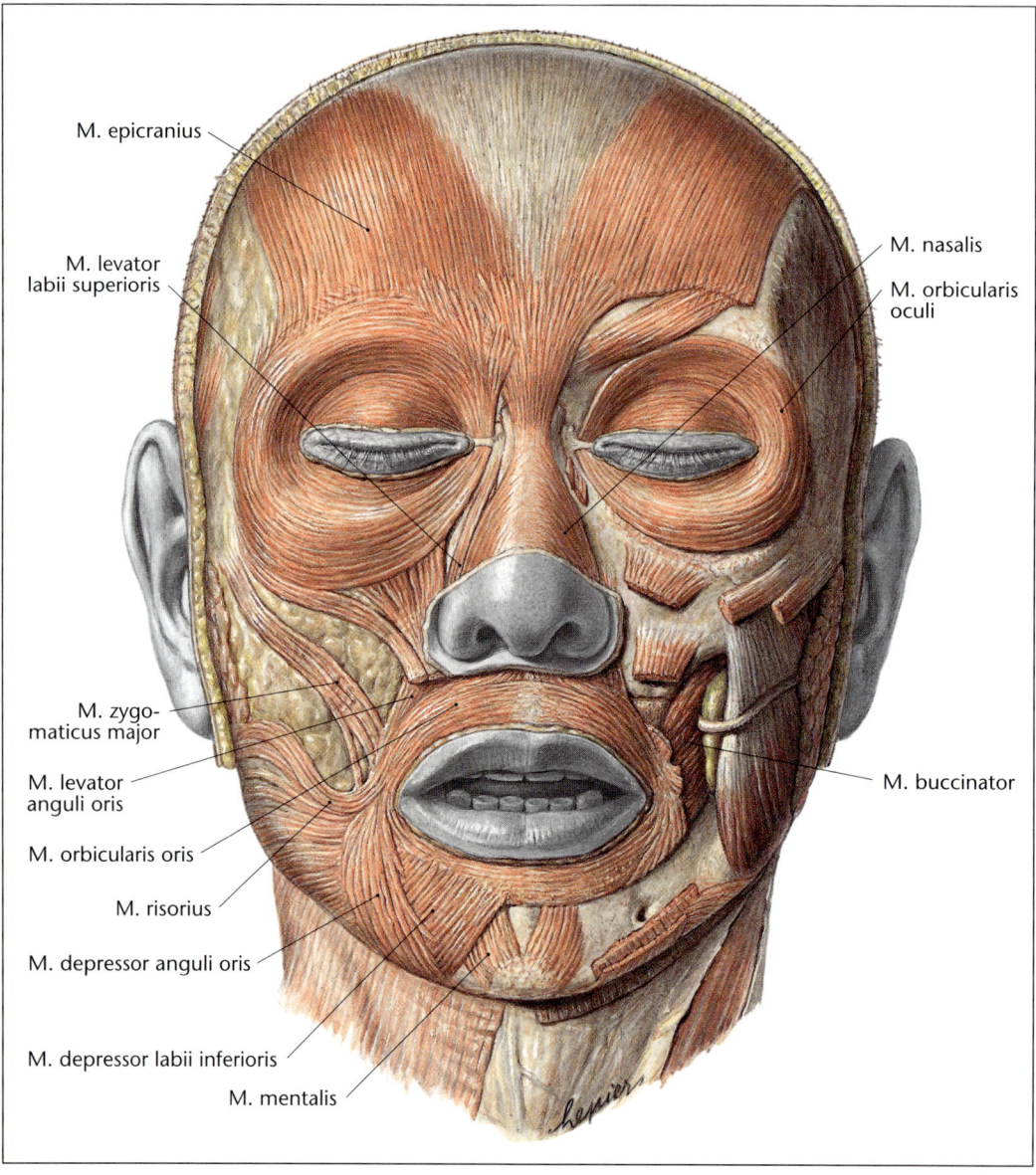

Abb. 6.5 Mimische Muskeln des Gesichtes in der Ansicht von vorn. In der rechten Gesichtshälfte sind die Muskeln der oberflächlichen Schicht, in der linken Gesichtshälfte die Muskeln der tiefen Regionen nach Entfernung der oberflächlichen Muskeln dargestellt

• Senker des Mundwinkels: **M. depressor anguli oris.**

> **levator** (lat.): Anheber; **depressor** (lat.): Senker
> **labii** Genitiv von labium (lat.): Lippe
> **anguli** Genitiv von angulus (lat.): Winkel, **oris** Genitiv von os (lat.): Mund
> **superioris** Genitiv von superior (lat.): der/die obere
> **inferioris** Genitiv von inferior (lat.): der/die untere

Weitere mimische Muskeln, die eine Mundöffnung vorbereiten oder begleiten können, vor allem aber auch eine Bedeutung bei der Gesichtsmimik haben, sind:

Kinnmuskel: **M. mentalis**
Lachmuskel: **M. risorius**
großer Jochbeinmuskel: **M. zygomaticus major**

> **mentalis** (lat.): zum Kinn (lat.: mentum) gehörig
> **risorius** (lat.): Lach- (risus, lat.: das Lachen)
> **zygomaticus** (lat.): zum Jochbein (lat.: Os zygomaticum) gehörig
> **major** (lat.): groß, der große

Der Kinn-Muskel ist paarig und stülpt die Unterlippe vor („Schnute", Abb. 6.6d). Der Lachmuskel

und der große Jochbeinmuskel sind ebenfalls in beiden Gesichtshälften vorhanden. Beide Muskeln ziehen den Mundwinkel nach außen und etwas auch nach oben, wie es beim Lachen und bei Gemütsregungen der Freude zu finden ist (Abb. 6.4, 6.5. 6.6b).

Mimischer Muskel der Wange

Das muskuläre Zentrum der Wangen bildet der Wangenmuskel (**M. buccinator**), der sich mit seinen Fasern bis in die Lippen und die Kinnregion fortsetzt (Abb. 6.5, 6.6f). Er wird vom Ausführgang der Ohrspeicheldrüse durchbohrt (☞ Kap. 6.2.3). Der Muskel hat eine Reihe bedeutsamer Funktionen:

• zusammen mit dem Mundringmuskel und der Zunge ist er beim Saugakt beteiligt, indem er die Wangen stabilisiert,
• bei der Nahrungsaufnahme ist er dafür verantwortlich, Speise aus dem Mundhöhlenvorhof zwischen den Zahnreihen hindurch in die eigentliche Mundhöhle zu drücken (☞ Kap. 6.2.3),
• der Muskel verhindert beim Zubeißen (in den meisten Fällen!), dass Wangenschleimhaut zwischen die Zahnreihen gerät und dadurch verletzt wird,
• beim Blasen eines Blasinstruments (z. B. Trompete) reguliert der Wangenmuskel die Spannung der Wange gegenüber dem Druck des Ausatemluft-

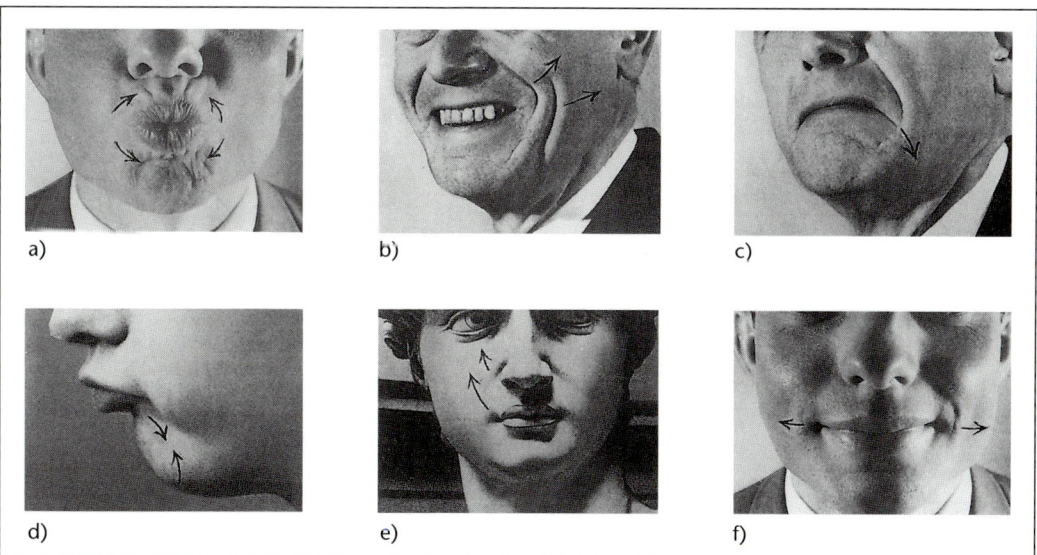

Abb. 6.6 Wirkung der mimischen Muskeln im Bereich von Mund, Nase und Wange auf Mundschluss bzw. Mundöffnung und auf den Gesichtsausdruck; a) Wirkung des M. orbicularis oris, b) Wirkung des M. risorius und des M. zygomaticus major, c) Wirkung des M. depressor anguli oris, d) Wirkung des M. depressor labii inferioris und des M. mentalis, e) Wirkung des M. levator labii superioris, f) Wirkung des M. buccinator

stroms (deshalb wird er auch als „Hornbläsermuskel" oder „Trompetermuskel" bezeichnet),
- der Muskel zieht den jeweiligen Mundwinkel nach außen (Abb. 6.6f) und hat entsprechende mimische Funktionen (Weinen, Lachen).

> **buccinator** (lat. bucca): Wange
> **procerus** (lat.): schlanker Nasenmuskel
> **nasalis** (lat. nasus): Nase

Mimische Muskeln der Nase

Der schlanke Nasenmuskel (**M. procerus**) befindet sich am Übergang vom Nasenrücken zur Stirn und ruft bei Kontraktion eine charakteristische quere Hautfalte an der Nasenwurzel hervor (Abb. 6.5).
Der Nasenmuskel (**M. nasalis**) befindet sich jeweils seitlich an der Nase in der Region zwischen Oberlippe und Nasenrücken (Abb. 6.4, 6.5). Der Muskel hebt die Oberlippe und entblößt die Schneidezähne. Mimisch ist der Muskel bei emotionalen Regungen der Fröhlichkeit, aber auch der Unzufriedenheit beteiligt.

6.2.3 Mundhöhle

Begrenzungen und Gesamtaufbau der Mundhöhle

Die Mundhöhle ist ein von Mundschleimhaut ausgekleideter Hohlraum, der den Beginn des Verdauungsapparats darstellt. Die Mundschleimhaut besteht aus einem mehrschichtigen, nicht verhornenden Plattenepithel (☞ 1.2.1) und einem darunter liegenden Bindegewebe mit zahlreichen kleinen und großen Drüsen, die den Mundspeichel bilden und in die Mundhöhle münden.
Man gliedert die Mundhöhle in den Vorhof (**Vestibulum oris**) und die eigentliche Mundhöhle im engeren Sinne (**Cavitas oris**). Diese beiden Abteilungen sind bei geschlossenem Mund getrennt durch die **Alveolarfortsätze** und Zahnbögen des Ober- und Unterkiefers. Der Mundhöhlenvorhof wird nach außen begrenzt durch die Schleimhaut der Lippen und Wangen sowie durch die Mundspalte und nach innen durch die Zahnbögen (Abb. 6.7).
Die eigentliche Mundhöhle wird nach außen begrenzt durch Zahnbögen, nach oben durch den Gaumen (☞ Kap. 6.2.5), nach unten durch den Mundboden und die Zunge (☞ Kap. 6.2.4) und nach hinten durch die Schlundenge mit den Gaumenbögen (☞ Kap. 6.2.5). Über die Schlundenge setzt sich der Verdauungstrakt weiter in den Mundrachenraum fort.

> **Vestibulum** (lat.): Vorhof; Cavitas (lat.): Höhle; oris: Genitiv von os (lat.): Mund; die Mundhöhle im engeren Sinne wird gelegentlich mit dem Zusatz „propria" versehen (weibl. Form von proprius. lat.: der eigene, eigentliche), um sie von der Mundhöhle insgesamt zu unterscheiden.
> **Alveolarfortsätze** bogenförmige Teile des Ober- und Unterkiefers, die die Zahnfächer (Alveolen, von alveolus, lat.: kleine Mulde) tragen

In der Mundhöhle wird die Nahrung zerkleinert und mit Speichel vermischt. Durch Inhaltsstoffe des Speichels kann die Verdauung der Nahrung bei guter Einspeichelung zu einem geringen Anteil bereits in der Mundhöhle beginnen. Die Mundhöhle mit ihren begrenzenden Strukturen stellt aber auch einen Teil des Ansatzrohrs sowie das wichtigste Artikulationsorgan dar.

Lippen und Wangen

Die Lippen (**Labia oris**; eingedeutscht „Labien") begrenzen als Ober- und Unterlippe die Mundspalte und nach innen den vorderen Abschnitt des Mundhöhlenvorhofs. Die Lippen stellen Weichteilfalten dar, die durch die in ihrem Inneren befindliche mimische Muskulatur (M. orbicularis oris, ☞ Kap. 6.2.2) eigenbeweglich sind. Diese Muskulatur bedingt auch die Funktionen der Lippen.
Auf der Oberlippe befindet sich außen in der Mitte eine kleine Längsfurche, die als **Philtrum** bezeichnet wird und durch die Verschmelzung der **medialen** Nasenwülste entstanden ist (☞ Kap. 6.2.5, vgl. auch Abb. 6.16).

> **Labia** Plural von labium (lat.): Lippe, oris: Genitiv von os (lat.): Mund
> **Philtrum** (lat.) aus philtron (griech.): Einbuchtung der Lippe, im alten Griechenland als, „Liebeszauber" angesehen
> **medial** (lat.): mittig, der innere

Die Lippenoberfläche wird außen durch behaarte Haut mit Haaren, Schweiß- und Talgdrüsen gebildet, nach innen durch Mundschleimhaut mit zahlreichen kleinen Speicheldrüsen, die als Lippendrüsen bezeichnet werden.
Als Übergangszone befindet sich zwischen diesen beiden Bedeckungen das sog. Lippenrot. Hier verschwinden Verhornung und Pigmentierung der äußeren Haut, so dass die Blutgefäße des Bindegewebes

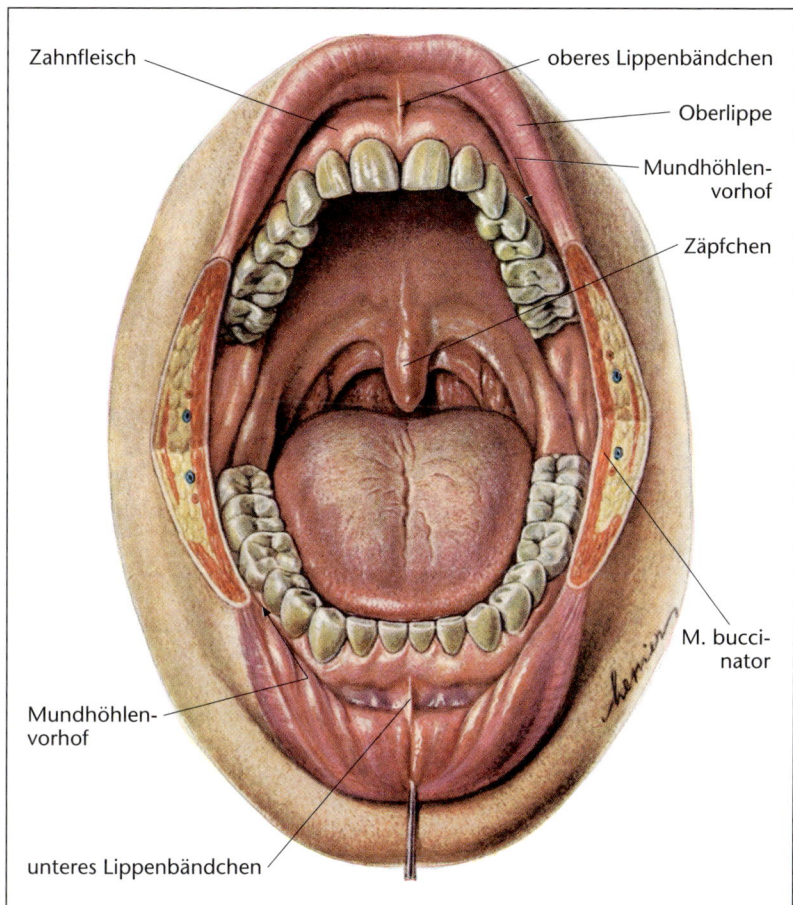

Zahnfleisch

oberes Lippenbändchen

Oberlippe

Mundhöhlen-vorhof

Zäpfchen

M. bucci-nator

Mundhöhlen-vorhof

unteres Lippenbändchen

Abb. 6.7 Blick in Mundhöhlenvorhof und eigentliche Mundhöhle; zur besseren Darstellung sind die Wangen seitlich eingeschnitten und ist die Unterlippe mit einem Haken herunter gezogen

hindurchschimmern. Die äußere Haut besitzt zum Schutz gegen Austrocknung den von den Talgdrüsen gebildeten Fettfilm. Da im Bereich des Lippenrots diese Talgdrüsen praktisch nicht vorkommen, muss hier immer wieder durch den Mundspeichel befeuchtet werden, damit das Epithel des Lippenrots nicht austrocknet und einreißt.

Die Mundschleimhaut auf den zahntragenden Fortsätzen des Ober- und Unterkiefers ist fest mit den darunter gelegenen Knochen verbunden und nicht verschieblich. In der Mittelebene bildet diese Schleimhaut mit der verschieblichen Mundschleimhaut der Ober- und Unterlippe ein Bändchen, das als oberes und unteres Lippenbändchen (Abb. 6.7) bezeichnet wird (**Frenulum labii superioris** bzw. **inferioris**).

Die Wangen (**Buccae**) haben einen sehr ähnlichen Aufbau wie die Lippen. Da sie sich seitlich an die Lippen anschließen und nicht mehr die Mundspalte begrenzen, fehlt ihnen natürlich eine dem Lippenrot analoge Übergangszone.

> **Frenulum** (lat.): Bändchen, Verkleinerungsform von frenum (lat.): Zügel, Band
> **labii** Genitiv von labium (lat.): Lippe
> **superioris** Genitiv von superius (lat.): das obere (Neutrum-Form von superior)
> **inferioris** Genitiv von inferius (lat.): das untere (Neutrum-Form von inferior)

Eine Besonderheit der Wangen stellt der Wangenfettpfropf (**Corpus adiposum buccae**; „**Bichat**-Fettpfropf") zu nennen, der sich unter der Haut und über dem Wangenmuskel befindet. Dieser Fettpfropf versteift die Wange und verhindert speziell beim Säugling, dass die Wange beim Saugen einfällt (das

„pausbäckige Aussehen" des gut genährten Säuglings wird durch diesen Fettpfropf bedingt).
Der mimische Muskel im Inneren der Wangen ist der Wangenmuskel (M. buccinator), der die oben besprochenen Funktionen der Wangen bewirkt (☞ Kap. 6.2.2).

> **Buccae,** Plural und Genitiv von bucca (lat.): Wange, Backe
> **Corpus** (lat.): Körper, adiposum (lat.): fettförmig; buccae, Genitiv von bucca (lat.): Wange
> **Bichat** Eigenname (franz. Anatom)

Speicheldrüsen

Teile des Epithels der Mundschleimhaut haben sich zu **exokrinen** Drüsen entwickelt, deren **sezernierende** Abschnitte im Bindegewebe unterhalb des Epithels liegen (☞ Kap. 1.2.1). Die Drüsen stehen über Ausführgänge mit der Oberfläche des Epithels in Verbindung, bilden und sezernieren den Mundspeichel.

> **exokrin** exo- (griech.): außen, draußen; krinein (griech.): ausscheiden
> **sezernieren** (lat. secernere): absondern
> **seromukös:** gemischter Speichel mit serösen und mukösen Anteilen; serös: dünnflüssig (entspricht in der Zusammensetzung weitgehend dem Blutserum), mukös: schleimig-dickflüssig (mucus, lat.: Schleim)

Zahlreiche, meist nicht weiter benannte kleine Speicheldrüsen befinden sich im Bereich des Vorhofs und der eigentlichen Mundhöhle. Sie produzieren einen **seromukösen** Speichel, der die Schleimhaut befeuchtet und die Bissen leicht auf der Schleimhaut gleiten lässt – er wird deshalb auch als Gleitspeichel bezeichnet.
Zusätzlich gibt es noch drei große paarige Speicheldrüsen, die nach ihrer Lage als Ohrspeicheldrüse (**Glandula parotis;** eingedeutscht oft nur „Parotis"), Unterkieferdrüse (**Glandula submandibularis**) und Unterkieferdrüse (**Glandula sublingualis**) bezeichnet werden.
Die größte der drei großen paarigen Speicheldrüsen ist die Ohrspeicheldrüse. Der sezernierende Anteil dieser Drüse liegt vor dem Ohr, auf dem Masseter (☞ Kap. 6.2.1, aber auch tief in der Region hinter dem Unterkieferast bis hin zum Rachen. Die Drüse hat einen mehrere cm langen Ausführgang

> **Glandula** (lat.): Drüse
> **parotis/parotideus** (lat.): beim Ohr gelegen, aus **para-** (griech.): nahebei, ous (griech.): Ohr (otos: Genitiv von ous)
> **submandibularis** sub- (lat.): unter, -mandibularis (lat.): zum Unterkiefer (mandibula) gehörig
> **sublingualis** sub- (lat.): unter, -lingualis (lat.): zur Zunge (lingua) gehörig

(Abb. 6.8), der aus dem oberen Drüsendrittel entspringt und zunächst nach vorne zieht. Dieser sog. **Ductus parotideus** durchbohrt dann den M. buccinator (☞ Kap. 6.2.2) und mündet auf der Schleimhaut des oberen Mundhöhlenvorhofs auf der Höhe des 2. Mahlzahns (hier legt der Zahnarzt ein Watteröllchen ein, um den Speichelfluss während einer Zahnuntersuchung oder -behandlung aufzunehmen).

> **Mumps**
> Als Mumps, Ziegenpeter oder Parotitis epidemica bezeichnet man eine vor allem im Kindesalter häufige Infektion der Ohrspeicheldrüse, aber meist auch der anderen Speicheldrüsen, mit dem Mumps-Virus. Die Ohrspeicheldrüse ist hierbei schmerzhaft angeschwollen; durch die Nähe zu den Kaumuskeln und zum Kiefergelenk ist das Kauen schmerzhaft. Ein sehr guter Schutz vor dieser Krankheit ist die Impfung im Kleinkindalter, z. B. als Dreifachimpfung (MMR: Mumps-Masern-Röteln). Bei einer Infektion ohne Impfschutz können Komplikationen auftreten durch Entzündung der Bauchspeicheldrüse, der Keimdrüsen (Unfruchtbarkeit!), der Hirnhäute und des Gehirns.
> **Parotitis** (lat.): Entzündung der Parotis (Ohrspeicheldrüse)
> **epidemica** (lat.): ansteckend

Durch das Drüsengewebe der Ohrspeicheldrüse hindurch ziehen fächerförmig nach vorne zu den mimischen Muskeln ausstrahlend die motorischen Äste des Gesichtsnerven (N. facialis, ☞ Kap. 7.11.3); sie können bei operativen Eingriffen an der Ohrspeicheldrüse und ihrer Umgebung gefährdet sein.
Die Ohrspeicheldrüse produziert ein seröses Sekret, das sich mit dem mehr oder weniger mukösen Sekret der anderen Drüsen unterschiedlich stark mischt. Durch unterschiedlich starke Sekretion der einzelnen Speicheldrüsen kann die Zusammensetzung des Mundspeichels variieren.
Die Unterkieferdrüse (**Glandula submandibularis**) produziert einen gemischten Speichel mit serösen

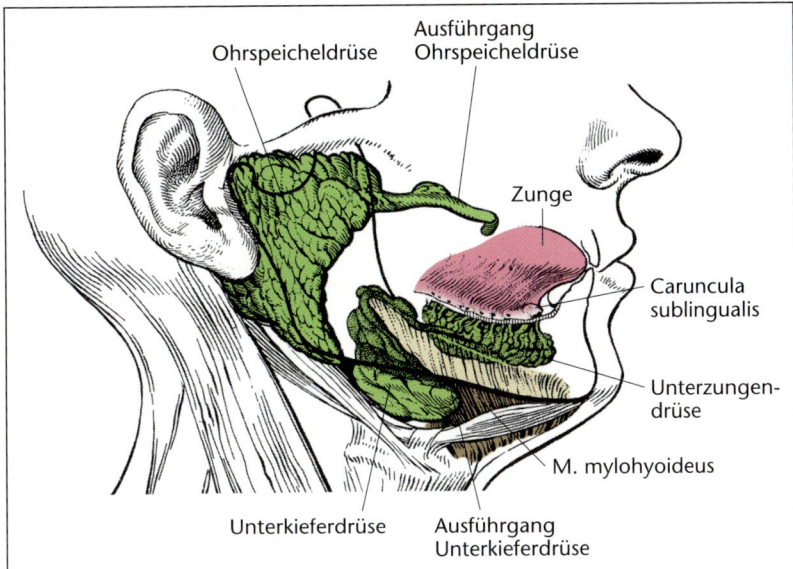

Abb. 6.8 Übersicht über die großen Speicheldrüsen (grün) der rechten Kopfhälfte, außerdem ist der vordere Zungenabschnitt (rot) dargestellt

und mukösen Anteilen. Sie liegt zwischen Unterkiefer und Mundboden und ist dort tastbar (Abb. 6.8). Ihr Ausführgang (**Ductus submandibularis**) zieht hinten um die Muskelplatte des Mundbodens herum und gelangt in die eigentliche Mundhöhle. Dort befindet sich unter der Zunge die fast nur mukösen Speichel produzierende Unterzungendrüse (**Glandula sublingualis**), deren kurzer Ausführgang (**Ductus sublingualis**) zusammen mit dem der Unterkieferdrüse auf einem kleinen Schleimhauthöckerchen (**Caruncula sublingualis**) links und rechts vom Zungenbändchen mündet (auch hier wird Speichel bei der zahnärztlichen Untersuchung oder Behandlung mit Sauger und Watteröllchen aufgenommen) (Abb. 6.9).

> **Ductus** (lat.): Gang
> **Caruncula** (lat.): Höckerchen

Die gesamte Menge des von allen Speicheldrüsen täglich produzierten Mundspeichels schwankt zwischen einem halben und anderthalb Liter. Durch Kauen, Sinnesreize, mechanische Stimulation oder auch durch reine Vorstellungskraft („mir läuft das Wasser im Munde zusammen"), lässt sich die Speichelmenge über den sog. Ruhespeichel hinaus erheblich stimulieren. Dieser dabei zusätzlich produzierte Speichel ist dünnflüssig und stammt überwiegend aus der Ohrspeicheldrüse.

Der Speichelfluss wird auch vom vegetativen Nervensystem (☞ Kap. 7.12) beeinflusst. Bei Stress- und Prüfungssituationen ist der Speichelfluss stark gehemmt, so dass man das Gefühl eines „trockenen Halses" oder einer „trockenen Kehle" hat. Dabei kann selbst das Sprechen fast unmöglich werden, so dass man durch Trinken das Speicheldefizit ausgleichen muss.

Verringerter Speichelfluss wird oft als Medikamentennebenwirkung beobachtet, tritt aber auch bei einigen psychischen Erkrankungen auf.
Vermehrter Speichelfluss wird u. a. bei Entzündungen in der Mundhöhle, aber auch beim Zahndurchbruch bei Kindern gefunden.
Speichelsteine können sich durch Kalkablagerungen in den Ausführgängen der großen Speicheldrüsen bilden; dabei können Schwellungen und kolikartige Schmerzen beim Essen auftreten.
Zahnstein kann sich bei manchen Menschen an den Zähnen besonders im Bereich der Mündungen der Speicheldrüsen bilden; es handelt sich u. a. um Abscheidungen aus dem Mundspeichel.

Alveolarfortsätze, Zahnfleisch, Zähne

Sowohl der Ober- als auch der Unterkiefer bilden bogenförmige Fortsätze (vereinfacht als **Alveolarfortsätze** bezeichnet) aus, in denen sich Fächer (**Alveolen**) für die Zahnwurzeln befinden. Der diese Fä-

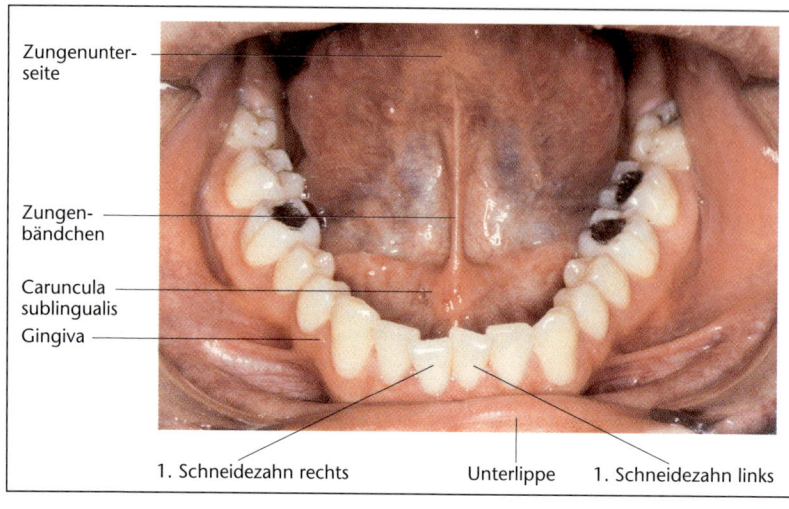

Zungenunter-
seite

Zungen-
bändchen

Caruncula
sublingualis
Gingiva

1. Schneidezahn rechts   Unterlippe   1. Schneidezahn links

Abb. 6.9 Vorderer Abschnitt der Mundhöhle in der Region unter der erhobenen Zunge

cher umgebende Knochen wird als **Alveolarknochen** bezeichnet (Abb. 6.10). Durch den Zahnhalteapparat sind die Zähne federnd in die Zahnfächer eingebaut. Der die Alveolarfortsätze bedeckende Teil der Mundschleimhaut ist fest mit dem Alveolarknochen verbunden, enthält keine Drüsen und wird als Zahnfleisch (**Gingiva**) bezeichnet.

> **Alveole** (lat. alveolus): kleine Vertiefung, Mulde, „Fach"
> **Gingiva** (lat.): Zahnfleisch; die Bezeichnung „Fleisch" ist etwas unglücklich, da es sich hier um Schleimhaut und nicht um Fleisch (Muskelgewebe) handelt
> **Dentin** Zahnbein (von dens, lat.: Zahn),
> **Enamel/Enamelum** (engl.): Zahnschmelz, Glasur, Emaille

Ein Zahn besteht aus Krone, Hals und Wurzel (Abb. 6.10). Das Hartgewebe des Zahns stellt das Zahnbein (**Dentin**) dar, das im Wesentlichen dem Knochengewebe entspricht. Dieses Dentin ist im Bereich der Zahnkrone, die aus dem Kiefer herausragt, vom besonders harten Zahnschmelz (**Enamel**, **Enamelum**) überzogen. Im Gegensatz zum Zahnschmelz, der keine zellulären Strukturen enthält, ist das Zahnbein lebendes Gewebe. Der Zahnhals ist der Abschnitt der Zahnwurzel, der sich oberhalb des Alveolarknochens befindet und von Zahnfleisch überzogen wird. Durch Zahnfleischschwund und Abbau des zahntragenden Knochens,

wie es z.B. im Alter zu beobachten ist, werden die nicht mehr von Schmelz bedeckten empfindlichen Zahnhälse freigelegt. Die Zähne erscheinen dadurch „länger".

Im Inneren des Zahns befindet sich die Zahnhöhle, die das Zahnmark (lockeres Bindegewebe) mit Blutgefäßen und Nerven enthält.

Der Zahnhalteapparat (**Parodontium**) besteht aus:
• dem Zement (**Cementum**), einer besonderen Knochenform, die das Dentin im Bereich des Zahnhalses und der Zahnwurzel bedeckt,
• der Wurzelhaut (**Periodontium**), einem straffen Bindegewebe zwischen Alveolarknochen und Zement,
• dem Alveolarknochen
• und letztlich auch dem Zahnfleisch.

> **Parodontium** para- (griech.): neben, und odous (griech.): Zahn (Genitiv: odontos); vgl. Parodontose: nicht-entzündlicher Abbau des Zahnhalteapparates mit der Gefahr des Zahnverlusts, Parodontitis: Entzündung des Zahnhalteapparates
> **Cementum** (lat.): das (!) Zement (Knochengewebe, das die Zahnwurzeln bedeckt)
> **Periodontium** peri- (griech.): um herum, und odous (griech.): Zahn (Genitiv: odontos); vgl. Periodontitis: Wurzelhautentzündung

Die sog. Zahnformel beschreibt Art und Zahl der Zähne in einer Kieferhälfte, die man als **Quadrant** bezeichnet.

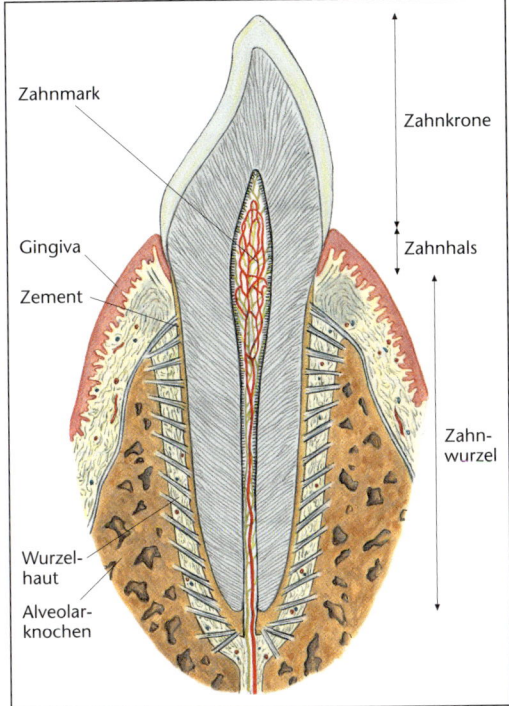

Zahnmark

Zahnkrone

Gingiva

Zahnhals

Zement

Zahn-
wurzel

Wurzel-
haut

Alveolar-
knochen

Abb. 6.10 Längsschnitt eines Schneidezahns im Kiefer

> **⁝ Quadrant**
> quadrans (lat.): der vierte Teil (Genitiv: quadrantis); gemeint ist ein Viertel des gesamten Kiefers, bestehend aus Ober- und Unterkiefer; ein Quadrant ist also die Hälfte entweder des Ober- oder des Unterkiefers und bezüglich der enthaltenen Zähne symmetrisch aufgebaut

Im Milchgebiss lautet die Formel $4 \times 5 = 20$ Milchzähne; pro Quadrant sind enthalten zwei Milchschneidezähne, ein Milcheckzahn und zwei Milchmolaren. Im bleibenden Gebiss werden die Milchschneidezähne durch die bleibenden Schneidezähne, der Milcheckzahn durch den bleibenden Eckzahn und die beiden Milchmolaren durch die Prämolaren ersetzt. Zusätzlich sind pro Quadrant drei Mahlzähne (Molaren) enthalten. Die Zahnformel für das bleibende Gebiss lautet $4 \times 8 = 32$ bleibende Zähne.

Zur maschinenlesbaren Bezeichnung der Zähne hat es sich eingebürgert, jedem Quadranten eine erste Kennziffer von 1–4 (bleibendes Gebiss) bzw. 5–8 (Milchgebiss) und jedem darin enthaltenen Zahn eine

> **⁝ Fachbezeichnungen der Zähne**
> Incisivus (lat.): Schneidezahn (aus incidere, lat.: einschneiden), eingedeutscht: Inzisivus
> Caninus (lat.): Eckzahn, wörtlich „Hundszahn" (aus canis, lat.: Hund)
> Molar (lat.): Mahlzahn, Backenzahn, wörtlich „Mühlzahn" (aus mola, lat.: Mühle)
> Prämolar: Vormahlzahn (prae, lat.: vor-)

zweite Kennziffer von 1–8 (bleibendes Gebiss) bzw. 1–5 (Milchgebiss) von vorne nach hinten gerechnet zuzuordnen (Abb. 6.11). So hat beispielsweise der Eckzahn im rechten Oberkiefer die Bezeichnung 13, der Weisheitszahn im linken Unterkiefer die Bezeichnung 38.

In der Regel besitzen Neugeborene keine Zähne – die Zahnanlagen sind noch in den Kiefern verborgen.

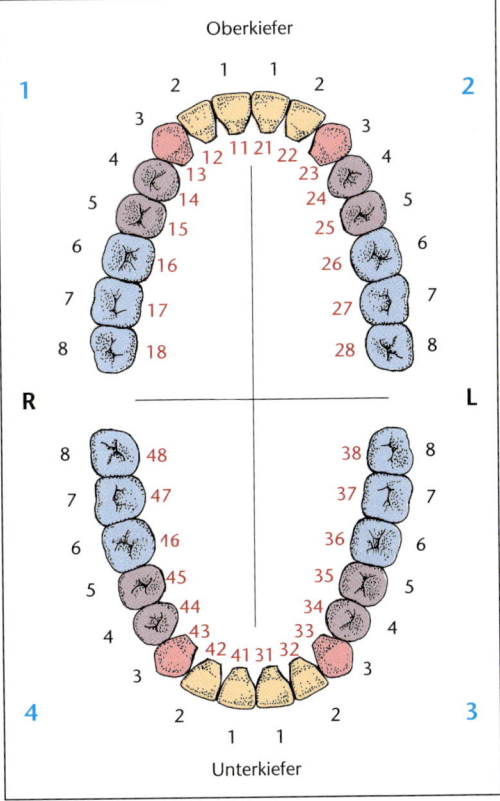

Abb. 6.11 Zahnschema des bleibenden Gebisses. L: links, R: rechts, 1 rechte Hälfte des Oberkiefers, 2 linke Hälfte des Oberkiefers, 3 linke Hälfte des Unterkiefers, 4 rechte Hälfte des Unterkiefers (1–4: die Quadranten werden im Uhrzeigersinn bei Blick auf das Gebiss durchgezählt)

Der Durchbruch des 1. Zahns des Milchgebisses (normalerweise ein Schneidezahn des Unterkiefers) findet meist zwischen dem 7. und 9. Lebensmonat statt. Bei den meisten Kindern sind dann im Alter von 2 Jahren alle Zähne des Milchgebisses durchgebrochen (Abb. 6.12).

Der Zahnwechsel beginnt im Durchschnitt im 7. Lebensjahr und endet während der Pubertät. Die Wurzeln der Milchzähne werden abgebaut, so dass sich die Milchzähne lockern und lösen. Die darunter angelegten bleibenden Zähne ersetzen die 20 Milchzähne und werden deshalb als Ersatzzähne bezeichnet. Zusätzlich bilden sich in jeder der vier Kieferhälften noch drei sog. Zuwachszähne, so dass im voll ausgebildeten bleibenden Gebiss 32 Zähne enthalten sind. Der Durchbruch des jeweils hintersten Zahns einer Kieferhälfte (der sog. „Weisheitszahn") erfolgt allerdings oft verspätet oder gar nicht.

6.2.4 Mundboden und Zunge

Mundboden

Der Boden der Mundhöhle wird von einer etwa horizontal stehenden Muskelplatte (Abb. 5.4) gebildet, die nach oben von Mundschleimhaut bedeckt ist und sich zwischen Zungenbein und Unterkieferkörper befindet. Nach unten setzt sich die Muskelplatte in die bindegewebigen Räume des Halses fort.

Diese Muskelplatte wird auch als **Diaphragma oris** bezeichnet; sie besteht aus den oberen Zungenbeinmuskeln M. mylohyoideus, M. digastricus, M. stylohyoideus, M. geniohyoideus (☞ Kap. 5.2.1) und Teilen der Zungenmuskulatur (s. u.).

> **Diaphragma oris** diaphragma (lat./griech.): Zwischenwand zwischen einzelnen Körperteilen, oris: Genitiv von os, lat.: Mund

Das Diaphragma oris stellt die Grenzstruktur zwischen Mundhöhle und Hals dar. Die enthaltenen Muskeln wirken bei der Mundöffnung mit, gehören zum Halte- und Bewegungsapparat des Kehlkopfs, haben aber auch eine wichtige Funktion im Zusammenhang mit den Bewegungen der Zunge.

Zungenentwicklung

Genauso wie viele andere Strukturen der unteren Kopf- und oberen Halsregion entsteht auch die Zunge aus dem Material der Schlundbögen (☞ Kap. 5.1). Grob kann man dabei die vorderen zwei Drittel

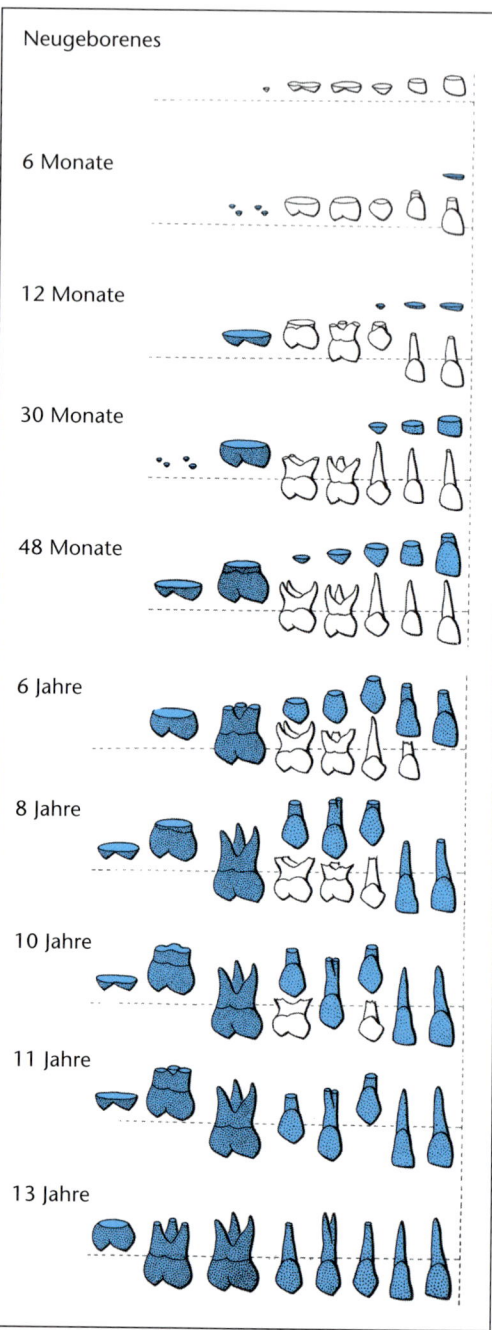

Neugeborenes

6 Monate

12 Monate

30 Monate

48 Monate

6 Jahre

8 Jahre

10 Jahre

11 Jahre

13 Jahre

Abb. 6.12 Zahnentwicklung und Durchbruch der Zähne des Milchgebisses bzw. des bleibenden Gebisses zu verschiedenen Lebensaltern. Es sind die Zähne einer Oberkieferhälfte dargestellt (weiß: Milchzähne, blau: bleibende Zähne); die horizontale Linie stellt die „Durchbruchebene" dar – Zähne bzw. Zahnabschnitte unterhalb dieser Linie sind durchgebrochen

der Zunge, die aus dem ersten Schlundbogen entstehen, vom hinteren Drittel der Zunge unterscheiden, das sich aus dem Material des zweiten bis vierten Schlundbogens entwickelt (Abb. 6.13). Aus diesem Grund ist die Nervenversorgung der Zungenschleimhaut recht kompliziert, da sich daran alle vier Schlundbogennerven beteiligen (s. u.).

Die Grenze zwischen den vorderen zwei Dritteln und dem hinteren Drittel der Zunge bildet die V-förmige Grenzfurche (**Sulcus terminalis**). Die Schilddrüse entwickelt sich aus dem Zungenepithel und wandert nach unten in ihre endgültige Position; ihre Abgangsstelle ist an der Spitze des nach hinten weisenden „V" des Sulcus terminalis noch als „blindes Loch" (**Foramen caecum**) zu erkennen (Abb. 6.13).

> **Sulcus terminalis** sulcus (lat.): Furche, Rinne; terminalis (lat.): begrenzend, Grenz-
> **Foramen caecum** foramen (lat.): Loch, und caecum: Neutrum-Form von caecus (lat.): blind

Zunge

Die Zunge (**Lingua, Glossa**) ist ein schleimhautüberzogener Muskelkörper, der am Mundboden befestigt ist und eine Reihe wichtiger Funktionen im Zusammenhang mit der Lautbildung, mit der Nahrungsaufnahme und -verarbeitung sowie als Sinnesorgan aufweist.

> **lingua** (lat.): Zunge, Sprache (vgl. engl. language!)
> **glossa** (lat., griech.): Zunge
> **corpus** (lat.): Körper, apex (lat.): Spitze, radix (lat.): Wurzel
> **linguae** Genitiv von lingua (lat.): Zunge

Zungenaufbau

Die Zunge besteht bei anatomischer Betrachtung aus folgenden Organabschnitten oder -anteilen (Abb. 6.14):
- Zungenkörper (**Corpus linguae**)
- Zungenspitze (**Apex linguae**)
- Zungenwurzel (**Radix linguae**).

Die Zungenwurzel wird auch als Zungengrund bezeichnet. Sie ist nur mit Hilfe eines eingeführten Spiegels genau zu betrachten. Die Zungenwurzel setzt sich zum Rachen und zum Kehldeckel fort (Abb. 4.14). In ihrer Schleimhaut befindet sich die Zungenmandel (Tonsilla lingualis, ☞ Kap. 4.6.4).

Die bei normaler Zungenlage zum Gaumen gerichtete gesamte Oberfläche der Zunge wird bei anatomischer Definition als Zungenrücken (**Dorsum linguae**) bezeichnet. Er erstreckt sich von der Zungenspitze über die seitlichen Zungenränder bis zur Grenzfurche (**Sulcus terminalis**) und dem blinden Loch (**Foramen caecum**) (vgl. Abb. 6.13). Die individuell unterschiedlich stark ausgeprägte Furche, die den Zungenrücken in Längsrichtung in zwei spiegelbildlich gleiche Hälften unterteilt, wird Mittelfurche (**Sulcus medianus**) genannt (Abb. 6.14).

Die Zungenunterfläche wird erst bei hoch gehobener Zunge sichtbar (Abb. 6.9). Dort findet sich auch das Zungenbändchen (**Frenulum linguae**).

In der Phonetik findet sich unter Berücksichtigung funktioneller Aspekte (☞ Kap. 6.3) eine teilweise abweichende Gliederung der Zunge:
- Das Zungenblatt (**Lamina**) umfasst etwa das vordere Drittel des Zungenkörpers unter Auslassung der Zungenspitze und unter Einbeziehung der Seitenränder.

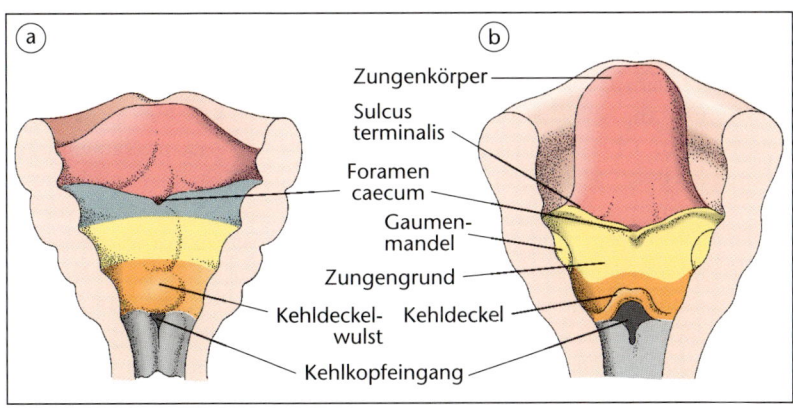

Abb. 6.13 Zungenentwicklung, a) während der späten Embryonalphase (ca. 6 Wochen), b) während der Fetalphase (5. Monat). Die Ansicht entspricht grob der in Abb. 4.14 (ohne Darstellung der Nasenhöhle)

Zungenkörper
Sulcus terminalis
Foramen caecum
Gaumen-mandel
Zungengrund
Kehldeckel-wulst   Kehldeckel
Kehlkopfeingang

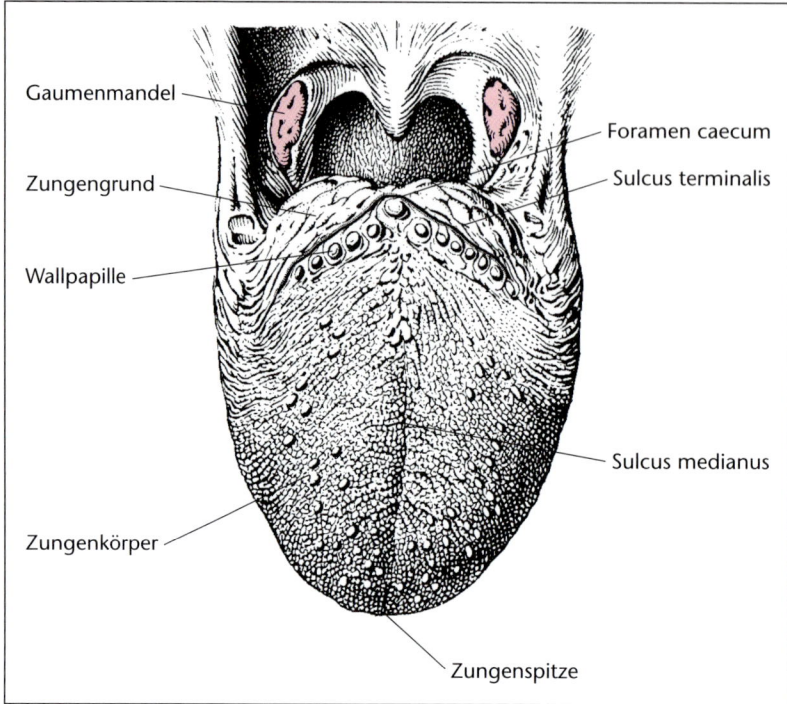

Gaumenmandel

Zungengrund

Wallpapille

Zungenkörper

Foramen caecum

Sulcus terminalis

Sulcus medianus

Zungenspitze

Abb. 6.14 Zungenrücken und Schlundenge

• Zungenspitze und Seitenränder der Zunge werden unter dem Begriff Zungenkranz (**Korona**) zusammengefasst.
• Der Zungenrücken (**Dorsum**) entspricht etwa dem mittleren Drittel des Zungenkörpers.

> **Sulcus** (lat.): Furche
> **medianus** (lat.): in der Mitte stehend, mittig, in der Mittelebene
> **Frenulum** (lat.): Bändchen
> **Lamina** (lat.): Blatt, Platte
> **Korona** corona (lat.): Saum, Kranz
> **Dorsum** (lat.): Rücken

Zungenschleimhaut

Zur besseren Anpassung an mechanische Anforderungen und zur Oberflächenvergrößerung bildet die Schleimhaut des Zungenrückens unterschiedlich geformte warzenartige Gebilde, die entsprechend ihrer Gestalt als Wall-, Blatt-, Faden- und Pilzpapillen bezeichnet werden. Die Wallpapillen sind mit bloßem Auge erkennbar, sie stehen parallel vor dem Sulcus terminalis (Abb. 6.14). Die unterschiedlichen Papillen spielen auch eine Rolle bei der Geschmackswahrnehmung (s. u.).

Die Zungenschleimhaut enthält zahlreiche sensible Nervenendigungen, die der Wahrnehmung von Berührung, Schmerz und Temperatur dienen. Die Zunge ist deshalb auch als ein hochempfindliches Tastorgan anzusehen, das in der Lage ist, Gegenstände durch Betasten zu erkennen (**Stereognosie**).

> **Stereognosie** stereos (griech.): räumlich und -gnosie (griech. gnosis): Erkenntnis, Wissenschaft
> **N. lingualis** N.: Abkürzung für Nervus (lat.): Nerv, lingualis (lat.): zur Zunge gehörig

Die sensiblen Nerven des Zungenrückens entstammen dem **N. lingualis**, einem Ast des N. mandibularis, dem dritten Ast des N. trigeminus (5. Hirnnerv, ☞ Kap. 7.11.2). Der N. trigeminus stellt gleichzeitig den ersten Schlundbogennerven dar (☞ Zungenentwicklung). Die Schleimhaut des Zungengrunds wird vom N. glossopharyngeus und vom N. vagus sensibel versorgt; dabei handelt es sich um den 9. und 10. Hirnnerven bzw. um die Nerven des 3. und 4. Schlundbogens (☞ Kap. 7.11.4 und 7.11.5; der Nerv des 2. Schlundbogens, der N. facialis, ist für die Geschmackswahrnehmung der vorderen zwei Drittel der Zunge verantwortlich).

Zungenmuskeln

Abgesehen von der bedeckenden Schleimhaut besteht die Zunge hauptsächlich aus quergestreifter Skelettmuskulatur sowie zu einem geringeren Teil aus Bindegewebe und Drüsen. Teile des Zungenbindegewebes bilden kräftige Platten, die sich zum einen horizontal angeordnet am Zungenrücken direkt unter der Schleimhaut befinden, zum anderen in Längsrichtung von vorne nach hinten verlaufen und die Zunge im Inneren in zwei spiegelbildlich symmetrische Hälften teilt. Ein Teil der Zungenmuskeln setzt an diesen Bindegewebsplatten an.

Die Muskulatur der Zunge lässt sich zunächst grob in Binnenmuskeln, die nur innerhalb der Zunge verlaufen, und Außenmuskeln gliedern, die von benachbarten Skelettteilen entspringen und von außen in die Zunge einstrahlen. Die Binnenmuskeln dienen überwiegend der Verformbarkeit, die Außenmuskeln der Beweglichkeit der Zunge. Alle Zungenmuskeln werden vom 12. Hirnnerven, dem Unterzungennerv (**N. hypoglossus**) innerviert (☞ Kap. 7.11.6).

Die wichtigsten Außenmuskeln der Zunge sind (Abb. 6.15):
- Kinn-Zungen-Muskel (**M. genioglossus**)
- Zungenbein-Zungen-Muskel (**M. hyoglossus**)
- Griffelfortsatz-Zungen-Muskel (**M. styloglossus**).

> **genio-** (griech. geneion): Kinn
> **hyo-:** aus Os hyoideum (lat.): Zungenbein
> **stylo-:** aus Processus styloideus (lat.): Griffelfortsatz (ein griffelförmiger Knochenvorsprung der Schädelbasis)
> **-glossus** (lat., griech. glossa): Zunge
> **hypo-** (griech.): unter

Die drei genannten Außenmuskeln entspringen von den genannten Skelettteilen und ziehen in das Zungeninnere. Die Hauptfunktion des M. genioglossus ist es, die Zunge nach vorne zu ziehen. Der M. hyoglossus zieht die Zunge nach hinten unten, der M. styloglossus nach hinten oben.

Die Binnenmuskeln der Zunge verlaufen in Längs- und Querrichtung sowie auch vertikal. Sie dienen der Verformbarkeit der Zunge in allen drei Raumrichtungen. Die längs verlaufenden Binnenmuskeln verkürzen die Zunge in Längsrichtung, die quer verlaufenden Muskeln verkürzen sie in Querrichtung, machen sie also „schmaler". Die vertikal verlaufenden Muskelbündel machen die Zunge flacher.

Ungewöhnlich ist, dass sich die Zunge als einziges quergestreiftes Skelettmuskelsystem bei einer Kontraktion nicht nur verkürzen, sondern auch verlängern kann. Durch gleichzeitige Kontraktion der quer und vertikal verlaufenden Binnenmuskeln wird die

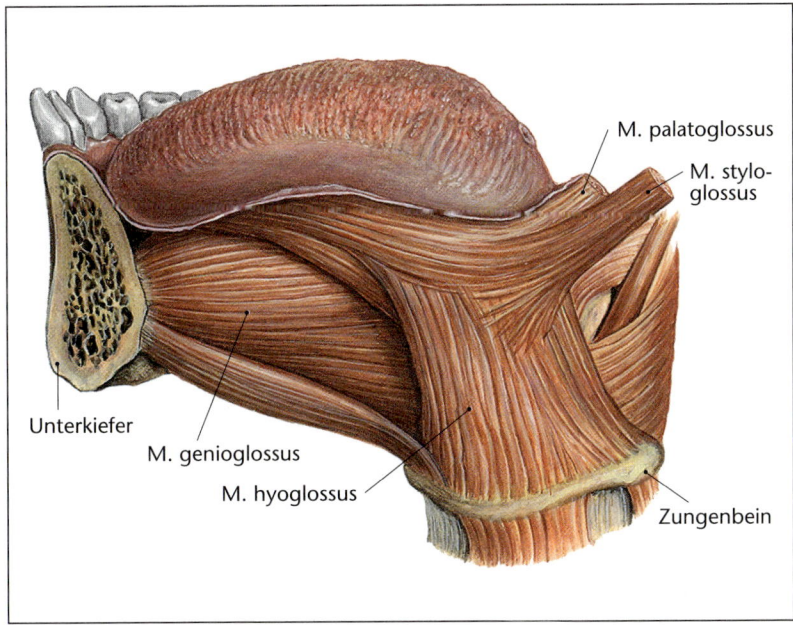

Abb. 6.15 Außenmuskeln der Zunge in der Ansicht von links seitlich; Unterkiefer in der Mitte durchgesägt

M. palatoglossus

M. styloglossus

Unterkiefer

M. genioglossus

M. hyoglossus

Zungenbein

Zunge nach vorne hin verlängert und kann herausgestreckt werden.

Die Zunge spielt nicht nur eine große Rolle bei der Lautbildung, bei der Nahrungsaufnahme und als Sinnesorgan, sondern ist auch entscheidend wichtig für den Saugakt. Voraussetzung für diesen ist die Versteifung der Wangen durch den Wangenmuskel (M. buccinator, ☞ Kap. 6.2.2) und der gasdichte Verschluss der Mundöffnung um die Brustwarze herum (oder um den Sauger eines Fläschchens) durch den Mundringmuskel (M. orbicularis oris, ☞ Kap. 6.2.2). Die Zunge verformt sich dann wie ein Stempel in der Mundhöhle, der nach hinten gerichtet den erforderlichen Unterdruck erzeugt.

> **Lähmung des N. hypoglossus (sog. Hypoglossus-Lähmung)**
> Fällt der 12. Hirnnerv für die Versorgung der Zungenmuskeln auf einer Seite aus, weicht die Zunge beim Versuch des Herausstreckens zur Seite der Lähmung ab, weil die Sonderfunktion der Zunge sich zu verlängern auf der gelähmten Seite ausgefallen ist. Die Lautbildung und die Nahrungsaufnahme sind dadurch behindert. Bei einer beidseitigen Lähmung kann die Zunge überhaupt nicht mehr herausgestreckt werden. Die Beeinträchtigungen für den Patienten sind dann erheblich.

Geschmacksorgan

Die Zungenschleimhaut ist neben ihren sonstigen Funktionen auch Träger des Geschmacksorgans. Die Geschmackswahrnehmung findet an den sog. Geschmacksknospen statt, die sich im Epithel der Zungenpapillen befinden. Darüber hinaus existieren auch noch einige freie Nervenendigungen mit entsprechenden Fähigkeiten. In den Geschmacksknospen haben sich Epithelzellen zu besonderen Sinnes- und Stützzellen umgewandelt, die verschiedene Geschmacksstoffe wahrnehmen können. Diese Informationen werden ebenfalls dem Nervensystem zugeleitet.

Die Unterscheidung verschiedener Geschmacksstoffe beschränkt sich auf fünf Geschmacksqualitäten, die auf unterschiedlichen Regionen der Zunge wahrgenommen werden: süß, sauer, salzig und „umami" (entspricht dem Chinagewürz, fleischbrühenähnlich) werden im Bereich der Zungenspitze und des seitlichen Zungenrandes wahrgenommen, bitter im Bereich der Wallpapillen des Sulcus terminalis. Die Wahrnehmung bitterer Geschmacksqualitäten

ist nach hinten verlagert, da diese Stoffe in der Regel giftig oder zumindest unbekömmlich sind. Damit kann dann ggf. immer noch ein Würg- und Brechreflex ausgelöst werden.

Die Geschmackswahrnehmungen der vorderen zwei Drittel der Zunge (süß, sauer, salzig, umami) werden über einen Ast des 7. Hirnnerven (N. facialis, ☞ Kap. 7.11.3) zum Gehirn geleitet. Die Geschmacksqualität „bitter" wird im hinteren Zungendrittel über den 9. Hirnnerven (N. glossopharyngeus, bei Kindern teilweise zusätzlich auch noch über den 10. Hirnnerven, N. vagus, weitergeleitet; ☞ Kap. 7.11.4, 7.11.5).

Die zahlreichen, unterschiedlichen Drüsen der Zungenschleimhaut dienen nicht nur dem Befeuchten der Nahrung und ihrer besseren Gleitfähigkeit, sondern auch dem Herausspülen der Geschmacksstoffe, um den Geschmacksknospen neue Sinneswahrnehmungen möglich zu machen.

6.2.5 Gaumen, Gaumenbögen und Schlundenge

Die Entstehung des Gaumens ist ein komplizierter Prozess, der mit der Gesichtsentwicklung eng verbunden ist. Missbildungen in diesem Bereich (Lippen-Kiefer-Gaumen-Spalten) sind relativ häufig. Patienten mit solchen Missbildungen benötigen neben vor allem kieferorthopädischen und chirurgischen Behandlungen meist auch eine Versorgung durch Sprachtherapeuten. Um die Anatomie des Gaumens und der umliegenden Gesichtsregion genauso wie die Entstehung der entsprechenden Missbildungen zu verstehen, sind etwas genauere Kenntnisse über die Entwicklungsvorgänge in diesem Bereich erforderlich.

Übersicht über die Gesichtsentwicklung

Es ist sinnvoll, den Abschnitt „Entwicklung" im Kap. 6.2.1 „Kiefergelenk und Kaumuskeln" noch einmal durchzuarbeiten (Abb. 6.1).

Aus dem Material des ersten Schlundbogens entstehen im Bereich des späteren Oberkiefers zunächst die paarigen Oberkieferwülste. Dazwischen schiebt sich von oben der Stirnfortsatz als weiterer, unpaarer Wulst. An jedem seitlichen Ende des Stirnfortsatzes (Abb. 6.16 a) bilden sich ein innerer (medialer) und äußerer (lateraler) Nasenwulst aus. Diese Nasenwülste begrenzen die Riechgruben, die die Position der späteren Nasenlöcher darstellen (Abb. 6.16 b).

Die beiden Oberkieferwülste wachsen zur Mitte hin, drücken dabei die medialen Nasenwülste zunächst zusammen und verschmelzen anschließend mit ihnen. Dabei bildet sich die Oberlippe in ihrer endgültigen Form.

Die **Philtrum** genannte Einbuchtung in der Mitte der Oberlippe zeigt noch die Position der zusammen gedrückten und in der Mitte verschmolzenen medialen Nasenwülste an (Abb. 6.16 c). Zwischen Oberkieferwulst und lateralem Nasenwulst befindet sich die Tränennasenfurche, aus der sich der Tränennasenkanal entwickelt (Abb. 6.16 c). Über ihn wird die überschüssige Tränenflüssigkeit aus den Augen zum unteren Nasengang abgeleitet (☞ Kap. 4.5.4). Nach Ausbildung des Kanals verschmelzen Oberkieferwülste und laterale Nasenwülste miteinander. In ihnen entsteht das knöcherne Skelett der Wangenregion und des Oberkiefers.

> **⋮ Philtrum** (lat.) (griech. philtron): Einbuchtung der Lippe, im alten Griechenland als, „Liebeszauber" angesehen

Die Nase entsteht durch Verschmelzung des Stirnfortsatzes und der medialen und lateralen Nasenwülste. Aus dem Stirnfortsatz und den medialen Nasenfortsätzen bilden sich die Nasenwurzel, der Nasenrücken und die Nasenspitze. Aus den lateralen Nasenfortsätzen bilden sich die seitlichen Nasenflügel (Abb. 6.16).

Entwicklung des Gaumens

Aus dem Material der medialen Nasenwülste entstehen nicht nur Anteile der Oberlippe und der Nase, sondern in der Tiefe auch der Abschnitt des Oberkiefers mit den vier Schneidezähnen und ein vorderer dreieckiger Anteil des Gaumens, den man primären Gaumen nennt (Abb. 6.17).

Der größte Teil des endgültigen Gaumens entwickelt sich jedoch aus den Oberkieferwülsten. Ursprünglich sind Nasen- und Mundhöhle noch nicht voneinander getrennt (Abb. 6.17 b). Von den Oberkieferwülsten wachsen horizontal verlaufende Gewebeplatten (die sog. Gaumenplatten) in der Ebene des späteren Gaumens aufeinander zu und verschmelzen zum sekundären Gaumen. Gleichzeitig wächst das **Nasenseptum** als Leiste vom Dach der Nasenhöhle nach unten und verschmilzt mit den verwachsenen Gaumenplatten. Zusätzlich vereinigen sich die beiden Gaumenplatten im vorderen Bereich mit dem primären Gaumen (Abb. 6.17 a,c).

Durch diese Verschmelzungsvorgänge werden der primäre und der sekundäre Gaumen zum endgültigen Gaumen vereinigt, die beiden Nasenhöhlen werden voneinander getrennt, ebenso die Nasenhöhlen von der Mundhöhle.

Die Stelle, an der der primäre Gaumen mit den beiden Gaumenplatten des sekundären Gaumens verschmilzt, bleibt am Skelett des definitiven Gaumens als Schneidezahnloch (**Foramen incisivum**) bestehen. Hier ziehen Blutgefäße und Nerven durch. Aller-

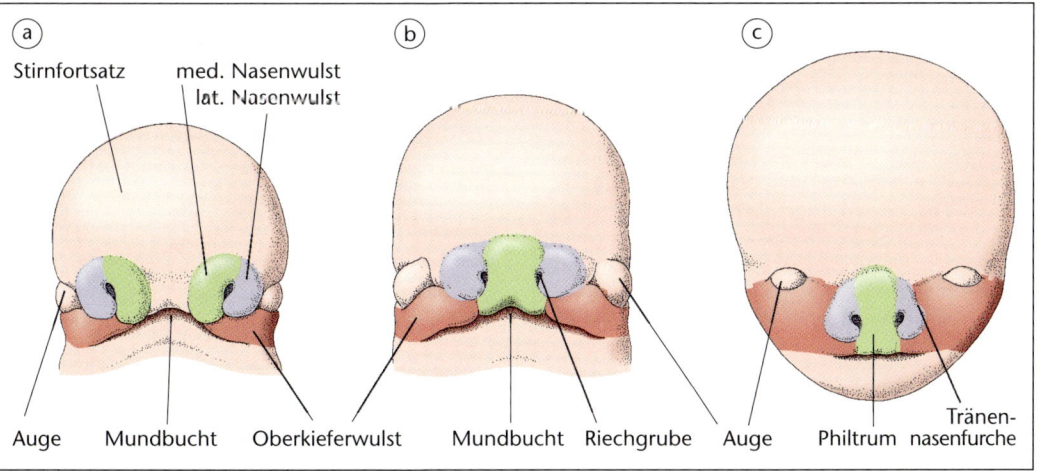

Abb. 6.16 Stadien der Gesichtsentwicklung. a) Alter 6 Wochen, b) Alter 7 Wochen, c) Alter 10 Wochen; rot: Oberkieferwulst, blau: lateraler Nasenwulst, grün: medialer Nasenwulst

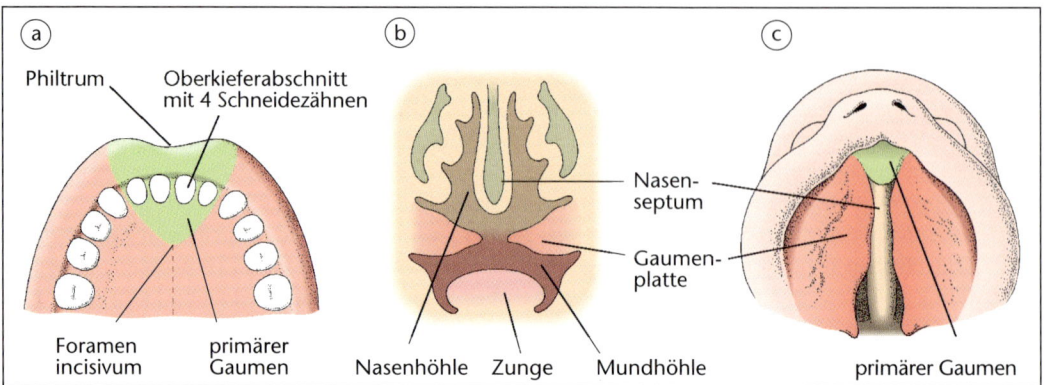

Abb. 6.17 Stadien der Gaumenentwicklung. a) Entwicklung der Oberlippe, des Oberkiefers und des Gaumens (Ansicht von unten; rot: Oberkieferwülste mit Gaumenplatten, grün: mediale Nasenwülste); b) Frontalschnitt durch den Kopf, Nasenhöhlen sind noch untereinander und mit der Mundhöhle verbunden, die Gaumenplatten sind noch nicht verschmolzen; c) Ansicht der Oberlippe und des Gaumens von unten kurz vor dem Abschluss der Gaumenbildung

dings ist diese Öffnung durch Nasen- bzw. Mundschleimhaut verschlossen.

> **septum** (lat.): Scheidewand
> **Foramen** (lat.): Öffnung, Loch
> **incisivum** Neutrum von incisivus (lat.): Schneidezahn

Lippen-Kiefer-Gaumen-Spalten
Im gesamten Verschmelzungsbereich der medialen Nasenwülste mit den Oberkieferwülsten bzw. den von ihnen ausgehenden Gaumenplatten kommen relativ häufig Entwicklungsstörungen vor, bei denen die Verschmelzungen ganz oder teilweise unterbleiben. Dadurch kommt es zu Fehlbildungen im Bereich des Gesichts, des Oberkiefers und des Gaumens, die nicht nur ästhetische Probleme mit sich bringen, sondern auch die Atmung und die Nahrungsaufnahme, vor allem aber die Lautbildung beeinträchtigen können.
Die Abb. 6.18 zeigt schematisch die wichtigsten Spaltbildungen. Wenn der Oberkieferwulst ungenügend mit dem medialen Nasenwulst verschmilzt, kommt es zu Spaltbildungen im Bereich der Oberlippe, des Oberkiefers und des primären Gaumens. Diese Spalten können ein- oder beidseitig auftreten und reichen bis maximal zum Foramen incisivum (Abb. 6.18 a, b, c, d).
Bei einer ungenügenden Verschmelzung der Gaumenplatten der Oberkieferwülste kommt es zu Spaltbildungen im Gaumen, die hinter dem Foramen incisivum liegen (Abb. 6.18e). In schweren Fällen treten auch Kombinationen der Spaltbildungen auf (Abb. 6.18f).

Harter und weicher Gaumen
Der Gaumen bildet gleichzeitig den Boden der Nasenhöhlen und das Dach der Mundhöhle (Abb. 6.19). Die vorderen zwei Drittel des Gaumens weisen eine knöcherne Grundlage auf, die von Schleimhaut bedeckt ist. Dieser Teil des Gaumens wird als harter Gaumen (**Palatum durum**) bezeichnet. Der harte Gaumen wird von einer Schleimhaut bedeckt, die – ähnlich wie das Zahnfleisch – nicht verschieblich ist, sondern fest mit dem Knochen verwachsen ist.

> **Palatum** (lat.): Gaumen
> **durum** Neutrum von durus (lat.): hart
> **molle** Neutrum von mollis (lat.): weich
> **Velum** (lat.): Segel, palatinum: Neutrum-Form von
> **palatinus** (lat.): zum Gaumen gehörig
> **Uvula** (lat.): Zäpfchen

Die Grundlage des weichen Gaumens (**Palatum molle**), der wegen seiner Form und Beweglichkeit auch als Gaumensegel (**Velum palatinum**), oft auch nur als „Velum" bezeichnet wird, sind Skelettmuskeln und eine Sehnenplatte, in die die Muskeln einstrahlen. Das Gaumensegel setzt sich nach hinten unten in das Zäpfchen (**Uvula**) fort (Abb. 4.14, Abb. 6.7, Abb. 6.19). Die Gaumenschleimhaut vor allem im hinteren Bereich des harten Gaumens sowie im gesamten Bereich des weichen Gaumens und des Zäpfchens enthält zahlreiche Schleimdrüsen („Gaumendrüsen"), deren Sekret die Aufgabe hat, feste, zerkleinerte Nahrung gleitfähig zu machen.

Das Gaumensegel enthält als muskuläre Grundlage zwei paarige und einen unpaaren Muskel. Die beiden paarigen Muskel sind der Gaumensegelspanner (**M. tensor veli palatini**) und der Gaumensegelheber (**M. levator veli palatini**). Beide Muskeln entspringen von Knochenelementen der Schädelbasis und ziehen von oben/seitlich in das Gaumensegel ein. Bei ihrer Kontraktion wird das Gaumensegel quer gespannt und angehoben. Damit spielt das Gaumensegel eine wichtige Rolle beim Schluckakt (☞ Kap. 6.4), aber auch bei der Artikulation (☞ Kap. 6.3).

Der Gaumensegelspanner ist mit einigen Fasern auch an der Außenwand der Ohrtrompete angeheftet, so dass bei Kontraktion dieses Muskels z. B. beim Schlucken oder Gähnen das Mittelohr belüftet wird (☞ Kap. 8.6.6).

Muskuläre Grundlage des Zäpfchens ist der Zäpfchenmuskel (**M. uvulae**), der sich bei Kontraktion in Längsrichtung zusammenzieht und dadurch zur Absonderung von Schleim aus den umliegenden Drüsen sorgt.

> ⁝ **M. tensor** (lat.): anspannend, „M. tensor": Spannmuskel, Spanner
> **M. levator** (lat.): hebend, „M. levator": Hebemuskel, Heber
> **veli palatini** Genitiv von velum palatinum (lat.): Gaumensegel
> **uvulae** Genitiv von uvula (lat.): Zäpfchen

Die Innervation der Muskeln des Gaumensegels ist kompliziert, da die einzelnen Muskeln aus unterschiedlichen Schlundbögen stammen. Der M. tensor veli palatini ist entwicklungsgeschichtlich zu den Kaumuskeln zu rechnen und wird vom dritten Ast (N. mandibularis) des fünften Hirnnerven (N. trigeminus) versorgt (☞ Kap. 6.2.1, Kap. 7.11.2). Der M. levator veli palatini und der M. uvulae werden in wechselndem Ausmaß vom neunten (N. glossopharyngeus) und zehnten (N. vagus) Hirnnerven innerviert (☞ Kap. 7.11.4, 7.11.5).

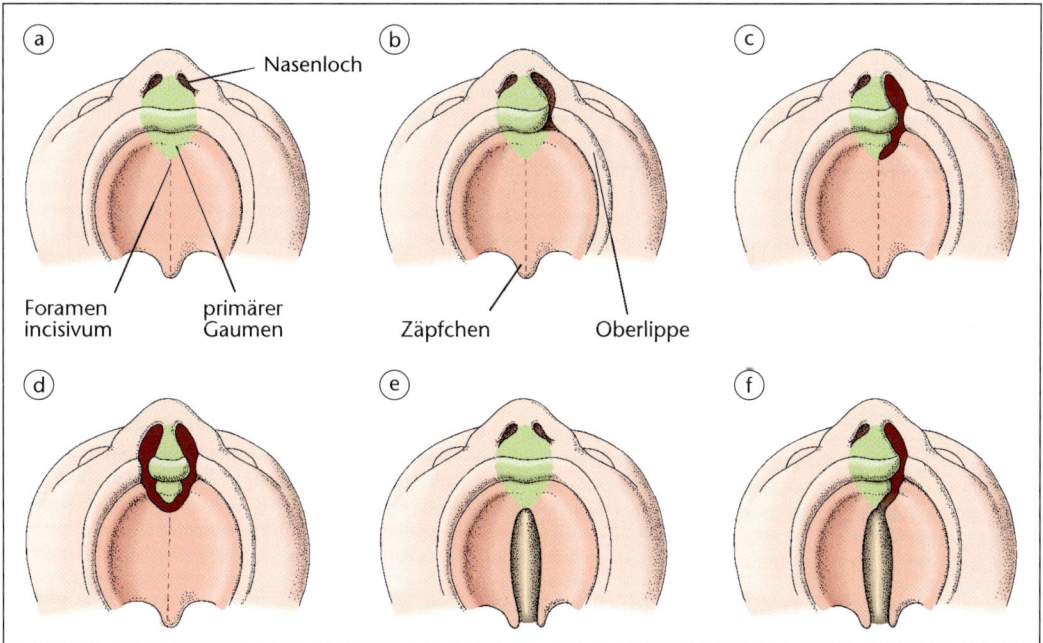

Abb. 6.18 Lippen-, Kiefer- und Gaumenspalten. Blick auf Gaumen, Oberkiefer, Oberlippe und Nase von vorne unten. a) Normale Verhältnisse, b) einseitige Lippenspalte links, die bis in die Nase hineinreicht, c) einseitige Spaltbildung links im Bereich der Lippe, des Oberkiefers und des Gaumens bis zum Foramen incisivum, d) Spaltbildung wie in Abb. 6.18c, nur beidseitig, e) Gaumenspalte vom Foramen incisivum an nach hinten bis zum ebenfalls gespaltenen Zäpfchen, f) Kombination der Spaltbildung in Abb. 6.18c und Abb. 6.18e

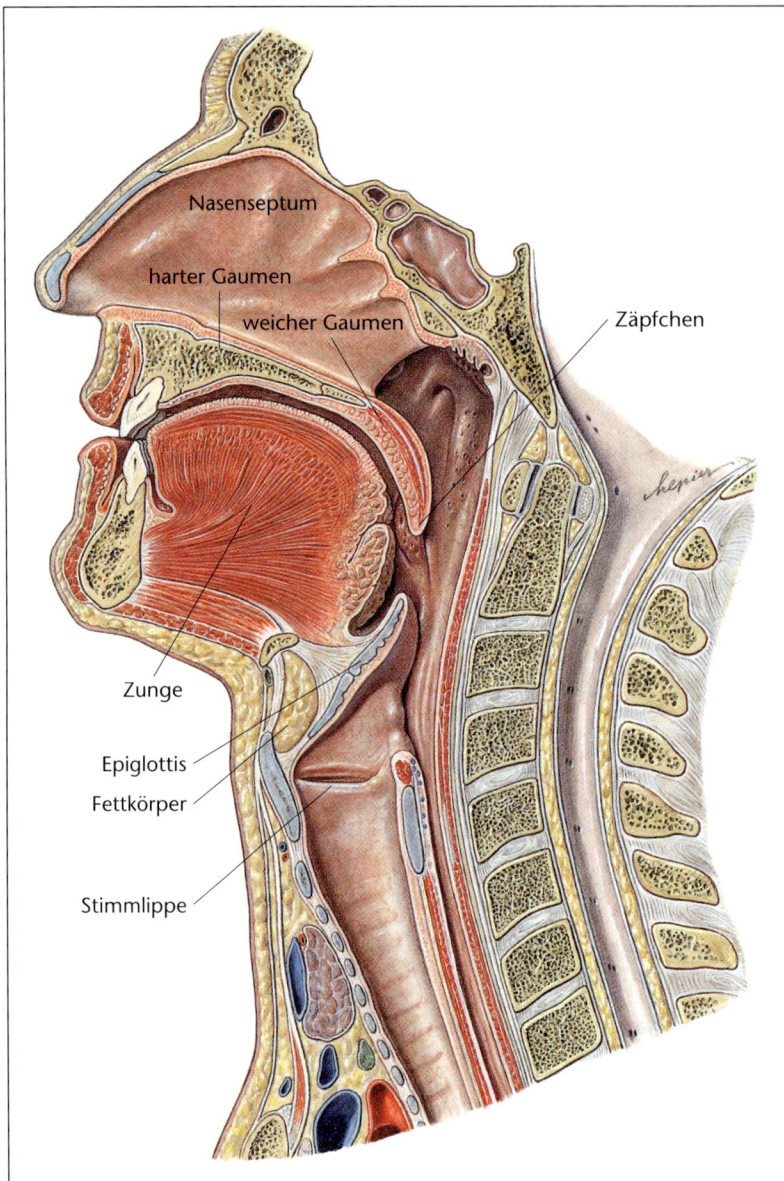

Nasenseptum

harter Gaumen

weicher Gaumen

Zäpfchen

Zunge

Epiglottis

Fettkörper

Stimmlippe

Abb. 6.19 Schnitt durch den Gesichtsschädel, Kehlkopf und Rachen; der Schnitt verläuft nicht exakt in der Mittelebene, sondern etwas links davon, so dass die Nasenscheidewand (Nasenseptum) erkennbar ist

Schnarchen
Der Spannungszustand („Tonus") des Gaumensegels kann z. B. beim Schlafen so weit sinken, dass es – vor allem in Rückenlage – auf die Rachenschleimhaut absinkt. Beim Einatmen mit geöffnetem Mund flattert das Gaumensegel dann geräuschvoll im Luftstrom.

Gaumenbögen und Schlundenge

Die Mundhöhle setzt sich nach hinten über die Schlundenge (**Isthmus faucium**) in den mittleren Rachenabschnitt fort (Abb. 6.20). Die untere Begrenzung der Schlundenge bildet die Zungenwurzel, die obere Begrenzung das Gaumensegel mit dem Zäpfchen.

Die seitliche Begrenzung der Schlundenge wird von den beiden schleimhautüberzogenen Gaumenbögen gebildet, die sowohl nach oben in das Gaumensegel als auch nach unten in die Zunge einstrahlen (Abb. 6.20). Zwischen den beiden Gaumenbögen befindet sich die Mandelgrube oder Tonsillarbucht, die die Gaumenmandel (**Tonsilla palatina**) enthält.

> ⫶ **Isthmus** (lat.): aus isthmos (griech.): schmale Verbindung, eigentlich „Landenge"
> **faucium** Genitiv Plural von fauces (lat.): Schlund (das lat. Wort kommt nur im Plural vor)
> Tonsilla (lat.): Mandel, palatina (lat.): zum Gaumen gehörig

Der vordere Gaumenbogen (**Arcus palatoglossus**) besitzt als muskuläre Grundlage den Gaumen-Zungen-Muskel (**M. palatoglossus**), der bogenförmig vom Gaumensegel zur Zungenwurzel zieht. Dieser Muskel begrenzt beim Schluckakt die Ausmaße des Bissens, der geschluckt werden soll („der Muskel schneidet den Bissen ab").

Der hintere Gaumenbogen (**Arcus palatopharyngeus**) wird vom Gaumen-Rachen-Muskel (**M. palatopharyngeus**) aufgeworfen, der als stärkster Schlundheber anzusehen ist (☞ Kap. 4.6.2), aber auch eine Hebung des Kehlkopfs unterstützt.

> ⫶ **Arcus** (lat.): Bogen
> **palato-** (lat.): zum Gaumen gehörig, -glossus (lat.): zur Zunge gehörig, -pharyngeus (lat.): zum Rachen gehörig

Der M. palatoglossus zählt noch zu den Zungenmuskeln und wird deshalb vom N. hypoglossus innerviert (☞ Kap. 6.2.4), der M. palatopharyngeus wird vom zehnten Hirnnerven, dem N. vagus (☞ Kap. 7.11.5) versorgt.

6.3 Artikulation

Die Stimmbildung (Phonation) erfolgt durch das Stimmorgan Kehlkopf (☞ Kap. 5). Die Lautbildung (**Artikulation**) findet hingegen mit Hilfe der Artikulationsorgane im Ansatzrohr und an seinen Öffnungen (☞ Kap. 5.3.2) statt. Wie schon erwähnt, existieren nicht nur erhebliche individuelle Unterschiede bezüglich des anatomischen Aufbaus des Ansatzrohrs und seinen Öffnungen bei den einzelnen Menschen, sondern es kann auch die Form des Ansatzrohrs einer Person mit Hilfe der Muskeln in den Weichteilen dieser Region stark verändert werden.

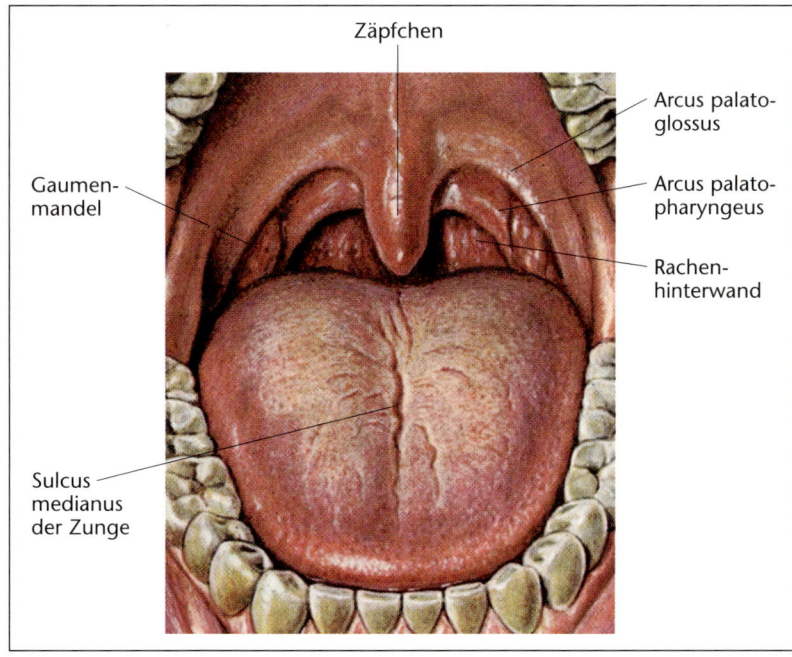

Abb. 6.20 (Ausschnitt aus Abb. 6.7): Blick auf die Zunge, die Schlundenge und den weichen Gaumen

> **Artikulation** (lat. articulatio): Gelenk, aber auch gegliederter Vortrag, Gliederung des Gesprochenen, hier: Lautbildung
> **Vokal** (lat. vocalis): stimmreicher, tönender Buchstabe (Öffnungslaut, Selbstlaut)
> **Konsonant** (lat. consonans): mitlautend (Hemmlaut, Mitlaut; dabei Hemmung oder Einengung der Ausatemluft)
> **Formant** (lat. formare): bilden, hier: charakteristischer Teilton eines Lautes

Bei der Lautbildung wird zwischen Selbstlauten (**Vokalen**) und Mitlauten (**Konsonanten**) unterschieden. Die Bildung der Vokale und Konsonanten der deutschen Sprache soll im Folgenden nur kurz beschrieben werden; für Details sei auf entsprechende Lehrbücher der Phonetik verwiesen.

Die entscheidenden Artikulationsorgane für die Bildung der Vokale sind die Lippen, die Zunge und der weiche Gaumen mit dem Zäpfchen. Dadurch wird die Mundhöhle als Resonanzraum unterschiedlich geformt (Abb. 6.21). Zusätzlich unterscheidet sich bei der Bildung der einzelnen Vokale auch noch die Position des Kehlkopfs, der z. B. bei „i" hoch und bei „u" tief steht.

Besonders die Klangfarbe der Vokale wird durch **Formanten** (Teiltöne, Partialtöne) charakterisiert, da die Vokale Klänge sind, die aus Grundtönen und einer Reihe harmonischer Obertöne gebildet werden. Auch bei Konsonanten werden Formanten beschrieben; allerdings stehen die Frequenzen der Teiltöne nicht in einfachen mathematischen Verhältnissen zueinander wie bei den Vokalen.

Konsonanten werden folgendermaßen gebildet:
- die Ausatemluft wird durch Engstellen des Luftweges hindurchgeleitet
- die Ausatemluft wird an Engstellen des Luftweges vorbei geleitet
- verschlossene Bereiche des Luftweges werden aufgesprengt.

Hierzu werden die Artikulationsorgane Zunge, Lippen, Wangen, weicher Gaumen mit Zäpfchen und die Glottis eingesetzt. Auch das differenzierte Heben und Senken des Unterkiefers spielt bei der Artikulation eine Rolle.

Konsonanten, die im Wesentlichen durch die Lippen gebildet werden, bezeichnet man als **Labiale** (Lippenlaute). Wird die Lautbildung durch das Zäpfchen durchgeführt, spricht man von **Uvularen** (Zäpfchenlauten). Erfolgt die Lautbildung durch Muskelbewegungen im Bereich der Stimmritze, werden diese Laute als **Glottale** oder **Laryngeale** (Stimmlippenbzw. Kehlkopflaute) bezeichnet.

Die Zunge ist in erheblichem Umfang als Artikulationsorgan tätig. Dabei unterscheidet man die Zungenlaute differenziert nach dem Zungenabschnitt, der als Artikulationsorgan tätig ist (☞ Kap. 6.2.4):
- Zungenspitze: **Apikale**
- Zungenblatt: **Laminale** (damit ist der vordere Abschnitt des Zungenköpers gemeint, etwa das vordere Drittel der gesamten Zunge, allerdings ohne die Zungenspitze)
- Zungenspitze und Seitenränder des Zungenkörpers: **Koronale**

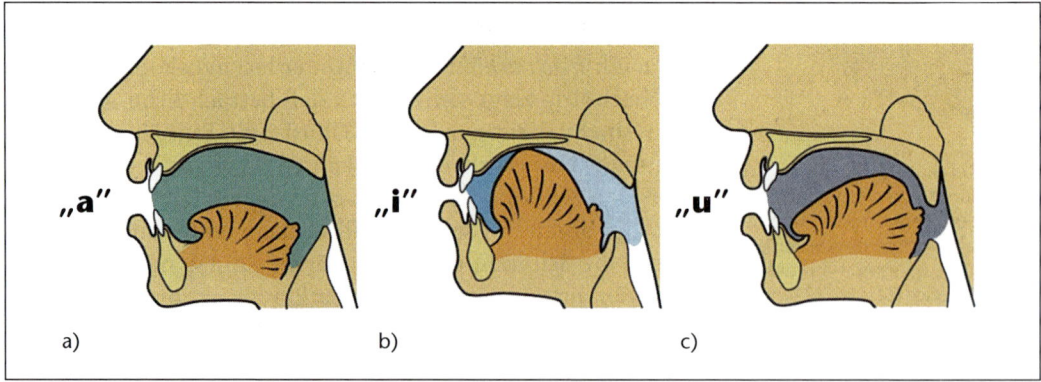

„a" „i" „u"

a) b) c)

Abb. 6.21 Änderungen des Resonanzraums der Mundhöhle als Teil des Ansatzrohrs durch die Artikulationsorgane Lippen, Zunge und weicher Gaumen bei der Bildung der Vokale a, i und u

- Zungenrücken (befindet sich hinter dem Zungenblatt, entspricht etwa dem mittleren Drittel der Zunge): **Dorsale** (teilweise auch noch weiter nach vorderer, mittlerer und hinterer Oberfläche des Zungenrückens unterschieden).

> ⋮ **Apikale** apex (lat.): Spitze
> **Laminale** lamina (lat.): Blatt, Platte
> **Koronale** corona (lat.): Kranz
> **Dorsale** dorsum (lat.): Rücken

Die genannten Artikulationsorgane bewegen sich bei der Lautbildung an die Stelle, wo der Laut gebildet wird (Lippen, Zunge, Gaumensegel), oder verändern am Artikulationsort ihre Muskelspannung (Zäpfchen, Glottis). Diese Stelle bezeichnet man als Artikulationsstelle oder Artikulationsort. Nach ihren Artikulationsorten unterscheidet man folgende Laute:

- Lautbildung an den Lippen (Ober- und Unterlippe berühren sich bzw. bilden einen festen Verschluss): **Bilabiale** (teilweise auch **Labiale** genannt), z. B. [b, m, p]
- Lautbildung an Lippen und Zähnen: **Labiodentale**, z. B. [f, pf, w]
- Lautbildung an den sog. Zahntaschen: **Alveolare**, z. B. [d, l, n, s, t, ts, z]; der Begriff „Zahntasche" und die Übersetzung „Alveole" entspricht nicht den in der Anatomie oder Zahnmedizin üblichen Definitionen; in der Zahnmedizin wird der Begriff Zahnfleischtasche für den Spaltraum zwischen Zahnfleisch (Gingiva) und Zahnhals verwendet; die Alveole ist die blasenartige Vertiefung im Kiefer für die Aufnahme der Zahnwurzel und des Zahnhalteapparats; evtl. ließe sich der Begriff Alveole als „Tasche" übersetzen; die Lautbildung findet jedoch nicht an den Alveolen, sondern am Zahnfleisch (Gingiva) statt, so dass „Alveolare" eigentlich korrekt als „Gingivale" bezeichnet werden müssten.
- Lautbildung am Übergang von den „Zahntaschen" zum harten Gaumen: **Postalveolare** bzw. **Palatoalveolare**, z. B. [sch, tsch]
- Lautbildung am harten Gaumen: **Palatale**, z. B. [ch wie in weich, j]
- Lautbildung am weichen Gaumen = Gaumensegel: **Velare**, z. B. [ch wie in Rachen, g, k, nasales ng]
- Lautbildung am Zäpfchen: **Uvulare**, z. B. [gerolltes r]
- Lautbildung in der Stimmritze: **Glottale**, z. B. [h].

> ⋮ **Bilabiale, Labiale** bi- (lat.): zweimal, labiale (lat. labia): Lippe
> **Labiodentale** labio- (lat. labia): Lippe und -dentale (lat. dens): Zahn
> **Alveolare** alveolus (lat.): kleine Vertiefung, Mulde, „Fach"; Postalveolare: von Post- (lat.): hinter; Palatoalveolare: aus palatum (lat.): Gaumen
> **Palatale** palatum (lat.): Gaumen
> **Velare** velum (lat.): Segel (gemeint ist das Gaumensegel, Velum palatinum)
> **Uvulare** (lat. uvula): Zäpfchen
> **Glottale** (lat. glottis): Verschlussapparat der Stimmritze

Konsonanten können stimmlos oder stimmhaft sein. Stimmlose Laute (ch, f, h, k, p, s, sch, t) entstehen als reine Geräusche an den Artikulationsstellen, während stimmhafte Konsonanten (z. B. l, m, n) Klanggemische darstellen, bei denen in unterschiedlichem Umfang auch noch der durch den Kehlkopf erzeugte Stimmklang dazukommt.

Eine weitere Differenzierung der Laute erfolgt über ihren Bildungsmechanismus (Artikulationsmodus). Man unterscheidet:

Vokal: Öffnungslaut, z. B. [a, e, i, o u]
Plosiv: Verschlusslaut (Sprengung einer Verschlusszone des Ansatzrohrs), z. B. [b, d, g, k, p, t]
Frikativ: Reibelaute (Luftaustritt durch Engstellen), z. B. [ch, f, h, j, s, sch, v, z]
Nasal: Luftaustritt ausschließlich aus der Nasenhöhle, z. B. m, n, ng nasal]
Vibrant: Lautbildung durch Vibrationen (Schwingungen) der Zungenspitze oder des Zäpfchens [r]
Lateral: Luftaustritt entlang der Seitenränder der Zunge, wobei die Zungenspitze an den oberen „Zahntaschen" liegt [l]
Affrikat: verzögerte Lösung von Verschlusslauten, z. B. [pf, ts]

> ⋮ **Vokal** vocalis (lat.): stimmreicher, tönender Laut (Öffnungslaut, Selbstlaut)
> **Plosiv** plodere (lat.): klatschen, schlagen (vgl. Explosion: „Herausklatschen")
> **Frikativ** fricare (lat.): reiben
> **Vibrant** vibrare (lat.): schwingen, zittern
> **lateral** (lat.): seitlich
> **Affrikat** affricare (lat.): anreiben

6.4 Schluckakt

Der mittlere Abschnitt des Rachens (Mesopharynx; ☞ Kap. 4.6.1) ist die Kreuzungsstation für den Atem- und Speiseweg. Nahrungselemente gelangen aus der Mundhöhle durch die Schlundenge zum Mesopharynx, von dort zum unteren Abschnitt des Rachens, dann über die Speiseröhre in den Magen. Die Atemluft gelangt in der Regel über die Nasenhöhle in den Rachen, den sie vollständig passiert, bis sie im unteren Rachenbereich durch den Kehlkopfeingang die unteren Luftwege erreicht (Abb. 6.22).

Eine Berührung der Schleimhaut der oberen und unteren Atemwege mit Nahrungsteilchen wird als außerordentlich unangenehm empfunden; durch heftige Hustenstöße (als Reaktion auf ein „Verschlucken") wird versucht, diese Nahrungsteilchen vor allem von der Kehlkopfschleimhaut wieder zu entfernen. Anlass für diesen Hustenreiz ist die Erstickungs- und Infektionsgefahr, die beim Eindringen von Nahrungsteilchen in die unteren Atemwege besteht.

Aus diesem Grunde ist der Schluckakt mit einer Reihe von Schutzmechanismen verbunden, die verhindern sollen, dass Nahrungsteilchen in die oberen bzw. unteren Atemwege gelangen. Diese Sicherung des Schluckaktes beruht beim Neugeborenen auf anatomischen, bei älteren Kindern und Erwachsenen auf funktionellen Mechanismen.

Unter anatomischer Sicherung des Schluckaktes beim Neugeborenen ist zu verstehen, dass der Kehldeckel bis zum Zäpfchen reicht, so dass die Nahrung (in der Regel die Milch), durch die beiden Schluckrinnen seitlich des Kehldeckels in die Speiseröhre gelangt. Dadurch ist das Neugeborene in der Lage, beim Trinken weiter zu atmen. Die Ausatemluft wird vorwiegend durch die Nasenhöhlen, nicht durch die Mundhöhle, abgeleitet.

Da sich der Kehlkopf während der weiteren Entwicklung deutlich absenkt, muss diese anatomische Sicherung durch eine funktionelle Sicherung des Schluckaktes bei älteren Kindern und Erwachsenen ersetzt werden. Dadurch ergibt sich die dann die für das Sprechen und Singen essentielle Fähigkeit, die Ausatemluft auch über die Mundhöhle abzugeben.

Nur der Beginn des Schluckaktes, bei dem der Bissen in den hinteren Bereich der Mundhöhle gelangt, ist dem Willen unterworfen. Alle weiteren Teilvorgänge werden reflektorisch durchgeführt, so dass man auch von Schluckreflex spricht. Der eigentliche Transport des Bissens wird dann ebenso reflektorisch von Verschlussvorgängen der oberen und unteren Atemwege begleitet.

Der gesamte Schluckreflex ist so automatisiert und abgesichert, dass er auch beim Schlafen, bei Bewusstlosigkeit und sogar bei Ausfall des Großhirns noch funktioniert. Nur bei Erkrankungen oder Hirnschädigungen im Bereich des unteren Hirnstamms (☞ Kap. 7.9.8, Rautenhirn: dort befindet sich das sog. Schluckzentrum) ist der Schluckreflex gefährdet.

Die Einzelvorgänge des Schluckaktes sollen anhand der Abb. 6.23 besprochen werden:

a) in der Vorbereitungsphase wird ein schluckfähiger Bissen (der sog. **Bolus**) durch Bewegungen der Kaumuskeln, der Zunge, der Wangen etc. sowie durch Einspeichelung erzeugt

b) am Ende der Vorbereitungsphase wird die Mundbodenmuskulatur kontrahiert (☞ Kap. 5.2.1, obere Zungenbeinmuskeln); dadurch erhält die Zunge ein Widerlager, mit dessen Hilfe sie den Bolus über den hinteren Rand des harten Gaumens hinaus an den weichen Gaumen drücken

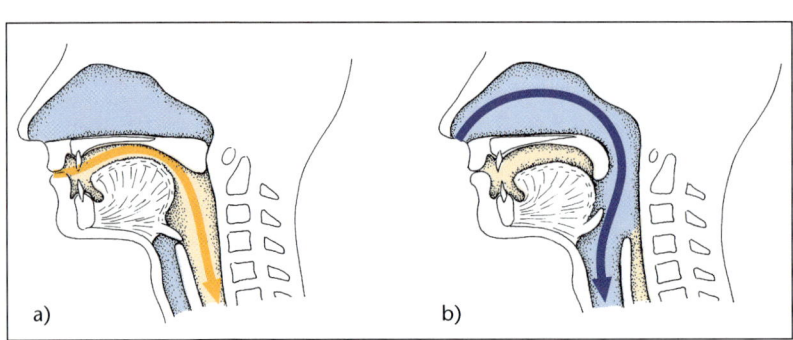

a)   b)

Abb. 6.22 Überkreuzung des Luft- und Speisewegs im Mesopharynx. a) Speiseweg (gelb) geöffnet, Luftweg reflektorisch nach oben und unten verschlossen; b) Luftweg (blau) geöffnet

: **Bolus** bolus (lat.) bzw. bolos (griech.): Klumpen
Rezeptor recipere (lat.): aufnehmen
Passavant Eigenname (deutscher Chirurg)
peristaltisch peristaltikos (griech.): wörtlich umfassend zusammendrückend; hier: aufeinanderfolgende Kontraktionen von Ringmuskeln in Hohlorganen, wodurch der Organinhalt weiter transportiert wird (vor allem auch im Darm zu beobachten)

kann; dort befinden sich Nervenendigungen (**Rezeptoren**) in der Gaumenschleimhaut, die den eigentlichen Reflex auslösen („point of no return")

c) im nächsten Schritt werden die oberen Luftwege, hier beginnend mit dem oberen Rachenabschnitt, reflektorisch vor dem Eindringen des Bolus geschützt; dabei kontrahieren sich die Gaumensegelmuskeln und spannen und heben das Gaumensegel in Richtung auf die Rachenhinterwand; durch gleichzeitige Kontraktion des Zäpfchenmuskels wird dem Bolus der weitere Weg über den Zungengrund durch herabfallende Schleimtropfen schlüpfrig gemacht; der obere Schlund-

schnürer (☞ Kap. 4.6.2) verdickt sich zum sog. **Passavant**-Ringwulst, der mit dem kontrahierten Gaumensegel zusammen den Verschluss der oberen Luftwege sichert

d) durch die Bewegung der Zunge wird der Bolus über den mittleren Rachenabschnitt hinaus in den unteren Rachenabschnitt befördert; dabei begrenzt der M. palatoglossus (☞ Kap. 6.2.5) die Ausmaße des Bolus; am Kehlkopfeingang ist inzwischen die Sicherung der unteren Luftwege dadurch vollzogen worden, dass die schon unter b) beschriebene Kontraktion der Mundbodenmuskulatur den Kehlkopf angehoben hat; der Kehlkopf nähert sich dabei dem Zungenbein; dabei wird der Fettkörper zwischen der Zungenbein-Schildknorpel-Membran und dem Kehldeckel verformt (☞ Abb. 5.7); durch diesen Verformungsprozess wird der obere Teil des Kehldeckels nach hinten unten gedrückt und der Kehlkopfeingang verschlossen

e) die Schlundheber, vor allem der M. palatopharyngeus (☞ Kap. 6.2.5) heben sich dem Bolus entgegen; dabei erweitert sich der untere Rachen-

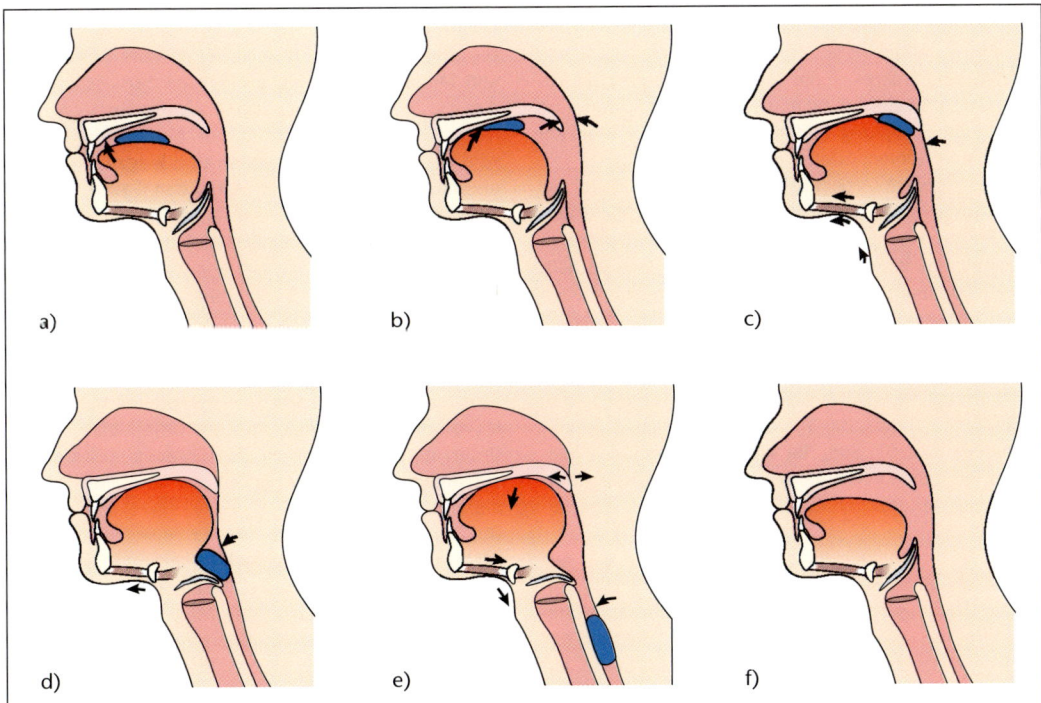

Abb. 6.23 Einzelphasen des Schluckaktes

bereich, um den Bolus aufzunehmen, der dann über die Schluckrinnen beidseits des Kehldeckels Richtung Speiseröhre rutscht; der Bolus wird bei seinem Weg zum Magen durch **peristaltische** Bewegungen der Schlundschnürer und der Speiseröhrenmuskulatur in der Regel „in einem Rutsch" bis zum Magen befördert

f) anschließend wird durch nachlassende Anspannung der genannten Muskeln der ursprüngliche Zustand wieder hergestellt.

Die Speiseröhre (**Ösophagus**) besteht ähnlich wie der Rachen innen aus einer Schleimhaut und außen aus einer muskulären Wand mit Ring- und Längsmuskeln. Die Muskeln werden vom 10. Hirnnerven, dem N. vagus (☞ Kap. 7.11.5) versorgt, der für die Peristaltik der Speiseröhre verantwortlich ist.

> ⦂ **Ösophagus** oesophagus (lat.), aus oisein (griech.): bringen und phagema (griech.): Speise
> **-sphinkter** (griech. sphigkter): Zuschnürer, Schließmuskel
> **Reflux** refluere (lat.): zurückfließen

Am Eingang der Speiseröhre befindet sich ein Schließmuskelsystem, der obere **Ösophagussphinkter,** der die erste der Engstellen des Ösophagus, den sog. Ösophagusmund, hervorruft. Dieser muss beim Schluckakt geöffnet werden. Auch am Übergang des Ösophagus zum Magen befindet sich eine Engstelle, die durch keinen echten Sphinkter, also einen Schließmuskel, sondern durch einen funktionellen Verschluss gebildet wird. Durch besondere Anordnungen der Ösophagusmuskeln im unteren Bereich und durch ein mit Blut gefülltes Venengeflecht der Schleimhaut wird dieser funktionelle Verschluss gebildet, der das Zurücksteigen von Magensäure in die Speiseröhre („**Reflux**", „saures Aufstoßen", „Sodbrennen") verhindern soll.

> **Refluxösophagitis**
> Ist der Verschluss der Speiseröhre gegen den Magen nicht ausreichend, kommt es zum Aufsteigen von Magensäure in die Speiseröhre. Daraus kann sich eine Speiseröhrenentzündung (Ösophagitis) entwickeln, die u. U. sogar zu Stimmstörungen führen kann.

ZUSAMMENFASSUNG

Die Artikulationsorgane sind ursprünglich Organe des Verdauungstraktes; beim Menschen werden sie zusätzlich zur Lautbildung eingesetzt; dazu erfolgt eine spezielle Steuerung und Koordination der Muskeln durch das Nervensystem.

Im Kiefergelenk (Articulatio temporomandibularis) bilden der Gelenkfortsatz des Unterkiefers und die Unterkiefergrube des Schläfenbeins ein Schiebe-Scharnier-Gelenk, das in der Gelenkhöhle einen Discus enthält. Die Funktionen des Kiefergelenks bestehen im Heben und Senken, Vor- und Zurückschieben des Unterkiefers sowie in kombinierten Bewegungen.

Die Hauptfunktion der Kaumuskeln besteht im Heben des Unterkiefers (Kieferschluss); diese Funktion üben der M. temporalis, der M. masseter und der M. pterygoideus medialis aus. Nur der M. pterygoideus lateralis leitet die Kieferöffnung ein. Die Kaumuskeln werden von motorischen Ästen des N. mandibularis versorgt.

Die mimischen Muskeln sind Hautmuskeln des Gesichtes und Halses; sie werden vom N. facialis versorgt. Von besonderer Bedeutung sind der Mundringmuskel (M. orbicularis oris) mit der Funktion des Mundschlusses, das Öffnungssystem des Mundes, der M. buccinator sowie der Mundöffnung benachbarte Muskeln der Nase, der Wange und des Kinns.

Die Mundhöhle gliedert sich in eigentliche Mundhöhle und Mundhöhlenvorhof; die Grenze dazwischen bilden die mit Gingiva bedeckten Alveolarfortsätze der Kiefer und die Zahnbögen. Der Mundhöhlenvorhof wird nach außen durch Lippen und Wagen begrenzt, die Mundhöhle nach oben durch den Gaumen, nach unten durch die Zunge sowie nach hinten durch die Gaumenbögen, das Gaumensegel und die Schlundenge.

Der Mundspeichel wird von großen und kleinen Speicheldrüsen der Mundhöhle gebildet; der Speichel setzt sich aus mukösen und serösen Anteilen zusammen. Zu den großen Speicheldrüsen zählen die Ohrspeicheldrüse, deren Sekret in den oberen Mundhöhlenvorhof geleitet wird, und die Unterkiefer- sowie Unterzungendrüse, deren Ausführgang gemeinsam auf einem Schleimhauthöckerchen unter der Zunge mündet.

Die Zähne befinden sich in den Alveolen des von Gingiva (Zahnfleisch) bedeckten Alveolarknochens. Ein Zahn besteht aus Krone, die von Zahnschmelz bedeckt ist, Hals und Wurzel. Die Wurzeln sind über den Zahnhalteapparat (Parodontium) federnd in den Alveolen befestigt.

Beim Erwachsenengebiss finden sich pro Kieferhälfte (Quadrant) acht Zähne: jeweils zwei Schneidezähne, ein Eckzahn, zwei Prämolaren und drei Molaren (Zahnformel 8×4). Das Milchgebiss (Zahnformel 4×5) weist pro Quadrant zwei Milchschneidezähne, einen Milcheckzahn und zwei Milchmolaren auf. Der Zahndurchbruch beginnt im 7.–9. Lebensmonat, der Zahnwechsel im 7. Lebensjahr.

Der Mundboden (Diaphragma oris) ist eine etwa horizontal stehende Muskelplatte innerhalb des Unterkieferbogens; der Hauptmuskel ist der M. mylohyoideus.

An der Zunge lassen sich Spitze, Körper, Wurzel, Zungenrücken, seitlicher Rand und Zungenunterseite unterscheiden. Der Sulcus terminalis grenzt die vorderen zwei Drittel vom hinteren Zungendrittel ab.

Die Zunge besteht aus Außenmuskeln (M. genioglossus, M. hyoglossus, M. styloglossus), deren Hauptfunktion in der Bewegung der Zunge zu sehen ist, und aus Binnenmuskeln (in allen drei Hauptraumrichtungen), die hauptsächlich der Verformbarkeit der Zunge dienen. Alle Zungenmuskeln werden vom N. hypoglossus innerviert.

Die Zungenschleimhaut enthält zahlreiche Papillen, die der Oberflächenvergrößerung dienen und Geschmacksknospen enthalten. Zahlreiche Nervenfasern in der Zunge vermitteln die Sensibilität sowie die Wahrnehmung der verschiedenen Geschmacksqualitäten.

Am Gaumen (Palatum) unterscheidet man den größeren vorderen harten Gaumen sowie das hinten liegende Gaumensegel (weicher Gaumen, Velum). Das Gaumensegel besteht aus einem M. levator veli palatini, einem M. tensor veli palatini und einem M. uvulae (Innervation durch N. glossopharyngeus und N. vagus).

Die seitliche Begrenzung der Schlundenge (Isthmus faucium) besteht aus den beiden Gaumenbögen Arcus palatoglossus sowie Arcus palatopharyngeus mit gleichnamigen Muskeln und der dazwischen liegenden Mandelgrube mit der Tonsilla palatina.

Die Artikulation findet mit Hilfe der Artikulationsorgane am Ansatzrohr und seinen Öffnungen statt. Man unterscheidet Artikulationsorgane, Artikulationsorte sowie Artikulationsmodi.

Der Schluckakt ist mit Schutzmechanismen verbunden, die ein Eindringen von Nahrungsteilchen in die oberen bzw. unteren Atemwege verhindern. Beteiligt sind obere und untere Zungenbeinmuskeln, Muskeln der Zunge, des Gaumensegels, der Gaumenbögen sowie des Rachens. Der Passavant-Ringwulst sichert die oberen Atemwege, der Verschlussmechanismus des Kehlkopfeingangs durch den Kehldeckel die unteren Atemwege. Speisen und Getränke gelangen dann durch Aktionen der Zunge und des Rachens sowie durch peristaltische Bewegungen der Speiseröhre in den Magen.

7 Nervensystem

7.1 Übersicht und Gliederung

In unserem Körper existieren zwei Kommunikationssysteme, die sich bezüglich ihrer Reaktionsgeschwindigkeit unterscheiden und stark vergröbert und verallgemeinert mit den Kommunikationsmöglichkeiten „Telefon" und „Brief" vergleichen lassen. Es handelt sich um das Nervensystem und das Hormonsystem.

Das Hormonsystem ist mit der Kommunikation über einen Brief vergleichbar, da es vergleichsweise langsam (Reaktionszeit mindestens mehrere Minuten) reagiert. Drüsenzellen endokriner Drüsen (☞ Kap. 1.2.1) sezernieren dabei Hormone an die Blutbahn, über die sie an Zielzellen transportiert werden. Diese Zielzellen erkennen die Hormone über spezifische Rezeptoren, wodurch in den Zielzellen Veränderungen ausgelöst werden. Der „Brief" hat seinen Empfänger über dessen „Briefkasten" erreicht, ist von ihm gelesen worden und löst in der Regel eine Reaktion aus.

Die Hauptaufgaben des Hormonsystems, auf das in diesem Kapitel nur ganz am Rande (☞ Kap. 7.12.4) eingegangen werden kann, bestehen in Regulations- und Koordinationsaufgaben der inneren Organe. Allerdings kann das Hormonsystem auch auf äußere Reize reagieren, um den Körper an wechselnde Bedingungen der „Außenwelt" anzupassen (z.B. Stresshormone). Teilweise finden sich auch enge Wechselwirkungen des Hormonsystems mit dem Nervensystem.

Die Reaktionsgeschwindigkeit des Nervensystems liegt im Bereich von Sekundenbruchteilen und damit weit unter der des Hormonsystems. Die Informationsübertragung im Nervensystem verläuft überwiegend auf elektrischem Wege und zeigt auch darin Analogien zur Kommunikation über Telefon. Allerdings spielen auch den Hormonen vergleichbare Botenstoffe (die sog. Neurotransmitter, ☞ Kap. 7.4) bei der Signalübertragung im Nervensystem eine Rolle. Diese werden allerdings nur über winzig kleine Strecken innerhalb des Nervengewebes transportiert und nicht über die Blutbahn wie die Hormone.

Die Hauptaufgaben des Nervensystems richten sich vor allem auf die Kommunikation des Organismus mit der Außenwelt, also die Wahrnehmung und Verarbeitung von Sinnesreizen über die Sinnesorgane und angepasste Reaktionen des Körpers auf diese Reize, vor allem durch die Skelettmuskulatur.

Die Sinnesorgane sind Teil des Nervensystems oder mit diesem eng verbunden. Über Wahrnehmungen dieser Sinnesorgane wird die „Außenwelt", zu der in diesem Sinne auch die Teile unseres eigenen Körpers gehören, die Sinneswahrnehmungen zugänglich sind, über das Nervensystem wahrgenommen oder in ihm „abgebildet" bzw. von ihm „bemerkt". Daraus leitet sich für diesen Teil des Nervensystems der funktionelle Begriff „Merksystem" (**sensorisches** System) ab. Das sensorische System nimmt unterschiedlichste Sinnesinformationen (Sehen, Hören, Riechen, Schmecken, Gleichgewicht, Tasten, Schmerz, Temperatur) auf.

> **⋮ sensorisch** sensus (lat.): Empfindung, Wahrnehmung; die Sinneswahrnehmungen betreffend
> **motorisch** (lat. motorius): bewegend

Als Entscheidung des freien Willens („willkürlich"), als Reaktion auf Sinnesreize, als Durchführung nahezu „automatisch" ablaufender Bewegungsmuster oder auch als Folge komplexer Denkvorgänge können Handlungen vollzogen werden. Im Gegensatz zu den unterschiedlichen Sinnesinformationen sind die Reaktionsmöglichkeiten des Nervensystems und damit des gesamten Körpers nahezu ausnahmslos auf Veränderungen innerhalb der Skelettmuskulatur beschränkt, die dann Tätigkeiten wie Sprechen, Schreiben, Singen, sonstige Körperbewegungen, Mienenspiel u.a. vollzieht. Diese Veränderungen innerhalb der Skelettmuskulatur werden wiederum über Anteile des Nervensystems in die Wege geleitet, so dass dieser Abschnitt als „Wirksystem" (**motorisches** System) bezeichnet wird.

Zusammengefasst wird der jetzt beschriebene Teil des Nervensystems, der sich im Wesentlichen mit der Kommunikation mit der Außenwelt befasst, als **sensomotorisches** Nervensystem bezeichnet. Für die Aufnahme und Verarbeitung der Sinnesreize und die motorischen Leistungen des Körpers wird analog der Begriff **Sensomotorik** verwendet.

Nur ein sehr kleiner Bereich des Nervensystems (das **vegetative** Nervensystem, ☞ Kap. 7.12) ist auch an der Steuerung, Koordination und Überwachung der Funktionen innerhalb der Binnenwelt des Körpers beteiligt.

> **⋮ vegetativ** (lat. vegetativus) hat drei Bedeutungen: 1) pflanzlich, 2) ungeschlechtlich (bezogen auf die Fortpflanzung), 3) unwillkürlich, nicht dem Willen unterliegend
> die Bezeichnung „vegetatives" Nervensystem bezieht sich auf die dritte Wortbedeutung und stellt das vegetative Nervensystem als „nicht dem Willen unterliegend" dem sensomotorischen Nervensystem als willkürlich, d.h. „dem Willen unterliegend", gegenüber; diese Zuordnung ist aber nur bei sehr oberflächlicher Betrachtung gerechtfertigt

Außer dieser funktionellen Gliederung des Nervensystems in sensomotorisches und vegetatives Nervensystem existiert noch eine zweite Einteilungsmöglichkeit in Zentralnervensystem (**zentrales** Nervensystem, ZNS) und **peripheres** Nervensystem (PNS), die sich an den Lageverhältnissen orientiert.

> **zentral** (lat. centralis): in der Mitte liegend
> **peripher** (griech. peripheres): am Rande gelegen, sich herumbewegend

Bei dieser sehr groben Unterteilung werden die Teile des Nervensystems als ZNS bezeichnet, die innerhalb des Schädels bzw. Wirbelkanals liegen; es handelt sich um das Gehirn und das Rückenmark. Alle anderen, außerhalb des Schädels bzw. Wirbelkanals gelegenen Anteile des Nervensystems werden dem PNS zugerechnet. Sowohl das sensomotorische als auch das vegetative Nervensystem haben zentral und peripher gelegene Abschnitte.

Die Unterscheidung zwischen zentralem und peripherem Nervensystem bezieht sich nicht nur auf die Lage der Anteile des Nervensystems, sondern durchaus auch auf funktionelle Aspekte im Zusammenhang mit der Informationsweiterleitung und -verarbeitung vor allem im sensomotorischen Nervensystem. Die Informationen laufen von den Sinnesorganen über „periphere Nervenleitungen" zum ZNS; dort werden die Informationen zentral verarbeitet und ggf. über andere „periphere Nervenleitungen" zu den Muskeln der ausführenden Körperteile (Sprechorgane, Muskeln des Mienenspiels, Muskeln der sonstigen Körperbewegungen, beim Schreiben tätige Muskeln usw.) geleitet.

Der Informationsfluss zum ZNS hin wird dabei als **afferent,** der Informationsfluss vom ZNS weg in die Peripherie als **efferent** bezeichnet. Das Nervensystem hat also damit die Aufgabe, Informationen aufzunehmen, weiterzuleiten, zu verarbeiten, ggf. zu speichern und wieder auszugeben.

> **afferent** (lat. affere): hinführen
> **efferent** (lat. effere): wegführen

7.2 Entwicklung

In der dritten Embryonalwoche ähnelt der Keimling einer Scheibe („Keimscheibe"), die aus drei übereinander liegenden Blättern („Keimblättern") besteht. Aus dem oben liegenden Blatt (**Ektoderm**)

entwickeln sich u.a. das Epithel der Haut und das Nervensystem. Aus diesem Ektoderm entsteht durch Krümmungen und Abfaltungen anschließend ein in der Aufsicht (Abb. 7.1) „pantoffelartiges" Gebilde.

> **Ektoderm** Ekto- aus ektos (griech.): außen und -derm (griech. derma): Haut
> **Neural-** zum Nervengewebe gehörig (neuron, griech.: Nerv)

Der Teil des Ektoderms, aus dem das Nervengewebe entsteht, verdickt sich zunächst zur sog. **Neuralplatte,** die sich dann in Längsrichtung zur Neuralrinne einsenkt. Die Seitenränder dieser Rinne wölben sich empor und bilden die Neuralfalten. Die Neuralfalten verschmelzen in der vierten Embryonalwoche, so dass aus der Neuralrinne das Neuralrohr entsteht. Die Verschmelzung beginnt in der

> **Neuralrohrdefekte**
> Der Prozess des Verschließens des Neuralrohrs am oberen bzw. unteren Ende ist recht störanfällig. Schließt sich das Neuralrohr durch weitgehend unbekannte Faktoren (Strahlung, Giftstoffe, genetische Faktoren werden als Ursachen vermutet) nicht oder unvollständig, bezeichnet man die daraus entstehenden Missbildungen als Neuralrohrdefekte.
> Die schwerste, aber auch häufigste Störung des Neuralrohrschlusses im oberen Bereich wird als Anenzephalie bezeichnet. Die Knochen des Schädeldachs fehlen, große Teile des Gehirns bestehen nur aus undifferenziertem, gewucherten Gewebe. Diese Störung ist nicht mit dem Leben vereinbar.
> Verschließt sich das Neuralrohr im Bereich des späteren unteren Rückenmarks nicht oder nur unvollständig, kommt es zu verschiedenen Störungen mit unterschiedlichem Schweregrad, die insgesamt als Spina bifida („Spaltrücken") bezeichnet werden. Die Missbildungen können dabei die Wirbelsäule, die Rückenmarkshäute und das Rückenmark einbeziehen. Das Ausmaß der neurologischen Störungen ist sehr unterschiedlich.
> Durch die regelmäßige Einnahme des Vitamins Folsäure während der Schwangerschaft wird die Häufigkeit solcher embryonaler Missbildungen offenbar verringert.
> Anenzephalie: An- (griech.: a-): fehlend, -enzephalie: aus egkephalon (griech.): Gehirn
> Spina (lat.): Stachel, Dorn, Grat (gemeint ist das „Rückgrat": Wirbelsäule)
> bifida: Feminin-Form zu bifidus (lat.): in zwei Teile gespalten

Mitte (entspricht der späteren Nackenregion) und wandert von dort nach oben und unten fort, bis die gesamte Rinne verschwunden und in das Rohr übergegangen ist. Der Verschluss des Rohrs erfolgt in der späteren Kopfregion etwa am 25. Entwicklungstag, in der späteren Steißregion etwa am 27. Tag.

Ektoderm, das nicht an der Neuralrohrbildung beteiligt ist, schiebt sich über das in der Tiefe versenkte Rohr und bildet das Epithel der äußeren Haut. Ektodermale Zellen, die sich zwischen der Haut und dem Neuralrohr befinden, bilden eine Gewebeschicht („Neuralleiste"), deren Zellen in ihren Eigenschaften zwischen denen der späteren Nervenzellen und der späteren Hautepithelzellen stehen.

Die Zellen in der Neuralrohrwand stellen die Vorläufer der Nervenzellen dar; aus ihnen entwickeln sich das Rückenmark und das Gehirn. Der innere Hohlraum des Neuralrohrs bildet sich im späteren Rückenmark weitestgehend zurück, bleibt jedoch im späteren Gehirn als Ventrikelsystem (☞ 7.9.10) erhalten.

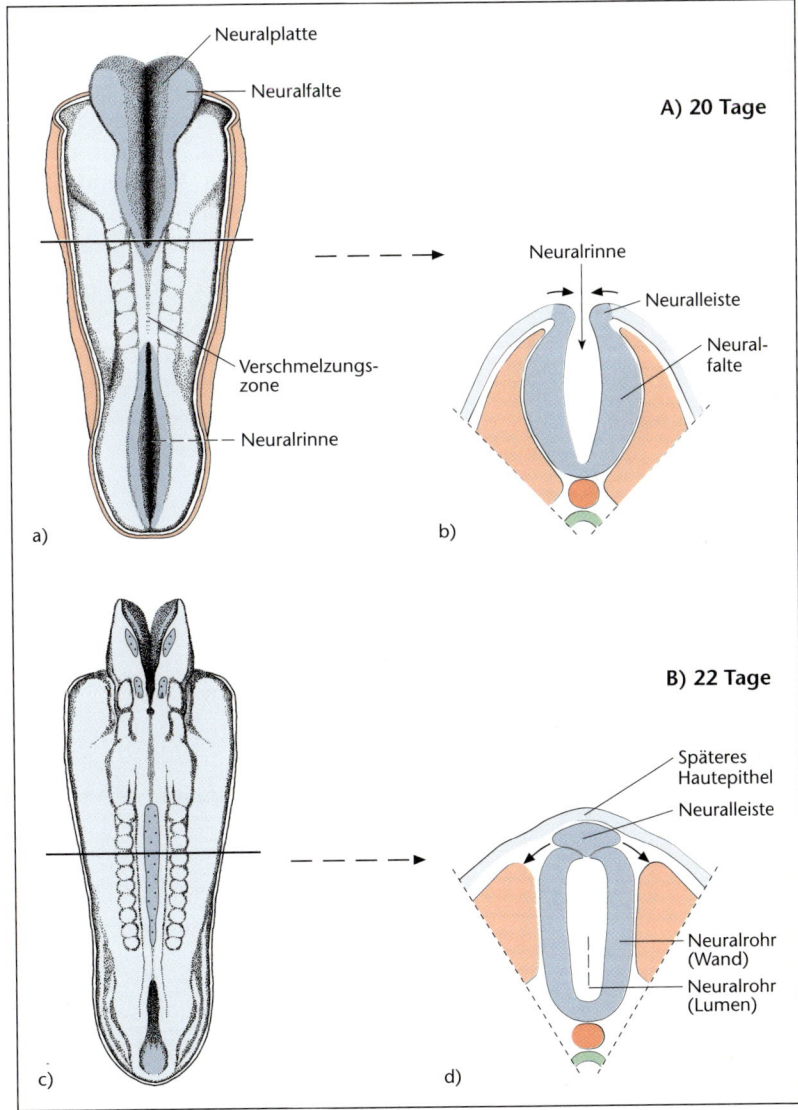

Abb. 7.1 Entwicklung des Neuralrohrs aus der ektodermalen Neuralplatte;
A) Alter 20 Tage, a) Aufsicht, b) Querschnitt entsprechend der Markierung in a;
B) Alter 22 Tage, c) Aufsicht, d) Querschnitt entsprechend der Markierung in c)

7.3 Nerven- und Gliazellen

Das Nervengewebe besteht aus Nervenzellen, die auch als **Neurone** bezeichnet werden, und **Gliazellen.** Die Nervenzellen erfüllen die schon beschriebenen Aufgaben der Verarbeitung, Speicherung, Leitung etc. der Informationen. Ausdifferenzierte Nervenzellen sind nicht mehr teilungsfähig. Angaben über die Gesamtzahl der Nervenzellen im Körper sind ungenau. Man geht von ca. 30 Milliarden Neuronen aus, von denen sich je ein Drittel in der Großhirnrinde, in der Kleinhirnrinde und im Rest des Nervensystems befinden (☞ Kap. 7.9).

Die Gliazellen haben Stütz- und Schutzfunktionen für die Nervenzellen; sie sind an der Nervenleitung (☞ Kap. 7.6), an der Abwehr, an der sog. Blut-Hirn-Schranke (☞ Kap. 7.9.11) und an der Aufrechterhaltung eines bestimmten Umgebungsmilieus für die Nervenzellen verantwortlich. Ihre Zahl liegt deutlich über der der Nervenzellen; sie sind teilungsfähig, deshalb gehen Hirntumoren meist von Gliazellen aus.

> **Neuron** (griech.): eigentlich „Sehne", Nerv, hier: Nervenzelle
> **glia** (griech.): Leim (gemeint ist das Gewebe zwischen den Nervenzellen)

Der Aufbau einer Nervenzelle weicht durch das Vorhandensein der ungewöhnlichen Fortsätze des Zytoplasma deutlich von dem anderer Zellen ab. Das eigentliche Stoffwechselzentrum der Zelle ist der zentrale Zellkörper, der den Zellkern enthält und meist als **Perikaryon,** gelegentlich als **Soma** bezeichnet wird (Abb. 7.2). Hier findet in der Regel auch die Verarbeitung der eingehenden Informationen statt.

Die meisten Neurone entsprechen dem in Abb. 7.2 dargestellten Typus der **multipolaren** Nervenzelle mit einem mehr oder weniger stark verzweigten **Dendritenbaum,** der Informationen anderer Nervenzellen aufnimmt, und einem teilweise sehr langen **Axon** (auch **Neurit** oder Nervenfaser genannt), das die Information an Zielzellen (andere Nervenzellen bzw. quergestreifte Skelettmuskelzellen) weiterleitet.

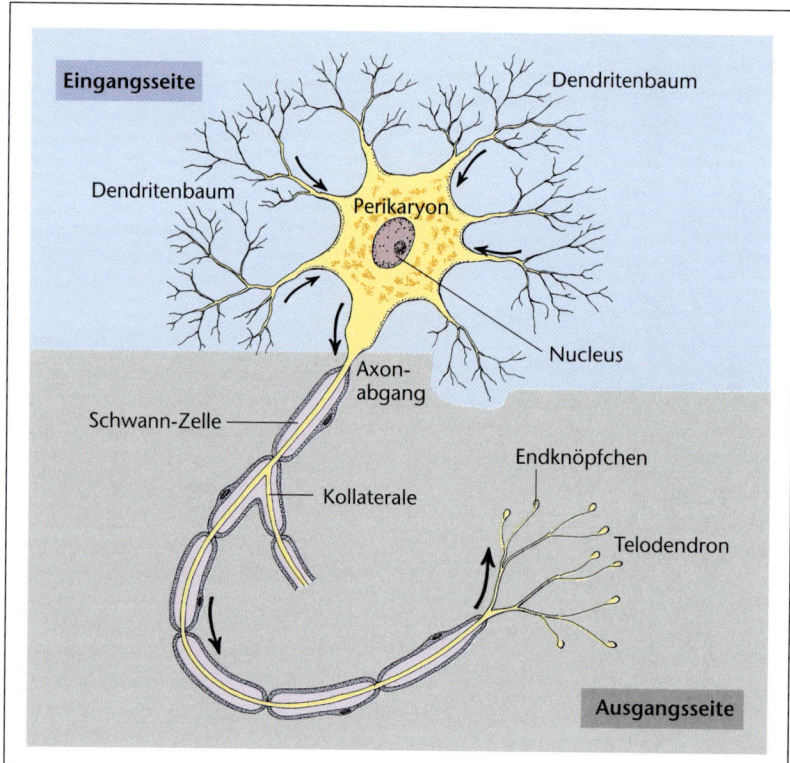

Abb. 7.2 Aufbau einer multipolaren Nervenzelle; die Schwann-Zellen bilden eine Hülle um die Nervenfaser herum, die sog. Markscheide (☞ Kap. 7.6).

Die Empfänger- oder **Rezeptorzone** der Nervenzelle umfasst allerdings nicht nur den Dendritenbaum, sondern auch das Perikaryon.

> **Perikaryon** Peri- (griech.): um-herum und -karyon (griech.): Zellkern (wörtlich: Nuss)
> **Soma** (griech.): Körper
> **multipolar** (lat. multi-): vielfach und -polar (lat.): wörtlich gegensätzlich, hier in der Bedeutung „verzweigt", multipolar: also vielfach verzweigt; bipolar: hat zwei Fortsätze; pseudounipolar: hat nur einen Fortsatz, der sich dann aufteilt (pseudo: scheinbar, uni: ein)
> **Dendrit** (griech. dendrites): zum Baum gehörig, baumartig
> **Axon** (griech.): wörtlich Achse, bedeutet hier: langer Fortsatz der Nervenzelle, der der Informationsübertragung dient
> **Neurit** abgeleitet aus neuron (griech.): Nervenzelle, Bedeutung wie bei „Axon"
> **Rezeptor** recipere (lat.): aufnehmen

Außer der multipolaren Nervenzelle existieren noch zwei Sonderformen: die **bipolare** Nervenzelle mit nur einem Dendriten auf der einen Seite und dem Axon auf der anderen Seite (diese finden sich in der Sinnesweiterleitung aus dem Auge und dem Ohr) sowie die **pseudounipolare** Nervenzelle mit nur einem Fortsatz, der sich dann in einen als Dendrit und einen als Axon wirkenden Ast aufteilt (diesem Typus entsprechen die sensiblen Nervenzellen (☞ Kap. 7.10.3).

Jede Nervenzelle besitzt immer nur ein Axon; dieses kann sich allerdings unter Bildung von Seitenästen (**Kollateralen**) aufzweigen. Das Axon endet in der Region der Zielzellen unter Ausbildung eines Endbaums (**Telodendron**); die einzelnen Ästchen des Endbaums besitzen an ihrem Ende sog. Endknöpfchen, die auch als **bouton** bezeichnet werden (Abb. 7.2).

> **Kollaterale** (lat. collateralis): seitlich, Seitenast
> **Telodendron** aus tele (griech.): fern, End- und -dendron (griech. dendrites): zum Baum gehörig, baumartig, also: Telodendron: Endbäumchen, Endverzweigung
> **bouton** (franz.): Knopf (vgl. button, engl.: Knopf)

Die Bezeichnungen „**afferent**" für eine Informationsleitung von den peripher gelegenen Sinnesorganen zum ZNS bzw. „**efferent**" vom ZNS nach peripher zu den Skelettmuskeln (☞ Kap. 7.1) lassen sich auch auf die Nervenzelle selbst mit ihren Dendriten und ihrem Axon übertragen.

Auch für die Informationsübertragung vom Empfängerapparat der Nervenzelle, dem Dendritenbaum, zum „Informationsverarbeitungszentrum" Perikaryon verwendet man die Bezeichnung afferent. Analog bezeichnet man als efferent die Informationsleitung vom Perikaryon über das als „Sender" wirkende Axon an die Zielzellen.

7.4 Synapsen und Neurotransmitter

Aufbau einer Synapse

Die Endknöpfchen (boutons) der Endaufzweigung eines Axons stellen die Strukturen dar, über die eine Nervenzelle ein Signal an ihre Zielzelle abgibt. Dazu ist eine Kontaktzone zwischen dem Endknöpfchen und einem Membranabschnitt der Zielzelle erforderlich. Diese Kontaktzone wird als **Synapse** bezeichnet (Abb. 7.3). Sie besteht aus der **präsynaptischen** Membran (an der Synapse beteiligter Abschnitt des Endknöpfchens), der **postsynaptischen** Membran (Membranabschnitt der Zielzelle) und dem dazwischen liegenden, äußerst schmalen synaptischen Spalt.

Wird eine „Information" von einer Nervenzelle an eine Zielzelle weitergeleitet (auch als „Erregungsleitung" bezeichnet), so geschieht das bis zur präsynaptischen Membran auf elektrischem Wege (☞ Kap. 7.5). Der synaptische Spalt stellt jedoch für die Weiterleitung dieser Erregung an die Zielzelle auf elektrischem Wege eine unüberwindliche Barriere dar.

Chemische Botenstoffe

In den Endknöpfchen sind deshalb neben Mitochondrien zur Energieversorgung zahlreiche Bläschen (**Vesikel**) enthalten. Diese Bläschen werden im Perikaryon gebildet und über das Axon bis zum Endknöpfchen transportiert und dort gespeichert. Sie enthalten chemische Botenstoffe, die sog. Neurotransmitter.

Gelangt die Erregung deshalb an die Endknöpfchen am Ende eines Axons, so wandern mit Unterstützung durch einströmendes **Kalzium** einige der Vesikel bis an die präsynaptische Membran, verschmelzen mit ihr und schütten ihren Inhalt, die **Neurotransmitter,** in den synaptischen Spalt aus (Abb. 7.3).

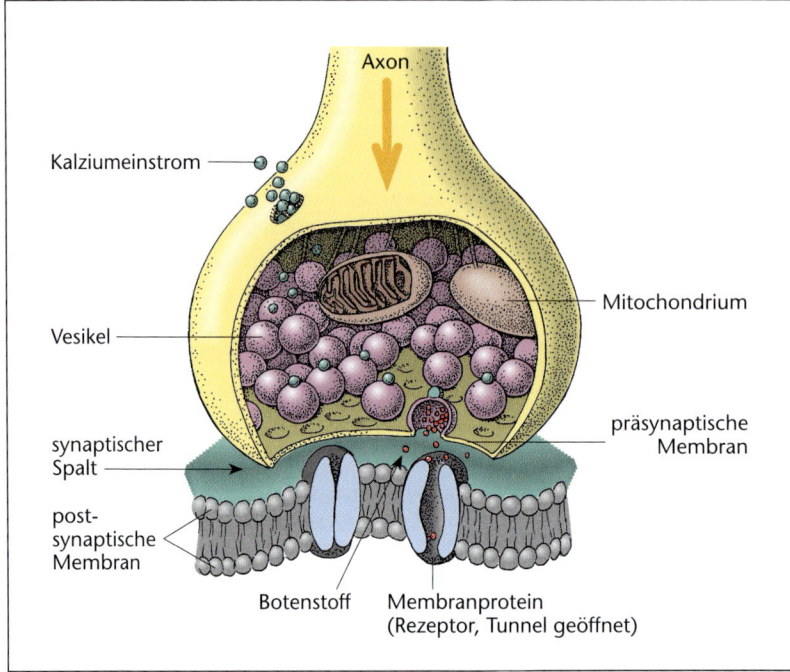

Axon

Kalziumeinstrom

Vesikel

synaptischer Spalt

post-synaptische Membran

Botenstoff

Membranprotein (Rezeptor, Tunnel geöffnet)

Mitochondrium

präsynaptische Membran

Abb. 7.3 Schematischer Aufbau einer Synapse zwischen zwei Nerven-zellen

---

∶ Synapse (griech. synapsis): Verbindung
prä- (lat. prae-): vor, **post-** (lat.): nach
Vesikel (lat. vesica): Blase, vesicula (Verkleine-rungsform): Bläschen
Kalzium, auch Calcium, chemisches Element, ge-hört zu den Mineralstoffen, liegt im Körper in positiv geladener Form als Kalziumion (Ca^{2+}) vor
-ion (griech.): das Wandernde; hier: positiv oder negativ geladenes elektrisches Teilchen
Neurotransmitter Botenstoffe der Nervenzellen, aus Neuro- von neuron (griech.): Nerv, Nervenzelle und -transmitter (lat. transmittere): übertragen

Die Neurotransmitter gelangen innerhalb kürzester Zeit an spezifische Membranproteine in der post-synaptischen Membran, die als **Rezeptoren** für diese Botenstoffe wirken. Diese Membranproteine enthal-ten tunnelartige Röhren, die unterschiedlich stark geöffnet bzw. geschlossen werden und bestimmten Stoffen Durchtritt über die Zellmembran der Ziel-zelle gestatten. Dadurch wird die Erregung auf die Zielzelle übertragen. Dort kann das jetzt chemisch weiter geleitete Signal der „sendenden" Nervenzelle wieder zurück in ein elektrisches Signal umgewan-delt werden.

Nach erfolgter Erregungsübertragung werden alle ausgeschütteten Neurotransmitter innerhalb kürzes-ter Zeit von den Rezeptoren und aus dem synapti-schen Spalt entfernt, damit eine erneute Erregungs-übertragung möglich ist.

Jede Nervenzelle bildet grundsätzlich nur einen Haupt-Neurotransmitter an allen Endknöpfchen aus, der diese Nervenzelle charakterisiert. Die wich-tigsten Botenstoffe sind Acetylcholin, Noradrenalin (eng verwandt mit dem Stresshormon Adrenalin), Dopamin, Serotonin und verschiedene Aminosäu-ren. In der motorischen Endplatte (s. u.) enthalten die Vesikel als Neurotransmitter ausschließlich Ace-tylcholin.

Zielzellen: Neurone

In den allermeisten Fällen handelt es sich bei den Zielzellen einer Erregungsübertragung um weitere Nervenzellen, die über ihren Empfangsapparat die Information der „sendenden" Nervenzelle registrie-ren, diese dann verarbeiten und ggf. weiterleiten. Dabei bildet der Empfangsapparat einer durch-schnittlichen multipolaren Nervenzelle im Mittel rund 17000 Synapsen aus, steht also mit dieser Zahl anderer Nervenzellen in Verbindung.

Zielzellen: Skelettmuskelzellen (motorische Endplatte)

Im sensomotorischen Nervensystem kann am Ende der Erregungsübertragung auch eine quergestreifte Skelettmuskelzelle stehen. Diese wäre die – neben anderen Nervenzellen – zweite noch mögliche Zielzelle in diesem Teil des Nervensystems. Die Synapse zwischen einer Nervenzelle und einer quergestreiften Skelettmuskelzelle bezeichnet man als motorische Endplatte (Abb. 7.4). Die Erregungsübertragung erfolgt nach dem gleichen Prinzip wie zwischen zwei Nervenzellen.

Zielzellen des vegetativen Nervensystems

Synapsen werden nur zwischen Nervenzelle und Nervenzelle oder zwischen Nervenzelle und quergestreifter Skelettmuskelzelle gebildet. Das vegetative Nervensystem beeinflusst vermutlich alle Körperzellen mit Ausnahme der quergestreiften Skelettmuskelzelle. Es bildet jedoch in diesem Sinne keine Synapsen aus. Die ausgeschütteten Botenstoffe gelangen über Diffusion und durchaus größere Entfernungen als bei den Synapsen in die Nachbarschaft der Zielzellen (z. B. Drüsenzellen, glatte Muskelzellen, quergestreifte Herzmuskelzellen u. a.) und bewirken dort entsprechende Veränderungen.

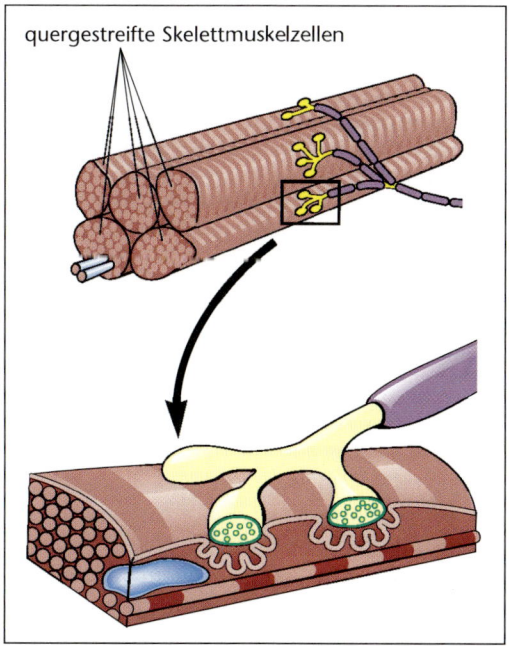

quergestreifte Skelettmuskelzellen

Abb. 7.4 Aufbau einer motorischen Endplatte

7.5 Elektrische Potenziale an der Nervenzelle

7.5.1 Ionenpumpen: Natrium und Kalium

Jede lebende Zelle benötigt in ihrem Zytoplasma ein chemisches Milieu, das u. a. durch eine wesentlich höhere **Kaliumionen**konzentration und eine wesentlich niedrigere **Natriumionen**konzentration als im Extrazellularraum gekennzeichnet ist (Tab. 7.1):

Tab. 7.1

	intrazellulär	extrazellulär
Kaliumionen (mmol/l)	120–150	4–5
Natriumionen (mmol/l)	5–15	140–150

> **Kalium:** chemisches Element, gehört zu den Mineralstoffen, liegt im Körper in positiv geladener Form als Kaliumion (K⁺) vor
> **Natrium:** chemisches Element, gehört zu den Mineralstoffen, liegt im Körper in positiv geladener Form als Natriumion (Na⁺) vor, Bestandteil des Kochsalzes (NaCl)
> **mmol/l:** Millimol pro Liter (Konzentrationsangabe)
> **Ionen, -ion** (griech.): das Wandernde; hier: positiv oder negativ geladenes elektrisches Teilchen

Dieses chemische Milieu muss gegen die Verhältnisse im Extrazellularraum mit völlig anderen Konzentrationen der genannten **Ionen** konstant gehalten werden. Da die Zellmembranen nicht perfekt abgedichtet sind, würden entsprechend dem Konzentrationsgefälle solange Kaliumionen aus der Zelle heraus und Natriumionen in die Zelle hinein wandern, bis der Konzentrationsunterschied zwischen innen und außen ausgeglichen ist

Gegen diesen „unerwünschten" Mechanismus arbeitet eine sog. Ionenpumpe an, die Natrium-Kalium-Pumpe. Sie verbraucht Energie, ist also ATP-abhängig (☞ Kap. 1.1.3) und gehört zu den Membranproteinen. Durch ihre Funktion wird das durch die Konzentrationsangaben in Tab. 7.1 charakterisierte Milieu in seiner Zusammensetzung konstant gehalten (Abb. 7.5).

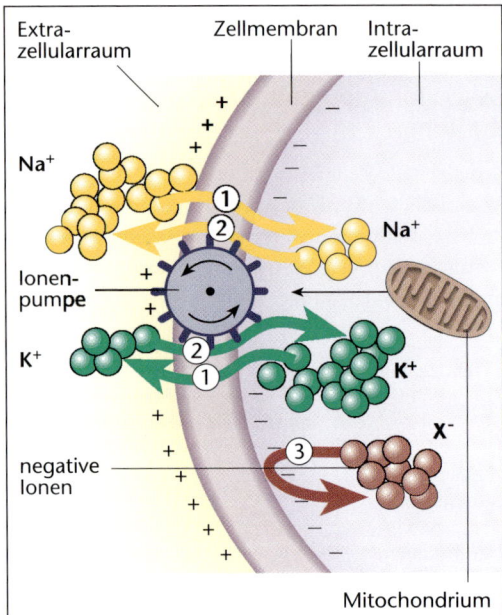

Abb. 7.5 Ruhemembranpotenzial der Nervenzelle.
1: Wirkung des Konzentrationsunterschiedes der
Natrium- bzw. Kaliumionen (Natrium diffundiert in die
Zelle hinein, Kalium heraus); 2: Wirkung der Ionenpumpe (Natrium wird aus der Zelle heraus, Kalium in
die Zelle hinein gepumpt); 3: negativ geladene Ionen
können die Zelle nicht verlassen; Gesamteffekt: es
strömen mehr positive Ionen heraus als herein und es
baut sich ein Membranpotenzial von −70 mV auf

7.5.2 Ruhemembranpotenzial der Nervenzelle

Die Zellmembran von Nervenzellen weist eine Besonderheit auf: unter Normalbedingungen ist sie für
Natriumionen genau so wenig durchlässig wie es bei
anderen Zellen des Körpers zu sehen ist. Ihre Durch-
lässigkeit für Kaliumionen ist aber größer als dies bei
anderen Zellen gefunden wird. Da die Kaliumkon-
zentration in der Zelle deutlich höher ist als außerhalb, strömen permanent – trotz laufender Ionen-
pumpen – einige positiv geladene Kaliumionen aus
der Nervenzelle heraus.
Normalerweise ist eine Zelle elektrisch einigermaßen neutral, d.h. dass die Zahl der positiv geladenen
Ionen genauso groß ist wie die Zahl der negativ geladenen Ionen. Um diese Neutralität trotz des Kalium-
ausstroms aufrecht zu erhalten, müssten auch negativ geladene Ionen in gleichem Maße wie die positiv

geladenen Kaliumionen aus der Zelle ausströmen.
Dieser Prozess findet jedoch so gut wie nicht statt, da
die negativ geladenen Ionen in der Zelle so groß
sind, dass sie durch die tunnelartigen Membranproteinen (auch „Ionenkanäle" genannt) nicht nach
außen gelangen (Abb. 7.5).
Durch den Verlust positiv geladener Ionen baut die
Nervenzelle gegenüber dem Extrazellularraum eine
Ladungsdifferenz mit einem negativen Wert auf. Es
findet eine „Polarisation" statt, bei der der negative
Pol in der Zelle, der positive Pol außerhalb der Zelle
liegt (lässt sich mit Hilfe winzig kleiner **Elektroden**
messen).
Ab einem bestimmten Verlust von Kaliumionen
wird diese Ladungsdifferenz so groß, dass durch die
negative Ladung der Nervenzelle das weitere Ausströmen positiv geladener Kaliumionen verhindert
wird. Es stellt sich ein Gleichgewichtszustand ein. Da
sich die Ladungsdifferenz an der Zellmembran der
Nervenzelle aufbaut, wird sie als **Membranpotenzial**
bezeichnet. Wirken keine weiteren Einflüsse auf die
Nervenzelle ein (z.B. Signale anderer, mit ihr ver-
bundener Nervenzellen), ist sie also in „Ruhe", bezeichnet man dieses Membranpotenzial als **Ruhemembranpotenzial**, das etwa um −70 **mV** liegt.

> **Polarisation** (lat. polarisatio): Ausbildung von
> Gegensätzen
> **Elektrode** (engl. electrode): elektrischer Leiter, der
> in diesem Zusammenhang zwei ungleich geladene
> Flüssigkeiten miteinander verbindet
> **Potenzial** (auch Potential): (lat.) potentia: Macht,
> Fähigkeit, hier: Unterschied elektrischer Ladungen
> oder Kräfte
> **mV** Millivolt = 1/1000 Volt, Maßeinheit für die elekt-
> rische Spannung (nach dem ital. Physiker Volta be-
> nannt)

7.5.3 Depolarisation, Hyper-polarisation

Wie in Kap. 7.4 besprochen, werden bei der Erregungsübertragung von einer „sendenden" Nervenzelle an eine „empfangende" Ziel-Nervenzelle an
der Synapse Botenstoffe (Neurotransmitter) ausge-
schüttet.
Diese binden an Rezeptoren (Membranproteine)
und sorgen für eine Umwandlung des zwischen-
zeitlich chemischen Signals in ein elektrisches Signal
an der Zielzelle. Je nach Struktur der Synapse und

Art der Neurotransmitter können diese Signale grundsätzlich entweder „hemmend" oder „erregend" auf die Zielzelle einwirken.

Diese Zielzelle ist wiederum in der Lage, ein Signal an weitere, nachfolgende Zielzellen zu senden. Bei diesem Vorgang kann sie durch die synaptischen Verbindungen, die sie mit anderen Nervenzellen über ihren Empfangsapparat besitzt, aktiviert („erregt") oder gehemmt werden.

Diese Hemmung oder Erregung wirkt sich auf das Membranpotenzial der Nervenzelle aus, das nun nicht mehr als Ruhemembranpotenzial zu bezeichnen ist, da die Nervenzelle jetzt zusammen mit ihren aktiven synaptischen Verbindungen betrachtet wird. Überwiegen die an der Nervenzelle eingehenden hemmenden Signale, wird ihre Polarisation größer, d.h. das Membranpotenzial schiebt sich über -70 mV hinaus zu noch negativeren Werten. Die Ursache für diese sog. **Hyperpolarisation** oder Hemmung ist darin zu sehen, dass sich durch die Wirkung der hemmenden Synapsen das Hinausdiffundieren der positiven Kaliumionen aus der Nervenzelle noch weiter steigert.

Überwiegen jedoch die an der Nervenzelle eingehenden erregenden Signale, wird ihre Polarisation geringer, d.h. das Membranpotenzial verringert sich hin zu kleineren negativen Werten. Die Ursache für diese sog. **Depolarisation** oder Erregung ist darin zu sehen, dass durch die Wirkung der erregenden Synapsen ein vermehrtes Hineindiffundieren der positiven Natriumionen aus dem Extrazellularraum in die Nervenzelle zu beobachten ist.

> **Hyper-** (griech.): über, vermehrt
> **De** (lat.): unter, verringert
> **Polarisation** (lat. polarisatio): Ausbildung von Gegensätzen

7.5.4 Aktionspotenzial; Bahnung

Nervenzellen stehen über zahlreiche Synapsen in Verbindung, z.B. sind es bei einer Nervenzelle in der Großhirnrinde (☞ Kap. 7.9.2) im Durchschnitt 17000. Es kommen also laufend erregende oder hemmende Signale im Empfangsapparat einer Nervenzelle an, die von dieser „verarbeitet" werden. Überwiegen die erregenden Signale, wird mit Erreichen eines bestimmten Membranpotenzials (ca. -50 mV) ein Schwellenwert überschritten, wodurch

es zu einer charakteristischen „Aktion" der Nervenzelle kommt. Dabei kommt es zu einem blitzartigen Einstrom von Natriumionen aus dem Extrazellularraum in die Nervenzelle, weil sich bestimmte Kanäle kurzfristig öffnen. Die Nervenzelle wird weiter depolarisiert, bis das Membranpotenzial leicht positive Werte (ca. $+20$ mV) erreicht. Eine sich direkt anschließende Repolarisation (also erneuter Aufbau des Membranpotenzials) wird dadurch erreicht, dass die überschüssige positive Ladung in Form von Kaliumionen so lange aus der Zelle herausströmt, bis das Ruhemembranpotenzial erneut erreicht ist.

Dieser gerade beschriebene Vorgang wird als Aktionspotenzial oder „Erregung" bezeichnet und dauert etwa eine Tausendstel Sekunde (1 ms = 1 Millisekunde). Die Nervenzelle leitet dieses Aktionspotenzial und damit die entsprechende „Information" über ihr Axon an die Zielzelle.

Wenn der Schwellenwert für die Auslösung des Aktionspotenzials erreicht ist, wird das Aktionspotenzial zwangsläufig nach dem „Alles-oder-Nichts-Gesetz" ausgelöst.

Kommen am Empfangsapparat einer Nervenzelle zwei Signale, die jedes für sich die Zielzelle nicht bis zum Schwellenwert depolarisieren können, in einem gewissen zeitlichen Abstand hintereinander an, wird kein Aktionspotenzial ausgelöst. Ist der zeitliche Abstand jedoch kurz, summieren sich die einzelnen Effekte und ein Aktionspotenzial wird ausgelöst. Diesen Vorgang bezeichnet man als Bahnung.

7.5.5 Refraktärzeit

Während eines Aktionspotenzials und auch für eine kurze Zeit danach ist eine Nervenzelle einer erneuten Depolarisation nicht zugänglich oder „blockiert". Man bezeichnet sie als refraktär bzw. als in der Refraktärphase befindlich. Die notwendige Zeit, bis ein neues Aktionspotenzial ausgelöst werden kann, wird demnach als Refraktärzeit bezeichnet; sie beträgt im Durchschnitt zwei Tausendstel Sekunden (2 ms = 1 Millisekunden).

> **refraktär** (lat. refractarius): widerspenstig, halsstarrig

Während der Refraktärzeit werden die ursprünglichen Zustände an der Nervenzellmembran wieder hergestellt. Wegen dieses Zeitraums der Nicht-Erregbarkeit können an Nervenzellen Erregungen nur mit einer begrenzten Wiederholungsfrequenz oder -häufigkeit ausgelöst werden.

7.6 Nervenfasern und Erregungsleitung

Das Aktionspotenzial entsteht am Perikaryon einer Nervenzelle und breitet sich über das Axon (Neurit, Nervenfaser) in Richtung auf die Endknöpfchen aus. Die Veränderung des elektrischen Zustands z.B. eines Axons bei Ausbreitung des Aktionspotenzials bezeichnet man auch als **Elektrotonus**.

> **Elektrotonus** elektron (griech.): elektrisch, -tonus (lat.) bzw. tonos (griech.): Spannungszustand

Da Axone teilweise erhebliche Längen (in Extremfällen bis 1 m lang) erreichen können, spielt die Geschwindigkeit der Ausbreitung der Erregung entlang des Axons eine große Rolle. Die Leitungsgeschwindigkeit bewegt sich in Bereichen zwischen 1m/sec und 100 m/sec. Sie ist im Wesentlichen abhängig von zwei Faktoren:
• Durchmesser des Axons
• Vorhandensein bzw. Fehlen einer Markscheide (**Myelinscheide**).

Weil sich der elektrische Widerstand mit steigender Dicke eines Axons verringert, erhöht sich folgerichtig die Leitungsgeschwindigkeit mit steigender Dicke.

> **Myelin-** Mischung fettartiger Stoffe, von myelos (griech.): Mark (eigentlich: Knochenmark, Rückenmark)

Noch entscheidender ist die Frage, ob das Axon eine sog. Markscheide aufweist oder nicht. Das Vorhandensein einer Markscheide steigert die Leitungsgeschwindigkeit erheblich. Markscheiden finden sich vor allem bei dickeren Axonen und im sensomotorischen Nervensystem. Axone des vegetativen Nervensystems sind in der Regel sehr dünn, weisen keine Markscheiden auf und haben eine niedrige Leitungsgeschwindigkeit.
Die Markscheiden werden von bestimmten **Gliazellen** gebildet; man unterscheidet **Schwann-Zellen** im peripheren Nervensystem (Abb. 7.2), die eine Markscheide um nur jeweils ein Axon herum ausbilden, von **Oligodendrozyten** im ZNS, deren Aus-

läufer Markscheiden um mehrere Axone (bis zu 50 gleichzeitig) herum ausbilden.

> **glia** (griech.): Leim (gemeint ist das Gewebe zwischen den Nervenzellen)
> **Schwann** Eigenname (belgischer Anatom)
> **Oligodendrozyten** Gliazellen, die mehrere (oligo, griech.: wenige, einige) Zellausläufer (dendro-: aus dendrites griech.: zum Baum gehörig, baumartig) besitzen
> **Ranvier** Eigenname (französischer Anatom)

Bei der Entwicklung des Nervengewebes wickeln sich diese speziellen Gliazellen so um das Axon herum, dass ihre Zellmembran viele Male übereinander zu liegen kommt und eine elektrische Isolationsschicht um das Axon bildet (Abb. 7.6b–d).
Bei Betrachtung entlang eines Axons (Abb. 7.2, 7.6a) ist auffällig, dass die Markscheiden in regelmäßigen Abständen von ca. 1 mm Unterbrechungen aufweisen, die als Ranvier-Schnürringe bezeichnet werden. Diese Schnürringe stellen die Übergangszonen zwischen zwei Schwann-Zellen (bei Oligodendrozyten ist es analog) dar, an denen die elektrische Isolationsschicht der Nervenfaser unterbrochen ist.
Bei Axonen, die keine Markscheiden aufweisen (man nennt sie auch marklos oder nicht myelinisiert), breitet sich die Erregung nach Auslösung eines Aktionspotenzials kontinuierlich aus (**kontinuierliche** Erregungsleitung). Dies ist vor allem im vegetativen Nervensystem der Fall.
Der größte Teil der Axone ist jedoch myelinisiert oder „markhaltig", besitzt also eine Markscheide. Hier „springt" die Erregung von einem Schnürring zum nächsten, lässt demnach die dazwischen liegenden Isolationsschichten aus („saltatorische" Erregungsleitung). Dadurch weisen markhaltige Axone eine wesentlich höhere Leitungsgeschwindigkeit auf als marklose.

> **kontinuierlich** continuare (lat.): zusammenhängend machen, hier: stetig, ohne Unterbrechung
> **saltatorisch** (lat. saltatorius): sprunghaft, wie beim Tanzen

Das gängigste Klassifikationssystem für Axone unterscheidet nach Dicke, Leitungsgeschwindigkeit und Vorhandensein einer Markscheide. Im somatosensorischen Nervensystem findet man nur A-Fasern; mit abnehmender Leitungsgeschwindigkeit werden sie

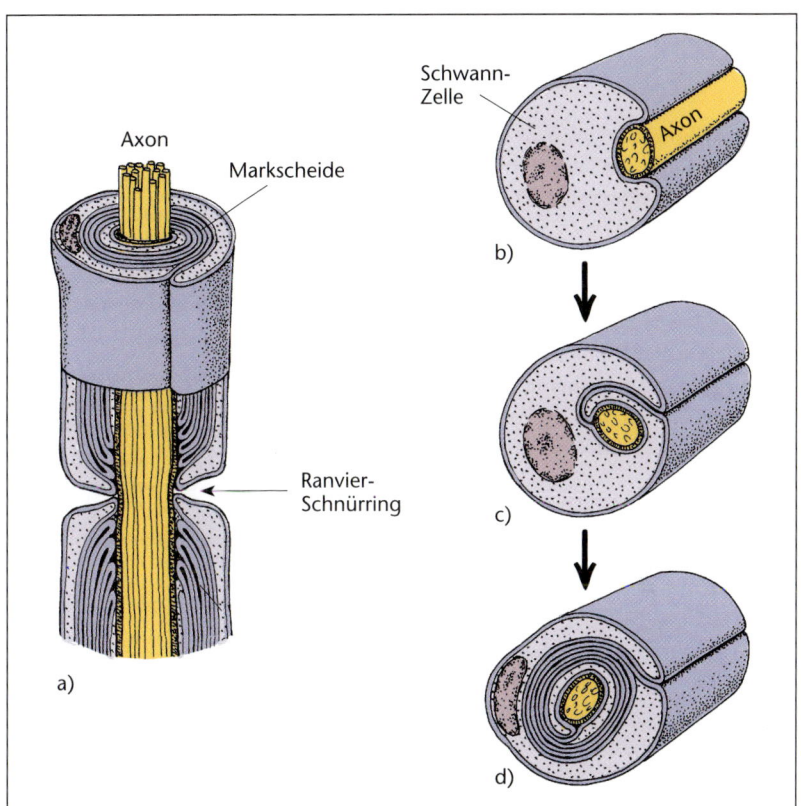

Schwann-
Zelle

Axon

b)

Axon

Markscheide

Ranvier-
Schnürring

c)

a)

d)

Abb. 7.6 Markscheiden:
a) Axon mit Markscheide
und Ranvier-Schnürring
im Längsschnitt; b)–d)
Entstehung einer Mark-
scheide (Querschnitt)

zusätzlich mit Hilfe der griechischen Buchstaben α, β, γ, δ unterschieden. Aα-Fasern haben die höchste (ca. 100 m/sec), Aδ-Fasern die niedrigste Leitungsgeschwindigkeit.

> **griechische Buchstaben** und ihre (altgriechische) Aussprache:
> α: alpha, β: beta, γ: gamma, δ: delta (die Aussprache des heute gesprochenen Neugriechischen weicht zum Teil davon ab)

Im vegetativen Nervensystem finden sich nur B- und C-Fasern, die die Erregung noch langsamer als die langsamsten A-Fasern übertragen, dünner sind als diese und entweder gar keine oder nur eine sehr dünne Markscheide besitzen.

7.7 Graue und weiße Substanz

Von großer Bedeutung für das Verständnis des Nervensystems sind die Begriffe „graue" und „weiße" Substanz.

Axone oder Nervenfasern bilden im Nervensystem dichte Stränge, Bündel oder Geflechte, zwischen denen sich so gut wie keine Zellleiber (**Perikaryen**) befinden. Diese Teile des Nervensystem erscheinen bei einer Untersuchung des Gehirns wegen der großen Fettmengen der dicht gepackten Zellmembranen der Markscheiden als weiß. Daher wird dafür der Begriff „weiße Substanz" verwendet. Marklose Nervenfasern kommen nur in sehr geringer Anzahl vor.

Die Perikaryen der Nervenzellen lagern sich andererseits entweder in Schichten oder rundlichen Ansammlungen zusammen, in denen sich nur wenige Markscheiden befinden. Diese Areale erscheinen als nicht-weiß. In Gehirnen Verstorbener weisen diese Areale eine graue Färbung auf, werden also als graue Substanz bezeichnet (daher auch die Bezeichnung „kleine graue Zellen" für Nervenzellen). Lebende Nervenzellen weisen allerdings eher eine schwach rötliche Farbe auf, so dass man eigentlich von den „kleinen rosa Zellen" sprechen müsste …

> **:** **Perikaryon** Peri- (griech.): um-herum und -karyon (griech.): Zellkern (wörtlich: Nuss)

Die Verteilung der „grauen" und weißen Substanz im Gehirn und Rückenmark (ZNS) bzw. im peripheren Nervensystem (PNS) weist charakteristische Unterschiede auf.

Im Gehirn bildet die graue Substanz eine oberflächliche Schicht, die man als „Rinde" (**Cortex**) bezeichnet (Großhirnrinde, Kleinhirnrinde, ☞ Kap. 7.9). Unterhalb dieser Rindenzone findet sich weiße Substanz, die Marklager genannt wird. In diesem Marklager finden sich jedoch ebenfalls einige größere Ansammlungen von Nervenzellen, für die der Begriff „**Nucleus**": Kern (wie für den Zell„kern") verwendet wird. Nur aus dem Zusammenhang wird deutlich, von welchen „Kernen" oder **Nuclei** gerade die Rede ist (Abb. 7.7b).

Die weiße Substanz des Marklagers enthält zahlreiche geordnete Bündel von parallel verlaufenden Axonen, die verschiedene Abschnitte des Nervensystems miteinander verbinden. Solche Bündel bezeichnet man als Bahnen (**Tractus**), bei kleineren Bündelabzweigungen spricht man von Bündelchen (**Fasciculus**).

> **:** **Cortex** (lat.): Rinde
> **Nucleus** (lat.): Kern, Nuclei: Plural von Nucleus
> **Tractus** (lat.): Bahn, Strang, Bündel (der Plural von Tractus wird genauso geschrieben, nur das „u" spricht sich lang aus)
> **Fasciculus** (lat.): Bündelchen (eingedeutscht „Faszikel")

Im Rückenmark (☞ Kap. 7.8) befindet sich die graue Substanz im Inneren und bildet bei Betrachtung beider Rückenmarkshälften eine „Schmetterlingsfigur". Die weiße Substanz ist außen um die graue Substanz herum angeordnet (Abb. 7.7a). Auch hier verlaufen Tractus und Faszikel.

Ansammlungen von Perikaryen, also grauer Substanz, sind im PNS selten; sie werden dann als **Ganglien** bezeichnet. Der Begriff „Nerv" steht korrekterweise für Bündel von parallel verlaufenden Axonen (Nervenfasern) im PNS. Eine kleinere Abzweigung eines Nerven bezeichnet man als Ast oder mit dem Fachbegriff „**Ramus**".

> **:** **Ganglien** Singular: Ganglion (griech. gagglion): „Nervenknoten", korrekt: Ansammlung von Perikaryen des PNS; der Begriff „Ganglion" wird auch noch in einem zweiten medizinischen Zusammenhang verwendet und bedeutet dann „Überbein" (flüssigkeitsgefüllte Aussackungen von Gelenkkapseln, oft an der Hand oder am Fuß; es besteht kein Zusammenhang mit dem Ganglion des Nervensystems)
> **Nerv** (lat. nervus): eigentlich „Sehne", hier Ansammlung parallel verlaufender Axone (Nervenfasern) des PNS
> **Ramus** (lat.): Ast, Zweig (die Bezeichnung wird auch für kleine Äste von Blutgefäßen verwendet)

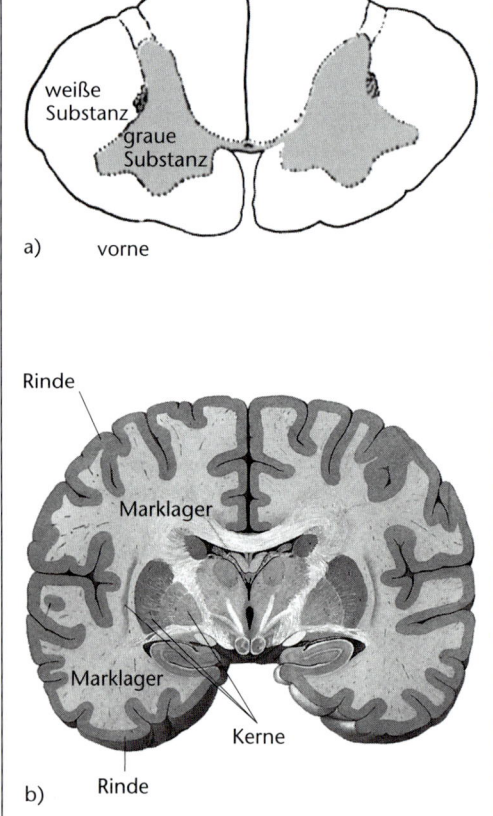

Abb. 7.7 Verteilung von grauer Substanz („rosa") und weißer Substanz im Rückenmark und Gehirn; a) Querschnitt durch das Rückenmark, b) Frontalschnitt durch eine Großhirnhälfte

7.8 Aufbau und Funktion des Rückenmarks

Das Zentralnervensystem (ZNS) besteht aus Gehirn und Rückenmark. Das Rückenmark (**Medulla spinalis**) verläuft – beginnend an einer Öffnung in der Schädelbasis – innerhalb des Wirbelkanals der Wirbelsäule. Es ist ca. 45 cm lang und kleinfingerdick. Oberhalb des Rückenmarks befindet sich das sog. verlängerte Mark (**Medulla oblongata**) des Hirnstamms (☞ Kap. 7.9), das bereits zum Gehirn gerechnet wird. Das Rückenmark endet beim Erwachsenen etwa auf der Höhe des 1. bis 2. Lendenwirbels (bei Kleinkindern tiefer); unterhalb finden sich im Wirbelkanal nur noch die Wurzeln der Rückenmarksnerven (s. u.), die als „Pferdeschwanz" bezeichnet werden (Abb. 7.8).

> ⦂ **Medulla** (lat.). Mark
> **spinalis** (lat.): zur Wirbelsäule gehörig, abgeleitet von spina (lat.): Dorn, Grat (daher: Rückgrat)
> **oblongata** (lat.): Feminin-Form von oblongatus (lat.): verlängert
> **segmental, Segment** (lat. segmentum): Abschnitt, sich wiederholendes Bauelement

7.8.1 Segmentale Gliederung

Am Rückenmark treten seitlich jeweils links und rechts die Wurzelfasern der 31 Rückenmarksnerven (**Spinalnerven**) in regelmäßigen Abständen aus bzw. ein (Abb. 7.8). Dadurch bekommt das Rückenmark eine **segmentale** Gliederung. Man unterscheidet insgesamt fünf Abschnitte des Rückenmarks mit insgesamt 31 Segmenten (Abb. 7.8):

- Halsmark: 8 **Zervikalsegmente**
- Brustmark: 12 **Thorakalsegmente**
- Lendenmark: 5 **Lumbalsegmente**
- Sakralmark: 5 **Sakralsegmente**
- Steißmark: meist nur 1 **Kokzygealsegment**.

> ⦂ **Zervikal-** (lat. cervicalis): zum Hals (cervix) gehörig
> **Thorakal-** (lat. thoracalis): zur Brust/zum Brustkorb (thorax) gehörig
> **Lumbal-** (lat. lumbalis): zur Lende (lumbus) gehörig
> **Sakral-** (lat. sacralis): zum Kreuzbein (sacrum) gehörig
> **Kokzygeal-** (lat. coccygealis): zum Steißbein gehörig, aus kokkyx (griech.): Steißbein

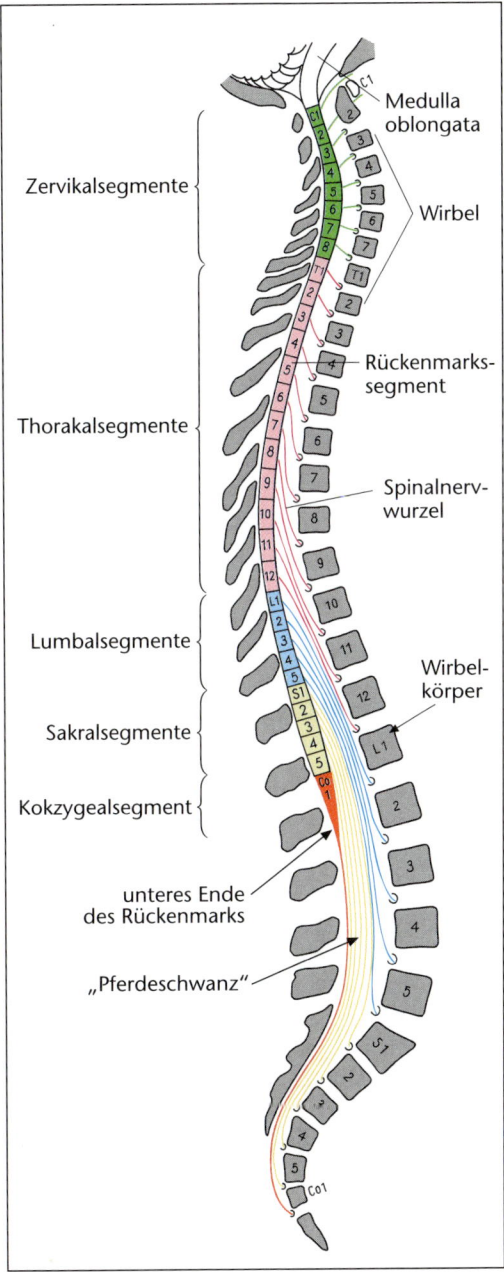

Abb. 7.8 Schematische Darstellung des Gehirns und der Abschnitte und Segmente des Rückenmarks in einer seitlichen Ansicht von rechts. Der Wirbelkanal ist eröffnet; die einzelnen Wirbel sind nur durch ihre Wirbelkörper (vorne) und ihre hinteren Fortsätze gekennzeichnet. Die Wirbel sind im jeweiligen Abschnitt des Rückenmarks von 1 – … durchnummeriert

Während des Kindesalters endet das Längenwachstum des Rückenmarks deutlich früher als das der Wirbelsäule. Die paarigen Spinalnerven treten durch die zu ihrem Segment gehörigen seitlichen Öffnungen der Wirbelsäule hindurch. Da sich die Öffnungen der Wirbelsäule vor allem ab dem unteren thorakalen Bereich – bezogen auf die zugehörigen Spinalnerven – immer weiter nach unten entfernen, müssen die Spinalnerven bzw. ihre Wurzeln von ihrem Austritt aus dem Rückenmark bis zu ihrem Durchtritt durch die seitlichen Öffnungen der Wirbelsäule innerhalb des Wirbelkanals einen immer längeren Weg zurücklegen (als „Pferdeschwanz" bezeichnet, Abb. 7.8).

7.8.2 Vorder-, Hinter- und Seitenhorn

Betrachtet man einen Querschnitt des Rückenmarks (Abb. 7.9), erkennt man deutlich die zentrale Anordnung der grauen Substanz (☞ Kap. 7.7) in Form eines Schmetterlings, außen umgeben von weißer Substanz. An der Schmetterlingsfigur lassen sich symmetrisch angeordnet nach vorne orientierte „Vorderhörner" und nach hinten orientierte „Hinterhörner" unterscheiden. Zwischen diesen finden sich in einigen Abschnitten des Rückenmarks auch die sog.

Seitenhörner, die zum vegetativen Nervensystem (☞ Kap. 7.12) gerechnet werden.

Motorisches Vorderhorn

In den beiden „motorischen" Vorderhörnern des Rückenmarks liegen die **Perikaryen** der sog. motorischen Vorderhornzellen. Es handelt sich um Nervenzellen, deren **Axone** aus den Vorderhörnern austreten, durch die weiße Substanz des Rückenmarks ziehen und dann die vordere Wurzel des Spinalnerven bilden. Die Axone ziehen im Spinalnerven zu den quergestreiften Skelettmuskelzellen und bilden an deren Oberfläche die als motorische Endplatten bezeichneten **Synapsen** aus. Die Richtung der Erregungsübertragung ist als **efferent** zu bezeichnen, da sie vom ZNS zur Peripherie verläuft. Die motorischen Vorderhornzellen stehen über Synapsen mit anderen motorisch wirkenden Nervenzellen in Verbindung, deren Perikaryen im Gehirn liegen („Pyramidenbahn", ☞ Kap. 7.10.4).

> **Perikaryen** Plural von Perikaryon: aus Peri-(griech.): um-herum und -karyon (griech.): Zellkern (wörtlich: Nuss)
> **Axon** Nervenfaser
> **Synapse** (griech. synapsis): Verbindung

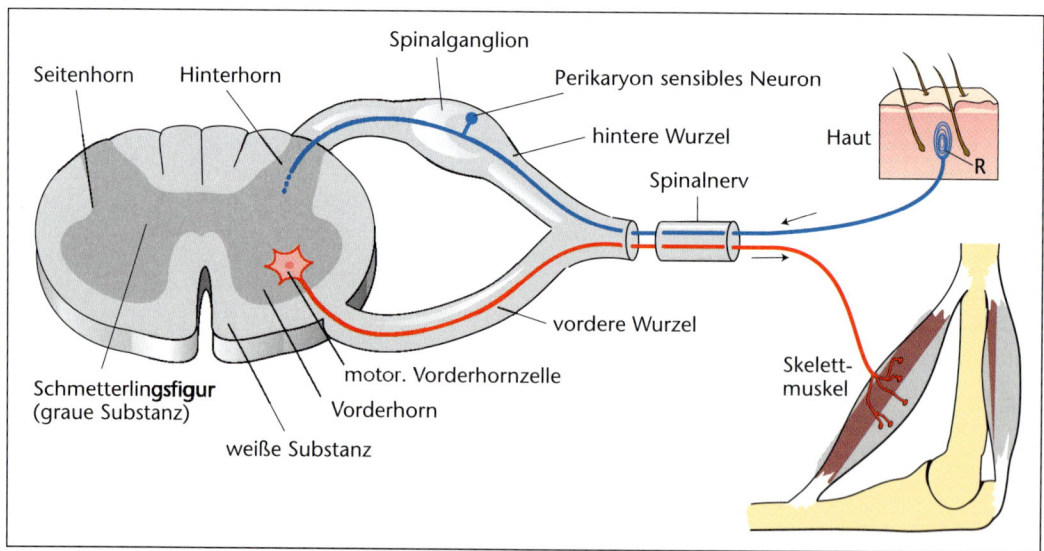

Abb. 7.9 Querschnitt des Rückenmarks mit motorischer Vorderhornzelle (rot; stark vergrößert), Spinalnerv mit Wurzeln und Spinalganglion sowie Haut (Ursprungsgebiet der sensiblen Empfindungen) und Muskeln (Zielgebiet der Axone der motorischen Vorderhornzellen). R: Rezeptororgan der Haut. Die Pfeile geben die Richtung der Erregungsleitung an

Sensibles Hinterhorn

Im Spinalnerven verlaufen nicht nur efferente, motorische, sondern auch **afferente** Nervenfasern, die sensible Sinnesempfindungen wie Berührung, Druck, Schmerz, Kälte und Wärme (vor allem aus der Haut) aus der Peripherie zum ZNS leiten. Diese Nervenfasern gehören zu ungewöhnlichen Nervenzellen, die nicht zur Gruppe der multipolaren, sondern zu den pseudounipolaren Nervenzellen gehören (☞ Kap. 7.3). Ihre Perikaryen liegen in knotenartigen Verdickungen innerhalb der hinteren Wurzel des Rückenmarks. Diese Verdickungen werden als **Spinalganglien** bezeichnet. Im Gegensatz zu den motorischen Vorderhornzellen werden diese Nervenzellen auch als **sensibel** klassifiziert.

> **Spinalganglion** spinalis (lat.): zur Wirbelsäule gehörig, abgeleitet von spina (lat.): Dorn, Grat (daher: Rückgrat), und -ganglion (griech.): Knötchen (Plural: Ganglien)
>
> **sensibel** (lat. sensibilis): der Empfindung fähig; nur im deutschen Sprachraum existiert eine Unterscheidung zwischen sensibel (Empfindung von Berührung, Druck, Schmerz, Wärme, Kälte) und sensorisch (Empfindungen des Sehens, Hörens, Riechens, Schmeckens und des Gleichgewichts), während im englischen Sprachraum nur der Begriff „sensoric" verwendet wird; allerdings werden auch im Deutschen die Unterscheidungen nicht konsequent verwendet („sensomotorisch" umfasst durchaus auch die „sensiblen" Empfindungen der Haut)

Die sensiblen, pseudounipolaren Nervenzellen besitzen nur einen kurzen Fortsatz, der sich noch im Spinalganglion in zwei Äste aufgabelt. Der eine der beiden Äste nimmt die genannten sensiblen Empfindungen vor allem aus der Haut auf. Dort liegen diese als „dendritisch" anzusehenden Äste entweder frei in der Haut oder sie sind mit speziellen **Rezeptororganen** verbunden, die sich auf bestimmte Wahrnehmungen spezialisiert haben (Abb. 7.9).

> **dendritisch:** wie ein Dendrit wirkend (aus dendrites, griech.: zum Baum gehörig, baumartig)

Die aus der jeweiligen Sinnesempfindung z. B. in der Haut resultierende „Erregung" wird bei dieser Nervenzelle vom dendritischen Ast aufgenommen. Das Perikaryon ist hier ausnahmsweise an der Informationsverarbeitung nicht beteiligt, es ist lediglich als Stoffwechselzentrum dieser sensiblen Nervenzelle anzusehen. Deshalb läuft die Erregung an der Aufgabelungsstelle vorbei und erreicht über den zweiten Ast, der in seiner Funktion einem Axon ähnelt, über die hintere Wurzel des Spinalnerven zum Hinterhorn des Rückenmarks. Da hier die sensiblen Informationen eintreffen, wird das Hinterhorn auch als sensibel charakterisiert.

Die Weiterleitung der sensiblen Empfindungen ist nun von der Art der Empfindung (Berührung, Druck, Schmerz, Kälte, Wärme) abhängig. Entweder erfolgt im Hinterhorn schon eine Umschaltung auf eine weitere, hier liegende Nervenzelle oder die Empfindung wird ohne Umschaltung durch das Hinterhorn hindurch zum Gehirn geleitet (Details: ☞ Kap. 7.10.3). Deshalb ist die Fortführung der blauen Linie in Abb. 7.9, die die sensible Leitung darstellt, im Hinterhorn gestrichelt.

Spinalnerv, Spinalnervwurzeln

Als Spinalnerv bezeichnet man die Struktur, in der die efferenten motorischen Fasern parallel zu den afferenten sensiblen Fasern verlaufen (auf den zusätzlichen geringen Anteil vegetativer Nervenfasern soll hier nicht weiter eingegangen werden). Die Fasern der Spinalnerven sind in Bindegewebe eingebettet, das ihnen eine kabelähnliche Struktur verleiht.

In der Nähe des Rückenmarks sind die motorischen und die sensiblen Fasern getrennt. Als vordere Wurzel des Spinalnerven wird das Bündel von motorischen Fasern bezeichnet, das auf der Höhe des Vorderhorns aus dem Rückenmark austritt und sich dann seitlich vom Spinalganglion mit den sensiblen Fasern zu einem gemeinsamen Nervenfaserstrang vereinigt.

Die hintere Wurzel des Spinalnerven enthält die sensiblen Nervenfasern, die zum Hinterhorn ziehen. Auch das Spinalganglion ist Teil der hinteren Spinalnervwurzel.

In der Peripherie findet sich wieder eine Aufspaltung des Spinalnerven: sensible Faserbündel spalten sich ab oder besser gesagt erreichen den Spinalnerv, indem sie von der Haut kommen; motorische Faserbündel spalten sich vom Spinalnerven ab, um die quergestreifte Skelettmuskulatur zu erreichen und dort motorische Endplatten auszubilden (Abb. 7.9).

7.8.3 Eigen- und Fremdreflex

Der Begriff „Reflex" wird im allgemeinen Sprachgebrauch im Sinne einer schnellen, unwillkürlichen und oft dem Schutz des Körpers dienenden Reaktion bestimmter Muskelgruppen auf Sinnesreize verstanden.

> **Reflex** reflexus (lat.): wörtlich das Zurückbeugen

> **Rezeptor** recipere (lat.): wahrnehmen, hier: kleines Organ z. B. in der Haut, das auf bestimmte Sinneswahrnehmungen (z. B. Vibrationen) spezialisiert ist und seine Empfindungen an das Nervensystem weitergibt
> **Tonus** (lat.): Spannung
> **monosynaptisch** mono- (griech. monos: einzig, alleine) und -synaptisch (aus synapsis, griech.: Verbindung)

Diese schnelle Verknüpfung zwischen einer Sinneswahrnehmung und einer Muskelantwort, die automatisch und ohne wesentliche willkürliche Beeinflussung abläuft, verläuft über einen sog. Reflexbogen, der aus dem Sinnesrezeptor, einem afferenten Verbindungsteil, einem Abschnitt des ZNS, einem efferenten Verbindungsteil und einer Muskelgruppe besteht.

Aus dem Alltag kennt man vor allem Schutzreflexe wie das „reflexartige" Zurückziehen der Hand bei der Berührung eines heißen Gegenstands, das „Zukneifen" der Augen bei plötzlich auftretendem grellen Licht u. a. Diese Reflexe sind Bestandteil des sensomotorischen Nervensystems; allerdings finden sich auch vegetative Reflexe (☞ Kap. 7.12). Auch bei einer ärztlichen Untersuchung wird oft die Auslösbarkeit von Reflexen untersucht, allgemein bekannt ist der Kniesehnen-Reflex.

Eigenreflexe

Die einfachste Möglichkeit der Verknüpfung einer sensorischen Wahrnehmung mit einer Muskelkontraktion besteht in einer direkten synaptischen Verschaltung einer sensiblen Nervenzelle mit einer motorischen Vorderhornzelle z. B. auf Rückenmarksebene (Abb. 7.10). Allerdings ist dieser einfachste Reflexbogen nur realisierbar, wenn der Reflex nicht in der Haut in der Nähe des Muskels, sondern in einem Sinnesrezeptor im Muskel selbst ausgelöst wird.

In Muskeln und ihren Sehnen befinden sich kleine „Sinnesorgane" (**Rezeptoren**), die den Spannungszustand (**Tonus**) des Muskels oder der Sehne genauso wie Veränderungen dieses Tonus registrieren. Diese Rezeptoren werden wegen ihrer Gestalt als „Muskelspindeln" bzw. „Sehnenspindeln" bezeichnet. Informationen aus diesen Rezeptoren werden genauso zum Rückenmark geleitet wie sensible Informationen aus der Haut (Abb. 7.9). Dabei wird über Axon-Kollateralen zwar die Information auch

zu höher gelegenen Anteilen des ZNS geleitet, die Hauptverschaltung dieser sensiblen Nervenzelle findet aber direkt z. B. wie hier dargestellt auf Rückenmarksebene auf eine motorische Vorderhornzelle desselben Muskels statt (Abb. 7.10), die dann eine Kontraktion dieses Muskels bewirkt.

Da die Muskel- oder Sehnenspindeln zum selben „Organ", nämlich dem entsprechenden Skelettmuskel, gehören wie die Muskelzellen selbst, bezeichnet man einen solchen Reflex auch als „Eigenreflex". Der Reflexbogen eines Eigenreflexes ist **monosynaptisch**, da nur zwei Nervenzellen mit einer synaptischen Verbindung diesen Bogen aufbauen; dementsprechend ist die Reflexzeit sehr kurz.

Die Funktion solcher Eigenreflexe ist darin zu sehen, dass das ZNS – ohne dass dazu bewusste und willentliche Steuerungsvorgänge notwendig wären – Informationen aus dem Bewegungsapparat erhält und so die jeweiligen Muskeln im Sinne einer Stütz- und Haltemotorik einsetzt; diese Reflexe werden deshalb auch als „Haltereflexe" bezeichnet. Einige dieser Eigenreflexe können vom Arzt durch einen Schlag mit einem Reflexhammer auf bestimmte Sehnen oder Muskelabschnitte ausgelöst und untersucht werden.

Fremdreflexe

Sind mehr als zwei Nervenzellen an einem Reflexbogen beteiligt, spricht man von „Fremdreflex". Hierbei liegen der Rezeptor, an dem der Reflex ausgelöst wird, und der reagierende Muskel in unterschiedlichen Strukturen (Abb. 7.11). Bei mehr als zwei beteiligten Nervenzellen müssen auch zwei oder mehr synaptische Verbindungen innerhalb des Reflexbogens liegen, der entsprechend als **polysynaptisch** bezeichnet wird.

Typische Beispiele für Fremdreflexe sind z. B. die beiden oben erwähnten Schutzreflexe, aber auch so bekannte Reflexe aus der ärztlichen Untersuchung wie der Bauchdeckenreflex, bei dem sich die Bauchmuskeln

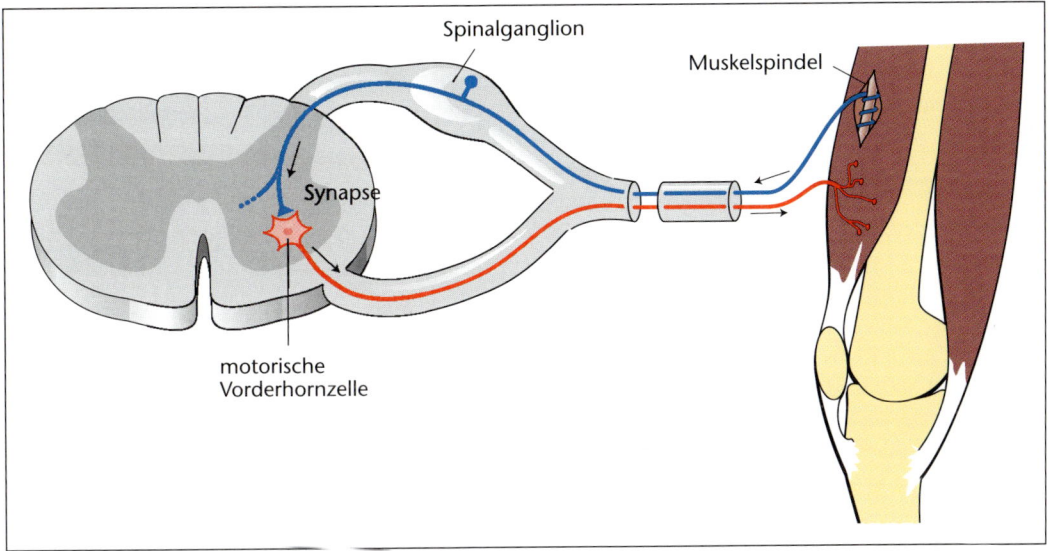

Abb. 7.10 Schema eines Eigenreflexes am Rückenmark. Die Pfeile geben die Richtung der Erregungsleitung an

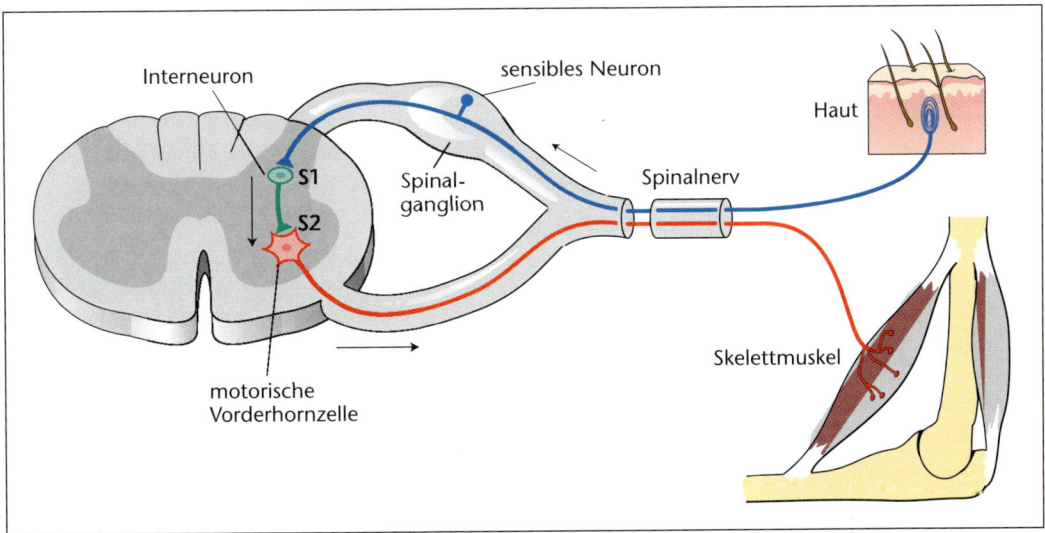

Abb. 7.11 Schema eines Fremdreflexes am Rückenmark mit einem Interneuron; S1: Synapse zwischen sensibler Nervenzelle und Interneuron, S2: Synapse zwischen Interneuron und motorischer Vorderhornzelle. Die Pfeile geben die Richtung der Erregungsleitung an

> **⁞ polysynaptisch** poly- (griech. polys: viel) und
> -synaptisch (aus synapsis, griech.: Verbindung)
> **Interneuron** (lat. inter): zwischen und neuron
> (griech.): Nerv, Nervenzelle

anspannen, wenn die Bauchdecke z.B. mit einer stumpfen Nadel bestrichen wird, oder der Pupillen-reflex, bei dem sich die Pupille bei Lichteinfall verengt. Im einfachsten Fall eines Fremdreflexes befindet sich nur eine weitere Nervenzelle zwischen dem sensiblen und dem motorischen Neuron (Abb. 7.11), hier dargestellt am Rückenmark (aber auch im Gehirn existieren eine Reihe von Fremdreflexbögen). Diese Nervenzelle wird dann als **Interneuron** bezeichnet.

Der Sinn solcher Fremdreflexe ist darin zu sehen, dass bestimmte Bewegungen sehr schnell, also „reflexartig", oft im Sinne von Schutzreaktionen, ohne Kontrolle durch das Bewusstsein und den Willen ausgeführt werden können. Zu diesen Fremdreflexen sind auch so bekannte und teilweise schon besprochene Reflexe wie der Schluckreflex, der Brech- und Würgreflex, das Niesen und der Hustenreflex zu zählen.

Im Gegensatz dazu steht die sogenannte Willkürmotorik, die unter Einbeziehung des Bewusstseins willentlich geplant und ausgeführt wird. Aber auch hier besteht durch Trainieren von Bewegungsabläufen eine starke Tendenz, komplexe Bewegungsmuster zu automatisieren und dem direkten Einfluss des Willens zu entziehen, um sie schneller und geschmeidiger zu machen (☞ EPMS, Kap. 7.10.4)

7.8.4 Funktionen des Rückenmarks

Zusammengefasst hat das Rückenmark folgende Funktionen:
- Zwischenstation der motorischen Bahnen, die vom Gehirn ausgehen und die motorischen Vorderhornzellen erreichen; über die Axone der motorischen Vorderhornzellen werden die Skelettmuskeln des Rumpfes, der Extremitäten und eines Teils des Halses innerviert,
- Durchgangsstation oder Umschaltstelle der sensiblen Wahrnehmung am Rumpf, an den Extremitäten und einem Teil des Halses,
- Vermittlung von Eigenreflexen im Sinne einer Stütz- und Haltemotorik sowie von Fremdreflexen als Möglichkeit der Ausführung schneller, unwillkürlicher motorischer Aktionen, oft auch im Sinne von Schutzreflexen.

7.9 Aufbau und Funktion des Gehirns
7.9.1 Übersicht und Entwicklung

Der wichtigste Teil des Zentralnervensystems ist das Gehirn (**Cerebrum, Encephalon**). Es entwickelt sich aus dem oberen Wandabschnitt des Neuralrohrs (☞ Kap. 7.2) unter Ausbildung verschiedener blasenartiger Verdickungen. Der oberste Teil der Neuralrohrwand entwickelt sich paarig: es entstehen die beiden Großhirnhälften. Die Hohlräume des Neuralrohrs bleiben im Gehirn als sog. Ventrikel erhalten (☞ Kap. 7.9.10).

Cerebrum (lat.): Gehirn, Großhirn
Encephalon (griech. egkephalon): Gehirn
Tel- (griech.): End-
Cerebellum (lat.): Kleinhirn, Verkleinerungsform von Cerebrum

Das Gehirn gliedert sich (Abb. 7.12) in:
- Großhirn (Endhirn, **Telencephalon**)
- Kleinhirn (**Cerebellum**)
- Hirnstamm.

Das Großhirn ist paarig angelegt (zwei halbkugelförmige Großhirnhälften oder -**hemisphären**); auch im Kleinhirn findet sich eine solche paarige Anlage (Kleinhirnhemisphären). Die Abschnitte des Hirnstamms sind jedoch unpaar. Das Kleinhirn entsteht als eine zur Seite und nach hinten orientierte paarige Ausstülpung aus dem Hirnstamm. Vom Großhirn in Richtung zum Rückenmark (also von „oben" nach „unten") gesehen gliedert sich der Hirnstamm weiter in die folgenden Abschnitte:
- Zwischenhirn (**Diencephalon**)
- Mittelhirn (**Mesencephalon**)
- Rautenhirn (**Rhombencephalon**).

Das Rautenhirn besteht aus dem oberen Abschnitt „Brücke" (**Pons**) und dem unteren Abschnitt „verlängertes Mark" (**Medulla oblongata**), an das sich das Rückenmark nach unten anschließt.

Hemisphäre, Halbkugel, hemi- (griech.): halb, sphaera (lat.) bzw. sphaira (griech.): Kugel; diese Halbkugeln sind nach unten allerdings so abgeplattet, dass man eher von „Viertelkugeln" sprechen könnte
Encephalon (griech. egkephalon): Gehirn
Di- (griech. dia): zwischen
Mes- (griech. mesos): mittig, Mittel-
Rhomb- (lat. rhombus bzw. griech. rhombos): Raute, geometrische Figur eines verschobenen, auf der Spitze stehenden Quadrats (abgeleitet von der Rautengrube (☞ Kap. 7.9.8)
Pons (lat.): Brücke
Medulla oblongata (lat.): verlängertes Mark

7.9.2 Großhirn

Das Großhirn besteht aus den beiden spiegelbildlich symmetrisch angelegten Großhirn-Hemisphären, die durch die große Längsfurche (auch Hemisphärenspalte genannt) unvollständig voneinander

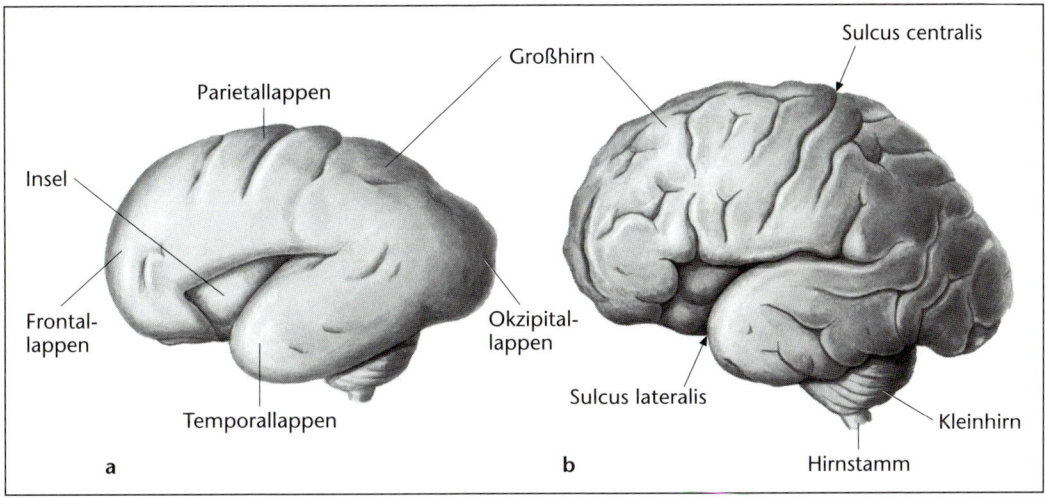

Parietallappen

Großhirn

Sulcus centralis

Insel

Frontal-
lappen

Temporallappen

Okzipital-
lappen

Sulcus lateralis

Kleinhirn

Hirnstamm

a

b

Abb. 7.12 Entwicklung des Gehirns; a) im 7. Monat (die typischen Furchen und Windungen fehlen noch weitgehend, b) im 9. Monat

getrennt sind (man orientiere sich an einem Hirn-modell).

An jeder Hemisphäre lassen sich fünf Lappen (**Lobi**) unterscheiden, von denen vier von außen sichtbar sind (Abb. 7.13). Es handelt sich um:

- Stirnlappen (**Lobus frontalis**; eingedeutscht: Fron-tallappen)
- Scheitellappen (**Lobus parietalis**; eingedeutscht: Parietallappen)
- Hinterhauptslappen (**Lobus occipitalis**; einge-deutscht: Okzipitallappen)
- Schläfenlappen (**Lobus temporalis**; eingedeutscht: Temporallappen).

Teilweise sind die Grenzen zwischen den Lappen eindeutig erkennbar: so trennt die Zentralfurche (**Sulcus centralis**) den Stirn- vom Scheitellappen, die Seitenfurche (**Sulcus lateralis**, auch **Sylvius**-Furche oder Sylvi-Furche genannt) den Stirn- und Scheitel-lappen vom Schläfenlappen.

Der fünfte Lappen, als Insel (**Insula**) oder Insel-lappen (**Lobus insularis**) bezeichnet, liegt verdeckt von den übrigen Lappen in der Tiefe der Seiten-furche (Sulcus lateralis). Am Gehirn eines Fetus im 7. Monat lässt sich die Insel noch von außen aus-machen (Abb. 7.12); später wird sie durch die stär-kere Entwicklung des Stirn-, Scheitel- und Schläfen-lappens zunehmend verdeckt. Über die Bedeutung der Insel liegen vergleichsweise wenig Erkenntnisse vor.

Lobus (lat.): Lappen (Plural: Lobi)
frontalis (lat.): zur Stirn (lat.: frons) gehörig
parietalis (lat.): zur Wand gehörig, wandständig (damit ist das Scheitelbein gemeint, das teilweise die Schädelwand bildet)
occipitalis (lat.): zum Hinterhaupt (lat. occiput) ge-hörig
temporalis (lat.): zur Schläfe gehörig (von tempus, lat.: Zeit; da mit der Zeit die Schläfen grau werden)
Insula (lat.): Insel, insularis (lat.): zur Insel gehörig
Sulcus (lat.): Furche, Spalt (Plural: Sulci)
lateralis (lat.): seitlich; centralis (lat.): zentral ge-legen, **praecentralis** (lat.): vor der Zentralfurche gelegen, **postcentralis** (lat.): hinter der Zentralfur-che gelegen
Gyrus (lat., griech.: gyros): Kreis, Windung (Plural: Gyri)
Sylvius Eigenname (niederländischer Anatom)

Die Oberfläche des reifen Großhirns weist etwa ab dem neunten Fetalmonat (Abb. 7.12) Windungen (**Gyri**) und Furchen (**Sulci**) auf, von denen einige an jedem Gehirn konstant zu finden sind (z.B. Sulcus centralis, Sulcus lateralis, Gyrus **praecentralis**, Gyrus **postcentralis**), andere jedoch individuell ausgeprägt sind (Abb. 7.13).

Die Vorstellung von den Oberflächenstrukturen des Großhirns erfordert nicht nur die Betrachtung der Außenseiten der Halbkugeln, sondern auch die der innen gelegenen, flachen **Medialansichten** (Abb. 7.14). Der Übergang der Außenfläche in die Medial-

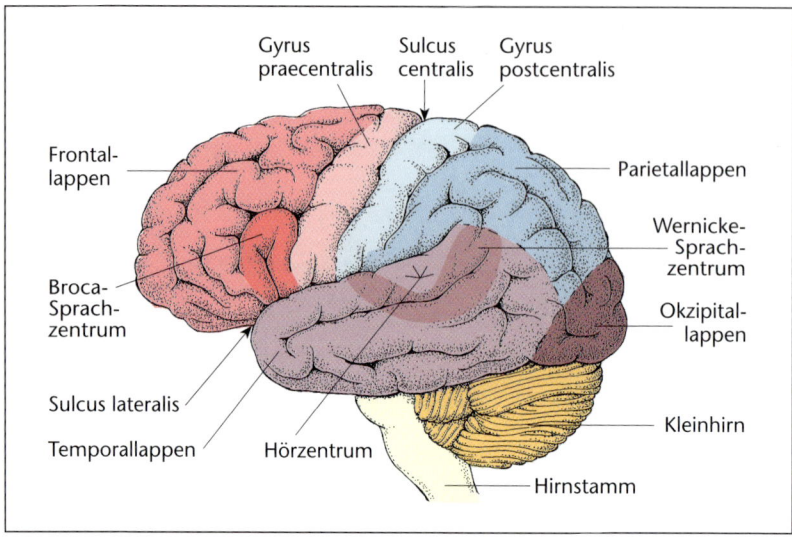

Gyrus praecentralis
Sulcus centralis
Gyrus postcentralis
Frontal-lappen
Parietallappen
Wernicke-Sprach-zentrum
Broca-Sprach-zentrum
Okzipital-lappen
Sulcus lateralis
Kleinhirn
Temporallappen
Hörzentrum
Hirnstamm

Abb. 7.13 Seitliche Ansicht der linken Groß-hirnhemisphäre mit Kleinhirn und Hirnstamm

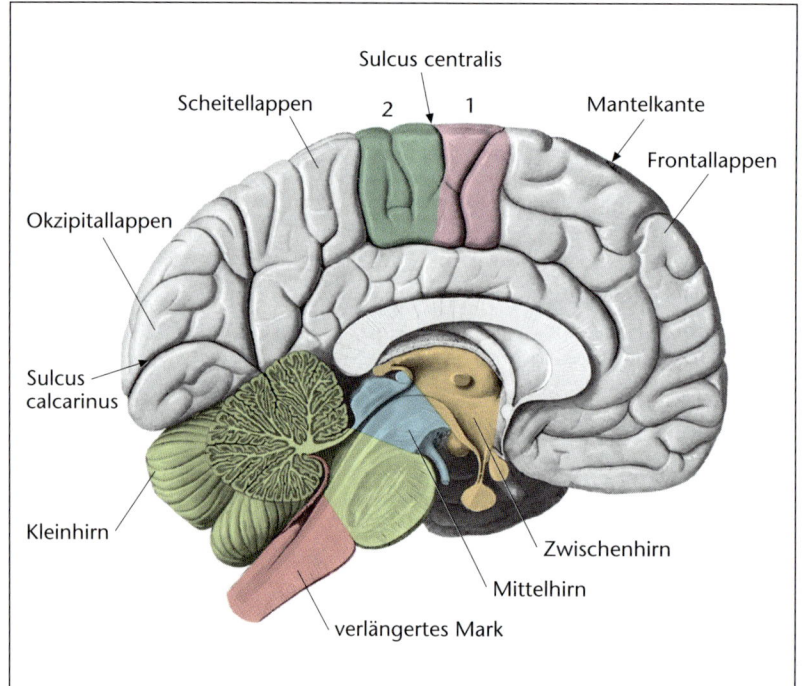

Sulcus centralis
Scheitellappen   2   1   Mantelkante
Frontallappen
Okzipitallappen
Sulcus calcarinus
Kleinhirn
Zwischenhirn
Mittelhirn
verlängertes Mark

Abb. 7.14 Medialfläche der linken Großhirn-Hemisphäre mit Balken, Hirnstamm und Kleinhirn. 1 Gyrus praecentralis, 2 Gyrus postcentralis

fläche ist deutlich erkennbar und wird als Mantel-kante (Abb. 7.14) bezeichnet.

Wie schon in Kap. 7.7 beschrieben, findet sich die graue Substanz des Großhirns zum größten Teil au-ßen in Form der Großhirnrinde (**Cortex cerebri**). Die darunter liegenden Regionen füllt die weiße Substanz, das sog. Marklager, aus, in das zusätzlich graue Substanz in Form von unterschiedlich ge-formten und ausgedehnten Kerngebieten (**Nuclei**) eingelagert ist.

> **Medial-** (lat.): innen gelegen
> **Cortex** (lat.): Rinde, cerebri: Genitiv von cerebrum (lat.): Gehirn
> **Nuclei** (lat.): Plural von Nucleus: Kern; hier: Ansammlung von Zellleibern (Perikaryen) der Nervenzellen
> **Area** (lat.): Fläche

7.9.3 Rindenfelder

Nur bei sehr grober Betrachtung lassen sich bestimmten Oberflächenstrukturen, vor allem den Gyri, klare Funktionen zuweisen, weil es zu große individuelle Unterschiede gibt. Genauere Zuordnungen erlaubt die zusätzliche mikroskopische Untersuchung der Hirnrinde. Dies wurde sehr genau und systematisch von K. Brodmann Anfang des 20. Jahrhunderts durchgeführt. Auf ihn geht eine Einteilung der Hirnoberfläche in 52 Felder (**Area** 1–52) zurück, die teilweise heute noch gebräuchlich ist. Diesen Rindenfeldern lassen sich dann bestimmte Hirnfunktionen zuweisen. Allerdings lassen sich dadurch nur annähernd exakte Erkenntnisse ableiten, da es selbst im Feinbau der Großhirnrinde zu viele individuelle Unterschiede gibt.

Primäre Rindenfelder

Die Rindenfelder, an denen die stärksten Erregungen aus der Sensorik eintreffen bzw. von denen die stärksten Erregungen für die Motorik entspringen, bezeichnet man als primäre Rindenfelder oder **Projektionszentren.** Man unterscheidet das motorische und das sensorisch-sensible Rindenfeld, das Sehzentrum (visuelles Rindenfeld) und das Hörzentrum (akustisches Rindenfeld).

> **Projektion** proicere (lat.): abbilden, übertragen

Gyrus praecentralis

Der Gyrus praecentralis (Area 4 nach Brodmann) befindet sich im Stirnlappen; er verläuft vor der Zentralfurche (Sulcus centralis) und damit auch parallel zu ihr. Er erstreckt sich von der Großhirnaußenfläche über die Mantelkante bis zur Medialfläche (Abb. 7.13, 7.14). Im Gyrus praecentralis ist das motorische Rindenfeld lokalisiert. Die hier enthaltenen motorischen Nervenzellen stellen das 1. Neuron der sog. Pyramidenbahn (☞ Kap. 7.10.4) dar, das in synaptischer Verbindung mit dem 2. Neuron dieser

Bahn, vor allem den motorischen Vorderhornzellen des Rückenmarks, steht (das 2. Neuron für Muskeln des Kopfes, teilweise auch des Halses, befindet sich im Hirnstamm, ☞ Kap. 7.10.4).

Vom Gyrus praecentralis aus wird die gesamte Skelettmuskulatur des Körpers gesteuert. Allerdings entstehen die Impulse für Bewegungen nicht an den Neuronen des Gyrus praecentralis selbst, sondern in anderen Zentren des Gehirns (z. B. willkürlich oder über das EPMS, ☞ Kap. 7.10.4). Sie werden von dort an die Neurone des präzentralen Gyrus geleitet, der sie übernimmt und an die Körpermuskulatur weiterleitet.

Die Nervenzellen des Gyrus praecentralis weisen eine sog. **somatotope** Anordnung auf. Darunter versteht man eine direkte Verschaltung einer Nervenzelle (das motorische Vorderhorn ist nur Umschaltstation) mit einer Gruppe von Muskelzellen im Sinne einer Punkt-zu-Punkt-Zuordnung.

> **somatotop** soma (griech.): Körper und topos (griech.): Ort

Jeder Nervenzelle des Gyrus praecentralis lässt sich eine unterschiedliche große Anzahl von quergestreiften Skelettmuskelzellen des Körpers zuordnen, die von dieser Nervenzelle gesteuert werden. Diese Verbindung einer Nervenzelle mit Muskelzellen bezeichnet man als „motorische Einheit". In Bereichen der Grobmotorik steuert ein motorisches Neuron 500–1000 Muskelzellen, teilweise noch mehr. In Bereichen der Feinmotorik (Augenmuskeln, Sprechmuskeln) sind die motorischen Einheiten wesentlich kleiner (10–50 Muskelzellen pro Neuron, teilweise noch weniger).

Unter Berücksichtigung der Grob- und Feinmotorik sowie der Lage der jeweiligen Muskeln in den einzelnen Körperregionen, lässt sich ein sog. „motorischer Homunculus" dem Gyrus praecentralis zeichnerisch zuordnen (Abb. 7.15a). Dabei lässt sich zum einen erkennen, welche Abschnitte des Gyrus praecentralis für welche Körperteile zuständig sind, und zum anderen an Hand der Größe der abgebildeten Körperregionen in Bezug zu ihrer relativen Größe zueinander, wo eine fein- und wo eine grobmotorische Steuerung dominiert. Dabei ist zu beachten, dass der rechte Gyrus praecentralis die Muskulatur der linken Körperhälfte steuert und umgekehrt (☞ Kap. 7.10.4).

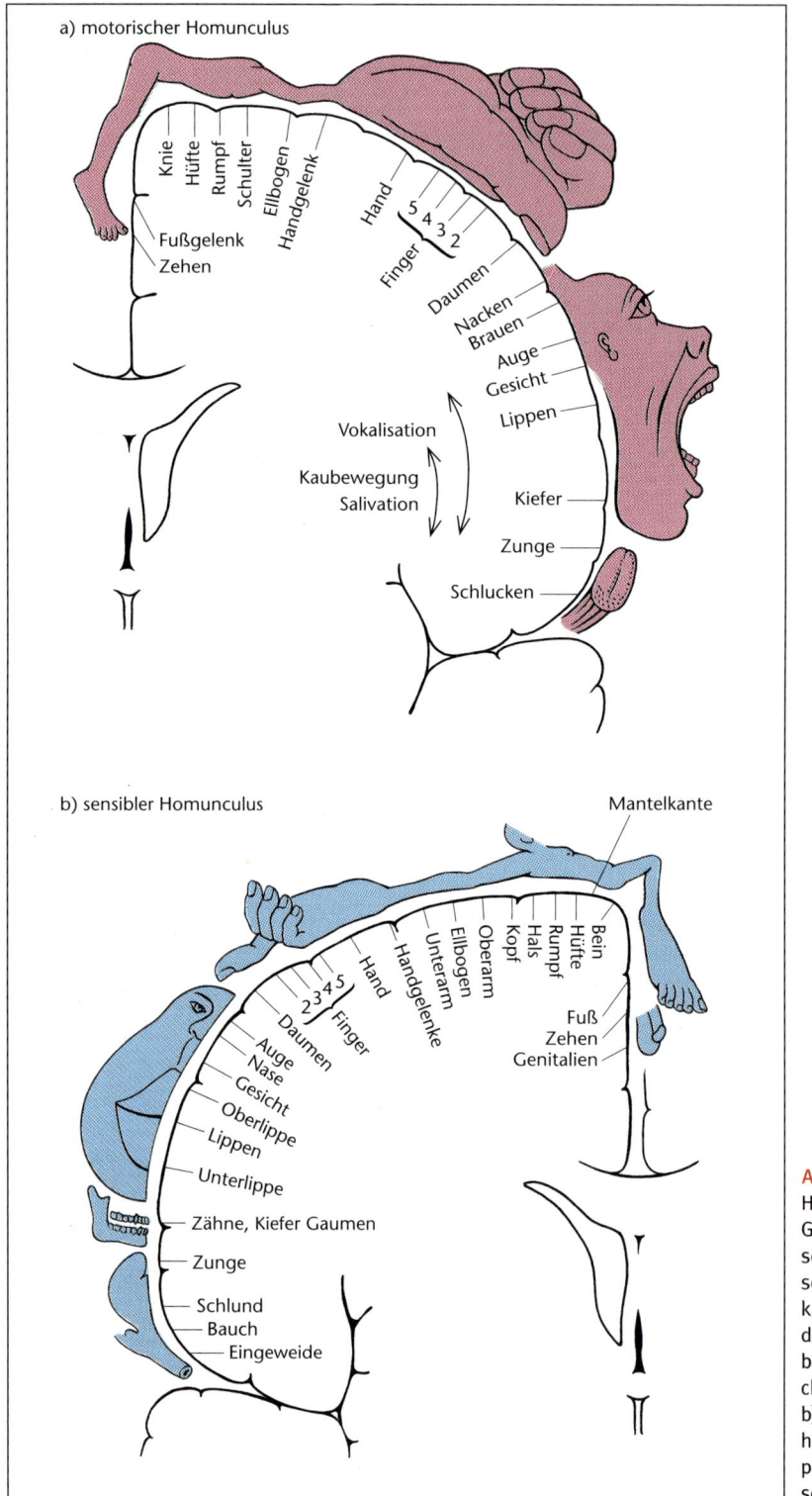

a) motorischer Homunculus

b) sensibler Homunculus

Abb. 7.15 a) motorischer Homunculus, der rechte Gyrus praecentralis ist schematisch im Frontalschnitt dargestellt (Vokalisation: hier im Sinne der Sprechmotorik gebraucht, Salivation: Speichelbildung)
b) sensibler Homunculus; hier ist der linke Gyrus postcentralis im Frontalschnitt abgebildet

Gyrus postcentralis

Der Gyrus postcentralis (Area 3 nach Brodmann) befindet sich im Scheitellappen; er verläuft hinter der Zentralfurche (Sulcus centralis), also parallel zu ihr und zum Gyrus praecentralis. Auch er erstreckt sich von der Großhirnaußenfläche über die Mantelkante bis zur Medialfläche (Abb. 7.13, 7.14). Der Gyrus postcentralis stellt das somatosensorische (sensible) Rindenfeld dar; hierhin wird die gesamte sensible Empfindung vor allem der Haut projiziert. Hier enden letztlich – nach mehreren Umschaltungen – die afferenten Bahnen aus der Haut, die über die hintere Wurzel des Rückenmarks in das Hinterhorn eingetreten waren. Im Bereich der Haut und Schleimhäute des Kopfes verlaufen die sensiblen Empfindungen allerdings nicht über das Rückenmark, sondern über den Hirnstamm (☞ Kap. 7.10.3). Auch im Gyrus postcentralis sind die Nervenzellen somatotop angeordnet, so dass sich analog ein „sensibler Homunculus" zeichnerisch darstellen lässt (Abb. 7.15b). Ebenso verlaufen auch die afferenten Bahnen „gekreuzt", d. h. Empfindungen der Haut der linken Körperhälfte werden im rechten Gyrus postcentralis repräsentiert und umgekehrt.

Genau wie im motorischen gibt es auch im sensiblen Bereich eine Fein- und eine Grobinnervation. Auffällig ist hier die besonders hohe Dichte von Nervenfasern an den Fingern, vor allem aber an den Sprechorganen (Abb. 7.15b).

Sehzentrum

An der Medialfläche des Okzipitallappens befindet sich beidseits die Spornfurche (**Sulcus calcarinus**), die lippenartig von den umliegenden Windungen begrenzt wird (Abb. 7.14). In diesem deshalb Kalkarinalippe genannten Areal (Area 17 nach Brodmann) befindet sich das Sehzentrum oder visuelle Rindenfeld. Hierhin werden alle visuellen Eindrücke der Augen projiziert.

> ⁝ **Sulcus** (lat.): Furche
> **calcarinus** (lat.): spornartig (calcar, lat.: Sporn)
> **Gyrus** (lat.; griech: gyros): Kreis, Windung, **temporalis** (lat.): zum Schläfenlappen gehörig, **superior** (lat.): der/die obere
> **Heschl:** Eigenname (österreichischer Pathologe)

Hörzentrum

Das Hörzentrum (akustisches Rindenfeld) befindet sich beidseits in der obersten Windung (**Gyrus tem-** **poralis superior**) des Schläfenlappens sowie in kleineren, benachbarten Querwindungen in der Tiefe der Seitenfurche (Area 41 und 42 nach Brodmann). Diese Querwindungen werden meist als **Heschl**-Querwindungen bezeichnet. Hierhin werden alle akustischen Eindrücke beider Ohren projiziert. Jedes Hörzentrum einer Seite nimmt Informationen von beiden Ohren auf (☞ Kap. 8.7.5).

Sprachzentren

Neben den primären Rindenfeldern, die direkt mit den peripheren Zentren der Sensomotorik (Sinnesorgane, Muskulatur) in Verbindung stehen, existieren noch zahlreiche sekundäre Rindenfelder, die man auch **Assoziationszentren** nennt, da sie mit vielen anderen Bereichen in Verbindung stehen.

> ⁝ **Assoziation** (franz. association): Verknüpfung, Zusammenschluss
> **Broca** Eigenname (französischer Arzt und Anthropologe)

Im motorischen Bereich entstehen in sekundären Rindenfeldern z. B. Handlungs- und Bewegungsmuster, die dann die primären motorischen Rindenfelder (Gyrus praecentralis) beeinflussen oder steuern.

Broca-Sprachzentrum

Das sprachtherapeutisch wichtigste motorische Assoziationszentrum ist das motorische Sprachzentrum. Es wird auch als **Broca**-Sprachzentrum (Area 44 und 45 nach Brodmann) bezeichnet und befindet sich im Stirnlappen direkt oberhalb der Seitenfurche (Sylvius- oder Sylvi-Furche) und vor dem Gyrus praecentralis (Abb. 7.13). Bei einem weit überwiegenden Teil der Menschen liegt dieses Sprachzentrum im linken Stirnlappen, nur bei wenigen im rechten Stirnlappen.

Allerdings sind bei Menschen mit einem Broca-Sprachzentrum im linken Stirnlappen auch in geringem, individuell unterschiedlichem Ausmaß, bei Frauen sogar mit leichten Schwankungen während des Monatszyklus, in der analogen Region der rechten Hemisphäre Nervenzellaktivitäten beim Sprechen nachweisbar; analog gilt es bei der seltenen Lokalisation des Sprachzentrums im rechten Stirnlappen.

Ursprünglich wurde das Broca-Sprachzentrum als rein motorisches Koordinationszentrum angesehen, das die beim Sprechen tätigen Muskeln (☞ Kap. 6

„Sprechorgane") so steuert, wie es für die Artikulation erforderlich ist.

Bei einem Ausfall des Broca-Zentrums würden dann die entsprechenden Muskeln der „Sprechorgane" noch in ihrem ursprünglichen Sinne z. B. der Ernährung oder für die Erzeugung von Geräuschen (Pfeifen, Schnalzen, Melodie summen) funktionsfähig sein, aber nicht mehr für eine artikulierte Sprache, weil der für diesen speziellen Zweck zusätzlich erforderliche Koordinator ausgefallen ist. Das Verständnis des gesprochenen Wortes müsste bei diesen Patienten dann erhalten bleiben.

Heute weiß man, dass Zerstörungen im Broca-Sprachzentrum z. B. durch Schlaganfälle oder Hirntumoren nicht nur die genannten rein motorischen Ausfälle verursachen, sondern auch für weit komplexere Dinge wie Störungen der Grammatik, der Sprachmelodie, teilweise auch des Sprachverständnisses verantwortlich sind (Broca-**Aphasie**).

> : **Aphasie** (griech. aphasia): Sprachlosigkeit; hier: hirnorganische Sprachstörungen (verursacht z. B. durch Schlaganfälle, Hirnblutungen, Hirntumoren, Hirnverletzungen) bei Menschen, die bereits eine Sprache (oder mehrere) beherrschen
> **Wernicke** Eigenname (deutscher Neurologe)

Wernicke Sprachzentrum

Nicht nur im motorischen Bereich des Gehirns, sondern auch in den sensiblen bzw. sensorischen Bereichen finden sich zahlreiche Assoziationszenten. Das sprachtherapeutisch wichtigste ist das sensorische Sprachzentrum (**Wernicke**-Sprachzentrum, Area 22 nach Brodmann) im Schläfenlappen. Auch dieses findet sich – wie das Broca-Sprachzentrum – meist links; es ist dem Hörzentrum und dem Sulcus lateralis (Sylvius- oder Sylvi-Furche) benachbart (Abb. 7.13).

In diesem Sprachzentrum geht es nicht primär um die Steuerung und Koordination der Sprechorgane, sondern um die Analyse der über das Ohr wahrgenommenen Schallfrequenzmuster im Hinblick auf die Erkennung erlernter Wortbegriffe einer Sprache. Bei Zerstörungen im Wernicke-Zentrum durch gleiche Auslöser wie bei der Broca-Aphasie kommt es zur Wernicke-Aphasie, bei der ein Patient zwar die Worte einer gesprochenen Sprache „hört", aber nicht ihre Bedeutung versteht. In der Folge leidet darunter auch die eigene Sprache. Der Patient hört zwar noch, was er spricht, aber er kann sein eigenes gesprochenes Wort nicht mehr „verstehen".

Aus heutiger Sicht ist auch das Wernicke-Sprachzentrum weit komplexer als bisher beschrieben, weil es auch hier nicht nur um reines Sprachverständnis geht, sondern zusätzlich auch um Elemente der Grammatik und der Sprachproduktion.

> **Globale Aphasie**
> Besonders schwere Störungen im Bereich der Sprachproduktion und des Sprachverständnis bezeichnet man als globale Aphasie. Hier sind sowohl Elemente der Broca-Aphasie als auch der Wernicke-Aphasie zu finden. Die Hirnschädigungen umfassen ausgedehnte Bereiche in der Nachbarschaft des Sulcus lateralis, die man auch als perisylvische Region bezeichnet.
> perisylvisch: aus peri- (griech.): um-herum, benachbart und sylvisch: Sylvi-Furche (Sylvi: Eigenname)
>
> **Spiegel-Neurone**
> Neue Erkenntnisse haben ergeben, dass sich speziell im Stirnlappen des Großhirns Nervenzellgruppen befinden, die als Spiegel-Neurone bezeichnet werden, weil sie Emotionen und Handlungen anderer Menschen „widerspiegeln" und ähnliche Gefühle (Mitleid, Empathie) auslösen bzw. zur Nachahmung von gesehenen Handlungen animieren können.
> Die unmittelbare motorische Ausführung solcher, bei anderen gesehenen Handlungen wird zwar oft vom Gehirn „unterdrückt", wie es auch beim Träumen beobachtet wird; allerdings kann das Wahrnehmen solcher Handlungen auch den Nachahmungstrieb anregen.
> Neuere Hypothesen bringen diese Spiegelneurone auch mit der Sprachentwicklung in Zusammenhang. Ebenso hypothetisch werden Vermutungen diskutiert, dass Störungen dieser Spiegelneurone eine gewisse Bedeutung bei der Entstehung psychologischer Störungsbilder wie Autismus oder Schizophrenie haben.
> **Empathie** (griech. empatheia): heftige Leidenschaft, Mitgefühl, Einfühlungsvermögen (wichtige Eigenschaft in therapeutischen Berufen!)
> **Autismus:** psychische Störung mit krankhafter Ich-Bezogenheit (auto, griech.: selbst) unter Verlust des Umweltkontaktes
> **Schizophrenie:** psychische Störung mit Persönlichkeitsspaltung (schizein, griech.: spalten, phren, griech.: Geist)

Die Komplexität der beiden Hauptsprachzentren wird auch dadurch deutlich, dass bei Störungen in diesen Zentren zusätzlich auch Probleme beim Lesen und Schreiben auftreten können. Auch in der näheren Umgebung des Broca- und Wernicke-Sprachzentrums befinden sich weitere Hirnregionen, bei denen Schädigungen zu Sprachstörungen führen.

7.9.4 Elektroenzephalogramm (EEG)

Die elektrischen Aktivitäten der Nervenzellen sind zumindest an der Hirnoberfläche so stark, dass sie sich mit Hilfe entsprechender Verstärker an der Außenseite des Schädels registrieren lassen. Die Aufzeichnung der elektrischen Ströme der Hirnrinde wird als **Elektroenzephalogramm** (EEG) bezeichnet.

> **Elektroenzephalogramm** elektron (griech.): die Elektrizität betreffend, enzephalo- (griech. egkephalon): Gehirn, -gramm (griech. gramma): Abbildung, Aufzeichnung
> **evoziert** (lat. evocare): hervorrufen
> Potenzial (auch Potential) (lat. potentia): Macht, Fähigkeit, hier: Unterschied elektrischer Ladungen oder Kräfte

Allerdings lassen sich nicht die elektrischen Aktivitäten einzelner Nervenzellen, sondern nur grob die Aktivitäten großer Nervenzellgruppen in bestimmten Hirnarealen darstellen. Besonders deutlich sind die Signale in Hirnbereichen, bei denen stärkere Verarbeitungsprozesse ablaufen oder die einen hohen Informationsfluss z.B. von den Sinnesorganen (Hören, Sehen) erhalten.

Die im EEG bei Sinnesreizungen sichtbar werdenden Potenzialschwankungen werden als **evozierte Potenziale** bezeichnet. Das EEG ist damit auch eine Art Spiegelbild des Informationsflusses zur Großhirnrinde.

> **akustisch evozierte Potenziale (AEP)**
> Akustisch hervorgerufene Potenzialschwankungen im Bereich der Hörrinde werden vor allem bei Säuglingen und Kleinkindern eingesetzt, wenn der Verdacht auf eine Hörstörung besteht, die anderweitig noch nicht klar festzustellen ist. Bestätigt sich dadurch der Verdacht auf eine Hörstörung, können früher als mit anderen Nachweismethoden therapeutische Maßnahmen eingesetzt werden.

Das EEG wird abgeleitet, indem mit Hilfe eines Netzes an verschiedenen Punkten des Schädels Elektroden angebracht werden. Mit Hilfe von Bezugselek-troden an Orten mit nur geringen Potenzialschwankungen lassen sich Potenziale an Orten mit stärkeren Potenzialschwankungen ableiten und darstellen.

Die im EEG aufgezeichneten Potenzialschwankungen stellen sich wellenförmig dar. Dabei lassen sich die dabei auftretenden Wellen nach ihren Frequenzen (Schwingungen pro Sekunde) in vier Gruppen (EEG-Bänder) einteilen, die mit griechischen Buchstaben gekennzeichnet werden (Abb. 7.16a):
- α-Wellen: 8–13/s (Alpha-Wellen)
- β-Wellen: 14–30/s (Beta-Wellen)
- ϑ-Wellen: 4–7/s (Theta-Wellen)
- δ-Wellen: 0,5–3/s (Delta-Wellen).

Bei Säuglingen und Kleinkindern dominieren ϑ- und δ-Wellen (auch beim Einschlafen eines Erwachsenen); mit zunehmendem Alter werden diese Wellen in immer stärkerem Maße durch α- und β-Wellen ersetzt. Zeichnet man das EEG eines Erwachsenen auf, der sich in völliger Ruhe befindet und die Augen geschlossen hat, finden sich überwiegend α-Wellen. Dies ist der sog. α-Grundrhythmus des EEG, das man in dieser Situation als **synchronisiert** bezeichnet.

Werden die Augen geöffnet oder treten andere Sinnesreize auf oder startet eine rege geistige Tätigkeit, dann werden die bis dahin vorherrschenden α-Wellen durch β-Wellen ersetzt (α-Blockade) und das EEG **desynchronisiert.**

> **synchronisiert** syn (griech.): zusammen und chronos (griech.): Zeit; also: zusammen verlaufend
> **desynchronisiert** de- (lat.): weg-, nicht-, also: nicht zusammen verlaufend
> **spike** (engl.): Spitze, poly- (griech.): mehrfach
> **wave** (engl.): Welle

Vor allem bei Epilepsien, aber auch bei anderen Hirnerkrankungen, treten charakteristische Veränderungen im Wellenmuster des EEG auf, die zur genauen Diagnostik herangezogen werden. Besonders während eines epileptischen Anfalls treten einzelne oder gebündelte starke Krampfwellen mit langsamen Nachschwankungen (**spike and wave,** Abb. 7.16 b, **polyspike and wave,** Abb. 7.16 c) auf.

7.9.5 Basalganglien

Graue Substanz des Großhirns findet sich nicht nur als Großhirnrinde, sondern auch in Form verschiedener Kerngebiete im Bereich des Marklagers (☞ Kap.

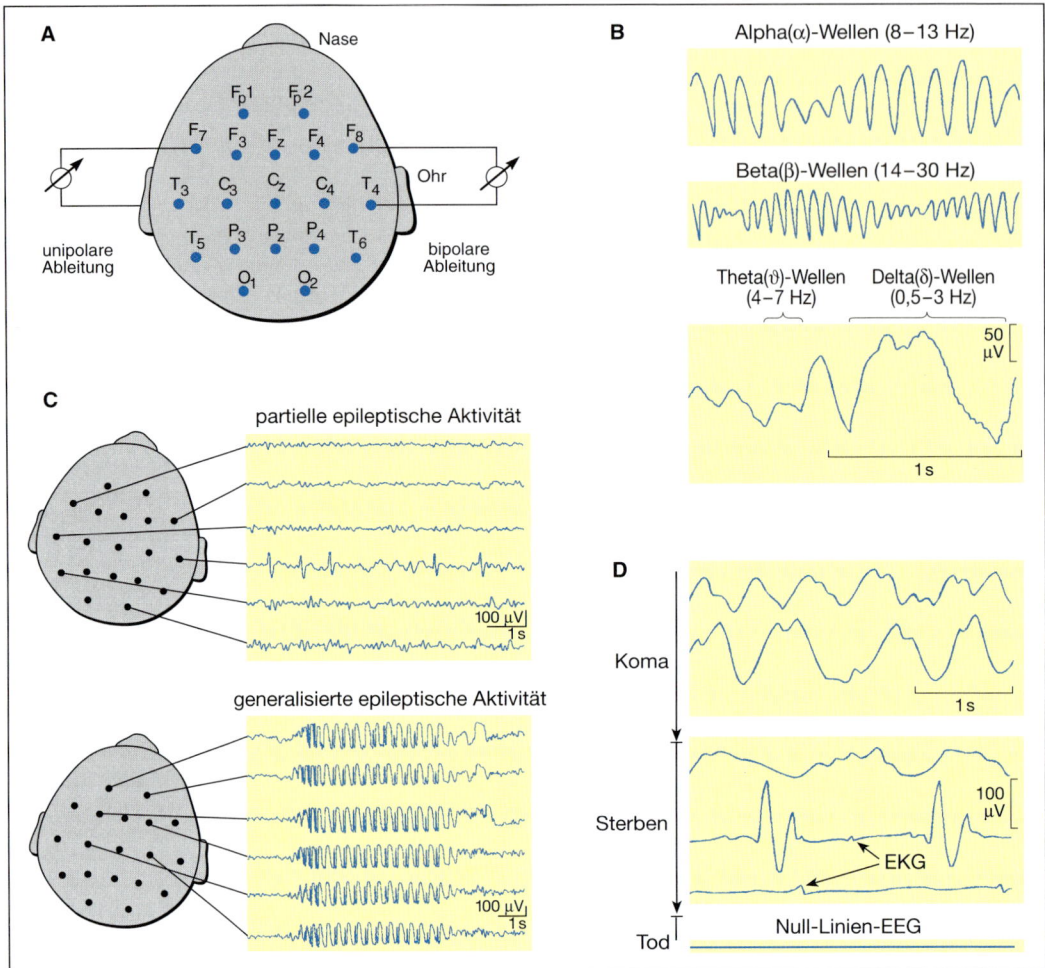

Abb. 7.16 A Ableitungsschema mit Bezeichnung der Elektroden; B EEG-Bänder; C EEG bei epileptischer Aktivität (oben spikes, unten spike-and-wave); D Erlöschende EEG-Aktivität beim Sterben

7.7). Diese Kerngebiete stellen Ansammlungen von Perikaryen dar; sie befinden sich im Bereich der Basis des Großhirns, also am Übergang zum Hirnstamm. Leider hat sich der eigentlich korrekte Begriff Basalkerne oder basale Kerne nicht durchgesetzt, sondern die Bezeichnung **Basalganglien,** obwohl der Begriff „Ganglien" ansonsten für Ansammlungen von Perikaryen im Bereich des peripheren Nervensystems verwendet wird.

> : **Basalganglien**
> Basal- (lat./griech. basis): Sockel, Grundfläche
> -ganglien (griech. gagglion): Nervenknoten

Die einzelnen Basalganglien werden nach ihrem unterschiedlichen Aussehen bezeichnet:
- Schweifkern: **Nucleus caudatus**
- Linsenkern: **Nucleus lentiformis,** bestehend aus **Globus pallidus** (bleicher Kern) und **Putamen** (Schale)
- Vormauer: **Claustrum**
- Mandelkern: **Nucleus amygdaloideus, Corpus amygdaloideum.**

Eine Vorstellung über die Lokalisation der Basalganglien bekommt man nur, wenn man sich die dreidimensionale Lage im Marklager an Hand eines Horizontal- und eines Frontalschnittes durch das Gehirn verdeutlicht (Abb. 7.17, 7.18).

: Nucleus (lat.): Kern
caudatus (lat.): schwanzförmig (cauda, lat.: Schwanz)
lentiformis (lat.): linsenförmig (lens, lat.: Linse)
Globus (lat.): Kugel; **pallidus** (lat.): bleich, blass
Putamen (lat.): Schale, Hülle
Claustrum (lat.): Verschluss, Vormauer
Corpus (lat.): Körper
amygdaloideus, -deum (Neutrum-Form): aus amygdale (griech.): Mandel, also mandelförmig

Ausfall der Basalganglien
Bei Ausfall der Basalganglien findet man unterschiedliche Störungen der Motorik, die sich grob vereinfacht folgendermaßen auswirken können:
Hypokinesen Bewegungsarmut
Hyperkinesen übermäßig heftige Bewegungen, Muskelzuckungen
Hypertonus Muskelsteife
Hypotonus Muskelschwäche
hypo- (griech): unter, zuwenig, hyper- (griech.): über, zuviel
Tonus (lat.): Spannung
-kinesen (griech. kinesis): Bewegung

Über die Funktion der Basalganglien liegen nicht allzu viele detaillierte Kenntnisse vor. Die Basalganglien gehören zu den die Motorik steuernden und beeinflussenden Elementen des extrapyramidal-motorischen Systems (EPMS, ☞ Kap. 7.10.4).

7.9.6 Zwischenhirn

Das Zwischenhirn (**Diencephalon**) ist der oberste Abschnitt des Hirnstamms; es befindet sich unterhalb der Basalganglien und ist von außen nahezu nicht sichtbar. Erst nach einem Längsschnitt durch das gesamte Gehirn wird es unterhalb der Medianfläche des Großhirns sichtbar (Abb. 7.9, 7.19). Im Inneren des Zwischenhirns verläuft spaltförmig in Längsrichtung der 3. Ventrikel (☞ Kap. 7.9.10), der das Zwischenhirn in zwei symmetrische Hälften teilt (Abb. 7.18).

: Encephalon (griech. egkephalon): Gehirn
Di- (griech. dia) zwischen

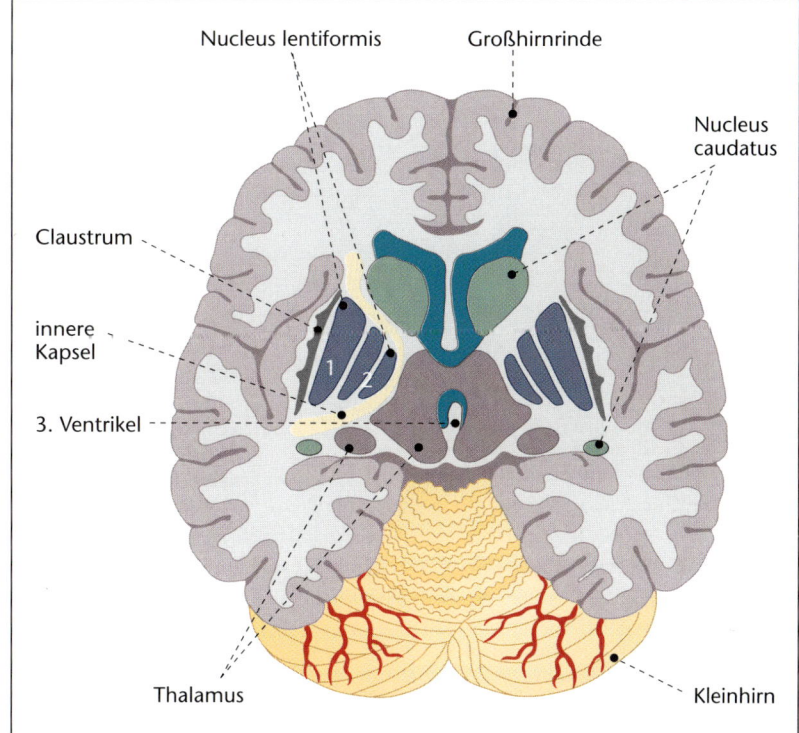

Abb. 7.17 Basalganglien im Horizontalschnitt; der Mandelkern liegt unterhalb der Schnittebene und ist deshalb nicht sichtbar; der Thalamus gehört nicht zu den Basalganglien, sondern zum Zwischenhirn; 1 Putamen, 2 Globus pallidus

Nucleus lentiformis   Großhirnrinde

Nucleus caudatus

Claustrum

innere Kapsel

3. Ventrikel

Thalamus

Kleinhirn

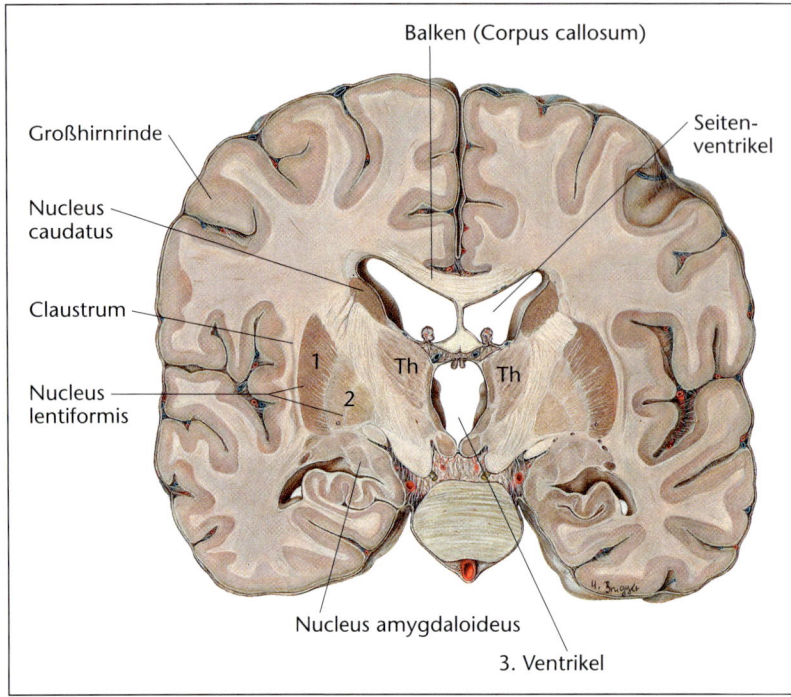

Balken (Corpus callosum)

Großhirnrinde

Seiten-
ventrikel

Nucleus
caudatus

Claustrum

Nucleus
lentiformis

1
Th   Th
2

Nucleus amygdaloideus

3. Ventrikel

Abb. 7.18 Gehirn im Frontalschnitt mit markierten Basalganglien; beachte die Seiten- und den 3. Ventrikel (☞ Kap. 7.9.10) und ihre Lage zum Thalamus und zu den Basalganglien, 1 Putamen, 2 Globus pallidus, Th Thalamus (Thalamus gehört nicht zu den Basalganglien, sondern zum Zwischenhirn)

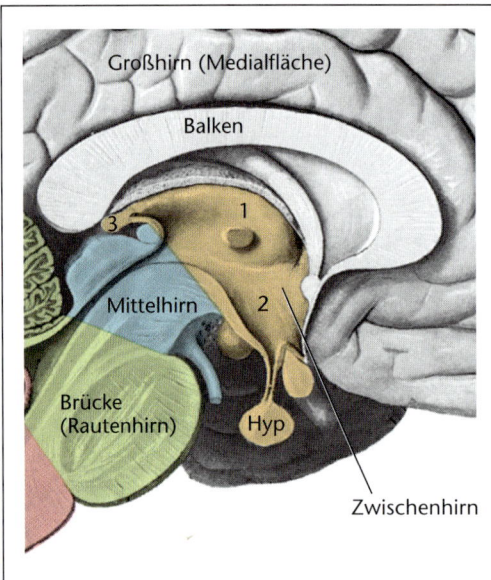

Großhirn (Medialfläche)

Balken

3   1

Mittelhirn

2

Brücke
(Rautenhirn)   Hyp

Zwischenhirn

Abb. 7.19 Längsschnitt durch den Hirnstamm; Zwischenhirn (gelb), Mittelhirn (blau), Brücke (Teil des Rautenhirns, grün); Abschnitte des Zwischenhirns: 1 = Thalamus, 2 = Hypothalamus, 3 = Epithalamus; Hyp = Hypophyse (Hirnanhangsdrüse)

Im Inneren des Zwischenhirns finden sich mehrere Kerngebiete, die man als **Thalamus, Hypothalamus** und **Epithalamus** bezeichnet.

Thalamus

Der **Thalamus** (deutscher Begriff: Sehhügel) ist die wichtigste Struktur des Zwischenhirns; er besteht aus zwei spiegelbildlich angeordneten Teilen, die sich links und rechts vom 3. Ventrikel befinden (Abb. 7.17 und 7.18).

> **Thalamus** (lat. thalamus bzw. griech. thalamos): Schlafgemach, Kammer; der Thalamus wurde ursprünglich als Thalamus opticus: wörtlich Schlafgemach der Sehbahn bezeichnet, da diese im Thalamus eine Relaisstation aufweist (daher auch der deutsche Name „Sehhügel").

Im Thalamus und seinen anhängenden Kerngebieten werden fast alle Informationen, die über entsprechende afferente Bahnen des Merksystems (sensorischen Systems) laufen, auf spezifische Kerne, die sog. Relaiskerne, umgeschaltet, bevor sie die Großhirnrinde erreichen.

Damit erhält der Thalamus Informationen über sensible Empfindungen der Haut, über Stellung der Gelenke und Spannung der Muskeln, über visuelle und akustische Eindrücke, Geschmacksempfindungen usw. und stellt eine Art Integrationszentrum des sensorischen Systems dar. Die somatotope Gliederung z. B. des sensorischen Cortex (Gyrus postcentralis) ist deshalb auch in den entsprechenden Kerngebieten des Thalamus nachzuweisen.

Der Thalamus wird auch als „Tor zum Bewusstsein" bezeichnet, da er offenbar darüber entscheidet, welche der zahlreichen Sinnesinformationen, die von der Peripherie zur Großhirnrinde laufen, uns auch „bewusst" werden (in der Regel nur ein kleiner Bruchteil der Informationen, die momentan als wichtig erscheinen).

Des Weiteren erfüllt der Thalamus als Bestandteil des EPMS (☞ Kap. 7.10.4) auch bedeutende Funktionen bei der Kontrolle und Steuerung der Motorik. Einige Hinweise deuten auch darauf hin, dass Störungen des Thalamus eine der Ursachen für einen gestörten Redefluss (Stottern, Poltern) sein können.

Die bisher genannten Funktionen sind sog. spezifischen Kernen des Thalamus zugeordnet. Es finden sich darüber hinaus im Thalamus auch unspezifische oder generalisierte Kerne, deren Informationen diffus an größere Hirnbereiche gelangen.

Zu ihnen gehört das sog. ARAS, aus dem Englischen „ascending reticular activating system" (deutsch: aufsteigendes retikuläres Aktivierungssystem), das aus der Netzsubstanz (**Formatio reticularis**) stammt und über den Thalamus das Großhirn erreicht. Die Netzsubstanz ist ein Kerngebiet, das sich im gesamten Hirnstamm befindet (☞ 7.9.8). Das ARAS hat eine besondere Bedeutung im Zusammenhang mit der Steuerung von Aufmerksamkeit und Wachreaktionen.

> **Formatio** (lat.): Formation, Substanz
> **reticularis** (lat.): netzförmig, eingedeutscht „retikulär" (engl.: reticular)

Hypothalamus

Der **Hypothalamus** befindet sich unterhalb des Thalamus; er ist ein Steuerungszentrum für zahlreiche Funktionen des vegetativen Nervensystems (Abb. 7.19). Des Weiteren stellt der Hypothalamus einen wichtigen Abschnitt des Hormonsystems dar.

> **Hypothalamus** hypo- (griech.): unter, -thalamus: „Sehhügel" (s. o.)
> **Hypophyse** (griech. hypophysis): Nachwuchs, Sprössling, Anhang

Unterhalb des Hypothalamus hängt die unpaare Hirnanhangsdrüse (Hypophyse), die über den Hypophysenstiel mit dem Hypothalamus und damit mit dem Gehirn verbunden ist. Die Hypophyse ist ebenfalls ein wichtiger Bestandteil des Hormonsystems und bildet zahlreiche Hormone (☞ Kap. 7.12.4).

Epithalamus

Der unpaare **Epithalamus** (meist als **Epiphyse** oder wegen der äußeren Form als **Zirbeldrüse** bzw. **Pinealorgan** bezeichnet) befindet sich im hintersten Bereich des Zwischenhirns unterhalb des Balkens (☞ Kap. 7.10.1) und oberhalb des Mittelhirns (Abb. 7.19, 7.20).

> **Epithalamus** (griech. epi-): daneben, darüber, -thalamus: „Sehhügel" (s. o.)
> **Epiphyse** (griech. epiphysis): Zuwachs, hier: Zirbeldrüse (nicht zu verwechseln mit dem Begriff Epiphysenfuge: Wachstumsfuge der Röhrenknochen)
> **Zirbeldrüse** (althochdeutsch zirbens): Fichtenzapfen
> **Pinealorgan** (lat. pinus): Fichte)

Die Epiphyse ist mit der Netzhaut des Auges verbunden und empfängt darüber Signale über Helligkeit und Dunkelheit. Diese Informationen werden mit der Produktion des Hormons Melatonin verbunden, das in der Epiphyse gebildet wird. Dunkelheit (und damit der Schlaf) sind mit hoher, Helligkeit (und damit das Wachsein) mit niedriger Hormonbildung und -konzentration im Blut verbunden. Allerdings spielen auch noch andere Hirnabschnitte bei diesen Steuerungsvorgängen eine Rolle.

Da die meisten Zellen des Körpers auf veränderte Melatoninspiegel reagieren, können auf diese Weise die Informationen über Helligkeit bzw. Dunkelheit der Umgebung an den Körper weitergeleitet werden. Damit ist eine Anpassung der unterschiedlichen Körperfunktionen an die Tages- bzw. Jahreszeit (viel Helligkeit im Sommer, wenig Helligkeit im Winter) möglich.

Die Epiphyse synchronisiert die Rhythmik vieler Körperfunktionen, die eine Frequenz von „circa einem Tag" (**circadiane Rhythmik**) aufweisen, mit den äußeren Zeitgebern (Tag-Nacht-Rhythmus, Jahreszeiten). Dadurch wird auch der Schlaf-Wach-Rhythmus an die Außenwelt angepasst. Der Schlaf besteht aus einer Abfolge von REM- und non-REM-Phasen. REM-Phasen (engl.: rapid eye movements) sind durch rasche, ruckartige Augenbewegungen gekennzeichnet, die bei non-REM-Phasen fehlen.

> **circa** (lat.): ungefähr
> **-dian** (lat. dies): Tag
> **Rhythmik** (griech. rhythmos): Gleichmaß

7.9.7 Mittelhirn

Das Mittelhirn (**Mesencephalon**) befindet sich zwischen der Brücke des Rautenhirns und dem Zwischenhirn (Abb. 7.19). Auf der Rückseite des Mittelhirns (Abb. 7.20) liegt die aus den beiden oberen und den

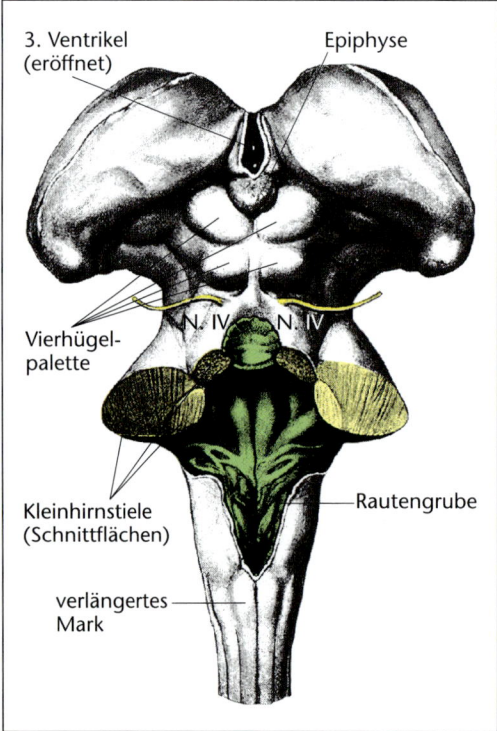

3. Ventrikel (eröffnet)
Epiphyse
Vierhügel-palette
N. IV N. IV
Kleinhirnstiele (Schnittflächen)
Rautengrube
verlängertes Mark

Abb. 7.20 Ansicht des Hirnstamms von hinten. Die Verbindungen zum Kleinhirn sind abgeschnitten, so dass lediglich die Schnittflächen der Kleinhirnstiele (hellgelb) erkennbar sind; dadurch wird der 4. Ventrikel (☞ Kap. 7.9.10) eröffnet und der Boden der Rautengrube (grün) des Rautenhirns sichtbar. Der 4. Hirnnerv (N. IV) tritt als einziger auf der Rückseite des Hirnstamms aus

beiden unteren Hügelchen bestehende Vierhügelplatte (**Lamina tecti**), die eine Rolle in der Seh- und Hörbahn (☞ Kap. 8.7.5) spielt.

> **Encephalon** (griech. egkephalon): Gehirn
> **Mes-** (griech. mesos): mittig, Mittel-
> **Lamina tecti** (lat. lamina): Platte und tecti, Genitiv von tectum (lat.): Dach (von tegere: bedecken), also wörtlich „Dachplatte", im Deutschen „Vierhügelplatte"

Auf der Vorderseite des Mittelhirns (Abb. 7.21) wölben sich die sog. Hirnschenkel vor, in denen vor allem die motorischen Bahnen vom Großhirn zum Rückenmark und zum Hirnstamm verlaufen (Pyramidenbahn, ☞ Kap. 7.10.4). Aus dem Mittelhirn entspringen der 3. und 4. Hirnnerv, die zusammen mit dem 6. Hirnnerven (Ursprung im Rautenhirn) für die Versorgung der Augenmuskeln zuständig sind.

Der Aufbau der Binnenstruktur des Mittelhirns wird bei einem Querschnitt (Abb. 7.22) sichtbar. Man erkennt den Ursprung und Verlauf des 3. Hirnnerven, die Bahnen der Hirnschenkel und die graue Substanz der Vierhügelplatte.

Von besonderer Bedeutung sind die paarigen Kerngebiete des roten Kerns (**Nucleus ruber**) und der schwarzen Substanz (**Substantia nigra**). Der rote Kern weist eine rotbraune Eigenfärbung auf, die durch eisenhaltige Farbstoffeinschlüsse in den Nervenzellen hervorgerufen wird. Bei der schwarzen Substanz findet sich der Farbstoff Melanin, der auch in der Haut und in den Haaren vorhanden ist und eine dunkelbraunschwarze Färbung hervorruft.

> **Nucleus** (lat.): Kern; ruber (lat.): rot (vgl. „Rubin")
> Substantia (lat.): Substanz, hier auch im Sinne von „Kern", nigra: Feminin-Form von niger (lat.): schwarz

Beide Kerngebiete stehen im Dienste der Motorik-Kontrolle und sind Bestandteile des extrapyramidalmotorischen Systems (EPMS, ☞ Kap. 7.10.4). Besondere Bedeutung besitzt die schwarze Substanz, deren Nervenzellen den Botenstoff Dopamin bilden. Eine bekannte Erkrankung dieses Kerngebiets ist die **Parkinson**-Krankheit, die durch eine Degeneration der dopaminhaltigen Nervenzellen der schwarzen Substanz hervorgerufen wird.

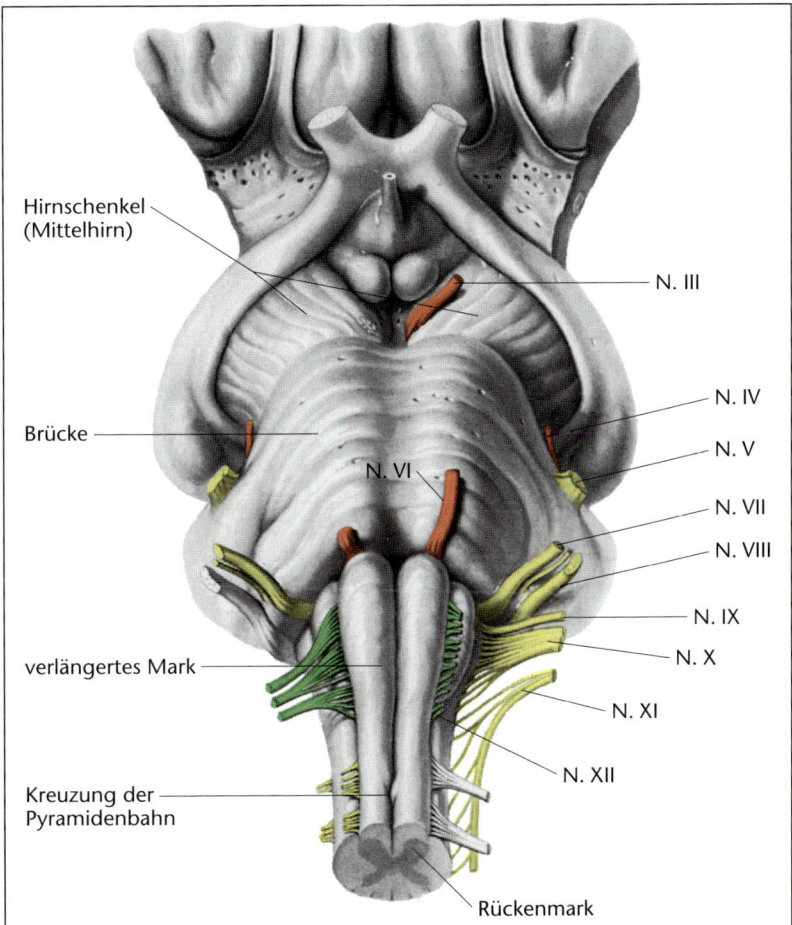

Hirnschenkel (Mittelhirn)

N. III

Brücke

N. IV

N. V

N. VI

N. VII

N. VIII

N. IX

N. X

verlängertes Mark

N. XI

N. XII

Kreuzung der Pyramidenbahn

Rückenmark

Abb. 7.21 Vorderansicht des Hirnstamms; die für die Augenmuskeln zuständigen Hirnnerven (N. III, N. IV, N. VI ☞ Kap. 7.11) sind rot markiert, der 12. Hirnnerv (N. XII) grün, alle übrigen gelb

Parkinson-Krankheit, Morbus Parkinson
Parkinson: Eigenname (engl. Arzt)
Die Ursache der recht häufigen Parkinson-Krankheit ist weitgehend unbekannt; es werden u. a. Erbfaktoren vermutet. Beginn der Symptomatik meist zu Beginn des 6. Lebensjahrzehnts, etwas häufiger bei Männern. Die Krankheit zeigt sich durch die charakteristische „Symptomen-Trias" Tremor-Rigor-Akinesie (Trias, lat.: Dreiheit):
• Tremor: Ruhezittern von Hand und Kopf
• Rigor: zunehmende Starre der Muskulatur (dadurch „Maskengesicht")
• Akinesie: Verlust von Bewegungsautomatismen.

Der größte Teil der Patienten entwickelt eine Sprechstörung mit Beeinträchtigung der Artikulation und Stimmbildung. Es treten Atemprobleme auf. Das Sprechen wird leise, monoton, murmelnd, und die Lautstärke nimmt gegen Satzende ab (☞ Lehrbücher der Neurologie).
Außer bei der eigentlichen Parkinson-Krankheit gibt es Parkinson ähnliche Symptome auch bei anderen neurologischen Erkrankungen (Drogen-Missbrauch, Vergiftungen, Hirnhaut-Hirn-Entzündung, chronische Hirnverletzungen durch Boxen u. a.).

7.9.8 Rautenhirn

Der unterste Abschnitt des Hirnstamms ist das Rautenhirn (**Rhombencephalon**), das sich zwischen Mittelhirn und Rückenmark befindet (Abb. 7.14, 7.20, 7.21). Es besteht aus den beiden Abschnitten Brücke (**Pons**) und verlängertes Mark (**Medulla oblongata**), das in seinem Aufbau noch sehr dem Rückenmark ähnelt.

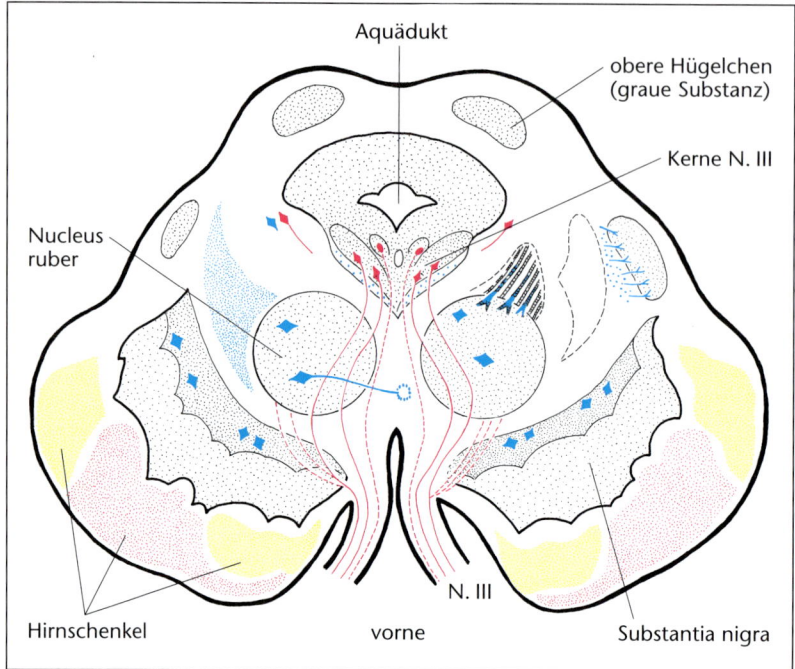

Aquädukt

obere Hügelchen
(graue Substanz)

Kerne N. III

Nucleus
ruber

Hirnschenkel

vorne

N. III

Substantia nigra

Abb. 7.22 Horizontal-
schnitt durch das Mittel-
hirn auf der Höhe der
oberen Hügelchen der
Vierhügelplatte

⦂ Encephalon (griech. egkephalon): Gehirn
Rhomb- (lat. rhombus bzw. griech. rhombos):
Raute, geometrische Figur eines verschobenen, auf
der Spitze stehenden Quadrats (abgeleitet von der
Rautengrube)
Pons (lat.): Brücke
Medulla oblongata (lat.): verlängertes Mark

Auf der Rückseite des Rautenhirns befindet sich die
Rautengrube, die dem gesamten Hirnabschnitt den
Namen gegeben hat, aber vom Kleinhirn verdeckt
wird (Abb. 7.20). Diese Rautengrube stellt gleichzeitig
den Boden des 4. Ventrikels (☞ Kap. 7.9.10) dar.
Die Brücke besteht im Wesentlichen aus weißer Substanz (☞ Kap. 7.7). In ihr verlaufen hauptsächlich
die Verbindungen zwischen Groß- und Kleinhirn,
die im hinteren Bereich des Rautenhirns (Abb. 7.20)
als Kleinhirnstiele sichtbar werden. In der Tiefe der
Brücke finden sich aber auch noch Verbindungsbah-
nen zwischen Großhirn und Rückenmark.
Das Rautenhirn enthält die Ursprungskerne des
5. bis 12. Hirnnerven (Abb. 7.21; die Ursprungskerne
des 3. und 4. Hirnnerven liegen im Mittelhirn).
Im vorderen Abschnitt des verlängerten Marks wird
die Kreuzung der sog. Pyramidenbahn (☞ Kap.
7.10.4) sichtbar, in der der größte Teil der motori-

schen Bahnen, die vom Gyrus praecentralis (☞ Kap.
7.9.3) kommen, zur Gegenseite kreuzt.
Ein wichtiges Kerngebiet im Inneren des Rautenhirns ist die Netzsubstanz (**Formatio reticularis**),
deren Ausläufer nach unten bis in das Rückenmark,
nach oben bis in das Zwischenhirn reichen.

⦂ Formatio reticularis
Formatio (lat.): Gebilde; reticularis (lat.): netzartig

Diese Netzsubstanz hat eine Reihe von teilweise
lebenswichtigen Funktionen:
• Atemzentrum (☞ Kap. 4.11)
• Kreislaufzentrum
• Steuerung des Schlaf-Wach-Zyklus und der Be-
  wusstseinslage (Wachzustand, Schlafen, Bewusst-
  losigkeit, Koma); dabei wird das Wachbewusstsein
  mit bewusster Empfindung und Wahrnehmung
  durch zum Zwischen- und Großhirn aufsteigende
  Fasern (ARAS, engl.: ascending reticular activating
  system) gesteuert
• Steuerung der Zuwendung zu neuen, interessanten
  Reizen
• Steuerung von Muskeltonus und Haltung (Teil des
  EPMS, ☞ Kap. 7.10.4)

- Koordination der Hirnnervenfunktionen
- Schluckzentrum
- Brechzentrum
- Koordination der Orientierung im Raum
- Steuerung der Schmerzwahrnehmung
- ARAS: Akronym aus (engl.): die aufsteigenden, aktivitätsregulierenden Strukturanteile der Formatio reticularis.

7.9.9 Kleinhirn

Das Kleinhirn (**Cerebellum**) hat sich während der Entwicklung des Zentralnervensystems aus dem Rautenhirn etwa auf Höhe der Brücke (Abb. 7.14) zur Seite und nach hinten ausgestülpt.

> **⁚ Cerebellum** (lat.): Kleinhirn, Verkleinerungsform von Cerebrum

Das Kleinhirn ähnelt in seinem Aufbau in vielen Punkten dem Großhirn:
- Es ist paarig angelegt und besteht aus zwei Hemisphären (Abb. 7.23a).
- Es weist eine zentral gelegene, unpaare Struktur auf, die als Wurm (Vermis) bezeichnet wird (Abb. 7.23a).

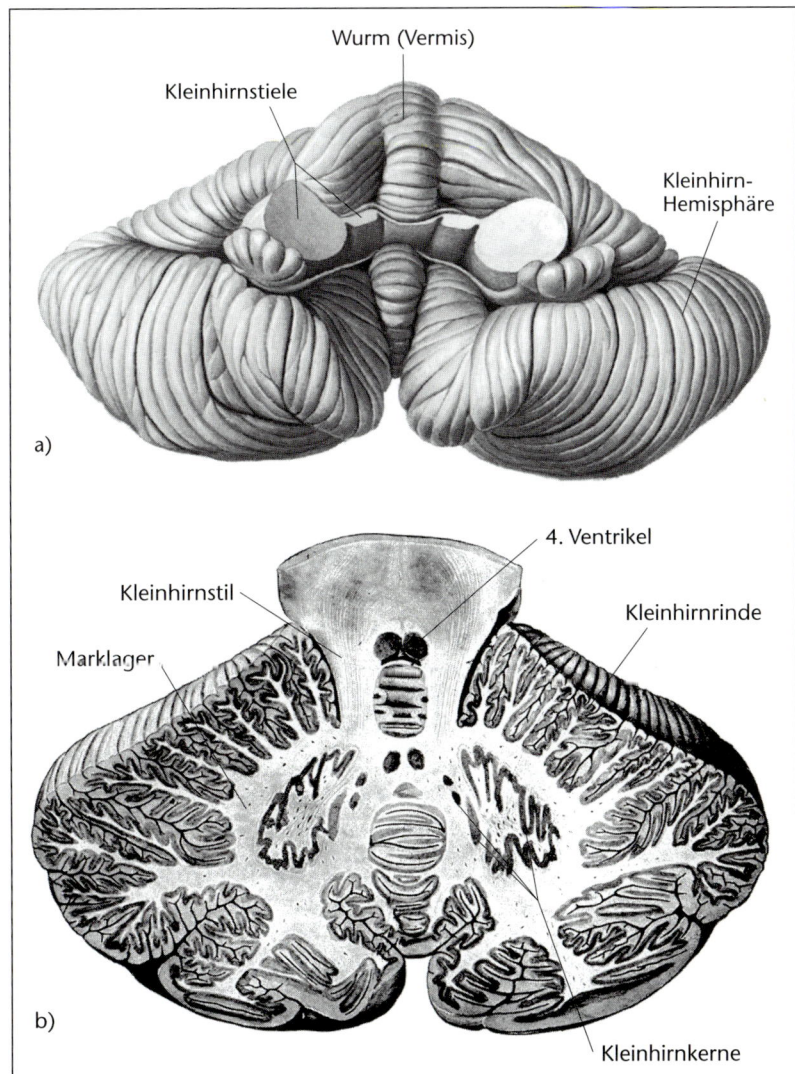

Abb. 7.23 a) Kleinhirn von vorne gesehen, Kleinhirnstiele durchtrennt; b) schräg nach hinten unten verlaufender Schnitt durch das Kleinhirn

- Das Kleinhirn besitzt eine ähnlich große Zahl von Nervenzellen wie das Großhirn.
- Es findet sich eine Gliederung in Rinde (graue Substanz) und Mark (weiße Substanz).
- Das Kleinhirn weist ebenfalls Strukturen auf, die der Oberflächenvergrößerung dienen (vergleichbar den Windungen und Furchen des Großhirns, nur feiner und stärker ausgeprägt, Abb. 7.23).
- Auch im Marklager des Kleinhirns findet sich graue Substanz in Form von Kerngebieten (Kleinhirnkerne, Abb. 7.23b).

Das Kleinhirn ist das wichtigste Regulationsorgan für die motorischen Leistungen des Körpers; dabei werden die motorischen Funktionen mit den Informationen von den Sinnesorganen, speziell dem Gleichgewichtsorgan (☞ Kap. 8.7.2) abgestimmt. Eine besondere Bedeutung hat dabei die Stütz- und Haltemotorik.

Weitere wichtige Funktionen des Kleinhirns sind die Regulation der Muskelspannung (Muskeltonus) und die Kontrolle über die zeitliche Abfolge von zielgerichteten Bewegungen (kann man sich leicht bei dem Versuch verdeutlichen, mit dem Zeigefinger bei geschlossenen Augen die Nase zu berühren).

Zerebellare Ataxie
Als zerebellare Ataxie (Kleinhirn-Ataxie) wird die Symptomatik bezeichnet, die bei einem Komplett- oder Teilausfall der Kleinhirnfunktionen zu beobachten ist. Hauptursache für eine erworbene zerebellare Ataxie ist chronischer Alkoholmissbrauch. Daneben gibt es noch eine Reihe erblich bedingter angeborener Ataxien, z.B. den Morbus Friedreich (Eigenname: deutscher Arzt)
Die dabei entstehende „Unordnung" (Ataxie wörtlich übersetzt) bezieht sich auf Störungen des Gehens und Stehens sowie auf mangelnde Koordination der Bewegungsabläufe. Des Weiteren kann ein Zittern der Hände (Tremor) beobachtet werden sowie eine Störung der sog. Diadochokinese.
Ataxia (griech.): Unordnung
Tremor (lat.): Zittern
Diadochokinese (griech. diadochos): abwechselnd und kinesis (griech.): Bewegung; Bedeutung: die Fähigkeit, rasch aufeinanderfolgende und dabei sich abwechselnde Bewegungen (schnelle Umwendebewegungen der Hand, motorische Abläufe beim Klavierspielen usw.) durchzuführen.

7.9.10 Hirnhäute und Liquorräume

Hirnhäute
Zum Schutz des Gehirns befinden sich zwischen dem Schädelknochen und der Hirnoberfläche die Hirnhäute (**Meningen**). Nahezu analog wird auch das Rückenmark von den Rückenmarkshäuten (ebenfalls Meningen genannt) umgeben.

> **Meningen** meninx (lat. bzw. griech. menigx): Hirn-/Rückenmarkshaut, (Plural: meninges)

Bei den Hirnhäuten unterscheidet man drei Schichten oder Blätter (analog bei den Rückenmarkshäuten). Von außen nach innen lassen sich unterscheiden (Abb. 7.24):
- **Dura mater:** harte Hirnhaut (mit dem Knochen verwachsen)
- **Arachnoidea mater:** Spinnwebshaut
- **Pia mater:** weiche Hirnhaut (mit der Hirnoberfläche verwachsen).

> **mater** (lat.): wörtlich Mutter, hier: Umhüllung (wird bei der Bezeichnung der Hirnhäute auch oft weggelassen)
> **dura** (lat.): Feminin-Form von durus: hart; Epi- (griech.): darüber, Sub- (lat.): darunter
> **Arachnoidea** (aus griech. arachne): Spinne
> **pia** (lat.): Feminin-Form von pius: fromm, weich
> **Liquor cerebrospinalis** (lat.): Hirn-/Rückenmarkswasser, aus liquor (lat.): Flüssigkeit; meist nur als „Liquor" bezeichnet

Die **Dura** besteht aus straffem Bindegewebe und ist mit dem Schädelknochen verwachsen. Arterien und Venen, die sie versorgen, verlaufen in einem Spaltraum zwischen der Dura und dem Knochen („**Epiduralraum**"). Ein abzweigendes Blatt der Dura befindet sich auch zwischen den beiden Großhirnhemisphären; dieses Blatt wird als Großhirnsichel (Abb. 7.29) bezeichnet.

Die **Arachnoidea** besteht aus einer dünnen Gewebeschicht, die mit der Dura verwachsen ist, und spinnwebartigen „Bälkchen", die bis zur Pia reichen. Diese Bälkchen erstrecken sich in einem Raum, der mit Hirnwasser gefüllt ist (Abb. 7.24) und als äußerer **Liquorraum** oder **Subarachnoidalraum** bezeichnet wird (☞ s.u.).

Die Pia ist eine hauchdünne Gewebeschicht, die mit der Hirnoberfläche untrennbar verbunden ist.

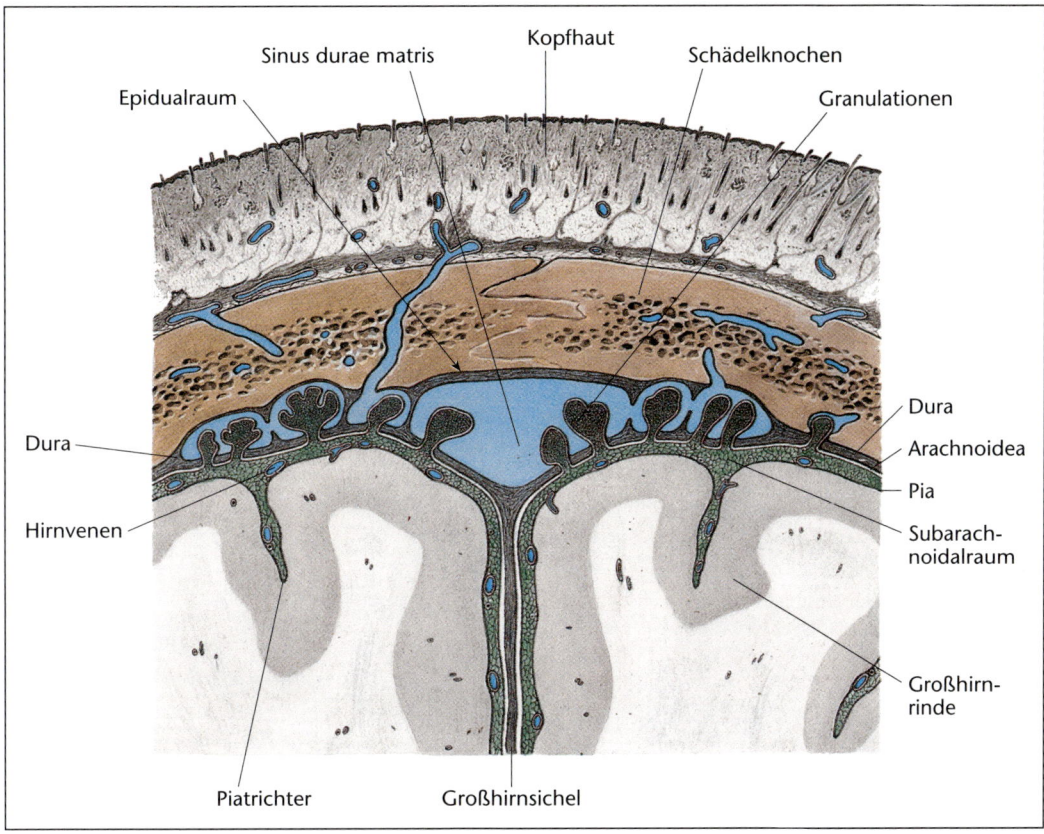

Abb. 7.24 Frontalschnitt durch Kopfhaut, Schädeldach, Hirnhäute und Hirnoberfläche im Bereich der Großhirnsichel (vgl. Abb. 7.29). Bei den Gefäßen im Subarachnoidalraum handelt es sich überwiegend um Hirnvenen; allerdings verlaufen hier auch Hirnarterien

Meningitis
Meningitis: Hirnhautentzündung, meist ausgelöst durch Viren oder Bakterien. Eine Meningitis kann u.a. dadurch entstehen, dass Erreger aus dem Mund-Rachen-Raum über die Blutbahn zu den Hirnhäuten gelangen, dass Bakterien aus benachbarten vereiterten Räumen (Nasennebenhöhlen, Mittelohr) über den Knochen auf die Hirnhäute übergreifen oder dass Erreger bei einer Verletzung des Schädels und/oder Gehirns eindringen.
Klassische Symptome einer Meningitis sind Kopfschmerzen, Fieber und Nackensteifigkeit. Bei Verdacht auf eine Meningitis wird Liquor entnommen, der normalerweise fast keine Zellen, bei einer Meningitis aber Erreger und Abwehrzellen enthält. Da eine Meningitis auf das Gehirn übergreifen kann, sind lebensbedrohliche Komplikationen möglich.

Der Spaltraum zwischen Arachnoidea und Dura wird als **Subduralraum** bezeichnet. Er wird durchquert von Venen der Hirnoberfläche, die Verbindungen zu venenartigen Spalträumen in der Dura haben (☞ Kap. 7.9.11).

Epiduralhämatom
Nach Kopfverletzungen kann ein Ast der Arterien zerreißen, der die Dura versorgt. Es kommt zu einem Bluterguss (Hämatom) in den Epiduralraum, der sich dabei vergrößert. Dadurch kommt es innerhalb von wenigen Stunden zu einem lebensbedrohlich steigenden Hirndruck; als erstes Anzeichen trübt sich das Bewusstsein ein. Dann ist eine Schädelöffnung (Trepanation; aus trypanon, griech. = Drehbohrer) erforderlich, wodurch der Hirndruck sinkt. Die Blutung kann dann gestoppt und der Bluterguss beseitigt werden.

Subduralhämatom
Bei meist etwas leichteren Kopfverletzungen kann es zum Zerreißen der Venen kommen, die von der Hirnoberfläche zu den venenartigen Spalträumen in der Dura ziehen und das verbrauchte Blut aus dem Gehirn transportieren. Dabei kommt es zu venösen Sickerblutungen in den sich dann erweiternden Subduralraum. Bevor es dann zu Symptomen des steigenden Hirndrucks kommt, können Tage oder Wochen vergehen.

Liquorräume
Der Subarachnoidalraum wird auch als äußerer Liquorraum bezeichnet, da er sich außerhalb des Gehirns befindet. Die Liquorräume im Inneren des Gehirns (innere Liquorräume) sind Relikte des Neuralrohrlumens (Abb. 7.1, ☞ Kap. 7.2). Sie haben sich an einigen Stellen zu den sog. **Ventrikeln** erweitert.

⁝ **Ventrikel** Verkleinerungsform von venter (lat.): Bauch; vgl. die Bezeichnung „Ventrikel" für die Herzkammern

Die ursprüngliche rohrartige Form des inneren Liquorraums ist noch im Bereich des Rückenmarks (dort allerdings stark degeneriert) und im Bereich des Mittelhirns zu sehen. Dort verbindet der sog. „Aquädukt" den 4. Ventrikel im Rautenhirn mit dem 3. Ventrikel im Zwischenhirn. Die paarige Entwicklung der Großhirnhemisphären spiegelt sich auch in der Ausbildung des 1./2. Ventrikels (auch „Seitenventrikel" genannt) wider, die sich im Inneren der Großhirnhemisphären befinden und jeweils in Verbindung mit dem 3. Ventrikel stehen (Abb. 7.25).

⁝ **Aquädukt** aquae ductus (lat.): Wasserleitung
serum (lat.): nicht mehr gerinnbarer Teil des Blutplasmas

Der Liquor ist weitgehend zellfrei und ähnelt in seiner Zusammensetzung zwar dem **Blutserum**, weist aber dennoch einige Unterschiede auf. Er wird überwiegend in sog. Adergeflechten (**Plexus choroidei**) gebildet, die sich in allen 4 Ventrikeln befinden. Pro

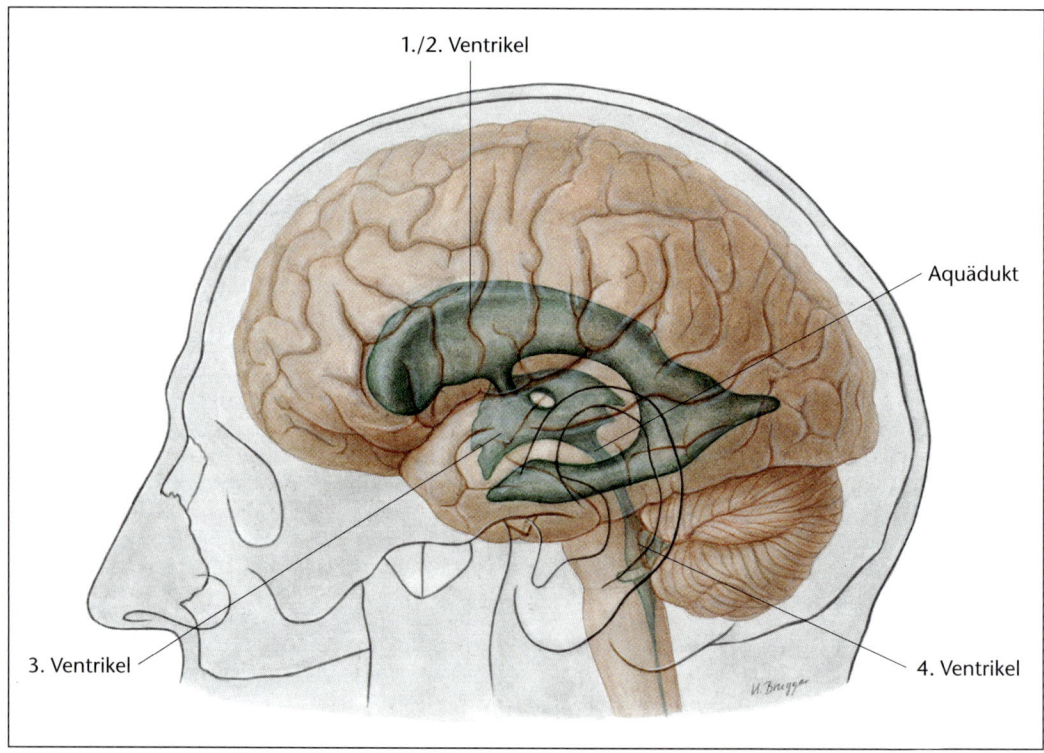

Abb. 7.25 Innere Liquorräume (grün), transparent gezeichnet, Ansicht von links seitlich

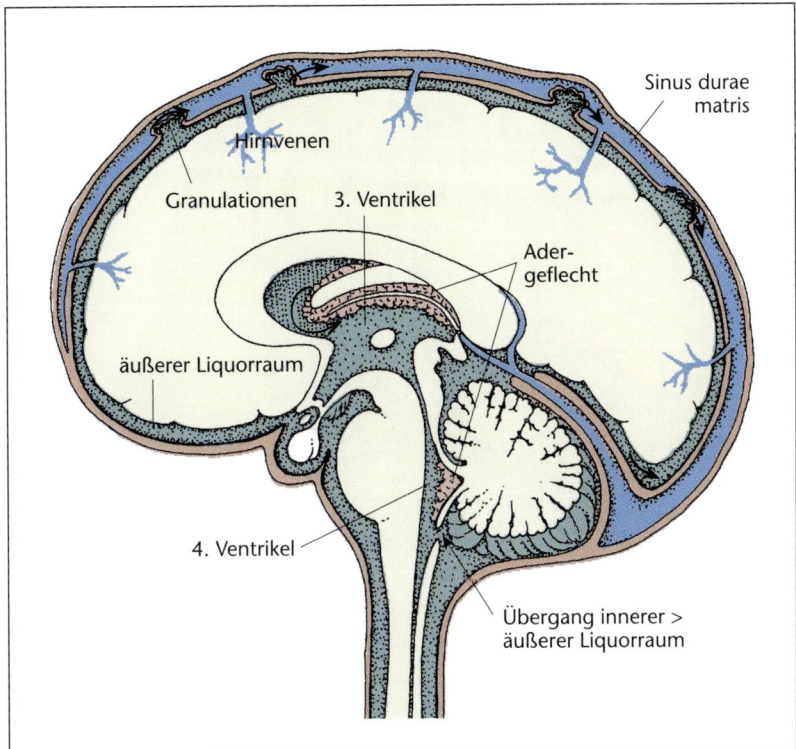

Abb. 7.26 Schematische Darstellung der Liquorproduktionsorte im inneren Liquorraum und der Liquorresorptionsorte im äußeren Liquorraum

Tag werden etwa 500–650 ml Liquor gebildet. Dieser strömt durch alle Ventrikel und gelangt über Abflüsse des 4. Ventrikels in den äußeren Liquorraum. Dort wird er vor allem über Zotten der Arachnoidea (die sog. **Granulationen**) zurück in die Blutbahn gegeben, da diese Zotten in die venenartigen Blutleiter der Dura ragen (Abb. 7.23, 7.26).

> **Plexus** (lat.): Geflecht
> **choroideus** (lat.; Plural: choroidei): hautartig, aus
> **chorion** (griech.): (gefäßreiche) Haut
> **Granulation** (lat. granulum): Korn, hier: körnige Struktur oder Oberfläche

Da das Volumen der gesamten Liquorräume im Mittel nur ca. 150 ml beträgt, kommt der angemessenen Resorption des Liquors in den Granulationen eine große Bedeutung zu. Wird mehr Liquor gebildet als resorbiert werden kann, kommt es zu steigendem Hirndruck bzw. zum Wasserkopf (**Hydrozephalus**).

Hydrozephalus
Lateinisch auch „hydrocephalus" geschrieben, aus hydor (griech.): Wasser- und kephale (griech.): Kopf
Man unterscheidet inneren und äußeren Wasserkopf. Beim inneren Wasserkopf gelangt der Liquor nicht mehr in ausreichender Menge vom inneren in den äußeren Liquorraum (oft durch eine Einengung im Bereich des Aquädukts bedingt). Beim äußeren Wasserkopf (meist nach einer Meningitis) ist die Resorption des Liquors im Bereich der Hirnhäute (Granulationen) eingeschränkt.
Sind die Schädelknochen bereits fest miteinander verwachsen (etwa ab dem 2. Geburtstag), äußert sich ein Hydrozephalus durch steigenden Hirndruck. Vorher kann der Schädel dem Druck von innen nachgeben und sich entsprechend vergrößern (u.a. darum die Kopfumfang-Messungen des Kinderarztes bei den Vorsorgeuntersuchungen).
Therapeutisch muss der ungenügende Abfluss des Liquors wieder verbessert werden, was meist operativ durch Anbringen eines „shunts" (engl.: Kurzschluss-Verbindung) z.B. in Form eines Plastikschlauches erfolgt. Der überschüssige Liquor wird aus den gestauten Liquorräumen z.B. in den rechten Herzvorhof abgeleitet.

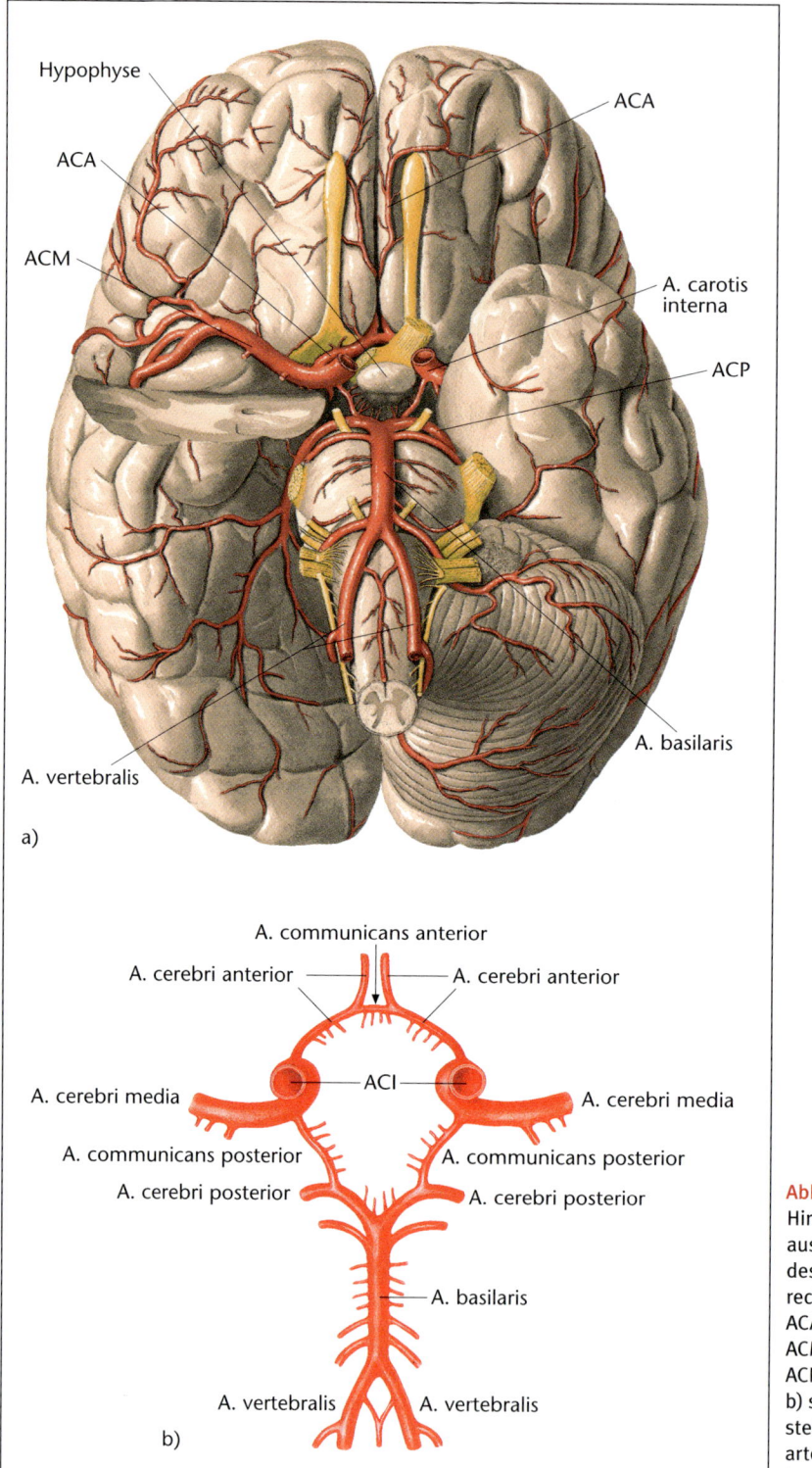

Abb. 7.27 a) Ansicht der Hirnarterien von basal aus (Kleinhirn und Teile des Schläfenlappens sind rechts entfernt; ACA: A. cerebri anterior, ACM: A. cerebri media, ACP: A. cerebri posterior; b) schematische Darstellung des Circulus arteriosus; ACI: A. carotis interna

7.9.11 Hirnarterien, Sinus durae matris

Hirnarterien

Bevor man sich detailliert mit der arteriellen Versorgung des Gehirns beschäftigt, ist es sinnvoll, die zum Kopf ziehenden Äste der Aorta noch einmal zu wiederholen (☞ Kap. 3.1.4, Abb. 3.3).

Jede Hälfte des Gehirns wird von jeweils zwei Arterien, der inneren Kopfschlagader (A. carotis interna) und der Wirbelschlagader (A. vertebralis) jeder Seite versorgt. Diese Arterien gelangen über Öffnungen in der Schädelbasis zum Gehirn. Sie verlaufen mit ihren Ästen im Subarachnoidalraum auf der Hirnoberfläche (Legende Abb. 7.24).

Die beiden Wirbelarterien vereinigen sich am Übergang des verlängerten Marks zur Brücke zur unpaaren **A. basilaris,** die in einer mittig gelegenen Rinne auf der Brücke nach oben zieht (Abb. 7.27a). Vor ihrer Vereinigung geben die Wirbelarterien u.a. Äste an das Kleinhirn und das verlängerte Mark ab.

Im Bereich der Hirnanhangsdrüse (Hypophyse, Abb. 7.27) schließen sich die beiden inneren Karotisarterien und die A. basilaris zu einem Arterienring (**Circulus arteriosus Willisii**) zusammen (Abb. 7.27b)

> **A. basilaris** wörtlich „Basisschlagader"
> **Circulus arteriosus** Circulus (lat.): kleiner Kreis, arteriosus (lat.): aus Arterien gebildet
> **Willisii** Genitiv des Eigennamens Willisius (lat. Form von Willis)
> **Aa. cerebri posteriores** Plural von A. cerebri posterior (lat.): hintere Hirnschlagader (cerebri: Genitiv von cerebrum, lat.: Gehirn; posterior: der/die hintere)
> **media** (lat.): die mittlere (Feminin-Form von medius)
> **anterior** (lat.): der/die vordere
> **A. communicans** (lat.): Verbindungsschlagader

Die Arteria basilaris versorgt das Kleinhirn und Teile des Rautenhirns; sie gabelt sich T-förmig zu den beiden **Aa. cerebri posteriores** auf, die vor allem Teile des Schläfen- und Hinterhauptlappens des Großhirns mit Blut versorgen (Abb. 7.27a,b).

Die A. carotis interna setzt sich auf jeder Seite in die **A. cerebri media** fort, die als wichtigste Hirnarterie mit dem größten Versorgungsgebiet (vor allem die außen liegenden Abschnitte des Stirn-, Scheitel- und Schläfenlappens) anzusehen ist.

An der Stelle, wo die A. carotis interna in die A. cerebri media übergeht, zweigt die **A. cerebri anterior** ab;

sie verläuft auf der Unterseite und Medianfläche des Großhirns nach vorne und versorgt die dort benachbart liegenden Großhirnabschnitte.

Der Circulus arteriosus verbindet die Hirnarterien beider Seiten untereinander, um einen gleichmäßigeren Blutfluss zu gewährleisten. Diese Verbindung erfolgt durch zwei hintere und eine vordere Verbindungsarterie (Abb. 7.27b):

- A. communicans posterior (paarig; verbindet die A. cerebri posterior mit dem Übergang der A. carotis interna in die A. cerebri media)
- A. communicans anterior (unpaar; verbindet die beiden Cerebri-Anterior-Anterien miteinander).

Blut-Hirn-Schranke

Die Äste der genannten Hirnarterien verlaufen im Subarachnoidalraum (Legende Abb. 7.24). Nach entsprechenden Aufzweigungen dringen die Hirnarterien bzw. -arteriolen in von Pia ausgekleidete Trichter (Piatrichter, Abb. 7.24) in das Hirninnere ein. Dort finden sich nur noch Kapillaren, keine größeren Gefäße mehr.

Die Hirnkapillaren weisen eine Besonderheit in ihrem Aufbau auf, die man als Blut-Hirn-Schranke bezeichnet. Anders als in praktisch allen sonstigen Organen und Geweben ist der Stoffaustausch zwischen Blut und Gewebe im Gehirn sehr starken Kontrollen unterworfen, da die Nervenzellen bezüglich

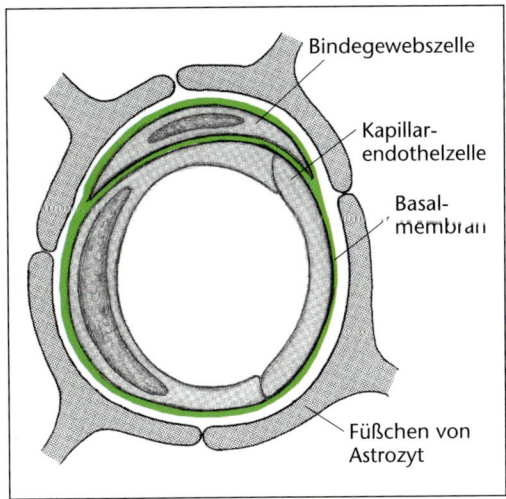

Abb. 7.28 Schematische Darstellung der Blut-Hirn-Schranke; Hirnkapillare im Querschnitt mit Basalmembran (grün) und geschlossener Schicht von füßchenartigen Astrozyten-Fortsätzen

der Zusammensetzung ihrer Extrazellularflüssigkeit (die weitgehend der des Liquors entspricht) sehr empfindlich sind.

Die Strukturen der Blut-Hirn-Schranke sind (Abb. 7.28):

• Undurchdringliche Zellkontakte der Endothelzellen der Hirnkapillaren
• Basalmembran (☞ Kap. 1.2.1)
• Geschlossene Schicht von füßchenartigen Fortsätzen spezieller Gliazellen (**Astrozyten**).

> ⦂ **Astrozyt,** sternförmige Gliazelle, Astro- (griech):
> Stern, -zyt (griech.): Zelle

Durch die Blut-Hirn-Schranke gelangen gewisse, für die Nervenzellen schädliche Stoffe praktisch nicht aus der Blutbahn im Bereich des Gehirns heraus. Dieser positive Aspekt ist mit dem Nachteil verbunden, dass andererseits bestimmte Medikamente überhaupt nicht oder in zu geringer Dosis an die Nervenzellen gelangen (typisches Beispiel: Dopamin bei der Behandlung von Parkinson-Patienten).

Hirnvenen, Sinus durae matris

Das verbrauchte Blut des Gehirns gelangt über Piatrichter wieder zurück an die Hirnoberfläche (Abb. 7.24). Dort findet sich ein dichtes Netz von Hirnvenen, die im Subarachnoidalraum verlaufen. Der venöse Blutabfluss erfolgt über Verbindungsvenen zu venenartigen Spalträumen in der Dura (Abb. 7.24). Diese Spalträume sind keine echten Venen; sie sind starrwandig, allerdings mit einem Endothel ausgekleidet. Sie werden als **Sinus durae matris** bezeichnet und verlaufen vor allem in der Großhirnsichel und im hinteren Bereich der Schädelbasis (Abb. 7.29).

> ⦂ **Sinus durae matris**
> Sinus (lat.): Hohlraum (gleiche Schreibweise für Singular und Plural; im Plural wird das „u" allerdings lang gesprochen)
> durae matris: Genitiv von dura mater (lat.): harte Hirnhaut

Im hinteren Teil des mittleren Abschnitts der Schädelbasis (Abb. 7.29) sammelt sich der größte Teil des venösen Bluts aus dem Sinussystem; das Blut gelangt in die unterhalb der Schädelbasis beginnende und dann am Hals nach unten verlaufende sog. innere Drosselvene (**V. jugularis interna**), die das verbrauchte Blut aus dem Gehirn letztlich in die obere Hohlvene einbringt.

> ⦂ **V. jugularis interna** jugularis (lat. iugulare): erdrosseln
> **interna** (lat.): die innere (Feminin-Form von internus)

Durchblutung und Stoffwechsel des Gehirns

Obwohl das Hirngewicht nur rund 2% des Körpergewichts beträgt, verbraucht das Gehirn bis zu 20% des gesamten Sauerstoffs, der mit der Aorta an den Körper geliefert wird. Als Energielieferant wird dabei hauptsächlich Traubenzucker (Glucose) verwendet und verstoffwechselt.

Nennenswerte Speicher für Sauerstoff oder Traubenzucker besitzen die Nervenzellen nicht. Aus diesem Grunde sind sie außerordentlich empfindlich gegenüber irgendwelchen Unterbrechungen der Nährstoff- und Sauerstoffzufuhr, also gegenüber Störungen oder Unterbrechungen der Durchblutung.

Wird die Blutzufuhr zum Gehirn, z.B. durch Herzstillstand, um mehr als ca. 10–12 Sekunden unterbrochen, tritt Bewusstlosigkeit auf. Nach einer Unterbrechung von 4–5 Minuten bei normaler Außentemperatur und bei Erwachsenen kommt es zu ersten unwiderruflichen Zellschäden an den Nervenzellen (bei schockartiger Unterkühlung des Gehirns von Kindern tritt dieser Prozess unter Umständen erst deutlich später ein).

Nach einer vollständigen Unterbrechung der Hirndurchblutung von mehr als 8–10 Minuten tritt der unumkehrbare Hirntod mit massiven Gewebeschäden auf.

Auch bei einer extremen Unterzuckerung können Bewusstseinsstörungen und Hirnschäden auftreten. Dabei ist die Versorgung der Nervenzellen mit Traubenzucker unzureichend. Eine solche extreme Unterzuckerung kann z.B. bei Diabetikern auftreten, die versehentlich zuviel Insulin gespritzt haben und dann keine oder zuwenig Kohlenhydrate zu sich genommen haben.

Sind nur Teile des Gehirns für eine gewisse Zeit ohne ausreichende Blutversorgung, wie es z.B. bei einem Schlaganfall auftritt, kommt es zu schwerwiegenden Funktionsausfällen mit Gewebeuntergang der mangelversorgten Hirnareale.

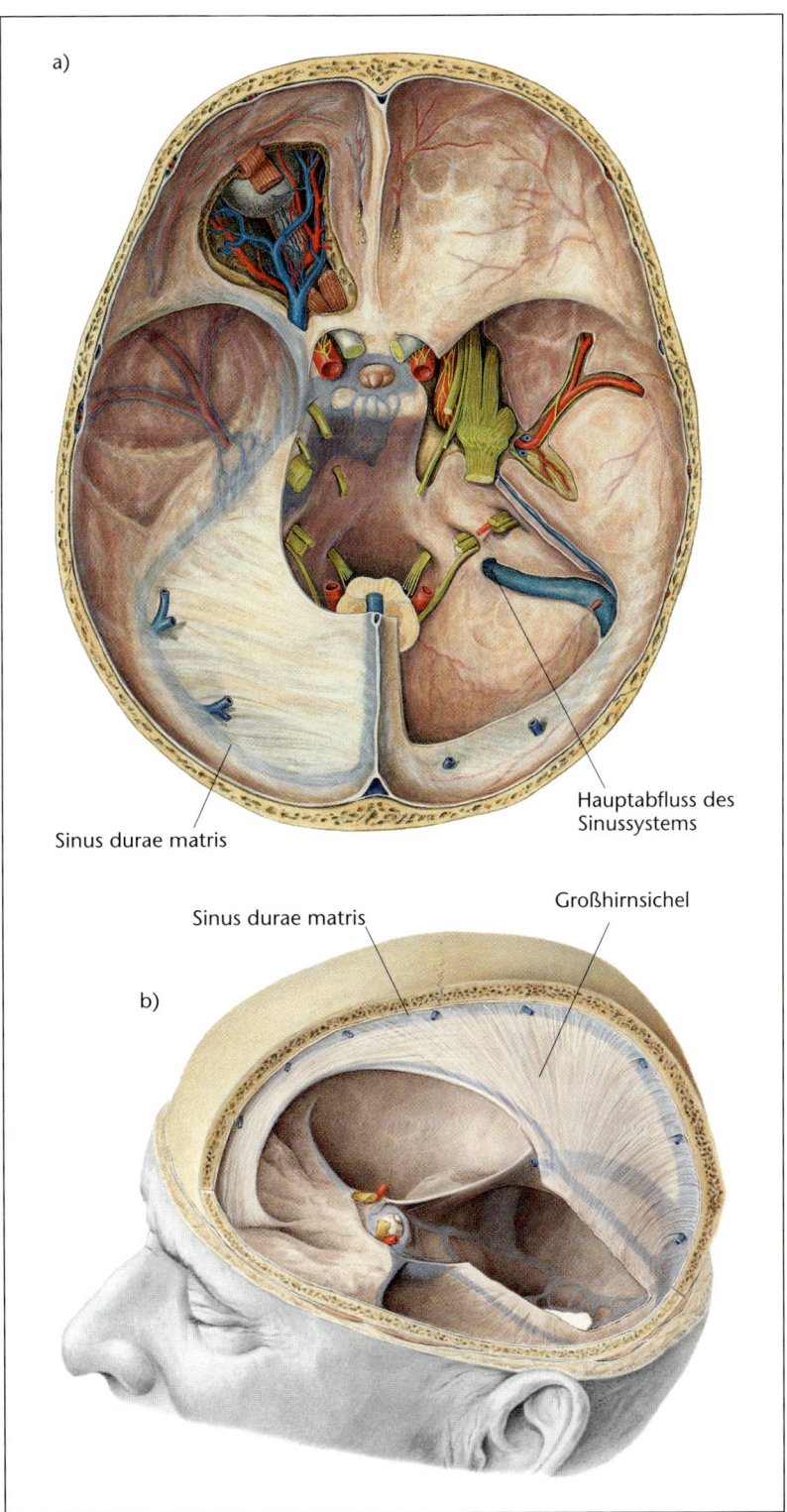

a)

Hauptabfluss des
Sinussystems

Sinus durae matris

Großhirnsichel

Sinus durae matris

b)

Abb. 7.29 Darstellung
der Sinus durae matris;
a) Ansicht von oben auf
die Schädelbasis,
b) Ansicht von links
seitlich

7.10 Bahnsysteme des ZNS

7.10.1 Bahnentypen, innere Kapsel

Als Bahnen (lat.: Tractus) bezeichnet man geordnete Bündel von parallel verlaufenden Axonen innerhalb des Zentralnervensystems (im peripheren Nervensystem als „Nerven" bezeichnet, ☞ Kap. 7.7).
Diese Bahnen verbinden Ansammlungen von Nervenzellleibern in verschiedenen Abschnitten des Zentralnervensystems miteinander. Die Bezeichnung solcher Bahnen richtet sich in den meisten Fällen entweder nach ihrer Funktion (Sehbahn, Hörbahn, Gleichgewichtsbahn, motorische Bahnen) oder nach den miteinander verbundenen Abschnitten des ZNS, z.B. verbindet der Tractus corticospinalis die Großhirnrinde („cortico") mit dem Rückenmark („spinalis").
Grundsätzlich unterscheidet man drei verschiedene Bahnentypen:
• Assoziationsbahnen
• Kommissurenbahnen
• Projektionsbahnen.

Assoziationsbahnen verbinden unterschiedliche Rindenfelder derselben Großhirn-Hemisphäre miteinander, also in Längsrichtung (deshalb auch „Längsbahnen" genannt). Man findet oberflächliche Fasern, die benachbarte Rindenareale miteinander verbinden, aber auch tiefe Fasern, die Verbindungen sogar zwischen entfernten Hirnlappen darstellen. So werden z.B. auch Informationen vom motorischen Broca-Sprachzentrum zum sensorischen Wernicke-Sprachzentrum (und umgekehrt) geleitet.

> **Assoziation** (franz. association): Verknüpfung, Zusammenschluss
> **Kommissur** (lat. commissura) Verbindung
> **Corpus** (lat.): Körper, callosum (lat.): schwielenartig, dickhäutig
> **Projektion** proicere (lat.): abbilden, übertragen

Kommissurenbahnen verbinden einander entsprechende Rindenfelder (z.B. das primäre motorische Rindenfeld rechts mit dem Feld links) der beiden Hemisphären; da sie quer verlaufen, werden sie auch als „Querbahnen" bezeichnet. Der größte Teil der Kommissurenbahnen der beiden Großhirn-Hemisphären verläuft durch eine kräftige Platte in der Tiefe des Großhirns, die man als Balken (**Corpus callosum**) bezeichnet (Abb. 7.14, 7.18, 7.19).

Projektionsbahnen verbinden die Großhirnrinde mit verschiedenen Abschnitten des Hirnstamms oder des Rückenmarks. Sie können sowohl **efferent** von der Großhirnrinde in tiefer gelegene Zentren verlaufen (motorische Bahnen), als auch **afferent** von Abschnitten des Rückenmarks oder Hirnstamms zur Großhirnrinde (z.B. sensible Bahnen aus der Haut oder sensorische Bahnen wie die Hörbahn).

> **Capsula** (lat.): Kapsel, interna (lat.): die innere (Feminin-Form von internus)

Der größte Teil der Projektionsbahnen muss auf dem Weg zwischen Großhirnrinde und tiefer gelegenen Zentren des ZNS in dicht gedrängter Formation durch die Region der Basalganglien und des Thalamus. Dabei ergibt sich im Horizontalschnitt ein bumerangähnliches Durchtrittsgebiet der Fasern, das man als innere Kapsel (Capsula interna) bezeichnet (Abb. 7.14).
Im vorderen Schenkel des „Bumerangs" verlaufen die sensiblen Bahnen vom Thalamus zur Großhirnrinde, im „Knie" die motorischen Bahnen zu den Hirnnervenkernen (☞ Kap. 7.10.4), im hinteren Schenkel von vorne nach hinten die übrigen motorischen Bahnen, weitere Thalamusbahnen sowie die Sehbahn und die Hörbahn.

> **Blutungen in die innere Kapsel**
> Da in dieser Region im höheren Alter relativ häufig Hirnblutungen oder Gefäßverschlüsse („Schlaganfall") auftreten, kommt es durch den dicht gedrängten Verlauf der Projektionsbahnen oft zu recht ausgedehnten motorischen Schädigungen. Wegen der Kreuzung der motorischen Bahnen zur Gegenseite findet sich dann eine Halbseitenlähmung auf der dem Ereignis gegenüberliegenden Körperseite.

7.10.2 Allgemeine Sinnesphysiologie

In den nächsten Kapiteln werden die sprachtherapeutisch wichtigen Projektionsbahnen im Einzelnen besprochen. Die ebenfalls wichtige Hör- und Gleichgewichtsbahn können allerdings erst mit genaueren Kenntnissen des Hör- und Gleichgewichtsorgans behandelt werden und finden sich deshalb in Kap. 8.7.3 bzw. 8.7.5. Da ein großer Teil der Projektionsbahnen afferent verläuft und damit Sinnesempfindungen zum Gehirn leitet, sollen hier zunächst die wichtigsten Grundkenntnisse der allgemeinen Sinnesphysiologie erarbeitet werden.

Informationen über unsere Umwelt, aber auch über unseren Körper erhalten wir über unsere „Sinne" (Sehen, Hören, Schmecken, Riechen, Gleichgewicht, Tasten, Schmerz, Temperatur, Tiefensensibilität). Diese Sinne werden über Sinnesorgane vermittelt, die entweder mit dem Nervensystem in Verbindung stehen oder Teil des Nervensystems sind. Über afferente Bahnen werden diese Sinneswahrnehmungen dann an das Zentralnervensystem geleitet.

Subjektive und objektive Sinnesphysiologie

Bei der Wahrnehmung von Sinnesreizen unterscheidet man die **subjektive** von der **objektiven** Sinnesphysiologie. Wenn die Tätigkeit des menschlichen Geistes bei der Wahrnehmung eines Sinnesreizes zu beschreiben ist, spricht man von subjektiver Sinnesphysiologie. Da die Sinnesreize aber physikalischen und/oder chemischen Phänomenen entstammen, lassen sie sich auch mit Hilfe von Messinstrumenten wahrnehmen – dann handelt es sich um die objektive Sinnesphysiologie.

> **subjektiv** (lat. subiectivus): hier etwa zu übersetzen „von einem Menschen wahrgenommen"
> **objektiv** (lat. obiectivus): hier etwa zu übersetzen „sachlich, mit Hilfe von Messinstrumenten etc. wahrgenommen"

Wahrnehmung von Reizen

Bestimmte physikalische oder chemische Vorgänge (Licht, Schall, mechanische Reize, Chemikalien u. a.) in unserer Umwelt, aber auch an der Oberfläche oder im Inneren unseres Körpers „reizen" spezifische **Sinnesrezeptoren**, die diese „Reize" dann aufnehmen können. Als „Wahrnehmung" bezeichnet man das bewusste Registrieren solcher Reize in einem Sinnesorgan, wobei wir mit Sinnesreizen vergleichen, die wir schon einmal erlebt oder erfahren haben.

> **Rezeptor** recipere (lat.): aufnehmen; der Begriff Rezeptor wird nicht nur für Moleküle z.B. in der Zellmembran, sondern auch für Zellen insgesamt benutzt, wenn sie eine Wahrnehmungs- oder Aufnahmefunktion haben (z.B. Zellen in Sinnesorganen)
> **adäquat** (lat. adaequatus): angemessen, übereinstimmend; in- (lat.): nicht …

Die Sinnesrezeptoren sind Abschnitte von bestimmten Sinneszellen, die sich auf die Wahrnehmung unterschiedlicher Sinnesreize spezialisiert haben. Oftmals werden auch die Sinneszellen insgesamt als Rezeptoren oder Rezeptorzellen bezeichnet.

Man unterscheidet primäre und sekundäre Sinneszellen:

- Eine primäre Sinneszelle ist eine Nervenzelle, die sich in einem Sinnesorgan befindet und sich auf die Wahrnehmung bestimmter Reize spezialisiert hat. Diese Nervenzelle wird durch den Reiz „erregt" und leitet die Erregung afferent zum ZNS weiter. Solche primären Sinneszellen finden sich im Riechorgan („Riechzellen", ☞ Kap. 4.5.6) und im Auge.
- Eine Sonderform primärer Sinneszellen stellen die sensiblen Nervenzellen dar, deren Perikaryen sich in den Spinalganglien oder sensiblen Kopfganglien befinden. Ihre dendritischen Endigungen befinden sich entweder frei oder verbunden mit bestimmten Verstärkerorganen in der Haut oder Schleimhaut, ihre axonalen Endigungen erreichen das Zentralnervensystem (☞ Kap. 7.8.2).
- Eine sekundäre Sinneszelle ist eine umgewandelte Epithelzelle, die den Sinnesreiz aufnimmt. Zur Weiterleitung der Erregung wird sie von dendritischen Endigungen einer Nervenzelle „umsponnen", die die Informationen dann wieder Richtung ZNS leiten. Sekundäre Sinneszellen, die auch Sinnesepithelzellen genannt werden, finden sich im Geschmacksorgan (Geschmackszellen der „Geschmacksknospen, ☞ Kap. 6.2.4) sowie als „Haarzellen" im Hör- und Gleichgewichtsorgan (☞ Kap. 8.7).

Die Mindestmenge an chemischer oder physikalischer „Reizenergie", die nötig ist, um einen Reiz an einem Sinnesrezeptor auszulösen, wird als „Reizschwelle" bezeichnet.

Der typische Reiz, auf den ein Sinnesrezeptor maximal reagiert, wird als **„adäquater"** Reiz bezeichnet – so reagiert das Hörorgan natürlich auf Schallwellen, das Geschmacksorgan auf Geschmacksstoffe.

Allerdings lassen sich auch **inadäquate** Reize beschreiben, z.B. das „Sterne sehen" nach einem Schlag auf den Kopf oder Geschmackswahrnehmungen durch mechanische Reizung des Geschmacksnerven, der durch das Mittelohr verläuft, u.a. Die folgenden Betrachtungen beziehen sich immer auf adäquate Reize.

Modalität, Qualität und Quantität

Die Erregung eines einzelnen Sinnesorgans (Auge, Ohr usw.) vermittelt seinem „Besitzer" charakteristische Sinneserlebnisse und Empfindungen, die man insgesamt als **Modalität** zusammenfasst. So kann man die Modalitäten „Sehen, Hören, Riechen, Fühlen usw." unterscheiden.

> **⋮ Modalität** (lat. modulus): Art und Weise, hier: Empfindung eines Sinnesorgans
> **Sub-** (lat.): Unter-
> **Qualität** (lat. qualitas): Beschaffenheit, Eigenschaft
> **Quantität** (lat. quantitas): Größe, Menge

Betrachtet man eine solche Modalität, z. B. die des Sehens, kann man darin auch noch verschiedene Submodalitäten unterscheiden, z. B. Helligkeit, Farben, Erkennen von Formen und Bewegungen usw. Diese Submodalitäten sind spezifisch für jedes Sinnesorgan und werden auch als „**Qualitäten**" oder genauer als Sinnes- oder Empfindungsqualitäten bezeichnet. Im Gegensatz dazu bezeichnet man die Stärke oder Intensität eines Reizes als **Quantität**. Zur vollständigen Beschreibung einer Sinnesempfindung ist dann noch ihr Auftreten in Raum und Zeit von Bedeutung.

Reizweiterleitung

Wird an einem Sinnesrezeptor die „Reizschwelle" überschritten, spricht man von überschwelligen Reizen. Die aufgenommenen Sinnesreize, die ursprünglich chemischer oder physikalischer Natur waren, werden dann in elektrische Reize der Rezeptorzelle umgewandelt – diese Umwandlung bezeichnet man als „**Transduktion**".

Im Gegensatz zur Reizschwelle gibt es dabei sog. Unterschiedsschwellen, die überschritten werden müssen, um unterschiedliche Reize auch als solche wahrzunehmen.

Werden bestimmte Wahrnehmungen dabei verstärkt, während Nachbarwahrnehmungen abgeschwächt werden, dient dies der Wahrnehmung besonderer Sinnesreize, die dann mit einem besseren „**Kontrast**" registriert werden.

Ähnlich den Vorgängen an einer Synapse (☞ Kap. 7.4) verringert sich durch überschwellige Reize das Membranpotenzial der Sinneszelle – dieser Vorgang wird als **Rezeptorpotenzial** bezeichnet.

Bei der Frage der Weiterleitung dieses Rezeptorpotenzials muss nun unterschieden werden, ob es

> **⋮ Transduktion** (lat. transductio): Übertragung, Umwandlung
> **Kontrast** contra (lat.): gegen, stare (lat.): stehen, im Sinne von starker Gegensatz
> **Potenzial** (auch Potential) (lat. potentia): Macht, Fähigkeit, hier: Unterschied elektrischer Ladungen oder Kräfte
> **Transformation** (lat. transformatio): Umwandlung, Überführung (die Unterscheidung der Begriffe Transduktion und Transformation wird nicht immer konsequent eingehalten)

sich um eine primäre oder eine sekundäre Sinneszelle handelt.

Da die primären Sinneszellen umgewandelte Nervenzellen sind, entspricht die Weiterleitung eines solchen überschwelligen Sinnesreizes den Vorgängen bei der Weiterleitung eines Aktionspotenzials in Richtung ZNS (☞ Kap. 7.5.4).

Bei einer sekundären Sinneszelle, die aus einer Epithel- und nicht aus einer Nervenzelle entstanden ist, führt das Rezeptorpotenzial zur Ausschüttung eines Botenstoffes an den Stellen, wo die sekundäre Sinneszelle von dendritischen Endigungen einer Nervenzelle umgeben ist. Die Wahrnehmung der Ausschüttung dieser Botenstoffe führt dann bei der mit der sekundären Sinneszelle verbundenen Nervenzelle zu einem Aktionspotenzial, das sich dann weiter in Richtung ZNS fortpflanzt. Diese Übertragung des physikalischen oder chemischen Reizes über die sekundäre Sinneszelle auf eine Nervenzelle wird als „**Transformation**" bezeichnet.

Frequenzkodierung

Jedem ist bewusst, dass es nach Überschreiten der Reizschwelle nicht eine „Alles-oder-Nichts"-Wahrnehmung des Reizes gibt (z. B. ich höre oder ich höre nicht), sondern dass die Fähigkeit besteht, unterschiedliche Intensitäten des Reizes wahrzunehmen (vom leisesten bis zum lautesten Ton oder Geräusch), also Quantitäten zu registrieren.

Die Erhöhung der Reizstärke führt zur Zunahme der dadurch letztlich ausgelösten Aktionspotenziale pro Zeiteinheit an den weiterleitenden Nervenzellen. Vereinfacht gesagt: je lauter man einen Ton wahrnimmt, desto mehr Aktionspotenziale pro Zeiteinheit werden an dem entsprechenden Abschnitt des Hörnerven ausgelöst, oder anders ausgedrückt: die Frequenz der Aktionspotenziale steigt.

: **Frequenz-** (lat. frequentia): Häufigkeit
-codierung (engl./franz. code): Verschlüsselung
(aus codex, lat.: Verzeichnis)
Hertz Eigenname (Physiker)
1 Hz = 1 Schwingung (oder hier: Aktionspotenzial)
pro Sekunde
Adaptation (lat. adaptio): Anpassung
Proportionalrezeptor proportio (lat.): Verhältnis,
Gleichmaß, -rezeptor (lat.): Empfänger, Differential:
(lat. differentia): Verschiedenheit

Die steigende Intensität des Reizes wird also von unseren Sinnesorganen in Form einer Frequenzerhöhung der Aktionspotenziale an den Sinnesnerven verschlüsselt oder „codiert", daher die Bezeichnung „Frequenzcodierung".

Als Folge der Refraktärzeit (☞ Kap. 7.5.5) liegt die maximale Frequenz bei Nervenzellen, die mit Sinneswahrnehmungen beschäftigt sind, meist bei 500–1000 Hertz (Hz).

Bei Dauerreizen kommt es zu einer Anpassung oder Gewöhnung, die man als **Adaptation** bezeichnet. Dabei sinkt die Frequenz der Aktionspotenziale trotz gleich bleibender Intensität des Reizes je nach Rezeptortyp unterschiedlich stark ab. Die meisten Rezeptoren haben eine sog. PD-Charakteristik (PD-Rezeptoren), bestehend aus einer Proportionalantwort (**Proportionalrezeptoren**) und einer Differentialantwort (**Differentialrezeptoren**). Die Proportionalantwort informiert über unterschiedliche Reizgrößen, die Differentialantwort über rasche Reizänderungen.

Weber-Gesetz, Weber-Fechner-Gesetz

Der minimale Unterschied, der zwischen einem schwächeren und einem stärkeren Reiz so gerade eben noch wahrgenommen werden kann (z. B. minimale Erhöhung der Lautstärke eines Tons) wird als Unterschiedsschwelle bezeichnet.

Vergleicht man dabei auf der einen Seite zwei sehr laute Töne miteinander, auf der anderen Seite zwei sehr leise Töne, dann stellt man fest, dass die beiden lauten Töne sich stärker in der Lautstärke voneinander unterscheiden müssen als die beiden leisen Töne, um als unterschiedlich wahrgenommen zu werden.

Diese Erfahrung findet sich bei allen Sinneswahrnehmungen; sie ist im sog. **Weber**-Gesetz formuliert, das vereinfacht besagt, dass die Unterschiedsschwelle mit steigender Reizstärke ebenfalls ansteigt.

: **Weber** Eigenname (deutscher Anatom und Physiologe)
Fechner Eigenname (deutscher Arzt und Physiker)

Durch die zusätzlichen Untersuchungen von Fechner wurde das Weber-Gesetz zum **Weber-Fechner-**Gesetz verallgemeinert. Dieses wird auch als psychophysisches Grundgesetz bezeichnet und besagt, dass die Empfindungsstärke nicht linear mit der Reizstärke zunimmt, sondern dem Logarithmus der Reizstärke proportional ist. Aufgrund dieses Gesetzes wurden z. B. logarithmische Skalen wie die Phon- oder Dezibel-Skala der Lautstärken entwickelt (☞ Kap. 8.5).

7.10.3 Sensible Bahnen

Als sensible Bahnen bezeichnet man die Projektionsbahnen, die Informationen über Berührung, Druck, Schmerz und Temperatur aus der Haut und den Schleimhäuten zum Gyrus postcentralis (☞ Kap. 7.9.3) des Scheitellappens leiten.

Oberflächen- und Tiefensensibilität

Die Wahrnehmung mechanischer Kräfte (z. B. Berührung oder Druck) auf Haut und Schleimhäute wird als **Mechanorezeption** bezeichnet, die Wahrnehmung von Schmerzen als **Nozizeption** sowie die Wahrnehmung von Wärme und Kälte als Thermorezeption. Die Summe aller Wahrnehmungen aus der Haut und den Schleimhäuten wird als **Oberflächensensibilität** charakterisiert.

: **Mechanorezeption** Mechano-: durch mechanische Reize erfolgend (letztlich aus, griech. mechanikos: den Gesetzen der Mechanik entsprechend) und -rezeption (lat. receptio): Aufnahme
Nozizeption (lat. nocere): schaden, und (re)zeption, s. o.
Thermorezeption Thermo- (griech. thermos): warm, heiß (bezieht sich aber auch auf die Wahrnehmung von Kälte)
Sensibilität (lat. sensibilitas): Empfindsamkeit
Propriozeption Eigenwahrnehmung, proprius (lat.), (re)zeption, s. o.

Der bei der Nozizeption wahrgenommene Schmerz kann auch durch übermäßigen Druck, große Hitze und Kälte erfolgen, so dass es zu Übergängen zwischen den Einzelwahrnehmungen kommen kann.

Mechanische und Schmerzreize können zusätzlich auch im Bereich von Muskeln, Sehnen, Knochenhaut und Gelenkkapseln wahrgenommen werden (☞ z. B. die Muskel- und Sehnenspindeln des Eigenreflexes, Kap. 7.8.3). Diese Wahrnehmungen werden als **Tiefensensibilität (Propriozeption)** bezeichnet.

Auf die sog. Eingeweidesensibilität, die außer bei Hunger und Völlegefühl sowie Schmerzen meist unter der Bewusstseinsschwelle liegt, soll hier nicht weiter eingegangen werden.

Epikritische und protopathische Sensibilität

Die oben genannten Wahrnehmungen der Sensibilität werden über zwei teilweise voneinander getrennte Bahnen zum Gehirn geleitet. Dieser Trennung entspricht die funktionelle Bedeutung dieser Wahrnehmungen, die man in der Physiologie als **epikritische** und **protopathische** Sensibilität unterscheidet.

> **epikritisch** (griech. epikrisis): Beurteilung
> **protopathisch** proto- (griech.): vor allen Dingen, pathos (griech.): Leiden, Schmerz
> **gnostisch** (griech. gnosis): Erkennen

Die epikritische Sensibilität wird auch als Feinwahrnehmung oder **gnostische** Sensibilität bezeichnet. Hierüber werden leichte mechanische und Temperaturreize wahrgenommen, die dem Erkennen und Unterscheiden von Formen dienen; sie umfasst den Tastsinn, aber auch den Bewegungs- und Lagesinn, der über die Tiefensensibilität vermittelt wird.

Die protopathische Sensibilität dient der Erkennung drohender Gefahren; hierüber werden Schmerzen sowie extreme Temperatur und Druckreize registriert.

Projektionsbahnen der Sensibilität

Wie schon früher dargestellt, sind „Bahnen" Bündel parallel verlaufender Nervenfasern des Zentralnervensystems (entsprechend den „Nerven" des Peripheren Nervensystems).

Um die Projektions"bahnen" der Sensibilität vollständig darzustellen, muss natürlich auch die Strecke der Weiterleitung sensibler Informationen mit einbezogen werden, die sich im Peripheren Nervensystem findet, also die Leitung über Spinalnerven bzw. Hirnnerven. Insofern wird der Begriff „Sensible Bahnen" bei den nachfolgenden Beschreibungen etwas unpräzise benutzt.

Wie allgemein üblich und dem besseren Verständnis dienend, werden die einzelnen „Stationen" der Projektionsbahnen mit den Begriffen „1. Neuron", „2. Neuron" usw. charakterisiert. Bei der Beschreibung der Lokalisation dieser Neurone bezieht man sich ähnlich unpräzise auf die Lage der Zellleiber (Perikaryen) dieser Neurone. Natürlich gehören aber auch die Nervenfasern (Axone), die die „Bahnen" bilden, zur vollständigen Beschreibung einer Nervenzelle hinzu.

Im Folgenden sollen die sensiblen Bahnen beschrieben und insofern unterschieden werden, dass zunächst die Weiterleitung der Reize der protopathischen Sensibilität bis zum Thalamus (**Tractus spinothalamicus**), dann die Weiterleitung der Reize der epikritischen Sensibilität bis zum Thalamus (**Tractus spinobulbaris, Lemniscus medialis**) und abschließend die gemeinsame Weiterleitung aller sensiblen Reize vom Thalamus zum Gyrus postcentralis (Thalamusstrahlung) beschrieben werden.

Zum Schluss wird noch einmal separat auf die Weiterleitung sensibler Reize eingegangen, die über Hirnnerven erfolgt.

Tractus spinothalamicus

Der **Tractus** spinothalamicus ist eine sensible Bahn, die das Rückenmark (spino-) mit dem Thalamus (☞ Kap. 7.9.6; Zwischenhirn) verbindet. Über ihn wird die Wahrnehmung protopathischer Reize (grober Druck, Schmerz, extreme Temperatur) aus der Haut des Rumpfes und der Extremitäten geleitet.

Die Reize werden über dendritische Nervenendigungen in der Haut wahrgenommen; diese gehören zu den Nervenzellen, die sich in den Spinalganglien befinden (☞ Kap. 7.8.2: pseudounipolare Nervenzellen). Diese Nervenzellen werden als „1. Neuron" der Bahn der protopathischen Sensibilität bezeichnet (P1 in Abb. 7.30). Über die axonalen Nervenfasern erreicht der Reiz das sensible Hinterhorn des Rückenmarks. Dort erfolgt die synaptische Umschaltung auf das 2. Neuron dieser Bahn (P2).

Die Axone des 2. Neurons kreuzen bereits auf Rückenmarksebene zur Gegenseite und ziehen bis zum Thalamus hoch, wo die Umschaltung auf das 3. Neuron erfolgt (P3). Nur die gebündelten Axone des 2. Neurons dieser Bahn werden in ihrem Verlauf bis zum Thalamus als Tractus spinothalamicus bezeichnet. Innerhalb des Rückenmarks verläuft diese Bahn bereits auf der Gegenseite des Reizursprungs (**kontralateral**).

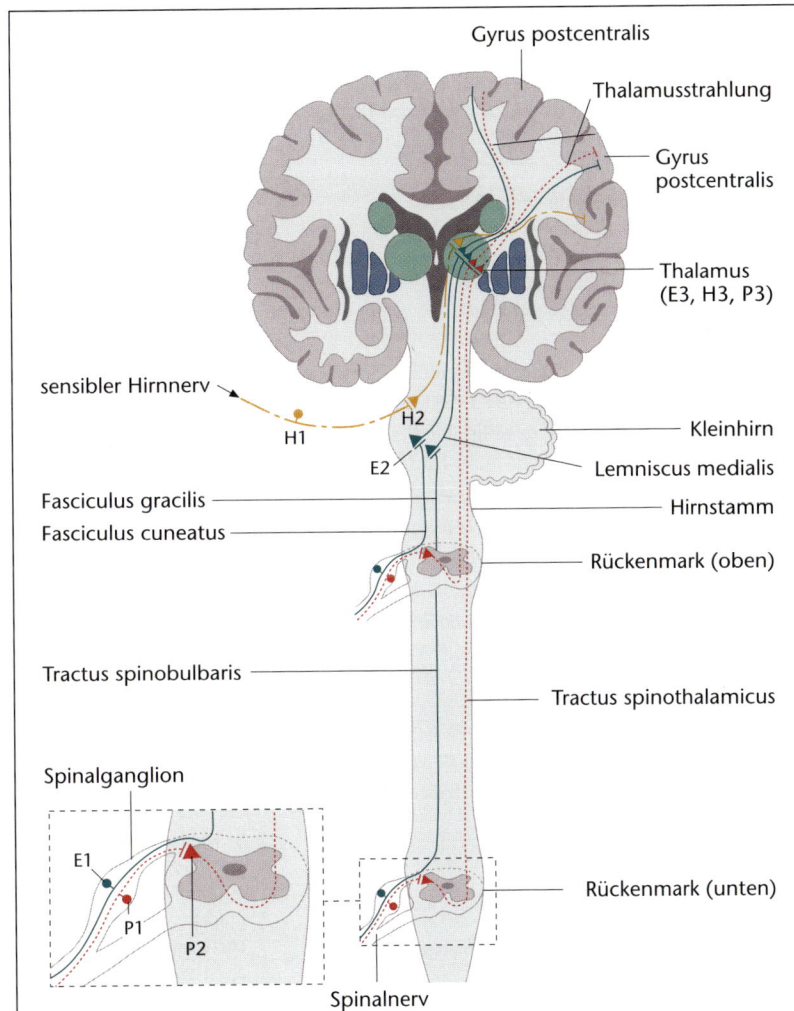

Gyrus postcentralis

Thalamusstrahlung

Gyrus postcentralis

Thalamus (E3, H3, P3)

sensibler Hirnnerv

H1

H2

E2

Kleinhirn

Lemniscus medialis

Fasciculus gracilis

Fasciculus cuneatus

Hirnstamm

Rückenmark (oben)

Tractus spinobulbaris

Tractus spinothalamicus

Spinalganglion

E1

P1

P2

Rückenmark (unten)

Spinalnerv

Abb. 7.30 Schematische Darstellung der epikritischen (blau) und protopathischen (rot) sensiblen Bahnen; E1, E2, E3: 1.–3. Neuron der epikritischen Sensibilität, P1, P2, P3: 1.–3. Neuron der protopathischen Sensibilität, H1–H3 stellen die Neurone der epikritischen und protopathischen Fasern der sensiblen Hirnnerven (z. B. N. trigeminus) dar (gelb)

> **Tractus** (lat.): Bahn
> **kontralateral** contra (lat.): entgegengesetzt, lateral (lat.): seitlich
> **ipsilateral** (aus lat. ipse): selbst
> **Bulbus** (lat.): Zwiebel, hier zwiebelartige Verdickung des Rückenmarks zum Hirnstamm

Tractus spinobulbaris, Lemniscus medialis

Auch die hier zu beschreibenden Reize der epikritischen Sensibilität (Tastsinn, leichte Temperaturveränderungen) entstammen aus der Haut des Rumpfes und der Extremitäten. Hinzu kommen die Reize der Tiefensensibilität.

Wie bei der protopathischen Sensibilität befindet sich das 1. Neuron im Spinalganglion (E1 in Abb. 7.30). Der Reiz erreicht analog das sensible Hinterhorn des Rückenmarks, wo jedoch keine Umschaltung erfolgt. Die axonalen Nervenfasern des 1. Neurons kreuzen nicht zur Gegenseite, sondern verlaufen noch auf der selben Seite der Reizentstehung (**ipsilateral**) im Rückenmark aufwärts (Tractus spinobulbaris). Das 2. Neuron (E2) wird erst im Hirnstamm erreicht, dessen ansonsten nicht mehr gebräuchliche Bezeichnung „Bulbus" sich im Namen dieser Bahn wiederfindet.

Der Tractus spinobulbaris gliedert sich in zwei Unterbahnen, den **Fasciculus gracilis**, der die Empfindungen der Oberflächen- und Tiefensensibilität der unteren Extremitäten und unteren Rumpfhälfte weiterleitet, und den **Fasciculus cuneatus,** der dies für die oberen Extremitäten und die obere Rumpfhälfte vollzieht.

> : **Fasciculus** (lat.): Bündelchen, Teilbahn
> **gracilis** (lat.): fein, cuneatus (lat.): keilförmig
> **Nucleus** (lat.): Kern
> **Lemniscus** (lat.): Schleife, Schleifenbahn
> **medialis** (lat.): nach innen gerichtet

Im verlängerten Mark erreichen beide Teilbahnen das 2. Neuron, das sich entsprechend in zwei getrennten Kernen (**Nucleus gracilis, Nucleus cuneatus:** E2 in Abb. 7.30) befindet. Hier erfolgt die Umschaltung, die bei der protopathischen Bahn bereits im Hinterhorn des Rückenmarks stattgefunden hat. In einer sog. medialen Schleifenbahn (**Lemniscus medialis**) kreuzen nun die Axone des 2. Neurons gebündelt zur Gegenseite und erreichen im Thalamus das 3. Neuron (E3).

Thalamusstrahlung

Für alle sensiblen Bahnen findet im Thalamus die Umschaltung auf das 3. Neuron statt. Von hier ziehen die Axone zunächst durch den hinteren Schenkel der inneren Kapsel und dann strahlenförmig auseinander, um ihre jeweilige Region im Gyrus postcentralis zu erreichen. Die Bahnverbindung zwischen Thalamus und Gyrus postcentralis wird deshalb als Thalamusstrahlung (**Radiatio thalamica**) bezeichnet (Abb. 7.30)

> : **Radiatio** (lat.): das Strahlen, hier: strahlenförmig auseinander laufende Bahn
> **thalamica** Feminin-Form von thalamicus (lat.): zum Thalamus gehörig

Sensible Hirnnerven

Sensible Empfindungen im Bereich der Haut und Schleimhäute des Halses und Kopfes werden überwiegend nicht über Spinalnerven (und damit über den Tractus spinothalamicus bzw. Tractus spinobulbaris), sondern über sensible Hirnnerven vermittelt (☞ Kap. 7.11).
Die Entstehung der sensiblen Reize aus der Oberflächen- und Tiefensensibilität erfolgt bei den Hirnnerven analog wie bei den Spinalnerven. Das 1. Neuron findet sich in entsprechenden sensiblen

Kopfganglien (H1 in Abb. 7.30, z.B. das sog. Trigeminusganglion für den N. trigeminus, ☞ Kap. 7.11.2), die Umschaltung auf das 2. Neuron in unterschiedlichen sensiblen Hirnnervenkernen im Hirnstamm (H2).
Dann erfolgt eine Kreuzung zur Gegenseite. Die Umschaltung auf das 3. Neuron im Thalamus und der weitere Verlauf der Fasern in der Thalamusstrahlung entsprechen den Verhältnissen, wie sie oben beschrieben wurden.

7.10.4 Motorische Bahnen

Die motorischen Bahnen sind – abgesehen vom vegetativen Nervensystem – die einzigen efferenten Projektionsbahnen; hier werden die Impulse von der Großhirnrinde bis in die Peripherie zu den Skelettmuskeln geleitet. Die Impulse für motorische Aktionen entstehen willkürlich oder unwillkürlich mit Hilfe zahlreicher Strukturen des ZNS; dennoch ist der Gyrus praecentralis des Stirnlappens (☞ Kap. 7.9.3) der einzige Ort, von dem diese Impulse über das Rückenmark (**Tractus corticospinalis**) und die Spinalnerven bzw. über den Hirnstamm (**Tractus corticonuclearis**) und die Hirnnerven an die Skelettmuskulatur des Körpers geleitet werden.

> : **Tractus** (lat.): Bahn
> **corticospinalis** cortico- (von cortex, lat.: Rinde), -spinalis (spina, lat.: Dorn, Rückgrat, hier: Rückenmark)
> **corticonuclearis** -nuclearis (nucleus, lat.: Kern) bezieht sich auf die motorischen Hirnnervenkerne im Hirnstamm)

In der Regel wird für diese motorischen Bahnen zusammenfassend der Begriff „Pyramidenbahn" verwendet. Allerdings verläuft nur ein Teil dieser Bahnen, nämlich der Tractus corticospinalis, durch die Pyramide (Pyramis) genannte Struktur des verlängerten Marks, wo auch der größte Teil dieser Fasern in der sog. Pyramidenkreuzung zur Gegenseite kreuzt (Abb. 7.31). Der Tractus corticonuclearis, der die motorischen Hirnnervenkerne im Hirnstamm erreicht, verläuft nicht durch die Pyramide.

Tractus corticospinalis

Der Tractus corticospinalis ist die motorische Bahn, die im Gyrus praecentralis beginnt (1. motorisches Neuron), durch den hinteren Schenkel der inneren Kapsel und dann durch die Großhirnschenkel des

Mittelhirns (☞ Kap. 7.9.7) bis zur Pyramide des verlängerten Marks zieht. Diese Pyramide hat ihren Namen durch eine oberflächliche, pyramidenartige Vorwölbung an der Vorderseite des verlängerten Marks.

In der Pyramide kreuzen ca. 80% der motorischen Fasern zur Gegenseite und erreichen das motorische Vorderhorn der unterschiedlichen Rückenmarkssegmente. Ca. 20% der Fasern verlaufen zunächst ungekreuzt; sie kreuzen dann auf Segmentebene un-

mittelbar bevor auch sie das motorische Vorderhorn erreichen (Abb. 7.31).

Im motorischen Vorderhorn erfolgt die Umschaltung der Fasern des 1. motorischen Neurons auf das 2. motorische Neuron, das auch als motorische Vorderhornzelle bezeichnet wird. Die Axone des 2. motorischen Neurons verlaufen durch die vordere Wurzel zu den Spinalnerven und mit diesen zu den Skelettmuskeln, wo sie motorische Endplatten bilden.

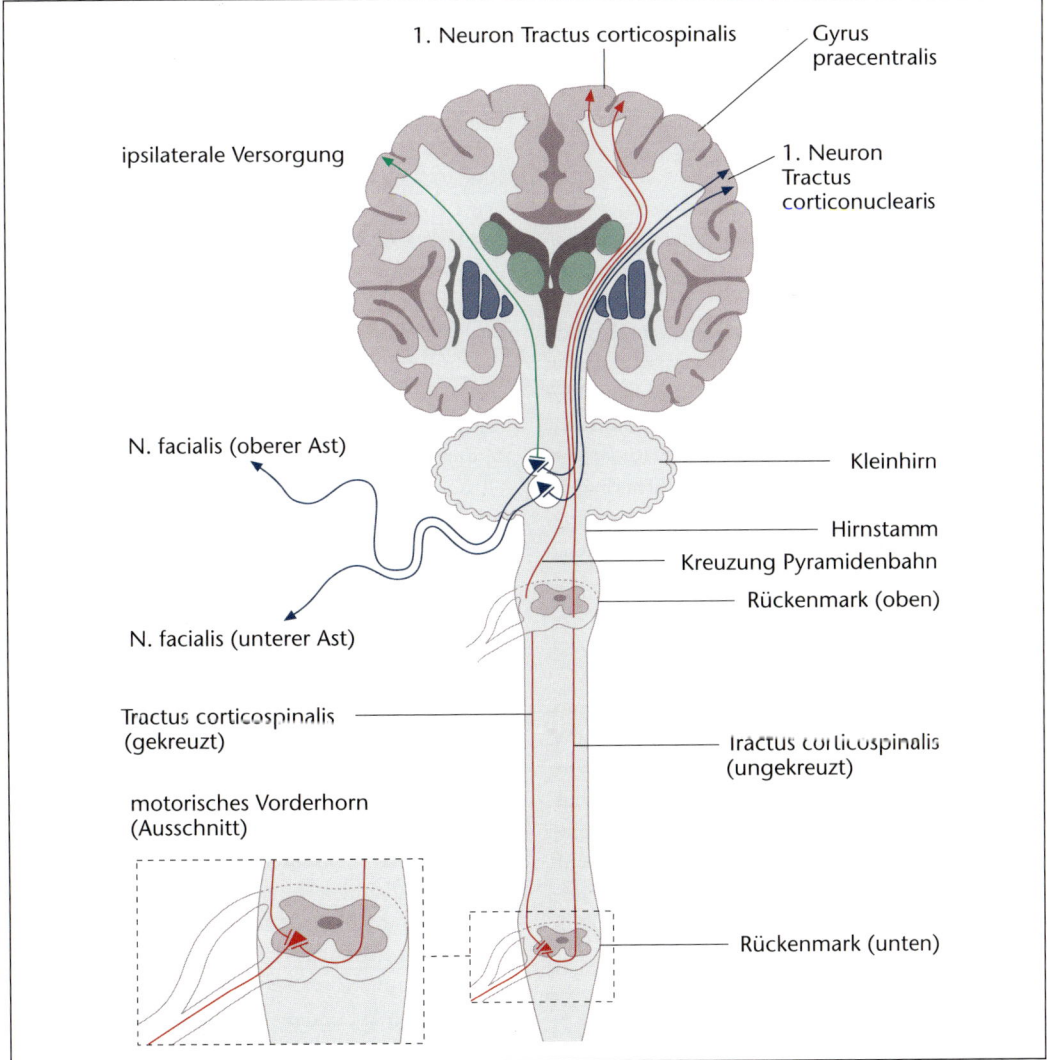

Abb. 7.31 Schematische Darstellung der motorischen Bahnen; rot: Tractus corticospinalis, violett: Tractus corticonuclearis, grün: zusätzliche ipsilaterale Versorgung des motorischen Kerns des oberen Fazialisastes. Zur besseren Übersichtlichkeit sind nur die Bahnen einer Körperhälfte dargestellt

Tractus corticonuclearis

Die Skelettmuskulatur des Kopfes und des überwiegenden Teils des Halses wird nicht über Spinalnerven, sondern über motorische Hirnnerven versorgt (☞ Kap. 7.11). Hierfür ist der Tractus corticonuclearis (Abb. 7.31) zuständig, den man im weitesten Sinne auch als Teil der Pyramidenbahn ansehen kann.

Auch hier liegt das 1. Neuron im Gyrus praecentralis und zwar in den Bereichen (Abb. 7.15, motorischer Homunculus), die für die genannte Muskulatur verantwortlich sind. Die Fasern des 1. Neurons ziehen durch das Knie der inneren Kapsel und kreuzen an unterschiedlichen Stellen im Hirnstamm zur Gegenseite. Dort erreichen sie eine komplexe Ansammlung verschiedener motorischer Kerne der motorischen Hirnnerven, wo die Umschaltung auf das 2. Neuron erfolgt (Abb. 7.31).

Die Axone der jeweiligen 2. Neurone verlassen mit den motorischen Hirnnerven an unterschiedlichen Stellen den Hirnstamm und erreichen ihre Zielmuskulatur.

Beim 7. Hirnnerven, dem Gesichtsnerven (N. facialis, ☞ Kap. 7.11.3), findet man eine Aufspaltung in einen oberen Ast, der die mimische Muskulatur der Stirn und der Augenlider versorgt, und einen unteren Ast, der die sprachtherapeutisch wichtigen mimischen Muskeln u. a. der Wangen und Mundregion versorgt (☞ Kap. 6.2.2). Hier findet sich der ungewöhnliche Fall, dass der motorische Kern des oberen Fazialisastes nicht nur von den Axonen des kontralateralen Abschnitts des Gyrus praecentralis, sondern zusätzlich auch von Axonen des ipsilateralen Gyrus praecentralis versorgt wird (Abb. 7.31).

Bei einer Schädigung der kontralateralen Fasern z. B. durch eine Blutung im Bereich der inneren Kapsel fallen die vom unteren Fazialisast versorgten Muskeln aus (sprachtherapeutisch wichtige Lähmungen), während die Muskeln des Stirnrunzelns und des Lidschlusses durch eine noch intakte ipsilaterale Versorgung nicht vollständig, aber ausreichend funktionsfähig bleiben (zentrale faziale Parese, ☞ Kap. 7.11.3).

Extra-pyramidal motorisches System (EPMS)

Eine angepasste und sinnvolle motorische Aktion umfasst nicht nur die reine Ausführung durch die Pyramidenbahn, sondern auch eine entsprechende Planung, Vorbereitung und Kontrolle. Diese finden in zahlreichen Abschnitten des Zentralnervensystems statt, die man in der Gesamtheit als Extra-pyramidal motorisches System (EPMS) bezeichnet, da es sich außerhalb des pyramidalen Systems, also der Pyramidenbahn, befindet (Abb. 7.32).

Zum Kontrollsystem gehören außer dem Kleinhirn (☞ Kap. 7.9.9) noch die Basalganglien (☞ Kap. 7.9.5), der Thalamus (☞ Kap. 7.9.6), Kerngebiete des Mittelhirns wie die schwarze Substanz und der rote Kern (☞ Kap. 7.9.7), Kerngebiete des Rautenhirns wie die Formatio reticularis (☞ Kap. 7.9.8) u. a. (Abb. 7.32). Ebenso liefern sensible und sensorische Informationen Rückmeldungen über den Ablauf motorischer Aktionen („Sensomotorik", ☞ Kap. 7.1).

Planung und Vorbereitung motorischer Aktionen finden in einer Reihe von motorischen Assoziationszentren (☞ Kap. 7.9.3) und anderen für die Motorik tätigen Rindenarealen im Stirn- und Scheitellappen statt.

Das EPMS ist hauptverantwortlich für die Kontrolle der Stütz- und Haltemotorik, für Begleitbewegungen und für eine Koordination der Einzelbewegungen im Sinne eines zielgerichteten und flüssigen Bewegungsablaufs. Dabei fließen vor allem auch die Informationen aus dem Gleichgewichtsorgan (☞ Kap. 8.7.2), die u. a. Informationen über die Schwerkraft liefern, in die „Berechnungen" der die Motorik steuernden Elemente ein.

Flüssige und trainierte Bewegungsmuster, wie sie z. B. beim Sprechen eingesetzt werden, erfolgen weitgehend unwillkürlich und greifen auf einzelne, im EPMS abgespeicherte Bewegungselemente zurück. Das Kleinhirn ist dabei vor allem für die zeitliche Koordination der Bewegungen zuständig, während über die Basalganglien Aktivierungen oder Hemmungen bestimmter Bewegungsmuster vermittelt werden.

7.10.5 Limbisches System

Auch das sog. „Limbische System" gehört zu den Projektionsbahnen. Die Bezeichnung leitet sich vom Begriff „Limbus" (lat.: Saum, Rand) ab und bezieht sich auf Hirnstrukturen im Grenzbereich zwischen Großhirn und Zwischenhirn, die saumartig den dritten Ventrikel und den Balken (Corpus callosum, ☞ Kap. 7.10.1, Abb. 7.33) umgeben.

Die zum limbischen System zugehörigen Kerngebiete sind nicht nur komplex, teilweise ringartig, miteinander (Abb. 7.33) verbunden, sondern auch

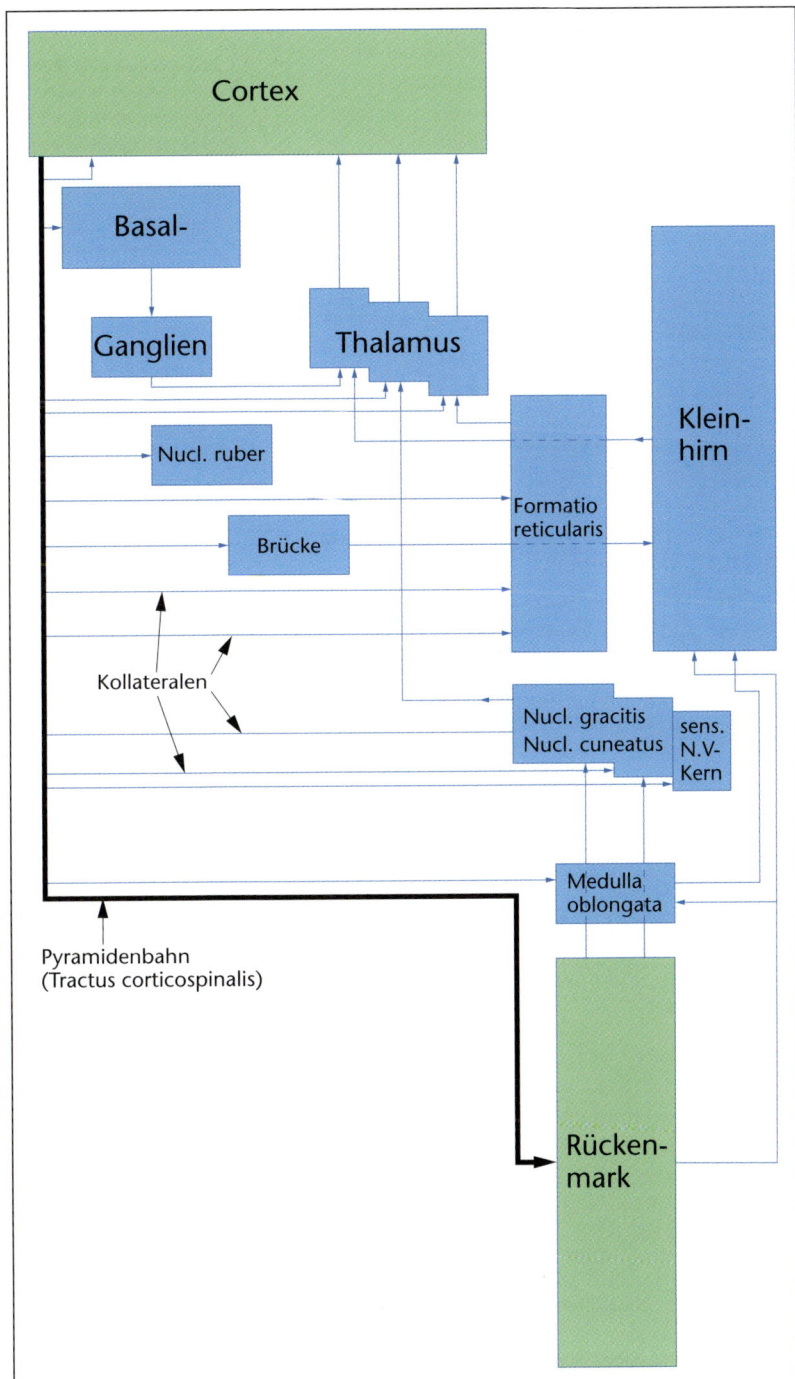

Abb. 7.32 Schema des EPMS. Der Tractus corticospinalis der Pyramidenbahn (schwarz) verbindet Gyrus praecentralis (Cortex) mit motorischem Vorderhorn (Rückenmark); die dargestellten Kerngebiete des EPMS werden über Kollateralen (blaue Pfeile) der Axone der Pyramidenbahn erreicht; darüber hinaus gibt es zahlreiche weitere Verschaltungen und rückläufige Signale innerhalb der Strukturen des EPMS

mit der Großhirnrinde, dem Thalamus und dem Hypothalamus, sogar mit tiefer gelegenen Gebieten des Hirnstamms und des Rückenmarks.

Nach heutiger Darstellung gehören u.a. folgende Hirnabschnitte zum limbischen System (Abb. 7.33):
- Anteile des Thalamus, Epithalamus und Hypothalamus (☞ Kap. 7.9.6)
- Mandelkern (gehört zu den Basalganglien, ☞ Kap. 7.9.5)
- Hippocampus und Umgebung (s.u.)
- Gyrus cinguli und Umgebung (s.u.)
- Teile der Riechbahn und des Riechhirns
- Formatio reticularis (☞ Kap. 7.9.7).

Der **Hippocampus** ist ein charakteristisch gebogenes Kerngebiet in der Tiefe des Schläfenlappens. Der **Gyrus cinguli** ist eine Hirnwindung, die an der Medianfläche des Großhirns parallel zum Balken verläuft (Abb. 7.33).

Die Funktionen des limbischen Systems sind sehr komplex und auch heute noch nicht annähernd vollständig verstanden. Zusammengefasst und stark vereinfacht lässt sich die Bedeutung dieses Hirnabschnitts mit seinen Bahnverbindungen folgendermaßen darstellen:

> **Hippocampus** (griech. hippokampos): Seepferdchen (wegen des Aussehens); die Hauptteile des Hippocampus werden im Deutschen auch als Ammonshorn bezeichnet (nach einem griech. Gott mit widderartigen Hörnern)
> **Gyrus** (lat.; griech: gyros): Kreis, Windung (Plural: Gyri)
> **cinguli** Genitiv von cingulum (lat.): Gürtel

- „Eingeweidegehirn" oder oberste Zentrale des vegetativen Nervensystems (☞ Kap. 7.12), indem vom limbischen System über den Hypothalamus zahlreiche Organfunktionen beeinflusst und gesteuert werden.
- Ursprung von Emotionen (Wut, Angst, Aggression u.a.) und sexuellen Verhaltensweisen unter Beteiligung verschiedener Abschnitte der Großhirnrinde und des Thalamus. Hierbei werden u.a. Empfindungen vor allem des Riechorgans, aber auch aller anderen Sinnesorgane „verarbeitet". Eine besondere Rolle spielt hier der Mandelkern im Sinne eines Steuerungszentrums des emotionalen und sexuellen Verhaltens.
- Speziell der Hippocampus hat eine überragende Bedeutung im Zusammenhang mit der Übertra-

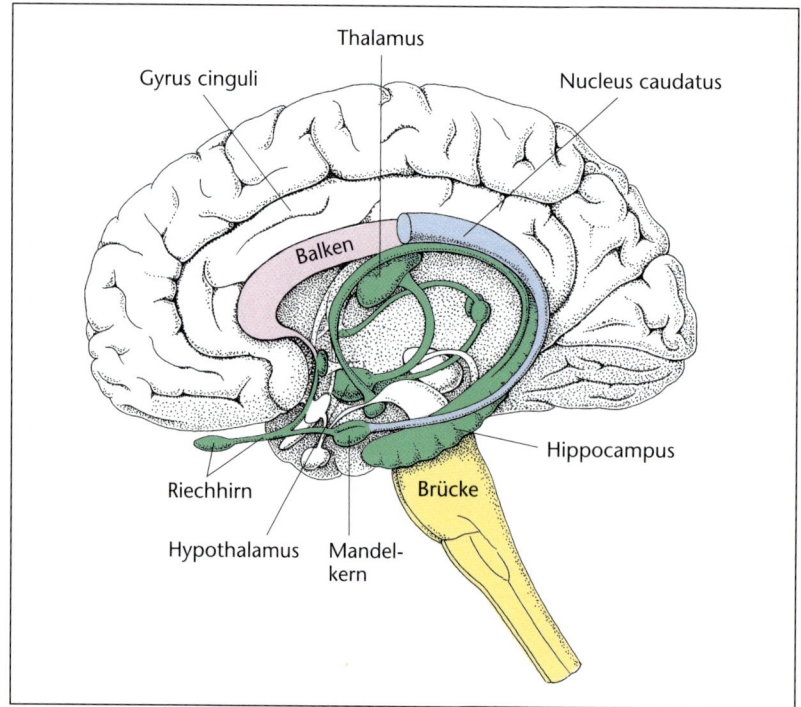

Abb. 7.33 Schematische Darstellung wichtiger Strukturen des limbischen Systems (grün) am Medianschnitt des Gehirns

gung von Informationen aus dem Kurzzeitgedächtnis in das Langzeitgedächtnis, also den Lernvorgängen (bei Alzheimer-Patienten ist diese Region des Gehirns besonders schwer betroffen).

7.11 Hirnnerven

7.11.1 Übersicht

31 Paare von Rückenmarksnerven (Spinalnerven) treten aus den entsprechenden Segmenten des Rückenmarks über die vordere und hintere Wurzel aus; in ihnen verlaufen überwiegend motorische Fasern für die Skelettmuskulatur des Rumpfes, unteren Halses und der Extremitäten sowie sensible Nervenfasern für die entsprechenden Hautareale (☞ Kap. 7.8.3).

Zusätzlich finden sich im Bereich des Hirnstamms noch weitere 12 Paare peripherer Nerven, die als Hirnnerven bezeichnet werden. Im Gegensatz zu den Spinalnerven unterscheiden sie sich teilweise

sehr deutlich voneinander und führen funktionell sehr unterschiedliche Arten von Nervenfasern.

Jeder der 12 Hirnnerven besitzt eine eigene Bezeichnung (s. u.); in der Kurzform findet sich für einen Hirnnerven meist die Abkürzung N. (für Nervus) und eine zugehörige Zahl in römischen Ziffern (z. B. N. VII: 7. Hirnnerv – N. facialis, Gesichtsnerv). Die Nummerierung der 12 Hirnnerven entspricht der Reihenfolge ihres Abgang aus dem Hirnstamm (Abb. 7.34).

Im Folgenden sollen die Hirnnerven I, II, III, IV, VI, VIII und XI nur kurz vorgestellt werden, da sie entweder keine weitere sprachtherapeutische Bedeutung haben bzw. (N. VIII) im Kapitel 8 noch ausführlich behandelt werden.

N. I – Nn. olfactorii

Der erste Hirnnerv (N. I, **Nn. olfactorii**) ist im eigentlichen Sinne der Definition kein Nerv, sondern stellt einen Abschnitt der zentralnervösen Riech-

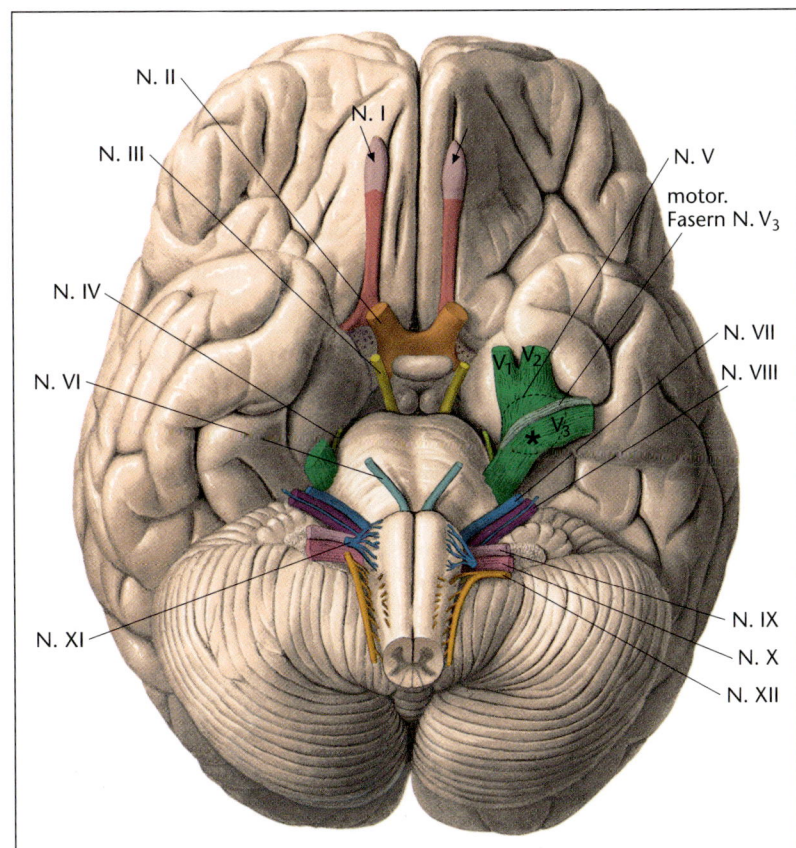

Abb. 7.34 Übersicht über den Abgang der Hirnnerven aus dem Hirnstamm; auf der rechten Bildhälfte sind die sprachtherapeutisch wichtigen Hirnnerven dargestellt; * Ganglion trigeminale (fehlt in der linken Bildhälfte)

bahn dar, die an den Riechzellen der Riechschleimhaut beginnt. Die Axone der Riechzellen bilden mehrere Bündel, die als Nn. olfactorii bezeichnet werden und das 2. Neuron der Riechbahn im sog. **Bulbus olfactorius** unterhalb des Gehirns erreichen (rosa gefärbte Verdickung in Abb. 7.34). Dort erfolgt die Umschaltung auf das 2. Neuron der Riechbahn, dessen Axone den **Tractus olfactorius** (kräftig rot gefärbter Strang in Abb. 7.34) bilden, der zu weiteren Abschnitten des Riechhirns gelangt.

> **Nn. olfactorii** Plural von olfactorius (lat.): zum Riechorgan gehörend
> **Bulbus** (lat.): Zwiebel, Verdickung
> **Tractus** (lat.): Bahn
> **opticus** (lat.): zum Sehorgan gehörig

N. II – N. opticus

Auch der 2. Hirnnerv, der Sehnerv (**N. opticus**) ist im klassischen Sinn nicht als Nerv zu bezeichnen, sondern ist ein Teil der Sehbahn (Abb. 7.34), die bereits in der Netzhaut des Auges beginnt.

N. III, N. IV, N. VI – Augenmuskelnerven

Die Augäpfel besitzen ein komplexes System kleiner Muskeln, die sie in allen Raumrichtungen bewegen können. Drei der zwölf Hirnnerven beschäftigen sich ausschließlich mit der Versorgung dieser Augenmuskeln.
N. III: **N. oculomotorius** (versorgt zusätzlich auch noch zwei glatte Muskeln im Inneren des Augapfels)
N. IV: **N. trochlearis**
N. VI: **N. abducens.**

> **N. oculomotorius** Augenbewegungsnerv, von oculo- (lat.): zum Auge zugehörig und -motorius (lat.): bewegend
> **N. trochlearis** Augenrollnerv; der zugehörige Muskel schlingt sich um eine knöcherne „Gelenk- oder Umlenk-Rolle" (lat.: trochlea)
> **N. abducens** Augenabziehnerv, abducens (lat.): abziehend, wegen der Bewegungsrichtung des zugehörigen Augenmuskels
> **N. accessorius** (lat. accessorius): zusätzlich

N. VIII – N. vestibulocochlearis

Der Hör-Gleichgewichts-Nerv leitet die Informationen aus dem Hör- und Gleichgewichtsorgan zum Zentralnervensystem; er wird in Kap. 8.7.3 und 8.7.5 ausführlich besprochen.

N. XI – N. accessorius

Dieser im Deutschen als zusätzlicher Nerv oder „Bei-Nerv" bezeichnete Hirnnerv enthält ausschließlich motorische Fasern; er versorgt den M. sternocleidomastoideus („Kopfwender", auch als Hilfsmuskel der Einatmung von Bedeutung, ☞ Kap. 4.4.2) sowie den M. trapezius (Trapezmuskel), den großen oberflächlichen Muskel des Schultergelenks.
Die bisher noch nicht aufgeführten Hirnnerven V, VII, IX, X und XII haben erhebliche sprachtherapeutische Bedeutung und sollen deshalb in den nachfolgenden Kapiteln ausführlicher besprochen werden.

7.11.2 N. trigeminus

Der fünfte Hirnnerv (N. V, **N. trigeminus**, Drillingsnerv) tritt im seitlichen Bereich der Brücke aus (Abb. 7.34). Er teilt sich dann in drei Einzeläste auf, die als
• N. V₁: **N. ophthalmicus** (Augennerv)
• N. V₂: **N. maxillaris** (Oberkiefernerv)
• N. V₃: **N. mandibularis** (Unterkiefernerv)

bezeichnet werden. Alle drei Äste führen sensible, der dritte Ast zusätzlich auch motorische Fasern.

> **trigeminus** (lat.): dreifach, Drillings-
> **ophthalmicus** (lat.): zum Auge gehörig, (griech. ophthalmos): Auge
> **maxillaris** (lat.): zum Oberkiefer gehörig, (lat. maxilla): Oberkiefer
> **mandibularis** (lat.): zum Unterkiefer gehörig, (lat. mandibula): Unterkiefer

N. ophthalmicus

Der erste Ast des N. trigeminus ist rein sensibel; er versorgt hauptsächlich die Haut im Bereich des oberen Gesichtsdrittels (Stirn, Teile der äußeren Nase, Oberlid und Umgebung, Abb. 7.35), die Schleimhaut von Teilen der Nasenhöhle sowie Hornhaut und Bindehaut des Auges.

N. maxillaris

Auch der zweite Trigeminusast führt ausschließlich sensible Nervenfasern. Er versorgt die Haut des mittleren Gesichtsdrittels (unteres Augenlid, Oberlippe, Haut über dem Oberkiefer, Abb. 7.35), die Schleimhaut der restlichen Nasenhöhle und des Gaumens sowie die Zähne und das Zahnfleisch des Oberkiefers.

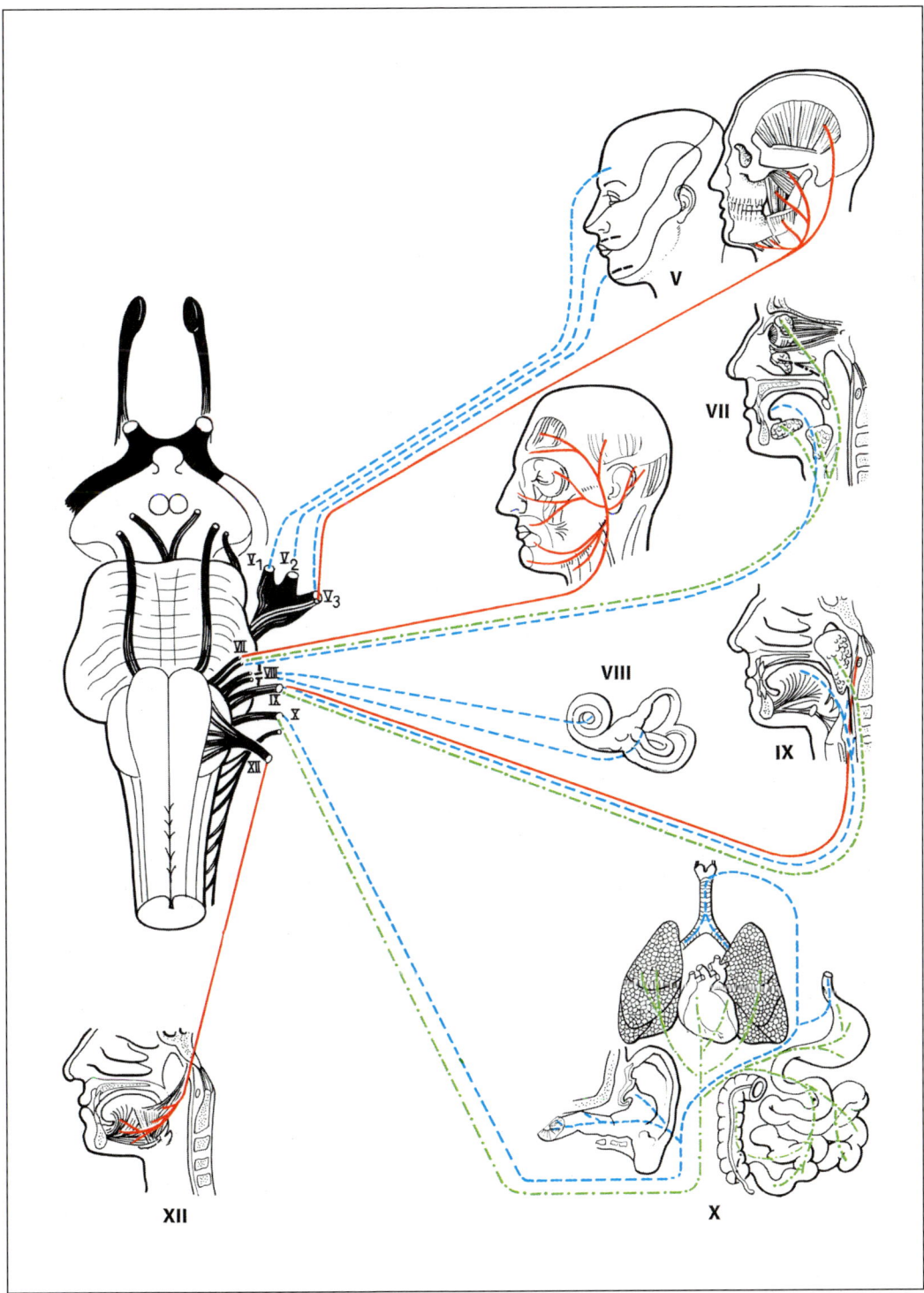

Abb. 7.35 Schematische Übersicht über die Versorgungsgebiete der motorischen (rot) und sensiblen Fasern (blau) der sprachtherapeutisch relevanten Hirnnerven; vegetative Nervenfasern sind grün dargestellt

N. mandibularis

Der dritte Trigeminusast hat als einziger nicht nur sensible, sondern auch motorische Nervenfasern.

Mit den sensiblen Fasern versorgt der N. mandibularis die Haut im Bereich des unteren Gesichtsdrittels (Kinn, Unterlippe, Haut über dem Unterkiefer bis zum Ohr) sowie die Zähne und das Zahnfleisch des Unterkiefers (Abb. 7.35).

Schon beim Austritt aus der Schädelbasis (Abb. 7.34, 7.35) sind die motorischen Fasern des N. mandibularis deutlich getrennt von den sensiblen sichtbar. Sie versorgen die genannten Muskeln aus den folgenden Muskelgruppen:

- Kaumuskeln: M. temporalis, M. masseter, M. pterygoideus medialis, M. pterygoideus lateralis (☞ Kap. 6.2.1)
- obere Zungenbeinmuskeln: M. mylohyoideus, vorderer Bauch des M. digastricus (☞ Kap. 5.2.1)
- Gaumensegel: M. tensor veli palatini (☞ Kap. 6.2.5)
- Muskeln der Paukenhöhle: M. tensor tympani (☞ Kap. 8.6.4)

Der Ast des N. mandibularis, der hauptsächlich die Kaumuskeln innerviert, wird auch als Kaunerv (N. masticatorius) bezeichnet.

> **N. masticatorius** Kaunerv, (lat. masticare): kauen

Kerngebiete des N. trigeminus

Die Informationen aus allen sensiblen Ästen des N. trigeminus werden zum Hirnstamm geleitet (☞ Kap. 7.10.3); dabei befinden sich die Perikaryen des 1. Neurons in einem großen sensiblen Ganglion, dem Ganglion trigeminale, das sich an der Stelle befindet, wo sich die drei Trigeminusäste vom Hauptstamm des Nerven abspalten (Abb. 7.34). Die axonalen Nervenendigungen ziehen dann zu einem ausgedehnten Kerngebiet im Hirnstamm (teilweise bis zum Rückenmark reichend), wo sie das 2. Neuron der sensiblen Bahn erreichen, und gelangen nach Kreuzung zur Gegenseite über den Thalamus zum Gyrus postcentralis.

Die motorischen Fasern des N. trigeminus stammen aus dem motorischen Trigeminuskern (2. Neuron) in der Brücke; das 1. Neuron befindet sich im Gyrus praecentralis, seine Fasern bilden einen Teil des Tractus corticospinalis und erreichen nach Kreuzung zur Gegenseite den motorischen Trigeminuskern (☞ Kap. 7.10.4).

> **Kaumuskellähmung**
> Bei einem einseitigen Ausfall der motorischen Fasern des N. mandibularis kommt es zu einer einseitigen Kaumuskellähmung. Dabei weicht der Kiefer zur gelähmten Seite aus. Bei einer beidseitigen Lähmung steht der Mund offen, ein Kieferschluss ist nicht mehr möglich.

7.11.3 N. facialis

Verlauf

Der 7. Hirnnerv (N. VII, **N. facialis,** Gesichtsnerv) entspringt zusammen mit dem 8. Hirnnerven (N. vestibulocochlearis) am seitlichen Brückenrand, genauer gesagt am klinisch wichtigen „Kleinhirnbrückenwinkel" (Abb. 7.34) aus dem Hirnstamm. Er zieht dann zur Schädelbasis, wo er in einen verwinkelten Kanal (Fazialiskanal) eintritt, in dem er bereits mehrere Äste abgibt, u. a. den Ast für den M. stapedius (s. u.). Der Kanal endet zwischen dem Griffel- und Warzenfortsatz der Schädelbasis im Griffelfortsatz-Warzenfortsatz-Loch (**Foramen stylomastoideum**).

Nach Abgabe der Äste für die beiden oberen Zungenbeinmuskeln (s. u.) dringt der Hauptstamm des peripheren Nerven in die Ohrspeicheldrüse ein; hier bildet er ein Nervengeflecht (Abb. 7.36), aus dem die einzelnen Äste für die mimischen Muskeln „fingerförmig" abgehen.

> **N. facialis** Gesichtsnerv, (lat. facialis): zum Gesicht (lat.: facies) gehörig
> **Foramen** (lat.): Öffnung, Loch
> stylo-: bezieht sich auf den Griffelfortsatz (Processus styloideus), einen spitzen, griffelartigen Knochenfortsatz der Schädelbasis, Processus (lat.): Fortsatz, styloideus (lat.): griffelartig
> -**mastoideum** Neutrum von mastoideus, bezieht sich auf den Warzenfortsatz (Processus mastoideus), einen hinter dem Ohr deutlich zu fühlenden kräftigen Knochenvorsprung der Schädelbasis, mastoideus (lat.): warzenartig
> **Parese** (griech. paresis): Schwäche, unvollständige Lähmung

> **Kleinhirnbrückenwinkeltumor (meist: Akustikusneurinom)**
> Tumor im Bereich des Kleinhirnbrückenwinkels, der u. a. zu Ausfallerscheinungen des 8. Hirnnerven (Hör- und Gleichgewichtsstörungen) sowie des 7. Hirnnerven (periphere Fazialisparese, s. u.) führen kann.

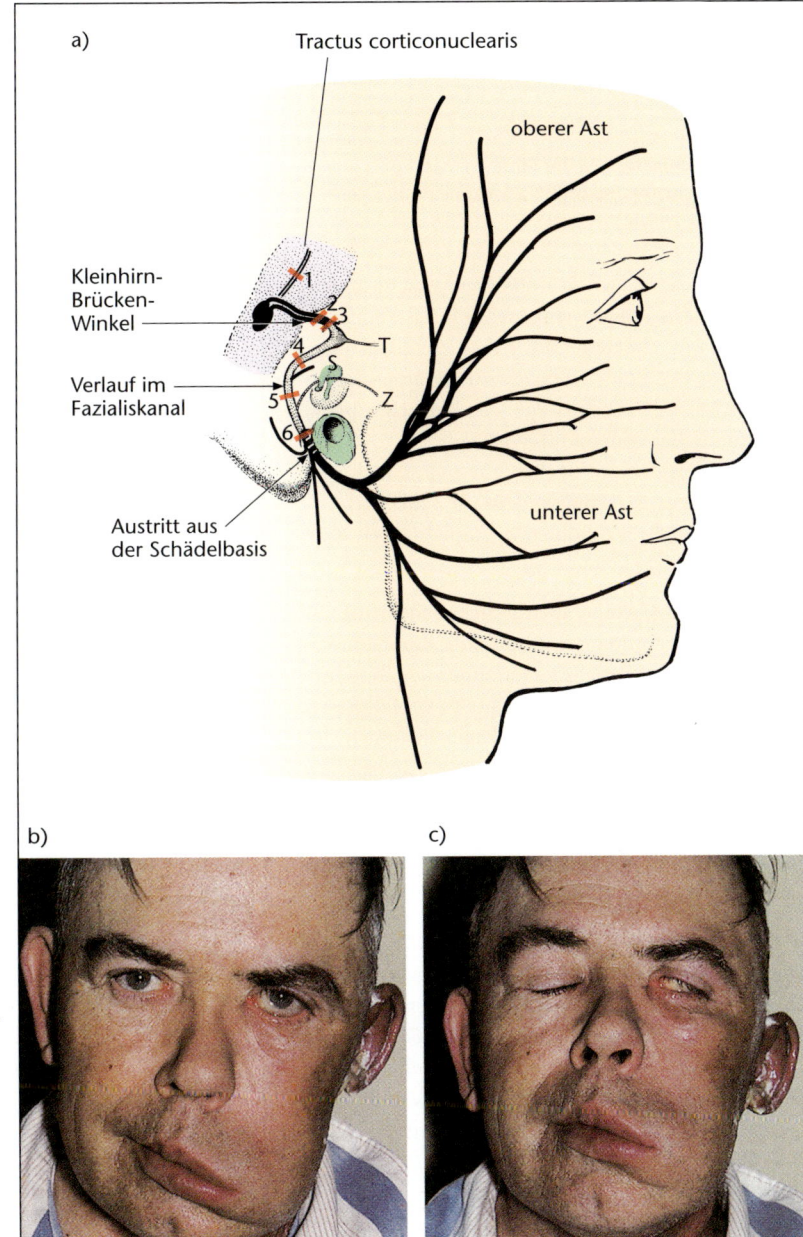

Abb. 7.36 a) Verlauf und Aufzweigungen des N. facialis, weitere Erklärungen siehe unter „Zentrale faziale Parese und periphere Fazialislähmung"; b) und c) Patient mit zerstörtem N. facialis auf der linken Seite infolge eines Tumors der Ohrspeicheldrüse; b) Gesichtsausdruck in Ruhe; c) Gesichtsausdruck beim Versuch des Lidschlusses

Faserarten des N. facialis

Der Fazialisnerv wird in der Regel in den eigentlichen N. facialis sowie den **N. intermedius** (Zwischennerv, wegen seiner Lage zwischen 7. und 8. Hirnnerven) unterteilt; vereinzelt ist für den Gesamtnerven auch die Bezeichnung N. intermediofacialis mit Unterteilung in N. facialis und N. intermedius gebräuchlich.

Der N. intermedius führt sensorische und vegetative Fasern. Die sensorischen Fasern stammen aus der Schleimhaut der vorderen beiden Drittel der Zunge und vermitteln die Empfindung aller Geschmacksqualitäten außer bitter. Die vegetativen Fasern wirken **sekretorisch** und ziehen zur Tränendrüse und zu allen Speicheldrüsen der Mundhöhle mit Ausnahme der Ohrspeicheldrüse.

> **intermedius** (lat.): in der Mitte dazwischen
> **sekretorisch:** die Sekretion anregend, (lat. secretio): Absonderung

Der eigentliche N. facialis enthält hauptsächlich motorische Fasern. Einige wenige sensible Fasern hauptsächlich vom äußeren Ohr haben keine größere Bedeutung. Die motorischen Fasern versorgen die genannten Muskeln aus den folgenden Muskelgruppen:
- alle mimischen Muskeln (☞ 6.2.2)
- obere Zungenbeinmuskeln: hinterer Bauch des M. digastricus, M. stylohyoideus (☞ Kap. 5.2.1)
- Muskeln der Paukenhöhle: M. stapedius (☞ Kap. 8.6.4).

Von großer sprachtherapeutischer Bedeutung ist dabei die Innervation der mimischen Muskeln. Aus dem Geflecht des Fazialisnerven innerhalb der Ohrspeicheldrüse bilden sich zunächst zwei Hauptäste, die sich weiter zu den verschiedenen Regionen des Gesichts verzweigen (Abb. 7.36a):
- oberer Ast: versorgt mimische Muskeln der Stirn und der Augenlider
- unterer Ast: versorgt mimische Muskeln der Wange, des Mundes, der Kinnregion und des Halses.

Kerngebiete des N. facialis
Die motorischen Fasern des N. facialis stammen aus den motorischen Fazialiskernen (2. Neuron) in der Brücke; das 1. Neuron befindet sich im Gyrus praecentralis, seine Fasern bilden einen Teil des Tractus corticospinalis und erreichen nach Kreuzung zur Gegenseite die motorischen Fazialiskerne (☞ Kap. 7.10.4).
Die motorischen Fazialiskerne bestehen vereinfacht dargestellt aus einem Kern für den oberen Fazialisast (Versorgung der mimischen Muskeln der Stirn und der Augenlider) und einem Kern für den unteren Fazialisast (Versorgung der sprachtherapeutisch bedeutsamen mimischen Muskeln der Wange des Kinns und des Mundes, Abb. 7.31).
Im Hirnstamm finden sich außerdem noch sog. Speichel- und Geschmackskerne des fazialen Systems, die Stationen der entsprechenden sensorischen (Geschmack) bzw. vegetativen (Speichelsekretion)

darstellen und komplex untereinander und mit Geschmacks- und Speichelkernen anderer Hirnnerven (N. IX, N. X) verbunden sind.

> **Zentrale faziale Parese und periphere Fazialislähmung (periphere Fazialisparese, PFP)**
> Bei der zentralen fazialen Parese (fälschlich oft als „Zentrale Fazialisparese" oder „Zentrale Fazialislähmung" bezeichnet) findet sich eine Schädigung im Bereich der vom kontralateralen Gyrus praecentralis kommenden Nervenfasern des 1. Neurons (Abb. 7.31, Block 1 in Abb. 7.36a), z. B. durch einen Gefäßverschluss, eine Hirnblutung oder einen Hirntumor im Verlauf des Tractus corticonuclearis.
> Da das Kerngebiet für den oberen Ast des N. facialis jedoch auch vom ipsilateralen Gyrus praecentralis eine zusätzliche Versorgung erhält (☞ Kap. 7.10.4), ist es den betroffenen Patienten immer noch möglich, auf beiden Seiten des Gesichtes in ausreichendem Maße die Stirn zu runzeln und die Lider zu schließen. Die Parese betrifft dann „nur" die Muskeln der Wange, des Mundes und des Kinns, weil hier keine ipsilaterale Versorgung zu finden ist.
> Als periphere Fazialisparese wird eine Schwäche oder Teillähmung der vom N. facialis innervierten Muskeln bezeichnet, die durch eine Schädigung der motorischen Fazialiskerne (2. Neuron) bzw. der davon abgehenden Nervenfasern hervorgerufen wird (Block 2–6 in Abb. 7.36a). Ursachen sind hier u.a. Autoimmunerkrankungen (Bell-Lähmung), Verletzungen oder Entzündungen des N. facialis, Tumoren der Schädelbasis oder im Bereich der Ohrspeicheldrüse.
> Da es sich hier um die Fasern des 2. Neurons handelt, auf das im Hirnstamm umgeschaltet wurde, trifft eine Schädigung dieser Nervenfasern dann alle mimischen Muskeln der entsprechenden Gesichtshälfte. Bei den Patienten, die von einer PFP betroffen sind, treten dann nicht nur Probleme bei der Artikulation und Nahrungsaufnahme wie bei Patienten mit zentraler fazialer Parese auf, sondern zusätzlich auch noch Schwierigkeiten, die Augenlider zu schließen (Abb. 7.36b, c).
> - Je nach Lokalisation der Schädigung des N. facialis, also der Nervenfasern des 2. Neurons (motorische Fazialiskerne), treten u.U. zusätzliche Beeinträchtigungen der Patienten auf, weil während des Verlaufs des N. facialis durch z. B. den Fazialiskanal verschiedene Äste des mitlaufenden N. intermedius, aber auch andere motorische Fasern schon vor Austritt aus der Schädelbasis abgegeben wurden (Abb. 7.36a):
> - Block 2 (Kleinhirn-Brücken-Winkel-Tumor): außer den Symptomen der PFP noch Beeinträchtigung des Hör- und Gleichgewichtsvermögens (N. VIII,

s.o.) sowie Störung der Geschmackswahrnehmung, der Tränen- und Speichelsekretion sowie Hyperakusis (krankhafte Feinhörigkeit durch Ausfall des den M. stapedius versorgenden Nerven)
- Block 3 (Schädigung am Eingang des Fazialiskanals): entsprechend den Symptomen bei Block 2 ohne gleichzeitige Schädigung des Hör- und Gleichgewichtsvermögens
- Block 4 (Schädigung im Fazialiskanal nach Abgang des Astes T zur Tränendrüse): Symptome der PFP mit Störung der Geschmackswahrnehmung und Speichelsekretion sowie Hyperakusis
- Block 5 (Schädigung im Fazialiskanal nach Abgang des Astes S zum M. stapedius): Symptome der PFP mit Störung der Geschmackswahrnehmung und Speichelsekretion
- Block 6 (Schädigung nach Austritt aus dem Fazialiskanal und nach Abgang des Astes Z zur Zunge und zu den Speicheldrüsen): Symptome der PFP ohne zusätzliche Störungen.

Da es jedoch auch Teillähmungen im peripheren Verlauf des N. facialis geben kann (z.B. überwiegender Ausfall nur des unteren oder des oberen Astes), kann die Unterscheidung zwischen zentraler fazialer Parese und PFP noch schwieriger sein.
Hyperakusis: aus hyper (griech.): über- und -akusis (griech. akousis): Hören

7.11.4 N. glossopharyngeus

Der neunte Hirnnerv (N. IX, N. glossopharyngeus, Zungenrachennerv) entspringt am seitlichen Rand des verlängerten Marks, direkt unterhalb des 8. Hirnnerven aus dem Hirnstamm (Abb. 7.34). Der N. glossopharyngeus zieht durch die Schädelbasis und dann in Richtung Zungenwurzel.

> **N. glossopharyngeus** glosso- (lat., griech. glossa): Zunge, und -pharyngeus (lat.): zum Rachen (Pharynx) gehörig

Bezüglich der in ihm verlaufenden Nervenfaserarten ist der 9. Hirnnerv dem N. facialis sehr ähnlich. Auch er enthält motorische und sensible Fasern sowie Geschmacksfasern und vegetative (sekretorische) Fasern.
Die motorischen Fasern versorgen die genannten Muskeln aus den folgenden Muskelgruppen:
- Gaumensegel: M. levator veli palatini und M. uvulae (zusammen mit dem 10. Hirnnerven, N. vagus; ☞ Kap. 6.2.5)
- Muskeln des Rachens: überwiegender Anteil der oberen Schlundschnürer und -heber (☞ Kap. 4.6.3).

Die sensiblen Fasern des N. glossopharyngeus leiten die Empfindungen „Berührung, Druck, Schmerz, Temperatur" aus der Schleimhaut des hinteren Drittels der Zunge, des Gaumensegels, der beiden Gaumenbögen und der oberen Rachenhälfte. Aus dem hinteren Drittel der Zunge werden auch Geschmacksempfindungen (sensorische Fasern) und zwar ausschließlich von bitteren Stoffen über Äste des 9. Hirnnerven wahrgenommen.

Der N. glossopharyngeus stellt den sensiblen Anteil des Würgreflexes dar, der oft mit Brechreiz verbunden ist. Der Würgreflex kann ausgelöst werden durch Berührung der Schleimhaut des Gaumensegels und des hinteren Zungenbereichs, aber auch durch Wahrnehmung extrem bitterer (und dann meist auch unbekömmlicher oder giftiger) Stoffe. Über den motorischen Anteil des Würgreflexes kommt es zu Kontraktionen der Muskulatur des Rachens und des Gaumensegels. Da auch der Vagusnerv (☞ Kap. 7.11.5) am motorischen Anteil des Würgreflexes beteiligt ist, kann es zum Erbrechen kommen.

Die vegetativen Fasern des N. glossopharyngeus stimulieren die Bildung und Sekretion von Speichel in der Ohrspeicheldrüse.

Folgen einer ein- oder beidseitigen Lähmung des N. glossopharyngeus werden zusammen mit den Folgen einer Vaguslähmung im nächsten Kapitel besprochen.

7.11.5 N. vagus

Der zehnte Hirnnerv (N. X, **N. vagus**, Vagusnerv) entspringt am seitlichen Rand des verlängerten Marks, direkt unterhalb des 9. Hirnnerven, aus dem Hirnstamm (Abb. 7.34). Der Vagusnerv zieht durch die Schädelbasis, verläuft dann entlang des Rachens und der Speiseröhre zum Magen und mit einigen Fasern darüber hinaus noch bis zu bestimmten Anteilen des Dickdarms (daher auch die Bezeichnung „Vagus"). Die beiden großen Äste des N. vagus, die den Kehlkopf versorgen, sind der N. laryngeus superior und der N. laryngeus recurrens (☞ Kap. 5.2.6).

> **vagus** (lat.): weit umherschweifend (vgl. „vagabundieren")

Lähmungen des N. glossopharyngeus und/oder des N. vagus

Abgesehen von den Lähmungen des N. laryngeus superior bzw. recurrens (Superiorparese, Rekurrensparese, ☞ Kap. 5.2.6) betreffen sprachtherapeutisch relevante Lähmungen des N. vagus im Wesentlichen das Gaumensegel und die Rachenmuskulatur.

N. glossopharyngeus und N. vagus bilden im Bereich des Gaumensegels und des Rachens ein Nervengeflecht (Plexus pharyngeus), aus dem u. a. die motorischen Äste für die entsprechenden Muskeln abgehen.

Isolierte Lähmungen des N. glossopharyngeus und des N. vagus sind eher selten; deshalb ist es sinnvoll, den Ausfall der motorischen Äste dieser Hirnnerven, bezogen auf das Gaumensegel und die Rachenmuskeln, gemeinsam zu besprechen.

Bei einer einseitigen Lähmung der für Gaumensegel und Rachen verantwortlichen Äste des 9. und 10. Hirnnerven findet sich folgende Symptomatik: Das Gaumensegel hängt auf der gelähmten Seite schlaff herab (Gaumensegelparese); bei Auslösen des Schluckreflexes beobachtet man das sog. Kulissenphänomen, bei dem das Zäpfchen und die Rückwand des Rachens „kulissenartig" zur gesunden Seite abweichen. Sprech- und Stimmstörungen („nasale Stimme") können beobachtet werden.

Bei beidseitigem Ausfall der motorischen Äste für Gaumensegel und Rachenmuskeln kommt es zu Schluckstörungen (Dysphagie) bis hin zur lebensbedrohlichen Schlucklähmung, damit verbunden zur Regurgitation von Speisen und Getränken in den Nasenrachen und die Nasenhöhle sowie zur Aspiration von Speisen und Getränken in die unteren Atemwege.

Plexus (lat.): Geflecht, pharyngeus (lat.): zum Pharynx gehörig

Dysphagie: aus Dys- (griech.): gestört, und -phagie (griech. phagein): fressen, schlucken

Regurgitation: aus Re- (lat.): wieder und gurgitation (aus lat. gurges): Zurückströmen

Aspiration (lat. aspiratio): wörtlich Anhauchen, hier: unbeabsichtigtes Einatmen von Fremdkörpern, Schleim, Blut, Erbrochenem und anderen Substanzen in die Bronchien und damit in die Lunge

Auch der Vagusnerv führt – darin vergleichbar mit dem N. facialis und dem N. glossopharyngeus – motorische, sensible, sensorische und vegetative Nervenfasern.

Die motorischen Fasern versorgen die genannten quergestreiften Skelettmuskeln aus den folgenden Muskelgruppen:

• Gaumensegel: M. levator veli palatini und M. uvulae

(zusammen mit dem N. glossopharyngeus; ☞ Kap. 6.2.5)

• Muskeln des Rachens: kleiner Anteil der oberen Schlundschnürer und -heber (☞ Kap. 4.6.3), Hauptanteil der unteren Schlundschnürer

• Alle Muskeln des Kehlkopfs (☞ Kap. 5.2.6).

Die sensiblen Fasern des N. vagus innervieren die Schleimhaut folgender Regionen:

• äußerer Gehörgang
• Zungengrund
• untere Rachenhälfte
• Kehlkopf.

Bei Kleinkindern finden sich einige sensorische Fasern des N. vagus für die Wahrnehmung bitterer Geschmacksqualitäten am Zungengrund; diese spielen bei älteren Kindern und Erwachsenen keine Rolle mehr. Die Funktion des N. vagus im vegetativen Nervensystem wird in Kap. 7.12 besprochen.

7.11.6 N. hypoglossus

Der zwölfte Hirnnerv (N. XII, **N. hypoglossus**, Unterzungennerv) entspringt unterhalb des 9. und 10. Hirnnerven aus dem verlängerten Mark (Abb. 7.34). Der N. hypoglossus zieht durch die Schädelbasis und dann zu den inneren und äußeren Zungenmuskeln.

N. hypoglossus (griech. hypo-): unter, -glossus (lat.): zur Zunge gehörig (glossa, lat./griech.: Zunge)

Lähmung des N. hypoglossus

Bei einer einseitigen Lähmung des 12. Hirnnerven ist eine deutliche Abweichung der Zunge zur gelähmten Seite feststellbar, wenn man versucht, die Zunge gerade herauszustrecken. Besteht dieser Befund schon seit längerem, ist auch meist eine Atrophie der betroffenen Zungenhälfte festzustellen. Es kommt zu erheblichen Problemen bei der Artikulation und beim Nahrungstransport im Mund. Außerdem wird Speichelfluss beobachtet und dass sich die betroffenen Patienten häufiger unbeabsichtigt auf die gelähmte Zungenhälfte beißen.

Ist die Zunge beidseitig gelähmt, kann sie überhaupt nicht mehr bewegt werden. Auch hier kann es zur Atrophie kommen. Die oben genannten Probleme der einseitigen Lähmung verstärken sich erheblich.

Atrophie (lat. atrophia): Auszehrung, Organschwund – hier bedingt durch die ausgefallene Innervation

Im N. hypoglossus verlaufen ausschließlich motorische Fasern; sie versorgen die gesamte äußere sowie Binnen-Muskulatur der Zunge (☞ Kap. 6.2.4).

7.12 Übersicht über das vegetative Nervensystem

7.12.1 Funktionen; Zielzellen

Wegen der überwiegend eher geringen Bedeutung des **vegetativen** Nervensystems im Zusammenhang mit sprachtherapeutischen Aufgaben soll im Folgenden nur eine kurze Übersicht über das vegetative (oder „**autonome**") Nervensystem gegeben werden.

> **⋮ vegetativ** vegetare (lat.): „vegetieren, leben, wuchern"; vegetativ wird im medizinisch-biologischen Zusammenhang entweder als „pflanzlich", als „ungeschlechtlich" (bezogen auf Fortpflanzung) oder als „unwillkürlich", d.h. nicht dem Willen unterliegend, verwendet – die letztgenannte Version erklärt am besten den Begriff „vegetativ" im Zusammenhang mit dem Nervensystem; allerdings sind nicht alle vegetativen Funktionen einem willentlichen Einfluss unzugänglich; und es arbeitet auch nicht immer und ausschließlich unbewusst.
> Anstelle der Bezeichnung „vegetativ" wird teilweise auch der Begriff „autonom" für diesen Teil des Nervensystems verwendet (autonomos, griech.: unabhängig); allerdings wird dabei der Einfluss des limbischen Systems („Eingeweidegehirn") und seine Verbindungen zu anderen Arealen des Großhirns auf die meisten peripheren vegetativen oder „autonomen" Funktionen nicht berücksichtigt.

Die Bedeutung des vegetativen Nervensystems liegt vordringlich in der Steuerung und Koordination der inneren Organe des Körpers; es arbeitet dabei vielfach mit dem Hormonsystem zusammen. Seine Hauptaufgaben liegen in der Regulation der Atmung, des Kreislaufs, der Verdauung; außerdem steuert das vegetative Nervensystem die Körpertemperatur und beeinflusst die Sexualfunktion.

Die übergeordnete Zentrale des vegetativen Nervensystems befindet sich im Gehirn und wird als limbisches System („Eingeweidegehirn") bezeichnet (☞ Kap. 7.10.5).

Ähnlich wie im sensomotorischen Nervensystem finden sich **afferente** Fasern, die Informationen über z.B. den Funktionszustand der inneren Organe, aber auch über Schmerzen, an die vegetativen Strukturen im ZNS leiten, und **efferente** Fasern, die von vegetativen Zentren zur Peripherie, also zu den Zielorganen, ziehen.

Abgesehen von Verbindungen der Nervenzellen untereinander ist die einzige Zielzelle des sensomotorischen Nervensystems die quergestreifte Skelettmuskelzelle, die mit dem Nervensystem über die motorische Endplatte verbunden ist (☞ Kap. 7.4).

Für das vegetative Nervensystem bilden vermutlich alle Körperzellen mit Ausnahme der quergestreiften Skelettmuskelzellen Zielzellen, die von vegetativen Nervenimpulsen beeinflussbar sind.

Hier werden jedoch keine Synapsen im klassischen Sinne vergleichbar mit den motorischen Endplatten gebildet. Die von entsprechenden Abschnitten der vegetativen Nervenfasern ausgeschütteten Botenstoffe gelangen vielmehr über Diffusion und dann über größere Entfernungen in die Nachbarschaft der Zielzellen (z.B. Drüsenzellen, glatte Muskelzellen, quergestreifte Herzmuskelzellen, Abwehrzellen, Fettzellen, Bindegewebszellen u.a.) und bewirken dort entsprechende Veränderungen.

7.12.2 Sympathikus, Parasympathikus

Das limbische System als Zentrale steuert die peripheren Anteile des vegetativen Nervensystems, dessen Ursprünge aber im Hirnstamm bzw. im Seitenhorn des Rückenmarks liegen. Traditionell gliedert man das periphere vegetative Nervensystem in zwei Komponenten, die funktionell weitgehend als Gegenspieler zu sehen sind:
- **Sympathikus** (sympathisches Nervensystem)
- **Parasympathikus** (parasympathisches Nervensystem).

> **⋮ Sympathikus** Kurzform aus Nervus sympathicus, aus heutiger Sicht nur ein bestimmter Abschnitt des sympathischen Nervensystems, der einen paarig angeordneten Strang bildet, der parallel zum Rückenmark verläuft (aus griech. sympatheia: Mitgefühl, Mitleiden)
> Die Bezeichnung Sympathikus beruht auf der veralteten und überwiegend irrigen Vorstellung, dass der Sympathikus ein „Mit-Leiden" verschiedener, fälschlich als miteinander verbunden angesehener Organe vermittelt
> **Para-** (griech.): gegen (Gegenspieler)

Am deutlichsten wird die Funktion des Sympathikus und des Parasympathikus, wenn man die von ihnen meist gegenläufig beeinflussten Organfunktionen betrachtet (Abb. 7.37).

Der Sympathikus unterstützt die Körperfunktionen, die zur Bewältigung von Stressreaktionen (z. B. Kampf, Flucht) benötigt werden (dabei hemmt er alle der Verdauung und Ausscheidung dienenden Organe):

- Steigerung der Leistung des Herz-Kreislauf-Systems (Verbesserung der Herzleistung, Erhöhung des Blutdrucks, Verengung aller Gefäße, die nicht für die Versorgung des Herzens und der Skelettmuskulatur benötigt werden)
- Weitstellung der Bronchien
- Weitstellung der Pupille (**Mydriasis**).

Der Parasympathikus ist der Gegenspieler des Sympathikus, der in Ruhe oder nach Beendigung der Stressreaktion überwiegt (er senkt die Leistung des Herz-Kreislauf-Systems bis zurück zu den in Ruhe benötigten Erfordernissen):

- Aktivierung aller der Verdauung dienenden Organe (Erhöhung der Magensaftproduktion, der Darmbewegungen und -entleerung sowie der Blasenentleerung)
- Engstellung der Bronchien
- Engstellung der Pupille (**Miosis**).

Zum Vergleich: der efferente Teil des sensomotorischen Nervensystems (Pyramidenbahn, ☞ Kap. 7.10.4) besteht aus der Verbindung zwischen dem 1. Neuron im Gyrus praecentralis und dem 2. Neuron entweder im Hirnstamm oder im motorischen Vorderhorn des Rückenmarks. Die Fasern des 2. Neurons erreichen dann entweder über Hirnnerven oder Rückenmarksnerven ihre Zielzellen, die quergestreiften Skelettmuskelzellen.

> **⁞ Mydriasis** (griech.): Pupillenerweiterung
> **Miosis** (lat.): Pupillenverengung, (griech. meiosis): Verkleinerung (siehe Meiose, ☞ Kap. 2.1)
> prä-/postganglionär (lat. prä- bzw. prae-): vor, post- (lat.): nach, ganglionär: auf das Ganglion (griech.: Nervenknötchen), bezogen; im vegetativen Ganglion findet allerdings die Umschaltung der „präganglionären" Fasern auf die „postganglionären" Nervenzellen statt

Der efferente Teil des vegetativen Nervensystems besteht vereinfacht dargestellt aus der Verbindung zwischen dem „Eingeweidegehirn" (limbisches System) und Anteilen grauer Substanz im Mittelhirn und im Rückenmark. Dort liegt das erste periphere vegetative Neuron, das man in der Regel als **präganglionäres** Neuron bezeichnet, da hier auf dem Weg zur Zielzelle noch ein weiteres Neuron „zwischengeschaltet" ist. Dieses zweite Neuron liegt in vegetativen **Ganglien** und wird als **„postganglionär"** bezeichnet. Erst die Nervenfasern des zweiten vegetativen Neurons erreichen die Zielzellen, vereinzelt auch über noch weitere, zwischengeschaltete Nervenzellen.

Das erste vegetative Neuron des Sympathikus befindet sich im Seitenhorn des Rückenmarks im unteren Hals, gesamten Brust- und oberen Lendenbereich (Abb. 7.9). Das zweite vegetative Neuron des Sympathikus bildet den Grenzstrang (ursprünglich als „Nervus sympathicus" bezeichnet, s. o.), eine paarige Kette von sympathischen Ganglien entlang des Rückenmarks, die durch Nervenfasern verbunden sind.

Das erste vegetative Neuron des Parasympathikus befindet sich entweder in Kerngebieten des Hirnstamms oder im Seitenhorn des Rückenmarks im Kreuzbeinbereich. Das zweite vegetative Neuron des Parasympathikus liegt in organnahen parasympathischen Ganglien.

Abb. 7.37 Aufgaben des Sympathikus und des Parasympathikus

Die parasympathischen Nervenfasern, die aus Kerngebieten im Hirnstamm abgeleitet werden können, verlaufen zusammen mit dem 3., 7., 9. und 10. Hirnnerven. Die parasympathischen Fasern des 3. Hirnnerven (N. oculomotorius, ☞ Kap. 7.11.1) ziehen zum Auge, wo sie u. a. für die Engstellung der Pupillen (Miosis) verantwortlich sind. Die parasympathischen Fasern des 7. und 9. Hirnnerven (N. facialis, ☞ Kap. 7.11.3, N. glossopharyngeus, ☞ Kap. 7.11.4) bewirken die Sekretion der Tränendrüse und der Drüsen der Nasen- und Mundhöhle. Der N. vagus (☞ Kap. 7.11.5) ist der wichtigste parasympathische Nerv mit Fasern u. a. für Herz, Gefäße, Bronchien und viele Baucheingeweide.

Der chemische Botenstoff (Neurotransmitter) des ersten vegetativen Neurons ist Acetylcholin und findet sich sowohl im Sympathikus als auch im Parasympathikus. Das zweite vegetative Neuron verwendet im Sympathikus das dem Stresshormon Adrenalin verwandte Noradrenalin, im Parasympathikus wiederum Acetylcholin.

7.12.3 Vegetative Reflexe

Das vegetative Nervensystem arbeitet überwiegend durch **Reflexe** (☞ Kap. 7.8.3). Dabei finden sich sog. Reflexzentren im Hirnstamm und im Rückenmark.

> ⦙ **Reflexe** (lat. reflexus): wörtlich das Zurückbeugen

Über die vegetativen Reflexzentren im Rückenmark werden vor allem folgende Vorgänge gesteuert oder beeinflusst: Entleerung des Darms und der Harnblase, Erektion und Ejakulation, Schweißausbrüche, Erweiterungen und Verengungen von Blutgefäßen.

Im Hirnstamm befinden sich weitere, bedeutende vegetative Reflexzentren, z. B.:

- Atemzentrum: hier laufen u. a. auch Informationen aus der Lunge und den Blutgefäßen ein, die reflektorisch die Funktionen des Atemzentrums beeinflussen
- Kreislaufzentrum: ist eng verbunden mit der Funktion des Atemzentrums; im Kreislaufzentrum laufen auch vegetative Informationen aus dem Herzen und den Blutgefäßen, vor allem auch über den Blutdruck, ein; das Kreislaufzentrum wird ebenso über den Aktivierungsgrad des Sympathikus (Stress!) bzw. Parasympathikus informiert

- Speichelzentrum: hier gehen u. a. Informationen über Geruch und Geschmack, aber auch von sensiblen Reizen der Mundschleimhaut ein, die dann vom Speichelzentrum in efferente Aktionen umgesetzt werden, die die Speicheldrüsen beeinflussen.

7.12.4 Hypothalamus und Hypophyse

Der **Hypothalamus** (☞ Kap. 7.9.6) ist sowohl Teil des limbischen Systems und damit Bestandteil des „Eingeweidegehirns", als auch Teil des Hormonsystems. Hier finden sich ungewöhnliche Nervenzellen, die in der Lage sind, Hormone zu bilden und an die Blutbahn auszuschütten (**neuroendokrine** Zellen).

Als Teil des neuroendokrinen Systems bildet der Hypothalamus zwei Hormongruppen:

- Effektorhormone: so genannt, weil sie nach Ausschüttung an die Blutbahn direkt zu den Zielzellen gelangen; diese Hormone wirken zum einen auf die Niere und regulieren den Wasserhaushalt, zum anderen haben sie Einfluss auf die Gebärmutter.
- Steuerhormone: so genannt, weil sie eine nachgeschaltete Hormondrüse, nämlich die Hirnanhangsdrüse (**Hypophyse**) stimulieren oder hemmen können.

> ⦙ **neuroendokrin** Nervenzellen (griech. neuron), die gleichzeitig Hormone bilden (endokrin: endo, griech.: innen, krinein, griech.: ausscheiden)
> **Hypothalamus** Hypo- (griech.): unter, -thalamus (lat.): Sehhügel
> **Hypophyse** (griech. hypophysis): Nachwuchs, Sprössling, Anhang

In der Hypophyse (Hirnanhangdrüse) wird zum einen das Wachstumshormon gebildet, das das Größenwachstum des gesamten Körpers steuert, zum anderen werden hier ebenfalls Steuerhormone produziert, die wiederum auf noch einmal nachgeschaltete Hormondrüsen (Schilddrüse, Nebennierenrinde, Geschlechtsdrüsen) wirken. Ein weiteres Hormon der Hypophyse beeinflusst die Milchbildung der Milchdrüse.

Kap. 7.1–7.3:

Das Nervensystem besteht aus Nervenzellen (Neuronen), die der Aufnahme, Weiterleitung, Speicherung und Verarbeitung von Informationen dienen, und Gliazellen, die Schutz- und Stützfunktionen für die Nervenzellen haben, aber auch bei der Nervenleitung eine Rolle spielen.

Man unterscheidet das sensomotorische Nervensystem, das Informationen aus den Sinnesorganen (über Afferenzen) verarbeitet und motorische Ereignisse (über Efferenzen) bewirkt, vom vegetativen Nervensystem, das der Funktionssteuerung und Koordination der inneren Organe dient.

Das Zentralnervensystem (ZNS) besteht aus Gehirn und Rückenmark und befindet sich innerhalb des Schädels bzw. Wirbelkanals; alle Anteile des Nervensystems außerhalb dieser Knochenhöhlen bilden das Periphere Nervensystem (PNS).

Eine typische multipolare Nervenzelle ist aufgebaut aus Perikaryon, Dendritenbaum (Empfangsapparat) und Axon (Sendeapparat) mit Kollateralen, Telodendron und boutons.

Kap. 7.4–7.7:

Die Kontaktstruktur zwischen boutons einer Nervenzelle und Membranstrukturen der Zielzelle wird als Synapse bzw. motorische Endplatte, wenn die Zielzelle eine quergestreifte Skelettmuskelzelle ist, bezeichnet. An Synapsen wird die Erregung einer Nervenzelle chemisch mit Hilfe von Neurotransmittern auf die Zielzelle übertragen.

An der Membran einer Nervenzelle bildet sich ein elektrisches Potenzial (Ruhemembranpotenzial) aus, das durch hemmende Synapsen vergrößert (Hyperpolarisation), durch erregende Synapsen verringert (Depolarisation) wird. Bei Erreichen eines Schwellenwertes durch eine ausreichende Aktivität erregender Synapsen wird ein Aktionspotenzial ausgelöst, das sich über das Axon bis zu den boutons ausbreitet und von dort auf die Zielzellen übertragen wird. Zwischen zwei Aktionspotenzialen befinden sich Nervenzellen in einer Refraktärphase und sind nicht erregbar.

Das Aktionspotenzial wird über das Axon übertragen. Die Geschwindigkeit der Übertragung hängt von der Dicke des Axons und vom Vorhandensein einer Markscheide (Myelinscheide) ab. Die schnellste Leitung findet sich in dicken, markhaltigen Axonen. Schwann-Zellen (bzw. Oligodendrozyten) bauen die Markscheide auf; an den Zellübergängen finden sich Ranvier-Schnürringe, die eine schnelle, saltatorische Erregungsleitung erlauben.

Ansammlungen von Perikaryen werden als graue Substanz, Bereiche mit überwiegend markhaltigen Nervenfasern als weiße Substanz bezeichnet. Im Gehirn bildet graue Substanz den Cortex und die im Marklager (weiße Substanz) eingebetteten basalen Kerne („Basalganglien"). Im Rückenmark findet sich die graue Substanz zentral als Schmetterlingsfigur. Im PNS kommt graue Substanz nur selten und dann in Form von Ganglien vor. Parallel verlaufende Nervenfaserbündel werden im ZNS als Bahnen (Tractus), im PNS als Nerven bezeichnet.

Kap. 7.8:

Das Rückenmark weist eine segmentale Gliederung aus 8 Zervikal-, 12 Thorakal-, 5 Lumbal-, 5 Sakral und einem Kokzygealsegment auf. Die graue Substanz gliedert sich in motorisches Vorderhorn, sensibles Hinterhorn und vegetatives Seitenhorn.

Im motorischen Vorderhorn liegt das 2. Neuron der Pyramidenbahn, das die entsprechenden Signale vom Cortex zur Skelettmuskulatur weiterleitet. Im Hinterhorn findet sich eine Durchgangs- bzw. Umschaltstelle für sensible Informationen aus der Haut bzw. Schleimhaut. Die sensiblen Nervenzellen sind pseudounipolar mit einem dendritischen Fortsatz, der die Informationen aus der Haut/Schleimhaut aufnimmt, und einem axonalen Fortsatz, der zum Hinterhorn des Rückenmarks führt. Die Perikaryen befinden sich in den Spinalganglien.

Ein Spinalnerv entsteht aus einer vorderen und hinteren Wurzel am Rückenmark und leitet motorische bzw. sensible Signale zur Körperperipherie bzw. von ihr zurück zum ZNS.

Ein Eigenreflex ist monosynaptisch und verbindet auf kürzestem Weg sensibles und motorisches Neuron. Das sensible Signal entsteht in Muskel-/Sehnenspindeln, das motorische Signal besteht in der Kontraktion des selben Muskels. Eigenreflexe dienen der Steuerung der Stütz- und Haltemotorik.

Bei Fremdreflexen (polysynaptisch) sind auslösendes und reagierendes Organ nicht identisch. An der Neuronenkette sind mindestens drei Neurone beteiligt. Fremdreflexe sind meist Schutzreflexe, dienen aber auch der Ernährung (Schluckreflex).

Kap. 7.9:

Das Gehirn besteht aus Großhirn, Hirnstamm und Kleinhirn. Der Hirnstamm gliedert sich in Zwischenhirn, Mittelhirn und Rautenhirn (mit Brücke und verlängertem Mark).

Das Großhirn besteht aus zwei Hemisphären, die durch eine Längsfurche voneinander getrennt sind. In jeder Hemisphäre unterscheidet man einen Stirn-, Scheitel-, Hinterhaupts-, Schläfen- und Insellappen. Die Oberfläche des Großhirns weist eine Strukturierung aus Furchen und Windungen (Sulci und Gyri) auf.

Im Gyrus praecentralis des Stirnlappens ist das 1. Neuron der Pyramidenbahn in einer somatotopen Anordnung lokalisiert (primäres motorisches Rindenfeld). Ebenfalls im Stirnlappen liegt meist links das motorische (Broca-)Sprachzentrum. Zum Gyrus postcentralis des Scheitellappens projizieren die Informationen aus der Oberflächen- und Tiefensensibilität ebenfalls in einer somatotopen Gliederung.

Im Hinterhauptslappen findet sich das Sehzentrum. Das Hörzentrum (im Schläfenlappen) besteht aus dem Gyrus temporalis superior und den Heschl-Querwindungen. Ebenfalls im Schläfenlappen liegt meist links das sensorische (Wernicke-)Sprachzentrum.

Mit Hilfe eines Elektroenzephalogramms (EEG) werden die elektrischen Aktivitäten der Nervenzelle in der Großhirnrinde aufgezeichnet. Je nach Entwicklungsgrad und Aktivität des Gehirns werden verschiedene Wellenmuster produziert.

Im basalen Bereich des Marklagers des Großhirns liegen die Basalganglien: Nucleus caudatus, Nucleus lentiformis, Claustrum und Nucleus amygdaloideus. Sie haben vor allem Funktionen im Bereich der Motoriksteuerung.

Das Zwischenhirn (Diencephalon) enthält als wichtige Kerngebiete den Thalamus, Hypothalamus und Epithalamus. Der Thalamus ist eine Schaltstation der sensorischen Bahnen, bildet das Tor zum Bewusstsein und hat motorische Steuerungsfunktionen. Der Hypothalamus ist Teil des vegetativen Nervensystems, der Epithalamus besitzt eine wichtige Funktion bei der Steuerung des Tag-Nacht-Rhythmus.

Das Mittelhirn (Mesencephalon) weist im vorderen Bereich die beiden Hirnschenkel (motorische Bahnen), im hinteren Bereich die Vierhügelplatte (Umschaltstationen der Seh- und Hörbahn) auf. Im Mittelhirn entspringen 3. und 4. Hirnnerv. Im Inneren des Mittelhirns finden sich der Nucleus ruber und die Substantia nigra, deren Funktionen ebenfalls in der Motoriksteuerung liegen.

Das Rautenhirn (Rhombencephalon) besteht aus Brücke (Pons) und verlängertem Mark (Medulla oblongata). Die Brücke stellt eine Verbindungsstation zwischen Großhirn, Hirnstamm und Kleinhirn dar. Auf der Vorderseite des verlängerten Marks ist die Kreuzung der Pyramidenbahn sichtbar, auf der Rückseite die Rautengrube (Boden des 4. Ventrikels).

Im Inneren des Rautenhirns liegt die Formatio reticularis, ein Kerngebiet mit der Funktion des Atem- und Kreislaufzentrums, Steuerung der Bewusstseinslage und weiteren vitalen Funktionen. Aus dem Rautenhirn entspringen der 5.–12. Hirnnerv

Das Kleinhirn (Cerebellum) weist in vielen Aspekten eine vergleichbare Struktur wie das Großhirn auf. Es verarbeitet Informationen aus den Sinnesorganen, speziell aus dem Gleichgewichtsorgan, zur Steuerung der Motorik, es reguliert den Muskeltonus, die Stütz- und Haltemotorik und kontrolliert die zeitliche Abfolge der Bewegungen.

Kap. 7.10:
Die Hirnhäute (Meningen) stellen neben dem Schädel eine Schutzeinrichtung des Gehirns dar. Sie bestehen

aus Dura, Arachnoidea und Pia. Zwischen Dura und Schädel befindet sich der Epiduralraum, zwischen Dura und Arachnoidea der Subduralraum und zwischen Arachnoidea und Pia der Subarachnoidalraum oder äußere Liquorraum. Der innere Liquorraum besteht aus den vier Ventrikeln und ihren Verbindungen untereinander. Am 4. Ventrikel stehen innerer und äußerer Liquorraum miteinander in Verbindung. Der Liquor wird in den Adergeflechten der Ventrikel gebildet und in den Granulationen der Arachnoidea im äußeren Liquorraum in die venöses Blut enthaltenden Sinus durae matris resorbiert.

Das Gehirn wird auf jeder Seite von der A. carotis interna und der A. vertebralis mit Blut versorgt. Die A. carotis interna zweigt sich in A. cerebri media und A. cerebri anterior auf. Die beiden Aa. vertebrales verschmelzen zur A. basilaris, die sich in die beiden Aa. cerebri posteriores aufzweigt. Die verschiedenen Hirnarterien stehen an der Hirnbasis über einen Arterienring, Circulus arteriosus Willisii in Verbindung, der als Blutverteiler fungiert. Innerhalb des Gehirns verlaufen ausschließlich Kapillaren, bei denen der Stoffaustausch über die Blut-Hirn-Schranke reglementiert wird. Das venöse Blut sammelt sich in oberflächlichen Hirnvenen und gelangt von da in die Sinus durae matris, deren Inhalt an der Schädelbasis an die V. jugularis interna weitergegeben wird.

Kap. 7.11:
Bahnen sind geordnete Bündel parallel verlaufender Nervenfasern innerhalb des ZNS. Assoziationsbahnen verbinden unterschiedliche Rindenfelder innerhalb derselben Hemisphäre. Kommissurenbahnen (vor allem der „Balken") verbinden entsprechende Rindenfelder der beiden Hemisphären. Projektionsbahnen verbinden afferent oder efferent den Cortex mit tiefer gelegenen Abschnitten des ZNS bzw. umgekehrt. Der größte Teil der Projektionsbahnen zieht durch die Capsula interna, einer Durchtrittsstelle zwischen den Basalganglien.

Die Wahrnehmung von Sinnesreizen erfolgt subjektiv durch den menschlichen Geist oder objektiv durch Messinstrumente. Bei der Wahrnehmung von Reizen durch den Menschen werden bei Überschreiten eines Schwellenwertes Rezeptoren an spezifischen Sinneszellen erregt. Primäre Sinneszellen sind Nervenzellen, sekundäre Sinneszellen leiten sich von Epithelzellen ab und werden von Nervenfasern umgeben.

Die Empfindungen durch einen bestimmten „Sinn" werden als Modalitäten bezeichnet; dabei differenziert man weiter in Submodalitäten (Qualitäten) und Quantitäten. Nach Überschreiten der Reizschwelle wird an der Sinneszelle ein Rezeptorpotenzial ausgelöst, das einem Aktionspotenzial einer Nervenzelle entspricht oder nach Transformation in ein Aktionspotenzial einer Nervenzelle umgewandelt wird. Die Reizstärke wird in Form unterschiedlicher Frequenzen der Aktionspotenziale kodiert, wobei die maximale Frequenz durch die

Refraktärzeit der Nervenzellen limitiert ist. Nach dem Weber-Fechner-Gesetz ist die Empfindungsstärke dem Logarithmus der Reizstärke proportional.

Sensible Bahnen sind Projektionsbahnen, die Informationen der Oberflächensensibilität (Mechanorezeption, Thermorezeption, Nozizeption der Haut und Schleimhaut) bzw. Tiefensensibilität (Propriozeption) weiterleiten.

Es wird in epikritische Sensibilität (Beurteilung einer sensiblen Wahrnehmung, Tastsinn) und protopathische Sensibilität (Schmerzwahrnehmung) unterschieden. Das erste Neuron beider sensibler Bahnen befindet sich im Spinalganglion.

Die Weiterleitung der Schmerzwahrnehmung erfolgt über das sensible Hinterhorn des Rückenmarks, dort Umschaltung auf das 2. Neuron, Kreuzung nach kontralateral und Verlauf im Tractus spinothalamicus bis zum Thalamus.

Die Weiterleitung des Tastsinns erfolgt am Hinterhorn des Rückenmarks vorbei, dann ipsilateral aufsteigend im Tractus spinobulbaris bis zum Nucleus gracilis und Nucleus cuneatus im Hirnstamm, dort Umschaltung auf das 2. Neuron, Kreuzen zur Gegenseite im Lemniscus medialis und Erreichen des Thalamus.

Beide sensible Bahnen schalten im Thalamus auf das 3. Neuron um und erreichen über die Radiatio thalamica den Gyrus postcentralis.

Bei den sensiblen Hirnnerven liegt das 1. Neuron in den sensiblen Kopfganglien (z. B. Trigeminusganglion), die Umschaltung auf das 2. Neuron im Hirnstamm. Nach Kreuzung zur Gegenseite und Erreichen des Thalamus erfolgt der Anschluss an den Rest der sensiblen Bahnen.

Der Tractus corticospinalis (Pyramidenbahn) ist die wichtigste efferente Projektionsbahn; das 1. Neuron dieser motorischen Bahn liegt im Gyrus praecentralis, das 2. Neuron (nach Kreuzung zur Gegenseite) im motorischen Vorderhorn. Über den Tractus corticonuclearis werden die motorischen Fasern für die motorischen Hirnnerven geführt. Sie erreichen ihr 2. Neuron in entsprechenden motorischen Kerngebieten des Hirnstamms.

Als extra-pyramidal-motorisches System (EPMS) werden alle Abschnitte des Nervensystems zusammengefasst, die sich – abgesehen von der reinen Pyramidenbahn – mit der Planung, Vorbereitung und Kontrolle motorischer Aktionen befassen; im Wesentlichen sind das: motorische Assoziationszentren im Stirn- und Schläfenlappen, Kleinhirn, Basalganglien, Thalamus und verschiedene Kerngebiete des Hirnstamms.

Das Limbische System stellt eine Projektionsbahn im Grenzbereich zwischen Großhirn und Zwischenhirn dar. Zu diesem System zählt man folgende Kerngebiete (und ihre Bahnverbindungen): Thalamus, Epithalamus, Hypothalamus, Mandelkern, Hippocampus, Gyrus cinguli, Riechhirnanteile, Formatio reticularis.

Das Limbische System hat komplexe Funktionen z.B. als oberste Zentrale des vegetativen Nervensystems, Ursprung von Emotionen, Gedächtnisleistungen.

Kap. 7.12:

Man unterscheidet zwölf unterschiedliche Hirnnervenpaare. Von sprachtherapeutischer Bedeutung sind die Folgenden (sowie N. VIII, siehe Kap. 8):

N. V (N. trigeminus): mit 3 Ästen (N. ophthalmicus, N. maxillaris, N. mandibularis); versorgt sensibel Haut und Schleimhaut des Gesichts; der 3. Ast (N. mandibularis) enthält zusätzlich auch motorische Fasern für Kaumuskeln, Teile der oberen Zungenbeinmuskulatur, Teile der Gaumensegelmuskulatur und den N. tensor tympani.

N. VII (N. facialis): enthält motorische Äste für die mimischen Muskeln, Teile der oberen Zungenbeinmuskeln und den M. stapedius; im Intermedius-Anteil des N. facialis verlaufen Geschmacksfasern von den vorderen zwei Dritteln der Zunge sowie vegetative (sekretorische) Fasern für die Tränendrüse und alle Speicheldrüsen des Kopfes mit Ausnahme der Parotis.

N. IX (N. glossopharyngeus): enthält motorische Äste für einen Tel der Gaumensegel- und Rachenmuskulatur, sensible Fasern für das hintere Zungendrittel und Teile des Rachens, Geschmacksfasern für das hintere Zungendrittel und vegetative (sekretorische) Fasern für die Glandula parotis.

N. X (N. vagus): enthält motorische Fasern für den Kehlkopf sowie für Teile der Gaumensegel- und Rachenmuskulatur sowie sensible Fasern für die Schleimhaut von Kehlkopf und Teilen des Rachens. Außerdem hat der Vagus eine zentrale Rolle im parasympathischen Nervensystem.

N. XII (N. hypoglossus): enthält motorische Fasern für alle Zungenmuskeln.

Kap. 7.13:

Die Funktion des vegetativen Nervensystems besteht in der Steuerung und Koordination der inneren Organe des Körpers. Die übergeordnete Zentrale befindet sich im Limbischen System; periphere Anteile des vegetativen Nervensystems sind mit der Zentrale über afferente und efferente Fasern verbunden. Die Zielzellen des vegetativen Nervensystems stellen vermutlich alle Zellen des Körpers mit Ausnahme der quergestreiften Skelettmuskelzellen dar.

Der periphere Teil des vegetativen Nervensystems gliedert sich in Sympathikus und Parasympathikus. Der Sympathikus hat seine höchste Aktivität während einer Stressreaktion und aktiviert alle dabei benötigten Organe (Herz, Kreislauf, Atmung). Der Parasympathikus hat seine höchste Aktivität während der Ruhephasen und aktiviert alle der Verdauung dienenden Organe.

Das vegetative Nervensystem arbeitet überwiegend mit Reflexen; entsprechende Reflexzentren (Atemzentrum, Kreislaufzentrum, Speichelzentrum u.a.) befinden sich im Hirnstamm und im Rückenmark.

8 Hör- und Gleichgewichtsorgan

LERNZIELE ANATOMIE HÖR- UND GLEICHGEWICHTSORGAN

Embryonale Entwicklung des Hör- und Gleichgewichtsorgans

Teile des peripheren und zentralen Hör- und Gleichgewichtsorgans

Relief der Ohrmuschel, Form, Verlauf und Wände des äußeren Gehörgangs

Aufbau, Teile, Einteilung und Befestigung des Trommelfells

Einteilung des Mittelohrs

Einteilung der Paukenhöhle, Wände und Inhalt

Gehörknöchelchenkette mit Gelenken, Bändern, Achsen und Muskeln

wichtigste Zellen im Felsenbein

Abschnitte, Öffnungen und Wandaufbau der Ohrtrompete

Teile des Innenohrs mit knöchernem und häutigem Labyrinth sowie perilymphatischen Räumen

Lage des Labyrinthes im Felsenbein

Sinnesflächen des häutigen Labyrinths

Wände des Ductus cochlearis

Aufbau des Corti-Organs mit Haarzellen, Tunneln, Stützzellen, Synapsen und Nervenfasern

Lage und innerer Aufbau der Ganglien des VIII. Hirnnerven

zentrale Hör- und Gleichgewichtsbahnen

LERNZIELE FUNKTIONEN DES HÖR- UND GLEICHGEWICHTSORGANS

funktionelle Gliederung des Hörorgans

Schallreize (Schwingungen in bestimmter Frequenz und Intensität, Ton, Klang, Geräusch, Schwebung, Tonfrequenz, Grenzen, Amplitude, Wellenlänge)

Schallstärke, Lautstärke (Hörschwellenkurven, dB-Skala, Schalldruck, Fühlgrenze, Hauptsprachbereich, Lautstärkepegel verschiedener Geräusche, Unterschiedsschwelle)

Schallübertragung im Mittelohr (Schallleitungsapparat, Impedanzmessung, Verstärkung des Schalldrucks, Luftleitung, Knochenleitung, osseotympanale Leitung, Mittelohrmuskeln)

Reizaufnahme im Innenohr (mechanische Vorgänge an der Reissner-Membran und an der Basilarmembran, Wanderwellen, Frequenzdispersion, Scherbewegung, Potenziale des Innenohrs, Adaptation)

Erregungsleitung zur Hörrinde (Vergleichsmöglichkeiten für akustische Signale, Heschl-Querwindung)

Richtungswahrnehmung, Entfernungswahrnehmung

Funktionelle Gliederung des Gleichgewichtsorgans (Utriculus, Sacculus, Bogengänge)

Funktionsweise der Maculaorgane

Funktionsweise der Bogengangsorgane

Erregungsleitung in vestibulären Bahnen

vestibulärer Nystagmus

8.1 Übersicht

Im Innenohr sind zwei Sinnesorgane lokalisiert: das Hörorgan und das Gleichgewichtsorgan, die in vielen Aspekten miteinander verwandt sind (z.B. bezüglich der Mechanismen der Sinneswahrnehmung oder der Entwicklung, ☞ Kap. 8.2).

Nur das Hörorgan benötigt dabei über das äußere Ohr und das Mittelohr eine direkte Verbindung zur Außenwelt, um die Schallwellen zu leiten. Dabei wirkt das äußere Ohr, bestehend aus Ohrmuschel und äußerem Gehörgang, als Schalltrichter.

Das Mittelohr hat die Funktion eines Verstärkerapparats für die Schallwellen und umfasst die Paukenhöhle, das Trommelfell und die Gehörknöchelchen. Über die Ohrtrompete erfolgt der notwendige Druckausgleich zum Nasenrachen (Abb. 8.1).

Das Gleichgewichtsorgan misst Dreh- und Linearbeschleunigungen; damit registriert es die Stellung des Kopfes bezogen auf den Erdmittelpunkt („Schwerkraft") sowie Drehbewegungen des Kopfes. Dazu sind keine Verbindungen zur Außenwelt erforderlich.

8.2 Entwicklung

Die Entstehung des äußeren Ohrs, des Trommelfells, der Paukenhöhle und der Ohrtrompete sind eng mit der Entstehung der Schlundbögen verbunden (☞ Kap. 5.1), die eine frühe Differenzierungsstruktur der seitlichen Halsregion darstellen. Der äußere Gehörgang entwickelt sich aus der Vertiefung, die außen zwischen dem 1. und 2. Schlundbogen sichtbar ist und als 1. Schlundfurche bezeichnet wird (Abb. 8.2 a, b). Aus dem Gewebe, das die 1. Schlundfurche außen umgibt, entwickelt sich die Ohrmuschel.

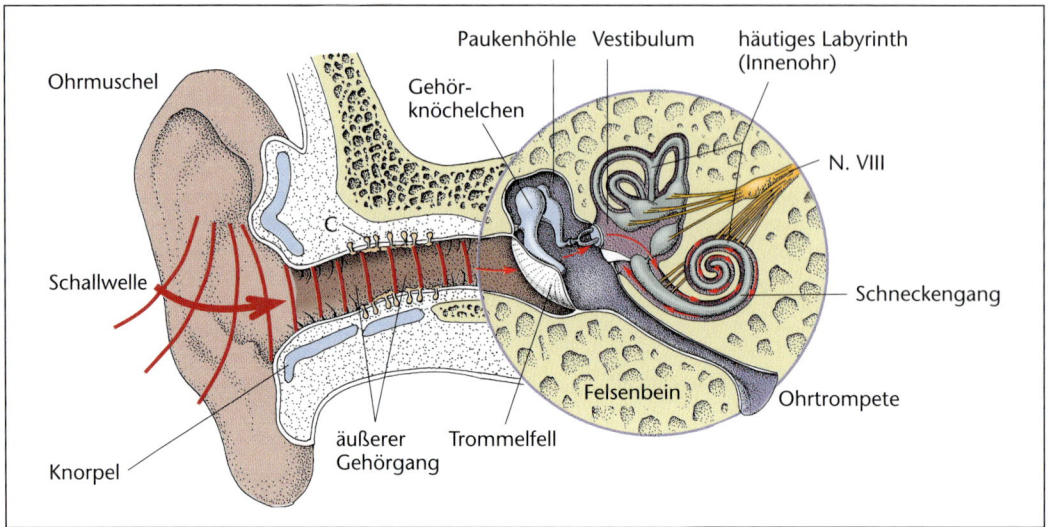

Abb. 8.1 Übersicht über äußeres Ohr, Mittelohr und Innenohr; Mittelohr und Innenohr sind innerhalb des Kreises vergrößert dargestellt; C: Ceruminaldrüsen, N. VIII: N. vestibulocochlearis (Hör-Gleichgewichts-Nerv)

Die von innen sichtbaren, aus dem späteren Rachen abgehenden Vertiefungen zwischen den Schlundbögen werden als Schlundtaschen bezeichnet. Die Ohrtrompete, die den Nasenrachen mit der Paukenhöhle im Sinne eines Druckausgleichs- und Belüftungskanals verbindet, entsteht aus der 1. Schlundtasche (Abb. 8.2 a, b). Das Ende dieser 1. Schlundtasche erweitert sich zur Paukenhöhle.

Aus den Schnittbildern (Abb. 8.2 b) ist ersichtlich, dass die 1. Schlundfurche und die 1. Schlundtasche aufeinander zuwachsen. Aus den Gewebeanteilen, die sich dann von innen und außen gesehen berühren, entsteht das Trommelfell (Abb. 8.1, 8.2 b).

Aus dem Knorpelmaterial der ersten beiden Schlundbögen entwickeln sich die drei Gehörknöchelchen Hammer, Amboss und Steigbügel (☞ Abb. 5.2 im Kapitel „Kehlkopf").

Die beiden Sinnesorgane des Innenohrs bilden sich aus einer Verdickung der äußeren Haut, die als **Ohrplakode** bezeichnet wird (Abb. 8.2 c). Dieses Gebilde löst sich von der Körperoberfläche und wandert in das Innere des Kopfes; dabei entsteht ein kompliziertes System aus Hohlräumen, das als häutiges Labyrinth bezeichnet wird und in dessen Wandung sich die Sinnesfelder entwickeln. Die Sinneszellen des Hörorgans bilden sich im dritten Schwangerschaftsmonat aus und sind ab dem fünften Schwangerschaftsmonat funktionsfähig.

> **Plakode** (griech. plakos): Platte

8.3 Aufbau und Funktion des äußeren Ohrs

8.3.1 Ohrmuschel

Das äußere Ohr hat die Funktion eines Trichters für Schallwellen (Abb. 8.1) und besteht aus der Ohrmuschel und dem äußeren Gehörgang. Abgesehen vom Ohrläppchen, das nur Binde- und Fettgewebe enthält, ist die Ohrmuschel aus einem elastischen Knorpelskelett aufgebaut. Die mimischen Muskeln des Ohrs sind weitgehend degeneriert und funktionslos. Einige charakteristische Strukturen der Ohrmuschel werden als **Helix, Antihelix** und **Tragus** (Abb. 8.3 a) bezeichnet. Der Tragus verdeckt teilweise den Eingang zum äußeren Gehörgang.

> **Fachbegriffe des äußeren Ohrs**
> Ohrmuschel: auricula (lat.)
> äußerer Gehörgang: Meatus acusticus externus (lat.), meatus (lat.): Gang
> Helix (lat.): Schnecke, Windung, Spirale
> Antihelix (lat.): „Gegen"-Windung
> Tragus (griech. tragos): Ziegenbock, hier Knorpelvorsprung

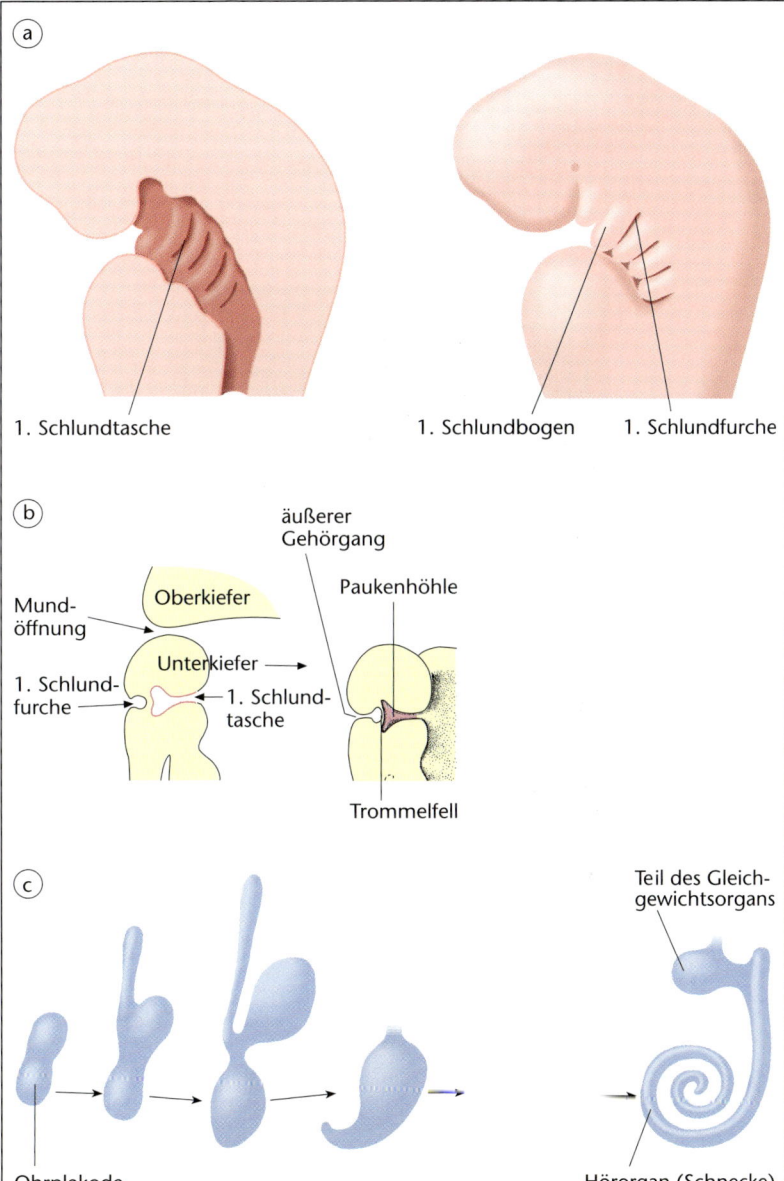

Abb. 8.2 Entwicklung des äußeren Ohrs, Mittelohrs und Innenohrs; a) links: Schnitt durch die Kopf- und obere Rumpfregion eines ca. 5 Wochen alten Embryos mit Ansicht der Schlundtaschen, rechts: Kopf- und Halsregion eines 4 Wochen alten Embryos mit Schlundbögen und Schlundfurchen von links außen gesehen; b) Entwicklung der Region zwischen den ersten beiden Schlundbögen mit Entstehung des äußeren Gehörgangs, des Trommelfells, der Paukenhöhle und der Ohrtrompete; c) Entwicklungsschritte des Innenohrs während der Embryonalperiode; dargestellt ist die Differenzierung des häutigen Labyrinths (☞ Kap. 8.7.1)

Bei der durchschnittlichen Größe einer menschlichen Ohrmuschel werden bevorzugt Schallwellen mit höheren Frequenzen („hohe Töne") wahrgenommen. In der Regel nehmen die beiden Ohren von links und rechts unterschiedliche Klangmuster auf. Dadurch und durch unterschiedliche Laufzeiten der Nervensignale von beiden Ohren sind nach entsprechender Verarbeitung durch das Gehirn Loka-

lisation der Schallquelle und räumliches Hören möglich.

8.3.2 Äußerer Gehörgang; Cerumen

Der äußere Gehörgang stellt die Verbindung zwischen der Ohrmuschel und dem Trommelfell dar (Abb. 8.1). Der äußere Gehörgang ist schraubenartig gekrümmt, von äußerer Haut ausgekleidet und hat durchschnittlich eine Gesamtlänge von ca. 3–4 cm. Seine Wand ist im äußeren Bereich knorpelig; hier finden sich auch Haare und Drüsen. In Richtung zum Trommelfell sind keine Haare und Drüsen mehr zu finden; hier ist die Gehörgangswand knöchern (Abb. 8.1).

Die Drüsen im knorpeligen Abschnitt des Gehörgangs produzieren das fettreiche Ohrenschmalz (**Cerumen**), das abgestorbene Hautschüppchen und eingedrungene Verunreinigungen festhält. Dieses Cerumen wird durch einen speziellen Transportme-

> **: Cerumen,** auch Zerumen, cera (lat.): Wachs

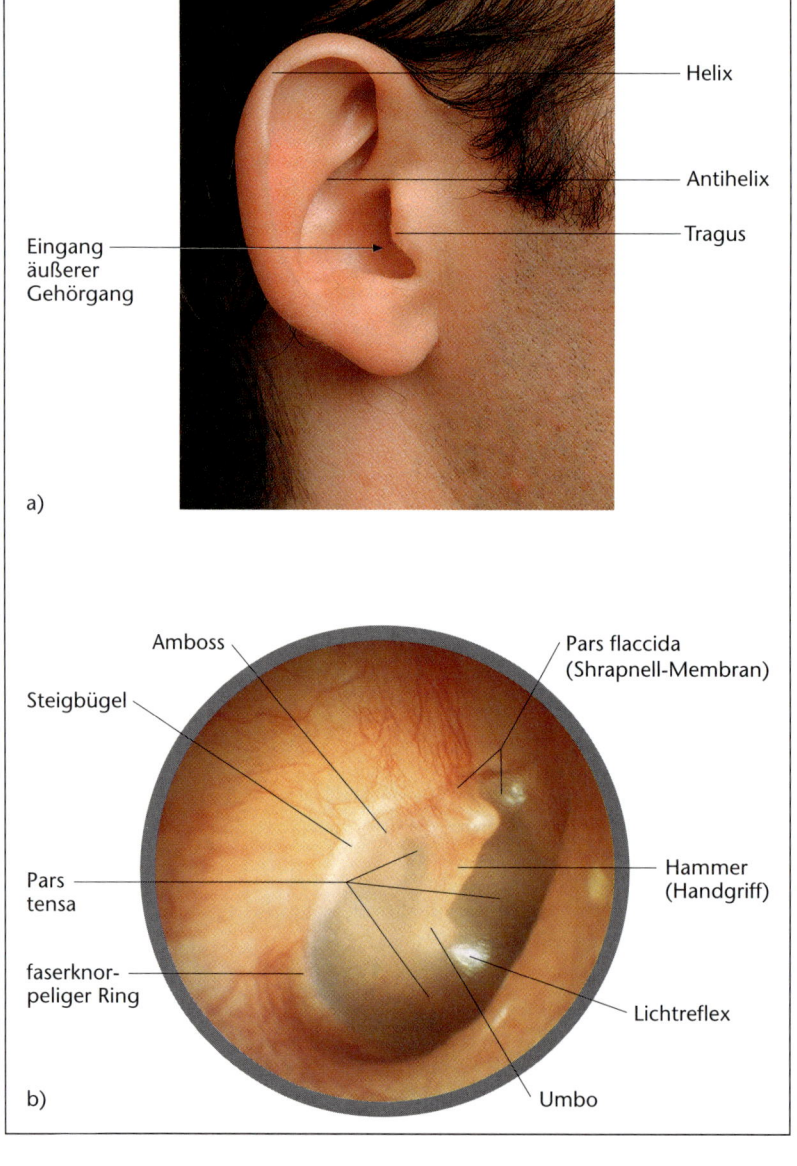

Abb. 8.3 a) Wichtige Strukturen der rechten Ohrmuschel; b) Ansicht des rechten Trommelfells wie bei einer Ohrspiegelung; der Lichtreflex stammt von der Beleuchtungsquelle des Ohrspiegels und weist die typische Stellung wie bei einem gesunden Ohr auf

chanismus des äußeren Gehörgangs, unterstützt durch Kaubewegungen, nach außen transportiert.

Otoskopie
Die Ohrspiegelung (Otoskopie) erlaubt die Inspektion des äußeren Gehörgangs, des Trommelfells und teilweise auch der Paukenhöhle mit Hilfe eines Ohrspiegels (Otoskop). Beim Erwachsenen ist die Ohrspiegelung wegen des längeren und stärker gekrümmten äußeren Gehörgangs in der Regel erst dann möglich, wenn die Ohrmuschel nach hinten oben gezogen wird, um die Krümmung auszugleichen. Bei Kindern ist dies meist noch nicht erforderlich.
Otoskopie: aus ous (griech.): Ohr und -skopie (griech. skopein): betrachten

---

Zeruminalpfröpfe
Größere Ansammlungen von Ohrenschmalz (Zeruminalpfröpfe) beeinträchtigen die Durchleitung der Schallwellen durch den äußeren Gehörgang und führen zu einer Schallleitungs-Schwerhörigkeit. Diese wird durch den HNO-Arzt festgestellt und beseitigt, indem mit speziellen Instrumenten oder mit Hilfe von Spülungen das überschüssige Cerumen entfernt wird.
Eine Reinigung des äußeren Ohrs durch den Laien sollte auf keinen Fall weiter reichen als bis zu der Stelle, die mit dem kleinen Finger erreicht werden kann. Das Einführen von Wattestäbchen oder anderen Gegenständen in den Gehörgang kann zu schmerzhaften Entzündungen, zu Verletzungen des Trommelfells oder zur Ausbildung von Zeruminalpfröpfen führen und sollte deshalb unterbleiben.

8.4 Aufbau und Funktion des Trommelfells

Das Trommelfell (**Membrana tympani**) stellt die Grenzstruktur zwischen äußerem Gehörgang und Paukenhöhle dar. Traditionell wird es zum Mittelohr gezählt, obwohl es eigentlich die Grenzstruktur zwischen äußerem Ohr und Mittelohr bildet.
Das Trommelfell ist nach innen-unten-vorn um ei-

Membrana (lat.): Membran, Häutchen
tympani, Genitiv von tympanon (griech.): Handtrommel
(für das Trommelfell wird auch noch der ähnliche Fachbegriff Membrana tympanica verwendet)

---

nen Winkel von 45° gekippt und wie der Trichter eines Grammophons etwas in die Paukenhöhle vorgewölbt; es hat einen Durchmesser von bis zu 10 mm und eine Dicke von 0,1 mm. Die vom äußeren Ohr aus gesehen tiefste Stelle des Trommelfells wird als Nabel (**Umbo**) bezeichnet. In seiner knöchernen Umgebung ist das Trommelfell mit Hilfe eines faserknorpeligen Rings verankert (Abb. 8.3b).
Das Trommelfell besteht von außen nach innen aus äußerer Haut (allerdings ohne Anhangsorgane wie Drüsen und Haare), einer dünnen Bindegewebsschicht und dann innen aus der Schleimhaut, die auch die Paukenhöhle auskleidet. Die genannten Schichten sind jedoch so dünn, dass das Trommelfell bei der Ohrspiegelung etwas durchsichtig erscheint. Auf der Innenseite ist das Trommelfell mit dem Hammer aus der Kette der Gehörknöchelchen verwachsen, der teilweise, wie auch bestimmte Abschnitte der anderen Gehörknöchelchen, bei der Ohrspiegelung durchschimmern kann (Abb. 8.3b).

---

umbo umbilicus (lat.): Nabel
Pars (lat.): Anteil, tensa: Feminin-Form von tensus (lat.): straff, flaccida: Feminin-Form von flaccidus (lat.): schlaff
Shrapnell Eigenname (britischer Anatom)

Der Hauptanteil des Trommelfells ist straff gespannt; er wird als **Pars tensa** bezeichnet. Ein kleiner Teil im oberen Bereich ist jedoch mechanisch weniger belastbar; dieser Bereich wird als **Pars flaccida** oder **Shrapnell-Membran** unterschieden und kann sich – sichtbar bei der Ohrspiegelung – je nach den Druckverhältnissen zwischen Mittelohr und

---

Mittelohrentzündung (Otitis media)
Das Vorliegen z. B. einer eitrigen Mittelohrentzündung kann gut über eine Ohrspiegelung festgestellt werden; das Trommelfell ist gerötet und nach außen vorgewölbt; dabei sind einzelne Blutgefäße sichtbar. Ebenso kann die Menge und Art des Sekretes im Mittelohr durch das teilweise durchsichtige Trommelfell hindurch beurteilt werden.
Die Shrapnell-Membran gilt auch als „Sollbruchstelle" des Trommelfells, die bei übermäßigem Druck aus dem Mittelohr z. B. wegen einer eitrigen Mittelohrentzündung reißt, so dass der Eiter in das äußere Ohr abfließen kann.
Otitis (lat.): Ohrentzündung, media (lat.): Mittel-(ohr)

äußerem Ohr nach innen oder außen vorwölben (Abb. 8.3b).

8.5 Physikalische Grundlagen der Schallleitung

8.5.1 Schallwellen, Frequenzen

Wegen seiner geringen Dicke wird das Trommelfell von Schallwellen aus dem äußeren Gehörgang (Abb. 8.1) in Schwingungen versetzt. Schallwellen sind Druckschwankungen der Luft, die sich mit einer Geschwindigkeit von rund 330 Metern pro Sekunde ausbreiten (in vertrautere Größenordnungen „übersetzt" entspricht dies knapp 1200 Stundenkilometern).

Wie jedem Hörenden vertraut ist, gibt es unterschiedlich „tiefe" und „hohe" Töne. Sie werden durch ihre **Frequenz**, also die Zahl der Schwingungen pro Sekunde, unterschieden, die in **Hertz** (**Hz**) angegeben werden.

> **Frequenz** (lat. frequentia): Häufigkeit, hier Zahl der Schwingungen pro Sekunde
> **Hertz** Eigenname (deutscher Physiker), daraus ist die Abkürzung „Hz" abgeleitet
> Hz = 1 Schwingung pro Sekunde (gesprochen: Hertz)
> kHz = Kilohertz: Tausend Schwingungen pro Sekunde

Je geringer die Zahl der Schwingungen pro Sekunde ist, desto „tiefer" erscheint uns der gehörte Ton, je größer die Zahl der Schwingungen pro Sekunde, desto „höher" der Ton. Ein gesundes, jugendliches Ohr kann Schallwellen in einem Frequenzbereich von 16 Hz (tiefste Töne) bis 20000 Hz (= 20 kHz, höchste Töne) hören. Die obere Grenze sinkt mit zunehmendem Alter ab und liegt für einen 70-Jährigen bei ca. 13000 Hz.

Schallwellen mit einer Frequenz über dem oberen Grenzwert (20 kHz) des Frequenzbereichs sind für das menschliche Ohr nicht hörbar; dieser Bereich wird als **Ultra**schall bezeichnet. Genauso sind auch Schallwellen unterhalb des unteren Grenzwertes des Frequenzbereiches nicht wahrnehmbar (**Infra**schall).

Der Frequenzbereich, in dem Sprache „stattfindet", bewegt sich von rund 250 Hz bis 5000 Hz.

Mit Kenntnis der Schallgeschwindigkeit und der Frequenz lässt sich die Wellenlänge einer Schallwelle nach folgender Formel berechnen:

Wellenlänge = Geschwindigkeit/Frequenz

Am unteren Ende des Frequenzbereichs des menschlichen Ohrs, also bei 16 Hz beträgt die Wellenlänge nach dieser Formel dann gut 20 m, am oberen Ende, also bei 20 kHz, liegt sie bei unter 2 cm.

Im für das menschliche Ohr optimalen Bereich um 1000 Hz lassen sich noch Töne unterscheiden, die sich nur um 3 Hz in der Frequenz unterscheiden; dies bezeichnet man als Frequenzunterschiedsschwelle.

Eine weitere Eigenschaft einer Schallwelle ist die **Amplitude**. Darunter versteht man die Differenz zwischen der höchsten Stelle des Wellenbauchs und der tiefsten Stelle des Wellentals.

Als **Impedanz** bezeichnet man den Widerstand, der der Ausbreitung einer Schallwelle entgegenwirkt, z. B. bei der Übertragung der Schallwelle über das Trommelfell auf die Gehörknöchelchen und dann auf das Innenohr.

> **ultra-** (lat.): oberhalb; **infra-** (lat.): unterhalb
> **Amplitude** (lat. amplitudo): Größe, Umfang, Weite; hier bezogen auf eine Schwingung
> **Impedanz** impedire (lat.): hemmen

Wenn ein Schallereignis nur aus einer einzigen Frequenz besteht, bezeichnet man dieses als Ton. Klänge als Grundlage der Musik bestehen aus mehreren Tönen, die gleichzeitig wahrgenommen werden. Der Klang setzt sich meist zusammen aus einem Grundton und mehreren Obertönen, deren Frequenzen in einem ganzzahligen Verhältnis zum Grundton stehen. Geräusche hingegen enthalten einen mehr oder weniger großen Ausschnitt aller Frequenzen des Hörbereichs.

Wenn zwei Schallquellen Schallwellen aussenden, deren Frequenzen ganz nahe beieinander liegen, so hört man diese Töne nicht getrennt, sondern als einen einzigen Ton, dessen Lautstärke zu- und abnimmt; dies wird als Schwebung bezeichnet.

8.5.2 Hörschwelle, Schalldruck

Da es sich bei Schallwellen um Druckwellen (Druckschwankungen der Luft) handelt, lässt sich als weiteres wichtiges Charakteristikum von Schallwellen außer der Frequenz auch die Schallintensität, gemessen als Schalldruck und empfunden als unterschiedliche Lautstärke der Töne, Klänge und Geräusche, beschreiben.

Der Druck einer Schallwelle wird wie jeder andere Druck auch in der Messeinheit **Pascal** (Pa) bestimmt. Der Druck wird berechnet aus Kraft pro Fläche; dabei ist ein Pascal definiert als 1 **Newton** (N) pro Quadratmeter. Newton ist dabei die Einheit der Kraft.

> **Pascal** Eigenname (französischer Physiker)
> Einheit: Pa = 1 N/m² (Druck)
> **Newton** Eigenname (englischer Physiker)
> Einheit: N (1 N = Kraft, die eine Masse von 1 kg auf 1 m/sec² beschleunigt)

Der Schalldruck entspricht der Druckamplitude der Schallwelle (s.o.) und lässt sich mit speziellen Mikrophonen messen.

Man kann sich leicht vorstellen, dass es bei Schallwellen einen so geringen Druck geben kann, dass er vom menschlichen Ohr nicht mehr wahrgenommen wird. Der Schwellenwert, ab dem gerade eben ein Schallereignis wahrgenommen werden kann, wird als absolute Hörschwelle oder Schwellenintensität bezeichnet. Sie liegt für die Frequenz von 1000 Hz bei einem gesunden Ohr bei 2×10^{-5} Pa.

Diese Hörschwelle verändert sich deutlich, wenn sie über den gesamten Bereich des Hörspektrums untersucht wird (Intensitätsschwellenkurve); sie ist am niedrigsten im Bereich zwischen 2000 bis 5000 Hz, also im oberen Sprachbereich, und steigt zu niedrigeren und höheren Frequenzen stark an. Man hört deshalb am besten im oberen Sprachbereich.

> **Audiometrie**
> Bei der Audiometrie (meist als Tonaudiometrie oder Schwellenaudiometrie durchgeführt) wird mit einem Audiometer gearbeitet, bei dem reine Töne unterschiedlichster Frequenzen erzeugt werden. Fast ausschließlich wird damit die Hörschwelle von Probanden bei Tönen aus verschiedensten Bereichen des Hörspektrums untersucht.
> Der Proband gibt dabei den Schalldruck an, ab dem er einen bestimmten Ton hört. In der Regel werden dabei in einem Tonaudiogramm die Abweichungen zum Durchschnitt der Hörfähigkeit gesunder Jugendlicher bestimmt. Bei Schwerhörigkeit des Probanden in bestimmten Frequenzen steigt dann die Hörschwelle, verglichen mit dem Durchschnittswert, an. Dieser Unterschied zum Normalwert wird als Hörverlust bezeichnet.
> Die Impedanzaudiometrie (s.o.) misst den Widerstand bei der Ausbreitung der Schallwellen z.B. über Trommelfell und Gehörknöchelchen.

8.5.3 Schalldruckpegel, Dezibel

Wie schon in Kap. 7.10.2 (Weber-Fechner-Gesetz oder psychophysisches Grundgesetz) besprochen, nimmt die Empfindung eines Reizes, hier also des Schalldrucks, nicht linear mit steigender Reizstärke zu, sondern nur proportional zum Logarithmus der Reizstärke.

Aus diesem Grund wird im medizinischen Bereich selten mit dem Schalldruck direkt, sondern meist mit einem abgeleiteten Wert, dem Schalldruckpegel, gearbeitet, der dem Weber-Fechner-Gesetz Rechnung trägt. Dieser Schalldruckpegel wird in **Dezibel** (**dB**) gemessen.

> **Dezibel** (abgekürzt: dB): abgeleitet aus Dezi- (lat.): ein Zehntel, und Bel (Abkürzung aus Bell, Eigenname: amerikanischer Erfinder u. a. des Telefons)

Das **Bel** ist eine dimensionslose Größe, die auf die menschliche Hörschwelle für einen Ton mit einer Frequenz von 1000 Hz bezogen ist. Der Schalldruckpegel an der Hörschwelle entspricht 0 dB. Bei jeder Erhöhung des Schalldrucks um den Faktor 10 erhöht sich der Schalldruckpegel um 20 dB. Dies beruht auf folgender Formel

Schalldruckpegel (meist als „L" angegeben)
$= 20 \times \log P_x/P_0$

Dabei ist P_x der gerade gemessene Schalldruck und P_0 der Schalldruck an der Hörschwelle. Entspricht der gemessene Schalldruck dem Schalldruck der Hörschwelle, wird der Quotient der Formel = 1; der Logarithmus von 1 ist gleich Null, 20 multipliziert mit Null bleibt Null, also ist der Schalldruckpegel an der Hörschwelle 0 dB.

Erhöht sich der gemessene Schalldruck um den Faktor 10, dann ergibt der Quotient ebenfalls als 10, der Logarithmus von 10 ist gleich 1, $20 \times 1 = 20$, also beträgt der Schalldruckpegel 20 dB. Bei einem gegenüber der Hörschwelle hundertfach erhöhten Schalldruck ist der Schalldruckpegel 40 dB, tausendfach erhöht 60 dB usw. Die Schmerzgrenze liegt bei ca. 120 dB, bedeutet also einen um 10^6 erhöhten Schalldruck gegenüber der Hörschwelle. Bei einer Dauerbeschallung ab 85–90 dB treten Hörschäden auf. Die Schalldruckpegel verschiedener Geräuschquellen sind in der Abb. 8.4 zusammengestellt.

Die Unterschiedsschwelle, um die unterschiedliche

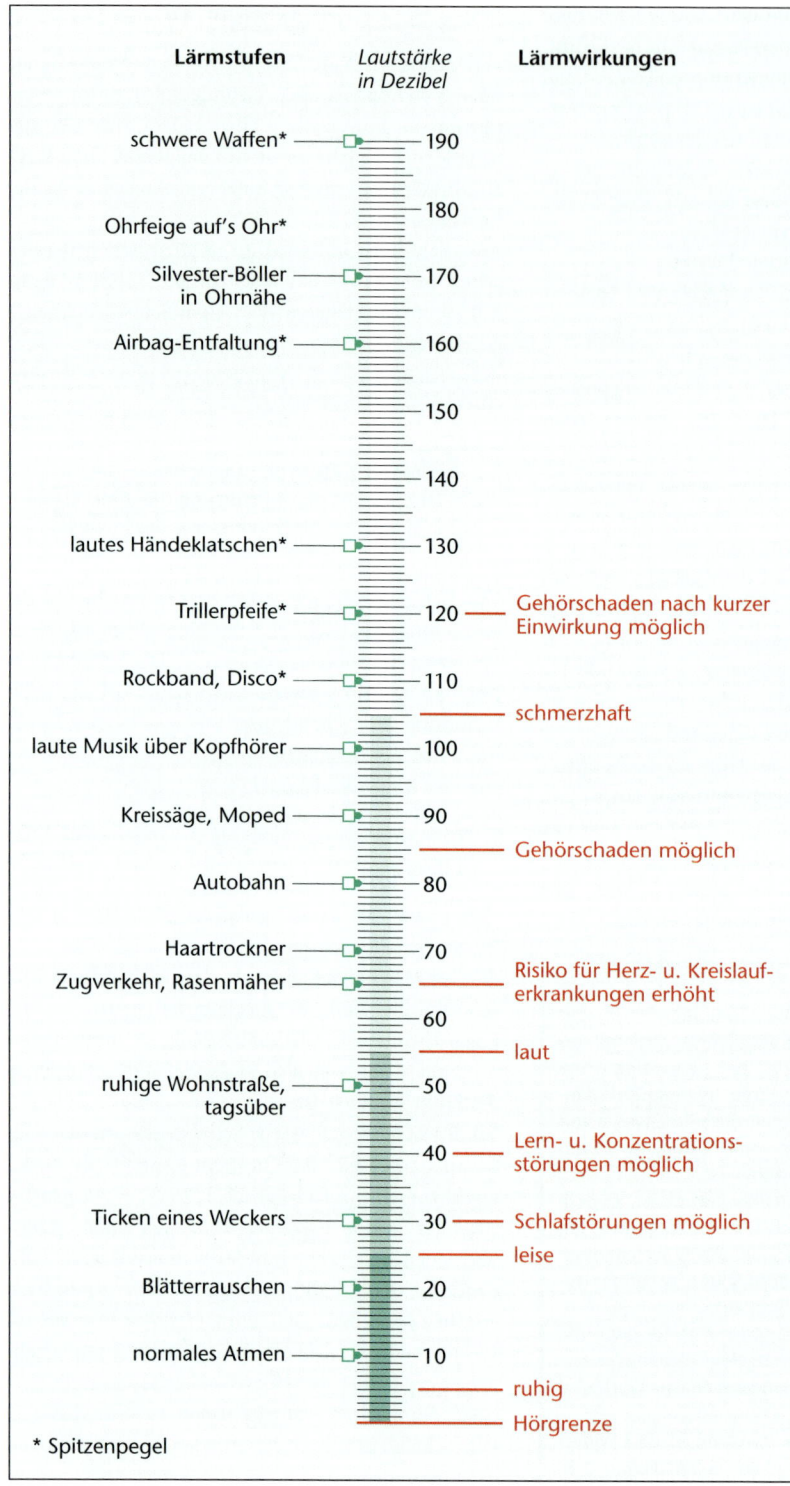

Abb. 8.4 Schalldruckpegel verschiedener Geräuschquellen und Auswirkungen auf den menschlichen Organismus

„Lautstärke" zweier Töne noch wahrnehmen zu können, liegt bei durchschnittlich 1 dB.

Hat ein Patient bei einer tonaudiometrischen Messung gegenüber dem Normalwert einen „Hörverlust" von beispielsweise 60 dB, dann bedeutet das, dass er einen tausendfach erhöhten Schalldruck zur Wahrnehmung eines bestimmten Tons benötigt, verglichen mit einem Normalhörigen.

In der Praxis sind noch einige kleinere Korrekturen bei der Messung der Schalldruckpegel erforderlich, auf die hier nicht näher eingegangen werden kann (vergleiche Lehrbücher der Audiologie).

8.6 Aufbau und Funktion der Paukenhöhle

8.6.1 Lokalisation und Etagenbau

Die Paukenhöhle (**Cavum tympani**) ist der Hauptraum des Mittelohrs; sie ist wie die Nebenräume, vor allem im Warzenfortsatz, und die Ohrtrompete, die die Verbindung zum Rachen darstellt, luftgefüllt (**pneumatisiert**) und von respiratorischer Schleimhaut ausgekleidet (Abb. 8.1). Die Paukenhöhle befindet sich im Schläfenbein (**Os temporale**).

> **⋮ Cavum tympani** (lat. Cavum) Höhle, tympani: Genitiv von tympanum (lat.): Pauke, abgeleitet aus dem griech. Begriff tympanon
> **pneumatisiert,** luftgefüllt (auch: pneumatisch), aus pneuma (griech.): Luft
> **Os temporale** (lat.): Schläfenbein

Man kann die Paukenhöhle mit einem schmalen und sehr hohen sanduhrähnlichen Zimmer vergleichen, das in der Mitte, an seiner schmalsten Stelle, nur einen Durchmesser von rund 2 mm aufweist. Der gesamte Innenraum der Paukenhöhle umfasst nicht mehr als 1 ml Volumen.

Ähnlich wie beim Rachen (☞ Kap. 4.6) wird die Paukenhöhle in drei übereinander liegende Abschnitte eingeteilt:

- **Epitympanon** (oberhalb des Trommelfells; von hier geht es in die Nebenräume im Warzenfortsatz)
- **Mesotympanon** (schmalste Stelle der Paukenhöhle zwischen dem lateral gelegenen Trommelfell und einer medial gelegenen Knochenvorwölbung des Innenohrs)
- **Hypotympanon** (unterhalb des Trommelfells und des Abgangs der Ohrtrompete gelegen).

> **⋮ epi-** (griech.): darauf, darüber; **meso-** (griech.): in der Mitte, **hypo-** (griech.): unten, darunter
> **tympanon** (griech.): Pauke
> **lateral** (lat.): nach außen, **medial** (lat.): zur Mitte (Mittelebene) hin gerichtet

In der Paukenhöhle finden sich als „Bewohner" drei Gehörknöchelchen (☞ Kap. 8.6.3) und zwei kleine Skelettmuskeln (☞ Kap. 8.6.4).

Man unterscheidet an der Paukenhöhle sechs Wände: Dach, Boden, vordere und hintere sowie **laterale** und **mediale** Wand:

- Dach: eine dünne Knochenplatte, die an die mittlere Schädelgrube mit Hirnhäuten und Gehirn grenzt
- Boden: eine Knochenplatte, unterhalb derer die innere Drosselvene (V. jugularis interna) verläuft, die das venöse Blut aus dem Gehirn transportiert
- vordere Wand: eine Knochenabschnitt, in dem sich der Kanal für die innere Kopfschlagader, A. carotis interna, befindet; von hier geht auch die Ohrtrompete zum Nasenrachen ab
- hintere Wand: hier sind die Öffnungen enthalten, die zu den pneumatisierten Hohlräumen des Warzenfortsatzes führen
- laterale Wand: enthält das Trommelfell
- mediale Wand: vorgewölbt durch das sog. **Promontorium**, einen Knochenvorsprung, der durch die unterste Windung der Schnecke des Hörorgans hervorgerufen wird; hier befinden sich auch das ovale und das runde Fenster; hinter der medialen Wand der Paukenhöhle liegt das Innenohr.

> **⋮ Fachbegriffe der Paukenhöhlenwände**
> Dach: Paries tegmentalis (tegmentum, lat.: Dach)
> Boden: Paries jugularis (jugularis: aus iugulare, lat. erdrosseln, bezogen auf die Drosselvene)
> vordere Wand: Paries caroticus (caroticus: dem Knochenkanal der A. carotis interna, innere Kopfschlagader, benachbart)
> hintere Wand: Paries mastoideus (mastoideus: zum Warzenfortsatz, Processus mastoideus, zugehörig)
> laterale Wand: Paries membranaceus (membranaceus: häutig, membranartig)
> mediale Wand: Paries labyrinthicus (dem Labyrinth des Innenohrs benachbart)
> Paries (lat.): Abschnitt
> Promontorium (lat.): Vorsprung

8.6.2 Nachbarstrukturen der Paukenhöhle

In der Nachbarschaft der Wände der Paukenhöhle, vor allem im hinteren Bereich, finden sich zahlreiche pneumatisierte Hohlräume, die auch als „Zellen" bezeichnet werden. Von besonderer Bedeutung sind dabei die Warzenfortsatzzellen (**Cellulae mastoideae**), die sich in dem hinter dem Ohr gut tastbaren Warzenfortsatz (**Processus mastoideus**) befinden.

In der Wand der Paukenhöhle bzw. in der weiteren Nachbarschaft verlaufen wichtige Leitungsbahnen wie die oben genannten Blutgefäße (A. carotis interna, V. jugularis interna, Abb. 8.6) und einige Hirnnerven (vor allem der N. facialis verläuft über eine gewisse Strecke unter der Schleimhaut der Paukenhöhle). Ebenso gibt es enge Nachbarbeziehungen der Paukenhöhlenwände zu bestimmten Abschnitten der Hirnhäute und der darin verlaufenden venösen Blutleiter (Sinus, Abb. 8.6).

⋮ Cellulae Plural von cellula (lat.): Kämmerchen
Processus (lat.): Fortsatz
mastoideae Plural der Feminin-Form von mastoideus (lat.): warzenartig

---

Ausbreitung von Eiterungen der Paukenhöhle
Die Warzenfortsatzzellen können genauso wie die meisten anderen, hinter den Paukenhöhlenwänden liegenden Nachbarstrukturen bei einer eitrigen Mittelohrentzündung mit einbezogen werden. Problematisch ist dabei nicht nur, dass der Übergriff der Eiterungen schlecht behandelt werden kann, sondern dass Eitererreger auf Blutgefäße, Nerven und Hirnhäute übergreifen können, die sich in der Nachbarschaft der Paukenhöhle befinden. Ebenso besteht das Risiko einer Meningitis, einer Sinusthrombose oder eines Hirnabszesses.
Meningitis (lat.): Hirnhautentzündung
Sinusthrombose: Bildung eines Pfropfes in einem venösen Blutleiter (Sinus) der harten Hirnhaut
Hirnabszess: Eiteransammlung (Abszess) im Gehirn
Als Warzenfortsatzentzündung (Mastoiditis) bezeichnet man das Übergreifen einer eitrigen Mittelohrentzündung auf die Warzenfortsatzzellen. Eine solche Entzündung ist nur schwer zu behandeln, häufig ist ein operativer Eingriff erforderlich.

8.6.3 Gehörknöchelchen

Von großer Bedeutung für die Übertragung der Schallwellen vom Trommelfell auf das Innenohr sind die Gehörknöchelchen (Abb. 8.5a):

- Hammer (Malleus), bestehend aus Kopf und Handgriff (letzterer mit dem Trommelfell verwachsen)
- Amboss (Incus), aufgebaut wie ein Mahlzahn mit zwei unterschiedlich langen „Wurzeln" (Fortsätze, Schenkel)
- Steigbügel (Stapes), aufgebaut aus Kopf, vorderem und hinterem Schenkel sowie der Steigbügelplatte.

Dabei bilden Hammerkörper und Ambosskörper ein Gelenk, ebenso der lange Fortsatz des Amboss mit dem Steigbügelkopf (Abb. 8.5a). Hammer und Amboss sind durch verschiedene Bänder mit der Wand der Paukenhöhle verbunden. Im Prinzip bilden die drei Gehörknöchelchen eine Knochenkette, die federnd aufgehängt und untereinander befestigt ist. Die Bewegungsmöglichkeiten in den beiden Gelenken sind nur sehr gering.

Die Schwingungen des Trommelfells werden auf den mit ihm verwachsenen Hammerhandgriff übertragen; wegen der geringen Beweglichkeit in den Gehörknöchelchen-Gelenken überträgt sich diese Schwingung unter leichter Verstärkung des Schalldrucks durch Hebelkräfte direkt auf die Steigbügelplatte. Die Bewegungen, die der Hammer ausführt, sind dabei als Drehschwingungen zu charakterisieren, die über den Amboss auf den Steigbügel übertragen werden. Die Drehachse des Hammers befindet sich am Übergang des Hammerhandgriffs zum Hammerkopf.

Das Innenohr ist ein labyrinthartiger, mit Flüssigkeit gefüllter Knochenhohlraum. Es weist zur Paukenhöhle zwei Öffnungen auf, die sich in der medialen Wand der Paukenhöhle befinden. Diese Öffnungen werden als ovales und rundes Fenster bezeichnet. Das runde Fenster ist durch eine dem Trommelfell vergleichbare, nur wesentlich kleinere Membran verschlossen.

Die Steigbügelplatte verschließt das ovale Fenster (Abb. 8.1); sie ist von Knorpel überzogen, der auch den äußeren Rand umschließt. Ebenso weist auch die Wand des ovalen Fensters einen Knorpelüberzug auf. Zwischen der Steigbügelplatte und der Wand des ovalen Fensters befindet sich ein Ringbandsystem aus überwiegend elastischen Fasern (**Ligamentum anulare stapedis**).

> **Ligamentum** (lat.): Band (abgekürzt: Lig.)
> **anulare** Neutrum von anularis (lat.): ringartig
> **stapedis** Genitiv von stapes (lat.): Steigbügel

Bei Übertragungen von Schallwellen über das Trommelfell auf die Steigbügelplatte führt diese Kippbewegungen, bei hohen Schalldrucken auch kolbenartige Bewegungen im ovalen Fenster aus, wodurch die Schallwellen auf die Flüssigkeit des Innenohrs weitergeleitet werden.

8.6.4 Muskeln der Paukenhöhle

Im Mittelohr befinden sich als „Bewohner" auch zwei winzige, quergestreifte Skelettmuskeln:
- Trommelfellspanner (M. tensor tympani)
- Steigbügelmuskel (M. stapedius).

> **M. tensor tympani** M.: Abkürzung für Musculus (lat.): Muskel, tensor (lat.): Anspanner, tympani, Genitiv von tympanum (lat.): Pauke (bezogen auf das Trommelfell)
> **stapedius** (lat.): zum Steigbügel (stapes) gehörig

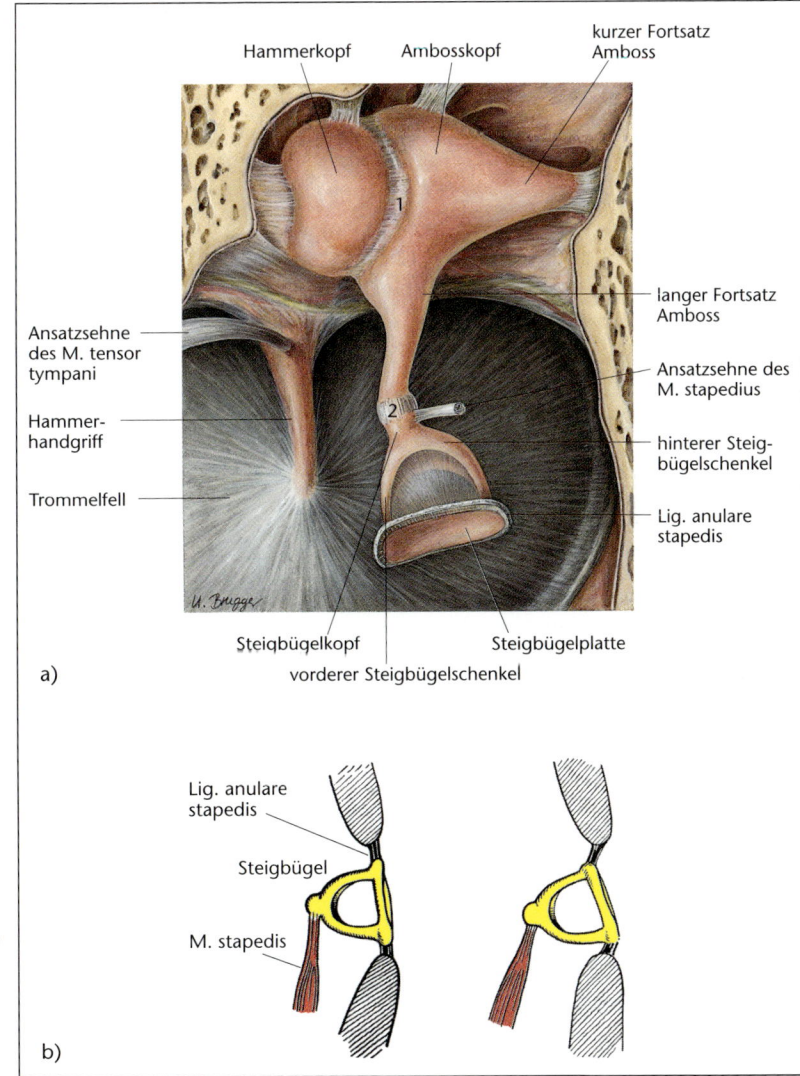

Hammerkopf — Ambosskopf — kurzer Fortsatz Amboss

langer Fortsatz Amboss

Ansatzsehne des M. tensor tympani

Ansatzsehne des M. stapedius

Hammerhandgriff

hinterer Steigbügelschenkel

Trommelfell

Lig. anulare stapedis

Steigbügelkopf — Steigbügelplatte
vorderer Steigbügelschenkel

a)

Lig. anulare stapedis

Steigbügel

M. stapedius

b)

Abb. 8.5 a) Blick auf die Gehörknöchelchen und das Trommelfell, vom Innenohr aus gesehen; 1 Gelenk zwischen Hammer und Amboss, 2 Gelenk zwischen Amboss und Steigbügel; b) Auswirkung einer Kontraktion des M. stapedius (rechte Bildhälfte) auf die Position der Steigbügelplatte im ovalen Fenster (Stapediusreflex)

Die Aufgabe dieser Muskeln ist es, u.a. die Gehörknöchelchenkette so in Spannung zu halten, dass sie die Schallwellen optimal übertragen kann.

Der Trommelfellspanner zieht von der Wand der Paukenhöhle in der Nähe des Abgangs der Ohrtrompete zum Hammerhandgriff (Abb. 8.5a). Wie der Name erkennen lässt, besteht eine weitere Funktion dieses Muskels darin, das Trommelfell zu spannen. Vermutlich soll damit ein Schutz der Gehörknöchelchen und des Innenohrs vor zu hohen Schalldruckpegeln, speziell im oberen Frequenzbereich, bewirkt werden.

Der nur 7 mm lange Steigbügelmuskel ist der kleinste Skelettmuskel des Körpers; er zieht von der Hinterwand der Paukenhöhle zum Steigbügelkopf (Abb. 8.5a). Bei Anspannung des Muskels wird die Steigbügelplatte im ovalen Fenster so gekippt, dass eine Dämpfung der Steigbügelbewegungen in Richtung auf die Flüssigkeit des Innenohrs erfolgt (Abb. 8.5b). Auch damit soll ein Schutz des Innenohrs vor zu hohem Schalldruck erreicht werden.

Kurz vor Beginn und während des eigenen Sprechens oder Singens kontrahieren sich die beiden Mittelohrmuskeln, um die Übertragung der eigenen Stimme abzuschwächen.

> **Stapediusreflex, Hyperakusis**
> Die Kippbewegung der Steigbügelplatte bei einem akustischen Reiz wird als Stapediusreflex bezeichnet; dieser dient als Selbstschutz des Ohrs vor zu hoher Lärmbelastung.
> Bei einer Lähmung des Stapediusmuskels kommt es zur sog. Hyperakusis, einer krankhaften „Feinhörigkeit", die sich als Lärmempfindlichkeit, besonders gegenüber hohen Frequenzen, zeigt, die als unangenehm und evtl. sogar als schmerzhaft empfunden werden.
> Hyperakusis: aus Hyper- (griech.): über(mäßig), akusis (griech. akousis): hören

8.6.5 Funktionelle Betrachtungen

Die Gehörknöchelchenkette hat die Funktion eines Verstärkerapparates; eine solche Verstärkung des Schalldrucks ist notwendig, da es bei der Übertragung der Schallwellen von Luft auf Flüssigkeit des Innenohrs zu einem erheblichen Schalldruckverlust durch Reflexion der Schallwellen kommt.

Die Hebelwirkung der Gehörknöchelchen erhöht dabei den Schalldruck um rund 30%; viel entscheidender ist jedoch der Flächenunterschied zwischen Trommelfell (ca. 55 mm²) und Steigbügelplatte (3 mm²). Da sich der Schalldruck aus Kraft pro Fläche (☞ Kap. 8.5.2) errechnet, wird er alleine durch die Verringerung der Fläche um den Faktor 17 erhöht. Zusammen mit der Hebelwirkung der Gehörknöchelchen bewirkt der Verstärkerapparat des Mittelohrs damit eine Druckerhöhung um den Faktor 22, der in etwa dem Schalldruckverlust bei Übertragung auf die Innenohrflüssigkeit entspricht.

> **Otosklerose**
> Als Otosklerose („Ohrverhärtung") beschreibt man eine degenerative, chronisch fortschreitende Erkrankung des Aufhängeapparats des Steigbügels, des ovalen Fensters und der weiteren Umgebung. Diese Erkrankung hat eine erbliche Komponente und tritt bevorzugt bei Frauen ab dem 4.–5. Lebensjahrzehnt auf. Es kommt zu einer meist beidseitigen zunehmenden Schallleitungsschwerhörigkeit, evtl. mit Ohrgeräuschen (Tinnitus). Die degenerative Erkrankung, bei der die Steigbügelplatte unbeweglich wird, kann auch auf das Innenohr und den Hörnerven übergreifen, so dass auch eine Schallempfindungsschwerhörigkeit hinzukommen kann.
> Therapeutisch kann der Steigbügel entfernt (Stapedektomie) und durch geeignetes Ersatzmaterial (Stapesplastik) ersetzt werden, um die Schallleitungskette wieder herzustellen.

Außer der Schallleitung über die Luft, das Trommelfell und die Gehörknöchelchenkette zum Innenohr („Luftleitung") unterscheidet man auch noch die sog. Knochenleitung, die über den Schädelknochen direkt zum Innenohr verläuft, sowie die sog. osseotympanale Leitung, die vom Unterkiefer zum äußeren Gehörgang bzw. zum Trommelfell führt. Die Knochenleitung wird bei bestimmten klinischen Untersuchungen des Hörvermögens (Rinne-Versuch, Weber-Versuch, siehe Lehrbücher der Audiologie) eingesetzt.

8.6.6 Ohrtrompete

Die Ohrtrompete (**Tuba auditiva, Eustachi**-Röhre) ist ein Belüftungskanal, der die Paukenhöhle mit dem Nasenrachen verbindet, um Druckunterschiede zwischen beiden Räumen zu vermeiden, die ein Taubheitsgefühl auslösen. Das Trommelfell kann nur optimal schwingen, wenn der Druck in der Paukenhöhle dem des äußeren Ohrs und damit der Außenwelt entspricht.

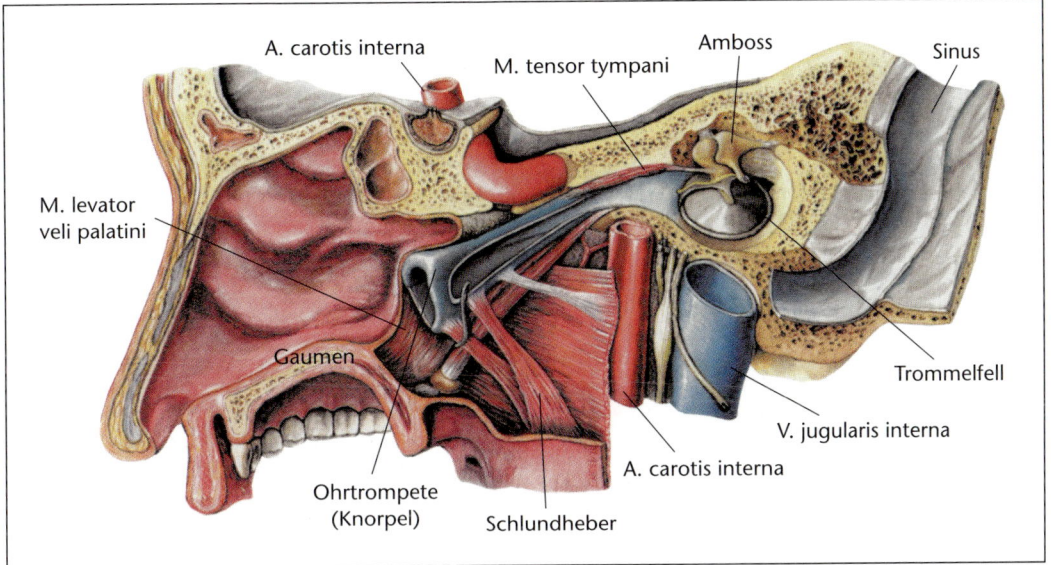

A. carotis interna

M. tensor tympani

Amboss

Sinus

M. levator
veli palatini

Gaumen

Trommelfell

V. jugularis interna

A. carotis interna

Ohrtrompete
(Knorpel)

Schlundheber

Abb. 8.6 Ansicht der teilweise aufgeschnittenen Ohrtrompete zwischen Paukenhöhle und Nasenrachen mit Darstellung wichtiger umliegender Strukturen

> **Tuba auditiva** (lat. tuba): Trompete, Röhre und auditiva, Feminin-Form von auditivus (lat.): zum Ohr gehörig
> **Eustachi** Eigenname, eigentlich Eustachio (italienischer Anatom)

Die Ohrtrompete hat beim Erwachsenen eine Länge von ca. 3,5 bis 4 cm; ihre Wand ist von der Paukenhöhle aus gesehen (Abb. 8.6) zunächst knöchern (etwa ein Drittel der Gesamtlänge), beim Übergang zum Nasenrachen besteht sie aus einem hakenförmigen elastischen Knorpel und Bindegewebe. Die Tube von Kindern ist kürzer und weiter, was die Ausbreitung von Erregern aus dem Nasenrachen in die Paukenhöhle erleichtert. An der Mündung der Tube im Nasenrachenraum befindet sich die Tubenmandel (Tonsilla tubaria, ☞ Kap. 4.6.4).

Wenn relativ schnell große Höhen- und damit Druckunterschiede überwunden werden (Aufzug in Hochhäusern, Passfahrten im Gebirge), wird das Trommelfell entweder in die Paukenhöhle oder den äußeren Gehörgang hineingedrückt. Der dann zwischen äußerem Ohr und Mittelohr bestehende Druckunterschied wird als „Druck auf dem Ohr", verbunden mit Schwerhörigkeit, empfunden. Da einige der beim Schluckakt beteiligten Muskeln (Gaumensegelmuskeln, Schlundheber) eine Verbin-

dung zum elastischen Knorpel der Tubenwand aufweisen (Abb. 8.6), kann der Druckunterschied durch mehrfaches Schlucken beseitigt werden. Die Tube wird dabei erweitert, so dass der Druckausgleich zur Paukenhöhle erfolgen kann.

8.7 Aufbau und Funktion des Innenohrs

8.7.1 Knöchernes und häutiges Labyrinth

Knöchernes Labyrinth
Das Innenohr mit dem Hör- und Gleichgewichtsorgan befindet sich in einer labyrinthartigen Knochenhöhle im sog. Felsenbein, das einen Abschnitt des Schläfenbeins darstellt und als härtester Knochen des Körpers gilt.

Dieses als knöchernes Labyrinth bezeichnete Hohlraumsystem wird vollständig von einer **Perilymphe** genannten Flüssigkeit ausgefüllt.

Das knöcherne Labyrinth besteht aus zwei Abschnitten: im Schneckenlabyrinth befindet sich das Hörorgan, im Vorhoflabyrinth mit seinen zusätzlichen Kanälen („Bogengänge") das Gleichgewichtsorgan (Abb. 8.7).

Zur medialen Wand der Paukenhöhle finden sich zwei Öffnungen des knöchernen Labyrinths: das ovale

(Fenestra ovalis) und das runde Fenster (**Fenestra rotunda**). Das ovale Fenster ist verschlossen durch die Steigbügelplatte, das runde Fenster besitzt einen Verschluss durch das sog. zweite Trommelfell.

> **:** **Perilymphe** peri (griech.): um herum, damit ist gemeint, dass die Perilymphe das häutige Labyrinth (s. u.) umgibt; -lymphe: serumähnliche Flüssigkeit
> **Fenestra rotunda** fenestra (lat.): Fenster und rotunda (lat.), Feminin-Form von rotundus (lat.): rund, auch als Fenestra cochleae bezeichnet, weil es in Verbindung mit der Schnecke (cochleae, Genitiv von cochlea, lat.: Schnecke) steht
> **Fenestra ovalis** (lat.): ovales Fenster, auch als Fenestra vestibuli bezeichnet, weil es in Verbindung mit dem Vorhof (vestibuli, Genitiv von vestibulum, lat.: Vorhof) des Gleichgewichtsorgans steht

Das knöcherne Schneckenlabyrinth weist die Form einer Schnecke (**Cochlea**) auf, die beim Menschen 2 ½ Windungen besitzt, die sich um eine zentrale Achse (**Modiolus**) drehen (Abb. 8.12). Der Hohlraum der Schnecke entspricht einem etwa 30–37 mm langen Kanal, der in der Schneckenkuppel endet. Von der zentralen Achse (Modiolus) geht eine etwa 1 mm brei-

te Knochenleiste aus, die als knöcherne Spiralleiste (**Lamina spiralis ossea**) bezeichnet wird und sich spiralig bis nach oben zur Schneckenkuppel zieht.

> **:** **Cochlea** (lat.): Schnecke, Muschel
> **Modiolus** (lat.): Radnabe, Spindel
> **Lamina spiralis ossea** Lamina (lat.): Platte, spiralis (lat.): spiralförmig, ossea, Feminin-Form von osseus (lat.): knöchern

Das knöcherne Vorhoflabyrinth, in dem sich das Gleichgewichtsorgan befindet, besteht aus einem großen Hohlraum, der als Vorhof (**Vestibulum**) bezeichnet wird. Daraus und aus der Bezeichnung für die Schnecke (Cochlea) leitet sich der Begriff „Organum vestibulocochleare" ab, der für das Hör- und Gleichgewichtsorgan zusammen verwendet wird. Von diesem Vorhof gehen drei halbkreisförmige Knochenkanäle (**Canales semicirculares**) ab, die den Vorhof auch jeweils wieder erreichen (Abb. 8.7)
Zum knöchernen Labyrinth wird auch der etwa 10 mm lange innere Gehörgang (**Meatus acusticus internus**) gerechnet, in dem der N. facialis, der N. vestibulocochlearis sowie Blutgefäße verlaufen (Abb. 8.7).

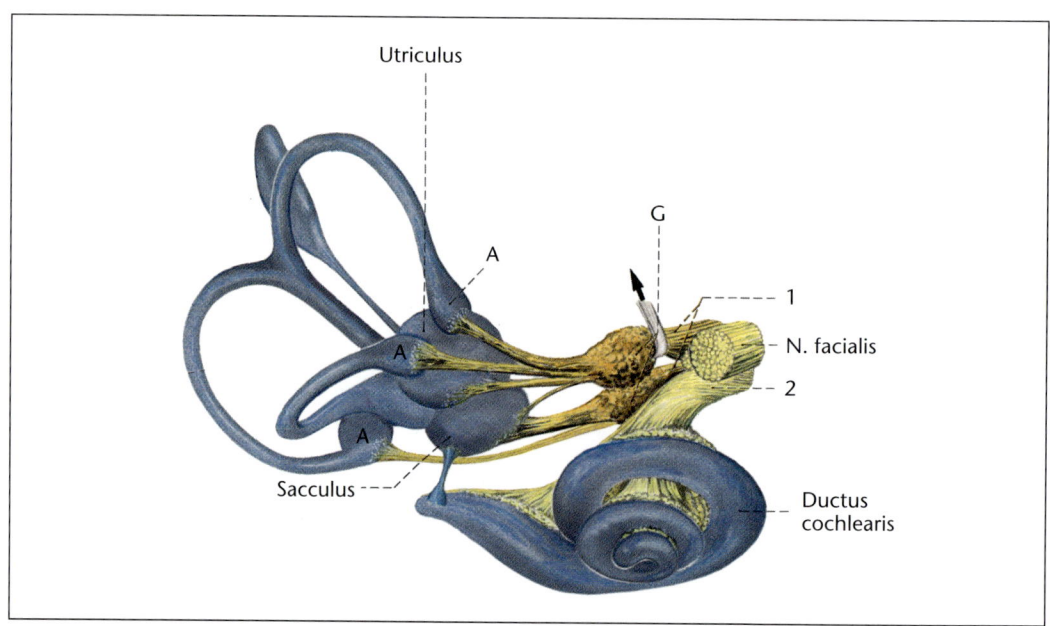

Abb. 8.7 Darstellung des häutigen Labyrinths sowie des N. vestibulocochlearis. A: Ampullen, G: Ggl. vestibulare, 1 Pars vestibularis, 2 Pars cochlearis des N. vestibulocochlearis (N. VIII)

> **Vestibulum** (lat.): Vorhof
> Canales, Plural von canalis (lat.): Kanal
> semicirculares, Plural von semicircularis (lat.): halbkreisförmig
> **Meatus** (lat.): Gang, acusticus (lat.): zum Hörorgan gehörig, internus (lat.): der innere

> **Sacculus** Verkleinerungsform von saccus (lat.): Sack
> **Utriculus** Verkleinerungsform von uter (lat.): Schlauch
> **Ductus** (lat.): Gang, hier mit langem 2. „u", da es sich um den Plural handelt
> **semicirculares** Plural von semicircularis (lat.): halbkreisförmig
> **Macula** (lat.): Fleck (vgl. „Makel")

Häutiges Labyrinth

Man kann das knöcherne Labyrinth grob mit einer Wanne vergleichen, die vollständig mit Wasser („Perilymphe") gefüllt und mit einem Deckel verschlossen ist. In diesem Deckel befinden sich in diesem Vergleich zwei Öffnungen, das ovale und das runde Fenster. Über die Steigbügelplatte im ovalen Fenster werden die Schallwellen auf die Flüssigkeit übertragen, wobei der Druckausgleich über die Membran des zweiten Trommelfells erfolgt, das das runde Fenster verschließt. Wand und Deckel dieser Wanne stellen die Wände des knöchernen Labyrinths dar.

In dieser „Wanne" befindet sich nun ein mit einer etwas anders zusammengesetzten Flüssigkeit (**Endolymphe**) gefülltes, komplex gestaltetes Schlauchsystem, das von Perilymphe umgeben und an einigen Stellen an der Wand des knöchernen Labyrinths befestigt ist. Dieses Schlauchsystem wird als häutiges Labyrinth bezeichnet (Abb. 8.1).

> **Endolymphe** (griech. endo-): innerhalb, damit ist die Flüssigkeit gemeint, die sich im häutigen Labyrinth befindet; -lymphe: serumähnliche Flüssigkeit

Wie schon das knöcherne Labyrinth besteht auch das häutige Labyrinth aus einem Abschnitt, der dem Hörorgan zugeordnet ist („Schneckengang" in Abb. 8.1), und einem Abschnitt, in dem die Sinnesfelder des Gleichgewichtsorgans lokalisiert sind. Beide Teile hängen miteinander zusammen und haben einen durchgehenden Hohlraum, der mit Endolymphe gefüllt ist.

8.7.2 Gleichgewichtsorgan

Der dem Gleichgewichtsorgan zuzurechnende Teil des häutigen Labyrinths besteht aus folgenden Abschnitten (Abb. 8.7, 8.8):

• **Sacculus** (Säckchen, kleines Vorhofsäckchen)
• **Utriculus** (Schläuchlein, großes Vorhofsäckchen)
• **Ductus semicirculares** (Bogengänge, gehen vom Utriculus aus).

Sacculus und Utriculus befinden sich im Vorhof (Vestibulum) des knöchernen Labyrinths. Der Sacculus steht über eine kleine Verbindung mit dem Schneckengang des Hörorgans, aber auch mit dem Utriculus in Verbindung (Abb. 8.7). Die drei Bogengänge, die in allen Raumrichtungen jeweils senkrecht zueinander stehen, gehen vom Utriculus aus, kehren aber auch dorthin wieder zurück, wobei sie an einer Stelle einen gemeinsamen Verlauf haben (Abb. 8.7). Entweder am Abgang oder an der Einmündungsstelle eines Bogengangs in den Utriculus befindet sich eine kleine Erweiterung, die als Ampulle („A" in Abb. 8.7) bezeichnet wird.

In der Wand der zum Gleichgewichtsorgan gehörenden Abschnitte des häutigen Labyrinths befinden sich an insgesamt fünf Stellen sog. Sinnesfelder, die jeweils als „**Macula**" bezeichnet werden. Je eines dieser Sinnesfelder findet sich im Utriculus bzw. Sacculus; drei der Sinnesfelder finden sich in den Ampullen am Übergang des Utriculus zu den Bogengängen (Abb. 8.7). Die beiden Sinnesfelder in Sacculus und Utriculus registrieren geradlinige Beschleunigungen, also in der Regel die Erdanziehung, die Sinnesfelder in den Ampullen reagieren auf Drehbeschleunigungen des Kopfes.

Messung der Linearbeschleunigung

Die Sinnesfelder im Sacculus bzw. Utriculus enthalten spezifische Sinneszellen, die als Haarzellen bezeichnet werden, da sie auf ihrer Oberfläche Sinneshärchen tragen. Bei diesen Haarzellen handelt es sich um sekundäre Sinneszellen, also umgewandelte Epithelzellen und nicht um Nervenzellen (☞ Kap. 7.10.2). Diese Sinneshärchen befinden sich in einer Gallertschicht, die als Statokonienmembran bezeichnet wird, weil sie von winzigen Kalkkörnchen (Statokonien, Statolithen, Otolithen) beschwert ist (Abb. 8.8).

Da die Sinnesfelder im Utriculus und Sacculus senkrecht zueinander angeordnet sind (Abb. 8.9), werden

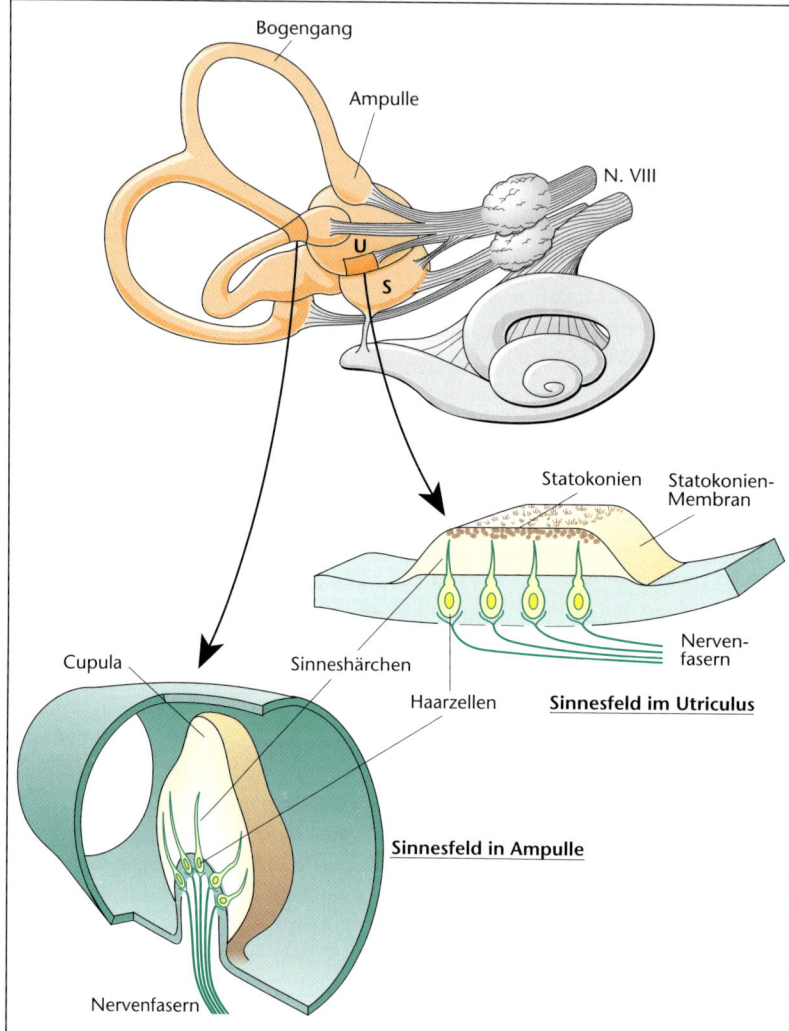

Abb. 8.8 Darstellung der Sinnesfelder des Gleichgewichtsorgans; N. VIII: N. vestibulocochlearis, S: Sacculus, U: Utriculus; dargestellt ist jeweils nur ein Sinnesfeld aus dem Sacculus-Utriculus-System bzw. aus den Ampullen der Bogengänge

durch die Schwerkraft beim aufrechten Stand jeweils bei einem der Sinnesfelder durch die in Richtung Schwerkraft gezogene Statokonienmembran die Sinneshärchen maximal umgebogen, während die Sinneshärchen bei dem anderen Sinnesfeld nicht abgelenkt werden (Abb. 8.9 a). Gelangt der Kopf in die Horizontale, z. B. beim Liegen (Abb. 8.9 b), wird die Wirkung der Schwerkraft auf die Sinneshärchen beider Sinnesfelder genau umgekehrt. Dadurch erhält der Körper Informationen zur Stellung des Kopfes in Bezug auf die Richtung der Schwerkraftwirkung (also normalerweise nach unten in Richtung zum Erdmittelpunkt).

Messung von Drehbeschleunigungen

Die Sinnesfelder in den drei Ampullen der Bogengänge enthalten ebenfalls Haarzellen, die sich allerdings in Länge und Anordnung der Härchen unterscheiden. Hier befinden sich die Sinneshärchen in kuppelförmigen Gallertschöpfen (**Cupula**), die keine Kalksteinchen enthalten und die Ampullen fast bis zum oberen Rand ausfüllen (Abb. 8.8).

Die Sinneshärchen werden durch Endolymph-Strömungen in den Bogengängen umgebogen (Abb. 8.10), wie sie durch Drehbeschleunigungen des Kopfes entstehen. Die Auslenkungen der Sinneshärchen erfolgen durch „Beschleunigungen", d. h. bei zu- oder

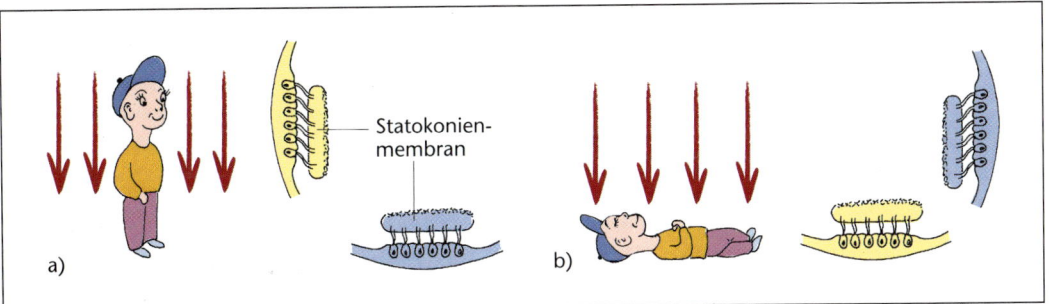

Abb. 8.9 Darstellung der unterschiedlichen Wirkung der Schwerkraft auf die Statokonienmembran des Utriculus bzw. Sacculus; gelb: Utriculus, blau: Sacculus; a) beim aufrechten Stand, b) beim Liegen

abnehmender Geschwindigkeit der Kopfbewegungen. Ursache für die Flüssigkeitsströmungen in den Bogengängen ist die Massenträgheit der Endolymphe, die sich bei Beschleunigungs- bzw. Abbremsvorgängen nicht gleichmäßig mit den Bewegungen der Wand der Bogengänge mitbewegt, sondern mit einer Verzögerung der Bewegungsänderung folgt.

Mit Hilfe dieser Abteilung des Gleichgewichtsorgans erhalten wir Informationen über Bewegungen unseres Kopfes.

8.7.3 N. vestibularis, Gleichgewichtsbahn

Die Sinneshärchen der Haarzellen aller Sinnesfelder des Gleichgewichtsorgans werden durch die Wirkung der Schwerkraft bzw. der Drehbewegungen des Kopfes mechanisch ausgelenkt. Da es sich um sekundäre Sinneszellen handelt und nicht um Nervenzellen (☞ Kap. 7.10.2), stehen sie in **synaptischer** Verbindung mit **dendritischen** Nervenendigungen des 1. Neurons der Gleichgewichtsbahn. Der Übergang der „Erregung" von der Haarzelle auf die Endigung einer Nervenzelle ist demnach als **Transformation** (☞ Kap. 7.10.2) anzusehen.

Die hier wirkenden Nervenzellen stellen eine Sonderform dar, da sie auf gegenüberliegenden Seiten der **Perikaryen** nur jeweils einen Fortsatz haben; sie werden deshalb auch als „bipolar" bezeichnet (☞ Kap. 7.3). Der mit den Haarzellen verbundene Fortsatz ist als Dendrit anzusehen, da er die Erregung von der Peripherie (der Haarzelle) zum Perikaryon leitet. Der zweite Fortsatz ist das **Axon**, das die Erregung über den für den Gleichgewichtssinn zuständigen Teil (**Pars vestibularis**) des **N. vestibulocochlearis** zum Hirnstamm leitet (Abb. 8.7). Die zugehörigen

> **synaptisch** (griech. synapsis): Verbindung
> **dendritisch, Dendrit** (griech. dendrites): zum Baum gehörig, baumartig
> **Axon** (griech.), wörtlich Achse, bedeutet hier: langer Fortsatz der Nervenzelle, der der Informationsübertragung dient
> **Transformation** (lat.): Umwandlung, Überführung
> **Perikaryon** Zellleib der Nervenzelle; aus Peri- (griech.): um-herum und -karyon (griech.): Zellkern
> bipolar: hat zwei Fortsätze
> **Pars vestibularis** pars (lat.): Teil, vestibularis (lat.): zum Vestibulum (Vorhof) bzw. Gleichgewichtsorgan gehörig (anstatt Pars vestibularis findet man gelegentlich auch den Begriff N. vestibularis)
> **N. vestibulocochlearis** 8. Hirnnerv
> **Ganglion vestibulare** ganglion (griech.): Nervenknötchen (abgekürzt Ggl.) und vestibulare, Neutrum von vestibularis (lat.): zum Gleichgewichtsorgan gehörig

Perikaryen befinden sich im **Ganglion vestibulare**. (Abb. 8.11).

Die in der Pars vestibularis des 8. Hirnnerven verlaufenden Axone erreichen den Hirnstamm am Kleinhirnbrückenwinkel. Dort treten die Nervenfasern in das Rautenhirn ein und erreichen die am Boden der Rautengrube (☞ Kap. 7.9.8) gelegenen sog. Vestibulariskerne (**Nuclei vestibulares**), in denen die Umschaltung auf das 2. Neuron der Gleichgewichtsbahn erfolgt.

Die Axone der verschiedenen Vestibulariskerne erreichen das Kleinhirn (in Abb. 8.11 nicht dargestellt), die motorischen Vorderhornzellen des Rückenmarks und die motorischen Kerne der Hirnnerven N. III, N. IV, N. VI und N. XI (Abb. 8.11).

Die das Kleinhirn erreichenden Informationen über Kopfbewegungen und die Lage des Kopfes zur Schwer-

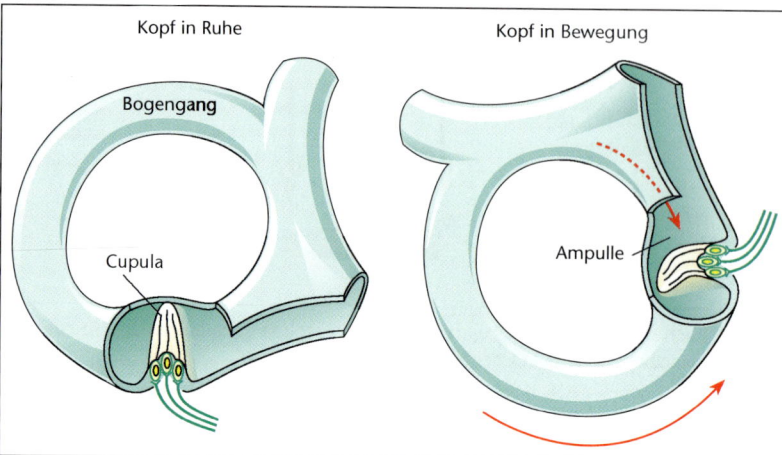

Kopf in Ruhe

Kopf in Bewegung

Bogengang

Cupula

Ampulle

Abb. 8.10 Wirkung von Drehbewegungen des Kopfes (rechte Bildhälfte) auf die Sinnesfelder in den Ampullen; zum Vergleich links die Situation in Ruhe; die roten Pfeile zeigen an, dass sich die Endolymphe in den Bogengängen und Ampullen infolge ihrer Massenträgheit scheinbar in andere Richtung als die Ampullenwand bewegt; tatsächlich folgt sie der Bewegung der Ampullenwand verzögert nach, wodurch sich die Ablenkung der Cupula ergibt

kraft werden zusammen mit den Informationen aus anderen Sinnesorganen zur Anpassung der motorischen Leistungen des Körpers an die Verhältnisse der Außenwelt verwendet.

Zusammen mit den Signalen aus den Muskel- und

Sehnenspindeln (Tiefensensibilität; ☞ Kap. 7.10.3) wird im Gehirn mit Hilfe der Informationen aus dem Gleichgewichtsorgan ein Gesamtbild der Stellung des Körpers und der Körperteile im Raum erstellt, das zur Steuerung der Haltung und Beweglichkeit dient („Gleichgewicht"). Diesem Zweck dienen auch die Fortsätze der Vestibulariskerne, die direkt das motorische Vorderhorn erreichen (Abb. 8.11).

N. III, N. IV und N. VI sind motorische Hirnnerven, die die Augenmuskeln steuern (☞ Kap. 7.11.1). Die Informationen, die ihre motorischen Kerne im Hirnstamm vom Gleichgewichtssystem bekommen (Abb. 8.11), werden zur Steuerung der Augenmuskeln bei gleichzeitigen Bewegungen des restlichen Körpers verwendet, damit die Augen z. B. einen bestimmten Gegenstand „fixieren" können. Einem ähnlichen Zweck dient die Verschaltung mit dem Kern des N. accessorius (N. XI), der den Kopfwender (M. sternocleidomastoideus, ☞ Kap. 4.4.3) und einen großen Schultermuskel innerviert.

8.7.4 Hörorgan

Der dem Hörorgan zuzurechnende Teil des häutigen Labyrinths schließt sich über einen kleinen Verbin-

---

Nystagmus

Bei einer Drehbewegung des Kopfes weichen die Augäpfel unwillkürlich unter Steuerung des Gleichgewichtsorgans langsam in entgegengesetzter Richtung ab, um möglichst lange das ursprüngliche Blickfeld beizubehalten. Unter optischer Kontrolle wird diese abweichende Bewegung dann ruckartig wieder korrigiert, so dass sich das Auge wieder in Drehrichtung des Kopfes bewegt. Dadurch kommt eine „Zitterbewegung" der Augäpfel zustande. Die Untersuchung des vestibulären Nystagmus spielt z. B. bei der klinischen Untersuchung des Gleichgewichtssinns eine große Rolle.

Nystagmus (griech. nystagmos): Nicken, hier in der Bedeutung „Augenzittern"

Kinetosen

Als Kinetosen (Bewegungskrankheiten, von kinein, griech.: bewegen) werden Störungen bezeichnet, die entweder durch starke Reizung des Gleichgewichtsorgans (Achterbahn, Karussell) entstehen oder dadurch, dass die Informationen des Sehorgans nicht mit den Informationen übereinstimmen, die das Gleichgewichtsorgan erhält (Seekrankheit, Reisekrankheit). Dadurch können vegetative Zentren im Hirnstamm gereizt werden, so dass es in der Folge zu Blässe, Schweißausbruch, Übelkeit, Erbrechen und anderen unangenehmen Begleiterscheinungen kommt.

Ductus cochlearis (lat. ductus): Gang und cochlearis (lat.): zur Schnecke (lat. cochlea) gehörig
Modiolus (lat.): Radnabe, Spindel
Lamina spiralis ossea (lat. lamina): Platte, spiralis (lat.): spiralförmig,
ossea Feminin-Form von osseus (lat.): knöchern

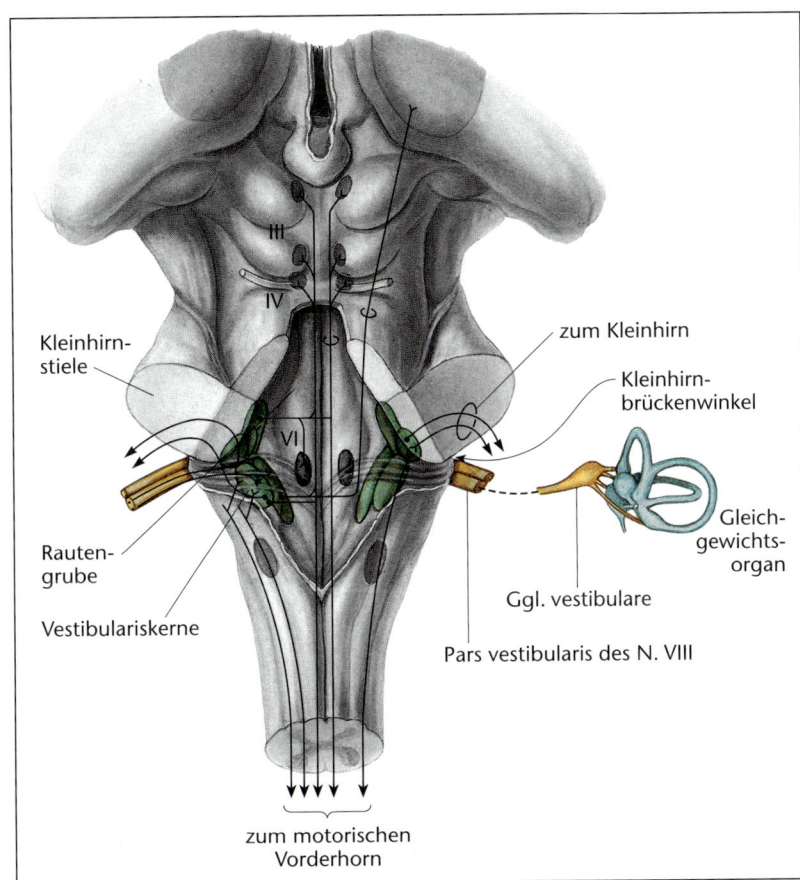

III

IV

Kleinhirn-
stiele

zum Kleinhirn

Kleinhirn-
brückenwinkel

VI

Gleich-
gewichts-
organ

Abb. 8.11 Schematische
Darstellung der Gleich-
gewichtsbahn; abgebildet
ist die Rückseite des Hirnstamms nach Durchtren-
nung der Kleinhirnstiele,
Entfernung des Kleinhirns
und Eröffnung der Rau-
tengrube (vgl. Abb. 7.20);
III, IV und VI: Kerngebiete
der entsprechenden Hirn-
nerven (Augenmuskel-
nerven)

Rauten-
grube

Vestibulariskerne

Ggl. vestibulare

Pars vestibularis des N. VIII

zum motorischen
Vorderhorn

dungsgang an den Sacculus an (Abb. 8.1, 8.7) und bildet den häutigen Schneckengang (**Ductus cochlearis**), der ebenfalls mit Endolymphe gefüllt ist.
Der häutige Schneckengang folgt den Windungen des knöchernen Schneckengangs, nimmt aber nur einen recht kleinen Teil des mit Perilymphe gefüllten übrigen Schneckenvolumens ein. Dabei wird der Perilymphraum der knöchernen Schnecke durch die von der zentralen Achse (**Modiolus**) ausgehende Spiralwendel (**Lamina spiralis ossea**) und den sich anschließenden Schneckengang in zwei Abteilungen unterteilt, die nur im Bereich der Schneckenkuppel miteinander in Verbindung stehen, da hier der Schneckengang blind endet (Abb. 8.12).
Die obere Abteilung des Perilymphraums wird als Vorhoftreppe (**Scala vestibuli**), die untere als Pauken-treppe (**Scala tympani**) und die Verbindung zwischen beiden in der Schneckenspitze als **Helicotrema** bezeichnet (Abb. 8.12, 8.13).

Die Bezeichnung der beiden Skalen rührt daher, dass die Schallwelle von der Steigbügelplatte auf die Perilymphe im Vestibulum übertragen wird (Abb. 8.1). Von dort pflanzt sie sich durch die Scala vestibuli bis zur Schneckenspitze fort und folgt von da an der Scala tympani bis zu deren Ende (Abb. 8.12). Dieses Ende ist das durch das sog. 2. Trommelfell verschlossene runde Fenster in der medialen Paukenhöhlenwand, wodurch der Druckausgleich der sich in der Perilymphe fortbewegenden Schallwelle erfolgt.

: **Scala** (lat.): Treppe
vestibuli Genitiv von vestibulum (lat.): Vorhof
tympani Genitiv von tympanum (lat.): Pauke
Helicotrema (griech.): Schneckenloch

Der im Querschnitt dreieckige häutige Schneckengang (Abb. 8.13, 8.14) weist folgende Wände auf:
• Vorhofmembran (**Membrana vestibularis**), meist

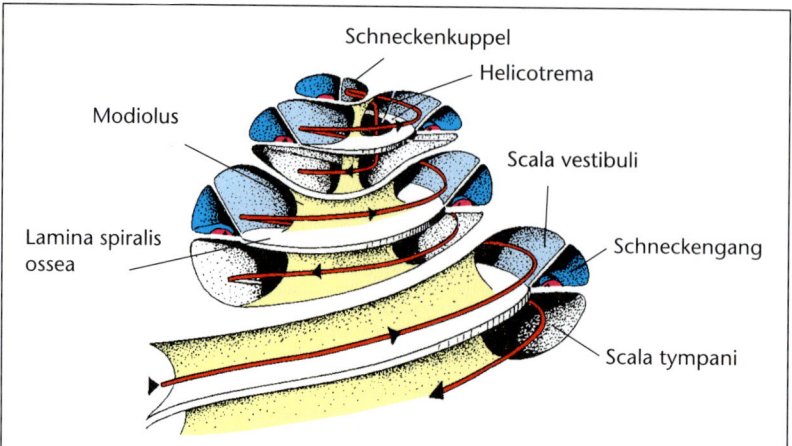

Schneckenkuppel
Helicotrema
Modiolus
Scala vestibuli
Lamina spiralis
ossea
Schneckengang
Scala tympani

Abb. 8.12 Schematische
Darstellung der Aus-
breitung der Schallwellen
(rote Pfeile) im Peri-
lymphraum der eröffne-
ten Schnecke

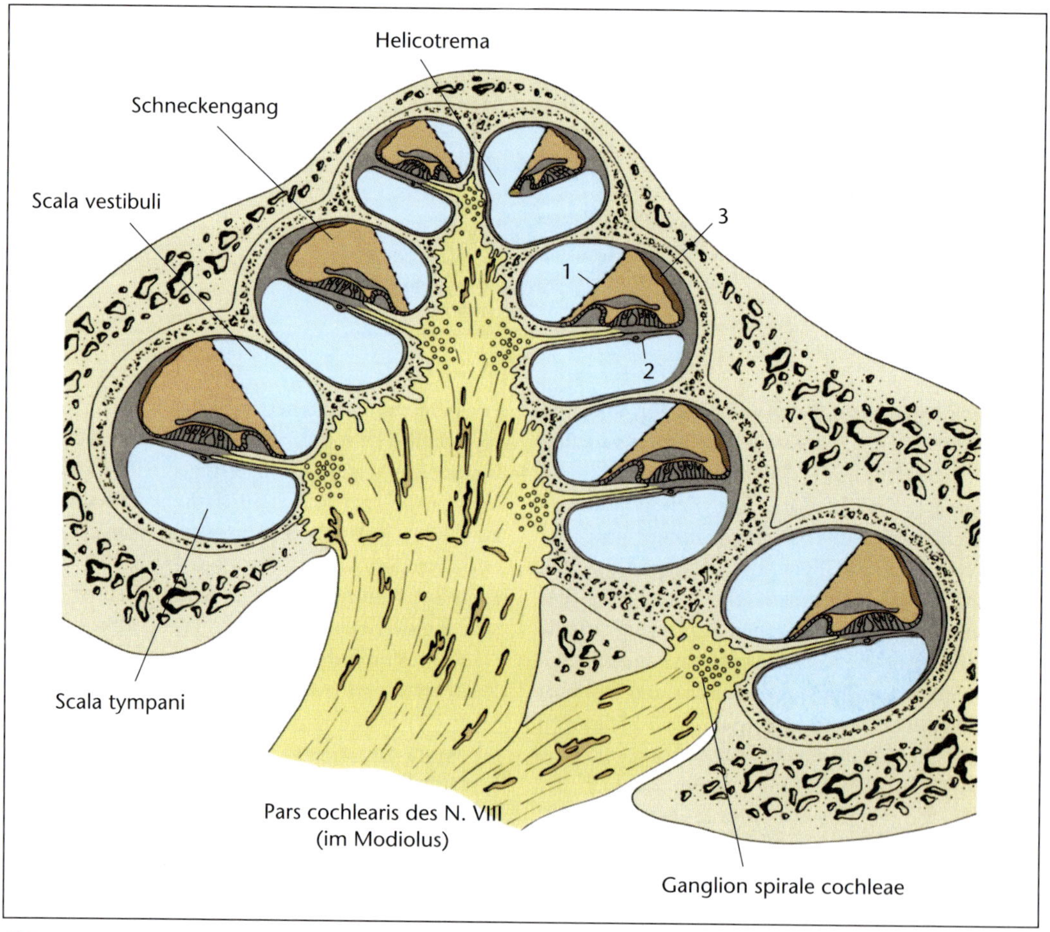

Helicotrema
Schneckengang
Scala vestibuli
3
1
2
Scala tympani
Pars cochlearis des N. VIII
(im Modiolus)
Ganglion spirale cochleae

Abb. 8.13 Längsschnitt durch die Schnecke; Perilymphräume sind blau, Endolymphräume braun dargestellt;
Nervengewebe ist gelb markiert, 1 Reissner-Membran, 2 Basilarmembran, 3 Außenwand

als **Reissner**-Membran bezeichnet: Grenze zur Scala vestibuli
• **Basilar**membran (**Lamina basilaris**): Grenze zur Scala tympani
• Außenwand (Spiralband, **Ligamentum spirale**): Verankerung an der Wand der knöchernen Schnecke.

> **Membrana** (lat.): Häutchen, Membran
> **vestibularis** (lat.): zum Vorhof (vestibulum) gehörig
> **Reissner** Eigenname (deutscher Anatom)
> **Lamina** (lat.): Häutchen, Schicht; basilaris (lat.): an der Basis gelegen
> **Ligamentum** (lat.): Band; spirale, Neutrum von spiralis (lat.): spiralartig
> **Organum** (lat.): Organ
> spirale, Neutrum-Form von spiralis (lat.): spiralförmig
> **Corti** Eigenname (italienischer Anatom)

Das Epithel der Basilarmembran, das zum Schneckengang orientiert ist, hat sich zu einem Sinnesepithel umgewandelt, das die Hörempfindungen vermittelt. Dieses ebenfalls spiralig gewundene Sinnesepithel mit seinen speziellen Differenzierungen wird als **Corti**-Organ oder Spiralorgan (**Organum spirale**) bezeichnet (Abb. 8.14). Die hier enthaltenen Sinneszellen entsprechen denen des Gleichgewichtsorgans und werden ebenfalls als Haarzellen bezeichnet.

Das Corti-Organ weist zusätzlich verschiedene sog. Stützzellen und tunnelartige Hohlräume auf, die wie der Rest des Schneckengangs mit Endolymphe gefüllt sind (Abb. 8.15). Über dem Sinnesepithel befindet sich die gallertige Deckmembran (**Membrana tectoria**), die mit den entsprechenden Strukturen des Gleichgewichtsorgans (Cupula, Statokonienmembran; ☞ Kap. 8.7.2) vergleichbar ist.

> **tectoria** (lat.): bedeckend
> **Dispersion** (lat. dispersio): Spreizung, Verteilung, Streuung

Bei den Sinneszellen lässt sich die spiralig angeordnete Reihe aus einzelnen sog. inneren Haarzellen von der spiralig angeordneten Reihe aus je 3–4 sog. äußeren Haarzellen unterscheiden (Abb. 8.15).
Die Haarzellen enthalten hoch empfindliche Sinneshärchen, die charakteristisch angeordnet sind. Diese Sinneshärchen stecken in der gallertigen Deckmembran und werden durch Resonanzvorgänge, die die eintreffenden Schallwellen ausgelöst haben, mechanisch ausgelenkt. Die Scherbewegung der Sinneshärchen der inneren Haarzellen löst den Transformationsprozess (☞ Kap. 7.10.2) aus, durch den die dabei entstehende Erregung auf dendritische Ner-

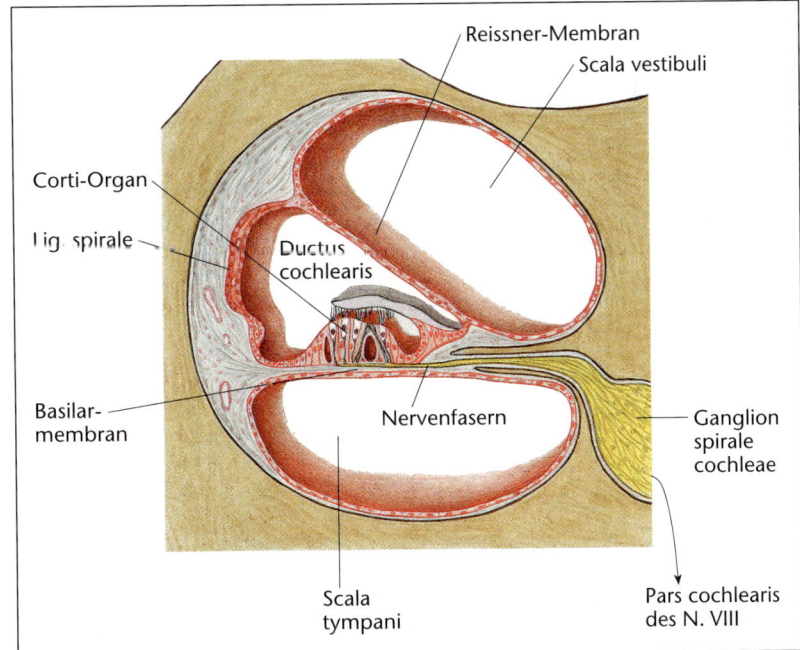

Abb. 8.14 Querschnitt durch eine Schneckenwindung mit Perilymphraum (Scala vestibuli und Scala tympani) und Endolymphraum (Ductus cochlearis)

Reissner-Membran
Scala vestibuli
Corti-Organ
Lig. spirale
Ductus cochlearis
Basilarmembran
Nervenfasern
Ganglion spirale cochleae
Scala tympani
Pars cochlearis des N. VIII

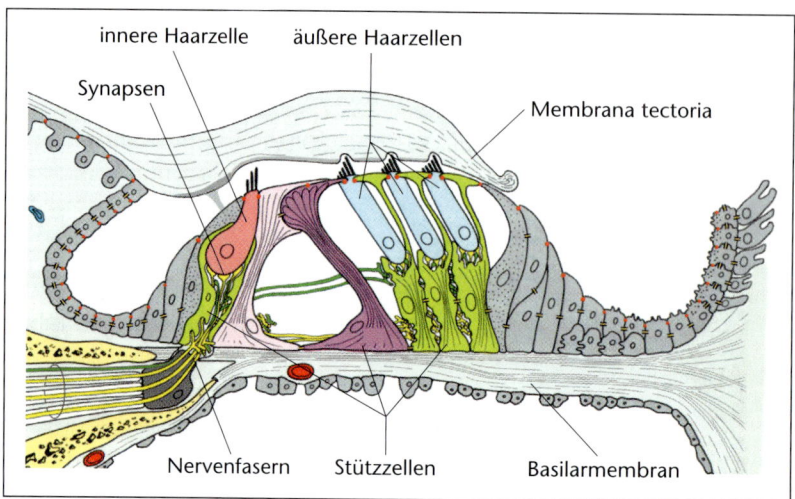

Abb. 8.15 Schnitt durch das Corti-Organ; Nervengewebe ist gelb markiert

venfasern übertragen wird, die mit den inneren Haarzellen verbunden sind (Abb. 8.15).

Die Steigbügelplatte überträgt die Schallwellen auf die Perilymphe; dabei entstehen in dieser Flüssigkeit Wellenbewegungen (Wanderwellen) von der Schneckenbasis zur Schneckenspitze. Abhängig von der Frequenz der Schallwellen gerät die Basilarmembran

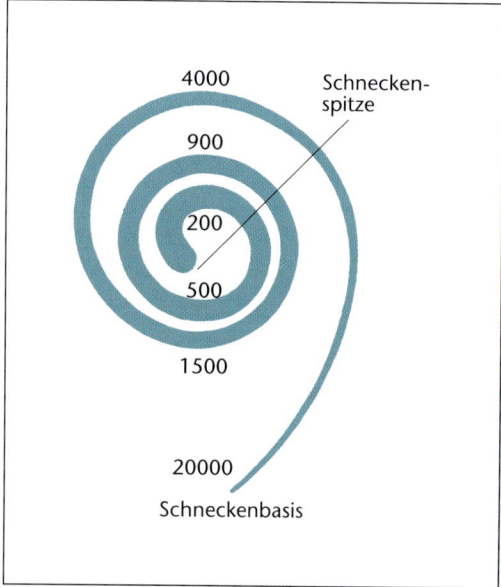

Abb. 8.16 Schematische Darstellung der Basilarmembran zwischen Schneckenbasis und Schneckenspitze mit Zuordnung der Tonhöhen in Hz

am jeweiligen Amplitudenmaximum der Welle in unterschiedlichen Abschnitten des Scheckengangs in Schwingungen, wodurch die Sinneshärchen der Haarzellen ausgelenkt werden.

Bei hohen Frequenzen (z. B. 15000 Hz) wird nur die Basilarmembran der Schneckenbasis in Schwingungen versetzt, bei niedrigen Frequenzen (z. B. 50 Hz) geschieht dies erst an der Schneckenspitze. Dadurch kann die Schnecke Schallwellen unterschiedlicher Wellenlängen unterscheiden: dies wird als mechanische Frequenzanalyse (**Frequenzdispersion**) in der Schnecke bezeichnet (Abb. 8.16).

Die Aufgabe der äußeren Haarzellen ist es dabei, die bestehenden Wanderwellen an einer bestimmten Stelle massiv zu verstärken, so dass durch das Ohr eine optimale Frequenzanalyse erfolgen kann. Das verstärkte Signal wird dann an die inneren Haarzellen weitergeleitet.

Vielfach bestehen Innenohrschwerhörigkeiten, bei denen diese Verstärkung durch die äußeren Haarzellen ausgefallen ist; dadurch sind die getrennte Wahrnehmung von Tönen unterschiedlicher Frequenzen und damit das Sprachverständnis erheblich gestört.

Zusätzlich spielen bei der Registrierung der Schallereignisse auch noch elektrische Vorgänge eine Rolle, die sich aus unterschiedlichen elektrischen Ladungen der Endolymphe und des Corti-Organs ergeben. Durch die Schwingungen der Basilarmembran entstehen elektrische Potenziale, die ebenfalls bei der Analyse und Weitergabe der Schallereignisse bedeutsam sind. Nähere Details zu diesen sog. Mikrofonpotenzialen sind noch unbekannt.

8.7.5 N. cochlearis, Hörbahn

Die Sinneshärchen der Haarzellen des Hörorgans werden durch die Wirkung der Schallwellen mechanisch ausgelenkt wie es analog auch im Gleichgewichtsorgan stattfindet. Über synaptische Verbindungen vor allem der inneren Haarzellen (Abb. 8.15) wird die Erregung auf dendritische Endigungen des 1. Neurons der Hörbahn übertragen. Bei diesen Nervenzellen handelt es sich wie bei der Gleichgewichtsbahn auch um bipolare Nervenzellen. Ihre Perikaryen bilden das spiralig verlaufende **Ganglion spirale cochleae** (Abb. 8.13, 8.14), das sich in der zentralen Achse (**Modiolus**) der knöchernen Schnecke befindet (Abb. 8.13).

> **Ganglion** (griech.): Nervenknötchen
> spirale, Neutrum-Form von spiralis (lat.): spiralig
> cochleae, Genitiv von cochlea (lat.): Schnecke
> **Modiolus** (lat.): Radnabe, Spindel
> **Pars cochlearis** pars (lat.): Teil, cochlearis (lat.): zur Schnecke gehörig

Die Axone der im Ganglion spirale cochleae gelegenen Perikaryen bilden die Pars cochlearis des 8. Hirnnerven (N. vestibulocochlearis; Abb. 8.13). Die Pars cochlearis zieht zusammen mit der Pars vestibularis (Abb. 8.7) durch den inneren Gehörgang und erreicht das Gehirn am Kleinhirnbrückenwinkel; dort erreicht der 8. Hirnnerv das Rautenhirn und die ebenfalls in der Rautengrube befindlichen sog. **Cochleariskerne.** Dort erfolgt die Umschaltung auf das 2. Neuron der Hörbahn (Abb. 8.17).

Hier erfolgt eine dem Richtungshören dienende Aufteilung der Hörbahn in einen Teil, der zur Gegenseite kreuzt, und einen zunächst noch nicht auf die Gegenseite kreuzenden Teil (Abb. 8.17). Zusätzlich sind noch weitere Zwischenschaltstellen vorhanden.

Das 3. Neuron befindet sich in den unteren Hügeln der Vierhügelplatte des Mittelhirns (☞ Kap. 7.9.7); anschließend kreuzen auch die noch auf der ursprünglichen Seite verlaufenden Fasern zur Gegenseite. Grundsätzlich treffen an diesen Nervenzellen des Mittelhirns aber die Informationen von beiden Innenohren ein; durch Messung der Unterschiede in der Laufzeit und der Intensität der Signale von beiden Ohren ist ein Richtungshören möglich.

> **Radiatio** (lat.): Strahlung; gemeint ist hier der Verlauf der Axone des 4. Neurons der Hörbahn vom medialen Kniehöcker zum Thalamus
> **acustica** Feminin-Form von acusticus (lat.): zum Hörorgan gehörig

Das 4. Neuron der Hörbahn befindet sich im medialen Kniehöcker, einem Anhängsel des Thalamus (☞ Kap. 7.9.6). Nach einer weiteren Umschaltung beginnt hier die Hörstrahlung (**Radiatio acustica**), die am Gyrus temporalis superior und an den Heschl-Querwindungen (Hörzentrum; ☞ Kap. 7.9.3) des Schläfenlappens endet (Abb. 8.17). Auch die Hörzentren jeder Hirnhälfte erhalten Schallinformationen von beiden Ohren.

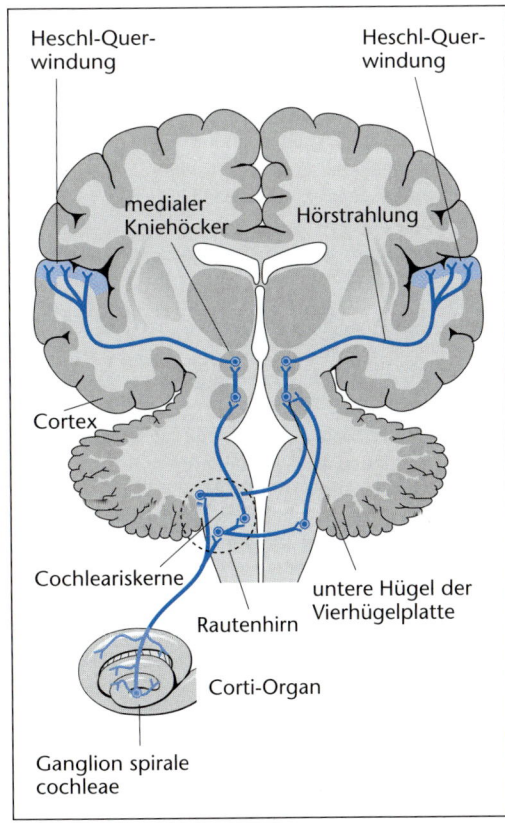

Abb. 8.17 Schematische Darstellung der Hörbahn mit Stationen im Ganglion spirale cochleae, im Rautenhirn, im Mittelhirn, im Zwischenhirn und im Cortex

Minimale Unterschiede in der Intensität und Laufzeit von Signalen, die aus beiden Ohren stammen, werden in der Hörrinde registriert und analysiert, um die Entfernung und Lokalisation der Schallquellen zu orten.

Die Nervenzellen in den Hörzentren des Cortex reagieren zwar auch auf einzelne Töne, vor allem aber auf charakteristische Klangmuster, wie sie z.B. bei der Sprache oder der Musik entstehen. Diese Klangmuster werden dann rasch analysiert und „verstanden".

ZUSAMMENFASSUNG

Die Sinnesorgane des Innenohrs sind das Hörorgan und das Gleichgewichtsorgan. Nur das Hörorgan benötigt dabei eine Verbindung über äußeres Ohr und Mittelohr zur Außenwelt.

Das äußere Ohr besteht aus Ohrmuschel und äußerem Gehörgang und besitzt die Funktion eines Schalltrichters.

Der äußere Gehörgang stellt die Verbindung zum Trommelfell her und ist mit äußerer Haut ausgekleidet; hier finden sich spezielle Drüsen, die das Ohrenschmalz (Cerumen) produzieren.

Das Trommelfell stellt die Grenzstruktur zwischen äußerem Ohr und Mittelohr dar. Es hat einen Durchmesser von ca. 10 mm und eine Dicke von ca. 0,1 mm. Innen ist es mit dem Hammerhandgriff verwachsen. Das Trommelfell besteht aus Pars tensa und Pars flaccida.

Durch Schallwellen, die durch ihre Frequenz und ihren Schalldruck charakterisiert sind, wird das Trommelfell in Schwingungen versetzt, die auf die Kette der Gehörknöchelchen übertragen werden.

Die Gehörknöchelchen (Hammer, Amboss, Steigbügel: durch Gelenke verbunden) befinden sich in der Paukenhöhle, dem Hauptraum des Mittelohrs. Die Paukenhöhle wird gegliedert in Epi-, Meso- und Hypotympanon und charakterisiert durch ihre Wände und Nachbarstrukturen (Teile der Schädelbasis, Warzenfortsatz, Ohrtrompete).

Die Platte des Steigbügels ist federnd im ovalen Fenster, einer Öffnung des Innenohrs, aufgehängt. Dadurch werden die Schwingungen der Gehörknöchelchenkette auf die Flüssigkeit des Innenohrs übertragen. Der Druckausgleich erfolgt über das runde Fenster, das vom zweiten Trommelfell verschlossen wird.

Zwei Muskeln der Paukenhöhle (M. tensor tympani, M. stapedius) schützen das Innenohr vor zu hohen Schalldrucken.

Die Ohrtrompete verbindet die Paukenhöhle mit dem Nasenrachen und dient dem Druckausgleich.

Am Innenohr werden knöchernes und häutiges Labyrinth unterschieden, die sich im Felsenbein befinden. Das knöcherne Labyrinth ist mit Perilymphe, das häutige Labyrinth mit Endolymphe gefüllt.

Das knöcherne Labyrinth besteht aus zwei Abschnitten: Vorhoflabyrinth (Vestibulum und Kanäle) und Schneckenlabyrinth. Das Schneckenlabyrinth hat die Form einer Schnecke (Cochlea) mit einer zentralen Achse und einer knöchernen Spiralleiste.

Auch das häutige Labyrinth weist zwei Abschnitte auf: das Gleichgewichtsorgan ist in dem Teil lokalisiert, der aus Sacculus, Utriculus und den Bogengängen besteht. Im Sacculus und Utriculus befinden sich Sinnesfelder, die Linearbeschleunigungen (Schwerkraft) registrieren. Sie enthalten Haarzellen, deren Sinneshärchen in einer Statokonienmembran stecken. In den Bogengängen befinden sich Sinnesfelder, deren Haarzellen Drehbeschleunigungen des Kopfes registrieren.

Die Empfindungen der Haarzellen werden auf dendritische Endigungen des 1. Neurons der Gleichgewichtsbahn übertragen; die Perikaryen liegen im Ggl. vestibulare, die Axone bilden die Pars vestibularis des 8. Hirnnerven. Die Umschaltung auf das 2. Neuron der Gleichgewichtsbahn erfolgt in den Vestibulariskernen der Rautengrube. Die Weiterleitung erfolgt von dort auf das Kleinhirn, die Kerne verschiedener Hirnnerven und das Rückenmark.

Das Hörorgan ist im häutigen Schneckengang lokalisiert, der sich zwischen Scala vestibuli und Scala tympani befindet. Der häutige Schneckengang trägt das Corti-Organ und wird begrenzt von Reissner-Membran, Basilarmembran und Außenwand. Im Corti-Organ sind die Haarzellen lokalisiert, die hier auf unterschiedliche Frequenzen der Schallwellen ansprechen (Frequenzdispersion der häutigen Schnecke). Am Amplitudenmaximum der Schallwelle gerät die Basilarmembran in Resonanzschwingungen, die entsprechend verstärkt werden.

Die Empfindungen der Haarzellen des Corti-Organs werden auf dendritische Endigungen des 1. Neurons der Hörbahn übertragen; die Perikaryen liegen im Ggl. spirale cochleae, die Axone bilden die Pars cochlearis des 8. Hirnnerven. Die Umschaltung auf das 2. Neuron erfolgt in den Cochleariskernen der Rautengrube. Weitere Stationen der Hörbahn sind die unteren Hügel der Vierhügelplatte, der Thalamus und die Hörrinde.

9 Die medizinische Fachsprache

9.1 Herkunft und Bedeutung der medizinischen Fachausdrücke

In vielen Tätigkeitsbereichen, sei es Beruf oder Freizeit (z. B. Sport, Hobbies), gibt es spezifische Fachsprachen, die oft auf alten Traditionen beruhen und die Beschreibung besonderer Begriffe und Tätigkeiten präzisieren und erleichtern. Über diese Fachsprache erfolgt die Verständigung unter „Eingeweihten".

Besondere Bedeutung hat dabei die medizinische Fachsprache (**Terminologie**), die eine internationale Verständigung von allen im medizinischen Bereich Tätigen, also auch zwischen ÄrztInnen und SprachtherapeutInnen, über Dialekte und Muttersprache hinaus möglich machen soll. Wie allgemein bekannt ist, besteht dabei aber auch die Gefahr, diese Fachsprache gegenüber „Nicht-Eingeweihten" (**Laien**) zu verwenden und sich diesen gegenüber unnötig abzugrenzen.

> **Terminologie** terminus (lat.): Fachbegriff, -logie (griech. logos): Lehre
> **Laie** (griech. laikos): dem (gemeinen) Volk angehörig, Nicht-Fachmann
> **Nomenklatur** (lat. nomenclatura): Namensverzeichnis

Die Kenntnis der medizinischen Fachsprache ist dennoch für SprachtherapeutInnen insoweit erforderlich, wie sie dem Verstehen von Fachbüchern, ärztlichen Berichten, Gutachten und Fachartikeln dient. Zum anderen kann die medizinische Terminologie auch die Kommunikation erleichtern, weil viele Fachbegriffe trotz ihrer zumeist griechischer oder lateinischer Herkunft Strukturen und Vorgänge kürzer und eindeutiger beschreiben als die meisten deutschen Übersetzungen solcher Fachwörter.

Der größte Teil der in der Sprachtherapie verwendeten Fachbegriffe stammt aus dem Lateinischen oder Griechischen, wobei viele ursprünglich griechische Begriffe in das Lateinische übernommen und umgeformt wurden (das lateinische „larynx": Kehlkopf, aus dem ursprünglichen griechischen „larygx": Kehle). Auch die Vermischung lateinischer und griechischer Wortelemente in komplexeren Fachausdrücken kommt gelegentlich vor (z. B. Basalmembran aus dem griechischen „basis": Grundlage und dem lateinischen „membrana": Haut).

9.2 Grundregeln der anatomischen Nomenklatur

Die dem anatomischen Bereich zugeordneten Fachbegriffe unterliegen zusätzlich einer recht strengen **Nomenklatur**, durch die die Teile des menschlichen Körpers geordnet und benannt werden. Die Bildung der anatomischen Bezeichnungen unterliegt strengen Regeln. Dabei werden Hauptwörter (Substantive) mit verschiedenen Eigenschaftswörtern (Adjektiven) oder weiteren erläuternden Begriffen kombiniert (z. B. Musculus obliquus externus abdominis: äußerer schräger Muskel des Bauches).

Im Folgenden sollen nur die wenigen Grundregeln der lateinischen Grammatik vermittelt werden, die für das Verständnis der im sprachtherapeutischen Zusammenhang verwendeten anatomischen Fachbegriffe notwendig sind.

Dabei wird das Substantiv mit großem Anfangsbuchstaben, alle folgenden Begriffsbestandteile klein geschrieben, z. B.:
- Arteria coronaria dextra (rechte Herzkranzarterie)
- Nervus hypoglossus (Unterzungennerv)
- Vena jugularis interna (innere Drosselvene)
- Musculus obliquus externus abdominis (äußerer schräger Bauchmuskel)

Bei den Substantiven unterscheidet man im Lateinischen wie im Deutschen das Geschlecht (Genus), den Fall (Casus) und die Zahl (Numerus). Eine Unterscheidung in drei Geschlechter (weiblich: Femininum, männlich: Masculinum, sächlich: Neutrum) findet im Lateinischen ebenso wie im Deutschen statt, wird im Lateinischen aber durch entsprechende Endungen der Substantive deutlich, z. B.:
- Femininum: Vena, Formatio
- Masculinum: Nervus, Masseter
- Neutrum: Ligamentum, Ganglion, Abdomen

Außer dem Nominativ (Werfall, 1. Fall) wird in den sprachtherapeutisch verwendeten Fachbegriffen praktisch nur noch der Genitiv (Wesfall, 2. Fall) verwendet, z. B.:
- Musculus … … abdominis

Dabei ist „abdominis" (des Bauches) der Genitiv des Begriffs „abdomen" (Bauch). Die übrigen Ergänzungen des Substantivs in der anatomischen Nomenkla-

tur sind in der Regel Adjektive, deren Geschlecht dem des Substantivs entspricht:
• Plica vestibularis: Femininum (Taschenfalte)
• Ligamentum vestibulare: Neutrum (Taschenband)

Kommt das Substantiv im Plural vor, wird auch das Adjektiv im Plural verwendet, z. B.
• Arteria vertebralis: Femininum Singular
• Arteriae vertebrales: Femininum Plural

Viele Fachbegriffe werden im medizinischen Alltag nicht in der strengen lateinischen Nomenklatur verwendet, sondern in eingedeutschten Begriffen. Dabei kommt es oftmals zu geänderten Schreibweisen, die eine Anpassung an die Aussprache darstellen. Verschiedene Konsonanten tauchen im Lateinischen nicht oder praktisch nicht auf, z. B. „j", „k", „w", „z". Zur Anpassung der Aussprache werden dann lateinische Begriffe in der eingedeutschten Version anders geschrieben, wobei vor allem die Umwandlung des lateinischen „c" in das deutsche „k" bzw. „z" auffällt. Typische Beispiele sind (jeweils links der lateinische, rechts der eingedeutschte oder deutsche Ausdruck):

accessorius	akzessorisch
acusticus	akustisch
aquae ductus	Aquädukt
articulatio	Artikulation
cerebralis	zerebral
commissura	Kommissur
cytoplasma	Zytoplasma
frequentia	Frequenz
incisura	Inzisur
oesophagus	Ösophagus
prominentia	Prominenz
ventriculus	Ventrikel

9.3 Wortbestandteile medizinischer Fachausdrücke

In vielen medizinischen Fachausdrücken kommen charakteristische Vorsilben oder Wortendigungen vor, die aus dem Lateinischen oder Griechischen stammen. Die wichtigsten dieser Begriffe sind:

Vorsilbe, Wortendigung	Bedeutung	Beispiel
An- (A-)	Fehlen, Nichtvorhandensein	Anenzephalie: Fehlen des Großhirns
-atio, -ation	Bildung	Phonation: Stimmbildung
Bi-	zweigeteilt	Bifurkation: Aufteilung, z. B. der Trachea
De-	verringert	Depolarisation: verringerte Polarisation
Di-	zweifach, getrennt	Dienzephalon: Zwischenhirn
Dys-	schlecht, krankhaft	Dysphagie: Schluckstörung
-ektomie	Herausschneiden	Laryngektomie: Entfernen des Kehlkopfs
Endo-	innen	Endolymphe, Flüssigkeit des innen liegenden häutigen Labyrinths
Epi-	darauf	Epipharynx: oberer Rachenanteil
Ex-/Exo-	außen	Exspiration: Ausatmung
Extra-	außerhalb	Extrasystole: zusätzliche Systole außerhalb des normalen Rhythmus
Hemi-	halb	Hemisphäre: Halbkugel
Hyper-	über, darüber	Hypertonus: zu hoher Tonus
Hypo-	unter, darunter	Hypotonus: zu niedriger Tonus
In-	ein, hinein	Inspiration: Einatmung

Vorsilbe, Wortendigung	Bedeutung	Beispiel
Infra-	unterhalb	Cavitas infraglottica: Hohlraum unterhalb der Glottis
Inter-	zwischen	Interkostalmuskeln: Zwischenrippenmuskeln
Intra-	innerhalb	Intrazellularraum, Raum innerhalb der Zellen
-ismus	Lehrmeinung, Vorgänge, Abweichung	Autismus: Ichbezogenheit
-itis	Entzündung	Otitis media: Mittelohrentzündung
-logie, -logia	Lehre	Histologie: Gewebelehre
Meso-	in der Mitte	Mesopharynx: mittlerer Rachenabschnitt
-ose, -osis	Vorgang, Zustand	Otosklerose: Ohrverhärtung
Para-	neben, bei	paranasal: neben der Nase
Peri-	um – herum	Perikard: Herzbeutel
Post-	nach, hinter	postnatal: nach der Geburt
Prae-, Prä-	vor	pränatal: vor der Geburt
Re-	wieder	Respiration: Atmen
Sub-	unter	sublingualis: unter der Zunge gelegen
Syn-	zusammen	Synapse: Verbindung
Supra-	oberhalb	supraglottisch: oberhalb der Glottis
-tomie	Durchtrennung	Tracheotomie: Luftröhrenschnitt
Ultra-	oberhalb	Ultraschall: Schall oberhalb des Hörvermögens

9.4 Vokabel- und Begriffsverzeichnis

Bei den lateinischen Substantiven sind angegeben:
m: Masculinum, f: Feminum, n: Neutrum, ggf. pl: Plural

abdomen (n)	lat.	Bauch (Genitiv: abdominis)
abducens	lat.	abziehend
Abszess		Eiteransammlung
accessorius	lat.	zusätzlich
acusticus	lat.	zum Hörorgan gehörend
Adaptation		Anpassung (lat.: adaptio)
adenoide Vegetationen		„drüsenähnliche" Wucherungen; bezogen auf Wucherungen der Rachenmandel („Lymphdrüse")
adäquat		angemessen, übereinstimmend (lat.: adaequatus)
Adenotomie		Entfernung von Wucherungen der Rachenmandel
adhaesio (f)	lat.	Anheftung
adiposus	lat.	fettförmig (n: adiposum)

afferent		hinführend (affere, lat.: hinführen)
affricare	lat.	anreiben
Affrikat		verzögert gelöster Verschlusslaut (☞ affricare)
akousis	griech.	Hören
albus	lat.	weiß (f: alba)
Alveolar		an Zahntaschen gebildeter Laut
Alveole		Tasche, Vertiefung, Bläschen (Zahntasche, Lungenbläschen)
alveolus (m)	lat.	kleine Vertiefung, Bläschen
Amplitude		Schwingungsausschlag (lat.: amplitudo)
amygdaloideus	lat.	mandelförmig (amygdale, griech.: Mandel)
An- (A-)	griech.	Nicht-
Anastomose		Kurzschlussverbindung (☞ anastomoun)
anastomoun	griech.	eine Schleuse öffnen, verbinden
Anenzephalie		Fehlen des Großhirns (☞ an, egkephalon)
Angina		Krankheit mit Engegefühl, hier meist als Halsentzündung (angere, lat. = beengen)
angulus (m)	lat.	Winkel
Anoxie		Sauerstoffmangel (☞ An-, oxygenium)
ansa (f)	lat.	Öse, Schlinge
anti	lat.	gegen
Antihelix		Gegenwindung (☞ anti, helix)
Antikus		Kurzform für M. cricothyroideus (anticus, lat.: der Vordere, Äußere)
anularis		ringförmig (n: anulare)
aorta (f)	lat.	Hauptschlagader des menschlichen Körpers (griech.: aorte)
Apertur		Öffnung (des Brustkorbs; lat.: apertura, f)
apex (m)	lat.	Spitze
Aphasie		Sprachlosigkeit (lat.: aphasia)
Apikal		durch Zungenspitze gebildeter Laut (☞ apex)
Aponeurose		flächige Sehne (griech.: aponeurosis)
Aquädukt		Wasserleitung, Verbindung zwischen 3. und 4. Ventrikel (lat.: aquae ductus)
arachne	griech.	Spinne
Arachnoidea mater		Spinnwebshaut (☞ arachne, mater)
ARAS		aufsteigende, aktivitätsregulierende Strukturanteile der Formatio reticularis
arcus (m)	lat.	Bogen
area (f)	lat.	Fläche
arteria (f)	lat.	Schlagader (pl arteriae) (abgekürzt A., pl Aa.)
Arterie		Schlagader (☞ arteria)

Arteriole		kleine Schlagader (Verkleinerungsform von Arterie)
arteriosus	lat.	aus Arterien gebildet
articulatio (f)	lat.	Gelenk
articularis	lat.	zum Gelenk gehörig (n: articulare)
Artikulation		Lautbildung, deutliche Aussprache, gegliederter Vortrag, Gelenkbewegung (☞ articulatio)
aryepiglotticus	lat.	zu Stellknorpel und Kehldeckel gehörig (aryepiglottica) (☞ arytaina, epiglottis)
Aryknorpel		Stellknorpel, Cartilago arytaenoidea (☞ cartilago, arytaenoideus)
arytaenoideus	lat.	zum Stellknorpel gehörig (f: arytaenoidea) (☞ arytaina)
arytaina	griech.	Gießbecken, Gießkanne, Stellknorpel
aspiratio (f)	lat.	Anhauchen
Aspirations-pneumonie		Lungenentzündung (☞ Pneumonie) in Folge von unbeabsichtigtem Einatmen (☞ aspiratio) von Fremdkörpern, Schleim Blut
Assoziation		Verknüpfung, Zusammenschluss (franz.: association)
asthma	griech.	schweres, kurzes Atemholen (Atemnot, Beklemmung)
astro	griech.	Stern
Astrozyt		sternförmige Gliazelle (☞ astro, kytos, glia)
Ataxie		Koordinationsstörungen, Unordnung (griech.: ataxia)
Atelektase		Kollabieren der Lungenbläschen (☞ ateles, ektasis)
ateles	griech.	unvollständig
-atio	lat.	Bildung (deutsch: -ation)
atrium (n)	lat.	Innenhof, Vorhof (des Herzens)
Atrioventrikular-		zum Atrium (Herzvorhof) und zum Ventrikel (Herzkammer) gehörig (☞ atrium, ventriculus)
Atrophie		Auszehrung, Organschwund (lat.: atrophia)
Audiometrie		meistens Untersuchung der Hörschwelle von Probanden bei verschiedenen Frequenzen
auditivus	lat.	zum Ohr gehörend (f: auditiva)
auricula (f)	lat.	Ohrmuschel
Autismus		psychische Störung mit krankhafter Ichbezogenheit (☞ auto, ismus)
Autophagie		Selbstverdauung (☞ auto, phagein)
auto-	griech.	selbst
Autosomen		nicht geschlechtsgebundenes Chromosom (☞ auto, chroma, soma)
axon	griech.	Achse, langer fortleitender Nervenzellfortsatz
Basallamina		dünne Gewebsplatte unter jedem Epithel (☞ basis, lamina)
Basalmembran		dünne Gewebsplatte unter jedem Epithel (☞ basis, membrana)
basilaris	lat.	zur Basis gehörig (☞ basis)
basis	griech.	Sockel, Grundlage, Grundfläche

bi-	lat.	zweiteilig, doppelt
bifidus	lat.	in zwei Teile gespalten (f: bifida)
bifurcatio (f)	lat.	Aufgabelung (der Trachea)
Bilabial		mit beiden Lippen gebildeter Laut (☞ bi-, labia)
bipolar		mit zwei Fortsätzen (☞ bi, polaris)
blastos	griech.	Keim
Blastozyste		Keimbläschen (☞ blastos, kystis)
bolus (m)	lat.	Klumpen, Bissen
bouton	franz.	Knopf
brachialis	lat.	zum Arm gehörig
Branchialbögen		Kiemenbögen (Kiemen, griech.: branchiae, pl)
Bronchien (Bronchen)		Luftröhrenäste (☞ bronchus)
bronchiolus (m)	lat.	kleiner Luftröhrenast, Verkleinerungsform von ☞ bronchus
bronchus (m)	lat.	Luftröhrenast (Plural bronchia, griech. brogchos, Plural brogchia)
bucca (f)	lat.	Wange
buccinator	lat.	zur Wange gehörig (☞ bucca)
bulbus (m)	lat.	Zwiebel, Verdickung des Rückenmarks zum Hirnstamm
caecus	lat.	blind (n: caecum)
calcarinus	lat.	spornartig (calcar, lat.: Sporn)
callosus	lat.	schwielenartig, dickhäutig
canalis (m)	lat.	Kanal
Caninus		Eckzahn, Hundszahn (Hund, lat.: canis)
cannula (f)	lat.	Röhrchen
capacitas (f)	lat.	Fassungsvermögen
capillus (m)	lat.	Haar
capsula (f)	lat.	Kapsel
Capsula interna		innere Kapsel (Durchtrittsstelle von Projektionsbahnen am Großhirn)
caput (n)	lat.	Kopf
caroticus	lat.	zur Halsschlagader (☞ carotis) gehörig
carotis (f)	lat.	Halsschlagader (= karotis, griech.)
cartilagineus	lat.	knorpelig (☞ cartilago)
cartilago (f)	lat.	Knorpel
caruncula (f)	lat.	Höckerchen
cavitas (f), cavum (n)	lat.	Hohlraum, Höhle
Cavum tympani		Paukenhöhle (☞ cavum, tympanon)
caudatus	lat.	schwanzförmig (cauda, lat.: Schwanz)
cavus	lat.	geräumig, bauchig (f: cava)

cella (f)	lat.	Kammer, Zelle
cellula (f)	lat.	kleine Kammer, Verkleinerungsform von ☞ cella (Plural: cellulae)
cementum (n)	lat.	das Zement, Knochengewebe der Zahnwurzel
centralis	lat.	in der Mitte liegend
cerebellum (n)	lat.	Kleinhirn, Verkleinerungsform von ☞ cerebrum
cerebrospinalis	lat.	zu Gehirn und Rückenmark gehörig (☞ cerebrum, spinalis)
cerebrum (n)	lat.	Gehirn, Großhirn
cerumen (n)	lat.	Wachs, Ohrschmalz (cera, lat.: Wachs)
cervicalis	lat.	zum Hals gehörig (☞ cervix)
cervix (f)	lat.	Hals
choana (f)	lat.	Trichter, hintere Nasenöffnung
Choanen		hintere Nasenöffnungen (☞ choana)
chondrion	griech.	Körnchen
choroideus	lat.	hautartig (aus chorion, griech.: gefäßreiche Haut)
chroma	griech.	Farbe
Chromosomen		Erbsubstanz-Körperchen (☞ chroma, soma)
chronos	griech.	Zeit
cingulum (n)	lat.	Gürtel (Genitiv: cinguli)
circa	lat.	ungefähr
circadian		ungefähr einen Tag dauernd (☞ circa, dies)
circularis	lat.	kreisförmig
circulus (m)	lat.	kleiner Kreis, Verkleinerungsform von circus
Circulus arteriosus		Arterienkreis an der Hirnbasis (☞ circulus, arteriosus)
claustrum (n)	lat.	Verschluss, Vormauer
clavicula (f)	lat.	Schlüsselbein
cleis	griech.	Schlüssel(bein), lat. clavicula
coccygealis	lat.	zum Steißbein gehörig (Os coccygis)
cochlea (f)	lat.	Schnecke
cochlearis	lat.	zur Schnecke (lat. cochlea) gehörend
Codierung (Kodierung)		Verschlüsselung (engl./franz.: code, lat.: codex)
collabi	lat.	in sich zusammenfallen
collateralis	lat.	seitlich
commissura (f)	lat.	Verbindung
communicans	lat.	verbindend
communis	lat.	gemeinsam
compartment	engl., frz.	Abteilung
concha (f)	lat.	Muschel (Nasenmuschel)

condylaris	lat.	gelenkknorrenförmig, zum Gelenk gehörig (☞ condylus)
condylus (m)	lat.	Gelenkknorren
consonans	lat.	mitlautend
constrictor (m)	lat.	Zusammenzieher (Plural: constrictores)
continuare	lat.	zusammenhängend machen
contra	lat.	entgegengesetzt
contractio (f)	lat.	Zusammenziehen
conus (m)	lat.	Keil
cor (n)	lat.	Herz
cornu (n)	lat.	Horn
corona (f)	lat.	Krone, Kranz
coronarius	lat.	kranzförmig (☞ corona)
coronoideus	lat.	kronenförmig (☞ corona)
corpus (m)	lat.	Körper
Corpus callosum		Balken (Kommissurenbahn des Großhirns; ☞ corpus, callosus)
cortex (m)	lat.	Rinde
corticonuclearis		Hirnrinde (☞ Cortex) und Kerne (☞ nucleus) der Hirnnerven betreffend
corticospinalis		Hirnrinde (☞ cortex) und Rückenmark (☞ spina) betreffend
costa (f)	lat.	Rippe
cranium (n)	lat.	Schädel
cricoarytaenoideus	lat.	zum Ring- und Stellknorpel gehörig (☞ krikoid, arytaina)
cricoideus	lat.	zum Ringknorpel gehörig (f: cricoidea)
cricothyroideus	lat.	zum Ring- und Schildknorpel gehörig (☞ krikoid, thyroid)
cuneatus	lat.	keilförmig
cupula (f)	lat.	Kuppel
cuspis (f)	lat.	Zipfel, Segel
cyaneus	lat.	blau
Cytologie		Zellenlehre (☞ kytos, logia)
Cytoplasma		Zellbestandteil außer Zellkern und Zellmembran (☞ kytos, plasma)
de-	lat.	unter, verringert
Dendrit		empfangender Ast einer Nervenzelle (☞ dendrites)
dendrites	griech.	baumartig, zum Baum gehörig
dendritisch		wie ein Dendrit wirkend (☞ Dendrit)
dens (m)	lat.	Zahn
Dentin		Zahnbein (☞ dens)
Depolarisation		verringerte Polarisation (☞ de, polarisatio)
depressor (m)	lat.	Senker
derma	griech.	Haut

desynchronisiert		zeitlich nicht zusammen verlaufend (☞ de-, syn, chronos)
deviatio (f)	lat.	Abweichung
dexter	lat.	rechts, der rechte (Femininum-Form: dextra, Neutrum-Form: dextrum)
Dezibel		1/10 Bel, Einheit des Schalldruckpegels (dezi, lat.: ein Zehntel)
di-	griech.	zweifach, dazwischen
Diadochokinese		Fähigkeit, rasche alternierende Bewegungen durchzuführen (☞ diadochos, kinesis)
diadochos	griech.	abwechselnd
diaphragma (n)	lat./griech.	Zwischenwand (z. B. Zwerchfell, Mundboden)
diastole	griech.	Auseinanderziehen (Erschlaffen des Herzmuskels)
Dienzephalon		Zwischenhirn (☞ di-, egkephalon)
dies (m)	lat.	Tag
differentia (f)	lat.	Unterschied
Differentialrezeptor		auf rasche Reizänderungen reagierender Rezeptor (☞ differentia, Rezeptor)
differre	lat.	abweichen, sich unterscheiden
Differenzierung		Unterscheidung (☞ differre)
Diffusion		Hinüberfließen, Hinüberwandern (lat.: diffusio, f)
digastricus		zweibäuchig (☞ di, gaster)
diploid		doppelt (bezogen auf den Chromosomensatz; ☞ diploos; Nachsilbe „-id" kommt von eides, griech.: förmig)
diploos	griech.	doppelt
discus (m)	lat.	Scheibe (griech.: diskos)
Dispersion		Spreizung, Verteilung, Streuung (lat.: dispersio)
Dorsal		durch Zungenrücken gebildeter Laut (☞ dorsum)
dorsum (n)	lat.	Rücken (Genitiv: dorsi)
drainage	franz.	Ableitung (z. B. Saugdrainage bei Pneumothorax)
ductus (m)	lat.	Gang
Dura mater		harte Hirnhaut (☞ durus, mater)
durus	lat.	hart (f: dura, n: durum)
dys-	griech.	schlecht, krankhaft
Dysarthrie		Artikulationsstörung
Dysphagie		Schluckstörung (☞ dys, phagein)
Dysphonie		Stimmstörung (☞ dys-, phone)
elektron	griech.	die Elektrizität betreffend
effere	lat.	wegführen
efferent		wegführend (☞ effere)
egkephalon	griech.	Gehirn (lat.: encephalon)
ektasis	griech.	Ausdehnung

ektos	griech.	außen
Ektoderm		Außenhaut (eines der Keimblätter; ☞ ektos, derma)
-ektomie	griech.	herausschneiden
elasticus	lat.	elastisch
Elektrode		elektrischer Leiter (engl.: electrode)
Elektroenze-phalogramm (EEG)		Aufzeichnung der Hirnströme (☞ elektron, egkephalon, gramma)
elektron	griech.	elektrisch
Elektrotonus		elektrischer Spannungszustand (☞ elektron, tonus)
Embryo		ungeborene Leibesfrucht (☞ embryon)
embryon	griech.	ungeborene Leibesfrucht
empatheia	griech.	heftige Leidenschaft, Mitgefühl, Einfühlungsvermögen
Empathie		Mitgefühl (☞ empatheia)
enamel (enamelum)	engl.	Zahnschmelz, Glasur, Emaille
endo-	griech.	innen
endokrin		nach innen (Blutbahn) ausschleusend (☞ endo, krinein)
Endolymphe		Flüssigkeit des häutigen Labyrinths (☞ endo, lympha)
endoplasmatisches Retikulum		Netzwerk innerhalb des Zytoplasmas (☞ endo, plasma, reticulum)
Endoskop		Instrument zur Untersuchung von Hohlorganen, mit Lichtquelle (☞ endo, skopein)
Endothel		hohlraumauskleidendes Epithel (z. B. bei Blutgefäßen) (☞ endo, thele, thelein)
Endotrachealtubus		Schlauch zur ☞ Intubation (☞ endo, trachea)
Enzephalon		Gehirn (☞ egkephalon)
Enzyme		Proteine, die Stoffwechselvorgänge des Körpers beschleunigen
epi-	griech.	darauf
epicranius	lat.	oberhalb des Schädels (☞ epi, cranium)
epidemicus	lat.	ansteckend (f: epidemica)
Epiduralraum		Raum zwischen Schädel und Dura mater (☞ epi-, dura)
Epiglottis		Kehldeckel (☞ epi-, glottis)
epikrisis	griech.	Beurteilung
epikritisch		beurteilend (☞ epikrisis)
Epiphyse		Zirbeldrüse (☞ epiphysis)
epiphysis	griech.	Zuwuchs, Zirbeldrüse (☞ epi-, zirbens)
Epithalamus		Hirnregion oberhalb/hinter Thalamus (☞ epi, thalamus)
Epithel		oberflächliche Gewebedeckschicht (☞ epi, thele, thelein)
erythros	griech.	rot
Erythrozyten		rote Blutzellen: rote Blutkörperchen (☞ erythros, kytos)

ethmoidalis	lat.	zum Siebbein gehörig (n: ethmoidale)
evozieren		hervorrufen (lat.: evocare)
exo-	griech.	außen, nach außen
exokrin		nach außen ausschleusend (☞ exo, krinein)
Exspiration		Ausatmung (lat.: exspiratio, f)
externus	lat.	außen, der äußere (f: externa)
Externus		weitere Kurzform für M. cricothyroideus (sonst meist als Antikus bezeichnet)
extra-	lat.	außerhalb
facialis	lat.	zum Gesicht gehörig (☞ facies)
facies (f)	lat.	Gesicht
fascia (f)	lat.	Bindegewebshülle (Faszie)
fasciculus (m)	lat.	Bündelchen
Fazialisparese		Ausfall des Gesichtsnerven (N. facialis)
fenestra (f)	lat.	Fenster
fetus (m)	lat.	Leibesfrucht (deutsch: Fetus, Fötus)
flaccidus	lat.	schlaff
foramen (n)	lat.	Loch
Formant		Teilton eines Lautes (☞ formare)
formare	lat.	bilden
formatio (f)	lat.	Gebilde (Formation)
fossa (f)	lat.	Grube
frenulum (n)	lat.	Bändchen
Frequenz		Häufigkeit (lat.: frequentia)
Frequenzcodierung		Darstellung von unterschiedlichen Reizstärken durch unterschiedliche Frequenzen (☞ Frequenz, Codierung)
fricare	lat.	reiben
Frikativ		Reibelaut (☞ fricare)
frontalis	lat.	zur Stirn/zum Stirnbein gehörig (n: frontale)
Ganglion		Nervenknoten, auch: Überbein (griech.: gagglion, lat. ganglion, n)
gaster (m)	lat.	Bauch
geneion	griech.	Kinn
geniohyoideus	lat.	zum Kinn und Zungenbein gehörig (☞ geneion, hyoid)
gingiva (f)	lat.	Zahnfleisch
glandula (f)	lat.	Drüse
Glia	griech.	Gewebe zwischen den Nervenzellen (eigentlich: Leim)
globus (m)	lat.	Kugel (globin: kugelförmiges Protein)
glossa (f)	lat./griech.	Zunge
glossopharyngeus	lat.	zu Zunge (☞ glossa) und Rachen (☞ pharygx) gehörig

Glottal		an ☞ Glottis gebildeter Laut
glotticus	lat.	zur Stimmritze gehörend
glottis	griech.	Mundstück der Flöte, Stimmritze mit Stimmlippen (Genitiv: glottidis)
gnosis	griech.	Erkennen, Wissenschaft
gnostisch		erkennend (☞ gnosis)
gone	griech.	Geschlecht
Gonosom		Geschlechtschromosom (☞ gone, chroma, soma)
gracilis	lat.	fein
gramma	griech.	Aufzeichnung, Abbildung
Granulation		körnige Struktur der Arachnoidea zur Liquorabgabe (☞ granulum, liquor)
granulum (n)	lat.	Korn
graphia	griech.	schreiben, aufzeichnen
gurges (m)	lat.	Strudel, Zurückströmen
gyrus (m)	lat.	Furche (pl gyri, griech.: gyros)
Hämatom		Bluterguss (☞ haima)
Hämoglobin		Sauerstoff bindendes Protein der Erythrozyten (☞ haima, globus, Protein, erythros, kytos)
haima	griech.	Blut
haploid		einfach (bezogen auf den Chromosomensatz; ☞ haploides; Nachsilbe „-id" kommt von eides, griech.: förmig)
haploides	griech.	einfach
helicotrema	griech.	Schneckenloch
helix (f)	lat.	Schnecke, Windung, Spirale (Genitiv: helicis)
hemi-	griech.	halb
Hemisphäre		Halbkugel (☞ hemi, sphaera)
Hg		chemisches Symbol für Quecksilber (Hydrargurum)
hilum (n) (auch: hilus, m)	lat.	Eintrittsstelle für Nerven und Gefäße an einem Organ
Hippocampus		Kerngebiet in der Tiefe des Schläfenlappens (wörtl.: Seepferdchen)
Histologie		Gewebelehre (☞ histos, logia)
histos	griech.	Gewebe
hraphe	griech.	Naht
hydor	griech.	Wasser
Hydrozephalus		Wasserkopf (lat.: hydrocephalus, ☞ hydor, kephale)
Hyoid		Zungenbein, Os hyoideum (☞ os, hyoideum)
hyoideus	lat.	zum Zungenbein gehörig (n: hyoideum)
hyper-	griech.	über, darüber, zuviel
Hyperakusis		krankhafte Feinhörigkeit (☞ hyper, akousis)
Hyperkinesen		übermäßig schnelle und heftige Bewegungen (☞ hyper, kinesis)

Hyperpolarisation		erhöhte Polarisation (☞ hyper, polarisatio)
Hypertonus		Muskelsteife, zu hohe Muskelspannung (☞ hyper, tonus)
Hyperventilation		zu starke Atmung, dadurch Krampf der Hirnarterien
hypo-	griech.	unten, darunter
hypoglossus	lat.	unter der Zunge liegend (☞ hypo, glossa)
Hypokinese		Bewegungsarmut (☞ hypo, kinesis)
Hypophyse		Hirnanhangsdrüse (☞ hypophysis)
hypophysis	griech.	Nachwuchs, Sprössling, Anhang, Hirnanhangsdrüse
Hypothalamus		Hirnregion unterhalb des Thalamus (☞ hypo, thalamus)
Hypotonus		Muskelschwäche, zu geringe Muskelspannung (☞ hypo, tonus)
Hypoventilation		zu geringe Atmung, dadurch Sauerstoffmangel (☞ hypo-, ventilatio)
Hz		Hertz (Häufigkeit pro Sekunde)
immun		frei von, geschützt vor, gefeit gegen (lat.: immunis)
Impedanz		Hemmung (impedire, lat.: hemmen)
Implantation		Einpflanzung, Einnistung (lat.: implantatio)
in-	lat.	ein, hinein
inadäquat		nicht angemessen, nicht übereinstimmend (☞ in, adäquat)
incidere	lat.	einschneiden
Incisivus		Schneidezahn (☞ incidere)
incisura (f)	lat.	Einschnitt
incus (m)	lat.	Amboss
infarcire	lat.	absterben
Infarkt		Gewebeuntergang bei Gefäßverschluss (☞ infarcire)
inferior	lat.	unten gelegen, der/die/das untere
infra-	lat.	unterhalb
infraglotticus	lat.	unterhalb der Stimmritze (f: infraglottica) (☞ infra, glotticus)
Innervation		Nervenversorgung
inspiratio (f)	lat.	Einhauchung, Einatmung
Inspiration		Einatmung (☞ inspiratio)
Insuffizienz		Schwäche, Unzulänglichkeit (z. B. des Herzens; lat.: insufficientia, f)
insularis	lat.	zur Insel gehörig (lat.: insula, f)
inter-	lat.	zwischen
interarytaenoideus	lat.	zwischen den Stellknorpeln (☞ inter, arytaenoideus)
intercartilagineus	lat.	zwischen den Knorpeln (f: intercartilaginea) (☞ inter, cartilago)
intercostalis	lat.	zwischen den Rippen (☞ inter, costa)
intermediär		dazwischen stehend (☞ intermedius)
intermedius	lat.	dazwischen stehend

intermembranaceus	lat.	zwischen den Membranen (f: intermembranacea) (☞ inter, membranaceus)
Interneuron		zwischengeschaltete Nervenzelle (☞ inter, neuron)
internus	lat.	innen, der innere (Feminin-Form: interna)
Interphase		Zwischenphase (zwischen zwei Zellteilungen; ☞ inter, phasis)
intra-	lat.	innerhalb
Intubation		Einführung einer Röhre, eines Schlauchs (☞ in, tubus)
Inzisur		Einschnitt (☞ incisura)
ion	griech.	das Wandernde (elektrisch geladenes Teilchen)
ipse	lat.	selbst
ipsilateral		auf der selben Seite bleibend (☞ ipse, lateralis)
Ischämie		Blutmangel (☞ ischein, haima)
ischein	griech.	zurückhalten
-ismus	lat.	Lehrmeinung, Vorgänge, Abweichung
isthmos	griech.	Landenge, schmale Verbindung
Isthmus		schmale Verbindung (Teil der Schilddrüse; ☞ isthmos)
-itis	griech.	Entzündung
jugularis	lat.	Drossel- (vgl. V. jugularis interna: innere Drosselvene)
Kapillaradhäsion		Anheftungskraft an haarfeinen Spalten (☞ capillus, adhaesio)
Kapillare		Haargefäß (☞ capillus)
kardia	griech.	Herz
karkinoma	griech.	Krebs (lat.: carcinoma)
karyon	griech.	Kern, Nuss, Zellkern
Karzinom		Krebs (☞ karkinoma)
kephale	griech.	Kopf
kinesis	griech.	Bewegung
Kinetose		Bewegungskrankheit (☞ kinein, -ose)
Körperplethys-mographie		Gerät zur Bestimmung der Lungenvolumina (☞ plethysmos, graphia)
kokzygeal-		zum Steißbein gehörig (Os coccygis) (☞ coccygealis)
kollabieren		in sich zusammenfallen (☞ collabi)
Kollaterale		Seitenast (eines ☞ Axons) (☞ collateralis)
Kommissur		Verbindung (☞ commissura)
Kompartiment		Abteilung der Zelle (☞ compartment)
Koniotomie		Durchtrennung des Conus elasticus (☞ tomie, conus, elasticus)
Konsonant		Mitlaut (☞ consonans)
kontinuierlich		zusammenhängend (☞ continuare)
kontralateral		entgegengesetzt (☞ contra, lateralis)

Kontraktion		Zusammenziehen (☞ contractio)
Kontrast		Gegensatz
Koronal		durch Zungenkranz gebildeter Laut (☞ corona)
Korona		Zungensaum, -kranz (☞ corona)
Krikoid		Ringknorpel, cartilago cricoidea (☞ cartilago, cricoideus, krikos)
krikos	griech.	Ring
krinein	griech.	ausscheiden
Kuspidal-		Segel(-Klappen) (☞ cuspis)
kystis	griech.	Blase
kytos	griech.	Zelle
Labiodental		an Zähnen und Lippen gebildeter Laut (☞ labia, dens)
labium (n)	lat.	Lippe
labyrinthicus	lat.	zum Labyrinth (Innenohr) gehörig
Laie		Nicht-Fachmann (griech.: laikos)
lamina (f)	lat.	Blatt
Lamina propria		die einem Epithel zugehörige Bindegewebsschicht (☞ lamina, propria)
Lamina spiralis ossea		knöcherne Spiralleiste (Innenohr; ☞ lamina, spiralis, osseus)
Lamina tecti		Vierhügelplatte (☞ lamina, tectum)
Laminal		durch Zungenblatt gebildeter Laut (☞ lamina)
laryngeus	lat.	zum Kehlkopf gehörig (f: laryngea)
Laryngoskopie		Kehlkopfspiegelung (☞ larynx, skopein)
larynx (f)	lat.	Kehlkopf (griech.: larygx), Genitiv: laryngis
lateral		außen, seitlich, äußerer (lat.: lateralis)
Lateralis		Kurzform für M. cricoarytaenoideus lateralis
latissimus	lat.	sehr breit, sehr groß
lemma	griech.	Haul, Hülle
lemniscus (m)	lat.	Schleife, Schleifenbahn
lens (f)	lat.	Linse
lentiformis	lat.	linsenförmig (☞ lens)
leukos	griech.	weiß
Leukozyten		weiße Blutzellen: weiße Blutkörperchen (☞ leukos, kytos)
levator (m)	lat.	Anheber (Plural: levatores)
ligamentum (n)	lat.	Band (abgekürzt Lig.)
limbus (m)	lat.	Rand, Saum
linea (f)	lat.	Linie
lingua (f)	lat.	Zunge
lingualis	lat.	zur Zunge gehörig
lipos	griech.	Fett

liquor (m)	lat.	Wasser, Flüssigkeit
Lobärpneumonie		auf einen Lungenlappen beschränkte Lungenentzündung (☞ lobus, pneumonia)
lobus (m)	lat.	Lappen (Plural: lobi)
-logia	griech.	Lehre
lumbalis	lat.	zur Lende gehörig
lumen	lat.	Licht, Lichtung, Hohlraum
Luxation		Verrenkung
lympha (f)	lat.	Quellwasser, Gewebewasser
lymphatisch		bezogen auf Lymphe, Lymphdrüsen oder Abwehr
Lymphe		Gewebewasser (☞ lympha)
lysis	griech.	Lösung
Lysosom		Auflösekörperchen (Zellorganelle)
macula (f)	lat.	Fleck
mandibula (f)	lat.	Unterkiefer (Genitiv: mandibulae)
mandibularis	lat.	zum Unterkiefer gehörig
major (maior)	lat.	groß (Neutrum-Form: majus)
malleus (m)	lat.	Hammer
Makrophagen		zur ☞ Phagozytose befähigte weiße Blutzellen (☞ makros, phage)
makros	griech.	groß
masseter	griech.	der Kauende
masticatorius	lat.	zum Kauvorgang gehörend (masticare, lat.: kauen)
Mastikation		Kauvorgang
Mastikatorius		Kurzform für Kaumuskelnerv (☞ masticatorius)
mastoideus	lat.	warzenförmig
Mastoiditis		Entzündung des Warzenfortsatzes (☞ Processus, mastoideus, -itis)
mater (f)	lat.	Mutter, Umhüllung
maxilla (f)	lat.	Oberkiefer
maxillaris	lat.	zum Oberkiefer gehörig
meatus (m)	lat.	Gang (Nasengang)
Meatus acusticus		Gehörgang
mechanikos	griech.	den Gesetzen der Mechanik entsprechend
Mechanorezeption		Wahrnehmung mechanischer Reize (☞ mechanikos, Rezeption)
medial		mittig, zur Mitte hin gelegen, der innere (lat.: medialis)
medianus	lat.	in der Mitte befindlich
Mediastinum	lat.	Mittelfell(raum)
medius	lat.	der mittlere (f: media)
medulla (f)	lat.	Mark

Meiose		Reifeteilung (☞ meiosis)
meiosis	griech.	Verringern (der Chromosomensätze)
membrana (f)	lat.	Haut
membranaceus	lat.	membranartig, häutig
Membrana tectoria	lat.	Deckmembran (☞ membrana, tectorius)
Membrana tympani (tympanica)		Trommelfell (☞ membrana, tympanon)
Meningen (pl)		Hirnhäute (☞ meninx)
Meningitis		Hirnhautentzündung (☞ meningen, -itis)
meninx (f)	lat.	Hirn-, Rückenmarkshaut (pl meninges, griech.: menigx)
meniskos	griech.	mondförmiger Körper
Meniskus		mondförmiger Knorpel im Kniegelenk (☞ meniskos)
mentalis	lat.	zum Kinn gehörig (☞ mentum)
mentum (n)	lat.	Kinn
Mesenzephalon		Mittelhirn (☞ mesos, egkephalon)
mesos	griech.	in der Mitte
metron	griech.	Maß, Messgerät
mimicus	lat.	possenhaft, den Gesichtsausdruck betreffend
mimisch		den Gesichtsausdruck beteffend (☞ mimicus)
minor	lat.	klein (Neutrum-Form: minus)
miosis	lat.	Pupillenverengung (☞ meiosis)
Mitochondrien		„Fadenkörnchen" (Zellorganellen für Energiestoffwechsel; ☞ mitos, chondrion)
mitos	griech.	Faden
Mitose		normale Zellteilung (☞ mitos, osis)
mitra	lat., griech.	Bischofsmütze
Modalität		Art und Weise (lat.: modulus), Empfindung eines Sinnesorgans
modiolus (m)	lat.	Radnabe, Spindel, Achse
mola (f)	lat.	Mühle
Molar		Mahlzahn, Backenzahn (☞ mola)
mollis	lat.	weich (n: molle)
monos	griech.	einfach
Monosomie		ein Chromosom nur einfach vorhanden (statt doppelt) (☞ monos, soma)
monosynaptisch		Verbindung über nur eine Synapse (☞ monos, synapsis)
morula (f)	lat.	kleine Maulbeere (Verkleinerungsform von morum)
motorisch		bewegend (☞ motorius)
motorius	lat.	bewegend
mucus (m)	lat.	Schleim

mukös	lat.	dickflüssig (☞ mucus)
multi-	lat.	vielfach
multipolar		vielfach verzweigt (☞ multi, polaris)
muscularis	lat.	zur Muskulatur gehörig (☞ musculus)
musculus (m)	lat.	Muskel (Plural: musculi)
mutatio (f)	lat.	Veränderung
Mutation		Stimmbruch (☞ mutatio)
mydriasis	griech.	Pupillenerweiterung
Myelin		Mischung fettartiger Stoffe (☞ myelos)
myelos	griech.	Mark (Knochenmark, Rückenmark)
mylohyoideus		zum Unterkiefer und zum Zungenbein gehörig (☞ mylos, hyoid)
mylos	griech.	Mühle, Unterkiefer
myo-		zum Muskel gehörig (☞ mys)
mys	griech.	Maus, Muskel
nasalis	lat.	zur Nase gehörig (n: nasale) (☞ nasus)
nasolacrimalis	lat.	zur Nase und Tränendrüse gehörig
Nasopharynx		Nasenrachenraum (☞ nasus, pharynx)
nasus (m)	lat.	Nase (Genitiv: nasi)
natalis	lat.	zur Geburt gehörig
nervus (m)	lat.	Nerv (pl nervi) (abgekürzt N., pl Nn.)
Neurit		gleiche Bedeutung wie ☞ Axon (langer leitender Nervenzellfortsatz)
neuroendokrin		gleichzeitig dem Nervensystem und dem Hormonsystem angehörend (☞ neuron, endokrin)
neuron	griech.	Nervenzelle (eigentlich: Sehne, Nerv)
Neurotransmitter		Botenstoff des Nervengewebes (☞ neuron, transmittere)
niger	lat.	schwarz (f: nigra)
nocere	lat.	schaden
Nomenklatur		Namensverzeichnis (lat.: nomenclatura)
Nozizeption		Wahrnehmung von Schmerzen (☞ nocere, Rezeption)
nucleus (m)	lat.	Kern (pl nuclei)
nutrire	lat.	ernähren
nutritiv		ernährend (☞ nutrire)
Nystagmus		Augenzittern (aus nystagmos, griech.: Nicken)
objektiv		sachlich, mit Hilfe von Messinstrumenten wahrgenommen (lat.: obiectivus)
obliquus	lat.	schräg
Obliquus		Kurzform für M. arytaenoideus obliquus
oblongatus	lat.	verlängert (f: oblongata)
occipitalis	lat.	zum Hinterhaupt (lat.: occiput, n) gehörig

occlusio (f)	lat.	Verschluss
octava (f)	lat.	Oktave, die Achte
oculo-	lat.	zum Auge zugehörig
oculomotorius		die Augenmuskeln betreffend (☞ oculo, motorius)
odous	griech.	Zahn (Genitiv: odontos)
Ödem		Schwellung unter der Haut oder Schleimhaut (☞ oidema)
oesophagus (m)	lat.	Speiseröhre
Ösophagitis		Speiseröhrenentzündung (☞ oesophagus, -itis)
Ösophagus		Speiseröhre (☞ oesophagus)
oidema	griech.	Schwellung
Okklusion		Schlussbissstellung des Kiefergelenks (☞ occlusio)
Oktave		die Achte (der 8. Ton im Dur-Moll-Tonsystem, lat. octava)
olfactorius	lat.	riechend, das Riechsystem betreffend (Feminin-Form: olfactoria)
oligo-	griech.	wenige, einige
Oligodendrozyten		verzweigte Gliazellen (☞ oligo, dendrites, kytos, glia)
omohyoideus	lat.	zum Schulterblatt und Zungenbein gehörig (☞ omoplata, hyoid)
omoplata	lat.	Schulterblatt (veraltet)
ophthalmicus	lat.	zum Auge (griech.: ophthalmos) gehörig
opticus	lat.	zum Sehorgan gehörig
oralis	lat.	zum Mund gehörig
orbicularis	lat.	ringförmig (☞ orbis)
orbis (f)	lat.	Kreis
Organelle		Verkleinerungsform des Wortes Organ
organum (n)	lat.	Organ
Oropharynx		Mundrachenraum (☞ os², oralis, pharynx)
os¹ (n) (Genitiv: oris)	lat.	Bein, Knochen
os² (n) (Genitiv: ossis)	lat.	Mund
-osis	griech	Vorgang oder Zustand (auch „ose" in Wortverbindungen)
osseus	lat.	knöchern (f: ossea)
Otitis media		Mittelohrentzündung (☞ ous, -itis, medius)
Otosklerose		Ohrverhärtung, Altersschwerhörigkeit (☞ ous, Sklerose)
Otoskopie		Ohrspiegelung (☞ ous, skopein)
ous	griech.	Ohr (Genitiv: otos)
ovalis	lat.	oval, eiförmig
Ovar		Eierstock (☞ ovarium)
ovarium (n)	lat.	Ei, Eierstock
Oxygenation		Sauerstoffbeladung (☞ oxygenium)
oxygenieren		mit Sauerstoff beladen (☞ oxygenium)

oxygenium	lat.	Sauerstoff
Oxymetrie		Messung des Sauerstoffgehalts des Blutes (☞ oxygenium, metron)
Palatal		am Gaumen gebildeter Laut (☞ palatum)
palatinus	lat.	zum Gaumen gehörig (f: palatina)
palatoglossus	lat.	zum Gaumen und zur Zunge gehörig (☞ palatum, glossa)
palatopharyngeus	lat.	zum Gaumen und Rachen gehörig (☞ palatum, pharynx)
palatum (n)	lat.	Gaumen
pallidus	lat.	bleich
para-	griech.	neben, bei
paranasalis	lat.	neben der Nase gelegen
Parasympathikus		einer der beiden Gegenspieler des vegetativen Nervensystems (☞ para, Sympathikus)
Parese		Erschlaffung, Schwäche (☞ paresis)
paresis	griech.	Erschlaffung
paries (m)	lat.	Wand
parietalis		wandständig (☞ paries) (deutsch: parietal)
Parodontitis		Entzündung des Zahnhalteapparats (☞ parodontium, itis)
Parodontium		Zahnhalteapparat (☞ para, odous)
Parodontose		nicht-entzündlicher Abbau des Zahnhalteapparats (☞ Parodontium)
parotis/parotideus	lat.	beim Ohr gelegen (☞ para, ous)
Parotis		Kurzform für Ohrspeicheldrüse
Parotitis		Entzündung der Ohrspeicheldrüse (☞ parotis, itis)
pars (f)	lat.	Teil, Anteil
Partial-		Teil- (☞ pars)
pathos	griech.	Leiden, Schmerzen
Perfusion		Durchströmen z. B. von Blut (lat.: perfusio, f)
peri-	griech.	um – herum
Perikard		Herzbeutel (☞ peri, kardia)
Perikaryon		Zellleib der Nervenzelle (☞ peri, karyon)
Perilymphe		Flüssigkeit im knöchernen Labyrinth (☞ peri, lympha)
Periodontitis		Wurzelhautentzündung (☞ periodontium, itis)
Periodontium		Wurzelhaut des Zahns (☞ peri, odous)
peripher		am Rande liegend (griech.: peripheres)
peristaltikos	griech.	umfassend zusammendrückend
peristaltisch		aufeinanderfolgende Kontraktionen von Ringmuskeln in Hohlorganen (☞ contractio, peristaltikos)
phage	griech.	Fresser
phagein	griech.	Fressen
Phagozytose		Verdauen von Zellen (☞ phagein, kytos, osis)

pharyngeus (auch: pharyngealis)	lat.	zum Rachen gehörig
pharynx (f)	lat.	Rachen, Schlund (griech.: pharygx), Genitiv: pharyngis
phasis	griech.	Zustand
philtron	griech.	Liebeszauber, Einbuchtung der Oberlippe
Philtrum		Einbuchtung der Oberlippe (☞ philtron)
Phonation		Stimmbildung (☞ phone, -atio)
phone	griech.	Stimme
phren	griech.	Geist
phrenicus	lat.	zum Zwerchfell gehörig
Pia mater		weiche Hirnhaut (☞ pius, mater)
Pinealorgan		Zirbeldrüse, Epiphyse (☞ pinus)
pinus (m)	lat.	Fichte
piriformis	lat.	birnenförmig
pius	lat.	weich, fromm (f: pia)
Plakode		Platte (griech.: plakos)
plasma	griech.	das Geformte
Plasmalemm		Zellmembran (☞ plasma, lemm)
plethysmos	griech.	Vergrößerung
pleura	griech.	Leibesseite, Fell (Lungenfell, Rippenfell: Pleura), dünne Haut
Pleuritis		Rippenfellentzündung (☞ pleura, -itis)
plexus (m)	lat.	Geflecht
Plexus choroideus		Adergeflecht (☞ plexus, choroideus)
plica (f)	lat.	Falte (pl: plicae)
plodere	lat.	klatschen, schlagen
Plosiv		Verschlusslaut (☞ plodere)
pneuma	griech.	Luft
pneumatisch		luftgefüllt (auch: pneumatisiert)
pneumonia	griech.	Lungenentzündung
Pneumonie		Lungenentzündung (☞ pneuma, pneumonia)
Pneumothorax		Gasbrust, Lungenkollaps nach Eindringen von Luft in den Pleuraspalt (☞ pneuma, thorax)
polaris	lat.	gegensätzlich
polarisatio (f)	lat.	Ausbildung von Gegensätzen
Polarisation		Ladungstrennung (☞ polarisatio)
polys	griech.	viel
Polypen		gestielte Schleimhautwucherungen
polysnaptisch		Verbindung mit zwei oder mehr Synapsen (☞ polys, synapsis)
pons (m)	lat.	Brücke

post-	lat.	nach
postcentralis	lat.	hinter der Mitte liegend (☞ post, centralis)
posterior	lat.	hinten, der hintere
postganglionär		hinter dem Ganglion (☞ post, gagglion)
Postikus		Kurzform für M. cricoarytaenoideus posterior
postnatal		nach der Geburt (☞ post, natalis)
potentia (f)	lat.	Macht, Fähigkeit
Potenzial (= Potential)		Unterschied elektrischer Ladungen oder Kräfte (☞ potentia)
prae-	lat.	vor
praecentralis	lat.	vor der Mitte liegend (☞ prae, centralis)
präganglionär		vor dem Ganglion (☞ prae, gagglion)
Prämolar		Vormahlzahn (☞ prae, Molar)
pränatal		vor der Geburt (☞ prae, natalis)
präpubertär		vor der Geschlechtsreife (☞ prae, pubertas)
principalis	lat.	Haupt-
procerus	lat.	schlank (schlanker Nasenmuskel)
processus (m)	lat.	Fortsatz (abgekürzt Proc.)
profundus	lat.	tief
Projektion		Abbilden, Übertragen (lat.: proiectio, f)
Prominenz		Vorsprung (lat.: prominentia, f)
promontorium (n)	lat.	Vorsprung
proportional		verhältnismäßig (lat.: proportio: Verhältnis, Gleichmaß)
Proportionalrezeptor		proportional reagierender Rezeptor ☞ proportional, Rezeptor)
Propriozeption		Eigenwahrnehmung, Tiefensensibilität (☞ proprius, Rezeption)
proprius	lat.	eigen (f: propria)
Proteine		aus Aminosäuren aufgebaute Eiweißkörper
proto-	griech.	vor allen Dingen
protopathisch		Schmerz und grobe Reize betreffend (☞ proto, pathos)
pseudein	griech.	belügen, täuschen
pseudo-		falsch, getäuscht (☞ pseudein)
pseudounipolar		scheinbar nur mit einem Fortsatz versehen (☞ pseudo, polaris, uni)
pterygion	griech.	Flügelchen
pterygoideus	lat.	zu den Flügelstrukturen des Keilbeins gehörend (☞ pterygon)
Pubertät		Geschlechtsreife (☞ pubertas)
pubertas (f)	lat.	Geschlechtsreife
pulmo (m)	lat.	Lunge (Plural: pulmones)
pulmonalis	lat.	zur Lunge gehörig (n: pulmonale)

putamen (m)	lat.	Schale, Hülle
quadrans (m)	lat.	ein Viertel (des Gesamtkiefers)
Quadrant		Kieferhälfte (☞ quadrans)
Qualität		Beschaffenheit, Eigenschaft (lat.: qualitas)
Quantität		Größe, Menge (lat.: quantitas)
radiatio (f)	lat.	Strahlung
radix (f)	lat.	Wurzel
ramus (m)	lat.	Ast
raphe (f)	lat.	Naht (☞ hraphe)
re-	lat.	wieder
recessus (m)	lat.	Ausbuchtung, Nische
recipere	lat.	aufnehmen
rectus	lat.	gerade
recurrens	lat.	rückläufig
Reflex		schnelle Muskelreaktion auf Sinnesreize (☞ reflexus)
reflexus (m)	lat.	Zurückbeugen, Reflex
refluere	lat.	zurückfließen
Reflux		Rückfluss von Mageninhalt in die Speiseröhre (☞ refluere)
refractarius	lat.	widerspenstig, halsstarrig
refraktär		nicht reagierend (☞ refractarius)
regio (f)	lat.	Gegend, Bereich
Register		Verzeichnis (☞ registrum)
registrum (n)	lat.	Verzeichnis
Regurgitation		Zurückströmen von Nahrung (☞ re, gurges)
Rekurrens		Kurzform für N. laryngeus recurrens
Residual-		Rest- (☞ residuus)
residuus	lat.	als Rest zurückbleibend
respiratio (f)	lat.	Atemholen, Wiederatmen, Atmen
Respiration		Atmen (☞ respiratio)
respiratorius	lat.	dem Atmungssystem zugehörig (f: respiratoria)
reticularis	lat.	netzartig
reticulum (n)	lat.	Netzwerk
Rezeption		Wahrnehmung (lat.: receptio)
Rezeptor		Empfänger (Empfangsstruktur einer Zelle; auch: Empfangszelle; ☞ recipere)
Rhombenzephalon		Rautenhirn (☞ rhombus, egkephalon)
rhombus (m)	lat.	Raute
Rhythmik		Gleichmaß (☞ rhythmos)

rhythmos	griech.	Gleichmaß
ribo-		leitet sich von Ribose, einem Zucker, ab, der in der Erbsubstanz (Desoxyribonucleinsäure) enthalten ist
Ribosomen		Zellkörperchen, die der Proteinbiosynthese dienen (☞ ribo, soma, Protein)
rima (f)	lat.	Spalte, Ritze
risorius	lat.	zum Lachen gehörig, Lach- (☞ risus)
risus (m)	lat.	das Lachen
rotundus	lat.	rund (f: rotunda)
ruber	lat.	rot
Rudiment		Überbleibsel (☞ rudimentum)
rudimentum (n)	lat.	erster Versuch, Überbleibsel
sacculus (m)	lat.	kleiner Sack
sacrum (n)	lat.	Kreuzbein (auch: os sacrum)
sakral-		zum Kreuzbein (sacrum) gehörig
salpingopharyngeus	lat.	zur Ohrtrompete und zum Rachen gehörig
salpinx (f)	lat.	Trompete (Ohrtrompete), Genitiv: salpingis
saltatorisch		sprunghaft (☞ saltatorius)
saltatorius	lat.	sprunghaft, wie beim Tanzen
scala (f)	lat.	Treppe
scalenus	lat.	treppenförmig (☞ scala)
schizein	griech.	spalten
Schizophrenie		psychische Störung mit Persönlichkeitsspaltung (☞ schizein, phren)
secernere	lat.	absondern
secretio (f)	lat.	Absonderung
secundarius	lat.	zweitrangig
segmental		in Segmenten (Abschnitten) gegliedert (☞ segmentum)
segmentum (n)	lat.	Abschnitt
sekundär		zweitrangig (☞ secundarius)
Sekretion		Absonderung (☞ secretio)
semi-	lat.	halb-
semicircularis	lat.	halbkreisförmig (☞ semi, circularis)
senium (n)	lat.	Greisenalter
sensibel		empfindsam (☞ sensibilis)
sensibilis	lat.	empfindsam
Sensibilität		Empfindsamkeit (lat.: sensibilitas)
sensorisch		Sinneswahrnehmungen betreffend (☞ sensus)
septum (n)	lat.	Scheidewand, Zwischenwand (z. B. in Herz, Nase, Lungenbläschen)
Septumdeviation		Verbiegung der Nasenscheidewand (☞ septum, deviatio)

serös		dünnflüssig (serumartig) (☞ Serum)
seromukös		Mischung aus dünn- und dickflüssig (☞ serös, mukös)
serosa	lat.	Feminin-Form von serosus: Serum absondernd
Serosa		Kurzform von ☞ Tunica serosa: Serum absondernde Hülle
Serum		nicht mehr gerinnbarer Teil des Blutplasmas
Singultus		Schluckauf
sinister	lat.	links, der linke (Feminin-Form: sinistra, Neutrum-Form: sinistrum)
sinus (m)	lat.	Hohlraum (z. B. Nasennebenhöhle, Blutleiter der harten Hirnhaut, Schluckrinne)
Sinusitis		Entzündung der Nasennebenhöhlen
Sklerose		Verhärtung (griech.: skleros)
skopein	griech.	betrachten
soma	griech.	Körper (lat.: soma n)
somatotop		nach Körperarealen gegliedert (☞ soma, topos)
sphaera (f)	lat.	Kugel (griech.: sphaira)
sphenoeides	griech.	keilförmig
sphenoidalis	lat.	zum Keilbein gehörig (Neutrum-Form: sphenoidale)
sphigkter	griech.	Zuschnürer, Schließmuskel
Sphinkter		Schließmuskel (☞ sphigkter)
spike	engl.	Spitze
spina (f)	lat.	Stachel, Dorn, Grat (Rückgrat), Rückenmark
spinalis	lat.	zum Rückgrat (Rückenmark) gehörig (☞ spina)
spirare	lat.	atmen
spiralis	lat.	spiralig (n: spirale)
Spirometer		Gerät zur Messung der Lungenvolumina (☞ spirare, metron)
Stapedektomie		Entfernung des Steigbügels (☞ stapes, -ektomie)
stapedius	lat.	zum Steigbügel (☞ stapes) gehörend
stapes (m)	lat.	Steigbügel (Genitiv: stapedis)
Stereognosie		räumliche Erkennung (☞ stereos, gnosis)
stereos	griech.	räumlich
sternocleido-mastoideus	lat.	zum Brustbein, Schlüsselbein und Warzenfortsatz gehörig (☞ sternum, cleis, Processus mastoideus)
sternohyoideus	lat.	zum Brustbein und Zungenbein gehörig (☞ sternum, hyoid)
sternothyroideus	lat.	zum Brustbein und Schildknorpel gehörig (☞ sternum, thyroid)
sternum (n)	lat.	Brustbein (Sternum), griech.: sternon
stoma	griech.	Mund, Öffnung
struma (f)	lat.	Kropf
Strumektomie		Entfernung überschüssigen Schilddrüsengewebes (Kropf: Struma) (☞ ektomie)

stylohyoideus		zum Griffelfortsatz und Zungenbein gehörig (☞ Processus, styloideus, hyoid)
styloideus	lat.	griffelförmig
stylopharyngeus	lat.	zum Griffelfortsatz und Rachen gehörig (☞ Processus, styloideus, pharynx)
stylus (m)	lat.	Griffel
sub-	lat.	unter
Subarachnoidalraum		äußerer Liquorraum, Raum zwischen Arachnoidea und Pia (☞ sub, arachnoidea, pia)
subclavius	lat.	unter dem Schlüsselbein gelegen (f: subclavia; ☞ sub, clavicula)
Subduralraum		Raum zwischen Dura und Arachnoidea (☞ sub, dura, arachnoidea)
subjektiv		von einem Menschen wahrgenommen (lat.: subiectivus)
sublingualis	lat.	unter der Zunge gelegen (☞ sub, lingua)
submandibularis	lat.	unter dem Unterkiefer gelegen (☞ sub, mandibula)
Submodalität		Untergruppe einer ☞ Modalität
substantia (f)	lat.	Substanz
sulcus (m)	lat.	Furche
superior	lat.	oben gelegen, der/die/das obere
supra	lat.	oberhalb
surfactant	engl.	Kunstwort aus „surface active agent" (oberflächenaktiver Stoff)
Sympathikus		einer der beiden Gegenspieler des vegetativen Nervensystems (griech.: sympatheia: Mitleid)
Symptom		Krankheitszeichen (☞ symptoma)
symptoma	griech.	vorübergehende Eigentümlichkeit (Krankheitszeichen)
syn	griech.	zusammen
Synapse		Verbindung (griech.: synapsis)
synaptisch		über ☞ Synapse verbunden, zu einer Synapse gehörend
synchronisiert		zusammen verlaufend (☞ syn, chronos)
Syndrom		gleichzeitiges Auftreten bestimmter Krankheitszeichen (☞ syndrome)
syndrome	griech.	Zusammenkommen
systole	griech.	Zusammenziehen (des Herzmuskels)
tectorius	lat.	bedeckend (f: tectoria)
tectum (n)	lat.	Dach (Genitiv: tecti)
tegmentalis	lat.	zum Dach gehörig (☞ tegmentum)
tegmentum (n)	lat.	Dach
tele	griech.	fern, End-
Telenzephalon		Endhirn (☞ tele, egkephalon)
Telodendron		Endbäumchen, Endverzweigung (☞ tele, dendrites)
temporalis	lat.	zum Schläfenbein (Os temporale) gehörig (n: temporale)

temporo-mandi-bularis	lat.	zum Schläfenbein und Unterkiefer gehörig (☞ temporalis, mandibula)
tensor (m)	lat.	Anspanner
tensus	lat.	straff
terminalis	lat.	zum Ende gehörend
Terminologie		Fachsprache (☞ terminus, -logos)
terminus (m)	lat.	Fachbegriff
thalamicus	lat.	zum ☞ Thalamus gehörig (f: thalamica)
thalamos	griech.	Schlafgemach, Relaisstation, Sehhügel (lat.: thalamus)
Thalamus		Sehhügel (☞ thalamos)
thele	griech.	Brustwarze
thelein	griech.	üppig wachsen
Thermorezeption		Wahrnehmung von Wärme und Kälte (☞ thermos, Rezeption)
thermos	griech.	warm, heiß
thoracodorsalis	lat.	zum Brustkorb und Rücken gehörig (☞ thorax, dorsum)
thorax (m)	lat.	Brust, Brustpanzer, Brustkorb (Thorax)
thrombos	griech.	Blutpfropf (= Thrombus, lat.)
Thrombozyten		Blutplättchen (☞ thrombos, kytos)
thyreos	griech.	großer Schild
thyroarytaenoideus	lat.	zum Schild- und Stellknorpel gehörig (☞ thyro, arytaina)
thyrohyoideus	lat.	zum Schildknorpel und Zungenbein gehörig (f: thyrohyoidea; ☞ thyreos, hyoid)
Thyroid		Schildknorpel, cartilago thyroidea (☞ cartilago, thyroideus)
thyroideus	lat.	zum Schildknorpel gehörig (f: thyroidea) (☞ thyreos)
Tinnitus		Ohrgeräusche
tome	griech.	durchschneiden
-tomie		Durchtrennung (☞ tome)
tonsillae (f pl)	lat.	Mandeln
Tonsille(n)		Mandel(n)
Tonsillektomie		operative Entfernung der Gaumenmandeln
Tonsillitis		Mandelentzündung
tonus (m)	lat.	Spannungszustand (griech.: tonos)
topos	griech.	Ort
trachea (f)	lat.	Luftröhre (griech.: tracheia), Genitiv: tracheae
Trachealkanüle		Röhrchen in einem ☞ Tracheostoma (☞ cannula)
Tracheostoma		operativ herbeigeführte Öffnung der Luftröhre (☞ trachea, stoma)
Tracheotomie		Luftröhrenschnitt (☞ trachea, tomie)
tractus (m)	lat.	Bahn

tragus (m)	lat.	Ziegenbock, Knorpelvorsprung in der Ohrmuschel
Transduktion		Übertragung, Umwandlung (lat.: transductio)
Transformation		Umwandlung, Überführung (lat.: transformatio)
transmittere	lat.	übertragen
transversus	lat.	quer
Transversus		Kurzform für M. arytaenoideus transversus
tremor (m)	lat.	Zittern
tri-	lat.	dreifach
trias (f)	lat.	Dreiheit (drei charakteristische Symptome einer Krankheit)
trigeminus	lat.	dreifach, Drillings-
Trisomie		ein Chromosom dreifach vorhanden (statt doppelt)
trochlearis		zur Umlenkrolle (lat. trochlea) gehörig
truncus (m)	lat.	Stamm
tuba (f)	lat.	Röhre
Tuba auditiva		Ohrtrompete (☞ tuba, auditivus)
Tuba uterina		Eileiter (☞ tuba, uterina)
tubarius	lat.	zur Tube (Ohrtrompete) gehörig, f: tubaria
tuberculum (n)	lat.	Höckerchen
tubus (m)	lat.	Röhre
tumor (m)	lat.	Schwellung
Tunica (f)	lat.	Hülle
tympanon	griech.	Handtrommel (Paukenhöhle)
ultra-	lat.	oberhalb
umbilicus (m)	lat.	Nabel
umbo (m)	lat.	Schildbuckel, Nabel (☞ umbilicus) des Trommelfells
uni-	lat.	einzig
uterinus	lat.	zur Gebärmutter gehörig (f: uterina)
uterus (m)	lat.	Gebärmutter, Leib, Unterleib
utriculus (m)	lat.	kleiner Schlauch
uvula (f)	lat.	Zäpfchen (Genitiv: uvulae)
Uvular		am Zäpfchen gebildeter Laut (☞ uvula)
vagus	lat.	weit umherschweifend (Vagus: 10. Hirnnerv)
vegetativ		pflanzlich, ungeschlechtlich, unwillkürlich (lat.: vegetare: vegetieren, leben, wuchern)
Velar		am Gaumensegel gebildeter Laut (☞ velum)
velum (n)	lat.	Segel, Gaumensegel
vena (f)	lat.	Blutader (pl venae) (abgekürzt V., pl Vv.)
Vene		Blutader (☞ vena)

Venole (Venule)		kleine Blutader, Verkleinerungsform von Vene
venter (m)	lat.	Magen, Bauch
ventilatio (f)	lat.	Lüften, Belüften
Ventilation		Belüftung (der Lungen, Lungenbläschen) (☞ ventilatio)
ventilieren		belüften (☞ ventilatio)
ventriculus (m)	lat.	kleiner Bauch, Verkleinerungsform von venter, Herzkammer, Kehlkopftasche)
Ventrikel		Kammer, Herzkammer, Hirnkammer (☞ ventriculus),
vertebra (f)	lat.	Wirbel
vertebralis	lat.	zum Wirbel/zur Wirbelsäule gehörig
vesica (f)	lat.	Blase
vesicula (f)	lat.	Bläschen, Verkleinerungsform von vesica
Vesikel		Bläschen (☞ vesicula)
vestibularis	lat.	zum Vorhof gehörig (n: vestibulare) (☞ vestibulum)
vestibulocochlearis	lat.	zum Gleichgewichts- und Hörorgan gehörend (☞ vestibulum, cochlea)
vestibulum (n)	lat.	Vorhof (Kehlkopf, Nase, Mundhöhle, Teil des knöchernen Labyrinths)
Vibrant		Schwingungslaut (☞ vibrare)
vibrare	lat.	schwingen
viscera (n pl)	lat.	Eingeweide
viscosus	lat.	klebrig, zähflüssig
viszeral		die Eingeweide betreffend (☞ viscera)
viskös		zähflüssig (☞ viscosus)
vitalis	lat.	zum Leben gehörend
Vitalkapazität		maximal ein- bzw. ausatembares Lungenvolumen (☞ vitalis, capacitas)
vocalis	lat.	zur Stimme gehörig (n: vocale)
Vokal		Selbstlaut (☞ vocalis)
wave	engl.	Welle
zentral		in der Mitte liegend (☞ centralis)
Zerumen		Ohrenschmalz (☞ cerumen)
zirbens	althdt.	Fichtenzapfen
Zyanose zygomaticus	lat.	Blausucht (Sauerstoffmangel, z. B. „blaue" Lippen; ☞ cyaneus, -osis) zum Jochbein (Os zygomaticum) gehörig
Zygote		befruchtete Eizelle (☞ zygotos)
zygotos	griech.	durch ein Joch verbunden (befruchtete Eizelle)
Zytoplasma		☞ Cytoplasma (Zellbestandteil außer Zellkern und Zellmembran)
Zytologie		☞ Cytologie (Zellenlehre)

Register